龙岩市畲族志

龙岩市畲族文化研究会 编

海峡出版发行集团 | 福建人民出版社
THE STRAITS PUBLISHING & DISTRIBUTING GROUP | FUJIAN PEOPLE'S PUBLISHING HOUSE

图书在版编目（CIP）数据

龙岩市畲族志 / 钟巨藩主编；龙岩市畲族文化研究会编．--福州：福建人民出版社，2024.10

ISBN 978-7-211-09538-4

Ⅰ．K288．3

中国国家版本馆 CIP 数据核字第 2024T9F671 号

龙岩市畲族志

LONGYAN SHI SHEZU ZHI

作　　者：钟巨藩　主编　龙岩市畲族文化研究会　编

责任编辑：林　顶

美术编辑：林　玲

责任校对：陈　璟

出版发行：福建人民出版社　　**电　　话**：0591-87533169(发行部)

地　　址：福州市东水路 76 号　　**邮　　编**：350001

网　　址：http://www.fjpph.com　　**电子邮箱**：fjpph7211@126.com

经　　销：福建新华发行（集团）有限责任公司

印　　刷：龙岩东方彩印有限公司

地　　址：龙岩市新罗区东肖镇龙岩经济技术开发区龙工路印刷工业园 4 幢

开　　本：889 毫米×1194 毫米　1/16

印　　张：39.5

字　　数：1085 千字

版　　次：2024 年 10 月第 1 版

印　　次：2024 年 10 月第 1 次印刷

书　　号：ISBN 978-7-211-09538-4

定　　价：420.00 元

习近平总书记在2021年8月27日召开的中央民族工作会议上指出：“要正确把握中华文化和各民族文化的关系，各民族优秀传统文化都是中华文化的组成部分，中华文化是主干，各民族文化是枝叶，根深干壮才能枝繁叶茂。”

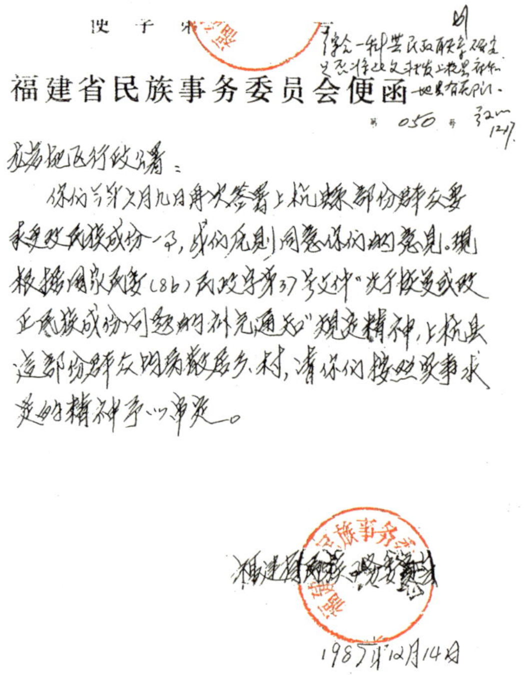

福建省民族事务委员会便函

第 050 号

龙岩地区行政公署：

你们今年九月九日再次签署上杭县部分群众要求更改民族成份一事，我们原则同意你们的意见。现根据国家民委（86）民政字第37号文件"关于恢复或改正民族成份问题的补充通知"规定精神，上杭县这部分群众均属散居乡、村，请你们按照实事求是的精神予以审定。

福建省民族事务委员会

1987年12月14日

1987 年 12 月 14 日，福建省民族事务委员会关于同意上杭县部分群众要求更改民族成份的 50 号函

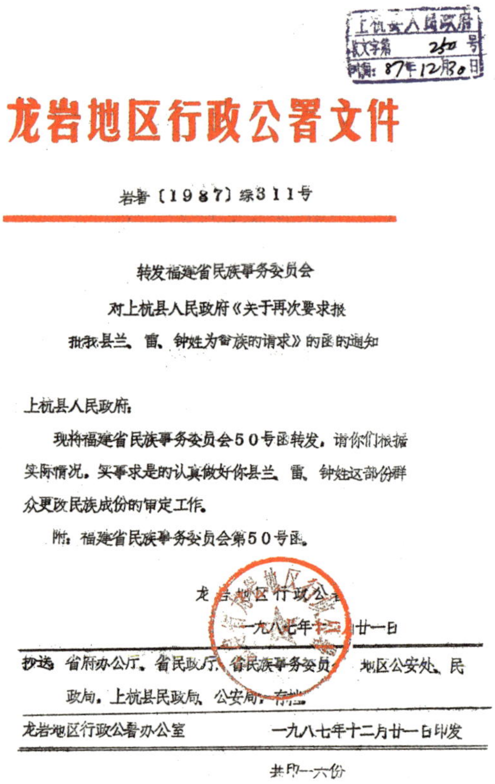

上杭县人民政府 收文字第 250 号 时间：87年12月30日

龙岩地区行政公署文件

岩署〔1987〕综311号

转发福建省民族事务委员会
对上杭县人民政府《关于再次要求报
批我县兰、雷、钟姓为畲族的请求》的函的通知

上杭县人民政府：

现将福建省民族事务委员会50号函转发，请你们根据实际情况，实事求是的认真做好你县兰、雷、钟姓这部份群众更改民族成份的审定工作。

附：福建省民族事务委员会第50号函。

龙岩地区行政公署

一九八七年十二月廿一日

抄送：省府办公厅、省民政厅、省民族事务委员会、地区公安处、民政局、上杭县民政局、公安局、存档。

龙岩地区行政公署办公室　一九八七年十二月廿一日印发

共印一六份

1987 年 12 月 21 日，龙岩地区行政公署关于上杭县蓝（兰）、雷、钟这部分群众更改民族成份的通知

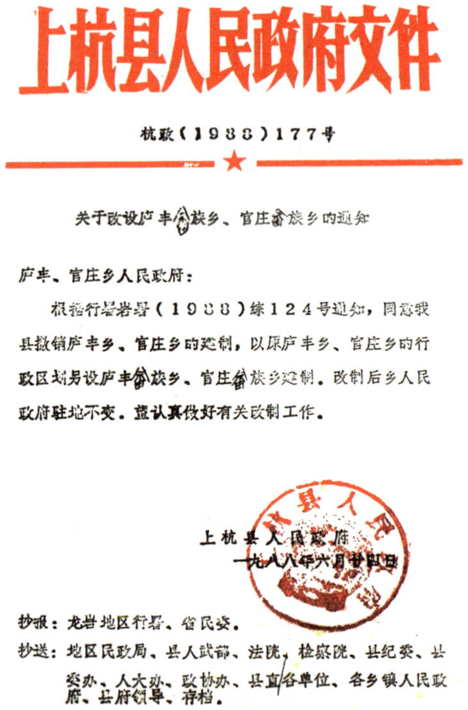

上杭县人民政府文件

杭政（1988）177号

关于改设庐丰畲族乡、官庄畲族乡的通知

庐丰、官庄乡人民政府：

根据行署岩署（1988）综124号通知，同意我县撤销庐丰乡、官庄乡的建制，以原庐丰乡、官庄乡的行政区划另设庐丰畲族乡、官庄畲族乡建制。改制后乡人民政府驻地不变。望认真做好有关改制工作。

上杭县人民政府

一九八八年六月廿四日

抄报：龙岩地区行署、省民委。

抄送：地区民政局、县人武部、法院、检察院、县纪委、县委办、人大办、政协办、县直各单位、各乡镇人民政府、县府领导、存档。

1988 年 6 月 24 日，上杭县人民政府关于改设庐丰畲族乡、官庄畲族乡的通知

福建省文物保护单位上杭县庐丰畲族乡丰济民族村蓝氏家庙（东山祠）（丰济村委提供）

上杭县庐丰畲族乡丰乐民族村蓝氏宗祠（西山祠）（丰乐村委会提供）

始建于明代的上杭县官庄畲族乡树人村朴树下蓝氏宗祠（蓝启富提供）

上杭县官庄畲族乡七里民族村蓝氏宗祠（蓝发锦提供）

漳平市新桥镇城口民族村蓝氏宗祠（兰中霞提供）

上杭县太拔镇崇厦民族村雷氏宗祠（崇厦村委会提供）

始建于清乾隆四十二年（1777 年），位于上杭县城瓦子东街 143—145 号的上杭钟氏家庙（钟约茂提供）

始建于明朝、2019 年重建的上杭县茶地镇久泰民族村钟氏宗祠（久泰村委会提供）

始建于明末清初、2011年重建的上杭县南阳镇南岭民族村德二郎公宗祠（钟约茂提供）

上杭县文物保护单位中都镇古坊民族村钟氏家庙（古坊村委会提供）

上杭县官庄畲族乡福泉民族村钟氏宗祠“绳德堂”神龛（福泉村委会提供）

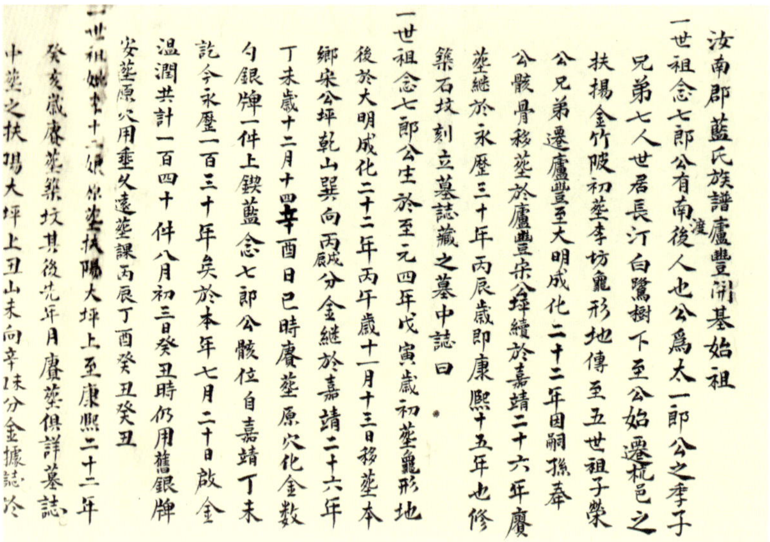
汝南郡藍氏族譜盧豐開基始祖
一世祖念七郎公有南渡後人也公爲太一郎公之季子
兄弟七人世居長汀白鷺樹下至公始遷杭邑之
扶揚金竹陂初塟李坊龜形地傳至五世祖子榮
公兄弟遷盧豐至大明成化二十二年因嗣孫奉
公骸骨移塟於盧豐宗公坪續於嘉靖二十六年慶
塟継於永歷三十年丙辰歲即康熙十五年也修
築石坟刻立墓誌藏之墓中誌曰
一世祖念七郎公生於至元四年戊寅歲初塟龜形地
後於大明成化二十二年丙午歲十一月十三日移塟本
鄉宗公坪乾山巽向丙戌分金継於嘉靖二十六年
丁未歲十二月十四辛酉日巳時慶塟原穴化金數
勺銀牌一件上鐫藍念七郎公骸位自嘉靖丁未
訖今永歷一百三十年矣於本年七月二十日啟金
温潤共計一百四十件八月初三日癸丑時仍用舊銀牌
安塟原穴用垂久遠塟課丙辰丁酉癸丑癸丑
二世祖妣李十二娘仍塟扶陽大坪上至康熙二十二年
癸亥歲慶塟築坟其後先年月慶葬俱詳墓誌
中塟之扶陽大坪上丑山未向辛未分金據誌冷

清光绪七年（1881 年）编修的《上杭庐丰蓝氏族谱》（手抄本）

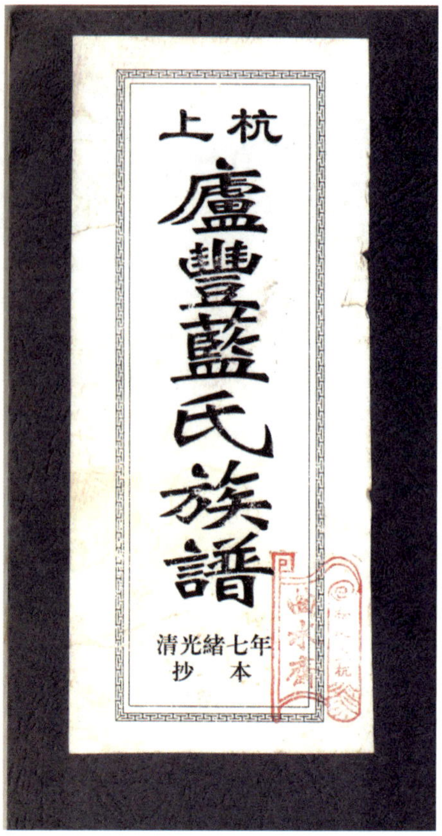

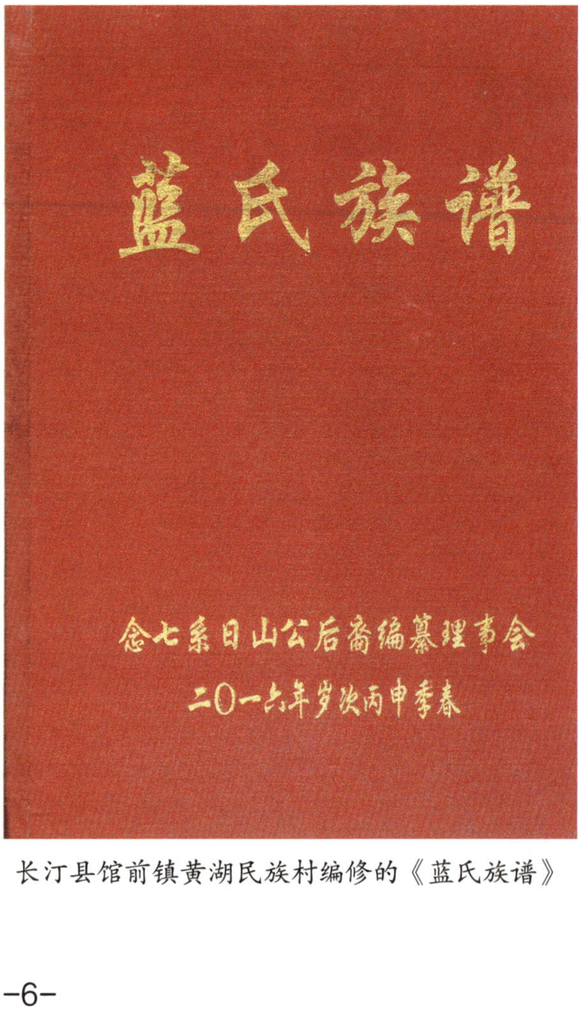

长汀县馆前镇黄湖民族村编修的《蓝氏族谱》

漳平市桂林街道山羊民族村保存的《篮（蓝）氏家谱》（手抄本）

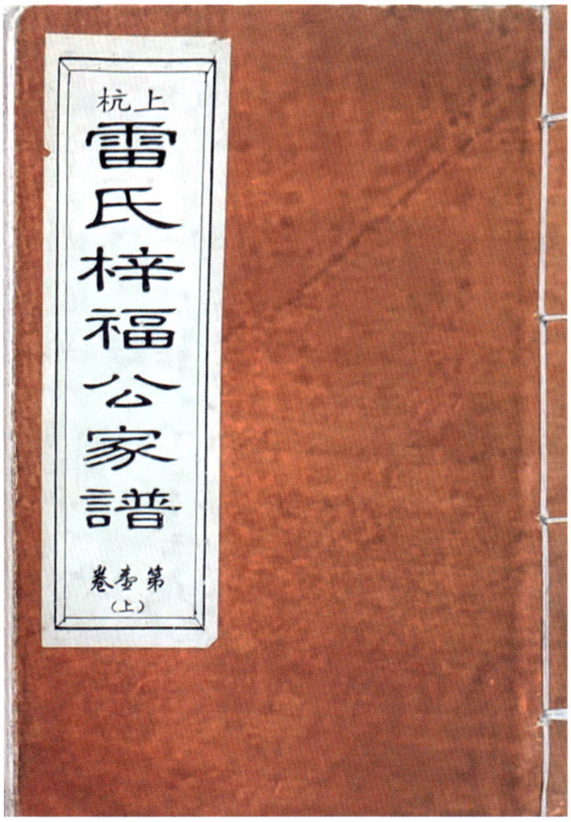

编修于民国元年（1912 年）的《上杭雷氏梓福公族谱》

上杭聚福堂《雷氏四修族谱》

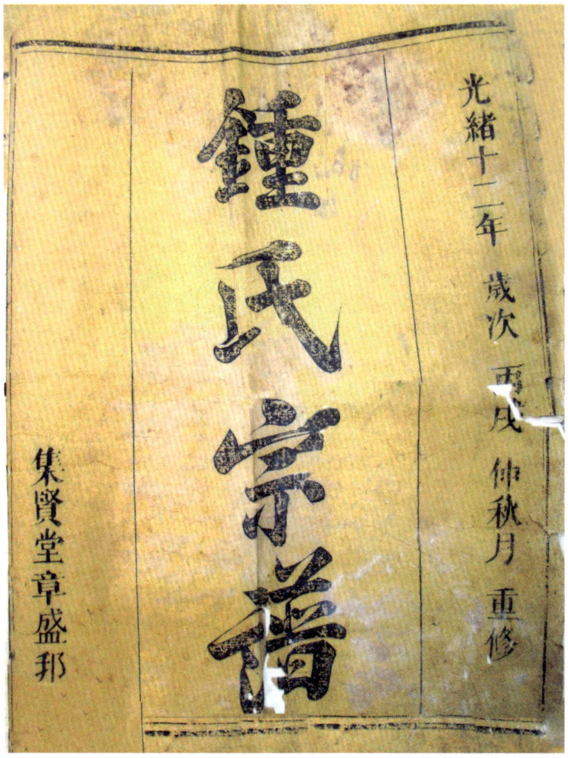

从上杭县茶地镇久泰民族村迁往浙江省龙游县溪口镇晓溪村的钟氏宗亲保存的重修于清光绪十二年（1866 年）的久泰村《钟氏族谱》

编修于清光绪三十一年（1905 年）的上杭县太拔镇《坵辉钟氏念二公族谱》

民国15年（1926年），在厦门求学的共产党员蓝维仁遵照党组织的指示，回到家乡上杭庐丰，在庐丰九堡七厅里创办“平民学校”宣传革命道理，组织发动群众。图为民国17年，九堡平民学校春季班开学典礼。民国17年10月，学校停办（江树高提供）

民国17年1月，中共上杭临时县委在庐丰畲族乡丰济民族村水尾自然村成立（江树高提供）

福建省文物保护单位：上杭县庐丰畲族乡丰济民族村天后宫（民国17年12月，中共上杭县委在天后宫正式成立）（江树高提供）

福建省文物保护单位：中共闽西特委机关旧址——上杭县古田镇苏家坡民族村树槐堂。右上图为毛泽东在树槐堂创办的平民小学（江树高提供）

福建省文物保护单位：闽粤赣三省干部培训班旧址——上杭县古田镇苏家坡民族村鸿玉堂（江树高提供）

福建省文物保护单位：上杭县古田镇苏家坡民族村圳背岩洞（又称“主席洞”）（江树高提供）

1929年11月18日，朱德、陈毅在上杭县官庄畲族乡树人民族村鹧鸪坪主持召开红四军前委会议，传达中央“九月来信”精神（官庄畲族乡政府提供）

1932年6月，红军总政治部在上杭县官庄畲族乡福泉民族村接兴公祠堂墙壁上书写的标语（官庄畲族乡政府提供）

上杭县官庄畲族乡树人民族村的红色标语（官庄畲族乡政府提供）

上杭縣第一期擴大紅軍的總結

才溪區頂瓜瓜！數量又多，成份又好 黨團員也不少，獻發的一隊隊，慰勞品一担担，最整齊，最特色，政治影響最擴大，優勝旗二把給他取去了！大陽區也不錯！區小人少，擴大紅軍四十七人都到十二軍去，沒有一个人弄戰爭精神，獻送的也整齊，也得了優勝了！最不堪！最差！最落後可恥的是廬豐區，一個都沒有，是上杭全縣汚點！收買政策失敗了！城郊區立即開小差了三個！十月十五日全縣獻送紅軍新戰士大會已都過去了，大會的成績是什麼呢？請看下列的數目字：（一）人數共計三百七十五人；（二）工人成份百分之二十八，（三）貧農成份百分之六十四，（四）黨團員合佔百分之二十四名。現在大家都相信政治動員比較命令，強迫，欺騙，收買來擴大紅軍是更有成績！大家都下着決心再來幹！幹！！幹！！！

準備在十月革命紀念節再擴大十二軍一千名。

上杭縣第二期擴大紅軍消息

（一）舊縣區第二期擴大紅軍，黨團員已有三十五人大部份自動的，羣衆自動卅人，共六十五人。（二）舉溪亭區第二期擴大紅軍黨員有九名團員九名羣衆有七名，共二十五人。（三）官庄區截至有一百擴大紅軍共有五十九名，內黨員十六名，團員五名。（四）才溪區擴大紅軍約有五十名左右，（五）白砂區擴大紅軍已經有五十五人了，內黨團員廿人。（六）大陽區擴大紅軍有廿五名石門一帶尚不明了。（七）廬豐區現在擴大有十三人，但一部份還是表現不好。（八）茶地區擴大紅軍已有六十餘名，特別有成績的是茶地鄉九□村，廿六名自動報名，溫泥甲村也有十一名自動。檸樹坪鄉也有十名自動。（九）藍家渡區，現在有十名自動擴大紅軍內黨團員八名。

在這些數目字中，我們統計一下還不夠四百名，離一千五百名數目字尚差三分之二有多，如何完成此項計劃，就要看上杭各區黨團員□□的布爾塞維克的精神了。

中共中央机关报《红色中华》刊登上杭畲乡群众积极响应党的号召参军参战的一组报道（江树高提供）

……強的鬥爭，最近在縣委區委的政治鼓動下，模範營中已經有一整排（三十四人）加入紅軍了，內有黨團員佔半數，建立了臨時黨團支部，編成了班排 非常整齊，一般新戰士表示非常高興。縣蘇即會當地羣衆熱烈歡送到前方去了。這是新泉開展反羅明路線鬥爭以來的光榮成績，這證明 羅明路線的完全破產，和黨的進攻路線的絕對正確。（鍾耀琛）

擴大紅軍的領導者

▲主席領導當紅軍

上杭官庄區蘇主席藍國寶同志，（黨團員），這次在縣委號召之下，自動報名當紅軍，還到各鄉去宣傳了六十三名新戰士和他一起到前方去消滅敵人，模樹鄉蘇主席闕□欽同志也自動報名當紅軍，並領導了四十一人。

▲黨團員領導當紅軍

貴湘鄉石江升同志（團員——前少共官庄區委書記）自動報名當紅軍，並且在五天內領導了十四個人一同加入紅軍去。

余坊鄉的鄭福採同志也領導了二十餘人；藍寶春同志也領導了五人一起到前方當紅軍去。

布爾什維克的領導

羣衆區委宣傳部周插敵同志，最近在各地模範少隊整團整連的加入紅軍的影響之下，自動要求區委，願意領導青年羣衆當紅軍去。區委准他後，他立即到旁蟹鄉去動員，只動員了三天，就領導了二十六名加入紅軍去了。而該鄉自受到這一影響後，便連續不斷地有許多羣衆加入紅軍去，五天內又動員二十餘名。

領導羣衆當紅軍！

公略富田區永口鄉蘇的副主席謝傑貴同志，在五月十四號領帶了十三個人來補充團，同志們！一個要求加入紅軍到前方去！這就是布爾什維克領導的精神！（饒恩龍）

發動歸隊的好辦法

零金黃柏區袖地鄉，全區最近採取了新的工作方式，在實際進行歸隊運動中，學先發動羣衆，募集一批慰勞物品，如花生豆子各種菓品，就派遣最得力的慰勞隊，攜帶菓品直到開小差及請短假回來的士兵家裏，去慰勞他們，同時並組織突擊隊到開小差的家裏幫助砍柴——挑水——耕田——解決他的困難，又向開小差的作政治宣傳鼓動，使他看到優待紅軍家屬的熱忱，在三天內，就鼓動了十三名回隊去了，又報名當紅軍的有二名，這是黃柏區歸隊運動的成績，最近各鄉仍繼續不斷進行着這一工作。

歸隊運動的偉大成績

贛縣□潭區為了要消滅開小差的可恥現象，為了要擴大一百萬鐵的紅軍，在紅色五月初，開始了注重歸隊運動的工作，在這工作的過程中，確已採取了好的辦法，運用了布爾什維克的政治宣傳鼓動，派宣傳隊直到開小差與請短假回來的份子家裏宣傳，及單獨召集他們開會，實際解決其困難並動員耕田隊去優待他們等，所以在紅五月還未完的時候，就已經動員了一百名以上開小差及請短假的去歸隊，一批一批的歡送上前方了。（劉植民）

父子一同加入紅軍

上杭舊縣區新坊鄉新坊村有一個李永青同志，他瞭解了目前戰爭環境的緊張和擴大一百萬鐵的紅軍的必要，所以最近他竟帶了他的兒子，和兒子一同加入紅軍，這是過去報紙上從來沒有登過的新聞！（李中）

婦女擴大紅軍的模範

零都羅江區蒔村鄉李多秀同志，他在十多年前就沒丈夫，是個勞動婦女。這次動員模範隊加入紅軍時，他鼓動宣傳自己的兒子去當紅軍，三天內並領導了七個羣衆當紅軍。這真是婦女擴大紅軍的模範呀！（王世槐）

三個模範女性

上杭才溪區同康鄉的少先隊大隊長王大青同志，舊縣新坊鄉石陂村鄧五妹同志，碧沙村李銀秀同志，他們都是區縣的模範女性 為了蘇維埃政權的鞏固和發展，都鼓動他的老公當紅軍去了。（李中）

《红色中华》报道上杭县官庄区苏主席蓝国宝带头当红军事迹（江树高提供）

紅色中華

發了！真是光榮，給了今年「九三」國際青年節以最好的贈品。在「九五」模範團便順利地成立了！

代英縣廬豐區少先隊全體加入紅軍

▲給縣蘇代表大會以光榮的贈品▼

（代英通訊）福建省蘇在中央政府重新劃分行政區域的領導下，為着便利的來領導羣衆和接近羣衆把舊屬上杭之太拔、太陽、廬豐，藍家渡、茶地等區劃成一個代英縣，該縣蘇於九月三日舉行臨時代表大會開幕典禮，歷經二天會議很順利的已經成功。在建立新縣的時候，各區工農羣衆熱烈地贈送大會的禮品。橫

《红色中华》刊登的代英县庐丰区扩红事迹报道（江树高提供）

民国18年，上杭畲族农民暴动使用的武器——半斩刀（存上杭县博物馆）（江树高提供）

2018年4月，上杭县被国家民委命名为“海峡两岸少数民族交流与合作基地”

2021年，上杭县被国家民委授予“全国民族团结进步示范县”

2018年4月，南台湾观光产业联盟总召集人林富男一行在上杭县官庄畲族乡参加“三月三”畲族文化节活动

在2019年“中国·闽西（上杭）第三届世界客属龙舟文化旅游节”活动中，台体体育龙舟队来上杭参赛

建于2022年2月的上杭县南阳镇涂坑民族村的“铸牢中华民族共同体意识”教育基地

建于2022年9月的上杭县紫金公园的“铸牢中华民族共同体意识”文化雕塑

2021年9月，上杭县旧县镇开展第十四个民族团结进步宣传月工作部署会

“百年荣光感党恩 幸福畲乡开新局”，2021年在官庄畲族乡举办上杭县创建全国民族团结进步示范区暨第四届“三月三”畲族文化节

在2021年的第四届“三月三”畲族文化节活动中，各级领导与群众同唱《唱支山歌给党听》

2021年11月，在上杭人民会场举办“2021年‘中华一家亲·海峡两岸各民族欢庆丰收节’暨福建省各民族共庆‘中国农民丰收节’线上活动”

2022年福建省各民族共庆“中国农民丰收节”，9月22日在上杭县官庄畲族乡举行“福籽同心爱中华”活动

2021 年 9 月，上杭县官庄畲族乡组织学习中央民族工作会议精神

2021 年，上杭县庐丰畲族乡开展“铸牢中华民族共同体意识·永远跟党走”主题活动

2022 年 3 月，上杭县官庄民族中学举办“中华民族魂”演讲比赛

2022 年 3 月，上杭县古田中心小学召开“铸牢中华民族共同体意识”主题班会

上杭县通贤镇通贤村党群服务中心的“铸牢中华民族共同体意识”户外宣传屏

2022 年 3 月 12 日，上杭县庐丰畲族乡扶洋民族村开展“铸牢中华民族共同体意识”宣传活动

长汀县馆前镇黄湖民族村民族团结进步宣传栏（钟巨藩摄）

2023 年 4 月 22 日，漳平市新桥镇城口民族村举办铸牢中华民族共同体意识、助力乡村全面振兴“首届民族村文化节”（兰中霞摄）

2016年，重修的上杭县官庄畲族乡到才溪镇的公路竣工通车

修建于20世纪70年代的上杭县庐丰畲族乡立英水库（郑献兴摄）

上杭县官庄畲族乡土地整理建设项目

喜看稻菽千层浪——上杭县官庄畲族乡福泉民族村的层层梯田（摄于2021年6月）

上杭县庐丰畲族乡“三丰”烤烟基地丰收在望（赖登榕摄于2020年）

漳平市双洋镇坑源民族村竹山（兰中霞提供）

漳平市水仙茶制茶技艺已经列入“人类非物质文化遗产代表作名录”。图为漳平市双洋镇中村民族村的水仙茶基地一角(兰中霞提供)

上杭县古田镇苏家坡民族村特色产业——贵妃鸡养殖基地(龙岩市福欣牧业发展有限公司提供)

上杭县官庄畲族乡树人民族村红藜种植基地

上杭县庐丰畲族乡丰济民族村的金花茶育苗大棚（庐丰畲族乡政府提供）

上杭县官庄畲族乡油茶精深加工企业（官庄畲族乡政府提供）

硕果累累：上杭县才溪镇溪北民族村脐橙喜获丰收（溪北村委会提供）

上杭县庐丰畲族乡丰乐民族村污水处理站（庐丰畲族乡政府提供）

上杭县旧县镇谷坑民族村的水土流失曾经十分严重，2013 年，上杭县开展谷坑水土流失治理。上图是治理前山地，下图是治理后山地（谷坑村委会提供）

龙岩市银杏树王：上杭县蛟洋镇华家民族村的千年银杏（华家村委会提供）

在党和政府的关心支持下，漳平市桂林街道山羊民族村的群众告别茅草房住进新楼房（兰中霞提供）

2021年，漳平市赤水镇香寮民族村成立香台园蜜蜂专业合作社，有养蜂大户53户，养蜂1300多群（兰中霞提供）

漳平市象湖镇科山民族村食用菌大棚一角（兰中霞提供）

2020 年，“民情工作四点法”在上杭县才溪镇溪北民族村践行

在 2019 年的民族团结进步宣传月中，上杭县才溪镇才民民族村开展矛盾纠纷排查调处

上杭县官庄民族中学教学大楼（官庄民族中学提供）

上杭县庐丰民族中学教学大楼（庐丰民族中学提供）

上杭县官庄中心小学（官庄中心小学提供）

上杭县庐丰中心小学（庐丰中心小学提供）

上杭县官庄畲族乡中心卫生院（在建）（蓝赞玉摄于2023年4月）

上杭县庐丰畲族乡卫生院（庐丰畲族乡卫生院提供）

2021年，龙岩市第一医院党委开展“医心为民 护佑健康”主题实践活动。图为医生在上杭县官庄畲族乡开展义诊（官庄畲族乡卫生院提供）

2017年7月8日，福建中医药大学到上杭县庐丰畲族乡卫生院、丰济民族村义诊（庐丰畲族乡卫生院提供）

2020年，龙岩市第二医院红十字健康关怀志愿服务队在上杭县官庄畲族乡进行“肺癌早筛”义诊（官庄畲族乡卫生院提供）

2018年9月，“民族团结进步宣传月”活动中，上杭县庐丰畲族乡卫生院举办老年人中医保健康知识讲座（庐丰畲族乡卫生院提供）

2020年3月，上杭县官庄畲族乡举行新冠肺炎疫情防控大会（官庄畲族乡政府提供）

2021年1月29日，庐丰畲族乡卫生院举行防控新冠肺炎疫情演练（庐丰畲族乡卫生院提供）

2021年，上杭县官庄中心小学召开“福籽同心爱中华 中华民族一家亲”主题班会（官庄中心小学提供）

2022年3月，上杭县官庄中心小学组织开展“畲汉共饮汀江水，同心共筑中国梦”民族月主题队日活动（官庄中心小学提供）

上杭县官庄中心幼儿园的小朋友在老师的指导下制作“畲汉一家亲”手抄报（官庄中心幼儿园提供）

1999年5月10—14日，龙岩市上杭县成功举办第四届福建省少数民族传统体育运动会。图为体育运动会开幕式现场

2018年4月18日，国家民委、福建省领导为“闽西畲族馆”揭幕

2018年11月，龙岩市代表队参加在三明市举办的福建省第九届少数民族传统体育运动会

2019年9月28日，上杭县少数民族队参加在上杭县举办“2019年福建省全民健身暨东南地区海峡两岸第二届公开水域游泳邀请赛”

2021年4月21日，龙岩市民宗局和上杭县民宗局、文体旅游局领导为“上杭县青少年水上运动中心”举行授牌仪式

在2019年9月举办的中国·闽西（上杭）第四届世界客属龙舟邀请赛中，上杭畲族龙舟队获得“本县组一等奖”

在福建省第五届少数民族文艺调演中，上杭县选送的福建省非物质文化遗产树叶吹奏《叶儿青青畲乡乐》获得演出二等奖和创作三等奖

上杭县庐丰民族中学学生在练习蹴球（庐丰民族中学提供）

2013 年，漳平市桂林街道山羊民族村畲歌队获“山哈杯”民歌赛二等奖（兰中霞提供）

龙岩市非物质文化遗产上杭县庐丰畲族香灯龙制作工艺（庐丰畲族乡政府提供）

龙岩市非物质文化遗产上杭县太拔镇坵辉民族村钟家拳（钟良藩提供）

在2015年的“三月三”畲族节中，上杭县官庄畲族乡的畲民在表演竹竿舞（官庄畲族乡政府提供）

2018年4月18日，漳平市桂林街道举办“三月三”畲族文化节（兰中霞摄）

2019年，上杭县庐丰民族中学举办50周年校庆活动，邀请福建省非物质文化遗产“树叶吹奏”传承人丘少春指导学生排练树叶吹奏节目（庐丰乡民族中学提供）

2019年12月9日，漳平市桂林街道山羊民族村畲歌队、竹竿舞队在象湖镇龙门民族村开展联谊活动（兰中霞摄）

上杭县官庄畲族乡畲族妇女在2018年的“三月三”畲族文化节中表演节目（官庄畲族乡提供）

漳平市赤水镇岭兜民族村保存的畲族祖图（兰中霞提供）

2012年，上杭县官庄畲族乡编纂出版《官庄畲族乡志》，为全省第一部畲族乡志（蓝赞玉提供）

上杭县临城镇上登民族村畲族文化广场(上登村委会提供)

上杭县官庄畲族乡树人民族村畲族百姓戏台(陈道红摄)

2022年“三月三”畲族文化节期间，上杭县官庄中心小学组织师生开展走进“畲族文化广场”研习活动（官庄中心小学提供）

2021年12月，上杭县举办第二期畲歌畲语培训班

福建省文物保护单位——上杭县官庄畲族乡回龙天后宫（官庄畲族乡提供）

福建省文物保护单位——上杭县临城镇上登回龙阁（孔维真摄）

上杭县文物保护单位——官庄天后宫（官庄畲族乡提供）

漳平市文物保护单位——赤水镇岭兜民族村“凤翔千仞”（兰中霞提供）

建于清末的上杭县庐丰畲族乡丰济民族村麻子坝围屋（庐丰畲族乡政府提供）

长汀县馆前镇黄湖民族村古民居（黄湖村委会提供）

2019年12月9日，漳平市桂林街道山羊民族村畲歌队、竹竿舞队在象湖镇龙门民族村开展文艺活动（兰中霞提供）

2018年，首次设计推出闽西（上杭）畲族服饰，受到广大畲民的普遍欢迎，成为每次畲族活动的靓丽标志

漳平市象湖镇龙门民族村畲族舞蹈（兰中霞提供）

上杭县庐丰民族中学学生在练习舞狮（赖登榕摄）

龙岩市非物质文化遗产漳平市赤水镇香寮民族村“火炮鼓”参加漳平市2016年农村曲艺调演（兰中霞提供）

上杭县庐丰畲族乡畲族服饰（蓝善祥摄）

上杭县官庄中心小学的学生在老师的指导下制作畲族头饰（官庄中心小学提供）

建于清康熙四十四年（1705 年），供奉黄倖三仙师的上杭县太拔镇坵辉民族村永兴宫（钟巨藩摄）

畲族乡村的山神土地庙（钟巨藩摄）

位于上杭县中都镇古坊民族村山场的“射猎福主神位”（钟巨藩摄）

上杭县湖洋镇新坊民族村保存的仙师宫古代药方（湖洋镇政府提供）

长汀县馆前镇黄湖民族村的神龛（黄湖村委会提供）

国家级旅游区古田镇苏家坡民族村全景（苏加坡村委会提供）

中小学生参观苏家坡民族村的鸿玉堂、树槐堂、主席洞等红色景点，接受红色文化的熏陶（苏加坡村委会提供）

国家级旅游区上杭县湖洋镇文光民族村百果园（湖洋镇政府提供）

福建省第四届梅花节在上杭县湖洋镇文光民族村百果园举行（湖洋镇政府提供）

千年古村落香寮民族村（兰中霞摄）

香寮民族村休闲农业示范点（兰中霞摄）

投入1500万元建设的漳平市赤水镇香寮山庄，是集观光旅游、住宿、度假、会议、娱乐为一体的综合服务项目（林天南摄）

漳平市桂林街道山羊民族村畲民在“三月三”畲族文化节上演唱畲歌（兰中霞摄）

上杭县官庄革命烈士纪念园（官庄畲族乡政府提供）

2019年，上杭县官庄畲族乡举办第三届“三月三”畲族文化旅游节（官庄畲族乡政府提供）

上杭县官庄畲族乡樟树林步道（官庄畲族乡政府提供）

上杭县珊瑚乡华竹民族村的圆通寺（华竹村委会提供）

上杭县庐丰畲族乡摩陀寨风景区（郑献兴摄）

上杭县庐丰畲族乡丰乐民族村举行环村自行车比赛（蓝善祥摄）

上杭县庐丰畲族乡的“三月三”盛会（蓝善祥摄）

2020年，上杭县才溪镇溪北民族村举办脐橙采摘文化节（溪北村委会提供）

2019 年 12 月 21 日，龙岩市畲族文化研究会成立大会在上杭召开

2019 年 12 月 21 日，参加龙岩市畲族文化研究会成立大会全体与会人员在上杭客家缘广场合影留念

2019 年，江西畲族代表参观上杭县客家族谱博物馆

2020 年 12 月，参加龙岩市畲族文化研究会畲族艺术团成立大会的全体与会人员在上杭紫金大酒店合影留念

2021 年 9 月，龙岩市畲族文化研究会派员赴宁德参观学习

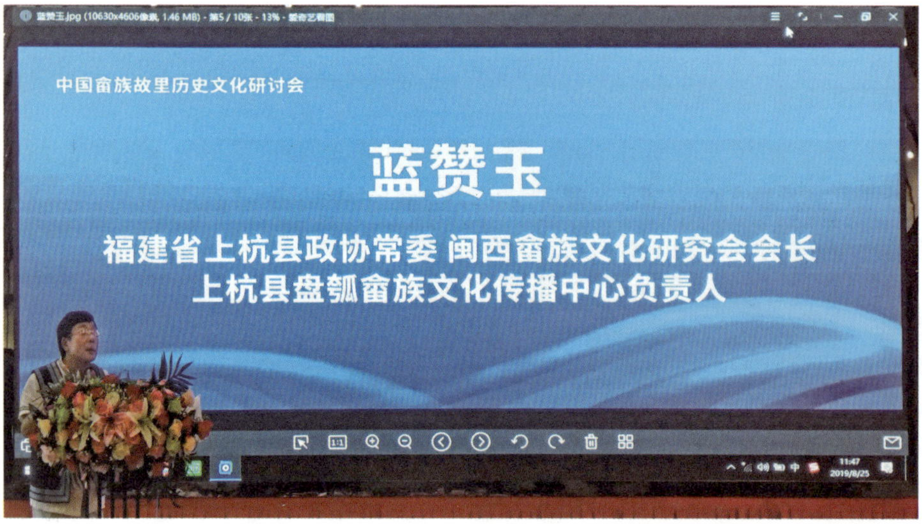

2019年，龙岩市畲族文化研究会会长蓝赞玉在“中国畲族故里历史文化研讨会”上作学术报告

2021年，福安市畲族文化研究会到上杭参加交流

2021年12月，龙岩市畲族文化研究会畲族山歌队在上杭县庐丰畲族乡丰济民族村麻子坝开展中共十九届六中全会精神宣传活动

2021年6月8日，在上杭县举行《龙岩市畲族志》编纂工作启动仪式

2020年冬，《龙岩市畲族志》编纂人员就志书编撰工作到福州拜访蓝炯熹教授等专家

2022年4月13日，在上杭县官庄畲族乡召开《龙岩市畲族志》资料搜集座谈会

2022年3月11日，在上杭县太拔镇召开《龙岩市畲族志》编纂工作会

2022年4月12日，《龙岩市畲族志》编纂人员在上杭县旧县镇谷坑民族村采集资料（谷坑村委会提供）

2022年3月10日，《龙岩市畲族志》编纂人员在采访上杭县蛟洋镇华家民族村华纪梅老人后与他合照

2022年5月17日，《龙岩市畲族志》编纂人员在长汀县馆前镇黄湖民族村征集资料（黄湖村委会提供）

2023年7月5日，漳平市民宗局领导和畲民代表在审阅《龙岩市畲族志》（漳平市民宗局提供）

2023年8月10日，《龙岩市畲族志》编纂组到长汀县征求该县民宗局领导和黄湖民族村的同志对该书的意见建议（长汀县民宗局提供）

《龙岩市畲族志》编纂委员会

顾　　问：蓝炯熹　蓝泰华　蓝珠珠

主　　任：张树淳

副 主 任：蓝玉华　兰尚信　罗小洪　伍　琳　吴　蓉

委　　员：陈小松　欧阳键　邱年春　李希伟　兰友生　蓝中健

钟加樟　蓝秀英　蓝开喜

主　　编：蓝赞玉

副 主 编：蓝朝强　蓝福平　钟海波　钟华榕　雷先桦　蓝德光

蓝　胡

执行主编：钟巨藩

成　　员：谢　键　江丽彬　兰中霞　蓝发锦　蓝荣亨

总　　纂：钟巨藩

图片编辑：钟巨藩

序　一

在宁德市蕉城区福山街繁华路段，有一座始建于清乾隆二十七年（1762 年）的天后宫，那极具闽东传统建筑特色的正殿藻井与风火山墙深深吸引了我。尤其让人浮想联翩的是分别镌刻于正殿东西两侧的两根镂空青石龙柱上的字眼，其一，“咸丰元年春正月吉旦”，其二“鄞江众靛商仝敬立”。由此可知，清咸丰元年（1851 年）邑人重修殿宇，并添建做工极其考究的雕龙石柱。处于庙宇显著位置而落款的捐建者是鄞江蓝靛业商帮，足见他们在闽东的社会地位与经济影响力。鄞江，是宋至明代汀江的别称。鄞江（汀江）流域的靛业商人，依靠来自同乡菁民的艺蓝业的初始积累转化为商业资本的原始积累，并且占据包括闽东、浙南在内的东南沿海商品经济的半壁江山。

明代福建种菁（蓝靛）业特别发达，所产的蓝靛品质尤其优良。明王应山《闽大记》云：“靛出山谷”，“利布四方，谓之‘福建菁’”。明王世懋《闽部疏》云，福建“蓝甲天下”。丰厚的利润使得蓝靛种植遍及福建全境。“种菁之业，善其事者汀民也。”汀民即汀江流域居民。“汀之菁民，刀耕火耨，艺蓝为生，编至各邑结寮而居。”乾隆《宁德县志》云：福宁府之宁德县“嘉庆初年，外郡人来县栽菁”，“种菁之业，善其事者汀民也。”“邑以靛青为业者，大抵汀人也。”“居山者不事锄畚，听从菁客佃作。如西乡几都，菁客盈千。凡菁客佃作之山，皆深岩穷谷，非平原旷野可树桑者比。”“菁民者，一曰畲民，汀上杭之贫民也。每年数百为群，赤手至各邑，依寮主为活，而受其佣值，或春来冬去，或留过冬为长雇也。”民国二十七年《上杭县志·实业志》载，“前清嘉道以前，邑人外出经商以靛青业为最著。……本邑之种蓝者其利尤少。杭人往南浙作艶获利难以枚举，此乾隆初年事也”。菁民与靛商基本上都是来自汀江流域的人们，组成“菁民—寮主”的族群，族群主要畲家与客家组成。因此，闽浙赣交界地的畲族群体，主要就是源于汀江流域的菁民，闽东浙南畲族也称为“菁寮”。读到蓝赞玉族弟惠赠的《龙岩市畲族志》，先睹为快之余，遂倍感亲切，因为这是来自畲家故乡的“民族志”。我们始终知道，那条静静流淌的干流总长 323 公里的汀江是畲家、客家共享的母亲河。

《龙岩市畲族志》内容丰富、资料翔实，是一本难得的民族志。其中印象最深的莫过于新民主义时期的闽西畲族。如 1926 年，中共党员上杭畲族蓝维仁邀集厦门集美学校师范部诸位畲族学人在庐丰创办“平民学校”，宣传革命思想。中共党员雷三明从海陆丰农民运动讲习所学习归来，相继发展乡亲入党，并在成立中共上杭支部。1929 年 6 月，畲民蓝洪慈、蓝维仁、蓝树荣等人在上杭领导“庐丰暴动”“白砂暴动”。9 月，由朱德率领的红四军和蓝鸿翔带领的赤卫军共万余人，攻克史称“铁上杭”的上杭县城。10 月 22 日，中共闽西特委、上杭县党政机关和群众武装撤离上杭县城，毛泽东随同中共闽西特委机关抵达古田苏家陂畲族村。11 月 18 日，红四军在上杭县官庄树人村召开前委会议，陈毅传达了党中央“九月来信”，贯彻中央“九月来信”精神，请毛泽东回红四军复职，为“古田会议”的召开奠定思想基础。11 月中旬，毛泽东在苏家陂畲族村指导闽西特委举办干部训练班，创立苏家陂平民小学，并亲自讲课。12 月 28—29 日，中共红四军第九次代表大会在古田曙光小学(原古田廖氏宗祠)召开“古田会议”，畲民雷时标作为会议工作人员列席会议……以上桩桩大事可以看出发生在闽西土地革命史中的许许多多故事都有畲民的参与、畲村的融入。正如习近平总书记对畲族的评价：“畲族，作为中华民族大家庭中的一个成员，以勤劳、勇敢、团结、奋进著称于世，他们坚定不移地跟着中国共产党。在新民主主义革命时期作出了应有的贡献。”衷心祝愿《龙岩市畲族志》早日面世。

是为序。

蓝炯熹

2023 年 11 月 29 日

作者系福建省文史研究馆馆员、省民族宗教厅民族与宗教研究所原所长、宁德师范学院特聘教授。

序　二

习近平总书记在福建工作期间满怀深情地指出:“畲族人民在漫长的历史岁月中,创造了光辉灿烂的文化,这不仅是畲族人民自己的瑰宝,也是我们国家的一份宝贵的财富。畲族文化为畲族的延续和发展起到了积极作用,在实现社会主义现代化过程中一定要让畲族文化更加发扬光大。”①

龙岩市通称闽西。隋唐时期就有畲族先民在闽西活动,他们是开发闽西山区的先行者。唐末至宋,中原汉人因战乱、灾荒等原因,大批进入闽西。畲族先民与南迁汉人在长期的劳动生产中,相互交流、交往和交融,相互学习,共同开发闽西山区,共同反抗封建统治,世世代代和睦相处,耕山耘水,开拓进取。从20世纪20年代起,闽西的畲、汉群众在中国共产党的领导下,进行了轰轰烈烈的反帝反封建的革命斗争。中华人民共和国成立后,消灭了阶级剥削、阶级压迫,民族关系进入崭新的历史阶段。改革开放后,民族关系又有了新的发展。中共十八大以来,民族大团结空前高涨,少数民族和汉族密不可分,少数民族离不开汉族,汉族也离不开少数民族,合作、共建、互助的新型民族关系在闽西大地开出绚烂之花。闽西的畲、汉人民形成了休戚与共、荣辱与共、生死与共、命运与共的共同体。

在长期的繁衍生息过程中,畲族人民创建了美好的家园,创造了底蕴深厚的民族文化,积淀了大量的文化遗存。漳平市山羊村的畲族山歌,上杭县庐丰畲族乡的树叶吹奏、五梅拳遐迩闻名。全市民族乡村有文物保护单位省级7处、县(市)级12处,列入非物质文化遗产保护名录省级2项,县(市)级12项。大量的畲族文化表明,畲族文化是中华文化的组成部分,中华文化是源,畲族文化是流,中华文化是各民族优秀文化的集大成。

“鉴古而知今”。《龙岩市畲族志》以独特的视角和眼光,展示历史风貌,体现时代精神,全面翔实地记载了龙岩市畲族人口、经济、政治、文化、教育、卫生、体育、民俗风情、人物事迹等。其内容丰富、考据严谨,融思想性、科学性、知识性、教育性和资料性于一体,具有“团结、资政、教化、存世”的功能。是知我畲族、爱我畲族和进行革命传统教育的好教材,可以全面了解龙岩市畲族的基本情况,让子孙后代了解先辈创业之艰难。对进一步研究、传承畲族历史文化有很强的现实意义和历史意义。该志是龙岩市历史上第一部畲族志,也是福建省第一部市级畲族志,它的出版能填补我省市级畲族志的空白。

习近平总书记在中共中央政治局第九次集体学习时强调,“铸牢中华民族共同体意识、推进新时代党的民族工作高质量发展,是全党全国各族人民的共同任务”。只有铸牢中华民族共同体意识,才能增进各民族对中华民族的自觉认同,夯实我国民族关系发展的思想基础,推动中华民族成为认同

---

①习近平《摆脱贫困》,福建人民出版社,1992年7月,第124—125页。

度更高、凝聚力更强的命运共同体，增强各族群众共同维护国家统一和民族团结的自觉性、主动性。

《龙岩市畲族志》的问世，是增强龙岩市“文化自信”的一项举措，也是惠及龙岩市畲族同胞的文化盛事。我谨向关心支持《龙岩市畲族志》编修的社会各界人士表示衷心的感谢！

是为序。

蓝赞玉

2024年5月

作者系龙岩市畲族文化研究会会长。

凡　例

一、本志以习近平新时代中国特色社会主义思想为指导，运用辩证唯物主义和历史唯物主义的观点，实事求是，全面系统地记述龙岩市畲族的社会、经济、政治、文化的历史和现状，力求思想性、科学性和资料性相统一。

二、本志贯通古今。记述时限，上限尽可能追溯到事物发端，下迄 2021 年，重大事件适当下延；遵循“详今略古、详近略远”的原则，以记述近现代、当代为重点。

三、本志采用述、记、志、传、图、表、录等体裁，以志为主。卷首设概述，简介龙岩市畲族乡村经济社会发展变化概貌，总揽全志；大事记采用编年体，记述龙岩市（闽西）畲族的大事、要事；主体分志力求科学分类，并结合基层实际，横排门类，综述史实，一般设章、节、目记述；设附录，以辑录获得表彰的民族乡、村（单位）及重要文献；志末设编后记，叙本志纂修之脉络。

四、人物志由人物传、人物简介和人物表组成。坚持“生不立传”的原则。立传人物以对社会发展有重要作用或有重大影响的已故龙岩市畲族人士为主。人物简介主要选录在世的龙岩市畲族正处级及以上职务的人员，正高级专业技术职务（职称）人员，以及有重要影响的旅外乡亲、文化艺术和工商界人士等，略记人物履历及主要事迹。英名录收录经福建省人民政府确认的龙岩市畲族革命烈士。人物表列明、清龙岩市畲族考取“功名”和历任职官人员，以及民国以来龙岩市畲族任副处（副县、副团）级及以上职务人员、副高级专业技术及以上职称人员，设区市及以上表彰的先进人物和获得硕士及以上学位人员等。

五、本志文体采用规范的现代语体文记述，文字以国家颁布的简化字为准。个别地方需要引用古籍原文或方言俚语时，括注汉语拼音。

六、本志纪年，民国以前的纪年，先书朝代年号，以节和人物传主为单位首次出现时括注公元纪元，其后从略；民国年份用阿拉伯数字书写，亦以节和人物传主为单位首次出现时括注公元纪元，其后从略；中华人民共和国成立后采用公元纪元。

七、本志所引用的经济社会发展数据，以市、县（市）和畲族乡统计部门公布的法定数据为主；统计部门没有统计口径的，采用业务主管部门提供的数据。

八、数字、标点符号的使用，按国家有关规定执行。中华人民共和国成立前，计量单位一般按当时的计量单位照实记载；中华人民共和国成立后，一般使用法定计量单位，但记述农田土地面积、单位面积产量时仍以亩为单位。

九、本志货币单位除特别标明者外，均指人民币。

十、历代政府、团体、职务等名称，按当时名称记述。历史地名，使用当时名称（括注今名）。其他地名使用县（市）人民政府审定的地名。

十一、本志文字资料主要来自档案、志书、年鉴、族谱和有关部门提供的资料，以及采访有关人士的回忆材料等，经甄别、核实后入志，一般不再注明出处。图片资料除署名者外，由上杭县民族宗教局和龙岩市畲族文化研究会提供。

十二、受1977年第二批简化汉字（1986年国家已明令废止）的影响，龙岩市部分蓝姓畲民将“蓝”姓改为“兰”姓。本志中，畲民“兰”与“蓝”都同属“蓝”姓。

十三、本志较多引用历史文献资料，引文部分以页下注形式注明出处。

目　　录

第一章　畲族人口

第二章　经　　济

第三章　政治活动

第四章　民族事务

第五章　民族团结进步

第六章　教　　育

第七章　文　化

第八章　体　育

第九章　畲乡旅游

第十章　卫生健康

第十一章　风俗习惯

第十二章　畲乡概况

第十三章　人　　物

附　　录

概 述

一

畲族是中国东南沿海山区历史悠久的民族。

据第七次全国人口普查，龙岩市有畲族人口30197人，是全市42个少数民族成份中人口最多的一个民族，占全市总人口的1.11%。分布在龙岩市7个县（市、区）。畲族人口万人以上的县有上杭县，人口千人以上的乡镇有11个。全市畲族最大的村落是上杭县官庄畲族乡树人村，有730户3130人，其中畲族蓝姓占96%。长汀县馆前镇黄湖村、漳平市桂林街道山羊村、上杭县南阳镇南岭村等民族村的畲民居住在海拔700米以上的深山老林里，也有畲、汉杂居于山间谷地、河边坝地。

隋唐时期，畲族先民是闽西地区的主要居民之一，曾一度是闽西的主族。这一时期闽西畲民多次起来反抗封建王朝的统治，大都被封建政府“讨平”。因此，闽西畲民或为逃避封建政府的迫害，或为逃避封建地主阶级的压榨，只好外迁别地；当然随着历史的变迁，畲民也从他处迁入闽西。宋朝，钟德二郎、钟千七郎、钟四五郎分别迁入上杭的南阳南岭、中都的古坊和茶地的久泰；雷梓福迁入上杭附城水西渡。元朝，蓝念四郎、念七郎从长汀水口白鹭树下分别迁入上杭官庄蓝屋圩（今新风村）和胜运里湖洋（今庐丰畲族乡扶洋村）畲里。明洪武十五年（1382年），雷久徵由清流迁至上杭胜运里曾坑（今太拔镇田增村增坑自然村）；明朝正德年间（1506—1521年），雷千一郎随母离开宁化石壁，迁往上杭来苏里小黄坊（今下都镇五峰村）。明朝万历年间，蓝恩台、思台从漳浦县赤岭乡迁入漳平象湖和永福（后迁到山羊隔）。清康熙年间（约1700—1710年），雷光保从上杭县才溪镇溪北村雷屋迁入今漳平市赤水镇溪西。清乾隆后期，蓝千三郎从上杭县庐丰大坪里迁入长汀县馆前镇黄湖村。

畲族在闽西山区定居后，除了在闽西范围内迁徙外，也不断往外迁徙。元末，蓝念七郎开基庐丰扶洋，五世蓝子荣从扶洋迁居庐丰后，从七世蓝二郎迁往上杭县来苏里上都张坊始，至民国33年共有183支数百人外迁，其中，迁往江西于都、泰和等县有55支，迁往福建省内的宁德、邵武等县有28支，迁往湖南常德、桃源等县有16支，迁往广东博罗、兴宁等县有11支。明洪武初，钟闻珣开基上杭太拔坵辉后，其第三子钟滨就在永乐年间迁往广东翁源，其后，先后迁往赣南的万安、永丰、崇义等县的有36支，迁往湖南郴州的有4支，迁往福建宁德的有3支，迁往浙江青田的有1支。

明清时期，由于社会相对稳定，畲民向南迁汉人学习了以儒家文化为核心的中原文化和先进的生产技术、生活方式，闽西畲族人口得到较快的发展，出现了比较大型的畲族村落。上杭县庐丰“三丰”（丰济、丰乐、丰康）和官庄树人、七里等村落是蓝氏聚居村落，太拔崇厦、临城水西渡和下都吉安是雷氏定居地，南阳南岭、官庄福泉、茶地久泰、中都古坊、太拔坵辉等村是以钟氏为主的村庄；漳平山羊隔、龙门村等村寨是蓝氏的定居地；长汀馆前黄湖全村都姓蓝氏。由于长期的不断迁徙，畲族聚居点多为数十户人家组成的自然村寨，也有与汉族共聚一村。形成了“散居与杂居”的特点，以及“大散居小聚居”的格局。

1953 年,国家民族事务委员会(以下简称国家民委)派出全国第一个民族识别调查小组在福建罗源八井、漳平山羊隔、上杭庐丰和浙江景宁、东衙(弄)等畲族乡村进行为期 3 个月的畲民识别调查。1955 年,又派民族识别调查组到广东省凤凰山区、莲花山区、罗浮山区畲族乡村调查。根据这两次调查,1956 年,中央人民政府正式确认畲族为具有自己民族特点的单一的少数民族,族称为“畲”。

1987 年,经福建省民族事务委员会(以下简称省民委)批准,恢复上杭县蓝、雷、钟 3 姓 6060 户 30889 人畲族成分。1988 年,福建省人民政府授权省民政厅批准,撤销上杭县官庄乡、庐丰乡建置,在原官庄、庐丰行政区设立官庄、庐丰畲族乡;并在上杭县、漳平市、长汀县畲民人口数较多的村设立民族村。到 2021 年,龙岩市有 2 个畲族乡、51 个民族村。

二

龙岩市畲族富有忠勇精神。历史上畲族人民备受压迫、剥削和歧视。统治阶级视畲民为“化外之民”,畲民无政治地位,经济受剥削,甚至温饱难求,遑论读书识字。从唐朝开始,闽西畲民和当地的汉族人民一起向反动统治阶级进行了不屈不挠的斗争。

进入 20 世纪,畲族人民在中国共产党的领导下,为中华民族的独立解放、为中华人民共和国的建立做出了积极的贡献。

1926 年,在集美师范读书的上杭庐丰籍畲族学生蓝维仁加入了中国共产党,后又邀同乡、同学蓝维龙、蓝树荣等人回到庐丰创办平民小学,进行反帝反封建的宣传活动。上杭城关畲民、共产党员雷三明从海陆丰农民运动讲习所学习结业回到上杭,相继发展了罗大准、吴梅林入党,并在上杭城关成立共产党上杭支部。这一时期,革命的种子在闽西畲族地区萌芽,畲族群众开展反抗封建地主的抗捐、抗税斗争。

1929 年,毛泽东、朱德率领红四军入闽,闽西的畲汉群众纷纷响应,跟着共产党闹革命。1929 年 7 月 7 日,上杭县庐丰乡畲族共产党员蓝洪慈、蓝维仁、蓝树荣及汉族共产党员李立民、赖友发等一起领导庐丰农民暴动,掀起打土豪、分田地、建政权的革命高潮。1929 年 11 月 18 日,朱德和陈毅在上杭官庄树人畲族村鹧鸪塘主持召开红四军前委扩大会议,传达中央“九月来信”精神和周恩来的口头指示,决定请毛泽东回到红四军继续主持前委领导工作,为古田会议的召开奠定了基础。

从 1929 年红四军入闽至 1935 年 12 月,上杭县畲族聚居地的庐丰、官庄、才溪、太拔等乡村共建立了 35 个中共党支部,其中畲族党员 350 多人。

1934 年,中央红军主力开始举世闻名的长征后,闽西作为南方革命根据地之一,畲、汉人民在中国共产党的领导下,组成游击武装与国民党统治进行顽强的斗争。1935 年 6 月,根据闽西南军政委员会的指示,上杭县与代英县合并为杭代县①军政委员会,畲民蓝荣玉任杭代县军政委员会副主席,领导游击队在岩下山、双髻山一带坚持游击战争。1947 年 8 月 20 日,中国人民解放军闽粤赣边总队闽西支队(后改称“第七支队”)成立,畲民蓝汉华任支队长。部队活动于粤东、闽西各地,收缴反动武装,发动群众,策应南下的中国人民解放军。

---

①杭代县:1933 年 9 月,在上杭县太拔区成立以纪念恽代英烈士命名的代英县,下辖庐丰、横岗、茶地、太拔、蓝家渡、立民、大阳坝 7 个区。1935 年 5 月,在闽西南军政委员会军事部长谭震林的指导下,成立“杭代县军政委员会”,下辖庐丰、横岗、蓝家渡、太拔、大阳坝、茶地、白砂 7 个区和岩下山工作团。原代英县武装改编为杭代县游击队。

在漫长的革命斗争年代里，许多闽西畲族儿女为革命事业献出了宝贵的生命，许多畲族村庄在国民党疯狂的“围剿”中化为灰烬，畲族人民为中国革命的胜利付出了巨大的代价。

中华人民共和国成立后，建立人民政权，畲族乡村废除保甲制度，召开各级人民代表大会，在各级人民代表大会代表中均有畲族代表参加，畲族人民真正成为国家主人。先后有畲民蓝荣玉（福建省革命委员会副主任）出席中共九大，并当选为中央候补委员；畲民蓝庭辉（中国人民解放军铁道兵副司令员）当选为第四、第五届全国人大代表，第六届全国政协委员。福建省、龙岩市历次（届）党代会代表、人大代表和政协委员中都有龙岩籍畲族人士参加。上杭县人民政府配有畲族副县长，畲族乡的乡长都由畲族人士担任，县有关科局配有畲族干部担任科（局）长或副职。

三

畲民是闽西山区的开发者。隋唐时期，畲族先民“刀耕火种”，过着随山而耕的游耕生产和“诛茅打寮”的流浪生活。所种农作物多为耐旱的棱禾、薯、苎麻等，狩猎是畲民的传统产业。

唐末至北宋，大批南迁汉人进入闽西山区后，在长期的接触交往中，畲、汉人民互相学习、互相交流。畲族乡村生产力有了较大的发展，畲民摆脱了“刀耕火种”的游耕生产和“诛茅打寮”的流浪生活。但是，畲民受到封建官府和地主阶级的压迫、剥削，生活较当地的汉族群众更为艰难。

中华人民共和国成立后，土地改革使无地或少地的畲族贫雇农分到了土地，从而调动了广大畲民的生产积极性。1952 年，上杭县才溪区溪北村畲民雷佛春在全县率先组织互助组；1953 年春，才溪区溪北村雷佛春互助组试办全县第一个初级农业生产合作社。土地改革、农业合作化，解放了生产力，畲族乡村和广大汉族地区一样，农业生产得到快速发展。

1958 年“人民公社化”后，受到“左”的路线干扰，畲族乡村经济停滞不前，粮食减产，山林砍光，群众生活困难。1979 年，贯彻中共中央《关于加快农业发展若干问题的决定（草案）》，尊重生产队的自主权，放宽对自留地、家庭副业和集市贸易的限制，发展商品生产，闽西畲族乡村形势有了根本好转。

1981 年始，全面推行家庭联产承包责任制，实行生产关系变革和经营体制改革，推广优良品种和先进耕作技术，实行种、养、加（工）相结合，大力发展乡村企业，畲族地区经济得到全面发展。龙岩市、县（市）民族工作部门积极争取中央、省、市党委、政府及有关部门的支持，帮助解决畲族群众的通路、通水、通电、通电话、通广播电视（以下简称“五通”）工程。特别是中共十八大以来，随着社会进步和党的少数民族政策的落实，境内畲族乡村经济得到长足发展。2017—2021 年，龙岩市民族宗教局向省民族宗教厅争取中央、省级少数民族发展资金共 2897 万元。2018 年始，龙岩市政府的民族补助经费又从每年 100 万元增加到 110 万元，用于扶持民族乡村基础设施建设和发展生产。

2016 年始，龙岩市各级党委、政府加大推进脱贫攻坚工作，把它作为第一民生工程。在 51 个民族村中精准识别贫困村、贫困户。出台贫困村脱贫帮扶措施，引导民族村发展产业增加就业，加大产业扶持及招商引资力度，举办各种培训班培训贫困户。引导贫困户参加激励性扶贫项目，采取发放小额信贷，健康扶贫，教育助学扶贫等措施；探索“公司+合作社+基地+贫困户”等帮扶模式，带动转变贫困户生产经营理念，拓宽脱贫致富渠道。2019 年底，上杭全县 10 个少数民族贫困村及建档立卡贫困户全部实现脱贫。2020 年，漳平市、长汀县少数民族贫困户全部实现脱贫。龙岩市畲族乡村脱贫攻坚取得巨大胜利后，各级党委、政府不失时机地实施民族乡村振兴战略，并取得重要进展。

四

中华人民共和国成立以前，龙岩市畲族乡村由于经济条件差，居住分散，在明、清时期，除个别较富裕的畲民子弟读私塾、进学馆，考取“功名”外，绝大多数畲族儿童没有读书的机会。民国时期，全市畲族乡村兴办学校的也不多，畲族子女要上学要到附近汉族村去上学，因而读书人寥寥无几。

中华人民共和国成立后，各级人民政府重视畲族人民的教育事业。1951 年，人民政府派出教师在漳平山羊村开办小学分班。畲族乡村兴起办学热潮，根据村庄的实际分别办起全日制教学班、初级小学或完全小学。20 世纪 80 年代始，党和政府选派优秀教师到畲族乡村的中小学校任教，优先安排办学经费，不断完善办学设施和提高教学质量；对畲族学生参加中考、高考给予降分或优先录取照顾，在校高、初中学生给予助学金补助，对贫困学生进行学业补助。2021 年年底，龙岩市有民族中学 2 所，民族小学 5 所。

畲族没有文字，通用汉字。龙岩市畲族使用的语言，上杭和长汀通行客家话，漳平讲闽南话，漳平市山羊村是全市唯一保留畲族语言的民族村。畲族虽然是一个没有自己文字的民族，但在长期的生产生活中，畲族人民口头创作了许多脍炙人口的民间文学作品，许多作品通过口耳相传或以汉字记录文本流传至今，民间作品十分丰富。尤其是在民间歌谣与民间传说方面，不仅作品数量众多，而且充满浓郁的民族特色。漳平市桂林街道山羊村蓝祖昌（又名蓝石古）是闽西南著名的畲族歌手，是畲族民歌这一非物质文化遗产的重要传承人。他为传承、光大和保存畲歌这颗民间文学的璀璨明珠做出了贡献。

畲族神话丰富多彩，涉及面广，曲折含蓄地反映了畲族人民对自然界的认识和与自然界的关系，是畲族人民自然观的生动体现。畲族民间传说是民间相传的一种与历史人物、历史事件以及地方风物、古迹等密切联系的口头故事。畲族也和汉族一样，重视族谱的编修、宗祠（家庙）的修建和祖训、家规的传承。

畲族是个能歌善舞的民族，其传统舞蹈与祭祀活动、婚丧节庆、生产劳动有密切联系，习俗性舞蹈和祭祀性舞蹈成为畲族传统舞蹈的源头。祭祀舞是畲族祭祀祖先、神灵时所跳的舞蹈。

中共十八大以后，上杭县、漳平市连续多年举办畲族“三月三”文化节、畲族民俗活动和畲语培训班，以传承畲语、畲歌、畲舞。

畲族传统体育是畲族文化的一个重要组成部分，亦是畲族文化的一大特色。畲族自古就有练拳习武的习惯，各村大都设馆习艺，农忙务农，农闲习武，练武之风颇盛。经过千百年的传承、提炼、加工，畲族民间流行的武术已经形成为独具一格的民间武术。畲族武术有拳术、棍术、刀术、气功等，又以棍术和拳术最为有名。畲族棍术以“钟家棒”最具特色。畲族传统体育还有蹴球、高脚竞速、板鞋竞速和操石磉等。

五

畲族是一个正直善良、勤劳朴实和热情好客的民族，保持着很多古雅、淳朴、优良的传统礼俗。畲族由于与南迁汉民长期相处，其社会风俗受汉族民俗的影响相当明显，但某些方面仍体现出较明显的民族特色。

畲族婚姻严格实行一夫一妻制，历史上一般都在族内通婚。畲族青年男女的婚姻恋爱比较自由，男女双方不讲聘礼或彩礼，婚礼简朴。随着南迁汉人大批进入闽西山区后，汉人与畲民的交流、交往日益增多，出现了畲民与汉人通婚，畲族的族内婚禁条被打破。中华人民共和国成立后，民族平等团结政策的执行，畲、汉两族之间的通婚日益增多。畲族妇女的家庭地位较高，尽管家长在家庭内外事务中具有决定权，但凡是涉及家庭的重大事宜，妇女有权过问，有时妇女可以直接参与决断。虐待妻子的家庭暴力事件，在畲族社会中极少发生。

畲族对生儿育女非常重视，从怀孕到孩子长到16岁有祈子、孕期、分娩、诞生等一系列的习俗活动。畲民对30岁以后的整数生日也比较看重，称为“大生日”。60岁以上称为上寿，讲究“男做齐头女做一”，这时的“大生日”隆重热闹。畲族历史上曾经盛行过火葬，后来改为土葬。土葬又有“二次葬”（也称“拾骨葬”）、一次完成的棺木土葬和停棺拾骨土葬三种形式。丧事的处理过程大致有奔丧、入殓、超度、出殡、“做七”和“二次葬”等程序。畲族仍保留了正月二十的“补天穿”、二月初二的“伯公生日”和“三月三”、立夏后第一个辰日的“封龙节”等具有自身鲜明民族特色的节日。

畲族的宗教信仰主要是祖先崇拜。道教、佛教、自然神崇拜等各种信仰，在畲族社会中同时存在。而祖先崇拜则是畲族最原始、最基本和最核心的民间信仰，体现了鲜明独特的民族特色。

随着历史的向前发展，畲族的一些陈规陋习也被淘汰，代之以顺应时代潮流的新风尚、新习惯。

中华民族一家亲，同心共筑中国梦。在习近平新时代中国特色社会主义思想指引下，在龙岩市各级党委、政府的领导下，龙岩市畲族和全市各族人民铸牢中华民族共同体意识，手足相亲、守望相助，团结一心、共同奋斗，把龙岩建成机制活、产业优、百姓富、环境美的新龙岩，为实现中华民族伟大复兴的中国梦做出应有的贡献。

大　事　记

晋至南北朝

晋太康三年(282年)

析建安郡置晋安郡,领县八,其一曰新罗,今龙岩市境属新罗县。

隋

开皇九年(589年)

新罗县归泉州管辖。

唐

仪凤三年(678年)

唐玉钤卫翊府左郎将陈元光部同畲族先民首领苗自成、雷万兴等人战于潮阳等地。

永隆二年(681年)

畲族先民在广东潮州一带再次起事。陈元光提兵入潮,俘获万计,直至“岭表悉平”。

景龙二年(708年)

雷万兴、苗自成之子以及畲族先民首领蓝奉高等人“复起于潮”。

景云二年(711年)

陈元光在绥安之大峙原为蓝奉高所杀。

开元三年(715年)

陈元光子、漳州代刺史陈珦袭破“蛮峒”,擒杀其首领蓝奉高。

开元二十一年(733年)

福州长史唐循忠奏请在福州、抚州之间置州。奏准后于开元二十四年正式置州,以长汀溪为名,称汀州,设新罗、长汀、黄连3县。于晋属新罗县之新罗置州治;于长汀村(今上杭县临城镇九洲村)置长汀县治。

天宝元年(742年)

改新罗县为龙岩县,辖九龙乡。

大历四年(769年)

汀州刺史陈剑奏请在龙岩湖雷下堡(今永定区下湖雷)置上杭场。

大历十二年(777年)

改龙岩县隶漳州,九龙乡随附。

昭宗年间(889—904年)

钟全慕任汀州刺史。全慕死后,其孙钟翱继全慕为刺史。钟全慕后裔播迁闽、粤、赣等地。

乾宁元年(894年)

十二月,黄连"峒蛮"2万人围汀州,王潮派李承勋帅卒万人解围追击,大破"蛮"人于浆水口(今顺昌县)。

宋

淳化五年(994年)

割长汀南境给上杭,上杭升场为县。县治驻秋梓堡。

南宋乾道四年(1168年)

上杭县治迁到郭坊(今上杭县城)。此前曾三迁县治:宋至道二年(996年)迁鳖沙(今上杭县白砂镇碧沙村),咸平二年(999年)迁语口市(今上杭县旧县镇全坊村),天圣五年(1027年)迁钟寮场(今上杭县才溪镇荣石村)。

淳熙十四年至咸淳五年(1187—1269年)

刘克庄在《漳州谕畲》一文中首次使用"畲民"一词。

嘉定二年(1209年)

李元砺率"峒寇"从赣入闽,进攻汀州。"峒寇"中有不少畲民。嘉定三年,李元砺被执后,起义遭镇压。

咸淳元年(1265年)

蓝万一郎从建宁崇善坊迁居宁化石壁,是为蓝姓入汀州始祖。

德佑元年(1275年)

文天祥等起兵"勤王",反抗元军侵略,畲民组织的畲军也参加抗元斗争。

上杭县畲族钟姓在南宋年间分别从长汀、武平迁入上杭县南阳镇南岭村、茶地镇久泰村和中都镇古坊村。

元

至元十四年(宋端宗景炎二年,1277年)

七月,张世杰会师讨蒲寿庚,有许夫人统诸峒畲军来会,汀畲亦在军中。九月,福建宣慰使、行征南元帅府事唆都率师驰援泉州,解泉州围。

至元二十四年(1287年)

冬,汀州畲族人钟明亮领导闽、赣、粤3省边境农民起义,"拥众十万,声摇数郡",活动于汀州、漳州、赣州、邵武、宁都、南安(今江西大余)、建昌(今江西南城)、南斗、循州(今广东龙川)、梅州等地。

至元年间(1265—1294年)

雷梓福为避兵乱,从山西南迁,经宁化、上杭临城水西渡,后在城内定居。

至正二十二年(1362年)

蓝念四郎从长汀水口迁入上杭县官庄蓝屋圩(今新风村),后徙对岸水东坊朴树下(今树人村)。

至正二十八年(1368年)

蓝念七郎从长汀水口迁入上杭县胜运里湖洋村畲里(今庐丰畲族乡扶洋村)。

明

洪武十八年(1385年)

畲民钟子仁在上杭举事,抗击明朝政府。

宣德年间(1426—1435年)

上杭县雷姓由清流迁上杭县胜运里增坑,后迁崇厦(今太拔镇崇厦村)开基。

成化七年(1471年)

从龙岩县划出九龙乡的居仁里4图、和睦里8图、聚贤里9图、感化里5图、永福里7图置漳平县,隶属漳州府。

成化十四年(1478年)

畲民钟三在上杭起兵,反抗明廷。

正德年间(1506—1521年)

雷千一郎从宁化石壁迁往上杭来苏里小黄坊(今下都镇五峰村)。

隆庆元年(1567年)

以龙岩县原集贤里5图为基础,另从大田县聚贤里割出3图,永安县二十八都、二十九都、三十都各割出1图,共11图建宁洋县,县治设在双洋(今漳平市双洋镇)。今漳平市双洋镇中村、坑源,赤水镇岭兜、香寮等民族村为当时的宁洋县所辖。

崇祯五年(1632年)

上杭县畲民钟凌秀率众起义,其弟钟复秀率领500余人攻打官庄蓝屋驿,在绿水潭至回龙岗一带活动,巡道顾元镜遣把总许胜、百户赖其勋等进行抵抗。赖其勋在高毛溪因孤军无援被义军所诛。

清

康熙四十四年(1705年)

雷光保携妻蓝氏从上杭县才溪雷屋(今才溪镇溪北村雷屋)迁至宁洋县集宁里泗岭(今漳平市赤水镇溪西)开基。

乾隆三十五年(1770年)

上杭钟氏在上杭县城东区(今瓦子东街)择地兴建"上杭钟氏总祠",乾隆四十二年建成。

乾隆年间(1736—1795年)

蓝千三郎从上杭庐丰大坪上迁徙到长汀县归阳里一都黄泥湖(今馆前镇黄湖民族村),成为黄湖蓝氏开基祖。

雍正十二年(1734年)

龙岩县改为直隶州,辖漳平、宁洋县。

嘉庆十九年(1814年)

正月,在福建畲民居住地区实行"牌甲保长"制度。

道光十九年(1814年)

福州城内“三坊七巷”之郎宫巷内建成汀州畲族蓝氏祠堂——种玉堂。

中华民国时期

民国13年(1924年)

夏,上杭县畲民雷三明等知识分子与厦门集美学生中的国民党组织取得联系,加入国民党,成为上杭县第一批国民党党员。

上杭县畲民蓝鸿翔赴广州考取黄埔军校,参加了北伐战争,并在北伐期间加入中国共产党。

7月,厦门集美学校回乡学生国民党党员、上杭县畲民蓝维仁领头组织“新剧团”,在城乡演出《孔雀东南飞》等反封建剧目。

民国14年(1925年)

上杭县畲民雷史修在上杭城关开办“益智书局”,置石印机一台,为上杭县石印印刷之始。

民国15年(1926年)

3月,上杭县畲族共产党员蓝维仁,邀集厦门集美学校师范部同学蓝维龙、蓝树荣、蓝鸣岗、蓝晓宇等在庐丰创办“平民学校”,宣传革命思想。

12月,共产党员雷三明从海陆丰农民运动讲习所学习结业回到上杭,相继发展了罗大准、吴梅林入党,并在上杭城关成立共产党上杭支部。

民国16年(1927年)

6—7月间,中共庐丰乡支部成立,由蓝维仁任书记。

9月12日,南昌武装起义军2万多人,从长汀分3批进驻上杭县城。前敌委员会书记周恩来和第九军副军长朱德分别在琴岗书院、南塔寺接见中共上杭县组织负责人蓝维仁等人。蓝维仁主持组织临时兵差办事处,为起义军服务。

民国17年(1928年)

1月,中共上杭临时县委在庐丰乡丰济村水尾自然村成立。

12月,中共上杭县委在庐丰乡丰济村天后宫召开扩大会议,蓝鸿翔当选为第一任县委书记。

是年,上杭县才溪畲民雷史修等创办上杭县才溪小学。

民国18年(1929年)

6月3日,畲民蓝洪慈、蓝维仁、蓝树荣等人在上杭县庐丰畲族聚居地领导农民举行“庐丰暴动”。7日,蓝树荣等人又在上杭县白砂乡领导农民暴动。

7月,中共闽西第一次代表大会在上杭县蛟洋乡文昌阁召开,大会选举15位特委委员,其中有上杭县畲民蓝鸿翔、雷时标两人。

9月,由朱德率领的红四军和蓝鸿翔带领的上杭县赤卫军共万余人,攻克史称“铁上杭”的上杭县城。

10月22日,中共闽西特委、上杭县党政机关和群众武装撤离上杭县城,毛泽东随同中共闽西特委机关抵达古田苏家陂(今称苏家坡)。

11月18日,红四军在上杭县官庄树人村召开前委会议,陈毅传达了党中央“九月来信”,做出“扩大闽西赤色区域,建立闽西赤色政权”决定。并决定召开红四军第九次党的代表大会,贯彻中央“九月来信”精神,请毛泽东回红四军复职,为“古田会议”的召开奠定了思想基础。

11月中旬,毛泽东在苏家陂指导闽西特委举办干部训练班,创立苏家陂平民小学,并亲自讲课。

12月28—29日,中共红四军第九次代表大会在古田曙光小学(原古田廖氏宗祠)召开(史称"古田会议"),雷时标作为会议工作人员列席"古田会议"。

民国20年(1931年)

年初,上杭县与武平县的武北地区联合成立杭武县,蓝鸿翔任县委书记。

民国21年(1932年)

6月8日,毛泽东在上杭官庄召开东路军会议(史称东路军官庄会议),总结攻打漳州经验,确定东路军入赣作战方针、计划,为第四次反"围剿"胜利奠定基础。

民国23年(1934年)

10月,中央红军主力撤离中央苏区,开始二万五千里长征,龙岩市部分畲民随红军部队参加长征。其中抵达陕北的上杭畲民有9名。

11月,中国工农红军独立第九团二营进驻漳平县双洋中村,发动群众打土豪、分田地,建立苏维埃政府。同时成立农会、游击队等组织。击溃前往"围剿"的省保安十二团,毙敌72人。

民国24年(1935年)

5月,在上杭双髻山成立"杭代县军政委员会",上杭县畲民蓝荣玉任副主席。

民国25年(1936年)

在上杭岩下山成立"新汀杭县军政委员会",上杭县畲民钟辉元任主席。

民国26年(1937年)

1月,中国工农红军抗日讨蒋军第七支队支队长兼新汀杭县军政委员会主席钟辉元在国民党民团"围剿"红军岩下山游击队时,和3名战士一起壮烈牺牲。

民国27年(1938年)

1月7日,国民革命军新编第四军(简称新四军)军部在江西南昌成立。军部命令闽西、闽南和闽中一部分及汀瑞人民抗日义勇军,集中在龙岩东肖改编为新四军第二支队。

6月27日,新四军第二支队在龙岩东肖白土举行抗日誓师大会,发表《为出发抗敌告别父老书》。3月1日,离开闽西,奔赴苏皖前线。闽西畲族子弟和汉族同胞一起参加伟大的抗日民族解放战争。

是年,(上)杭永(定)边共产党组织在庐丰、城关一带发展党员,庐丰建立党总支,上杭县畲民蓝汉华任总支书记,领导庐丰、安乡等支部工作,隶属中共上杭县委领导,1943年10月终止。

民国30年(1941年)

春,漳平县双洋中村村民因连年旱灾缺粮断炊,要求政府开仓济贫,发粮度荒,官方不理。当地私塾教师王守芳带领村民,破官仓分谷于民,后全村遭官兵清算,王被捕入狱。

上杭县庐丰乡改为中山实验乡,推行所谓地方自治计划,作为全县乡镇典范。

民国33年(1944年)

中共闽粤边委在上杭县稔田的梅镇村成立"王涛支队",附近的畲、汉人民纷纷参加。

民国36年(1947年)

8月,中共闽西特委决定成立闽西支队(后改称第七支队),蓝汉华任支队长。

民国37年(1948年)

7月,闽西支队支队长蓝汉华率部攻打上杭白砂,捕捉地主傅某某父子两人,罚款200银元,杀猪一头,并没收其布匹等财物。

是年，蓝汉华率闽西支队先后攻击盘踞在上杭县的白砂、来苏、稔田、旧县等地的国民党反动武装。

民国38年(1949年)

4月16日，蓝汉华等率领的第七支队200余人在上杭县下都镇豪康村，与国民党保安团、自卫队、乡民团共800多人激战数小时，第七支队取得以少胜多的战绩，当晚安全撤到广东省梅县松源。

7月5日，中国人民解放军闽粤赣边纵队闽西南联合司令部上杭县军事管制委员会成立，罗炳钦为主任，卓禹轮、蓝汉华为副主任。

9月17日，上杭县人民民主政府成立。蓝汉华任副县长。

中华人民共和国成立后

1951年

漳平县成立山羊隔少数民族乡，这是龙岩专区第一个民族乡。

1952年

2月，上杭县才溪区溪北村畲民雷佛春带头组成互助组，成为龙岩地区第一个畲民互助组。

1953年

3月，上杭县才溪区雷佛春互助组开始办初级农业生产合作社。雷佛春被评为福建省劳动模范。

7月，福建省民族事务委员会负责人和中央民族学院教授施联朱一行5人，到漳平县山羊隔村和上杭县庐丰乡作畲民识别调查研究。确定山羊隔少数民族为畲族，并认定山羊隔为畲族乡。

1955年

9月27日，国务院举行授予中国人民解放军将军、军官的军衔典礼。上杭县畲民雷钦被授予少将军衔，蓝庭辉、钟有煌被授予大校军衔，蓝汉华被授予少校军衔。1961年，蓝庭辉晋升为少将。

11月，上杭县庐丰乡开工兴建全县第一座水库——青年水库，集水面积8.2平方公里，总库容68万立方米，渠道总长3.9公里，保灌面积1700亩，总投资67万元，1957年5月建成。

1956年

6月5日，上杭县庐丰乡凉坪水库建筑工地民工采备砂石料，在大沽滩渡口翻船，当场溺死15人。

8月，撤销宁洋县建制，县境分别划给永安、龙岩、漳平3县。

是年，国务院正式批准确立“畲族”族称，认定畲族为单一民族。

1957年

8—10月，漳平县人大代表、长塔乡副乡长、畲民雷仁发参加国务院组织的全国畲族国庆观礼团，并随团参观东北。

1958年

4月，上杭县庐丰乡东一农业社在全县最先办起农村集体食堂。

1959年

漳平唯一的畲族乡——山羊隔乡开展土地改革，划分阶级成分。全村58户(山羊隔53户、小芹菜5户)全部加入人民公社，划分5个生产小队。

9月，漳平县山羊村畲民蓝祖昌(又名蓝石古)参加福建省少数民族参观团，晋京参加新中国成立10周年国庆观礼，受到国家主席刘少奇、全国人大常委会委员长朱德、国务院总理周恩来等中央领导的接见并合影留念。

1961年

10月，漳平县人大代表、象湖公社龙门大队民兵连长、畲民雷星宗参加1961年国庆节各少数民族参观团，受到毛泽东、刘少奇、朱德等党和国家领导人的接见，并合影留念。

1981年

当年，长汀县人民政府批准馆前公社(镇)黄源大队(村)为畲族村。

1983年

2月(农历正月初一)，上杭县官庄乡渡船超载沉船，溺死8人。

5月，漳平县象湖公社龙门大队党支部书记、畲民蓝顺兴参加1983年少数民族赴京参观团。5月17日，受到邓颖超、杨尚昆等党和国家领导人的接见，并合影留念。

1984年

上杭县官庄乡树人村共青团支部被共青团中央评为“学雷锋先进集体”。

1985年

5月，上杭县民政局干部黄集良专程上访福建省民族事务委员会主任雷恒春，就组织联合调查组在上杭县内有关乡镇实地考察畲族情况作汇报。

11月，由黄集良带领上杭县调查组，赴粤、赣、浙、闽四省畲族地区作调查研究工作。

1987年

5月，上杭县召开蓝、雷、钟3姓居(村)民代表座谈会。

6月，报经福建省政府同意，由黄集良、蓝润仁到国家民族事务委员会汇报上杭县民族调查情况。

12月26日，经省民委和龙岩地区行署批准，散居在上杭县庐丰、茶地、官庄、太拔、古田、蛟洋、旧县、临城等乡(镇)的蓝、雷、钟姓恢复畲族成份。

1988年

6月24日，成立上杭县民族事务委员会(以下简称上杭县民委)。

同日，经龙岩地区行署批准，上杭县撤销庐丰乡、官庄乡的建制，以原庐丰乡、官庄乡的行政区划另设庐丰畲族乡、官庄畲族乡。

8月，上杭县召开民族事务委员会成立大会暨传达全国民族团结进步表彰大会精神。

9月，上杭县庐丰畲族乡遭受特大暴风雨袭击，畲民蓝永贵等74户房屋倒塌，晚稻受淹，损失严重。

11月，上杭县民委专职副主任黄集良和蓝兴初、钟粮生等一行4人到闽南畲族地区进行经济考察。

是年，上杭县才溪乡至官庄畲族乡的公路竣工通车，同时，横跨汀江的官庄大桥也建成通车。

1989年

6月1日，上杭县官庄畲族乡发生严重洪灾。8月2日，再次遭受洪灾。

6月，中央民族学院教授施联朱到上杭县考察民族工作，并在庐丰畲族乡参加上杭县第二次民委扩大会议。

6月，漳平县山羊隔民族村的生活用水工程竣工，水渠长1500米。该工程的建成，彻底解决了生活在800多米高山的近600名畲民的饮用水困难。

11月26日,上杭县才溪乡溪北民族村党支部书记雷玉先组织拆除溪北小学一级危房,为保护群众,自己光荣献身。

12月22日,中共中央总书记江泽民瞻仰古田会议会址并接见了上杭县古田镇苏家坡民族村雷德才等闽西革命“五老”[老地下党员、老游击队员(包括参加红军后伤线回乡的同志)、老接头户、老交通员、老苏区区乡干部(包括老赤卫队员)]人员。

是年,上杭县民委组织畲族乡村干部到福州、厦门、漳州等开放城市参观考察。

1990年

2月6日,中共上杭县委号召开展向雷玉先学习活动。雷玉先牺牲后,福建省委书记陈光毅、国务委员陈俊生、省委副书记袁启彤和地委、行署有关领导先后到烈士家中表示亲切慰问。袁启彤副书记号召“学习雷玉先,发扬老区人民的革命精神”。《福建日报》《农民日报》等18家报刊作了关于雷玉先事迹的专题报道。

8月15日,国务院批准漳平撤县建市。

10月,上杭县民委召开《上杭县畲族志》编写工作会议。

10月,上杭县官庄畲族乡被国家民委授予“全国民族团结进步先进集体”称号。

是年,上杭县民委组织畲乡基层干部到连江、罗源等畲族县(市)学习考察经济工作。

1991年

1月,厦门大学教授蒋炳钊一行到上杭县庐丰、官庄两个畲族乡考察民族工作。

1992年

12月,上杭县庐丰畲族乡被省民委授予“民族团结进步先进集体”称号。

是年,上杭县官庄畲族乡树人民族村共青团支部被共青团福建省委评为“学雷锋先进集体”。

是年,上杭县官庄畲族乡回龙大桥开工建设。

1994年

4月21日,全国少数民族人口健康素质调查组一行26人到上杭县官庄畲族乡,开展为期26天的畲族人民基本健康状况和先天性畸形、残疾、遗传性疾病等普查工作。

5月,黄集良主编的《上杭县畲族志》由厦门大学出版社出版发行。

12月,上杭县才溪乡溪北民族村企业家雷祖云捐资30万元设立奖教奖学基金会,该基金会用于每年奖励全县优秀中小学校长、老师和优秀学生。

1995年

1月,国务院授予上杭县官庄畲族乡“全国民族团结进步先进集体”称号。

4月,上杭县官庄畲族乡通过省科技领导小组组织的“福建省第二批科技示范乡镇”的验收,成为上杭县继古田、白砂镇后第三个省科技示范乡镇。

7月19日,上杭县官庄畲族乡福泉民族村农妇蓝四英在县医院顺利分娩一胎三婴(一男二女),母子4人健康状况良好。

是年,上杭县官庄畲族乡中心小学获国家教育委员会颁发的“扫盲先进单位”奖。

1996年

2月8日,由龙岩地区交通局扶贫挂钩投资兴建的上杭县官庄畲族乡回龙村——上濯村公路竣工验收。该公路全长3.23公里,总投资54.17万元。

8月8日,上杭县庐丰畲族乡遭受特大洪灾,全乡有95%以上农户受灾,造成全乡直接经济损失达1.66亿元。

8月22日，福建省省长陈明义带领省直有关部门领导莅临上杭县指导抗灾自救、重建家园工作，深入到庐丰等重灾乡镇了解和指导抗灾救灾工作。

8月28日，福建省民委主任林华一行来上杭县慰问少数民族灾民，并捐资20万元。

9月5日，厦门市南普陀慈善事业基金会、基督教(三自)爱国会、厦门市佛教协会分别捐赠7万元、2万元和1万元资助上杭县庐丰畲族乡丰乐小学。

9月10日，福建省天主教爱国会、基督教(三自)爱国会、泉州市佛教协会分别捐赠5万元、3万元和2万元帮助上杭县庐丰畲族乡修建危房、校舍。

9月17—19日，福建省政协主席游德馨、省计委副主任郑松柏、地区计委主任李朝和分别深入上杭县庐丰畲族乡了解灾情，并拨款救灾。

10月18日，福建省省长陈明义一行到上杭县视察庐丰畲族乡等重灾乡镇的灾后自救、重建家园工作。

11月12日，在福建省“农村脱贫开发暨小康建设工作会议”上，中共福建省委副书记习近平宣布上杭县被国务院扶贫开发领导小组授予“脱贫先进县”称号。

11月，组建龙岩地区民族事务委员会(简称地区民委)。

1997年

12月22日，上杭县民族事务委员会挂牌成立，与上杭县宗教事务局实行二块牌子一套人员。

12月，组建龙岩市民族事务委员会(简称市民委)。

是年，上杭县官庄畲族乡卫生院被评为龙岩市首家乡村普通一级甲等卫生院。

1998年

5月6日，中共福建省委副书记习近平到上杭县才溪镇溪北民族村调研，并视察溪北民族村大坪脐橙基地。

5月，南京军区驻闽某分部机关及其所属24个单位向上杭县庐丰畲族乡中坊小学捐赠300套课桌椅。此前，已向该校捐赠28万元建教学楼。

6月，黄集良主编的《上杭畲族英才录》由厦门大学出版社出版发行。

9月8日，由中国人民解放军32261部队捐资36万元兴建的庐丰畲族乡中坊小学劲旅楼举行落成典礼。

9月，上杭县民委主任钟贵炳参加全国少数民族参观团，赴京出席庆国庆系列活动，并到广东深圳等地参观学习。

12月，龙岩市成立民族工作协调委员会。

1999年

1月10日，中共福建省委副书记习近平在上杭县调研时，到上杭城区看望慰问革命老前辈蓝汉华。

4月17日，上杭县官庄畲族乡举行濯坑小学恩美楼落成仪式，该楼由香港同胞沈炳麟捐资21.87万元兴建。

4月20日，上杭县庐丰畲族乡中坊村发生溺死26人的沉船事件。

5月10—14日，福建省第四届少数民族传统体育运动会在上杭县城举行。

5月11日，福建省副省长汪毅夫在龙岩市市长黄坤明等陪同下，深入上杭县庐丰畲族乡考察调研民族工作。

6月7日，上杭县成立民族工作协调委员会。

6月28日，上杭县庐丰畲族乡丰济民族村村民蓝玉英一胎产下3男。

6月，上杭县制定《上杭县1999—2003年培养选拔少数民族干部工作规划》。

7月，上杭县官庄畲族乡福新水库获得福建省计划委员会、水利电力厅立项批复，省下拨配套资金100万元，8月开工兴建。

10月，国庆期间国务院召开全国民族团结进步表彰大会，上杭县人民政府被授予“全国民族团结进步模范集体”光荣称号。

2000年

10月，上杭县庐丰畲族乡在安乡片动工兴建千亩现代农业示范园区，总体设计面积5000亩，分3年实施。

2001年

3月25日上午8时，上杭县庐丰畲族乡庐丰片和横岗片9个村遭受罕见冰雹袭击。冰雹直径0.5厘米—1.5厘米，并伴有狂风暴雨和雷击。该乡6516亩烟叶、800亩早稻抛秧和千亩果园受灾，丰乐民族村一农妇遭雷击死亡。

3月29日，上杭县人民政府重新认定临江镇东南居委会等38个建制村(居)村为少数民族建制村(居)委会。

3月，漳平市人民政府确认象湖镇龙门村、赤水镇香寮村、赤水镇岭兜村、灵地乡长垵村和双洋镇坑源村为少数民族建制村。

4月23日，上杭县人民政府批准“庐丰中学”更名为“庐丰民族中学”。

10月12日，福建省省长习近平深入上杭县庐丰畲族乡农业示范园区视察调研。

2002年

1月，上杭县庐丰畲族乡丰乐民族村农民画家李全凤应马来西亚时立佳有限公司邀请，赴马来西亚参加民间手工艺品展览中的画展。

2月，成立龙岩市民族与宗教事务局(以下简称龙岩市民族宗教局)。

6月，上杭县撤销上杭县民委和上杭县宗教局，成立正科级的上杭县民族与宗教事务局(简称上杭县民族宗教局)。

7月12日，龙岩市成立由副市长马承佳为主任、副市长张秀娟为副主任的参加龙岩市参加福建省第五届少数民族传统体育运动会筹委会。

9月，上杭县庐丰民族中学被国家教育部、国家民委授予“全国中小学团结教育先进单位”称号，上杭县官庄民族中学被福建省教育厅、民宗厅授予“民族教育先进集体”。

12月16—19日，以龙岩市副市长马承佳为团长的龙岩市少数民族体育代表团参加在漳州市举办的福建省第五届少数民族传统体育运动会。

是年，经有关单位批准，上杭县“官庄中学”更名为“官庄民族中学”。

2003年

6月，上杭县庐丰民族中学被教育部、国家民委授予“全国民族团结教育先进集体”称号。

8月8日，上杭县官庄中心小学举行“手拉手捐赠仪式”，龙岩师范附属小学向官庄中心小学捐赠40台电脑和90套课桌椅。

10月20日，上杭县国家森林公园经国家林业局评审通过，规划面积4672.59公顷。位于上杭县庐丰畲族乡的摩陀寨风景区是上杭县国家森林公园的组成部分。

2004 年

6 月,漳平市人民政府确认双洋镇中村村、新桥镇石码村为少数民族建制村。

9 月 9 日,位于上杭县官庄畲族乡回龙村的回龙水电站动工兴建,工程总投资 1.06 亿元,装机容量 1.23 万千瓦。

10 月,上杭县庐丰畲族乡丰康民族村被福建省烟草局认定为“国家级烤烟生产示范片”。

是年,上杭县庐丰畲族乡种植烤烟 9096 亩,产量达 1138 吨,位居全县各乡镇之首,成为全县第一个烤烟产量突破千吨的乡镇。

是年,龙岩市和有关县(市)民族宗教局分别成立少数民族古籍整理工作小组,开展少数民族古籍搜集整理工作。

2005 年

1 月 10 日,龙岩市首家少数民族电脑农业专家系统网络在上杭县庐丰畲族乡正式启动。

6 月 26 日,上杭县官庄畲族乡卫生院投资 30 万元配备 25 台电脑,建立中心机房管理系统,对收费、药品、防疫、妇幼、合作医疗、医保、社区卫生等实行网络化管理,成为福建省第一家实行网络化管理的农村卫生院。

是年,龙岩市组织参加第四届福建省少数民族文艺调演,畲族小品《同心路》获得创作三等奖。

2006 年

3 月 23 日,上杭县召开民族工作会议暨民族团结进步表彰大会。

12 月 1—4 日,以龙岩市副市长徐继武为团长的龙岩市少数民族体育代表团参加泉州市举办的福建省第六届少数民族传统体育运动会。

是年,上杭县官庄畲族乡树人民族村被福建省民宗厅授予“民族团结进步先进村”称号。

是年,龙岩市受台风“珍珠”和“格美”的影响,全市普遍遭受暴雨洪水、山体滑坡等严重自然灾害。龙岩市民族宗教局深入到上杭县官庄畲族乡新风村、新民村,珊瑚乡华竹村,漳平市尖祠村等民族村察看灾情,看望慰问少数民族重灾户。

2007 年

6 月 8 日,厦门市南普陀慈善事业基金会,在上杭县庐丰畲族乡开展慈善义诊活动。捐赠医疗仪器、看病施药、慈善助学,总价值达 25 万元。

9 月 11—14 日,福建省政协组织医疗卫生界专家委员到上杭县官庄畲族乡和庐丰畲族乡为少数民族地区群众开展义诊活动。

是月,上杭县庐丰畲族乡奖教助学基金会成立。该基金会收到社会各界捐款 50 余万元。

2008 年

5 月 1 日,闽西畲族陈列馆在古田镇苏家坡民族村中共闽西特委机关旧址——树槐堂开馆。

5 月,上杭县庐丰畲族乡乡贤、紫金矿业集团副总裁蓝福生向庐丰畲族乡丰康小学捐资 10 万元,帮助该校建起计算机室。

6 月 11 日,福建省教育厅给对口扶持的上杭县官庄畲族乡送去价值 4 万多元 4800 多册的图书,帮助乡村建立“农家书屋”。

8 月,九三学社龙岩市委组织 9 位主任医师、副主任医师到上杭县官庄畲族乡开展“国际科学与和平周”义诊及医疗咨询活动。

11 月 8 日,上杭县官庄民族中学举行建校 40 周年庆典。

12 月,上杭县官庄畲族乡成立回龙片奖教奖学基金会,基金认捐金额达 357 万元。

是年，上杭县庐丰畲族乡种植烤烟1.4万亩，收购烤烟2038吨，烟农收入2900万元。该乡烤烟收购连续9年居全县第一，本年跃居龙岩市烤烟收购乡镇首位，全省第三。

是年，龙岩市民族宗教局组织全市民族宗教系统干部职工和民族宗教界向四川汶川地震灾区捐款90多万元。

2009年

9月22日，由龙岩市民族宗教局主办的龙岩市少数民族科技（油茶种植）培训班在上杭县官庄畲族乡举行。

9月26日，上杭县民族宗教局被国务院授予"全国民族团结进步模范集体"称号。

12月15日，上杭县第四届（东南片区）农民文化体育节在庐丰民族中学举行。庐丰畲族乡代表队获团体总分第一名。

2010年

2月13日，上杭县庐丰畲族乡丰康民族村的畲族香灯（草龙）在古田镇五龙村向中共中央总书记胡锦涛汇报演出。

4月16日，上杭县官庄畲族乡举办首届以"民族团结，和谐官庄"为主题的"三月三"畲族文化节。

5月，漳平市人民政府确认新桥镇城口村为少数民族建制村。

9月28—29日，上杭县第五届（西北片区）农民文化体育节在官庄畲族乡举行。

10月，上杭县庐丰畲族乡乡贤、企业家蓝建平捐资50万元，设立以他的父亲名字命名的"蓝宋财奖教助学基金会"。

是年，上杭县庐丰畲族乡被评为县级信用乡，全乡县级信用村增加到10个。

是年，厦门南普陀慈善基金会、北京美疆慈善基金会分别向上杭县庐丰民族中学捐赠16万元的多媒体教学设备和11万元图书。

是年，上杭县庐丰畲族乡乡贤、紫金矿业集团副总裁蓝福生向庐丰畲族乡卫生院捐资100万元建设门诊大楼，向庐丰中心小学捐资25万元建设综合楼。

是年，上杭县庐丰畲族乡乡贤、兴业证券董事长蓝荣向庐丰畲族乡卫生院捐资50万元建设病房大楼。

2011年

4月7日，以全国人大常委会委员、福建省人大常委会副主任庄先为组长的省农村工作调研检查组一行50多人在龙岩市、上杭县领导陪同下，视察上杭县庐丰畲族乡"三丰"烟叶烘烤场。

5月6—10日，以龙岩市政府分管领导为团长的龙岩市少数民族体育代表团参加在莆田市举办的福建省第七届少数民族传统体育运动会，并取得5金5银7铜的历史最好成绩。

5月16—18日，福建省首次少数民族补助款使用管理情况座谈会在上杭县召开。

5月18日，厦门市南普陀慈善基金会为上杭县庐丰中心小学捐赠总价值15万元的教学设备，向庐丰畲族乡卫生院捐赠总价值35万元的医疗设备。

6月，上杭县南阳镇南岭民族村发现国家一级保护动物娃娃鱼。娃娃鱼学名大鲵，是3亿年前与恐龙同一时代生存延续下来的珍稀物种。

9月10—18日，第九届全国少数民族传统体育运动会在贵州省贵阳市举行，龙岩市表演节目《节节高》代表福建省组队参赛并获得全国二等奖的好成绩。

12月29日，福建省副省长洪捷序到上杭县蛟洋乡华家民族村慰问少数民族贫困户。

是年,上杭县官庄畲族乡“汀水源”油茶精深加工项目投产并通过QS质量标准认证;兴民油茶开发有限公司被评为龙岩市龙头企业。

2012年

3月29日,上杭县庐丰畲族乡成立环境保护促进会。

8月8日,上杭县庐丰畲族乡调解委员会副主任、司法所所长丘华兴被国家司法部授予“全国人民调解能手”称号。

10月,宁德市畲族歌舞团到上杭县庐丰畲族乡和官庄畲族乡巡回演出。

11月,漳平市人民政府确认象湖镇科山村为少数民族建制村。

是年,上杭县官庄畲族乡被福建省环保厅授予“省级生态乡”。

2013年

3月,漳平市赤水镇香寮民族村被列入全国第二批传统古村落名录。

7月,上杭县民族宗教局在福建省加快民族乡村特色产业发展现场经验交流会上作题为《打造农业特色产业,助力少数民族地区经济发展》典型交流发言,发言稿在《福建民族》2013年第四期刊登。

9月24日,上杭县官庄畲族乡与台湾彰化县员林镇缔结友好乡(镇)。

10月,上杭县庐丰畲族乡在庐丰中心小学设立畲族馆,成为龙岩市首个以少数民族命名的博物馆。

11月,上杭县《官庄畲族乡志》由方志出版社出版发行。该志是福建省首部公开出版发行的少数民族乡志,全书共22章80余万字。

是年,龙岩市民族宗教局在上杭县庐丰畲族乡举办全市少数民族科技(超级稻)培训班。

是年,上杭县官庄畲族乡对境内百年以上的古香樟分别挂牌建档,精心保护。

是年,上杭县官庄畲族乡被该县县委、县政府评为油茶“一乡一业”专业乡。

2014年

2月,上杭县古田镇苏家坡树槐堂被国家民委命名为第四批“全国民族团结进步教育基地”。

3月24—26日,中共中央政治局常委、全国人大常委会委员长张德江在中共福建省委书记尤权等陪同下,到上杭县调研指导党的群众路线教育实践活动。25日,深入才溪镇溪北民族村视察,到该村共产党员、乡村医生雷天森家直接听取群众意见。

5月17日,上杭县官庄畲族乡与厦门市同安区五显镇缔结为友好乡(镇)。

5月21—30日,全国散叶密集烘烤技术培训暨技能比武在上杭县庐丰畲族乡“三丰”烟叶烘烤工场举办。此次培训由中国烟叶公司、中国烟草总公司职工进修学院主办,福建省烟草公司龙岩市公司承办,70名学员参加培训。

5月31日,上杭县庐丰畲族乡丰济民族村成立村级环境保护协会,这是全市成立的首个村级环境保护协会。

9月22日,在贵州举行的2014年首届中国“中东杯”芦笙、葫芦丝、树叶吹奏邀请赛上,上杭县庐丰畲族乡扶洋民族村、铁锋村联合树叶吹奏队以《客家山歌》和《十月怀胎》民乐吹奏节目获得大赛二等奖。

9月30日,上杭县官庄畲族乡获第二批“国家级生态乡镇”命名。

11月12日,上杭县官庄畲族乡汀江河段古樟树林入选“龙岩市十大魅力风水林”。

11 月 1—14 日，上杭县代表龙岩市组团参加在厦门市举办的福建省第八届少数民族传统体育运动会。庐丰畲族乡小舞狮队在运动会上，获得“桩狮”项目银牌。

12 月 3 日，上杭县庐丰畲族乡扶洋民族村、铁峰村树叶吹奏协会成立，这是全省唯一的树叶吹奏团体，有会员 25 人，年龄最大者 64 岁，最小者 13 岁。

2015 年

3 月，龙岩市首个民族团结进步主题公园在上杭县官庄畲族乡朱堡民族村建成，该公园总投资近 75 万元，占地 3000 平方米。

4 月 21 日，上杭县文体广新局指导庐丰、官庄 2 个畲族乡开展“三月三”畲族传统庆典演出。福建电视台大型服务“三农”栏目《主播带你赶大集》的首场活动走进这 2 个畲族乡采风，并在 5 月 1 日黄金时段为全省电视观众展示“生态福地、美丽畲乡”的动人风采。

6 月 24—25 日，阿里巴巴“农村淘宝”项目组到上杭县部分乡镇考察。考察组先后到才溪镇溪北民族村、湖洋镇文光民族村等乡村实地了解上杭县的投资环境及电子商务产业发展情况。

7 月 21 日，中国人民解放军 73881 部队向上杭县庐丰畲族乡中坊希望小学捐资 10 万元用于发展教育事业，并向困难学生赠送图书和发放慰问金。

8 月，龙岩市民族宗教局在漳平市举办全市少数民族科技（茶叶实用技术）培训班。

9 月 15 日，中共福建省委常委、统战部长雷春美一行到上杭县调研民族宗教工作。

9 月，上杭县庐丰畲族乡丰济民族村、官庄畲族乡回龙村获评“闽西最美古村落”提名奖。

11 月 12 日，位于上杭县古田镇苏家坡民族村的龙岩市福欣牧业发展有限公司的“福欣牧 FUXINMU 及图”注册商标获得福建省著名商标认定。

11 月，由福建省博物馆、中国社会科学院考古研究所及龙岩市和上杭县文博部门联合组建的汀江流域考古调查队，在汀江流域庐丰畲族乡段的大山里新发现一处“文化城”遗址。据专家的初步推断，此处的文化遗物属于商周时期遗留。

11 月，上杭县太拔镇坵辉民族村、官庄畲族乡回龙村列入福建省首批省级传统村落名录。

是年，上杭县庐丰畲族乡实施铁东水库引水及灌区改造项目。该项目总投资 4447.89 万元，其中烟草部门援建资金 3811.43 万元。

是年，福建金花茶深加工及种植示范基地项目落地上杭县庐丰畲族乡丰乐民族村。

是年，上杭县庐丰畲族乡成功创建“国家级生态乡镇”。

2016 年

1 月 8 日，上杭县官庄畲族乡新风民族村村民、共产党员陈易声在福建省第二十二次见义勇为英雄模范表彰大会上被授予“全省见义勇为先进个人”荣誉称号，并获得 8 万元奖金。14 日，他将 8 万元奖金分别捐赠给官庄民族中学、官庄中心小学、官庄敬老院等单位，用于奖教奖学、尊敬老人。

2 月 15—20 日，第十六届、第十七届中共中央政治局委员，第十届、第十一届全国人大常委会副委员长、党组副书记，中华全国总工会原主席王兆国调研考察庐丰金花茶产业示范基地。

4 月 11 日，中共中央统战部副部长、国家民委党组书记巴特尔到上杭县古田镇苏家坡民族村调研民族工作。

7 月 12 日，上杭县官庄畲族乡启动龙岩市首个畲乡“文化体育之旅”活动。

8 月 15 日，上杭县县道才庄（才溪—官庄）线改造完通车，该路段全长 13.495 公里，按二级公路标准建设，总投资 2.03 亿元。

9 月 19 日，厦门南普陀寺慈善会漳平市桂林街道山羊村小芹菜自然村捐赠 15 万元用于道路硬化工程建设。

11 月 18 日,上杭县庐丰畲族乡畲民蓝锦祥捐赠有 31 年树龄的红榕,在上杭县城临江楼前老榕树原址复植。

11 月 29 日,上杭县官庄、庐丰畲族“三月三”民俗文化节成功入选“闽西十大经典民俗活动”。

12 月 18 日,上杭县庐丰畲族乡民间技艺“树叶吹奏”被列入福建省第五批非物质文化遗产名录。

2017 年

3 月 28 日,国家民委副主任李昌平带领调研组到上杭县官庄畲族乡特色村寨、民族休闲场所、民族中学校园等处,就畲族乡的教育发展、乡村旅游、民族团结进步等进行调研。

3 月 29—31 日,龙岩市民族宗教局在上杭县城区客家缘广场和官庄、庐丰畲族乡分会场举办纪念该县畲族民族成份恢复 30 周年暨首届“三月三”畲族文化节活动。

3 月 17 日,上杭县湖洋镇文光民族村百果园被评为福建省三星级乡村旅游经营单位。

3 月,上杭县官庄畲族乡树人民族村、庐丰畲族乡丰康民族村,漳平市赤水镇香寮民族村被国家民委评为第二批“中国少数民族特色村寨”。

4 月,中央电视台《乡土》栏目采访组在上杭县拍摄 2 集专题节目,从上杭县的畲族“三月三”活动入手,重点聚焦上杭县提线木偶及树叶吹奏两项省级非物质文化遗产项目,每集时长 30 分钟。《乡土》栏目是中央电视台重点打造的一档以宣传各地风土人情、展示乡土文化为特色的大型文化类电视栏目。

9 月 23 日,福建省人大常委会原副主任、秘书长马潞生带领省、市人大代表到上杭县考察特色小镇和美丽乡村建设情况,先后察看古田镇苏家坡民族村和湖洋镇文光民族村,实地了解上杭县特色小镇和美丽乡村规划建设情况。

9 月,中共中央宣传部、国家发展和改革委员会、中央军委政治工作部、中共北京市委在北京联合主办“砥砺奋进的五年”大型成就展,上杭县选送的“2016 年 11 月,上杭县官庄畲族乡举行第三选区代表候选人与选民见面会”图片入选第三展区展出。

2018 年

1 月 5 日,由龙岩市旅游发展委员会和上杭县人民政府主办的“千亩梅花 · 香印湖洋”——福建省首届梅花节在上杭县湖洋镇文光民族村观音井开幕。

4 月 18 日,中华一家亲 · 2018 海峡两岸各民族欢度“三月三”节暨福建省第七届“三月三”畲族文化节、第十一届海峡两岸少数民族丰收节活动在上杭县客家缘文化中心广场开幕。

同日,闽西畲族馆在上杭客家缘文化中心开馆。中央纪委驻国家民委纪检组组长、国家民委党组成员周小莹和中共福建省委常委、统战部部长雷春美共同为闽西畲族馆开馆揭牌。

4 月,福建省第五届少数民族文艺调演在龙岩市人民会堂举办。龙岩市选送的树叶吹奏情景表演节目《叶儿青青畲乡乐》获演出二等奖和创作三等奖,《走在茶山间》《山羊山民的幸福生活》获表演三等奖。

4 月,上杭县被国家民委、国台办授予“海峡两岸少数民族交流与合作基地”。

9 月 17—10 月 1 日,上杭县庐丰畲族乡卫生院院长蓝敬豪作为全国少数民族参观团代表赴京参观学习,并受到全国政协主席汪洋的接见,并合影留念。

9 月 23 日,上杭县庐丰畲族乡举办首届农民丰收节 · 民族团结进步宣传月暨“三红”蜜柚采摘节。

10月16日，上杭县广播电视台报送的《上杭“三月三”系列节目》被中国电视艺术家协会评为“综艺晚会最佳作品”。

11月11—13日，龙岩市组团参加在三明市举办的福建省第九届少数民族传统体育运动会。

11月11日，上杭县官庄民族中学举办50周年校庆活动。

是年，上杭县摄制51集大型电视专题系列片《走进畲村》。

2019年

1月5—7日，“多彩上杭 印象梅花”为主题的福建省第二届梅花节在上杭县湖洋镇文光民族村观音井百果园AAA级景区举行。

1月23日，全国政协副主席、交通运输部党组书记杨传堂率调研组到上杭县官庄畲族乡调研“四好农村路”(“四好”指：建好、管好、护好、运营好)建设管理和交通扶贫等工作。

1月，上杭县太拔镇坵辉民族村被列入全国第五批传统古村落名录。

2月16日，福建省委常委、统战部部长、省社会主义学院院长邢善萍一行到上杭县官庄畲族乡调研，指导基层统战工作，关注民族乡村脱贫攻坚工作，先后深入福泉民族村、树人民族村，了解少数民族乡村建设情况，看望慰问少数民族贫困户。

3月16日，国家烟草专卖局党组书记、局长，中国烟草总公司总经理张建民一行到上杭县调研烟草工作。他们一行先后察看上杭庐丰畲族乡烟田、“三丰”烟叶烘烤场、“三丰”烟叶综合服务专业合作社，与县乡村干部和专业合作社人员交谈，听取县烟草部门领导情况汇报等。

4月7日，由龙岩市民族宗教局，上杭县委、县政府主办；县委统战部，县民族宗教局、文体旅游局、农业农村局及官庄畲族乡党委、政府承办；庐丰畲族乡党委、政府协办的上杭县第三届“三月三”畲族文化旅游节在官庄畲族乡举行。

4月18日—5月4日，在上杭县湖洋镇文光民族村观音井百果园举办“喜上梅梢 福游上杭”龙岩市杭梅文化旅游节。

7月30日，厦门鸿山寺、泉州少林寺各捐赠漳平市桂林街道山羊民族村10万元，助力道路建设。

9月21—22日，“乡约你 来上杭”——2019龙岩市农民丰收节在上杭县庐丰畲族乡丰济民族村麻子坝围屋举行。

9月25—28日，“中国·闽西(上杭)第三届世界客属龙舟文化旅游节”在上杭县举行。上杭县畲族龙舟队参加了本届世界客属龙舟邀请赛。

9月27日，上杭县庐丰畲族乡党委书记钟加樟被国务院授予“全国民族团结进步模范个人”称号，并参加“全国民族团结进步表彰大会”和国庆70周年观礼活动。

9月，龙岩市2019年中国农民丰收节暨第十二个民族团结进步宣传月活动在上杭县庐丰畲族乡举办。

12月21日，龙岩市畲族文化研究会成立，该研究会办公地址设在上杭。

12月25日，龙岩市民族宗教局到象湖镇龙门村、科山村开展牢记使命振兴乡村活动，在红土地视频网专门报道民族村产业发展情况。

12月，上杭县古田镇苏家坡民族村被国家民委命名为“全国民族团结进步示范单位”。

12月，漳平市桂林街道山羊民族村获得国家民委命名的“第三批中国少数民族特色村寨”称号。

是年，龙岩市民族宗教局和上杭县民族宗教局首次编印《闽西畲乡》画册，对龙岩市51个少数民族村集中展示。

是年，上杭县官庄畲族乡中心小学教师吴思禄被福建省教育厅、福建省总工会评为福建省第二届“最美教师”,前往北京出席全国教育系统先进集体和先进个人表彰大会。

是年,上杭县庐丰畲族乡扶洋民族村农民树叶吹奏队在全国树叶吹奏邀请赛上获银奖,在福建省第六届音乐舞蹈节上获得文化创意一等奖、表演二等奖。

是年,上杭县庐丰畲族乡丰济民族村“种玉堂”舞狮队代表龙岩市参加福建省少数民族运动会演出获得银奖。

是年,上杭县庐丰畲族乡举办庐丰民族中学成立50周年校庆,设立庐丰民族中学奖教奖学基金会,基金认捐金额达207万元,当年发放奖教助学金17万元。

是年,上杭县古田镇苏家坡民族村和湖洋镇文光民族村被列为省级乡村振兴试点村,文光民族村被列为市级乡村旅游试点村。

2020年

1月10日,福建省第三届梅花节暨龙岩七景区春节民俗节在上杭县湖洋镇文光民族村观音井景区开幕。

7月7日,上杭县、上杭县庐丰中心小学、漳平桂林中心学校被福建省民委命名为“第一批全省民族团结进步重点区重点单位”。

7月24日,龙岩市畲族山歌队在上杭县成立。

9月26日,龙岩市第十三个民族团结进步宣传月、“畲乡红”蜜柚文体旅游节暨上杭县首届职业农民技能竞赛在庐丰畲族乡柚子湾生态区举办。

10月20—24日,中国·闽西(上杭)第四届世界客属龙舟文化旅游节在上杭县举行。上杭县畲族龙舟队参赛,官庄畲族乡和庐丰畲族乡组队参与,三支畲族龙舟队同江竞技,尽显畲族风采。

10月21日,福建省民宗厅将上杭县官庄畲族乡以及上杭县古田镇苏家坡民族村、庐丰畲族乡丰康民族村、官庄畲族乡树人民族村,漳平市赤水镇香寮民族村、桂林街道山羊民族村确定为“福建省民族乡村首批振兴示范点培育名录”。

本年11月26—27日和2021年12月8—10日,龙岩市民族宗教局主办、上杭县民族宗教局承办的第一期、第二期畲歌畲语培训班在上杭县举办,第一期有学员60人,第二期有学员50人。

12月4日,龙岩市畲族艺术团在上杭县成立。

是年,上杭县水上运动中心被命名为“福建省少数民族传统体育项目龙舟、独竹漂训练基地和龙岩市少数民族传统体育项目(龙舟)训练基地”,实现省级民族传统体育训练基地新突破。

2021年

3月,龙岩市畲族文化研究会聘请钟巨藩执笔编纂《龙岩市畲族志》。

4月13—14日,国家民委党组成员、副主任赵勇一行在福建省委统战部副部长、省民宗厅党组书记、厅长冀萌新等陪同下在上杭开展铸牢中华民族共同体意识工作体系建设相关问题调研。

4月14日上午,由中共上杭县委、上杭县人民政府主办的上杭县创建全国民族团结进步示范区暨第四届“三月三”畲族民俗文化节在庐丰畲族乡蓝氏家庙广场开幕。

4月,福建省少数民族传统体育项目龙舟、独竹漂训练基地在上杭县水上运动中心正式挂牌成立。

6月8日,《龙岩市畲族志》编撰工作启动仪式在上杭县举行。龙岩市民族宗教局党组书记、局长张树淳和上杭县、漳平市、长汀县民族宗教局领导,龙岩市畲族文化研究会会长、副会长和有关人员共20多人参加。

10月,上杭县民族宗教局被省政府表彰为“福建省民族团结进步模范集体”。

11 月，上杭县举办 2021 年“中华一家亲・海峡两岸各民族欢庆丰收节”暨福建省各民族共庆“中国农民丰收节”线上活动，同时官庄畲族乡畲乡文创基地同步上线农产品直播，线上线下取得“双丰收”。

12 月 16 日，上杭县被国家民委授予“全国民族团结进步示范县”称号。

2022 年

2 月 23 日，龙岩市民族宗教局在上杭县南阳镇涂坑民族村建设的“铸牢中华民族共同体意识教育基地”建成投入使用。

5 月，中央民族工作会议召开后，龙岩市各级党委和民族工作部门迅速组织民族乡村传达贯彻会议精神。

9 月 22 日，“福籽同心爱中华”——2022 年福建省各民族共庆“中国农民丰收节”活动在上杭县官庄畲族乡举行。

9 月，由上杭县民族宗教局主持兴建的“铸牢中华民族共同体意识”雕塑在上杭县紫金公园南大门落成。

11 月 29 日，“中国传统制茶技艺及其相关习俗”列入“人类非物质文化遗产代表作名录”（申遗成功）。该项目包括了漳平水仙茶制作等 6 个国家级非遗代表性项目。

12 月 24 日，厦门观音寺、南安雪峰寺各捐赠 10 万元助力漳平市新桥镇城口民族村的道路修建。

第一章　畲族人口

“畲族，自称‘山哈’，畲语意为‘山客’。畲族的族称，与‘畲’字密切相关，反映了古代畲族先民的生活生产方式，即以山寮为居，以刀耕火种为业。”①1956年12月，畲族作为单一民族被正式确认。畲族是龙岩市最主要的世居少数民族，分布在龙岩市7个县(市、区)。2021年，龙岩市畲族人口万人以上的县有上杭县，千人以上的县(市、区)有新罗区和漳平市；全市有2个畲族乡、51个民族村，有畲族人口30197人，占全市总人口的1.11%。

第一节　族称由来

一、畲族的族源

畲族同汉族及我国许多少数民族一样，是经过长期历史发展而形成的，有着自己悠久的历史和文化。

关于畲族的来源，学术界有“外来论”“土著论”和“多元论”等观点。所谓“外来论”，是与主张畲族为闽、粤、赣土著民族相对而言的。“外来论”最有代表性的是“畲瑶同源论”，认为畲族与瑶族一样，同属于“武陵蛮”；也有人认为畲族“源于东夷中之徐夷”。所谓“土著论”，主张畲族是古代闽、粤、赣交界地的土著居民发展形成的；对于“土著”居民的认定，又有源于古越人、古闽人和南蛮中的一支等不同说法。“多元论”者认为，畲族是历史上在赣、闽、粤交界区域形成的一个民族共同体，来源包括从五溪地区迁移至此的武陵蛮、长沙蛮后裔，当地土生土长的百越种族和山都木客等原始民族，也包括从中原、江淮迁来的汉族移民，即客家先民和福佬先民。学术界一致认为，从隋唐时代起，畲族先民主要活动区域在闽、粤、赣三省交界地，这一带曾是“蛮獠”的腹地。

隋唐时期，闽西地区的主要居民之一是畲族先民，曾一度是闽西的主族。“畲客即瑶人，岩属俱呼为畲客。”②一般史书上所称的该区域的“蛮獠”“山越”等，即包括他们。“唐时初置汀州，徙内地民居之，而本土之苗仍杂处其间，今人呼曰畲客……唐昭宗时，黄连峒③蛮围汀州，节度使王潮击破

①福建省地方志编纂委员会编《福建省志·民族志》，鹭江出版社，2013年，第56页。

②清乾隆《龙岩州志》卷十二《杂记志·畲客》。

③峒：在古代文献中，“峒”是对蛮獠种族居住地的专称。如唐刘禹锡云：“闽有负海之饶，其民悍而俗鬼，居洞(同峒)砦，家桴筏者，与华语不通。”柳宗元《柳州峒氓》诗云：“青箬裹盐归峒客，绿荷包饭趁虚人。”

之。”①“昭宗乾宁元年甲寅，黄连峒蛮二万围汀州，福建观察史王潮遣其将李承勋将万人击之，蛮解去，承勋追击之，至浆水口破之，闽地略定。潮遣僚佐巡州县，劝农桑、定租税，交好邻封，保境息民，闽人安之”。② “本土之苗”，即当时被称为“蛮獠”“峒蛮”“瑶人”的少数民族，为早期畲族先民，主要是蓝、雷、钟三姓。

综上史料看来，隋唐时期汀州畲民多次起来反抗封建政府，多是被封建政府“讨平”。因此，汀州畲民或为逃避封建政府的迫害，或为逃避封建政府的压榨，只好外迁别地；当然随着历史的变迁，畲民也从他处迁入闽西。

二、族称由来

畲族的名称是根据历史文献记载的“畲民”而确定的。

早在7世纪初，对居住在闽、粤、赣三省交界地区包括畲族先民在内的少数民族泛称“蛮”“蛮獠”“峒蛮”“峒獠”。13世纪中叶的南宋末年，汉文史书中出现“畲民”和“輋(音 shē)民”两词并用的族称。“畲”和“輋”字异同，前者指的是汀州漳州地区的畲族先民，后者指的是广东潮州地区的畲族先民。刘克庄《漳州喻畲》说：“凡溪洞种类不一：曰蛮、曰徭、曰黎、曰蜑，在漳者曰畲。西畲隶龙溪，犹是龙溪人也；南畲隶漳浦，其地域西通潮、梅，北通汀、赣。”“二畲皆刀耕火种，崖栖谷汲，如猱升鼠伏，有国者以不治治之。畲民不悦(役)，畲田不税，其来久矣。”③“粤人以山林中结竹木障覆居息为輋”，④“輋”是广东汉人中流行的俗字，“輋民”意为“在山里搭棚居住的人”。

宋末元初，畲民纷纷配合宋朝遗臣文天祥、张世杰等进行抗元武装斗争。当时对畲民所组织的抗元武装队伍，史书都称“畲军”，是当时抗元武装中一支重要力量，“宋季张世杰会讨蒲寿庚，有许夫人统诸峒畲军来会，汀畲亦在军中”。⑤

到了元代，“畲”字被普遍使用。明代，对“畲民”“輋民”“畲瑶”“輋瑶”等称呼都有使用。在清代的一些地方志中，往往把畲族称为“瑶人”“苗瑶”，或合称为“畲瑶”“畲蛮”。不过“畲民”一词比较多见。民国时期，有的把畲族统称为“苗夷”或“苗族”。

“畲”字作为民族名称，最早写为“畬”。“畬”字来历甚古，早在春秋时，在《易·无妄》中就有“不耕获，不菑畬”(意为：不在刚开始耕作时就期望立刻获得丰收，不在荒地刚开垦一年时就期望它立即变成良田)。“畬”字读音有二：读“yú”，意为刚开垦两三年的土地；读“shē”，意为刀耕火种。其含义都有开荒辟地、刀耕火种的意思。畲民族谱中所叙述其祖先“只望青山，刀耕火种，自给自足”是与之相一致的。由于当时畲民的生产方式是刀耕火种，“畲”被作为族称。

畲民自己一般不称“畲”，畲人自称为“山客”，即山里客人的意思。“山哈”是畲民内称，是蓝、雷、钟三姓自己人的意思。“山哈”这个称呼虽不见于史籍记载，但在各地畲民中流传，是畲族内部一句亲热称呼。

1956年8月11日，中共中央统战部给福建、浙江、广东、江西省委统战部指示，根据几年民族识别，畲民可以确定为一个少数民族，对民族的名称，要求各省再一次征求畲民的意见上报中央。中央征求各省畲民代表意见后认为，畲民这个称呼虽然是他称，但其含意无侮辱性，从历史上沿用已久的

①[清]杨澜《临汀汇考》卷三《风俗考·畲民附》。

②民国《长汀县志》卷二《大事志》。

③[宋]刘克庄《后村先生大全集·漳州谕畲》。

④《惠州府志》，明嘉靖刊本。

⑤[清]杨澜《临汀汇考》卷三《风俗考·畲民附》。

“畲”字，都体现畲民勤劳勇敢的本色，而且多数省份畲民代表同意用“畲”字作为族称。1956 年 12 月 8 日，国务院正式公布确定族称为“畲族”，从此畲族成为祖国 56 个民族之一。

第二节　源流与迁徙

清乾隆《龙岩川志》云：“在岩者惟蓝、雷二姓。在平（漳平）、宁（宁洋）者，有蓝、雷，钟三姓。”①“明史地理志中畲字仅见于漳平县中有百家畲洞，距龙岩、安溪、南靖、龙溪、漳平五县之交，是闽地之蛮，皆称曰畲也。”②漳平原为少数民族聚居地，汉族南迁之前，少数民族已散居全县各地，尤以永福里百家畲洞为多。“畲洞，在县南永福里，界龙岩、安溪、龙溪、南靖、漳平五县之间，而本县正当其北为要冲，万山环抱，四面阻塞，洞口陡隘，仅通行人，其中间宽广可容百家，畲田播种，足以自给，四方亡命者，逋聚其间，凭恃为乱。宣德正统间（1426—1449 年）有江志贤、李乌嘴、卢赤髻、罗进兴诸乌合跳梁，至动方岳守臣连年剿捕，始得宁息。”③后迁到山高水冷的山羊隔、龙门、尖祠等地架茅以居，过着刀耕火种生活。上杭境内的畲族主要有蓝、雷、钟 3 个姓氏，他们在不同的历史时期迁入境内，经过几代人的发展后，又向其他地区迁徙。明、清两朝是闽西畲族向闽东、浙南等汉族地区迁徙的重要时期，并发展形成畲族新的聚居区，他们大量与汉族交错杂居。

一、蓝　姓

蓝姓主要分布在福建、广西、广东、江西、浙江、四川、湖南、湖北、贵州和台湾等地。起源于今陕西蓝田，历秦汉而降，蓝姓主要繁衍于中山郡（今河北定州一带）、东莞郡（今山东莒县一带）、汝南郡（今河南平舆一带），三地都是蓝姓的郡望，均为蓝姓之最早发祥地，后世繁衍于各地的蓝姓多由此三处分衍而出。汉魏之后，蓝姓逐渐播迁于黄河中下游诸省。蓝姓大举南迁于隋唐间。在畲族、汉族、壮族、瑶族和苗族等多个民族中均有蓝姓，蓝姓在畲族和壮族中均为大姓，蓝姓是畲族第一大姓，也是壮族十大姓氏之一。

畲族蓝姓在龙岩市的源流与播迁分述如下：

（一）上杭县

据上杭庐丰《蓝氏家谱》载，北宋时，蓝俊徙居于凤阳府临淮关一带（今属安徽省）。南宋淳熙四年［（1177 年），有谱作政和七年（1117 年）］，蓝万福从凤阳府迁居江宁府句容县（今江苏省句容市）。宝庆元年（1225 年），金兵大举南侵，逃难时，蓝万福长子蓝吉甫与父母兄弟中途失散，只身入闽，卜居于福清县五福乡，为蓝氏入闽始祖。淳祐六年（1246 年），蓝吉甫次子蓝常新从福清县迁建宁府（今建瓯市）崇德坊。咸淳元年（1265 年），蓝常新长子蓝万一郎（字巨泰）迁居宁化石壁。万一郎生熙三郎，熙三郎生和二郎。《蓝氏家谱·迁居始末记》说，和二郎携妻挈子于南宋末年［有谱说元泰定三年（1326 年）］携带其父母金骸（即熙三郎夫妻的遗骨），举家从宁化石壁迁居长汀城下里坪岭水口白鹭树下，为蓝氏迁入长汀的始祖。和二郎生子太一郎。太一郎有 7 个儿子，依次取名为念一郎

---

①清乾隆《龙岩州志》卷十二《杂记志·畲客》。

②［清］杨澜《临汀汇考》卷三《风俗考·畲民附》。

③清道光《漳平县志》卷一《舆志百家畲》。

至念七郎。元至正二十二年(1362年),念四郎(壬生)从长汀水口白鹭树下迁上杭官庄蓝屋圩(今新风民族村),后徙对岸水东坊朴树下(今树人民族村),为官庄蓝姓开基祖。随后有念五郎后裔从武平中堡吉湖迁官庄贵和茶头下;念三郎、念六郎后裔迁官庄七里、竹子垅(今珊瑚乡华竹民族村)。元至正二十八年(1368年),念七郎(戊生)从长汀水口白鹭树下迁居上杭胜运里湖洋(今庐丰畲族乡扶洋民族村)畲里,为庐丰蓝姓开基祖。今上杭蓝姓均奉熙三郎为始祖。上杭蓝氏流传一首《祖先入闽迁徙歌》:

吉甫上祖入闽疆,初到福建五福乡。
公生三子又分散,长徙建宁崇善坊。
万一郎公成长大,家搬宁化石壁寨。
金兵压境乱如麻,南宋衰亡生感慨。
十九世祖和二郎,身居宁化心惊惶。
父母启金随身携,牛栏祖地葬妥当。
长汀水口是老家,一株挺秀七枝花。
念七来杭扶阳住,念四官庄朴树下。

各房系的分布和迁徙:上杭的蓝姓主要来自念四郎、念七郎二大系,其他各系亦有散居。全县蓝姓分布在18个乡36个行政村,聚居地以官庄、庐丰居多。其后裔繁衍在江西、广东、广西、浙江、安徽、四川、台湾等省,人数已超出20万。

念一郎系　千一郎后裔有从上杭瓦子坪迁到广东省韶关市翁源县龙仙镇、庙墩镇繁衍。千八郎,配徐氏,于明洪武三年(1370年)迁居上杭竹子垅(今珊瑚乡华竹民族村)后裔奉千八郎为一世祖。裔孙有部分迁到江西宁都刘坑乡、竹笮乡,泰宁县杉城镇、广东竹乡等处。

千九郎原居竹子垅,配黄、杜氏,明洪武五年(1372年),迁至上杭县湖洋镇加庄村,生二男:志因、志宁,奉千九郎为一世祖。志因裔有迁武平县十方镇白土村、岩前镇伏虎村;志宁裔文三郎于明天顺六年(1462年)迁往武平县武东乡三峙何林村,裔孙奉文三郎为一世祖。清同治期间(1862—1874年)有几户因经商从何林村迁上杭城区,上杭又有2户迁至台湾定居。

念二郎系　文信裔于明洪武四年(1371年)由武平大禾迁长汀白头磜开基,后裔奉仲五为一世祖。清末民初,汀江上杭造船业兴旺,有几户由白头磜到上杭东门潭头造船,遂定居城区。继后,有数户裔孙从上杭迁到泉州、北京等地。仲四(祖真)、仲六(祖清)、仲七(祖松)三兄弟,相传从上杭县胜运里官田村(今稔田镇官田村)迁至广东省清远市英德县鱼湾镇定居,现居住在该镇的蓝姓有万余人。

念三郎系　1949年后有一部分因在上杭工作,而定居城区。

念四郎系　念四郎名壬生,字昌隆,生于元至顺三年(1332年),配董氏,是上杭官庄蓝姓开基始祖,葬于官庄乡炉前,妣葬于炉前暗山里。生九男,依次取名为四一至四九郎。四一郎(文选),迁武平黄沙乡。四二郎(文英),配石氏,生四男:万清、万寿、万洁、万乘。后裔迁官庄朱堡村、江西石城县横江镇丹阳村、皇竹村。四三郎(继德),配李氏,生一男:政三,后裔居官庄七里村、上杭城区,福建的新罗、明溪、福州、邵武、建瓯、宁化、永安、长汀,浙江兰溪,江西瑞金、会昌,山东济南,新疆,台湾。四四郎(景云),居官庄乡树人村林屋巷,后裔迁江西兴国、瑞金。四五郎(宏)原居官庄,后迁待查。四六郎(福兴)原居七里村,后迁江西瑞金。四七郎(文奇),配蒋十娘,生二男:太兴(文碧)、太阳(文山),居官庄横头坝(今璜头民族村),后裔散居于山子口、梁吉坑,外迁福建的武平、长汀、永安、建瓯、泰宁等县市。四八郎(有善),配董氏,生一男:显宗,居树人村,后裔迁福建长汀、清流,四川、重庆。四九郎(文采),配林、徐氏,生三男:玉才、福泰、仲贵,居官庄树人村,后裔散居官庄各村和福建新罗,湖南长沙,江西于都、兴国、瑞金,浙江杭州,台湾。官庄念四郎的后裔大部分奉念四郎为一世祖,但璜头、七里蓝氏奉熙三郎为一世祖,贵和则奉大一郎为一世祖。1997 年,官庄蓝姓重修《蓝氏家谱》时,已作统一调整,皆奉念四郎为一世祖。

念五郎系 宗六之后裔繁衍在官庄贵湖、七里,珊瑚华竹茶头下和城区等地,传至 7 世后裔再迁江西会昌、寻乌、汶口,广东东莞,四川中江,贵州修文。该系百一郎有部分裔孙迁到上杭蓝溪、城区。百二郎曾孙华响迁居官庄七里。

念七郎系 《闽杭庐丰蓝氏族谱》云:"我祖念七郎迁居(上杭)扶阳,传至五世子荣公兄弟始迁庐丰,故吾庐丰宗谱,断自念七郎公始然。"念七郎名戊生,生于元至元四年(1338 年),初居长汀水口白鹭树下,配李十二娘,生一男:伯三郎。明洪武元年(1368 年),戊生时年 31 岁,迁徙上杭庐丰扶阳。殁后初葬扶阳李坊,明成化二十二年(1486 年),移葬庐丰宋公坪;妣李氏葬扶阳大坪上。伯三郎生伯一郎。伯一郎生伯十郎。伯十郎生五男:子荣、德荣、贵荣、满荣、堂荣。子荣及其弟迁庐丰,仍奉念七郎为始祖。庐丰畲族蓝氏自念七郎第五代开始,在庐丰"三丰"片区立足后,不断繁衍壮大,各房分房自立,渐成大小自然村落,经 600 多年发展成庐丰"三丰"片区望族。同时,由于庐丰土地资源有限和水资源缺乏,故各房后裔自明代起皆有择地再迁力图拓展。

长房子荣配刘太一娘,生四男:玉瑛、仲卿、仲宣、仲满。长男玉瑛后裔先后迁上杭城郊黄竹村,闽东各县,江西萍乡、吴城、雩都,湖南常德、湘潭、麻阳、桃源,浙江平阳、缙云,贵州贵定,广东仁化。次男仲卿后裔先后迁上杭城区、稔田、旧县、中都、溪口,武平六甲,永定城关、峰市,闽东三都澳、福州,贵州桐梓、贵竹、贵定、贵阳,江西兴国、会昌、修水、于都、奉新、袁州、泸溪、信丰,安徽桐城、枞阳、亳县,湖南长沙、河容、萍乡、永兴、益阳、攸县、湘潭;浙江龙游、泰顺,上海,四川等地。三男仲宣后裔分居上杭县庐丰丰乐、旧县、城区,武平,长汀,邵武,将乐,江西修水、南安、新喻、安福、丰陵、万载、赣州、瑞金、会昌、靖安、分宜、安远,浙江开化,湖南湘潭,贵州黎平,上海,四川等地。四男仲满之后裔迁上杭县临城上登、上都张坊,福建将乐,江西修水,上海,四川,湖南长沙等地。

次房德荣后裔迁闽南。

三房贵荣后裔先后迁龙岩大池,上杭古田,长汀城区,浙江遂昌、缙云等县。

四房满荣生四男:茂清、仲清、和清、永清。兄弟 4 人携母曾氏由庐丰入广东梅县。茂清为丰顺开基一世祖,生九男,依次取名为百一至百九。百一迁山坑尾,百四迁马头(马图),百五迁兴宁,百六迁留隍,百七迁高桥头(梅桥),百九迁惠州。和清为兴宁开基一世祖,由梅县移兴宁东门暂住,后迁竹山晏公坑,生五男:景春、景荣、景华、景茂、景彩。景彩之三男广生移丰顺建侨黄泥塘(蓝屋山);四男庆生移江西长宁县,另一部分后裔移永安龙川、上杭下都、新罗大池、永定调吴等地。

(二)漳平市

据漳平市桂林街道山羊村《蓝氏族谱》(手抄本)载:漳平畲族蓝氏在明朝万历年间从漳浦县赤岭乡迁来的,兄弟两人,恩台迁漳平象湖龙门开基;思台先迁漳平永福兰田,后因人少受欺,再迁到山羊隔(今桂林街道山羊民族村)。

(三)长汀县

据长汀县念七系日山公后裔编纂理事会编印的《蓝氏族谱》载:长汀县馆前镇黄湖村的蓝姓是庐丰蓝氏第二十四世千三郎在清乾隆后期从上杭县庐丰乡大坪里迁入的,以千三郎(妻雷氏)为开基祖。2021 年,已衍传至庐丰蓝氏 35 代。

二、雷　姓

雷氏是个古老的姓氏，是一个多民族、多源流的姓氏，最初为复姓方雷氏，是黄帝时古诸侯国名。方雷氏的后裔以国为姓，分为方、雷两姓。

畲族雷姓在龙岩市的源流和播迁分述如下：

（一）上杭县

上杭的雷氏先祖梓福、久徵、千一郎三大支系属同宗，分布在县内 11 个乡 17 个村，聚居地为才溪、太拔、下都、临江、古田、蛟洋等乡镇，有 700 多户 3000 多人。

梓福系　梓福，号钦五，生于宋景炎二年（1277 年），祖居山西平阳府，因避元兵乱，偕兄弟入闽，分别在清流、宁化留居。梓福爱上杭山水之胜，迁到上杭附城水西渡，后在城内定居。配廖氏，生三男：振轻、均亮、云震。梓福卒于明洪武七年（1374 年）享年 98 岁。传至 5 世有庆，讳益，现上杭城内居住之雷姓皆有庆裔孙，其后裔有迁至武平东留、长汀、永安、邵武、平潭、宁化泉上、厦门，台湾等地。5 世永祖徙永定湖雷。

久徵系　久徵，字绍基，号八十郎，生于明洪武十五年（1382 年），宣德年间（1426—1435 年），由清流迁至上杭胜运里曾坑（今太拔镇田增村增坑自然村），而后移居胜运里崇厦村（今太拔镇崇厦民族村）开基，配吴氏，被奉为崇厦一世祖。吴氏生一男：开宪，继配萧氏生五男：德宪、立宪、文宪、章宪、聚宪。

2 世开宪，号四七郎，生于明永乐元年（1403 年），生八男，依次取名为大一郎至大八郎。

大一郎兆达后裔迁上杭溪口大洋坝凿石塘。5 世玉方迁居龙岩新罗东肖，后裔分迁漳州及东南亚（印度尼西亚、新加坡等地）。9 世允龙、允清、允泰迁至浙江龙游县庙下乡大竹坞村。清康熙年间（1662—1722 年），13 世旺生兄弟 3 人，由上杭县大洋坝凿石塘分迁今浙江省遂昌县应村乡东源村。14 世汉三和 15 世永玉、永珍、永德 3 兄弟，由上杭县大洋坝凿石塘分迁浙江遂昌县北界乡排铺村（现北界村）。

大二郎兆适后裔分迁广东始兴、南雄，江西崇义、大余、全南、定南、上犹、章贡，四川广安等地。

大三郎兆突后裔 7 世千三郎携儿子玉炼、玉珍、玉璇迁上杭苏家坡开基，其后裔分迁上杭蛟洋坪埔石铺岭、福安、武平、长汀童坊葛坪，台湾，四川内江，重庆璧山区，以及江西瑞金、万安、会昌、寻乌等地。

大四郎兆忽在崇厦留守祖业，后裔分迁宁德，江西于都、石城、赣县、兴国、上犹、万安，浙江龙泉、平阳，湖北沔阳，湖南衡阳，四川内江，重庆璧山区等地。6 世千二郎迁居上杭蛟洋华家大坪村。9 世法龙携儿子案山、案岗、案泉迁上杭古田郭车村。10 世积瑞迁长汀童坊。11 世富兴分迁到慈坑窄河陂开基。9 世春鸣迁长汀濯田东坑开基。10 世雨有、雨得兄弟迁重庆巴县。9 世振山、振馀兄弟于清乾隆五十七年（1792 年）迁浙江遂昌县垅内（现为金竹镇弄内村）。11 世雷应及后裔仍居童坊葛坪。22 世玉秀移居美国。

大五郎兆夜后裔迁徙广东韶州府英德县。

大六郎兆夏后裔 4 世雷崇迁上杭才溪溪北。12 世惟士和应发、应达兄弟迁江西兴国均村乡。13 世声宏、声荣分迁浙江松阳，另有后裔分迁福建漳平，江西万安、瑞金、泰和、赣县、于都、安远等地。

大七郎兆随后裔迁广东韶州府英德县及江西等地。

大八郎兆騳后裔迁广东韶州府英德县，部分后裔迁往东南亚等国。

千一郎系　千一郎在明朝正德年间（1506—1521 年）随母离开宁化石壁，迁往上杭来苏里小黄坊（今下都镇五峰村）垦荒种地，肇居创业，为下都始祖。妣李氏，生一男万五郎。2 世万五郎，妣丘氏。生二男:念八、念九。念八生一男显聪。显聪又生四子:辉、贞、豪、富。长男雷辉留守祖业。次男雷贞迁下都横山自然村。豪、富兄弟失传。念九迁下都吉安奖坊,自此下都雷姓分小黄坊、横山、奖坊三处居住,其后裔有一部分迁福建南平,其余迁徙待查。

(二)漳平市

漳平市桂林街道山羊村雷姓于清嘉庆年间(1796—1820年)迁入,始迁祖、始迁地不详,今传10代,居村60余户150多人。

漳平市赤水镇香寮村雷姓开基祖雷光保携妻蓝氏于康熙四十四年(1705年)从上杭县才溪雷屋(今才溪镇溪北村雷屋)迁至宁洋县集宁里泗岭(今漳平市赤水镇溪西)开基,后定居于赤水镇香寮村。今传12代,有600多人。

三、钟 姓

钟氏得姓有多种说法,比较流行的是:春秋时,宋襄公(前650—637年在位)派遣他的弟弟子敖出使晋国。子敖在晋国为官,生子改姓伯名扈的儿子伯宗为晋国大夫。《通志·氏族略·以邑为氏》云:“伯宗,晋之贤者,为郤氏所谮被杀,子州犁奔楚,邑于钟离,今之濠州也,子孙以邑为氏。”秦末,伯宗的九世孙钟离昧是西楚霸王项羽麾下名将。《新唐书·宰相世系表》载:“楚汉时,有钟离昧为项羽将。有二子,长曰发,居九江,仍故姓;次曰接,居颍川长社为钟氏。”刘邦建立汉朝后,担心钟离昧会替项羽报仇,悬赏千金捉拿。钟离昧躲进昔日好友韩信家中,刘邦用陈平之计,诱使韩信逼钟离昧自刎。钟离昧长子钟离发居九江郡(今安徽省寿县一带),次子钟离接为避祸逃到颍川长社(今河南省长葛市),去“离”字而单姓“钟”,是为钟姓之得姓祖。

据族谱等资料载,钟氏26世钟贤于东晋末年(420年)南迁到江西虔州(今赣州),生一子朝(字会正),时因闽地“六戎之乱”蜂起,会正奉南朝宋武帝刘裕之命督兵前去剿灭,后为闽中都督。钟朝在南朝宋泰始年间(465—471年),定居鄞江白虎村(即白石村,今福建长汀县城)。钟贤成为钟姓入闽始祖。

钟氏64世钟盛,字全慕,在唐昭宗(889—904年)时任汀州刺史。《新唐书》载:唐景福二年(893年)“建州刺史徐归范,汀州刺史钟全慕叛附于王潮”,“钟全慕,唐昭宗时为刺史,王审知喜其骁勇有谋略,分汀州使守之,祀名宦祠”。① 钟全慕任汀州刺史十余载,为官清正,兴利除害,得到当地百姓的爱戴。夫人马氏生有三子:仁德、义德、礼德。义德生三子:理政、朝政、礼政。理政字翱,“钟翱,全慕孙,具经济,善骑射,继全慕为刺史,官至金紫光禄大夫”。② 闽王王审知死后,王氏家族内部纷争,诛杀异姓,众叛亲离,民不聊生。钟翱由是避乱隐居长汀濯田的同睦坑十余载。五代后晋天福二年(937年)后,南唐国兴起,钟翱受南唐国的重用,累官金紫光禄大夫、上柱国,卒后,南唐赐赠尚书令。钟全慕也被尊为钟氏入闽始祖。乾隆三十五年(1770年)上杭钟氏在县城建造上杭钟氏总祠,总祠建成,祀奉钟全慕为始祖。

钟氏入杭大致可分为三系。一是茶地久泰四五郎系,二是中都古坊千七郎系,三是南阳南岭德二郎系。上杭钟姓分布全县13个乡镇42个建制村(居委会),人口约1.2万人。

四五郎系 南宋,钟密之孙四五郎从长汀南岭穿秋坑迁上杭县胜运里上坑塘赤竹山(今茶地镇久泰村)居住,是为久泰一脉始祖。四五郎妣谢、林、王氏。四五郎生有六子:长子四七郎迁武平乌石峷,其裔孙七五郎后裔迁上杭临城的上登、小泮、小磜、石砌、九洲、玉女,庐丰中坊滩下,湖洋文光,旧

①民国《长汀县志》卷三十三《循吏传》。

②民国《长汀县志》卷三十三《循吏传》。

县梅溪、谷坑等地。次子四八郎之子五三郎生有九子,依次排名为千一郎至千九郎。千一郎后裔居上杭久泰,临城九洲,湖洋碧田;千二郎迁广东梅州;千三郎迁上杭才溪大贵;千四郎迁长汀;千五郎、千六郎迁中都后去向不明;千七郎先迁庐丰中坊滩下,其后裔又迁浙江泰顺;千八郎迁武平永平;千九郎先迁庐丰滩下,其裔孙又迁官庄。三子四九郎迁广东梅县;四子三十六郎迁江西赣州;五子三十七郎迁广东潮州;六子三十八郎迁江西吉安,后裔再迁湖南平江。久泰钟氏外迁的还有:胜清迁江西上犹,鸣旺迁江西寻邬,鸣英迁江西修水,钟勋迁浙江平阳,后裔迁泰顺,翁儒、清秀、昌秀迁浙江温州,廷章兄弟迁浙江龙泉,文泰迁上杭南阳双溪,后裔福庸、福文又迁广东大埔长富、长窖一带,新飞迁顺昌县大干乡,德玉迁新干坡。久泰一脉其他村外迁的还有:小泮村准云迁永安市洪田乡;石砌村景安迁江西瑞金;九洲村钟孟迁长汀三洲村;上登村春泰等迁宁化湖村、水茜等地;碧田村美修、茂祥迁宁化;大贵村文洪迁建阳,文怀迁江西步城。

千七郎系　南宋,钟玕,号千七郎,在上杭来苏里(今中都镇古坊村)开基,成为中都古坊钟氏始祖。千七郎妣饶氏生子道立,号三九郎。三九郎妣俞氏、吴氏,生六子,以百七郎至百十二郎排名。长子百七郎,裔迁中都罗迳、下天迳、上都流光,分迁长汀宣城余家地、永泰,湖南平江等地。次子百八郎,后裔住中都古坊和分迁福建浦城等地。三子百九郎,妣赖氏生四子:念一、念二、念三、念四,后裔分别迁往上杭县的中都陈坑、瑞香、前锋,南阳双溪,太拔坵辉,茶地大燮,广东五华,四川简阳,江西修水、上犹,湖南炎陵等地。四子百十郎后裔住古坊村,后裔分迁江西修水、铜陵等地;五子百十一郎后裔分迁广东五华、重庆等地;六子百十二郎,迁上杭白砂黄蕉坑,后裔分迁广东梅县松源,福建莆田,安溪湖上、白濑,永春吾峰,德化炉口,武夷山,江西上饶等地。古坊钟氏后裔外迁的还有:富太迁湖南湘潭,长生迁沙县红霞,文信迁长乐,立环迁江西,詹章定居美国,润章、达和、达标迁台湾。《坵辉钟氏念二公族谱》记载,闻珦公在坵辉开基后,坵辉钟氏一代又一代往外播迁。明清两朝共有 94 支外迁,其中江西 77 支(万安 15 支、永丰 14 支、崇义 11 支、赣县 10 支),福建 10 支,广东 5 支,浙江 2 支。民国以后外迁到我国的南京、赣州、广州、上海、福州、厦门、香港、台湾以及美国等地。

德二郎系　宋朝,钟理正的第十代孙德二郎从长汀濯田同睦坑迁到长汀南岭(今上杭南阳镇南岭村)居住。原先居住在这里的钟氏后裔都已外迁,因而,德二郎成为南岭钟氏始祖。妣黄官娘,生五子:清、辉、照、耀、明。钟清之子叶森迁长汀南山钟屋村,八六郎迁南阳石坑源;千六郎迁南阳涂坑,后裔又迁钟屋村,景寿迁长汀宣城中畲,应启迁江西会昌余屋峒。石坑源村常武后裔迁居福州,祖鉴后裔迁江西。

据上杭官庄县畲族乡福泉村绳德堂《钟氏家谱》载:开基祖钟仕宁系钟千九郎之曾孙,居住在汀江之畔上杭庐丰中坊滩厦的钟仕宁善撑船,常年行船于汀江航道,对沿江两岸地形、地貌较为熟悉,常将船泊于官庄西岸朝尾岭前。明永乐元年(1403 年),钟仕宁入迁官庄福泉大荇里开基创业,为官庄钟氏始祖。仕宁裔孙锦生、金生、祥昌迁长汀杨梅坑,德尚、德辉迁武平中堡,应章迁武平店下,顺昌迁永安小陶,兆来迁江西瑞金,达贵迁江西广丰白石坑,金灿迁江西崇义,兆来迁江西瑞金,国丰迁宁化,铭昌、旭昌、祥谟定居台湾。

第三节 人口分布

1953年,第一次全国人口普查,龙岩专区有畲族340人。1964年,第二次全国人口普查,龙岩专区有畲族513人。1982年,第三次全国人口普查,龙岩地区有畲族1424人,这一时期,龙岩地区确认了不少畲族成分的人口,属于机械增长。1990年,第四次全国人口普查,龙岩地区有畲族33698人(男18460人、女15238人),这是龙岩地区在落实民族政策中许多畲族人口得到确认,属于机械增长。2000年,第五次全国人口普查,龙岩市有畲族34775人(男18574人、女16201人)。2010年,第六次全国人口普查,龙岩市有畲族31104人,占全市总人口2559545人的1.22%。2020年,第七次全国人口普查,龙岩市有畲族30197人,占全市总人口2723637人的1.11%。

一、县(市)分布

龙岩市畲族人口主要分布在上杭县、新罗区、漳平市和长汀县。

(一)上杭县

1987年12月,上杭县的蓝、雷、钟3姓群众根据本人申请,经审查批准,恢复畲族成份的有6060户30889人,占全县总人口的7.48%。1990年,第四次全国人口普查,上杭有畲族30699人,占全县总人口的6.86%。2000年,第五次全国人口普查,上杭有畲族30735人,占全县总人口的6.38%。2010年,第六次全国人口普查,上杭有畲族25725人,占全县总人口的5.20%。2020年,第七次全国人口普查,上杭有畲族23160人,占全县总人口的6.15%。

上杭县是福建省民族宗教工作重点县,有2个民族乡,40个民族建置村,205个民族自然村。2022年,全县有33个少数民族,少数民族户籍人口4.2万多人,约占全县总人口数的8%,其中,畲族人口4.09万人,占龙岩市畲族人口的85.5%,畲族户籍人口数居福建省第三位。

(二)新罗区

新罗区为龙岩市人民政府驻地,在市直单位和企业中有许多从上杭、漳平、长汀和其他地方的畲民在此就业。2020年,第七次全国人口普查,新罗区常住人口841745人,其中,畲族4918人,占全区总人口的0.58%。

(三)漳平市

漳平原为少数民族聚居地。唐宋年间始有汉族迁人。建县前汉人已占绝大多数,只有少数偏僻山村住着畲民。直至中华人民共和国成立前夕,少数民族人数均无确切统计。1951年,漳平有畲族81户323人。1953年首次全国人口普查,漳平有畲族339人,占全县总人口0.36%。1964年第二次全国人口普查,漳平有畲族513人,占全县总人口0.39%。1982年第三次全国人口普查,漳平有畲族1051人,占全县总人口0.47%。1990年第四次全国人口普查,漳平有畲族1605人,占全县总人口0.60%。2000年第五次全国人口普查,漳平有畲族1597人,占全市总人口0.60%。2010年第六次全国人口普查,漳平有畲族1301人,占全市总人口0.54%。2020年第七次全国人口普查,漳平市有畲族1381人,占全市总人口的0.55%。

(四)长汀县

2020年第七次全国人口普查,长汀县有畲族284人,占全县总人口的0.07%。

在龙岩市的7个县(市、区)中,除上杭、新罗、漳平、长汀4个县(市、区)有较多的畲族居民外,其他3个县(区)也有畲族居民。

第六次、第七次全国人口普查龙岩市各县(市、区)畲族人口数

表1-01　单位:人

县(市、区)	第六次(2010年)			第七次(2020年)		
	小计	男	女	小计	男	女
新罗区	2437	1339	1098	4918	22599	2319
长汀县	1296	870	426	284	155	129
永定区	229	157	72	150	83	67
上杭县	25725	13795	11930	23160	12920	10240
武平县	81	39	42	225	112	113
连城县	35	10	25	79	39	40
漳平市	1301	734	567	1381	803	578
合　计	31104	16944	14160	30197	16711	13486

说明:表中数字来自于统计部门,系常住人口(下同)

二、畲族乡(村)分布

龙岩市的畲民多为小聚居,大分散。居住在小山村之畲民少则几户,多则几百户,接近圩集交通要道者户多人众。

(一)上杭县

1987年,上杭县民政部门根据蓝、雷、钟3姓群众的再三要求,组织调查组,到闽、浙、赣、粤和北京等地,走访多处畲族聚居地和中央民族学院、厦门大学、广东省民族研究所等有关单位的专家学者。在取得大量资料和文物的基础上,专题报告上级。经查核批复,同意恢复其畲族成份。根据本人申请,经审查批准,恢复畲族成份的有6060户30889人,占全县总户数的7.6%、总人口的7.48%,他们分布在21个乡镇108个村,其中官庄1620户8704人。分别占该乡总户数和总人口数的36.9%和35.8%;庐丰乡1341户6180人,分别占该乡总户数和总人口数的26%和23.8%,这两个乡分别成立畲族乡。聚居在其他乡镇的有:南阳镇503户2512人,临城乡371户2020人,湖洋乡316户1817人,才溪乡264户1400人,旧县乡222户1262人,太拔乡234户1193人,临江镇287户1021人,中都乡209户1099人,茶地乡179户889人,珊瑚乡136户745人,古田镇91户463人,稔田乡81户447人,下都乡74户457人,蛟洋乡31户166人,白砂乡11户57人,溪口乡7户38人。其中1000人以上的乡镇有9个:官庄乡、庐丰乡、南阳镇、临城乡、湖洋乡、才溪乡、旧县乡、太拔乡、临江镇和中都乡。

2021年年末,上杭县畲民分布在全县21个乡镇的87个建制村,7个居民委员会,205个民族自然村。

第四次至第七次全国人口普查上杭县各乡(镇)畲族人口数

表 1-02 单位:人

乡(镇)	第四次(1990年)			第五次(2000年)			第六次(2010年)			第七次(2020年)		
	小计	男	女	小计	男	女	小计	男	女	小计	男	女
临江	921	568	353	1262	722	540	2114	1139	975	1554	828	726
临城	1630	980	650	2456	1368	1088	4165	2252	1913	6407	3426	2981
湖洋	1743	1047	696	1611	936	675	939	568	371	646	414	232
中都	950	537	413	983	495	488	748	373	375	438	254	184
下都	501	262	239	490	252	238	307	173	134	251	135	116
庐丰	6102	3151	2951	5755	2931	2824	4051	2093	1958	3106	1772	1384
蓝溪	20	16	4	76	20	56	89	24	65	21	4	17
稔田	472	228	244	212	77	135	75	28	47	49	23	26
太拔	1196	645	551	1006	550	456	621	350	271	388	224	164
溪口	88	37	51	127	45	82	68	19	49	40	11	29
茶地	863	458	405	779	401	378	515	280	235	360	209	151
泮境	33	16	17	13	5	8	13	2	11	10	5	5
白砂	53	26	27	61	27	34	56	21	35	40	24	16
蛟洋	214	108	106	200	113	87	191	113	78	198	128	70
古田	512	288	224	499	286	213	396	251	145	338	228	110
步云	5	4	1	10	7	3	13	7	6	3	–	3
南阳	2452	1475	977	2261	1315	946	1705	1041	664	1691	1128	563
通贤	10	7	3	152	15	137	94	9	85	55	8	47
才溪	1683	907	776	1830	970	860	1417	739	678	1061	618	443
旧县	1174	667	507	1368	727	641	1228	691	537	638	410	228
官庄	9203	4927	4276	8755	4563	4192	6297	3335	2962	5597	2989	2608
珊瑚	874	424	450	829	353	476	623	287	336	269	132	137
合计	30699	16778	13921	30735	16178	14557	25725	13795	11930	23160	12920	10240

（二）漳平市

1990 年，漳平全县有 1 个畲族建制村（山羊隔），下辖 3 个畲族村民小组，另有象湖镇龙门、溪南镇尖祠，双洋镇中村村的尾村，新桥镇城口村的大罗山、小罗山，灵地乡长垵 6 个畲族村民小组。1999 年，市政府确认象湖龙门、溪南镇尖祠、新桥镇大罗山、赤水镇岭兜为畲族建制村。2000 年，确认赤水香寮、灵地长垵、双洋坑源为畲族建制村。2004 年，确认双洋镇中村、新桥镇石码为畲族建制村。至 2005 年，全市有 10 个畲族建制村，畲族人口 3864 人，其中畲族建制村聚居人口 3460 人，散居人口 404 人；畲族人口占全市总人口 1.41%。2021 年，全市有 10 个民族建制村，3880 人，比 2005 年的 3460 人增加 420 人。

2005 年漳平市民族建制村人口分布情况表

表 1-03　　单位：人、%

乡（镇、街道）	民族村	总人口	畲族人口	畲族人口所占比例	乡（镇、街道）	民族村	总人口	畲族人口	畲族人口所占比例
新桥	大罗山	483	266	55.07	桂林	山羊隔	535	535	100.00
	石码	1461	427	29.23		小芹菜	151	151	100.00
双洋	坑源	913	281	30.78	象湖	龙门	196	196	100.00
	中村	686	260	37.90	赤水	岭兜	574	216	37.6
溪南	尖祠	321	321	100.00		香寮	1590	594	37.36
灵地	长垵	580	213	36.7					

2021 年漳平市民族建制村人口分布情况表

表 1-04　　单位：人、%

乡（镇、街道）	民族村	总人口	畲族人口	畲族人口所占比例	乡（镇、街道）	民族村	总人口	畲族人口	畲族人口所占比例
新桥	城口	1189	456	38.35	桂林	山羊	807	807	100.00
	石码	1538	510	33.16	象湖	龙门	389	389	100.00
双洋	坑源	1168	286	24.49		科山	329	98	29.79
	中村	863	297	34.41	赤水	岭兜	694	239	34.43
灵地	长垵	676	238	35.21		香寮	1724	638	37.00

（三）长汀县

2020 年第七次全国人口普查，长汀县有畲族 284 人，除部分居住在馆前镇黄湖民族建制村外，还有一些人因工作、婚姻关系居住在汀州镇等乡镇。

三、姓氏分布

（一）蓝（兰）姓

2021年龙岩市畲族蓝（兰）姓分布情况表

表1-05

县（市）	乡镇	建制村（社区）
上杭县	官庄畲族乡	下濯村、蕉坑村、龙牌村、红石村、回龙村、朱堡村、官庄村、福泉村、贵和村、新风村、七里村、璜头村、德康村、树人村、新民村、曾泗村
	庐丰畲族乡	立英村、丰济村、丰康村、丰乐村、扶洋村、太古村、中坊村
	临江镇	镇东社区、镇南社区、镇西社区、天山社区、镇中社区、英明社区、东南社区
	临城镇	城东社区、城西社区、西南村、上登村、黄竹村、新塘村
	湖洋镇	加庄村、寨背村
	中都镇	仙村村、复兴村
	下都镇	璜溪村
	稔田镇	官田村
	蛟洋镇	文都村
	古田镇	文元村、苎园村
	南阳镇	射山村
	才溪镇	才民村、岭和村、曾坑村
	旧县镇	谷坑村、全坊村、坝上村、梅溪村、石圳村
	珊瑚乡	华竹村
	泮境乡	元康村
漳平市	桂林街道	山羊村
	新桥镇	城口村、石码村
	象湖镇	龙门村
	双洋镇	中村村
	赤水镇	岭兜村
长汀县	馆前镇	黄湖村

(二)雷姓

2021年龙岩市畲族雷姓分布情况表

表1-06

县(市)	乡镇	建制村(社区)
上杭县	临江镇	镇东社区、镇南社区、镇西社区、天山社区、镇中社区、英明社区
	临城镇	城东社区
	下都镇	吉安村、五丰村
	太拔镇	崇厦村
	蛟洋镇	华家村、坪埔村
	古田镇	苏家坡村、上郭车村
	才溪镇	溪北村、溪西村
漳平市	赤水镇	香寮村、岭兜村
	象湖镇	龙门村、科山村
	新桥镇	石码村
	桂林街道	山羊村小芹菜自然村
	灵地乡	长垵村
	双洋镇	中村村
	溪南镇	金菊村尖祠自然村
	芦芝镇	圆潭村

(三)钟姓

2021年龙岩市畲族钟姓分布情况表

表1-07

县(市)	乡镇	建制村(社区)
上杭县	官庄畲族乡	官庄村、福泉村
	庐丰畲族乡	中坊村
	临江镇	镇东社区、镇南社区、镇西社区、天山社区、镇中社区、英明社区
	临城镇	城东社区、城西社区、城南社区、石砌村、上登村、九洲村、玉女村、西南村
	湖洋镇	碧田村、文光村、新坊村、元丰村
	中都镇	陈和村、古坊村、瑞香村、由安村
	太拔镇	坵辉村

续表1-07

县(市)	乡镇	建制村(社区)
上杭县	溪口镇	双华村
	茶地镇	久泰村、大嵏村
	白砂镇	茜黄村
	南阳镇	南岭村、双溪村、涂坑村、南坑村、联山村、马洋洞村
	才溪镇	大贵村
	旧县镇	谷坑村、全坊村、梅溪村
	古田镇	八甲村
漳平市	双洋镇	坑源村

第四节 婚姻家庭

一、婚 姻

畲族普遍实行一夫一妻制，畲民有不与汉族通婚、实行族内婚、同姓不结亲的族规。“盘、蓝、篓(按:应为雷)三姓，自相匹偶，不与乡人通。”①有“盘、蓝、雷、钟男女自相嫁娶，永世无异”的婚姻规制。畲族婚姻一般是不要聘金，女儿出嫁十分简朴，嫁妆除一般的礼物外，还有农具、斗笠、蓑衣等，稍为富裕者也有以耕牛作陪嫁的。

漳平市桂林街道山羊村《蓝氏族谱》(手抄本，可能记述不全——编者注)载:一世思台公配雷氏;二世德明公配钟氏，三世协赞公配(未详);四世秀卿公配罗氏;五世期益公配雷氏，如益公未详;六世文豪公配雷氏，金英公未详;七世愧碧公、愧晚公未详;八世祭会公、运合公未详;九世祖15人，配钟氏7人、雷氏2人、未婚1人、未详5人;十世7人，配钟氏5人、雷氏1人、未详1人;十一世20人，配蓝氏5人、钟氏3人、雷氏3人、林氏1人、郭氏1人，未详7人;十二世14人，配蓝氏4人、雷氏2人、钟氏1人、谢氏1人、未详6人。从第一世至第十世，都是畲族内部通婚;十一世始就有与汉族(林氏、郭氏、谢氏)通婚和同姓通婚。漳平赤水镇香寮村《雷氏族谱》(手抄本)载:清康熙四十四年(1705年)，雷光保携妻蓝氏在宁洋县集宁里泗岭(今漳平市赤水镇溪西)开基。一世光保公配蓝氏;二世光成公配蓝氏;三世文凤公配蓝氏，文龙公配蓝氏，文口公未详;四世日清公配蓝氏;五世2人，配蓝氏1人、廖氏1人;六世2人，配蓝氏1人、曹氏1人;七世3人，配钟氏、邱氏、曹氏各1人。香寮雷氏从五世始，就与汉族通婚。

上杭官庄境内蓝姓开基祖念四郎公的配偶是董氏，二世祖四九公的配偶是林氏、徐氏。据官庄树人村《蓝氏家谱》记载，蓝姓自三世祖至十世祖共娶入111位女性配偶，其中，除三世祖、八世祖分别娶入1位钟姓，十世祖娶入2位雷姓外，其余均为汉人，其中林姓22人、陈姓18人、刘姓9人、张姓

①福建省地方志编纂委员会编，方志出版社出版，[清]曾曰瑛修、李绂纂《汀州府志》，2004年，第876页。

8 人、吴姓 6 人、杜姓 5 人、杨姓 4 人、李姓 4 人。林姓、陈姓最多,这两姓是当地大姓,与蓝姓相距不远,林姓居住在官庄的回龙、龙牌、红石等村,陈姓居住在珊瑚。民国 33 年(1944 年)编印的上杭庐丰《闽杭庐丰蓝氏族谱》(种玉堂镌)载,元朝至元二十八年(1368 年),念七郎公从长汀水口白鹭树下迁入胜运里扶阳(今庐丰畲族乡扶洋村),蓝氏自一世祖至五世祖共娶入 10 位女性配偶,都是汉族,其中李姓 2 人、朱姓 1 人、丘姓 3 人、刘姓 2 人、赵姓 1 人、林姓 1 人。清光绪年间编印的上杭太拔《坵辉钟氏念二公族谱》载,坵辉钟氏在明洪武初年从来苏里古坊(今中都镇古坊村)迁入,从一世祖至五世祖共娶入 21 位女性配偶,也都是汉人,其中,黄姓 4 人、俞姓 1 人、范姓 2 人、刘姓 1 人、吕姓 2 人、龚姓 2 人、张姓 2 人、叶姓 2 人、罗姓 1 人、李姓 1 人、丘姓 1 人、廖姓 1 人、蒋姓 1 人。庐丰蓝氏、坵辉钟氏,从一世至五世所娶的妻子都是当地的汉族女子,没有在畲族内部通婚的现象。

唐朝的"安史之乱"和黄巢起义,使中原汉人大量南迁,两宋年间,为避战祸,南迁汉人跨过鄱阳湖、赣江,越过武夷山脉,进入闽西地区,他们在长期的劳动生产中和畲民相互交流、交往和交融;畲民在婚姻关系上,打破了"盘、蓝、篓(按:应为雷)三姓,自相匹偶,不与乡人通"的规制,与汉族通婚,而且人数占绝大多数。闽西原是畲族等南方少数民族的聚居区,上杭客家族谱博物馆馆藏蓝氏、雷氏、钟氏等畲族姓氏族谱与大量汉族姓氏族谱保存了汉族与畲族同胞通婚交融的历史纪录。上杭稔田南坑编纂于清乾隆三十年(1765 年)的《杭川河南邱氏族谱》记载了该先祖在宋末避难到南坑不久后,开基祖的长子邱惟长儿子婚配蓝氏,五世祖邱九七郎婚配钟氏;开基祖三子邱惟禄婚配蓝六娘,惟禄孙邱三四郎婚配蓝四娘。这清楚反映了南迁汉人与当地原住居民的融合早在宋末已经开始,且联姻频繁。畲民与南迁汉人的联姻,血脉交融,促进了畲、汉民族的融合发展。

上杭县旧县镇谷坑村《钟氏族谱》载:清嘉庆五年(1800 年)在城里石砌村(今临城镇石砌村)钟氏第十六世牛妹,其妻何氏,生有二子:志来、志才。因牛妹英年早逝,其妻何氏改嫁谷坑黄姓。起初志来、志才兄弟俩相依为命在石砌村谋生,但因兄弟才 10 来岁,生产生活能力还差,所以日子过得异常艰难。一天,何氏到梅溪村河坝采青积肥,看见两个孩子衣衫褴褛,蓬头垢面,全身长满脓疮,心如刀绞。回到谷坑家中,躲到房间里嚎啕大哭。其夫黄公,见此情景,问她何事如此伤心?何氏哭泣着将孩儿可怜情形告知于他。黄公知道此情后说:"既然如此,将兄弟俩带到谷坑来一起生活吧。到谷坑后,如果兄弟俩愿意改姓黄,那就跟我姓黄。如果兄弟俩不愿意,那就保留钟姓。"于是,何氏就将兄弟俩带到谷坑村和继父一起生活。志来、志才来到谷坑村,仍保留钟姓。因此,谷坑才有畲族钟姓。

民国 20 年(1931 年)12 月、民国 23 年 4 月,中华苏维埃共和国中央执行委员会先后颁布《中华苏维埃共和国婚姻条例》《中华苏维埃共和国婚姻法》,规定实行男女婚姻自由自主,一夫一妻;废除一切封建婚姻制度;禁止买卖婚姻,重婚纳妾和养童养媳;婚龄为男 20 岁,女 18 岁;闽西苏区认真贯彻执行。20 世纪 40 年代,日本占领广东后,潮州、汕头一带的女子逃难至闽西地区,不少妇女与境内畲族男子结婚成家。

中华人民共和国成立后,畲族的婚姻和家庭形态起了很大的变化,族内婚及同姓不婚的宗法族规已被冲破,人们扩大了联姻的范围,与外族通婚、同姓通婚也不再受舆论的指责。

1950 年,中央人民政府颁布第一部《中华人民共和国婚姻法》,规定男女婚姻自由,不得包办和买卖,实行一夫一妻制,重婚为犯罪等新的婚姻制度。结婚年龄为男 20 周岁,女 18 周岁。闽西地区利用各种形式,广泛宣传,使婚姻法家喻户晓。

1980 年,国家颁布新婚姻法(1981 年 1 月施行),除将结婚年龄改为男不得早于 22 周岁,女不得早于 20 周岁外,还提倡晚婚、晚育。

2001 年 4 月 28 日,九届全国人大常委会第二十一次会议通过《关于修改〈中华人民共和国婚姻法〉的决定》,对1980年颁布的婚姻法作修正。其中“夫妻应当互相忠实,互相尊重;家庭成员间应当敬老爱幼,互相帮助,维护平等、和睦、文明的婚姻家庭关系”,结婚后“女方可以成为男方家庭的成员,男方可以成为女方家庭的成员”,“子女可以随父姓,可以随母姓”等,深受群众拥护。至2021年,数以千计的全国各地各民族男女青年与闽西畲乡男女青年结婚,成家立业。

附:旧时畲族特殊婚姻

旧时畲族婚姻规制,除女嫁男家、寡妇再嫁外,还有:

男“嫁”女家 即把儿子“嫁”到女家,男方称为“去当儿”或“做女婿”,女方称为“喊儿”或“招亲”。畲族可把几个女儿留在家里“喊儿”,“去当儿”的并非家境困难或兄弟多的,富有人家或独生儿子也可“去当儿”。有少数人家把女儿留在家里“喊儿”,而让儿子“去当儿”。这类婚事村里无人干涉,也不歧视。男“嫁”女家的婚礼与一般婚嫁相同。“去当儿”的男子要从女姓,所生儿女均从女姓,与妻子家的兄弟享有相同的权利和义务。有的畲族村中“去当儿”的男子所生的儿子,两家对分,即长子从母姓,次子从夫姓。

“做两头家”,亦称“种两头田” 夫妻俩要种两家田地,赡养双方的父母。这种婚事无须行郎、赤郎,也不办嫁妆。仅双方各办若干桌喜酒,婚仪比较简单。“做两头家”所生子女分别从父母姓,一般长子随母姓,次子从父姓,长大后分住两家,分别继承两头财产。

服务婚 有的畲族家庭因男子年少,家庭缺乏劳动力,以长女招女婿担负田山劳作,被招者在岳父家服务3年,以劳动成果抵作聘金。3年后,携妻回家。

回头亲 这是畲族古制,即母舅之子享有娶表妹为妻子的优先权。一般外甥女未经母舅许可不得嫁人。

姑换嫂 即甲方的女儿嫁给乙方的儿子,同样,乙方的女儿要嫁给甲方的儿子为妻。漳平桂林山羊村《蓝氏族谱》说,畲族“只能在三姓之内娶亲,这三姓一般都是住在边远山区,不发达地区,生活水平低,外地婆娘不肯来,所以,我族就无奈实行三姓之内姑换嫂”。

童养媳 平民家庭往往为幼子抱养别人的女婴或幼女,长到十五六岁时便择岁末圆房完婚。这种婚姻,礼仪简约,花费极少。但这种婚姻常常造成早婚早育,束缚婚姻自由,夫妻感情不好的现象极为常见。多数童养媳形同奴婢,遭受虐待。

等郎妹 夫妻数年未生儿子,即抱养别人女婴或幼女,名之“招娣”,即希望招来弟弟;等待弟弟长大后成婚或无子者招赘嗣祧。这种婚姻,大都老妇少夫,多无幸福可言。山歌唱道:“十八妹嫁三岁郎,手提灯盏牵入房。等到郎大妹又老,等到花开叶又黄)。”“十八妹嫁三岁郎,兜屎兜尿抱上床。睡到半夜思想起,唔知是仔还是郎。”虽然夸张,却形象地表现出这种不合理婚姻之下女子的痛苦。

一子承两房 兄弟中一人生子,一人未生,为延续“香火”,兄弟俩便各为该“子”(儿子、侄子)娶一妻,该“子”两妻所生儿女,分别归“兄”或“弟”(父或叔伯),称“一子承两房”。

“打合同” 无力娶妻者或错过最佳结婚年龄依然独身的男人,选有女孩或等郎妹的家庭,愿与其女孩或等郎妹结婚,但不入赘其家,所生子女各家一半,先期生下的归女方家,随女方家姓;后生的归男方,随男方姓。

转亲婚 嫂嫂或弟媳丈夫去世,因家境较好,相处和睦,女方不愿再嫁,经双方家族同意,而转嫁小叔子或大哥,嫂嫂转嫁小叔子谓“大转小”,弟媳转嫁哥哥谓“小转大”。

上述的婚姻规制多发生在20世纪50年代之前。自1952年《中华人民共和国婚姻法》颁布后,许多婚姻状况已经绝迹或者仅出现在个别的畲族村。

二、家　庭

(一)家庭构成

大多数畲族家庭是由畲族与汉族混合组成。1990 年第四次全国人口普查,上杭县汉族与畲族混合的家庭户有 10393 户,其中 2 人户 429 户,3 人户 1039 户,4 人户 2006 户,5 人户 2468 户,6 人户 1853 户,7 人户 1146 户,8 人户 628 户,9 人户 368 户,10 人及以上户 455 户。

中华人民共和国成立后,实行一夫一妻制,家庭结构发生变化,家庭规模随着国家的人口政策变化而变化。20 世纪七八十年代,人口增长较快,家庭规模较大;根据 1990 年人口统计资料,畲族家庭户的类型和汉族相似,都是以核心家庭(以一对夫妇及其未婚子女组成的两代户)为主,比重最大;三代及以上户次之;四代五代同堂户型已不多见。但畲族单身户比重偏大,三代户比重高于汉族。1990 年后,畲族家庭的规模逐步缩小。

第四次至第七次全国人口普查龙岩市畲族乡家庭平均人口情况表

表 1-08　　单位:人/户

	第四次(1990 年)	第五次(2000 年)	第六次(2010 年)	第七次(2020 年)
上杭县官庄畲族乡	5. 56	4. 32	3. 67	3. 35
上杭县庐丰畲族乡	4. 65	4. 34	3. 76	3. 41

(二)家庭成员

畲族家庭成员在家庭中的地位基本同于汉族,由于畲族妇女与男子一样参加田间劳动,是家庭经济来源的创造者,凡家庭重大事务,妇女都有权过问,还可以直接参与决断。当家的妇女,特别是大家庭中的老年妇女,更有发言权和决断权。民国年间编纂的《上杭雷氏梓福公家谱》载,上杭县城雷荣宗的妻子吴氏,生于清乾隆四十八年(1783 年),卒于清光绪元年(1875 年),在她的儿子焕枢 4 岁时丈夫就去世了,“家无长物,仰事俯畜,以纺织自给,不出户庭,兼课焕枢读,久之,家益贫。乃令焕枢习商贾,焕枢有干才,数年家渐小康,妇益勤苦自持,教焕枢以力行为善。”同治年间,“兵燹后,邑大饥,斗米千钱,妇命孙飞腾告籴邻郡,活民无算。”由于她力行善事,五代同堂,“里之人戴之若宇下,爱之如阳春”,得到清政府的旌表,在 93 岁高寿去世后,在县城立“百龄贞寿”牌坊。官庄蓝姓畲民对她特别崇敬,从保留至今的有关“婆太”的故事,可以看出早期畲族社会存在着原始的“天葬”风水观念和女性社会地位较高从而受人崇敬的历史事实。有的畲族村女子有继承家产的权利。有的畲族家庭虽然自有男孩但却把女儿留在家里招婿,兄弟姐妹可平等分享家产。过房到叔伯家和其他人家的女子,享有继承权,任何人无权干涉。妇女失偶,有权支配先夫的财产,并且还有招夫入赘的自主权,先夫家人无权干涉。

畲族地区有“做娘家头”的习俗。畲家女儿出嫁后如受到夫家的虐待,可回娘家哭诉。娘家便组织亲房叔伯、母舅等数十人到女婿家理论,直到女婿承认错误并保证不再重犯为止。“做娘家头”作为一种特殊的家庭调解方式,一定程度上起到了保护妇女权益的作用。

畲族中流行“天上雷公,人间舅公”的说法,畲族舅父有较大的权力,在畲族家庭中有着特殊的地位。婚丧喜庆,都得延请舅父参加,并充当重要的角色,听从舅父的安排。家庭纠纷,兄弟分家,都由舅父主持,这也说明妇女在畲族家庭中的地位是较高的。

第二章　经　　济

畲族原为山地游耕、狩猎民族，农业生产以刀耕火种为主，狩猎、采集为辅。耕地多属于缺水旱地。隋唐时期，闽西畲族先民每到一地，开山植树（竹），在山丘地带，拓荒造田。“据《太平寰宇记》引《牛肃纪闻》云‘江东采访使奏于处州南山峒中置汀州，州境五百里，山深林木秀茂，以领长汀、黄连（今宁化县）、杂（新）罗（今长汀县西南）三县。地多瘴疠，……从汀州的情况可以想象当时闽、粤、赣三省交界地区山高林密的荒芜景象。畲族的祖先就是在这样极其艰难困苦的环境下，披荆斩棘，开荒造田，用辛勤的汗水浇灌这里的土地，建设自己的家园。他们不愧为这个地区的主要开发者和建设者。”①畲族先民开山劈岭，拓荒造田，新建家园，为开发闽西山区做出了重要贡献。宋元以后，闽西畲族农业以种植水稻为主，兼种地瓜、杂粮，经济作物有蓝靛、茶叶、烤烟等。耕作粗放，广种薄收。有少量的手工业和商业。畲民生活较当地的汉族群众更为艰难。

中华人民共和国成立后，经过土地改革和农业合作化，解放了生产力，畲族地区和广大汉族地区一样，农业生产得到快速发展。1981 年始，全面推行家庭联产承包责任制，实行生产关系变革和经营体制改革，推广优良品种和先进耕作技术，实行种、养、加（工）相结合，大力发展乡村企业，畲族地区经济得到全面发展。

第一节　经济制度

一、封建生产关系

隋唐时期，闽、粤、赣三省交界地的畲族先民尚处于“刀耕火种”“随山种播，去瘠就腴”②的原始农业经济阶段。畲族先民生活在深山老林的“蛮荒之地”，封建官府的统治势力还没有延伸到达，而且他们的生产力十分低下，没有多少剩余产品，所以畲族先民就不向官府交税服徭役。唐朝设置汀州后，“徙内地民居之，而本土之苗仍杂处其间，今汀人呼曰畲客”。③ 南迁汉人带来了先进的中原文化和农耕技术，在共同开发闽西山区的生产劳动中，畲族先民与南迁汉人互相学习、互相帮助，畲族先民开始逐步使用先进的生产工具和生产方式，但仍然不被封建赋役所羁，南宋刘克庄说：“畲民不

---

①《畲族简史》修订本编写组：《畲族简史》，民族出版社，2008 年，第 37 页。

②民国《漳平县志》。

③［清］杨澜：《临汀汇考》卷三《风俗考 · 畲民附》。

悦(役),畲田不税,其来久矣。"①唐朝至两宋,封建统治阶级在赣闽粤边建州置县后,官府"劝农桑、定租税"。② 在"劝农桑"发展生产的同时,也向南迁汉人和畲族先民"定租税"了。

明朝,统治阶级加强了畲族地区的统治和剥削,"明设抚瑶土官,令抚绥之,量纳山赋。其赋论刀若干,出赋若干。或官府有征剿,悉听调用。"③明朝后期,土地兼并现象严重,畲民和汉民都不得不依附于封建地主。明代出现资本主义生产关系的萌芽,丝绸纺织业发展迅速,作为染料的原始原料——菁(蓝)需求量大增,促进了种菁业的发展,闽西地区大量的畲、汉农民成为种菁的菁民。明末江西进贤县进士熊人霖(约1586—1650年)在《南荣集》中记载了大量闽西汀州人(有客家人和畲民)前往浙南金华、处州种菁的珍贵资料,当时畲族地区有山主、寮主、菁民等三种人,"山主者土著有山之人,以其山俾寮主艺之,而征其租者也。寮主者,汀之以居各邑山中,颇有资本,披寮蓬以待菁民之至,给所艺之种,俾为锄植而征其租者也。菁民者,一曰畲民,汀上杭之贫民也。每年数百为群,赤手至各邑,依寮主为活,而受其佣值,或春来冬去,或留过冬为长雇也。"④

明清时期,畲民所受的剥削有两种:实物地租和雇佣剥削。封建统治者根据畲民生产特点征收赋税。射猎为业的畲民以山兽皮张抵值;垦山为业、耕山为食者,则"其赋论刀若干,出赋若干"。畲民有迁徙异地者,必须交清山主的税租,或者以种速生的竹子偿之,方可迁徙。

民国时期,畲族地区主业为农业。这时,大部分土地为封建地主阶级占有,包括畲民在内的广大农民仅占有少量的土地,而且土地分布不平衡。同时,畲族内部也有极少数的地主、富农、富裕中农占有较多的土地,中农占有一部分土地,大量的贫农、雇农没有自耕地。上杭县官庄畲族乡在"新中国成立前,境内为封建土地所有制。民国末,地主富农占有土地22480亩,占全部土地的89.08%"。⑤畲民和汉民一样租种汉族地主的土地,畲族内部也同样存在剥削现象,本民族的地主、富农通过地租剥削本民族的农民。畲族社区的地租以实物为主。地租有两种:一种为定额租,即每年按固定的租额收取,一般上等田每亩定额2.5石(1石折70.6公斤),中等田2石,下等田1石;另一种为分租,即扣除成本后,按当年的产量"四六""三七"或对半分,即地主得六成、七成或五成,而畲民得四成、三成或五成。畲民租用山场一般以货币地租形式,预先定好山价,再付给租金。除此之外,许多畲民还受高利贷和雇工剥削。畲民近一半人承受高利贷的剥削,贫苦畲民向地主借贷货币或实物,一般应立字据,以田产、房屋为抵押,利息一般加一(借100元月息10元),到期不还,利上加利。谷物一般半年加八(借50公斤还90公斤),有的对加(借100公斤还200公斤)。不少畲民因借高利贷弄得倾家荡产、离乡背井,过着流离失所的生活。

二、土地改革

闽西畲族乡村土地改革运动始于20世纪20年代末。民国18年(1929年)7月,中共闽西第一次代表大会制定《关于土地问题决议案》,发动群众打土豪、分田地。闽西各县开展土地革命运动,各区(乡)党支部、苏维埃政府组织包括畲民在内的农民分田。上杭县的庐丰、才溪、临城、官庄、南阳、湖洋、太拔、茶地、旧县、蛟洋等地广大农村,在红四军的帮助下完成分田工作。是年夏天,上杭县包括畲民在内的18万农民分得了土地。

①[宋]刘克庄:《后村先生大全集》卷九十三《漳州谕畲》。

②民国《长汀县志》卷二《大事志》。

③清乾隆《龙岩州志》卷十二《杂记志·畲客》。

④[明]熊人霖:《南荣集》,《平菁寇凯歌叙》,《文选》,明崇祯十六年刻本。

⑤上杭县官庄畲族乡《官庄畲族乡志》编纂委员会编,方志出版社,《官庄畲族乡志》,2013年,第92页。

民国23年(1934年)10月,中央主力红军长征后,苏区沦陷,国民党反动军队卷土重来,地主豪绅跟着反攻倒算,闽西地区的畲、汉农民又丧失了土地。

中华人民共和国成立以后,龙岩专区的土地改革运动自1950年秋收后全面展开,至1951年秋收前基本完成,同年秋收后转入复查阶段。龙岩专区各县人民政府根据《中华人民共和国土地改革法》对全县土地归户造册,发给《土地证》。全专区的畲、汉农民分得了土地,成为土地的主人。

三、农业合作化

民国19年(1930年)春,由于大批男青壮年参加红军,农村劳动力十分紧张,为解决农业劳动力不足的困难,上杭县才溪区、乡苏维埃政府,按照当地畲、汉农民传统的"换工"习俗,在本村范围内组织起"耕田队",及时播种、莳田和收割,不误农时,深受畲、汉群众欢迎。民国20年夏收期间,才溪乡畲、汉农民把"耕田队"发展为"劳动合作社""犁牛合作社"。全区建立犁牛合作社2个,有耕牛6头,到民国22年耕牛已增加到28头,才溪区12个乡组成12个耕田队、12个莳田队、15个管水队,还组成生产教育委员会、77个生产教育组,训练妇女学犁田、耙田和莳田,当年就有包括畲族妇女在内的400位妇女学会犁田、耙田和莳田。

1951年后,分得土地的畲、汉农民开始采取各种自愿互助的换工形式,或以人工换牛工,弱劳力换强劳力,解决生产中的困难。1951年12月,上杭县才溪区溪北村畲民雷佛春建立龙岩地区第一个畲民互助组,全组12户,耕地103.47亩。

1953年春,中共上杭县委贯彻中共中央《关于农业生产互助合作的决议》精神,根据"自愿互利、典型示范和国家帮助"的原则,在才溪区溪北村雷佛春互助组试办全县第一个初级农业生产合作社,实行土地入股,耕牛、农具折价入社,统一经营,评工记分,总收入除提留5%作公积金外,按社员劳动量和入社土地六四比例分配的办法。全社有17户56人,全半劳力37个(男14,女23),耕牛5头,犁7张,耙9张,大小农具44件,耕地123.24亩。这一年,溪北村初级农业生产合作社"获得粮食丰收,显示出它比互助组有更大的优越性"。① 溪北村初级农业生产合作社成立后连续几年增产,获福建省"农业增产模范单位"和华东地区"先进单位"光荣称号,雷佛春本人也被评为福建省劳动模范。

1956年春,龙岩专区组织初级农业合作社向高级农业合作社过渡,全区的畲族乡村也办起高级社。高级社实行土地归集体,取消土地报酬,社员的重要生产资料,如耕牛、农具,采取折价入社的办法转为集体所有。年终以社为单位,扣除公粮和提留5%作公积金、公益金外,其余按劳动工分分配,多劳多得。同年底,龙岩专区农业合作化任务基本完成,几千年来的土地私有制转变为社会主义集体所有制。

四、人民公社

1958年9月,龙岩专区贯彻中共中央《关于农村建立人民公社问题的决议》,上杭县在庐丰搞试点,成立全县第一个人民公社——红旗人民公社(包括庐丰、安乡、横岗、茶地、泮境5个乡),实行所谓"一大二公""政社合一""工农商学兵五位一体",统一经营农、林、牧、副、渔五业,全部土地归公社所有,耕牛、农具、山林、水面全部公有化。劳动管理上实行"军事化",把劳力组成团、营、连、排、班,实行大兵团作战;生活上实行"集体化",大办公共食堂。到10月,上杭县共成立了15个人民公社,入社农民5.47万户,占总农户99.69%。成立人民公社后,农业生产大搞"创高产""移苗并坵",产量"放卫星"(即搞浮夸,1亩地产数千公斤粮食)。"大跃进"急于求成,忽视客观经济规律,违背客

---

①上杭县地方志编纂委员会编,福建人民出版社,《上杭县志》,1993年,第147页。

观条件，出现高指标、高征购、瞎指挥、浮夸风和“共产风”，1959—1961 年，造成龙岩地区农业生产大幅度减产。1961 年，贯彻中共中央关于国民经济“调整、巩固、充实、提高”的八字方针和《农村人民公社工作条例（草案）》。1962 年，贯彻自留地政策，划出少许耕地作为社员自留地，核算单位下放到生产队，粮食除按规定缴交征粮（公粮）、购粮外，按劳动工分、肥料投入和人口比例分配社员口粮。1965 年，上杭县粮食总产 7.47 万吨，比 1961 年增长 43.68%。1979 年，龙岩地区贯彻中共中央《关于加快农业发展若干问题的决定（草案）》，尊重生产队自主权，放宽对自留地、家庭副业和集市贸易的限制，发展商品生产，使农村形势有了根本好转。

漳平县山羊村在“1960—1962 年困难时期，这里没有发生困难，主要是大队干部顶住‘移苗并垢’歪风，不理‘小株密植’那一套，坚持因地制宜，先试验成功再推广。年总产保持在九万斤左右。从 1971 年以后，由于采用科学种田，施用化肥、农药、推广良种，年总产一度曾跃到二十三万斤”。①

1984 年撤社设乡，实行政社分设，结束人民公社体制。

五、家庭联产承包责任制

1980 年 9 月 27 日，中共中央印发《关于进一步加强完善农业生产责任制的几个问题》，1981 年始，龙岩地区实行家庭联产承包责任制，土地所有权仍归集体所有，联产承包给农民家庭经营，不得买卖，收益交足国家的，留足集体的，剩下都是承包农户自己的，真正实行按劳分配原则，使农户有了经营自主权，激发了包括畲族农民在内的全体农民的生产积极性，促进了农业生产发展。1982 年，上杭县官庄公社粮食亩产达 284 公斤，比 1980 年亩增 76 公斤。1983 年，上杭县庐丰公社粮食亩产达 283 公斤，比 1980 年亩增 75 公斤。

1984 年，中央明确土地承包期一般应在 15 年以上，使农民吃上“定心丸”，家庭联产承包责任制继续稳定和完善。1991 年，根据大多数农户意愿，在“大稳定、小调整”的前提下，结合完善责任田承包合同，进行不同形式的承包耕地调整。1997 年 8 月，中共中央办公厅、国务院办公厅印发《关于进一步稳定和完善农村土地承包关系的通知》，要求进一步稳定和完善农村土地承包关系，强调要在第一轮土地承包的基础上，坚持“大稳定、小调整”，土地承包期再延长 30 年。1999 年 1 月，上杭县官庄畲族乡、庐丰畲族乡开展第二轮土地延包工作；统一印制《农村集体土地承包经营权证》。2000 年年底，完成耕地新一轮土地承包合同的签订，承包期自 1999 年 1 月 1 日起至 2028 年 12 月 31 日止。

2002 年 8 月 29 日，九届全国人大常委会第十九次会议通过《中华人民共和国农村土地承包法》，赋予农民长期而有保障的农村土地承包经营权。

2019 年，上杭县官庄、庐丰两个畲族乡都完成了土地确权。

六、家庭农场

2002 年始，贯彻中共中央《关于做好农户承包地使用权流转工作的通知》，遵循“依法、自愿、有偿、规范”的原则，引导和规范农户进行承包地使用权流转。从流转主体看，主要向种植大户流转；流转方式主要为出租。承包地使用权流转促进以商品生产为主的专业户、重点户和联合体的产生和发展。2002 年，上杭县庐丰畲族乡有 6 名干部职工和农村经济能人建立起 25 家 50 亩以上规模的农场，做到山上种果，山腰养猪，山下挖塘养鱼，立体开发循环发挥效益。2011 年，官庄畲族乡有烤烟种植大户 32 户，其中种植 200 亩以上的 1 户，100 亩—200 亩的 5 户，30 亩—100 亩的 26 户；槟榔芋种植大户 21 户，其中种植 30 亩以上的 1 户。

①吴长锦：《漳平山羊隔畲族简史》，载漳平县政协文史资料委员会编《漳平文史资料》。

中共十八大以来，各级党委、政府积极引导发展种植型、养殖型、种养结合型适度规模的家庭农场。至2020年12月止，龙岩市畲族乡村有家庭农场262家，其中种植业有111家，养殖业有62家，水产养殖业有4家，种养结合有85家。已入驻“一品一码”农产品质量安全可追溯监管信息平台的家庭农场有93家。主要从事的产业有柚果种植、粮食种植、生猪养殖、蜜蜂养殖、水产养殖、山羊养殖、兔子养殖、肉鸡养殖以及豪猪养殖等。

2021年龙岩市畲族乡村家庭农场获示范场称号名表(已知)

表2-01

农场名称	负责人	行政区划	类型	获奖时间(年度)		
				县级	市级	省级
上杭贞亨家庭农场	蓝桥英	上杭县官庄畲族乡树人村	种植业	2015		
上杭县官庄富明家庭农场	石富明	上杭县官庄畲族乡新风村	种植业	2019		
上杭县荣平家庭农场	罗荣平	上杭县官庄畲族乡龙牌村	养殖业	2019		
上杭县官庄上牌家庭农场	林森文	上杭县官庄畲族乡龙牌村	种植业	2019		
上杭县官庄德其家庭农场	池德其	上杭县官庄畲族乡下濯村	种植业	2019		
上杭县官庄贞亨家庭农场	蓝桥英	上杭县官庄畲族乡树人村	种植业	2015		
上杭县官庄龙坑家庭农场	蓝锡金	上杭县官庄畲族乡贵和村	养殖业	2015		
上杭县甜柚甜家庭农场	林建艳	上杭县官庄畲族乡回龙村	种植业	2017		
上杭县官庄庭寿家庭农场	蓝庭寿	上杭县官庄畲族乡新风村	林业	2017		
上杭县乾贵蜜蜂养殖家庭农场	蓝乾贵	上杭县官庄畲族乡德康村	林业(养蜂)	2017		
上杭县闽麃家庭农场	蓝洪章	上杭县官庄畲族乡官庄村	其他	2016		
上杭县官庄五丰家庭农场	蓝贵英	上杭县官庄畲族乡回龙村	种植业	2018		
上杭县官庄丰源家庭农场	朱金通	上杭县官庄畲族乡龙角村	种植业	2018	2020	2021
上杭县官庄家和家庭农场	吴进明	上杭县官庄畲族乡官庄村	种植业	2018		
上杭县岭上家庭农场	钟卫清	上杭县官庄畲族乡福泉村	种植业	2020		
上杭县忠蜂家庭农场	陈上兰	上杭县官庄畲族乡官庄村	养殖业	2020		
上杭县官庄坤通家庭农场	朱坤通	上杭县官庄畲族乡龙角村	种植业	2020		
上杭县汀水家庭农场	林志何	上杭县官庄畲族乡回龙村	养殖业	2021		
上杭县炳心坪蜜蜂养殖家庭农场	蓝永桂	上杭县官庄畲族乡新民村	养殖业	2021		
上杭县立春家庭农场	李立春	上杭县庐丰畲族乡下坊村	种植业	2020		
上杭县国华家庭农场	李国华	上杭县庐丰畲族乡中坊村	种植业	2020		
上杭县兵哥家庭农场	蓝伟安	上杭县庐丰畲族乡丰康村	种植业	2020		
上杭县英鑫家庭农场	赖才英	上杭县庐丰畲族乡中坊村	种植业		2020	
上杭县祥业家庭农场	李世祥	上杭县东南社区(原稔田镇梅镇村)	种养植		2020	
上杭县柏林种养殖家庭农场	蓝柏林	上杭县临城镇上登村	种养植	2018-06		
上杭县德富种养殖家庭农场	蓝德富	上杭县临城镇上登村	种养植	2019-06		

续表2-01

农场名称	负责人	行政区划	类型	获奖时间(年度)		
				县级	市级	省级
上杭县德荣种养殖家庭农场	蓝德荣	上杭县临城镇上登村	种养植	2020-06		
上杭县庐丰大路坪家庭农场	蓝雨东	上杭县庐丰畲族乡丰济村	种养植		2021	
上杭县湖洋满妹家庭农场	陈满妹	上杭县湖洋镇新坊村	养殖业	2020		
上杭县湖洋禄祥家庭农场	钟禄祥	上杭县湖洋镇新坊村	养殖业	2020		
上杭县湖洋吉英家庭农场	钟吉英	上杭县湖洋镇新坊村	养殖业	2020		
上杭县蓝果儿家庭农场	雷女娣	上杭县才溪镇溪北村	种养业	2018		
上杭县才溪连福家庭农场	卓连福	上杭县才溪镇溪北村	林业(养蜂)	2020		
龙岩市佳家品农业有限公司	钟水金	上杭县南阳镇涂坑村	养殖业		2017	
上杭县麒麟山家庭农场	钟　俊	上杭县南阳镇涂坑村	养殖业	2020		
上杭县南阳文灿家庭农场	钟文灿	上杭县南阳镇涂坑村	养殖业	2021		
漳平市香台园蜜蜂专业合作社	雷锡元	漳平市赤水镇香寮村	养殖业	2012-06		
漳平市寻味家庭农场	陈诗雅	漳平市桂林街道山羊村	水仙茶	2022		
漳平市双洋镇海光家庭农场	陈启光	漳平市双洋镇中村村	种植业(茶叶)	2016	2017	2019
漳平市双洋镇良珍家庭农场	王世良	漳平市双洋镇中村村	种植业	2020		
漳平市双洋镇古歌家庭农场	陈林钦	漳平市双洋镇中村村	种植业	2020		
漳平市赤水镇紫云山家庭农场	苏克生	漳平市赤水镇香寮村	种植业	2017		
漳平市赤水镇进金家庭农场	吴进金	漳平市赤水镇香寮村	种植业	2018	2020	
漳平市赤水镇曹友德家庭农场	曹友德	漳平市赤水镇岭兜村	种植业(水稻)	2017	2020	2021
漳平市新桥镇陈光煌家庭农场	陈光煌	漳平市新桥镇城口村	渔业	2020	2022	
漳平市畲之蓝家庭农场	兰阿森	漳平市象湖镇龙门村	种植业	2020		

第二节　生产条件

一、自然条件

(一)上杭县官庄畲族乡

畲族乡官庄地势西北高东南低。地貌大致可分为中山区、低山区、高丘陵区和低河谷区4个类型,以高丘陵区为主,群山绵延,丘陵起伏。山脉以汀江为界,分东、西两侧。东侧属金山山脉,来自长汀大息岭,由笔架山分支入境。西侧属武夷山脉南段的延伸分支——武平梁野山分支,由梁野山过中堡章丰大凹入官庄后分为两个组群。两支山脉一东一西,成为官庄的天然屏障。四周群山绵延,丘陵起伏。海拔500米以上山峰有:朋峰岽、单尺岽、牛头山,与长汀交界的龙山岽(俗称龙山顶)

1048.2米，为境内最高峰；最低点为曾泗村溪边自然村海拔210米。境内主要矿藏有石灰石、大理石，官庄朱堡、龙牌两村的汉白玉大理石，储量125万立方米；优质石灰石，露天储量在1亿吨以上。曾泗银把窝有一定量的金、银、铜、锌等有色多金属矿。

属亚热带季风气候，年平均气温16℃—22℃，年平均日照时数1929小时，无霜期290天，降水量1600毫米—1900毫米。温暖湿润，降水充沛，夏长冬短，降水相对集中，干湿季节分明，季节气候特征明显。

2021年，官庄畲族乡土地总面积为123平方公里（合184500亩），耕地20609亩，山地142969亩，其中竹林1万多亩。

汀江在官庄境内从北而南流过，官庄河段长17公里，沿江两岸有上濯溪、蕉坑溪、朱堡溪等12条溪涧注入，水流量大，水力资源十分丰富。境内有小（二）型水库2座，其中树人村跃进水库，灌溉面积825亩；官庄村余坑水库灌溉面积750亩。主要引水工程有树人牛牯陂、德康刘府圳、石子岗千工陂、拦河坝等，灌溉面积均有500亩。水能资源已开发13240千瓦，先后兴建回龙电站、千工陂电站、濯溪口电站和新风溪电站等。

附：官庄畲族乡乡政府驻地及各建制村村部所在地海拔高度

乡政府驻地235米

蕉坑240米	上濯260米	下濯235米	龙牌260米	龙角240米	红石230米	回龙230米
朱堡225米	官庄225米	福泉220米	贵和225米	新风225米	七里230米	璜头220米
德康220米	树人225米	新民430米	曾泗210米			

（二）上杭县庐丰畲族乡

全境地势北高南低，由东南向西北倾斜。地势最高的村庄是海拔310米的三坪村，最低的村庄是海拔175米的下坊村。境内地貌类型大致可分为高丘陵区、低丘河谷地区两个类型。海拔500米以上山峰有老虎岽、云龙岽、西天寨、铁嶂（丰）寨等，最高山峰为位于三坪村与茶地、泮境2乡镇交界处的雷（犁）壁寨，海拔777.7米，最低点为丰济民族村长峰头海拔177米。位于下坊村的毛桃寨，海拔296.8米，是上杭国家森林公园的组成部分。山林资源少，森林覆盖率60%。境内探明的锰、铁、金、钼、石灰石、白云石等矿种储量大、品位高，具有较高开发和利用价值。铁矿主要分布在扶洋、铁峰两个村，硫铁矿达148万吨。锰矿和锰铁主要分布在安乡、立英，且藏量丰富。白云石矿分布在安乡、下隔等地，安乡上坊村的白云石储量在100万吨以上，单裸露矿体储量就达50万吨以上。扶洋村岗背钼矿储量达2200吨。丰济村的假山石石质疏松，吸温性强，外观色泽好，可雕刻千姿百态的艺术欣赏品。

属亚热带季风气候，年平均气温16℃～20.3℃，年平均日照时数1971小时，无霜期293天，年平均降水量1894毫米，气候温和，雨量充沛，夏无酷暑、冬无严寒。夏长冬短，降水相对集中，干湿季节分明。季节气候特征明显。

2021年，庐丰畲族乡土地总面积为126平方公里（合189000亩），其中耕地25458亩，山林135891亩。

庐丰畲族乡属上杭县重点旱区，汀江在庐丰境内仅长4.5公里，沿江两岸只有安乡溪、黄坊溪2条小溪分别汇入汀江和黄潭河。境内蓄水工程有青年、凉坪、石岗、立英、东风、民兵、丰康、新山、三八、三角塘等小（二）型水库10座，占全县小（二）型水库总数的四分之一，总库容量达217万立方米，灌溉面积 16000 亩。灌溉 300 亩以上引水工程有上、中、下坑松溪陂、横岗鸽竹陂、石下陂、大泮陂和上坊高寨渠。

附:庐丰畲族乡乡政府驻地及各建制村村部所在地的海拔高度

乡政府驻地 240 米

章金 240 米　上坊 180 米　中坊 178 米　下坊 175 米　立英 260 米　丰康 230 米　丰济 238 米
丰乐 235 米　扶洋 260 米　铁峰 265 米　太古 270 米　黄坊 280 米　横岗 290 米　三坪 310 米

二、劳动力条件

(一)上杭县官庄畲族乡

1950 年,平安区(今称官庄畲族乡,当时含今珊瑚乡)共有劳动力 6732 人,每个劳动力负担耕地 3.75 亩。此后劳动力随人口的迅速增长而相应增长,1981 年,官庄公社(含今珊瑚乡)共有劳动力 10402 人,每个劳动力负担耕地 2.35 亩。1987 年,全乡共有劳动力 10379 人,每个劳动力负担耕地 1.71 亩。2000 年年末,有劳动力 15391 人,耕地面积 17371 亩,每个劳动力负担耕地 1.19 亩。随着劳动力负担耕地的不断减少,富余劳动力通过技能培训开始向第二产业、第三产业转移。2010 年,全乡从业人员 14392 人,从事第一产业 7690 人,年末耕地面积 17550 亩,每人负担耕地 2.28 亩;从事第二产业 5120 人,从事第三产业 1582 人;从事第二产业、第三产业人员占从业人员的 46.57%。2020 年年末,全乡从业人员 19410 人,从事第一产业 5260 人,从事第一产业人员占从业人员的 27.10%。

若干年份上杭县官庄畲族乡耕地面积、人均耕地情况表

表 2-02

年　份	耕地面积(亩)	人口(人)	人均耕地(亩)
1950	25237	15658	1.61
1957	25237	17981	1.40
1975	24576	25149	0.98
1981	24470	27107	0.90
1993	17610	27842	0.63
2000	17371	28359	0.51
2010	17550	31078	0.56
2021	18120	31627	0.57

说明:1950—1981 的数据含今珊瑚乡。

(二)上杭县庐丰畲族乡

1998 年,全乡共有劳动力 15344 个,每个劳动力负担耕地 1.57 亩。2000 年,年末有劳动力 15033 人,年末耕地面积 24113 亩,每个劳动力负担耕地 1.60 亩。随着劳动力负担耕地的不断减少,富余劳动力通过技能培训开始向第二产业、第三产业转移。2010 年,全乡从业人员 17603 人,从事第一产业10976人,年末耕地面积24870亩,每人负担耕地2.27亩;从事第二产业2136人,从事第三产业4491人,从事第二产业、第三产业人员占从业人员的37.65%。2020年末,全乡从业人员15658人,从事第一产业12570人,从事第一产业人员占从业人员的80.28%。

若干年份上杭县庐丰畲族乡耕地面积、人均耕地情况表

表2-03

年　份	耕地面积(亩)	人口(人)	人均耕地(亩)
1950	49404	25078	1.97
1998	24105	28052	0.86
2000	24113	28684	0.84
2010	24870	28579	0.87
2021	26559	26847	0.99

说明:1950年的数据含今茶地镇和泮境乡。

第三节　传统产业

隋唐时期,闽西山区的畲族先民“随山种插,去瘠就腴”,①“粪田以火土,草木黄落,烈山泽,雨瀑灰洌,田遂肥饶,播种布谷,不耘耔而获”,“所树秫曰稜禾,实大而长,味甘香”,过着“山野自足,与世无求”②的生活。

明中叶后,畲民群众逐步从事垦殖。有水源的坡地被垦筑为水田,缺水源的山坡则辟为旱地。山田水冷地寒,畲民使用石灰、火烧土(俗称火粪)以提高地热,促进禾苗分蘖长叶(采用撒石灰、火烧土以提高地热的做法,畲族地区沿袭至20世纪七八十年代)。明清时期,畲民在垦荒造田扩大耕地面积的同时,还学习汉族的先进生产技术,改良作物、增加品种,种植油菜、花生、油茶等油料作物,茶叶、蓝靛、苎麻、水果等经济作物,棕榈、油桐等经济林木。

一、粮食作物

(一)稜禾

稜禾(又名畲稻、畲禾、园稻、山稻、旱稻)是畲族人民长期种植的粮食作物,“稜米,又名畲米,畲客开山种树,掘烧乱草,乘土暖种之,分粘不粘二种,四月种,九月收”。③“稜禾宜于旱田,春种,九十日熟,无芒味香,俗有‘稜禾米饭鹧鸪汤’之谚”。④20世纪50年代前,因畲稻比较适合畲族山村的土

①福建省地方志编纂委员会编,方志出版社出版,[清]曾曰瑛修、李绂纂《汀州府志》,2004年,第1040页。

②同上书,第876页。

③[清]杨澜《临汀汇考》卷四《物产考》。

④[民国]丘复总纂《上杭县志》卷九《物产志》。

质特点，畲族聚居地多有种植，是畲民最主要的细粮。50年代后，因产量低和政府农业科技的推广，已不再种植。

（二）甘薯

甘薯，在不同地区有番薯、红薯、白薯、地瓜、红苕等名称。畲民除种植旱稻（稜禾）之外，往往还利用“火田”“火地”种植甘薯、芋、豆等杂粮。“明万历二十二年甲午岁荒，巡抚金学曾从外番乞（甘薯）种归，教民种之，当谷食，不为灾……乡人多借以补粮食之不足，济人甚溥。”①明万历年间引种后，直至20世70年代以前，一直是畲村最主要的粮食作物，畲民种植的甘薯，亩产达千余斤，可济半年口粮，其受畲民重视程度超过了稻谷。中华人民共和国成立前，畲民大多数稻谷用于交租，一般人家只在喜庆节日和饮宴招待亲友时才吃大米饭，而甘薯米（甘薯丝晒干而成）却是一年四季的主食。各地畲民还利用田边地角种植芋头，它也是畲民种植的重要粮食作物之一。除此，甘薯蔓、叶被利用作为猪、牛的饲料。20世纪80年代始，随着农业科技的发展，畲族乡村水稻大面积丰收，甘薯园地多改种其他经济作物。20世纪90年代，甘薯成了农家的饲料，或者加工成薯干，作为果品销往海内外。

二、经济作物

（一）蓝靛

学名马蓝，爵床科。又名青靛、菁草、大青叶，俗称大青叶。共有三种：蓼蓝染绿，大蓝如芥染碧，槐蓝如槐青。畲民种菁，有着悠久的历史。“蓝，取其茎叶用石灰水浸烂，沉淀以作染料。今谓之靛青。邑人曩时业此者甚伙，多获厚利。各省县多有上杭会馆，皆此业商人醵资所建。《赵志》云：本邑种蓝者其利犹少，往浙南作靛获利难以枚数。”②在明代，闽西地区的畲民就开垦荒山，种菁制靛。“漳平有种之者。”③明弘治以前，从闽西迁徙到莆田的畲民，因大量种菁被称为菁民。明中叶以后，又有一批畲民陆续迁移到闽东一带。他们也是开荒种菁，被称为菁客。明末清初，上杭部分畲民进入浙西、浙南一带，他们搭草寮垦荒、种菁。

畲民加工蓝靛的制作方法是：每年霜降后割蓝，“采以器盛水，浸除滓梗，扰之以灰，即成。一种叶如蓼而圆者，曰蓼蓝，一种，小叶者曰槐蓝。”④加工成的染料用于染制土布。随着化学染料的进入和布匹花色品种的增多以及价格的下降，靛青的加工随之式微。种菁的传统一直延续至20世纪50年代。

（二）茶叶

闽西的畲民素有种茶的传统，畲山“无园不种茶”。民国“（上）杭于茶各处皆产，其稍著名者则以金山、古田、下隔、圆通山、石梅嘴、湖梓里、上罗地、石坪前等处为最。汉口有悬下隔名茶牌者，盖百年前物也”“年可产茶数万斤”。⑤ 20世纪20年代，漳平市双洋镇（当时属宁洋县）“始由大会乡牛林坑刘永发，继由中村邓观金种植新品种水仙茶，并开始改用四方形饼式包装。经数十年推广，而成为驰名省内外的水仙茶饼”。⑥ 20世纪50年代后，畲族山区开始推广茶叶良种。50年代中期，推广新式茶园，采用条栽、密植等，实行专业管理，规范加工，茶叶逐渐成为畲族山区最主要的经济作物。畲民也培育出茶叶良种。

---

①［民国］丘复总纂《上杭县志》卷九《物产志》。

②［民国］丘复总纂《上杭县志》卷九《物产志》。

③清乾隆《龙岩州志》。

④福建省地方志编纂委员会编，方志出版社出版，［清］曾曰瑛修、李绂纂《汀州府志》，2004年，第126页。

⑤［民国］丘复总纂《上杭县志》卷九《物产志》。

⑥邓泉声：《水仙茶的开拓者——邓观金》，载政协漳平市委员会文史委，漳平市双洋镇党委、政府编《历史文化名镇——双洋古镇新姿》，2004年。

茶叶的加工主要在家庭里进行,少则数斤,多则数担,均由个体加工而成。上杭山区的茶叶远销湖北;邓观金的茶园拥有3000多株茶树,每年可产2000多斤水仙茶,乡村相应有加工茶叶的作坊。

漳平市象湖镇科山民族村生态茶园(兰中霞提供)

2004年,漳平市委、市政府把茶叶产业列入全市16个重点发展产业(项目)之一,出台一系列发展茶产业的优惠政策,全市上下兴起种茶高潮,双洋镇中村村、桂林街道山羊村等民族村大力发展茶叶种植。福建省、龙岩市及漳平市的统战、民族工作部门为茶农开办科技培训班,2009年4月,福建农林大学的茶叶专家到双洋镇中村民族村举办茶叶培训班;2011年4月,龙岩市少数民族现代茶叶培训班在漳平举办;2016年8月,福建省委统战部、省民宗厅联合举办的少数民族茶叶实用技术培训班在漳平市南洋镇举行。通过培训,有效提高了少数民族村民掌握现代茶叶先进的栽培、加工制作技术及其病虫害防治和农药的规范使用。

2017年,龙岩市民族宗教局组织漳平市桂林街道山羊村的少数民族制茶能手参加第四届福建省少数民族名优茶评选大赛,获得银奖。

漳平市双洋镇坑源民族村生产的明笋干(兰中霞提供)

2019年,龙岩市民族宗教局选送茶样参加“2019海峡两岸少数民族茶产业振兴交流暨第五届福建省少数民族名优茶评选活动”,山羊民族村选送的水仙茶样获乌龙茶类金奖。2022年11月,包括漳平水仙茶制作在内的“中国传统制茶技艺及其相关习俗”列入“人类非物质文化遗产代表作”名录。

(三)竹(笋)木

至清末,地方志记载畲民“负薪鬻于市”或“鬻薪入市廛”者,遍及闽西各畲族地区。汀江航运开通后,上杭县汀江流域的畲、汉群众将“杉木运售潮汕佛山等处,年达十数万”。①

漳平明笋,又称闽笋,是闽西八大干之一,漳平市双洋镇坑源民族村的明笋遐迩闻名。“《漳平县志》曰:明笋盛产于漳平双洋坑源、温坑等地。明笋有800多年的历史,双洋的坑源是我省明笋的传统产地,素有‘明笋之乡’的美誉。清康熙元年版《宁洋县志》载,早在北宋年间,明笋就被苏东坡赞为‘玉版禅师’。史籍还记载明朝朱元璋曾将

①[民国]丘复总纂《上杭县志》卷十《实业志》。

明笋列为贡品。”①

2009年，龙岩市、长汀县民族宗教局拨出专款支持长汀县馆前镇黄湖村大力发展毛竹种植。

（四）烟草

明代从菲律宾传入中国。清乾隆年间（1736—1795年），成为畲村种植的主要经济作物之一。所种品种多为晒黄烟。上杭是著名的晒烟种植区，畲族乡村也有种植。20世纪50年代初，烤烟种植后，上杭县成为烤烟主产区，庐丰畲族乡是该县烟叶主产区之一，烤烟种植是该乡主要经济支柱，烤烟种植面积、产量、产值均位居全县各乡镇之首。1990年起，实施科技兴烟，建立千亩优质烟示范基地，被列为省主料烟基地。1988—1990年，年种烟面积8000多亩。1991—1992年，突破万亩。1993年，全乡种烟13780亩，收购烟叶1501吨，种烟面积和产量分别创历史最高水平。1994年，在安乡片推广“春烟—西瓜—晚稻—蔬菜”高优栽培模式，通过轮作提高烟叶产量和质量。2004年种植烤烟9096亩，烟叶产量1138吨，居上杭全县各乡镇之首，成为全县第一个烤烟产量突破千吨的乡镇。2008年种植烤烟1.4万亩，收购烤烟2038吨，烟农收入2900万元，跃居龙岩市烤烟收购乡镇首位，全省第三位。2021年，全乡年种植烤烟1.04万亩，产量连续12年居龙岩市第一，连续22年稳居上杭全县第一。

（五）苎麻

苎麻是畲族传统衣着用布原料。畲民多在清明时种苎麻，立秋时收割，此后每年收三季。民国《上杭县志》云：“昔时人家多种苎棉织为夏布、棉布，或苎棉间之为纬花罗，经久耐用。”②1949年前，畲族“家家种苎，户户织布”，苎麻种植面积占有很大比例。有的畲族村被称为“苎寮”。畲族妇女织出的苎麻布用自产的蓝靛漂染后，即成为色彩浓烈的布匹，用之缝制夏衫、蚊帐、围身裙、布袋等，经济耐用。1950年后，随着国产棉布、化纤布的大量投放市场，苎麻布受到冲击，畲村苎麻种植面积日渐减少。

（六）油茶

20世纪90年代前，上杭县官庄畲族乡有少量农户种植油茶，山上也生长许多野生油茶。2008年，乡党委从官庄是大规模发展油茶的理想区域、山茶油市场需求旺盛、发展前景广阔的实际出发，坚持“谁开发、谁投资、谁受益”的原则，出台优惠政策，把油茶产业当作主导产业之一进行重点培育，全乡兴起油茶种植热潮，至年底全乡种植油茶2100亩。2010年，组建“上杭县兴民油茶开发有限公司”，成立油茶专业合作社，新植油茶3150亩；建立新民、树人2个千亩油茶示范片，建立10个百亩油茶示范片；该乡还与福建农林大学合作，在官

上杭县官庄畲族乡的优良无性系油茶苗繁育苗圃
（蓝彩辉摄）

①卢如昌：《双洋明笋冠八闽》，载政协漳平市委员会文史委，漳平市双洋镇党委、政府编《历史文化名镇——双洋古镇新姿》，2004年。

②［民国］丘复总纂《上杭县志》卷九《物产志》。

庄村金田坝建立占地 50 亩、年出圃近百万株的优良无性系油茶苗繁育苗圃；在德康、曾泗、树人、新风 4 个村分别建立油茶高产示范基地。全乡油茶种植面积增加到 7000 亩；新增油茶加工厂 3 家，新增注册油茶商标 2 个，油茶年产值突破千万元。至 2011 年，全乡油茶“育苗—种植—加工—销售”一条龙的产业链基本形成，被上杭县委、县政府评为“一乡一产业”油茶专业乡。2021 年，全乡种植油茶面积达 1.6 万亩。

三、生猪养殖业

生猪养殖在闽西有悠久的历史，也是畲族农户饲养的主要家畜，是畲族农村家庭经济的主要来源之一。龙岩市的畲、汉群众以饲养地产优良品种槐猪（乌猪）为主，“乌猪本地所产，毛润泽而皮薄，肉味甘美”，[①]槐猪饲养 8 到 10 个月宰杀，净重可达 70 公斤左右。其肉质具有氨基酸含量高、含钙高、胶质含量丰富、肌纤维细、胆固醇含量低、营养丰富、口感细嫩，香甜鲜美的优点。上杭槐猪是农业部第一批列入国家级畜禽品种资源保护名录的猪种。从 2000 年开始进行槐猪的品种资源保种工作，至 2010 年，槐猪种群进一步扩大，年底存栏 1.8 万头，出栏 2.5 万头。“上杭槐猪”先后被评为国家地理标志证明商标，福建省著名商标、闽西“八大鲜”之一。2018 年，被授予“2017 年度福建十大农产品区域公用品牌”。官庄畲族乡的“官庄花猪”是福建省地方畜禽优良品种之一，该猪种抗病力强、耐粗饲、早熟易肥，内质细嫩、香甜鲜美。1985 年，列入《福建省家畜家禽品种志和图谱》，2002 年，《福建省畜禽品种资源及保护规划》将官庄花猪列为“濒危灭绝的品种”，2008 年，官庄畲族乡制定《官庄花猪保护规划》，建立花猪生态保种繁殖场，科学合理地进行有效保护。

龙岩市的畲、汉群众除饲养上杭槐猪、官庄花猪外，还先后引进中约克、大约克、苏白、长白、杜洛克、大湖猪（梅山猪）等良种。

若干年份上杭县官庄、庐丰畲族乡生猪养殖情况表

表 2-04　　　　单位：头

畲族乡	1980 年	2011 年		2019 年		2021 年	
	年末存栏	出栏	年末存栏	出栏	年末存栏	出栏	年末存栏
官庄畲族乡	10172	15208	11726	15417	6158	16520	7266
庐丰畲族乡	10000	73827	51435	23288	7810	21510	11416

四、手工业

畲族传统的手工业主要是农副产品加工，产品以自我消费为主，较少进入市场。生产单位以家庭为主，少有小型作坊。封建时代，畲族乡村最普遍的手工业生产项目是加工靛菁、茶叶、土纸和制作畚箕、篮、箩、谷笪、楻、簸箕、米筛等生产、生活用具。

上杭庐丰因人多田少，且缺水，畲民的生产方式“以农业为主，手工艺为辅”，庐丰畲民虽在生产劳动中男女分工不明，但他们确信“男人百艺好随身”，大多数畲族男子如果没有条件读书做官，便要拜师学艺。这样，畲族男子便可以在农忙时下田耕作，农闲时外出当手工艺人。畲族男子从事的手工艺多种多样——木匠、石匠、泥瓦匠、造纸、裁缝、理发、风水……各行各业，应有尽有。

---

①［民国］丘复总纂《上杭县志》卷九《物产志》。

(一)制作土纸

清乾隆三年《龙岩州志》载,土纸"州与漳平产者俱粗,惟宁洋之连四纸,出吴地者为佳"。① 漳平山羊隔畲民也制作土纸。民国《上杭县志》云:"本邑出产以纸为大宗。每年运售潮梅各属及漳州者,旧时价值不下百余万。"②上杭官庄山村竹林遍布,德康、新民、曾泗等畲族农户利用毛竹资源制造土纸历史悠久。明清至民国时期,造纸业得到较大发展,官庄境内有土纸槽房(俗称纸寮)50多间,全部分布在水源充足的深山幽谷之中,年产土纸上百吨。当地生产的土纸及邻县(武平、长汀)运来的土纸在官庄集装销往广东潮州、汕头并出口东南亚国家。商标有"回龙""特品""超品""真品"等字样,用红色打印,显示等级及厂家。随着机器造纸的不断发展,土纸制造业逐渐萧条,2011年停产。

(二)加工竹器

畲民的竹器加工适应日常生产和生活之需,包括竹篮、竹筐、土箕、竹笠、竹椅、竹床、竹席、竹扫把等。他们用竹刀将竹子劈成篾片,继而削成篾条,再而抽出篾丝,随之编成各种竹器。20世纪80年代前,上杭县太拔坵辉畲民制作的斗笠,因价廉物美,经久耐用,在太拔、蓝溪、庐丰等市场成为紧俏货。

畲家篾匠(蓝善祥摄)

(三)烧石灰

清代,在上杭官庄的朱紫坑(今朱堡民族村)小坑村村民开始砌筑石灰窑,以柴草为燃料,把开采的石灰石装窑煅烧,生产石灰。石灰窑近似圆柱体形;有大窑和小窑之分,大窑一次可产石灰100吨,小窑一次产石灰30吨—50吨。生产石灰与所耗柴草比,大窑约为1∶1,小窑约为1∶1.3。石灰除用于房屋建筑的粉刷材料外,还用于筑"三合土"(石灰、黏土、沙)墙;另一重要用途是腌制"竹麻"(嫩竹)造土纸和冷水田的肥料。朱紫坑生产的石灰品质优良,远近闻名,除供应本地所需,还肩挑或船运至长汀、武平、上杭等地。1990年后,随着石灰浆厂的出现,朱堡石灰销量减少;1994年,最后一窑石灰出窑后,延续几百年的传统石灰生产宣告结束。

(四)冶炼业

清末民初,上杭"本县旧有铁炉七座,每座火夫炭工运矿担沙制铁不下数百人,计工人数千,产铁甚盛。故冶器皆用本铁,如家常之刀镰、农民之犁锄、工匠之斧锯、建筑之钉钩纯用土制,坚利而耐久。……锻铁工人多产自北区梅溪乡,就中谷坑(今旧县镇谷坑民族村)蓝姓几乎全乡皆业铁工矣"。③ 2019年,谷坑的打铁工艺列入龙岩市非物质遗产名录。

(五)制作蕨粉

漳平市山羊村畲民到山上挖蕨(一种植物),经过加工,制作蕨粉出售。

---

①清乾隆《龙岩州志》卷九《风土志》。
②[民国]丘复总纂《上杭县志》卷十《实业志》。
③[民国]丘复总纂《上杭县志》卷十《实业志》。

畲族乡村手工业者还有缝衣匠、铁匠、打银匠等,主要加工本民族的服装、农具、首饰等。

五、商　业

畲民自古“安稼穑,少营商贾,富民守禾亩,贫夫力山畲”。① 畲民“所制竹器有筐篚,所收酿有蜂蜜,所畜有鱼豕鸡鹜,皆鬻于市”,②“其贸易刻木大小长短为符验”。③

上杭县庐丰畲族乡市场一角(蓝彩辉摄)

明弘治三年(1490 年),上杭官庄畲民住地蓝屋铺(今新风村蓝屋圩)改为驿站后,蓝屋有墟市,称蓝屋墟,存续 140 多年。墟市的设立,促进畲区经济的发展。明崇祯五年(1632 年)蓝屋墟市迁至官庄(今官庄村、福泉村地域),官庄墟市位于长汀、武平、上杭三县交界处,不仅吸引县内的通贤、珊瑚、才溪等乡镇村民来赶墟,而且还吸引毗邻的长汀县南阳(今属上杭县)、宣城、涂坊,武平县湘店、桃溪、中堡一带的村民。官庄墟市附近的钟姓畲民多从事商贸活动,生活较殷实。民国时期延续至 20 世纪 90 年代,官庄墟还是耕牛和仔猪专贸市场,也是上杭县较早的耕牛专贸市场,这种市场俗称“牛岗墟”,贩卖耕牛者多为江西省九江市的商贩。

清初,上杭县设庐丰墟。庐丰畲族半农业半手工业生产方式使这一地区较早出现市场经济的萌芽。由于地少人多,山区自然资源相对丰富,畲民很早就将富余劳动力投入到工商业经营活动中。铸造加工、染织刺绣、服装鞋帽制作和食品加工等各行各业都很早在这一地区出现。境内畲族手工业作坊的蓬勃发展,既容纳大量的农业富余劳动力,又促进本地区经济的繁荣,使本区域出现商品经济繁荣兴旺的集镇和商品集散地,这也是导致庐丰一个乡会出现 3 个集市(即庐丰墟、安乡墟、横岗墟)的原因之一。庐丰墟是上杭东路片较大的市场,每逢墟期,有茶地、太拔、蓝溪、稔田、中都、下都等乡镇的村民来赶墟,上市的群众逾万,如遇节日前夕则达数万人。清光绪二十四年(1898 年),庐丰市场有以经营针纺织品和日用百货为主的百货商店。民国时期,上杭县庐丰墟便有仔猪专贸市场。

20 世纪 80 年代始,畲乡农贸集市进一步发展。

清乾隆年间,上杭太拔坵辉畲族钟氏在赣南经营茶油生意,“是时,予十二世祖懋修公家累巨万,声称赫赫,子八人复能继长增高,皆积资数十万。时人有钟家油之歌。盖先世诸公皆以囤积茶油致富也”。④ 民国时期,畲族殷实之户进城开办商店、商行。上杭县畲民在县城开设了“三美庄”“同德兴”“祥泰”“中兴”“顺兴”“亿隆”“公成”等 10 余家独资或与汉人合资的商号,经营布匹、粮食、京果、烟叶、篓纸(玉扣纸类)、百货等商品。而且,少数畲族商人的生意还发展到广东的潮汕地区。许多畲村还出现贩卖米酒、耕牛、山羊等的专业户,他们除主要从事农业生产外,还外出行销。

20 世纪 50 年代,畲族乡村的商业由供销社主办。70 年代末,畲村有了私营的商店,均系小本买

①清康熙《长汀县志》,《风俗》。

②福建省地方志编纂委员会编,方志出版社出版,[清]曾曰瑛修、李绂纂《汀州府志》,2004 年,第 876 页。

③清乾隆《龙岩州志》卷九《风土志》。

④[清]钟勷侯主修上杭《坵辉钟氏念二公族谱》卷二十八《风俗》。

卖，不具规模。同时，畲民也在城镇经商开店。

六、其　他

（一）狩　猎

畲族祖先曾以狩猎为生。畲族祖图中就有始祖盘瓠狩猎殉身的故事。明清时期，居住于境内的畲民以狩猎为主要的副业之一。瑶民（畲民）“精射猎，以药注弩矢（用闽西畲族地区出产一种药材——草乌汁敷箭），着禽兽立毙”。“供宾客，悉山雉、野鹿、狐、兔、鼠、蚓为敬。豺、豹、虎、兕间经其境，群相喜谓野菜，操弩矢往，不逾时，手拽以归”。① 明代，官府时向畲民“索取山兽皮张”。② 随着农耕经济的发展，畲族狩猎经济逐渐处于从属地位。

（二）建筑业

上杭的建筑业很早就有，“人家建筑屋宇需用泥木工。木匠各乡多有，甚为星散。惟泥水工匠出自才溪及紫金山麓附近，总计有数千人之多”。③ 上杭县在1997年被福建省政府授予首批“建筑之乡”荣誉称号，2005年，获福建省政府颁发的“优秀建筑之乡”称号；2011年5月，被中国建筑协会授予第一批“中国建筑之乡”称号。

20世纪50年代初，上杭才溪的畲、汉泥木工匠就到南京修建飞机场。1964年组建上杭县才溪建筑合作社，1983年更名为上杭县才溪建筑工程有限公司。在龙岩、厦门、江西、广东、云南等地承建大批工业与民用建筑、市政、公路、水利电力等建筑工程，创建了龙岩市医院污水处理综合楼、龙岩技工学校教学楼等省、市级优良工程。1993年，该公司先后被农业部、中国集体建筑企业协会、建设部评为“全国优秀乡（镇）企业”、“先进集体建筑企业”、全面质量管理“金屋奖”。1994年，被省政府、省建委评为“省级先进企业”、全面质量管理“银屋奖”。1997年11月，被省建委授予“百强施工企业”称号。1998年，改制为股份制有限责任公司。2010年，才溪建筑工程有限公司产值达亿元。才溪畲民钟维育长期担任该公司的总经理、董事长和上杭县建筑业协会理事长。1981年始，才溪镇大贵民族村有60%的劳动力从事建筑业，涌现许多建筑专业户，基本形成了以房屋建筑施工为主导的市政、土建、装饰、钢结构、机电安装、地基基础处理工程等专业施工结构的建筑队伍。2011年，才溪镇溪北民族村有660多人分布在福建及广东、江西、江苏、广西等地搞建筑；村民雷书春组建建筑工程队，参与承建深圳市南方制药厂和九新药业有限公司的基建工程；村民雷祖云的建筑工程公司，在深圳、珠海、东莞、惠州等地承建“中华民俗文化村”，“世界之窗”给排水工程。

官庄地少人多，畲、汉居民在生存繁衍过程中，形成一批半农半工的营造工匠，1970年以前基本为个体分散作业，施工技艺代代相传。1970年组建上杭县官（红）庄建筑队。1982年7月官庄建筑队晋升为上杭县官庄建筑工程公司，成为官庄畲族乡的骨干企业。2002年后，公司改制，将官庄建筑工程公司整体转给畲民蓝朝文，重新组建成立“宏庄建筑工程公司”。20世纪80年代始，不少官庄外出务工人员在上杭、龙岩、厦门和北京、山东、陕西、江西、广东等省（市）承揽建筑业务。2021年，官庄畲族乡有建筑企业7家，约6000人从事建筑行业。

1965年，庐丰公社兴办建筑队，由各村指派技艺精湛的泥、木匠参加建筑队，招收部分学徒和帮工，规模不大。1976年，庐丰公社组建社办建筑企业，即庐丰公社建筑队，从业人员有30多人。1986年，庐丰公社建筑队升格为庐丰建筑工程有限公司。1996年，庐丰建筑工程公司改制为运兴建筑工

①福建省地方志编纂委员会编，方志出版社出版，[清]曾曰瑛修、李绂纂《汀州府志》，2004年，第876页。

②[民国]郑丰稔总纂《龙岩县志》卷二十九《杂录》。

③[民国]丘复总纂《上杭县志》卷十《实业志》。

程有限公司，由畲民蓝新初任经理。承建各中小学校舍建设，承建乡政府办公大楼、医院门诊大楼、乡直单位所站和商业街部分商店建设。2021，境内有建筑企业6家。

（三）航运业

南宋嘉定六年（1213年），开通上杭官庄回龙至峰市航线后，官庄已有木船运盐。长汀至回龙航道开通后，潮盐从回龙驳运至长汀。汀江航道全线贯通后，航运业日益繁荣，极盛时有“上河三千，下河八百”之说。官庄境内有木船四五百艘，每艘载货量为2.5吨—3吨，一般3个船工。上杭至官庄、回龙，逆水运食盐、煤油、布匹、百货日杂商品等物资（不载旅客），往返时间4天（装卸搬运除外）左右；官庄、回龙至长汀，逆水运石灰等物资，往返6天左右。此外还有排筏流放（俗称爬排），把竹、木运往上杭县城或峰市。木（竹）排由10根—15根木（竹）扎为一席，5席—6席作为一排，每个排筏的总长度为20米—30米，排筏首尾各由一人掌舵，顺水漂流而下，一排次运量20立方米—25立方米。也有以5根—6根毛竹扎为一席，称小竹排。官庄境内汀江年约吸收木竹资源上万立方米。由于排筏流放行程长，河床滩多路险，操作艰苦，运速亦慢。居住在汀江两岸的畲、汉青壮年多从事撑船、放排等水上作业。他们农忙务农，农闲撑船，有货时行船，无货时种田。

20世纪70年代后，木船航运、竹筏和木筏流放逐步为汽车、拖拉机运输所替代。但从山间溪河至公路沿线，仍然利用溪河道“赶羊”式流放。1997年后，均由陆路运输。

第四节　发展畲族乡村经济

龙岩市的畲族乡村具有大分散、小聚居的特征。由于历史原因，畲族乡村大多分散在交通不便的边远山区，信息闭塞，土地贫瘠，生产形式单一，经济发展缓慢。改革开放后，龙岩市、县（市）民族工作部门积极争取中央、省、市（地）党委、政府及有关部门的支持，帮助解决畲族群众的通路、通水、通电、通电话、通广播电视（以下简称“五通”）工程。特别是中共十八大以来，随着社会进步和党的少数民族政策的落实，2013—2021年，上杭县民族宗教局获得中央、省、市、县的资金支持达5313万元，用于扶持民族乡村基础设施建设、发展生产和提升畲民文化素质。

一、扶持基础设施建设

中华人民共和国成立前，畲族聚落地点偏僻，连接县际间的官道很少经过畲村，村寨之间只有羊肠小道相接，道路崎岖难行。畲民出行都是步行，搬运物资就靠肩挑、人扛、背驮。

1951年始，人民政府积极扶持漳平县山羊隔民族乡建设，帮助畲民发展生产，改善生活，提高政治文化素质。1951—1952年，拨给兴建小学专款6000元，度荒救济款160元，赠送衣物600件。1953年，拨给救济粮2000公斤，救济款120元，发放生产贷款368.9元。1959年，为山羊隔村架设电话和广播线路。1964年，发放生产补助经费5000元及部分御寒衣物。1978年，拨给山羊隔村水电站建设费3500元，1979年又拨给生产设备购置费3593元。1982—1984年，先后拨给修建道路、桥梁经费2.5万元，生产和文化设施费14864元。1985—1990年，共拨款22.4万元，帮助修筑山羊隔村盘山公路，支持畲民发展种植、养殖业。1992年，漳平市投入35万元扶持山羊隔村3.5公里公路扫尾工程；投入3.8万元扶持小芹菜村修复自来水设施。经过不断的扶持，山羊村的基础设施和生产条件发生巨大变化，畲民生活明显改善。

1994 年,漳平市协助象湖镇龙门民族村进行公路勘察设计。1995 年,上杭县资助官庄畲族乡张家山民族自然村通电,结束了全县少数民族自然村无电的历史。

1998 年,龙岩市民委获得省民委和市财政局在经济上的支持,解决部分地区不通路、电、电话和电视等问题。至年底,全市有 26 个民族村开通了公路,35 个民族村实现了通电,32 个民族村通了电话,民族村电视覆盖率达 94.3%。

1998—1999 年,龙岩市民委对民族乡村基础设施尤其是民族自然村的"五通"和经济发展情况展开调查,建立人口 200 人以上民族村的"五通"档案。1999 年,上杭县向省、市民委争取民族发展资金 77 万元,扶持庐丰畲族乡丰济、丰乐、丰康 3 个民族村的通路工程、人饮工程,湖洋镇碧田民族村、中都镇古坊民族村人饮工程,太拔镇崇厦大桥工程,官庄畲族乡福泉民族村、朱堡民族村小学校舍修建,临城镇西南民族村、上登民族村村道修筑和石砌民族村小水电站兴建。

2000—2001 年,龙岩市民委与少数民族乡村共同配合制定脱贫计划,并组织力量对 1998 年以后少数民族经济和社会发展项目开展情况进行全面检查。上杭县对 28 个人饮困难的民族村立项上报,经省有关部门核准 20 个,投放资金 70 万元,人饮工程基本完成;争取到省、市财政拨款 200 余万元,投入南阳镇南岭、临城镇上登、官庄畲族乡璜头等民族村电信工程建设;开通大陂头、天子壁等 8 个民族大自然村广播电视。2000—2002 年,漳平市投入 284 万元修建小芹菜、龙门、尖祠、大罗山、岭兜等 5 个民族村村道 43.5 公里,实现全市民族村村村通公路。2001 年,漳平市投入 135 万元完成龙门、小芹菜、山羊隔等 3 个民族村通电话工程,至 2005 年全市除大罗山、尖祠村外,其余全部实现开通电话。2000—2003 年,漳平市投入 43 万元完成除中村、石码之外的 9 个民族村的通水工程;漳平市投入 66.6 万元架设 10 千伏输电线路 36.5 公里,完成龙门、尖祠、坑源、小芹菜、大罗山 5 个民族村的通电建设,实现全市所有民族村通电目标。2000—2004 年,漳平市投入 12 万元完成山羊隔、小芹菜、龙门、尖祠、大罗山、岭兜 6 个民族村通广播电视工程;实现全市民族村村村通广播电视。

2002 年,龙岩市和上杭县民族工作部门争取到福建省民宗厅和有关部门扶持,为上杭县官庄畲族乡新风村等 12 个民族村实施通路工程,整修完善新坊、谷坑、瑞香、贵和、璜头、西南等民族村村道;官庄畲族乡的集镇、福泉、新风民族村和庐丰畲族乡立英、扶洋民族村通水工程通过验收,群众饮上卫生水。

上杭县官庄畲族乡集镇人饮工程(官庄水利工作站提供)

2003 年,龙岩市民族宗教局协助龙岩市人大常委会开展加快少数民族地区发展调研活动,组织检查《福建省少数民族权益保障条例》贯彻落实情况;协助龙岩市政协开展少数民族乡村全面建设小康社会情况调研活动;继续帮助少数民族地区实施"五通"工程;完善少数民族地区各项基础设施建设,打破制约少数民族地区加快发展的"瓶颈";到年底,全市 49 个少数民族村中有 49 个村通广播电视,48 个村通电,46 个村通公路,44 个村通电话,39 个村通自来水。1999—2003 年,上杭县共投入 1000 余万元完成通路工程 55 公里,帮助 32 个民族村解决卫生饮用水问题,5 个边远民族村通上程控电话,16 个偏僻民族大自然村解决有线电视。至

2003 年,上杭县 39 个民族村全部实现“五通”。

2004 年,龙岩市民族宗教局组织开展少数民族村通路、通水情况调研,摸清民族村通路、通水的情况,向福建省民宗厅作专题报告。争取路、水、电等基础建设主管部门的支持,不断完善少数民族和民族地区的各项基础设施建设。到年底,全市 51 个民族行政村中有 51 个村通电,50 个村通广播电视,50 个村通电话,43 个村通自来水,24 个村通水泥路。

2005 年,龙岩市各级民族工作部门积极争取水、电、路等有关部门的支持,全市民族工作部门共争取各级各部门及社会各界资金 670 多万元,继续推进“五通”工程建设。年底,龙岩市完成民族行政村新硬化道路 114.5 公里,全市 51 个少数民族行政村中有 32 个村通水泥路。抓好“支援不发达地区发展资金——财政扶贫资金”项目的筛选、上报工作,向上级有关部门申报经济发展项目 5 个,落实扶持资金 33 万元。组织开展对全市 50 户以上民族自然村通广播电视及返盲民族行政村调查摸底工作,并调查结果向上级有关部门作专题报告。

2006 年,龙岩市民族宗教局争取福建省民宗厅及省、市有关部门对民族乡村基础设施建设项目的支持,全市民族工作部门共争取各级各部门及社会各界经济发展资金 770 多万元,继续推进“五通”工程建设。漳平市投资 400 多万元硬化山羊民族村 14 公里的简易盘山公路。至年底,全市 51 个民族行政村有 35 个村通水泥路。

2007 年,全市民族工作部门共争取各级各部门及社会各界经济发展资金 507 万元。其中,龙岩市民族宗教局向福建省民宗厅申报民族经济发展项目 13 个、社会发展项目 6 个,落实民族项目补助资金 69 万元;龙岩市民族宗教局、财政局安排民族经济社会发展项目 17 个,提供民族补助经费 60 万元;争取省、市水利、电力、交通等有关部门的支持,继续抓好少数民族村“五通”工程建设,全市 51 个少数民族行政村生产生活条件得到进一步改善。

2009 年始,龙岩市政府每年安排 90 万元专项民族补助经费用于民族地区发展经济社会事业,省财政对龙岩市 2 个畲族乡单独增加转移支付补助金由 20 万元提高到 60 万元。龙岩市民族宗教局向福建省民宗厅争取民族补助项目 23 个、补助资金 117 万元。全市民族工作部门争取各级各部门及社会各界经济社会发展资金 910 万元,继续实施民族村“五通”工程建设,全市 51 个少数民族村有 50 个村通电、电话和水泥路,49 个村通广播电视,45 个村通自来水。

2010 年,龙岩市争取省财政厅、省民宗厅的民族补助项目 27 个、补助资金 136 万元,加强民族乡村基础设施建设,全市 51 个少数民族行政村全部实现“五通”。

2016 年,龙岩市民族宗教局和漳平市投资修建漳平桂林街道山羊民族村村部至小芹菜自然村 6.2 公里的道路路基工程建设,按国家四级通村公路标准,路面宽 4.5 米,2017 年 6 月通车;2020 年完成道路路面硬化工程。工程总造价为 287.8 万元。

2017—2018 年,漳平市投入资金完成 8 个民族村 30.6 公里村道(茶山道路)的路面硬化工程。

二、扶持发展生产

20 世纪 50 年代,福建省各级党政部门组织散居在农村的少数民族,开展互助合作,采取拨专款、定期发放无息贷款、廉价出售农具和生产资料,建立农业技术指导站等措施,扶持少数民族群众改进和提高生产技术水平。在畲村兴办公益事业、兴修水利等,发给畲民衣被、钱粮等实物。同时,对农村少数民族实行特殊政策,漳平县山羊隔、小芹菜等民族村不实行土地改革,不评阶级成分,直接实行农业合作化。

1988—1994 年,上杭县拨付有偿扶助款(含银行贷款)92.5 万元,民族无偿补助经费 24.8 万元,用于兴办乡镇企业、山地开发等,全县 27 个民族村 5500 户 2.95 万人受益。

1992年,漳平市分别拨给山羊村和灵地、长坡民族村各1万元帮助垦复竹山、种桑养蚕。1992—2005年,漳平市累计投入扶持生产资金31.7万元,重点扶持畲村发展科技苗圃、养鸡基地、养羊基地、毛竹垦复基地等四大基地26万元,赠送果苗14万多株,扶持种植烤烟7000亩,发展茶园近2000亩,垦复毛竹林200亩,创办赤水香寮山羊业养殖场和桂林三阳乌鸡养殖场,带动少数民族村养羊3000头,养鸡近万只。

1993年,漳平市扶持双洋镇中村民族村的尾村自然村畲民3.7万元发展茶叶生产加工。2001年5月,组织双洋镇坑源、新桥镇大罗山、溪南镇尖祠等民族村的多种土特产品,参加第三届中国少数民族和民族地区名优特产品交易会,并获全省组织奖。

1995年,上杭县筹资14.4万元,扶助才民、贵和、崇厦3个民族村垦复毛竹2000亩,修建竹山公路25公里、水泥桥3座。

1998年,龙岩市、县(市)民族工作部门共获得县(市)级以上发展项目资金250多万元(其中龙岩市财政拨出10万元),支持民族乡村发展生产。上杭庐丰畲族乡利用资源优势,开发14个经济项目,发展特色高优农业;官庄畲族乡与龙岩麒麟水泥有限公司、光华照明有限公司联办乡镇水泥企业;才溪镇溪北民族村与澳门商人合资,种植脐橙1000亩。

2000—2001年,龙岩市扶贫办拨出5万元给漳平市山羊村实施山地综合开发和修建村道;龙岩市民政局拨给上杭南阳镇涂坑民族村2万元进行800亩毛竹垦复经费。

2002年,上杭县庐丰畲族乡建成县级现代农业示范基地,搭建大棚并配备喷灌、微灌、滴灌先进设施,实行公司+农户运作模式,种植高优农作物,经济效益显著。

2003年,龙岩市民族宗教局争取到市财政下拨20万元民族补助经费,发展少数民族地区经济社会事业。漳平市下拨0.8万元作为少数民族专项补助经费,落实少数民族人均10元的补助经费和少数民族村新办企业减税政策。龙岩市民族宗教局在继续办好市少数民族科技苗圃的基础上,在上杭县临城镇上登民族村创办少数民族科技示范基地,在漳平市桂林街道办事处山羊民族村创办养鸡场,在科学网箱养鱼、养鸡、种果、饲养良种猪等项目上起到示范作用。龙岩市少数民族科技苗圃将5万多株橙、梨、桃等名优果苗无偿调拨给漳平市山羊、龙门等9个民族村,鼓励和扶持民族村开展山地综合开发,发展水果种植,同时把科技苗圃办成少数民族培训基地,培训少数民族群众260多人。上杭庐丰畲族乡实行烤烟"冬改春",烤烟质量不断提高。一批种养基地、农副产品加工"龙头"组织在全市各民族乡、村逐步建立。槐猪、烤烟、杭梅、蘑菇、食用菌、萝卜干等项目产业化、规模化初具雏形。龙岩市民族宗教局加强与闽西在外乡亲、宗教界人士和对闽西有投资意向人士的联系,为招商引资牵线搭桥,吸引各界人士支持闽西少数民族地区经济和社会事业发展。引进境外资金1336万元人民币,市外资金513.82万元人民币,完成4个项目开发。漳平市7个民族村引进资金1200多万元进行小水电建设,总装机容量达4270千瓦,总发电量达2210万千瓦时,增加民族村村财收入。争取到上级有关部门及社会各界资金700多万元,用于少数民族地区基础设施建设、"五通"工程、"造福工程"、改善教学设施等,促进少数民族地区经济社会事业发展。全年共为491户少数民族群众提供小额贷款69.3万元,为少数民族发展经济创造良好条件;完成少数民族"造福工程"搬迁44户244人。

2004年,龙岩市民族宗教局帮助民族乡村干部群众理清发展思路,立足当地实际,调整结构,发挥优势,发展特色产业和主导产业,推进农业产业化。民族乡村的烤烟、槐猪、杭梅、食用菌、萝卜干、乌骨鸡、竹产品等项目进一步向产业化、规模化发展。协助做好省民宗厅在上杭县庐丰畲族乡进行电脑农业(烟叶)试点的各项工作。上杭县制定《电脑农业(烟叶)专家系统项目实施方案》,完成烤烟生产技术规程的稿件撰写,影像、图片、照片的拍摄,文字材料的录音,触摸式电脑的采购和相关网站的建设等。

2005年,龙岩市各级民族工作部门全力配合龙岩市民族工作协调委员会(以下称市民协委)各成员单位下派党员干部进驻民族村的任职工作,协调联系有关部门争取发展资金;各选派单位也把联系进驻的民族村作为本单位本部门的重点扶持对象,尽量挤出资金帮助所驻民族村完善基础设施建设,并协调争取项目资金110多万元,用于民族村基础设施建设,促进民族村经济的发展。帮助民族乡村引进茭白、花卉、优质稻、小西瓜、荷兰豆等一批适宜推广种植的名优特新品种18个。引导少数民族群众发展“果—牧—沼”、“果—牧—渔”的生态模式。推进电脑农业试点工作,投入资金20多万元购置电脑和网络服务器等设施,1月10日,龙岩市首家少数民族电脑农业专家系统网络在上杭县庐丰畲族乡正式启动。电脑农业专家系统是国家"863计划"重点支持的科研项目,是集农业科技知识、农业科技信息,烤烟、水稻等农作物栽培、病虫害防治等方面知识和农业专家热线的农业科技信息网。是年,庐丰畲族乡丰康民族村被福建省烟草局评为“国家级烤烟生产示范片”。长汀县馆前镇黄湖民族村引进外资100万元进村兴办竹席厂,并与县腾飞经济区龙源、富林两家竹胶板签订毛竹原料供销协议,有力推动民族村毛竹产业的发展壮大。

2006年,龙岩市民族宗教局根据少数民族地区经济社会发展的实际,通过调研、评估、筛选,向省民宗厅申报民族经济发展项目9个、社会发展项目3个,落实补助资金62.6万元。市民族宗教局、财政局安排民族经济社会发展项目18个,提供民族补助经费60万元。按照新农村建设的总体要求,从基础设施建设、新村规划、文化建设等方面入手,抓好上杭县苏家坡、大贵、溪北、丰济4个民族村示范村各项工作措施的落实。积极帮助、引导民族乡村调整产业结构,发展“一乡一业”“一村一品”,形成具有一定规模的特色主导产业。根据民族乡村实际,大力发展“四型”(提升型、生态型、就业型、合作型)农业农村经济,辐射带动一批少数民族乡村加快经济发展。根据少数民族地区经济社会发展的实际,通过调研、评估、筛选,向省民宗厅申报民族经济发展项目9个、社会发展项目3个,落实补助资金62.6万元。市民族宗教局、财政局安排民族经济社会发展项目18个,提供民族补助经费60万元。

在上杭县庐丰畲族乡丰济民族村,国家投入近200万元实施庐(丰)中(都)公路(庐丰段)拓宽改造;龙岩市民族宗教局投入35万元实施村级人饮工程建设,投入60多万元实施农田水利设施建设;争取上级支持开发耕地130亩,建造沼气池200多座,引导群众发展“果一牧一沼”立体种养;结合灾后重建工作和庐中公路改造,规划建设新村部、环村公路及灾后集中安置点;组建“农民之家”、“老年人之家”、奖教奖学基金会、老年协会、农民文化宣传队和村级治安巡逻队,形成尊老爱幼、扶贫济困、助人为乐的良好社会风气。通过优化产业结构,逐步增加民族乡村农民收入。

2007年,龙岩市民族工作部门帮助、引导民族乡村因地制宜地调整产业结构,形成具有一定规模的特色主导产业。国家烤烟示范基地庐丰畲族乡种植烤烟10636亩,收购烤烟1623吨,烟农现金收入2000多万元。官庄畲族乡初步形成回龙、贵和、树人等村种植烤烟,官庄村种植花生,新风、下濯等村种植槟榔芋,璜头、龙牌等村种植小米椒,福泉、树人等村种植蔬菜和回龙、官庄等村种油茶等“一村一品”特色农业。长汀县民族宗教局协调县畜牧水产部门帮助黄湖民族村发展竹林养殖河田鸡产业,通过雏鸡供应、技术服务,扶持5户村民规模养殖河田鸡3万多羽,养殖户户均增收2万元。市民族宗教局着力抓好挂钩帮扶的上杭县官庄新风民族村的新村建设工作。

2008年,全市民族工作部门共争取扶持资金767万元。其中,根据龙岩市民族乡村经济社会发展的实际,通过调研、评估、筛选,向省民宗厅申报民族项目28个,申请民族补助资金125万元;落实民族补助项目24个、补助资金116万元；争取救灾资金33.5万元用于民族村遭受冰冻雪灾的灾后恢复生产、重建家园。

2009年，帮助、引导民族乡村加快经济结构调整，继续推进“一乡一业”“一村一品”工程建设，形成具有一定规模的特色优势农业、经济林果业、畜牧水产业。上杭县官庄、庐丰畲族乡大力发展油茶、烤烟种植，漳平市双洋镇中村村、长汀县馆前镇黄湖村大力发展茶叶、毛竹种植。烤烟、茶叶、茶油等种养基地在民族乡村逐步建立。开展民族团结进步新农村建设试点工作，从全市51个民族行政村中选出1个基础较好、潜力较大、特色鲜明的村作为省级民族团结进步新农村建设试点、选出3个村作为市级民族团结进步新农村建设试点，积极争取各级各有关部门的资金扶持，创建民族村发展品牌。

2010—2012年，全市共争取各级有关部门及社会各界经济社会发展资金5701万元。上杭、漳平和长汀3个县(市)的26个项目得到扶持；全市民族工作部门共争取各级各部门及社会各界经济社会发展资金2880多万元，实施“民族乡村特色经济发展扶持增收工程”，继续在民族乡村实施“一乡一业”“一村一品”工程，形成具有一定规模的特色优势农业、经济林果业、畜牧水产业，民族乡村的烤烟、茶叶、油茶、毛竹、槐猪和贵妃鸡等种养基地不断发展壮大。

2013年始，龙岩市政府的民族补助经费从每年90万元增加到100万元，用于发展民族乡村经济社会事业，发展特色优势产业。是年，争取民族补助项目32个，扶持资金255万元；争取少数民族特色产业发展项目11个，扶持资金70万元。上杭县官庄畲族乡被县委、县政府评为油茶“一乡一业”专业乡，庐丰畲族乡烤烟产量连续14年居全县第一。

2014年，龙岩市民族宗教局争取省财政厅、民宗厅民族补助项目30个，扶持资金282万元。是年始，市财政每年安排100万元挂钩帮扶上杭县官庄、庐丰畲族乡配套资金各50万元，扶持民族乡村发展各项事业。

2016年，龙岩市民族宗教局根据民族乡村经济社会发展实际，认真调研、评估、筛选，对民族乡村发展特色产业、“五通”工程及教育、卫生、文化等公共基础设施建设优先给予扶持，向省民宗厅争取少数民族地区经济社会事业发展项52个，争取补助资金439万元。

2017—2021年，龙岩市民族宗教局向省民族宗教厅争取中央、省级少数民族发展资金共2897万元(2017年461万元，2018年567万元，2019年609万元，2020年600万元，2021年660万元)，2018年，龙岩市政府的民族补助经费又从每年100万元增加到110万元。用于扶持民族乡村基础设施建设和发展生产。

2021年，龙岩市民协委各成员单位把挂钩帮扶工作摆上本单位议事日程，明确分管领导，并指定具体负责科室和联络员。民协委各成员单位深入到挂钩帮扶民族村调研37次，听取汇报，了解情况，研究帮扶措施，议定帮扶项目；立足于工作职能，着眼于巩固脱贫攻坚成果与乡村振兴工作相衔接，主动协调引进项目、资金，进一步加大对民族村挂钩帮扶的力度。市生态环境局指导农户作为产业发展带头人，租用闲置大棚发展蔬菜产业，有效盘活了闲置大棚和耕地，促进农民增收；市科技局对接安排菌草专家作为科技特派员专门指导挂钩民族村发展食用菌，实地问诊，精准切脉，对症施策，提高民族村食用菌产业和质量，扩大市场占有率；市水利局投入92万元，改善挂钩民族村水利生产条件；市国资委协调投入20万元，用于乡村振兴产业发展；市教育局协调资金20万元，加强民族村人居环境整治。各成员单位以解决民族村实际问题为抓手，为民族村办好事实事33件，共投入帮扶资金356.9万元，助力完善基础设施和产业发展。

三、抗灾救灾

1991年6月9日，庐丰畲族乡遭受百年一遇的旱灾。中国人民解放军某高炮营奉命支援抗旱，携高射炮2门开赴稔田乡实施人工降雨，向低空云层发射特制的含碘化银炮弹80枚。庐丰境内普降大雨，及时缓解了旱情。

1996年8月8日，庐丰畲族乡特大暴雨，山洪暴发，山体滑坡。全乡95%以上农户受灾，横岗、黄坊、太古、丰康、丰济、丰乐、扶洋、铁峰、章金9个村灾情最为严重。全乡有289户住房倒塌或成为危房，闲杂房倒塌2560间；受灾学校10所，倒塌教室、宿舍和造成危房面积达2998平方米，倒塌围墙735米、锅炉1座。稻田受淹9367亩，被冲毁5529亩。公路、机耕路塌方255处，大小桥梁被冲毁54座，冲毁陂头143处、山塘13座、渠道245处45.5公里、防洪沟103处19公里，冲毁水电站3座总装机容量740千瓦；毁坏有线广播主线6公里，有线电视主线2公里；冲倒电力水泥电杆105条、线路18公里，全乡通电完全中断。直接经济损失达1.66亿元。灾情发生后，乡党委、政府迅速组织全乡人民投入抗灾救灾工作，及时疏散群众5000多人，迅速做好灾民安置和卫生防疫工作。8月22日，福建省省长陈明义带领省直有关部门领导深入到庐丰等重灾乡镇了解灾情和指导抗灾救灾工作。8月28日，省民委主任林华一行来上杭县慰问少数民族灾民，并捐资20万元。9月5日，厦门市南普陀慈善事业基金会、基督教(三自)爱国会、厦门市佛教协会分别捐赠7万元、2万元和1万元资助上杭县庐丰畲族乡丰乐小学。9月10日，福建省天主教爱国会、基督教(三自)爱国会、泉州市佛教协会分别捐赠5万元、3万元和2万元帮助上杭县庐丰畲族乡修建危房、校舍。9月17—19日，福建省政协主席游德馨、省计委副主任郑松柏、龙岩地区计委主任李朝和分别深入境内了解灾情，并拨款救灾。10月18日，省长陈明义一行到庐丰畲族乡视察灾后自救、重建家园工作。在重建家园中对重建户审批手续给予方便，免收各项费用，采取边设计、边审批、边施工的办法。在重建户多且集中的横岗、太古、丰康3个村按“奔小康，建新村”的要求连片规划安置。全乡289户重建户在1997年春节之前都搬入了新居。实行分级负责制，乡政府负责行政村的道路修复，村级负责自然村的道路、桥梁和灌溉面积在200亩—700亩的水利设施的修复，村民小组负责灌溉面积在200亩以下的水利设施的修复，农户除参加乡、村、村民小组组织的义务劳动外，主要负责自家受淹农作物的扶苗、清淤、清沙、改种、复耕。一切生产自救，重建家园工作有序进行。

1999年4月20日上午9时30分。庐丰畲族乡中坊村渡上自然村村民李某某，无证驾驶无牌照、无合格证的农用铁质机动船，运载本村往汀江河对岸马士滩地段耘田的6名村民及上坊村往对岸扫墓的1名村民逆流而上，航行约1公里至福发机砖厂旁，又搭载上坊村村民20人，横渡汀江。当船行至河中央时，因超载而重心偏离，稳定性差，加上水流急、漩涡多，渡船发生摇摆，村民惊慌骚动，导致船体倾斜沉没。船上28人(男11人，女17人)只生还2人(男)。上杭县委、县政府接到报告后，即刻成立“四二〇”领导小组，县领导全力以赴，率领公安、交通、民政、人寿保险公司等有关部门人员赶赴现场，指挥抢救，对打捞遇难者及善后工作做出重要指示；省、市领导接报事故情况后，作重要指示。省监察厅、省交通厅、省公安厅及省安全办等部门人员，连夜赶往现场，迅速调集省安全生产专家组专家参与事故调查，及时开展事故查处和善后处理工作。庐丰畲族乡党委、政府立即成立救灾领导小组，党政一把手任总指挥，紧急发动全体干部投入救灾第一线。至5月27日，26具遇难者遗体全部打捞安葬。龙岩市、上杭县民政部门拨出专款20多万元用于抚慰、赈济遇难者家属；上杭县红十字会发动群众，募集救援资金，帮助遇难者家属解决困难，社会各界共捐款18万余元。

2006年，龙岩市受台风“珍珠”和“格美”的影响，全市普遍遭受暴雨、洪水、山体滑坡等严重自然灾害。龙岩市民族宗教局积极组织指导少数民族群众开展抗灾救灾和灾后恢复生产、重建家园工作。深入上杭县官庄畲族乡新风村、新民村，珊瑚乡华竹村，漳平市尖祠村等民族乡村察看灾情，了解受灾户房屋倒塌和财产损失等情况，做好组织受灾群众转移和生活安置等救灾工作。看望慰问少数民族重灾户，共慰问重灾户 20 户，发放慰问金 1 万元。认真做好少数民族乡、村受灾情况的调查核实工作，专题上报省民宗厅，积极争取省民宗厅专项救灾资金 10 万元，支持民族乡村开展灾后重建工作。同时，发动民族宗教干部职工、宗教界人士和信教群众积极参与献爱心活动。全市民族宗教工作部门为受灾群众捐款 1.68 万元，宗教团体、宗教活动场所和宗教界人士为受灾群众捐款 24 万元。市、县民族宗教局领导深入挂钩集中安置点——上杭县庐丰畲族乡丰济民族村察看灾情，结合建设社会主义新农村的要求，会同乡、村干部研究制定重建家园集中安置工作方案；市民族宗教局拨出 5 万元补助资金并协调有关部门支持 10 万元帮助丰济民族村开展集中安置点的建设工作，确保集中安置点的重建家园工作按时顺利完成。

2010 年 6 月 15 日，龙岩市遭遇特大洪灾，全市有 42 个民族村和 78 处宗教活动场所遭受暴雨、洪水袭击，受灾严重，直接经济损失 5520 多万元。其中，上杭全县 2 个畲族乡、40 个民族村受灾户约 4000 户，受灾人口约 1.6 万人，倒塌房屋 40 栋 192 间 3840 平方米，房屋严重受损 260 栋 300 间 6000 平方米，山体滑坡约 300 处，道路塌方 147 处 17355 立方米，桥渠冲毁 21 座，道路严重受损 500 余处约 6 公里，农田受损面积约 4000 亩，水渠和防洪堤受毁约 19654 米。经济损失约 5000 万元，其中农林等经济作物受灾损失约 1000 万元，基础设施受灾损失约 1500 万元，其他损失约 2500 万元（含房屋）。面对自然灾害，全市各级民族宗教工作部门、民族乡村干部群众和宗教界奋力抗灾救灾，积极争取各级各有关部门救灾资金 200 多万元，组织全系统干部职工、宗教界人士、宗教团体捐款 20 多万元，帮助受灾的少数民族群众恢复生产、重建家园。上杭县官庄畲族乡灾后重建户有 105 户，该乡在龙角村店松岗和大岸塘分别建立 2 个灾后重建集中安置点，发放灾后重建资金 330 多万元。至年底，龙角村店松岗集中安置点，完成重建安置 19 户；大岸塘集中安置点，完成重建安置 30 户；其余分散重建安置户在春节前都住入新居。

四、强化民族资金监管

2004 年，龙岩市民族宗教局会同财政部门开展少数民族地区 2002—2003 年度“少数民族补助款”资金到位和项目实施情况检查，确保民族项目补助经费专款专用，合理使用。上杭县制订《上杭县民族经费管理办法》，加强对民族经费使用的监督和管理。民族乡、村设立项目管理小组，内部分工明确，资金管理单列，实行“两公开一监督”（“两公开”即实行村级重大事务决议内容公开和实施结果公开；“一监督”即村重大事项的决议和决议实施全过程要自觉接受党员、村民的监督），保证民族项目的实施。2007 年，市民族宗教局会同市财政局制定并下发《龙岩市民族补助款使用管理办法》，对严格执行民族项目安排、资金使用公告、公示等规章制度都做了专门规定，确保项目按时保质保量完成，进一步规范和加强对民族补助资金的管理，提高资金使用效益。2016 年，组织开展民族补助款使用管理情况监督检查工作，切实规范和加强民族补助款的使用管理，提高资金使用效益，确保民族补助资金安全。

2021 年，龙岩市民族宗教局“三个坚持”（坚持突出重点、坚持严格审核、坚持动态监管），用活用好少数民族发展补助资金。对有利于改善少数民族和民族乡村生产生活条件，有利于少数民族和民族乡村脱贫致富，具有良好经济效益和社会效益的重点项目，优先给以资金扶持。2021 年度下达该市中央、省少数民族发展资金 660 万元，项目涉及民族村基础设施建设、特色产业提升、人居环境整治、生产技能培训、民族团结进步等方面。全面实施项目库管理，对上报的项目做好评审论证、严格审核，排序择优向上申报、储备项目。项目批准后，要求项目实施部门严格按照少数民族发展资金使用方向和用途支出，严禁擅自改变资金的投向，确保资金精准落实、产生效益。每年市民族宗教局均会联合纪检组开展“1+X”专项监督检查，采取听取汇报、查阅资料、实地查看项目等方式，重点针对资金下达是否及时，项目实施、完成情况，财务账目是否规范等进行检查、动态监管。同时，要求每个季度报送绩效自评表及项目完成情况。上杭县民族宗教局重点开展“1+X”扶贫领域项目资金检查，并针对2019、2020、2021年度下达的资金每季度开展项目绩效自评工作，且一项目一监控，确保民族项目资金专款专用。2020年，漳平市民族宗教局把争取到位的少数民族资金在漳平市政府网进行公开，资金文件、公示链接及时报送市扶贫办，同时及时对接扶贫办人员做好扶贫资金的管理。中央、省级扶贫资金也及时录入到福建省扶贫资金在线监管系统，及时对预警信息进行处理。长汀县民族宗教局切实加强少数民族扶贫资金领域督查，并列入主体责任清单。围绕工作部署推进、对象精准认定、资金管理使用等内容，针对群众反映强烈的突出问题、违规违纪行为易发多发的关键环节，建立采取基层自查、上级抽查、交叉检查、明察暗访等方式进行。县民族宗教局每月至少组织一次专项检查，深入了解掌握扶贫政策落实情况，及时发现问题、纠正偏差，立即督促整改。建立开展扶贫领域“1+X”专项督查问题线索月报制度，每月28日前将《扶贫领域“1+X”督查工作开展情况月报表》向县纪委报备。加强与扶贫办、财政、审计等部门的沟通协调，在开展专项抽查督查时，适时与相关职能部门联合开展，尽量避免出现重复检查、多头检查，进一步形成合力。

五、部分畲族企业选介

龙岩市畲族企业发展于20世纪90年代，所从事的产业基本上受当地主导产业的影响，如养殖业、建筑业、环保业等。

1.龙岩市福欣牧业发展有限公司

龙岩市福欣牧业发展有限公司成立于2010年，位于上杭县古田镇苏家坡民族村，总投资2300万元。拥有可利用林地500多亩，建筑面积10000多平方米，存栏贵妃鸡、肉鸡20万羽以上，年可出栏鸡苗219万羽、肉鸡60万羽、可上市鸡蛋2190万枚。公司倡导“源于自然，生态养殖”的理念，坚持“林下经济，就业富民”的宗旨。借助林地资源优势，推进立体、生态的健康养殖方式，示范带动，突出特色，全力打造特色上杭贵妃鸡品牌。2016年，完成6万羽蛋鸡自动化清粪系统技改项目、30亩智能大棚草笼种养基地技改项目，完善新办公场所、产品展示厅和培训机构等基础设施建设、全力开展“畲家贵妃农庄”的建设经营、并在福州、泉州、厦门、江西成立“福欣牧”分公司。2017年，公司与古田镇、下都镇、稔田镇、旧县镇、珊瑚乡、步云乡、蓝溪镇、官庄畲族乡423户贫困户签订合作协议，由公司提供种苗，免费培训养殖技术，包回收，为贫困户增加收益，尽早脱贫。公司产品进入省政府机关食堂、大型超市及电子商务等线上线下销售平台，是上杭首家农产品进入中国工商银行电子商务平台，产品深受广大消费者钟爱。2021年，公司有员工70人，是一家专门从事贵妃鸡育种、养殖、销售为一体的省级重点龙头企业。

官庄花猪（蓝锡金提供）

公司法人雷金荣在2018年1月入选“2017年新型农民典型风采”；11月被龙岩市关工委授予“青年

创新创业标兵”称号。2019 年 5 月被龙岩市文化和旅游局评为首届“十佳旅游致富带头人”。

2.上杭县官庄兴龙养殖发展有限公司

位于官庄畲族乡贵和村贵和路 121 号,成立于 2019 年,企业法人代表为蓝锡金。

官庄花猪原产于上杭县官庄畲族乡而得名,是一个历史悠久的本地猪种,具有抗病力好、繁殖力强、耐粗饲、性格温顺、早熟易肥、肉质细嫩和香甜鲜美的优点。是福建省八大地方优良猪种之一,也是福建省 29 个地方畜禽品种之一,2019 年《福建省地方畜禽品种资源志》将官庄花猪列为“高度濒危品种”。官庄花猪保种工作迫在眉睫。

2014 年,蓝锡金成立上杭县官庄龙坑家庭农场,将农场定位于官庄花猪的保护和养殖上。蓝锡金从连城、武平、长汀、宁化等周边乡镇高价收购外貌特征相符的公猪、母猪进行抢救性保护。在官庄畲族乡党委、政府和县农业农村局的大力支持下,繁育保种工作进展顺利。

2019 年,蓝锡金在上杭县官庄龙坑家庭农场的基础上,成立上杭县官庄兴龙养殖发展有限公司。集官庄花猪的保种、养殖、屠宰、肉制品深加工及销售于一体,是一家按现代企业管理制度进行官庄花猪品种资源保护及综合开发的农业产业化企业。公司聘请福建省农林大学教授萧天放为官庄花猪保种技术专家。公司采用异位发酵床工艺,并承包 620 余亩地用于猪场粪污资源化利用,保证环保达标。

2020 年 10 月,福建省农业农村厅授予“官庄花猪”为无公害农产品证书。2021 年 10 月,福建省农业农村厅颁发《种禽生产经营许可证》。2022 年 5 月,官庄花猪保种场与福建农业职业技术学院举行助力上杭县“乡村振兴百千万工程”项目签订仪式。2022 年 7 月 21 日,中国生物多样性保护与绿色发展基金会授予该公司为“低碳工坊”。同时,企业大数据信用服务平台、上海凭安征信服务公司授予“立信企业”。

2022 年年底,有官庄花猪种母猪 118 头、公猪 10 头、后备母猪 25 头,后备公猪 15 头,存栏 800 多头。年出栏生猪 1000 头左右,产值 300 万元人民币。

3.福建省恒基建设股份有限公司

福建省恒基建设股份有限公司,公司负责人是上杭县才溪镇溪北村的雷祖云。创建于 1992 年,前称是福建省上杭县市政工程公司,2003 年改制注册为福建省恒基市政工程有限公司并晋升为国家壹级施工总承包企业。具有市政公用工程施工总承包壹级、建筑工程施工总承包壹级、城市及道路照明工程专业承包壹级、建筑装修装饰工程专业承包壹级、地基基础工程专业承包壹级、环保工程专业承包壹级、钢结构工程专业承包壹级、机电工程施工总承包贰级、公路工程施工总承包叁级、公路路面工程专业承包叁级。2007 年更名为福建省恒基建设股份有限公司,通过了 ISO9001 质量管理、GB/T28001 职业健康安全管理和 ISO14001 环境管理三大体系的认证。

公司现有国家实用新型专利 7 项,省级工法 3 项,各类专业技术经济职称的管理人员 325 人,其中高中级职称人员 226 人,一级建造师 45 人,二级建造师 87 人,各类持证上岗人员 900 多人。拥有现代的机械设备、试验设备 368 台(套),总功率 9856 千瓦,注册资金为 11 亿 1696 万元。公司自成立以来,始终奉行“优质高效创信誉、用户至上守合同”的企业宗旨,始终坚持“精心施工、优质高效、安全文明、健康环保、预防为主、持续发展”的管理方针。先后承建了“深圳锦绣中华”“中国民俗文化村”“世界之窗”“广州大观园”等大型风景游览区给排水工程及福建、广东、江苏、四川、广西、湖南、湖北、河南、河北、贵州、甘肃、安徽、江西、西藏、重庆、天津等十几个省市的一大批城市基础设施等建设工程项目,业务已拓展至全国。先后被国家、省、市、区授予:全国优秀施工企业、全国用户满意施工企业、全国守合同重信用企业、先进建筑业企业、强优企业、诚信纳税大户企业、AAA 级信用企业、质量管理达标企业、福建省建筑百强企业、福建建筑民营二十强企业、福建省龙头企业、福建省工程总承包试点企业、福建省建筑业先进企业、福建省建筑业优秀信用企业、福建省守合同重信用企业、福建省建筑企业综合实力三十强、福建省"安康杯"竞赛先进单位、福建省建筑行业"共荣杯"古建瓦泥工岗位技能竞赛团体奖、省级文明工地、优质工程、"三大战役"突出贡献企业等荣誉称号。

公司以现代集团企业的运作模式,以建筑工程施工总承包为主,跨多行业投资经营,多领域发展,形成产业链,实行集团化运作。"恒基建设"用发展的眼光,捕捉商机;用创新的思维,开拓市场;用诚信的文化,缔造和谐;用双赢的战略,增强合作。把握发展机遇,科学规范管理,打造诚信品牌,立志成长为国际性民营集团企业。

4.福建省紫鑫建设工程有限公司

福建省紫鑫建设工程有限公司(以下简称紫建公司),公司负责人是上杭县才溪镇溪北村雷森春。成立于2009年,注册资金2180万元。是一家从事房屋建筑工程施工总承包中的有市政公用工程施工总承包(土石方工程、装饰、装修工程专业承包)的资质二级建筑企业,公司员工技术人员188人,其中高级工程师6人,各种专业工程师35人,各种专业一、二级建造师28人。紫建公司承包完成了龙岩乐意花园小区、龙岩瑞华通用工业园区、龙岩奥姆龙药业园区、三峰汽贸4S店、翠屏山煤矿农民工周转房、宝佳广场、闽西建材交易市场、武平梁野大道工程等项目建设,竣工项目合格率达100%。

5.柯宁环保集团公司

2005年,上杭县庐丰畲族乡畲民蓝禄魁在福州创办了福建柯宁环保科技有限公司。起初,公司员工只有5人,但蓝禄魁认为"不怕公司小,就怕没头脑",在接下来的几年里,他坚守"信誉至上、诚实待人"原则,在实践中细心摸索,不断向同行学习,逐步积累丰富了自己的经营管理经验,公司逐渐扩大到有110多人的企业。

柯宁环保

2017年,公司投入资金1.2亿元,在上杭红色故乡这一方热土上,自购工业土地,建设标准化厂房,创立了第二家企业福建柯宁环保装备实业有限公司。公司注册资本3000万,位于上杭县工业新城黄竹片区。公司主营装配式模块厕所、车载厕所、城市管理驿站、环卫垃圾屋、装配式模块建筑物等环卫设备。是一家集研发、设计、生产、销售、售后、城市道路清扫保洁、公厕租赁、公厕保洁管理为一体的高科技新型企业。公司生产的"柯宁牌"装配式模块公厕,说起来简单又复杂,每道工序都要认真计算,尽最大限度保质保量做好每一座移动环保公厕。公司承接了"全国第一届青年运动会"的公厕建设任务和青运会期间的公厕保洁任务。2010—2016年,公司业务不断拓展,承包了上杭城区道理保洁服务。这2项业务分别得到了福建省政府和上杭县政府的高度认可和赞赏。

公司一手抓安全生产,一手抓企业文化。公司体现以人为本的精神,科学制定各项规章制度,出台符合企业发展和维护职工利益的文件。在职工住宿区配备了空调、热水器、饮水机,解决员工上班有水喝,下班后能洗热水澡。同时每年年终都会召开丰富多彩、热情洋溢的企业职工年会,使公司全体员工更有归属感、温暖感。

公司先后获得城市工人休息室、车载式活动厕所、钢构式活动厕所、环保活动厕所、拉臂式环保厕所、水冲直排活动厕所、真空吸附式活动厕所、装配式模块厕所等专利证书。同时还取得了企业诚信管理体系认证证书、售后服务认证证书、ISO4001 环境管理体系认证证书、OHSAS18001 职业健康与安全管理体系认证证书及 ISO9001 质量管理体系认证证书、"福建省知名商标""福建省创新型企业""福建省高新技术企业""福建省科技型企业""最美公厕科技奖"等奖项和资质证书。

6.福建省蓝深环保技术股份有限公司(简称福建蓝深环保)、泉州兴源新材料科技有限公司

福建省蓝琛环保技术股份有限公司

2004 年,福建蓝深环保由上杭县官庄畲族乡蓝强创办。2008 年,在福州投建玻璃钢化粪池生产线,填补福建省此类产品的空白。玻璃钢化粪池一经推出便供不应求,下游客户遍及福建各地,为了扩大生产,公司又在泉州泉港开设生产基地。2012 年后,福建蓝深环保率先在福建自主研发了分散式污水治理一体化集成设备,并提出"分散式污水管家"的概念,提供从项目设计、采购、施工建成后运营托管的全生命周期管理。公司研发的一体化污水处理设备使用先进的生物处理工艺生产,采用全自动化运行,不需人工值守,系统操作管理方便,解决了农村生活污水高度分散难以运营维护管理的难题,而且成套设备安装简单,施工周期极短,工程投资成本少。以农村污水治理为切入点,这一套污水治理模式的使用场景还延伸到高速公路、风景区、工业区等,市场占有率处于全省领先。2015 年 11 月 19 日,公司顺利在新三板挂牌。2018 年 7 月,泉州水务集团权属企业海丝环保科技有限公司与福建蓝深环保举行股份转让及增资协议的签约仪式,自此,福建蓝深环保公司由一家民营企业转变为国有资本控股企业,公司总部也从福州迁址到泉州。在国企赋能下,福建蓝深环保开启了一个崭新的发展时代。2018 年 9 月,福建蓝深环保与中国工程院高从堦院士及其专家团队合作成立泉州市首家国企院士工作站,2019 年成立了泉州蓝深环保研究院,为公司的环保工程建设与项目运营提供强有力的技术支撑。福建蓝深环保依托于膜技术领域院士专家的技术支持,研发出生态槽等新工艺,可胜任各类型污水处理项目。公司拥有水务智慧运营平台——"蓝深大脑",该平台运用数字孪生、人工智能、大数据、物联网等"黑科技",可实时监测、分析设备数据,并优化操作流程,为污水处理降本增效。技术人员在手机 APP 上就可以同时远程管理多个站点,站点发生故障时相关人员可第一时间收到通知,并通过系统对设备进行远程控制,大大缩短了发生故障到处理故障之间的时间延迟,避免出现出水水质超标的问题。"蓝深大脑"链接了污水处理厂/站、设备和人,实现"分散治理、集中管理、散而不乱"。

福建蓝深环保还收购了管材企业泉州兴源新材料科技有限公司和泉州永春蓬壶、南安东翼两家污水处理厂,并参股泉州市水务水质检测有限公司,进一步延伸产业链,强化公司在区域内污水处理行业的龙头地位。

福建蓝深环保的收入连年翻番,项目覆盖全省全域并辐射多个省份,崛起为福建省领先的分散式污水处理设备及服务供应商之一。

7. 福建省上杭县宏庄建筑工程有限公司

福建省上杭县宏庄建筑工程有限公司创办于2004年3月，法定代表人为蓝朝文。2021年，有注册资金10000万元，公司有职工1050人，具有高、中、初级职称工程技术和经济管理人员155人，其中高级职称5人、中级职称50人、初级职称123人；有一级建造师8人、二级建造师36人。公司资质等级有建筑工程施工总承包一级、房建监理甲级、市政监理乙级、市政公用工程施工总承包三级、地基基础工程专业承包二级、电子与智能化工程专业承包二级、消防设施工程专业承包二级、防水防腐保温工程专业承包二级、钢结构工程专业承包二级、建筑装修装饰工程专业承包二级、城市园林绿化三级、古建筑工程专业承包三级。2018年度建筑业总产值102091万元，2019年度建筑业总产值115417万元，2020年度建筑业总产值150464万元。

公司发扬“求实、拼搏、开拓、创誉”的企业精神，遵循“质量为本、诚实守信、优质服务，通过持续不断的技术改进”，实施“机制、管理、资本、人才”战略，积极开拓市场，先后承建一大批高、多层建筑和较为复杂的市政工程项目。公司凭借着精心高效的施工，严格规范的管理，努力塑造企业品牌形象，坚持“安全第一、预防为主、综合治理”的方针，狠抓质量关，严格质量管理，实行“三检”制度，所承建的工程质量均合格，未发生质安事故，受到了建设单位和有关部门的好评，同时公司以质取胜，取得较好的经济效益和社会效益。

2018—2020年，被上级主管部门列入“双培育”建筑企业，并通过IS014001;2015环境管理体系、IS045001:2018职业健康安全管理体系、IS09001:2015;质量管理体系。连续几年被市、县政府评为优秀企业和纳税大户。

8.漳平野狼文化传播有限公司

漳平野狼文化传播有限公司由漳平市退役军人兰火荣创办。2017年5月，与漳平市中小学生社会实践基地共建，投资800余万元建设“漳平市国防教育体验中心”，基地坐落在山清水秀的南美山庄，距离市中心约5公里。主要开展漳平市中小学生国防教育、德育教育、劳动实践等课程。2018年5月，被漳平市委组织部、宣传部、市人武部、市教育局、市妇联等部门评为“漳平市中小学生国防教育基地”“漳平市中小学家庭教育基地”，共同开展漳平市中小学生国防教育、家庭教育。2019年3月，被漳平市少工委评为“漳平市红领巾校外体验基地”；5月，被福建省少工委评为首批“福建省红领巾校外体验示范基地”；10月，被认定为“漳平市首批中小学生研学实践基地”。2020年3月，被评为“龙岩市研学基地重点培育单位”；12月，被漳平市退役军人事务局评为“漳平市退役军人就业创业基地”。2021年5月，与漳平市人才资源中心合作，成立“战狼劳动公司”，为退役军人和漳平各企业牵线搭桥；8月，被龙岩市政法委授予“龙岩市区域治理教育示范点”。

2021年9月，公司被漳平市教育局引进在象湖杨美投资600万元，与象湖中心学校共建“漳平市象湖杨美红色劳动教育基地”。已经被龙岩市教育局授予“龙岩市劳动教育示范基地”，基地开设七色劳动课程，覆盖个人—社会、红色—非遗传统、小学—高中、理论—实践、课堂—田间的德、智、体、美、劳全面发展的实践体验课程。

公司现有教授级别顾问3人，教官、辅导员团队30人，全部为退役军人和退役军人家属，其中本科学历5人、大专以上15人，所有固定教官均有参加学历再教育。有7名教官持有《研学导师证》《体验式教育培训师证》《研学导师证》《青少年素质教育师证》，多人持有《红十字会救护员证》，所有教官均编组于漳平市人武部应急连，是漳平市应急救援、防恐维稳的一支稳固力量。

9.漳平市畲氏人家贸易有限公司

漳平市畲氏人家贸易有限公司，于2014年7月成立，公司法人代表兰文奇。主要经营农产品及农业投资、农业综合开发。整合了漳平16个乡镇(街道)农特产品,打造畲氏人家特色品牌。

公司以“绿色 至诚 共赢 助农”为理念,大力发展电商平台,在淘宝、有赞、微商城、国傲1203等渠道推广销售。开展包装策划、品牌推广,加强对种植户等进行培训,提升服务能力和种植户等人员的电商专业技能。建立售前、售中、售后的完善体系,凭借团队的专业知识,丰富的经验,依托本土资源优势将特色产品推向全国。

公司现有20多亩的雷笋种植基地、30多亩百香果种植基地,在漳平市区内有100多平方米的展区。实行“020”线上线下推广,以合作共赢的方式在广州、泉州、厦门等设分销基地。公司总部及基地有30多名员工,年销售额200多万元。

10.福建祥沃建筑工程有限公司

福建祥沃建筑工程有限公司是一家建筑三级公司,负责人蓝德光,成立于2020年,总部位于福建省龙岩市漳平市区。公司拥有一支高素质,专业化的团队,致力于为客户提供高品质的建筑工程服务。多年来,公司秉承质量第一、客户至上的经营理念,不断创新超越自我,赢得广大客户的信任和支持。

公司主营业务有建筑工程,市政工程,园林绿化工程等。在建筑工程方面,公司涵盖了住宅、商业、工业建筑、公共建筑等多个领域,具备重建,规划,设计,施工,管理到后期维护的全程服务能力。在市政工程方面,承接了多个城市的道路,桥梁,排水,供水等工程,为城市的发展做出了贡献。在园林绿化方面,注重环保生态,为城市打造了多个美丽的公园,广场,绿地等。

2021—2022年,公司实施漳平台创园农业服务中心建设工程、福鼎市公共交通有限公司双岳公交首末站建设工程、漳州市圆山大道道路工程等多项工程建设,产值达1878万元。

第五节　脱贫攻坚与乡村振兴

一、脱贫攻坚

(一)1978—2015年的扶贫工作

中共十一届三中全会后,国家对农村扶贫救济工作实行改革,把救济款用于扶助贫困户发展生产,使其增加收入,脱贫致富。

1992年,漳平市下拨社会救济款1000元、分配37件腈纶毛衣给山羊村困难畲民。1994年冬,漳平市拨给山羊村受灾户棉被10床、布料25米。2004年,漳平市拨给山羊村棉被10床、衣服100件。

1994年,上杭县实施扶贫造福工程,年底搬进新村有6乡45户259人。1997年年底,全县33个民族村全部实现脱贫,其中27个民族村达到小康水平。

1998年,福建省、龙岩市和漳平市按照时任中共福建省委副书记习近平、副省长汪毅夫的批示,开始对漳平市桂林街道山羊村进行茅草屋改造。在1999年春节前,投资300多万元(其中省政府下拨专项资金83万元)兴建砖混结构新房80幢,建筑面积8530平方米。2005年,全面完成茅草屋改造,山羊村和小芹菜自然村686位畲民全部迁入新居。

1999年,龙岩市专题调研实行寄宿制的民族中小学和少数民族贫困户、贫困人口的状况,制定《1999—2000年全市少数民族贫困户、贫困人口脱贫计划》,提出民协委成员单位与年人均收入2000

元以下的15个民族村建立对口挂钩扶持制度。4月，召开扶贫工作协调会，把10个民族村通路问题、3个民族村的137家无电户和2个少数民族村的“造福工程”、27个民族村通水问题列入市扶贫工作计划，由交通、水电等部门和市扶贫办组织实施。

2001年，龙岩市民委将5个贫困民族村列入省扶贫开发重点，帮助604个少数民族贫困人口获得省财政人均800元的补助，有273户1030人实现脱贫。是年，上杭县加强少数民族地区基础设施建设，加大民族乡村扶贫攻坚力度，采用“开发扶贫、科技扶贫、挂钩扶贫和实施五户联保小额贷款”等措施，增强少数民族的造血功能。发放民族乡村小额贷款161组805户88.5万元，帮助少数民族脱贫164户688人。

2002—2003年，上杭县民族宗教局对全县38个民族村进行专题调查，摸清人均收入低于600元的少数民族特困户350户985人，为开展帮扶工作提供基础资料。把南阳镇南岭民族村、官庄畲族乡曾泗民族村列入省级扶贫开发重点村，省直有关部门拨出专项资金39万元，修整村道及小学校舍。发放小额贷款980户107.8万元，帮助少数民族脱贫826户3420人。

2000—2015年，龙岩市民族宗教局配合龙岩市扶贫办、民政局开展少数民族小额贷款、“造福工程”和“低保”补助等工作，帮助少数民族群众发展家庭种养业和改善居住条件。每年安排和落实一定比例的少数民族“造福工程”，并按政策规定落实补助资金；少数民族贫困家庭得到低保补助。

2000—2011年龙岩市少数民族小额贷款情况表

表2-05　　单位：户(次)、万元

年份	2000	2001	2002	2003	2004	2005	2006	2007	2008	2009	2010	2011	合计
户数	551	1065	1042	491	289	245	260	144	115	125	68	59	4454
金额	65.2	125.55	140.8	69.3	78	65	78	39.46	175	220	131	21.55	1208.86

2002—2014年龙岩市少数民族实施“造福工程”情况表

表2-06　　单位：户、人、万元

年份	2002	2003	2004	2005	2006	2007	2008	2009	2010	2011	2012	2013	2014	合计
户数	36	44	58	72	51	23	17	30	38	2	69		176	616
人数	215	244	289	390	238	112	88	145	188	9		544	887	3349
金额						3.36	2.64	8.7	11.28		19.32	48.96	79.83	174.09

若干年份龙岩市少数民族家庭享受低保情况表

表2-07　　单位：户(次)、人(次)、万元

年份	2004	2005	2006	2007	2008	2010	2011	合计
户数	384	560	764	703				2411
人数	1065	1265	1765	1672	1454	1377	1546	10144
金额						91.91	141	232.91

（二）精准扶贫、精准脱贫

2016 年始，龙岩市各级民族工作部门加大推进脱贫攻坚工作，把它作为第一民生工程，认真贯彻落实中央、省、市和县（市）“精准扶贫、精准脱贫”的战略部署，按照“党政主导、部门联动、企业携手、社会参与、群众主动”的思路，坚持“一村一策、一户一法”方针，统筹安排，精准施策，推动脱贫攻坚各项措施落实。组织精准识别工作队，严格按照国定、省定标准，精准识别贫困乡村和贫困户。

加大宣传力度　龙岩市民族宗教局和各县（市、区）民族宗教局加大精准扶贫政策措施的宣传力度。利用民族团结进步宣传月、宪法宣传、下乡检查调研等方式发放相关宣传材料，发动广大少数民族贫困户积极主动参与到精准扶贫工作上来。积极组织干部职工入户走访慰问少数民族贫困户，做到底数清，情况明，协调做好全市少数民族贫困家庭慰问走访工作，做到一户不漏，一人不少。

精准识别　龙岩市在全市 51 个民族村中精准识别省、市、县级贫困村 10 个，其中省级 1 个（上杭县庐丰畲族乡丰济民族村）、市级 2 个（上杭县下都镇吉安民族村、官庄畲族乡贵和民族村）和县级 7 个（上杭县临城镇石砌民族村、湖洋镇新坊民族村、庐丰畲族乡丰乐民族村和扶洋民族村、南阳镇涂坑民族村、官庄畲族乡德康民族村和新民民族村）；识别全市户主为少数民族贫困户 1432 户、少数民族贫困人口 5435 人，其中上杭县 1399 户 5308 人，涉及 20 个乡镇；漳平市 10 个少数民族村建档立卡贫困户 121 户 441 人，其中少数民族贫困户建档立卡 21 户 85 人（畲族 73 人，汉族 12 人）；长汀县馆前镇黄湖民族村建档立卡贫困户 7 户 23 人；其他 5 户 17 人。

落实措施精准发力　龙岩市民族宗教局配合实施少数民族特色经济发展，扶持增收工程和精准扶贫工作，组织民族村的 10 名农村淘宝电商代表参加由福建省委统战部、省商务厅、省民宗厅联合举办的“福建八闽电商行——走进少数民族电子商务大讲堂”培训活动；举办“雨露计划”培训班、育婴师培训班、电工培训班，培训贫困户，引导贫困户参加激励性扶贫项目；采取发放小额信贷，健康扶贫，教育助学扶贫等措施；探索“公司+合作社+基地+贫困户”等帮扶模式，推进金花茶、烤烟、竹业、茶油、茶叶、贵妃鸡和林下经济等产业扶贫机制建设，带动转变贫困户生产经营理念，拓宽脱贫致富渠道。

2016 年，上杭县委、县政府出台《上杭县脱贫攻坚战役实施方案》，对贫困村脱贫明确规定 8 条帮扶措施，各条措施都有相对应的责任单位，帮助贫困村脱贫。县委、县政府扎实推进贫困民族村精准脱贫，明确 10 个民族贫困村全部由县处级领导干部挂钩，其中县委书记挂钩帮扶官庄畲族乡德康民族村，县民协委成员单位下派驻村干部挂钩帮扶 1 个村，确保“全面建成小康，少数民族一个都不能少”。县财政每年支持每个贫困民族村发展资金 20 万元，5 年共 100 万元，统一委托县国投公司运营，年收益率固定为 12%，仅此一项贫困民族村每年增加收入 12 万元。是年，上杭县开展苏区干部“千人挂钩万人脱贫、共奔小康”挂钩帮扶活动，每个贫困户安排 1 位干部挂钩帮扶。从生产扶持、建房补助、就学资助等 10 个方面采取帮扶措施，并享受叠加帮扶，实现“两不愁三保障”（不愁吃、不愁穿，义务教育有保障、基本医疗有保障、住房安全有保障），人均可支配收入实现逐年稳步增长。县民族宗教局挂钩帮扶官庄畲族乡福泉民族村、新民民族村的贫困户，每季度走访了解他们的家庭情况和收入情况，帮助解决生产生活中遇到的困难和问题，落实帮扶项目 1 个、资金 5 万元。深入民族乡村、中小学开展少数民族贫困家庭、贫困学生春节慰问活动。2018 年，发出慰问金 7.68 万元，慰问贫困学生 53 名，贫困家庭 95 户。

漳平市举办和承办“少数民族现代茶产业”“水仙茶种植管理、加工和营销”等培训班，有效提升少数民族村村民掌握现代茶叶先进加工制作技术，丰富病虫害防治及农药规范使用等专业知识。组织漳平市少数民族村主干参加福建省民族乡村主干创新创业实用技术培训班，增强少数民族村群众创新创业能力及项目策划能力。2013—2021年，该市畲族群众积极参加福建省民宗厅举办的少数民族制茶能手和名优茶大赛，多次获得少数民族名优茶大赛奖。通过技能培训，使畲族群众脱贫致富有路。漳平市民族宗教局引导民族村发展产业增加就业，加大产业扶持及招商引资力度，以项目促发展，通过“村+企”“村+企+会”发展模式，促进民族村三方共建，谱写发展新篇章。民族村“村两委”成员带头产业种植，招收贫困户从事劳作，对丧失劳动能力的贫困户以扶贫资金为股本入股分红，建立与贫困户的利益挂钩机制，让贫困群众实现在家门口就业的愿望，实现“以产业促就业、以就业促脱贫”。2019年，全市少数民族贫困人口享受教育资助金补助28人次，补助金额22250元。2020年因疫情未开学，推迟补助。2020年，漳平市实施易地搬迁的少数民族贫困人口16户72人（其中户主为汉族2户8人），在国标享受补助资金每人2.8万元，省标每人1.3万元的基础上，另外增加少数民族叠加补助为每人口1000元，家庭成员中只要有一人为少数民族贫困人口，家庭人口均享受叠加补助。享受危房修缮的少数民族贫困户1户4人，补助资金1.45万元。少数民族贫困人口列入农村低保12户27人，其中五保户3户3人。全市少数民族贫困人口小额贴息贷款10户38万元，已全部还清；少数民族贫困人口享受医疗救助自付2980元以上的2人，补助资金分别为1625.18元、4561.37元。漳平市协调引导宗教界助力帮扶贫困户，协调宗教团体、宗教活动场所为单位干部挂钩帮扶贫困户提供慰问品。2020年共协调佛教协会、圆光寺帮扶贫困户慰问大米1000斤，食用油300桶。

2016—2020年，长汀县馆前镇黄湖民族村成立以支部书记为组长，村主任为副组长，其他村“两委”干部为成员的挂钩帮扶领导小组。挂图作战，采用一户一策根据“两不愁三保障”要求做到因户施策，跟踪管理。每个贫困户在上级安排挂钩帮扶责任人的基础上，村安排每户1名村干部和两名党员挂钩帮扶；脱贫后安排1名村干部1名党员挂钩。同时对贫困户从产业、住房、教育、医疗、就业等方面在资金、劳力、技术、信息、产品销售等方面给予支持和帮助。贫困户享受中央、省、市、县有关部门的扶持资金共计75万余元，其中造福工程50余万元，教育扶贫4万元，医疗卫生救助3万元，产业帮扶资金18万元；少数民族贫困人口小额贴息贷款30万元，由政府贴息2万余元。搬迁到县城思福安置区4户12人，集镇东安小区2户6人，旧房改建1户5人，解决了贫困户住房，教育，医疗的保障。由挂钩责任人每年对贫困户的责任竹山给予进行垦复、劈杂、施肥、挖笋和砍竹的全程指导，从技术、资金、劳力、销售等方面给予帮助，提高贫困户发展竹林产业的经济收入。发展林下经济，联系东庄养蜂专业合作社为两户贫困户发展养蜂70箱，每箱年收入500元；种植姜黄、多花黄精、七叶一枝花提高贫困户经济收入。根据贫困户劳动力状况联系县、镇用工单位安排贫困户务工就业，使贫困户有稳定收入。充分利用好党和政府的惠民政策，在做好巩固脱贫的基础上，继续落实跟踪挂钩帮扶，确实存在返贫风险的边缘户采取脱贫兜底等办法使贫困户不再返贫。

2017年，上杭县庐丰畲族乡丰济民族村、下都镇吉安民族村、官庄畲族乡贵和民族村实现脱贫摘帽。2019年底，上杭全县10个少数民族贫困村及1399户5308名建档立卡贫困户全部实现脱贫。2020年，漳平市、长汀县少数民族贫困户全部实现脱贫。至此，龙岩市所有少数民族贫困乡村、贫困户如期实现脱贫。

二、乡村振兴

中共十八大以来，党中央、国务院持续加大强农惠农富农政策力度，扎实推进农业现代化和新农村建设，全面深化农村改革，农业农村发生了历史性变化。2018年2月，中共中央、国务院印发《实施乡村振兴战略的意见》。在各级党委、政府的关心支持下，龙岩市民族乡村脱贫攻坚取得巨大胜利，现行标准下农村贫困人口实现脱贫，贫困民族村全部摘帽；着眼于巩固脱贫攻坚成果与乡村振兴工作相衔接,不失时机地实施民族乡村振兴战略,并取得重要进展。农业综合生产能力稳步提升,农村基础设施建设深入推进,畲族优秀传统文化得以传承弘扬,农村生态环境明显好转,以党组织为核心的农村基层组织建设进一步加强。

(一)民族乡村经济社会加快发展

龙岩市持续开展挂钩帮扶民族乡村工作,市委、市政府主要领导和分管领导分别挂钩帮扶上杭县庐丰畲族乡、官庄畲族乡,指导民族乡村制订乡村振兴发展规划,帮助民族乡村解决制约经济社会发展的实际困难和问题。启动新一轮市民协委成员单位挂钩帮扶民族村工作,从 2020 年开始至 2024 年为期 5 年,各挂钩帮扶单位帮扶民族村资金在上一轮每年不少于 5 万元的基础上,在新一轮增加到每年不少于 6 万元,进一步加大对民族村挂钩帮扶的力度,促进民族乡村经济社会事业加快发展。上杭县继续落实民族村挂钩帮扶机制,调整实施新一轮挂钩帮扶方案,县民协委成员单位每年挂钩帮扶资金由 3 万元提高至 5 万元。漳平市建立市委领导和市直有关单位挂钩帮扶民族村工作制度,实现 10 个民族村挂钩帮扶全覆盖。

龙岩市民族宗教局从民族乡村的村情出发,因地制宜编制规划,科学引领,促进民族乡村振兴有组织、有计划协调推进。2020 年,争取中央、省少数民族发展资金 600 万元,安排好市级民族补助款 210 万元,聚焦少数民族脱贫攻坚,帮助民族乡村健全完善基础设施,改善少数民族群众生产生活条件,着力民族乡村全面振兴发展。科学精准抓好民族乡村常态化新冠肺炎疫情防控工作,确保疫情不反弹,深入了解民族乡村和少数民族群众受疫情影响情况,重点帮扶已脱贫但因病、因灾不够稳定和受到疫情影响有可能返贫的少数民族贫困户,确保实现全面小康路上少数民族群众一个都不掉队。争取省民宗厅项目帮扶资金和困难补助资金,慰问受疫情影响的少数民族困难群众 8 人、每人 2000 元;同时获得省民宗厅项目帮扶资金 40 万元,帮扶 8 个民族企业复工复产。

上杭县官庄畲族乡充分发挥省教育厅挂钩帮扶契机,利用好高校产学研优势,主动对接运作官庄畲族乡与厦门海洋职业技术学院开展“山海协作”,引进小龙虾养殖、海洋生物展 2 个帮扶项目,在推进乡村振兴、产业帮扶和教学质量提升等方面发挥重要作用。省侨办派驻官庄畲族乡德康村党支部第一书记李榕生,帮助贫困户制订种养殖产业扶持脱贫计划,邀请有关单位、专家前来调研指导,奔走各部门,争取项目和资金,结合德康地理区域优势和田园综合体项目建设,打造“生态+旅游”的民族特色村寨,规划发展乡村休闲度假旅游产业。

2020 年 3 月 26 日,漳平市统一战线工作领导小组印发《关于开展市委领导挂钩帮扶民族村工作的通知》(〔2020〕1 号)文件,建立每个民族村由 1 名市委常委、2 个市直单位挂钩帮扶机制。全市 20 个市直单位挂钩帮扶 10 个民族村,先后投入或协调帮扶资金 1000 余万元,资金的有效投入,扎实推进民族村各项事业发展,加快民族村全面建成小康社会的步伐。市林业局为坑源民族村争取丰产竹林示范片 150 亩、笋干烤房 3 个,安排资金 100 万元;市库区移民局帮扶中村民族村约 56 万元,建设茶山道路 2200 米,市农业农村局帮扶中村民族村 150 万元建设 800 平方米的制茶厂;市教育局筹措 5 万元资金支持科山村建设;市审计局帮助协调相关部门解决长埃村农田灌溉工程,其中修复水渠 1300 米、铺设管道 4000 米。

2014 年始,龙岩市委、市政府安排市应急管理局挂钩长汀县馆前镇黄湖畲族村。时任龙岩市应急管理局局长赖进益(2021 年任长汀县委书记)先后 4 次前往该民族村调研指导,听取村“两委”工作汇报及了解存在的困难,帮助协调解决民族村教育、文化、医疗卫生,经济发展,扶贫济困,基础设施建设,民族文化传承等困难。并于每年下拨 8 万—15 万元的专项帮扶资金,先后开通林区公路 22 公里,实施通村公路的弯道拓宽及硬化 38 处,涵洞 16 处,排水沟 1500 余米,安全防护栏 3500 余米,建设规范化的占地面积420平方米、建筑面积220平方米的村部办公场所、老人活动室及民族宣传展板。发展林下经济，种植姜黄300亩、七叶一枝花13万余株、多花黄精、黄花远志6万余株和油茶200亩。发展现代竹林管护新模式，从祖辈粗放劈杂做玉扣纸转变为劈杂—浅助—施肥到合理采挖冬春笋、毛竹砍老砍密新模式。村民人均可支配收入从2015年8696元提升到2021年的18679元。2020年5月，市应急管理局局长赖进益专程来该村慰问贫困户、残疾人困难户共14户，每户发放慰问金500元。

上杭县投入1000余万元支持民族卫生事业，2个民族乡医疗设施逐步健全，40个民族村有38个少数民族村设置了村卫生室，25个少数民族村配备了乡村医生，无乡医、无卫生所的少数民族村由当地卫生院选派医生，以定期巡诊的方式解决民族村群众看病难问题。在教育方面，出台了《上杭县关于加快发展民族教育实施方案》，近年共投入2500多万元用于新建教学综合楼、学生食堂、塑胶运动场等，县内7所民族中小学基础设施不断完善。全面落实少数民族学生助学金政策，2020—2021年，共发放少数民族学生助学金50余万元，受益少数民族学生999人。并争取到多方支持，帮助300多名少数民族贫困大学生圆了大学梦。

2013—2021年，龙岩市51个民族村群众参加医疗保险、养老保险的参保率都在95%以上。

（二）农业综合生产能力稳步提升

龙岩市从政策、资金、项目等方面给予民族乡村倾斜，引导民族乡村加快产业结构调整，走“一乡一优势产业、一村一优势产品”的发展路子，形成具有一定规模的烤烟、油茶、竹业、茶业、果业和畜牧水产业等特色优势产业，逐渐实现农业增效、带动农民增收的作用。

2016—2021年，上杭县除民宗部门民族补助资金2975万元外，其他各部门投入民族乡村的项目及补助资金不少于2亿元。在各部门的大力支持下，各民族村也发挥各自优势，建立特色产业基地，民族乡村产业结构更趋合理，农民致富增收后劲增强。临城镇上登民族村蜜柚、湖洋镇文光民族村脐橙、才溪镇溪北民族村纽荷尔脐橙、南阳镇南岭民族村金橘、下都镇吉安民族村沙田柚、蛟洋镇华家民族村蔬菜、古田镇苏家坡民族村贵妃鸡等被上杭县政府评为“一村一品”专业村。下都镇吉安民族村特色农业创建工作持续推进，建立六甲塅优质稻新品种示范基地，创新建设沙田柚智能滴灌系统，实现手机遥控水肥一体化自带滴灌。实施珊瑚乡华竹民族村一产（农业）三产（旅游）融合发展项目，在圆通山风景区种植樱花、玫瑰花、杜鹃花、红枫等观赏性植物2万多株，圆通花海初具规模；完成圆通山旱田改水田项目建设，新增和改善水田40亩。古田镇苏家坡民族村充分发挥红色资源、畲乡文化、党建品牌、交通便捷等优势，发展“红色+旅游+”产业，着力壮大福欣牧业规模，做大做强贵妃鸡产业，吸引游客前来观光旅游、红色培训教育，品尝畲民特色农家菜，体验畲族风情；2019年，被命名为“全国民族团结进步示范单位”；2021年，累计有3.2万余人到苏家坡开展红色教育、红色研学等活动。

上杭县官庄畲族乡大力发展油茶、毛竹、烤烟等支柱产业，加快推进油茶精深加工，油茶产业提质增效，全乡油茶种植面积达1.6万亩。大力发展槟榔芋、台湾红藜、三叶青、佛手等特色种植业，加大畲药研发和推广力度，联合福建生物科学职业技术学院、福建三叶青药业科技开发有限公司，加快推进畲药种植及研发基地项目建设。庐丰畲族乡持续发展粮食、烤烟种植，丰乐村种植烤烟面积800亩，被评为省烤烟“一村一品”示范村；引进柯宁环保产业研发生产项目、年产500万双航空袜子生产项目、新德里畲乡柚子湾农旅综合体建设项目。建成现代农业种养基地——畲乡米业有限公司，成功流转土地1000亩，切实带动农民增产增收。发展国家烟草行业示范合作社1家，市级示范合作社2家，市级农业产业化龙头企业1家，县级示范家庭农场6家。补助20余万元扶持两家市级示范合作社发展林业产业,林下经济发展初具规模。丰济村引进福建世纪金花科技有限公司培育金花茶深加工及种植示范基地,该基地为全县最大的金花茶种植基地,成立庐丰金花茶专业合作社,林下种植金花茶300亩,大棚150亩,盛产期每亩预计收入4000元,使当地传统林业转为现代旅游观光林业,推动当地经济发展,实现"一村一品",促进村民和村集体两增收;太古村200亩杨梅基地挂果,下坊村种植红棉蜜柚、"三红"蜜柚("三红"蜜柚是原产于福建省平和县的柚的品种,其果外皮在相应遮叶下也较少见地呈现淡粉红色,果皮下的海绵层是粉红色的,果肉呈玫瑰红色,由此得名"三红")260亩。

上杭县官庄畲族乡德康民族村槟榔芋种植基地
(官庄畲族乡政府提供)

漳平市统筹谋划全市民族乡村振兴,在打基础、促发展方面重点做了"夯实发展基础""培育特色产业""落实优惠政策""摸清帮扶底细"等工作,帮助少数民族村解决急难愁盼问题。以产业振兴拉动乡村振兴,引导民族村发展产业增加就业,加大产业扶持及招商引资力度,以项目促发展,通过"村+企"、"村+企+会"发展模式,促进民族村多方共建;以打造"一村一品"特色产业为主线,引导民族村产业结构调整,积极鼓励和扶持少数民族勤劳致富带头人、示范户,大力宣传推介民族村特色农产品,逐步形成各具特色、符合实际的特色产业。2020年,漳平市民族宗教局争取到少数民族资金共174万元,其中中央资金66万元、省级资金86万元,龙岩市级资金22万元,安排项目19个。赤水镇香寮村科学种植优质烤烟900亩和食用菌(香菇、黑木耳、竹荪),建立无公害生态茶园400多亩和优质稻示范基地;引进蜜浆高产蜂王、培植蜜粉源及养蜂技术指导等手段培植养蜂产业,成立雷锡元养蜂合作社,全村有养蜂户50户,养蜂(中华蜜蜂)1300多群;管护好3万多亩生态公益林。桂林街道山羊村得益于高海拔、土地肥沃的地理优势,结合"生态优先、绿色发展"的理念,依托高海拔、无污染、少虫害的优势不断发展生态农业,该村水仙茶具有无虫害、周期长、茶叶厚、茶香浓、品质好的特点,村"两委"采用以奖代补的模式带动8户村民种植水仙茶200亩,2022年扩大到500亩,人均年收入达万元以上;引进沃柑种植100亩,沃柑耐寒,果肉鲜嫩爽口,香甜多汁,是春节期间最为畅销的水果,2022年扩大到200亩,年产沃柑为2.5万斤,增加果农收入15万元;种植竹林4197亩,有毛竹、刚竹等品种。10个民族村形成以茶业、竹业、烤烟、油茶、果业、丰产林为主的特色产业,民族特色农业产业的发展为乡村振兴提供"经济动能",促进民族乡村产业结构趋向合理,农民致富增收后劲日益凸显。

(三)农村基础设施建设深入推进

2018年,官庄畲族乡围绕实施乡村振兴战略,抓好"四好农村路"(建好、管好、护好、运营好农村公路)建设,实现境内才湘线、新临线中的才溪—官庄—长汀宣城段市级"四好农村路"建成通车。被评为全市"四好农村路"示范乡镇。投入520万元推进东环路改造提升工程,完成滨江绿道(一期)建设。完成港湾式客运站建设,新建村级停车场5个,新增停车位56个。启动朱堡民族村农村人居环境整治提升试点工作，新增建筑弃土消纳场4处，完成97户旱厕拆除改建。2019年，官庄畲族乡投入1720万元实施总长6.5公里的官贵（官庄—贵和）线、树曾（树人—曾泗）线等4条“四好农村路”建设和乡村停车场建设，新增停车位259个。1月23日，全国政协副主席、交通运输部党组书记杨传堂率调研组到官庄畲族乡调研“四好农村路”建设管理和交通扶贫等工作，给予官庄畲族乡高度评价。6月，官庄畲族乡作为龙岩市“四好农村公路”示范乡，代表上杭县迎接了“四好农村公路”全国示范县复核和省级示范县现场评估工作。庐丰畲族乡投资2000余万元建设“四好农村路”工作。实施总长达14公里的1条乡道庐铁线（庐丰—铁峰）和5条村道晋级改造工程；新建6个村共14个错车道，投入120万元完成上坊、中坊等9个村停车场建设，新增停车位190个，有效解决群众出行难、停车难问题。

2019年，上杭县组织开展《“十四五”时期上杭县民族乡村经济社会发展思路研究》，推动各乡镇及部门认真谋划“十四五”民族乡村发展项目。2个民族乡40个民族建制村全面实施“空心房”整治、旧宅基地复垦、“家园清洁”整乡推进、农民公园、安全用水等项目，民族乡村面貌发生翻天覆地的改变。官庄畲族乡统筹整合资金2000多万元，实施少数民族特色村寨建设项目；配套建设畲族主题公园、畲族文化广场、畲族百姓戏台等基础设施；完成天后宫等古建筑、古民居、畲乡古码头修缮保护；实施“两治一拆”（治理空心房、治理裸房，拆除违法建筑）、旧村复垦、农村人居环境整治等工作。庐丰畲族乡丰乐村结合人居环境提升工程，投入70余万元实施全村亮化工程，安装225盏LED路灯；投入90万元拓宽硬化营前大道1421米；投入15万元新建电灌机井一口，同时接通城区第二水源；投入90余万元建设伯公文化园。实施旧村复垦项目4.76亩、土地复垦10亩，提高了土地利用率，增加村民和村集体经济收入。通过实施一系列基础设施项目建设，切实改善生产生活条件，夯实脱贫致富基础。

上杭县古田镇苏家坡民族村、庐丰畲族乡丰乐村、湖洋镇文光民族村、南阳镇双溪民族村、才溪镇溪北民族村和漳平市赤水镇香寮民族村被列为省级乡村振兴试点村。苏家坡村完成“树槐堂”木栈道二期工程、“主席洞”山环山工程建设，完成苏家坡生态防洪堤建设和农村电网改造。湖洋镇文光民族村实施道路“白改黑”工程（即水泥路改成柏油路）和绿化美化亮化工程，架设梅花景观路灯70盏，沿路种植15种观赏梅620棵，完成宏泉山庄路口积善亭及旅游公厕建设和景观小品打造，实施保种园提升改造工程，建设集游客接待、产品展示、文化宣传、电子商务于一体的三产运营中心。双溪民族村以点带面实施“裸房”整治行动，完成房屋安全排查整治、危旧房拆除、屋面改造和外墙粉刷。溪北民族村聚焦农村生活垃圾治理、污水处理、农房整治、村容村貌提升“四行动”和厕所革命，开展人居环境整治和房屋结构安全隐患大排查大整治，确保群众住房安全。香寮民族村完成试点村整体规划设计和三年行动方案；投资500万元实施村庄整治提升项目，投资1300万元实施天台山旅游公路项目，投资350万元实施高标土地整理项目，有力地推动乡村振兴项目加快实施。

上杭县太拔镇坵辉民族村被列为市级推进乡村振兴试点村。坵辉村完成村庄规划，实施道路硬化、人饮工程提升等基础设施建设，完成设计、绘制有畲族元素和畲、汉一家亲的文化墙，修缮、粉刷古民居外墙等美化工程，拆除空心房、废弃烤烟房、旱厕，提升村容村貌。

上杭县太拔镇崇厦民族村推进宜居环境试点村建设，拆除空心房27户3000多平方米；推进村口景观点、崇厦村幸福院、停车场、人饮工程提升改造、平改坡等项目建设。珊瑚乡华竹民族村实施华竹溪流域治理、村部环境提升工程，华竹村九华铺畲族文化墙和农村公厕竣工投入使用，首期21户裸房整治和35户空心房、危旧房拆除工作全部完成，人居环境进一步提升。

龙岩市把各类试点村扶持政策向民族村倾斜。上杭县有3批次共11个少数民族村（其中有2

个民族贫困村)列入国家民委和省民宗厅少数民族特色村寨试点村;有13个少数民族村(其中3个民族贫困村)列入市级乡村旅游试点村、县级“千村整治、百村示范”工程试点村、县级人居环境整治提升试点村等乡村振兴各级各类试点,其中有5个少数民族村列入省级乡村振兴试点村,占全县省级试点村的25%,3年支持资金不低于600万元。民族乡村的农田水利、烟基道路、乡村道路等基础设施稳步完善。上杭县庐丰畲族乡丰康村、官庄畲族乡树人村和漳平市桂林街道山羊村被国家民委命名为“中国少数民族特色村寨”。漳平市10个民族村因地制宜、各具特色,有“少数民族村落”山羊村、“国家级传统村落”香寮村、“茶乡飘茶香”的中村村等。在保留原有文化的同时,通过交往交流交融,逐步形成中华民族多元一体格局。漳平市民族村因山高谷深、交通不便、自然条件恶劣,严重制约着民族村经济社会事业发展。中共十八大以来,少数民族村一方面搭乘“脱贫攻坚”“乡村振兴”的特快列车,另一方面加强“美丽乡村”“特色村寨”“生态文旅”建设,以不可挡的势头向好发展,“净绿亮美”成为少数民族村的“新底色”。漳平市象湖镇龙门民族村在福建省、龙岩市民族宗教部门和漳平市委市政府的关心和支持下,争取到1100多万元建设资金,投入到村里的各项事业,完成村道硬化工程8公里;架设高压电线路,实现户户通电;修复水渠3.5公里,解决群众饮用水及生产用水问题;架设通讯网络,实现宽带网络进入每户农家;建设村级办公场所;在村部新建村级卫生室,并配备必要的医疗设备及村级卫生员,解决了当地群众看病难问题。全村经济建设和社会事业取得长足发展,村民生产生活得到极大改善,村容村貌发生巨大变化。赤水镇香寮民族村抓项目带动,加快基础设施建设,打造香寮“生态休闲旅游村”;推动实施“千年古村落”乡村旅游项目,建设王景弘文化广场、“一带一路”景观带和游客服务中心风景区等项目,逐步建成王景弘故里、天台国家森林公园核心风景区。

(四)畲族优秀传统文化得以传承弘扬

上杭县官庄畲族乡编纂《红色官庄》畲乡史志资料,小学校本教材《畲乡神韵》获福建省社区教育优秀教材一等奖,完成全省首部民族乡志书《官庄畲族乡志》编纂。拍摄专题纪录片《生态福地,美丽畲乡》《印象官庄》《海丝飘带上的畲乡明珠》。成立畲乡民间艺术团,挖掘和吸收一批掌握传统技能的乡土人才;加强对中小学生畲族文化教育,推动畲族文化进校园;成立学生腰鼓队和竹竿舞队;在学校建设畲族传统手工艺坊和文化体验中心“畲艺工坊”,培养传统技艺人才。在官庄民族中学成立龙岩市板鞋高脚训练基地,发展民族传统体育项目;将畲歌、畲拳、畲族舞蹈以及板鞋、高脚竞速等畲族传统体育项目和少数民族历史知识列入中学课程。建设畲族文化中心、主题公园、文化广场和官庄畲族陈列馆,举办畲族“三月三”民俗文化节、“最美畲乡人”评选、“大学生春晚”等活动,营造民族团结的良好社会风气。加强古民居、古建筑修缮保护。借助“三月三”活动,发展畲乡文化旅游产业、发展以畲族文化为基础的文化休闲产业,以产业发展促进文化保护,从而打造“生态福地美丽畲乡”,助力乡村振兴。深化油茶专业乡建设,连续三年举办龙岩市油茶博览会,鼎丰、大金华、汀水源等油茶企业不断发展壮大,官庄榨油厂“汀江山油茶”被评为首届“上杭老字号”。2019年4月7日,由龙岩市民族宗教局、上杭县委县政府主办,官庄畲族乡承办的上杭县第三届“三月三”畲族文化旅游节在官庄畲族乡成功举办。打造畲乡特色旅游小镇,签约落地文旅康养项目;2020年,龙岩市重点文旅项目新民生态观光基地及市投资项目洽谈会重点项目畲乡“氧生谷”实现开工。

漳平市以“乡村振兴”战略中的“文化振兴”为主线,组织收集民间畲歌、畲族习俗、谚语等资料。编印《闽西畲族民歌集》,组织畲民宣传练唱,加强少数民族文化的传承力度。通过村民代表会议制定《村规民约》,引导本村族人在交往和传统活动中使用畲语,在节日里穿戴畲族服饰、唱畲家民歌,传承畲族文化。支持漳平市桂林中心学校开设畲语畲歌课程,让畲族文化与校园文化相交融;加强少数民族传统文化的保护力度。通过开展畲族祭祀、畲族婚礼(哭嫁)、畲族“三月三”等畲族传统民俗表演和畲族风情图片展览、摄影展、书画笔会、畲族美食节等活动。连续举办三届“三月三”畲族文化节,充分展现了畲歌传承的良好效果,进一步传承了畲族优秀传统文化,丰富漳平市民族团结进步创建内容。桂林街道山羊民族村每年举办“三月三”畲族文化节,吃乌米饭唱畲歌,全村均用畲语交流,具有浓厚的畲族风情。该村畲族山歌不仅在2013年获得过宁德市山歌大赛二等奖的荣誉,还入选龙岩市第六批非物质文化遗产代表性项目,代表性歌曲有《对歌》《祝福歌》《犬王歌》《快乐歌》《请茶歌》等,是闽西传承畲族文化的窗口和主要阵地。2020—2021年,该村畲民兰中霞等连续2年应龙岩市民族宗教局、上杭县民族宗教局邀请到上杭县畲歌畲语培训班授课,传授畲语、畲歌。

漳平市赤水镇香寮民族村弘扬景弘文化,传承历史文脉、激活民俗文化资源,弘扬忠诚、团结、包容、专业、担当的景弘精神,讲好王景弘故事;打造生态文化,开展“家园清洁”行动,发展特色生态产业,合理开发天台山生态文化旅游资源,对闽南畲族特色古民居、香山桥、天台寺等重点民间建筑加以保护开发利用,提升民族村田园风光休闲旅游品位,利用丰富的古民居资源,引导当地群众改造古民居创办农家乐、民宿等;规划、建设新的民居建筑,建设“百姓古村”文化活动中心、畲族民俗文化陈列室、民族文化广场,传承、弘扬畲族文化。对村庄沿电瓶车道两旁的30座民居进行立面改造,屋顶盖青灰色瓦并封檐压脊,粉刷淡黄色墙体,室内外美化绿化。充分挖掘民间演艺人才,整合完善畲族歌舞队,利用民间节庆,壮大舞狮队、舞龙队等民间艺术队伍;借助龙岩市级非物质文化遗产“火炮鼓”,传承非物质文化遗产保护项目,发扬光大畲族文化;传承畲族图腾、图腾崇拜和“三月三”吃乌饭、立夏吃面、洗三旦、送酒斗等民间风俗与礼仪;推广全羊席、浆果团、猪血饭、芋子条等民族特色小吃。

漳平市将畲族文化与建设美丽乡村、实施乡村振兴战略相结合,不断推进畲族村环境建设。桂林街道山羊村在美丽乡村建设、屋立面改造等添加畲族文化元素,助力挖掘和弘扬畲族传统文化,让畲族村成为了解畲族人文历史、解读畲族民俗的重要窗口,让畲族文化在口口相传、代代相承中绽放璀璨光芒。

(五)农村生态环境明显好转

龙岩市扎实推进少数民族特色村寨保护与发展试点工作,取得了“保护改造古民居、改善美化村容村貌、保护生态环境、培育发展特色产业、保护传承畲族文化”的显著成效。

2015年,漳平市桂林街道山羊村被列为福建省美丽乡村旧村整治村,村“两委”围绕整治旧房裸房、农村污水、生活环境、乡村道路、绿化环境等方面,对山羊村开展村庄整治建设。赤水镇香寮村和桂林街道山羊村分别被国家民委命名为第二批、第三批“中国少数民族特色村寨”,逐步提升了少数民族特色村寨保护与发展水平。

青山绿水美官庄(官庄畲族乡政府提供)

2017年,庐丰畲族乡22个生态环保攻坚项目共完成投资1亿元,全年辖区空气环境质量均达到或优于国家环境空气质量二级标准。推进河长制,实现乡、村两级河长(河段长)、专管员管理责任体系全覆盖。投资495万元的农村环境连片整治项目竣工验收。整治养殖业污染,拆除生猪养殖场435户3.15万平方米,实施规模养殖场标准化改造25家,主要流域水质明显提升,Ⅲ类水质达标率100%。加强土壤安全治理，严控污染土壤安全的企业、种植种类进入庐丰，化肥、农药、农膜减量化以及畜禽养殖废弃物资源化和无害化工作加快推进，确保土壤安全和有机生态。加强造林绿化、封山育林和水土保持工作，推进林业生态建设，完成人工造林1440亩，非规划林地造林100亩，在中坊村、太古村等实施森林抚育3875亩，实施低效林分修复1100亩，建设电力走廊生物防火林带1.2公里，面积228亩。

2018年，庐丰畲族乡投资1500万元推进集镇环境综合整治提升工程，完成95户沿街立面改造和集镇路段"三线下地"（供电、通讯、有线电视等线路从以往架在空中的方式改为全部埋入地下的方式）；实施全长1.3公里的集镇道路"白改黑"工程，人行道2.6公里重新铺上透水砖；完成沿街环卫设施升级改造；集镇融入畲族元素，加装具有畲族元素的附属灯，对集镇空旷地进行绿化，统一集镇广告牌设置等美化工程，新增集镇停车场4个，停车位151个。投资312万元做好丰乐村"千村整治、百村示范"综合整治项目，新建污水管网3000米，新建及改建一批三格式化粪池，做好裸房整治、公厕改造、绿化等。农村生活垃圾、生活污水处理设施日益完善，集镇及各村实现专职保洁服务全覆盖。推进殡葬管理专项整治工作，启动乡级公益性公墓和2个村级骨灰堂建设。

2019年，官庄畲族乡完成集镇东环路改造提升工程。推进滨江绿道德康段建设，环汀江生态休闲绿道初步形成。推进新风村"千村整治、百村示范"省级示范村、朱堡村人居环境整治提升试点村工作。开展危旧房屋拆除整治"清零行动"，拆除面积居全县前列。实施官庄、福泉、贵和等13个村旧村复垦103亩，占全县立项任务的40%，通过市级验收81.5亩。实施土地综合整治项目，新增耕地面积185亩。推动"厕所革命"，拆除改造旱厕93座，新建三格化粪池、户厕108户，新建公厕2座。推进汀江流域水环境综合治理，拆除生猪养殖场46户6000余平方米。完成上杭县城区水源地（七里、曾泗）生活污水处理项目，保障福泉、回龙、红石等6座污水处理厂高效运转，有效治理农村生活污水。打造市河长制示范河段"汀江官庄段"和民间河长、百姓护河队伍示范点"巾帼护河、民间河长、生态警务室"，开展"保护生态、美化汀江"公益放生活动，放生鱼类10万余尾，汀江水生态环境得到改善，境内断面水质稳定在Ⅲ类水以上。完成乡级公益性公墓（一期）和贵和、朱堡、龙牌、七里4个村级公益性骨灰堂建设，出台乡公益性公墓管理办法，加强公墓日常规范化管理。

庐丰畲族乡全年完成2个"万里安全生态水系"建设项目，汀江城区段安全生态水系项目完成市级复验，东西溪段安全生态水系项目申请市级复验。巩固完善人饮提升工程，投入186万元实施上坊等9个村人饮提升工程，着实解决群众重点时段喝水难的困扰。推进立英村"千村整治、百村示范"示范村建设；整治拆除丰乐村空心房226户3.9万平方米；开展危旧房屋拆屋整治"清零行动"，拆除危旧房等共260户2.5万平方米；推进农村"厕所革命"，新建改造三格化粪池414户、户厕145户；新建横岗、立英公厕共2座。落实推动各村垃圾收费制度，全乡共收取垃圾费28.5万元，收费户数5799户，平均覆盖面85.85%；乡级财政配套补助23.89万元，真正实现垃圾治理工作村民"共建共享"。通过购买服务实现道路清扫保洁及垃圾清运一体化，提高垃圾的提前处置效率，使全乡的环境卫生形成市场运营、政府把关、村民监督、全体动员的良好局面。抓好中央生态环境保护督察反馈问题的整改。拆除生猪养殖场65户5800余平方米。推进汀江流域水环境综合治理，完成水环境综合整治项目验收，做好乡、村流域水环境整治；制定本辖区流域水体达标或水质提升方案，完成年度整治任务，水质得到明显改善，确保断面水质长期稳定在Ⅲ类以上水质标准。抚育高速景观林888亩，三坪村林分修复1047亩，火烧迹地287亩，防火林带抚育707亩，封山育林2万亩。稳步推进殡葬改革，铁峰村、扶洋村的公益性骨灰堂投入使用，乡级公墓一期377个穴位建设完工。

2020年，庐丰畲族乡丰乐村结合村庄规划在大中公路K46+200米处建设50平方米旅游公厕一座；投入6万对辖区内河道、水渠进行整治，投资30余万元的污水处理站已正式启用，确保排污畅通;投入8万元按照“扫清楚、摆整齐、保持好”这一目标开展全村环境卫生大整治,清除村内陈年垃圾、生活垃圾、建筑垃圾、农业垃圾,整治村道两旁菜地,采用竹篱笆进行统一规整,同时在村道添置垃圾桶80个,全村村民累计发放垃圾袋10万个。村主干道、支线种植三角梅4000棵;结合空心房整治行动,已拆除空心房约3.2万平方米,粉刷裸房、裸墙3900平方米,房屋平改坡35栋,绘制文化墙300平方米。

上杭县庐丰畲族乡丰乐民族村村“两委”先后组织村民代表大会、户主代表大会、党员会议,讨论并通过了《环境卫生管理公约和垃圾分类》《河道保洁制度》《村规民约》《人居环境提升倡议书》《人居环境提升实施方案》《垃圾收费制度》,并得到广大村民支持,让开展人居环境整治“有法可依”,每户收取60元垃圾费,收取率(贫困户免)97%,用于卫生保洁和添置设施、设备,使卫生保洁机制更加有保障。村委会开展全村家庭环境卫生“红黑榜”评比,每季度在村部宣传栏公布,让不讲卫生、不讲文明的人开始受到被邻里看不起、被指责的压力,主动要求上进,实现“要我干”向“我要干”、“要我做”向“我要做”的转变,极大地提高老百姓的主人翁意识和主动参与意识,做到文明引领脱贫,文明引领乡村振兴。

(六)农村基层组织建设进一步加强

龙岩市民族乡村以党组织为核心的农村基层组织建设进一步加强。上杭县才溪镇溪北民族村是革命基点村。1998年5月,时任中共福建省委副书记习近平到溪北民族村大坪果场脐橙种植基地视察指导时,提出要“发挥村党支部火车头作用”等重要指示。20年来,溪北民族村牢记嘱托,通过党建引领,促进乡村振兴发展,先后被评为全国妇联基层组织建设示范村,省农村家园清洁行动示范村、省农村社区建设示范单位、省级乡村振兴试点村、市级党建示范点。溪北民族村党支部紧紧围绕“强组织、增活力、促发展”这一主题,依托当地丰富的生态资源,创办农民专业合作社,开展“支部结对、党员帮扶”、村企共建的形式,大力发展脐橙、蓝莓等特色农产品和珍珠鸡、养蜂等林下经济,带动群众致富和村集体经济壮大。溪北民族村的脐橙被列为“省级脐橙标准化栽培示范区”“国家级脐橙栽培示范区”。2019年,脐橙年产量达200多万斤,年产值近千万元。溪北村充分发挥党支部战斗堡垒作用,掀起乡村振兴的新高潮,呈现出机制活、产业优、百姓富、生态美的崭新面貌。农村经济总收入从1998年的406万元提高到2019年的2525万元,增长了5.2倍;建筑业产值从1.2亿元提高到31.2亿元,增长了25倍;服务业产值从75万元提高到3470万元,增长了45.3倍;农民人均纯收入从3400元提高到19742元,增长了4.7倍。2020年,农民人均纯收入21321元,村财收入近50万元。

上杭县庐丰畲族乡丰乐民族村党支部把“抓班子、建机制、重服务、创示范”作为奋斗目标,定期召开专题会议研究部署民族工作,以党建为引领,着力打造政治素质好、遵纪尚德好、群众口碑好,担当精神强、带富能力强、服务群众强的“三好三强”农村“服务型”党支部品牌。推动人居环境整治、疫情防控、乡村振兴、综治平安建设。结合每年9月的民族团结进步宣传教育活动月,通过学习宣传、文艺演出等多种形式,广泛宣传民族政策法规。少数民族干部占村“两委”干部总数33.3%。党支部鼓励60周岁以下党员挂钩帮助贫困户解决生产生活、就医就业等问题。党员、种烟大户蓝永丰在自己致富的同时,不忘引导李某某、蓝某某两户贫困户种植烤烟实现脱贫;支部书记蓝伟雄带领党员对贫困户居住环境不定期开展整治等,全村41户贫困户都有良好的生活环境。2019年,丰乐村党支部被评为“全县先进基层党组织”。

官庄畲族乡党委持续开展新时代文明实践活动,建成畲乡新时代文明实践所,打造新时代文明实践“官庄样板”,完成畲族文化体验中心“畲韵工坊”建设,创办畲族文化研学夏令营,评选表扬第五届“最美畲乡人”,推进新时代文明实践示范乡建设。

漳平市赤水镇香寮民族村党支部坚持强本固基，焕发乡风文明新气象。试点成立“功德银行”，以“做功德”为主题，模仿银行管理体制，设立“功德簿”，登记核实相关事迹。开展热心公益好村民、好婆婆（媳妇、女儿）、见义勇为好村民、文明家庭等表彰项目。2020年共记录好人好事58件，积分1965分，进一步培养了村民良好的道德行为习惯，营造互帮互助、和谐友爱的文明村风。坚守为民情怀，推动以教育为重点的社会事业发展，提高少数民族人口综合素质。村“两委”和村关工委（关心下一代工作委员会）把提高少数民族群众的文化水平当作事关全村社会发展稳定大局的事来抓；巩固和提高少数民族村的“双高普九”（高水平高质量普及九年义务教育）成果，少数民族学生入学率达到百分之百，无一学生辍学。

第六节　挂钩帮扶

1994年，福建省委、省政府把帮扶少数民族乡村发展作为脱贫攻坚的重要组成部分，确定省直单位定点挂钩民族乡扶贫工作。1995年，省物资厅挂钩上杭县庐丰畲族乡、省地税厅挂钩上杭县官庄畲族乡。1998年10月26日，省委、省政府印发《关于加快福建省少数民族和民族地区经济、社会发展的若干政策措施》（闽委发〔1998〕15号），指出“少数民族经济社会发展关系到我省现代化建设的大局。没有少数民族的脱贫致富奔小康，就没有全省人民的奔小康；没有少数民族和民族地区经济、社会的快速发展，就难以实现全省经济、社会的新跨越”。决定自1998年始，实行对口支援挂钩帮扶活动，推动民族团结进步事业的发展。2000年1月，龙岩市委、市政府制定《关于贯彻〈中共福建省委、福建省人民政府关于加快我省少数民族和民族地区经济、社会发展的若干政策措施〉的实施意见》，组织市民族工作协调委员会成员单位开展对口挂钩帮扶民族村工作。2008年3月28日，龙岩市政府办公室发出《关于实施第三轮挂钩帮扶民族村工作的通知》（龙政办〔2008〕53号），从2008年4月开始组织市直26个民族工作协调委员会成员单位挂钩帮扶26个民族村的第三轮挂钩帮扶民族村工作。2012年5月，福建省政府印发《关于进一步帮扶民族乡加快发展五条措施的通知》（闽政〔2012〕27号），规定从2012年开始，由省直单位和沿海经济发达县（市、区）挂钩帮扶、对口支援民族乡。2016年3月，福建省民宗厅《转发〈中共福建省委办公厅、福建省人民政府办公厅关于做好挂钩帮扶民族乡村工作的通知〉的通知》（闽民宗〔2016〕19号）文件，规定2016年起开始实施第五轮挂钩帮扶。2017年，福建省人民政府印发《关于贯彻国务院“十三五”促进民族地区和人口较少民族发展规划的实施意见》（闽政〔2017〕18号），龙岩市人民政府办公室印发《龙岩市“十三五”促进民族地区和人口较少民族发展实施方案》（龙政办〔2017〕162号）。同时，上杭县、漳平市和长汀县实行县（市）直单位挂钩帮扶民族村政策。各民协委成员单位充分发挥各自职能，采取有效措施，在人力、物力、财力上给予积极扶持，帮助民族村发展经济社会事业，有力地促进了平等、团结、互助、和谐的社会主义民族关系的发展，为民族地区经济社会的加快发展做出了贡献。2020年，上杭县印发《中共上杭县委统一战线工作领导小组关于开展挂钩帮扶民族乡村工作的通知》（杭统领〔2020〕2号）文件。到2021年，已经挂钩帮扶6轮：第一轮（1998—2000年），第二轮（2001—2005年），第三轮（2006—2010年），第四轮（2011—2015年），第五轮（2016—2020年），第六轮（2021—2025年）。

省直部门和沿海发达县(市、区)挂钩帮扶、对口支援龙岩市民族乡情况表

表 2-08

民族乡	第一轮	第二轮	第三轮	第四轮	第五轮	第六轮
上杭县官庄畲族乡	中国农业银行福建省分行		福建省教育厅、泉州市惠安县			
上杭县庐丰畲族乡	福建省水利厅		福建省地税局、厦门市同安区			

一、政策帮扶

改革开放以来,党和政府制定了一系列扶持少数民族地区发展经济和文化事业的政策。

从 20 世纪 80 年代初开始,党和政府就从财政收入中安排用于发展少数民族地区的经济文化建设资金,其中划出一定数额作为贷款的贴息,给民族乡作为生产建设周转资金;为促进少数民族地区商品生产发展,从 1985 年起,对畲族乡实行免征农业税、特产税。畲族乡的乡镇企业及少数民族联办企业和个体工商业,经批准可免征工商所得税;对于少数困难的老企业,按规定纳税有困难的,经批准可给减免产品税增值税、营业税等照顾。

90 年代后,党和政府继续强调落实各项扶持政策:安排少数民族补助专项资金;各级人民政府和有关部门在分配农业生产物资时,对民族乡要给予适当照顾;对年收入低于 300 元以下的畲族贫困户,继续减免农业税;对畲族兴办的企业及其他能照顾减免的税收,尽量照顾;银行对畲族生产、生活需要的贷款及时安排,并在期限、利率上给予适当照顾;改善交通,兴修水利,有关部门对民族乡、村要作重点照顾,经费和材料供应要给予适当支持;省人民政府根据有关县(市)要照顾民族乡的特点,财政安排应予机动财力,乡财政超收部分全部留给当地。

这些政策着力解决制约少数民族和民族乡村发展的突出短板与薄弱环节,着力促进少数民族事业全面发展,着力促进各民族交往交流交融,着力促进各民族和睦相处、和衷共济、和谐发展,确保少数民族和民族乡村与全省、全市同步全面建成小康社会。

二、资金帮扶

中共十一届三中全会以来,对畲族地区经济发展实行倾斜政策,在资金和物资分配上给予照顾。各级党委和人民政府拨出专款,采取有偿和无偿使用相结合的办法,扶持畲族地区发展经济文化。在资金投入上,坚持选择重点,区分轻重缓急,不搞平均分配、普降细雨。从 1985 年开始民族补助费集中使用,做到"四先",即发展生产与生活救济,先解决生产;发展种养业与加工业,先解决种养业;偏远山区与城郊地区,先解决偏远山区;较富乡、村与贫困地区,先解决贫困地区。实行户与村、村与乡、乡与县签订合同,凡是受补助硬项目,都要保质保量落实责任制,否则要退回或扣发补助费。中共十八大以来,国家不断加大对畲族地区的政策倾斜和扶持力度,用于少数民族地区的资金有所增加,有力地促进民族地区的经济发展,畲族人民群众的生活水平明显提高,基础设施得到改善。平等、团结、互助、和谐的社会主义民族关系进一步巩固和加强,畲族在社会主义民族大家庭中安居乐业、和睦相处,民族工作的形势越来越好。

(一)挂钩帮扶民族乡

2009 年始,省财政对龙岩市 2 个民族乡(上杭县官庄畲族乡、庐丰畲族乡)每年转移支付补助金为 60 万元。2012 年始,省财政转移支付每个民族乡每年 100 万元;挂钩帮扶的省直单位和沿海经济发达县(市、区)每年筹措资金分别不少于 100 万元;民族乡所在地的设区市、县(市、区)分别配套资

金各50万元。2015年始,龙岩市委主要领导和分管领导挂钩帮扶庐丰畲族乡,市政府主要领导及分管领导挂钩帮扶官庄畲族乡,市发改局、财政局、科技局等15个单位分别挂钩庐丰畲族乡及官庄畲族乡15个民族村。2016年起实施第五轮挂钩帮扶。2020年始,上杭县委主要领导和分管领导挂钩帮扶庐丰畲族乡,县政府主要领导和分管领导挂钩帮扶官庄畲族乡。2012—2021年,上杭县官庄畲族乡、庐丰畲族乡两个民族乡每年帮扶资金各400万元。同时,上杭县出台民族乡烤烟特产税90%返还政策,两个民族乡每年可增加财政收入700多万元。

2021年挂钩帮扶龙岩市民族乡资金到位情况表

表2-09 单位:万元

	省直挂钩单位		沿海经济发达县(市、区)挂钩单位		省财政转移支付、民族乡所在市、县财政帮扶资金		
	单 位	金额	单 位	金额	省财政	市财政	县财政
上杭县官庄畲族乡	省教育厅	100	惠安县	100	100	50	50
上杭县庐丰畲族乡	省地税局	100	同安区	100	100	50	50
合 计		200		200	200	100	100

龙岩市2个民族乡紧紧抓住省政府出台帮扶少数民族乡加快发展政策的有利契机,加强与省直和沿海经济发达县(区)挂钩帮扶单位的沟通对接,结合民族乡村发展实际,科学策划确定帮扶项目,主动协调落实帮扶资金,大力推动项目实施建成,帮助解决乡村、群众的实际问题,逐步改变落后面貌,取得显著成效。

上杭县官庄畲族乡 自2006年省政府实施第三轮民族乡挂钩帮扶工作以来,共投入3600万元完成中心幼儿园、民族中学、中心小学、树人小学等学校的改、扩建和教学设施建设,建成民族中学、中心小学、树人小学、回龙小学塑胶化运动场,学校办学条件进一步优化。教育教学质量不断提升,中考连年创佳绩,升入上杭一中、二中就学人数居全县农村中学前列,2016年中考成绩原始总分400分以上66人,居县农村中学第一名,达上杭一中录取线29人(其中龙岩一中录取1人),达上杭二中34人(其中保送生2人),八年级地理、生物双科达A人数55人,创历史最高。官庄中心小学连续四届获得市级文明学校及11年获得县级综合性表彰。圆满完成省教育厅及惠安县2016年的帮扶计划:由省教育厅出资100万元用于帮助官庄中心幼儿园采购教学设备、官庄中心小学运动场改造、回龙小学宿舍、办公楼维修改造及教学楼建设缺口资金、树人小学运动场绿化美化、官庄民族中学标准化考点建设,实验楼、女生宿舍、办公楼木窗改造、校园环境提升美化等5个项目。惠安县人民政府协调100万帮扶资金用于民族村道路硬化、福泉民族村农民休闲公园建设等2个项目。

福建省教育厅除了在资金方面支持官庄畲族乡做项目,还利用教育系统资源,安排下属学校的教师到该乡挂职担任副乡长,帮助发展产业。2017年,福建农业职业技术学院青年教师林秋敏受省教育厅委派挂职任科技副乡长。挂职期间,林秋敏促成官庄油茶加工企业与福建中农牧生物药业有限公司成功对接,共同开发茶籽饼,提取饲料添加剂“糖萜素”,延伸油茶加工产业链,让废弃的茶籽饼得到高效利用,提升了官庄油茶产业发展水平。2018年底,厦门海洋职业技术学院教师张良滨挂职到任后,带来小龙虾养殖技术,在下濯村建成养殖场,带动5户贫困户共同参与。2019年12月,福建生物工程职业技术学院教师陈永滨挂职官庄，引进福建煜坤生物科技有限公司，流转300多亩土地种植中药三叶青。2020—2021年，收到上级省、市、县挂钩帮扶资金800万元，民宗部门资金444万元。

上杭县庐丰畲族乡 自2006年省政府实施第三轮民族乡挂钩帮扶工作以来，各挂钩单位共计投入挂钩帮扶资金2565万元，落实基础设施、民生工程、农村特色产业等项目30多个。乡党委、政府紧抓机遇，认真贯彻落实党的民族政策，加强与挂钩帮扶单位沟通联系，精心组织实施挂钩帮扶项目，以挂钩单位注入的帮扶资金为基点，致力于民族乡村经济工作，把工作重点放在引导农业产业结构调整和进一步改善畲乡群众生产、生活条件上，全乡经济社会得到了较快发展，基础设施建设逐步完善，文化、教育、卫生、交通、通讯等事业都有很大进步。将民族乡村重点基础设施项目、民生工程列入乡中长期发展规划，优化实施人饮工程、土地整理和美丽乡村建设。共投入1200余万元用于实施民族村基础设施项目。2012年，庐丰畲族乡敬老院与生态农民公园一期建设项目得到省、市、县地税局的大力支持，资助挂钩帮扶资金102万元。新建敬老院占地面积350平方米，建筑面积1105平方米，新增供养床位44张，并与农村居家养老结合，完善配套设施，2013年底投入使用。2013年，省地税局挂钩帮扶生态农民公园二期建设，投入帮扶资金100万元，该项目占地面积20000平方米，建有健身广场、休闲亭、健身步道、绿化亮化、停车场等，年底建设投入使用。2016年，省财政帮助解决第二市场建设项目缺口资金100万元；省地税局挂钩帮扶民族大道建设项目，解决项目资金100万元；厦门同安区挂钩帮扶丰康新村建设，解决缺口资金100万元；利用市、县财政帮扶特色村寨建设100万元，改善畲乡人民群众的人居环境，解决畲乡特色产业发展、畲族民俗文化活动经费缺口资金。2021年，省直挂钩帮扶单位省财政厅投入挂钩帮扶资金100万元，用于中共上杭县委成立旧址修缮工程及周边环境综合整治项目；省财政补助140万元，用于第二批省级财政支农、庐丰畲族乡乡村规划编制项目和综治建设经费；市财政补助50万元，用于庐丰畲族风情带旅游A级景区建设、“三月三”活动经费、庐丰民族中学民族文化活动场地建设、扶洋民族村道路亮化建设、立英民族村主干道路提升工程；县财政补助50万元，用于“三丰片”人居环境整治项目。

（二）挂钩帮扶民族村

在龙岩市委、市政府的正确领导下，各民协委成员单位充分发挥各自职能，采取有效措施，在人力、物力、财力上给予积极扶持，帮助民族村发展经济社会事业，有力地促进了平等、团结、互助、和谐的社会主义民族关系的发展，为民族地区经济社会的加快发展做出了贡献。

第一轮挂钩帮扶民族村工作（1998.01—2002.07）。组织16个市民协委成员单位对16个民族村进行对口挂钩帮扶。据统计，各民协委成员单位共投入80多万元，龙岩市共争取省财政厅、民宗厅和省、市直相关部门扶持1206万元。通过扶持，龙岩市49个民族村中有45个民族村通公路，占91.84%；39个村通水，占79.59%；47个村通电，占95.92%；43个村通电话，占87.76%；45个村有广播电视，占91.84%。对居住条件较差的1330个少数民族贫困人口实施“造福工程”，帮助他们改善生活环境。其中2000年，龙岩市交通局挂钩帮扶上杭县湖洋乡新坊民族村修路7万元；龙岩市水电局扶持庐丰丰康民族村人饮工程1.5万元；市体委挂钩帮扶湖洋乡加庄民族村小学建校资金4万元。

第二轮挂钩帮扶民族村工作（2002.08—2008.03）。龙岩市民协委召开市会议，总结部署挂钩帮扶少数民族村工作，交流第一轮挂钩帮扶工作经验，制定《龙岩市民族工作协调委员会成员单位职责》，明确各成员单位工作责任；组织21个市民协委成员单位对21个民族村进行对口挂钩帮扶，各成员单位把挂钩帮扶少数民族村工作列入本单位重要议事日程，在深入调查研究的基础上，分析少数民族村存在的困难,制定发展计划,确定扶持项目,落实帮扶资金,解决实际问题。根据各自工作职能,充分发挥优势,帮助少数民族村。据统计,各民协委成员单位共投入110多万元,帮助民族村发展经济社会事业。其中,龙岩市财政局拨款7.5万元帮助漳平市赤水镇岭兜民族村实施通路通水工程,为该村提供3万元搞好山地综合开发;市民族宗教局拨款2万元帮助上杭县官庄乡新风民族村实施通路工程;市水电局帮助上杭县庐丰畲族乡丰康民族村完善农田水利设施;市教育局帮助妥善处理长汀县馆前镇黄湖民族村小学中年级并点问题;市体育局调拨一批体育健身器材给上杭县湖洋乡加庄民族村;市农业局派技术人员到上杭县珊瑚乡华竹民族村指导农业生产;市林业局在技术、种苗、资金等方面扶持漳平市象湖镇龙门民族村;市发展计划委、经贸委、人事局、广电局、民政局、文化出版局对挂钩帮扶的少数民族村在“五通”建设上给予大力支持;市统计局、地税局、农业银行、民族宗教局等单位帮助挂钩帮扶少数民族村选准一批水果、蔬菜、养殖业等高优农业、养殖业生产项目;市老区与扶贫办投入5万元在漳平市桂林街道山羊畲族村新建山羊乌骨鸡养殖示范场;市科技局安排5万元用于尖祠民族村建设“万亩竹林丰产示范片”;市交通局扶助上杭县湖洋乡新坊民族村3万元修建一条宽3米的水泥路面。

漳平市民族宗教局抓住省级部门帮扶特困村的机遇,主动与省挂钩帮扶单位联系,福建省审计厅、省电子信息团总公司、省物资集团公司分别深入到挂钩的山羊民族村、长垵民族村、坑源民族村调研,投入项目资金90多万元和一些物资进行帮扶。

第三轮挂钩帮扶民族村工作(2008.04—2012.05)。各民协委成员单位共投入571.4万元(2008年82万元,2009年106万元,2010年163万元,2011年130万元,2012年90.4万元),协调有关部门投入674.9万元(2008年13.5万元,2009年38万元,2011年604万元,2012年19.4万元),帮扶民族村发展经济社会事业。其中,漳平市桂林街道山羊民族村、象湖镇龙门民族村、新桥镇石码民族村、赤水镇岭兜民族村、双洋镇中村民族村、坑源民族村得到挂钩单位扶持资金共90.1万元,为民族村发展提供了有力的经济支援。

第四轮挂钩帮扶民族村工作(2012.05—2016.05)。2012年7月25日,龙岩市人民政府召开市民协委成员会议,传达贯彻省政府关于进一步帮扶民族乡加快发展五条措施的通知和全省挂钩帮扶民族乡工作现场经验交流会精神,总结龙岩市从2008年4月以来开展第三轮挂钩帮扶民族村工作情况,继续推动挂钩帮扶民族村工作深入开展。2015年起,龙岩市实施第四轮民族村挂钩帮扶,帮扶资金不少于5万元/村·年。建立龙岩市领导挂钩帮扶民族乡村工作制度,民族补助款由100万元增加到200万元,并纳入财政预算;28个龙岩市民协委成员单位分别各挂钩帮扶1个民族村,从2015年开始,为期5年。

2015年,福建省委、省政府印发《关于加强和改进新形势下民族工作的实施意见》(闽委发〔2015〕8号)文件,规定“将年人均可支配收入低于4500元的少数民族贫困村纳入全省第四轮整村推进扶贫开发实施范围,每年支持每个村20万元”。

2015年6月,上杭县委办公室、县政府办公室印发《关于开展挂钩帮扶民族村工作的通知》(杭委办〔2015〕66号)文件,规定对未列入各级挂钩帮扶的民族村由县民协委成员单位挂钩帮扶,帮扶资金不少于3万元/村·年。

2016年3月4日,福建省委办公厅、福建省人民政府办公厅联合发出的《关于做好挂钩帮扶民族乡村工作的通知》(闽委办〔2016〕10号)要求:“建立健全由民族村所在地的市、县(区)部门和发达乡镇(街道)共同挂钩帮扶民族村的工作机制,开展干部驻村蹲点,实现全省567个民族村挂钩全覆盖。”

2013—2020年，龙岩市各民协委成员单位共投入1188.05万元(2013年94.6万元，2014年212万元，2015年506万元，2017年469.45万元，2018年412万元，2020年173.5万元)，协调有关部门投入1260.3万元(2013年35.5万元，2015年113万元，2017年673.8万元，2018年551万元，2020年258万元)。这些资金重点用于帮助畲民发展种养业，改善生产生活条件、兴办民族企业和发展教育事业。2020年，龙岩市民协委各成员单位挂钩帮扶资金增加到6万元以上；各成员单位组织实施挂钩项目28个，协调有关部门帮扶民族村实施项目10个，做好巩固脱贫攻坚和民族乡村振兴的有效衔接，促进民族乡村经济社会事业加快发展。

2018—2022年，漳平市财政“一事一议”扶持10个少数民族村补助资金320.5695万元(省级补助320.5695万元，漳平市本级补助77.6424万元)，其中城口民族村35.2119万元，长埃民族村60万元，香寮民族村110万元，山羊民族村38万元，科山民族村30万元，石码民族村50万元，岭兜民族村10万元，龙门民族村20万元，中村民族村20万元，坑源民族村25万元。

2020年，上杭县在市级挂钩帮扶民族乡村工作的基础上，开展第二轮挂钩帮扶民族乡村工作：一是由县委，县政府主要领导和分管领导分别挂钩帮扶庐丰和官庄畲族乡；二是调整县民协委成员单位中17个单位分别挂钩帮扶17个民族村(其余23个民族村由市级相关部门挂钩)，全县民族乡、民族村实现挂钩帮扶全覆盖；三是延长帮扶年限，帮扶年限由第一轮的3年延长至5年，即从2020年1月开始，至2024年12月结束；四是加大帮扶力度，每年帮扶资金由原来每年不少于3万元提高到5万元。

2020年3月，漳平市实行市委领导和市直单位挂钩帮扶10个民族村工作机制，挂钩时间5年，具体做到“四到位”：即组织领导到位，每个民族村由1名市委常委挂钩帮扶、2个市直单位挂钩帮扶，实现民族村挂钩帮扶全覆盖；调查研究到位，相关负责同志深入民族村调查研究，挂钩单位每季度至少1次进村入户，摸清民族村基本情况，制定帮扶计划，督促产业发展；帮扶资金到位，每年帮助协调解决项目资金不少于5万元，并引导社会力量扶持民族村；措施落实到位，帮助民族村立足村情，发展能带动农户致富的特色产业，形成“一村一品”格局。

三、技术帮扶

党和政府不仅在资金和物质上不断加大投入力度，在技术和智力帮扶上也不留余地。使“输血”变成“造血”，加快畲乡的经济发展。

2000年始，龙岩市民族工作部门树立人才优先的观念，把培养少数民族各类人才，提高劳动者素质摆在重要位置，采取举办培训班、以会代训等方式，开展科学种烟、种茶、种果、养鸡、网箱养鱼、良种猪饲养、水稻高产栽培、种养(林下经济)等实用技术培训，培养了一大批少数民族科技实用人才，在民族地区发挥了科技带头人的作用。

上杭县临城镇上登民族村举办“红心柚产品质量安全与标准化生产技术培训班”(上登村委会提供)

2002年7月，龙岩市民族宗教局筹措20万元创办“龙岩市少数民族科技苗圃”；从台湾、浙江、漳州等地引进11个优良水果品种，育苗15万株；邀请农业科技人员在基地举办4期科技培训班受训人员达263人次。市民族宗教局发挥“龙岩市少数民族科技苗圃”和漳平市“山羊乌骨鸡养殖场”的培训功能,发挥少数民族村科技能人的带头作用,引导少数民族群众学技术,学管理。举办实用技术培训班,传授科学养鸡养羊、烤烟生产、竹林开发、良种猪饲养、板栗高接换种、山地综合开发等生产技术,提高少数民族群众的科技致富本领。

2006—2010 年,漳平市共举办 25 期科技培训班,促进该市少数民族经济社会事业稳步发展。2009 年 4 月,福建农林大学的茶叶专家到漳平市双洋镇中村民族村举办茶叶培训班;9 月,龙岩市民族宗教局在上杭县官庄畲族乡举办油茶种植实用技术培训班,邀请福建省农林大学作物学院教授刘玉宝授课,帮助少数民族群众提高科学种植油茶的水平;2010 年,在上杭县庐丰、官庄畲族乡举办 5 期少数民族科技培训班,666 名少数民族群众参加培训。

2011 年 4 月,龙岩市少数民族现代茶叶培训班在漳平举办,邀请专家讲授茶叶栽培与加工技术,组织学员到茶叶基地进行现场技术指导,龙岩市民族村主干和种茶大户口 103 人参加了培训,通过培训有效提高了少数民族村村民掌握现代茶叶先进的加工制作技术及其病虫害防治和农药的规范使用。同时,组织少数民族种茶大户参加首届福建省少数民族制茶能手与名优茶评选大赛,进一步促进民族乡村茶业发展。

2012 年,在上杭县官庄畲族乡举办 2 期少数民族科技培训班,聘请有关专家、科技人员讲授科学养猪、烤烟、油茶、毛竹等实用技术。

2013 年,组织少数民族种茶大户参加福建省第二届少数民族名优茶评选大赛;在上杭县庐丰畲族乡举办全市少数民族科技(超级稻)培训班,民族村党支部书记、村主任和水稻种植大户 60 多人参加培训。

2014 年,在上杭县官庄畲族乡举办民族乡村油茶种植培训班,民族乡村油茶种植大户 120 人参加学习培训。

2015 年,龙岩市民族工作部门在民族乡村举办了 19 期少数民族实用技术培训班,1789 名群众参加培训,组织少数民族种茶大户参加 2015 年海峡两岸少数民族茶产业交流会暨第三届福建省少数民族名优茶评选活动,推动民族乡村茶产业发展。

2016 年 8 月 11 日,福建省委统战部、省民宗厅在漳平市南洋镇举行全市少数民族茶叶实用技术培训班,聘请省农业科学院专家授课,并到实地就茶叶栽培、植保、加工技艺等方面内容对茶农进行现场指导,全市少数民族种茶大户 50 多人参加培训。

2017 年,选派 20 余人次参加全省少数民族新型职业农民培训、电子商务培训等。

2018 年,选送 31 名少数民族群众、干部参加福建省民宗厅举办的科技培训班,提高致富技能。

2019 年,选送 4 名少数民族优秀年轻干部参加第十一期全省少数民族优秀年轻干部进修班,提高少数民族年轻干部的综合素质。选送 12 名少数民族农业示范基地负责人、少数民族果树蔬菜种植户、少数民族农村致富带头人参加全省少数民族职业技能培训班,帮助少数民族群众提高劳动职业技能,推进民族乡村脱贫攻坚和振兴发展。

2019 年 7 月 23—24 日,由龙岩市民族宗教局主办、漳平市民族宗教局承办的 2019 年少数民族实用技术培训班在漳平天恒宾馆举行。龙岩市民族宗教局副局长蓝建英、民族科科长兰福忠出席开班仪式,漳平民族宗教局长李希伟在开班仪式上致辞,来自全市少数民族群众近 100 人参加培训。

2000—2021 年,龙岩市民族工作部门共举办烤烟、蘑菇、果树栽培、食用菌、反季节蔬菜等培训班 460 多期、39000 多人次参训,其中 2020 年 9 月 16—18 日,龙岩市少数民族实用技术(水仙茶加工与管理)培训班在漳平举办,漳平市民族宗教局局长李希伟在开班仪式上讲话并作民族团结进步宣传动员,龙岩市民族宗教局副局长蓝建英参加 9 月 18 日现场教学活动。培训班为期 3 天,来自全市

100多名民族村干部、少数民族群众参加了培训。此次培训由福建省民宗厅指导，龙岩市民族宗教局主办，漳平市民族宗教局承办。

2021年11月，由龙岩市民族宗教局、上杭县民族宗教局组织为期3天的少数民族实用技术（百香果、蓝莓）种植培训班在上杭举办，邀请专家为全县41名参加培训的学员进行栽培技术、市场营销等内容教学，同时组织学员前往中都百香果、临城蓝莓示范基地现场实践。

若干年份龙岩市民族宗教局系统举办实用技术培训班情况表

表2-10　　单位：期、人次

年　份	2000	2001	2002	2003	2004	2005	2006	2007	2008	2009	2010	2011	2012	2013	2014	合计
期　数	23	26	29	13	15	70	50	17	18	19	20	19	18	22	21	409
参训人数	1755	1456	1053	897	1575	5210	4000	1655	1571	1657	3100	2007	1720	2007	1744	33789

第三章 政治活动

自唐代设置汀州后，畲族人民便受到封建统治阶级的统治。随着封建化的日益加深，至明朝，政府采用“编图隶籍”“编甲完粮”“十家牌法”等封建统治政策。明洪武十四年(1381 年)，开始丈量田亩，上杭县改乡团并为 10 里，境内畲民均被钳制在内。由于畲、汉人民不堪封建统治阶级的残酷压迫而爆发起义，封建统治者采取“会剿”“招抚”两种手段相结合，千方百计扑灭农民起义。当时畲民没有政治地位，遭受统治阶级的欺凌与压迫。民国年间，漳平县山羊隔畲民为抗税抓丁，曾凭险要地势抗暴自卫，国民党切断其食盐等物资供应，武力封锁 2 年，困毙 53 人。

在新民主主义革命时期，闽西畲族人民在中国共产党的领导下，同汉族和其他少数民族人民一道，进行了英勇不屈、艰苦卓绝的革命斗争，为闽西的革命历史增添了光辉灿烂的一页。

1929 年，毛泽东、朱德率领红四军入闽，闽西的畲、汉群众纷纷响应，跟着共产党闹革命，建立红色政权，不少畲族人民参加革命斗争，参加政权建设，参加政治活动，这标志畲、汉人民真正获得当家作主的民主权益。

1934 年，中央红军主力开始举世闻名的长征后，闽西作为南方革命根据地之一，畲、汉人民在中国共产党的领导下组成游击武装，与国民党进行顽强的斗争。

在反抗封建主义、帝国主义、官僚资本主义的革命斗争中，畲、汉人民心连心，相互支持，结成命运共同体。

1949 年，闽西获得解放，县、区、乡人民政权相继成立，畲族人民从此翻身做主人，参加社会主义建设。党和政府重视少数民族干部的选拔、培养和使用，在历次(届)党代会、人民代表大会和人民政协中，都有一定比例的畲民代表和委员。

第一节 社会组织与管理

畲族家庭迁徙不定的游耕生活使大量的畲民被封建王朝视为“化外之民”，而列入“流烟民册”，统治者对其管理松散。闽西地区对畲族聚居区施行有效的行政管理始于明代，畲族乡村的行政管理等同于当地的汉族区域。

畲族聚居区建立政权组织始于 20 世纪 30 年代的苏区。20 世纪 50 年代初期，龙岩地区畲族聚居区开始设立畲族村民自治组织。

一、社会组织与管理

在大批中原移民进入闽西之前，这里居住的是小部分的南迁汉人和大部分的畲族先民。他们在三国时的吴国被称为山越，唐宋间被称为蛮獠，南宋末年才被称为畲民。“至迟于7世纪初，畲族人民就已居住在闽、粤、赣三省交界地区。”①畲族的祖先在这片山高林密、虎豹出没的荒芜山区居无定所，以刀耕火种的生产方式，依靠山耕狩猎为活。“唐时，初置汀州，徙内地民居之，而本土之苗仍杂处其间，今汀人呼曰畲客。”②唐朝立国以后，对待少数民族主张用宽缓的治理手段，唐太宗李世民说：“牧守苟能抚以恩信，自然帅服，安可轻动干戈，渔猎其民。”③唐置汀州时，正是唐玄宗统治的前期，政治比较清明，社会比较安定，人民生活也比较稳定，曾出现了历史上有名的“开元盛世”。当地官员遵循唐太宗的“授以生业，教以礼义，数年之后，悉为吾民”的民族政策。④ 对地旷人稀的闽西“徙内地民居之”，召集畲族先民“杂处其间”。“长汀为光龙峒，宁化为黄龙峒，峒者苗人（即畲人）散处之乡。大历后始郡县其巢窟召集流亡，辟土植谷而纳贡赋”。⑤ 郡守、县令到“苗人”栖身之处去召集他们，“授以生业”，分给土地，引导他们从事农耕生产，“辟土植谷而纳贡赋”。“宋季，张世杰会师讨蒲寿庚，有许夫人统诸峒畲军来会，汀畲亦在军中。则更能效顺王朝矣。自后不闻其啸聚。畲之在闽，所谓被之声教，强以戎索也。”⑥“明设抚瑶土官，令抚绥之，量纳山赋。其赋论刀若干，出赋若干。或官府有征剿，悉听调用。后抚者不得其人，或索取山兽皮张，遂失赋，官随亦废，往往聚众为患。”⑦由此至宋、元、明以降，封建王朝的控制和畲民的反控制均是以一定的组织形式进行的。

历代的封建统治者对畲族社区的管理均采取军事和政治的双重手段。在畲族聚居的漳、泉、延、汀间，“历代备兵于此”，“唐有镇军，宋有寨军，元有千户，明设屯所，清立防营”。⑧ 与此同时，又在这些地区建州设郡置县，通过招抚、移民、屯田等办法对畲民分而治之，并设“土官”“畲长”“酋长”等，以加强对畲民的统治。

清代朝廷对畲民的控制主要通过户籍制度的建立。《清史稿》载：“及乾隆二十二年（1757年），更定十五条……各省山居棚民，按户编册，地主并保甲结报。”“棚民之称，起于江西、浙江、福建三省。各山县内，向有民人搭棚居住，艺麻种菁，开炉煽铁，造纸制菇为业。”⑨在福建，“搭棚居住”并以“艺麻种菁”为业者，包括许多畲民，他们也属“棚民”之列。至乾隆年间（1736—1795年），福建畲民的编图隶籍陆续完成。“今畲客固安分，而汉网亦宽，许其编甲完粮，视土著之民一例，畲敢贰哉?”⑩民国《长汀县志·杂录》亦云：“虽峒瑶亦无异于乡里中编氓者也。”民国时期，畲族村基本纳入当地的保甲制度中。

畲民社区还通过宗族的祠堂、族规进行族内严格管理。在宗族关系中，由公众推举的族长、房长成为畲族社区的上层人物，他们既是宗族首领，协调族内外的各种关系，又是当地的政治首领，协调封建政权与畲族社区的各种关系。还有一些畲族村为数不多的本族地主因其经济地位与政治影响，

①《畲族简史》修订本编写组：《畲族简史》，民族出版社，2008年，第9页。
②［清］杨澜《临汀汇考》卷三《风俗·畲民附》。
③［宋］司马光《资治通鉴》唐纪八。
④［宋］司马光《资治通鉴》唐纪九。
⑤［清］杨澜《临汀汇考》卷一《方域》。
⑥［清］杨澜《临汀汇考》卷三《风俗·畲民附》。
⑦［清］乾隆三年《龙岩州志》卷十二《杂记·畲客》。
⑧［民国］郑丰稔总纂《龙岩县志》卷末《武备志》。
⑨《清史稿》卷一百二十《食货一·户口·田制》。
⑩［清］乾隆三年《龙岩州志》卷十二《杂记·畲客》。

也自然成为当地的宗族首领。宗族首领因其特殊的身份和潜在的宗族势力，在畲族社区具有一定范围的支配权力。

清末民国初，畲族成立了按宗族关系为基础的民间组织。上杭县庐丰乡畲民于清道光十九年（1839年）在省城福州市内三坊七巷之一的郎官巷内建成汀州蓝氏宗祠——种玉堂，以供族人进省城经商、科考、会亲等之便。

清代，在畲民聚居地或畲汉杂居村，均有公益性、联谊性的村民组织——“会”，如“路会”“桥会”“谷会”“禁山会”“狮灯会”等。这些组织行动目标单一，即针对某个项目，负责组织、捐资、互助、管理等事宜。据《闽杭庐丰蓝氏族谱》载：“吾乡（指庐丰畲族乡的‘三丰’地区）中有清中叶老成练达者，率多外出营商，归而自建广厦外，更或热心义举，对于‘渡季’‘桥季’‘茶会’‘路树会’以及‘钟会’‘锦帐会’‘纱灯会’‘油烛会’‘油灯会’‘香案会’‘迎神会’‘庆寿尝’‘义冢会’‘厉坛会’等，无不次第成立。”①

20世纪20年代，中国共产党在畲族社区活动，发展畲族党员，建立党支部，开展土地革命。畲族是较早参与新民主主义革命的少数民族之一。

民国13年（1926年）3月，在厦门集美师范读书的上杭庐丰籍畲族学生蓝维仁加入了中国共产党，后又邀同乡、同学蓝维龙、蓝树荣、蓝鸣岗、蓝晓垣等人回到庐丰创办平民小学，进行反帝反封建的宣传活动。这一时期，革命的种子在闽西畲族乡村萌芽，畲族群众开展反抗封建地主的抗捐、抗税斗争。

在中共福建地方党组织创建时期，上杭县畲族青年雷三明、蓝维仁、蓝维龙、蓝鸿翔、蓝树荣、蓝超等人就先后加入中国共产党。民国15年12月，雷三明从广东海陆丰农民运动讲习所学习结业回到上杭，联络3位共产党员，成立中共上杭县支部。同时，在上杭县立中学校舍成立长（汀）、（上）杭、武（平）、永（定）政治监察署，蓝维仁、蓝维龙从庐丰畲族聚居地来到上杭县城农会工作。当时，中共上杭支部共有党员8人，其中畲族3人。

民国16年9月上旬，“八一”南昌起义的部队从长汀来到上杭，起义军领导人周恩来、朱德在琴岗书院、南塔寺分别接见了蓝维仁等人。蓝维仁主持组织临时兵差办事处，为南昌起义军服务。

民国17年1月，中共上杭临时县委在庐丰畲族聚居地成立。3月，中共上杭县委正式成立后县委机关也设在庐丰。民国18年5月至民国19年12月，蓝鸿翔担任中共上杭县委书记。民国18年3月，中国工农红军第四军（以下简称红四军）首次入闽，上杭县各乡村的党小组和农会由秘密转为公开，先后建立了中共北三区、北四区、东五区3个区委和30余个支部，共有畲、汉党员300余人。10月22日，中共闽西特委从上杭县城迁至古田苏家坡畲族村，毛泽东偕夫人贺子珍随同特委机关来到苏家坡，居住在树槐堂。期间，毛泽东在树槐堂后厅创办“平民小学”，还为闽粤赣三省干部训练班学员们讲授马列主义课程。

从民国18年红四军入闽至民国24年12月，上杭县畲族聚居地的庐丰、官庄、才溪、太拔等乡村共建立35个中共党支部，有畲族党员350多人。

20世纪50年代，全省各畲族聚居的乡村着力发展中共党员和建立党组织，民族建制村普遍建立了党支部。2021年，龙岩市的2个畲族乡都建立了党委会，51个民族村都建立了党支部。从1997年5月至2021年10月，中共龙岩市历次代表大会中均有畲族代表参加。

20世纪50年代初，人民政府在畲族人口较多的漳平县山羊隔建立了畲族行政机构，成为龙岩专

①《闽杭庐丰蓝氏族谱》卷末之八，民国33年（1944年），种玉堂镌。

区最早设立的民族村。80年代始，随着党的民族政策的落实，民族身份的认定，在畲民人口较多的村落逐步建立畲族乡村的村民委员会（简称村委会）组织。2021年，龙岩市有畲族乡2个，畲族村（居）委会51个，分布在上杭、漳平和长汀3个县（市）。

二、政权组织

民国18年（1929年）7月底，中共闽西第一次代表大会结束后，中共党员李立民马上在上杭县的庐丰、稔田、茶地、白砂等地，领导畲、汉农民群众扩大农会组织，成立赤卫队，打土豪，分田地，建立苏维埃政权。8月，经红四军前委批准，在庐丰区横岗成立上杭县革命委员会。9月20日，朱德率红四军回到闽西，接受上杭县畲、汉工农群众的请求，在全县各区乡赤卫队和农会会员数千人的配合下，顺利攻破有“铁上杭”之称的上杭县城。10月2日，上杭县第一次工农兵代表大会在上杭西门天主教堂召开，成立上杭县苏维埃政府，畲民蓝荣钦为上杭县苏维埃政府交通局长。从此，上杭全县除汀江以西的峰市（峰市在1940年以前属上杭县，今属永定区）等极少数区乡被国民党陈荣光部民团盘踞之外，95%以上的区乡都普遍建立起苏维埃政府。

长汀县自民国18年3月红四军首次入闽解放汀州城以来，党组织和工农群众最先得到红四军的帮助，当时，陈毅曾率领一部分红军到长汀东面的新桥分兵发动群众，在那里打下工作基础。5月，红四军第二次入闽后，中共长汀县委领导涂坊、宣城、南阳（1960年划归上杭县）等区农民暴动；11月，长汀县党组织先后领导南山塘、古城农民暴动。从此，汀南、汀西、汀东广大农村都成了苏维埃区域、1930年6月，长汀县第一次工农兵代表大会在赖坊召开，成立长汀县苏维埃政府。

漳平、宁洋两县，都在红四军二、三纵队出击闽中经过的地区实行了土地革命。漳平以永福为中心，建立巩固的苏维埃区域。1934年8月，在宁洋县成立岩连宁边区苏维埃政府。

1930年3月18日，在龙岩召开闽西工农兵代表大会，通过选举产生闽西苏维埃政府。蓝维仁、蓝鸿翔为闽西苏维埃政府执行委员，蓝维仁为财政委员会主任（后改为财政部长）。

1988年6月24日，经福建省人民政府批准，上杭县撤销官庄乡、庐丰乡的建制，以原官庄乡、庐丰乡的行政区划另设官庄畲族乡、庐丰畲族乡，分别成立畲族乡人民政府。

第二节　革命斗争

一、反抗封建统治斗争

历史上，畲族人民为反抗封建统治阶级残酷的剥削和压迫，掀起了一次又一次的斗争，充分显示了畲族人民的斗争精神和巨大力量。

唐乾宁元年（894年），“黄连洞蛮二万人围汀州”，福建观察使王潮派将领李承勋“将万人击之，至浆水口，破之，略定闽地”①。“黄连洞蛮”中有畲族先民。

宋嘉定元年（1208年），“值江西峒寇李元砺窃发”②，威胁汀州。嘉定三年十二月，李元砺被执，

①［宋］司马光《资治通鉴》唐记七五。
②［清］杨澜《临汀汇考》卷三《兵寇考》。

闽、赣、粤交界地“峒寇悉平”[①]。这些峒蛮中有很多畲民。

宋景定三年(1262年),漳、汀畲民居住地区的官民矛盾渐烈,“夫致盗必有由,余前所谓贵豪辟产诛货,官吏征求土物是也”。爆发了畲民起义,起义军攻打漳州府城,“距城仅二十里,郡岌岌甚矣”。于是,宋廷先“帅调诸寨卒及左翼军统领陈鉴、泉州左翼军正将谢和,各以所部兵会合剿捕”[②]。但是,效果并不明显。于是,又采取怀柔政策,张榜告谕,招抚畲民。在宋廷的软硬兼施下,西畲、南畲“二畲既定”。

13世纪末,元军南下,其军事征服与掠夺破坏了社会经济的发展,遭到各族人民的强烈反抗。元朝统治者推行民族歧视和民族压迫政策,更加激起人民的不满。畲族人民参加了以汉族人民为主的反元斗争,并成为斗争中一支重要力量。元至元十四年(宋景炎二年,1277年)春,元将阿剌罕带兵攻下汀州。当时独揽泉州海上贸易的阿拉伯商人蒲寿庚为保护其市舶之利,暗通元军,并助元攻宋。七月,“张世杰会师讨蒲寿庚,有许夫人统诸峒畲军来会,汀畲亦在军中”[③]。

元至元二十四年(1287年)冬,汀州畲民钟明亮起兵,拥众十万,波及闽、粤、赣三省,给元朝统治者以有力打击。在钟明亮的影响下,福建省先后有畲民邱老大集众千人攻长泰,漳州陈机察八千人攻龙岩等。与此同时,江西、广东雷艾、钟大僚等多人举兵与钟明亮军相呼应。当年四月,朝廷命江西行省左丞忙兀带、行枢密副使月的迷失统率福建、江西、广东、江淮四省官兵会剿。次年五月,又命左丞管如德合力进攻。钟明亮采取流动作战的方式与元军周旋。由于活动区域大,山地地形复杂,元军“攻围则兵力不敷”,“东击则西走,西击则东轶”。[④] 于是,月的迷失和管如德均采取剿抚兼施的手段,在派兵进击的同时,向钟明亮诱降。钟明亮于至元二十五年五月和二十七年二月,两次向元军投降,复相机起兵,进击元军。第一次投降后5个月,复率万余众进攻梅州,并命江罗等率八千众出击漳州。第二次投降不到一个月,便率众攻赣州。至元二十七年三月后,钟明亮病故。但是其影响犹存,各路农民军的斗争持续了4年之久。

明洪武十八年(1385年),上杭来苏里畲民钟子仁在上杭举事,抗击明廷。明成化十四年(1478年),上杭畲民钟三在上杭起兵,明廷“诏起右佥都御史高明抚捕”,并以“三省官兵会剿平之”,后又“立永定县以控制之”。[⑤] 明正德七年(1512年)正月,“南赣巡抚都御史周南率兵攻破大帽山等寨,尽平之。大帽山交界赣、闽、广三省”。畲民钟聪等“聚徒数千流劫,攻陷建宁、宁化、石城、万安诸县。(周)南分遣江西兵从安远入,攻破巢穴七;广东兵从程乡入,攻破巢穴九;福建兵从武平入攻破巢穴八”。[⑥] 明正德十二年二月“巡抚南赣都御史王守仁檄四省备官选募民兵操练。……冬十月,王守仁讨汀州左溪贼蓝天凤等,平之。天凤等与赣南下新、杭下等洞贼雷文聪、高文辉等盘据千里”。[⑦]

二、中国共产党领导下的革命斗争

闽西是著名的革命老区,是中央苏区的核心区。从20世纪20年代起,闽西的畲、汉人民在中国共产党的领导下,进行了轰轰烈烈的反帝反封建的革命斗争。长期受封建统治阶级歧视、压迫的闽西畲民,为了本民族的生存发展,积极投身革命,为中华人民共和国人民政权的建立做出突出贡献。

---

①《宋史》卷三十九《宁宗本纪》三。

②[宋]刘克庄《后村先生大全集》卷九十三《漳州谕畲》。

③[清]杨澜《临汀汇考》卷三《风俗·畲民附》。

④[元]王恽《秋涧先生全集》卷九十二《论钟明亮事状》。

⑤[清]杨澜《临汀汇考》卷三《兵寇考》;[清]《汀州府志》卷四十五《兵戎》。

⑥《明史记事本末》卷四十八《平南赣盗》。

⑦《明史记事本末》卷四十八《平南赣盗》。

从他们身上体现了畲族“忠”“勇”特质，也给后人留下不朽的精神财富。

民国13年(1924年)秋，在厦门集美师范读书的上杭籍学生、中共党员蓝维仁、张楷等20余人，利用暑假期间组织新剧团，在上杭县城和庐丰天后宫演出传播革命思想播下革命火种。民国15年3月，蓝维仁在厦门集美师范学校毕业，遵照党组织的指示回到家乡，邀集同学、同乡蓝维龙、蓝树荣、蓝鸣岗、蓝晓垣等在家乡七里厅创办上杭县第一所“平民学校”，以合法身份掩护，秘密传播马列主义，这是上杭县第一所以传播马列主义为主要目的而开办的学校。是年，上杭成立农民协会，共产党员蓝维仁、蓝维龙从庐丰来到上杭县城参加县农民协会工作。当年年底，庐丰平民学校建立大革命时期的第一个团支部，畲民蓝全安任团支部书记，进步青年利用这个阵地，对劳苦群众及其子女既传授文化知识，也传播革命思想，启发群众的阶级觉悟。民国18年10月，“平民学校”停办。闽西传播马克思主义的革命刊物《突击》也在上杭庐丰出版，在广泛宣传和传播党的主张、揭露黑暗势力、传递信息、唤醒民众，激发革命热情等方面起到举足轻重的作用。

民国16年(1927年)5月7日，上杭的国民党右派势力联合驻军发动反革命“清党”事变，中共上杭支部被破坏，书记林心尧等4人先后惨遭杀害。城区共产党员被迫转入农村开展工作，在庐丰恢复中共上杭支部，蓝维仁任支部书记，上杭县第一个农村中共支部在庐丰成立。同年冬，上杭官庄也成立了中国共产党组织。民国17年1月，中共上杭临时县委在庐丰成立；3月，中共上杭县委正式成立，机关设在庐丰，由郭柏屏担任书记，蓝鸿翔任组织部长，邓子恢任宣传部长。

民国18年(1929年)，毛泽东、朱德率红四军入闽，“红旗跃过汀江，直下龙岩上杭”。5月22日，红四军抵达上杭县古田镇，畲、汉群众夹道欢迎。畲民参与了当地的农民暴动，成立了古田革命委员会。6月7日，蓝树荣等人又在白砂乡领导农民暴动，成立苏维埃政府。7月，红四军进驻官庄。7月7日，红四军萧克支队由龙岩进军上杭，到达东三区(即庐丰)，畲民蓝树荣和汉族同胞李立民、丘伯琴等一起带领数百名农民，在萧克的指挥下，进攻庐丰圩，消灭了反动民团，击毙团防局头目张清球，缴获长短枪20多支。中共党员蓝维仁、蓝树荣、李立民、赖友发等人领导的庐丰(包括上庐丰、下庐丰、黄坊、太古、扶洋、大燮、久泰、樟树、黄连科、罗家山、黄竹墩、赖官山、高官山、茶地、上坊、下坊、将军地、横岗等乡村)农民暴动在庐丰天后宫举行。7月，中共闽西第一次代表大会在上杭蛟洋文昌阁正式开幕，毛泽东亲临大会指导，并做重要讲话。大会选举邓子恢等15人为中共闽西特委委员，邓子恢等5人为特委常委，上杭畲民蓝鸿翔、雷时标当选为委员、常委，蓝鸿翔兼任特委宣传部长。9月19日晚，朱德军长指挥红四军4个纵队和由畲、汉群众1万多人组成的地方武装，从东、西、北三面包围攻打上杭城；20日拂晓，终于攻破了有“铁上杭”之称的上杭县城。11月18日，红四军在上杭县官庄树人村鹧鸪塘召开传达中央“九月来信”的前委会议，作出“扩大闽西赤色区域，建立闽西赤色政权”决定后，上杭大部分乡村，畲、汉人民一起组织农民协会、赤卫队，推翻封建势力，开展“打土豪分田地”，出现“收拾金瓯一片、分田分地真忙”的动人景象。闽西大部分乡村，建立起了工农民主政权，成为革命根据地，取得革命斗争的胜利。

但是，国民党反动派不甘心失败，对苏区发动了疯狂的进攻和“围剿”。闽西的畲、汉人民在中国共产党领导下，为了保卫苏维埃政权、保卫胜利果实，踊跃参军参战。1929至1934年的扩红运动中，上杭县苏区畲、汉人民踊跃参加红军。官庄区苏主席蓝国宝(七里村人)带领63名青壮年、朴树乡(今树人民族村)苏主席带领41名青壮年参加中国工农红军，茶地区扩大红军68名，特别有成绩的是茶地乡久泰村有26名畲民自动报名，中华苏维埃共和国机关报《红色中华》对此做了专门报道。

民国23年(1934年)10月，中央红军主力撤离中央苏区，开始了二万五千里长征，上杭县参加长征的畲、汉将士数千名，抵达陕北的还有342名，其中畲族将士9名，他们是钟有煌、钟泮猷、蓝岳、蓝映林、蓝庭辉、蓝祥林、雷钦、雷浩北、雷浩茂。

民国23年秋，中国工农红军独立第九团（简称红九团）二营进驻漳平市赤水镇中村村（当时属宁洋县），发动群众组织农会，中村有32名青年农民参加红军，后单独编成游击队，由张开贵任队长，蓝先贵任指导员。

红军主力长征后，国民党反动派依仗其优势兵力对苏区人民进行了血腥镇压，闽西共产党在极端艰难困苦的条件下继续领导畲、汉人民同敌人展开了殊死的斗争。民国23年（1934年）10月5日，国民党第八十三师两个连配合地方军阀、地方民团进攻上杭官庄苏区，包围并攻破朴树乡乡苏土楼，抓住乡苏主席蓝兆兴、赤卫队队长蓝先才、团支部书记蓝礼文等畲民。畲民们坚贞不屈，被国民党军和地方民团杀害。民国24年1月，新（连城新泉）汀（长汀）杭（上杭）县在上杭通贤的障云岭正式成立，并组建新汀杭游击纵队。2月，国民党八十三师进攻新汀杭县苏所在地障云岭。新汀杭游击纵队在极端困难的情况下，与敌人血战一个多月，终因寡不敌众被迫突围，一部分到岩下山与上杭才溪畲民钟辉元领导的游击队汇合。4月，在上杭县双髻山成立杭代县军政委员会，畲民蓝荣玉担任副主席。民国25年1月1日，闽西南军政委员会在双髻山召开第二次全体会议，根据双髻山会议的精神，杭代县红军游击队被改编为中国工农红军闽西南抗日讨蒋军第七支队。为推进新汀杭边境抗日讨蒋统一战线工作，岩下山工作委员会改成新汀杭县军政委员会，由钟辉元为主席，同时，组建中国工农红军抗日讨蒋军新汀杭游击大队，钟辉元兼任大队长。民国26年1月，担任中国工农红军抗日讨蒋军第七支队支队长（由杭代县红军游击队改编）和新汀杭县军政委员会主席的钟辉元在国民党民团“围剿”红军岩下山游击队时，为了保存实力，果断命令所有人员突围，自己来掩护，但终因寡不敌众，和3名一起掩护的战士壮烈牺牲。担任中共庐丰区委书记的蓝传洪，在自己家里设立地下交通站，为红军游击队传送情报和物资。因叛徒告密，不幸被捕牺牲。他的妻子袁招兰化悲痛为力量，更加积极支持游击队，她机智地用一条棕绳垂在窗外，夜里把绳子扎在手腕上，游击队有事拉动垂在窗外的绳子就能和她联络上。畲、汉人民不畏强暴、前赴后继，在党的领导下坚持了艰苦卓绝的三年游击战争，建立了数百个包括畲族乡村在内的革命基点村，与数十倍于我的强大敌人展开殊死搏斗，取得了伟大胜利，保存了革命有生力量，保卫了革命斗争的胜利果实，迎来全民族团结抗战的新局面。在三年游击战争中，有蓝占开、蓝升才、蓝荣喜、蓝四妹（女）、蓝传洪、雷桂林、钟辉元、钟寿华等畲民光荣牺牲。

全面抗日战争爆发后，中国共产党人以民族的生死存亡为重，主张停止内战、一致抗日。在全国人民的声援下，实现了第二次国共合作。民国27年（1938年），闽西的红军游击队奉命编入国民革命军新编第四军（简称新四军）二支队，开赴苏皖前线投入抗日救亡的民族解放战争。上杭才溪畲民雷天才（新四军二支队连长）、雷茂才（新四军新一旅科长）等血洒疆场，为国捐躯。

全面抗战中，上杭的畲族子弟蓝庭辉、蓝荣玉、雷钦、雷炅（又名雷升喜）、钟有煌、钟泮猷等和全国人民一起在中国共产党的领导下，为夺取抗日战争的彻底胜利做出了贡献。

抗战胜利后，国民党反动派玩弄假和谈、真备战伎俩，疯狂挑起内战，妄图独吞抗日战争的胜利果实，维护其独裁统治。闽西畲、汉人民在中共闽粤赣边委和中共闽西特委领导下，重新拿起武器，同国民党反动派搏斗。民国36年（1947年）7月，经中共闽粤赣边工委批准，闽西支队在永定金丰大山成立，畲民蓝汉华任支队长。他们活动在（上）杭、永（定）、梅（县）边境，与杭武（平）挺进大队、闽西西路挺进支队，以及杭、武、蕉（岭）、梅等游击队协同作战。民国37年11月，中共上杭县委随闽西支队进驻上杭县白砂乡禾仓角。当年冬天，闽西支队在蓝汉华的率领下攻打白砂乡。民国38年1月，闽西支队整编为闽粤赣边纵队第七支队，蓝汉华为支队长。同年，第七支队攻打永定县坎市镇，抓获镇长等20余人,缴枪40余支、子弹千余发,并将数十万斤粮食分给群众。当年3月,第七支队转战上杭县来苏乡豪康村,与当地驻军省保安团千余人展开激战。4月,第七支队进入稔田乡杨梅洞,开展群众工作,开仓济贫,接着又在下都豪坑与省保安团及县自卫队激战,缴获枪支弹药千余件。5月,第七支队奉命挺进长汀县并转入江西省瑞金县,迎接中国人民解放军南下部队入闽,沿途消灭多股民团,收编乡保安武装。配合中国人民解放军进行解放全中国的战争,直至迎来中华人民共和国的诞生,闽西赢得了20年红旗不倒的赞誉。1949年夏,漳平山羊村的畲民组织武装力量,由蓝隆庆带领参加以刘子熙为首的起义部队,为解放漳平做出了贡献。

在漫长的新民主主义革命斗争中,闽西畲族人民为中国人民的解放事业做出了巨大牺牲与伟大贡献。在各个历史时期,闽西先后有474位(其中上杭469位)畲民为革命事业光荣牺牲,中华人民共和国成立后他们被追认为烈士(烈士英名请见本志第十三章《人物》),有14个畲族村(含自然村)被认定为革命基点村。

附:龙岩市部分畲族革命基点村简介①

1. 上杭县南阳镇南岭革命基点村

南岭民族村位于上杭、长汀、连城3县交界处,是南阳镇辖下的一个建制村。

1929年,南岭村有96户673人。土地革命战争时期,朱、毛红军曾两次到这里,在这里发动群众,点燃革命火种。南岭人民在斗争中,百折不挠,创造了卓越业绩,为革命牺牲的烈士有25位。

1928年8月,南岭村的进步青年钟正元、钟占春、钟如汤等,翻山越岭到南阳与罗化成秘密接头,接受革命思想,探索本地如何开展革命斗争的方法步骤。在罗化成的支持和领导下,他们回村秘密组织农会,由钟正元担任主席。农会成立后,向地主豪绅开展斗争。

1929年1月,国民党军阀金汉鼎部进犯南岭,对全村进行了连续5天的扫荡,毛猪被宰杀37头,鸡、鸭损失500多只,粮食衣物被抢光。群众躲进深山密林中,待匪徒走后才回来,见此惨景,更加深了对反动政府的仇恨。

1929年5月,毛泽东、朱德从江西率红四军向东南进军。其中一部分经涂坊来到南岭村。群众看到红军队伍时,个个喜笑颜开,在当地党组织的安排下,热情慰劳红四军。第二天,在天后宫举行会议,南阳罗化成也出席了会议。会上,红军号召南岭人民组织起来,打土豪、分田地,开展土地革命斗争。会后,南岭村有一批青年报名参军,其中钟光华、钟茂华、钟荣标、钟如美、钟如通、钟如堂、钟茂论等被批准入伍,编入第三纵队。

1929年8月,朱德军长率领的红四军第一纵队,又来到南岭村。群众像对待亲人似的,家家户户送菜、送米,甚至杀猪慰劳红军。朱军长在天后宫召开群众大会,宣传当前的斗争形势,号召大家团结起来,建立和巩固红色政权,打破封建,婚姻自主……南岭人民受到极大鼓舞,进一步坚定了将斗争进行到底的决心和信心。会后,村民钟祥兴参军入伍。

1929年9月,南岭成立外宣河区苏维埃政府(钟屋村又称外宣河),办公地点设在钟维明家。主席由邹洪辉担任,管辖了池岗、大坑头、上村、龙骨山、上罗地、南岭6个乡苏。但不久,长汀的傅发生等反动势力100多人包围南岭,企图消灭红色政权。这次南岭人民在毫无防备的情况下,遭受严重摧残,被抓54人,被嫁妇女5人,被迫外逃6户24人,灭绝4户17人,儿童被卖2人。红军张赤南部独立团连长钟瑞林、乡苏文书张开湖、交通员钟祥春及阙礼昌等被杀害。革命干部钟桂华、钟茂富等

①资料来源:《上杭革命基点村简史》《漳平市革命基点村简史》《长汀革命基点村简史》

家21间房屋被烧毁。

在受到重大损失后，南岭人民不但没有屈服，反而更加激起了对国民党反动派的仇恨。全村男女老少组织起来，拿起鸟枪、木棒、长矛等武器，组织赤卫队等武装，与敌人进行武装斗争：1930年2月，外宣河区苏组织南岭赤卫队80多人，前往长汀涂坊攻打傅发生匪部。经过3个多小时激战，毙敌5人，俘敌5人，缴获枪支20多支。

在国民党反动派向红色苏区进行第五次"围剿"后，为了适应形势变化，新泉县苏和省苏曾一度转移到南岭村。引起敌人更疯狂向南岭进攻。南岭赤卫队、模范队参与抗击敌人。在敌强我弱的情况下，为保存实力，将赤卫队分为两部分，一部分编入军区，一部分调去茶溪�竹园打游击。这时国民党反动军队又侵犯南岭。进村后抓丁勒索，群众被迫躲进深山老林中，靠山中的野果、野菜、竹笋度日，过着十分艰苦的生活。被迫外逃远走他乡的有钟荣标、钟李三、钟如堂等人。全村被烧房屋达70间，田地荒芜200多亩，竹山被毁150亩，被抓8名，整个南岭被搞得鸡犬不宁。

1934年10月，中央主力红军实行战略大转移后，苏区沦陷。为扑灭革命火种，国民党军八十三师3个团的兵力，又逼近南岭。驻扎在筠竹园的游击队得知敌情后，立即迂回南岭附近，在赤竹溪组织阻击战，钟如汤、钟茂田、钟茂成等37人利用当地的有利地形，采用埋地雷、栽竹尖、挖陷阱等战术，袭扰敌人，打死敌人4人，击伤10人，使敌人不得不退出南岭。

1949年，解放大军渡江南下，南岭游击队改编为闽西地方武装长汀独立第三团第三连二排，在钟如汤的带领下，与南阳黄慕贤独立三团一起参加第一次解放长汀战斗。从江西往南逃窜的胡琏兵团在汀州城外与我方交火，敌我伤亡都很大。我方为保存实力，只好退到仙姑休整。南岭的扁岭、高上、上罗地、上村国民党联保办事处60多人在月火坑起义，被编入南岭游击队支队，队长由黄金华担任，钟茂铭、钟如汤为副队长，他们为迎接全国解放作出了积极贡献。

2. 上杭县稔田镇罗围、九珠坑、河东革命基点村

罗围、九珠坑、河东3个革命基点村同为稔田镇辖下的黄罗行政村，地处杭永边上，黄潭河畔。

1929年5月17日，红四军第二次入闽，闽西的工农武装暴动在红四军的策动下蓬勃开展起来。7月23日，稔田各乡村贫苦农民举旗暴动取得成功。黄罗所在的梅镇乡成立苏维埃政府，黄庆祥任苏维埃政府主席，畲民蓝启标任副主席。

建立了苏维埃政府后，生产支前、站岗放哨开展得十分红火，各种组织也相继建立起来。畲民蓝月清任儿童团团长，畲民蓝启珍和何开能参加了红十二军。

1934年10月，中央主力红军实行战略转移，留在上杭的党政领导人和红军游击队被迫上山和敌人周旋，在艰险的环境中开展游击战争。被称为游击大王的刘永生受组织指派，回到杭永边，依靠群众，发动群众，坚持游击战争。罗围的何美先、何日先是刘永生的母舅，何美先又是黄罗保的保长，得知自己外甥回家乡打游击后，利用自己独特的身份，暗中为游击队员提供粮食；何日先则以撑船为掩护，接送游击队员过河，并为游击队员提供情报。

国民党反动派对苏区进行军事"清剿"，残酷屠杀革命人民。1937年上半年，国民党强制移民并村，凡50户以下的山村都要求并入大乡村去。此时九珠坑群众被移民到罗围，河东群众移到河西。移民的群众被编入特别保甲，严加控制，没有自由。

1939年冬，闽西国民党顽固派撕毁国共和谈协议，制造了一连串暗杀共产党人的事件。因对敌斗争的需要，中共杭永县委被撤销，杭永边地区中共党组织归入中共永定县委领导。永定县委在丰稔设立中心区委，区委下辖的黄屋背支部（当时称百强支部）有党员6人，负责人为畲民蓝月添、文书蓝月球，党员有李夫双、蓝夫荣、蓝月华、丘金荣。

1941年,红军游击队领导丘其银、卢友明被安排到稔田隐蔽生产,解决经济困难。丘其银就把落脚点选在蓝启标家,蓝启标以最大的热情安排丘其银的食宿并保证其安全。丘其银来到九珠坑,则由何开富、何开添负责联络接头。丘其银、卢友明利用晚上时间联络黄屋背地下党员,发动群众开展抗租抗税抗抓丁的斗争。

1944年10月25日,在稔田梅镇乡楮树坪,成立闽西人民武装——王涛支队。成立初期只有49人,但队伍迅速扩大,很快发展到100多人。由于王涛支队迅速壮大,楮树坪已无法容纳这么多人员,同年冬,将一部分人员分离到九珠坑的杨梅坑山窝里驻扎。杨梅坑与九珠坑群众的居住地相距只有3里,九珠坑群众自发为部队送米、送菜、送衣物。李桂兰为了支持游击队,特地砍了一根大竹来做担杆,把竹节挖空,装入食盐、情报,假装上山砍柴,将东西送到游击队所指定的地点。她还常常为游击队做草鞋,受到刘永生、邱锦才的好评。罗围的何日先常常深更半夜撑船护送游击队员过河,还把家中仅有的一只铜锅和一把手电筒送给游击队。河东的赖春娣有一次给部队送信、送咸菜,走到卢卜里(黄罗村一个小地名),遇到匪兵上百人,立即脱下外衣包住信件和咸菜,藏在石头底下,才未被敌发觉。由于有当地群众的无私援助,杨梅坑驻扎的游击部队最多时达到100多人。

对王涛支队的壮大发展,国民党顽固派恨之入骨,在吃了一连串败仗之后,只能向支持王涛支队的群众滥施淫威。1945年3月22日,反动民团窜到九珠坑,将百姓房子拆除或烧毁,强迫九珠坑群众移民。移民后,给群众的生产生活增添了无穷的烦恼,住的是当地人的破寮和闲置房屋,有的是自己搭盖的草寮;吃的是糠菜和树叶。即使这样,反动派还不死心,动不动就扣上"通匪、济匪、窝匪"的罪名。

1945年4月,稔田乡公所来到黄罗河西捉拿蓝月添。蓝月添是黄罗百强支部负责人,早已转移到秘密地方。敌人没有捉到蓝月添,就把蓝月添的家具及其他日常用具全部搬走,又诱骗移到河东的九珠坑群众何添福、何在福、何恒光、何金福、丘金荣、何和新、何永银、何开浪、何开添及河东的群众蓝香荣、蓝夫荣等为他们挑担,稍有不从,则皮肉遭殃。10位群众把蓝月添家的日常用品挑到乡公所后,反动派还不死心,又把他们关押起来,施以非人的折磨。何开浪被灌水后,还被用大木头压腹部,致使内脏受伤严重,关押几天就被折磨致死。

被移民到河东的九珠坑群众,受尽反动派的烧、杀、淫、掠,过着牛马不如的生活,许多群众无路可走,含恨死去。全村先后有何开浪、何开有、何开太、何开山、何科炎、何林祥、何永娣等7户灭绝,1948年8月26日才搬回九珠坑。此时,九珠坑只剩13户68人,男子仅有14人。

1945年4月,丰稔市战斗结束后,王涛支队执行闽粤边委指示,主力向龙岩挺进,只留下一个小分队在杭、武、蕉、梅边活动,丘其银、张昭娣、马发贤等人留在杭永边坚持游击战争。留下的小分队由王涛支队通讯员蓝俊文负责给养。蓝俊文是黄罗人,当地群众送米、送菜给游击队就直接由他联络。不久,游击队员五莲子(黄洪太之妻)生孩子,蓝俊文护送五莲子回老家黄沙埔途中被国民党抓捕,后被杀害于永定县城。

1946年8月,杭永工作团成立,团长邱其银。杭永工作团成立后,有一段时期都在黄罗一带活动。家住黄潭河岸边的蓝香荣,总是义务为游击队撑船,并设定了接送暗号。

罗围、九珠坑、河东3个革命基点村,为了支援国家棉花滩水电站建设,1998年全村搬迁至上杭县城关杉树窝、奋斗窝、球楼山、昌蒲塘4个安置点。2001年5月,组建成临江镇东南居委会。2002年9月,改称临江镇东南社区居民委员会。

3. 上杭县庐丰上塘革命基点村

上塘是庐丰畲族乡太古村所属的一个民族自然村,地处庐丰、蓝溪、稔田三乡镇交界,距庐丰乡政府驻地20公里左右。在黑暗的旧社会,由于受太古村土豪曾衍成的残酷剥削压迫,上塘村人民生活痛苦不堪,上山挖笋或野菜充饥,度日如年。

1929年5月,“红旗跃过汀江,直下龙岩上杭”,毛泽东、朱德率领红四军第二次入闽。7月7日,在红四军萧克支队的策应下,李立民、蓝洪慈、蓝维仁等人领导庐丰地区农民举行武装暴动。上塘村的张启玉、蓝传洪、蓝维洪、蓝明球、蓝明玉、黄坤伯、黄坤洪、蓝浩洪等20多位畲、汉青壮年参加了暴动。接着,在红军帮助下,开展打土豪分田地斗争。不久,建立了区、乡苏维埃政府,从此上塘人民开始当家做主人。

1934年10月中央红军长征后,上杭苏区大部分落入敌手,留在上杭的党政领导人率领红军上山,坚持艰苦卓绝的三年游击战争。时任庐丰区委书记的蓝传洪根据组织决定,在上塘村自家设立一个秘密地下交通站。他任站长,具体负责接送来往领导及其安全工作,并保持群众与山上游击队的通信联络和为游击队运送粮食等。他家坐落在大山脚下,独门独户,背靠着茂密的大山林,地理环境极好。他家的后窗是活动的,遇到紧急情况可以及时转移。当时一些领导和游击队的同志,经常来到他家里。

有一次,游击队刚刚踏进他家,敌人就进村了。蓝传洪急中生智,一边让妻子袁招兰前去与敌人搭话,拖延时间;一边让同志们从后窗钻出去,迅速转移到屋后的大山里,同时清理踪迹。

1935年,游击队处境更加困难了,不仅无衣无粮无住房,还经常靠野菜、山果充饥,敌人对群众实行计口购粮、购盐,游击队生存环境变得异常困难。蓝传洪与全家商定,尽量少吃或少用,设法支持游击队。他经常对游击队说:“同志们,你们来到我家尽管放心,我保证你们的安全,只要我在,就决不能让你们挨饿,遭危险。”因此游击队员都经常到他家拿米、吃饭、取情报,都说:“来到蓝传洪家,就像回到了自己家一样。”

1935年1月,蓝传洪被人出卖遭捕,后被敌人枪杀于上杭县城西郊场。游击队员对蓝传洪烈士十分怀念。

蓝传洪同志英勇就义后,他的妻子袁招兰含泪将尸体掩埋,并继续支持游击队。为了便于游击队的联络,每到夜幕降临的时候,她在窗外垂着一根绳子,绳子的另一端则牢牢拴在自己的手腕上,游击队战士深夜到来,只要拉动绳子,袁招兰就会马上起来开门,烧水煮饭,接待战士们。当年她与游击队联系时用过的棕绳,如今陈列在上杭县博物馆的橱窗里,成为革命传统教育的珍贵教材。

当时上塘村住着畲族蓝姓和汉族黄、张2姓,畲、汉3姓群众有30多户150多人,都坚定地支持红军游击队。其中蓝传洪、张启玉、黄坤伯等是重要接头户。张启玉经常为游击队运送物品,怕游击队员挨饿,又怕路上碰到敌人,时常将家中的大米用油纸包好,装到粪箕底部,上面盖上用尿浇的草灰,骗前来搜山的敌人说是上山种菜用的肥料。冬天到了,怕游击队员挨冻,又将自家用的棉被、蓑衣送上山给游击队员用,把游击队员当作自己的亲人,常说:“你们游击队有什么困难尽管开口,我会千方百计筹集送去。”敌人为了消灭游击队,时常到上塘一带搜山,为了保护游击队的安全,每当得知民团搜山时,他都设法给游击队报信,让游击队及时转移。黄坤伯懂医术,经常为游击队员免费治病。有一次,张启玉在给山上的游击队送生活用品时,碰上前来搜查的敌人,结果被抓到太古村部,遭到民团的毒打,任凭敌人怎样严刑逼供,他都不说出游击队藏身的地点。

上塘村群众积极支援游击队,引起反动派的仇恨,敌人便更加疯狂地摧残迫害上塘村群众,30多户人家的上塘村,惨遭国民党反动派杀害的就有10多户。1936年初,敌人运用“三分军事,七分政治”的策略,强迫群众移民并村。并用大火焚烧了村民的所有房屋,村民们被迫背井离乡。当时姓黄的被移到丰稔石碑前,姓张的移到太古张屋,姓蓝的移到太古子条窝。经过合法抗争,不久部分群众又重新回到上塘村居住。1946 年，国民党反动派又强迫上塘人移到太古村。但上塘人民向往共产党的心是永远移不走的。

1949 年，终于迎来了上杭全境解放，从此上塘村人民在共产党领导下，努力恢复生产，重建家园，走上社会主义大道。

4. 上杭县太拔坵辉村溪子背、长岭背革命基点村

太拔镇坵辉村溪子背、长岭背革命基点村地处太拔、蓝溪交界处的银坑山下，是当年红军游击队开展革命活动的重要游击据点村。

1929 年 7 月，中共上杭县委领导全县各地举行轰轰烈烈的农民武装暴动，溪子背、长岭背人民在钟寿华等共产党人的带领下，于 7 月 9 日和坵辉等村群众举行武装暴动。8 月，坵辉乡苏维埃政府成立，由钟寿华任党代表，钟宝华任主席。乡苏成立后，领导群众大力开展苏区建设，各项工作搞得有声有色。

“云开日出见太阳，工农红军到上杭。参加革命莫落后，红色政权万年长。”这是溪子背、长岭背人民最爱唱的一首山歌。为了扩大红军，壮大革命队伍，村里的青年纷纷告别亲人参加红军。

妇女会是当年支援红军最为活跃的组织。溪子背、长岭背的妇女们在妇女会的组织领导下，积极开展“妇女解放”“男女平等”“婚姻自主”等新思想的宣传活动，发动全村妇女做军鞋、募捐钱粮衣物，购买公债券支援红军，被区苏维埃政府誉为苏区妇女模范村。

1934 年 10 月，中央红军主力长征后，上杭苏区大部分地区被国民党军占领，红色政权、革命组织受到极大的破坏，革命斗争形势十分严峻。在国民党对苏区进行军事“清剿”的同时，地主恶霸也乘机返回乡里反攻倒算。一时，坵辉村又乌云笼罩，到处陷入一片白色恐怖之中。面对凶残的民团势力，为了保存革命的有生力量，苏维埃干部钟寿华等被迫撤离到村后银坑大山里，与罗炳钦、游昌炳、范鲁等同志领导的红军游击队汇合，坚持斗争。他们在深山密林里搭起一座座简易茅寮作为栖身之处，白天隐蔽待命，晚上出击骚扰敌人，搞得地主民团晕头转向，惶恐不安。

敌人知道，游击队的生存与发展离不开群众的支持。为了尽快消灭游击队，10 月 28 日，地方民团窜进溪子背、长岭背查封了钟寿华、钟永顺两家的房屋，把他们一家老小驱赶出门。然后又将钟德洪、钟钦荣两户的房子拆除（因这里曾供游击队开会、住宿过），使他们一家老小流落他乡，无家可归。10 月 30 日，反动民团又窜进村里将钟来升、钟加顺、钟德洪、钟永和、萧成娣等人捆绑到乡公所严刑拷打，百般折磨。钟来升、钟德洪因经不起毒刑含恨死去。

1935 年 2 月 5 日，反动民团又窜进村里抢走红军、苏维埃干部家所有财物，包括耕牛 4 头，鸡鸭 113 只，粮食 3000 余斤，水缸、锅头被砸坏。

国民党反动派的百般摧残，并没有动摇基点村人民坚持革命、支援游击队的斗争意志。他们秘密组织起来，冒着生命危险为游击队送油盐米菜、钱财衣物。为了躲避敌人的搜查，妇女们把挑柴的竹担掏空，然后装进盐米等物，以上山砍柴为名送给游击队；有时遇到雨天，战士们全身湿透，冷得直打哆嗦。乡亲们就悄悄送上干衣服让他们换，还把湿衣服洗干净，然后生上炉火一件件烘干；有时游击队粮食难以为继了，乡亲们蒸上一笼笼地瓜送上山给战士们充饥。春天一到，满山遍野长出了春笋，妇女们从家里带来盐，把笋壳剥开一个洞，然后放进盐，几天过后，便成了游击队的天然菜肴。

为了配合游击队，痛击地方民团势力，溪子背、长岭背革命群众秘密成立侦探队。侦探队的主要任务是侦探敌情，联络各方游击队，接应掩护地下党的同志，配合游击队痛击敌人。他们常以挑担、做买卖、砍柴、走亲戚等为掩护往返于蓝家渡、庐丰、溪口、茶地、稔田、永定虎岗等地，探听各地斗争的形势，接应掩护地下党转移。几年中，不管形势多么复杂，敌人封锁得多么严密，侦探队都凭着对地理环境熟悉的优势，机智勇敢地完成任务。3 年中，闽西党和游击队领导同志张鼎丞、伍洪祥、罗炳钦、蓝荣玉、廖海涛、范鲁等经常在溪子背、长岭背一带往返，每次行动都由侦探队员们接送，而且都十分顺利安全。

1935年农历二月初一，红军通讯社战士一行10人，挑运物资来到溪子背钟加顺家。钟加顺立即吩咐家人买肉、做艾叶粄，招待红军客人，同时腾出最好的房间让给战士们睡。第二天凌晨4点起床为通讯社同志带路，途经蓝家渡载厚直插永定汤湖，胜利完成护送任务。

1936年2月23日，罗炳钦、范瑞章、钟寿华带领溪子背赤卫队员钟步森等于晚上9点从长岭背出发，前往蓝溪冯坑里将保长刘家显的儿子击毙。

1937年8月，杭代县军政委员会按照党中央的指示，为抗日救亡，与国民党上杭驻军和地方官员谈判，达成国共合作协议，上杭地区的国民党军队停止了对红军游击队的清剿。9月13日，范鲁、廖海涛、蓝荣玉从大河坑来到长岭背传达上级指示，动员钟寿华带领游击队下山公开活动。钟寿华带领游击队下山发动群众，开展抗日救亡运动，宣传共产党抗日主张，努力争取国民党地方政府的支持与合作，发动群众捐款捐物慰劳抗日将士，号召大家"有钱出钱，有力出力，共赴国难"。他们共筹款400余元，做军鞋60多双，支援抗日前线。

1938年1月，太拔游击队被整编进新四军第二支队。钟寿华任第二团团长，因身患重病，组织上安排他在闽西留守处工作，任地下党支部书记。2月，二支队北上抗日前夕，司令部将双管套筒步枪一支(号码为5866)、漏底步枪一支(号码为2016)、子弹135发，寄存钟加顺家。他冒着生命危险，妥为保管。中华人民共和国成立后，完整无缺送交太拔区公所。至今，他家仍珍藏罗炳芳亲笔书写的收据一张。钟步琴珍藏坵辉乡苏维埃政府印章一枚，现陈列于县博物馆。

1940年8月12日，钟寿华遵照上级指示，回乡协助工作。被当地反动民团得知后，暗中派民团匪徒冲进他家，钟寿华惨遭杀害，时年40岁。新中国成立后，人民政府追认他为革命烈士。

5. 上杭县溪口双华村余家山革命基点村

余家山是溪口镇双华村下辖的一个民族自然村。土地革命前夕，该村有10多户，六七十人。村民除耕种少量耕地外，以耕山造纸为业。

1929年春天，余家山贫苦畲民钟育华、钟求应在东二区党支部的培养下，接受革命思想，加入中国共产党。5月24日，东二区人民在党的领导下，举行轰轰烈烈的武装暴动，打土豪，分田地，革命斗争搞得如火如荼。5月29日，暴动领导人罗寿春、张善初派共产党员张彦初率领武装暴动队伍三四十人到达白石笏，策应和支援双华一带乡村的农民暴动。在这次暴动中，余家山群众在共产党员钟育华、钟求应的率领下一起参加行动。他们在白石笏召开全乡群众大会，宣传和发动群众打土豪，分田地，建立苏维埃政权。当日成立双华乡农民协会。暴动后，余家山成立了农民协会小组、赤卫队小组、少先队小组、儿童团小组、妇女会小组等革命组织。

1927年7月，该村与下山溪、鱼子岩、白石笏、华地科、双溪铺等村联合，成立东二区第十一乡苏维埃政府。该村共产党员钟育华曾担任乡苏主席、中共茶地区委书记，参加红军后，又转到地方工作，先后担任中共长汀县委特派员、中共福建省委巡视员等职；钟求应担任乡苏交通员。1932年，国民党反动派对中央苏区发动第四次军事"围剿"。在反"围剿"作战中，闽西苏区进行了二次扩大红军，该村共青团员钟育芳响应党的号召，参加中国工农红军第十二军。钟育芳在永定虎岗对敌作战中光荣牺牲，中华人民共和国成立后，被评为革命烈士。

1934年10月，主力红军长征后，留在当地坚持革命斗争的党政军领导把地方武装集中起来，在双髻山、灌洋山一带建立游击根据地，在杭永岩边境地区坚持艰苦卓绝的三年游击战争。余家山村庄虽小，但群众基础很好，加上这里比较偏僻，交通不便，四周深山密林，便于隐蔽和迂回，是开展游击战争的好地方。游击队经常到这里活动,并在村庄对面山上和村后的流机坑山上挖战壕、筑工事,伏击前来"搜剿"的国民党军队和地方民团。

在余家山西南方向几公里处,有两座大山,一座叫马子崇,一座叫灯笼岭。这两座山延绵横亘,山高谷深,地势十分险要,其支脉一直延伸到余家山。1935 年春夏,由于敌人的"清剿",游击战争的形势显得非常紧张。为了分散活动,建立和扩大游击区域,闽西南军政委员会派区委书记范瑞章、游击队员范鲁(又名范桂良)、傅汉山分头到太拔区委,以马子崇为中心,以后又派杭代县军政委员会副主席陈必亨、游击队员邱相田等人以灯笼岭为中心,做群众工作,建立革命基点村,发动群众支援游击战争。在陈必亨、范瑞章、邱相田、范鲁、傅汉山等的宣传发动下,余家山等革命基点村建立起来了。在三年游击战争中,余家山群众怀着对红军游击队深厚的革命感情,热情支援红军游击队,坚持游击战争。他们白天搞生产,晚上为游击队编织草鞋,提供粮食、蔬菜、食盐、物资和情报。有时由钟育华、钟求应、钟育存轮流将粮食、蔬菜、食盐、物资和情报送上山去,有时游击队派人来拿。敌人获悉钟育华、钟育存、钟求应与游击队有联系后,一天内派来两批敌人到余家山"搜剿",上午来了二三十个,把钟育华、钟育存、钟求应抓到坑口联保监牢关押,对他们进行严刑拷打,灌辣椒水,把他们折磨得全身浮肿,伤痕累累;下午又来二三十个敌人,把全村的粮食、禽畜全部抢光,还威吓群众说:"今后谁再与游击队联系,就把你们统统杀光。"但是,下定决心,坚决与国民党反动派斗争到底的革命群众是吓不倒的,他们一如既往,继续支援游击队。

1935 年秋,敌人对马子崇、灯笼岭游击根据地进行疯狂的"搜剿",历时半个多月。敌人白天上山"搜剿",晚上在余家山等村口设伏,妄图待游击队下山活动时消灭游击队。余家山群众发现敌人的阴谋诡计后,及时将这一重要情报向游击队报告,使敌人的阴谋又一次落空。

余家山群众常常冒着生命危险秘密支援陈必亨、邱相田、范瑞章、范鲁、傅汉山等游击队员,经常为他们秘密提供粮食、蔬菜、食盐、物资和情报,直至游击队北上抗日。

1945 年 11 月的一天下午,刘永生率领 100 多名游击队员到达余家山。余家山群众忙着做饭菜、烧茶水。饭菜做好后,游击队员在钟育华、钟育存家吃晚饭。钟育华、钟育存派他们的儿子钟天仁、钟天录在门口放哨。游击队在余家山吃完晚饭后向茶地进发,于第二天袭击茶地乡公所,消灭了国民党驻茶地的吴佩昌民团一部分兵力,取得了战斗胜利。

刘永生的游击队攻打国民党茶地乡公所后,敌人得知游击队是在余家山出发的,命令星聚区公所纠集一批民团强迫余家山群众进行第三次移民,限定 3 天内全部移走,否则全部杀光。敌人得知游击队是在钟育华、钟育存家吃晚饭的,就把钟育华、钟育存家的锅灶全部砸坏,又把钟育华、林赛金、钟育存、钟育康、钟求应等革命群众抓捕,将他们绑在长凳上灌石灰水和辣椒水,逼他们供出共产党游击队的下落,钟育华等被抓群众宁死不屈。

1946 年,钟育华、钟育存、钟育康、钟求应在双髻山为杭岩工作团送信送物资途中,被敌抓捕。敌人把钟育华等被抓群众押到双髻山下的大岭下,要把他们处死,他们伺机逃脱,幸免于死。

由于国民党反动派的统治和摧残,到 1949 年新中国成立时,该村只剩下 3 户 8 人,比 1929 年暴动时,减少了 10 余户、五六十人。

6. 漳平市双洋镇中村革命基点村

中村村是原宁洋县西南边境与漳平县境毗邻的一个小山村,距宁洋县城(今双洋镇驻地)15 公里。全村有头村、中村、尾村、炉仔坑、矿山坑、隔头洋、坪盂圳、东坂洋 8 个居民点。头、中、尾 3 个村落以中村为中心,头尾相距 2.5 公里,均分布在双甲溪两岸,是低洼的峡谷地带;炉仔坑、矿山坑、隔头洋均散布在距中村居民点约 4 公里的山坡上。因此,村落星散,丛山环抱,交通不便,民国时期全村仅300余人，除本地居民外，不少是从粤东迁来耕地垦山的农民，故居民均讲客家话。历史上这里盛产茶油、茶叶，但在国民党政府的苛政下，中村农民苦难深重，对反动统治早就深积着怒火。

1929年8月，红四军攻取宁洋县城的胜利消息传至中村，中村人民开始酝酿革命活动。1934年春，红九团从连城进入宁洋三区(旧称成达社)开展如火如荼的革命斗争，建立了以方方同志为首的沙田特区，红九团团部设在苏益田。1934年7月，红九团团长吴胜率军进驻邹家山，发动群众组建了邹家山苏维埃政府。同年秋，红九团派二营营长郑树昌带领全营武装，挺进中村。红九团的到来，犹如给中村农民心中的愤怒接上引信，立即喷发并形成熊熊的革命烈火。中村有32名青年一举报名参加了中村游击队，全队共分3个班：第一班班长张亮发，第二班班长蓝大通，第三班班长张朝桂；张开桂任游击队队长，蓝生桂(曾到大河斜经红军培训过)任指导员。中村游击队在二营营长郑树昌直接领导下，开展打土豪、分田地斗争。同时，红九团二营在武安楼成立中村苏维埃政府，梁观乾任主席，蓝土福、童木生任土地委员，张胜发任文书。

中村村苏维埃政府和游击队同前来围剿的国民党军队，进行了艰苦激烈的斗争。据尚健在的老游击队员追忆，当年郑树昌营长告诉游击队员们：红九团共有三个营，分别以“苏、维、埃”3个字，作为营的代号：一营称“苏营”，二营称“维营”，三营称“埃营”。每营辖3个连，以“新、中、国、快、成、功、大、胜、利”9个字作为各连的代号。二营代号“维营”下辖3个连，代号“快、成、功”，“快连”(即一连)连长姓刘，“成连”(二连)连长姓张，“功连”连长姓氏已忘了。全营武装驻在中村各点，营部和“功连”驻在邓阿水家，“快连”驻在邓文保家，“成连”驻在童发勤家。全村百姓拿出家中的粮食、蔬菜以及自己都舍不得吃的猪肉热情慰劳子弟兵，军民亲如一家。

红九团二营发动青年参军，组成游击队后，立即在瓦窑后挖了一条战壕，以防备反动民团的袭击。全营武装和游击队日夜站岗放哨，出操练武，一幅紧张的战斗景象。农历七月底，正当营长郑树昌集合全营战士和游击队队员开会讨论分田地及如何巩固革命政权等措施时，驻防在宁洋县的保安十二团突然袭击中村。敌人故意避开原来从大会村进入隔头洋这条通县城的大路，绕道麻坑村，直逼中村的头村，企图出其不意一举消灭红军和游击队。敌先头部队刚进坑仔口，就被红九团二营岗哨发现并立即向中村报警。郑树昌闻警后，马上宣布休会，部署战斗。郑树昌命令：“快连”从左翼沿山边树林插向敌群；“功连”从右翼涉河沿东山山麓迂回包抄；“成连”在营部驻地下方的一块大石头上架上重机枪，担任正面阻击。郑树昌手持红旗，亲自指挥。当敌人进入伏击圈时，郑营长果断地挥动红旗，以旗为号令，指挥左、右两翼，快连”“功连”像离弦之箭猛插敌群，将保安团部队截成两段。前头已进村的敌军如入瓮之鳖，已被包围；殿后的敌军听到枪声，掉头登山，不敢前进。中村游击队配合“成连”战斗，被围的敌人全数俘虏缴械。“快”“功”两连追击村头敌人，追至土楼乾时，击毙和打伤一些敌人，残敌逃进深山密林后窜回宁洋县城，战斗历3个多小时胜利结束。共俘敌72人，其中一名是保安十二团团副，共缴获枪枝76支，所有俘虏交游击队看管。当晚，在中村处决了保安十二团团副。第二天，其余俘虏和所缴获枪支全部由红军战士解往驻扎在苏益田的红九团团部。团首长对俘虏兵进行宣传教育后，又如数押回中村。郑营长向俘虏兵讲了红军的宗旨和穷人翻身闹革命的道理，并告诉他们，愿意当红军的可报名留下，愿回家的，发给路费回去，但不要再被反动派利用与穷苦人作对。俘虏们临走前，红军和游击队列队唱歌、放鞭炮，送他们启程。

坑仔口战斗胜利后，全村筹划分田运动。按照营政委指示“按口插标，定户分田”，由苏维埃政府的土地委员负责主持。全村田地都插好标，大家兴高采烈地沉浸在分享胜利果实的喜悦中。不料，形势突变，国民党部队加紧对特区的围剿，在中村驻扎3个多月的二营为全局斗争的需要奉命转移，分田工作被迫暂停。

二营离开时,游击队随同转移到苏益田整编。村里留下梁观乾、蓝土福、林永宗、童松胜、童木生等人坚持工作。游击队到苏益田后,3个班分别配合红九团战斗:张朝桂一个班驻在小溪;张亮发一个班驻在邹家山;蓝大通一个班在苏益田整训学习。半个月后,张亮发这个班所属的一营一连,奉命到安坑消灭反动地方武装“大刀会”。连队在天刚亮时从邹家山出发,中午到达安坑村头的桥亭上,碰上“大刀会”的人马。“大刀会”是宣扬刀枪不入的迷信组织,受安坑、赤水反动民团唆使,和红军作对。“大刀会”会员个个手持长矛,口念咒语,向红军冲来。一营一连指挥员原想通过政治教育,唤醒感召他们。不料“大力会”会员执迷不悟,冒死冲刺前来,站在一营一连队伍前头的一连连长和六班长,当场被刺牺牲。至此,一营一连不得已开枪还击,击毙“大刀会”匪徒8人,反动民团和“大刀会”众匪惊慌溃逃。战斗结束后,中村的红军战士李水兴等将一连长和六班长的遗体抬回邹家山,连队开了追悼会,安葬2位英烈。

中村游击队在红九团领导下,先后转战于今新罗区辖的白沙、珍坑、陈地坑、小溪、马池塘、凤村、大河斜,以及今漳平市辖的赤水、安坑、麻畲头、根竹后、徐溪、大会、隔头、梧溪、茶坑等地。他们风餐露宿,频繁出击,有力打击各地的反动民团武装,牵制围剿主力红军的国民党部队。

1935年农历除夕,游击队配合红九团去攻打下山。正月初一,宰杀茶坑一个土豪的肥猪过春节。正月初二,游击队配合红九团一营,从邹家山出发计划攻打白沙,在鸡公岭碰上“进剿”的国民党八十三师、八十八师。这次遭遇战,由于敌众我寡,战斗中红九团一营伤亡很大,中村红军战士张祥友、蓝音水均负伤。红九团一营边打边撤,先撤回邹家山,继撤到龙伞岽才甩掉敌人,赶往凤村住宿。第二天往珍坑,经棕榈坑到大河斜集中,在大河斜宿营20天左右。由于强大敌人四面进击,加上部队给养问题无法解决,上级决定采取分散活动、化整为零的战术,来应对敌人,保存自己。中村游击队由团领导派王治平率领返回中村,并采取分散隐蔽、积累力量、待机行动的战斗方针。

红九团战士护送中村游击队员到达中村后,留下两位同志在中村指导游击队坚持斗争,其余的红军战士取道新桥方向返回。留下的两位红军战士,一位为方发样,江西人,后在矿山坑做工谋生,病死在中村;另一位为李文德,上杭人,后被其兄弟接回上杭。

在敌强我弱形势下,一些被打击过的地方反动民团又死灰复燃,配合国民党部队,搜剿革命力量,洗劫中村革命基点村。红九团主力已离开沙田特区开往平和、永定,游击队和红军部队联系不上,无法开展有力斗争,一时乌云蔽日,白色恐怖笼罩全村。隔头洋村只有几户人家,户户都有人参加游击队。保安团和民团以隔头洋作为重点进行洗劫,村民的所有财产,能抢走的都抢走,抢不走的全部捣毁。当敌人侦知红军战士已返回中村的消息时,便要弄诡计,欺骗游击队员张观水出山与他们“和谈”,并宣扬“欢迎张观水参加民团”。张观水不为所诱,只身逃跑,当跑到隔头洋凹下时,被民团发现,当即被民团击中牺牲。张观水的儿子张开桂是游击队长,面对严峻形势,他四出寻找红九团。1936年,张开桂到永定后,得知团长吴胜、营长郑树昌同志都先后牺牲了,便流落在外。他先到广东挑担谋生,继而到漳州做豆腐度日,直至1948年才返回中村。其余返乡的红军战士均背井离乡,或住进深山,或到外地做长工,处境艰难。然而,中村的老游击队员们都在苦熬着、盼望着,相信红军终有一天会打回来的,没有一个人叛变革命。

革命的道路是曲折的,但历史的车轮终要前进!“莫道浮云终蔽日,严冬过后绽春蕾”,中村的老红军、老游击队员和全村人民终于盼来了胜利的日子,迎来了新中国的诞生,在原宁洋县解放前夕,他们又重新拿起武器,积极投入了当地解放、剿匪的斗争。

7. 漳平市双洋镇坑源革命基点村

坑源村位于漳平市最北部边远山区的,全村原分为马山、坑源头、古顶坑、洋子头、田头、下村5个自然村，头尾相距15公里，人口不足400，在这人烟稀少、路隘林深的山村，群众的革命愿望十分强烈。

1935年农历正月初二，中村游击队配合红九团一营，从邹家山出发，计划攻打白沙，在罗畲的鸡公岭和国民党军第八十三师、八十八师发生激烈的遭遇战。因敌众我寡，红九团一营失利，全营270多人退到邹家山龙伞崇时，只剩106人。战斗中失散的红军战士因与红军主力失去联系，分散隐蔽在山上。其中，有7名红军游击队员躲匿到马山自然村，后顺着古驿道来到坑源。失散的红军游击队员纪律严明，信念坚定，不住民房，夜宿笋寮。白天下山帮村民务农，了解村里的基本情况。约七八天后，红军游击队员对村里的情况有了大致的了解，然后进村开展宣传活动，向劳苦大众宣传革命道理。红军游击队员的广泛宣传，提高了坑源村劳苦群众的革命觉悟，坑源村的谢保田等8名青壮年参加了红军游击队。至此，在坑源村的大山深处、密林丛中，始终活跃着一支为贫苦百姓谋福利的红军游击队。坑源村劳苦群众的革命斗志更加高昂，视红军游击队战士如同一家人，积极为红军游击队提供住宿和食物等后勤支持。红军游击队带领全村劳苦群众开展打土豪、分浮财，给穷乡僻壤的劳苦人民带来鼓舞和希望。坑源村的土豪劣绅罗兴生、罗明龙等又恨又怕，与永安的反动民团团长詹国顶联系。詹国顶带了53个团丁前来"进剿"，红军游击队经过3天艰苦的战斗，最终因弹尽粮绝，寡不敌众，大部分壮烈牺牲。

坑源村的贫苦大众无惧敌人的淫威，一直坚持革命斗争，迎来新中国的建立。

8. 长汀县馆前镇黄湖革命基点村

黄湖村是长汀县馆前镇所辖的一个民族村。黄湖又称黄泥湖。在苏维埃时期，它曾是汀东县委、县苏所辖的村子，黄湖村人民在共产党的领导下，和汉族兄弟一起为革命战争的胜利做出了积极的贡献。

土地革命前，黄湖村总人口仅有150多人，全部租种汉族地主的土地耕作，辛苦一年收成的粮食，六成交租，自己仅得四成。此外还受汉族反动势力的各种剥削和欺凌，走路要交"出行礼"的买路钱，上山砍柴要交"柴毛钱"等，畲胞苦不堪言。1931年12月，在汀东县苏维埃政府的领导下，畲胞翻身得解放，有了自己的土地，经济上翻了身，政治上和汉族人民平等。他们民主选举产生的县苏代表刘千金妹(女)、曾金仔(女)、蓝元高、蓝荣山和村农会主席蓝万玉执掌本村大权。畲民组建了30多人的赤卫队，经常配合红军作战；成立10余人的担架队，上前线抢救和抬送红军伤员；畲胞蓝万丰在县苏保卫局工作，蓝万应担任县苏军事部部长，还有蓝荣春、蓝元松、蓝元信3人参军随中央红军主力长征。

在长期的革命战争中，黄湖村为革命牺牲的烈士有蓝元松、蓝元信、蓝荣春、罗马三妹、蓝元彩5人。

苏维埃时期，黄泥湖村在"扩红""支前"、参军参战，参加苏区工作诸方面做出一定成绩和贡献。

第三节　民族干部选拔培养

龙岩市注重民族干部的培养、扶持。在历次的干部调整和省、市、县(市)党代会代表、人大代表选举、政协委员推荐中，畲族居民均占有一定的比例。漳平的蓝宗玉、蓝玉灼、蓝祖仁、雷新宗、蓝子东等人先后被选为省、市党代会或人代会代表，漳平市(县)人民代表大会从1955年的第一届至2021年的第十八届均有畲族代表参加。畲族代表蓝祖昌、蓝财辉、雷仁发、雷新宗、钟贵炳、蓝敬豪、钟加樟等先后应邀到北京、上海等地参加国庆观礼和参观访问。

1997年,龙岩市有少数民族干部779人,占全市干部总数的1.05%。其中,党政干部206人,处级干部5人、科级干部75人;企事业单位干部573人,少数民族妇女干部154人。少数民族中,党员1368人。

1998年,龙岩市民族工作协调委员会成立,实施《福建省1995—2000年培养选拔少数民族干部规划》,在市、县(市)换届选举中少数民族被选为党代表30人,人大代表15人,政协委员17人。龙岩市民委向市委组织部推荐处级后备干部5人,漳平市委统战部推荐10人。

1999年,龙岩市把培养少数民族干部列入"跨世纪干部工程",至2000年底,向省、市组织部门推荐的厅、处级后备干部7名,均列入管理范围。上杭县委制定《上杭县1999—2003年培养少数民族干部工作规划》,有计划地扩大少数民族干部来源渠道,使少数民族干部队伍总量与全县少数民族人口的比例逐步达到同全县干部总量与人口的比例相一致;同时选配好民族乡少数民族领导干部,建立少数民族后备干部队伍,每年保持少数民族副处级后备干部名单5—6名,少数民族科级后备干部名单20—30名常量,实行滚动式管理。年底,全县有少数民族干部797人(包括党政群团、政法、教育卫生、企事业单位,下同),占干部总数7.45%,其中处级干部2人,副科级以上干部74人。38个民族村中,有25个村的主干由少数民族村民担任,其他民族村也配备了少数民族村干部。县民委向县委推荐少数民族后备干部35人,其中推荐为副处5人,正科13人,副科17人。11月底,省妇女与少数民族干部培养选拔情况检查组来杭检查,对该县少数民族干部培养选拔表示满意。

2002年7月,龙岩市委组织部、统战部、人事局、民族宗教局联合下发《龙岩市2001—2005年培养选拔少数民族干部工作规划》,同年向组织部门推荐后备干部2人。是年,全市有少数民族干部919人(其中,女干部164人,中共党员261人),占全市干部总数1.15%,占少数民族人口的2.4%。其中,处级干部8人,女干部10人;高、中级专业技术职务人员302人,中共党员1599人。在全市少数民族干部中,35岁以下525人、占57.1%,35岁—50岁250人、占27.2%,51岁以上144人、占15.7%。大专以上318人、占34.6%,中专503人、占54.8%,高中72人、占7.8%,初中以下26人、占2.8%。全市有少数民族省党代会代表1人、省人大代表2人、省政协委员1人,市党代会代表3人,县(市、区)人大代表21人、政协委员18人。进一步完善85名市科级以上少数民族干部信息库。是年,上杭县官庄、庐丰畲族乡党委、政府的正职领导均由少数民族干部担任。全县由少数民族干部担任乡镇正职领导从上届4名增至8名,占乡镇正职领导的12%。全县12个少数民族人口千人以上的乡镇都配有少数民族党政领导干部。

2003年,龙岩市民族工作部门完善少数民族干部信息资料库,结合县级换届向市委组织部推荐8名少数民族处级后备干部。抓住村级换届契机,选准选好能带领群众脱贫致富的少数民族村"两委"班子。上杭县有少数民族干部655人,其中少数民族科级以上干部75人(副处3人,正科级19人)。11月,中共上杭县委召开第十二次代表大会,少数民族有19人当选为大会代表。同年,在县人大、政协换届选举中,少数民族被选为县人大代表20人,县政协委员15人。

2004年,上杭县组织在2003年村级干部换届选举中上任的民族村"两委"主要干部开展民族政策学习和科学技术培训。

2005年,龙岩市民族宗教局主动地向组织、人事部门反映情况,提出建议,推荐人选。做好全国第四次、全省第六次民族团结进步模范集体和模范个人的评选工作,庄玲玲被国务院评为"全国民族团结进步模范个人"。年底,上杭县有少数民族干部616人,占全县干部总数的3.58%;有少数民族副科以上干部74人,其中正处级干部1人、副处级干部2人、实职科级干部40人。

2006年,龙岩市共推荐16名少数民族优秀后备干部。选派上杭县官庄民族中学、庐丰民族中学校长参加中央民族干部学院举办的“民族地区中学校长研讨班”。上杭县在村级换届选举中,绝大多数的少数民族村“两委”主干由少数民族村民担任。

2007年8月,由龙岩市民族宗教局牵头,与组织部、统战部、人事局联合印发《龙岩市2007—2010年培养选拔少数民族干部工作规划》,进一步加大对少数民族干部的培养选拔力度。全市向各级人大、政协推荐少数民族界人士担任各级人大代表和政协委员,为少数民族参政议政创造良好条件。全市少数民族界有市党代会代表11人、市人大代表9人、市政协委员7人。上杭县有少数民族干部474人,副科以上74人,其中正处1人,副处2人。省人大代表1人、市人大代表5人、县人大代表16人,省政协委员1人、市政协委员5人、县政协委员16人。

2008年,推荐和选派少数民族干部到各级党校或行政学院学习培训,到上级部门或沿海发达地区挂职锻炼,加大培养力度,为少数民族干部成长创造良好环境。

2014年底,上杭县有少数民族干部527人,占全县干部总数10114人的5.21%;副科以上少数民族干部64人,占全县副科以上干部1011人的6.3%,其中副处3人、正科23人、副科38人;担任乡镇党政主要领导有5人,担任政府工作部门主要负责人有3人。全县后备干部258人,其中少数民族后备干部27人,占10.5%。全县40个民族村中,有24个村配备了少数民族村村民委员会主任或副主任,支部书记、主任都是少数民族的有16个村,支部书记是少数民族的有6个村。

2015年,上杭县有少数民族在编干部543名,其中县处级3名,正科级24名,副科级41名。在民族村村级换届选举中,40个民族村有38个村配备少数民族村干部,担任党支部书记、村民委员会主任和副主任职务共55人,其中村党支部书记21人、村民委员会主任22人和副主任11人。

2016年,龙岩市民族宗教局联合组织、统战、人社部门制定出台《龙岩市2016—2020年培养选拔少数民族干部工作规划》,选送上杭县临江镇东南社区书记参加中央民族干部学院第3期城市暨社区民族工作培训班,切实提高少数干部综合素质,推进少数民族干部队伍建设持续发展。

2018年,漳平市10个民族村有桂林街道山羊村、象湖镇龙门村2个民族村的村“两委”委员均由畲族村民担任,其他8个村民委员会的副主任由畲族村民担任。

2020年,漳平市有少数民族干部53人(公务员13人,事业单位40人),其中民族构成:畲族31,回族11人、苗族5人、蒙古族1人、满族1人、壮族1人、侗族1人、傣族1人、土家族1人。全市少数民族科级干部有8人,其中畲族6人,回族2人。漳平市10个少数民村中桂林街道山羊村、象湖镇龙门村村“两委”干部均是畲族,其他民族村都配备1名少数民族副主任。

2021年,上杭县有少数民族干部543人,有副科以上少数民族干部71人,其中副处2人、正科28人、副科41人。有省、市、县少数民族人大代表20人、少数民族政协委员22人,高于《福建省少数民族权益保障条例》的标准。在村级换届选举中,上杭县40个民族村都有少数民族公民担任村“两委”干部职务,担任村党支部书记、村民委员会主任“一肩挑”的27人,担任副主任的17人。其中,官庄畲族乡10个民族村每个村都配备少数民族干部,担任党支部委员、村民委员会委员共15人,其中村党支部书记、村民委员会主任“一肩挑”7人和副主任6人;庐丰畲族乡5个民族村中有4个村配备少数民族公民任村干部,担任党支部委员、村民委员会委员共17人,其中村党支部书记、村民委员会主任“一肩挑”4人和副主任3人。漳平市10个民族村有桂林街道山羊村、象湖镇龙门村2个民族村的村“两委”书记、主任(一肩挑)和副主任均由畲民担任,双洋镇中村村、灵地乡长垵村、新桥镇城口村村委会副主任由畲民担任。长汀县有副科以上畲族干部10人,其中正科3人、副科7人,馆前镇黄湖民族村的村“两委”书记、主任(一肩挑)和副主任均由畲民担任。

从1997年5月至2021年12月,龙岩市历次(届)中共代表大会、人民代表大会和政协龙岩市历届委员会中均有畲族代表参加。

畲族龙岩市在第一届(次)至第六届(次)党代会代表、人代会畲族代表和政协畲族委员情况表

表3-01 单位:人

	第一届(1997)	第二届(2002)	第三届(2007)	第四届(2012)	第五届(2016)	第六届(2021)
党代会代表		3	11		6	4
人代会代表	2	1	6	2	5	8
政协委员	3	2	5	4	5	3

1998年始,龙岩市民族工作部门选送少数民族干部参加省、市、县(区、市)委党校举办的少数民族干部培训班学习,利用各级党校等阵地,分层次对少数民族干部进行理论学习培训,努力提高少数民族干部的思想政治素质。

若干年份龙岩市选派少数民族干部到各级党校培训情况表

表3-02 单位:人

年份	1998	1999	2002	2004	2006	2007	2009	2010	2011	2012	2013	2016	2019
人数	63	50	23	1	2	56	38	60	20	56	41	5	4

附:龙岩市(地区)历届省、市、县(市)人大代表、政协委员中畲族代表、委员名录(已知,以姓氏笔画排序)

一、福建省历届人民代表大会龙岩市(地区)畲族代表名录(已知)

福建省第一届各界人民代表会议代表:蓝汉华

福建省第二届各界人民代表会议代表:蓝汉华、钟富庭

省人民代表大会代表

第一届:蓝荣玉

第二届:蓝荣玉

第三届:蓝荣玉

第六届:蓝桂兰(女) 蓝祖仁

第七届:钟淑伦(女) 蓝子东

第八届:蓝建杭

第九届:蓝菊芳(女)

第十届:蓝武英(女)

第十一届:钟立新

第十二届:钟立新

第十三届:钟阳藩

第十四届:雷贵兴

二、福建省历届政协委员会龙岩市畲族委员名录(已知)

第九届:蓝建杭

第十届:蓝建杭

第十一届:雷祖云

三、龙岩市历届人民代表大会畲族代表名录(已知)

第一届:雷建成	兰元耀				
第二届:兰春莲(女)	蓝善祥				
第三届:钟德发	蓝　新	蓝申生	蓝国鑫	蓝善祥	兰荣均
第四届:雷日斌	兰荣均				
第五届:钟石生	蓝中健	蓝福生	雷贵兴	兰荣亨	
第六届:钟天长	兰　胡	兰　刚	蓝丽君(女)	蓝炉山	蓝群英(女)
	蓝福生	雷贵兴			

四、龙岩市历届政协委员会畲族委员名录(已知)

第一届:蓝国珍	蓝福生	雷游焕	蓝金川	
第二届:蓝福生	雷游焕			
第三届:钟连英(女)	钟福金	蓝　勇	蓝珊晶(女)	雷祖云
第四届:蓝申生	雷祖云(缺2人)			
第五届:钟加樟	蓝　新	蓝　强	蓝玉华(女)	蓝建平
第六届:钟加樟	蓝玉华(女)	蓝丽华(女)		

五、上杭县历届县人民代表大会畲族代表名录

第一届(16人)

钟兆銮	钟富庭	蓝五姑(女)	蓝文勋	蓝永英(女)	蓝汉华
蓝汉兴	蓝立民	蓝学梅	蓝振球	蓝培陵	蓝献琳
雷开贤	雷祥炉	雷佛春	雷德兴		

第二届(18人)

钟树玉	钟富庭	蓝子钦	蓝开万	蓝文勋	蓝汉华
蓝汉兴	蓝启镜	蓝思煌	蓝振球	蓝培陵	蓝锦云
蓝富田	蓝棠春	雷开贤	雷祥炉	雷佛春	雷德兴

第三届(15人)

钟四九(女)	钟长寿	钟兆銮	钟树玉	钟富庭	蓝文勋
蓝汉华	蓝永金(女)	蓝来喜	蓝学梅	蓝思煌	蓝培陵
蓝棠春	雷开贤	雷德兴			

第四届(16人)

钟文荣	钟兆銮	钟应良	钟树兴	钟耀华	蓝五姑(女)
蓝汉华	蓝史明	蓝永金(女)	蓝近仁	蓝秀英(女)	蓝思煌
蓝棠春	雷开贤	雷时标	雷德兴		

第五届(16人)

钟文荣	钟兆銮	钟成昌	钟应良	钟树兴	蓝五姑(女)
蓝汉华	蓝永金(女)	蓝兆坤	蓝近仁	蓝宝娣(女)	蓝来喜

蓝思煌	蓝棠春	雷开贤	雷德兴		

第六届人民代表大会代表,因“文革”未正式选举产生

第七届(27人)

钟占善	钟加德	钟华银	钟赤诚	钟均茂	钟顺金(女)
钟炳昌	钟福玉(女)	蓝　岳	蓝占文	蓝占春	蓝加梅
蓝先金	蓝同仁	蓝发连(女)	蓝杭英	蓝连秀(女)	蓝应琳
蓝思煌	蓝浩达	蓝德福	蓝耀京	蓝耀洲	蓝耀堂
雷　飞	雷玉妹(女)	雷顺才			

第八届(37人)

钟丁才	钟元荣	钟文焕	钟兆育	钟树玉	钟炳春
钟贵辉	钟辉星	钟家镜	钟育魁	钟维光	蓝友珍
蓝文洪	蓝凤娇(女)	蓝永秀(女)	蓝永楷		
蓝同仁					
蓝志锦	蓝东金姑(女)	蓝均衡	蓝浩达	蓝细巴	蓝柏瑞
蓝思煌	蓝美英	蓝桃林	蓝福姑(女)	蓝顺玉	蓝明华
蓝翠华(女)	蓝登仁	蓝添标	蓝德福	蓝耀洲	雷开盛
雷开彭	雷显春				

第九届(39人)

钟子炎	钟文学	钟如庆	钟汉业	钟有福	钟进藩
钟求旺	钟应良	钟宝升	钟宝星	钟树玉	钟福玉(女)
钟贵辉	钟维光	蓝文洪	蓝永兰(女)	蓝永发	蓝永前(女)
蓝永铭	蓝汉华	蓝兴初	蓝冬金姑(女)	蓝丽华(女)	蓝志锦
蓝进发	蓝寿彭	蓝昌寿	蓝思煌	蓝振玉	蓝福兴
蓝赠福(女)	蓝琪玉	蓝献麟	蓝满金(女)	蓝镜初	蓝耀山
雷开华	雷玉先	雷汉堂			

第十届(21人)

钟如庆	钟应良	钟亮生	钟春生	钟振华	钟裕模
蓝天天	蓝文洪	蓝汉华	蓝占文	蓝占扬	蓝永前(女)
蓝志锦	蓝兴初	蓝润仁	蓝思煌	蓝琦玉	蓝福兴
蓝瑞洲	蓝德林	蓝耀京			

第十一届(20人)

钟祥松	钟琴英(女)	钟子武	钟锦昌	钟永华	钟加冠
蓝　焜	蓝友珍	蓝文元	蓝盛兴	蓝发熊	蓝兴初
蓝思煌	蓝镜初	蓝菊芳(女)	蓝殿南	蓝祥光	蓝桃林
蓝启东	蓝丰年				

第十二届(29人)

钟义英(女)	钟文连	钟文锦	钟凤昌	钟立章	钟发兴
钟杭生	钟林茂	钟振华	钟碧兰(女)	蓝子珍	蓝中秋

蓝友珍　蓝文元　蓝太仙(女)　蓝华英(女)　蓝发达　蓝如钦
蓝寿标　蓝盛兴　蓝春禄　蓝树满　蓝炳贵　蓝国玉
蓝宜荣　蓝思煌　蓝菊芳(女)　蓝耀京　雷小红(女)

第十三届(14人)

钟　玲(女)　钟义英(女)　钟伟鹏　钟喜娣(女)　钟群生　钟福金
蓝　英(女)　蓝小宁　蓝永春　蓝录朋　蓝尚金　蓝国富
蓝善祥　蓝耀辉

第十四届(21人)

钟　玲(女)　钟八娣(女)　钟先茂　钟龙章　钟育发　钟群生
钟福金　钟维育　钟樟秀(女)　蓝　新　蓝升初　蓝玉华(女)
蓝凤金(女)　蓝如福　蓝克坤　蓝旺文　蓝春金(女)　蓝国锋
蓝国鑫　蓝善祥　蓝演春

第十五届(17人)

钟庆传　钟群生　钟育发　钟福金　钟维育　蓝　新
蓝升初　蓝玉华(女)　蓝克坤　蓝旺文　蓝政龙　蓝国锋
蓝国鑫　蓝善祥　蓝演春　蓝樟连(女)　雷先桦

第十六届(15人)

钟天生　钟立新　钟庆传　钟育发　钟维育　蓝升初
蓝冬玉(女)　蓝丽英(女)　蓝克坤　蓝旺文　蓝政龙　蓝琳基
蓝建平　蓝德荣　雷日斌

第十七届(9人)

钟天长　钟乐云　钟福金　蓝　晴　蓝立英(女)　蓝玉华(女)
蓝政龙　蓝琳基　蓝德荣

第十八届(13人)

钟栋标　钟加樟　钟发扬　钟茶花(女)　蓝　俊　蓝中健
蓝启文　蓝丽婷(女)　蓝尚荣　蓝学标　蓝建勋　蓝耀强
雷建福

六、历届政协上杭县委员会畲族委员名录

第一届(11人)

钟应良　钟其俊　蓝文勋　蓝汉华　蓝立德　蓝润仁
蓝耀文　雷　飞　雷时标　雷佛春　雷德兴

第二届(10人)

钟应良　钟树玉　蓝文勋　蓝汉华　蓝思煌　蓝润良
蓝耀文　雷　飞　雷时标　雷德兴

第三届(9人)

钟永恩　钟震东　钟耀宽　蓝汉华　蓝思煌　蓝润良
雷义声　雷开贤　雷时标

第四届(7人)

钟永恩　钟景和　钟震东　蓝冠中　蓝福明　雷开华

雷开贤

第五届(7人)

钟达雄 钟淑伦(女) 钟震东 钟露香(女) 蓝瑞琳 雷开彭
雷先平

第六届(9人,从这届开始增设“少数民族界”)

钟永泰 钟国英(女) 钟贵炳 钟淑伦(女) 钟震东 钟露香(女)
蓝润仁 蓝润良 雷先平

第七届(11人)

钟永泰 钟国团 钟国英(女) 钟贵炳 蓝 勇 蓝光兴
蓝振芳 蓝树满 蓝朝强 雷先春 雷祖云

第八届(17人)

钟 玲(女) 钟谷辉 钟国团 钟国英(女) 钟贵炳 钟辉先
钟粮生 蓝 勇 蓝光兴 蓝巧英(女) 蓝申生 蓝浩仁
蓝建兴 蓝建英(女) 蓝赞玉 雷祖云 雷焕龙

第九届(16人)

钟 玲(女) 钟伟华 钟伟鹏 钟洪章 钟辉先 蓝小全
蓝巧玲(女) 蓝申生 蓝连秀(女) 蓝建兴 蓝朝文 蓝福明
蓝锡仁 蓝国富 蓝赞玉 雷祖云

第十届(17人)

钟巨藩 钟伟鹏 钟谷辉 钟早荣 钟洪章 蓝日隆
蓝巧玲(女) 蓝立英(女) 蓝申生 蓝金玲(女) 蓝建利 蓝朝文
蓝国富 蓝珊晶(女) 蓝锡仁 蓝赞玉 雷爱玲(女)

第十一届(22人)

钟 平 钟谷辉 钟伟鹏 钟连英(女) 钟洪章 钟栋标
钟德发 蓝小能 蓝立英(女) 蓝玉华(女) 蓝巧玲(女) 蓝尚华
蓝建杭 蓝日隆 蓝国富 蓝国旺 蓝建利 蓝珊晶(女)
蓝瑞州 蓝善祥 蓝锡仁 蓝赞玉

第十二届(22人)

钟育庆 钟育发 钟栋标 钟德发 蓝 俊 蓝小芳(女)
蓝天辉 蓝尚华 蓝丽华(女) 蓝国旺 蓝旺志 蓝群英(女)
蓝顺汉 蓝建利 蓝赞玉 雷日斌 雷国强 雷金荣

第十三届(19人)

钟 平 钟玲莉(女) 钟育发 钟祥瑞 钟燕辉(女) 蓝 浩
蓝子栋 蓝小芳(女) 蓝天辉 蓝开衍 蓝丽华(女) 蓝春云
蓝春金(女) 蓝国旺 蓝旺志 蓝朝燕 蓝桥辉
蓝健薇(女) 蓝彩辉

七、漳平市(县)历届人民代表大会畲族代表名录

第一届:蓝和深 蓝天富

第二届:蓝天富

第三届:雷仁发　蓝宗玉
第四届:蓝祖昌　雷仁发　雷开群
第五届:兰祖仁　雷仁发　雷开群　雷秋桂
第六届:兰宗玉　雷仁发　雷秋桂
第七届:兰天元　蓝宗玉　兰招招　兰顺波　雷士明　雷秋桂
第八届:兰财辉　雷新宗
第九届:兰振莲　蓝子东　雷陞宗
第十届:蓝子东
第十一届:兰金田　雷新宗
第十二届:蓝瑞旺
第十三届:兰永林
第十四届:蓝瑞旺
第十五届:蓝德辉
第十六届:蓝文旺
第十七届:兰瑞锦
第十八届:兰瑞锦

八、漳平市历届政协委员会畲族委员名录

第二届:蓝玉莹
第三届:蓝玉莹
第四届:蓝瑞旺
第五届:蓝金田
第六届:蓝瑞旺　兰德淦
第七、八届:兰德淦
第九、十届:兰子辉
第十一届:兰星泽

九、长汀县历届县人民代表大会畲族代表名录

兰荣昌　兰元耀　兰春莲(女)　兰　胡　兰桂秀(女)　兰春红(女)
兰　胡　兰佳丽(女)
第十七届:兰友生
第十八届:兰友生

十、长汀县历届政协委员会畲族委员名录

兰荣泉　兰荣寿　兰　胡　兰友好　兰红斌

第四章　民族事务

畲族自古由祠堂管理内部事务，选出德高望重，辈分最高的老人任族长。执行族规，主持祭祀，调解族内矛盾，解决外族纠纷，管理公共事务。民国年间实行保甲制度后，族长权力名存实亡。

中华人民共和国成立后，民主建政，废除保甲制度，各民族村均建立乡村行政管理畲村事务。中国共产党和人民政府，实行民族平等、团结、互助、和谐的民族政策。

1987 年 12 月，经福建省民族事务委员会批准，上杭县蓝、雷、钟 3 姓群众恢复畲族民族成份。1988 年，在原官庄、庐丰行政区域设立官庄、庐丰畲族乡；同时，上杭县人民政府批准官庄畲族乡树人村等 33 个建制村为少数民族建制村。

境内畲族同胞享受国家对少数民族在计划生育、中考和高考加分等方面的优惠政策。

2019 年 12 月，成立龙岩市畲族文化研究会，制订章程，开展研究、弘扬畲族文化，凝聚亲情，增进乡谊友情。

第一节　民族识别和恢复畲族成份

中华人民共和国成立前，由于民族歧视和压迫等原因，境内许多畲族讳言自己的民族属性，亦称“汉族”。1952 年，上杭庐丰等乡（镇）的蓝、雷、钟群众首次提出民族属性问题。1953 年，国家民族事务委员会派出民族识别调研组，到漳平县山羊隔和上杭县庐丰等乡（镇）调查，并重新认定漳平县山羊隔村蓝、雷和上杭蓝、雷、钟 3 姓群众为畲族。后因省里的审定意见不统一，上杭县的蓝、雷、钟 3 姓群众为畲族的民族识别而搁置。1980 年后，上杭境内畲族群众再次要求更改民族属性。1985 年 6 月，上杭县人民政府向福建省民委汇报有关情况，7 月，该县组织以民政局干部黄集良为组长，畲民代表参加的调查组，前往庐丰、官庄、茶地、太拔、古田等畲民较集中的 18 个乡（镇）、60 多个村庄调查，历时 2 年，采取召开座谈会、专程前往闽、粤、赣、浙 4 省 46 个地、市、县调查，获得大量文献和实物资料、省内外畲民长者口述材料等，证实上杭县内蓝、雷、钟 3 姓确属畲族无疑。1987 年 5 月，上杭县召开有 3 姓代表参加的座谈会，进一步充实历史资料，并报福建省人民政府核准。此后，福建省民委派出调查组到该县核实；6 月，福建省民委同意由上杭县民政局干部黄集良和畲民代表蓝润仁赴京向国家民委作专题汇报。同时，中央民族学院、厦门大学、广东省民族研究所等单位专家学者也对上杭境内畲族群众的要求予以大力支持；12 月，根据福建省民族事务委员会转发关于上杭县人民政府《关于再次要求报批我县蓝、雷、钟姓为畲族的请求》的函和龙岩地区行政公署关于做好蓝、雷、钟

3姓群众更改民族成份审定工作的批示精神，上杭县人民政府发出《关于恢复我县部分群众畲族成分的通知》。

第二节 设立民族乡、村

一、设立畲族乡

1988年5月，福建省人民政府授权省民政厅批准，撤销上杭县官庄乡、庐丰乡建制，在原官庄、庐丰行政区域设立官庄、庐丰畲族乡。6月24日，上杭县人民政府根据龙岩地区行署通知，发出《关于改设庐丰畲族乡、官庄畲族乡的通知》。7月5日，官庄畲族乡、庐丰畲族乡人民政府分别在原乡政府驻地正式成立。

二、设立民族村

（一）上杭县

1988年7月，上杭县人民政府认定全县有33个少数民族建制村。2001年3月29日，上杭县人民政府根据《福建省少数民族权益保障法条例》和省市有关规定，重新认定少数民族建制村。认定临江镇东南居委会，官庄畲族乡树人村、朱堡村、福泉村、贵和村、新风村、七里村、璜头村、德康村、新民村、曾泗村，庐丰畲族乡丰康村、丰济村、丰乐村、扶洋村、立英村，临城镇上登村、西南村、石砌村，太拔乡崇厦村、坵辉村，湖洋乡新坊村、加庄村、碧田村、文光村，南阳镇双溪村、南岭村、涂坑村，才溪镇大贵村、才民村、溪北村，中都镇古坊村、瑞香村，下都乡吉安村，珊瑚乡华竹村，茶地乡久泰村，古田镇苏家陂村和旧县乡谷坑村等38个村（居）为少数民族建制村（居）。2004年5月，中都镇陈和村被确认为少数民族建制村；8月，蛟洋乡华家村被确认为少数民族建制村。2021年，上杭县有少数民族建制村（居）40个。

（二）漳平市

1953年，国家民委派出民族识别调研组到漳平县山羊隔调查民族识别时，就认定漳平县山羊隔村为畲族村。2000年始，漳平市人民政府根据《福建省少数民族权益保障法条例》和省市有关规定，重新核实确认少数民族建制村。2001年3月，确认象湖镇龙门村、赤水镇香寮村、赤水镇岭兜村、灵地乡长垵村和双洋镇坑源村为少数民族建制村。2004年6月，确认双洋镇中村村、新桥镇石码村为少数民族建制村。2010年5月，确认新桥镇城口村为少数民族建制村。2012年11月，确认象湖镇科山村为少数民族建制村。2021年，漳平市有少数民族建制村10个。

（三）长汀县

1981年，根据馆前公社黄湖大队请求恢复其少数民族身份的申请，龙岩地委统战部、长汀县委统战部、长汀县民政局组织调查组前往该大队调查落实，长汀县人民政府批准馆前公社所辖的黄湖大队（村）为畲族村。2021年，长汀县有少数民族建制村1个。

2021年，龙岩市有少数民族建制村（居委会）51个，其中上杭县40个，漳平市10个，长汀县1个。

2021年龙岩市少数民族建制村(居)一览表

表4-01

县(市)	所在乡(镇、街道)	民族村(居)名
上杭县(40个)	官庄畲族乡	朱堡、福泉、贵和、新风、七里、璜头、德康、树人、新民、曾泗
	庐丰畲族乡	丰康、丰济、丰乐、扶洋、立英
	临江镇	东南社区居委会
	临城镇	上登、西南、石砌
	湖洋镇	新坊、加庄、碧田、文光
	中都镇	古坊、瑞香、陈和
	下都镇	吉安
	太拔镇	崇厦、坵辉
	茶地镇	久泰
	蛟洋镇	华家
	古田镇	苏家坡
	南阳镇	双溪、涂坑、南岭
	才溪镇	大贵、才民、溪北
	旧县镇	谷坑
	珊瑚乡	华竹
漳平市(10个)	桂林街道办事处	山羊(小芹菜)
	赤水镇	香寮、岭兜
	新桥镇	城口、石码
	双洋镇	坑源、中村
	象湖镇	龙门、科山
	灵地乡	长垵
长汀县(1个)	馆前镇	黄湖

第三节　落实民族政策

一、生育政策

1988 年 7 月 1 日始，龙岩市对符合上级政策规定的少数民族群众实行少数民族计划生育优惠政策。允许一对夫妇生育 2 胎，有下列情形之一的，由本人申请，乡（镇）审核，经县级计划生育部门批准，可以有计划地安排生育 3 个孩子：夫妇已有 2 个孩子，其中有 1 个是非遗传性残疾，不能成为正常劳动力的；夫妇都是独生子女的；再婚夫妇一方是初婚，新组成的家庭只有 2 个孩子的。2016 年 1 月 1 日，按中央和福建省政府通知，全面实施两孩政策。2021 年 5 月 31 日，中共中央决定，为进一步优化生育政策，实施一对夫妻可以生育 3 个子女政策及配套支持措施。

二、招生政策

少数民族考生享受招生加分照顾政策的实行，为畲族莘莘学子进入高一级学校深造，开启绿色通道。

1998 年始，龙岩市贯彻少数民族考生享受招生加分照顾政策，中考照顾分数为总分的 5%（37 分），高考照顾 20 分（高考限上杭县官庄、庐丰畲族乡少数民族考生）。

2008—2010 年，参加中考的少数民族学生按总成绩 5%的加分照顾，实际加 22. 5 分。对参加高考的少数民族学生，上杭县官庄、庐丰畲族乡少数民族高考考生实行 20 分加分照顾；散居在汉族地区的少数民族考生实行加 10 分的照顾。

2011 年始，上杭县官庄、庐丰畲族乡少数民族高考考生实行 10 分加分照顾，民族乡以外地区的少数民族高考生实行优先录取照顾。

2013 年始，少数民族考生报考民族院校的，录取时可加 20 分投档，报考其他院校的，录取时可加 5 分投档。鼓励少数民族高考生报考民族预科班，被录取为民族预科班的学生，不仅享受考分照顾，并由校方发给特殊津贴。

2014 年，福建省招生考试委员会印发《关于做好 2014 年福建省普通高等学校招生工作的通知》（闽招委〔2014〕3 号）规定：龙岩市上杭县官庄、庐丰畲族乡畲族高考考生实行 10 分加分照顾，散居在汉族地区的少数民族考生，享有在同等条件下优先录取的照顾政策。

2016 年，龙岩市出台《龙岩市人民政府办公室关于印发加快发展民族教育实施方案的通知》（龙政办〔2016〕184 号）。上杭县官庄、庐丰畲族乡畲族高考考生实行 10 分加分照顾，民族乡以外地区的少数民族高考生实行优先录取照顾；散居在新罗区、永定区城区的少数民族初中毕业生中考享受 2 分加分照顾、其他地区的少数民族初中毕业生中考享受 5 分加分照顾。

2020 年 10 月，福建省教育厅、省委统战部、省民宗厅等 5 部门联合印发《福建省关于进一步深化高考加分改革工作实施方案》，对少数民族考生，加分分值从 2021 年起从 10 分调整为 5 分，加分对象调整为全省 19 个民族乡的少数民族考生，以及高山（享受高山补贴）和无桥梁、海堤与大陆相连的海岛等少数民族考生。其中 2021 年至 2023 年，少数民族考生加分可面向所有高校投档时使用；2024 年至 2025 年，少数民族考生加分仅面向省属高校投档时使用。2026 年起取消少数民族考生加分政策。2021年至2025年,对申请少数民族加分考生增加户籍、学籍、实际就读地"三统一"的条件要求。

2021年4月,龙岩市招生考试委员会印发《关于调整高中阶段学校(含五年制高职)招生录取照顾加分项目和分值的通知》(岩招委〔2021〕9号)规定:2021年至2023年,少数民族考生初中阶段需在龙岩市民族乡(上杭县官庄畲族乡、庐丰畲族乡)具有3年完整户籍,且在户籍所在县学校具有3学年完整学籍,并有连续3学年的实际就读经历,享受3分的加分照顾;2024年(指初中学生毕业年份,下同)享受2分的加分照顾,2025年享受1分的加分照顾,从2026年开始,取消此项加分政策。散居在汉族地区的畲族考生,在同等条件下优先录取。

1998—2002年,龙岩市被录取的少数民族大中专生共811人,其中大专以上460人、民族班和民族预科班10人。2005年,上杭县共为795名少数民族中考学生审核办理加分证明,比2004年增加73人,同时为116名少数民族高考学生办理同等条件优先录取证明。是年,考取大专院校的少数民族考生266人,其中本科生154人,比上年增加84人;上杭县4所达标中学共录取高中学生1897人,其中少数民族学生329人,占17.3%,比上年增加108人,比增2.8%。其中享受加分政策录取的为230人,占少数民族考生录取总人数69.9%,比上年增加67人。2006—2009年,共办理少数民族高考生同等条件优先录取证明661人次。2010年始,该项业务由县教育局办理。

若干年份龙岩市少数民族考生享受优惠政策情况表

表4-02 单位:年、人、%

年 份	中考生加分证明人数	高考生加分证明人数	高考生优先录取证明人数	高校录取少数民族考生数	录取率
2004		125		237	85.56
2005	847	210		322	82.14
2006	946	215	166	325	74.70
2007	862	296	196	417	75.14
2008	645	458	151	509	76.20
2009	490	468	126		
2010	526				
2011	546				
2012	496	164	158		
2013	427	159	127		
2014	452	177	154		
2015	410	156	140		
2016	388	136	128		
2017	458	139	144		
2018	393	110	153		
2019	394	104	112		
2020	460	125	163		
2021	146	80	151		

三、民族成份变更

公民变更民族成份只能依据父亲或母亲的民族成份确定。1990 年，国家民委、国务院第四次人口普查领导小组、公安部印发《关于中国公民确定民族成份的规定》(民委〈政〉字〔1990〕217 号)，申请变更民族成份，应先向县级民族事务主管部门申请，并提交相应证明文件。县级民族事务主管部门应在对相关材料的真实性进行严格审查(必要时还应进行实地调查)后作出初审意见。初审同意后，上报地市级民族事务主管部门核实并签署审核意见。对其中符合变更条件的，再转由户口所在地公安派出所受理，经逐级呈报地市级公安机关户政部门审批后办理变更手续。2015 年 5 月 20 日国家民委第 5 次委务会议审议通过，并经公安部同意的《中国公民民族成份登记管理办法》规定：为年龄在 20 周岁以下，依据其父亲或者母亲的民族成份确认、登记(其中父母包括生父母、养父母和与继子女有抚养教育关系的继父母)，申请民族成份变更的公民办理民族成份变更。在办理变更手续时，18 周岁以下的，由其父亲或者母亲提出申请进行变更一次，18 周岁到 20 周岁的，由其本人提出申请进行变更一次，不能委托其他人办理。

2006—2009 年，上杭县民族宗教局共办理民族成份更改业务 370 多人次。2009 年 5 月始，该项业务的终审权移交市民族宗教局办理。

若干年份上杭县民族宗教局办理民族成份更改初审情况表

表 4-03　　单位：年、人

年　份	人　次	年　份	人　次	年　份	人　次	年　份	人　次
2010	135	2011	98	2013	98	2014	74
2015	56	2016	7	2017	5		

2009 年，龙岩市民族宗教局受理变更民族成份申请 168 件，为 132 名群众出具变更民族成分的审核证明。2011 年，龙岩市民族宗教局为 98 名符合条件的群众出具变更民族成份审核证明。

若干年份龙岩市民族宗教局办理民族成份更改情况表

表 4-04　　单位：年、件、人

年份	受理	变更	年份	受理	变更	年份	受理	变更
2010			2014			2018	9	9
2011			2015			2019	13	13
2012			2016	10	10	2020	13	13
2013			2017	8	8	2021	9	9

第四节 创建少数民族特色村寨

2012年始,龙岩市开展民族特色村寨创建活动,至2021年,全市有上杭县庐丰畲族乡丰康民族村等14个民族村列入全省少数民族特色村寨保护与发展试点,民族特色村寨建设扎实推进。试点村的水、电、路、通讯、广播电视等基础设施进一步改善;在进行房屋立面改造修缮时添加畲族元素,有效提升村庄的整体档次、村寨风貌,传统民居得到合理保护,公共建筑与传统民居风格协调,畲族村落的传统建筑特征得到彰显。

2012年,龙岩市、上杭县民族宗教局做好上杭县庐丰畲族乡丰康民族村、官庄畲族乡树人民族村列入民族特色村寨保护与发展建设工程的申报工作。2013年,继续指导上杭县庐丰畲族乡丰康民族村和官庄畲族乡树人民族村实施少数民族特色村寨保护和建设工程项目。

2014年4月,龙岩市民族宗教局在上杭县召开全市创建少数民族特色村寨工作会议,对特色村寨建设工作进行研究部署,确定重点建设项目、资金来源和实施时间,向各级各有关部门积极争取项目资金支持,会议确定10个少数民族特色村寨建设重点项目。12月,组织有关人员到三明市大田、永安等地参观考察少数民族特色村寨建设工作,学习、借鉴好的经验和做法,着力推动特色村寨建设工作的顺利实施。上杭县民族宗教局落实少数民族特色村寨保护与发展专项资金75万元,加强对庐丰畲族乡丰康民族村、官庄畲族乡树人民族村、古田镇苏家坡民族村3个全国特色村寨创建村的创建指导。漳平市认真实施赤水镇香寮民族村少数民族特色村寨“保护与发展”项目(第一期工程),向上级民宗部门争取项目资金30万元,通过发展特色产业(烤烟、毛竹)、保护特色民居、传承少数民族文化、促进民族团结和谐,提升村寨“保护与发展”水平。

2015年,龙岩市召开全市少数民族特色村寨建设工作会议,总结特色村寨建设经验,研究部署下一段工作。投入155万元资金帮助上杭县庐丰畲族乡丰康民族村、官庄畲族乡树人民族村、古田镇苏家坡民族村和漳平市赤水镇香寮民族村4个全省少数民族特色村寨试点村改善生产生活条件、发展特色产业、推进民居保护与建设、加强民族文化保护与传承、开展民族团结进步创建活动,因地制宜,采取保护一批、改造一批、新建一批的办法,扎实推进特色村寨建设工作。上杭县民族宗教局组织人员对丰康民族村、树人民族村、苏家坡民族村的创建进展情况按创建标准进行督查,创建活动有序推进。同时,深入民族乡村做好新一轮全国民族特色村寨创建村的调查摸底工作。

2016年,上杭县官庄畲族乡福泉民族村、璜头民族村,太拔镇坵辉民族村和漳平市桂林街道山羊民族村列入第三批中国少数民族特色村寨创建试点村。龙岩市投入190万元资金,对列入全省试点的8个民族村给予大力支持。扎实做好第二批“中国少数民族特色村寨”命名挂牌申报工作,向国家民委申报了上杭县官庄畲族乡树人民族村、庐丰畲族乡丰康民族村、漳平市赤水镇香寮民族村3个“中国少数民族特色村寨”试点村。上杭县落实少数民族特色村寨建设保护与发展项目5个、投入资金140万元。做好丰康民族村和树人民族村第二批中国少数民族特色村寨命名挂牌申报工作。漳平市完成赤水镇香寮民族村第二批“中国少数民族特色村寨”保护与发展项目,实施桂林街道山羊村第三批少数民族特色村寨保护与发展项目。

2017年,龙岩市投入200多万元资金用于少数民族特色村寨建设。3月,上杭县官庄畲族乡树人民族村、庐丰畲族乡丰康民族村和漳平市赤水镇香寮民族村被国家民委命名为第二批“中国少数民族特色村寨”。上杭县指导第三批全国民族特色村寨试点村古田镇苏家坡民族村、官庄畲族乡福泉民族村、璜头民族村、太拔镇坵辉民族村做好特色村寨创建工作。全年落实少数民族特色村寨建设保护与发展项目3个、资金135万元。

2019年，漳平市桂林街道山羊民族村被国家民委列为“中国少数民族特色村寨”(兰中霞提供)

2018年，龙岩市推荐上杭县官庄畲族乡七里民族村、朱堡民族村，庐丰畲族乡丰济民族村，湖洋镇文光民族村，中都镇古坊民族村和漳平市象湖镇龙门民族村6个民族村列入第四批全省少数民族特色村寨保护与发展试点村。投入200多万元专项资金扶持现有8个试点村发展特色产业、建设特色民居、传承特色文化。上杭县苏家坡民族村在打造集民族文化、红色文化、绿色文化的“中国少数民族特色村寨”成效初显。上杭县强化民族项目资金扶持，全年上报少数民族项目54个，争取中央、省、市民族补助资金619万元，下拨县级民族补助款60万元。特色村寨建设逐步推进，5个民族村成功列入第四批少数民族特色村寨试点村，每个试点村三年创建资金100万元。

2019年，龙岩市举行全市民族团结进步创建暨少数民族特色村寨建设工作现场交流会，推进民族团结进步创建和少数民族特色村寨建设。漳平市桂林街道山羊村被国家民委命名为第三批“中国少数民族特色村寨”。

第五节　民族事务管理机构

一、行政机构

(一)龙岩市

1996年11月，组建龙岩地区民族事务委员会(简称地区民委)，与龙岩地区宗教事务局合署办公，为副处级单位，属龙岩地区行署主管民族事务的职能部门，行政编制4人，事业编制1人。

1997年12月，组建龙岩市民族事务委员会(简称市民委)，与龙岩市宗教事务局合署办公，但民委业务、宗教业务各分开独立管理，分别设民委主任和宗教局长，两个单位均为副处级建制，属市政府主管民族事务的职能部门，行政编制4人，工勤事业编制1人。

2002年2月，龙岩市民族与宗教事务局(简称民族宗教局)由副处单位升格为正处级，增设综合科、业务科，增加1个行政人员编制。全市各乡(镇)都配备专职或兼职的统战委员。2006年，市编委核定增加市民族宗教局行政编制1名。

2007年，龙岩市民族宗教局增设行政审批科。

龙岩市(地区)民族宗教局(民委)历任领导名表

表 4-04

姓名	职务	任职时间
庄玲玲(女)	龙岩地区民族事务委员会(副处级)主任	1996
郭金华	龙岩市民族事务委员会主任	1997
庄玲玲(女)	龙岩市民族事务委员会副主任	1997
王光忠	民族与宗教事务局局长	2002.02—2004.06
庄玲玲(女)	民族与宗教事务局副局长	2002.02—2012.03
罗良丁	民族与宗教事务局局长	2004.07—2016.09
张树淳	民族与宗教事务局党组书记、局长、二级巡视员	2016.10—
蓝建英(女)	民族与宗教事务局党组副书记、副局长、一级调研员	2012.11—2022.08
兰尚信	民族与宗教事务局党组成员、副局长	2016.10—
黄忠海	民族与宗教事务局党组成员、副局长	2022.12—
连加民	民族与宗教局事务四级调研员	2019.12—

(二)县(市、区)

1988 年 6 月,上杭县成立民族事务委员会(简称上杭县民委,股级单位,由民政局辖);1992 年 12 月,升格为正科级单位,与宗教事务局合署办公,实行两块牌子一套人员。2002 年,更名为上杭县民族与宗教事务局(简称上杭县民族宗教局)。2011 年,上杭县民族宗教局成立行政审批股。

2002 年,上杭县、长汀县民族宗教事务局为一级局,新罗区民族宗教事务局为二级局,与统战部合署办公。漳平市、永定县、武平县、连城县分别成立民族宗教事务局,归政府系列,在统战部加挂牌子。漳平市任命正科级干部为民族宗教局局长。

2005 年,连城县、武平县、漳平市分别单独设立民族与宗教事务局,并配备工作人员,永定县任命民族与宗教事务局局长 1 名。

2006 年,武平县、连城县、永定县、漳平市各核定机关事业编制 3 名,独立设置民族与宗教事务局。长汀县核定行政编制 3 名,新罗区核定机关事业编制 2 名,与统战部合署办公。

2021 年,上杭县民族宗教局作为龙岩市唯一独立的县级政府工作部门,归口县委统战部领导,正科级。

龙岩市(地区)各县(市、区)民族宗教局(民委)主要领导名表

表 4-05

县(市、区)	姓　名	职　务	任职时间
新罗区	林晓媛	区民族与宗教事务局局长	2004.06—
	叶　青	区民族与宗教事务局局长	2012.05—
	陈鸿武	区委统战部副部长、区民族与宗教事务局局长	2019.08 兼任民族宗教局局长
永定区	黄秀文	县民族与宗教事务局局长(副科级)	2004.11—2005.04
	曾广城	县民族与宗教事务局局长(副科级)	2005.07—2012.06
	翁胜芳	县民族与宗教事务局局长(正科级)	2012.09—2015.09
	翁胜芳	区委统战部副部长、区民族与宗教事务局局长(正科级)	2015.09—2021.01
	邱绍安	区委统战部副部长、区民族与宗教事务局局长(正科级)	2021.02—
上杭县	钟贵炳	县民族事务委员会主任	1997.12—1999.03
	吴开浩	县民族事务委员会主任	1999.03—2001.07
	钟贵炳	县民族与宗教事务局局长	2001.07—2002.06
	蓝申生	县民族与宗教事务局局长	2002.06—2012.04
	钟伟鹏	县民族与宗教事务局局长	2012.04—2016.05
	钟加樟	县民族与宗教事务局局长	2016.05—2017.10
	邱年春	县民族与宗教事务局局长	2017.10—
武平县	潘书生	县民族与宗教事务局局长	2005.05—2015.10
	钟达禄	县民族与宗教事务局局长	2015.11—2022.06
	兰洪盛	县民族与宗教事务局局长	2022.07—
连城县	吴　瑛	县民族与宗教事务局局长	2005.5—2021.11
	罗均仁	县委统战部副部长、县民族与宗教事务局局长	2021.12—
长汀县	程汀贤	县委统战部副部长、县民族与宗教事务局局长	2002.08—2004.02
	张彦彬	县委统战部副部长、县民族与宗教事务局局长	2004.03—2016.01
	兰友生	县委统战部副部长、县民族与宗教事务局局长	2016.01—
漳平市	张荣贵	市委统战部副部长、市民族与宗教事务局局长	2002.04—2005.08
	林阿友	市委统战部副部长、市民族与宗教事务局局长	2005.08—2013.02
	李华天	市委统战部副部长、市民族与宗教事务局局长	2013.02—2016.03
	李希伟	市委统战部副部长、市民族与宗教事务局局长	2017.01—

二、协调机构

（一）龙岩市

1998年12月，龙岩市成立民族工作协调委员会（简称民协委），由市政府分管副市长兼任主任，成员由18个市直部门领导组成；下设办公室，挂靠龙岩市民族事务委员会。

2002年8月，龙岩市人民政府调整充实由副市长马承佳任主任的民族工作协调委员会，新增加3个成员单位。2006年6月，市政府调整充实由副市长徐继武为主任，市发改委、财政、教育等19个部门为成员单位的民族工作协调委员会，加强对民族工作的领导，形成领导重视、部门配合、齐抓共管的工作格局。2008年3月28日，市政府办公室发出了《关于实施第三轮挂钩帮扶民族村工作的通知》（龙政办[2008]53号），决定市民族工作协调委员会成员单位从19个增加到26个。2021年，市民协委由副市长任主任，有28个成员单位。

（二）县（市、区）

1999年6月7日，上杭县成立民族工作协调委员会。县领导任主任，县府办、民委领导任副主任，成员由计划、农办、科技、教育、文化、卫生、体育、交通、水电、广电、人事、民政、扶贫、老区、建设、农行、信用、财政等21个单位领导组成。协调委员会下设办公室，办公室主任由民委主任兼，办公地点设在县民委。

2002年6月始，上杭县成立民族工作协调小组，由县政府分管副县长兼任组长，成员由计划、农办、科技、教育、文化、卫生、体育、交通、水电、广电、人事、民政、扶贫、老区、建设、农行、信用、财政等19个县直部门组成。下设办公室，办公室主任由县民族宗教局局长兼任，办公地点设在县民族宗教局。

第六节　龙岩市畲族文化研究会

一、组织建设

龙岩市有畲族人口约5.1万人，其中90%在上杭县。成立畲族文化研究会是广大畲族群众的夙愿，龙岩市、上杭县政协委员撰写提案反映社情民意，引起龙岩市委、市政府的高度重视，龙岩市民族宗教局予以回应。2017年6月，龙岩市民族宗教局领导深入上杭、漳平、长汀调研考察，为成立畲族文化研究会创造了良好的条件。2019年3月，在龙岩市、上杭县民族宗教局的指导下，成立龙岩市畲族文化研究会筹备委员会。为成立大会的召开，龙岩市、上杭县民族宗教局在财力、人力、物力、办公场所等方面给予极大支持。2019年12月16日，龙岩市民族宗教局批复同意成立龙岩市畲族文化研究会。

2019年12月21日，在上杭县客家开元大酒店召开龙岩市畲族文化研究会成立大会暨第一届第一次会员大会。来自上杭县、漳平市和长汀县的畲族会员代表130人参加成立大会。龙岩市民族宗教局领导在会上宣读了《龙岩市民族与宗教事务局关于同意筹备成立龙岩市畲族文化研究会的批复》，龙岩市民政局领导也在会上宣读了同意成立龙岩市畲族文化研究会，依法办理社团法人登记证的通知。

大会听取了龙岩市畲族文化研究会筹备委员会主任蓝赞玉做的《龙岩市畲族文化研究会筹备工作情况汇报》和《〈龙岩市畲族文化研究会章程(草案)〉起草说明》;审议通过了《龙岩市畲族文化研究会章程》《龙岩市畲族文化研究会财务管理办法》;选举产生了第一届理事会理事、监事会监事;蓝赞玉当选为理事长,钟华榕当选为监事长。龙岩市民族宗教局局长张树淳、上杭县人民政府副县长蓝玉华莅会指导并讲话,上杭县、漳平市、长汀县民族宗教局和上杭县官庄畲族乡、庐丰畲族乡的领导也参加了成立大会。

畲族文化研究会的办公地址设在上杭城区。

附:龙岩市畲族文化研究会第一届理事会领导成员名录(按姓氏笔画排序)

(一)理事会

会　　长:蓝赞玉

常务副会长:兰福平　钟海波　雷先桦

副 会 长:兰荣亨　钟昌福　蓝发锦　蓝丽华(女)　蓝启富　蓝尚华
蓝政龙　蓝群英　蓝德光　雷金荣　雷炎芳　雷盛功

(二)监事会

监事长:钟华榕

(三)秘 书 长:蓝尚华(兼)

副秘书长:钟裕斌

(四)名誉会长:兰　强　钟维育　钟福金　蓝天辉　蓝福生　蓝朝强　蓝建平　雷祖云

(五)顾　　问:张强福　陈正勋(中国台湾)　钟巨藩　钟贵炳　蓝龙贵　蓝如香　雷游焕

二、主要活动

(一)学习宣传

龙岩市畲族文化研究会组织理事学习习近平新时代中国特色社会主义思想,学习中共十九届五中、六中全会和中共二十大会议精神,学习习近平总书记在中央民族工作会议上的重要讲话和中央民族工作会议精神。派工到福建师范大学参加为期30天的"福建畲族服饰扶贫技艺培训班",协助上杭县民族宗教局举办的"畲歌畲语培训班",提升畲族知识和畲族文化研究水平。2021年,派人参加龙岩市民族宗教局举办的"党史学习教育暨民族宗教政策法规培训",组织部分会员参加上杭县民族宗教局"深入学习贯彻《中国共产党统一战线工作条例》及省委《实施意见》";11月22日,龙岩市畲族文化研究会会长蓝赞玉带领畲族山歌队前往庐丰畲族乡"党的十九届六中全会精神"宣传活动。

(二)传承畲族文化

参加"十三五"福建民族工作成果展览暨少数民族特色产品展示;参与厦门大学"民族乡村振兴、养老保障及少数民族乡村旅游规划发展"课题研究与实践;配合上杭县博物馆做好闽西畲族馆接待、讲解工作,继续做好闽西畲族馆提升和文物征集、文物馆藏工作等;配合上杭县民族宗教局、融媒体中心"杭川畲韵"线上系列宣传活动,深入上杭官庄、庐丰、湖洋、太拔等畲族乡村采访,录制畲族风情、畲族文化专题纪录片。组织会员实地参观考察庐丰蓝金贵畲族服装设计。2020年,成立了"闽西畲族艺术团"和"畲族山歌队",通过组建畲族艺术团、山歌队,将畲族乡村的民间艺术团体和人员聚集在一起,更好地发掘畲族文化资源,传承畲族艺术元素,提升畲艺表演水平。

2021 年 3 月,龙岩市畲族文化研究会聘请钟巨藩执笔编纂《龙岩市畲族志》,6 月 8 日,《龙岩市畲族志》编纂工作启动会议在上杭县举行,龙岩市民族宗教局和上杭县、漳平市、长汀县民族宗教局以及龙岩市畲族文化研究会有关负责人参加会议。会上,龙岩市畲族文化研究会负责人汇报了《龙岩市畲族志》编纂工作有关情况,编纂人员介绍了《龙岩市畲族志》篇章结构(目录),会上就《龙岩市畲族志》的编纂内容提出了修改意见。

(三)抗击疫情

新冠疫情暴发后,龙岩市畲族党员带领畲族群众,在各自的岗位上参与各种形式的抗击疫情工作,捐款捐物。厦门中医院神经外科护士、上杭县庐丰畲族乡丰乐村畲族姑娘蓝晓薇在 2020 年春节前,参加福建省援鄂医疗队,正月十四日随厦门医疗团队成建制接管设在武汉的华中科技大学附属同济医院的一个重症病区,前后历时 66 天。研究会副会长蓝丽华带领上杭的畲族姑娘为抗疫捐赠价值 5240 元的口罩和募捐近万元人民币。

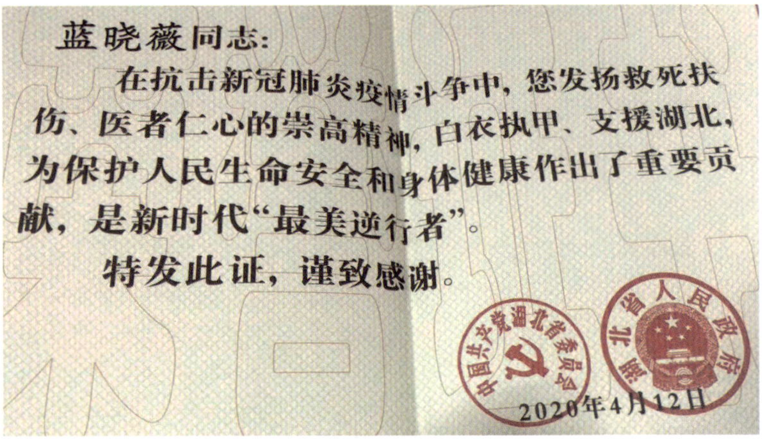

2020 年,上杭县庐丰畲族乡的蓝晓薇同志支援湖北抗击新冠肺炎疫情(庐丰畲族乡卫生院提供)

(四)助力畲村振兴

2020 年 1 月 10 日,组织会员代表参加上杭湖洋第三届梅花节暨龙岩七景区春节民俗节开幕式活动;4 月 10 日,就湖洋文光民族村提升畲族文化元素和打造畲医畲药品牌进行实地考察;4 月 26 日、6 月 19 日、6 月 23 日,副会长蓝丽华带领畲族姑娘分别到太拔茶园、官庄鼎丰茶园、太拔登健茶园,为畲村企业助力助威;10 月上旬,畲族文创产品参加龙岩市第二届文旅康养产业博览会;11 月初,参加了"十三五"福建民族工作成果展览暨少数民族特色产品展示。

(五)开展联谊

研究会先后派员参加了上杭茶地久泰民族村钟氏入杭始祖宗祠入香火仪式,龙岩雷氏源流筹备会议,上杭县白砂镇茜黄民族自然村钟氏伯十二郎宗祠开光庆典和参与接待福安政协和福安畲族研究会来杭调研活动。

第五章 民族团结进步

畲族人民和汉族人民一向都是密不可分的。畲族人民早在隋唐时期就在闽西山区从事垦荒种植,自唐末五代开始,大量的汉族移民逐渐进入闽西。畲民同南迁的汉族人民一道为开发闽西山区做出了贡献,在共同开发山区和反抗统治阶级的斗争中结下了深厚的友谊。

在中国共产党领导的土地革命战争中,畲、汉人民一起踊跃参加红军,投身土地革命,创建苏维埃红色政权;在土地革命失败后风雨如磐的岁月里,畲族群众与汉族人民一起支援红军游击队;在抗日战争、解放战争中,畲、汉人民目标一致,在共同对敌的斗争中建立了不可分割的血肉联系,为夺取新民主主义革命的胜利做出了不可磨灭的贡献。

中华人民共和国成立后,消灭了阶级剥削和阶级压迫,民族关系进入崭新的历史阶段。从 20 世纪 50 年代起,大批的汉族干部到畲族地区工作,同时也有大量的畲族干部到汉族地区工作,更加密切了畲族和汉族人民之间的联系,建立和发展了平等、团结、互助、和谐的社会主义新型民族关系。

改革开放后,民族关系又有了新的发展。中共十八大以来,民族大团结空前高涨,合作、共建、互助的新型民族关系在闽西大地开出绚烂之花。全市民族工作部门充分利用报纸、电视、广播、专栏、刊物、小册子等宣传工具和通过集中学习、专题研讨、举办讲座、撰写心得等形式,大力宣传马克思主义民族观、党的民族政策和有关法律法规,宣传做好新形势下民族工作的重要意义,铸牢中华民族共同体意识。

畲、汉文化相融,认同中华文化,畲、汉民族共同团结进步、共同繁荣发展是龙岩市民族工作的主要特征。

第一节 畲、汉民族融合发展

唐宋时期,南迁汉人在与畲族先民的交往、交流中,向畲族先民传授先进的生产技术和以儒家文化为核心的中华传统文化;同时南迁汉人也向畲族先民学习生产生活经验,不断适应当地的生活方式,并在当地推广中原的生活方式;在共同反抗剥削压迫中,汉、畲民族进一步融合发展。

一、互相学习,开发山区

闽西,在唐开元二十四年(736 年)建置汀州,正式设立行政建制。这时,闽西尚处于开发的初期,人口较少,到天宝十一年(752 年)汀州境内户口才 4680 户、人口 13702 人。“宋元时期,北方汉民入闽后落居于福建各地,其中相当一部分落居于闽西、闽北地区,带来了这一时期闽西、闽北地区人口数量的显著增长，进而促进了闽西、闽北地区经济、社会的迅速发展。特别是闽西，由于自然条件的限制，是北方汉民入闽后较晚涉足的山区，而当沿海、沿江一带自然条件较为优越的区域人口逐渐膨胀的时候，后迁入的汉民就不得不向闽西山区拓展，从而促进闽西山区的迅速开发。”①南迁汉人大量进入赣闽粤边后，作为无地无山的农民，首先是从没有争议的地方先行开发。随着汉族人口急剧增长，汉人陆续进入畲族先民生产、生活的高山岭谷地带，使畲族先民的生存空间被占，人地矛盾斗争时有出现。但南迁汉民深受中华文化的熏陶，以儒家文化的“仁爱”精神，对文明程度相对较低的畲族先民采取教化、融合的办法与其和谐相处。当时，这些地方畲族的生产力水平极其低下，汉族移民向畲族先民传授垦荒造田、修渠灌溉、建屋栖身、开辟交通等知识，结束了刀耕火种、徙居轮耕的“猱升鼠伏”生活。同时，南迁汉人也向当地畲族先民学习生产生活经验，并吸收到他们的生产生活和文化中去。畲民长期生活在闽西山区，积累了丰富的山耕生产经验。“汀人最重大禾米，春秋祭祀，必为粿以奉其先。此外又有棱米，又名畲米。畲客开山种树，掘烧乱草，乘土暖种之，分粘与不粘二种。四月种，九月收。”②棱禾最先是畲民利用山坡旱地种植的，南迁汉民向畲民学习了栽培技术，成为汀州汉人的重要粮食作物之一。上杭县在20世纪50年代还流传着“棱禾米饭鹧鸪汤，食了喷喷香”的客家民谚。同样，种菁(蓝靛)、狩猎也是畲民的特长，南迁汉民也向原住民学习种植蓝靛、苎麻和狩猎等技术，因种蓝靛获利者大有人在。到清朝中叶，上杭的靛商曾一度控制全国的靛业贸易，民国《上杭县志·实业志》载：“前清嘉道以前，邑人出外经商以靛青业为最著。据《赵志·物产》云，本邑之种蓝者其利犹少。杭人往南浙作艞获利难以枚数，此乾隆初年事也。故江西、浙江、广东及上海、佛山、汉口等处于省郡总会馆外，皆有上杭会馆。当时商业发达可知。”

他们共同开发、利用山区自然资源，生产粮食，护竹挖笋、养蜂酿蜜、植麻种茶、种蓝植桐，发展多种经济；并设立私塾、学校，传播儒家文化。通过接触交往，畲、汉通婚，由开始的矛盾斗争到互相帮助，互相学习，共同发展，闽西这片古老而神奇的土地便成了汉人和畲民的共同家园。

二、畲、汉人民共同反抗剥削压迫

唐末五代以来，由于中原汉人大量向赣闽粤边迁徙，汉族的文化随着汉人迁入而得到传播，农业除种水稻外，蓝靛、茶叶、甘蔗、苎麻等经济作物也普遍种植。土地得到充分利用，百姓生活得到改善。但是随着经济社会发展，内部的分化也日益明显。自唐代开始包括畲区在内设治后，封建生产关系移植，客观上向封建化发展。至宋代，封建化程度加深，畲、汉农民受地主官吏的剥削和压迫日益严重，由此引起了农民的不满和反抗。

宋廷南移后，随着政治中心南移，原先地处边陲的赣闽粤边，成为政治中心的“邻居”。在这种情况下，中央政府对这一带控制不断加强，“畲民不役、畲民不税”的历史不复存在，所以畲民的反抗也就激烈起来。“高宗绍兴年间，汀、虔、潮、惠山寇为乱，统制官刘宝讨平之。”③“孝宗隆兴年间，葛畲有逋寇，知州吴南老缚其魁，余党悉散。”④“光宗绍熙中，上杭县峒寇结他峒为乱，州判赵师瑟擒其渠魁，郡赖以安。”⑤宁宗嘉定元年(1208年)，“值江西峒寇李元砺窃发”⑥，嘉定二年，围攻汀州。嘉

①林国平、邱季端主编《福建移民史》，方志出版社，2005年，第42—43页。
②[清]杨澜《临汀汇考》卷四《物产考》。
③[民国]《长汀县志》卷十五《武备志》。
④[民国]《长汀县志》卷三十三《循吏传》。
⑤[清]杨澜《临汀汇考》卷三《风俗考·畲民附》。
⑥[清]杨澜《临汀汇考》卷三《兵寇考》。

定三年十二月,李元砺被执,闽、粤赣交界地的“峒寇悉市”①。畲民与南迁汉人通过彼此的接触和交流,达到相互合作。联合起来共同反抗官府。文天祥在《知潮州寺丞东岩先生洪公行状》说:“潮与漳汀接壤,盐寇、輋民群聚剽劫累政。”刘克庄在《漳州谕畲》中把汀州客家人与畲民的密切合作反抗官府说得更明白,“汀赣贼人,畲者教以短兵接战,故南畲之祸尤烈”。畲民直接向南迁汉人教授“短兵接战”的武艺。

宋末元初,文天祥等起兵“勤王”,反抗元军侵略,许多南迁汉人(客家人)参加勤王军,这时畲民组织的畲军,也踊跃配合,坚持反元斗争长达十年之久。南宋恭帝德祐元年(1275年),“江上报急,诏天下勤王。天祥捧诏涕泣,使陈继周发郡中豪杰,并结溪峒蛮,使方兴召吉州兵,诸豪杰皆应,有众万人。”②南宋端宗景炎二年(1277年)七月,宋将张世杰“自将陈吊眼、许夫人诸畲军攻元将蒲寿庚”。③

元世祖至元十五年(即宋帝昺祥兴元年,1278年),福建闽北、闽西及浙江括苍汉、畲人民共同抗元,以汀州畲族女英雄许夫人为旗帜相号召,即所谓“建宁政和县人黄华,集盐夫,联络建宁、括苍及畲民妇自称许夫人为乱”。④ 元世祖至元十六年,鉴于福建汉、畲官民仍坚持抗元,世祖“诏谕漳、泉、汀、邵武等处暨八十四畲官吏军民,若能举众来降,官吏例加迁赏,军民安堵如故”。⑤ 元世祖至元二十五年三月,福建、广东、江西汉、畲人民仍坚持抗元,互相呼应,史载:“循州贼万余人寇漳浦,泉州贼二千人寇长泰,汀、赣畲贼千余人寇龙溪,皆讨平之。”⑥至元二十六年,正月,“畲民丘大老集众千人寇长泰县”⑦,十一月,“土寇陈机察等八千人寇龙岩,执千户张武义,与枫林贼合。福建行省兵大破之,陈机察、丘大老、张顺等以其党降”。⑧ 从这些史料中,可知畲、汉人民联合起来历时10年之久的抗元斗争。

南宋时赣、闽、粤的蛮獠土著已经正式称为畲民。宋末元初畲民与客家人及其他汉族人民的合作关系已很突出、很常见。其时元兵南犯,宋朝处在生死存亡的危急关头;元灭宋后,实行残酷的民族歧视和民族压迫政策,元朝统治者把国人分为“四等”(蒙古人、色目人、汉人和南人),而南迁汉民和畲民被同列为最下等的“南人”,所受苦难最为深重。在这样的背景下,通过长期接触已经相互了解、和睦相处的汉、畲人民,面对共同的敌人,遂携起手来合作抗元,一直延续到整个元朝统治期间。《大元一统志》云:“汀之为郡,……西邻章贡,南接海湄。山深林密,岩穴阻窈,四境椎埋顽狠之徒,党与相聚,声势相倚,负固保险,动以千百计,号‘畲民’。时或弄兵,相挺而起,民被其害,官被其扰。盖皆江右广南游手失业之人,逋逃于此,渐染此习。比数十年间,此风方炽,古岂有是哉!”畲民与“四境椎埋顽狠之徒”“江右广南游手失业之人”,相混不清,正反映了畲、汉关系密切,往往难以区别。这是闽粤赣边区汉民与畲民联合反抗元朝残暴的民族压迫统治的一个写照。通过共同抗元斗争血的洗礼,汉、畲人民的友好合作关系又进一步得到巩固和发展。这也说明,在宋元之际的共同抗元斗争中,南迁汉人和赣闽粤边区的畲民,逐步建立以友好合作为主的新的民族关系,民族融合和民族关

①《宋史》卷三十九《宁宗本纪》三。
②《宋史》卷四百十八,《文天祥传》。
③《宋史》卷四百五十一,《张世杰传》。
④《元史》卷十《世祖纪七》
⑤《元史》卷十《世祖纪七》。
⑥《元史》卷十五《世祖纪二十》。
⑦《元史》卷十五《世祖纪二十》。
⑧乾隆《龙岩州志》卷十二《寇乱》。

系的不断发展,畲、汉民族都把自己看成是统一国家中的一员,认识到保卫好国土才有稳定的安全保障。

明、清时期,畲族由于居住分散,又都身处汉族之中,与汉族杂居一地,封建王朝采取“编图隶籍”和“编印完粮”,对其实行与当地汉族人民一样的政策。畲族内部地主阶级与汉族内部地主阶级和官僚相互勾结,剥削汉族与畲族人民。明朝洪武年间和成化年间上杭的钟子仁、钟三,明朝嘉靖年间龙岩集贤里(今漳平市双洋镇、赤水镇一带)苏阿普①领导的农民起义,都有汉、畲农民参加。由于汉、畲人民都遭受到共同的压迫和剥削,共同的悲惨命运使得他们一起共同反抗统治阶级。畲族和汉族农民在战斗中结成的友谊,为汉、畲民族亲如一家的融合发展奠定了坚实基础。

20世纪20、30年代,共产党领导的土地革命战争,是为了劳苦大众翻身求解放的斗争,赢得了闽西畲、汉人民的热烈拥护与支持。上杭县才溪、官庄、旧县3个区赤卫队六七百位畲、汉战士全体加入红军。闽西老区人民投入革命是毫无保留的,真正做到“一心跟着共产党,永远革命不变心”。闽西畲、汉革命群众坚定相信共产党,在主力红军长征后,畲、汉人民继续支持红军游击队坚持游击战争,打击地主民团武装反攻倒算的企图,土地革命成果才能一直保持到1949年,迎来中华人民共和国的成立,使闽西成为全国仅有的两处“红旗不倒”的老区之一。

从宋、元以来,闽西畲、汉人民共同生存在闽西山区,共同开发山区,共同流血战斗,形成手足相连、血脉相融的民族关系。早已把畲、汉民族隔阂冲刷得一干二净,从而形成中华人民共和国成立后闽西各族人民大团结的局面。

第二节 铸牢中华民族共同体意识

一、民族团结进步宣传月

福建省从2008年开始,将每年的9月份确定为全省民族团结进步宣传月,龙岩市及各县(市、区)成立民族团结进步宣传月活动领导小组,制订活动方案,拨出专项经费,确保宣传月活动顺利开展。组织闽西日报、龙岩电视台记者深入民族乡村、民族中小学、畲族乡卫生院开展民族团结进步采风活动。制作宣传民族团结进步新闻专题,在龙岩电视台《龙岩新闻联播》刊播,在龙岩电视台《百姓视点》栏目中专题介绍龙岩市民族乡村的新面貌和经济社会发展的新成就。在《闽西日报》开办“民族·团结·进步”有奖征文专题,刊发民族团结进步宣传文章。出动宣传车辆,在闹市区、广场等地方悬挂标语、气球,设立展板、板报和民族宗教政策法规咨询点,发放民族宗教政策法律法规宣传材料。召开座谈会征求群众意见。组织民族工作干部、少数民族干部群众参观闽西畲族博物馆、陈列馆,接受民族团结进步教育。

---

①据漳平的吕沁先生考证,苏阿普是今漳平市赤水镇香寮村人。见吕沁《明代的农民起义首领苏阿普》,载政协漳平市委员会文史委编,吕沁著《逝水流萤》(《漳平文史资料》总第25辑)。

若干年份龙岩市开展民族团结进步宣传月活动相关数据统计表

表 5-01

年份	在电视台播放字幕标语口号（条）	在电视台播放新闻及专题片（条）	报刊刊登宣传稿件（篇）	出动宣传车辆（台）	张贴悬挂标语横幅（条）	悬挂空飘气球（个）	发放宣传资料（份）	展出展板（块）	出版报（块）	接受义务咨询（人次）	召开座谈会		征求意见		发送短信（万条）
											次数（次）	人数（人）	发放表格（份）	征求意见（条）	
2008	150	5	10	6	100	10	7000	108	18	80					
2009	230	3	6	8	360	7	10500	108	12		5	70	200	10	
2010	238	7	6	25	372	10	16200	108	15						
2011	72	12	3	10	187	4	13400	72	56		12	1104	663	80	
2012	55	8	9	7	246	4	10000	66	101		14	483	282	16	
2013	40	14	8	5	161	11	8700	115	49		8	453	570	51	
2015	53	18	19	9	148	11	9300	19	28	1783	14	810	627	171	15
2017	64	3	20	4	623	6	7300	8	83	1103	15	462	852	102	6

2021 年 3 月，上杭县庐丰畲族乡举办“绿叶对根的情意”树叶吹奏主题专场音乐会（庐丰畲族乡政府提供）

在民族团结进步宣传月活动中，龙岩市及各县（市、区）每年还开展多种形式的宣传活动。2008 年，上杭县开展一个新闻专题（着力解决民族群众就医难问题），一个实践主题（坚持以人为本，着力解决民族群众就医问题），一个成果展示（改革开放 30 周年和民族乡建制 20 周年成果展示），一个课题调研（民族乡村生产生活用水情况调研），一次助学行动（宗教界扶助少数民族贫困大学生行动），一次科技普及（制作固定科普宣传栏）活动。开展“着力解决民族群众就医难问题”和“民族乡村生产生活用水情况”2 个专题调研，开展民族科教文卫等基础工作调查，推动畲族文化的保护、普及和传承。全县 40 个民族行政村有了自己的文化室，3 个民族村建立了标准化村级图书室；继续开展少数民族古籍古物的搜集和整理工作，发现族谱、画像、碑匾等民族古籍；县民族宗教局出资 1 万多元帮助完善庐丰畲族乡丰康民族村畲族文艺宣传队。

2009 年，在第二个民族团结进步宣传月活动中，龙岩市民族宗教局与上杭县民族宗教局联手在官庄畲族乡举办 1 期以发展油茶产业为主要内容的科技培训班；2 个民族乡卫生院各开展 1 次义诊活动，义诊近 300 人，免费发放药品价值 2000 余元，发放宣传材料 700 多份；投入 3000 元健全畲族文艺宣传队，增设船灯队，到各民族村开展以民族团结为主要内容的巡回演出；开展民族特色村寨创建活动。

2010 年,龙岩市民族宗教局在第三个民族团结进步宣传月活动中,把开展民族团结进步宣传月活动与开展民族宗教系统“五五”普法宣传教育活动结合起来,与开展“创建和谐寺观教堂”活动结合起来,充分运用报刊、广播、电视等宣传媒介和板报宣传栏、街头咨询服务、组织参观学习、召开座谈会、开展调查研究等宣传形式,大力宣传党的民族宗教政策和国家的法律法规,宣传民族宗教理论和知识。通过形式多样的宣传教育,进一步营造全社会关心支持民族宗教工作的良好氛围。上杭县民族宗教局开展“七个一”活动(一项落实民族政策为主要内容的调研活动,一场与民族工作有关部门共议民族经济发展的座谈会,一次宗教界扶助贫困大学生的助学行动,一次帮助少数民族残疾人解决轮椅问题的办好事活动,一场民族乡卫生院开展的民族群众义诊活动,一场畲族文艺宣传队开展的民族乡村文艺巡回演出活动,一场各民族中小学别开生面的校园宣传活动),宣传落实党的民族政策。

2011—2013 年,龙岩市以“民族和睦、宗教和顺、社会和谐”“宣传政策、展示成果、奉献爱心”为主题,通过报刊、广播、电视等宣传媒介,通过举办板报宣传栏、街头咨询服务、组织观看学习、召开座谈会、开展调查研究等宣传形式,大力开展民族团结进步宣传教育活动。

2014 年 2 月,上杭县古田镇苏家坡民族村树槐堂被国家民委命名为第四批“全国民族团结进步教育基地”。9 月,在第七个民族团结进步宣传月活动中,龙岩市民族宗教局在市行政办公中心楼宇多媒体上连续 1 个月播放民族团结进步宣传月有关情况及标语口号,营造民族团结进步宣传教育浓厚氛围;群发民族团结进步宣传短信 15 万条,扩大民族知识、政策和法律法规的知晓面。继续做好“畲族陈列馆”建设的前期准备工作,在上杭县官庄、庐丰两个畲族乡开展农历“三月三”畲民节庆祝活动,继续指导临江镇东南民族社区和庐丰畲族乡丰康民族村两个全省民族团结创建试点村(居)的创建工作,接受省民宗厅对临江镇东南民族社区创建工作的检查验收。庐丰和官庄两个民族乡卫生院分别联合龙岩市博爱医院和龙岩市二院开展义诊活动。

2015 年 9 月,龙岩市开展以“贯彻落实中央和全省民族工作会议精神”为主题的第八个民族团结进步宣传月活动,龙岩市民族宗教局与上杭县官庄、庐丰两个畲族乡联合举办“三月三”庆祝活动和首次“魅力庐丰、多彩畲乡”美术书法书画摄影作品展,活动蕴含丰富的乡土气息、文化底蕴,成为畲乡特色宣传、项目推介、招商引资、文化交流等平台。做好福建省第八次民族团结进步表彰大会模范评选推荐工作,庐丰中心小学被评为模范集体,庐丰卫生院蓝敬豪和官庄中心小学蓝发铺被评为模范个人,受到福建省政府表彰。完成临江镇东南民族社区创建全国民族团结进步试点社区申报工作。

2016 年,在第九个民族团结进步宣传月活动中,龙岩市民族宗教局按照《全国民族团结进步创建活动示范乡村测评指标》《全国民族团结进步创建活动示范社区测评指标》进行考评,向上级推荐上杭县临江镇东南民族社区和上杭县古田镇苏家坡民族村作为第四批全国民族团结进步创建示范单位候选名单,进一步树立民族团结进步模范。认真及时妥善办理涉及少数民族群众的信访事项,及时化解矛盾纠纷,防止发生群体性上访事件;认真办理省、市人大议案和市政协提案,及时回应群众关切的事项;加强与有关部门的通力合作,大力宣传党的民族政策和国家有关法律法规,共同增进民族团结,维护社会和谐。深入民族乡村、民族学校开展慰问活动,慰问少数民族困难群众 154 户、少数民族学生 213 人,发放慰问金 14.49 万元。是年,上杭县民族宗教局与官庄、庐丰两个畲族乡联合举办“三月三”庆祝活动。完成古田镇苏家陂民族村创建第四批全国民族团结进步试点村申报工作。9 月,上杭县少数民族树叶吹奏队参加由省委统战部、省民宗厅联合在宁德福安市举办的“福建省少数民族文化展示周”活动,受到上级领导的充分肯定。上杭县官庄民族中学、庐丰民族中学和官庄中心小学、庐丰中心小学参加全省民族文化进校园现场经验交流会，其中庐丰中心小学在现场作PPT展示交流。

2017年3月29日—31日，由福建省民宗厅指导，龙岩市民族宗教局、上杭县委、上杭县人民政府主办，上杭县委统战部、上杭县民族宗教局、上杭县文体广电新闻出版局、官庄畲族乡和庐丰畲族乡人民政府承办的上杭县纪念畲族民族成份恢复30周年暨首届“三月三”畲族文化节活动在上杭县城区客家缘广场主会场和官庄、庐丰畲族乡分会场举行，吸引海峡两岸200余名嘉宾和2万多名群众的热情参与。在主会场和分会场分别举行少数民族篝火晚会、畲族文化会演及特色农副产品（畲药）展销、民族小吃展、民族乡村30周年变化新貌展、“大美畲乡”油画、水彩画作品展等民族传统文化展示系列活动。庐丰畲族乡组织农技、畜牧、农机等部门的科技人员深入各民族村开展以特色产业栽培技术、农机操作及安全管理、畜牧疫病防治、舍饲精养为主的科技培训5场次，培训人数达300多人。官庄畲族乡举办“雨露计划”培训班，邀请专家为贫困户讲授实用种养殖技术。古田镇苏家坡民族村举办“孕期保健及新生儿护理知识课堂”和“精准扶贫育婴师（月嫂）技能培训班”。9月21日，省委统战部、省民宗厅组织福建中医药大学专家到官庄畲族乡、庐丰畲族乡和才溪镇溪北民族村开展义诊及咨询活动。古田镇组织退休医师和医院护士到苏家坡民族村开展义诊。是年，龙岩市以“中华民族一家亲，同心共筑中国梦”为主题开展民族团结进步宣传月活动，通过多媒体、电视台、短信群发、互联网等多种渠道广泛宣传党的民族理论、民族政策、民族知识、民族法律法规。

上杭县官庄畲族乡中心卫生院举办“福籽同心爱中华”民族团结进步宣传月义诊活动（官庄畲族乡中心卫生院提供）

2018年3月，上杭县邀请福建省民族研究会会长雷弯山教授讲授畲族文化知识，全县两个畲族乡40个民族村及所在乡镇领导、“三月三”文艺演出排演人员近80人参加讲座。4月，上杭县被国家民委授予海峡两岸少数民族交流与合作基地。4月17日—19日，中华一家亲·2018年海峡两岸各民族欢度“三月三”节暨福建省第七届“三月三”畲族文化节、第十一届海峡两岸少数民族丰收节活动在上杭县举办，活动精彩纷呈，有畲乡美食和畲族产品展销会、畲家歌会、闽西畲族馆开馆仪式、开幕式和文艺展演、上杭县民族文化展演及庐丰、官庄两个畲族乡分会场系列活动等；中央、省、市领导嘉宾近600人，县、乡、村干部及少数民族群众代表1000余人热情参与；18日，总投资约670万元的“闽西畲族馆”在上杭县开馆。4月，福建省第五届少数民族文艺调演在龙岩市人民会堂举办，从各地创作的27个节目中精推15个优秀节目向观众集中亮相。上杭县选送的树叶吹奏情景表演节目《叶儿青青畲乡乐》代表龙岩市参演，并获演出二等奖和创作三等奖的好成绩。漳平市主办民族团结进步宣传月活动文艺晚会，桂林中心小学举办“中华民族一家亲·同心共筑中国梦”校园民族文化艺术节会演。龙岩市民族宗教局指导做好内地新疆班工作和全市2.22万少数民族流动人口服务管理工作，安排7万元专项资金支持全省少数民族流动人口服务管理工作联系点——新罗区曹溪街道龙钢社区添置设备，促进各民族交往交流交融。9月，龙岩市开展以“团结奋斗铸牢中华民族共同体意识”为主题的民族团结进步宣传月活动。群发宣传短信30万条；在龙岩电视台展播专题片

《落实民族乡村扶持政策 促进民族乡村加快发展》;在市民族宗教局门户网站及微信公众号播发《扎根畲乡沃土 传承民间艺术》《主动融入美丽城市为民族团结做贡献》等6个民族团结进步好故事;上杭县摄制51集大型电视专题系列片《走进畲村》在电视台播放、举办闽西(上杭)畲族服饰研讨会。官庄畲族乡在教师节召开表彰大会,对全乡25名优秀教师进行表彰,勉励广大教师不忘初心,教书育人,为畲乡的教育事业提升贡献力量;组织中小学师生、乡干部和群众瞻仰吴富莲烈士故居和革命事迹陈列室,缅怀革命先烈,传承红色基因。

2019年,龙岩市开展以"礼赞70周年,铸牢中华民族共同体意识"为主题的民族团结进步创建活动。进行党和国家民族政策、法律法规等的宣传教育,使党的民族理论、民族政策、民族知识、民族法规更加深入人心,在全社会营造民族团结进步的浓厚氛围。龙岩市民族宗教局与上杭县人民政府联合主办上杭县第三届"三月三"畲族文化旅游节。协调拍摄《漳平畲寨:民族特色风情等你来》《山羊村:民族特色村寨建设显成效》《畲乡乌米饭》和《龙钢社区:服务少数民族流动人口》等专题片,反映民族工作、民族团结进步事业成效和城市少数民族流动人口服务管理工作经验,并在龙岩电视台综合频道《看龙岩》栏目和龙岩民族宗教微信公众号上播放,引领广大干部群众增强民族团结意识,促进各民族共同团结奋斗、共同繁荣发展。龙岩市民族宗教局与龙岩市农业农村局等单位在上杭县庐丰畲族乡联合主办2019龙岩市农民丰收节暨第十二个民族团结进步宣传月活动,促进民族乡村振兴发展;与龙岩市体育局、龙岩市文化和旅游局、上杭县人民政府等单位联合承办中国·闽西(上杭)第三届世界客属龙舟文化旅游节。上杭县常态化举办"三月三"畲族文化活动,第三届"三月三"畲族文化旅游节在官庄举行。开展闽西畲族馆为全国民族团结进步教育基地和全省少数民族传统体育运动项目龙舟赛训练基地申报工作。庐丰畲族乡卫生院在院部和农贸市场(墟天)开展义诊,免费为村民测量血压血糖并组织健康教育活动。官庄畲族乡结合脱贫攻坚激励性项目的实施,邀请上杭县光明职业培训学校老师现场授课,向与会的近70位贫困户和有志于从事相关技术职业的群众讲解育婴师(月嫂)、电工初级技能,现场释疑解惑。

2020年,龙岩市开展以"同舟共济·守望相助·团结奋斗"为主题的第十三个民族团结进步宣传月活动。从4月初开始,上杭县官庄畲族乡新时代文明实践产业发展志愿服务队就开展"服务春耕生产、助力增产增收"活动,主动到连片种植水稻、烤烟、槟榔芋、百香果、太子参、绞股蓝、蔬菜、油茶等基地的田间地头巡查,建立与种植业主沟通机制和定期现场服务制度,帮助120多户种养大户解决技术管理难题140多个。

2021年,龙岩市开展以"铸牢中华民族共同体意识·永远跟党走"为主题的第十四个民族团结进步宣传月活动。在市行政办公中心楼宇多媒体上滚动播放民族政策和宣传标语,通过移动平台群发短信10万条,制作印有"民族和睦宗教和顺社会和谐"宣传标语雨伞700支。在上杭县南阳镇涂坑民族村建设"铸牢中华民族共同体意识"教育基地。据不完全统计,在民族团结进步宣传月期间,市、县(市、区)两级召开学习会、座谈会、培训会、宣讲会142场次,发放宣

2021年9月,在第十四个民族团结进步宣传月活动中,上杭县古田镇苏家坡民族村组织畲民歌唱《唱支山歌给党听》(苏家坡村委会提供)

传资料信息 119932 条，张贴宣传标语、海报、户外广告 867 条，举办新闻宣传、电视广告、网络宣传 856 期，举办文艺演出、民族节庆活动、民族体育竞技活动 16 场次，接受义务咨询 1000 余人(次)。

上杭县民族宗教局领导前往中都镇古坊民族村、珊瑚乡华竹民族村、临城镇、庐丰畲族乡丰康民族村开展慰问少数民族困难群众活动。上杭县宗教界筹集善款 7.4 万元，资助贫困学生 74 名；举行“同心助学”发放仪式。庐丰、官庄畲族乡在第八个烈士纪念日组织干部、群众开展烈士纪念日纪念活动，重温烈士的革命历程，汲取英雄的革命精神，传承红色基因，缅怀革命先烈，以此表达对民族乡英烈的哀思和缅怀，继承和弘扬烈士的伟大精神。9 月底，上杭县民族宗教局将精心制作以“铸牢中华民族共同体意识”为主线的宣传视频《红土筑梦民族兴》在上杭电视台《杭川新时空》栏目、综合频道和福建公共频道轮播，全面展现该县建设全国民族团结进步示范区工作。庐丰畲族乡中心卫生院为全乡 14 个村开展义诊以及健康教育讲座活动；每逢圩天在医院开展“铸牢中华民族共同体意识 · 永远跟党走”义诊活动，为群众进行常规体检，同时开展老年人中医健康知识讲座、新冠肺炎疫情防控知识宣传，为民族乡村群众身体健康提供保障。庐丰民族中学利用主题班会、团队活动、升旗仪式、国旗下的讲话、组织学生到“畲族馆”进行参观学习等形式，组织开展丰富多彩的民族团结进步教育主题活动。

2021 年 9 月，庐丰畲族乡利用圩天发放民族团结进步相关材料(庐丰畲族乡政府提供)

官庄畲族乡以开展“铸牢中华民族共同体意识主题月”活动为契机，立足建设全省首批“福建省民族乡村振兴示范乡”，有力有效推进主题月宣传活动。乡爱卫办通过圩天悬挂横幅、设立健康咨询、体检台、发放爱国卫生运动宣传材料等多种形式，引导群众正确认识疾病、科学自我防护；卫生院的医生护士们走进各村，为留守老人们做测量血压、心电图等项目检查，普及健康素养常识及注意事项，倡导健康生活方式。官庄民族中学与中心小学以此次主题宣传月为契机，因地制宜开展“六个一”(一次主题思政课、一次主题党日〈党员民族团结知识测试、全体教职工学习《领航》歌曲〉、一次文创作品展示、一次主题演讲、一次主题实践、一批手拉手结对子)活动。官庄民族中学开展“民族团结进步”主题班会，官庄中心小学通过学校“校园之声”广播站播放民族歌曲、宣传民族常识。在广大师生中铸牢中华民族共同体意识。以《官庄 · 青年说》为载体组织全乡年轻干部进行一次以围绕“铸牢中华民族共同体意识”为主题的学习理论，干部们积极发言，畅谈所思所想所悟，并纷纷表示要结合工作实际，以民族团结精神助推乡村振兴，建设更加美丽、和谐的生态福地。组织机关支部、林业站、团委、统战等多个部门联合开展“携手添新绿，护林再前行”春分植树活动。期间，畲、汉群众分工协作，挥锄挖坑，扶苗培土，提水浇灌，合力栽下一棵棵树苗，为畲乡大地增添生态“绿”，也为各民族团结架起同心“桥”。组织党员干部群众参与“我是一颗石榴籽，我为民族团结代言”网络签名活动，进一步宣传铸牢中华民族共同体意识，在全乡营造“中华民族一家亲，同心共筑中国梦”的浓厚氛围。坚持把铸牢中华民族共同体意识作为民族团结建设的重要内容，常态化组织全体机关干部开展专题学习与各类宣传活动，让习近平总书记关于铸牢中华民族共同体意识重要讲话精神在畲乡遍地开花。

漳平市民族宗教局及时研究部署创建工作，细化工作措施，为民族团结进步宣传活动的深入开展奠定基础。动员各乡镇（街道）、民族村、广大群众积极行动起来，积极参与开展丰富多彩的宣传教育活动，使党的民族政策家喻户晓，使各民族水乳交融、唇齿相依、荣辱与共的观念更加牢固，唱响民族团结进步主旋律，开创全市各民族繁荣发展新局面。漳平市委、市政府在2020年原有挂钩帮扶基础上重新调整市委领导和市直有关单位挂钩帮扶民族村工作制度，协调挂钩单位持续开展振兴帮扶工作，进一步推进全市少数民族村振兴发展。进一步加强与公安局、工业园区、教育局沟通联系，了解少数民族务工情况和子女入学情况，帮助协调解决少数民族务工群众子女入学困难等问题。争取畲族文化保护与传承工作经费，与教育局语言文字工作办公室加强沟通联系，协助做好濒危畲语调查工作，宣传发动山羊村群众积极配合参与畲语畲歌录制。

在民族团结进步宣传月期间，漳平市以宣传活动为载体，开展为民族村办实事活动，积极向上申报民族村基础设施、社会事业和经济发展项目，帮助民族村解决建设过程中存在的困难，帮助协调民族村改善生产生活条件。加大宣传力度，营造民族团结、社会安定的良好环境。通过采取微信公众号、印发宣传材料、实地宣讲、LED滚动播放等形式，加强宣传民族团结进步知识、全市民族村发展成就以及第五次中央民族工作会议精神。9月，通过“同心漳平”微信公众号发布“民族政策法规小知识”“深入把握民族工作中的重大关系”内容；市委、市政府领导深入长埈民族村、岭兜民族村、山羊民族村、龙门民族村、中村民族等民族村进行工作指导和民族工作会议精神宣讲。各乡镇（街道）充分运用LED等智能模式大力宣传民族团结进步建设工作，深入开展民族团结进步教育。漳平市桂林中心学校营造民族团结进步教育特色文化氛围，开展丰富多彩的民族团结进步教育实践体验活动，建设民族书吧，成立民族合唱团，深化民族团结进步教育，铸牢中华民族共同体意识。漳平市桂林中心学校被省政府命名为“全省民族团结进步模范集体”。加强与教育局沟通联系，落实21名高考少数民族考生享受优惠政策，争取到两名少数民族贫困助学名额，保障少数民族的合法权益，促进民族和睦、社会和谐。

长汀县民族宗教局通过微信公众号开创“民族团结一家亲　同心共筑中国梦”的宣传栏，共发布各类信息100余条，发放民族团结宣传海报2000份、宣传单25000份、宣传台历2000份。在高速路口、主要道路口等设立民族团结进步单立柱广告8块16面，宣传牌97套；在公交车站台等设置宣传栏300余平方米。在全县各级领导干部中开展以党的民族宗教政策、国家法律法规、创建基础性知识等为主要内容的应知应会知识测试。营造民族团结进步人人知晓人人参与的社会氛围。

二、铸牢中华民族共同体意识

改革开放以来，特别是中共十八大以来，龙岩市紧紧围绕“中华民族一家亲　同心共筑中国梦”总目标，制定《龙岩市全面深入持久开展民族团结进步创建工作铸牢中华民族共同体意识行动方案》，采取有力措施扎实推进民族团结进步创建工作。在民族团结进步创建实践中涌现一批先进典型，发挥示范表率作用，谱写各民族共同团结奋斗、共同繁荣发展的新篇章。

（一）加强民族团结进步宣传教育

龙岩市坚持把民族团结进步教育纳入干部职工教育培训范围，纳入各级党校（行政学院）、社会主义学院培训计划，纳入公务员入职和干部任职培训之中，纳入全市大中小学教育重要内容，纳入社会教育全过程，让民族团结进步理念、铸牢中华民族共同体意识入脑入心。

龙岩市和各县（市、区）民族工作部门以每年9月“民族团结进步宣传月”为载体，充分利用报纸、电视、微信、短信、横幅、互联网等各种新闻媒体，通过集中宣传、走访慰问、为少数民族群众解难事办实事做好事等方式，在各族干部群众中广泛开展民族团结进步宣传教育，大力宣传民族团结进步模范集体和模范个人的先进事迹，在全社会营造良好的民族团结进步舆论氛围。推动民族团结进步创建活动进机关、企业、社区、乡村、学校和宗教活动场所，不断促进新形势下民族团结进步事业的发展，使平等、团结、互助、和谐的社会主义民族关系得到进一步巩固与发展。

上杭县委、县政府建立民协委成员联席工作会议制度，定期研究全县民族工作，形成“党委政府领导，部门协调配合，各负其责，齐抓共管”的民族工作格局，不断建立健全民族工作机制，实现民族工作“四个纳入”，即：县委、县政府把民族工作列入重要议事日程，定期研究全县民族工作；各级党委理论学习中心组和县委党校（县社会主义学院）把民族理论政策法规纳入学习内容；组织监察部门把民族工作纳入领导干部年度考核和巡察内容；党建部门把民族工作纳入乡村党建目标管理考评内容等。上杭县委理论学习中心组每年开展有关民族团结进步内容的讲座，县委统战部或民族宗教局领导每年为党校主体班学员授课。2019 年，省委统战部部务会议成员、省社会主义学院党组书记、副院长李韧赴上杭为县委理论学习中心组学习（扩大）会议作统一战线工作专题讲座。2020 年，福建省民族宗教研究所所长杨文法作民族宗教政策法规讲座，均强调民族团结进步工作。2021 年，福建省民宗厅一级巡视员兰秀珍为上杭县委理论学习中心组作“铸牢中华民族共同体意识，推进民族工作高质量发展”讲座。

上杭县官庄畲族乡树人民族村畲族文化广场常态化宣传铸牢中华民族共同体意识（树人村委会提供）

上杭县 7 所民族中小学（官庄民族中学、官庄中心小学、官庄树人小学、庐丰民族中学、庐丰中心小学、下都中心小学、华家小学）深入学习贯彻习近平总书记关于民族工作的重要论述，把民族特色文化教育与中华文化教育相结合，着力讲好各民族师生在实现中华民族伟大复兴新征程中手足相亲、守望相助的故事，不断强化各民族师生铸牢中华民族共同体意识。各民族中小学建有校园畲族文化宣传长廊、畲族文化墙；创办《芦花》《畲香》《畲乡神韵》等文化刊物；黑板报、手抄报、德育墙以“民族团结教育”“民族政策”“民族法律法规”等为主题进行宣传；广泛开展富有民族特色的系列文艺会演活动；开展“民族团结进步”主题班会和演讲比赛，营造“民族团结进步”良好氛围。庐丰民族中学在每年“三月三”畲族传统乌饭节期间，都会在各村显著位置贴标语、挂横幅，举办踩街和“兄弟民族是一家”的表演等多项活动，寓教于乐宣传民族团结进步，不断增强畲、汉民族学生“五个认同”（增强各族人民对伟大祖国、中华民族、中华文化、中国共产党和中国特色社会主义的认同）“三个离不开”（汉族离不开少数民族、少数民族离不开汉族，各少数民族之间也相互离不开）的思想观念。

漳平市民族宗教局结合民族团结进步宣传教育，突出宣传党和国家的民族政策。2011 年 9 月 6 日，民族宗教局召开民族团结进步座谈会，相关部门和民族村负责人以及来自各行各业的少数民族代表共 30 多人参加座谈会。2013 年 11 月 22 日，民族宗教局组织民族工作干部和民族村主干、少数民族的市人大代表和政协委员、漳平二中民族班学生共 192 人，参加国家民委和全国普法办举办的民族政策法规有奖知识竞赛活动。同时，每年的 9 月份都会组织漳平二中民族班学生参观民族教育展室，增长民族知识，增强民族意识，激发少数民族学生的爱国热情。漳平市桂林中心学校采取多种形式布置校园文化，营造浓厚的民族教育氛围，校标设计富含民族元素——“腾飞的凤凰”，象征56个民族大团结；编写校歌《远航》，激励学生积极向上、奋发图强的志向；编印校刊《笋芽儿》，宣传民族精神；校园布设一对玻璃钢卡通畲娃，教学楼走廊布置中国优秀文化、民族精神、伟人画像等，风雨操场三面布设办学思想，宣传专栏设“我的偶像大家学”“书中国情、画中华魂”等栏目，教学楼张挂民族教育宣传标语，综合楼悬挂“中华民族一家亲”大幅宣传画；校园广播早中晚播放民族乐曲，营造浓厚的民族团结进步教育氛围。学校开展省级课题《新时代小学开展民族团结教育的实践和探究》的研讨，开发符合本校实际的形式多样的教育实践体验活动，构建民族团结进步教育校本课程体系，编印校本教材《中华民族一家亲》，每周利用校本课上一节民族知识课，做到有教案、有教材、有课程、有检测。同时，结合纪念日、民族精神宣传月通过开展中队主题活动、民族知识竞赛、主题党日等形式，开展丰富多彩的学习教育活动。

2021年，龙岩市民族宗教局投资约50万元，在上杭县南阳镇涂坑民族村建设“铸牢中华民族共同体意识教育基地”，2022年2月建成投入使用。教育基地以铸牢中华民族共同体意识为主线，紧扣“中华民族一家亲、同心共筑中国梦”的总目标，紧密结合涂坑民族村民族历史文化特色，从多个维度精心设计民族文化长廊、民族宣传栏、凉亭、水池、微缩景观等，并在其中融入民族元素以及“铸牢中华民族共同体意识”“共同团结奋斗、共同繁荣发展”“中华民族一家亲、同心共筑中国梦”等民族标语，营造了浓厚的民族团结进步宣传氛围。

项目建成后，涂坑民族村村民纷纷交口称赞，表示教育基地极大提升了村庄文化品位，也让大家在日常生活中加深了对共同体意识的理解，起到良好的宣传教育作用。涂坑民族村支部书记钟文坚代表全村干部群众向市民族宗教局赠送了“情系畲乡　德厚流光”的锦旗，感谢市民族宗教局对涂坑民族村的关心支持。

长汀县馆前镇黄湖畲族村积极开展民族团结进步活动，通过进乡村、进社区、进学校、进网络、进培训，促进各民族文化交流。绘制民族墙绘60余幅、建设民族标志1处、联合学校开展民族团结主题班会、专题美术创作、开展“我是一颗石榴籽，我为民族团结代言”签名活动。参与人数超过2000人次，真正让少数民族群众在互通共融中感受社会“大家庭”的温馨和温暖，铸牢中华民族共同体意识不断强化。

（二）发挥民族文化资源优势作用

龙岩市民族工作部门深入挖掘保护境内的畲族文化景观、风土民情、宗教信仰、服饰语言、制度文化，讲好畲族故事。整理创作少数民族优秀文化，重点推出“树叶吹奏”“香灯龙”“竹杆舞”、“高桩舞狮”等一批畲族文化方面的标志性成果，每年办好“三月三”畲族文化节等民族节庆活动。引导村民说畲语、唱畲歌、穿畲族民族服饰、跳畲族舞蹈，营造浓厚的畲族文化氛围。2020年11月26日—27日和2021年12月8日—10日，龙岩市民族宗教局主办、上杭县民族宗教局承办的第一期、第二期畲歌畲语培训班（第一期有学员60人，第二期有学员50人）在上杭县举办。培训班邀请龙岩市畲族文化研究会负责人，漳平市和漳州市华安县畲歌传承人和畲族文化工作者讲授畲族历史文化、历史人物和畲语、畲歌等方面的知识，同时通过教学教唱、座谈讨论、咨询答疑和到漳平市山羊民族村交流观摩等活动，集中强化学员们听、说、唱方面的技能，提升说畲语和唱畲歌的水平，培养一批畲歌畲语文化的热爱者和传承人。2018年和2020年，龙岩市畲族文化研究会和畲族艺术团、畲族山歌队相继在上杭成立，有力推动了全市畲族文化传承、保护和发展。

上杭县注重少数民族文化的保护传承，把少数民族文化保护和开发利用工作纳入县委、县政府文化大繁荣大发展工作内容。1991年、1995年和1999年上杭县先后组团参加全省少数民族传统体育运动会，都获得好成绩。1997年，上杭县《汀江船歌》《畲乡路弯弯》节目在省第二届少数民族文艺调演中受到嘉奖。

2017年，上杭县投资670万元建成全省第一个县级畲族文化博物馆——闽西畲族馆。2018年开馆以来，平均每天接待观众近200名，到2021年，闽西畲族馆累计接待5万余人次，其中台湾嘉宾近3000人次。成为龙岩市畲族文化的保护、传承、发展平台和民族团结进步的教育基地。

2018年，上杭首次设计推出闽西（上杭）畲族服饰，在全县各类会议及活动中得到很好运用，让畲族文化符号得到活态应用发展。

上杭县投入近千万元实施民族村落古民居保护工程，先后将庐丰丰济民族村麻子坝围屋等9处民族村古民居进行维修保护。民族乡村常态化开展打香灯、舞狮、畲拳、船灯、十番音乐、树叶吹奏等丰富多彩的少数民族文化。庐丰畲族乡树叶吹奏等畲族文艺被列为省级非物质文化遗产。2020年，扶持建设高脚竞速板鞋竞速、蹴球、陀螺、民族武术4个市级畲族传统体育训练基地，多次代表龙岩市组队参加福建省传统体育运动会并屡获佳绩；新增省级少数民族龙舟、独竹漂训练基地，龙舟项目成为该县民族体育新亮点工程。在2020年10月举办的中国·闽西（上杭）第四届世界客属龙舟文化旅游节活动中，上杭畲族龙舟队首次参赛，庐丰畲族乡和官庄畲族乡也积极组队参与，3支畲族龙舟队同江竞技，尽显畲族风采，上杭畲族龙舟队荣获本县组一等奖，庐丰和官庄畲族龙舟队同获三等奖，上杭少数民族龙舟基地初现峥嵘。2020年10月，上杭县古田镇苏家坡村的龙岩市福欣牧业发展有限公司以“公司+”模式，组建一支具有畲族文化的表演队，聘请专业导师指导，登台演出“花棒舞”等节目。

漳平市象湖镇龙门民族村坚持“千秋畲寨，精美龙门”的发展理念，利用少数民族特色村寨规划建设的机遇，按照“保护+弘扬+发展”的方式，着力完善优化少数民族特色村基础设施建设。以弘扬畲族文化为抓手，开展品鉴畲家美食，观看畲族舞蹈、舞龙舞狮等民俗节目，体验竹竿舞等畲族民俗风情，展示畲族文化的独特魅力，增强畲族村民的家乡归属感。探索富有畲族特色的民俗休闲游，鼓励和引导村民发展油茶、双华李、毛竹、西瓜、家禽等致富项目，破解农民增收难题，形成“游山水、看民俗、尝山珍”的民俗休闲游，实现畲族产业新发展、村容新形象、村民新获得。

龙岩市积极开展畲族文化进校园，以课堂为主渠道，开设民族特色课程教育。各民族中小学自编《畲乡民俗》《畲族山歌》《畲乡名人》《树叶吹奏》等富有民族特色的校本教材，将畲歌、畲语、畲族武术、蹴球、舞狮、民族舞蹈等特色民族文化融入教学课程。各民族中小学利用民族资金，不断完善民族文化设施，使之成为民族文化传承教育基地。上杭县庐丰民族中学设有蹴球、畲族武术基地，把每周三体育课设为蹴球运动训练课，把蹴球、舞狮、畲族武术纳入每天“阳光体育”活动中，纳入每年一次的田径运动会比赛、表演项目中，增强学生的兴趣。上杭县官庄民族中学设有高脚、板鞋训练基地，利用课间操时间开展高脚、蹴球、板鞋、踢毽子等系列民族体育活动教学活动，并购买一批畲族服饰，在节假日或学校重大活动中供畲族师生使用；建设畲族特色文化展览室、校史陈列室、“师生阅读吧”等，在展示学校的办学特色及畲族特色文化的同时，使学生们在优秀传统文化环境的熏陶中健康成长。上杭县官庄中心小学建立“畲韵乡村学校少年宫”，组建“民间木偶剧团”，购置木偶、音响设备、道具和修建舞台等，传承民族艺术。上杭县庐丰中心小学设立畲族文化教育基地——畲族馆。畲族馆设有领导关怀、畲族起源、畲族文化等10个展区。每学期初，学校要求各班组织一次学生参观畲族馆，在教师的介绍、启发和引导下，各族学生耳濡目染，使畲族馆特有的教育功能得到充分发挥。龙岩市民族中小学特色课程的开设。

2001年始，上杭县庐丰民族中学以传承中华优秀传统文化，开展民族团结教育为特色，打造富有特色的优质教育品牌，让民族团结进步之花在校园大放异彩。教学楼正前方方柱上镶嵌着“畲汉一家耕读是训，民族大同教育兴邦”16个大字，是庐丰民族中学民族团结进步教育的文化内涵。校道左侧有以“民族团结一家亲，同心共筑中国梦”为主题的百米民族文化长廊，让全校师生时刻感受到浓浓的民族团结进步氛围。该校设置民族舞蹈、树叶吹奏等颇具民族特色的精品课堂，把民族团结进步创建活动引向深入，打造民族团结进步特色教育。2003年6月，该校选送的蹴球项目在省第五届少数民族传统体育项目运动会获冠军；9月，蹴球项目代表省参加全国第七届少数民族运动会，该校学生蓝丽蓉获体育道德风尚奖。2014年，在福建省第八届少数民族传统体育运动会上该校学生表演的节目“畲娃舞狮”获得银奖。2017年，畲族学生树叶吹奏节目“叶笛声声”荣登龙岩市首届少儿春晚和上杭县首届春晚，取得良好社会反响；畲族学生树叶吹奏与竹板歌《汀水情深—畲乡乐》分别在上杭县2017“杭川喜迎十九大，国庆中秋万家乐”文艺会演中获二等奖和2018年龙岩市中小学生文艺会演中荣获农村组一等奖。整理出《又是一年三月三》《采茶舞》《畲民欢乐舞》《庆丰收》《唱起畲歌迎远客》《做客畲乡》等歌舞曲目，花棍舞《唱起畲歌迎远客》《做客畲乡》多次亮相“三月三”畲民节舞台，获得观众好评。在树叶吹奏名家邱少春的精心指导下，庐丰民族中学成立了学生树叶吹奏表演队。自树叶吹奏队成立以来，树叶吹奏节目《畲乡叶笛声声》参加了新罗TV2017年少儿春晚、上杭县2017年首届春晚和上杭县首届“三月三”畲族文化节的表演；树叶吹奏情景表演节目《叶儿青青畲乡乐》于2018年4月代表龙岩市参加福建省第五届少数民族文艺调研的汇报演出和福建省第七届“三月三”畲族文化节的表演中获二等奖。庐丰民族中学树叶吹奏表演还相继被中央电视台《乡土》栏目和《福建日报》作了专题报道。

上杭县官庄民族中学学生于2016年在宁德福安举行的福建省板鞋竞速交流赛中，代表龙岩市代表队荣获多个奖项；2018年11月，在福建省第九届少数民族传统体育运动会中取得1金、3银、4铜的优异成绩；2019年9月，该校学生蓝雨欣被选拔参加在郑州举行的第十一届全国少数民族传统体育运动会。

漳平市桂林中心学校一年一度的校园民族文化艺术节作为民族团结进步的重要方式，活动主题鲜明、内容丰富、形式新颖、参与性强，在校园里进一步推动了民族文化交流交融，推动民族特色教育的创新和发展，助力铸牢中华民族共同体意识。2021年12月24日，举办“2021年校园民族文化艺术节”，以“凝聚民族心　同筑中国梦”为主题，校内竹竿舞、百合民族合唱团、书法等多个社团参与。2021年年底，该校有少数民族学生83人，来自9个不同民族，在学校党委高度重视下，多种渠道加强少数民族学生的培养，促进少数民族学生成长成才。校园民族文化艺术节的举办为全校各民族学生架起一座沟通桥梁，展现民族文化，增进民族友谊，加强民族团结。

上杭县每年的农历“三月三”，在庐丰、官庄两个畲族乡举办形式多样的民族文化活动。2017年，举办上杭县纪念畲族民族成份恢复30周年暨首届“三月三”畲族文化节活动。2018年，承办中华一家亲·2018海峡两岸各民族欢度“三月三”节暨福建省第七届“三月三”畲族文化节、第十一届海峡两岸少数民族丰收节活动，受到海内外关注和来杭领导嘉宾的高度肯定，成为全省“三月三”活动的样板工程。2020年，受新冠肺炎疫情影响，以举办线上活动方式，在当地融媒体平台推出《杭川畲韵》系列专题，获得社会各界的好评。“三月三”已成为上杭各族群众翘首期待的特色节庆。

漳平市民族宗教局组织桂林街道山羊村畲族山歌队代表龙岩市赴霞浦县参加“2013海峡两岸各民族欢度‘三月三’节暨福建省第二届‘三月三’畲族文化节‘山哈杯’民歌赛”，获原生态民歌组二等奖。桂林街道在2014年举办“畲族文化节”，2017年、2018年、2019年和2022年在山羊村成功举办四届“三月三”畲族文化节。

（三）促进民族乡村振兴发展

龙岩市通过常态化开展“民族团结进步”活动，有力地促进了民村乡村振兴发展。加快推进少数民族特色村寨建设，优先将14个全国少数民族特色村寨保护与发展试点村纳入全市“千村整治、百村示范”美丽乡村建设工程、乡村旅游“百镇千村”和“全市乡村旅游示范点”创建范围，多方面给予政策、资金支持。

2019年，上杭县组织开展《“十四五”时期上杭县民族乡村经济社会发展思路研究》，推动各乡镇及部门认真谋划“十四五”民族乡村发展项目。2020年始，上杭县将县级民族补助款从60万元增加到80万元，并列入每年的财政预算；县民协委成员单位挂钩帮扶民族村的每年帮扶资金由原来的最少3万元提高至5万元，帮扶时间为期5年。据跟踪统计，2020年度市县各部门共落实帮扶资金1093万元。为加大对少数民族乡的财政扶持力度，上杭县新一轮乡镇财政预算管理体制对民族乡超收部分实行全留政策，用于支持民族乡各项事业发展。对民族乡实行烤烟特产税90%返还政策，两个民族乡每年仅此项可增加乡财收入700多万元。上杭县两个民族乡40个民族行政村全面实施“空心房”整治、旧宅基地复垦、“家园清洁”整乡推进、农民公园、安全用水等项目，民族乡村面貌发生翻天覆地的改变。把各类试点村扶持政策向民族村倾斜，2020年，全县有13个少数民族村（其中3个民族贫困村）列入市级乡村旅游试点村、县级“千村整治、百村示范”工程试点村、县级人居环境整治提升试点村等乡村振兴各级各类试点，其中有5个少数民族村列入省级乡村振兴试点村，占全县省级试点村的25%，三年支持资金不低于600万元。两个民族村列入省乡村振兴实绩突出重点村，支持资金不少于400万元。民族乡村的农田水利、烟基道路、乡村道路等基础设施稳步完善。2016—2021年，除民宗部门民族补助资金2975万元外，其他各部门投入民族乡村的项目及补助资金不少于2亿元。在各部门的大力支持下，民族乡村优势特色产业得到长足发展，两个民族乡已形成以烤烟、油茶、金花茶、毛竹、果业等为主的特色种植加工产业。上登村蜜柚，文光村脐橙、杭梅，南岭村金橘，吉安村沙田柚，苏家坡村贵妃鸡等民族村特色产业基地建设初具规模。民族乡村产业结构更趋合理，农民致富增收后劲增强。2013年以来，全县有3批次共11个少数民族村（其中有2个民族贫困村）列入国家民委和省民宗厅少数民族特色村寨试点村。庐丰畲族乡丰康村、官庄畲族乡树人村被国家民委命名为“中国少数民族特色村寨”。上杭县投入1000余万元支持民族卫生事业，2个民族乡医疗设施逐步健全，40个民族村有38个少数民族村设置了村卫生室，25个少数民族村配备了乡村医生，无乡医、无卫生所的少数民族村由卫生院选派医生，以定期巡诊的方式解决少数民族村群众看病难问题。在教育方面，出台了《上杭县关于加快发展民族教育实施方案》，近年共投入2500多万元用于新建教学综合楼、学生食堂、塑胶运动场等，县内7所民族中小学基础设施不断完善。全面落实少数民族学生助学金政策，2020—2021年，共发放少数民族学生助学金50余万元，受益少数民族学生999人。并争取多方支持，帮助300多名少数民族贫困大学生圆就学梦。

上杭县古田镇苏家坡村充分发挥村内红色资源丰富、区位交通便捷等优势，探讨“红色旅游+”产业发展。着力壮大福欣牧业和双吉养殖有限公司两家龙头企业规模，做大做强贵妃鸡、棘胸蛙等产业。发挥红色资源、畲乡文化、党建品牌优势，吸引游客前来观光旅游、红色培训教育，品尝畲民特色农家菜，体验畲族风情。通过“企业+”的模式培育畲族文化。2021年，累计有3.1万余人次到苏家坡开展红色教育、红色研学等活动。

漳平市象湖镇龙门畲族村在省、龙岩市民族工作部门和漳平市委市府的关心和支持下，龙门村争取到1100多万元建设资金，投入到村里的各项事业。其中，投入资金340多万元，完成村道硬化工程8公里；投入300多万元架设高压电线路，实现户户通电；投入资金150万元修复水渠3.5公里；

解决群众饮用水及生产用水问题，投入10多万元，架设通信网络，实现宽带网络进入每户农家；投入20多万元建设村级办公场所；投入10多万元在村部新建村级卫生室，并配备必要的医疗设备及村级卫生员，解决了当地群众看病难问题。全村经济建设和社会事业取得长足发展，村民生产生活得到极大改善，村容村貌发生巨大变化。

(四)促进畲、汉民族交往交流交融

上杭县传承红色基因，开展民族团结进步宣传。在上杭这片红土地上，畲汉同胞并肩同行，前赴后继，患难与共，用血与火铸就了各民族同呼吸共命运的伟大精神和共同意识。庐丰畲族乡，是1926年上杭县第一个党支部诞生地，也是当年上杭临时县委所在地，全乡有革命烈士350人，走出了共和国开国将军蓝庭辉。官庄畲族乡，1927年便成立了第一个中共党支部，红四军在这里创建了"闽西兵工厂"，毛泽东、朱德、陈毅等老一辈无产阶级革命家都在官庄留下革命实践足迹，当年全乡4000多人参加革命，中华人民共和国成立后，有347名官庄儿女被追认为革命烈士，在长征途中牺牲的红四军妇女先锋团政委吴富莲是杰出代表。在做好新时代民族团结进步工作中，上杭县始终立足传承和弘扬好红色基因，讲好艰苦年代各民族群众携手追求新生活的感人故事，展现各民族群众弥足珍贵的手足之情，利用微信、短信、电视、横幅、互联网、主题班会等形式，广泛开展民族团结进步宣传教育，大力弘扬以爱国主义为核心的民族精神，铸牢中华民族共同体意识的思想基础。

上杭县出台《上杭县关于全面深入持久开展民族团结进步创建工作铸牢中华民族共同体意识的实施方案》，以每年九月"民族团结进步宣传月"为契机，以农民丰收节、龙舟文化旅游节等活动为平台，积极推动民族团结进步创建活动进机关、企业、社区、乡村、学校和宗教活动场所。并结合举办少数民族实用技术培训班、卫生义诊等为民办实事活动，广泛宣传民族团结政策。全县各民族团结融合，不分你我，相互包容、高度团结、和谐稳定，改革开放以来从未发生过有关民族方面的矛盾纠纷。全县畲、汉民族及其他少数民族人民世世代代和谐相处，亲如一家；在与邻里的交往中都展现了少数民族的文明风貌。

上杭县庐丰畲族乡丰乐民族村的铸牢中华民族共同体意识教育基地(丰乐村委会提供)

上杭县庐丰畲族乡丰济村以党建为引领，创建"1133"(即围绕一个中心、制定一个规划、创建"3+工程"、建立3项机制)党建工作模式，推动民族团结进步、人居环境整治、疫情防控、乡村振兴、综治平安建设等工作，加强政策宣传，结合每年9月的民族团结进步宣传教育活动月，通过学习宣传、文艺等多种形式，广泛宣传民族政策法规。加强队伍建设，少数民族干部占村"两委"干部总数33.3%，在平时的工作中，将民族团结进步的内容有机地结合到畲汉群众的生产生活之中。2020年，顺利承办龙岩市第十三个民族团结进步宣传月、"畲乡红"蜜柚文体旅游节暨上杭县首届职业农民技能竞赛活动。

(五)切实推动依法治理民族事务

龙岩市民族工作部门加强民族事务法治宣传教育，将民族团结进步理念融入市民公约、乡规民约、学生守则、行业规章、职业规则、团体章程,营造自觉遵法守法、维护民族团结的社会氛围。加强与有关部门的沟通协调,认真落实少数民族优惠政策,妥善处理影响民族团结的矛盾纠纷,切实依法保障各民族公民合法权益,坚决反对和纠正针对特定民族成员的歧视性做法。健全完善少数民族权益维护机制。加强少数民族干部的教育培训,积极推荐少数民族公民担任各级党代表、人大代表和政协委员,保障少数民族参政议政的权利。落实好少数民族考生中考、高考加分和优先录取政策。落实好少数民族考生报考民族乡和各级政府民族事务部门公务员加分政策。

上杭县密切关注民族方面信息信访动态,准确掌握有关民族问题的动向,增强工作的主动性和时效性,防患于未然。大力开展民族方面安全隐患排查,对排查出来的不稳定因素综合运用法律、教育、协商、调解等方式迅速化解,把矛盾纠纷解决在萌芽状态。热情接待来信来访少数民族群众,积极宣传党的民族政策和国家的有关法律法规,做好详细的解释、疏导工作。确保民族和睦、社会和谐,杜绝出现违反民族平等政策、歧视少数民族群众、伤害少数民族感情、损害少数民族权益的现象。

上杭县古田镇苏家坡民族村以民族团结进步为抓手,倡导“115”工作法(1 个中心即以建好党支部为中心,1 个目标即实现建一个项目成一个项目,5 项制度即为回避、抽签、带头、监督、验收制度)。该工作法要求村党员干部带头回避、不参与村里实施的任何公共项目,党员干部谋事要有公心,做事讲公道,“没有发洋财观念”与古田会议精神一脉相承。涌现了村委会主任雷先春、党员雷焕泉、廖素娥、雷阳生等同志在项目征迁中示范带头拆猪圈、让菜地、主动支持村级项目建设的先进典型。村党支部组建政策宣传、创业就业、运输互助、调解服务、乡村旅游 5 支服务队伍,负责宣传党的方针、政策,宣传就业惠民政策、帮助解决村民就业,宣传社会主义核心价值观、调处化解村民之间的矛盾纠纷,参与志愿者活动等。对受灾、大病的群众进行“一对一”帮扶,解决实际困难、问题。全村讲文明、树新风的新风尚逐渐形成,确保村民提出的要求有人重视、问题有人解决、矛盾有人化解、工作有人落实。坚持“高标准、严要求、重质量、出精品”的指导思想,科学规划、合理布局,统筹上级各部门的资金、项目及相关政策,按照轻重缓急的原则,有序推进村庄综合环境整治,完善村庄基础功能,成功创建了国家 2A 级旅游景区、市级文明村、红土先锋党员工作室、基层党建典型培育示范点、县级第一批“最美村落”、民俗小镇等系列品牌,成为名副其实“村美、民富、人文”的美丽畲村。

上杭县庐丰畲族乡丰济民族村筑牢“制度建设线”,推进乡村治理文明有效。“硬件”提升了,“软件”也得跟上。通过召开村民代表大会讨论并通过了《环境卫生管理公约和垃圾分类》《河道保洁制度》《村规民约》《人居环境提升倡议书》《人居环境提升实施方案》《垃圾收费制度》,并得到村民支持,让开展人居环境整治“有章可循”,使卫生保洁机制更加有保障。同时村委会开展全村家庭环境卫生“红黑榜”评比,每季度在村部宣传栏公布,让不讲卫生、不讲文明的人开始感到被邻里看不起、被指责的压力,也开始主动要求上进,实现“要我干”向“我要干”、“要我做”向“我要做”的转变,极大地提高了老百姓的主人翁意识和主动参与意识,通过制度管人管事,做到公平公正,促进畲、汉村民共同遵守村规民约。

长汀县开展民族治理进基层、进社区,推进民族事务治理体系现代化。成立长汀县城市少数民族之家。调解民族纠纷、办理民族事务、破解交流障碍、倾听民族群众的心声,通过建立信息库将服务延伸至少数民族居民家中,构建起社区全覆盖服务机制。进一步加强民族管理力量,推进民族团结进步事业。创新开展民族团结专项绩效考评,对全县机关事业单位及各乡(镇)进行民族团结绩效考评,覆盖面达到 100%。通过建立健全少数民族经费管理,推行“三重一大”(重大决策、重要干部任免、重大项目安排及大额资金使用)集体决策制度、民族项目资金公示公告制,使民族宗教政策宣传、民族资金管理使用、民族文化传承发展、绩效考评等事务管理得到进一步规范化、科学化、常态化、系统化。开展少数民族资金检查 3 次。在新冠肺炎疫情防控期间，对 11 家少数民族门店按照防控标准，现场指导商户开业复工。针对部分商户缺乏防疫物资的问题，长汀县民族宗教局积极为其提供额温枪、口罩、消毒液等防疫物资，送到少数民族商户手中。通过制定《长汀县少数民族流动人口服务管理办法》《长汀县清真食品管理办法》等文件，不断推进民族事务治理制度建设。定期开展服务少数民族群众活动，2021 年，对辖区少数民族办理就业创业、健康体检等各类民生服务事项 79 件，其中，为 11 家少数民族门店进行登记录册，建立台账式管理，解决住（租）房问题 6 人次，提供法律咨询 30 多人次，解决矛盾纠纷 2 件。同时，对各级各部门民族法规执行情况开展清真食品等执法检查，检查单位超过 18 家，解决问题 6 个，通过开展执法检查，维护和保障少数民族群众的合法权益。

（六）创建民族团结进步模范

1983 年 12 月，长汀县馆前公社黄湖生产大队大队长兰荣均获福建省人民政府授予的“为增进民族团结进步做出贡献，成绩突出”的表彰。1990 年 10 月，兰荣均又获国家民委颁发的“全国民族团结先进个人称号”证书和奖章。1992 年 12 月，黄湖民族村被省民委评为“福建省民族团结进步先进集体”。

1990 年 10 月，兰荣均获得国家民委颁发的奖状和奖章（兰荣均提供）

1990 年国家民委授予上杭县官庄畲族乡“全国民族团结进步先进集体”奖之后，1995 年 1 月，国务院经过评估考核，再次授予官庄畲族乡“民族团结进步先进集体”光荣称号。颁发镏金铜质奖匾一块，荣誉证书一本。2005 年 12 月，官庄畲族乡再次被中共福建省委、福建省人民政府授予“全省民族团结进步模范集体”称号。

1999 年国庆期间，国务院召开全国民族团结进步表彰大会，上杭县人民政府被授予“全国民族团结进步模范集体”光荣称号。

2002 年 9 月，庐丰民族中学被国家教育部、民委评为“全国中小学团结教育先进单位”。2003 年 6 月，庐丰民族中学被教育部、国家民委授予“全国民族团结教育先进集体”荣誉称号。

2006 年 3 月 23 日，上杭县召开民族工作会议暨民族团结进步表彰大会，县委、县人大、县政府、县政协领导，各乡镇党委书记或乡镇长、统战委员、各民族村党支部书记、村委会主任等 280 人出席会议。会上表彰了官庄畲族乡树人村、县发展和改革局等 10 个“2001—2005 年度全县民族团结进步模范集体”和官庄畲族乡乡长钟德发等 25 位“2001—2005 年度民族团结进步模范个人”，并颁发奖牌和证书。

2006 年，官庄畲族乡树人民族村被福建省民宗厅授予“民族团结进步先进村”称号。

2014 年，上杭县古田苏家坡民族村树槐堂被国家民委正式命名为“全国民族团结进步教育基地”，这是全市第一个、全省第三个获此殊荣的单位。漳平市双洋镇中村民族村被命名为“全省民族团结进步创建活动示范单位”。是全省 500 多个民族村中首批通过检查验收的 6 个试点村之一。

2015 年 5 月，上杭县庐丰畲族乡卫生院院长蓝敬豪被福建省人民政府授予“福建省民族团结进步模范个人”。

2017 年 3 月，上杭县官庄畲族乡树人民族村、庐丰畲族乡丰康民族村，漳平市香寮民族村；2019 年 12 月，漳平市桂林街道山羊民族村先后被国家民委命名为“中国少数民族特色村寨”。

2018 年 4 月，上杭县被国家民委授予“海峡两岸少数民族交流与合作基地”。

2019 年，上杭县古田苏家坡民族村评为“全国民族团结进步示范村”；龙岩市开展民族团结进步示范学校创建活动，将上杭县官庄中心小学、官庄乡畲族树人小学、官庄民族中学、庐丰中心小学、庐丰民族中学及漳平市桂林中心学校 6 所学校命名为“龙岩市民族团结进步创建示范学校”。9 月，上杭县庐丰畲族乡党委书记钟加樟获“全国民族团结进步模范个人”称号，并受邀前往北京观看国庆阅兵仪式。

2019 年 9 月 27 日，全国民族团结进步表彰大会在北京召开，上杭县庐丰畲族乡党委书记钟加樟获“全国民族团结进步模范个人”称号（钟加樟提供）

2020 年，上杭县被福建省民宗厅列为第一批“全省民族团结进步重点区”，并被国家民委评为“全国民族团结进步重点区”；官庄畲族乡被列为首批“福建省民族乡振兴示范点”，古田镇苏家坡民族村、庐丰畲族乡丰康民族村、官庄畲族乡树人民族村 3 个民族村被评为“福建省民族村振兴示范村”。

2021 年 10 月，福建省人民政府授予漳平市桂林中心学校、上杭县民族宗教局、上杭县庐丰畲族乡丰乐民族村民委员会为“福建省民族团结进步模范集体”，同时，授予龙岩市民族宗教局党组书记、局长张树淳，中共上杭县官庄畲族乡委员会书记蓝中健，上杭县古田镇苏家坡民族村民委员会副主任雷贵兴和漳平市象湖镇龙门民族村党支部书记兰子辉为“福建省民族团结进步模范个人”。

2022 年 1 月，上杭县入选“全国民族团结进步示范区示范单位”。

三、促进海峡两岸民族团结

龙岩市、上杭县充分发挥“血缘相亲”“文缘相近”的优势，开展民间交流与合作。上杭县是客家民系的发祥地之一，也是台湾同胞的祖籍地之一，保存有台湾客家丘氏、江氏、李氏、张氏、廖氏和畲族蓝氏、雷氏、钟氏等数十个姓氏的祖墓、祖祠和族谱，每年有数以万计的台湾同胞回来寻根谒祖。上杭县民族宗教局发挥上杭县海峡两岸少数民族交流与合作基地的平台作用，促进两岸少数民族团结与进步。以亲情血缘为纽带，以客家文化和民族文化为切入点，积极推动两岸多方面交流合作。上杭县在城区建成了全国收藏客家族谱之最的客家族谱博物馆，为台湾同胞和海外侨胞提供了寻根问祖、族谱对接等服务，接待了成百上千批次台湾团体参访。闽西畲族馆自开馆以来，接待台湾嘉宾近 3000 人次的参观访问，成为龙岩市畲族文化的保护、传承、发展平台和民族团结进步的教育基地。随着对外开放的进一步扩大，上杭县与海内外的民族文化交流活动日益频繁，畲族蓝氏、钟氏等民间宗亲联谊交流也十分活跃。上杭县有 3 个乡（镇）和 3 个村分别与台湾乡村开展结对交流，其中官庄畲族乡与台湾彰化县员林镇签约结对，官庄畲族村朱堡村与屏东县满州乡满州村签约结对，结对乡村建立了常态化交流机制，增进了台湾同胞情感和心灵的契合。

2013 年 9 月 24 日，台湾彰化县员林镇镇长张锦昆一行到上杭县官庄畲族乡考察并与该乡缔结友好乡镇，双方在经济、文化、商业、农业、旅游等方面开展交流与合作。2019 年 5 月 27 日，世界钟姓宗亲联谊大会台湾宣导团钟兆鍼一行 12 人来到上杭，到闽西畲族馆参观访问，同上杭县钟氏宗亲会举行座谈交流，增强两岸钟氏宗亲“同根同宗”的认同。

“三月三”是畲族极具特色的传统节日，上杭县深度挖掘畲族节日文化和扩大节日宣传影响。每年的“三月三”畲族文化节已成为海峡两岸少数民族特色宣传、项目推介、招商引资、文化交流的重要平台；成为两岸少数民族团结与交流的纽带。2015 年 4 月 21 日，在官庄畲族乡朱堡民族村举办第六届“三月三”畲族民俗文化节，官庄乡邀请结对乡（镇）台湾员林镇代表黄逸政等和台湾艺术研究院院长、南台观光产业联盟总召集人林富男等一行参加“三月三”庆祝活动，有 35 位台湾同胞同台献艺，并促成台湾满洲村与朱堡民族村签订交流与合作结对意向书。同日，由庐丰畲族乡党委、政府，县旅游局、民族宗教局、文联等单位主办的庐丰畲族乡首届“三月三”民俗文化旅游节在庐丰畲族乡丰济村蓝氏家庙广场举行，有来自包括台湾同胞在内的全国 8 个省份 8000 多人、10 余名福建美术家协会会员参加，共同感受民族文化和浓郁独特的畲乡风情。是年，上杭县官庄、庐丰 2 个畲族乡少数民族干部代表，参加福建省民宗厅组织的赴台美丽乡村建设经验交流活动。

2018 年 4 月 17 日至 19 日，“中华一家亲·2018 海峡两岸各民族欢度‘三月三’暨福建省第七届‘三月三’畲族文化节”、第十一届海峡两岸少数民族丰收节在上杭县举行，台湾少数民族民意代表、中华两岸少数民族知识经济交流协会理事长廖国栋和台湾有关社团负责人，少数民族代表 130 余人参会。两岸少数民族同胞同台交流，畅叙友情，共话合作，进一步增进了民族团结与文化认同。2019 年“三月三”，来自台湾的同胞认为举办“三月三”活动能够促进海峡两岸文化交流，展现两岸人民一家亲的主题。台湾来宾林道一说：“每次上杭三月三啊，我感到都很亲切的。这个家乡的气氛很浓厚，尤其畲族文化让我们体验就是感觉不一样的文化。”

2018 年，首次在大陆举办的“两岸成人礼”在上杭县举行，金门嘉宾和师生代表 135 人参加；2019 年，中国·闽西（上杭）第三届世界客属龙舟文化旅游节活动在上杭县举办，台湾参赛嘉宾 70 多名参加，其中由上杭县民族宗教局承办的子项目“东南亚地区海峡两岸（上杭汀江）公开水域游泳邀请赛”取得良好效果。

2019 年 12 月，在龙岩市畲族文化研究会成立大会上，聘请中国台湾省籍同胞、龙岩市第三届人民代表大会代表、上杭县台属台胞联谊会理事长陈正勋（从 1992 年起一直在上杭创业）为研究会顾问。

2021 年 11 月，上杭县举办 2021 年“中华一家亲·海峡两岸各民族欢庆丰收节”暨福建省各民族共庆“中国农民丰收节”线上活动，邀请在杭兴业投资的台商 10 余名，100 多名少数民族群众参与，同时官庄畲族乡畲乡文创基地同步上线农产品直播，线上线下取得“双丰收”。

2022 年 9 月 22 日，由中共福建省委统战部、省委文明办指导，福建省民宗厅、省农业农村厅、省文化和旅游厅、中共龙岩市委和市政府主办，龙岩市委统战部、市委文明办、市民族宗教局、市农业农村局、市文化和旅游局、商务局和中共上杭县委、县政府承办，上杭县官庄畲族乡党委、政府和庐丰畲族乡党委、政府协办的福籽同心爱中华——2022 年福建省各民族共庆“中国农民丰收节”活动在上杭县官庄畲族乡举行。

第六章　教　　育

在隋、唐时期，“汀旧属山峒，文教所不敷，在唐犹草昧，越宋、明乃浸盛焉。”①作为闽西主族的畲族没有本民族文字，也谈不上教育。畲民与汉人贸易以刻木大小长短为符验。② 明、清时期，畲民开始仿效汉族，办私塾请老师教书，培养后代。民国，较大的畲村办有高级小学（也称完全小学，简称完小、高小）、初级小学（简称初小）。

中华人民共和国成立以后，共产党、人民政府重视教育，在畲族建制村新建或扩建小学，同时，各村开展以扫除青壮年文盲为中心的业余教育。在每个乡设立中学或民族中学、小学，充实教学设备和师资力量，并实行九年义务教育，为提高畲族人民文化水平提供有利条件。

第一节　私塾书院

一、书馆私塾

畲民在与南迁汉人交往中，接受并传承崇文重教、耕读传家的中华传统文化。明朝，畲族乡村开始出现私塾、书馆（文馆）。明末，钟玉鸣在上杭县平安里福泉长湖里东北边（今属官庄畲族乡福泉民族村）创办“东山书馆”、蓝以珠在上杭县胜运里庐丰（今庐丰畲族乡丰康村）建“以珠书屋”，为有文字记载的上杭畲民办学之始，对上杭畲民教育发展有着开拓之功。

畲族乡村的私塾教育在清代较为普遍，书馆多设在富裕的畲村人家，是畲族乡村耕读文化的主要体现。“清代，私塾在官庄相对普及”。③ 民国《上杭县志》载：“蓝氏……县西官庄乡，户数五百，文学兴盛。”④民国编修的上杭庐丰《闽杭庐丰蓝氏族谱》载：“乡中家塾林立，以故科第外平民罕有不读书识字者。族之‘柏蕉书舍’即其一也。县志载，俗呼‘八角亭’，以外门楼起有八角形故名。明蓝以珠建两冈平夹，前后多古松，中栽柏树一、凤尾蕉一，皆数百年物也。相传原为瑨益公裔讲学地，归以珠后乃改称‘以珠书屋’。此处讲经则有‘澹远堂’，地在岗上，俗呼下树子，后齐公建。‘会春馆’，墨尾坵左，后会春公建。‘六艺堂’，柑树下，系麻子坝艳京公裔建。训蒙则有‘芸香馆’，桐树园左，系柑子树房‘斐山

①［清］曾曰瑛修、李绂纂《汀州府志》卷三十三《文苑》。
②［民国］《漳平县志》卷十《杂志》。
③上杭县官庄畲族乡《官庄畲族乡志》编纂委员会编《官庄畲族乡志》，方志出版社，2011 年，第 296 页。
④［民国］丘复总纂《上杭县志》卷八《氏族志》。

房’,大巷里,系‘七厅尝’建。‘观塘书屋’,七厅前右,系锡堂公建。‘挹庚楼’,营前月阶公裔建。‘余学轩’,宜阳堂左侧,盛融公裔建。‘义方别业’,新柑子树房内,兆公建。‘万元别业’,柑子树房元昆、万昆兄弟建。‘松竹山房’,宋公坪大巷里。‘养正书屋’,塘厦文素公建。‘耕经书屋’,营前耀宗公建。‘含英书舍’,塘厦上建公裔建。余则社角里水尾冈下,各地亦有,但未立名,故略。而皆延师教授,以便就学。自学制改革,以九堡文馆为中心学校,而旧塾遂皆停办。”“吾乡最重文化,向所建九堡文馆。县志称:规模宏敞,左建奎光阁,秀峰森列,有彩笔凌霄之势,额题‘联珠堂’。”①《坵辉钟氏念二公族谱》记载,坵辉钟氏八世祖元允公“生当明季,承父志发愤读书,有文名,于万历间游于庠,吾乡风气,公为之创。”②坵辉的读书风气是在明万历年间的元允公开始的,而真正形成“重教兴学”的浓厚氛围,则是从十二世金声公始,他经商江西,往返闽赣,既赚了钱,也结识官宦士子。他认识到仅仅“耕可致富”是不够的,要“读可荣身”,必须重视对后代的教育,所以在他自己所建的“宏义堂”、“泰和堂”都辟有书舍,以后8个儿子所建的屋宇也都建有学舍、书室,如“敦厚堂”建有“勤学书室”,“和安居”建有“晖吉堂”,旁边还建有“魁星楼”。除了各房各族建书舍外,还在村子对面一个叫矮寨子的小山岗上辟地建书院——鳌山书院,当地人又称“兴贤馆”。上杭名儒坵辉钟斗垣、映丹父子主持书院多年,书院除招收本村畲民外,太拔、蓝溪甚至永定县的汉族学子也慕名前来求学,盛极一时。民国《上杭县志》载:“坵辉乡,户口二百,文风甚盛。”坵辉村还与其他村庄合建文馆,培养子弟,“允怀文馆,吾乡与张芬、彩霞、院前等处同建也。馆为四乡课文之地,儒林乐育之区。”③

建于清乾隆年间的上杭县太拔镇坵辉民族村“勤学书室”(钟巨藩摄)

二、助学督学

助学督学是畲族乡村传统教育的一种方式。和汉族乡村一样,畲民家族也备有学田、烝尝(文会),一为子弟攻读之资,二为子弟参加科考费用补贴,三为子弟考取功名奖励。间有依靠祠堂教育而登科及第者。坵辉钟氏畲民与同饮儒溪水的院田、彩霞、张芬、大地、大坑、双康的汉民一起在福州建“儒溪试馆”,“省城儒溪试馆乃合儒溪一水共建者也。……每逢大比之年,境内士子萃集于此,临闱讲艺,聚晤一堂,虽客旅,俨桑梓也。咫尺去龙门不远,及阶从鳌柱而来。惟吾试馆有。”“杭邑培英祠,合邑在乡,公所额曰‘培英’,取‘培养人才,英哲挺生’意也。”醵资所生利息“为送考新生册费”,坵辉钟氏“捐银100两4名”“捐银50两2名”。在本村设“始祖公儒资尝”“为合族培养人才,步月梯云之助也。”又设“始祖公义学尝”“为合族作养人才,资助后进。典至隆也,礼之巨也。然由蒙养而成人,由成人而济物,学植始基,功非小可。”除了全村共有的“儒资尝”“义学尝”外,还有“玉传公儒资尝”“元贞公儒资尝”“锡臣公儒资尝”等“儒资尝”,“为本公裔培养人文而设者。”④

①《闽杭庐丰蓝氏族谱》卷八《杂录》民国33年,种玉堂镌。
②[清]钟勷侯主编上杭《坵辉钟氏念二公族谱》卷十三《世系》之一。
③[清]钟勷侯主修上杭《坵辉钟氏念二公族谱》卷二十九《义举》。
④[清]钟勷侯主修上杭《坵辉钟氏念二公族谱》卷二十九《义举》。

畲民家族以定期的“会文”、“会课”之规矩来督促、奖掖族内学子。上杭庐丰蓝氏“岁必课士，以资鼓励，先是吾族，更有蓝氏会课。其会课时办席，初由先达命题，时艺外兼及诗赋，至晚缴卷。收完后，缄送名宿评列甲乙，优给奖赏。闻‘七厅尝’凡遇嗣裔考取前列者又有陪赏。至科举停罢，‘九堡文课尝’、吾族文会均提办学校。惟‘七厅尝’对于嗣裔升学者犹有酌量津贴。”①

三、应试登第

明清时期，较早接受汉族文化的畲族社区，其畲民读书取试已与汉族无别。

明洪武年间，上杭平安里的蓝以清成为贡生，并且还担任了浮梁县的教谕。从目前所掌握的资料看，蓝以清是闽西地区畲族的第一位贡生、第一位当官的畲民。

清代，闽西（上杭）畲民考取进士的有蓝正春、蓝桂2人，武进士有钟高翥、钟虎狮、蓝启玉、雷庭瑞4人；举人有10人，武举人有18人；贡生14人，例贡2人，例监11人；生员（秀才），因资料不全未作全面统计。《闽杭庐丰蓝氏族谱》载，庐丰蓝氏有文秀才182人、武秀才44人；《上杭雷氏梓福公家谱》载，雷氏梓福公派下有文秀才69人、武秀才7人；《坵辉钟氏念二公族谱》载，坵辉钟氏有文秀才25人、武秀才5人。乾隆三十五年（1770年），上杭官庄福泉村钟大受获乡试第一名（恩科解元）。

第二节　幼儿教育

中华人民共和国成立前，闽西畲族乡村，未单独设立幼儿园。20世纪50年代初，在上杭县官庄小学、庐丰小学附设幼儿班；50年代中、后期，上杭县官庄的回龙、树人小学，庐丰的中坊、横岗小学附设幼儿班。“文化大革命”时期，幼儿教育一度中断。1978年始，各大队（村）相继办起附设在各小学的幼儿班（园），幼儿班（园）由小学负责管理，各大队（村）解决校舍、设备（教具、玩具）、资金等问题，由小学民办教师或代课教师兼任，教师工资除上级发给一定的补贴外，采取收取学费的办法解决。畲族、汉族幼儿同在幼儿班里学习活动。

2001年始，由于计划生育政策的显现，人口出生率持续降低以及部分农村孩子随在城务工的父母进城就读，农村小学生和幼儿人数减少，农村各小学陆续撤点并校，原附设在各小学的幼儿班也随之撤并，农村民办幼儿园应运而生。

2020—2021学年上杭县官庄、庐丰畲族乡幼儿园情况表

表6-01

畲族乡	幼儿园数（所）			在园幼儿数（人）		入园率（%）		幼儿教师（人）		
	中心幼儿园	教学点附设	私立幼儿园	总数	其中畲族子女	学前1年	学前3年	总数	其中公办教师	其中畲族教师
官庄	1	6	1	501	243	100	100	47	20	16
庐丰	1	2	1	390	99	100	98.6	25	21	2

①《闽杭庐丰蓝氏族谱》卷八《杂录》民国33年，种玉堂镌。

附:上杭县官庄中心幼儿园、庐丰中心幼儿园简介

1.官庄中心幼儿园简介

1987年8月,官庄畲族乡中心幼儿园设立为独立园,园址在官庄村大岸塘(现官庄中心小学食堂)。生源来自10个行政村和乡直各单位。

上杭县官庄中心幼儿园畲娃广播站(官庄中心幼儿园提供)

2007年,在官庄畲族乡党委、政府的大力支持下,通过有偿购买现园址1048平方米土地使用权。2008年7月开始建设新园,2009年春季完成教学楼的两层建设。2010年暑假进行教学楼三层的加层建设。2012年正月开始,历时8个多月,完成794平方米的新华都综合楼建设,较好地满足了当时的办园条件。2012年下半年,在福建省教育厅以及上杭县教育局的大力支持下,新购置可供300位幼儿使用的课桌椅、床铺,班班配置了多媒体,每位教师配备一台办公电脑。2014年暑假,改建幼儿园大坪,对旧教学楼的门窗进行铝合金改造。2021年12月,县教育局为农村县级示范幼儿园统一采购配置一批教育技术设备,班班全面更新课桌椅、希沃一体机、钢琴,以及区域、户外玩具等。2022年5月,改建幼儿园室外操场。一所具有现代化教学设施设备、标准化规范化办学的幼儿园呈现在畲乡大地上。

该园秉持"一切为了孩子,努力办好人民满意的幼儿园"的办园宗旨,秉承"团结、务实、进取、创新"的工作作风,依法办园,精细管理,推进幼教改革,精心打造畲族特色课程,努力提升保教质量,得到各级领导和社会各界的充分肯定。除开展正常的教育教学工作外,该园还通过引领示范、下园指导帮扶、园际交流以及岗位练兵等多种方式,发挥中心幼儿园示范指导作用,努力开拓创新、以研带教,积极带动、协助全乡公、民办幼儿园(班)规范办园,提高保教质量,使全乡学前教育更上一个新台阶。

2020—2021学年在园幼儿307人,教学班8个,其中小班2个、中班3个、大班3个;教职工31人(其中公办教师12人,自聘老师7人。保育员8人,保安人员2人,厨房阿姨2人)。

官庄中心幼儿园在1995年被龙岩市教育局授予"市标准幼儿园"荣誉称号;2004年3月,被上杭县妇联授予"巾帼文明示范岗位";2010年8月,被上杭县教育局授予"县优质幼儿园";2012年12月18日,被上杭县教育局授予"平安先行学校";2017年3月,被上杭县妇联授予"三八"红旗单位。

2.庐丰中心幼儿园简介

2010年,庐丰畲族乡党委、政府将原庐丰职业中专内一块占地1400平方米的地块划给庐丰中心幼儿园。2011年,动工新建标准的中心幼儿园,2012年3月15日正式交付使用,建筑面积1800多平方米,绿化面积200多平方米,可同时容纳300多名幼儿入园。该园设施配套齐全,建有3层6间教室及幼儿宿舍,教师办公室。实现班班有多媒体教室,有符合幼儿健康发展要求的活动室、午睡室、盥洗室,有培养幼儿兴趣与能力的多功能室,有清洁、安全的厨房设备及标准的卫生设施。

庐丰中心幼儿园设有大班、中班、小班和小小班。有多媒体设备6套,钢琴1台,电钢琴6架,班班通,电视机、DVD各5套,大型玩具5套,小玩具100多种,幼儿图书绘本1000多册,床位200个。

2020—2021学年,在园幼儿125人,教职工19人(公立教师11人、自聘教师1人、保育员3人,保安2人)。

第三节 学校教育

一、初等教育

清朝末期,废科举,兴学堂。闽西各县先后设立新式学堂(学校);光绪末年,上杭庐丰安乡在中坊设立务本学校,为上杭东路设立学校之始;宣统三年(1911 年),庐丰蓝氏在原"九堡文馆"的基础上设立联珠小学。民国以后,庐丰所辖乡村有安澜学校、育才小学、堡东小学、益智初小、东溪初小、尊三初小等。民国 9 年(1920 年),上杭县官庄创办官庄高级小学,随后,在回龙设立复兴小学,朴树乡(今树人村)设立振兴小学。在畲族散居的个别乡村也相继办起小学或初小。

1929 年 3 月,毛泽东、朱德率红四军入闽,在共产党的领导下,闽西各地纷纷举行农民武装暴动,建立苏维埃政权。暴动后,随着土地革命的深入进行,经济建设的迅猛发展,广大人民群众迫切需求受教育,学文化。这对刚刚诞生不久的闽西各级苏维埃政权来说,确是一项迫在眉睫的任务。正如毛泽东指出的:"执行苏维埃的文化教育政策,开展苏维埃领土上的文化革命,用共产主义武装工农群众的头脑,提高群众的文化水平,实施义务教育制度,增加革命战争中动员民众的力量,同样是苏维埃的重要任务"。① 闽西各级党组织和苏维埃政权,非常重视教育事业的发展,区、乡苏维埃政府均设立文化委员,统一领导教育文化事业。1930 年前后,各村设立一所列宁小学,6 岁至 14 岁的畲族和汉族男女儿童一起入学读书,学杂费豁免,并由政府发给书籍。

1929 年 10 月,毛泽东在上杭县古田苏家坡村指导闽西特委工作期间,了解到苏家坡人民世世代代当文盲,而暴动后由于没钱又缺教师,孩子们仍无法识字的情况后,当即召集闽西特委的同志开会,研究决定创办苏家坡平民小学。他建议将特委每月 20 元交通费拨给平民小学作为教学经费。他说:"我们大家可以去为孩子们上课。识字的教不识字的,一人教十人,十人教一百,这样全村的人都可以学文化。"苏家坡平民小学创办起来后,毛泽东还特地为孩子们生动形象地上了第一课,并发给每个孩子一支公鸡牌铅笔,鼓励他们为革命努力学好文化知识。②

中华人民共和国成立后,党和人民政府高度重视畲族教育事业,畲族群众兴起办学热潮,相继办起全日制教学班、初级小学,较大的村办完全小学。1951 年,人民政府就派来教师在漳平山羊村开办小学分班;1952 年又拨出 7000 元转款新建校舍,设 4 个班,其中在小芹菜自然村设 1 个分班,有老师 5 人,学生 50 多人。上杭县官庄贵和村利用贵湖庵办起贵湖初小,朱堡村在中村学堂坪里办起朱堡初小,福泉村在蟠龙湖办起福泉小学,官庄村在镇龙庵办起联群小学。庐丰丰乐村办起西溪初小,湖洋(今扶洋)龙源洞自然村办起全日制教学班。太拔坵辉村、崇厦村分别利用闲置房屋、雷氏祠堂办起太拔小学分班,方便畲民子女上学。居住分散的畲族自然村子女均在所在地汉族村小学就读。

1969 年始,根据"小学读书不出大队,初小读书不出自然村"的要求,闽西农村的各个生产大队都办有 1 所完小;每个自然村办 1 所初小;完小、初小、教学点逐年增加畲民子女就近入学。1972 年始,较大型的小学附设初中班。

---

①毛泽东:《在第二次苏维埃大会上的报告》。

②《青年实话》第 3 卷第 8 号,1934 年 1 月。

1978年始,龙岩地区各县逐步调整学校布局。1982年始,施行普及小学教育规划,畲族乡村都有完小或初小(教学点)。1999年始,由于人口出生率降低,学龄儿童随父母外出就读增多,为合理配置教育资源,提高办学效益,撤并部分建制村的小学和边远自然村的教学点。

若干学年上杭县民族小学学生数情况表

表6-02 单位:所、人、%

学年	学校数	学生总人数	少数民族学生总人数	少数民族学生所占比例
2016—2017	5	1553	658	42.40
2017—2018	5	1548	676	43.70
2018—2019	5	1657	714	43.00
2019—2020	5	1811	751	41.50
2020—2021	5	2341	845	36.10

上杭县官庄畲族乡 1969年,上杭县官庄公社在七里大队建奋发小学。璜头村设立分班,龙牌、龙角、红石办起完小。1972年,回龙小学附设初中班,更名为回龙学校。1976年,树人小学附设初中班,更名为树人学校。1977年,官庄小学与联群小学合并为官庄中心小学。1980年,增设新民村的新湖、新禾,德康村的民办教学点,学生60多人。1981年8月,裁撤树人学校初中班,恢复树人小学校名。1982年,回龙学校初中班停办,恢复为回龙小学。

1988年,官庄畲族乡设置33所学校(含教学点),共有95个班,学生4250人。

1999年始,官庄学区根据实际情况,为合理配置教育资源,提高办学效益,经报县教育局审批后,逐年进行撤点并校。原则是全乡按3个片保留回龙、官庄、树人完小;学生数低于30人的学校保留教学点建制,三、四年级学生到相邻学校就读。学生数在10人以下的教学点原则上撤并;学生数在10人以下,距相邻学校3公里以内的教学点确需保留的,报县教育局批准后保留。

2021年,官庄畲族乡有完小3所、教学点4个,42个班,学生1465人。

若干学年上杭县官庄畲族乡小学教育统计表

表6-03 单位:所、人

学　年	学校(教学点)数	民族小学数	教师数	公办教师数	少数民族教师数	学生数	少数民族学生数
1987—1988	33	10	192	178	58	4328	1626
1999—2000	22	9	179	156	46	4043	1301
2009—2010	8	5	97	97	27	1224	552
2020—2021	7	5	110	95	31	1465	660

上杭县庐丰畲族乡 1969年,上杭县庐丰公社在上坊上田革命基点村、上坊高寨、下坊德里、丰

乐西溪、丰乐营前、太古塘基点村、扶洋龙源洞等自然村设初小或教学点。在中坊渡上、丰济包屋、丰济镇南、铁峰、太古水井、横岗棉村等自然村设立分班;由于布点下伸,适龄儿童能就近入学,学龄儿童尤其是女学龄儿童的入学率和巩固率都达到95%以上。1974年,中坊、横岗小学附设初中班。1976年,上坊、下坊、太古、黄坊小学也附设初中班,招收初中一年级学生。

1978年,除保留中坊学校、横岗小学附设初中一、二年级外,其他小学附设初中全都撤销。1979年,全公社共有完小13所(章金、上坊、中坊、下坊、立英、丰济、丰康丰乐、扶洋、丈古、黄坊、横岗、三坪),分班6个(中坊渡上、丰济包屋、丰济镇南、铁峰、太古水井、横岗棉村)。初小或教学点7个(上坊上田革命基点村、上坊高寨、下坊德里、丰乐西溪、丰乐营前、扶洋龙源洞、太古上塘革命基点村)。

1981年,恢复庐丰中心小学建制。上坊、中坊、下坊、丰济、丰康、丰乐、太古、黄坊、横岗、三坪等大队设有1所完小;章金、立英、扶洋、铁峰等大队设初小;撤上坊高寨初小并入上坊小学;撤丰乐西溪、营前初小并入丰乐小学;保留上坊上田革命基点村、下坊德里、太古上塘革命基点村3所初小和中坊渡上、丰济包屋、丰济镇南、铁峰、太古水井、横岗棉村等6个分班。1982年,裁撤太古初中班,1984年,裁撤中坊、横岗初中班,恢复六年制小学。

20世纪90年代,小学学龄儿童数量达到鼎盛时期。小学在校学生数从1990年的2745人增加到1999年的3895人。1996—2000年,部分行政村和边远自然村教学点(分班)撤并。上坊村上田革命基点村教学点撤并到上坊小学;中坊渡上分班撤并到中坊小学;下坊德里教学点撤并到丰乐小学;丰济包屋、镇南分班撤并到中心小学;铁峰分班、龙源洞教学点撤并到扶洋小学;太古水井分班、上塘革命基点村教学点撤并到太古小学;横岗棉村分班撤并到横岗小学。

2000年后,招生规模逐年缩小。2004年8月,小学撤点并校,保留庐丰中心小学、中坊小学和横岗小学3所完全小学。其他为初级小学或教学点。2013年,全乡有中心小学1所,完全小学2所,教学点7个;教学班36个;教师113人;学生683人。

2021年,庐丰畲族乡有中心小学1所,完全小学2所,教学点3个;教学班29个;教师79人;学生494人。

若干学年上杭县庐丰畲族乡小学教育统计表

表6-04　　单位:所、人

学　年	学校(教学点)数	民族小学数	教师数	公办教师数	少数民族教师数	学生数	少数民族学生数
1999—2000	22	3	180	180	52	3608	1208
2009—2010	12	3	128	126	25	974	286
2020—2021	5	1	79	77	13	494	184

附:龙岩市部分民族小学简介

1. 上杭县官庄中心小学　官庄中心小学前身是“官庄高级小学”,创办于民国9年(1920年),校址设在官庄天后宫,创办人蓝少豪(官庄乡树人村人),首任校长是蓝丹山(官庄乡树人村人)。1931年迁至德康村啄木寨,并更名为“上杭县官庄中心小学”。1977年学校搬至官庄村对门岭与联群小学合并,为现官庄中心小学校址。2001年春,福建省人民政府副省长(后任省长)黄小晶亲笔为学校题写校名。随着办学规模的不断扩大,2018年建设官庄中心小学福泉校区,2019年开始一校两区办学，占地面积15789平方米，建筑面积8422平方米。2020—2021学年全校有学生963人，其中少数民族学生有453人，占全校学生人数的48.3%，教职工有67人。

学校办学历程悠久，百年沧桑，弦歌不辍。学校始终坚持以“尚书教育，崇文厚德”为办学特色，践行“一切为了孩子，一切为了明天”的办学理念，遵循“全心全意为孩子终身、全人、自由发展奠基”的办学宗旨，坚持“注重民族教育特色，走内涵式发展道路，把学校办成师生幸福成长乐园，打造民族教育的知名品牌学校”的办学目标，“以书润心，以德导行”的校训，形成了“阅读是最美姿势，人格是最高学历”的校风，“爱心铸魂，教书育人”的教风，“认认真真读书，快快乐乐成长”的学风。一代又一代的畲乡教师一路拼搏，艰苦奋斗，不忘初心，励精图治，认真贯彻执行党和国家的教育方针，紧紧依靠各级党政的大力支持，书写着官庄基础教育时代发展篇章。

官庄中心小学校徽。“官庄中心小学”校名是在2001年春，由时任福建省人民政府副省长黄小晶所题（官庄中心小学提供）

学校重视教育教学实践与理论探索，注重科研兴校，科研兴教，为培养社会主义建设者和接班人做出积极贡献。2010年以来，学校有《阅读教学有效教学模式实验探究》《精细德育，传承新校园文化》等2个省级课题，《与儿童生活相链接，切身体验中发展》《关于鼓励解决问题策略多样化和个性化的研究》《利用本土资源探索学校文化建设新途径研究》《群文阅读探索与研究》等4个市级课题，以及《文本细读与阅读教学》《探索校本课程的有效教学途径》《整本书阅读价值的思考与实践》《小学数学计算教学如何渗透数学思想的研究》等4个县级课题已经结题。实施省“十四五”规划课题《“双减”背景下小学数学错题资源的收集与应用的实践研究》和县级课题《快乐读书吧，“双减”促“双增”》《“双减”之下提升农村小学生朗读水平的策略研究》《核心素养下南阳花灯的传承与教学研究》（“双减”是教育部门针对义务教育阶段提出的减负政策，具体指全面压减孩子作业负担，同时还要减轻校外培训负担；“双增”，即增加学生校内参加户外活动、体育锻炼、艺术活动、劳动活动的时间和机会，增加学生校外接受体育和美育方面课外培训的时间和机会。）学校注重教师队伍建设，尤其是对青年教师的培养和选拔工作。改革开放以来，从官庄中心小学走向县、市的大批教师，成为教育领域的行家里手。一批教师获得省市县表彰。2019年，该校教师吴思禄获得“全国模范教师”荣誉称号，受到党和国家领导人的亲切接见。

该校在1985—1990年连续六年获全县毕业班会考第一名；1993年，被评为龙岩地区农村示范小学；1995年，获评国家扫盲先进单位；1999年，获上杭县目标管理二等奖；2003—2020年，被龙岩市委、市政府授予第九届（2003—2005年度）、第十届（2006—2008年度）、第十一届（2009—2011年度）、第十二届（2012—2014年度）“文明学校”和上杭县第一届（2015—2017年度）“文明校园”称号；2007年，被评为上杭县素质教育先进学校；2008年，被上杭县委命名为“先进基层党组织”；2010年，创上杭县平安校园、龙岩市先进职工之家、龙岩市义务教育标准化学校；2011年，被龙岩市授予实施素质教育工作先进学校；2012年，被龙岩市教育工委命名为“先进基层党组织”、龙岩市德育工作先进学校、龙岩市环境友好型学校；2013年，被评为龙岩市教育系统先进集体；2014年，被中共龙岩市教育工委命名为“先进基层党组织”、获得龙岩市“优秀阅读学校”、上杭县“德育工作先进学校”称号；2016年，获评龙岩市“五好”基层关工委、上杭县“先进基层党组织”；2017年，被评为福建省“义务教育管理标准化学校”；2018年，被评为福建省“义务教育教改示范性建设学校”；2021年，被命名为“福建省科研实践基地校”。

若干学年上杭县官庄中心小学(校部)学生数情况表

表 6-05　　单位:个、人、%

学　年	班级数	学生数	少数民族学生数	少数民族学生所占比例
2016—2017	18	645	347	53.8
2017—2018	19	742	390	52.6
2018—2019	21	861	413	48.0
2019—2020	23	963	453	47.0
2020—2021	25	1055	509	48.2

2. 上杭县庐丰中心小学　庐丰中心小学创办于 20 世纪 30 年代,原名庐丰联珠小学,校址在庐丰九堡文馆(现庐丰民族中学一部分),校园占地面积 1000 余平方米,首任校长为蓝晓垣。1939 年,改名为庐丰小学。1969 年,更名为丰济小学。1975 年,更名为庐丰中心小学。

上杭县庐丰中心小学校园一角(庐丰中心小学提供)

1986 年,为改善办学条件,拆除原大队礼堂和 4 间教室,自筹资金兴建砖混结构教学楼 2 层 8 间教室。1987 年,拆除土木结构 3 间教室和 3 间宿舍,利用世界银行贷款建起一栋砖混结构 3 层"世行楼",有宿舍 9 间,教室 6 间。2003 年,拆除最后一批土木结构的教室和原学区办公楼,新建一栋 4 层综合办公大楼,有大教室 4 间,办公室 15 间。2005 年,新建一栋 3 层学生宿舍楼(含学生食堂)。2010 年,拆除原有砖混结构教学楼,新建一栋框架结构的标准化教学大楼,有标准化教室 18 间及配套的卫生间。同年,在紫金矿业副董事长蓝福生捐资 50 万元的基础上兴建"同福楼",一层是宽敞的阶梯教室,二楼是教师宿舍。2014 年,在兴业证券支持下兴建"兴证庐丰中心小学塑胶运动场",有 100 米塑胶直跑道和 300 米塑胶环形跑道,硅 PU 篮球场 2 个及跳高、跳远、投掷等运动设施。

庐丰中心小学各功能室齐全,有教师办公室、会议室、教师电子备课室、图书室、阅览室、电脑室、实验室、音乐室、美术室、劳技室、体育器材室等。按Ⅱ类标准购置配备数学、自然(科学)教学仪器,购置配备科学仪器,购买体育、音乐、美术教学器材,建立图书资料室(有图书 16070 册),电脑室(有电脑 113 台)。

2020—2021 学年,庐丰中心小学(中心校)校园占地面积 14703 平方米,有绿化用地 1180 平方米,运动场 4738 平方米。校舍建筑面积 5471 平方米,其中教室 1080 平方米,各功能室 630 平方米,行政用房 300 平方米,生活用房 1260 平方米,其他用房 660 平方米。

该学在 2002 年 11 月,被福建省教育厅、福建省民宗厅评为"促进民族教育事业发展先进集体";2010 年 5 月,被国家教育部门表彰为"深入学习科学发展观推动学校德育工作创新先进学校";2010

年10月,被福建省授予"义务教育标准化学校";2011年2月,被福建省教育厅评为"福建省小学示范图书馆";2012年10月,被中共福建省委文明办、福建省教育厅、福建省文化厅授予"未成年人课外阅读(学校)实践基地";2007年3月,被龙岩市教育局评为"实施素质教育工作先进学校";2008年12月,被龙岩市评为龙岩市课程改革"先进集体";2009年12月,被龙岩市评为"先进教工之家";2010年6月,被龙岩市评为"素质教育合格学校";2012年7月,被龙岩市教育工委评为"先进基层党组织";2013年12月,被龙岩市教育局评为"特色示范学校"等。2016年,参加全省民族文化进校园工作现场经验交流会,并作PPT展示交流;2019年9月,被龙岩市民族宗教局授予"民族团结进步创建示范学校",2020年7月,被福建省民宗厅授予"民族团结进步重点单位"。

若干学年上杭县庐丰中心小学学生数情况表

表6-06　　单位:个、人、%

学　年	班级数	学生数	少数民族学生数	少数民族学生所占比例
2016—2017	11	292	174	59.6
2017—2018	11	275	173	62.9
2018—2019	11	243	151	62.1
2019—2020	11	250	152	60.8
2020—2021	11	309	181	58.6

3. 上杭县官庄畲族乡树人小学　树人小学前身为树人初级小学,创办于民国22年(1933年),校址在树人西峰寺。1973年学校迁至树人村松毛冈上,称树人小学。1976年附设初中班,易名为树人学校;1981年8月裁撤初中班,恢复树人小学校名。

2020—2021学年,校园总面积11041平方米,校舍面积2727平方米,绿地面积2000平方米,体育场总面积7700平方米,藏书4800册。另设附属民族幼儿园,建筑面积1930平方米,开设3个班级,学生45人,教师5人。

学校认真全面贯彻党的教育方针,践行"校以育人为本,师以敬业为乐,生以成才为志"的办学理念,以科研为先导,以教学为中心,积极探索教育教学新模式,努力办好人民满意的教育。

树人小学在1999年6月被上杭县委、县政府授予"文明学校"称号。2002年6月,被上杭县委、县政府授予2000—2001年度"文明学校"称号。2011年5月,通过福建义务教育标准化学校验收;同年,被龙岩市教育局评为"义务教育标准化学校"。

若干学年上杭县官庄畲族乡树人小学学生数情况表

表6-07　　单位:个、人、%

学　年	班级数	学生数	少数民族学生数	少数民族学生所占比例
2016—2017	6	109	108	99.1
2017—2018	6	124	121	97.6

续表6-07

学 年	班级数	学生数	少数民族学生数	少数民族学生所占比例
2018—2019	6	142	139	97.9
2019—2020	6	159	155	97.5
2020—2021	6	146	138	94.5

4. 漳平市桂林中心学校 该校创办于1947年,原名下桂林小学;1996年,升格为桂林中心小学;2002年8月,桂林学区与桂林中心小学合并更名为桂林中心学校;2012年8月,设立实验小学桂林校区;2016年8月,实行桂林中心学校和实验小学桂林校区两块牌子一套班子的管理模式。

2020—2021学年,漳平市桂林中心学校有教职工54名(其中,漳平市名校长1名,漳平市名师3名,龙岩市骨干教师8人,龙岩市学科带头人培养对象1人,漳平市骨干教师1人);学生880人(其中有66名畲族、苗族、瑶族、土家族、侗族、满族、壮族、布朗族、维吾尔族9个少数民族学生);学校还有漳平市以外的来自全国14个省、直辖市、自治区的流动儿童84人。

学校以“立德树人,办民族特色、人民满意的学校”为办学宗旨,以“为教师的发展搭建平台,为孩子的幸福奠定基础”为办学理念,以“创建民族特色教育,培育民族特质师生”为办学目标,培育“乐业爱生、博学善导”的教风,“团结上进,立志成才”的学风;形成“自信、自尊、自主、自强”的品质。学校稳步推进创建“办民族特色教育、做民族特质师生”的特色学校,通过营造民族特色文化氛围,开展民族特色教育活动,促进学校内涵发展,打造民族教育特色品牌。

该校先后荣获全国“青少年校园足球特色学校”;福建省“义务教育标准化学校”、“义务教育管理标准化学校”、“民族团结进步重点单位”、“民族团结进步模范集体”、“模范职工之家”;龙岩市“文明校园”、“民族团结进步创建示范学校”、“未成年人思想道德建设活动示范基地”、“体育传统项目校”、“绿色学校”、“流动人口健康促进示范学校”、“五好基层关工委”;漳平市“教育工作先进集体”、“综治安全目标管理一等奖”、“先进工会”等荣誉。近5年来,教师先后在漳平市及以上的各类比赛中获奖100多人次,近200篇论文在CN、省、地、市交流汇编。学生300多人次在全国、福建省、龙岩市、漳平市的“征文”“汉字书写”“电脑制作”“绘画”“方言故事”“经典诵读”“中小学生田径运动会”“足球”“文艺会演”等比赛中获奖。

若干学年漳平市桂林中心学校学生数情况表

表6-08 单位:个、人、%

学 年	班级数	学生数	少数民族学生数	少数民族学生所占比例
2016—2017	20	920	46	5
2017—2018	20	999	54	5.4
2018—2019	21	1068	60	5.6
2019—2020	19	998	65	6.5
2020—2021	17	880	66	7.5

二、中等教育

中华人民共和国成立前，畲族乡村未设中学。1958 年，上杭县官庄公社、庐丰公社分别设立农业中学 1 所，1961 年停办。1969 年，在“中学不出社”的口号下，庐丰公社办起庐丰中学；1970 年，红庄（官庄）公社也办起红庄（官庄）中学；从 70 年代开始，龙岩地区各公社都设有中学，畲族学生都能到当地中学就读。

（一）上杭县官庄畲族乡

1958 年，上杭县官庄公社设立官庄农业中学，1961 年停办。1968 年 8 月，官庄创办普通中学，时称上杭一中红庄分班，位于福泉村蟠龙湖；设初一、初二各一个班，学生 89 人，教师 7 人。1970 年，上杭一中红庄分班单独建制，定名为红庄中学。1971 年，红庄中学增设高中，升格为完中。1972 年，红庄中学更名为官庄中学，回龙、红石、树人小学附设初中班。1979—1981 年，小学附设初中先后被撤销。1981 年，官庄中学高中部由普通高中改为职业高中。1986 年，职业高中停办，官庄中学为农村独立初中。2003 年，官庄中学更名为官庄民族中学。

1994 年 3 月，创办官庄二中，坐落回龙低坪，为农村独立初中。1996 年，官庄二中更名为回龙中学。2006 年 8 月，回龙中学停办，生源并入官庄民族中学。

（二）上杭县庐丰畲族乡

1958 年，庐丰公社在丰康大队七厅角里设有庐丰农业中学，有教师 4 人，学生 104 人，1961 年停办。1965 年，庐丰公社在丰康大队七厅角里创办“半农半读”农业中学。1968 年，在“半农半读”农业中学的基础上设上杭抗大中学（上杭二中）分班。

1969 年 8 月，庐丰公社创办独立初中，校址附设在庐丰小学，首届招收初一新生 145 人，设 3 个教学班，有教职工 13 人。1974 年 9 月，升格为完中。同年，中坊、横岗小学附设有初中分班。1976 年，上坊、下坊、太古、黄坊等小学也附设初中部，开始招收初中一年级学生。1979—1981 年，撤销小学附设初中。1983 年 8 月，庐丰中学普通高中停招新生，高中部由普通高中更名为职业高中（职高班）。1992 年 8 月，庐丰中学的职业高中从校内搬离后，学校转为独立初中。2001 年 3 月，改为上杭县庐丰民族中学。

1984 年 7 月，在横岗村创办横岗中学，为农村独立初中，招收横岗片（太古村、黄坊村、横岗村、三坪村）初中学生，首届招收初一新生 84 人，设 2 个教学班，有教职工 14 人。2006 年 8 月，横岗中学停办，生源并入庐丰民族中学。

1992 年 6 月，在庐丰中学职业高中的基础上设上杭县庐丰职业高级中学，学校搬离庐丰中学，独立建制，面向全县招生。1996 年 6 月，更名为“上杭县第二职业高级中学”。1997 年 1 月，经福建省教委批准设立“上杭县第二职业中专学校”。2003 年，合并至上杭县职业中专等专科学校（简称“职业中专”）。

（三）漳平市

2005 年，漳平二中创办民族班，第一学期招收少数民族学生 57 名。

若干学年漳平二中学生情况表

表 6-09　单位:个、人、%

学　年	班级数	学生数	少数民族学生数	少数民族学生所占比例
2016—2017	65	3569	30	0.01
2017—2018	66	3678	30	0.01
2018—2019	68	3615	44	0.01
2019—2020	75	3610	50	0.01
2020—2021	76	4043	49	0.01

附:龙岩市民族中学简介

1. 上杭县官庄民族中学

官庄民族中学前身为上杭一中红庄分班,创办于 1968 年。1970 年,上杭一中红庄分班单独建制,定名红庄中学。1972 年,改名官庄中学;2003 年,更名为官庄民族中学。2021 年,学校承担着官庄畲族乡 18 个行政村及珊瑚乡 5 个行政村近 4 万人的初中阶段办学任务;校园面积 48300 多平方米,校舍面积 10356 平方米;教职员工 57 人,其中畲族教师 16 人。

官庄民族中学秉承"创办规范加特色学校,培育合格加特长学生"的办学宗旨;"博学、慎思、求真、厚德"的校训;"敏而好学、学而不厌、博之以文、约之以礼"的校风;"继承传统、改革创新、求真务实、与时俱进"的教风;"勤学、静学、活学、乐学"的学风,按国家和省市的标准开足课程,让学生全面发展。弘扬民族优秀传统文化,坚持开展少数民族传统体育项目,大力发展民族特色教育事业。把加强常规管理和教改、教研作为驱动课堂教学优化的"两个轮子",注重学习学会优化学生素质的办学特色,教育教学质量取得显著成绩,跻身于全县农村中学前列。培养出 1 万多名初高中毕业生。

2018 年 11 月 8 日,官庄民族中学举行建校 40 周年庆典,省民委、市民族宗教局有关领导,福建省各民族学校代表、嘉宾和官庄民族中学历届校友及在校师生共 2000 多人参加庆典。

官庄民族中学开展群众性的体育活动,传承畲族运动项目,代表龙岩市参加少数民族运动会。2014 年,在省第八届少数民族运动会中,获得民族标准弩男子跪姿银牌一枚,民族标准弩混合团体铜牌 4 枚。2016 年,在宁德举行的福建省板鞋竞速交流赛,该校代表龙岩市参赛,获团体赛混合接力 4×100 米二等奖、女子 2×100 米接力二等奖、男子 2×100 米接力二等奖;单项赛女子 60 米及 100 米二等奖、男子 100 米三等奖的佳绩。2018 年,在福建省第九届少数民族传统体育运动会中取得 1 金,3 银,4 铜的优异成绩;是年,被龙岩市民族宗教局、龙岩市体育局授予"龙岩市少数民族传统体育项目训练基地"称号。

2009—2015 年,被中共上杭县委、县人民政府授予第十届、第十一届和第十二届"文明学校"称号;2011 年,被县委、县政府授予"全县法制宣传教育先进单位"称号;2014 年,学校党支部被县委授予"先进基层党组织"称号;2015 年,学校《农村初中"学思型"教学模式的实践与研究课题》由福建省普通教育教学研究室结题;2018 年和 2021 年被县委、县政府授予上杭县第一届(2015—2017 年度)、第二届(2018—2020 年度)"文明校园"称号;2019 年,被龙岩市民族宗教局授予"龙岩市民族团结进步创建示范学校"称号;2021 年,被省教育厅评为"义务教育管理标准化学校"。

若干学年上杭县官庄民族中学学生数情况表

表 6-10　　单位:个、人、%

学　年	班级数	学生数	少数民族学生数	少数民族学生所占比例
2016—2017	11	512	264	51.2
2017—2018	11	514	246	47.9
2018—2019	12	570	238	41.8
2019—2020	13	570	238	41.8
2020—2021	13	595	262	44.0

2. 上杭县庐丰民族中学

上杭县庐丰民族中学前身为上杭县庐丰中学(独立初中),1969 年 8 月创办,校址附设在庐丰小学。1970 年 8 月,庐丰小学搬迁,校址归属庐丰中学,庐丰中学成为一所独立初中。1974 年 8 月始,学校招收高中生,当时招高一新生 102 人,分 2 个教学班(学制两年),成为一所完全中学。1977 年恢复高考后,七九届高中毕业生在高考中取得优异成绩,应届升入本科达 16 人,居全县农村中学前茅。1983 年 8 月,高中停招新生,为发展上杭县职业教育,开始招收职高学生,当年招收畜牧兽医专业一个班学生 48 人(学制两年),后增设水产养殖和烟草种植专业等。1992 年 8 月,职业高中部迁至庐丰老乡政府旧址,庐丰中学成为独立初中。1993 年始,学校狠抓"双基"教学(基础知识、基本能力),教育教学质量极大提高,九四届、九五届毕业生中考成绩均获得县"四率"(巩固率、入学率、辍学率、毕业率)达标校荣誉称号。2001 年 4 月,学校更名为上杭庐丰民族中学,为龙岩市第一所民族中学。2006 年 7 月,横岗中学撤并入庐丰民族中学。2021 年,校园面积达 30126 平方米。学校基础设施建设日臻完善,新建办公楼、教师宿舍楼、学生宿舍楼和 250 米塑胶跑道运动场,标准电脑室、多媒体阶梯教室,实现班班多媒体。

庐丰民族中学秉承"以人为本、以德立校、和谐发展"的办学理念,以"为学生的全面发展和终身发展奠基"为办学宗旨,多年来,在上级党政和教育主管部门的关心支持下,在全校师生的共同努力下,学校不断规范管理,形成优良的校风,学校既重视教育教学质量的整体提升,又重视民族文化的传承与发展,着力打造民族中学特色品牌,成立具有民族特色的学生舞狮队、武术队、蹴球队、树叶吹奏队等队伍,特别是福建省非遗项目——树叶吹奏得到很好的传承,形成浓厚的民族文化氛围。2002 年 11 月,学校蹴球队代表龙岩市参加省少数民族运动会,获男双蹴球第一名;2013 年,学校舞狮队、武术队代表龙岩市参加省第八届少数民族运动会,获表演项目银奖。2016 年,参加全省民族文化进校园现场经验交流会。2017 年,该校学生的《畲乡叶笛声声》荣登上杭县首届春晚舞台;树叶吹奏与竹板表演节目《汀水情深畲乡乐》获龙岩市中小学生文艺分演一等奖。

1996 年,庐丰民族中学被上杭县委、县政府授予"文明学校"荣誉称号。2002 年 12 月,被国家教育部、国家民委授予"全国民族团结教育先进集体"。2018 年 8 月,获龙岩市第一届"文明校园"。2019 年 9 月,被授予"龙岩市民族团结进步创建示范学校",2021 年 10 月,被评为龙岩市教育教学质量先进单位。

若干学年上杭县庐丰民族中学学生数情况表

表 6-11　　单位:个、人、%

学　年	班级数	学生数	少数民族学生数	少数民族学生所占比例
2016—2017	8	291	90	30. 9
2017—2018	8	237	77	32. 5
2018—2019	8	232	88	37. 9
2019—2020	8	244	99	40. 6
2020—2021	8	236	90	38. 1

第四节　扶持民族乡村教育事业

一、改善办学环境

1988 年始,中央、省、地(市)、县(市)在扶持民族乡村发展生产,解决“五通”问题的同时,也扶持民族乡村解决缺教问题,发展少数民族地区教育事业。1989—1994 年,上杭县民族乡村掀起群众集资、投工投劳兴办教育的热潮,在上级扶助下新建 30 所民族小学。1996 年,“8・8”洪灾给少数民族地区造成严重损失,上杭县及时向省、地民委汇报,争取省财政、民委和有关部门支持,重点解决 23 所民族小学、2 所幼儿园、2 所民族乡中学的教育投资 650 万元。

1998 年,龙岩市民委针对少数民族地区学校危房多、简陋校舍多、教学设施差、教育环境不良的状况,开展教育基础设施和配套项目建设,在实施的社会发展建设项目中,有 6 个项目是少数民族地区学校教学楼、餐厅、教师宿舍。上杭县官庄、庐丰两个畲族乡每年将乡财收入 20%以上投入教育事业;庐丰畲族乡获得福建省妇联和建设银行福建省分行、兴业证券公司各 20 万元的捐赠,兴建春蕾小学和丰乐民族小学。1999 年,龙岩市 12 个民族中学、小学得到福建省、龙岩市财政和福建省民委 58. 5 万元的支持。福建省地税局投入 30 万元帮助兴建上杭县珊瑚乡华竹民族小学。香港九龙西区扶轮社投资 20 万港元,兴建上杭临城镇西南民族小学。

2000 年,龙岩市民委争取上级及有关部门支持教育经费 40 多万元,改善少数民族地区教学设施。其中争取福建省民宗厅、省财政厅 25 万元对漳平市下桂林小学、庐丰中心小学等进行寄宿制学校改造。是年,上杭县民族宗教局向上级争取到官庄七里民族小学、庐丰中心小学两所寄宿制小学扩建项目 16 万元,协调争取市体委对口帮扶湖洋乡加庄民族小学建校资金 4 万元,农业银行龙岩市支行支持官庄畲族乡新民民族小学修缮校舍 5000 元,农业银行福建省分行帮扶官庄畲族乡中心小学修缮校舍资金 3 万元;厦门市开元区、同安区对口支援上杭县官庄、庐丰畲族乡民族教育修缮资金 20 万元;三明市三元区拨付 10 万元和电脑等教学设备支持官庄畲族乡教育事业。

2001年,龙岩市民委与市教委联合下发《寄宿制民族中小学2001—2003年建设项目规划》,争取教育经费135万元投入寄宿制学校改建工程。

2002—2003年,2002年,上杭县政府拨款178万元用于民族乡中小学危房改造和寄宿制项目建设,完成官庄中心小学、官庄七里民族小学、庐丰中心小学、南阳南岭民族小学、才溪溪北民族小学、官庄新风民族小学的学生宿舍楼和官庄树人民族小学、官庄民族中学的综合楼等11所民族乡村中小学寄宿制改扩建工程。2003年,龙岩市人民政府出台《关于深化改革加快发展民族教育的实施意见》,要求制定新时期民族教育发展目标、发展措施,确定新时期民族教育的任务;要求做好少数民族成份确认工作,严格执行少数民族学生中考、高考加分政策;要求基本完成民族中、小学寄宿制改建工作,帮助改善民族学校办学条件。龙岩市民族宗教局争取到省民宗厅160万元帮助民族中、小学进行寄宿制学校改造。其中,庐丰民族中学新建教学楼等项目获补助金56万元;上杭县丰乐民族小学、才民民族小学校舍维修项目获福省民宗厅、财政厅批准立项。在龙岩市民族宗教局的协调下,上杭县官庄中学完成民族中学确认工作,开展上杭一中、二中与庐丰民族中学、官庄民族中学教育对口支援工作,龙岩市师范附小与官庄畲族乡中心小学开展城乡结对"手拉手"活动,为官庄畲族县中心小学捐赠电脑40台、课桌椅90套。至2003年底,龙岩市基本完成民族中小学寄宿制改建工作,极大地改善民族学校的办学条件;全市有2所民族中学,民族乡中学2所,民族小学50所,共有在校学生13636人,学龄儿童入学率99%。

2004年,龙岩市教育局、财政局从城市教育费附加中安排30万元用于义务教育阶段民族教育学校建设补助,改善少数民族学校办学条件。

2005年,龙岩市民族宗教局争取省有关部门45万元民族教育专项补助费,用于3所寄宿制民族完全小学以及民族中学校舍、宿舍、食堂建设。上杭县民族宗教局协同县教育、财政等部门向省、市相关部门争取项目资金,落实民族乡村中小学寄宿制改扩建提升工程,当年,建成民族小学4座,总建筑面积13000平方米,总投资189万元,其中省补助款70万元。是年,漳平二中创办民族班,第一学期招收少数民族学生57名。

2006年,龙岩市民族宗教局抓好上杭县庐丰民族中学、官庄民族中学、漳平市桂林中心小学等民族寄宿制学校改扩建提升工作,共争取福建省民宗厅民族寄宿制学校改扩建资金50万元。

2007年,龙岩市民族宗教局紧密联系民族地区实际,采取强有力措施,统筹协调,整体推进民族地区教育事业发展。争取到福建省民宗厅和省有关部门的民族中小学寄宿制学校改扩建资金50万元,为3所寄宿制民族小学改善办学条件。

2007年始,国家对民族中学和中学民族班在校少数民族学生实行助学金补助,初中生每人每年600元、高中生每人每年1000元,2015年开始,初中生补助金提高至1000元,高中生补助金提高到1600元。

2010年,上杭县争取资金25万元完善2所民族中学教育教学设施,协助湖洋中学做好民族班的申报验收工作。2011年,龙岩市争取25万元支持4所民族中小学寄宿制改扩建提升工程,其中上杭县获得12万元完善2所民族中学教育教学设施。2012—2013年,龙岩市民族宗教局争取到39万元寄宿制改扩建资金,帮助上杭县官庄、庐丰民族中学和漳平市二中民族班完善基础设施和改善办学条件。

2016年,龙岩市人民政府印发《关于加快发展民族教育实施方案》,明确从加强民族团结、实施能力提升工程、积极推进民族民间文化教育、加强少数民族人才培养、支持教育信息化建设及应用、开展教育对口支援工作、加强师资队伍建设等方面扎实推进我市民族教育事业不断发展。龙岩市民族宗教局安排40万元专项资金用于上杭县官庄、庐丰民族中学和官庄、庐丰中心小学等4所民族寄宿制学校修缮,帮助完善基础设施,改善办学条件,提高教育水平。

2019年,安排专项资金24万元用于民族寄宿制学校建设,帮助完善基础设施,改善办学条件,提高少数民族中小学教育水平。

二、扶持贫困学生

(一)扶持贫困学生

2000年,龙岩市民委筹资帮助30位畲族失、辍学女童入学。漳平市民委与团市委联合开展"手拉手"、"1+1"助学活动,下桂林小学的汉族学生与46位少数民族贫困生结为帮扶对子;发动民营企业家林湘平等17人帮扶大罗山、岭兜、山羊等民族村17名畲族学生就读。2001—2002年,漳平市民委发动漳平市18位民营企业家继续开展与贫困畲族学生结对子帮扶活动,连续2年按照小学生200元、初中生350元、高中生1000元标准,对104名贫困生进行学业补助。

2001—2007年,龙岩市民族工作部门争取厦门南普陀慈善基金会助学资金15.9万元,帮助全市420名少数民族贫困中小学生就读和考取大中专院校的龙岩籍少数民族贫困学生。

2003年8月,龙岩市民族宗教局召开宗教界为少数民族贫困学生捐资助学会议,号召全市宗教界为少数民族贫困学生慷慨解囊,帮助他们完成学业,全面拓展民族教育社会工作,开展资助少数民族贫困生活动。全市宗教界共为少数民族贫困学生捐资3万多元。漳平市商会18位企业家每年出资5万元挂钩帮扶104名特困生。

2004年,上杭县民族宗教局发动云峰寺等宗教场所资助少数民族小学生0.3万元。2005年,继续发动宗教界帮扶少数民族特困中小学生,促成云峰寺等宗教活动场所与部分特困少数民族中小学生结成挂钩帮扶对象,共发放助学金2万余元。

2005年,上杭县下都乡吉安民族村贫困女生雷雪萍在中考中,以642.5分的优秀成绩被福建省老区办、省老区建设促进会与福州市连江县尚德中学联合开办的"宏志班"录取,成为该县唯一被省老区扶贫"宏志班"录取的贫困女生。

2006年,上杭县将9名少数民族贫困大学生纳入省教育厅慈善助学金计划,每年每人3500元,连续资助4年,帮助他们顺利完成学业。组织慰问帮扶贫困生,共帮扶257名少数民族学生,发放慰问帮扶款24.7万元。

2007—2013年,龙岩市民族宗教局积极协调企业家、宗教界人士、慈善机构等对少数民族贫困学生的捐助,全市共筹集善款226.39万元资助少数民族贫困生2487人。

2010年,上杭县民族宗教局为2名少数民族贫困大学生争取到"美国哈岗信望爱基金会"大学4年每年2000元的就学帮扶。

2011年,上杭县民族宗教局协调厦门民族众鑫实业有限公司向庐丰中心小学捐赠校服300套。2014—2017年,上杭县民族宗教局争取到省民宗厅、市民族宗教局春节慰问金22.01万元,慰问少数民族贫困户262户、民族中学和民族中心小学少数民族贫困学生184名。2021年,龙岩市有10位(上杭县7人、漳平市2人、长汀县1人)考取大学的少数民族贫困学生获得市民族宗教局的资助;上杭县民族宗教局获得福建省少数民族基金会和省政协民委的7.1万元支持,资助该县23名少数民族贫困大学生。

2007—2013 年龙岩市企业家等资助少数民族贫困生情况表

表 6-12 单位:人、万元

年份	2007	2008	2009	2010	2011	2012	2013	合计
人数	272	216	198	173	173	797	658	2487
金额	16.50	22.20	22.80	23.66	14.84	61.00	65.29	226.39

2001—2019 年,龙岩市民族工作系统共获得省民族宗教厅、福建省少数民族发展基金会的单位 201.95 万元的扶持经费。资助 1443 位少数民族贫困在学学生和考上大学本科的新生。

若干年份龙岩市民族工作系统争取省民宗厅等部门支持资助少数民族贫困生情况表

表 6-13 单位:万元、人

年份	2001-2002	2004	2005	2006	2008	2012	2013	2014	2017	2018	2019	合计
金额	12.70	12.55	6.10	6.60	22.20	3.30	4.20	108.90	8.70	2.70	14.00	201.95
学生数	49	124	26	22	216	11	41	894	23	9	28	1443

(二)设立奖教助学基金会

1988—2003 年,上杭县设立多种形式的奖学助学基金,资助少数民族中小学特困生 190 余人,金额达 15.65 万元。

上杭县官庄畲族乡 2008 年 12 月,官庄畲族乡回龙片成立奖教奖学基金会,筹集奖教奖学基金 337 万元。2016 年,成立"官庄民族中学奖教奖学基金会",借助社会力量筹集到 110 万元基金。2019 年 8 月,官庄畲族乡官庄村成立官庄村教育基金会,由本村企业家和村民捐款达 10 万多元。2020 年 10 月,官庄畲族乡福泉民族村成立官庄畲族乡福泉村奖学基金会,基金池本金达 74 万元,年利息有 7 万元,用于奖励优秀学子和资助困难学生。

上杭县庐丰畲族乡 1997 年 8 月,福建省物资厦门储运贸易总公司捐资 5 万元与上杭县庐丰畲族乡共同成立"扶贫助学基金会",扶持家庭经济困难的小学生和初中生。2007 年 9 月,庐丰畲族乡成立奖教助学基金会,收到社会各界捐资 50 余万元。2005—2009 年,上杭县城区庐丰籍支乡联谊会开始对考上大学的庐丰籍贫困生发放奖学金、助学金,连续 4 年共发放奖学金、助学金 30 多万元。2010 年 10 月,上杭县庐丰畲族乡成立蓝宋财奖教助学基金会,该基金会由蓝宋财之子、外出企业家蓝建平捐资 50 万元设立。2011 年 8 月,上杭县庐丰畲族乡发放奖教助学金 20 万元,奖励贫困学生 89 人。此次发放的奖教助学金分别由庐丰籍在杭人员支乡联谊会出资 8 万元,庐丰畲族乡奖教助学基金会出资 6 万元,庐丰畲族乡蓝宋财奖教助学基金会出资 6 万元。2019 年,在上杭县庐丰民族中学成立 50 周年校庆活动期间,成立"庐丰民族中学教育发展基金会",有基金 207 万元,2020 年、2021 年两年共发放奖教奖学金 8.0366 万元。

第七章　文　　化

畲族是一个没有自己文字的民族，但有自己的语言，在长期的生产生活中，畲族人民口头创作了许多脍炙人口的民间文学作品，许多作品通过口耳相传或以汉字记录文本流传下来。畲族文化艺术，形式多样，内容丰富，皆源于劳动生活。畲族红色文化、民间文化、家族文化、诗文著述、文物和非物质文化遗产丰富多彩，具有鲜明的民族特色。由于长期与汉族杂居，畲族文化也受到汉文化的影响，从中吸收了汉文化的精华来充实发展自己的文化艺术内容。

第一节　畲族语言

畲族有自己的民族语言，属汉藏语系，但没有自己的文字。闽西地区的上杭、长汀等地的畲族人由于与迁入的中原汉人（客家人）长期相处，在彼此文化的互动中产生一种新文化，即客家文化，于是在客家地区的畲民基本使用当地汉语中的客家方言。但从语音上畲语与客家话稍有差别，有少数语词则与客家话完全不同。在日常生活中，客家地区的畲民通晓当地汉语客家方言，而汉人也懂畲语。漳平市的畲民，除了讲畲语，还会说漳平话、普通话和闽南话。山羊村学龄期儿童大部分说畲语和普通话。初、高中学生一般说畲语、普通话和漳平话，通婚入村的成年人都能用畲语交流和沟通。

在龙岩市客家地区的畲族语言与汉语中的客家话存在个别差异，以一些日常用词语为例（括号外为汉义，括号内为畲语）。

祖母（阿者）	父亲（天老）	妈妈（目帘）	丈夫（面老）	妻子（底老）	儿子（庄哥）
女儿（倒花）	哥哥（阿哥）	男人（马震）	女人（腰点）	嫁女儿（嫁女里）	耳朵（耳姑）
膝盖（膝头）	胃（肚屎）	吃（爽）	走（吹线）	大便（帮撤）	小便（帮祥）
火（府）	烧火（烧府）	打猎（打铳）	猪肉（捆头老）	鸭子（浮筒子）	狗（蹄条）
兔子（缩脚）	公鸡（红脸）	盐（海砂子）	米（草花子）	住房（寮）	有（何）
无（冇）	一（尖）	二（吆）	三（斩）	四（飞）	五（仁）
六（天）	七（线）	八（赖）	九（脚）		

漳平市的畲语在音调上与客家地区的畲语有差异。漳平的畲语与漳州市华安县官畲村、坪水村畲语读音一样，只是声调不同。与宁德，浙江景宁、平阳等地区的畲语相差无几，传承得较好，可直接交流。漳平市讲畲语的人越来越少了，在10个民族村中，除了桂林街道山羊村、象湖镇龙门村两个民族村和溪南镇金菊村尖祠自然村的村民还会讲畲语外，其他民族村已经没有讲畲语了。山羊村的村民除了会讲畲语，还会说漳平话、普通话和闽南话。山羊村学龄期儿童大部分会说畲语和普通话，

通婚入村的成年人在环境影响下久而久之也能用畲语交流和沟通。龙门村讲畲语的大部分是40岁以上的村民,因为讲畲语的氛围不够浓厚,有逐渐流失之忧。

以一些常用词语和日常用语为例(括号外为汉义,括号内为畲语,有些无法用同音的汉字,则用拼音代替)。

丈夫(qiōng bū) 妻子(bū niáng) 姑姑(ai gū) 姐姐(ai ji) 舅舅(ai kiǔ)
叔叔(ai xiu) 婶婶(ai zwēi) 筷子(qiǔ) 饭(puàn) 饭勺(puàn qǐ)
钱(cǎn) 毛巾(Min pán) 石头(Xiǎ gú) 星星(sǎng) 土地(Nái ti)
山峰(Shān duōng) 云雾(Wùn lù)
爷爷(唉公) 奶奶(唉啵) 爸爸(唉嗲) 妈妈(阿耙) 丈夫(琼布) 妻子(布娘)
伯父(唉步) 伯母(唉霸) 叔叔(唉秀) 弟弟(阿汰) 婶婶(唉 zwei) 姑姑(阿姑)
哥哥(阿果) 姐姐(阿季) 表哥(标果) 表姐(标季) 姨姨(阿姨) 舅舅(阿Q)
畲族人(山哈人) 自己(几寡) 男性汉人(哈搂鼓) 女性汉人(哈搂哪) 饭勺(畔起)
床(丛) 房子(捞椎) 揉(搜) 棉被(咪批) 书包(咻包) 钱包(铲包)
毛巾(闽盘) 车(掐) 衣裤(裳乎) 水管(徐滚) 针(金) 衣架(裳挂)
电影(颠殃) 星星(嗓) 头脑(妥闹) 头发(桃谋) 鞋(嗨) 刀(兜)
桌子(腿) 口袋(胡龙) 吃饭(喜埋) 吃早饭(喜盘) 吃午饭(喜鸠)
吃晚饭(喜 ong) 爬起(霸进) 看见(台袅) 老实(劳喜) 走路(行辱) 睡觉(昏)
热闹(挠耶) 上班(宣班) 烤火(架胡) 讲话(供袜) 好吃(厚喜) 播田(布忐)
洗碗(腮雯) 挣钱(湍产) 说不来(拱迈蕊) 听说(汤拱) 哪里(弄裸) 是(西)
你好(匿猴) 老鼠(捞休) 猪肉(揪鼻) 肉(鼻) 母猪(揪涌) 菜(吹)
百花(霸花) 水果(徐过) 树林(秀麟) 李子(利椎) 玉米(俺包) 草(愁)
苹果(冰过) 地瓜(憨咻) 茶叶(欻埋) 畲族话(山哈瓦) 书(休)
笔(蟞) 读书(妥休) 老师(新裳) 考试(扩其) 纸(及) 天(贪)
地(惕) 人(银) 山(珊) 水(随) 石头(xia 鼓) 下雨(裸随)
雷雨(哩更随) 冷(嚷) 一(衣) 二(尼) 三(桑) 四(熹)
五(恩) 六(溜) 七(沁) 八(斑) 九(giu) 十(xin)
中午(当昼) 晚上(暗晡) 明天(安忒) 夏天(话贪) 时节(喜赞)

我等半天了你才来(歪贪忒班贪尼将蕊)
明天中午到我家吃饭(安忒懂啾忒外劳一喜埋)
你没去,我也不去(尼谋 hiu,歪呀恩 hiu)
今天比昨天好(根银币仔银猴)
我家天天有客人(歪老一引引获银哈)
你吃吃看,好吃不好吃(尼嘻嘻抬,厚喜谋厚喜)
这么贵,我不买(要)(那管桂,我恩汶)
你走来走去干什么(尼行蕊行 hiu 做西米)
他病了,你要去看一看他(优片咯,你厚 hiu 抬抬优谋)
这本书你看过没有(拐奔咻尼抬故谋)
他每天去菜园(优印印 hiu 催丽)
那边很热闹,我们去看看(hi 咯井捞演,难 hiu 抬抬)

第二节　民间文化

一、舞　蹈

畲族是个能歌善舞的民族，其传统舞蹈与祭祀活动、婚丧节庆、生产劳动有密切联系，习俗性舞蹈和祭祀性舞蹈成为畲族传统舞蹈的源头。祭祀舞是畲族祭祀祖先、神灵时所跳的舞蹈。

（一）打香灯

打香灯又有“舞香灯龙”“舞秆龙”“打草龙”等俗称。庐丰畲族乡的“香灯龙”有九节（含龙头、龙尾）再加龙珠组成，节与节之间不相连。舞香灯龙时，有“起步”“穿花”“寻珠”“转圆”等舞法。由于龙身各节可单独活动，只要互相跟随成串即可，所以龙尾常可单独舞至队伍中央，用快速旋转手法使人感到别出心裁，特别引人注目。它是一种带有宗教色彩的农村娱乐活动，流行于乡内各村。其表演形式与舞龙灯相似，但其龙的造型与龙灯不同，香灯龙以稻草扎制而成，龙身上密密麻麻地插上点燃的线香，舞弄时香灯闪烁，火星四溅，远观似火龙翻滚，群众敬奉香灯为神龙。每年的农历腊月二十八，庐丰畲族乡畲民就要到附近的山上有龙骨石的地方进行“祭龙”。“祭龙”的程式有上香、杀公鸡、把鸡血淋在龙身上、给龙头披红、放鞭炮，然后敲锣打鼓送香灯龙到村中祠堂，拜过祖宗牌位后，便把龙放在祠堂中供奉两天。正月初一，派人先到每个村送“龙贴”，告知各家各户“香灯龙”到达的时间。到了那天晚上，香灯龙在灯笼、花灯、马灯及锣鼓队的簇拥下，并由专人挑着一担线香，锣鼓喧天，鞭炮齐鸣，浩浩荡荡从祠堂出发，正式开始巡游。先在本村每家进行“游龙赐福”，然后再走其他村落，至元宵前后达到高潮。“香灯龙”到达时，每家都会用鞭炮迎接，把“龙”请到自己家中，用事先准备好的新香换下龙身上的香，再把换下的香插在自家大门、炉灶、谷仓、猪圈、鸡舍等门框上，并给龙头挂上一个红包。乡民们在烟雾缭绕、火星四射的景象中，预祝来年风调雨顺、平安吉祥。

打香灯一般闹到农历正月二十才结束，最后一晚闹完后就将香灯化灰送至河溪边，让它顺着河溪水流去。

2010年春节，庐丰畲族乡丰康村畲族香灯（草龙）在古田镇五龙村向中共中央总书记胡锦涛汇报演出，获得省、市、县领导的赞扬。

2017年，上杭县太拔镇坵辉船灯队参加全县元宵节文艺演出并获奖（坵辉村委会提供）

（二）舞船灯

畲民舞“船灯”，是为了表达“接丰收、庆太平、度佳节”的喜庆之情。虽然戏名带着“船”字，但并不在水里表演，类似北方的“走旱船”，但表演方式不同。

畲族“船灯”舞主要反映畲族青年男女的爱情故事，一般由3人表演，一人藏于船舱操纵船只，船头有艄公，船尾有艄婆，一男一女在船头船尾表演，通过3人高度默契的一系列动作，传神地表现了“江上行船”的艺术效果。小船一路划来，上滩、下滩、拉船、划桨，前后呼应，间杂插科打诨，常常令人忍俊不禁，给节日增添许多喜庆的气氛。船灯的曲调十分通俗，常以《八板头》起奏，《渔家乐》《上滩》《下滩》为主歌，穿插演奏《十二月古人》等几十种小曲。随着时代的发展，人们常常会配上新词新曲。

舞“船灯”所用之“船”，一般用竹、木制作，现在多用不锈钢材质制作。灯架长 7 尺左右，高约 5 尺，外面用色纸、花布，扎成花鸟虫鱼等装饰。伴奏乐器主要有二胡、扬琴、笛子、六角琴等，服饰为汉装，用红、白仿绸面料，做成男、女套装各一套，十分鲜艳好看。

“舞船灯”在上杭各乡镇均有，一般在节日或喜庆时演出。民国 13 年（1924 年），上杭县太拔坵辉村钟时升在私塾教师、蓝溪人范礼彬的指教下，率先办起船灯队，钟时复学会船灯弹、拉曲调，并任主角。1983 年 1 月，坵辉村船灯队参加龙岩地区农村文化艺术评比大会，被龙岩地区行署授予“农村文化艺术先进集体”称号。上杭县临城镇上登畲族文艺队是由上登民族村村民兰田、蓝伯寿、蓝伯林牵头于 2014 年组建而成，有队员 15 人。演出有传统节日《民族团结一家亲》，船灯表演《送公粮》，表演剧《夫妻双双把家还》等。演出以传统船灯表演而吸引观众，其中穿插舞蹈、快板、山歌、竹板歌、小品、三句半等等，形式多种多样，内容丰富，积极宣传党和政府的中心工作和党的民族政策，为加强民族团结感党恩奔小康做出一定的贡献。上登畲族文艺队在本村及上杭各乡镇，邻县武平、新罗、长汀，省外广东蕉岭、梅县等地演出，得到广大观众的好评。

（三）舞　狮（详见本志第八章《体育》第一节《民族传统体育》）

（四）竹竿舞

竹竿舞也叫跳竹竿，是畲族等少数民族特有的一种舞蹈。竹竿舞的形式是：平行摆放两条腿一样粗细的方木作垫架，垫架上放若干手腕粗细的长竹竿，持竿者相向地双手各执一根竹竿尾端，把竹竿与垫架、竹竿与竹竿碰击出有节奏的声音。在有节奏、有规律的碰击声里，跳竿者两人一对，在竹竿分合的瞬间不但要敏捷地进退跳跃，而且要潇洒自然地做各种优美的动作。可见，竹竿舞既是一种艺术活动，又是一种健康活动。

漳平市桂林街道山羊民族村的竹竿舞（兰中霞摄）

此项活动在第八届全国少数民族传统体育运动会上表演时受到广大观众的赞誉并获奖，在第九届民运会上被定为表演项目。

（五）花棍舞

花棍舞是带有畲族传统民俗特色的舞蹈，历史源远流长。它是一种传统舞蹈，但又带有武术动作，其活动范围大，动作规范，从人体的肩部到脚部都得到了活动，动作优美大方，律动感强，欣赏起来韵味浓厚。

花棍用木棍或竹竿制作，长约 1 米，两端挖有透空孔洞，洞中嵌入铜钱或小铜钹。它摇动花棍铜钱撞击孔壁哗哗作响，动作节奏明显，从整体上形成统一的舞蹈动律。演奏时，常由一人、数人或数十人执花棍，摇棍或用棍碰击肩、背、肘、两手、两膝、两足以及两棍相击，都可震动铜钱作响，造成复杂的节奏变化，并配合以各种舞姿。

二、畲族歌谣

畲族歌谣是畲族语言的传承载体。畲族虽有独立的语言体系,但没有独立的文字,所以畲族文化的传承主要通过口耳相传,因而畲族民歌成了保存畲族文化的重要载体。畲族歌谣曲调质朴,歌词通俗,内容生动活泼、丰富多彩,寓意深刻,比兴感人,韵调和谐,易懂易学易记,是我国民间文学宝库中一颗璀璨明珠。畲族歌谣大致可以分为叙事歌、杂歌和儿歌等。尤其是在民间歌谣与民间传说方面,畲族男女老少随编随唱,以歌代言,以歌叙事,以歌抒情,以歌交友。歌谣有欢快、轻松、粗犷的表现风格,浓厚的乡土气息,形象逼真的比喻。歌唱形式多样,有对唱、独唱、齐唱等。每逢佳节喜庆之日,歌声飞扬,即使在山间田野劳动、探亲访友迎宾之时,也常常以歌对话。精练流畅的语言以及婉转悠扬的声调而脍炙人口。

漳平畲族村民在农闲的时候喜欢成群结队地演唱民族歌曲。20 世纪 90 年代以前,每年农历正月,漳平市山羊村、龙门、尖祠和华安县的官畲、坪水等村的畲族同胞,互相探望拜年时,均有男男女女围起来长夜对歌的习俗。一般是上了年纪的对上半夜,青年男女对下半夜。男女青年常常通过盘歌互诉衷曲、定情说亲。这样的盘歌,往往从晚上对唱至翌晨。中华人民共和国成立后,畲族人民从亲历的生活感受中,创作了不少新畲歌,如《畲族全靠共产党》《参军歌》《翻身歌》等。每年农闲时期(农历八月十五到次年三月),人们穿着民族服饰走亲戚、载歌载舞。对歌娱乐,是畲族民众最多的日常活动。以歌会友的形式,既能够增进同胞的感情,又能结交朋友,还能使民歌世世代代传承下去。

漳平市桂林街道山羊村村民蓝祖昌是闽西南著名的畲族歌手,是畲族民歌这一非物质文化遗产的重要传承人。他为传承、光大和保存畲歌这颗民间文学的璀璨明珠做出了贡献。他凭记忆演唱并记录下来的畲族民歌有《婚夜歌》《黄昏歌》《耕田歌》《采茶歌》《掘蕨歌》《打猎歌》等。

2020 年、2021 年漳平市山羊村和漳州市华安县官畲村的兰中霞等畲族歌手到上杭县传承畲语、畲歌。

(一)叙事歌

叙事歌是畲族歌手对民族历史和社会事件以歌谣的形式进行叙述的口头艺术。畲族叙事歌滥觞于清代,清末民初是叙事歌的全盛阶段,歌手很多。叙事歌作为长篇故事歌,是畲族人民创造的独特的文学样式和文化载体。《高皇歌》是畲民中广为流传的著名的长篇叙事诗歌。

高　皇　歌①

1. 盘古开天到如今,世上人何②几样心。
   何人心好照直讲,何人心歹侩③骗人。
2. 盘古开天到如今,一重山背一重人。
   一朝江水一朝鱼,一朝天子一朝臣。
3. 说山便说山乾坤,说水便说水根源。

---

①《高皇歌》亦称《盘古歌》《龙皇歌》《盘瓠王歌》,畲民更视为“传宗之歌”,有多种版本,但都大同小异。本志所载源自于福建省地方志编纂委员会编,鹭江出版社出版的《福建省志 · 民族志 · 附录 · (三)高皇歌》,第 397-405 页,2013 年。

②何:畲语称“有”为“何”。

③侩:畲音“嗨”,会的意思。

说人便讲世上事，三皇五帝定乾坤。

4. 盘古置立三皇帝，造天造地造世界。
造出黄河九曲水，造出日月转东西。

5. 造出田地分人①耕，造出大路分人行。
造出皇帝管天下，造出人名几样姓。

6. 盘古坐天万万年，天皇皇帝先坐天。
造出天干十个字，十二地支年年行。

7. 天皇过了地皇来，分出日月又分岁。
一年又分十二月，闰年闰月算出来。

8. 地皇过了是人皇，男女成双结妻房。
定出君臣百姓位，大细辈分排成行。

9. 当初出朝真苦愁，掌②在石洞高山头。
有巢皇帝粦人讲③，教人起寮④造门楼。

10. 古人无食食鸟兽，夹生夹毛血流流。
燧人钻木又取火，煮熟食了人清悠⑤。

11. 三皇过了又五帝，五个皇帝前后排。
伏羲皇帝分道理，神农皇帝做世界。

12. 神农就是炎帝皇，作田正何五谷尝⑥。
谷米豆麦种来食，百姓何食正定场⑦。

13. 神农皇帝真聪明，教人采药医病人。
亲尝百草医毛病，后来成佛做灵神。

14. 神农过了是轩辕，造出何车又何船。
衫衣亦是轩辕造，树叶改布着巧软⑧。

15. 轩辕过了金天皇，何道何理坐天堂。
传位颛顼管天下，历书出在颛顼皇。

16. 颛顼以后是高辛，三皇五帝讲灵清。
帝喾高辛是国号，龙麒⑨出世实为真。

17. 盘古传到高辛皇，扮作百姓眛田场⑩。
出朝游行天下路，转去京城做朝皇。

18. 贤皇高辛在朝中，刘氏君秀坐正宫。

---

①分人：给别人。

②掌：畲语称“住”为“掌”。

③粦人讲：跟人讲。畲音“侬”，和或跟的意思。

④寮：畲音“唠”，住房或家中称“寮”，造房子称“起寮”。

⑤清悠：舒服的意思。

⑥作田正何五谷尝：种田才有五谷尝。

⑦何食正定场：有吃的才安定。

⑧着巧软：穿起来较软。

⑨龙麒：畲族族谱称龙麒为畲族始祖。

⑩眛田场：眛，畲音“太”，看的意思。看某一地方称“眛田场”。

正宫娘娘得一病，三年头昏耳又痛。

19. 高辛坐天七十年，其管天下是太平。

皇后耳痛三年久，便教朝臣喝先生①。

20. 先生医病是明功，取出金虫何三寸。

皇后耳痛便医好，金虫取出耳伓痛。

20. 先生医病是明功，取出金虫何三寸。

皇后耳痛便医好，金虫取出耳伓痛。

21. 取出金虫三寸长，便使金盘银斗装。

一日三时仰②其大，变作龙孟丈二长。

22. 变作龙孟丈二长，一双龙眼好个相。

身上花斑百廿点，五色花斑朗毫光。

23. 丈二龙孟真稀奇，五色花斑花微微。

像龙像豹麒麟样，皇帝取名喝龙麒。

24. 龙麒生好朗毫光，行云过海本领强。

人人眿见心欢喜，身长力大好个相。

25. 当朝坐天高辛皇，国泰民安谷满仓。

番边番王恶心起，来争江山抢钱粮。

26. 番王作乱反过边，手下兵马何万千。

争去地盘几多郡，边关文书报上京。

27. 番边大乱出番王，高辛皇帝心惊慌。

便差京城众兵起，众兵差去保边疆。

28. 番边番王过来争，齐心去守九重城。

京城众兵何千万，众兵使力③守京城。

29. 调去兵马十万人，打了一仗失了兵。

又差上将带去打，高辛皇帝是劳心。

30. 番边兵马来的强，高辛兵马难抵挡。

打过几回都输了，退兵回转奏高皇。

31. 高辛接本心惊慌，便喝朝官来思量。

一切办法都使尽，挂出皇榜招贤郎。

32. 皇帝准本便依其，京城四门挂榜词。

谁人平得番王乱，第三公主结为妻。

33. 皇榜内里表灵清，谁人法高挂帅印。

收服番边番王乱，招为女婿再封身。

34. 榜词挂在四城门，众人来眿闹纷纷。

千万人子眿过了，无人何敢揭榜文。

---

①喝先生：请先生。喝，叫或喊的意思。

②仰：较远的看称“仰”。

③使力：用力。

35. 挂出皇榜三日正，龙麒晓得近前仰。
随手便来收皇榜，收落皇榜在身边。
36. 朝官带其见皇帝，龙麒自愿去平西。
领旨转身唔①见影，一阵云雾去番界。
37. 龙麒来到番王前，番王躭见快活仙。
带在身边实欢喜，时时刻刻龚其行。
38. 龙麒自愿去番边，服侍番王两三年。
何计何谋何本事，天地翻转是我赢。
39. 番王出兵争江山，回回打仗都是赢。
喎拢将兵来请酒，兵营食酒闹纷天。
40. 兵营请酒闹纷纷，番王食酒醉昏昏。
一日连食三顿酒②，散了酒筵就去困。
41. 番王酒醉眠高楼，身盖金被银枕头。
文武朝官唔随后，龙麒割断番王头。
42. 割断王头过海河，番边贼子赶来多。
枪刀好似林竹笋，追其唔着无奈何。
43. 番兵番将追过来，云露雾来似云盖。
番边番兵追唔着，其追唔着往后退。
44. 割来王头过海洋，神仙老君来相帮。
腾云驾雾游过海，官兵接头使盘装。
45. 带转王头上殿来，高辛躭见笑嗳嗳③。
番王作乱都平服，龙麒公主结头对④。
46. 官兵接头使盘装，奉上殿里去见皇。
皇帝躭见心欢喜，愿招龙麒做婿郎。
47. 文武奏上皇帝知，皇帝殿里发言辞。
三个公主由你拣，随便哪个中你意。
48. 头是龙盂身是人，好度皇帝女结亲。
第三公主心唔愿，龙麒就讲去变身。
49. 金钟内里去变身，断定七日变成人。
皇后六日开来躭，龙麒钟里变成人。
50. 龙麒平番是惊人，公主自愿来结亲。
皇帝圣旨封下落，龙麒是个开基人。
51. 龙麒平番立大功，招为驸马第三宫。
封其忠勇大王位⑤，王府造落在广东。

①唔：不的意思。
②三顿酒：三餐喝酒。
③笑嗳嗳：笑嘻嘻。
④结头对：结姻缘。
⑤忠勇大王位：高辛帝封龙麒为忠勇王。

52. 王府坐落在广东，忠勇平番显威风。
来养三男一个女，带上殿里去罗封①。
53. 亲养三子生端正，皇帝殿里去罗姓。
大子盘装姓盘字，二子篮装便姓蓝。
54. 第三细崽②正一岁，皇帝殿里罗名来。
雷公云头响得好，笔头落纸便姓雷。
55. 忠勇受封在朝中，亲养三子女一宫。
招得军丁为驸马，女婿本来是姓钟。
56. 三男一女封端正，好粲皇帝管百姓。
掌在广东潮州府，留传后代去标名。
57. 皇帝圣旨话难收，敕封龙麒掌潮州。
皇帝若末你未末，你粲日月一同休。
58. 龙麒自愿广东去，皇帝圣旨讲分你。
六个大仓由你拣，随便哪仓中你意：
59. 六个大仓共一行，金银财宝朗毫光。
六个大仓都一样，开着一个是铁仓。
60. 六仓都是金锁匙，皇帝圣旨交付你。
金银财宝使唔着，开来一仓是铁器。
61. 问其纱帽爱唔爱，锁匙交其自去开。
纱帽两耳其唔得，自愿拣顶尖尖来③。
62. 龙麒自愿官唔爱，京城唔掌广东来。
自愿唔爱好田地，山场林土自来开。
63. 龙麒自愿去作山④，去粲皇帝分江山。
自耕林土无粮纳，做得何食是清闲。
64. 龙麒起身去广东，文武朝官都来送。
凤凰山上去落业，山场地土由其种。
65. 凤凰山上去开基，作山打铳都由其。
山林树木由其管，旺出子孙成大批。
66. 龙麒自愿官唔爱，一心闾山学法来。
学得真法来传祖，头上又何花冠戴。
67. 当初天下妖怪多，闾山学法转来做。
救得良民个个好，行罡作法斩妖魔。
68. 闾山学法法言真，行罡作法斩妖精。
十二六曹⑤来教度，神仙老君救凡人。

①罗封：求封。罗，讨或求的意思。
②细崽：最小的儿子。
③自愿拣顶尖尖来：自愿选一尖顶笠。
④去作山：去种山。
⑤十二六曹：畲族举行传师仪式时，有法师12人，统称“十二六曹”。

69. 香烧炉内烟浓浓,老君台上请仙宫。
奉请师爷①来教度,灵感法门传子孙。
70. 灵感法门传子孙,文牒奉请六曹官。
女人来做西王母②,男人来做东皇公③。
71. 盘蓝雷钟学师郎,收师捉鬼法来强。
手把千斤天罗网,凶神恶煞走茫茫。
72. 凤凰山上鸟兽多,若好食肉自去罗④。
手擎弓箭上山射,老虎山猪麂鹿何。
73. 凤凰山上是清闲,日日擎弩去上山。
乃因岩中捉羊崽,龙麒斗死在岩前。
74. 龙麒身死在岩前,寻了三日都唔见。
身死挂在树椏上,老鸦来喎正寻见。
75. 崎岩石壁青苔苔,山林百鸟尽飞来。
吹角鸣锣来引路,天地灵感放落来。
76. 龙麒放落安棺掉,大细男女泪哭燥。
头戴白帽两个耳,身着苎布尽戴孝。
77. 龙麒落棺未安葬,功德⑤日夜做得忙。
闾山法主来安位,又请三清师爷官。
78. 河南祖师安两边,超度功德做你先。
天神下降来超度,超度龙麒上西天。
79. 凤凰山上去安葬,孝男孝女尽成行。
文武百官送上路,金榜题名占地场。
80. 金榜题名实是真,文武百官送起身。
铁链吊棺木落上,缴去⑥棺汗无宫荫。
81. 龙麒坟安龙口门,一年到暗水纷纷⑦。
又何真龙结真穴,荫出千万好子孙。
82. 凤凰山上安祖坟,荫出盘蓝雷子孙。
山上人多难做食,分掌潮州各乡村。
83. 当初掌在凤凰山,做得何食是清闲。
离田三丈无粮纳,离木三丈便种山。
84. 凤凰山上一朵云,无年无月水纷纷。
山高水冷难做食,也无谷米粜何银。

---

①师爷:畲族老祖先人物,尊称为“师爷”。
②西王母:畲族举行传师学师仪式时,一个女法师的称谓。
③东皇公:畲族举行传师学师仪式时,一个男法师的称谓。
④若好食肉自去罗:如要吃肉,自己到山上去猎取。
⑤功德:畲族老人死后的祭奠仪式称“做功德”。
⑥缴去:揩去。
⑦一年到暗水纷纷:终年下毛毛雨。

85. 今下唔比当初时，受尽阜老①几多气。
朝中无亲难讲话，处处阜老欺侮你。
86. 一想原先高辛皇，四门挂榜招贤郎。
无人收得番王倒，就是龙麒收番王。
87. 二想山哈②盘蓝雷，京城唔掌出朝来。
清闲唔管诸闲事，自种林土山无税。
88. 三想陷浮四姓亲，都是南京③一路人。
当初唔在京城掌，走出山头受苦辛。
89. 收倒番王何主意，京城唔掌走出去。
唔肯㑊皇分田地，子孙无业乃怨你。
90. 山场来㑊阜老争，山无粮纳争唔赢。
朝里无亲话难讲，全身是金使唔成④。
91. 当初皇帝话言真，盘蓝雷钟好结亲。
千万男女莫作贱，莫嫁阜老做妻人。
92. 当初皇帝话言真，吩咐盘蓝四姓亲。
女大莫去嫁阜老，阜老翻面便无情。
93. 皇帝圣旨吩咐其，养女莫嫁阜老去。
几多阜老无情义，银两对重莫嫁其。
94. 皇帝圣旨话言是，受尽阜老几多气。
养女若去嫁阜老，好似细细⑤未养其。
95. 当初出朝在广东，盘蓝雷钟共祖宗。
养女若去嫁阜老，就是除祖灭太公。
96. 广东掌了几多年，尽作山场无分田。
山高土瘦难做食，走落别处去作田。
97. 走落福建去作田，亦何田地亦何山。
作田作土是辛苦，作田亦要靠天年。
98. 福建田土也是高，田土何壮也何瘦。
几人命好做何食，几人命歹做也没。
99. 兴化古田⑥好田场，盘蓝雷钟掌西乡。
阜老欺侮难做食，走落罗源㑊连江⑦。
100. 福州大府管连江，连江罗源好田庄。

①阜老：畲族称汉人为“阜老”，这种称呼含有贬义。由于历史的局限，古代畲族人民不可能认识到欺压他们的是汉族统治阶级，而不是所有汉人。
②山哈：畲族自称。
③南京：指当时的都城，不是现在的南京。
④使唔成：没有用。
⑤好似细细：就像很小。
⑥兴化、古田：兴化即现福建莆田，古田现为福建宁德的一个县份。浙江畲族有不少支族由古田迁来。
⑦罗源、连江：现均为福建的县名。浙江畲族有不少支族由罗源、连江迁来。

盘蓝雷钟四散掌，亦来掌着好田场。

101. 掌在福建去开基，山哈四姓莫相欺。
你女若大我来度①，我女若大你度去②。

102. 古田是古田，古田人女似花千③。
罗源人子过来定，年冬领酒担猪爿④。

103. 罗源是罗源，罗源人女似花旦。
连江人子过来定，年冬领酒过来扮⑤。

104. 连江是连江，连江人女好个相。
古田人子过来定，年冬领酒担猪羊。

105. 古田罗源㑚连江，都是山哈好住场。
乃因官差难做食，思量再搬掌浙江。

106. 福建官差欺侮多，搬掌景宁㑚云和⑥。
景宁云和浙江管，也是掌在山头多。

107. 景宁云和来开基，官府阜老也相欺。
又搬泰顺平阳⑦掌，丽水宣平⑧也搬去。

108. 蓝雷钟姓分遂昌⑨，松阳⑩也是好田场。
龙游兰溪⑪都何掌，大细男女都安康。

109. 盘蓝雷钟一宗亲，都是广东一路人。
今下分出各县掌，何事照顾莫退身。

110. 盘蓝雷钟在广东，出朝原来共祖宗。
今下分出各县掌，话语讲来都相同。

111. 盘蓝雷钟一路人，莫来相争欺祖亲。
出朝祖歌唱过了，子孙万代记在心。

112. 盘蓝雷钟一路人，亲热和气何思量。
高辛皇歌传世宝，万古留传子孙唱。

（二）杂歌

杂歌是畲族民间歌谣中最丰富多彩、生动活泼，最富有生活情趣的部分。根据其内容，可以分为红色歌谣、劳动歌、情歌、习俗仪式歌、历史歌、生活歌等。

---

①你女若大我来度：你家女子长大后，我家来娶。

②我女若大你度去：我家女子长大后。嫁给你家。

③似花千：形容容貌很漂亮。

④领酒担猪爿：结婚时，男方给女方送酒菜和整爿猪肉等彩礼。

⑤过来扮：到女方家摆酒宴。

⑥景宁、云和：景宁，即现景宁畲族自治县；云和，现为浙江丽水地区的一个县。

⑦泰顺、平阳：均为温州市属县。

⑧丽水、宣平：丽水即现丽水市；宣平过去为丽水地区的一个县，现已撤销，并入丽水市和武义县。

⑨遂昌：丽水地区的县名。

⑩松阳：丽水地区的县名。

⑪龙游、兰溪：龙游为浙江衢州市属县；兰溪为浙江金华市属县。

红色歌谣

只要畲家有饭吃

砍竹编箩做扁担，肩挑饭菜送前方①；
只要畲家有口饭，不让红军饿肚肠。

当红军歌

正月里来是立春，月半前后到红军；
反动分子无主意，打倒土豪和劣绅。
二月里来是春分，老少贫民有田分；
贫民吾愁无屋住，住得房屋并官厅。
三月里来是清明，压迫贫民真苦情；
田园产业算到尽，今日倒想吾甘心。
四月立夏日子长，土豪欺骗是何方；
红军世界你无份，赶走土豪到别乡。
五月芒种热难当，儿童团结设学堂；
儿童读书并教练，十八年青守城墙。
六月大暑早禾黄，穷人耕田谷入仓；
土豪劣绅无田分，吓得反动不回乡。
七月里来是立秋，土豪走狗无谷收；
你想回家回不得，自动回乡就扣留。
八月里来桂花香，红军力量强又强；
土豪劣绅吓得死，走投无路无处藏。
九月里来是重阳，打倒土豪得清光；
红军政权要保住，人民江山万年长。
十月里来是立冬，闻知土豪到广东；
查得土豪广东住，打倒镇平嘉应州。
十一月来过寒冬，无私无畏当先锋；
政权土地归贫民，反动分子谁敢动。
十二月来又一年，田园丰收过好年；
保护红军万万岁，红色江山万万年。

①1929年8月，朱德率红四军3000人经过漳平龙门去闽中。

畲民靠党得翻身

好田无水秧难栽,好花无水蕊不开;
畲民若无共产党,枯竹难望出笋来。
树叶连根根连藤,畲民与党心连心;
树木靠山山养树,畲民靠党得翻身。

参军歌

女:第一劝郎心要明,共产党呀真英明;
　如今不比旧社会,参军卫国是己任。
男:娘仔劝言郎听清,报名参军有决心;
　冲锋杀敌不怕死,愁的就是娘变心。
女:第二劝郎心要明,娘仔永远是郎人;
　胡思乱想不必要,放下包袱打敌人。
男:娘仔劝言郎听清,明日鸡啼就起程;
　心中牢记娘的话,勇猛杀敌立功勋。
女:第三劝郎心要明,参军全是为和平;
　倘若不把敌消灭,国家怎会得安宁。
男:娘仔劝言郎听清,勇敢杀敌有决心;
　为了和平去打仗,杀上沙场不退阵。
女:第四劝郎心要明,参军不可有私心;
　只要国家会安定,幸福日子会来临。
男:娘仔劝言郎听清,拼死拼活我甘心,
　国不安宁匹夫责,但望娘仔把家撑。
女:第五劝郎心要明,不忘畲家苦出身;
　提起黑暗旧社会,畲族何时被当人。
男:娘仔劝言郎听清,郎仔牢记旧世情;
　如今民族全平等,正是为此郎参军。
女:第六劝郎心要明,入伍扛枪要一心;
　家里爷母娘照理,千万不可背娘心。
男:娘仔劝言郎听清,有娘撑腰郎放心;
　前方杀敌十八载,死了也要留好名。
女:第七劝郎心要明,野花再香不可拧;
　军人要有军人概,维护军纪好名声。
男:娘仔劝言郎听清,郎仔心藏你一人;
　情人眼里一西施,野花哪能诱郎心。
女:第八劝郎要吃苦,保持畲家好风度;
　大王灭番历千苦,留好名声扬万古。

男:娘仔劝言郎听清,吃苦自小就养成;
　军中定会勇杀敌,学习大王立功勋。
女:第九劝郎常写信,奸让前后连一心;
　前方捷报传家里,家有好言传郎心。
男:娘仔劝言郎听清,万语千言记在心;
　但劝娘仔保重身,有事县里有民政。
女:第十劝郎心要明,不可一头挂两心;
　打仗生产均为国,前方后方拧一心。
男:娘仔劝言郎听清,国宁家方百业兴;
　今戴红花上前方,日后披彩见家人。

民族团结歌

畲汉团结一家亲,要向汉族学先进;
科学技术学到手,祖国河山万年青。
各族人民聚一家,全国遍开团结花;
全国各族都平等,同心同德建四化。

劳动歌

四季歌

漳平市·蓝祖昌(又名兰石古,下同)演唱　邱水才采录

正月立春雨水前,闹过元宵蝶翩翩;
男女双双去做食①,乐在田间满畲园。
二月惊蛰春分时,鸡鸟②声声闹春时;
郎仔愁食又愁做,心肠割断无人知。
三月清明谷雨平,谷种落地铺田青;
燕子双双云天叫,春风阵阵暖人心。
四月立夏小满时,禾尾青青满洋是;
早出晚归忙田间,青黄不接正这时。
五月芒种又夏至,茅杜开花铺山是;
春去不知夏来到,光阴无情江水流。
六月正是大小暑,早稻大小都有米;
郎仔双抢忙田间,娘仔割草喂牛忙。
七月立秋夜渐长,赤日炎炎似火煎;
种田汉子无闲日,快乐从无我郎时。

①做食:干活。
②鸡(fóu)鸟:子规,杜鹃鸟。

八月白露又秋分，日子渐短地渐冷；
割下香蕉请娘吃，甘蔗下肥长一寸。
九月寒露又霜降，一日北风一日寒；
年冬无熟做无吃，上山掘蕨①来补充。
十月立冬夜转长，郎仔愁心割断肠；
原想拼得一年面，一年更比一年难。
十一月天冬至时，不怕风寒不怕霜；
带犬上山打猎去，剥张虎皮当寒衣。
十二月时大小寒，云雾遮天湿漫漫；
畲家苦瓜一条根，苦了今年苦明年。

耕田歌

漳平市·兰瑞旺演唱　邱水才采录

正月初一新年头，蜡烛点光堂头照；
阿公姑表围一桌，吃酒祝贺春来到。
二月鸹鸟声嚷嚷，洋田②撒下早禾秧；
娘仔犁田云里过，郎仔劈坎在天边。
三月清明笋当生，娘仔拗笋无心拿；
一心忙着去做食，一寸光阴一寸金。
四月杨梅满片红，摘粒来吃酸肚中；
托粒鸹鸟带给娘，酸在喉头甜心中。
五月桃子好食鲜，桃下娘子等贤人；
绿叶托桃映娘脸，误认仙女下凡间。
六月田中长甜瓜，想拔甜瓜藤叶拖；
请娘来吃甜瓜仔，风摇树枝响哗哗。
七月荔枝满坑洋，拔粒吃了甜心肝；
一人吃了无趣味，串串荔枝等情娘。
八月才是火热天，田中无水圳头干；
一粒谷子一滴汗，郎子心中如火煮。
九月寒露又霜降，本是粮食满谷仓；
可惜禾头刚割起，锅里水滚无米煮。
十月豆苞一茕茕，娘仔干炒满嘴香；
带点上山掘蕨吃，换粮买衣度年寒。
十一月呀露柑时，郎子请娘人柑篱；
要大要小自己采，采点回家等过年。

---

①蕨：草本植物，嫩叶可食，根茎可制淀粉。
②洋田：地势平坦的田地。

十二月呀甘蔗甜，枝枝甘蔗好制糖；
一年辛苦到年终，粮钱双空吃西风。

农鸟歌

漳平市·兰财辉演唱　邱水才采录

正月麻雀喳喳叫，啄着草垛檐脊跳；
飞上飞下寻谷吃，郎修犁耙浸种了。
二月鹌鸟叫声声，东山叫着西山应；
郎仔犁田娘割草，山坡田野尽歌音。
三月燕子剪刀飞，驾着春风啄春泥；
娘仔锄草茶园转，郎仔耕春身影随。
四月鹧鸪声声明，独居山头唱高音；
早梅金黄累累挂，男女布秧一片青。
五月鹭鸶田里咽，蚂蟥抱住鹭鸶腿；
郎仔耘草把肥追，娘吃杨梅报有喜。
六月绿笋竹鸡肥，早稻依依穗穗累；
高阳赤日田干裂，泉枯凿圳把水引。
七月斑鸠咕咕叫，清仓找箩收早稻；
前面割稻后面犁，全年最忙大小暑。
八月山鹰啾啾喳，高空俯视抓田鸭；
早季歉收牧鸭补，耘草更要赶天时。
九月牛闲放山畲，八哥吱吱扒牛蚤；
凉风阵阵秋色黄，割些毛草补寒舍。
十月适冬大雁飞，稻穗沉沉使人醉；
开镰又割二季稻，房前屋后稻草堆。
冬月乌鸦叫呱呱，悲哀凄切人厌它；
人人都忙冬季日，农人无时闲手脚。
腊月屋前相思鸟，飞上天空彩云飘；
寒梅开花好兆头，喜报明年当更好。

耕山歌

漳平市·蓝祖昌演唱　邱水才采录

鸟叫出门去耕山，鬼叫进村睏草房；
拼着老命累一世，到头留得骨一把。

采茶歌

漳平市·蓝祖昌演唱　邱水才采录

正月采茶是新年,锣鼓叮咚拜神仙;
郎叫娘来喝年酒,娘仔翩翩美似仙。
二月采茶叶子新,茶丛娘仔笑盈盈;
一日三餐唔见饭,忍饥挨饿不吭声。
三月采茶片片新,采茶娘仔一阵阵;
堆堆茶叶冲天顶,聚集人间铺地银。
四月采茶满山间,采茶娘仔茶园转;
今暗①炒个好茶叶,售得好价度春光。
五月采茶一双双,采完去探同心郎;
山坡田间忙春光,有情娘仔等夜晚。
六月采茶白热天,采茶娘仔团团转;
黄桑树下呼情哥,递个手绢擦擦汗。
七月采茶正初秋,采茶娘仔步不留;
郎子请娘仙金女,脚踏溪水水长流。
八月采茶秋风凉,满园茶子满园香;
借问歌句谁人造?那是歌仙落畲乡。
九月采茶寒秋冷,新发茶叶几片新;
赶紧采下秋香叶,端上浓茶供郎品。
十月采茶冷冽冽,采茶娘仔不离园;
老枝老叶一齐采,换个茶钱买衣裳。
十一月呀采茶难,采茶娘仔心茫茫;
没有茶采心不怨,一心念着茶中郎。
腊月采茶是年终,采茶娘仔两手空;
手空不怕郎来迎,除旧迎新有前程。

掘蕨歌

漳平市·蓝祖昌演唱　邱水才采录

日头刚起东山嵩,娘仔掘蕨入坑垅;
上坎掘了掘下坎,都是稀落不成丛。
掘蕨捆到太阳高,掘无蕨根就要走;
背起冷水带上刀,劈开刺丛探着刨。
掘蕨娘仔实艰难,想到无食心就酸;

①今暗:今天。

饿着肚子也要掘，不然全家八肚①空。
掘蕨掘到日中午，喝口冷水勒紧腰；
好蕨根根钻深地，一锄一锄往下刨。
掘蕨掘到日头阴，掘把好蕨中郎心；
掘多掘少都得走，拾点干柴回家烧。
掘蕨娘仔真可怜，掘蕨生意是艰辛；
黑粉洗出自己吃，白粉换银买衣服。

情　歌

十八小姐

漳平市·蓝祖昌演唱　邱水才采录

十八小姐生得美，苞蕾红花叫人爱；
出山红日云中月，红润脸肉照人来。
十八小姐生得奇，人讲贤女就是你；
天算嫦娥地数你，雨后花丛晨时露。
十八小姐生清秀，眉毛弯弯黑发嫩；
深房藏着红花蕊，翩翩蝴蝶采不去。
十八小姐美中美，身柔心美两全美；
谁说畲山无美人？十八小姐十八女。
十八小姐素衣装，像是半天云里娘；
八月十五对歌会，挑来山歌十八担。

古井深

漳平市·兰瑞旺演唱　邱水才采录

古井深，古井清水深沉沉，
眼望贤姐好贤惠，来寻贤姐结同心。
灯火光，灯火郎拿照妹脸，
昨日山上采茶妹，今晚蒙头变新娘。
大声唱，不怕家堂母骂娘，
当初先人做过了，当时是她作新娘。
白贼娘，白贼话儿本不讲，
不讲白贼就不讲，要你嘴中含蜜糖。
晓贤娘，晓贤大姐乃好相，
唱着山歌做笑玩，一条来了接条唱。

①八肚：肚子。

红花园，花蕊一串连一串，
相好贤娘百里一，郎恋娘仔耕畲园。
快乐多，快乐出世轿里坐，
要吃平洋田地饭，不吃山顶火烧禾。
竹林林，竹林竹楼藏美人，
竹儿砍去又生笋，春笋长起又成林。
远路娘，远路娘仔迷迷香，
香撒一路香千里，千里香飘落畲乡。

竹丛深处定终身

漳平市・兰子东演唱　邱水才采录

恋鸾寻找凤凰伴，蜜蜂采蜜绕花旋；
雷哥恋娘歌声传，兰妹爱郎竹林转。
清风明月做媒人，竹丛深处定终身；
雷哥送娘玉手镯，兰妹送郎汗毛巾。
暗定姻缘月老证，清风阵阵心血腾；
竹溪白光起凌波，夜鸟咕咕格外静。

手绢歌

漳平市・蓝祖昌演唱　邱水才采录

正月手绢绣开头，手绢绣好送郎哥；
地上郎仔千千万，知心只有你一个。
二月手绢绣茶花，花儿开满郎仔家；
郎仔看了娘一眼，害娘心跳二三年。
三月手绢绣鸳鸯，日月虽远却常见；
娘仔与郎虽同村，捎话真比登天难。
四月手绢绣布田，趁着布田丢给郎；
叫郎带上去擦脸，爱娘何怕有闲言。
五月手绢绣龙船，十八郎仔闹龙江；
郎带手绢劲在身，不得头名水倒流。
六月手绢绣绿竹，竹林畲歌一曲曲；
郎子乘凉留脚印，娘入竹林俩无影。
七月手绢刺绣球，看着郎行把它丢；
啪的一声落下地，担心人拾娘心忧。
八月手绢绣秋桂，百里郎歌夸娘美；
娘美岂是人共赏？一心只念我情郎。

九月手绢绣山路，娘恨郎哥门不出；
情歌尽唱红花落，郎仔莫骄故意躲。
十月手绢绣山泉，涓涓流水过门前；
郎仔莫怕羞招婚，何怕闲言水倒流。
冬月手绢绣凤凰，情郎不接心真伤；
红花自有开花日，移风易俗要有胆。
腊月手绢绣腊梅，鸳鸯凤凰美中美；
拜堂本是头有缘，好比日月跟随转。

一盆好花

漳平市·蓝祖昌演唱　邱水才采录

一盆好花在高东，要去探花路重重；
好花栽在娘篱内，害我郎仔心头痛。
二盆好花在高界，遮天叶子无花开；
心爱贤娘有缘分，娘说不急慢慢来。
三盆好花在远香，千里路头走来探；
贤娘笑容来相请，但说有缘不谈亲。
四盆好花在龙隔，玩夜探娘闹哗哗；
贤娘答是订婚妻，郎仔听着泪花花。
五盆好花在同星，娘有人对我不问；
中间插入心不正，心意再好我不探。
六盆好花在仁楼，娘有姻缘郎不嚎；
运气不好郎心闷，忧在脸上苦心头。
七盆好花在堂中，高墙围到二三重；
穷郎无福应自量，回头再找有心娘。
八盆好花在天床，围墙更是三四丈；
探头墙挡望不着，丢个石子听声响。
十盆好花开得多，红花张脸笑呵呵；
畲园贤娘千万个，岂忧无对好公婆。

想娘歌

漳平市·蓝祖昌演唱　邱水才采录

正月想娘心纷纷，好花不共郎乡村；
路远脚步知难行，倚在房中眼不困。
二月想娘藏心中，吃睡不宁心忡忡；
想娘无心去做食，无钱难结缘成对。

三月想娘郎心浮，想娘不知日中午；
人生难得几度秋，独自想娘目汁流。
四月想娘几心思，眼看松明坐独铺；
有谁知道郎心绪，痴望东山日中午。
五月想娘端阳前，手捧白饭奉神仙；
梦见贤娘来家玩，醒来独坐冷灶前。
六月想娘大白天，汗水默默流一脸；
迷云载水慢慢落，何时有娘洗衣衫。
七月想娘天七仙，银河搭桥七仙凡；
双眼远望天门开，仙女翩翩飘下来。
八月想娘是立秋，几多娘仔等人求；
怪我人穷无缘对，愁生愁死不罢休。
九月想娘是中阳，无钱好比过天雁；
一心只盼年冬熟，禾头割起瓮中空。
十月想娘起大风，无谷无银一场空；
今年无缘难共枕，祈祷明年有东风。

娘子恋郎赶少年

漳平市·蓝祖昌演唱　邱水才采录

日头起来在半天，一条大船摇溪边；
郎想撑船赶大水，娘仔恋郎赶少年。
凡鸟都爱有森林，蝴蝶更爱有花蕊；
勿学飘云与大雨，时而落雨时而晴。
东边下雨西边开，是你娘仔讲不爱；
不是郎仔无情义，灯芯搭桥我都来。
凤梨开花一支秆，哥妹俩人同心肝；
甘蔗好吃不嫌短，柑生吃也不嫌酸。
郎爱娘仔娘爱郎，两人携手走桥上；
三心二意恋不成，要像织女爱牛郎。
郎比山伯妹英台，生死与共不分开；
生时夫妻共一枕，死时两尸同棺材。

十结姻缘

漳平市·蓝祖昌演唱　邱水才采录

一结姻缘单句言，排个八字给娘见；
爱恋你娘有缘分，无缘不敢娘边来。

二结姻缘着相信，娘你莫听两边人；
脚踏二船不实在，听着歌句心要定。
三结姻缘郎有心，两边话儿娘莫听；
无心爱郎话要讲，不可想断又想行。
四结姻缘单对头，山歌就是媒人行；
娘仔有话当面讲，莫给旁人有机趁。
五结姻缘情对情，急性郎仔耐性等；
夫妻结合千年事，婚姻你应作主人。
六结姻缘无毫差，岂能随意接人茶；
郎仔有心相共枕，风雨飘摇待十八。
七结姻缘好头对，心爱娘仔才有来；
郎在娘厅耐心等，断定娘心不会变。
八结姻缘心里定，不知娘心正不正；
犹豫不决郎要走，三步回头两步行。
九结姻缘讲实言，娘若无心郎心酸；
郎表千句娘细想，莫像南风吹过山。
十结姻缘一对亲，千日婆心一日定；
郎在厅堂留心等，盼着娘仔表决心。

十送娘

漳平市·兰瑞旺演唱　邱水才采录

送娘送到大厅门，手携娘手心血流；
好娘不会多住夜，水流竹排留不赢。
送娘送到连锣隔，一路有讲也有笑；
心恨时间过得快，回去何时两相会。
送娘送到桥仔坑，看娘身影郎心冷；
内心爱娘讲不出，热血沸腾泪暗流。
送娘送到圳隔垅，一片田水白茫茫；
村人留娘煮午饭，娘答赶时好回乡。
送娘送到梅水坑，看到江水绿又深；
打个哈啰渡船过，水荡娘影郎心碎。
送娘送到华安圩，娘抚头顶绒花粒；
客人问娘哪去玩，娘应漳平探亲戚。
送娘送到苦竹头，苦竹岭子实在陡；
佛公岭上云中落，若是织女天下凡。
送娘送到栏笋坪，听见大漈水落声；
大漈过了林荫入，过了林荫耳留声。
送娘送到娘楼门，狗叫老小出来迎；

捧椅大厅请郎坐，端茶请糖心意浓。
畲歌一唱畲乡动，好比春雷地上滚；
娘郎情话装在肚，早睡天明好辞路。

黄昏歌

漳平市·蓝祖昌演唱　邱水才采录

黄昏来玩坐凳头，人人叫我起歌头；
起个歌头连连转，不论大小尽行到。
黄昏来玩坐凳唇，人人叫我起歌文；
起个歌文连连转，不论大小尽未听。
黄昏来玩坐两连，谁能先唱是晓贤；
贤惠人养贤惠女，吾郎肚内想无变。
黄昏来玩坐两行，人人叫我坐中央；
坐在中央是大位，两盆兰花开来香。
黄昏来玩坐五更，脚下无火实是冷；
柴签楼里生白蚁，不敢拿来烧一支？
黄昏来玩相对坐，眼看表妹心自晓；
好造大船来过海，小船不过大溪头。
黄昏来玩坐两行，吾呢不敢坐中央；
想娘定是相对了，穷郎不敢对夫娘。
黄昏来玩坐会笑，吾呢不敢讲着笑；
今暗来到只相会，穷郎不敢娘边坐。
黄昏来到相对坐，开口叫娘先唱歌；
男人出世幸运少，女人落地歹命多。
黄昏来玩坐暗时，大小同堂莫相欺；
先祖置位晓贤姐，想哥不中你娘意。
黄昏来玩坐两连，山秀出娘是晓贤；
山秀水弯好风光，红花林里好团圆。
黄昏来玩坐两边，火盆影水起火光；
吾哥叫娘来摄影，相依欢笑摄一张。
黄昏来玩五更时，禾米煮饭香迷迷；
禾米煮饭请郎吃，久久长长记得你。
黄昏来玩坐团圆，十八罗汉手相牵；
辛帝第三个宫女，称口娘仔个个贤。

同心歌

漳平市·蓝祖昌演唱　邱水才采录

同心也难亲头对,隔山招手叫娘回;
遮手看娘娘心知,不便我郎亲开启。
同心问娘几多时,闲话莫去听人说;
世间风流多少事,人亦笑我我笑人。
同心同德莫分身,嘱咐阿妹好前程;
结心莲子苦在心,采花蝴蝶心连心。
同心同意结同枕,并蒂莲看并蒂心;
劝娘拿定丹心意,莫须白贼抿笑人。
同心相随同路行,立定山崖不老杉;
莫做半天蝴蝶子,落地生根春到生。
同心结伴莫断休,真龙溪水日夜流;
溪水流去溪床在,结发夫妻盼千秋。
同心既定郎来寻,日后切莫反悔心;
不做半天云露水,这时阳了那时阴。
同心言语转连连,今日才见同心面;
畲园宣誓同生死,风吹树叶根难移。
同心言语值千金,有这言语有这心;
莫要誓言挂嘴话,讲出郎听安郎心。
同心言语讲来深,三杯茶酒当天饮;
大小来吃红花酒,谁敢日后反悔心。
同心天地来作证,谁敢说咱口无凭;
八月十五光明日,丹心郎娘来相亲。

仙金洞

漳平市·蓝祖昌演唱　邱水才采录

仙金洞里一藤瓜,未见结籽先开花;
叫娘来食甜瓜仔,携住娘手笑呵呵。
仙金洞里古井深,少年娘子一枝花;
想去阴府没多久,人生一世要开心。
仙金洞里生青苔,想是大家很少来;
放下心事常去看,杂草荒山踏路来。
仙金洞里好姐妹,个个端详人人爱;
开口食娘冷泉水,肚冷心热暖烘烘。
仙金洞里有金银,有食不必去耕春;

成群来去剪花玩，剪着花蕊拿来分。
仙金洞里花万千，穷汉无福瞧不见；
郎看花轿跑去望，看见花蕊堆半天。
仙金洞里金姣时，思量对个结夫妻；
穷郎无福得娘身，白花朵朵蕾含蕾。
仙金洞里好金桥，千千万万灯笼照；
点灯恰是月来光，我娘好看得不到。
仙金洞里满地红，仙桃亦是我郎种；
好花五分我郎采，我郎花尽几多工。
仙金洞里是晓贤，仙女成群转连连；
早朝行近仙桃树，风吹娘身转园园。
仙金洞里娘倩正，有如仙女两边行；
不是天堂仙下凡，畲家娘仔近情郎。

十劝郎

上杭县·蓝福其演唱　丘亿初采录

一劝郎，夜更深，莫将小妹来挂心。
若将小妹随时想，想来想去想伤神；
哥呀哥，相思得病无药医。
二劝郎，燕子飞，燕子飞来有高低。
你莫学做风流子，今日东来明日西；
哥呀哥，肚中饥饿谁人知。
三劝郎，雨涟涟，劝郎归家爱耕田。
世上只有耕田好，半年辛苦半年闲；
哥呀哥，后生唔做老哩难。
四劝郎，四方方，归家要做耕田郎。
世上只有耕田分得谷，哪有贪花分孩儿；
哥呀哥，将钱打扮别人妻。
五劝郎，五月初，劝郎归家要讨妻。
自家有钱讨一个，打是娇莲骂是妻；
哥呀哥，目汁双双洗郎衣。
六劝郎，劝得多，句句言语劝亲哥。
句句言语劝哥好，男人莫信女人唆；
哥呀哥，老哩无子受奔波。
七劝郎，笑嘻嘻，自家说话自家知。
年将三十七八四十岁，肩难挑来手难提；
哥呀哥，日落西山讲夜哩。
八劝郎，是中秋，再好野花也爱丢。

野花缠稳唔丢撇，马头覆水实难收；
哥呀哥，再靓老婆讨得有。
九劝郎，久久长，桂花开过菊花黄。
自家有钱讨一个，日同三餐夜共床；
哥呀哥，大凡小事有商量。
十劝郎，劝完全，劝郎归家要赚钱。
赚到钱财做新屋，两人坐下笑连连；
哥呀哥，石板搭桥万万年。

习俗仪式歌

请茶谣

漳平市·蓝瑞旺演唱　邱水才采录

茶盅呈茶杯，斟茶娘子两边来；
茶盅内里是什么？茶盅内里是好货。
茶盅呈茶箱，斟茶娘子两边上；
茶盅内里是什么？茶盅内里是糖松。
茶盅呈茶耙，斟茶娘子笑哗哗；
茶盅内里是什么？茶盅内里冬瓜糖。
茶盅呈茶匙，斟茶娘子笑眯眯；
茶盅内里是什么？茶盅内里是香丝。
守吃娘茶齐齐开，好吃冰糖掰开采；
哪有请客来戏乐？郎张嘴巴娘送入。

婚夜歌

漳平市·蓝祖昌演唱　邱水才采录

(一)迎　亲

金屋挂彩闹纷纷，迎来新娘进洞门；
手举盈盈金酒樽，祝贺天意合成婚。
笔架山上麒麟到，真龙坑中来凤凰；
麒麟凤凰在厅头，天地六合百年好。
金杯金酒化甘霖，恭喜新娘入洞门；
夫妻百年有缘情，百年和合百年春。

(二)敬舅爷

金杯盛酒敬舅爷，喜日不忘舅爷情；
十五地上明晃晃，光明万里月亮光。

郎仔是舅好外甥，良辰不忘舅家情；
百木桂花地上生，饮水思源不忘根。
举酒祝您百年寿，洪福高照水常青；
喜日同饮喜日酒，情意绵绵世代亲。

（三）亲友祝酒

祝贺新娘大喜辰，彩云化作地上锦；
举杯敬上新娘酒，入门怀个白婴婴。
夫妻同含一粒糖，郎含过了娘再含；
一嘴含糖甜两心，夫妻百年恩情深。
一日夫妻百日情，百日夫妻一辈恩；
夫妻共枕情相爱，相亲相爱贵千金。

（四）夫妻敬酒

郎爱娘来娘爱郎，两个心肝共副肠；
白日下田同劳动，夜间上铺共一床。
门前绿竹根抱根，夫妻和合心连心；
真龙坑里长流水，一世相随一辈亲。
夫妻共枕时间长，甜酸苦涩都要尝；
好好坏坏要相让，雷轰电劈不动摇。

（五）拜　堂

郎牵娘手拜厅堂，先祖王前作证人；
山盟海誓在今日，夫妻恩爱永久长。
敢喊誓言敢大声，郎娘恩爱姻缘定；
海枯石烂心不变，一生一世共一床。
点火蜡烛一根心，郎娘同结一条心；
蜡烛点尽光还在，恩爱夫妻万古青。

对　歌

漳平市·兰中霞提供

起歌头（一）　请长辈起歌头

黄蜂①来嫩②坐厅头，人人叫我起歌头；
起介歌头囵囵转，大细男女尽行透③。

①黄蜂：山哈客人。
②嫩：畲语读音 lo，玩。
③透：畲语读音 tuo，到。

黄蜂来嫩坐厅循，人人叫我起歌门；
起介歌门囵囵转，大细男女尽成群。

起歌头(二)　给听众朋友的歌

歌头起好住介坐，两边闲人嘴嘛多；
两边闲人嘴嘛讲，晚晡团圆好唱歌。
歌头起好住介仰，两边闲人嘴嘛声；
两边闲人嘴嘛讲，晚晡团圆好输赢。

起歌头(三)　给长辈们的歌

唱歌劝尔老大沙，嫩人做笑尔嘛骂；
嫩人做笑尔嘛讲，上辈传分①下辈沙。
唱歌劝尔老大人，嫩人做笑尔嘛面；
嫩人做笑尔嘛讲，上辈传分下辈人。
唱歌劝尔老大尊，嫩人做笑尔嘛问；
嫩人做笑尔嘛讲，上辈传分下辈孙。

敬茶歌

一杯香茶清又亲，双手捧茶敬亲人；
敬请贵宾来指导，我唱歌言表衷情。
畲山土深好种茶，畲村水清好泡茶；
茶敬贵宾畲家礼，齐心协力建四化。

历史歌

盘古歌

漳平市·蓝祖昌演唱　邱水才采录

盘古开天地不平，一个山头一条岭；
山门叠叠有人住，山岭再高有人行。
盘古开天地不平，高山岩崖树难生；
好花尽是平洋地，牛皮凿字争不赢。
盘古开天历代来，山林树木花对开；
自从元古有人起，百鸟成双人对生。
盘古开天路坎坷，单身几多无公婆；
鲤鱼全是入塘内，几时才能流出河。
盘古开天人来穷，单身几多无公婆；

①分：给。

有对贫得去讨饭，无双老来路上骨。
盘古开天地高低，点水流来我无分；
好田尽是人村内，好花开了别人得。
盘古开天转团团，天下男女个个贤；
人讲有对还是好，郎子无娘哭断肠。
盘古开天四周山，四周地下瞧不见；
好花尽是四周内，四周城内几重山。

生活歌

不开血路无出头

漳平市·雷新宗演唱　邱水才采录

夜半狗吠梦中醒，土匪抢劫到龙门；
骨碌下床逃上山，男人脱身女遭殃。
小儿声声哭得惨，落鼎猪鸡一锅汤；
吃饱连人带物走，随手放火又烧房。
报告官府无人管，呼天撞地哪申冤？
畲族百练硬骨头，开炉打铳打匪头。
自造火枪百十余，配上长矛短匕首；
拼上命子追匪盗，不开血路无出头。

蝉声歌

漳平市·蓝祖昌演唱　邱水才采录

蝉声一阵郎心虚，田活无做误农时；
外头内头顾不到，一日不知一日休。
蝉声二阵郎心愁，听到蝉声乱心绪；
瓮中无米田无种，芒种一过夏日时。
蝉声三阵郎心冷，无牛耕地无禾莳；
春时过去夏时至，何时禾苗满地铺。
蝉声四阵心怦怦，听到蝉声刈心肠；
肚里无食爬田做，粒粒稻谷用命波。
蝉声五阵郎心酸，听到蝉声绞心肝；
顾了今日没明日，没有一日会心安。
蝉声六阵心里烦，青山绿水白茫茫；
蝉鸣哪道山客苦，世代难得饱三餐。
蝉声七阵囔声声，世道怎会不公平；
同是一双劳动手，唯有山客锅灶冷。

蝉声八阵响哗哗，无奈变鸟落山崖；
死后若真鬼灵在，揪出阎王把理评。
蝉声九阵苦嗳嗳，山客苦水流入海；
苦海滔滔也无边，洗个清澡上岸来。
蝉声十阵逗开怀，离开乱世上山寨；
开斩山畲自得食，苦根娘儿上山来。

劝姐歌

漳平市·蓝祖昌演唱　邱水才采录

一劝阿姐心莫坏，骂大骂小不应该。
大小都是心头肉，高低平心不可歪。
二劝阿姐心平长，媳妇你娶子你养；
男女都是林中树，勿作南风吹阴阳。
三劝阿姐勿多嘴，十个媳妇十个规；
媳妇都爱婆良顺，一目闭着一目开。
四劝阿姐心放宽，不可计较小鼻眼；
不顾最好当面讲，切勿别家讲风凉。
五劝阿姐宽心怀，家中有无不可怪；
甜酸苦涩同桌吃，欢欢喜喜心花开。
六劝阿姐莫心欺，念你人好嫁给你；
你有贤男勿骄傲，岂与人媳比高低。
七劝阿姐莫多心，疑心疑鬼害死人；
人都自己有主见，好比林木争光阴。
八劝阿姐心公平，良言酸语媳妇听；
做得不对当面讲，媳妇不敢和你争。
九劝阿姐凡事商，百事要做都是难；
一人都有一性格，媳妇尊你你尊人。
十劝阿姐目看远，不可鼠目两寸光；
家能和睦福运广，国能团结强中强。

春节歌

漳平市·蓝祖昌演唱　邱水才采录

正月初一是新岁，招财进宝大门入；
鞭炮声声贺新春，老人添寿幼添龄。
正月初二开新春，对歌敲鼓闹纷纷；
家家户户转一转，蝴蝶飞来满篱巡。

正月初三到娘家，门前桃李尽开花；
少年娘子个个美，娘美郎爱你一个。
正月初四好出行，山林树木哗哗声；
鸹鸟双双飞来迎，风和日丽好兆头。
正月初五去探亲，唱条山歌试娘心；
做客不是郎目的，想对美娘心是真。
正月初六上娘楼，门对青山对面笑；
出门三步回头转，不因楼美只为娘。
正月初七到娘村，冰糖泡茶慢慢溶；
去年见面今变样，娘仔长得美芙蓉。
正月初八到娘乡，娘仔栽兰问怎养；
今在楼台一盆盛，一年胜比一年春。
正月初九不出门，说是戒日天有令；
一家一户围一桌，说说笑笑也乐呵。
正月初十过团圆，老老小小把手牵；
你问我来我问你，新春过得怎么样。
正月十一迎仙妈，春糍做粿闹连连；
一连四天闹通宵，篝火旁边用手抓。
正月十五上元开，明月底下偷拔菜；
郎拔娘来娘拔郎，踩着后跟当没见。

水仙茶

漳平市·钟兴演唱　邱水才采录

水仙水仙，多少有名。
要问妙手，出在畲民。
荣英有志，钟将随跟。
住在毛屋，作在山林。
传流百世，怎不有名？

兰盘石畲歌

漳平市·兰进科演唱　邱水才采录

（一）

箭竹山下住畲家，凤冠茶花传佳话；
朝阳金凤架鹊桥，佛生泼妮喜姻缘。

（二）

掘蕨掘到太阳落哟，紧捆蕨根往回走；
肚饥家中灶又冷哟，还要顺路砍柴烧。

（三）

高高的箭竹山哟，托着蓝天温暖的太阳；
从彩云流下的泉水哟，唯独畲家最香甜。
祖宗留下的这块宝地，我用猎枪保卫它；
凤凰金鹿尽管飞驰，狼妖虎怪别想张爪。

（四）

日头已出在东方，普照大地红艳艳；
石林花红时有限，兰家泼妮待情郎。

（五）

花正逢时笑绽开，蝶要恋花快扑来；
兰石泼妮待你爱，莫等花落空悲哀。

（六）

鲜花馨香哟诱蝶来，泼妮等着哟佛生崽；
白云为你哟架鹊桥，壮着胆子哟上楼台。

（七）

男：万道金光洒山涧，佛生跟风到宅前；
请问楼上泼娘崽，刚才可见凤凰来？
女：箭竹山中有信带，说有英雄云外来；
不知阿哥急何事，讲了小妹会帮忙。
男：日头升起竹竿高，情郎来到山客楼；
哥苦只因无家后，虚比空中筑大楼。
女：泼妮筑楼田洋间，青山绿水白茫茫；
凤岂飞来无树落？凰在云天叫郎郎。
男：锣鼓不敲不知音，心想下河怕水深；
丢个石子探深浅，林海茫茫凤那停？
女：茫天汪水际无边，凰在竹楼郎跟前；
郎要撑船赶大水，莫失时机再彷徨。
花香野地易诱蝶，囡大自古多招灾；
不求阿哥有彩札，七月初七骑马来。

（八）

茶瓯茶罐一担担，斟茶泼妮两边上；
茶瓯里面是什么？茶瓯里面是冰糖。

（九）

仙金洞外架鹊桥，没执凤冠过不了；
祖宗冤仇在山羊，打死百只祭灵瑶。
美酒不酿不会甜，不付艰苦难成双；
凤凰山上有凤凰，找到凤凰有凤冠。
茶花凤凰王中王，两两山中藏；
兰盘两姓结亲缘，幸福万年长。

（十）

花一样美丽的泼妮呵，你就要起行了；
没有贵重的礼物陪嫁，送一束祖宗传下来的茶花。
面向青山哟心如山泉，手握银锄呵打扮畲园；
要像茶花一样顽强呵，顶天立地。

（十一）

畲家一夜乱哄哄，夜过丑时酒三巡；
出门打起三声鼓，歌海花山涌出门。

（三）儿歌

儿歌是畲族民间歌谣中最为想象大胆、活泼有趣的、充满奇趣意味的部分，反映的多是畲族儿童的生活、思想和对客观事物的认识。畲族儿歌语言短小活泼，充满奇幻的想象。

萤火虫

萤火虫、滴滴红，夜夜下来点灯笼；
飞到西、飞到东，飞过墙头唔见踪。

白头翁

白头翁、有老公，擎把伞子下广东；
广东里背三驳桥，三个嫂嫂般般俏。

羞脸歌

点点点(羞脸),卖酒饼;羞羞羞,卖黄鳅。
黄鳅倒呀撇(倒掉),目汁滴滴跌。

三、故事传说

畲族故事传说大多是以口头叙述的方式流传下来,经加工提炼,增添神奇,内容广泛。人民常在劳作之余,三五成群地讲故事、听传说,沉浸在快乐之中。

(一)革命故事

畲族儿女无论在革命战争年代,或是在社会主义建设时期,都听党话、感党恩、跟党走,流传着许多感人的革命故事。

畲乡“星星之火”

——上杭第一个农村党支部的诞生

龙岩市民族宗教局

水尾是上杭县庐丰畲族乡丰济民族村的一个自然村,这里是中共上杭县第一个农村党支部的诞生地,也是中共上杭县委旧址。

远在20世纪20年代,接受了党组织教育的蓝维仁等人回到水尾村,在天后宫创办剧社,在邻近的丰康村创办平民学校,以合法的身份作掩护,既风风火火、又稳稳当当地传播马列主义,宣传当前革命斗争形势。1926年年底,在丰康村的平民学校中建立起上杭县大革命时期的第一个共产主义青年团农村支部,由蓝全安任团支部书记。蓝全安在党的领导下,充分利用这个阵地,组织学校中的进步青年教师和学生,在校内外传授文化知识的同时,也传播革命思想,广泛启发农民群众的阶级斗争觉悟。

革命的场所有剧社、学堂,革命的青年组织有团支部。上级党组织认为恢复和建立上杭农村党的基层组织,已是水到渠成。于是,党组织秘密授权蓝维仁、蓝维龙等党员骨干筹建上杭的基层党组织。蓝维仁、蓝维龙兄弟在水尾村自己的老宅中,召集几位党员骨干商议。

经过多次商议,党员骨干们认为这是整个上杭县第一个农村基层党支部,是农村基层党组织的星星之火,点燃“星星之火”是时候了。当然,这“火星”如何点燃?点燃后又如何让“火苗”越燃越旺?是必须慎之又慎,既要积极,又要稳妥。在分析讨论的基础上,他们把每道程序、每个步骤都细致商榷,决定选择一个特别的日子,在天后宫举行。

1927年6月的一天,蓝维仁、蓝维龙等人在天后宫一间明亮的屋子里,庄重地挂起了由镰刀铁锤组成图案的党旗,以庄严的仪式宣布成立农村基层党支部,蓝维仁任书记。这个党支部成为当时上杭全县第一个农村党支部,光荣地载入上杭革命史册和中共上杭党史。

两年后的1929年7月9日,中共党员蓝维仁、蓝树荣、李立民等就在上杭农村第一个党支部的发祥地水尾村,首次发动农民暴动。暴动成功后,趁着同志们斗志昂扬,蓝维仁等人迅速组织建立农民协会、农民赤卫队。这些农民革命组织,在党组织领导下,轰轰烈烈地开展起“打土豪、分田地”的土地革命斗争。畲乡庐丰百十平方公里的红土地上,旌旗猎猎。此后,畲乡庐丰各乡村的革命政权也相继成立。

这颗“星星之火”成为各地党组织的火种,“延烧”于上杭各个乡村。丰济水尾村,因为有了上杭第一个农村党支部,而成为农村基层党组织最早的一个基地,也成为上杭农村的红色革命摇篮。

三年游击战争中的蓝荣玉

龙岩市民族宗教局

蓝荣玉,民国3年(1914)出生于上杭县庐丰畲族乡一个贫苦农民家庭。1929年5月红四军第二次入闽时,年仅15岁的蓝荣玉即参加革命,当上乡少先队长,直至1980年在福建省人大常委会副主任的岗位上逝世,蓝荣玉为共产主义事业奋斗了50多年。这里讲述的是蓝荣玉在闽西三年游击战争中的几个小故事。

借　枪

1934年10月,红军战略大转移后,留在闽西的红军游击队进入了艰苦卓绝的三年游击战争,蓝荣玉战斗在龙岩、永定、上杭边界地区,此时最使他头疼的是缺少武器。一天,蓝荣玉侦察到岩下山的一所房子里,驻扎了一个排的敌人,配有一挺机枪。他想若把机枪夺过来,就可以用来狠狠地打击敌人,于是他下决心,设法向敌人抢夺机枪。第二天,凌晨4点多钟,蓝荣玉带领两名战士,绕过敌人岗哨,从后门潜入敌人住房里。此时敌兵睡得正酣,鼾声震天动地,蓝荣玉他们进来时敌兵全无警觉。按原定计划,第一是夺敌人的机枪,第二是不放过别的武器,能拿多少算多少。当蓝荣玉摸到机枪时,心里乐开了花。他抱起机枪赶紧撤离房子,其他两名战士也各自背了两支长枪,紧跟在蓝荣玉后面。眼看武器夺到手了,一位战士不慎碰到脸盆,发出响声,有两个敌兵在梦中惊醒,连呼“红军来了!”在前门站岗的哨兵以为里面在说梦话,没有理睬。随后有几个敌兵也呼叫起来,敌排长听到士兵“报警”,一面举起手枪朝天打了几发子弹,一面命令士兵追赶红军。但机警的蓝荣玉从敌人窝里夺得武器后,便闪电般地和战士们跳出虎口,敌人发觉时,他们早已走得无影无踪。

买　粮

闽西三年游击战争时期,国民党反动派对苏区人民实行“五光”“十杀”政策,妄图把红军游击队困死、饿死,群众与红军游击队被隔绝了,无法接济革命同志,红军游击队经常无米下锅,长此下去怎么得了!1935年春夏之交的一个夜晚,蓝荣玉带领几个战士,突然来到国民党保长家里,对于这批红色战士的“光临”,平时对群众作威作福的保长,竟然跪在地上求饶,保长的老婆也吓得脸发白,头冒汗。蓝荣玉很有礼貌地说:“今晚到贵府,只是同你商量一件事,希望你能够同我们合作。”说罢,他扶起保长,叫他坐到椅子上来。那保长心有余悸,两脚还在发抖,毕恭毕敬地说:“长官,有什么事尽管吩咐!”“此番到贵府,只是向你买点粮食,想你也不会有什么困难!”蓝荣玉对保长说。“好说、好说,要多少?”保长满口应允。“买一担,按市价付款!”说罢蓝荣玉就把粮款交给保长,并用警告的口气对保长说:“我们公平买卖,一分钱也不少你,只是希望你不要向官府通风报信!否则,你绝没有好下场。”保长连声回答:“是,是,鄙人不敢,鄙人不敢!”不多一会儿,钱粮两清,战士们挑了一担粮食扬长而去。自从保长卖粮食给红军游击队后,他自己不敢说,也不敢去向官府报告卖粮食给红军游击队的事。红军游击队的吃饭问题从此得到解决。

保　田

红军主力长征后,闽西各地的地主从城市回到各自乡村,对土地革命中分到土地的农民进行反攻倒算,纷纷夺回土地。蓝荣玉深感土地是农民的命根子,也是来之不易的革命果实,根据上级的指示,把农民组织起来,开展保田斗争。1936 年 3 月的一个晚上,蓝荣玉来到上杭双髻山下的贵竹坑,召开接头户会议。接头户听说蓝荣玉来了,兴高采烈地前来参加会议。蓝荣玉看大家坐好后,用家乡话说:“各位大伯、大叔、婶婶、兄弟们,今天请大家来,是想问大家一件事。”“荣玉哥,有什么事就直说吧!”接头户刘大伯说。“地主要夺田,老财要逼债,你们答应不答应?”蓝荣玉提到这个问题,在场的个个义愤填膺,异口同声说:“不答应,不答应!”“对,不能答应!土地是耕田人的命根子,是苏维埃政府分给你们的,红军游击队坚决支持你们的正义斗争,做你们的后盾!”这一夜,蓝荣玉又同大家研究了斗争的方法,他特别强调要依靠集体的力量来保护田地。有个名叫刘敏钦的地主,反动气焰嚣张,狂言道:“谁不交还土地,就把谁送进官府监狱!”后来群众把这个情况向蓝荣玉报告。为了打击这个反动地主,也为了警告其他地主,蓝荣玉带了一个游击小组打他的埋伏。刘敏钦果然进入埋伏圈,不费吹灰之力就被抓住了,红军随后把他押到村口,用两颗子弹送他上“西天”,并在他身上贴了一张“敢夺土地者的下场”的标语。蓝荣玉又把事先印好的传单到处张贴。那些原来想夺田的地主们看到刘敏钦的下场,就不敢再说“收回”土地了。于是农民保住了自己的土地。

一条“红色”麻绳的故事

上杭县・张茜

上杭县博物馆的橱窗里,静静躺着一条长长的麻绳。这条“红色”麻绳似向人们讲述中国革命的一段历史和一对夫妻的英雄故事。

麻绳的主人是庐丰畲乡太古村的袁招兰,她的丈夫蓝传洪,于 1929 年参加革命。在三年艰苦卓绝的游击战争年代,蓝传洪为党的地下交通线安全贡献了自己的智慧和力量,直至献出宝贵的生命。当时,蓝传洪担任庐丰区委书记,考虑到他家地处庐丰、蓝溪、稔田三地交叉点,是庐丰最高的山坳,非常便利输送游击队领导、伤员和情报,又方便各地联络、集中开会,出家门就进山,还能及时给游击队运送所需物资,很适合开设一个秘密地下交通站。他提出在他家设立交通站,得到组织批准后,蓝传洪将屋顶改造成隐蔽式双层,将泥土墙壁掏挖出暗洞,在内墙最高处凿出一个瞭望洞……从此,蓝传洪成为这个交通站站长。蓝传洪说没有革命的大家,哪来他安全的小家,他们全家将与革命事业共存亡。

交通站建成后,成为游击队联络、开会等活动的重要地点,也成为游击队中转点和与山下群众联系的安全地。新中国成立后,曾在太古一带活动过的罗炳钦和罗兰洲都说:“那时来到蓝传洪家,就像回到了自己家一样。”

有一次,游击队因当晚要出山作战,下午来到蓝传洪家准备吃顿饱饭。谁知七八个游击队员刚刚走进他家,就有人飞跑来送信说,敌人进村了!蓝传洪马上一边安排妻子袁招兰端着一小碗熟花生,出门去院坝上晾晒、洗衣服,设法“迎接”和“招待”敌人,拖延时间掩护游击队转移。一边急忙打开屋墙上靠后山的小门,引导游击队员们一个个迅速钻出去,游鱼般潜进屋后树林里。再回过头将准备做饭的大米藏进土墙暗洞里,手脚麻利地收拾好屋子,坐下来修补自己的一双草鞋。他侧耳听见,敌人来到他家院坝,妻子不慌不忙地上前“热情”打招呼,请他们“品尝”自家产的一点花生。敌人嘴里嚼着花生，嚷嚷着走进门来搜查，只见蓝传洪坐在那里，平静地修着草鞋，手中草绳捏得稳稳的，敌人东瞧瞧西瞅瞅，悻悻地滚蛋了。蓝传洪确定敌人出了村子，赶忙取出大米，和妻子一起煮好饭，藏在粪桶底下夹层里，送上山去。

蓝传洪还秘密联络本村群众，组成赤卫队、妇女队、儿童团，形成一个隐蔽的战线联盟。他组织上塘50岁以上老人带着儿童团轮流站岗放哨，妇女队轮流上山为红军游击队送饭、洗衣、缝缝补补，赤卫队假借防红军游击队进村封堵进村路口，保护了游击队在村里的活动。

1934年冬天，闽西南军政委员会主席张鼎丞率部袭击蓝传洪家对面高山上的铁嶂寨驻敌，战斗打得很激烈。蓝传洪听到枪声警觉起来，他知道游击队又向敌人开战了。枪声噼里啪啦爆豆般响了两个多小时后，渐渐停息下来。突然他听到家后的小门有动静，急忙跑去打开门，只见张鼎丞带着两个人，满脸泥土、浑身硝烟地潜行进来。蓝传洪喊来妻子端茶、烧火做饭，张鼎丞说他们要在这里开个短会，请注意警戒。蓝传洪立即爬上临近屋顶的瞭望洞，观察外面下山的路和进村的路。半个小时后，只见一群“白鬼子”端着枪，快速朝他家方向奔来。他大喊张主席快跑，敌人追过来了！张鼎丞将刚端起的饭碗放下，说声撤，打开后门冲进了山林。蓝传洪夫妻二人急忙清理所有痕迹，转移到灶间假装吃饭。敌人这时冲将进来，夫妇二人不动声色地“热情”招呼吃饭，敌人翻了一遍屋子，抓走一只正在下蛋的母鸡，骂骂咧咧地走了。

1935年1月，蓝传洪被本村土豪出卖被捕，在牢里受尽严刑拷打，始终坚贞不屈，于11日在上杭城郊西门刑场英勇就义。妻子袁招兰化悲痛为力量，继续丈夫未完成的事业——支持游击队。当时，革命斗争的环境更加恶劣，山上的同志为了安全起见，常常在后半夜到来。袁招兰担心自己睡着误事儿，就想出一个主意，将一条麻绳绑在自己手腕上，另一头垂在窗户外面。夜里游击队来了，就拽拽麻绳叫醒她。袁招兰细心维护的这个秘密交通站，一直工作到新中国成立。

雷钦带领学员穿敌人越封锁线的故事

龙岩市民族宗教局

雷钦原名雷应声，1915年出生于上杭县才溪镇溪西村。由于家庭生活贫苦，雷钦只上了两年私塾，就辍学跟叔父外出学泥水匠。

才溪革命暴动成功后，雷钦闻讯回乡。父亲雷标三担任上才溪乡分田委员会主任后当选为上才溪乡苏维埃主席。雷钦参加少年儿童团，站岗放哨，参加了攻打下王、官庄、同康的战斗。年纪14岁的雷钦工作积极，于1930年加入共青团，任上才溪乡少先队副大队长。

1931年夏，雷钦参加了中国工农红军，编入独立第七师，参加了攻打永定县城、上杭县城和武平县城等战斗。1932年7月，在广东水口战斗中负伤，回才溪红军医院医治，伤愈后调新兵连任指导员。1933年，他调江西省军区青年部工作。1933年冬，雷钦当选军区直属队省苏代表，在瑞金召开的中华苏维埃政府代表大会上，又当选全国中华苏维埃第二次代表大会代表。1934年1月，雷钦光荣地参加了全国第二次苏维埃代表大会。红军长征时，雷钦任总部侦察队指导员。从攻打敌川军、攻打遵义城到四渡赤水、强渡乌江，都与雷钦侦察到准确详实的敌情有关，因此，受到毛主席的表扬。在强渡乌江战斗中，雷钦负伤，只能随红军医院行走。伤愈后，他参加西路军西征，任西路军总指挥部调统科科员，转战数月，历经几次恶战之后，进入天寒地冻的祁连山打游击。

1937年7月，全面抗日战争爆发，雷钦调延安抗日军政大学学习，毕业后调抗大二大队任指导员，1943年3月任抗大三大队政委。一天，雷钦接到抗日军政大学代校长徐向前的命令，要他带领抗大200多个学员从太行山敌后转移到陕北抗日根据地。从太行山区到陕北2000多公里，当时通不了火车，也不敢坐汽车，沿途要经过日、伪军七道封锁线，这真是一条“阎王路”呀。雷钦率领抗大200多名学员一路找认熟路懂敌情的向导引路，经河北、山西到陕北。遇到有封锁线的地方就绕道走山路，白天不能走就晚上走。几次碰上敌人之前，赶快组织学员躲起来，就这样胜利通过了敌人七道封锁线，行程2000多公里，无一伤亡，安全抵达后受到校长徐向前、政委李井泉的表扬。

扎红缨的匕首

漳平市·兰进科讲述　邱水才采录

听当年一位老红军说，这个故事发生在畲寨龙门村。

畲村龙门坐落于闽西与闽中交接的深山坳里。这里高山深谷，芦草丛生，古树遮天蔽日。因为野兽和土匪经常袭击畲民，所以，家家都备有猎枪。

猎枪是畲民为防匪和野兽，家家必备的武器；匕首干什么呢？匕首为何扎着红缨？要说其缘由，还得从民国18年说起。

当时龙门有个畲民叫雷光天，约30岁，妻子蓝素芳比他约小两岁。夫妻相亲相爱，生有儿子叫雷鸣，10岁。

由于两口子勤劳节俭，打猎、掘蕨、采菇，又开了两亩荒地，开渠引水，种上水稻。生活虽然清苦，但一家人还能糊口。后来由于军阀卢兴邦霸占了闽中，抓丁派款、抢粮，把畲村搅得鸡犬不宁。这年，正好朱毛红军打下龙岩，闽西各地发生了大暴动。这消息终于传到了雷光天的耳朵。一天夜里，雷光天对蓝素芬说：“听说红军是咱穷人队伍。看眼前这世道，逼得大家没法活，我想干脆投奔红军去！”

蓝素芬听着大吃一惊，问道：“去当红军？”

“是的，呆在这里等死，倒不如提枪去杀开一条血路，出这口闷气。”

“可是我呢？你一走，扔下我一个人，而且还有这孩子。”蓝素芬搂紧孩子哭了。

“这些我都想过……”经雷光天的耐心劝说，蓝素芬这才说：“由你了。但要小心，常捎个消息回来！”

当夜，雷光天扛着猎枪离开畲村出发了。

雷光天走后，整整一个月没有音讯。一天，蓝素芬正在田里割早稻，忽然龙门村口飘着红旗，走进来一长阵扛枪的队伍。她心里一惊，立刻放下镰刀，拔出一把匕首，爬上山坡，闪入芦草丛中窥视。她心想：这是什么队伍？身穿灰军装，打绑腿。有的戴斗笠，有的用布包头，有的扛枪，有的扛长矛，有的背短枪，有的背大刀。好大的气派！

蓝素芬正迟疑间，忽听有人喊她的名字。蓝素芬走出草丛，闪在竹林丛中细看，原来是雷光天。她三步并作两步一跃而上，一头撞进雷光天的怀里。雷光天搂着她，说：“红军杀出龙岩，攻下宁洋、漳平。眼下，反动派再不敢来抓人、抢粮了。你收了稻子，可以饱吃一顿了。”

蓝素芬很开心，摸着他的五角帽徽、红领章，说：“那你还要走吗？留下过太平日子吧。”

“不可以，敌人还多着呢。闽中有卢兴邦，闽南有张贞。敌人若没全部消灭，他们还要反攻倒算。”说着，雷光天告别了蓝素芬，又匆匆跟上了队伍。蓝素芬听说红军已打垮了敌人，又见到了丈夫，心里可高兴了。她拿着匕首赶上前，说：“拿着，有时用得着它。”她返回村里收割了稻子，又碾了糯米谷,浸了一大缸红酒,把它埋入土中,日夜等着雷光天回来喝。

过不久,雷光天真的回到了龙门。

这天夜里,蓝素芬搂着儿子正睡得甜。忽然听到门外有敲门声。她急忙坐起细听,警惕地问道:

“是谁?”

“我,雷光天!”

蓝素芬听声音,果然是雷光天回来了。她高兴地跳起来,点起松明,打开门扇,一看,啊!怎么一身是血?她赶紧扶他入屋,问他到底是怎么回事。可是雷光天一入屋,就一下子倒在地上,连动也不会动了。蓝素芬取过松明火把一照,原来是手臂受了伤,耳边还在流血。蓝素芬慌了,她又是包扎伤口,又是给他换衣、洗血。过了许久,雷光天才把他受伤的经过对她说了。

原来,雷光天跟红军打到闽中大田武陵垵时,又奉命随军去打大田县城。敌人是被打垮了,可是自己却在城中受伤了。他昏倒在土墙脚下,待醒来时,部队开走了。他跟不上队伍,这才独自一人逃了回来。他逃到武陵垵时,又遇上了敌人。因为他的猎枪没子弹,换用匕首又刺倒了5个敌人。但因寡不敌众翻下陡坡,躲进森林。雷光天说到这里,他把匕首拿给蓝素芬说:“藏着,有时你能用得着。”她接过匕首一看,是那把扎着红缨的匕首!

还不到天亮,雷光天死了。

蓝素芬抱着尸体哭呀哭,几乎要把肝肠哭断。她刚处理完后事,祸事又来了!国军到处张贴广告,讲红军到过的地方要加倍罚交粮款,谁不交就杀绝。接着,国军三五成群,沿着红军行军路线,一个村一个村地搜查逼交。蓝素芬正担心着时,国军来了。他们举着抢闯入蓝素芬屋里,问道:

“你丈夫呢?”

“死了。”

“他是怎么死的?是红军吗?”

“不知道。”

“搜!肯定是红军!”

国军搜了一遍,没搜到红军任何东西,只搜到了稻谷。国军指着稻谷问:

“龙门是红军到过的地方,藏着稻谷不交,存心造反?来呀,罚她20军棒!”

蓝素芬被按在地上打了20军棒,然后国军把稻谷抬走了。蓝素芬看稻谷被敌军抢走了,心想:“稻谷抬走不要紧,扎红缨的匕首还在。这是红军留下的遗物。她从床底下取出匕首,好像看到了红军,看到了她的丈夫。

从这天起,蓝素芬心里感到不安。她想:家中没什么东西可抢了,唯一不放心的就只有这孩子。于是,她把孩子送回娘家。果然,当她返回龙门时,祸害又来了。

傍晚时分,前几天来她家抢谷子的那5个国军又来到她家。国军一进门就喊道:

“红军婆,有什么好吃的都端出来慰劳慰劳!”

蓝素芬说:“东西都被你们抢走了,还有什么东西!”

“好,没有什么东西吃,我就要吃你了!”说着,这5个畜生一齐冲上前,竟把她架到毛草堆上糟蹋了。

蓝素芬又羞又恼。她捂脸哭了一阵,突然,她把眼泪一擦,出了门。踏着月光,追到村外,把这帮畜生拦住,装着笑脸,说:

“别走,我浸了一大缸糯米老酒,又甜又香,还有烤山鸡、山鼠等,请你们尝尝山中野味。而且天也黑了,吃了,今晚就在我家过夜。啊?”

这帮畜生听说蓝素芬要留他们过夜，欣喜若狂，真的跟着她返回龙门村。

蓝素芬点起松明，又从地里刨起那缸糯米酒，还生火炒了烤山鸡、山鼠等野味，然后端到桌上，满脸笑容，说："来，畲家人穷，有的只是山中野味。"她取碗倒酒，然后坐到桌前，给这个夹肉，给那个斟酒，一直到把五个国军都灌得东倒西歪，醺醺大醉。这时，蓝素芬把笑脸变为仇恨，咬着牙，抽出扎红缨匕首，说："畜生，你喝够了吧！"举起匕首朝这帮畜牲刺去。

她看这帮畜生都已死了，先是狂笑一阵，后又呜呜哭了一阵。然后她把匕首往腰带一插，拉过芦草，点火把屋子和这帮畜生一起烧了！

畲汉群众　守望相助

上杭县临江镇东南民族社区居委会

20 世纪 70 年代，上杭县稔田公社黄罗大队河东生产队河东自然村蓝姓 38 户 193 人与渔机自然村李姓 1 户 8 人相距 4 里，坐落黄潭河的东侧，在大集体时期同属一个生产队。生产队有耕地 245 亩，每年夏收夏种，秋收冬种，口粮分配，劳动力派工，冬修水利，均由队长统一调遣指挥，会计、保管、作业组长分工负责，村民和睦相处，服从安排，与人为善，自然形成一家有事大家帮。生产队的老保管渔机村 83 岁李孚双老人病逝，生产队知悉情况后随即召开碰头会商议李孚双老人的后事，恰逢雨季黄潭河水暴涨，沿河道路被淹，村民都自觉地把家中桌椅搬到 4 里外的渔机村，帮忙料理丧事，又把桌椅搬回 4 里外的家中。20 世纪 80 年代初，因渔机自然村单家独户，经济收入差，没有照明用电，河东生产队筹措资金，为渔机村架设照明用电，让原本夜间漆黑的独户村亮起了光明。

你中有我，我中有你，你我是彼此的命运共同体，像石榴籽抱团一样早早扎根在黄罗村村民的心中。

(二) 民间传说

畲族民间传说是民间相传的一种与历史人物、历史事件以及地方风物、古迹等相关的故事。

人物故事

正气凛然的水师提督——钟宝三

上杭县・钟震东

钟宝三，字泮宗，号鉴堂，今上杭县临城镇石砌村人。清道光十四年(1834 年)，生，18 岁时赴边关袭父职，历任金门镇右营守备、闽安镇副将、海坛镇总兵，以功擢厦门水师提督，后调任浙江宁波水师提督、福建水师提督，遭陷害，解甲归田。冤情昭雪后，被委任为汀(州)漳(州)道总兵，同年以体弱为由辞职归里，隐居于上杭珊瑚圆通山。光绪三十年(1904 年)卒于佛祖庵，享年 71 岁。

钟宝三在任时，治军则纪律严明，身先士卒，为官则关心民疾，清正廉明。在军旅、地方上均表现出一身凛然正气，其大义灭亲的事迹，更为百姓称道不已。

将门虎子　屡建奇功

钟宝三出生于武将门第。祖父钟虎翀，武进士，授蓝翎侍卫，在其府第后堂，高悬"御前侍卫"金底黑字匾额。父炳斋,袭父职官至总兵。宝三少时,牢记祖父立下的“精忠报国”家训,练武习文,刻苦勤奋,加上身体魁梧,臂力过人,力拔千斤。他不但武艺高强,而且熟读兵书,精通兵法,文武双全,被乡亲们誉为“将门虎子”。

1851 年,他父亲在镇南关保卫边疆的战斗中殉职。时年 18 岁的钟宝三立即应召赴边关袭职,任金门镇右营守备。每逢战斗,他身先士卒,奋勇杀敌。经过几次实战洗礼,宝三日益成熟。他把如何克敌制胜的计谋,大胆地向伍总兵陈述。伍总兵采纳了他的计策。宝三又自告奋勇,深入敌巢,斩其主将,军威大振。伍总兵指挥全军,一鼓作气歼灭敌寇,取得了保卫边关战斗的决定性胜利。伍总兵在向朝廷呈送的奏本上,为宝三请功,称他是一位大智大勇的将才。宝三在边关七年,从守备一直升到参将。

咸丰七年(1857 年),钟宝三从边关参将提升为福建汀(州)漳(州)道总兵,并代行漳州知府职。其时沿海一带,海盗猖獗,钟宝三又调任海坛镇总兵,捕获海盗无数,地方倚为保障,以功擢厦门水师提督,后又擢升浙江宁波水师提督、福建水师提督。钟宝三平定寇乱,屡建奇功,使海疆得以安宁。侯官人郭柏荫赠钟宝三诗有云:“将军一旅从天降,铜刁画角风飕飕。雕弧下射狐兔走,伏尸枕藉填城壕。三驱已报前禽尽,万井无复哀鸿嗷。……东溟锁钥管门红,楼船坐镇需贤劳。跨海戳鲸峙京观,天子不惜凌烟褒。”从诗中可以想见当年战斗之激烈和钟宝三战功之显赫。

关心民瘼　清正廉明

钟宝三在任汀漳道总兵时,兼任漳州知府。由于前任知府贪赃枉法,袒护豪强,造成很多冤案,百姓怨声载道。宝三上任后,便微服私访,体察民情,很快就审理了十几起陈年积案,其中多有豪门欺压百姓的人命官司,钟宝三公正审理,铁面无私,把作恶多端的豪绅恶棍绳之以法,百姓拍手称快。其中有这么一个故事:

钟宝三上任的第二天,路上有一李姓老汉拦路喊冤,说是一尸两命。宝三听后,收起诉状,觉得案情复杂,决定重审此案。此案主犯张员外,得知新知府要重新审查此案,就故伎重演,叫来贴身管家,吩咐打通关节。夜幕降临,管家扮着杂货小贩,挑着一担银元,买通衙役,混进后堂,找上知府夫人。花言巧语,说了一通,送上礼单,请求夫人笑纳。,钟夫人先把管家稳住,借故离开后堂将情况告知宝三。宝三思考片刻,计上心来,叫师爷等人前来,面授机宜后,来到客厅,摆上宴席宴请管家。钟宝三以府太爷之尊不断劝酒,令管家受宠若惊,不敢不饮,喝多后就趁着酒兴,把那天张员外抢人致死和知府如何了结此案的内情说了出来:去年的清明节,张员外在扫墓的路上,碰见了身披重孝的李家娘子。张员外看这娘子年轻貌美,又有孕在身,就叫随从把她抢入轿中带回做妾。张员外已 50 多岁了,讨了几个老婆,都没有给他生下一男半女,把这个孕妇抢来,正是一举两得。李家娘子不甘受辱,当堂猛撞石柱身亡,造成一尸两命。李老汉到府衙鸣冤,张员外早已送了大量金银到知府那儿打通了关节。知府草草过堂,把此案断为“李王氏荒野临产,无人过问,张员外大发善心,救她回府调理,难产身亡”。说到此处,案情真相大白。钟宝三咳嗽一声,师爷从屏风后出来,呈上如实纪录的管家口供,钟宝三当即令管家画押。片时,原告被告也都传到。钟宝三连夜升堂办案,在管家白纸黑字的口供和一担白花花行贿的银元面前,张员外只得招认画押,被打入死囚牢中。

钟宝三秉公断案,执法无私,受益百姓多有前来府衙送礼表示酬谢的,钟宝三一一婉言谢绝。由于钟宝三忠于职守,清正廉明,辖境内出现了百姓安宁、生产发展、商业繁荣的升平景象。

钟宝三一向嫉恶如仇,对为非作歹的豪强恶棍,敢于捉拿归案,绳之以法,对官场上的邪恶势力,无所畏惧,即便是他的上司,也敢犯颜直谏。

钟宝三担任福建水师提督时，百姓们对闽浙总督王懿德、福建巡抚吕铨星的贪婪行为很是愤怒，民间流传着讽刺他们的歌谣：“总督王懿德，名存两心：一心祸国，一心殃民”，“巡抚吕铨星，姓有两口：小口抽烟（鸦片），大口食人”。钟宝三找了个机会，当面对王总督和吕巡抚说出了在百姓中流传的歌谣，并以“食君禄报皇恩，振兴社稷，爱万民为本分”之大义相规劝。王、吕二人本已心怀鬼胎，听了更是怀恨在心。后来，在钟宝三一次海战失利时，借机联合上本，诬陷钟宝三“存心颠覆大清江山”。结果钟宝三以“邪恶异端”被治罪，削职为民，解甲归田。钟宝三蒙冤回乡后，为他洗雪冤情的呼声四起。第二年，王、吕二人相继下台。听到群众强烈呼声的新任福建巡抚徐宗干在巡视汀漳道路经上杭时，特地看望钟宝三。徐巡抚在石砌村口，看到钟宝三夫妇在田间挑水浇菜，深为感动，他深感将才闲废可惜、可悲，当即修本上奏朝廷，为钟宝三昭雪冤情，并请官复原职。是年，兵部行文福建，昭雪钟宝三冤情，并委任为汀漳道总兵。钟宝三赴任后不久，因对官场深感厌倦，便以体弱为由，辞职归里，时年 50 岁。

为民除害　大义灭亲

钟宝三能诗善文，他题有三副楹联，耐人寻味。

第一联为：“雄风倚画栋，壮志扭乾坤。”这是刻在他石砌下故居“提督府”大门前竖的两根石桅杆上的。桅杆上的这对楹联，反映了血气方刚、风华正茂的钟提督“精忠报国”、气吞万里如虎的风采。第二联是写在他原配夫人去世的时候，也就是他大义灭亲的第二年，他感慨万千地写下了这副对联，卷起封好，交管家保存，叮嘱在他百年后治丧时，启封挂在灵堂上。第三联是在他致仕返里、上圆通山戴发修行时写的。当时只写了上联“天地有情容我老”七个字，挂在主持为他专门安排的佛堂之上。众人看了只见上联，没有下联，问其缘故？宝三笑着答道：日后自然会有人为我续写下联。光绪三十年（1904 年），一代将才钟宝三在山上病故，方丈取出当年管家交给他保存的宝三手书遗联，挂在灵堂上，联为：“夫人死百官临门，将军亡一卒不至。”事情果如钟宝三生前所料，在治丧期间的七天七夜，未见官府衙门的任何人前来吊唁。多年后，一位从福州鼓山来的云游老和尚，来到圆通山，在钟宝三的佛堂看到上联，而下联空着，细问缘由并了解钟宝三家世后，便挥笔写下“子孙无用惹人嫌”的下联，对得十分恰切，似乎也符合钟提督的本意，这也许是钟宝三入山修行的一大原因。

原来钟宝三有三个儿子，但他本人常年在外征战，即使在府第时间也终日忙于军政公务，难得和孩子见上一面，而夫人对孩子们又过于溺爱，任其放纵，个个都成了花花公子，被人戏称为“将门鼠子”。钟宝山一怒之下，把三个儿子送回家乡，希望给他们改变一下环境，在乡亲长辈的教育和艰苦生活的磨炼下，可能有所转变。岂料事与愿违，三个儿子回到老家后，一如脱缰之马，变得更狂野了。整日里饮酒作乐，胡作非为，百姓敢怒不敢言。不久，三公子更是惹出一条人命大案，受害人家一纸诉状送到了钟提督案前。宝三一看大惊失色，一夜没有睡好，即派要员回乡查实，并严辞嘱咐，如案情属实，立即就地正法，为民除害。这位要员带着衙役，日夜兼程，来到钟提督家乡。当要员向三公子调查案情时，只见他若无其事，毫无忌讳。要员再向周围群众了解，又都众口一辞，证明受害人状告属实。要员随即下令，将三公子押至死者坟前处决。众乡亲和死者亲属为钟提督秉公执法、大义灭亲的行为深深感动，纷纷要求赦免三公子死罪，从轻发落。要员大声向围观百姓宣布：钟提督有令，将令如山，违背不得。毫不犹豫地处决了三公子。

钟宝三虽然后嗣式微，但由于他一生正气凛然，战功赫赫，仍然深受后人尊敬和怀念。他过世后，山下百姓和众多善男信女，纷纷捐钱捐物，要求老方丈为钟提督塑一尊全身戎装，供后人参拜。那位来自鼓山、为他续联的老和尚也十分赞成，拿出化缘所得的全部银两献上佛案当作经费。次年春,钟宝三全身戎装塑像安放在佛堂之中,一时传为盛事,四面八方前来朝拜者络绎不绝。

德二郎公开基南岭的传说

上杭县·钟约茂　钟巨藩

南宋年间,上杭县南阳镇南岭村原居住有杨氏等多姓氏的后裔。是时,长汀濯田同睦坑钟理政公的第九代裔孙德二郎(百二郎)外迁发展,其父万一郎公嘱咐他,走到哪里,挑行李的扁担断了,你就在那里开基立业。

德二郎(百二郎)与百一郎、百三郎兄弟分别时,叩拜祖宗,对天盟誓,然后一头挑着“图腾公王”神像,一头挑着胡笼,卜择新居,对天祈祷:“铜担竿、铁担竿,前挑公王来指路,后挑胡笼发子孙,扁担断处是福地,公王落地把家安。”夫妇俩轮换挑着行李,一路南行,昼行夜宿,跋山涉水,几多艰辛,不在话下。一日,太阳刚刚从东山出来不久,他们夫妻来到南岭水口杨屋人的天灯边时,扁担突然断了,箩索脱落,公王落地。他们想起临别时父亲大人的嘱咐,就在那里搭起茅屋居住下来,经历几代人的筚路蓝缕,开山造田,播种耕耘,并设立图腾公王庙,兴建祖庙,添财进丁,茅屋换成大瓦房,一派欣欣向荣景象。德二郎公的后裔枝繁叶茂,瓜瓞绵绵,多外迁图展,八六郎(智庆)迁石坑源(后裔有迁江西、顺昌、漳平、福州),千六郎(庆峰)迁涂坑,观寿公迁长汀钟屋村,景荣迁长汀宣城中畲,等等;留守本村的有400多户2000余人。

德二郎公的裔孙在杨屋角重新建造钟氏德二公祠,为“螃蟹过江”形。

德二郎公开基不久,杨氏等姓氏后裔就陆续向外迁徙了。

哑　郎

漳平市·雷新宗讲述　邱水才采录

在感化溪上游的龙门畲村,住有一户畲族,男的叫雷阿豆,女的叫兰芳,他们有个儿子叫雷豆芳,夫妇俩非常疼爱儿子。他们虽然勤劳,但日子却过得十分穷苦。

有一年,土匪到龙门抢劫,就像山洪卷进村子一样,洗劫一空。土匪刚刚抢过,官府又紧跟着摊派捐税。官差比土匪还凶狠,他们逼不了捐粮,竟把兰芳抓去吊打死了。雷阿豆看妻子死了,怒火冲天,端起猎枪,赶到村口,拦路截住,一枪就把三个官差打死了。官府派出官兵围剿龙门。雷阿豆看龙门不能住了,马上带着小儿子豆芳躲进山里。

第二年秋天,畲村龙门先是干旱,后是下雨。雷豆芳得了一场大病,哭喊道:“阿爸,我不吃番薯,我要吃白米饭。”雷阿豆看看可怜的儿子肚子饿,急得团团转。他知道小儿子爱吃白米饭,可是白米要到那里去弄呢?山下到处驻扎着官兵。日日夜夜在围捕雷阿豆呀!雷阿豆只好安慰小豆芳,说:“乖乖,忍着点。你千万可别大喊大叫!要是被官兵听到了,他们会抓阿爸的。”

小豆芳不懂得世界上有多复杂,有多残酷,他还是大喊大叫:“我就是不吃番薯,我要吃白米饭。”终于,小豆芳的喊声传到了山下官兵的耳朵。官兵从四面八方包围雷阿豆,先围困,后搜山。最后,雷阿豆被抓走了。官兵先是把雷阿豆捆绑游乡,后是拖到龙门村前的沙滩上活埋。

村人把雷阿豆被官兵活埋的事告诉了小豆芳。豆芳听着惊呆了。他哭着,拼命地奔跑到龙门村前桥边，哭叫道："阿爸，阿爸呵，你为什么要躺在沙堆里呀，你痛吧？啊？阿爸哟，你为什么不答话呀？"他用双手扒开沙石，一直扒到见到阿爸的尸体。他使劲地摇着阿爸的尸首，一边摇，一边哭喊："阿爸啊，你怎么啦？为什么不说话？"小豆芳一连哭了三天。他眼泪哭干，声音哭哑了。全村人都跑来劝他，每个人听着他的哭声，心里都像刀绞一样痛。过不久，雷豆芳的哭声突然没有了。村里人只看到他的嘴唇在抖动，眼泪扑哒扑哒地往下流。

人们哄劝小豆芳，但小豆芳却像木头似的，毫无表情，从不说话。他整天在沙滩上走来走去，一会儿趴在阿爸墓前流泪，一会儿捡起一块石头狠狠地扔进潭里。

过了几年，小豆芳长大了，但是他孤零零地一个人生活，从来不开口和别人说话。时间如流水，年过一年，但是雷豆芳不是在沙滩上走动，就是爬上他当年躲土匪的山包里。突然，有个鹧鸪在他的头顶上叫着，刚叫几声，"砰"的一声响，啪哒一声从树顶上栽倒下来，在地上挣扎几下不动了。原来有个猎手听到它的叫声，发现了它，把它打了下来。

雷豆芳走了过去，他捡起那只被人打伤的鹧鸪，全身发抖，就像打摆子似的自言自语："傻瓜，你怎么敢叫呢？如果你不叫就不会被人发现了。我阿爸被土匪官兵抓去吊打活埋死了，就是因为我大喊大叫！"

这时，猎手赶上前来。他看到雷豆芳拿着他打下的鹧鸪，大声对他叫着："喂，那鹧鸪是我打死的！怎么？你会说话吗？"雷豆芳放下鹧鸪，转身一步一晃地向着前方走去，他走向那密密的大森林，从此人们再也见不到他的踪影。

兰有定

漳平市·蓝祖昌讲述　邱水才采录

兰有定是畲族传说中的一个英雄。关于他的故事，一直在畲山广为流传。

偷　艺

兰有定家住漳平县山羊隔畲村，青年时代是一个著名的石匠，他开山炸石，为畲家建了许多房子。那时候，畲民地位低下，到处受人欺辱。有一年，他建好的一座三堂大屋，雕龙刻凤，远近闻名。当时，山羊隔村背后的上山村下隔头，有个汉族老财名张振清，他为人奸诈，是这一带的山霸。他欺辱畲人，也压榨汉人。

有一天，张财主竟声称山羊隔这座由兰有定亲手建的三堂大屋是他的。主人被逼得没法，向兰有定哭诉，说："有定师傅呀，这房子明明是请你为我建造的，是我多年在九龙江口放木筏到漳州，做木头生意卖的银钱换的呀！"兰有定一听火了，他吼道："哼，岂有此理！"拔腿就到县城去为主人呈递诉状。可是，张老财有钱有势，他早就私下用银两贿赂了县太爷。这样，兰有定由原告变了被告，反倒被县太爷罚打屁股三百板。兰有定看世道不平，他愤怒极了，他感到人间竟如此有理讲不清，唯一办法只有用拳头回答。自此，他远离家乡，决定拜师练武惩山霸。

兰有定听说南京有个大拳师名叫陈公棠，威震江南。于是，兰有定改姓名"林有定"，并拜陈公棠为师，并订下三年合同：即兰有定为他开石造屋，陈公棠为兰有定传授武术。兰有定在陈公棠武术馆，他边做工边学武。他聪明好学，刻苦练功，仅苦练三年，就掌握了陈公棠武术中的五形八法、七十二路和器械中的棍、鞭，钩、叉、刀等三十六套武术。他甚至能手执一条毛巾甩扣打于空中，如电闪雷鸣,即使围来五六个手执刀棍的武林高手,也被他打得头晕目眩不敢靠身。

陈公棠按合同把他的高深武术都传授给了兰有定,但就是“霹雳腿”不授。因为,陈公棠有家法规定:赐弟子千招手艺,慎留一艺防身。兰有定也知道他留有一手不传,心里很急。因为他为惩罚山霸,须有武术绝招,他决心绝招不到手,死也不离开陈公棠。可是,陈公棠这一绝招就是不传,不仅不传,平时他除非不得已,这绝招决不随意露手。

当时,南京西郊正有江湖草贼四起,不时扰乱社会治安。有一天,江南大织造受围,庄园主贾洪源骑马前来陈家武馆求助,许愿以五百大洋请公棠为其解围。陈公棠因与贾洪源是世交之谊,便叫兰有定留守其家,而他自己随贾洪源迅速骑马奔去。入夜,江湖草贼百余名果然围困庄园,陈公棠奋起反击,对打了一阵。草贼倚仗人多,稳打稳扎,前仆后继,步步逼近。突然,陈公棠竟被草贼打倒在地。就这时候,陈公棠腾身跃起,使出绝招,奋起“霹雳腿”,在空中团团打转,噼里啪啦,一阵疾风闪电,打得江湖草贼东倒西歪,一个个抱头鼠窜。

平定了草贼,过两天,贾洪源送陈公棠返回武术馆家里。他一进门,只见兰有定在院子中练霹雳腿。陈公棠见了猛地一惊,退出门边细看,只见兰有定正飞起双脚,像空中飞轮呼呼打旋,那被旋打起来的疾风,呼呼啸叫,如同电闪,连屋中空气都会震荡!陈公棠想:“我何时露手被偷?”于是,他禁不住地对兰有定吼叫一声:“住手,这霹雳腿何来?”兰有定听到师傅声音,心里震惊一看,果然是师傅回家!他速上前下拜,说道:“蒙谢恩师赐教!”

“赐教?在何处?不说,我认为你是偷艺,当受家法惩罚!”

“不敢。弟子只因惊闻江湖草贼百余人围攻师傅,徒弟担心你受难,这才跟随,想从暗中助……”

“哦?偷艺!滚。”

兰有定见陈公棠怒得如狮子要吃人,心里一惊,速朝门外走去。

陈公棠见兰有定走出门外,起身欲追,但被贾洪源一把拖住,劝道:“慢!家法要改,你应庆幸后继有人!”

捆　棍

兰有定在南京学了三年武术,地回到漳平山羊隔畲村。他不开馆,不卖艺,还是当他的石匠,并且仍以掘蕨、种茶、种粟为生。

一天,兰有定在山坡上掘蕨,忽见从山坳森林里跑出一只野山羊。这山羊呼地从他脚下石坎闯过。兰有定猛地跳下,一把抓住了这只野山羊。就在这时候,山羊隔后背的上山村下隔头财主张振清正带着家奴,举着土铳,追了过来。他看野山羊已被兰有定抓住,叉着双脚,喷着嘴星,吼叫着,说这山羊是他的!兰有定一看到这山霸本来就火冒三丈,他又竟敢明里欺人,便答道:“山上的野山羊是野生的,又不是你家所养!”张财主答道:“山羊不是我养,这话对,但是,这山是我家祖宗留下来的。山是我的,山上的野物当然是我的。况且,这山羊又是我刚围打追赶逃到你这儿的。”兰有定听着,怒不可遏,说:“那好,是你的,你就去抓吧!”说着,就把手中山羊放逃了。

张财主看到了手的野物不给他,而竟然又给放跑了,他立刻下令叫他家丁举起木棍围打兰有定。兰有定站在原地,面对张财主家丁啪啪打来的木棍,一动也未动。兰有定对家丁说:“用力一点呀!”这时,家丁一个个所举的木棍像打在石头上一样,直震弹得手里发痛。突然,兰有定解下头巾,飞起两腿,在空中如飞轮般旋转起来,这一转像疾风闪电,把张财主和家丁一个个全部打倒在地。兰有定再用手巾在空中一抖甩,只见张财主的枪和他家丁十几支木棍,主动从地上弹跳而起,集成一捆,被兰有定的手巾捆了。张财主和他的家丁们,一个个如触电般躺在地上,全身麻痹,好久都不能站立起来。

兰有定教训了张财主后,他仍若无其事地举锄掘蕨。张财主和他的家丁悄悄地从地上爬起来,狼狈地逃走,不敢对兰有定吭一声。从此,张财主再也不敢欺侮山羊隔畲族了。

举 牛

兰有定超群的武术,就像炸雷般传遍了整个闽西南,无人不佩服。但是九龙江武术馆大武师石震山听了却不以为然,他扬言道:“山畲客显什么威风?我倒要看看!”

当时正是阳春三月,石震山从梅水坑渡过九龙江来到小芹菜。他见田中有一个青年人正在田中举鞭赶牛犁田,就上前无礼地问道:“喂,山羊隔离这儿有多远?”

犁田人以礼相待,对他答道:“不远,从这儿再往前走,向着西南,爬一条山岭,翻过两座山,再走三里就到了。”

“你认识山羊隔村一个叫兰有定的山畲客吗?”

兰有定听着心中一震,心想:你找我干什么?兰有定想了想答道:“认识。”他本想告诉他我就是,但又看他无礼的样子,于是改口问道:“客官,你找他有何事?你从哪儿来?尊称?”

“石震山。听说兰有定武功奇异,名震四方,我倒要领教领教!”

“原来你就是大名鼎鼎的九龙江武术馆石震山师傅。好,你要见兰有定,我给你免费当向导。”

兰有定说着立刻把田活停下。他先解下牛拉绳,而后一手提犁,一手扶牛脚,把头伸入牛肚皮下。然后他把两手向上一举,头一顶,连牛带犁轻松地举起,扛到真龙坑溪潭里去漂洗。待牛和犁漂洗干净后,他再牵牛上山吃草,又把犁藏在草寮中,而后他才回头对石震山说:“好了,现在就走!”

石震山看到这一情景,一时惊呆了。他心想:“天啊,这人莫不就是我要寻找的兰有定?”他看着低下头,全身直冒汗,连连倒退,说:“我不找他了,烦劳你,烦劳你了。”

石震山从田头退下,走入村里。他一问,果然是兰有定。从此,石震山再也不敢吭声了。

石门巷截匪

有一年,一群土匪来到山羊隔抢劫耕牛。这群土匪是趁着天黑,偷偷摸入村,先把各家各户的外门用铁锁把门扇锁上,然后才一个个摸到牛棚偷牛。不多久,全村三十六只大小耕牛全部被这群土匪牵走了。

兰有定在屋里听到一阵狗叫声,他急忙起来要出门看。但门打不开,原来是被土匪顶住了。这时,村里的狗越叫越紧,兰有定想了想,便从屋内天井中一撑竹竿跳了出来。他悄悄地向四处张望,村边有手电筒亮光一闪一闪,又听村中各家各户撬门的咯通咯通声,再一看,牛棚的牛全不见了!这时,村上人全部起来,兰有定叫大家不要乱喊,他说:“这群土匪手中有枪,要想法子治他们。”他叫大家手执武器从小路跑到石门巷等。

石门巷山陡路隘。因为天黑,土匪牵着牛经过这里走不快,又因路小,一人一牛相隔一定距离。兰有定手拿一竹竿躲于石门巷口。他看土匪走来了,举竹竿对准土匪手腕一敲,只听“哎哟”一声叫。兰有定趁机一个箭步冲上前,两手一揽,举起土匪哗地抛向路下水田。这样,土匪在石门巷出一个,敲一个,抛一个!他既截回了耕牛,又捡了土匪丢下的武器。

土匪一个个从水田里爬起来,有的受伤,有的拐脚。这帮土匪一个个湿淋淋,哭泣要逃,又不知去向,只好紧缩一团,待到天亮才逃跑。土匪逃了一段路,一个说:“看我日后算回这笔账!”另一个土匪说:“还算账?今晚是山畲客留给我们一条生路呢!”

土匪帮说的这些话,全被躲在路边等待反攻报复的兰有定听得一清二楚。兰有定积极准备对付土匪的报复,但这帮土匪因尝了兰有定的厉害,就此再不敢来。他们从此知道山羊隔有个令人心惊胆战的兰有定。

地名传说

"牛栏祖地"的传说

录自上杭县《官庄畲族乡志》

福建省长汀县濯田镇坪岭水口有一座元泰定三年丙寅(1326年)的蓝姓人古墓,是蓝氏家族的重要文化遗产,蓝姓群众称之为"牛栏祖地"。

为何叫"牛栏祖地"呢?据《蓝氏族谱》和民间传说:熙三郎是蓝姓入汀州始祖,在元代兵荒马乱年间由建宁迁住宁化石壁坑,配王氏十娘为妻,生男和一、和二。熙三郎夫妇因生逢乱世,刀耕火种,生活困苦,均五十余岁与世长辞了。年少的和二郎在父母去世后,只身寻到濯田坪岭水口一户富裕人家当长工,为人勤劳诚实的和二郎深得左邻右舍称赞。

一日,天黑不久,有个衣衫不整的人自称是地理先生摸黑前来求宿。主人见他衣着丑陋,其貌不扬,瞧不起他,不愿留宿他。年少心善的和二郎千般好言劝说,终使主人答应下来。和二郎见客人谈吐不俗,认定他是饱读诗书之人。就用主人用的金铜色新脸盆打水给客人洗脚,不料被富婆看见,那婆娘拽住和二郎的手臂往外拖,在屋外破口大骂,还揪打和二郎。

第二天一早起来,这位客人见这位善良厚道的小弟鼻青脸肿,就问起缘由来。和二郎如实告诉了先生。先生听后便问:"小弟贵姓大名?"

"小姓蓝,排行第二,贱名和二。"

"双亲健否?"

"早年父母都去世。"

"安葬好了吗?"

"安葬?哪来的铜钱请先生搞安葬呀。"年少的和二郎回答。

先生听后,掐算掌卦交代说:"那好,你赶快回去将父母骸骨用'金斗'(即专装尸骨的泥瓮)装好挑到这儿来。某日酉时之前一定要挑到,决不能耽误。挑来后你先把两个金瓮挂在那牛栏的梁柱上,过几日我会再回来帮你安葬你的双亲,决不收你一分钱。"和二郎一听高兴得跳起来,立即跪下地向先生磕头作揖说:"谢谢先生,我蓝氏一定永世不忘先生恩典。"之后,这位先生背着行李、斗笠扬长而去了。

和二郎遵照先生吩咐赶快回家去,请了一个专门为人做丧葬事的人,把父母的骸骨挖出来装进"金斗",尔后自个儿挑起"金斗"回坪岭去,黄昏时刻,他将父母的两个"金斗"挂上了牛栏梁。

子夜,一片漆黑,忽然雷声大作,大雨倾盆。只听见外面"轰隆轰隆、哗啦哗啦"的声音。第二天起来一看,和二郎惊呆了,牛栏的踪影都不见了,变成了一座小山坡似的土堆。年少幼稚的和二郎不知如何是好。他突然想起村中那位德高望重的长老,就跑步去请教。那长老一听说:"好事,好事,你赶快向土堆烧炷香吧!"和二郎马上买了些香烛,向着土堆焚香跪拜,哭祝双亲安息。

这桩奇异的事一传十、十传百,周围十里八乡的好奇者都来观看,唯不见那位先生再回来。来观者都纷纷赞誉说:"此乃良善、忠孝、厚道之人,所得仙人托山龙开口葬双亲,后必洪福齐天也!"后来,人们称该地为"牛栏祖地"。

“天井湖”的传说

录自上杭县《官庄畲族乡志》

上杭县官庄畲族乡福泉村有个“天井湖”,湖面不大,仅有几十丈阔,可水深吓人。曾经有九个人用九九八十一条牵牛绳子,连起来坠石头也没坠到底。当地流传着一首民谣:“天井湖不一般,静静湖水比天蓝,暴雨水不满,大旱水不干,人站湖面上,头皮发麻心作寒。”相传很久以前.这里没有湖,是一块风水宝地。一个名叫“百万公”的大户佬,在这里盖起一座九厅十八井的大房子。百万公为人十分刻薄,他家的长工都做不长,熬得过当年,熬不过第二年。百万公为人刁钻、作恶多端。这一带的穷人经不起他的剥削压迫,都逃荒他乡或家破人亡,闹得天怒人怨。土地神上天奏明玉皇大帝,玉帝派了一个神仙下凡,专门整治这个可恶的百万公。

一天,神仙来到凡间,摇身一变,变成一个叫花子老头,一步一拐地来到百万公门口。这天,百万公正逢六十大寿做生日,屋里热闹非凡。百万公在门前迎客,看见那叫花老头,就吆喝大黑狗扑上前,咬破了他的皮肉。一个叫八妹的侍女,躲着众人打了声口哨,大黑狗闻声放下叫花子老头,窜回屋里。八妹悄悄溜出后门。找到叫花老头,拿出猪汁渣给老人敷伤口,并给他一碗米饭,说:“老公公,伤口还痛吗?”这时,老叫花子哈哈大笑指着伤口说:“好妹子!我的伤口不是全好了吗?”八妹眨眨眼看看老人的伤口全都好了,连疤痕也没了,拍手叫好说:“老公公!我的狗伤药真灵啊。”叫花子老人说:“不,是你善良的心真灵。”八妹奇怪地望重老人,老人认真地告诉八妹,说:“明日这个时辰,天上会打三道闪电,响三声响雷,下三阵大雨。”叫八妹记住:到第一声响雷过后,赶快告知百万公屋里的长工侍女们,就说观音菩萨显灵,谁先到谁的福气大。千万注意一不可提前走漏风声,二不能让百万公家里人知道。八妹半信半疑地点头说:“我不会泄露机密的。”

第二天,果真如此。当八妹他们在第二阵大雨中走入水口宫后,第三声雷响了,在电闪雷鸣大雨中,百万公的屋子突然陷落了,变成一个湖,百万公全家几十口人葬身湖底,浊水滚滚。早先,人们叫它“天陷湖”,后来渐渐叫成了“天井湖”,一直叫到今。

观音井的传说

上杭县湖洋镇文光民族村委会

观音井地处湖洋镇文光民族村,在观音井两水交汇处有一泉眼的水特别好,往来客商行人经过此地,都要歇歇脚,尝口泉水。曾经有一对年过半百未得子嗣的富商夫妇,长期在上杭紫金山采掘金矿,有一回路过观音井,在此喝水歇脚后不觉沉沉睡去,夫妇同时梦见观音送子,回家后富商夫人果然怀孕,生下一子聪明异常。富商大喜,从此专心事佛,并欣然出资修建了观音井和观音庙,并把这个地方命名为观音井。

为了吸引众人前来朝拜观音,还在观音井附近放置了一对金砖,扬言“百步之内有金砖”,准备送给特别有福气的人,一时信众如云,观音庙香火鼎盛,不但方圆百里的女子慕名前来喝泉水、拜观音,梦想一夜暴富的人也悄悄前来反复踏看,仔细搜查,自然一无所获。后来有一个广东商人路过,在井边蹲下准备喝水时,因一块砖太滑摔了一跤,恍然大悟,忙捡起砖块洗净,果然是一块金砖。原来客家话“百步”与“趴步”同音,因此成就了一段古商道上的财富传奇;关于另一块金砖的存留去向,至今众说纷纭。

马尿泉

漳平市·蓝祖昌讲述　邱水才采录

漳平畲村山羊隔不仅山高地瘦,而且水源很缺。每逢旱天,畲山寨四周山涧水源全枯竭了,唯独村边有一口“马尿泉”却常年水流不断。这是为什么呢?

相传很久很久以前,漳平有个知县名叫施孔俭,他为官清廉,刚正不阿。他到任不久,有个严差使着急对他奏道:“老爷,你有所不知,那山羊隔畲民确实蛮横至极。不仅对我朝廷枉然无礼,就是捐粮也多年不交!”

施孔俭细细听着,皱眉想着:“畲民深居高山荒岭,人口不多,他们在社会地位低下,胆敢违抗朝令?未必。嗯,我对此事万不可草率。”他想到这里,把手一挥,对差使说:“退下,此事待我细察。”

几天后的一个早上,施孔俭忽然身着微服,骑上高头黄马,带着几个差使,悄悄地来到畲家寨山羊隔探访。

施孔俭一走进畲村山羊隔,一路所见,不禁使他大吃一惊:村寨零星落着几间草棚、竹寮。村中走动着的男女,一个个不仅衣服破烂,而且有的竟是一条麻布缠身。他叹着:“真是畲山荒岭。这里的人还是过着原始部落生活呢!”

盛夏的傍晚,山野鸣蝉阵阵叫得令人倦烦。施孔俭跑累了,令随身衙役向畲民借住,并叫他挑来一担清水洗澡。过片刻,衙役挑来一担黄泥水。施孔俭一看是黄泥水,怒了,但他正要发火斥责衙役时,衙役却恭奏道:“禀报老爷,整个山羊隔竟找不到一滴清洁的水呢!”

施孔俭怀疑,他走出竹寮挨家挨户察看。果然,他发现家家户户畲胞,全都是吃这浑浊的黄泥浆水。他心中不禁一震,仰脸望着这高高的畲山发起愁来,心想:“畲族居住在这高山瘦地,缺衣少食且不说,连饮水都困难哟。可是官吏却说畲族同胞抗交捐粮,实是冤枉!”他一边想,一边漫步回到竹寮,令衙役召集全寨畲胞来竹寮开会。会上,施孔俭当场宣布山羊隔畲族三年免征捐粮,并把他随身带的银元分发给畲胞,又叫畲胞选出二人带他上山寻找水源。

三天过去了,施孔俭在山羊隔爬山越岭,找遍了所有的山坑洼地,可就是找不到水源。他疲倦不堪,回到竹寮,一睡就是一天又一夜。天亮,施孔俭刚睁眼,就听到竹楼门外人声嘈杂,阵阵笑语。衙役跑出门外观望。过一会儿,衙役又兴冲冲跑回竹寮,笑嘻嘻地对施孔俭说:“老爷,有了山泉水啦,有山泉水啦!”施孔俭听着,三步并作两步跑到门外,张眼一看,正是他拴马的那个地方,竟冒出一股手指头大的泉眼呢!畲胞围着泉眼拍手,欢呼,跳跃。

施孔俭感到奇怪,心里想:“不是说江山难改吗?这水到底是怎么冒出来呢?”他怀疑自己在做梦。但当他看到围着那么多人探头看泉水,又看到他的马,这才断定一切事情都是真的。他回到竹寮,又叫衙役去打一瓢清水来。他端过水往口里咕嘟咕嘟一喝,清爽甘甜。他喝完把手一扬,喊道:“天变,地变,一切在变!”

不过,施孔俭嘴是这么喊,心里仍是不解,这到底是怎么回事。傍晚,他带着衙役到山边散步。忽然,他看见有个白发老翁用拐棍去捅那个泉眼。施孔俭心里一惊,心想:你这死老头要破坏泉眼?于是朝他大吼一声:“你是干什么的?”那老翁一闪就不见了。施孔俭更感奇怪,心想:莫非遇到仙人?

施孔俭心里疑惑不解,他回到竹寮默默想着刚才的事。突然,竹楼背后传来老翁的声音:“畲、汉两族本同为炎黄子孙，一脉相承。施知县是汉族人，你能深入畲乡，关心畲民疾苦，实是难得。你的到来，好比枯苗受到甘霖沐浴，这干枯的畲寨怎不冒出清泉？不过，事情也才开始，施知县如果没坚持为畲民办好事，那清泉水还会干枯的！”

坐在竹楼上的施知县听着，连连点头。他回到县城后，又拨了银元买衣服和棉被救济畲民。在他任职期间，不仅给畲民免除了粮赋，每年还拨银元救济畲民。

山羊隔畲胞无限怀念施知县。他们每当喝着那清泉水时，就讲起施孔俭爱护畲民的故事，都说：“施知县是好人，连他的马也是好马，是只神马。这眼泉水就是施知县的马尿变的。大家就叫它马尿泉吧！”于是，“马尿泉”就从那个时候叫起，并且一直叫到现在。

石壁峡

漳平市·兰宗玉讲述　邱水才采录

在畲村山羊隔顶上有一个石壁峡，这石壁峡两边高高耸立，地势险要，历来是畲族与汉族来往的一道关隘。旧时，官府除向畲民强征暴敛，官吏还要向畲民索取山兽皮张，畲民愤怒抗交。官府看畲民不交，派兵剿办，于是畲民就自制武器，在石壁峡路上“埋竹签”“放竹吊”，又在两旁山顶叠石堆，“搭石架”对抗。

一天，山羊隔畲民兰朝芬与兰和庄在石壁峡东面的鹧鸪尖山顶放哨。突然，他们发现瑞都乡吏陈贞南带领一队官兵，从瑞都气势汹汹爬上山羊隔岭，要来围剿畲民。兰朝芬与兰和庄两人发现后，随即从鹧鸪尖山顶下来，他俩先故意对官兵队暴露一下目标，然后装作惊慌逃跑。

陈贞南发现了兰朝芬和兰和庄，大叫一声：“畲客逃啦！”官兵队长当即令兵卒追赶。兰朝芬和兰和庄有意把他们引入石壁峡，然后迅速隐蔽于两侧石壁顶上。当官兵全部进入石壁峡时，兰朝芬突然举刀砍断早已架在山上的石架拉藤，“轰隆”一声响，几十个石头随即从石架上滚滚而下，走在前头的几个兵士立刻被打中，脑浆直流。队长看着尸体一时不知所措。他抬头看山顶上没有人影，就问陈贞南这是怎么回事。陈贞南吓得全身发抖，说：“哦，队长，我忘了事先告诉你，据说凡要到山羊隔的人，首先都要在石壁峡前跪拜山神！”队长一听怒斥道：“你怎么早不说？”他立即下令兵士就地跪下祈祷，求山神保佑。兵士正在跪拜之时，“轰隆”一响，满山遍野的石头又滚滚而下。队长感到势头不对，连忙命令兵卒后撤。但兵士们跑没几步，前面的山顶上又一阵巨石滚滚而下，原来是躲在山顶上的兰和庄看官兵走来，跑过来砍一刀，又跑过去砍一刀，把那些早已安装好的石架藤砍断。这些满山滚滚而下的巨石，把官兵打得死的死，伤的伤，队长的肠子都被压了出来。只有陈贞南和几个兵士不顾一切跳下山崖，这才侥幸存生，带着一身伤疤跑回县府报告。

陈贞南哭着对县太爷说：“完啦，都完了！山羊隔有山神，弟兄丧了命。”他把在石壁峡遭遇对县太爷一说，县太爷吓呆了。站在两旁的官吏听了，也一个个胆战心惊。从此，官兵再也没人敢上山羊隔索取兽皮、抓丁收捐了。

这事当时曾轰动全城，而且越传越奇。原来是畲族人民事先在山上搬来许多石头，东一块，西一块地放着，需用时滚得滚，甩得甩，叫着“榴弹炮”；又用木棍架成三角架，上面压着大石头，再用藤拉住。当藤条被砍断时，压在木棍上的巨石就滚了下来，这叫着“阵石战”。由于山羊隔畲族用这个“榴弹炮”“阵石战”，在抗击官府压迫中发挥了作用，从此石壁峡也就著名起来。

正龙坑的传说

漳平市·兰瑞旺讲述　邱水才采录

畲家寨山羊隔,不仅山高岭陡,而且水源奇缺,"山下水哗哗,山上地毕裂(龟裂)"。但是,畲家人不畏艰苦,他们用自己辛勤的双手,把这个自然条件极差的山岭开辟成梯田,搭寮扎寨。

话说畲家这种不畏艰苦的精神,终于感动了东海龙王。龙王立刻派出十八条龙,令罗盛仙率领,从东海驾云聚雾,呼呼地来到山羊隔降雨。从此,山羊隔畲村稻谷丰收,牛羊满山,一派欣欣向荣的景象。那时,溪南的前坪也是个水源奇缺之地。村里有个和尚翁听说畲村山羊隔有十八条龙为他们聚云降雨,即到奇和洞拜求妖仙。这奇河仙心眼坏,他伪造东海龙王旨意冒充罗盛仙,来到畲村山羊隔偷偷把十八条龙带走,企图要他们为前坪自家聚云降雨。

罗盛仙正从东海龙王那里回到畲山,得知此事后气坏了。他二话没说,气喘吁吁,三步当成两步,直奔到山羊隔村外路口挡住。先把头和肩往龙头劲脖一顶,又把他的宝剑一挥,空中瞬间化作电闪雷鸣,并吼道:"回去!谁敢私自离开畲家寨山羊隔,我就要把它点化成山,叫它永世呆在这里,永远不会走动!"这时,十八条龙由于不知受骗内情,加上由于有伪装罗盛仙的奇河仙紧跟在后挥鞭追打,还是继续往前行走。罗盛仙火了,一甩长袖即刻变成长天宝鞭,再挥舞这长天宝鞭"啪啪"地朝着十八条龙直打,吼着:"妖龙!你们不听我的呼唤,我把你们点化成山了!"

罗盛仙一句话,地裂山崩,十八条龙一惊,都回过头看究竟。因为这里地处山口,十八条龙猛回头,头碰头地挤在一起!又因为罗盛仙的话已出口,十八条龙竟变成了十八座山、十八条岭、十八条坑。这十八座山、岭和坑,座座条条都在路口汇集,这就是畲村山羊隔自古流传的:"十八条龙赶水走,罗盛仙人把路口。"罗盛仙把守的路口就称"正龙路口"。从那时起,每年开春,山羊隔畲族男女总要带来米粿、锄头,到此祭祀答谢罗盛仙,并砌石筑坝,把住十八条龙的出口。

当年由十八条龙滚动而留下的道路至今还在,这一条条山坑被称为"十八正龙坑",而被罗盛仙点化留下的十八条龙的岭脊被称为"十八正龙岭"。从此,畲族祖祖辈辈就在这坑和岭上种地,扎下村寨,繁衍了无数后代。

神话传说

海螺石的故事

录自上杭县《官庄畲族乡志》

上杭县官庄畲族乡七里村东部距汀江西岸30米的山脚下有一巨石,高约60米,如一座小山,石头中心有天生的石算盘和三个石杯子,人称海螺石。相传,古时这个石头长在汀江的急滩中,上下船只常被撞翻打沉,造成人亡物损的悲剧,故此滩被称为"目忌滩"。有一次,一条船经过此滩,船夫要求乘客做好准备,以防翻船。这时,乘客中有个手执雨伞的中年人站起来说:"大家不要怕,我来把这个害人石除掉。"话音刚落,只见他用伞一掀,石头就到山脚下去了。从那以后,行船安全了,那海螺石却默默地站在岸边向船夫和乘客谢罪。后来,人们认为这位掀石的乘客是天上下凡到民间除害的神仙,便在村中建庙供奉。

宝 谷

漳平市·雷如田讲述 邱水才采录

稻子在畲家是宝中之宝。三餐吃饭时,谁要是把饭粒丢到桌上一定要捡起来吃。若是有人把饭粒丢到地上,那就要受到严厉斥责。这其中有故事。

相传,上古高辛帝封畲家四姓分管南越,下山时,南越这大片土地芦草丛生,原始森林密布。这里只有山果、栗子、竹笋、蕨根,唯独不长稻谷,并且野兽横行。当时,畲山有个答步人(男人)叫兰果郎,他听说天庭上有稻谷,粒大如枇杷,穗穗五百粒,一穗就重达十几斤,就下决心非登天庭取下它几粒宝谷做种不可。于是,他找了他的要好朋友雷亚加研究方案,两人在石洞前立下了同生共死的誓言。

但是决心好下,登天却难!他俩向着太阳升起的山顶走呀走,爬过九十九座山岭,涉过九十九条溪流,一直走了九九八十一天,当他俩爬上山顶时,一看,天还高着呢。他俩登天取天庭宝谷的决心,终于感动了山神老人。山神老人对他俩说:"你俩再走八十一天,走到戴云山。那高高的戴云山直刺云天,那山顶上有一棵高高的云杉,这株云杉直达天庭。爬上这棵云杉,你们就可到达天庭,拿到宝谷。"

兰果郎和雷亚加照着山神老人的嘱咐,不辞劳苦,终于爬上这棵登天云杉,上了天庭。天庭是个广寒世界,广寒宫后院是瑶池,翩翩起舞的仙女一眼就发现了他俩。

"喂,世间人怎么到我们这儿来?"仙女问道。

讲"我们是来找昨天飞到天上来的五彩凤凰。"兰果郎沉着地答道。

"五彩凤凰?没见过。我们这里只有白兔、桂花。不过,你们既然来了,那就自己看看。"

兰果郎和雷亚加说声"谢谢",就到桂花树下去找"凤凰"了。桂花树下是天庭的晒谷场。晒谷场边丢了许多稻谷,有一群白兔子正在这里啃嗑稻谷。兰果郎和雷亚加故意在有稻谷的地方寻找,仰脸看树上,看有没有"凤凰",脚趾却在使劲地夹稻谷。找了一阵之后,两人装着找不到凤凰而扫兴的样子,告别了天庭仙女,又爬下那株云杉。下地张开脚趾一看,两人共夹了四粒稻谷!

天庭种谷的仙人是非常细心的。他种了多少稻谷,收了多少稻谷,心里都知道。即使是兔子吃了稻谷,它吐出或拉出来的屎还是那么几粒。仙人一数少了四粒,就问仙女来了什么小偷没有。仙女说是有来自人间的人,说是来找凤凰。仙人一听,慌了,惊叫道:"完了,一定是被人间盗走了。要是让玉帝知道,非严惩不可!"仙女立即求王母派出数千个天兵下凡,清剿畲山。

兰果郎神力非凡。他噝地拔出宝剑,在空中挥舞一圈,一条七色彩虹,即从东边架到西边,两头顶着地,把天拱起来。这时,雷亚加提腿把地一顿,仰天翻着几个筋斗,再呼出口气,刹那间电闪雷鸣,乌云密布,地动山摇,把天兵天将震得头昏目眩,东倒西歪,一个个跪地求饶,纷纷退去。

临走前,天将对兰果郎说:"好,这四粒稻谷就给你们做种吧。"天兵回天庭后,兰果郎和雷亚加就把稻子种在洞前的洼地。果然,这四粒谷子过不久就长成四棵稻子树。稻子树秆粗如碗,谷粒大如枇杷。但是,当稻谷快收成的时候,天兵天将又来抢稻谷了,刮起大风,要把稻子吹卷收上天庭。兰果郎和雷亚加知道又是天兵作祟,两人再一次使出神刀,把天兵天将打得东倒西歪,赶回天庭。然后一人撒开渔网,把吹上天空的稻谷罩下来,一人用宝剑去砍断戴云山上那通天的云杉。

从此,天地分开,隔断往来。稻谷由于狂风吹卷,满天飞舞,只侥幸捡到几粒做种。稻种终于留下了,从此人才有饭吃,并传遍全畲山。可就是由于稻子生长的条件变了,再也长不出原来在天庭上那么大的稻粒了!稻种因为来之不易,它又是人生存的宝中之宝,所以畲家都叫"宝稻"。

生活故事

畲族“三月三”与“乌米饭”

上杭县·蓝赞玉

每年农历三月初三，是畲族人民的传统节日。节日那天，据说天还未亮，畲族几位长老就到祖祠举行祭盘瓠大典，祖祠正中悬挂图腾，族长手持龙头祖仗，杀猪杀羊，一套仪式在神秘中进行，外人不得所知。而村里畲族人家家家户户蒸乌米饭，阖家共餐，是夜山歌对答，通宵达旦，沉醉在一片欢乐、淳朴的乡情之中。

上杭庐丰自1987年恢复畲族乡后，每年农历三月初三，举办隆重的庆祝活动。从庐丰外迁各地的宗亲头天或一早就赶到庐丰，人山人海热闹非凡，这天上午联宗祭祖，共进午餐，下午拜会长老，走访亲友，夜间表演各种畲族人民喜闻乐见的锣鼓、舞狮、香灯以及其他民俗文艺节目。“香灯”(也叫“香火龙”)属庐丰畲族的特色传统节目，是用稻草扎成的草龙插上数万支点燃的香柱，点点香火成为壮观的火龙，由30多位青壮年男子组成，前面是锣鼓乐队开路，20多位舞龙高手按锣鼓的节拍，熟练地舞着手上的“香火龙”，从这村走到那村，像是腾云驾雾，后面紧跟着许多孩童。

“三月三”畲族节与“乌米饭”相关，追溯远源，在畲族中流传着多种不同的说法：其一，三月三为米谷生日，畲民要给米谷穿上衣服，故涂上一层颜色，祈祝丰年。其二，三月三虫蚁大作，畲民吃了乌饭，上山下地不怕虫蚁。其三，古时畲民与敌兵交战时，敌人常来抢米饭，畲民故意将米饭染黑，敌人怕中毒，不敢问津，畲民便安稳吃饭，有了气力，才把敌兵打败赶出。其四，唐代畲族英雄雷万兴被关在牢房，他一顿能吃斗米，母亲送来的饭却都被狱卒抢去，雷万兴想法让母亲将白米饭染黑，从此，狱卒再也不动乌饭。不久，雷万兴越狱，于农历三月初三战死沙场，族人每年的这天以乌饭悼念他。其五，畲族英雄雷万兴率领畲军抗击官兵，他们被围困在大山里，正值寒冬，粮食断绝，情况十分危急，雷万兴发动畲军上山寻找食物，草木枯黄，景象凋零，只有以乌稔果充饥，为畲军度过饥荒，并取得反围剿的胜利。雷万兴回军营吃尽鱼肉酒菜都感乏味，时值三月初三，他想起昔日被困摘食乌稔果香甜可口的情景，并吩咐兵卒出营采撷。可是，此时乌稔尚未开花，那些兵卒只好采些乌稔叶子回来，有人出个主意，将乌稔叶和糯米一起蒸煮，结果糯米饭呈现乌黑色，而且味道特佳，雷万兴吃了食欲大振，于是下令大量制作乌饭，以纪念抗敌胜利，从而衍成风俗，世代相袭。

乌米饭是畲民从山地里采来野生乌稔树的嫩叶，置于石臼中捣烂后用布包好放入锅中浸熬，然后捞出布包，将过滤后乌黑的汤汁浸泡糯米几个时辰或烧煮或用饭甑蒸成熟饭。乌米饭因乌而得其名，不过它的味道相当不错，吃一口清香糯柔，细腻惬意，别有情趣。倘若将乌饭贮藏在阴凉通风处，则数日不馊。食用时，以猪油热炒，更是香软可口，堪称畲家上等美食。如果加上山间野味、香菇、木耳等炒一炒，那味道就更妙了。

虎口救母

上杭县·钟汉标　提供

清代乾隆初年,上杭县中都镇陈和村流光自然村山高林密,人烟稀少,全村人口七八十人,豺狼虎豹经常出没,他们过的是日出而作、日落而息的农耕生活。

春天人们忙着捣烂泥田,准备春耕插秧,有一家两兄弟也往山垅捣烂泥田,兄名叫钟鸿林,弟名叫钟天德。兄弟二人越干越欢,不觉时已晌午,此时他俩的母亲送饭来了,母子三人吃罢饭,母亲便提着饭篮回家,而兄弟二人也继续干活了。

不幸,他俩的母亲行至田垅尾时,一阵狂风刮来,突然从山上跳出一只猛虎,咆哮如雷向她扑去,呼救声山鸣谷应,凄惨难闻,在田垅间劳动的人们个个失魂落魄,六神无主,不知所措,而她的两个儿子耳闻救声便荷锄飞奔往救,双双挥锄猛击老虎。啸声震山谷,老虎受重伤逃命。正当兄弟俩扶母起身时,又一只老虎从山上扑将下来,终因力不能敌,母子三人俱被老虎咬死。

为救慈母,兄弟不避危难,奋不顾身,可谓极尽孝道。村人哀叹不已,并为之合葬,名曰“孝子冢”,其壮烈行动,至今村人还念念不忘,予以传颂。

麻角戏财主

漳平市·兰宗玉讲述　邱水才采录

漳平小芹菜畲族称撒谎言为“喷白旁”,这话中的故事从麻角来。麻角姓兰名永芳,麻角是他绰号,漳平山羊隔畲人。麻角青年时代是长工,他机智、善辩,常常把欺侮他的财主弄得啼笑皆非。

有一年,麻角给漳平桂林乡后葛村汉族张财主做工。这张财主一贯靠放债盘剥农民。他雇了许多长工,有畲族,有汉族。畲族工价低廉,因此,他每年都雇麻角这些畲族青年做工。

一天,张财主叫麻角把后隔村汉族一家姓吴房子后头山上一株大松树砍下造船。麻角心想:这株长了数百年的大松树,是吴家挡风隔的风水树呀,麻角不敢砍,张财主硬逼他砍。张财主对麻角说:“你是做工的,听我指挥!”说着他给每人发两个银毫作为砍树奖赏。麻角心想:张财主是个小心眼人,还未砍就给银毫?心中一定不会有好意!

果然,张财主是想戏弄麻角而从中再捞回银毫,他说:“喂,兰雷仔呀,据说你们畲家很会喷白旁,咱打个赌,若你喷白旁骗得我相信,树不要砍,下晡困(睡),工钱照发。骗不了我信,罚你们砍下这株松树,锯成木板,造成船!”

麻角看张财主盛气凌人,又迫他干损害乡俗的事,心里很气愤,旁边的汉族青年也围着畲族青年着急。张财主看麻角不语,说:“麻角怎么啦?不会喷白旁话,就得为我白干活了!”

麻角心想:非治治你不可,说:“头家,我砍倒这株大树不难,难的是怕把人家房子打坏。我看我还是回去扛来竹梯,用竹梯先爬上树砍下松枝。”

张财主说:“好,不过你去扛竹梯的误工时间,可得按例扣工钱!”

麻角说:“随你便吧。”说完他就向村里走去。大约过一袋烟工夫,麻角扛来一把竹梯急急走来。他一见到张财主就上气不接下气地老远就喊着:“头家,完啦。你,你家里失火,什么东西都烧光了!

看吧,这就是我从你家中抢出而未烧完的草席、棉被角、煤油灯!"

张财主一看,呆若木鸡。他一定神,转身对长工们喊:"别干活啦,快,都到我家救火灾!"说着自己拔腿就向家迅速奔跑。长工们本想不理他,但又想做工人哪能不听东家指挥? 于是只得放下工具跟他走了。

张财主领着长工拼命往家中奔跑,跌倒了爬起来又跑,跑了一段又跌倒。他刚跑到村口,老远就见他的婆娘哭着向他奔来。这时,他心里更急了,张财主跑上前,伸手把婆娘胸襟一抓,骂道:"死人,你就会哭!"

婆娘虽然挨了打,但她因为见了丈夫,一下子由悲转喜,说:"怎么? 你不是死了?"

"啊? 你说什么? 咒我死?"张财主伸手给她一巴掌。

婆娘哭了:"哎哟,好心没好报哟! 听说你爬上松树砍树枝跌死了,我叫麻角扛竹梯来抬你哟!"

"什么? 你再咒我死?"财主又给她一巴掌。

"哎哟,我命苦呵,这可是麻角说呵!"

"还哭,死人! 还不快回家救火?"

"救火? 救什么火?"

"咱家不是被火烧光了?"

"没有呀,你从哪儿听说?"

"麻角……"

"麻角? 喷白旁!"

张财主知道上当了。他转身冲向麻角,一捋袖子,指着他的头说:"兰雷仔,你竟敢在我面前喷白旁话! 说,怀何目的?"

麻角用手一推挡,不紧不慢地笑着说:"头家呵,目的倒也有。不过,这是你迫着我喷白旁话呀!"

他说着转身对长工一挥手,说:"兄弟,别干啦! 头家赐我们下晡困了!"

张财主听了这话他才如梦惊醒,咬着牙说:"兰雷仔,算你厉害!"

相命的启示

漳平市·雷开旗讲述 邱水才采录

兰阿洪年纪已过七十,没儿没女,是个孤苦的老头。幸好他年轻时,勤劳节俭,又会打猎,种香菇,晒笋干,积了些白银养老。

一天,他到街上赶圩。在浮桥头,他看到一个相命先生在摆摊看相,一块红布写着黑字:"富贵在天,生死由命。"兰阿洪走前说:"给我看看。"

算命先生把眼镜往上一托,看了看兰阿洪的身着与打扮,说:"嗯? 你上西天的时间不长了。"兰阿洪一听说自己要上西天了,心里又惊又喜:惊的是感到自己就要死了,喜的是生活这么孤苦,死了也安乐。他说:"先生,那就请你给我算算上西天的具体时间,以便能事先好做个归宿安排!"

"先交白银三块。"相命先生向他伸着手。

"钱有的。"兰阿洪从衣兜里掏了三块白银。

相命先生接过钱,说:"我相命九有十准。要是不准,到时把钱拿回!"

"我相信。"

接着相命先生问了兰阿洪的出生时表,提笔边写边算。他把眼镜往上一托,说:“不好!你不嫌弃我才直说。你于下月初一日下午二时准死。”

“下月初一下午二时?”

“不错。要是不准,到时你把钱取回!”

世间没有见过这样的相命,也没有见过这样相信命运的老人。兰阿洪回家后,从这一天起竟一反常态。他一面把家里的鸡、鸭全宰杀,煮着吃,一面不时地狂笑。到了这天初一中午,他吃完最后杀的一只母鸡后,什么也不留下,锅、碗都砸破,然后他躺入他那原先早已备着的涂红漆的棺材中。可是,岂知道,他躺入棺材等死,就是不死。他一直躺到第三天中午,肚子饿得咕咕叫,还是不死。他终于忍不住从棺材中爬起来找东西吃。但是,他连锅都砸了,哪还有东西吃?

习俗故事

棒击签

漳平市·兰宗玉讲述 邱水才采录

每年正月间,畲族青年男女总要围坐在土坪篝火旁对歌,游戏。其中最有趣的一项活动就是“棒击签”。棒击签是怎么回事?我来讲其中的一段故事。

相传,古时候有个畲族英雄叫兰高平,他善射猎,矛矢以毒,中兽立毙。因为他英勇善良,被畲族推举为首领。那时候,官府经常派出差吏到畲村索取山兽皮张,欺侮畲民,兰高平看在眼里,怒在心中。他想要对付他们,首先必须立即组织畲军,才能进行反抗。于是,没过多久,兰高平就组织了畲军,对官府抗租,抗捐,抗税。官府看畲民赋税已废,抚畲又失败,便派兵镇压。

由于畲族青年个个剽悍刚强,都是好猎手,在兰高平率领下,手执弓箭,居高临下,百发百中,每次都把官军打得落花流水,屁滚尿流。官府无可奈何,就上告朝廷,说畲民抗交税赋,结党谋反。朝廷非常惊恐,当即派了大兵进剿畲山。兰高平得知消息,立即率领畲军登上高山,把守山隔关卡,英勇反击。开头,畲军打胜仗,一次一次打退了官兵。后来因畲军人少,寡不敌众,武器又劣,打了几仗,只好撤退。

兰高平指挥畲军边打边退,最后退到九龙江边。畲军正在摆渡过江时,官军随后追来。兰高平看还未过江的畲军就要遭到官兵杀害,他回头对官军大吼一声:“住手!”并举起大刀冲进官军队伍,噼里啪啦,勇猛地杀开一条血路。最后,他还直冲到官军统帅面前,不仅把官军领队将领砍下马,还砍到官军统帅旗。官兵一看统领死了,帅旗又倒了,瞬间惊恐万状,就像被捅坏的马蜂窝,一下子乱成一团。

兰高平趁机一面指挥畲军过渡,一面率领几个勇士占据高处,掩护阻击。兰高平力大无比,他举弓箭直射,只见官军兵士又倒了一片。但就在这时,由于他用力过猛,竟拉断了弓弦。官军见兰高平弓断射不了箭,又趁机向他蜂拥而来。在千钧一发之际,兰高平急中生智,挥舞着断弦弓,一边用手拨开向他射来的乱箭,一边退到船上。在船上,他一手划船,一手舞着断弦弓,拨开向他射来的一支支乱箭,直把船划到岸,脱离险境。

兰高平用高强的武艺,打击了官军,救了畲军。畲族人一直很敬佩他。后来,畲族人民为了纪念英雄兰高平,学习他临危不惧,对敌人勇于冲杀和拨乱箭这种高超的武艺,每年正月间,大家就围坐在一个空地上,由老人先讲兰高平的英勇故事,而后选一个武艺高强的人站在圈子中间,由四周人向圈内丢竹签,站在圆圈内的人,就手拿棍棒击回竹签。竹签不能落地,根根都要击打回。打多的人有奖,竹签落地为输。为了不输就要训练,这种操练时间一久,就成为畲族的一种风俗,就成为畲族一种游戏、娱乐,于是,畲人就把这种游戏称为"棒击签"。

篝 火

漳平市·兰进科讲述 邱水才采录

点篝火,这在我们畲山人家是常有的事。它是取竹节、木棍、松明等在院外坪地堆成一堆,然后点上火,让它燃烧。最初畲族是用它来照明,吓唬、驱赶野兽,后来才成为畲家一种娱乐,成为一种风俗。这事由来已久。

古时,盘古开天地时,大天底下还没有房子。那时,畲人都住在石洞里。当时,大地上人少野兽多。山上山下满山遍野都是野兽世界。山上的狮子、老虎、豹子、山狗等野兽,不仅吃人,而且还有各种蟒蛇、毒蛇、毒蜂也伤人;山猪虽然不吃人但它吃庄稼。那一阵子呀,畲族人口几乎灭绝。

畲族面临灭绝威胁的时候,有人发明了篝火。当时所有的山洞都受到野兽的攻击,只有一家石洞因点着篝火,没有野兽来侵害。于是,大家才发现用篝火可以吓跑防止野兽袭击,从此,大家都在石洞里点起篝火。篝火不仅吓走狮子、老虎、豹子等,也能吓跑山猪。人只要在田边点起篝火,山猪也不敢来糟蹋农作物了。

为了预防兽类袭击人类,起初,畲家只在石洞点起篝火,为了以防万一,人还在洞口旁边守着。人们手持木棍、石头等器械,准备随时与敢于前来侵害的山兽拼搏。后来,因洞内烧火会熏到人,便改成洞外烧篝火,人轮番在洞外守卫,其他人在洞里睡觉。

有一年大年三十晚上,大家会聚一洞,痛痛快快饱食一餐。饭后,大家又围在洞外篝火堆唱跳,尽情地庆祝。闹到半夜后,大家都一个个累得呼呼地躺着睡了,只有篝火还在燃烧着。

大年初一,大家一觉醒来。人们张眼一看,自己一家老小都在,但又想别家的人,是不是也都没受山兽伤害,于是,大家都不约而同地跑到各个山洞探望。一看,大家都在!由于洞外都点篝火,都没受到山兽袭击,大家拱手互相祝贺,说:"恭喜恭喜!"后来,这事流传下来,就成了新春互相恭喜的来历。火,也因此成了畲族的"神",人们都叫它"火神。"

三月三

漳平市·兰进科讲述 邱水才采录

每年农历三月三,畲家各户都要用糯米掺下各种颜色的豆子、柑橘皮、冬瓜糖、花生及香菇、瘦猪肉、红糖等,取竹叶包着,用竹蒸笼蒸成一个个包包饭。第二天早晨,婆娘仔手捧包包饭,从各家各户出来,喊着:"来呀,赏围蕃饭!"你送过来,我递过去,互相对换品尝。吃时不能用筷子,只用手抓。为什么叫"围蕃饭"?这其中有典故。

相传,唐高宗仪凤年间,吐蕃从青海攻占四川西部诸州后,取道直攻云南的西洱海(大理)、丽江一带。当时,畲族将领雷万兴率大兵镇守四川茂县,并于西南部修筑安戎城,以阻绝吐蕃进入云南通道，有士兵五千，坚壁清野，胜利在望。但岂知将领突然率部反叛，并煽动羌人脱离唐朝，靠拢吐蕃，为其做向导，关防终于被突破。接着，他们又带吐蕃兵长驱直下云南。雷万兴闻讯率大兵直追云南西洱海，挥戈反击，激战七昼夜。但由于内部出了叛军，加上有当地的羌人为吐蕃作引路，雷万兴士兵五千，最后仅剩三百。

雷万兴死不投降，率三百残兵登上高地，继续与吐蕃大战三昼夜。由于雷万兴占领有利地形，吐蕃死伤惨重，于是，吐蕃兵便改变战术，采用在山下四周屯兵，扎营围困。因为雷万兴部在山上已经几天没吃没喝，援兵又未赶到，当时，战情十分危急！

雷万兴部在山顶正处于生死的关键时刻，突然，山下的苗族兄弟送上"救命药"——包包饭。原来，苗族兄弟看到雷万兴所带兵士被吐蕃围困在山顶，几天没吃没喝，暗里共商计策，取糯米等八种料子，煮成"八宝饭"，用毛竹叶包成一个个饭团，然后放于尿桶二层底下层，上部装上尿，借口上山种粟，浇肥，避过一道道吐蕃兵的眼睛，一直挑到山上。雷万兴接到苗族兄弟送来了"救命饭"，立刻跪谢，分给兵士填肚，并通过苗族兄弟向茂州传去求援密信。

过了两天，即三月初三，朝廷大兵赶到云南西洱海援助，对吐蕃兵进行反包围。由于山上山下内应外合，终于击溃了吐蕃军，收复了失地，并打死了吐蕃首领尊业多布。

但是，由于唐高宗腐败，导致唐军将领不时反叛，应战之军又无粮草，过不久，云南西洱海、丽江等终于相继失守，苗族百姓受苦受难。雷万兴也怒而解甲归乡，在畲山继续组织畲军，打土匪，以保护畲族人民利益。后来，畲族人民为了表达对苗族救畲族首领雷万兴的感激，把每年"三月三"定为纪念日，并把送"围蕃饭"作为畲族的一种习俗，一代代流传下来。

迎仙妈

漳平市·雷仁发讲述　邱水才采录

在畲村每年正月十一都要进行一次盛大的"迎仙妈"活动。为什么迎仙妈呢？

仙妈不是仙。听上辈人流传下来说，仙妈原名叫兰雅姑，她是畲族英雄雷万兴的婆娘仔。唐高宗年间，她跟随雷万兴出师抵抗番王入侵，在云南血战云龙的战斗中牺牲。"迎仙妈"就是祈祷祭祀，悼念这位畲族女英雄兰雅姑。

相传，兰雅姑当年跟随雷万兴在四川、云南一带抗击吐蕃入侵，解除这一带民族灾难中，做了许多好事，尤其是得到苗族人民的拥护和爱戴。一天，雷万兴率领大兵从西洱海出击丽江，由于吐蕃收买了当地羌人，泄露了军情，番兵绕道从丽江回击西洱海，兰雅姑与副将闻讯立即指挥留守西洱海的一千士兵，进行反击。战斗打了一昼夜，最后全军覆没，副将战死，兰雅姑被俘。

番兵一听说俘获的兰雅姑，是大将雷万兴的婆娘仔，恨得直咬牙，五花大绑，立刻把她架到番王前。番王看这婆娘风华正茂，十分漂亮，心里一动，问道："你是雷万兴的婆娘？"

"……"

"今年几岁？"

"……"

番王看兰雅姑不回话，青筋直冒，对亲兵说："松绑，把她架入后堂！"

后堂是番王的卧室。当夜，番王一入后堂，把外衣一脱，嘿嘿地淫笑，径直向兰雅姑扑去。兰雅姑一闪身，番王扑倒在地。番王呼地一声从地上翻身爬起，他恼羞成怒，走到墙边抽出宝剑，盯着两只火眼,吼道:“你这臭婆娘,是我免了你的死罪,你竟不报恩?看我不把你碎尸万段!”番王一边说,一边举剑向兰雅姑猛刺而去。兰雅姑机灵地一闪,番王扑空。兰雅姑回身疾闪,把番王举剑的手腕一捶击,剑竟飞上屋顶。番王张着两只鹰爪要与兰雅姑扑斗。兰雅姑说:“慢,英雄要有气度!”

番王怒冲着,说:“败将还讲气度。须知你现在是我手心的跳蚤!”

兰雅姑说:“谁胜谁负,还难说!不信,咱比比看?”

“比武?”番王奸笑着说:“你要是输了呢?”

“我输了,甘心情愿做你的婆娘。不过要是你输了呢?”

“要是,要是我输了,碎尸万段,死而无怨!”

“好!君子出口,驷马难追!”

武场设在前堂的天井中,四周全站着全副武装的番兵。数支火把光将屋里照得通明,也熏得乌烟瘴气。

番王站在天井中,摆开马步,得意扬扬地喊道:“杀呀!”

兰雅姑像是没听见似的,手中拿着一支银簪,在天井中转来转去,口里叨念道:“我这银簪放在哪里好呢?我这银簪放在哪里好呢?”

“休得啰唆,快献命来!”番王吼道。

兰雅姑不理睬。她走到天井左边一根大木柱下,抬脚往木柱一拐劈,砰的一声响,那根木柱竟是离开垫墩四分之三!她先把银簪垫在石墩上,再用右手抱着木柱往上一举,木柱移回原位,压住银簪,安放好。番兵抬头看到屋顶瓦片一片哗啦着响,一个个惊恐地抱着头颅,吓得目瞪口呆。

这时,双方才开始对打起来。

番王一声吼叫,他以“猛虎扑羊”扑向兰雅姑。兰雅姑手灵眼明,闪疾一避,番王扑空在地。番王又羞又怒,翻身爬起,再来个“压顶泰山”,但兰雅姑仰翻于地,再用脚往上一击踢,打了个“叶底翻花”, 番王招架不住,又是四脚朝天。

番王搓着受伤的后脑,吼道:“拿棍来!”

番王举棍,打个“风车轮转”“秋风扫叶”,但都未能击倒兰雅姑。兰雅姑眼明手快,左闪右挡,飞空盘地,突然侧身飞脚一击,又打落了番王手中木棍。番王木棍丢了,心正慌时,兰雅姑趁机来个霹雳腿,又把番王打得四脚朝天。番王怒,他从地上弹跳翻起,跳到大堂中,抽来两把大宝刀,吼道:“贱魔,刺刀见红的时刻到啦!”

兰雅姑对着番王大喊一声:“慢,这最后一着,是罢了?还是使了?”

番王像被斗怒了的一头野牛,睁着两只冒烟的火眼,号叫着:“谁给你罢了?看刀!”番王脸色铁青,举着两口大宝刀,对着兰雅姑风车般飞旋着,有如电闪雷鸣,乱劈乱砍。兰雅姑赤手空拳,面对怒吼着的番王,左闪右闪。待招架一阵后,番王已累得呼呼喘气,而兰雅姑却身轻如燕,她先采用以退为攻,有空隙就闪击一拳。番王以为她无术对付,如狂狗般横冲直劈,兰雅姑一闪,番王一刀劈在木柱上。兰雅姑回身对准番王的手腕猛一击,大刀落地,再一闪击,另一支刀也落地。这时,兰雅姑使出霹雳腿,将番王踢倒,再伸手拾起两口大刀,向着番王“嗞嗞”几下,只见番王手脚离身!惊得番兵胆战魂飞,齐声惊叫。

番兵正在惊叫时,只见兰雅姑在天井中打翻,如空中飞轮,闪着一轮白光,呼地飞上了屋顶。番兵见兰雅姑逃了,一阵惊叫:“快,抓住她!”

兰雅姑正当逃出番兵营部时,正好,雷万兴闻讯率大兵从前方反击回来。经过一夜的砍杀,终于收拾了这队番兵,取得胜利,兰雅姑也得救了。

洱海战斗后，过了几天，兰雅姑又跟着雷万兴血战云龙。这次战斗虽然打垮了番兵，但兰雅姑却因中暗箭，死在云龙战场。兰雅姑的牺牲，引起了云南苗族人民的极大悲痛，苗族人民把雷万兴的士兵赞为“神兵天将”，把兰雅姑说为“仙”。兰雅姑死后，苗族举行盛大的奠祭，仿照兰雅姑雕成偶像，用“佛轿”从云南抬送回畲山。畲族人民得知兰雅姑死了，恸哭了三天三夜，并组织了大队人马，赶到路上迎接。因为这天正是农历正月十一，所以定为畲族各村人民“迎仙妈”的日子，并且从那时起，一代代流传下来了。

动植物的故事

十二生肖的来历

漳平市·兰进科讲述　邱水才采录

远古时候，天和地刚刚从混沌中划分出来，那时，还没有日、月、年的区分。人们没日没月没年地干呀，都快累死了。

后来这事传到造世主的耳朵，他立即派了神仙来分日、月、年的界线。但是定了日、月、年的区分界线，还得有一个标志来计算呀。

于是，他用十二种动物的名字来定，即十二生肖或叫十二干支。

神仙说：“动物们听着，正月初一早上，大家都来拜年，我要用你们的名字来定生肖。以后，小到时，大到年，一律都用一种动物名字来定。别忘了，我是按谁先到我这里的先后次序来定。”

动物们都听清楚了，唯独猫头鹰在打瞌睡。过后，它问老鼠，说：“鼠弟，定生肖是何日？”老鼠尖着嘴巴，眨着两只小眼睛对猫头鹰说：“正月初七，对，是正月初七。”

转眼间大年三十到了。动物们都在各处大吃大喝，准备第二天大年初一去神仙那儿拜年。

勤劳忠实的牛担心跑得慢，随便吃吃就动身。这时老鼠躲在牛棚屋梁上看到了，它叫道：“牛大哥，牛大哥，咱是邻居好友，我也要走，我给你做个伴吧！”说着，它扑地一声跳到牛背上，叫牛背驮它，走了。

大年初一早上，大地还未苏醒，牛已到了神仙宫前的草坪。老鼠扑地一声从牛背上跳下来，一眨眼，它就抢先奔跑到神仙面前。

“神仙爷，老鼠向您拜年，祝您新春吉利！”

神仙高兴，说：“喝，你最早！”他提笔记下老鼠名字。

就这样，神仙在定十二生肖时，狡猾的老鼠排第一，忠厚老实的牛排第二，再就是虎、兔、龙、蛇、马、羊、猴、鸡、狗、猪等。十二生肖就这么按次序定了下来。

过了第七天，猫头鹰也赶来了。但由于它超过时间，神仙连名字都不给登记了！它一问，原来是正月初一，而不是正月初七！它知道是老鼠欺骗它，回头抓过老鼠迎面就是一拳，说：“你这没良心的家伙！那天，你过街时，要被人打死，是我叼着你飞到山里躲藏，现在你……”

老鼠心中一惊，趁猫头脚不注意，转身就逃，一直跑到神仙面前告状。它说：“神仙爷，自从你封我第一名后，猫头鹰嫉妒，竟敢打我！”它说了几句便痛哭起来。

神仙一听，火了。他马上下了通缉令，抓猫头鹰。

猫头鹰它飞入深山老林，从此，它与老鼠埋下深仇大恨。它白天躲着，到了夜晚才出来活动，不仅见到老鼠就抓，而且还要把它吃掉呢！

后溪小种

漳平市·邱安溪讲述　邱水才采录

漳平永福后溪小种茶,又名“百家畲茶”,是畲族流传下来的一种名茶。这种名茶制作除一般的杀青、炒、烤外,其中一道独特工艺是用棉被包住,经过加温发酵制成。它以香味浓厚、喉润绵长著称于世。

后溪小种茶有来历。相传最早是因为百家畲村流传着一种瘟疫,这种瘟疫致使大部分畲人死了,只有少数畲人逃迁到后溪。畲人虽然逃到后溪,但仍然还有一些人生病,如腹胀、消化不良。村里有个刚满十五岁的畲家姑娘,名字叫兰婷婷,不仅长得漂亮、聪明,而且心地善良,待人温顺,乐于助人。一天,她听畲族老人说,他们祖家畲洞有个百岁老翁藏有仙药,只是这老翁很早以前就到五虎山白石坑百丈悬崖洞中去修炼了。兰婷婷听了,心里想:“只要能把畲族人从瘟疫中救出来,我可以舍得一身剐!”于是,她当天就动身去找这老翁要仙药。但是老翁住在哪呢?她为了给畲人治病,不畏狼嚎虎叫,顶风冒雨,涉过八十八条溪水,爬上八十八座高山。经过七七四十九天,这才找到了那神奇的五虎山白石坑垂岩崖壁。

白石坑悬崖倒立,悬高百丈,气势雄伟,其势真如五只猛虎下山!那石壁上有一股泉水从山顶洒下。近看这泉水像来自九天银河,远看这山泉又像挂在牛屁股上的尾巴。兰婷婷站在石壁下,她抬头对着那顶上云雾弥漫的悬崖叫道:“百岁老公公,百岁老公公!”一阵空谷回响。

过了许久,百岁老翁这才从高高的垂崖石洞中探出头,对兰婷婷答道:“婷婷姑娘,你有事找我吧?上来吧,你抓住我的胡须爬上来!”兰婷婷定睛一看,天哪,那石壁上落下来的不是喷泉吗?怎么是一缕缕在空中飘着的胡须?她想了想,对自己说:“上!为了给畲人除病魔,刀山火海我要上,海枯石烂我要闯!”于是,她双手抓住胡须,一步步地爬上那倒挂的悬岩半壁的石洞。百岁老人看到兰婷婷,迎面就说:“姑娘,你来意我知道了。你要的除瘟疫仙药,就是这支仙草茶。你先带回去把它插在你屋后黄土上。然后,你每天来这里挑水灌溉。待它发芽长叶后,须用时,就摘它叶子用棉被包(温水浸,畲语)泡水喝。这仙茶水喝了,有病治病,没病防病,四季常喝,延长寿命!”兰婷婷听了连连点头。她拜谢老翁后,又抓住胡须下了悬崖,回到后溪,照着老人的吩咐做。

说来也神,这支从五虎山白石坑传来的仙茶枝,兰婷婷把它插下的第二天就长成了一人多高的茶树了。茶叶叶子小而厚,绿褐油润,一片片像要渗出水珠,畲家老少摘它泡茶喝,百病皆除。邻近各村一听说后溪村畲家得了仙药,百病除,都纷纷来取。后溪畲人好客,有求必应。但是,乡亲人从茶树上采叶子,携带多不方便呀!兰婷婷想起老翁对她讲的“采叶子棉被包”的话,心想:“是不是取青茶叶用棉被包住,加温加烤制成干茶?”结果,她大胆一试验终于制成了。人们取这种茶泡开水喝,不仅回肠荡气,芬芳甘口,而且清香绵长。要是感冒、腹胀、泻肚子,取这种茶加生姜泡开水,一喝病即除。

这种名茶因为叶子小,又是产在后溪,所以叫“后溪小种茶”。

四、谚　语

畲族谚语是畲民口头相传的固定语句,用简单通俗的话来反映深刻的道理。它在世世代代流传过程中,经过不断的锤炼、修饰,语言形象,韵味隽永,寓意深刻。

父母爱子女长流水，儿女爱父母担杆长。
千跪万拜一炉香，唔当生前一碗汤。
一夜夫妻恩爱，当言百世姻缘。
唔敢贪姿妒丑，娶妻只要贤良。
亲朋唔怕多，冤家唔好结。
同心合志为朋，同乡共里为友。
当交有意君子，莫结无义小人。
春上一锄头，冬下一碗头。
食唔穷，用唔穷，冇划冇算一世穷。
子女不读书，好比白目珠。
一年之计在于春，一日之计在于晨。
一家之计在于和，一生之计在于勤。
失落黄金有处找，失落光阴冇处寻。
车到山前必有路，船到滩头水路开。
唔求金玉重重贵，但愿子孙个个贤。
人心齐，石鼓变成泥。
煮饭要米，讲话要理。
看一步，想一步，想一步，行一步。
天变一时，人变一世。
海深有底，人心无底。
山中冇直树，世上冇直人。
一人不知一人心，金要火炼才是金。
人顾面，树顾皮。
六十六，学唔足。
捉猫子，看猫嫲。
枯树冇结果，空话唔顶用。
只看瓜藤长，唔知结瓜少。
懒哺娘打扮自己，勤哺娘打扫屋子。
后生多劳碌，老来有享福。
后生唔肯学，老哩冇安乐。
火要拢空，人要灵通。
烂扇多起风，丑人多作怪。
出门观天色，入门看面色。
闲时唔烧香，临时抱佛脚。
勤耕苦读为本，通达唔怕饥荒。
学懒三日，学勤三年。
柴多火旺，人多智广。
蒸酒作豆腐，唔敢称师傅。
清明断雪，谷雨断霜。

春暖春晴，春寒春雨。

朝霞唔出门，晚霞行千里。

有个天晴五月节，有个落雨过重阳。

朝霞夜雨，夜霞冇雨。

春分秋分，昼夜平分。

白露白茫茫，冇被唔上床。

谷雨莳田散秧花，立夏莳田一抓拉。

懵懵懂懂，惊蛰浸种。

清明前后，种瓜种豆。

清明前打扮田，谷雨前莳完田。

谷雨早栽秧，节气正相当。

立夏起东风，早禾收割丰；立夏起北风，十口鱼塘九口空。

莳田莳到立夏节，唔当上山去挖蕨。

莳夏禾，呑（喂）鸡婆。

芒种芒花开，夏至禾爆胎。

立秋稻，处暑豆（指立秋前应莳完晚稻，处暑前种好大豆）。

白露白茫茫，番梗（晚稻）豆子要塞行。

八月旱，番薯压得扁担断。

雷打冬，十只牛栏九只空。

春社无雨莫耕田，秋社无雨莫耕岭。

立冬前犁金，立冬后犁银，立春后犁铁。

禾到立冬死，冇青禾冇青米。

小暑小黄禾，大暑谷上仓。

禾到大暑日夜黄。

大暑唔割禾，一夜丢一箩。

人误地一时，地误人一季。

有收冇收在于水，收多收少在于肥。

瞎子靠棍，作田靠粪。

五、谜　语（流传于漳平市桂林街道山羊村）

鸡母黑黝黝，好吃又没骨。（仙草冻）

一只金母鸡，日日出来捡饭粒。（擦桌布）

一个山头，有鸟儿住，没鸟儿叫。（头上长虱子）

一个山峰五只脚，大肚子，尖脑袋。（稻草堆）

厅头响雷公，厅尾刮大风。（风车）

上面是石，下面也是石，中间一片席。（舌头）

上面是毛，下面也是毛，中间一粒黑葡萄。（眼睛）

排排竹子顶到天，拿刀砍砍不断。（下雨）

杉作墙，竹作梁，手转动，心思量。（算盘）

六、顺口溜(流传于漳平市桂林街道山羊村)

表姐拿了个篮子摘红菇,摘到脸红红;一半卖钱一半送,摘到很天黑,想想不值得。

小孩子,小孩砍柴还不会;砍一根竹子来劈片,劈一片竹片来捆柴。

好哭又好笑,橘子拿来换坏柚子;坏柚子换来真好吃,橘子拿来酸溜溜。

第三节　家族文化

一、祖祠　祖墓

(一)蓝氏

上杭庐丰蓝氏家庙　位于上杭县庐丰畲族乡丰济民族村东山之麓,又称东山祠。建于清乾隆年间(1736—1795年),系畲族蓝姓开基祖念七郎公家庙。蓝氏家庙坐东南朝西北,占地2968平方米,建筑面积959平方米。土木结构,分上下二堂,中隔天井。上堂(大厅)左右两侧有厢房各二间,两边配建横屋各二厅三间,祠四周护以围墙,东北角建外大门。石雕正大门,垂檐翘角,宏伟壮观,顶端石刻"恩荣"二字,下刻"蓝氏家庙"。大门左右两侧配置石狮、石鼓各一对。中堂厅高8米,挂匾"种玉堂",柱联"汝水源流远,蓝田世泽长";两壁有手书三米见方的蓝氏家训"孝悌忠信"四字,笔法苍劲有力;中立"念七郎公和其裔孙世祖神位"。祠外草坪宽阔,中竖石雕桅杆一对,高10米;祠背空地,翠柏翠柏,四季常绿。

2002年7月,入编《八闽祠堂大全》。2018年,列为福建省第九批省级文物保护单位。

上杭官庄仲贵公祠(蓝氏宗祠)　位于上杭县官庄畲族乡树人民族村朴树下,始建于明朝年间。坐北向南,泥木结构,占地面积约3000平方米,建筑面积约500平方米。清乾隆三十年(1765年)维修后,2012年7月重建。重建时改为砖木结构,琉璃瓦面,火烧板地面,广场青水砖地面,建筑面积约600平方米。前面有半月形风水池塘,右向建有百姓戏台,建筑面积约150余平方米,左片建有丰富畲族风情的休闲长廊和健身场地。

上杭官庄畲族民俗文化馆暨蓝氏大宗祠　位于上杭县官庄畲族乡树人民族村鹧鸪坪,坐东南向西北。2018年6月开工兴建,总占地面积7300平方米,总建筑面积2100平方米。其中祠堂三进,占地面积560平方米,砖木结构,仿古琉璃瓦面,火烧板地面。祠堂左右厢房有5个展厅:畲族民俗文化展厅、蓝氏源流展厅、励志厅、上杭畲族特色村寨文化展示墙、畲族红色英烈宣传展厅。室内外装修古色古香,有丰富的红色文化和畲族文化氛围,是传承红色文化和畲族文化的教育基地。

上杭蓝氏念四郎公及妻董氏太婆墓　位于上杭县官庄畲族乡市场南向约1公里(汀江河西岸山上)处,地名炉前,坐西向庚山兼酉向甲山朝卯,人形心窝穴,占地面积约1000平方米,墓碑为花岗岩石材雕刻而成,地坟四周用水泥混凝土铺成。

上杭官庄蓝四九郎墓　位于官庄畲族乡德康民族村杨屋门口,坐东北向西南。同穴各碑(墓)有四世祖观福公,斌公、瑞公墓,占地面积约100平方米。

上杭官庄蓝仲贵墓　位于官庄畲族乡树人民族村朴树下吊钟自然村车坪上,坐北向南癸山丁向,猫公洗面形,占地面积约120平方米,墓碑为花岗岩石材雕刻而成,地坟四周用水泥混凝土铺成。

上杭庐丰蓝氏念七郎公墓 念七郎，又名戊生，生于元至元四年（1338年），念七郎公卒年无考，只载初葬扶阳李坊，直至玄孙子荣公迁徙庐丰以后，于明成化二十二年（1486年）移葬庐丰宋公坪，1989年4月重修。

上杭县珊瑚乡华竹村蓝氏宗祠 明洪武三年（1370年），蓝念一郎四子千八郎从长汀水口迁竹子垄（今华竹村）开基，在华竹尊为一世祖。千八郎五世孙蓝福新生二子：蓝葱、蓝菁。今华竹村居住的蓝姓族人均是蓝葱、蓝菁的裔孙，蓝葱、蓝菁的裔孙在竹子垄分别为上祖建有宗祠。

蓝葱公祠 该祠初建时间不详，正栋坐亥山兼壬，厅堂（开口厅）前有余坪一块，余坪外筑有围墙，余坪西南方（正栋右前侧）有外门楼一座，向坤兼申。原祠为土木结构，青瓦屋面。2005年，改为砖墙，屋顶为钢筋混凝土结构，加盖琉璃瓦屋面。宗祠占地面积300余平方米。

蓝菁公祠 该祠初建时间不详，坐落在蓝葱公祠右侧，正栋坐亥山兼乾，厅堂前有余坪一块，余坪外筑有围墙，余坪西南方（正栋右前侧）有外门楼一座，向坤兼申。原祠为土木结构、青瓦屋面。2005年改为砖墙，屋顶为钢筋混凝土结构，加盖琉璃瓦屋面。宗祠占地300余平方米。

（二）雷氏

上杭太拔崇厦雷氏宗祠 位于上杭县太拔镇崇厦民族村村中心。明朝中期始建，经多次续修，1998年重修。占地面积500平方米，坐南朝北，砖木结构。大门楹联为“一经珍世泽，双剑振家声”。曾经建有大三郎和大四郎两个支祠，现仅存雷氏宗祠，供闽粤赣浙川渝等地后裔祭祖朝拜。

上杭蛟洋大坪雷氏宗祠 位于上杭县蛟洋镇华家民族村大坪自然村。明朝中期始建，经多次续修，2002年重修。占地面积300平方米，坐南朝北，砖木结构。曾经建有贞一公祠、电生公祠、霆生公祠和文清公祠等4个支祠，现仅存雷氏宗祠。

上杭苏家坡雷氏宗祠 位于上杭县古田镇苏家坡民族村。明朝中期始建，经多次续修，2008年重修。占地面积350平方米，坐南朝北，砖木结构。

上杭太拔雷久徵墓 位于上杭县太拔镇崇厦民族村银子凹。雷久徵，号八十郎，字绍基，为上杭雷姓开基祖，享寿95岁。明成化十二年（1476年）建，后经多次重修。占地100平方米，穴坐北偏西向东南。墓园由满堂石配以石狮子、石龙及石板花卉图案雕刻等构成。

（三）钟氏

上杭县城钟氏家庙 又称敬和堂，位于上杭县城关东门（今解放路139—145号）。始建于清乾隆四十二年（1777年），占地面积1205平方米，坐北朝南，前祠后店，三进廊院式建筑，砖木结构。清嘉庆年间重修，2020年重修后楼和临街店面。

上杭县中都镇古坊村钟氏祖祠 古坊钟氏祖祠位于古坊民族村，始建于明万历四十四年（1616年），由举人钟应明倡议，合族裔孙共建。占地面积约为1100平方米，坐南朝北，占地面积约650平方米，土木结构悬山顶，上下厅隔一天井，为抬梁式木构架，进深六柱，二侧厢房各5间，上厅正中悬挂“和敬堂”牌匾，立“颍川郡宋始祖千七郎钟公妣饶氏九娘暨历代一脉宗亲之神位”神主牌。

2018年，上杭县中都镇人民政府公布为文物保护点。2022年7月，上杭县人民政府公布为第十七批县级文物保护单位。

二、族谱编修

家族文化是畲族传统文化的主要组成部分，而畲族谱牒是家族生命和家族历史的特殊文书。受汉文化的影响，畲民也注重家族谱牒的编修，以修谱而收族。编修族谱与建祠、祭祖同列为畲民家族的三件大事，而编修族谱为三件大事中之第一件大事。不管是整个家族还是家族成员都十分看重编修族谱。畲民的传统观念认为：“沿流溯源，循例编纂，前创后继，踵相接执，三十年一修谱之说，几若尽人而可为之。”①谱牒是畲民家族记忆的固化、家族系谱的图标、家族伦理的范本、家族价值的判断。畲民族谱的创修至少可追溯到宋代,但闽西畲族现存的版本均为清代以后。

(一)蓝氏

《闽杭庐丰蓝氏族谱》　创修于明成化十一年(1475 年),明正德、清康熙、乾隆、道光、光绪、宣统年间曾数次重修,现为民国三十三年(1944 年)八修本,由本家族蓝天奎主持纂修,蓝映奎撰稿,上杭种玉堂镌刻。由于该家族历代文人辈出,家谱得以及时增修,因而内容丰富,世系翔实,保存完好,对后人研究畲族历史文化有一定的参考价值。

是谱并非庐丰一乡的蓝氏家谱,其实应称为念七郎公派下通谱更为确切。谱例首称“此谱尊念七郎公为始祖,凡属公裔无论远近邮递可通者一体联修。至谱称闽杭庐丰蓝氏族谱者,以庐丰为公坟所在,实我族发祥之地”。各房世系表中,明清时期从庐丰乡移居江西、广东、贵州等地的念七郎公后裔就占了相当大的分量。

是谱不仅体例完备,而且篇幅宏大,全书共分 16 册,总计 2034 页。卷首 1 册,有新老序文 19 篇以及凡例、族约等;主体部分为各房世系表,13 册,内分 17 卷;卷末 2 册,分为 8 个部分,分别是溯源志、祠祀志、选举志、艺文志、迁移志、族望志、列女志和领谱志等。

上杭县珊瑚乡华竹《蓝氏族谱》　1995 年,蓝念一郎裔孙重修《蓝氏族谱》。蓝滨标(号明华)任主修,蓝思煌任总理,蓝子珍任副总理,蓝启扬任主编。

该谱以《蓝氏族谱》原谱 4 本(居始地宗亲执受的蓝氏谱 2 本,福建建阳蓝氏族谱手抄本及江西省宁都县蓝氏族谱六届联修本)为蓝本,经考证后入谱。

全谱装封分为两册。1996 年 11 月 15 日举行发谱仪式。

(二)雷氏

上杭《雷氏梓福公家谱》　该谱 7 卷,633 页。民国元年(1912 年)第十九世裔孙雷熙春、雷国瑞纂修,李洲记刻本,张茂棠印刷,本色竹纸线装。是谱创修于明弘治八年(1495 年),再修于明万历二十四年(1596 年),三修于清康熙四十四年(1705 年),现为第四次重修本。

谱称先祖雷梓福于宋末元初“自山西平阳府入闽,初就宁化,再迁上杭”,虽极有可能是宁化雷氏八大祖的后裔,但族人无法确定,因而雷梓福以上“宁阙有待”,不作“牵合附会”,历次修谱均以雷梓福为一世祖。

上杭雷氏在当地堪称望族,其社会活动颇具传奇。先祖雷梓福迫于战乱徙居上杭,子孙竟能“徒手致巨富”,不但乐善好施远近闻名,而且科名仕宦代有传人。谱中收录清咸丰到光绪年间,皇帝授予族人的敕命、诰命就多达 36 道,其家族当年的荣耀可见一斑。

清咸丰年间,太平天国起义。为抵御起义军,该家族为维护既得利益而倾资募勇,办团练,修城壕,筑炮台,以致起义军三临上杭城下,居然无功而返。谱中多次称太平天国起义军为“粤匪”“发逆”等,这是由当时编纂者的政治立场所定。

二十一世雷庭瑞,清光绪十二年武进士出身,清末官终杭州副将,统领浙江右路巡防全军,一生备受清廷恩宠。关键时刻他毅然反正,积极响应武昌起义,民国元年荣任浙江台州军政分府都督。其侄儿雷家驹“于民国浙江光复时功称最”,为浙江军政府参议员,并主持全省警政。卷首能有当年辛亥革命的著名人物陈其美的序言也就不足为奇了。

上杭县太拔镇《崇厦雷氏族谱》　明初雷开宪首修,明弘治年间(1488—1505 年)雷兆达、雷兆忽

①[民国]雷熙春、雷国瑞纂修《上杭雷氏梓福公家谱·序》,民国元年。

二修,明崇祯二年(1629年)雷升三修。谱载谱序、修谱弁言、凡例、名讳行序、世系图、世祖事迹等。记述雷存裔由宁化迁至清流永德图下都五家坊开基,立为清流一世祖。14世雷三十七郎生3子,长子雷久徵迁至上杭崇厦,为崇厦一世祖。谱本本色草纸,楷体墨书。谱存崇厦村部。

上杭县蛟洋镇《大坪雷氏族谱》 明初雷开宪首修,明崇祯二年(1629年)雷升二修,清乾隆五年(1740年)雷在南三修,清道光十三年(1833年)雷如金四修,1998年雷进高五修。谱载:7世雷甫由江西迁入宁化,至12世雷存裔迁清流(一世祖)。15世雷久徵(八十郎)分迁上杭县胜运里(现太拔镇)曾坑,后分迁到崇厦开基。其6世雷千二郎分迁上杭县蛟洋镇华家大坪村,为大坪村一世祖。谱本记录10世前与《崇厦雷氏族谱》同,历代有连续记录。1985年前后雷石麟(泉声)、雷隆声、雷进生分别修录记载自家一系的家谱。五修时把全村人都纳入谱中,部分没有家谱的,按历代墓碑记录补齐。四修本系宣纸线装,手写墨书,已有缺损。五修本电脑打印,存电子文档。

上杭县古田镇《苏家坡雷氏族谱》 明初雷开宪首修,明弘治年间(1488—1505年)雷兆达、雷兆忽二修,崇祯二年(1629年)雷升三修,2005年雷炳生四修。谱载谱序、凡例、名歌字歌序、世系图、世祖事迹等。谱卷始修本,宣纸普通线装,手抄墨书。

上杭县才溪镇《溪北雷氏族谱》 明初雷开宪首修,明弘治年间(1488—1505年)雷兆达、雷兆忽二修,明崇祯二年(1629年)雷升三修,1987年雷义声四修,2011年雷胜五修。谱载谱序、谱论、凡例、名讳行序、世系图等。记述有才溪历史上第一个举人雷史修,并由他创办了才溪乡时雨学校(现才溪中心小学)和修建了古建筑雷氏宗祠情况。谱卷本色草纸,四开本,楷体手书。

(三)钟氏

《颍川郡坵辉钟氏念二公族谱》 是谱创修于清光绪三十一年(1905年),上杭太拔坵辉钟勷侯主修,汀州至德堂刻本。全书分12册37卷30余万字,有序文12篇。因钟勷侯18岁时参加府试,以古学八闽第一,入选秀才,次年即为廪生,时任汀州府知府张星炳,翰林院编修、掌福州鳌峰书院教事郑锡光,壬寅科福建同考试官俞戴祜等的赏识,一一为此书作序。该谱内容之丰富,体例之完备,在钟氏谱牒中不可多得。谱存坵辉村部。

闽西钟氏有相同的世系渊源,但对先祖何时入闽说法不一。其一,东晋末元熙二年(420年)钟贤南下避难,经江西赣州而定居长汀白虎村;其二,唐末昭宗年间钟翱为汀州刺史,"爱汀州风土之美"而落籍当地,"汀之有钟姓即始此"。《颍川郡坵辉钟氏念二公族谱》以钟翱为入闽第一世始祖,于唐末自江西赣州雩都肇居汀州白虎村,至明洪武十年(1377年)其后裔钟念二郎之孙闻响从上杭来苏里古坊(今中都镇古坊村)迁徙至坵辉村,成为当地钟氏开基祖。

《久泰钟氏族谱》 该谱今藏上杭县古田镇苏家坡村闽西畲族陈列馆,不分卷,1册,清道光八年(1828年)钟华珍手抄本。该谱创修于南宋,明清时期又经多次重修,由于本书抄者没有明说,后人无法断定其所抄的底本究竟是纂修于什么年代。

谱中记述世系按时间段可分两大部分。第一部分以秦末项羽麾下的大将军钟离昧为第一世,传至三十一世钟贤,于东晋元熙二年(420年)南下避难,经江西赣州移居鄞江(今长汀)白虎村,这是畲族先民入闽的最早纪录。传至691世钟礼,朝廷置汀州,"以钟氏祖妣黄氏之坟为刺史衙,以居宅为长汀县衙",族人因而移居岭南。随后又因"刺史酷虐",兄弟七人将产业悉行出卖,舍入开元寺,愤而迁徙他方,"当天明誓云:山有来龙水有源,此去代代产英雄。若有不认宗族者,天雷劈碎作灰尘"。再传至南宋高宗年间,是时钟毅兄弟14人为免受"王安石余党"荼毒而相约流徙各地,临走之前,兄弟"会同重修族谱",以便日后认祖归宗。于是,卷首也就留下了"毅、裕、刚、发四公同修"的序文。从此后钟氏后裔进一步派衍四方,如周边的武平、上杭,闽南的漳州、泉州,以及广东、江西和湖广等地,他们大都成为当地的开基祖。

世系的第二部分以97世祖钟四五郎为该支系始祖,传至五世祖钟万一郎大约于宋末肇居上杭久泰。谱中收录有久泰"上村乡寨规""乡勇事规定""明远公禁山乡规条约""流传祖训一十二款"等,对了解当时畲族先民的社会活动和经济生活有一定的参考价值。

福建上杭官庄绳德堂《钟氏家谱》 清乾隆甲申年(1764年),官庄钟氏十六世钟朝彦、钟声闻、钟大受等36人首修,谱载序、凡例、源流、世系、祠宇、屋场、坟墓、祀典、耆德等。2008—2013年,福建上杭官庄绳德堂《钟氏家谱》,由钟昌福、钟昌浩、钟发金、钟永龙、钟万华等50人第二次主修并告成。内载谱序、凡例、字辈、源流、世系图、世系说明、祠宇、屋场、祖墓、钟氏贤达传等共八章。

三、祖训族规

(一)蓝氏族约十四则

一敦孝弟以叙彝伦 天下无不是的父母,—世间最难得者兄弟。爱敬生于孩提,仁义达于天下。不爱其亲而爱他人者,谓之悖德;不敬其兄而敬他人者,谓之悖礼。为之语曰:乌鸟尚及反哺,鹡鸰尚知急难,况为人类可不孝不弟伤其天性乎!

一敬长上以明恭顺 祖之兄弟谓之从祖,父之兄弟谓之诸父。凡席有让上之仪,徐行有后长之文。以少陵长者为犯齿,以下干上者为犯分。为之语曰:凫雁尚有伦序,蜂蚁犹知尊卑,况为人类可不恭不顺蒙诟顽悖乎!

一谨闺门以端风化 夫妇为人伦之首,闺门为万化之源,授受不亲以别嫌疑,音问不通以防微渐。无媒妁而通者为苟合,非匹偶而从者为乱伦。为之语曰:孤燕尚守旧巢,雎鸟挚而有别,况为人类可男女无分贻聚尘乎!

一亲宗族以厚一本 宗族原属一派,本支达于百世,祭扫辨其昭穆,庆吊同其忧喜。以势力而凌家庭者为促本,引外人以欺同姓者为毗宗。为之语曰:栗树尚能固本,葛藟尚能庇根,况为人类可不顾族姓以辱祖宗乎!

一和姻邻以息争讼 同里而居谓之邻,婚媾之交谓之姻。田庐既属逼近,休戚亦愿相关。作不顺而施不恕,势必至于相恶;此起衅而彼乘间,情必至于相伤。为之语曰:麟凤恶伤其族,狐兔悲丧其类,况人同里可相妒相戕、以兴讼狱乎!

一恤孤弱以广慈惠 孑然一身谓之孤,不能自存谓之弱。君子之所悯恻,仁政之所必先。分毫末以济,不给岂为厚,平捐颗粒以延残喘,庶不薄耳。为之语曰:禁罝罘以恤夭稚,戒火田以扶启蛰,况人类孤弱可不赈恤而听失所乎!

一课诗书以训子弟 自古无不读书之圣贤,亦无不识字之豪杰。治平责乎公卿,修齐切于士庶。不学墙面贻憾在于终身,蒙养弗端责备归于父兄。为之语曰:鹰雏成乎学习,蛾子存乎时术,况人于诗书可不训诲贻笑颛愚乎!

一择交游以慎习染 学业必资乎师友,而结纳务审其贤否。世俗好谀而恶直,恒情怡邪而丑正。狎昵恶少久必受其累,屈志老成急则可相依。为之语曰:丹之所藏者赤,漆之所藏者黑,况人于朋友可不拣择致伤化匪乎!

一禁赌博以保身家 博陆作俑于乌曹,而百世俱受其祸败,英雄可使为下贱,富贵解教作饥贫,失业而流为丐盗,下污辱及于妻孥,犯法而丽于刑书,痛楚遂切为肌肤。为之语曰:浪子莫听相邀,猪奴岂可共戏,人各有身家可不猛省以罹法网乎?

一戒斗殴以全躯命 法律人当共守,曲直乡有公评,背后之言安知非人之谮诉,因事相争安知非我之不是。忿狠争斗每至亡身,残暴凶殴累及父兄。为之语曰:鸡肋不足以奉尊拳,螳臂岂堪以当车辙，况人为最贵可轻性命以逞凶顽乎？

一务本业以足衣食　人生所急惟衣食，王政大端在农桑。四民各守本业，而作息俱有专务。事嬉游者荒时日，甘惰窳者患饥寒。为之语曰：鼠雀积余以度岁，鸟兽氄毛以自温，况人为物灵可弃术业以底困穷乎！

一早输纳以免催科　纳税本国民义务，田赋乃国家正供。既践土而食毛，合急公而奉上。若迁延逾限难免胥吏之追呼，洼欠株连更增额外之需索。为之语曰：鸟言尚修职责，牛蹄亦知享王，曾居中土可怠玩而不早完国课乎！

一节浮费以备不虞　生财止有此数，滥用必至困穷，为水旱防其不足，毋取快于一时；为子孙留其有余，毋只顾其一身。当有日而思无日，非过计也；迨无时而思有时，悔莫追矣。为之语曰：鸱鹗绸缪于未雨，涸鲋难待乎西江。腼面为人可随手浪费不虞莫备乎！

一禁盗砍以培风龙　材木出自山林，人之所必需。村落森茂，足以验人民之不偷；龙气郁葱，足以占宅居之兴旺。图已便而损他人，居心既属恶薄；砍柯干而掘根株，土脉亦被伤残。为之语曰：鹊巢尚避太岁，野狐克念首坵，况人灵于物可槎蘖不留析及勾萌乎！

（二）蓝氏家规十八条

一、正家之道，必先于正己。《书》曰："尔身克正，罔敢不正。"又曰："未有己不正而能正人者也。"故凡有祖父、兄长之贵者，须先自守礼法，以御群众，一切戏言、戏动、亵狎、非仪，宜皆自凛。庶几言无不听，听无不从者，家不期正而自正矣！

二、孝悌为百行之源，正家者最先之急务也。故凡有父母在堂者，须当服劳奉养。生则致敬，死则致哀，葬则尽礼，祭则尽诚，循其分之所当为，斯为克尽子道。

三、礼义者，所以维持人心，主张世道。故《相鼠》之诗曰："人而无仪，不死何为？"又曰："人而无礼，胡不遄死。"其戒严矣。我族子姓，宜悉谨行是望。

四、名分者，纲常伦理之所攸系人心者也。孔子曰："为政必先正名。"凡一家中，称谓有定名，坐立有定分，断不可或有越乱。

五、主人之于童仆。近之不逊，远之则怨，宜庄以莅之，慈以畜之，庶无不逊与怨之嫌。

六、教养，人生之所必须。凡有子弟，始给之衣食以养其生，其身继就之外传以引其财。庶几可蔚起。

七、盗贼，为宗族之害。若本支有此，宜公逐出境。

八、奸情，大乖伦理。倘有此等，照家法公逐，不许入祠。

九、冠者。成人之道，他日之事业，必由此始。上古原有定礼，宜一一邀而行之。

十、婚姻。婚姻者，上承祖宗，下启子孙，必须正当门户，娶淑女，择佳婿。

十一、丧礼。人之大事，哀戚为先，丰俭称家。

十二、祭祀。系报本追远之道，宜尽诚尽礼，因时举事，切不可怠慢苟简。

十三、山林树木，物各有主，不得混砍。其有关于风水者，犹宜慎之。或自己山林有关他人风水者，亦任其剪伐，但不得故意过砍。

十四、田园。原系各家生业，耕种未熟，不得践踏；已熟，毋得盗窃。

十五、坟墓。各有定主。不可听信堪舆之言，诡谋侵占。但本姓山岗，无分彼此，任从开窨，只不得有碍老坟。

十六、国课重件，务宜年清年款，勉为良民。倘使逾限不纳，不惟负国欺官，而且累己害人。

十七、宾客往来，交际之常。人情各有厚薄，不拘一格。

十八、蒸尝，祭祀之所系也。宜世守勿替，倘有因贫困而议分，挟嫌隙而欲拆，使先人血食一旦而斩，忍心害理，莫此为甚，情实可憎，众所共亟。

（三）漳平市山羊民族村蓝氏家训

写出元朝朱文公，造出家训世上伦。
贤郎写出挂厅上，流传教子又教孙。
五更起早莫贪眠，扫地移步转连连。
前后清洁人家好，自然福禄会相连。
日里奴妹齐去做，连暗双叫转回家。
大小门户亲手锁，夜里预防小人多。
件件清水煮白糜，当年辛苦做出来。
劝人勤力做家富，长短芝麻人亦要。
人家子孙出坟林，年年祭坟要诚心。
子孙小时书要读，世上一字值千金。
为人本分教子孙，明谋暗骗会晤通。
宴中随量敬人酒，不义钱财你莫想。
劝人小事莫见真，莫学忘恩负义人。
为人要想出头地，莫去漂浪做野人。
嘴讲有情便近前，背后笑人晤是漫。
做刁作恶讲不尽，善恶原来两样生。
暗箭害人苦会癫，害人艰苦叫连天。
非违不切讨乃食，以后子孙总会见。
读书不用问先生，伶俐不用行近前。
姻缘都是天注定，顺从家训快乐仙。

（四）漳平市山羊民族村蓝氏家规

命内有财总是有，命内没财莫强求。
千年田园八百主，十年凶败人几多。
为人一世要好心，天地不怕刁恶人。
恶人欺善天不放，善人自然会出头。
荣华富贵命生成，金银财宝土内生。
劝人勤劳作家计，自然福禄会相连。

（五）雷氏家训二十条

毋为听信妇言乖离骨肉　凡人处骨肉之间，谁无天良！奈因妇言播弄，以至凡百家务偏私妄为，遂伤和气，甚至有同室操戈者，故处家当以是为首戒。

毋为私兄弟财贻害子孙　尝见私兄弟之财以为已有，后子若孙恃其多藏，任意挥霍，不数年而家产一空；或当时子侄不敢计较，迨死后竞争，缠讼公庭，渔人得利，尽归乌有。嗟乎，此真徒此苦耳。

毋为骨肉竞争寝衰门第　见有和气相聚，家声克振，后因私利相争，操戈兴讼，乖戾之气转聚一门，寝至门第式微。盛衰之境不过数年间耳，可不畏哉！

毋为占收尝业种祸后人　见有占收尝业不动开支，一时子侄不敢过问，迨斯人抔土未干而竞争衅起，使后人受累赔偿。终非已有，亦徒自贻祸耳。

毋为偏爱子弟贻害将来 妇人多偏爱其子，间有男子被其掩饰，信其伪辨，而姑息容忍，任其为所欲为，靡所底止，卒至业产荡尽，人亦云亡；或沾染恶疾，终无嗣续，其害岂浅鲜哉！

毋为不治生业坐食自困 士农工贾各有生业，懒惰自安，萎靡坐食，困穷之辈多由于此。

毋为衣食奢侈有伤俭德 惜衣惜食原为惜福，富厚之家尚应守俭，况家贫如洗，偏务衣服华丽，自名时式；贪口腹之欲，醉饱自安，不唯有伤俭德，亦惹人窃笑耳。

毋为凡事利己不顾他人 行事宜存恕心，若只顾自己不顾他人，夫子曰"放于利而行多怨"，宜三复斯言也。

毋为言行多诈内外分歧 人贵率真，若外饰仁厚，内存险恶，不知诚中形外，人见其肺肝！

毋为以强欺弱不留余地 尝见有处族党间以强欺弱，恃势逼人，绝无宽恕之心，留有余地步，后其子孙式微，报复不爽，以供人口实。

毋为贪得无厌不顾名誉 世有自行吝啬而贪得罔利，无所不至。古训云，积财于子孙，子孙未必能守，徒为自玷名誉耳。

毋为谋人良产机巧百出 见人良田美宅心生觊觎，机巧谋占，古语雪逞风威，白战（占）田园能几日！诚哉是言也。

毋为见人喜事生嫉妒心 见人有喜庆事，心怀嫉妒，讥诮讽刺时形于外，究无损于人，而居心不良实有害于己。

毋为见人灾难生乐祸心 人不幸而遇灾难，实属可怜，若见而乐之，其心何忍！

毋为择交不慎引入下流 见有俊秀子弟苟谨防闲自易克家，因择交不慎，引诱匪为，日与下流为友，卒至自暴自弃，甘居下流。诚可惜也，择交可不慎乎！

毋为任欲所为迷途不返 如嫖赌、食鸦片等事，世多倾家荡产，执迷不悟，任欲所为，自无荡子回头之日。迨困穷日蹙，无所不至，玷辱门第，可胜惜哉！

毋为凑集神会耗费资财 近年醵金凑集神会之风甚盛，徒为口腹之事，究非所以礼神明。甚且同庚应酬馈赠动以十数金，耗费资财以作无益之举，间有藉此渔利，致起争端。何必多此一累。

毋为迷信风水久不葬亲 地理原乎心地不可强求，世多迷信风水之说，久不葬亲，甚至停棺数十年，其如心地何？况藉亲骸骨以邀福于子孙，又如心地何？吾见得吉壤者，皆非迷信之人，亲死宜早安窀穸，毋为形家所惑也。

毋为迷惑形家变更吉壤 吾见有发祥吉壤，迷惑形家言，无故变更，未几祸来不测。欲修复原形终不可得，悔之无及。

毋为愚惑邪教自伊贻戚 二十年前，杭有黄昌平之教，无分男女惑之者多多。吾见有子孙众多，家亦素封，入教后不数年，家产中落，子孙丧亡，竟留只身者数人。如斯矣，近因尽皆绝祀，是教已衰。兹闻复兴别教，又多愚惑者。凡此皆宜摈绝，毋为所惑，以贻无穷之祸也。

（六）钟氏乡约

盈天地间皆人也。盈天地间皆人要不可使有一无职无业人。士各知勤为士，农各知勤为农，工各知勤为工，商各知勤为商，则有恒产者有恒心，人类因而益盛。若放僻邪侈，游手好闲，待农而食，待蚕而衣，甚至下及鼠偷狗窃，无所不为，睹兹蚩蚩几何而不灭哉！夫古圣贤垂戒之书，固既汗牛充栋，第思庶民之家，身无长物，未必人人案头皆置也！灏①窃不自揣，因撮其最要者编为十六条，俾夫士农工商皆有所法。以保守其人者，且从此浸昌浸炽以蕃衍，其人，事在必行，效有必致。此则灏编

①灏：是上杭《坵辉钟氏念二公族谱》的主修，也是《钟氏乡约》的作者钟之灏（谱名时赞，号勸侯）的自称。

列乡约之微意也。

士

一励廉耻 士为四民之首,天下之所以待士者重,士之所以自待者匪轻,今日士习最坏,平居无所不取,无所不为,实属寡廉鲜耻。若得一衿视同极品,即思希冀非分之钱,甚至选贡士入词林,卑躬屈节,奔走权倖之室,下拜阉竖之门,大失读书人面目。管子曰:"礼义廉耻谓之四维,四维不张,国乃灭亡。"人果如此,身家其有不亡者乎? 愿告族人当励廉耻。

一尚重厚 近日人心风俗最为浇薄,而士林中尤甚。每见一般狂士交结丑类,互相标榜,互相刺讥。其浮华佻佉之习殊惹人厌。且有能文之士逞其笔墨,作为淫词艳曲,传布国门,诱惑后生,败伤风化,莫此为甚。子曰:"君子不重则不威,学则不固。"扬子《法言》曰:"言轻则招尤,行轻则招辜,貌轻则招辱,好轻则招淫。"愿告族人当尚重侯。

一敦孝弟 天下之人谁无父子,谁无兄弟。有父子、兄弟而孝弟尚焉。士者,农工商之所法效也。则于伦常实用间,士当为先,为之表率,而后小民有所观望。益以励其亲亲敬长之忱,由是而笃宗族、和乡党,皆本此举推之也。愿告族人当敦孝弟。

一勤学问 古人担簦负笈,千里从师,其勤学好问固有如是也。试思至道之宏远,载籍之纷如,若不博闻强识,精益求精,则读书之谓何! 近世学士能作一文,便诩诩焉自矜,夫国家养士,岂仅望其能诵词章之末乎? 所贵扩充其识见,遍阅天下大书,方为有体有用之学。且本朝先正之书,可读者甚多,尤宜时加讨论,始不愧为通儒。至草野寒微,即非立志希古,亦须体父兄栽培督责之厚意,猛着祖鞭,冀图寸进,以博取功名。若悠悠泄泄,名为读书而实未尝读书者,则是自暴自弃耳,不如不读之为愈也。愿告族人当勤学问。

农

一兴水利 水以资灌溉,备旱涝,变歉岁为乐岁者也。夫淫雨不时,人之弥缝无力,若遇岁旱,则疏渠筑堰,以通水道,人力可得而补之。先事预防,有备无患,岂止一时之利哉! 愿告族人当兴水利。

一广种植 种植之所以佐农耕之不逮。恭读雍正二年上谕有云,舍旁田畔及荒山不可耕耘之处,量度土宜种植树木,诚急务也。盖蓝、烟可以制用,桑、柘可以饲蚕,枣、栗可以佐食,桐、柏可以取油,榛、楛杂木足以供炊爨,豆、麦、芋、薯足以资接济。因地制宜,利息最大。愿告族人当广种植。

一储蓄积 《礼》曰:"三年耕必有一年之饥,九年耕必有三年之食。"勤于力田,则蓄积自裕,而年岁之荒歉无虞。此外,凡一切浮华靡费亦必去之务尽,凡事预则立,此诚备荒之要着也。每见乡民惰于为农,平日素无蓄积,一遇饥馑,生计无出,往往三五成群借端生事,灏窃悯之。愿告族人当储蓄积。

一清税谷 富者,贫者之父母也。一邑有富民,则一邑缓急可恃;一乡有富民,则一乡缓急可恃。时当有事,平粜发仓,富者恒多抚字;时当无事,纳谷输粟,贫者岂容久逃乎? 至若水旱为灾,收成实歉,则宜及早与田主商酌,方为周至。而不力田不耕种,徒藉是以欠谷者,不可也。愿告族人当清税谷。

工

一讲制造 工艺之业,上制国用,下通物理,中便人情。少昊有五工,曲礼详六工,唐有共工,周有国工,所以梓材训康叔,四民缺一非全国。考工补冬官,六官缺一无全书。工,固无代不重也。泰西诸国崇尚工艺，专门之学布于寰区，如火轮、舟车暨传电、炼钢，诸大端不惜极深研几，实事求是，此其所以富强也。中国以工为末技而贱之，制造之书寥寥罕见，凡为工者所作器物，不过依样葫芦，沿袭旧制，未合时宜，识者病之。愿告族人当讲制造。

一禁匪为 管仲相齐，四民勿使杂处。处农就田野，处工就官府，国内遂称富强。诚以田野为农人耕种之处，官府为百工制作之区。工不就官府，则迁于异物而业不精。子夏曰："百工居肆以成其事，惧外物之扰也。"外物尚不可扰，况可加之以匪为事乎？凡夫赌博、酒色、洋烟诸杂症，尤为害人之毒药，亡身之祸阶。工而蹈此，则百无一成矣。愿告族人当禁匪为。

一崇本心 本心二字，每睹世人百中无一是，岂良心之尽丧乎？世变愈下，人情愈薄，正不知伊于胡底也！古人云，食人之食者，忧人之忧。吾辈即不能公忠为人，患难与共，亦当勉竭其力，常存忠厚之心。毋恃诈以欺人，毋暗中以摸索。荡荡平平，务求此心，可与他人表白而后已也。愿告族人当崇本心。

一戒异服 诗曰："彼其之子，不称其服。"盖异服与异言同警。服之不衷，身之灾也！世有一等人，立异矜奇，衣冠不正，最令人厌。不知为工者，只知各勤其业，奚容外慕！夫纷华即绸缎纱罗，服有等级，草野编氓何敢上拟缙绅之贵也！家无斗米，服值千缗，非其所衣而衣之，亦自与异服同罪。愿告族人当戒异服。

商

一务公平 贸易只求公平，公则无畸重畸轻之分，平则无甚贵甚贱之价。权衡之上，白日青天童叟无欺，一本正大。至遇各货价低，铺户囤积居奇，因而观望，专利在所必有，然亦可放则放，市价不宜太昂，而商民自辐辏来集，此亦公平之一道也。若居心狡狯，倒人钱财，行险以侥幸，则断断不敢。愿告族人当务公平。

一端趋向 邪者正之反也。人已从事于正业，则邪路自不可走。到处赌风极盛，小则亡身，大则破家，为害甚惨。而且街衢巷市烟馆林立，通宵不寐，说闲话作闲事，种种弊端悉由此出。商贾经纪四方，宜知严禁，倘一失足，则为废人。试观生意场中，其有昔盛而今衰，昔有而今无者，未始非染此恶习故也。前车覆，后车鉴，愿告族人当端趋向。

一节浮靡 财源已开，财流宜节。谚云，富家一席酒，贫家半年粮，言其不节也。近世习尚繁华，冠婚丧祭动费累百，断非长久之道。夫天地生财止有此数，用之过度，物力不足以供之，则财源竭矣。成汤之诰曰"无纵匪彝，无即慆淫"，在易之卦曰"节以制度，不伤财"，节之为义大矣哉！愿告族人当节浮靡。

一慎考核 尝观《周礼》一书，太府外府司会、司纳诸职，于国家货财出入至纤至悉，莫不取之有则，用之有准。迨至岁终，则会其数而计之，其勤于考核如是也。为商者每逢年闲节期，尤须通盘打算，店内本钱若干，生意若干，现存货底若干及账底若干，核实总计，或仍不敷，或有利息，一一自明。平日来往数目亦宜留心订记，切不可稍涉懈怠，而滥冒图利之弊可免矣。愿告族人当慎考核。

（七）钟姓族规十二则

一、端家规 一家有一家的规矩，凡为人子者，事亲当尽其孝，事长当尽其悌。凡我一族之人，莫不皆然。如此则天伦之叙，尽尊卑之分明。矧吾今日为人子弟，他日为人父兄。若不上行下效，理势必然，此家规所宜端也。

二、守法度 一家有一家的法度，凡为人子者，当守本分，各务生业。戒嫖赌、戒争讼、戒乐逸、戒奢侈、戒斗狠，此五戒所当深戒。又毋以恶欺善，以富欺贫。以上凌下，以贵蔑贱，此法度所当守也。

三、习耕读　吾家子孙不耕则读,不读即耕。耕读二字人道之大要。盖勤耕可以养身,勤读可以荣身。苟或不耕,仓廪虚,乞丐不免,苟或不读,礼义轻,乘上愚下。然比耕读两者所当习也。

四、务勤俭　勤为立身之本,俭乃处世之方。盖勤则能度其贫,俭则能足其用。古语有云:男务于耕,女务于织。量其所入,度其所出,此勤俭两字所当务也。

五、重族义　凡我子孙,方今族众人繁,难免贤愚不等,当念祖宗一脉。宜以贤诲下愚,以才养不肖。切不可争斗而伤大义,因小忿而兴讼端。纵有大事情,有可容理有可恕,须含容以待之,以族义所当重也。

六、慎嫁娶　吾家祖宗原是许州徙虔,闽及粤,及仕宦之家。凡嫁娶必择故家乔木,礼义象风,斯可以结婚。语云:"嫁女择贤婿,毋索重聘;娶媳求淑女,毋计厚奁。"此乃齐家之道,不可不慎也。

七、严教子　凡教子女必以义是训,弗纳于邪教之道。必择严师而训诲,友贤良方正之士。使其日习威仪,开其议论,有所企望效法可也。毋得任其放荡,纵其情性,斯为下愚也。

八、贫无谄　凡我子孙继承祖宗之阀阅,恐因天灾人祸以至穷困。亦宜安分守命,顺时应天,不可妄作非为。屈族人,甘居下流无耻之辈矣。

九、富不骄　凡我祖孙或受上眷庇,祖宗默佑。虽富有万顷,贵至三公,亦当视为若无。倘遇族间贫贱之辈,切不可傲慢而待。宜念同出一脉,虽缊络同堂,车笠同途可也。

十、亲远族　吾族根生河南,苗长闽汀,枝发江广,皆系祖宗之本。凡有异地远方同宗之人往来,不可视为路人而简慢之。务其相为敬爱,序其尊卑可也。

十一、重时祭　坟茔祠所乃先祖栖魂骸之地,凡我子孙,但遇清明、端午、除夕等节,必齐明盛服,以供礼事,尽其报本追远之礼。凡为人子者,独不见虎狼执丧羔羊跪乳。禽兽尚知报本,何况于人乎。

十二、宝族谱　盖族谱之修非徒然也。凡忠孝廉节悉尽于谱。所以垂胤祚之无穷,序百代之昭穆。世人以金玉为珍贵,以族谱为外物,其不孝之罪莫大矣!但愿吾家贤子肖孙,当深思木本水源。拳拳外袭,使世世子孙待其所宗,此族谱所宜宝也。

(八)钟氏家戒十则

一、戒奢侈以惜福　人物并生天地间,物为人用,自关福命。只是天地之生物有限,人生之纵欲无厌,不爱物便是不惜福了。诚思我生来有许多福命,妄耗一分,便消耗一分,若贫而好胜则又无忌之尤者也。

二、戒侵贫以养身　"但存方寸地,留与子孙耕"这两句话,正是"退后一步自宽平一步"的话头,且看近世持强霸占昧心欺吞者,到后来总没有个好结局。吃得亏,方讨得好。富贵福泽未有不从心上得来者。

三、戒放浪以立品　人有海阔天空的襟怀,一味放浪形骸便不成载福的品格。又一种村学目识几个字,眼便傲侮同列,甚至诋诬先儒,嬉笑怒骂,自诩风流。名教中所谓无状,世俗间所谓可嫌。

四、戒嫖赌以成身　人生不肖事,莫如嫖赌。多少世家子弟,多少被淫荡两字误了终身,声名由此顿坏,精力由此渐衰,甚至父母不以为子,妻子视之为仇敌,荒废工夫,玷污名节,有何体面?急宜猛省。

五、戒游惰以勤业　人有九流,品类不一,惟要勤本分中职业,切不可做世间游民。今有一等不耕不读之辈,悠悠半生,艰其状凝若风流名教,探其实终是块然一物。总要各寻生计,务尽其职,方讨得个终身受用。

六、戒忤逆以敦伦　天下无不是的父母,县因心情上着了一点偏私,遂于庭帏间生出百端嫌隙,并将父母都认作不是。但看孔子叹道，父母其顺，可见君家无一段和乐的意思，就是忤逆这两个字要看得细。

七、戒滥交以闲邪 古人行谊成于父师者半，成于交游者半，唯其日与正人君子亲，才有裨益处。今人好与恶人交，少相押，长相戏，甚至弄成一套物事。从前父师好样都被他断送了，到后来生出许多累赘，最宜拒绝。

八、戒远游以养亲 男子志在四方，要是扬名显亲的才说得，非庸庸碌碌者比。就是家贫服贾，也须一岁数归，洗腆尽孝。或千里负米，终岁还乡，才见得人子有不已之游，父母无失所倚之叹。

九、戒争讼以保家 和邻睦乡是保家第一着妙法。若以小故即窜公庭，因小忿至株连数姓，是不独亏体辱亲，势必至受吏胥黑诈，到那时倾家荡产真可惜也。至唆讼硬证，神人共恨，不可不慎。

十、戒逞凶以免祸 天下烦恼都是自家扰扯起来的，徒逞一时之忿，任一己之性，好勇斗狠，不幸罗于法网，祸到眉尖，悔无及矣。如果受些屈放些让，过不去要丢得下，忍不住要耐得下，自能转祸为福矣。

（九）上杭茶地久泰明远公禁山季乡规条约

逮念我祖自汀迁来上杭胜运里上坑塘，以至久泰上村创业以来，先发刘畲、高畲上下丁，公畲、细塘尾、畲里上丁、公畲及其附近地方开山辟地造田，为吾子孙奠定立足之地久也。经数代之惨淡经营，规模即具，除田亩外山林尤为重地。为吾子孙计，爰立明远公禁山季一款，以昭众志，护吾山林。

一、议明远公禁山季，每年秋按有山户收谷一斗正。并议定此谷存扶兴手生放住，确保保护山林之基金费用。

一、议山林保护界址，东起草堆前，南起上下畲小坑里，西起高畲，北起上下刘畲，周围以内之山林均属禁山之列。各山主及吾乡民均应遵守，不能有违。

一、议凡属吾乡各户不得乱砍山林，违者每树按全村户计科以罚猪肉二两、豆腐二个；每竹科以罚豆腐二个。散发全乡各户，以昭正气焉。

一、议如确需应用树木建房、搭桥等公益事业，务必经过族长押号同意，方得砍之，否则以盗砍论处之。

一、议山林需要营管，无论谁户每年春劈一次，冬锄一趟，以利竹木之生长也。

一、议冬笋可挖，然不得断其竹根。否则一经察觉，每根科以罚金七三边，给赏银一两。春笋未到谷雨不得挖掘，否则科以罚金钱五十文正。

一、议严禁山林火灾，各户不得带有火种入山。严禁田坎放火焚烧，实山林火灾之首犯也，务必严禁。违者视情节之轻重科以罚金，数额众议之。如有发现山林火灾时，全乡居民务必出动营救，乡勇应以身作则，奋勇救之。其往者每人给米一升，又钱八十文正。

一、议推选扶兴为执事，接兴、兰秀、启章为协理。

（十）上杭茶地久泰上村乡村寨寨规

为立寨规事。考究天地之间，万物均有御侮之本能，何况人乎？吾族为求自卫安民，经在全村众议，本村四周主要山头设立村寨，即村东、村南、村西、村北，以抵御外侮之入侵，诚属吾族之善举也。兹为固防保民，爰立寨规为后，望吾族乡民众所共遵之。

一、议村南之马安寨为主寨，村东之青龙寨、村西之白虎寨、村北笠蔴寨为副寨。盖马安寨者近于吾村，居高临下，可环视全村之动静，上可睹岭头之来路，下可观庵边之往返。如遇外犯入村，寨上鸣锣为号，俾使乡勇集结，共御外侮，男女老少则速避入山寨，免受荼毒。

一、议立寨务必守寨，若不守寨，何异乎之虚设也！故平时主寨应有二人之专守焉。副寨则遇紧急之时着人守望,相互配合,共护吾村之平安。青龙寨则寨顶平旷宽阔,宜于平时训练乡勇。练武守纪,亘遇有外侮入侵,始善于防守之也。

一、议凡避入山寨躲避之男女老幼,均为全村至亲骨肉,除着人专管入寨安置外,全村父老均须相互扶持,尊老爱幼,男女不得犯律。粮草、衣被、贵重物均应随带入寨,免受外侮洗劫一空之苦。

一、议各寨均应备好刀、枪、铳、雷、垒石、垒木。如遇外患攻寨,凡编入乡勇之男丁,均应奋力抵御,不得退却、反叛。副寨应听从主寨号令指挥,副寨不得犯律。

一、议如有未及入寨之人,一旦被害,均由全村料理善后。盖被害者亦系吾族之骨肉,能不共悲乎?

(十一)上杭茶地久钟氏为岁值扰乱商议乡勇事规定列后

一、吾乡之勇以十六岁上丁至四十五岁,均应踊跃参与乡勇事。

一、四方每日着人巡逻,如遇有匪类入乡,即时通告四处,给发米一升,又钱八十文正。

一、凡守寨乡勇均应注意匪类入侵行踪,即时鸣锣为号,俾吾乡民避入马案寨边,或四周深受之内,以免荼毒害。

一、乡内预备硝药、火炮、枪刀镜箭,分给乡勇备用。一时通知,即便起行,不得延迟。

一、匪类入乡,聚集本坊乡勇同心协力隘口拦截赶逐。

一、本坊有入匪类引贼掳掠本乡者,同心合力赶逐之。

一、杀贼匪一人,乡内赏银三两正。

一、为贼所伤者看伤痕轻重,乡内酌量出银调治。

一、为本坊米谷通流,不得阻籴。共议七三边每圆价三桶八升正,于茶地方圆内为止,外人不得干籴。

第四节　文　选

一、著述(已知)

蓝正春(上杭县庐丰畲族乡人)　著有《四书一得录》《左传钞略》《故事集腋》《考粲集》《愧征诗略》《青云楼稿》《唐诗评注》等书。

蓝本芳(上杭县临江镇人)　著有《修真要录》《枕秘》等。

雷霆环(上杭县临江镇人)　著有《乐耕庐不揣诗集》《诹吉汇编》《太乙精蕴》《实测乾隆丁酉黄赤经纬宿度铃表》等书。

雷熙春(上杭县临江镇人)　著有《家塾琐言》《勾股演代公式详述》《乐耕后庐全集》《直方大斋教学详草》《元代微积释要》《读明史管见》《东华录大事表志》《光裕传信录》《国文讲议三册》等书。

雷庭瑞(上杭县临江镇人)　著有《道情轩诗集》《知拙山房文集》《酬世杂录》《赋学初解》等书。

雷善堂(上杭县临江镇人)　著有《怡情轩诗集》《禅外禅室诗文集》《诗学津梁》《善堂言》《五斋笔记》《杭城辛亥纪》等书。

钟殿扬(上杭县中都镇人)　撰有《三礼撮要》《周礼集要》《仪礼集解》。

钟有煌(上杭县茶地镇久泰村人)　著有《军医生涯五十年》《在战火中成长》等。

钟启河(上杭县才溪镇大贵村大地自然村人) 编著有《湖南近150年史事日志》《抗日战争中的薛岳》《游子春秋》《湘军与台湾》《湖南人在海外》《湖南抗日战争日志》《孙大元帅东征与国民革命军东征纪事》《南海市纪检监察志》《湖南抗战阵亡将士事略》《湘人与台湾》《李扬敬传》《粤籍人士旅湘抗日风云》;点校有《海东札记》《巡台退思录》《台湾杂记》《台湾痛思录》。

钟灿富(上杭县才溪镇大贵村大地自然村人) 主编或参与编写并出版的著作有:《高中化学STS》《认识海洋生物》《高考必读》《2006年福建省高考自行命题全程复习方略:化学》《2005年福建省高考自行命题全程复习方略:化学》《2005年福建省高考自主命题复习纲要》《2004年高考3+X科目设置改革用书:理科综合》《2004年高考3+X科目设置改革用书:化学》《高中总复习测试卷:化学》。

钟　煌(上杭县旧县镇谷坑村人) 两篇论文:1.《ElectrostaticcouplingdrivendielectricenhancementofPZT/BTOmultilayerthinfilms》发表于《JournalofMaterialsScience:MaterialsinElectronics》,2.《基于静电耦合PZT/BTO多层异质薄膜介电增强研究》发表于《中国陶瓷》。

附:校本课程简介

(一)校本课程小学阶段教材《中华民族一家亲》简介

2018年11月,漳平市桂林中心学校编写出版了以漳平市民族宗教局局长李希伟为顾问,陈龙炜为主编的校本课程小学阶段教材《中华民族一家亲》。该教材以"民族团结一家亲,风雨同舟向前进"为主题,分设民族的产生、中华民族的形成、各个民族的由来、少数民族对中国革命的贡献、中国的民族政策、民族地区的发展、畲族的分布与历史、畲族简况、漳平畲族的风俗文化和畲汉团结一家亲10个单元和56个民族简介。

(二)乡土教材《汀水之歌》简介

2012年9月,官庄畲族乡编写出版乡土教材《汀水之歌》。该教材以"知我畲乡,爱我畲乡"为主题,分设追溯畲乡历史、探寻畲乡传统、挖掘畲乡文化、定格畲乡美景、瞻仰畲乡英烈、感受畲乡巨变6个单元。

二、序

德平县志序

上杭县·钟大受

乾隆己酉,予承乏德平。明年春,翠华东幸,簉仕伊始得以亲历观光。数年来,虽留心民社,尚未斯信。间于公出,从绅士耆庶问俗观风,参考邑乘。赵、王、戴三志无存,惟钱志成于乾隆癸巳,不甚合体,记载亦多渗漏。志乃一邑之土地人民政事所关,稍有遗错,司土者将何所据以出治临民,即阅者亦不能豁然心目。时拟创修,廪生王丕显以《文献汇略》进,细阅其书颇称赅洽,足备采取。因即钱志而变通之,分门别类,间袭旧文,事涉闻见互殊,务在征实传信。制有今昔顿异,不无借笔增删。于序目图式外,举纲十条,附目五十有一。适山长张学文强记博闻,相与分校而志以成。夫典守责在有司,旧章岂容散失。士人一行,作吏百里,是膺土俗民情未能深悉,或抚字心劳,或催科政拙,一转瞬而考绩至,能者超迁,否则引退,蕞尔小邑,官如传舍,谁为留心志事哉。受膺简命,莅德八年,幸际昌期,公余稍暇,得征文考献,纂修成帙,自惭浅陋,志乘云乎哉!编成付梓,亦聊以尽职司之责云尔。

清乾隆五十四年(1789年)钟大受任山东德平县知县后,发现县志久未修订、史料多有遗漏,随即创修新县志,并为之作序。该志于嘉庆元年(1796年)出版。

闽杭庐丰蓝氏族谱序一

上杭县·蓝锦元

人莫亲于所出之父祖也,其芈然者自少至壮者,或得亲事三世焉,或得亲事四世焉。若自吾祖、吾父而递降,亲者为昆弟,次为从,为再从,至于缌,更至于无服而为路人。夫以吾自出者,不得见三世、四世以上,同吾所出者又疏且久,至等于路人。虽仁人孝子愸然俯仰而无以致其情,此亦事之无可如何者矣。故家有祠,宗有谱,而后离者以合,远者以近,贤者以思,愚者以奋,故谱之修也,非惟是文言观美,牵连党族为门户光宠。苏子曰:“观于谱而孝弟之心可油然生矣。”

吾庐丰蓝氏自五世祖子荣公开基,其间廿七八代盖七八百年于兹,惟宗谱则六世叔祖仲瑄公房和衷先生始纂修,仅及一派,未遑联族,计其时亦百有十七年矣。锦元不敏,心焉感之。去秋提议联修,世系则断自始祖念七郎公,而命之曰“庐丰蓝氏族谱”者,则庐丰为公坟所在地,谨其始也。一唱而众利之,逾年工竣。是举也,不特吾庐丰族人同心同德,即去乡土者亦莫不致其木本水源之思,笃维宗谊,征文献,助资财,以速其成焉。惜乎锦元行年将七十矣,心长力短,而所裨于兹役者实尠。然孝弟为人之本,斯谱之成,后来者庶几观乎,(入)以事其父母,出以事其兄长无所缺乏。以睦于族,以和于邻,以建白于天下国家,胥有赖焉。

时　中华民国三十又二年秋。

闽杭庐丰蓝氏族谱序二

上杭县·蓝天奎

族谱关系最重,修纂亦最难,一或不慎,幽则获罪祖宗,明则招尤族党。吾族今议修谱,特组一委员会,诸族哲谬以主任相推托。按谱牒之修,吾族如元一鲁溪、健庵星垣皆耆儒硕学,尚拟联修而未果,观此则修谱重任,决非慎择学行孚望者不为功。且我国社会积习,凡事多有议而未决,决而莫行,行而罔效者,揣其源,多由于主任之未得人也。主任畏任劳则事多荒废,主任不任怨则款难清收。然使任劳任怨而事即成功,主任亦何妨力任。所虑者,任劳而劳或生嫌,浮言胥动;任怨而怨或速谤,阻力潜生。靡费日深而成绩莫睹,得毋益获罪招尤,无以对我祖宗族党乎!

天奎受任以来夙夜祗惧,今幸无虑矣。举予力所当任而心惧不能任者,编纂已乐得晓垣、步梯、培骧诸君以告成,款项又乐得培汉、祥翰、道三诸君以蒇事,劳与怨皆无烦。予任印刷订定,颁发有期,此皆仗分任得人之功也。若不才如予,固知力不胜任者,族诸哲虽曲予鉴谅终不敢不僭述原委以谂来者。

时　中华民国三十三年一月一日。

闽杭庐丰蓝氏族谱序三

贵州贵定·蓝琪光

族谱之作所以序昭穆，辨亲疏，别同异，明是非，而维系族属之人心。考三代时原有大宗、小宗之法，自是而后，汉有本纪，晋著昭穆，唐宋有氏族志、姓氏录诸作，而衣冠之族后，各自为谱以纪其宗，其所以追溯原本，固结人心，意至善也。

吾族原居闽杭庐丰，清乾隆间，高祖丰翰、丰乾、丰扬、丰升诸公相约来黔，初至贵阳，继徙贵定。后升、扬两公旋回故里，惟翰、乾两公留黔开基。一传而常美公，游庠食饩。再传至正昌公，继入武庠，举充约正，知事魏赠以“约之以礼”匾额。三传至斯蔚公，以军功保举六品衔；斯青公复游庠序。余则具详世系表。民国成立，学校蔚兴，任务需才，诸后起亦多奋发前程，冀为国家用，以增族党光者。

琪年跻望四，叨承先荫，回忆先辈遗言，常以愿回原籍一溯源流为念。今奉读邮示修谱简章，萃群情，笃宗谊，顿隐触故乡之观念。窃意同宗即同气也，观于崇韬之拜汾阳，识者嗤之，而以狄武襄之不附梁公为正，即可知非同宗而冒认之，则淆亲者固不孝，若同宗而不之认，彼弃亲者又得孝乎！闽黔数千里地，虽远近不同，然自祖宗视之固皆一脉子孙也。今谱牒联修，俾散居异地者皆得知某山某水为吾宗发祥之区，某派某支为吾族分脉之祖，其所以系属人心者至巨也。

琪欢跃之余，特敬述大略以志喜。

蓝内祖母李太恭人八十有一寿序

上杭县·包千谷(一琪)

庐丰聚族而居者十数姓，而姻娅联欢，往来不绝，尤以蓝、包两族为最。至今蓝姓见一衣冠秀雅者，犹艳称包屋婿郎为盛事。予以文弱书生，舞勺时即与干臣丈人东床之选，丈人为縠丰公冢嗣。甲辰岁，公以孪生兄弟寿届古稀，四老一堂，双悬孤帨，前汀守张叙墀太史特书“杖国齐眉”横额旌之，事迹则具详《蓝晴波赠序》中。

今乙卯秋初，公配李太恭人八旬加一悦辰，远近亲族皆跻堂介寿。予观古来上寿独女界为多，世皆谓女学未兴，时举凡国家社会新思想都无由入女子脑筋，而静闭深闺，依人生活，以故得长享天年。不知人生享寿之道无过勤劳，精神愈用愈出，筋骨愈练愈强，且敬姜有言曰“劳则善心生”，天下岂有勤劳好善之人而不获长寿者乎？

縠丰公忠厚和平，尤称福相，但以重听故，一切家政多仗太恭人竭力维持，三子皆克遵慈训，勤勉起家。伯则衔膺都阃，仲则职授明经，季亦园桥入选，诸孙曾复蔚起林立。内子每归宁返，辄称太恭人慈惠谆诲，诸姑姐妹皆亲爱备至。年八旬于含饴弄孙，外犹夙兴夜寐，日执劳役不少休，早或拂拭几案，晚或叠折衣裙，暖或启栖栅以饲鸡豚，寒或入厨灶以营炊爨，从未见有安坐无所事事之一日。叩以何不惮烦若此，则曰：“少年男妇当出勤职业，家中诸琐屑事老年人尽可力助。”予闻之悚然，间尝谓中国大患在贫在弱，大都由人多懒惰性。吾乡妇女朴实耐劳，兼善储蓄经营家计，往往远胜男子，然犹未及太恭人之老而弥笃也。使中国人皆能勤劳好善，无旷土，无游民，即不难寿民、寿国，且以寿世，岂但寿身而已哉！予谊属孙婿，且以所居近时多过从，知太恭人勤劳致寿之道綦详，故不铺张门第，谨乐述此与我国人士勉。

中华民国四年孟秋之吉。

上杭雷氏梓福公家谱序一

浙江吴兴·陈其美

人恒有言，中国之民族若散沙，若溪边积石，个人自为个人，而无一联贯之机括，是以全国之人号称四万万，其实四万万之个人而已。夫以有经纬组织之团体言之，四万万民族至多之数也，分而为个人至少之数也，中国之四万万盖散体之少数，而非合体之多数，故曰四万万之个人也。噫嘻！言犹过矣。我中国民族不皆有父子之亲，夫妇之爱，兄弟之友乎？则持此家族主义与众多之个体较其进化不亦远乎？虽然我中国家族主义类皆以封殖其室家，宜尔其子孙为前提，故但有伦纪之秩序而无法律之秩序，但有家世之感情而无邦国之感情。质言之，我国民族有家族思想而无国家思想耳。然自革命潮流涌起，而国家之思想已渐发达，观于武汉起义各省率从，即可觇思想之程度矣。

其美奔走国事十余年，四方贤豪堪称同志者固亦指不胜屈，而于雷君锡生尤为臭味相投。君固革命巨子，多负奇气，一以国利民福拯救同胞为宗旨。会杭垣发难，咸集君家经营大计，其美共襄义举，见闻尤确，其富有国家思想，间能过人一等。迨民国肇造，数相往还，纵谈时局议论更多崇闳。一日便出其修订家谱序言见示，敬宗睦族之意流露于不觉，于是益佩雷君之能有家族思想，尤能有国家思想也。谨志其钦服之忱，而为之序。

中华民国纪元九月上浣，上将衔中将勋二位、前沪军都督，吴兴陈其美谨序。

重修梓福公新谱告成序

上杭县·雷庭瑞

《礼》曰："尊祖故敬宗，敬宗故收族。"谱牒之兴，所以明系统，辨昭穆，联疏为亲，合涣为萃，心祖宗之心为心，发于情之至不容已，其殆本于礼意欤！礼无文不行，纪载之详待征求于志乘，体例之严得比拟以史例，故谱学创近千载，而欧苏两家号为精事。文学之于谱学，犹轮之与辕，是故有其举之莫敢废也。沿流溯源，循例编纂，前创后继，踵相接执，三十年一修谱之说，几若尽人而可为之。将欲津逮史学取义精严，去其芜杂，务求翔实，成为典则可期行远。斯谱之修也，苟非其人，必不轻举。

我雷氏自一世祖梓福公宋末开基杭邑，迄今五六百年。族谱之修，至六世天德公倡始于明弘治八年，九世承谕公续修于万历二十四年，明代二百年仅修谱二次。前清垂三百年，十四世大鹏公仅于乾隆四十四年誊修一次。年代久运，生齿寖繁，氏族益光大，忠孝节义、耆德贞行、文武科名、仕宦隐逸，以及祠宇、坟墓、生卒、迁徙，网罗旧闻，时惧散佚湮没无传，何以昭兹来许？吾宗修谱之议亦已屡矣，特以兹事体大，历经前辈慎审不敢轻举。

庭瑞官京朝近十载，在浙久历戎行又二十年，参稽谱牒有志未遑。幸赖族人熙春及吾弟国瑞等，均早以绩学发名，里居多暇究心谱事，历有年所。今岁五月开局编印，新谱告成值民国新纪元，谨进一言以志盛举。曰，共和成立，五族大同，汉满蒙回藏为一家，是亲爱家族之观念尤当推而远之，不仅在一姓一族也。五族者千万姓之所积，人人各亲爱其同姓，思扶掖而促进之，知非保五族则一族姓不能独立，于是互相扶掖，互相促进，此爱同胞、爱祖国者所不能违之公例也。礼无文不行，今吾宗有文学优长者纂修此谱，固无虑其不行远矣。然礼以忠信为质，孟子谓修其孝悌忠信，可挞秦楚之坚甲利兵。专制时代重名誉，共和时代重道德，五大民族之所以自卫，正人人能自勉，可不知所亟务也哉！书此以弁诸谱首，冀吾宗昆季子侄闻而感发兴起也。

民国新纪元岁在壬子伏暑。

雷氏梓福公族谱序

上杭县·雷赞明

国之有史也，据事直书斯为正论，否则苛求回护，非偏即私。家之有谱也，阙疑征信斯为实录，否则牵引支离，非诬即矫。杭之有吾族凡三支，敛五公始居城中，千一公始居来苏，余祖久徵公始居崇厦，考诸世次皆在宋元间。近者敛五公后贤备修家谱，嘱叙一言。余披而阅之，见夫世系有别，先行有纪，昭穆有序，垅墓有图，且也自仕宦甲科、忠孝节烈以及传文、志表罔不条分缕析，朗若列眉懿烁哉，美矣，备矣！顾敛五公以上，因兵燹流离，谱中概从缺略者，亦以拜墓之谀识者所讥，人道至大，无所用其谬妄。亟亟如陈之祖仲弓、李之祖老氏，甚无谓也。嗟乎，宋之兴也，不能详禧祖；明之王也，不能志德宗。王公之贵尚有缺事，况生乎数百年后，安得逆意数百年之前？惟于无足征者姑阙焉，以俟后日之参考，仁人孝子之用心如是而已。抑尝考之，自黄帝赐姓吾雷氏，世居冯翊。敛五公之先世由山西迁宁化，余先人亦称由山西迁宁化。山西毗连冯翊，而宁化八宗后嗣多数散处于东南数省，则溯而上之，足以明万殊一本之义矣。范文正公有云，族中子姓于吾虽有亲疏，自吾祖宗视之，则均是子孙，无亲疏也。充念斯言，吾三支子姓虽未能联谱而撰次之，自吾始祖视之，则无亲疏可知。

今民国新立，治尚共和，神明之胄四万万皆同胞矣。惟我敛五公厚德昭垂，人才辈出，或握重兵，或布要政，其修于家者类能束躬砺行，以文章著名当世。故谱牒之告成，将以敦原本，教孝弟，善继述，广劝惩，示规戒，岂特为观美已哉所为。竟读之终，序之而知其方兴未艾，且有以策励，余修谱之思为不少也。

中华民国元年九月上浣。

雷氏梓福公族谱序二

上杭县·雷熙春(一枝)

吾族系出方雷氏，为黄帝时诸侯之国。黄帝北逐荤粥，南讨苗蛮，正位后以方雷氏有佐命功，增益封采，娶其女节为元妃，生玄嚣。班孟坚以九等分表古今人物，惟元妃列入圣人之次，是方雷氏事迹虽不少概见，而其有功民族□为三代上伟大人物从可识矣。厥后世次蕃衍，以国为氏。秦汉以降，代有传人。唐初有为西安刺史，名宪，字镇山，世居冯翊，是为陕西太始祖，郡望故称冯翊。其六世孙甫，开基宁化，生子详，登昭宗时进士第，有子八人，长伯泰，次立，次驯，次强，次郡，次御，次邵，次均，皆以名系。伯兄弟友爱，葬同之陇墓，在宁化之下沙村，方望谿为之立表。其子若孙因五代干戈扰攘多散居他处，故至今黄河南北诸行省雷氏皆云是详公后，而闽中尤碻凿可据。吾杭城内一世祖梓福公与崇厦乡八十郎公、来苏乡千一郎公，同建宗祠于城北，世系分三大支，均相传由宁化迁来，其为出自详公断无疑义。而考旧谱邱宽升序，则称吾一世祖梓福公由山西平阳至杭。宽升为四世伯祖广生公外孙，去梓福公之世未远，所言必非无征。意者伯泰兄弟之后辗转迁徙，前由宁而晋，复由晋而杭，宽升但据现在而论，为追溯其所自始，故如是云云兮。

岁辛亥，吾族有修谱之举，余忝任总校，与纪臣、善堂昆仲实总其事，因窃取苏明允谱由，吾作惟详吾所自出之意，遂断自梓福公始。其上焉者宁阙有待，惟于梓福公以下支分派别语为必详。其体例则采用欧苏两家法而稍为变通，并立卷首，揭载家庙、坟林、祀田、族约、家传，以期合古人以族教安之义。至于名次、配偶、生卒、寿葬之失详者，为之钩稽私家纂述与宗祠之神主，详加以参订，或袖笔砚探索墟墓间，摩挲残碑断碣，以求得当而后已。其实无可编系，春则敬谨阙疑以归诸附考一例，盖其慎也。

且此谱之作与民国之成立固有绝大关系者。吾族得姓实在黄帝纪元之世，源流最古。远祖方雷氏佐黄帝南征北伐，纯然民族主义，功德留荫，历世已四千六百余年，虽期间丧乱频仍，迭经变故，而忠孝节义之士犹复昶望于史册。方吾一世祖梓福公之生也，当赵宋末造，时适胡元入主中夏，窃据神器，因挚眷避地卜居于此，优游金山摺水间者九十载。迨明太祖定鼎金陵，汉族光复，始考终牖下。迄明、清二代，族中科名仕宦于今为盛，而士大夫博学识能文章者，先后修谱两次，曾未昌言民族主义。为详考吾族得姓之缘，纪以志诸谱牒，知其慑伏于专制余威者为已殁矣。乃者五族统一，政更共和，举黄帝手定之锦绣河山悉以还诸黄帝世胄，而此谱适于是年秋月以成。由是濡毫吮墨，畅所欲言，俾吾祖吾宗萦抱民族思想，得于序录中表白一二。盖不特梓福公在天之灵鉴此而欣然慰藉，即为黄帝佐命功臣如吾远祖方雷氏当亦踌躇满志。有不以此举为不肖之所为者，又岂关于一族之记载已哉！

中华民国元年囸（同“日”）躔元枵之次。

四十自寿序

上杭县·雷熙春（一枝）

宣统纪元之次年，余奉闽学司姚稷臣文宗委任本邑高等小学堂堂长一席。堂中学生计达一百二十余人，余于是堂原充国文、算术两科教员五年，与各级学生相处最久，感情特厚。佥以本年十二月十七日为余四十弧辰，先期醵金制锦，撰著诗歌，缀以“经师人师”四字，并拟乞大人先生为文以序之。余乃进诸生而告之曰，寿序非古也，寿文之作昉自有明归震川，而后作者始多，然率皆称功颂德，累牍不休，无当古人因事赠言之义，久为识者所笑。君等必欲以文寿我，盍由我自寿之为愈乎？盖余之浮沉学海也，固三十年于兹矣！其中甘苦曲折，惟余自知为最真，亦惟余自言为最切。

记余自六岁出就外傅，师同里江荫庭夫子者九年。夫子为邑中名宿，教授极严，不期月尽四子书，九岁始听讲，十三岁读《春秋左氏传》，学作文依墙扪壁，进步阻滞。十五岁以后，先严为延聘王晴波夫子主讲家塾，始读金陈章罗诸家制艺文章，稍为豪放。维时掌教琴冈书院者为傅简侯太夫子，余以卜门生礼晋谒，命习古文词章，并示以文章正轨，而学业遂由是渐进。先后受知于孙干臣明府、李菱舟太守、乌绍云、沈叔眉两学使，连年进泮食饩，然所为文犹囿于八股家言也。二十一至二十五岁师事贺芷村、李和甫两夫子，始读毛诗、三礼注疏，由是知毛郑孔贾之学。二十六岁奉王季樵学使命，调送省垣致用书院肄业。时院长为谢枚如中翰，命习学海堂经解及许叔重说文解字，由是知训诂音韵之学。二十八岁由选拔生北上廷试，适改试策论令下，余文因触时忌被斥，又以康梁变起仓促回籍，遂绝意科举，专习中西格算，由是知九章几何之学，而于四元玉鉴、代数术、代数备旨、微积溯原、代微积拾级诸书尚未深窥涯矣也。真积力久，豁然贯通，购置新译东西载籍，参证中国古来算书，靡不迎刃而解，由是知元代微积之学。迄今十数年来摒弃举业留心朴学，于有所不能释然者必废寝忘食，以求得当而后已，盖已备尝艰苦矣。

君等不为余为顽钝问业于余，余故举生平力学阶级相为商榷，以副教学相长之旨。至诸君青年志士天性颖悟，所造正未可量，诚有不待余之一言者，而为学次第端在于是，读先圣吾十有五之章，固先示我以义例矣，余亦何不质直言之乎？诸生唯唯而退，爰撮述大意以自为之序。若夫颂九如祝三多，皆世俗称觞祝嘏之词，固非余所乐受，而诸生之所希望于余者，知亦不仅在此也。

熙春一枝甫书于琴冈官校之堂长室，时在庚戌季冬月。

绳德堂《钟氏家谱》序

上杭县·钟大受

自古天时人事之故，盛衰兴废之关，莫不备载史册云。观戒于来，兹春秋无论已不此。若史记纲目，崇将大君子抑制小人，无以人为善之意。昔圣贤天下一家之说，所流露于大书时，书间者以义正，未始不以仁普也，不宁。惟是家谱亦然。夫，谱之作，非但列名氏、记年代，也聚一族数传之人贵贱，夫以及智、愚、贤、不肖之异，悉订于册，道其实也。然苏氏之谱引曰："亲书无服则途人也。"吾所以相视如途人者，其初兄弟也，兄弟其初，一人之身也，以人之身份而至于途人者，无如何也，幸其未至于途人，使毋于勿忘焉，可也。呜，为人后者，苟存此意，则孝悌之心油然而生矣。吾族钟氏颍衍派鄞水流微前，此家乘之修，代有人任，传至贵湖已越数矣。复以灰烬之余，存什一于千百，不无人亡物非之感。犹忆余自就传时，家大人谆谆告诫，谓读书不能睦族敦亲、光大前列，虽通万卷无益也。余小子听命之下，惴惴焉，惧无以仰体父志及长命。从家夫子仿惺师游，越十寒暑，惟训以经史子集，稍暇即以敦笃本根，为余辈提命修谱之说，尚未及焉。是岁十月，诸父兄倡修家谱，垂议于余兄弟辈。余等曰：修谱精意与作史同，上三长未优，浪使笔墨终非孝子仁人事也。族欲修之，特有家夫子在。幸夫子直任不诿，俾余得与堂史声闻分任其事，始自源流，终及册系，片字一画总裁定于函。又两越月乃告成。嗟夫，一人之身数十年之身也，一人之心千百年之心也。上以接祖宗呵护之灵，下以示昆哲联合之谊，宁以名氏代作抄胥已乎，实欲吾族之读，是编者得劝诫之大义，使富者济其贫，贵者励其贱，贤者智者代其愚，不肖而于寿夭，则安天之数也。至若违繁违衍之盛，不乏相视如途人。则孝悌之心油然生者，未必非此谱之力所振而使之奋也。要非诸父兄开其端，家夫子总其成，则余小子何知，敢弄其文墨耶！兹自脱稿誊真后付之部厥，续此芳踪是有望于继起之人。爰序。

乾隆甲申岁(1764年)完月望六日。

厘正钟氏千七公族谱序

上杭县·钟尚志

谱以溯其所自始，祖德之创，宗功之垂.经史有凭，无妨远引，志不忘也。太史公作传，而必遥引颛顼，旁及周秦，盖以推明祖德，非夸张也。谱以慎其所由传，继述之远，迁徙之繁，传闻未确难以率入，恐其诬也。苏老泉谱谓长史味道刺于眉，吾眉之有苏氏自此始，其余不妨他及，盖阙疑也。

尚生也晚，愧无史才，何以修家乘？然古人谓，十年不修谱，在子孙为不孝。诚以水源木本之思，孝子顺孙本不忍一日而忘，昭穆之序亲疏之伦，亦无容一日而混。今吾族家谱在先人造之者既经百年鼎革之后，出于蠹蚀之余，残篇断简所以存十一，于千百者既无全考。后人继修之谱亦几八十年，不无异同之见，悬空造入之议，则今日欲起而修之，将何所适从？爰起族众而告之曰，两谱之矛盾如此，从其前乎，抑从其后乎？族中耆老贤达佥曰，后谱降三房之三世祖为四世祖也，既以旧碑老墓不同，老墓现刻伯八、伯九、伯十公为三世祖，则后谱之悬空造入者一舛也。且后谱之书念四、念五、念六坟墓安在，即谓一房失祭，岂三房亦俱失祭乎？即三房之祖考失祭，而三房之祖妣亦俱失祭乎？况钟姓何啻千百坟墓，有子孙者并无一失祭，明明悬空造入。今日之修家谱，岂可认他人祖为己祖，降三世为四世，列祖有知，其不抱恨于九泉者几希，吾子援笔而厘正之可乎！予闻之而栗然惊，悚然惧，平心而察之，静气而求之，搦管而答之，曰，是余之责也，夫是余之责也。夫若今不厘正，日后之紊昭穆，起争端，有不可胜言者。幸通族同心匡扶，乘此时而厘正之，不之致乱宗者，其在斯乎！

因溯我颍川钟氏，昉自宋桓公之曾孙，讳宗伯，仕于晋，其子讳黎者食采钟离，因以为氏，潁川之有钟氏自此始。由是观之，宋固殷王元子之后也，《书》曰，殷王元子作宾于王家，庸建尔于上公，尹兹东夏。从此而溯之，契固帝喾之子，当唐虞时命为司徒，教以人伦，夏后受命分地而亳，至四百年十四世而生汤。《诗》曰“天命元鸟，降而生汤”，此其证也。迨六百四十余年，二十八主圣贤之君六七，作流风善政无如商者，则钟姓固帝王之裔，钟离固颍川之地也。迨后颍川郡代有闻人，其在于汉有讳皓字季明者，史称至德可师；至三国时季明之孙讳繇字元常者，字学为千古之宗；元常至四十七世孙讳绍京字可大者，迁赣州，幼至孝，宦绩卓卓有声，封越国公。予汀州一世祖从赣州雩都迁来各县，谱俱载入为祖，予以史册无据，不敢附会，盖谱贵征信，慎之也。

至汀杭之有钟姓何传乎？传自讳翱，号令公者始也。公以盖世之才据有白虎村芦竹坝，士民咸乐附之。迨昭宗时授令公为刺史，藉以保守兹土。至宋创辟汀州，将令公祖坟创为汀州公署，所居芦竹坝创为长汀公署，因朝廷公令，不得不让。所生三男皆豪杰士也。既让坟墓，将税钱九十六万贯并田粮八十五石尽舍入开元寺，僧德之，遂塑令公与夫人像在寺东廊庑下，号称南唐檀越主之神，至今崇祀勿替。长房子孙迁移武平县，至今殷盛。次房子孙仍在长汀县属乡邑安居，其后科甲勿替。三房子孙迁移上杭、漳州、梅州等处。仰惟始祖千七公同二世祖三九公父子，冒霜露，斩荆棘，创开来苏中都古坊。当日开基遗泽，其规模固既宏远矣。至于三世祖伯八、伯九、伯十公兄弟，至孝纯笃，至今犹可想见。他不具论，即其葬父于刘家屋后，雄狮带铃形，葬祖于社背岭，绣针落槽形，二坟皆吾乡第一佳城。则非不认父母坟墓，致有失祭之理，不待辨而自明矣。况当日止有一世祖、二世祖两代，坟墓无多，其立伯九公坟墓碑勒为三世祖者，非其子即孙，以耳闻目见之子与孙，而谓其误刻四世为三世，谁其信之！奈何三百余年后，修谱者乃编入谱中曰，伯八公有父曰念四，母曰张氏；伯九公有父曰念五，母曰朱氏；伯十公有父曰念六，母曰蓝氏。彼时皆既失祭，至今并无坟墓，不知何所见，何所闻欤！从无史册可据，乃竟降三世为四世，敢冤三世祖兄弟皆为无父无母之人，启百世后子孙紊其昭穆之序，九泉怨恫，名称不顺，非细故也。致不肖尚援笔而厘之，以俟后来之知我者。若其他恢廓家声，宏大谟烈者，皆载入家谱，兹不敢多赘。要知吾族自始祖以来，遗世一十八，生齿之繁不下千万之数，凡族中有言可师，有行可法以及诰封之荣，宦绩之著，节义之昭必书，以及入宫墙，游太学，经岁荐，登科第，仕不仕皆书，即异途出身而登仕籍者亦必书。

呜呼，观吾之谱，敬宗睦族之思可以油然而生矣。自开创以迄今，其初一人之身，分为兄弟，分而为无服。昔人谓无服则相视为途人者，有之矣。幸吾族古道犹存，忧必吊，喜必庆，娶妻生子必贺，犹不致相视为途人者，族人勉乎哉！谚云“自身不能振，休把祖宗夸”，又云“人能大族，族不能大人”。然援祖德以垂训，引列祖以耸动后人者，罔非修谱者之责也，族人勉乎哉！为我溯不亲不逊之世，谁为劳来匡直以敬敷五教者乎？今吾族犹有存焉否耶？且为我问，分姓之后，颍川郡谁为史称至德可师，字学千古之宗者，其遗泽犹有存焉否耶？更为我问，分姓汀杭以来，施万金之产于开元寺，施千金之产于义合寺，其豪侠至今犹有传焉否耶？我为期曰，遥遥华胄，祖泽其长，后人继之，作述孔彰。谱已成而系之以歌，歌曰：

三风十愆，祖训洋洋。天难谌，命靡常。作善降百祥，不善降百殃。勿以小善而不为，勿以小恶为无妨。存忠厚，绵书香。谨礼节，四维张。崇勤俭，笃纲常。男耕女织务农桑，百工有技当田庄。牵车服贾勤洗腆，挟资贸易庆高堂。严课子，循义方。孝弟谨信端蒙养，务为有用之文章。立身行道，显亲名扬，移孝作忠史册彰。致君尧舜辅庙廊，毋作缀，贵自强。淫邪小说切莫看，佛老之书亦荒唐。温公圆枕不敢睡，纯仁帐墨何皇皇。少壮不努力，老大徒悲伤。出仕惟有积阴德，还是菜根滋味长。旦昼有所为，晨昏一炷香。处世无如三自反，居家唯有百忍良。毋听妇人言，毋恶耆语狂。毋溺南蛮之陋俗，渎财无厌，弃礼背义以自戕；毋坠奸邪之恶习，赌博酗酒，好讼争斗以败亡。文忠家训有遗言，盗贼奸宄必屏而逐之远乡；欧阳族谱有旧训，娼优隶卒必禁而不使入门墙。为我歌一曲，族众细思量。祖训犹觌面，何须远引夫简册之茫茫。试观各房族谱中，其有昔盛而今衰，必其先人骄佚豪华以自伤；其有昔微而今显，必其先人积阴谦厚以致昌。惠逆如影响，鉴戒幸无忘，吾族亦与有增光。是为序。

旹 康熙五十五年(1716年)秋。

颍川郡坵辉钟氏念二公族谱·创修族谱序

上杭县·钟勷侯(名之灏，字时赞)

昔苏洵作族谱引，惟言其族之俗昔美而今不美，援古以证今，盖欲使后嗣子孙见者足以为鉴戒。善哉，其深得敬宗睦族之大义乎！夫族谱之修原以联族党也，原以联族党而使知五伦之道也。周礼宗以族得民，其法冠婚丧祭必请于宗子以行，宗子者所以统一族之众也。至庶人之无宗者，则有比闾族党州乡，使之相保、相受、相葬、相救、相赒、相宾之，法意至美也。逮后世而遂失其实矣，角弓之反，频闻葛藟之庇，安望族谊不敦，风俗所由日趋于下也。

吾钟姓一族实出司徒契之后，契固明人伦以教百姓者也。而开颍川钟氏者，则为微子启之裔，宋桓公曾孙伯宗黎。黎之后则有皓公，史称为至德可师者是也。皓之后则有繇公，史称为善书好谋者是也。至晋成帝时，若雅公者，苏峻围石头城，百僚窜奔，惟公独在帝侧，是临难不避，大义昭乎世者有之。唐元宗时，若绍京公者，童时尝得瓜果不敢先食，必归以奉二亲，是内间无惭，孝行称乎人者有之。经术勋名彪炳史册，后之人述其往事，考其遗徽，犹将胪陈焉以为快。

今吾族自开基斯土以来，烟户不下数百家，相传亦几二十世。绵绵延延以迄今日，试问其有能敬敷五教者乎？试问其有能诗书自悦者乎？试问其有字学为千古之宗者乎？试问其有亮直为一时所重者乎？试问其有笃于天性无间人言者乎？吾知其必无也。夫屈平溯于高阳，史迁系于重黎，韦孟基于豕韦，宋贺铸自言知章之后，杜少陵上溯陶唐以前，为人子者，承列祖相传绪余而不能追本其所自出，是谓不识其先，不识其先籍谈所以见诮也。然能追本其所自出，而不能继志述事以绍列祖之传，是谓不善于后，不善于后栾盈所以贻羞也。

岁甲辰正月，家父集族众于庭，始议为修谱之计。于是族人同声踊跃，计各尝所捐之银共一千有余，限以二年完缴。举铭叔祖以为总理，举森叔祖以为积储。其八月家父又往江右一带邀外迁诸族人，不惮辛勤，阅数月而始返。乙巳春设局，家父实职纂修，灏共襄其事。忖思读书以明伦为重，课士以实行为先,数十年来人心之坏莫亟于斯,世情之变莫甚于斯。凡夫贱妨贵,少凌长,远间亲,新间旧,小加大,淫破义,所谓六逆者固有不可胜数。风俗之不古,由于乡约之不明,而实由于敦睦之不讲。试观古今来其有家世昌盛者,必其子孙恪守前型;其有门祚寒微者,必其子孙之遗忘古训。然则一本九族之地,仁人君子又曷可不加之意哉!

灏也慨古道之沦亡,辄怆然而涕下。爰缀其言于谱端,庶几后嗣子孙阅者或有所感发而兴起也。障百川而东之,回狂澜于既倒,此编所载未始非小补之一助云。

旹 大清光绪三十一年(1905年)岁在旃蒙大荒落陬月中浣之穀旦。

三、记

补刻葛端肃公文集记

上杭县·钟大受

曩阅明史,洪武、洪宣间,创业守成之谟,典章文物之备,三代下汉唐及宋,未能或先也。洎乎,中叶边防堕,经费乏,当时任事诸臣,鲜有留意及此。追读端肃公传,以名解元成嘉靖八年进士。历官户、礼、刑三部尚书,左都御史。神宗三年乞休,致仕盖三朝元老也。先是世宗朝,严嵩父子颠倒庙谟,有明全盛之气,所伤已多。继是徐文贞、高文襄、张文忠,先后人典机务,朝纲一整。所憾诸公成见未融,互相倾轧,惟公周旋其间,正色独立。当道君子得以远害全身。不至于损名节者,何可胜计?盖公秉严毅正气,负经世宏猷,就其设施与所建,曰究而行之,岂补苴一时已哉。特言不尽行,行不能久,论者惜焉。乾隆己酉,承令是邑,拜瞻庙貌,心仪久之。惟时案牍繁芜,未遑悉志。辛亥冬,公余之暇,展全集竟日夜读之,若疏、若表、若议经济、讦谟,皆硕画也。即其诗文书序,一本道德,发为文章。五十年功在社稷,泽被生民,胥于是乎,想见继至今二百余年矣!口碑载道,事之如新,第文集原刻,历年久远,不无残蚀。余为之拣次补刻缺版若干页,俾读是编者得见全豹,庶无憾云,并录史载本传于上。附记数言,用志景行仰止之思,且以励邑人之诵,法光正者。

朱洪猷修桥记

上杭县·钟大受

永济桥,跨鬲津上流,为往来孔道,久圮。先是里人屡修屡圮,缘所修之未能坚且久耳,行人病之。有义民朱洪猷者,素未知学,恻然动念,谓行道有梗,皆吾里人之过也。遂捐资五百余贯,经营二载,备坚且固,而桥以成,行人便之。复买地数亩,为此桥久远修葺之计。近世长者,所行若此者盖寡;而洪猷以匹夫好义,独力肩成,可谓难已。时余因公过从,得闻其概,而赿之嗣诣,书院间一道及适。朱孔彰在学间之则,其胞叔父也,益稔其生平,义行大率,类此。且言伊叔年六十尚未举嗣,余谓天佑善人,历历不爽,知必得麟儿以光大门闾者;世之好义,君子闻之,亦可以兴矣。故记之。

旧志名朱家桥,年代建置无考。兹改名永济,以彰不朽。

捐赠书院宅地记

上杭县·钟大受

乾隆三十二年,彭公信亭(即怡东街北旧址)重建敬业书院,院左右皆民房,湫隘之区,不能大其规模。经今岁久,墙垣瓦桷,渐形剥落,旧存院资无多,难于兴举。今春,余劝绅士筹办膏火,捐俸二百金为之倡。并拟修理书院,嘱生员孙礼震等董其事。六月告成,七月朔日,孙生来谒,谓奉令董修书院,业经完备,即绅士捐助之项亦无难醵就。惟院东刘宅去岁已圮。邑绅郭永安知公作养殷拳,有加无已。竟自捐金邀生作中,尽买刘姓宅地,归入书院。可加修正室三楹,东西书房各三楹。拟载松、槐、柳木各十株,以备将来扩大之地。余闻而韪之。查□生非甚素,封尝与其兄永利,承父命修龙泉寺,费七百余两。即日前筹措院资,纠众首倡多金,兹复有此举。非素知大义,富而好礼者不及此。郭生勉乎哉!圣贤之道,积善以余庆。其后人知,必有蔚起,如宋老农所咏"三秋再捷三元解,九陛重瞻九列乡"者。况以善感人,亦必有翻然大悟。如六泊李氏之独立书院,供给师生膏火者。是德邑文运人才之盛,皆郭生此举为之嚆矢也。故记之。

(以上三篇《记》,均为钟大受任山东德平知县时所作,载于清光绪年《德平县志》)

香山桥碑记

佚 名

环乡皆山也,紫云、天台列东北;天云、南山恃西南。四围拱立而川集焉。川架石桥旧矣,历宋、元、明、清千百余年,行者便之。考其名曰"香山桥",邑志收焉。其下潭潆洄,溪深而鱼肥,逸士高人,乘兴寄怀,游其地往往留连不置。其川之源,一从紫云洞麓逶迤奔涌,历盖竹溪至乡之东山溪;一自天台山湍激而下,会□。中有洲,坛墠树木,神凄其中。乡人赛社时,醉饮为乐。左旁石崖峭立,古道崎岖,前人攻琢,履险如夷,步趋往来,由桥通也。沿至乾隆乙卯间,洪涛作难,漂荡一空,桥之基地,湮没无存,目击者痛悼久之。越戊寅春,议重建,询谋佥同,因集众捐资,祷告碧泉曹四真人,扶童择课,随兴工役。自戊寅八月迄乙卯二月告成功焉。至开桥通行人,则端阳后日是也。

嘉庆二十四年岁次己卯蒲月日旦立。

(原文载政协漳平市委员会文史委编、吕沁著《逝水流萤》(漳平文史资料总第25辑),2001年,第69页。)

庐丰丰乐亭记

上杭县·蓝斗南

二十四年甲辰岁大丰稔,万民逸乐,佥议建亭于乡之北隅,为行人休息计。一时踊跃题捐,鸠工庀材,五阅月而功成。美哉!此亭何成之易易耶。夫惟圣天子在上,时和年丰,以故好义者众。而董事诸人又矢公矢慎,则亭之易成也固宜。但愿自兹以往降康率育贻我来牟,凡种树以迎凉,烹茶以解渴,修桥铺路以便车徒往来。凡事之裨世人者,皆可次第举行,独此亭也哉。爰颜之曰丰乐。

时道光二十八年戊申孟夏。

(原载《闽杭庐丰蓝氏族谱·杂录》,文章名为编纂者所加)

坵辉临江阁记

上杭县·钟勷侯

坵辉村临江阁(钟时龙摄)

物必有不朽之实,而后有不朽之名。古今来,凡物之湮没不彰者多矣!要皆已无可传之实,故名亦随之而去也!世常称洛阳、西湖、武夷之胜,而不知彼之所胜者以能特立于万山中,别有洞天福地也!能自成一形,超然于流俗之表,则凡词人名士所眺游,缁衣羽客所栖息,遂不敢以流俗目之。而山川灵胜之名亦自历千秋而不没,不然汉家宫殿、魏国山河,当夫物换星移,乌飞兔走,美人一去罗绮空矣,玉宇长流台榭废矣!举昔日之琼楼画槛,亦付诸夕阳荒草中,又何足令后人之兴慕哉,则甚矣!不朽之实之难也!

吾乡临江阁,在祖祠左角之东,后倚泰山,左右巨石相护,俨然一亭,前周围环山,幽邃回复,亘二百八十峰之苕晓,耸一万八千丈之高矗,连冈崛屷,远岫送青,下临深潭,微风鼓浪,水石相搏,声如洪钟。时当天气晴和,波澜不惊,则见锦鳞游泳,极流行自得之乐。

始不过一桥,逮后先辈兰庆、景洪集巨资、购众材,建亭于其上。外护以栏,中列三座,旁栽竹树,清幽静雅,绝世丰神。略一憩息,觉自身不啻在霄汉间也。亭中立一匾,书“临江阁”三字,大约尺许,乃前人到南昌滕王阁处摹出,系紫阳夫子手书。

至亭之东,一望而楼阁崔巍,则村之首,居民聚斯也。亭之西,鳌山遥拱,若隐若现,环堵数间,面面玲珑。而千家烟火则又在亭之下流,为是处所不见。

诸君子经过此地者,恒乐道之。每当月夕风晨,好景奇情尤觉收览不尽。山川之胜,已造其极,自足令后人珍重爱惜。而以为境之绝佳者,名不易副实,至者名自归。彼洛阳、西湖、武夷诸胜岂无其实而能动人称赞若斯乎。亦闻之古今名胜颇多一经公卿品题,便成绝构。王尚书之别墅、湛长史之草堂、李公垂之读书台、梁昭明之读书园,其中景物,非必有大过人处,名贤所至,山川生色。虽世远年湮,犹将侈为胜事,地固以人传耳。虽然名人固非胜地不至,胜地不必名人而传。兰亭柳州得逸少子厚而名著者,以其不朽之实在也。有不朽之实,就是不遇名人,其一种天然佳趣又谁谓至今不传哉?古人有云,俯仰之间,已为陈迹。不能不以之兴怀此之谓也。探神禹之穴,陟越王之台,固有酹酒兴歌,悠然神往者矣!况清奇独擅,夭矫不群,飘飘乎有凌云之致,有心人畴不流连叹赏也。必具千百世可传之实,而后名垂千百世而不湮,是名之者虽在人而实则在已也。临江阁其一焉者也。吾因之而有感。夫两间之菁华,钟于地为名山,钟于人为杰士。然为名山为丘垤,两间固得而限之。为杰士为庸人,两间并不得而限之。流俗卑靡,莫克振拔者无论矣。即间有修名之士,当其时彪炳之势,亦自赫赫昭人,乃或身没而无闻焉。或一传再传而无闻焉。推寻其故,岂非由庸庸无具、身未立不朽之盛业乎。名者实之,宾世固未有无不朽之实而有不朽之名也。山川人物,其致一也。吾于临江阁而为之记,后之览者能无兢兢自勉哉!

注:临江阁在上杭县太拔镇坵辉民族村。

四、铭

敕赠文林郎大邑侯讳正春字约三号元一蓝老先生墓志铭

闽县·林枝春

蓝正春墓志铭(蓝赞玉摄)

先生,汀之上杭人也。杭之南三十里有庐丰乡者,蓝姓居之来自宋,至今益千有余烟。云雍正元年癸卯科,先生以春秋中式。予与漳浦李杜俱与先生出莆中司马吴老师门下,会于京都,读乡墨,互相敬慕。是岁,李先生联捷,明年甲辰先生又捷去。予独瞠乎?其后也,丙午岁,先生来省会,蒙造庐惠全稿读之,其理醇以达,其气疏以畅,每篇后,功劲胜于前矛,以是知其学问之渊源,而福力之未艾也。庚戌岁,先生来京应选。予在中书科,把臂论文,相得甚欢。斯时,先生羡予之青年,而自伤其迟暮。予慰之曰:功名不论早暮,贵有用耳。先生其未可量也,既而签制江西之安仁。霞漳梁郇蔡老先生,以联送之曰:"绩学范身君百里,挥弦化俗最西江。"益以循吏期先生也。而先生果能固俗为治,以德化民,华山锦水之间,口碑载道。数循吏西江,当为先生屈一指也。亡何任两载,以病辞。昔原宪有言曰,吾闻学而不能行之,谓病。予贫也,非病也。今先生之辞,先生之贫耳,果病也哉?吾闻先生之辞也,士庶多往省保留,而先生不肯留。及其去也,士庶多惜其去,而先生不吝情于去。介石之豫,此岂俗吏所能为也哉,且夫城有时而复,隍陵或迁而为谷。大而天地之气运,小而一人之福命,皆不可据以为常计。癸卯同榜诸人,今多化为异物,而先生如灵光殿归然独存,月旦评高,为时所贵,兀坐高楼。人不敢干以俗事,事之有益于人者。先生身任而不辞,如创宗祠于汀郡,筑华表于本乡,动费千金,呼应辄灵,苟不深得乎人心,何以至是?性喜援引后进。晚年著述甚富,为后生小子所钦式者二十余年,福履之盛,非少年登科者所敢拟也。乾隆十八年五月,世兄新邮寄先生行状,求予作墓志铭,始知先生为芙蓉馆主矣,以缟纻之交,而又有兰谱之谊,敢以不文辞。

按状:先生生于康熙七年岁次戊申八月十四日卯时,卒于乾隆十八年二月十一日戌时,享寿八旬有六,子二:长骧国学、次新国学;孙八:长瑞庭国学;曾孙十三、元孙四,俱业儒。先生年高德劭,而螽斯麟趾,俱可为吾榜中翘楚。今葬于紫金山之麓老龙窟,甲山庚向,庚寅辛酉分金,坟前享堂一所,安禄位,春秋祀事,古之所谓乡先生没,而可祭于社者,其在斯人欤,其在斯人欤!

铭曰:紫气东来金山之麓,考槃在涧;幽人之屋松柏青青,芝兰秀毓。亿万斯年,郁为乔木。

时　皇清乾隆十八年(1753年)岁次癸酉孟冬月谷旦。

通政司副使提督江西全省学政前右春坊右庶子掌坊事兼翰林院侍讲又前翰林院编修年眷弟林枝春顿首拜撰。

五、议

《客家通史》的几个关键点

上杭县・钟震东

2018年1月,在进入改革开放40周年的喜庆时刻,林开钦新著《客家通史》出版发行,更增添了春天的气息。这本专著是作者继《形成客家民系的四个特征》《论汉族客家民系》《客家简明读本》《客家七讲三字经》等书之后的又一力作,是新时期客家文化研究史上的一座高峰。

笔者认为,这部客家学研究的扛鼎之作有如下几个关键点:

(一)让历史说话,客家的汉族属性铁证如山

作者在书的前言中,开门见山地强调"认同汉族的客家民系是客家研究的核心问题",作者同时指出:"客家是中国民族史、战争史、移民史的产物。这是客家研究的大局。"

怎样认定"汉族客家民系",为什么说,客家是中国民族史、战争史、移民史的产物?这就要让历史说话。

1.唐以前,赣闽粤边是地旷人稀的蛮荒之地。史料说明,唐以前,丘陵起伏的赣闽粤边地区人口稀少,刀耕火种,居民属百越族。虽然在汉代以前,百越族曾一度兴旺,汉朝灭闽越国、南海国、东越国之后,对百越族采取北徙之策,百越族大量被迁至北方,只有少数人逃遁山谷。因而在唐代前,这里地旷人稀。

先看开发较早的赣南,唐武德年间(618—626年),才有8994户、39900人,这其中还包含了早期从赣中、赣北迁入的汉人。

再看我们的汀州,唐开元二十四年(736年),福州长史唐循忠招逃户三千置郡;唐天宝元年(742年),即置郡6年之后,也才有4682户、15720人。

再看开发较迟的梅州,至北宋太平兴国年间(976—984年)才有1568户。北宋熙宁八年到元丰三年(1075—1080年)也才12372户。

"七闽穷处古汀州,万壑千岩草木稠",这句引自元代人卢琦《汀州道中》的诗句,道出了当年崇山峻岭中汀州荒凉萧杀,毗邻的赣南、粤东亦当如是。

2.中原战乱,汉人大量南迁。我们知道,中国社会的发展是从北到南.中原是中华民族的摇篮,是中华文明的发祥之地,从黄河流域到长江流域,步步向南发展。当年,北方中原地区,群雄逐鹿,兵连祸结。西晋中后期,"八王之乱"后,加上连年天灾,胡人乘机入侵。永嘉五年(311年),匈奴攻陷洛阳,灭十万晋军,杀王公士民三万余人,掳走怀帝,史称"永嘉之乱"。晋统治集团被迫南迁,定都建康(今南京),建立东晋,史称"衣冠南渡",同时造成中原汉人大量南迁。特别是唐"安史之乱"后南迁汉人大量进入赣中、赣北和其他地区,很少进入赣南、闽西。"永嘉之乱"后,"五胡"入据中原.彼此混战不休,建立了很多国家,使中原汉人流离失所,不断向南逃。

3.唐末宋初,先前迁进赣中、赣北的汉人因战乱再次南迁,通过四条路线进入赣南、闽西,形成汉族客家民系。唐代"安史之乱",从公元755年暴发至763年平息,历时8年。唐末黄巢起义、宋代"靖康之难"和金兵南侵,又迫使早期迁入赣中、赣北的中原汉人再次南迁,他们或出鄱阳湖溯赣江而上,进入赣南各县或中转闽西;或出鄱阳湖后溯抚河、盱汀进入赣南宁都、石城或经过石壁通道进入闽西的宁化等县;或从今天的江西和浙江交界地带,越仙霞岭沿武夷山东麓南下,进入闽西地区;

或是南迁汉人进入福建后，再沿闽江上游支流溯汀而上，进入闽西。通过这四条路线，进入赣南、闽西，使赣闽边人口猛增，汉人成了赣闽边人口的绝对多数。

先看赣州，从唐武德年间不到一万户到北宋崇宁年间（1102—1106年），增至310153户，为原住人口的30倍。

再看汀州，唐开元二十四年建州，3000户13702人，到北宋元丰年间（1078—1085年），人口增至81000户，到南宋庆元年间（1195—1200年），猛增至218000户。

由于南迁汉人的进入，彻底改变了赣闽边地旷人稀的局面。由于南迁汉人人口数量占当地原住民的绝对优势，加上带来的先进文化和先进的生产方式、生产技术，凭着人口和经济文化的绝对优势，与原来杂居此地仍处于“刀耕火种”时期的少数民族相比，在斗争和融合中占了主导地位。以南迁汉人为主体，与原住民相结合.成为客家先民，以后发展成为别具特色的汉族客家民系。

4.宋末元初，赣闽边客家人进入梅州，形成赣闽粤边连成一片的客家祖地。《通史》指出，到了南宋中期，赣南、闽西的南迁汉人人口迅猛增长，不仅促进了山区的进一步开发，而且还有力地推动了区域间的经济联系。后来，迫于内部日益膨胀的人口压力，赣南和闽西开始了向粤东（北）地区转移人口的过程。据梅州姓氏族谱记载：“客家人来梅州，多在宋末元初，由汀来者十之八，由赣来者十之二。”

这些史料说明，没有中原大规模的连年战乱，就不会出现大规模的中原汉人的多次南迁；没有中原汉人南迁到赣闽粤边，并占人口的绝对优势，就形成不了汉族客家民系。因此说，客家是中国民族史、战争史、移民史的产物，这也以铁的历史事实说明客家的汉族属性。

（二）赣闽粤边是不可分割的客家祖地

《通史》指出，在客家民系的形成、发展、播迁的过程中，赣南、闽西、粤东三地在不同的历史时期，都发挥了各自十分重要且不可替代的作用，都做出了重要的贡献。所以，都是客家祖籍地。

为什么汉族客家民系会在赣闽粤边形成？根据作者在多本专著中的提示，笔者以为主要有四个方面：

1. 较为安定的政治环境。东晋以来，中原战乱，民不聊生，而处在刀耕火种的赣闽粤边，相对安定。在边区周围的割据政权，自顾不暇，无力侵犯这片地区。

2.自然环境易于安居乐业，有利南迁汉人的生存和客家民系的形成。边区境内丘陵起伏，溪河纵横，气候温和，雨量充沛，加上矿藏比较丰富，这些自然环境，能为迁入的汉人提供生产生活的良好条件，使饱受战乱之苦的汉人能够安居乐业。

3.特殊的历史年代。进入赣闽粤边南迁汉人，主要集中在唐末宋初到宋末元初这一历史时期。因为人数多，占原住民的绝对优势，从根本上改变了这个地区的人口格局，加上中原的先进文化和先进的农耕方式和农业技术，和原住民的相处中，逐渐融合他们，形成了客家民系。

4.交通条件不好。作者在《论汉族客家民系》一书中指出：“交通条件不好，也是一个特殊的地域条件。”因为交通不便，外部势力不易进来，进来了也不想长久待下去。这对客家民系的形成来说，避免了外来干扰，因而也有利于汉族客家民系的形成。

从前题列举的汉族客家民系形成发展的史料中可以看出，赣闽粤边在民系形成发展的过程中，所起的作用虽有不同，但都是客家祖地不可分割的一部分。正如作者所指出的：赣南早期的发展，为形成客家民系提供了有利条件；闽西在客家民系的形成中起到了至关重要的关键作用，在相当长的一段历史时期中，成为形成汉族客家民系的重要核心区；粤东接纳了大批闽西赣南的客家移民，也是客家祖籍地。

（三）形成汉族客家民系的“四个特征”是辩证唯物论和历史唯物论的科学论断

《通史》第十三章中，以大量的历史资料，论述了客家民系形成、发展的主要标志——四个特征，即:脉络清楚的客家先民;有特定的地域条件;在特殊的历史年代;独特的客家文化。作者明确指出:没有脉络清楚的客家先民,就没有客家民系;没有特定的地域条件,客家先民就没有生存和发展的环境;没有特殊的历史年代,就没有大批南迁汉人进入赣闽粤边,客家先民主体就不存在;没有独特的客家文化,也没有客家民系。

"四个特征"是缺一不可的,"孕育、形成客家民系的关键和第一要素是人"。构成客家民系的先民是谁?这是客家研究中的焦点、核心问题,所以作者把"脉络清楚的客家先民"作为本章的第一节进行论述、构成客家民系的先民是谁?笔者在本文第一个问题的叙述中,根据《通史》提示,进行了介绍,结论是:南迁汉人是客家先民的主体;原来生活在赣闽粤边的少数民族,也是客家先民,但人数较少。

南迁汉人的迁入地很多,如江西的赣中、赣北,福建的福州、闽南,广东的潮汕一带等等,为什么在别的地区不能形成汉族客家民系,却在赣闽粤边这一三角地区形成了汉族客家民系?这是因为"有特定的地域条件"。这个条件主要是这一地区具有较为安定的政治环境和有利于客家先民安居乐业的自然环境等四方面的原因,这点笔者在本文的第二个问题中已有述及,此处从略。

"客家民系是特定的历史年代的产物",这第三个特征,笔者亦在本文的第二个问题中,作为在赣闽粤边形成客家祖地的第三个原因提到了,这里也不再重复。

第四个特征为"独特的客家文化"。文化是人带来的,客家先民的主体是南迁汉人,所以客家文化的主体是汉文化。在客家民系的形成过程中,也同步形成了客家文化。当年,居住在赣闽粤边的原住民和少数民族没有文字,尚处刀耕火种的发展阶段,但他们的文化中有一些对在当地生活、生存有利的因素,被客家文化所吸收,成为客家文化中的一些特色。所以,客家文化已不是固有的中原文化,而是在中原文化为主导的基础上有新的内容和特色。其特色主要表现为:(一)客家话:客家话在全球客家人中相通,是汉语中唯一不用地方命名的民系语言。客家地区经过相当长时间的磨合,到南宋末年,客家话基本形成,客家的民俗民风也同时形成,与客家话一样,客家的民俗、民风也大同小异,不同的村庄各具特色。客家话的形成,是客家民系形成的重要标志,是客家民系的一大象征,也是客家文化的一个重要特色。(二)民间信仰:客家地区多神信仰盛行,佛道庙宇普遍,土地伯公遍布,而且一块石头、一棵老树也可成为祭拜对象。(三)中原情结:客家民系根在中原,中原意识根深蒂固。(四)客家精神:对此本文即将在下专题中,进行全面评介。

作者继2008年在《客家》杂志上发表了《形成客家民系的四个特征》的重要文章之后,又于2009年出版同名专著,让人耳目一新,专家、学者纷纷发表文章,给予充分肯定和高度评价。在《通史》中,作者把此作为压轴之篇,放在第十三章。由此也可以看出"四个特征"在汉族客家民系的形成中的极端重要性。

(四)"开拓进取、艰苦奋斗、崇文重教、爱国爱乡"这十六个字,是博大精深的客家精神的科学概括,堪称经典组合

《通史》以一个篇章,从客家精神的产生、客家精神的表述和丰富内涵、客家精神的定位和时代价值三个方面进行论述。作者说,客家精神是客家人在迁徙、拼搏和创业中锤炼出来的,来自祖辈一代一代的言传身教,来自后辈持续不断的身体力行。在迁徙中形成,又在迁徙中不断升华。作者在进行了充分调查研究、综合分析的基础上,提出这四句、十六字,具有里程碑意义。

进一步明确了弘扬客家精神的重大意义和客家精神与客家民系、客家文化的关系。四句十六字概括的客家精神,凸显了客家民系的本质特征,是客家民系自强自立的支柱。作者指出:"开拓进取"是以我为主的主动行为,是客家人能在不同条件、不同历史时期立足、发展的保证;"艰苦奋斗"

体现了客家民系形成发展的历史及其事业兴旺的成因;“崇文重教”是客家人群体素质优良的基石;“爱国爱乡”是客家人不忘本的道德体现。这四句中十六字,既凸显了客家民系的本质特征,也是客家精神的科学组合和高度概括。客家文化和客家民系是同步形成的。没有客家民系就没有客家文化;同样也可以说,客家民系围绕客家文化而形成的。客家精神是客家文化的精华。概括的四句十六字具有里程碑意义,必将大大地推动客家联谊和客家学的研究工作。十多年前,即笔者在70岁以前,在上杭县政协和退休后返聘在上杭客联会工作期间,曾先后参加了在梅州、龙岩、宁化、福州、郑州、深圳、香港、澳门等地举行的有关客家联谊和客家学研究的会议,听过几十位客家人士的发言,他们的讲话,不论长短,也不论是学术报告、专题发言或乡情介绍,无一例外地都讲到弘扬客家精神,也都用四字一句的文字组合进行表述,但其内容虽大同小异,却很少甚至没有完全一致的。比如,除《通史》作者概括四句外,诸如思亲念祖、敦亲睦族、济困扶危、乐善好施、开拓奋进、敢为人先、尊师重教、耕读传家、勤俭创业、四海为家等等,也常被分别组合在客家精神中;诚然,这些都是客家人崇尚且发挥了很好作用的优良品质,但《通史》作者概括的四句十六字,却凸显了客家民系最为本质的特征和极为严谨的科学组合。以前的这些发言,既说明客家精神很重要,深入人心,影响深远,但这样多种表述现象,也使人产生一种“不成熟”的感觉。现在作者高屋建瓴地概括为四句十六字,凸显了客家民系最本质的特征理念,是客家联谊和客家研究工作走向成熟的标志,因而具有里程碑意义,必将进一步推动客家研究和客家联谊工作。

客家精神和中华民族精神一脉相传;客家人根在中原;客家文化,是客家先民肩负着中原文明南迁,在赣闽边扎下根之后,凭着人数上、经济上和文化上的绝对优势,融合了原住民,缔造了汉族客家民系和客家文化。作为客家文化精华部分的客家精神,必然和中原文化、中华民族精神一脉相传。

弘扬客家精神,为实现中华民族伟大复兴的中国梦努力奋斗。客家文化、客家精神和社会主义核心价值观高度契合,通过弘扬客家精神,客家人在各条战线上献智出力,必将为实现中华民族伟大复兴的中国梦发挥更大的作用,做出更大的贡献。客家人从赣闽粤边大本营出发,遍布神州大地,走向五湖四海。

《通史》全书十四章,用了三个篇章,即第五、第六、第七章,叙述客家人从赣闽粤边出发的迁移历程,内容包括大陆内迁徙、海外迁徙、迁徙台湾和新时期客家人的大迁徙。篇中还介绍了众多的客家名人和客家组织。这里笔者要特别介绍第七章《新时期客家人的大迁徙》,这是—个客家学研究的新课题。作者以高屋建瓴的视野,关注着这一新兴的弱势群体。从客家农民工是农民工的排头兵、农民工日益发挥工业化主力军的作用、客家农民工成为城市化建设的重要力量、农民工促进了城市化的发展步伐、山上的客家人迁到城镇、告别贫困到客家农民工进入城镇遇到的新问题等六个方面,以充分的论据、透彻的分析、鲜活的事例,全面地、精辟地、富有针对性地论述了农民工这一新兴群体。作者不仅充分肯定了农民工进城的意义、农民工的业绩,而且反映了农民工面临的问题,为农民工鼓与呼,提出了这个客家研究的新课题、新领域,令人击节称赏。

据《通史》记载的资料。全球客家人已达1亿。但海内外的客家人,一般都是在赣闽粤边客家民系形成后播迁出去的,大批的迁徙是在明末清初开始的。

中原汉人在经济繁荣、文化发达的中原地区休养生息,南迁汉人历经磨难、千辛万苦到达赣闽边之后,吸收了原住民中的一些积极因素,形成了别具特色的汉族客家民系。从客家人的外迁史料中可以看出,客家人与中原汉人,笔者感到有两大积极变化:

1. 从“安土重迁”变为开拓进取。他们居安思危、安而思进,不断开拓新的生存空间,从赣闽粤边区,播迁五湖四海,“骏马奔腾到外乡,任凭胜地立纲常”,不少客家族谱,都有类似这样勉励裔孙外迁的族诗。在新天地开创新的业绩,出现了"有太阳的地方就有华人,有华人的地方就有客家人"的繁荣现象。笔者曾对"客家张化孙现象"进行过研究,曾任汀州牧、官居四品、被其裔孙尊为鄞江始祖的张化孙,27 岁从宁化到上杭开基创业,有 18 子、108 孙。18 子中,除第 4 子、第 17 子留在父母身边外,其余 16 个儿子.当代即开始外迁,留在身边的两个儿子,其第二、第三代也相继走上了外迁之路,今其裔孙棋布海内外。有史料记载,台湾张姓,继陈、林、黄之后为第四大姓,据 1997 年 10 月在龙岩召开的"闽西·闽台客家文化交流暨客家之旅"的发言人在新闻发布会上介绍,在台湾张姓人口中 90%为张化孙的后裔。

2. 从轻商贾、不善经营,变成各业并重。特别在商业贸易方面,出现了很多出类拔萃的著名人物。如胡文虎、张弼士,书中分别作了专题介绍,是享誉国际的大实业家,笔者了解到,上杭张化孙迁台裔孙张荣发,从海运公司的一名打工仔,成长为有"海上之帝"桂冠的新船王,建立起了一个"超级航运帝国"。再从笔者家族这一小范围来看,笔者家在偏僻的小山村,被村人称为"书香门第",但笔者的上祖乐于经商者不乏其人。笔者的十二世祖金声,少时勤奋好学,屡试不第之后效陶朱转贾,在江西赣州经营茶油,打造了"钟家油"品牌,成为富甲一方的儒商。又如十五世祖瑞兴也带笔从商,和弟弟武庠生增兴一起,在广东陈村开设纸行,开辟了山区盛产的土纸销往广东的渠道。笔者以为,客家先人经过南迁的长途跋涉,经过千山万水,经历千难万险,经受千锤百炼,到赣闽边,融合原住民,形成汉族客家民系,其思想行为也升华到新的境界,上述两方面的变化,是一个进步。

(六)史论结合,深刻揭露和批判了"台独"分子污蔑客家的丑恶嘴脸

《通史》在第六章的第一节中,列举了很多史料,说明"台湾自古以来属中国"的事实;接着又以大量史料叙述"客家人迁徙台湾"的情况;第三节以"'台独'分裂势力篡改历史妄图分裂祖国"为题,揭露批判"台独"分子的恶毒阴谋。

台湾自古以来就是中国的神圣领土,台湾人民就是伟大的中华民族的一部分,是大陆人民的骨肉同胞,都是炎黄子孙。这是正史、方志和无数的姓氏族谱都有明确记载,还有许多文物史料、古祠、古墓、古寺、古民居等可以佐证。"台独"分子出于分裂祖国的狼子野心,为了"去中国化",制造台湾人不是源自大陆、客家人不是汉族人等种种谎言。

"台独"分子为了"去中国化",把客家当靶子,大肆宣扬"客家非汉"说和"文化认同论":诬说台湾客家来自"琉球人","马来人",是"鞑靼的后裔";宣扬"客家的原乡就在台湾,应割断原乡脐带脱离母体";鼓吹"客家人再不是本质性的存在,而是以文化认同为准",真是一派胡言。据上杭张化孙裔孙联谊会早年统计,其台湾裔孙前来化孙墓地祭祖的分布在台北、新北、台中、高雄、台南、桃园、新竹、苗栗、屏东、云林、嘉义、南投、基隆、花莲等市县,几乎覆盖了全岛。所以说,"台独"分子的这些奇谈怪论是不堪一驳的,别有用心的。绝对不是什么学术研究问题,而是严肃的政治问题,其目的是"去中国化",妄图把台湾从祖国分裂出去。这是注定要失败的。

习近平总书记在党的十九大报告中指出:"两岸同胞是命运与共的骨肉兄弟,是血浓于水的一家人""我们绝不允许任何人、任何组织、任何政党、在任何时候、以任何方式、把任何一块中国领土从中国分裂出去"。义正词严,这是包括台湾人民在内的全中国人民,也是包括全球客家人在内的全球华侨、华人,向"台独"分子和一切分裂势力和垂涎中国领土的侵略势力,发出的正义之声、警告之声、声讨之声和棒喝之声!

林开钦先生作为党的高级干部,耄耋高龄仍担任福建客家研究院院长,著书立说,不辞辛劳,老骥伏枥,表现出客家赤子的家国情怀和使命担当,令人钦敬。笔者此前曾作《如椽笔书千秋史》的贺诗七绝五首,今以第五首的末句为本文作结,既是感言,也是祝福:

家国情怀老弥笃，年年岁岁庆长春。

（本文发表在2019年第6期《客家》，并在福建省客家研究联谊会等3家单位举办的“庆国庆·弘扬客家优秀文化”主题征文中获二等奖。龙岩市《红色文化》曾转载此文。）

六、诗　词

民国25年（1936年）秋，闽西方志大家丘复（1874—1950，字果园，号荷生，别号荷公，自号念庐居士）辑录的《杭川新风雅集》出版，该书收录了明至民国上杭籍已故诗人计459家、6135首古近体诗，其中畲族诗人35家、211首。2017年，由龙岩师专（今龙岩学院）图书馆原馆长郭义山、上杭县图书馆馆长郭晓红校注，中国文史出版社出版了该书。本志选录该书部分畲族诗人诗作如下：

雷轩成　字仞上，上杭县在城里人，上杭文学。

吊李弘庵①先生

树冷冬青海岳移，男儿痛哭枕戈时。
明知天命去无奈，独有臣心倾尚支。
万死不更新面目，九泉犹护旧须眉。
观文忠壮廉顽事，直待先生鼎足垂。

钟　琳　字林玉，上杭县在城里人，康熙乙丑岁贡。

就馆小集存雅堂，适蒿老和尚在坐，赋以志喜

奉违颜色夏兼秋，偶尔相逢愿倍酬。
片席纵谈千古案，深杯能解积时愁。
玄言滔泻真如水，妙契机锋大似讴。
想到张黄偕圯上，当年胜事复何求。

蓝正春　字约三，一字元一，上杭县庐丰乡人，雍正甲辰，联捷进士，任江西安仁知县。

过王寿山有咏

丹峰翠巘迥无边，闽粤中撑半壁天。
汀水伏流浇石底，梅川好月出山巅。
鹤巢猿壁藤萝挂，虎窟龙湫瀑布悬。
一笔阳持云雾里，枝笻何日啸峰前。

---

①李弘庵：名鲁，字得之，号弘庵，上杭县稔田镇官田村人。明天启四年（1624年）考试中举，但不愿出外为官。明隆武元年（1645年），李鲁在福州向隆武帝上书献御敌六策。二年，隆武帝授李鲁为兵部往事，命其组织农民起义军反清复明。当得知隆武帝在汀州被清兵所俘，上杭知县杨惟中献出上杭县城归顺清朝后，气绝而死。

蓝天行 字坤一，上杭县庐丰乡人，乾隆癸酉岁贡。

寿范理堂先生八十

喜听瑶笙奏凤声，琼酥玉液宴耆英。
关闽理学联奎聚，京汉文章并斗横。
尉邑甘棠思旧德，狄门桃李仰长庚。
杭川复有中原目，到处衢歌载酒赓。

钟履康 字安园，上杭县中都镇人，莫详其略历。

秋日过荆溪别墅，菊花盛开，集唐人句成八绝，即步《春归故园》原韵

素芳须待早霜催，司马都 斜倚栏杆首重回。来 鹏
漫说陶潜篱下醉，王昌龄 月当银汉四山开。刘 威

翻翻菱荇满回塘，温庭筠 独坐书斋思已长。赵 嘏
高鸟时过秋色动，赵 嘏 松风飘泊人华堂。刘 兼

退闲何事不忘机，吴 融 竹里泉声百道飞。沈佺期
为爱前山好烟雨，韦 庄 清溪一路踏花归。耿 讳

风泉满院在幽居，曹 唐 犹爱明窗好读书。薛 能
僻坞落花多掩径，伍 乔 静笼池阁柳阴疏。李 中

老鹤风飘不可亲，白居易 云和草静更无尘。曹 唐
绕篱看见成瑶圃，司马都 花底山峰远趁人。杜 甫

楼台院静接平明，李商隐 郢曲新传白雪英。李商隐
潘岳赋中芳思在，李 郢 枫林橘树鹧鸪声。刘禹锡

篱下萧疏野菊开，刘 沧 一行斜字早鸿来。李群玉
闲观秋水心无事，皇甫冉 窗外山寒酒满杯。许 浑

惊回白鸟入残阳，韦 庄 茶气空怀碧饽香。陆龟蒙
闲步幽林与苔径，方 干 山岚川色晚苍苍。贯 至

蓝斗南 字联兆,别字星垣,上杭县庐丰乡人,嘉庆戊寅举人,任福清教谕。

六十元旦述怀

转眼韶华到六旬,头颅白发半如银。
读书未敢希前哲,问世何甘误此生。
七度春闱难卖拙,八年冷署只安贫。
归来却喜无他累,博得清闲悦老亲。

爆竹声声远近传,斑衣周甲喜团圆。
向平有愿难逃俗,陶令无官便是仙。
谁识锦囊空似洗,自留诗债积如年。
燃髭欲得推敲定,觅枣儿孙聒耳边。

记得丁年习上流,挥戈跃马正当头。
岂知白发催人老,竟误青云不自由。
万里奔波成蝶梦,一生清气耻猿愁。
于今岁月衔杯度,只把闲吟当酒筹。

念庐居士曰:闻先生归官后一贫如洗,耿介自守,一介不妄取,自言宁甘食番薯以终老。邑侯张公润培悯其寒,脱裘袍赠之。文郎赴秋闱,客死榕城,渴葬其地。先生教孤孙耕春读,少倦辄曰:“而不欲归而父骨乎?”闻者酸鼻。耕春发奋自励,岁壬辰与予同受知祥符沈公(源深),补弟子员,旋赴秋试,负骨归葬,而先生已不及见矣。

钟鸣世 字桐喜,又字梧冈。上杭县太拔坵辉村人,嘉庆中邑增生。

道出永安途次口占

指点前途景,肩舆缓缓行。路从林际出,云傍马头生。
树密迷帘影,花娇系客情。短长亭子里,坐听踏歌声。

登永安临江阁

闽水闽山一望中,天南人物未全空。
前朝道学三山盛,冠代才华十子雄。
地僻幸无侵俗气,家传惟有读书风。
燕江江上临江阁,搔首登临感不穷。

蓝　麟　字穀瑞，号步仁，上杭县庐丰乡人，咸丰中诸生。

题牡丹蛱蝶图

富贵容颜无不妙，轻描淡画总宜人。
花前蛱蝶薰香乱，飞舞偏斜似醉春。

赏　　菊

花事关心近一年，秋容赏到小秋天。
移来陶圃非常种，开到君家别样妍。
得句更忘吾辈俗，多情还谢主人贤。
柴门引入最佳处，朵朵临池照水仙。

牡　　丹

十年培养护雕栏，饱蓄精华露夜沣。
烂漫一枝开正好，何妨绘出万人看。

蓝蓉照　字鉴塘，上杭县庐丰乡人，庠生。

题墨水牡丹双蝶图

艳质由来富贵夸，谁甘本色薄繁华。
相依独羡双双蝶，不学争添锦上花。

蓝尚仁　字静山，又字子肫，上杭县庐丰乡人，同光间诸生。

送弟云山省亲

不惮身劳为省亲，纷纷夏雨雨行人。
他乡犹是家庭好，聚首天涯乐最真。

何时朝夕日相亲，不寐有怀念二人。
身老起居犹在外，都因待哺苦情真。

未得身欢悦老亲，职疏定省忝为人。
高登屺岵频瞻望，倍觉依依膝下真。

蓝上达 字阶升,上杭县庐丰乡人,同治间邑廪生。

丁卯重九,与友人为登高之会,遂游古燕岩,即席口占

蘧庐株守掷年华,今日登高兴倍赊。
鹰感霜飙思刷羽,桂含秋气早开花。
非关故事沿桓景,饶有豪情赛孟嘉。
酒醉吟诗题粉壁,他时可有碧笼纱?

钟耀墀 字映丹,上杭县太拔坵辉村人,清同治末邑诸生。

题本乡兴贤馆

兴贤当日结蓬庐,绝构凌云人碧虚。
架旧自馀图与史,林深岂噪马兼车。
庭饶柏翠供吟笔,堂覆松阴好读书。
谁是此间人远俗,晨昏木石与相居。

山馆何年辟峻峦,巉岩石齿四周攒。
到门犹自疑无路,入室翻令羡有兰。
户对文峰千仞耸,溪流儒水①两边漫。
近廛亦有超尘境,此即蓬莱试细看。

林阴深处萃朋俦,雨夕风晨畅息游。
叠嶂排云看笔阵,飞泉漱玉悟源头。
涛翻五夜文澜涌,花放千株藻思抽。
高傍半天②云路近,干将直上步瀛洲。

何年鳌背③策青骢,此日先归坐诵中。
檐露晓迎红日暖,林烟夕趁白云封。
梵宫时播惺心鼓,仙观遥传唤梦钟。
岭待雷公④为掣电,烧将鲤尾⑤化成龙。

---

①案:水曰儒溪。
②自注:馆后之山名半天高。
③馆亦名鳌山书堂。
④对山为雷公岭。
⑤门前路名鲤尾冈。

案头书籍辄被鼠啮，感赋兹篇甲寅

更深夜复静，神倦心欲眠。书籍置案上，衣带解未悬。
昏睡不觉晓，初日照窗前。起视昨夜书，不胜心骇然。
诗破裂风雅，易扰乱坤乾。春秋且断烂，礼乐更倒颠。
孔孟成废物，子史无完篇。痛恨宵鼠辈，侮辱我圣贤。
昔者祖龙火，此心犹悯怜。残错失次序，缺略多讹传。
何堪再败坏，令人泣涕涟。昼伏夜则动，安得聚歼旃。
可叹狡黠猫，独与相周旋。

蓝作谋　字赞卿，上杭县庐丰乡人，光绪己卯副贡。

割　麦　词

绣塍山鹧叫哥哥，正是麦秋刈麦多。
镰摆月，穗漂波。红云稏稏罗。
饼饵香浮酿太和。麦风送笠，麦浪黏蓑。

插　秧　词

一犁春雨雨丝丝，秧田春闹秧马驰。
催耕语，播谷辞。红云一担披。
桐帽棕蓑足趑趄。秧针刺水，秧鸟吟诗。

蓝树青　字廷发，上杭县庐丰乡人，邑庠生。

勉学十首录三

地下天高在健贞，乾坤二卦说分明。
只缘悠久无疆力，万物都从此化成。

棋分黑白决雌雄，数小欲为本易通。
倘使胸中鸿鹄扰，秋虽善诲也无功。

阶前蚁子不辞艰，时来何曾一息闲。
丘垤虽非东岱比，层层叠叠自成山。

蓝国贤 字琮贵，上杭县庐丰乡人。

春日游燕子岩

晴云霭霭寺深藏，流水桃花出洞香。
欲识仙源何处是，通津不用问渔郎。

秋 燕

梧桐落叶一声秋，燕子飞飞别旧游。
疏雨冷惊羁旅梦，商风吹动故乡愁。
似含离恨窥珠箔，为恋香巢语画楼。
多谢主人栖宿意，几回欲去又迟留。

秋 声

萧萧瑟瑟复啾啾，一片商音入耳幽。
来自西南多在树，生从风雨散成秋。
飘随短笛惊孤枕，凉杂疏砧上戍楼。
枨触情怀浑不寐，高吟欧赋数更筹。

雷起龙 字剑秋，上杭县在城里人，光绪中廪贡，任崇安训导。

丘少岐明经《红雨山房诗稿》题词

一年多病为诗忙，遗稿还留齿颊香。
君肯忘年订兰谱，我因同调解琴囊。
有缘山水豪情放，无主莺花客路长。
毕竟知音果谁属，空楼红雨断人肠。
手倦更阑眼不花，珠玑字字正而葩。
功名感慨思先主，科第连绵属故家。
香草美人时蘸墨，春花秋月喜烹茶。
那堪读到灰心句，憾抱香山泪更加。

蓝迪元　上杭县庐丰乡人。

秋　声

中天赫赫火初流，早觉凉归意自悠。
半夜西风惊旅梦，千山黄叶动乡愁。
砧敲月下音犹寂，笛弄花前月未收。
几度淡云迷竹境，凭栏好景豁吟眸。

钟应萱　字镜川，上杭县太拔坵辉村人。

题本乡临江阁

小亭扼险更凌空，石径天梯补化工。
烟锁双桥分上下，云生两岸亘西东。
游鱼戏逐清溪浪，飞鸟争鸣古树风。
胜似燕江寻古迹，凭栏吟赏入诗筒。

题镇龙宫

云林两岸锁长虹，峭石嵯峨俯瞰雄。
砥柱何须惊巨浪，镇龙岂仅为神功。
翘瞻古庙新依北，回漾文澜涨自东。
更有奇峰天外耸，凭栏观感兴无穷。

蓝乔蔚　字韵涛，上杭县庐丰乡人，清光绪中诸生，任联珠学校校长。

游莲台山

闲邀胜友上莲台，一路云光洗眼来。
寺里因缘凭我结，门前图画为谁开。
欲知佛钵传斋钵，且把茶杯当酒杯。
天意似嫌秋寂寞，故留落日送人回。

赏桂和弼卿韵

未见花开已不同，高攀人共仰天弓。
记曾拂袖涛声外，最好倾尊绿影中。
含萼偏宜留晚色，飘香正欲待秋风。
伫看金粟枝头满，且学吴刚斫月宫。

蓝乔瑞 字松兆，上杭县庐丰乡人。

示 子

一生敬无失，四海皆相亲。而况为兄弟，畅叙乐天伦。
求学互切磋，作事相咨询。异母亦同父，莫视为他人。
酒肉崇觞豆，堂上来嘉宾。倘遇当急难，谁肯为分身。
惟此兄若弟，日夕相依因。试诵常棣诗，骨肉情弥真。

前贤有明训，子孙患多财。贤则损厥志，愚为祸所胎。
我富身或败，我贫心莫灰。刻苦常自励，佚乐毋相偎。
欲知物力艰，服食思从来。御寒一布袍，频年不新裁。
脱粟可饱腹，岂在膏粱哉。居俭本非耻，习奢乃为灾。
民贫俗益侈，心死真大哀。汝辈志圣贤，初基及时培。

再示一绝

年少须知气象新，秋花到底不如春。
莫夸梁灏魁多士，头白簪花笑煞人。

家居书怀

座上少宾客，门外无车轮。有琴慵不弄，有书闲不呻。
斗储可充腹，丈室可容身。人生期百岁，七十有几人？
浮荣及虚名，皆是身之宾。苟免饥寒外，馀物非吾珍。
吾闻陶彭泽，种菊及芳辰。爱酒不爱名，忧醒不忧贫。
人世荣与利，罢落如泥尘。先生去已久，笔墨留长春。
何处桃花源，我思往问津。

闲居二首

东厨一盏粥，饥食有馀味。南檐一轮日，暖卧足酣睡。
绵袍拥两脚，竹几支双臂。从旦直至昏，身心一无事。
心足即为富，身闲乃当贵。富贵在此中，何必居高位。
君看裴相国，金紫光照地。心苦头尽白，年才四十四。
乃知高盖车，乘者多忧畏。

十年为旅客，常多饥容愁。三年作教员，复多尸素羞。
有会不敢赴，有山不暇游。岂无平生志，拘羁不自由。
一朝归隐去，泛如不系舟。置心世事外，无喜亦无忧。
终日一蔬食，终年一布裘。近更效断鬟，栉沐不梳头。
朝睡足即起，夜饮醉即休。人生不自适，外此复何求。

雷熙春 字一枝，上杭县在城里人，清光绪丁酉府学拔贡。

和钟勷侯立春日韵四首

草栽书带满庭除，秀色成云气欲嘘。
咫尺宫墙瞻万仞，卜居欣近圣人居。

浪迹京华隔廿年，燕云回首倍凄然。
轻裘肥马知多少，振策争扬得意鞭。

邺架排签书一丛，埋头时在纸堆中。
看花怕走长安道，北地胭脂别样红。

爨下桐材尾久烧，琴心虚度可怜宵。
知音倘许中郎遇，广乐钧天和九霄。

和丘从五先生六十述怀诗韵

记向长安策马过，垂青无复有常何。
倦游勿复谈诗局，息影蓬庐感已多。

久耳高名二十年，相逢一笑各嫣然。
羡君独得林泉趣，鱼跃鸢飞养性天。

东方文史足三冬，桃实多年今又逢。
摘晋寿筵欢佐饮，金尊酒满日千钟。

理参三十六宫春，星象精能辨斗辰。
放眼乾坤供一览，天根月窟往来亲。①

①先生精易学，兼习堪舆，著述甚富。

寿祝坡仙共一句，小坡今亦有传人。
摅词欲步斜川韵，莫笑东施强效颦。①

钟之鉴 字京川，上杭县太拔坵辉村人，清邑庠。

题本乡临江阁

危崖一阁势偏雄，中有人家曲径通。
雅爱此间风景好，天光云影碧涵空。
屹立新亭已百年，上凌霄汉下临渊。
望中鸡犬桑麻乐，胜似桃源别有天。

镇 龙 桥

百尺虹桥障碧流，儒溪锁钥巩千秋。
樵夫牧竖长来往，我亦桥头把钓钩。

兴贤馆古柏

参天古柏独幽清，时有微风爽籁鸣。
霜雪百年曾傲惯，奇柯绿叶抱心贞。

蓝象明 字葵午，上杭县庐丰乡人，蕉岭中学毕业，历任崇德、联珠教员。

祝丘梅初先生六十大寿

八载璜溪忆旧游，暮云人坐碧山楼。
娱情雅爱诗书画，阅世无关风马牛。
百岁早占开寿纪，六旬遥为祝春秋。
东篱就共渊明醉，乐事篮舆佳话留。

精神矍铄诩雄姿，劲节黄花是我师。
行谊俾予怀郭泰，能文有子似丘迟。
规箴鹿洞希前哲，声价龙门重一时。
乍别秋灯倍相忆，称觞未得遂凫驰。

酒国狂呼阮步兵，秋英剪得泛金觥。

①东坡生日为十二月十九日，见公集《生日百咏》及公子《斜川集》。先生仲君有声学界，亦小坡流亚也。

乱离世外龙蛇斗，归去山中猿鹤迎。
花草文章传六代，林泉岁月话三生。
醉来放眼天边望，南极星高永夜明。

蓝国芳　上杭县庐丰乡人。

南村即景

一境烟霞别有天，花光草色满窗前。
游人疑是华胥国，欲向斋中问偓佺。

满轮明月照南村，烟树云开似鹿门。
试问浩然归去后，可闻争渡岸声喧。

蓝殿元　字胪初，上杭县庐丰乡人。

乙卯春赠丘力人先生

一片忧民意不禁，炎凉世态感良箴。
高山远耸嶙峋骨，流水空传激烈音。
说法难醒沉醉梦，代天徒费老成心。
他时待际风云会，此日聊为梁父吟。

几曲阳春恨太迟，且调残墨写新诗。
愁云满覆东西岭，明月难分上下池。
蒿目莠苗相乱处，关心玉石共焚时。
重敲木铎知无济，感到艰难泪不支。

蓝祥焕　字鸿飞，上杭县庐丰乡人，上杭中学毕业。

游燕子岩

重游胜境快登临，触景情生感不禁。
穿洞呢喃轻燕舞，随风断续暮蝉吟。
岩幽地僻禅房冷，堂奥廊回佛殿深。
参罢梵王闲倚槛，悄从花里听鸣禽。

游清源山

清源山最静，洗尽百凡情。紫竹林蝉唱，苍松野鹤鸣。
面墙参佛法，合掌听经声。一任随缘化，凭谁觉众生。

蓝少华 字肇华，上杭县庐丰乡人，毕业广东英文专校。

寄廷英

天涯遥寄一声音，怅望随风思转深。
为问故人犹记否？联床风雨夜谈心。

幽斋闷坐独沉思，倍忆同堂笑语时。
此日天涯两睽隔，寸心缭乱有谁知？

病后

倦对寒窗绪万端，残檠黯黯夜漫漫。
可怜病骨支离甚，怕向菱花镜里看。

寄演复

睽违何处觅行踪，越水吴山隔几重。
绝似天涯双燕子，一年春到一相逢。

甲子孟夏，南康陈君维诚来汀，登北极楼，有感题壁，次韵和之

吐气扬眉许我先，驱除魔障欲扬鞭。
英雄当展匡时略，狐鼠休教攘国权。
浊酒苦难浇块垒，长歌独自笑狂颠。
残棋一局谁收拾，应让当今后起贤。

霹雳岩

参差玉笋傍山隈，四壁玲珑面面开。
最爱晚凉风景好，夕阳斜照影徘徊。

新　婚　别

有女有女处深闺，颦眉不展长太息。
纤手织锦织无心，机声断续声凄悒。
织无心兮持针线，刺到鸳鸯心恋恋。
停针默默有所思，多时不见郎君面。
郎君未惯跋山川，弱不禁风侬固怜。
何事生当多事日，锦衾乍暖随鞍鞯。
闻道沙场枯骨白，尽是深闺梦中客。
自君去后到于今，侬心抑郁无宁怿。
夜梦见君牵衣泣，晨鸡叫醒衣犹湿。
可怜当日别离时，有口难言嗟何及。
君不见双双蛱蝶情依依，又不见鸳鸯至死不分飞。
人生何苦物何乐，恨不随君远行脚。
王道不外乎人情，奈何图王反纷争。
不管人间有离别，年年邦内动戈兵。

蓝尔昭　字静斋，上杭县庐丰乡人。

春　暮

矮矮墙头日脚斜，东风零乱野人家。
蜘蛛也解怜春色，宛转牵丝网落花。

（以上均选自《杭川新风雅集》。）

包千谷（1871—1956年），原名一琪，上杭县庐丰乡丰济村东溪自然村人，清末优廪生。长期在上杭以教书为业。曾任福建省议会议员。1915年加入南社。

蓝文藻毕业招饮有赠（1916年）

环球万国日交通，澳美欧非各逞雄。
知识竞争图发达，看谁学战建奇功。

我辈读书学何事，解否湔除中国耻？
挽回国运展宏图，新学界中称志士。

卓哉文藻奋精神，科学研求不让人。
忠实校中新毕业，归来折柬宴嘉宾。

中华民国初成立，救世奇才需孔亟。
教育今凭学校兴，英豪端赖陶镕出。

男儿立志靖边疆，一统山河重自强。
奋起雄心扶祖国，勉将世事早担当。

吾乡风气仗谁开，铸就经天纬地才。
公立联珠新学校，一班英杰广招徕。

谁家卓荦新少年，不让人先猛着鞭。
学业精通求实用，展开只手撑青天。

中华古国促文明，图富图强望有成。
东亚醒狮声一吼，五洲大陆自输诚。

雷史修（1873—1930年），又名赞明，上杭县才溪镇人，清光绪癸卯举人。曾任上杭县教育会会长多年。1923年倡议创办才溪时雨高等小学（即今才溪小学）。

中秋恰逢坵辉永兴宫丹桂初开

月临丹桂广寒乡，壮志攀来喜欲狂。
蹑足超群披鹤氅，昂头趁举看鸿翔。
争夸天上无双艳，共摘人间第一香。
寄语吴刚休伐斧，枝头留待状元郎。

钟勦侯（1881—1961年），名时赞，字之灏，自号小盘谷居士，上杭县太拔镇坵辉村人。优行廪生。民国初年，在旧制上杭中学任教，为民国《上杭县志》分纂。

念庐先生五十寿言民国十二年

荷花开放二三枝，佳节催成介寿诗。
算亥年才登五秩，生申颂合晋千卮。
交游近代丘沧海，诗酒前身杜牧之。
记否名场曾角逐，鹿鸣宴赴少年时。

筑就新居号念庐，承先启后大门闾。
百年事业才过半，末世功名幸有余。
评旦也应推老许①，知非从此遇贤蘧。
如公自具山林乐，岁月宽闲好著书。

①近修县志推公为总纂。

记得琴冈夜话长，同修志乘细商量。
聚来隙地论文好，笑倒今人入世忙。
案有古书时把玩，家藏酿酒满斟尝。
洛阳艳说耆英会，添个先生也不妨。

最诚朴处最聪明，博览群书学更精。
遣兴时临碑帖古，盟心自觉玉壶清。
满门桃李皆沾泽，绕砌芝兰尽吐英。
真个盈庭多盛事，捧觞且喜祝长生。

题李灿《乐耕图》

奔名逐利苦纷纷，耒耜传家但习勤。
瑞兆丰年鱼入梦，安排乡社赛榆枌。

卖剑当年尽买牛，朝朝饮犊碧溪头。
蓑衣杏雨红如绣，笠挂杨烟翠欲流。

兴贤馆偶题

绝构凌云接太虚，广寒宫殿好吹嘘。
天边银阙临风敞，日下瑶阶拓地舒。
缥缈烟云归户牖，微茫星斗映门闾。
人间曾说清虚府，何处飞来画不如。

山馆玲珑树色疏，此中人好读奇书。
深秋天气闲吟句，薄暮寒风欲战庐。
两岸云横藏小阁，三山日落照幽居。
论文胜似兰亭会，最爱笛吹月上初。

题永兴宫

永兴宫置有钟，天将曙，守宫人必先撞钟。
晨起推窗俗虑捐，钟声遥度入云烟。
悠扬欲觉人间梦，隔岭余音尚满天。
永兴宫置有鼓，天将晚，守宫人必先擂鼓。
一声擂鼓破霞红，气作渊渊天地空。
古寺柴扉关不住，翻疑鼍吼海涛中。

元旦庆天灯

丁添报道是新年,把酒称觞乐四筵。
最喜灯前般鹄立,好从座上庆蝉联。
步趋中节偕童冠,揖让雍容播管弦。
万汇生成俱戴德,春光到处即尧天。

除夕爆竹

光华胜景望无边,爆竹声声送旧年。
律届三阳催运转,岁添万象报春先。
纷飞玉蕊闲抛地,灿烂银花远湧天。
最好齐民同庆祝,平安处处篆云烟。

四月七日,厦门报载黄河三门峡伟大的水利工程日内开工为赋一绝①

卅年浪说报河清,今日河清事竟成。
名世挺生原不偶,三门峡正启工程。

鹰厦铁路通车喜赋②

五十余年望眼赊,今朝鹰厦始通车。
闽山赣水遥相接,二载完成信足夸。

部队兵团与群众,齐心协力齐争先。
造成国防好条件,解放台湾在眼前。
(1957年)

遣　怀

半生薄宦陶彭泽,万首新诗陆放翁。
兴趣老来当益壮,前途似锦乐融融。

①作者自注:圣人出则黄河清,今毛主席正应运而生,黄河三门峡伟大工程,数万建设大军遍集沿岸,日内开工,黄河已有澄清日矣。1957年4月21日。

②逊清末年有人提议建筑此铁路,因循未果。建筑速度为我国铁路建筑史上创举。

读周总理访问亚欧十一国家的报告感而赋此

酷爱和平周总理，合群曾草万言书。
飞行世界十一国，名震全球信不虚。

风和日丽雨初晴，旖旎春光照眼明。
读罢亚欧新报告，百花齐放颂升平。
（1957年4月2日）

七夕七绝二首

昔时神话鹊填桥，乞巧年年羡此宵。
今日人工夺天巧，河为让路山折腰。

牛郎织女勤生产，终岁别离怂恨多。
天亿劳工尽神圣，敢叫日月尽蹉跎。

再和毛主席送瘟神诗七律二首原韵

全球人类好生多，原子示威意若何？
侵略已成强弩末，和平值得大风歌。
公评逼迫鱼游釜，局势迁移虎渡河。
海峡屠鲸能力足，岂容跋扈汝扬波。

武力和平路二条，仁天群众载唐尧。
要将科学万能力，用作繁荣百代桥。
大地回春新建设，卫星直上看扶摇。
猖狂战败今孤立，玩火从来只自烧。
（1958年12月25日）

春节七绝二首

开到梅花岁又迁，家家爆竹换春联。
儿童也解称恭喜，争向人前学拜年。

别有西邻田舍翁，开门早起祝丰年。
前来问我买书否，选集宜看毛泽东。
（1960年3月）

包树棠(1900—1981 年),上杭县庐丰畲族乡丰济村人,字伯芾,号笠山。中华人民共和国成立前,曾任集美高等水产航海学校、福建省立音乐专科学校、福建省立师范专科学校国文教师、副教授。1950 年 10 月后,任福建师范学院教授兼图书馆主任,福州大学中文系教授。著有《笠山诗话》《笠山诗抄》《笠山文抄》《史记会注考证校读》《史记引论》《随无涯斋读书记》和《笠山丛挈凡》等,其考证功力闻名于闽台文史界。

勷师七十八岁玉照[①] 1959 年

猗欤我师,志洁行芳。风骨峻整,器宇汪洋。
蓄乃道德,发为文章。声宏实大,振聋启盲。
剖析精蕴,尽扫秕糠。为世师表,为国祯祥。
综吾师之生平:廉洁若许由,耿介若严光,
其富贵寿考福禄,儿孙绵远,更若汾阳。

己卯暑假归上杭途中杂咏

紫 金 山

忽从云际见金山,树海青摇万壑寒。
廿载风尘成阔别,长松惟与梦盘桓。

上杭县治

之字江流曲抱城,水西渡口唤舟横。
还乡浑似辽东鹤,雉堞苍凉晚照明。

美 女 峰

卅里乘奔下濑船,云中美女笑嫣然。
篷窗回望盘陀磴,十二峰头一线天。

仙 水 塘

林壑清幽似水塘,石泉堪与涤诗肠。
村庄远近如萍聚,行尽平田早稻黄。

钟震瀛(1907—1991 年),谱名洪音,字实君,上杭县太拔镇坵辉村人。抗日战争胜利后,赴台湾

①钟勷侯为包树棠在上杭县中学(俗称旧制中学)的老师,所以在老师 78 岁时为其照片题词。

任铁路总工程师，退休后，侨居美国。1991 年 1 月在美国洛杉矶去世。

以杜诗“人生七十古来稀”句，用辘轳格，作七十感怀三绝

人生七十古来稀，健步寻访到处飞。
异国山河诚美丽，萦怀桑梓忆坵辉。

结发金婚早入围，人生七十古来稀。
堂前兰桂香清远，儿女焚膏愿不违。

含饴行乐未忘归，世事如棋感日非①。
从此冬残春意暖，人生七十古来稀。
（1972 年冬于美国俄亥俄州）

八十述怀

虚度韶光八十春，新斑两鬓白如银。
云山多是空中望，梓里偏从梦里亲。
差幸身躯犹健朗，也曾肠胃发愁颦。
昂藏七尺徒辜负，老到他邦作顺民。

古稀诞日在俄州，曾有诗篇记壮游。
纵目海洋登险岬，骋怀都市上高楼。②
十年羁旅留乡梦，万里家园动客愁。
儿女多能敦品学，荆妻偕老复何求。
（1982 年于美国奥克拉荷马市）

怀　故　乡

儒溪半曲抱村流，来去无踪出进幽。
矮寨③书声禽作伴，临江潭邃鲫浮游。
河川狭岬秤勾角，闾里腴田幄斗坵。
吾家广袤大夫第，门对青山碧绿畴。
（1988 年）

---

①非，此外不作是非解，而是形容发展变化日新月异的意思。

②作者自注：“纵目”句：指 1972 年 8 月游加拿大诺佛斯科厦、卜刹敦岬高地国家公园。“上高楼”句指登美国纽约摩天楼，曾数度登上第一百〇二层。

③矮寨，称勾角，与下面幄斗坵都是作者故乡的小地名。

刘　潮(1910—2006年)　原名刘启人,上杭县官庄畲族乡德康村人。

辛未之春应上杭“邮电杯”书展题诗

烽举鸢飞呼告急,烹鱼射雁漫传书。
于今邮电崇科技,万里相同咫尺如。
(1991年)

读澳门回归有感

失地四百年,终于一旦旋。
国强环宇震,史耻恨难湔。
(1999年)

七峰山记游

岌垣绵亘七星排,隐显惟时不自乖。
把酒遥看拥翠异,策藜来访蕴藏佳。

休谈桑海几回易,且纵云山四裔皆。
顾景一吟鳌石句,乱山堆浪激孤排。
(2000年)

雷维枢　1929年生,上杭县下都镇吉安村人,上杭县粮食局离休干部。

蜜　蜂　赞

草野清高数蜜蜂,辛勤产蜜不平庸。
轻微花粉斤两蜜,奉献精神万代崇。
凝聚母王有魅力,永随生死倚衰荣。
雄蜂食蜜懒劳动,饿整驱除在理中。

蓝砚田　1929年生,上杭县官庄畲族乡人,曾任上杭县文化馆长,退休中学教师,龙岩市诗词学会会员,中国诗歌学会会员。

置县千年随感

（一）

枫叶如丹气不森，平明送客古城行。
千年盛典山河吼，一代雄才宇宙更。
三折回澜鸣锦瑟，七峰拥翠迓文旌。
金风十里长街路，卷上珠帘百感生。

（二）

明月追风又逐尘，天涯游子故园心。
藿葵偎日膺恩重，榕柳承荫入梦频。
闹市缘悭心似井，群芳踵继邑增春。
心余力乏逢难再，翘首袍峰只见云。

（1994年10月）

悼 邓 公

绝代元戎举国尊，乌纱三掷等轻尘。
运筹十载乾坤暖，振臂一呼天地新。
经济欣随春水涨，社资何费敝唇争。
英灵不远香江近，耳际同闻礼炮声。

香港回归感吟

咫尺天涯梦已非，百年珠屿庆荣归。
天坛铜佛妆金额，半岛红山抹喜眉。
曲径一声啼杜宇，荧屏万众望升旗。
凭窗偷觑天边月，难得开怀泻尽辉。

（1997年）

教师节喜赋

琢玉忘餐苦耶甜？芸窗颦笑梦魂牵。
昨忘皲脚三更冷，今喜青苗一片妍。
不悔青春面破壁，傲擎红烛照攀天。
教鞭虽已尘封久，耿耿师情两地燃。

（1998年9月16日）

畲乡竹枝词五首

“水师提督”话当年，汲井排龙老少然。
今日龙头到处有，扁担早已弃篱边。

板模钉桌竹支床，雨打风吹书枕香。
腰别手提衣发异，三年难认小郎当。

昨日荒凉鬼哭丘，今朝一望尽高楼。
阿娇尚未挪香阁，又报华堂竣海陬。

影视巡乡喧隔江，洪波汹渡八娃殇。
二年一水双桥坦，摩托如飞载恋郎。

恶水穷山信息僵，输劳引凤访重洋。
村姑自有遨天福，嫁得能郎脚变长。

官庄中学三十周年校庆偶成

春风早度玉门关，阔别芸窗焦聚欢。
汀水龙山辉异彩，黉门庠舍映朱颜。
旌飘柳摆华簪曳，李艳桃妍硕果繁。
一曲壮歌萦耳畔，腮边喜泪拭还弹。
(1998年)

扬州慢·九届人大政协吟

盛会空前，江心舵稳，扬帆直驶蓬瀛。别十羊九牧，还兔草青青。喜春临，香兰初绽，牛犊跃陌，布谷送行。跻华堂，日月胸悬，心系苍生。　　元元疾首，问何时硕鼠除罄？更情注下岗，壮怀修宪，治国情殷。屈指红旗飘澳，秣马兵，揽辔昆仑。听泱泱六合，洪钟大吕长鸣。

(1999年3月)

澳门回归

濠镜重光母子逢，龙泉挂壁谢天公。
凭栏妈阁江澄月，翘首莲峰佛动容。
石闸尘封虹袂海，花街雀跃老兼童。
沧桑四百谁铭史？一夜恩波万古蒙。

几听南陲鹊报枝，又逢香妹喜妆梳。
三巴风物千秋仰，二制情怀一代师。
还壁今宵圆旧梦，完瓯何日赋新诗？
归心箭穿江南雨，争睹家山貌已非。

雷先春　生卒时间不详，上杭县临江镇人，生前旅居台湾省。

忆　旧　游

杭川胜景紫金山，年少顽皮晓叩关。
倦后怡然捡落叶，寻诗踏月扁舟还。

小憩山门别有天，回头俯瞰意缠绵。
祥云绕到空无际，洗尽尘心便是仙。

直上高岭路几重，沉沉谛听数钟声。
遥知有寺中峰古，隐约云深一半封。

袍山星塔频遮眼，闪烁回澜折水悠。
驷马樵歌潭印月，客中依恋梦难休。

阅读《上杭乡讯》感赋四绝

乡讯飘然海外传，依稀往事记从前。
镖师义助军声壮，拂晓提刀列阵先。

版面清晰各类陈，专栏吟咏足堪珍。
何多故旧无珠玉，是否诗人已化身？

编辑精明记事真，从知故邑已更新。
潭头桥映连环道，一派崇楼处处茵。

虎门销毒展华威，贸弃香江耻亦非。
七一梦魂依故土，同声欢庆港回归。

读正气歌二首

贞心昭史册，慷慨贯长虹。字字凝天地，声声却沴风。
浩然刚至大，壮矣气无穷。绝唱颓危挽，孤忠万世崇。

忠臣浩气塞元黄，慷慨悲歌自激昂。
十二古人都借重，九重列祖亦生光。
零丁有幸名千载，炎午多情泪两行。
字字吟成质天地，遍传千口尽留香。

蓝永招 生卒时间不详，上杭县临江镇人。

谷雨

群山如海势，绿竹一溪烟。田陇新秧整，沟渠曲水连。
病来初试足，人老却常颠。东郊欣能会，乾坤要斡旋。

蓝文藻 生卒时间不详，上杭县庐丰畲族乡人，毕业于广东蕉岭忠实中学。

和荷公《游燕子岩、香泉寺①》

万松荫密护禅林，路入莲塘曲曲深。
世乱人多谈虎变，诗狂我自拜龙吟。
权将磊落搜奇胆，学抱慈悲救苦心。
石燕岩头泉水活，坡仙邀到共登临。

其二

名山到处结因缘，古寺深藏小洞天。
老纵颓唐难抗敌，地惟清静足逃禅。
磋磨共订同心契，文献旁搜故里贤。
闲汲香泉宜煮茗，霓裳歌咏集群仙。

再叠前韵

天开别境古山林，燕子岩飞百丈深。
竹露滴时惊凤舞，松风吹处爱龙吟。
玲珑石现慈悲眼，活泼泉流洁净心。
玉带可容留镇否？愿将屐齿再登临。

①燕子岩、香泉寺都是作者家乡庐丰的名胜，同游者有丘荷公、丘海山等人。

其　二

与佛无缘却有缘，寻幽又到大罗天。
邀将避地云中客，访遍开山法外禅。
耕向桃源新乐土，归思栗里古名贤。
香泉寺许菟裘老，长伴诗仙更海仙。
（1939年）

勷侯老兄六秩诞辰赋七绝四首以祝

家住儒溪第五村，山高水曲秀迎门。
秋辉精舍悬弧好，笑看承欢众子孙。

沧桑莫管世纷更，香采芹宫慧早成。
教界宦场都遍历，归来会合宴耆英。

春风满面笑开容，知是乾坤淑气钟。
福备家庭兼作述，杭川学界几人逢。

文难媚世敢言工，卌载知交远祝公。
翘首众仙歌咏日，定多霓曲唱秋风。

雷开贤　生卒时间不详，上杭县临江镇人。生前经商，曾任上杭县政协委员。

中秋寄怀海外同胞

锦绣山河一望收，神州十亿共中秋。
举头喜见银蟾洁，俯首思乡未宽愁。

九州风物最宜人，水秀山明景色新。
今日台南与台北，思亲人共望云飞。
（1984年）

参加祝寿会有感

虚度韶光八一寿，洪炉炼罢旧翻新，
应将来日奔前路，似锦如花最喜人。
（1985年8月）

贺上杭县政协成立卅周年

政治清明似舜尧，协商国是献良谋。
一堂济济披肝胆，为固金瓯共运筹。
（1986年）

钟达雄 1931年生于上杭县中都镇古坊村，1962年毕业于福建师院中文系，中学语文高级教师。

应邀参加庐丰中学高中七七届同学联谊会

骊歌唱罢二十年，海角天涯共月圆。
砚友相依魂里绕，晨昏互勉梦中牵。
杭城聚首衷情叙，兔岁重逢笑语喧。
但愿诸君多壮志，长空搏击赋新篇。
（1999年2月20日）

春　耕　图

丝丝绿柳影依依，婉啭歌声是画眉。
辘辘机耕翻细浪，声声布谷恐鸣迟。
抛秧倩女播新绿，叱犊农夫赶季时。
翠竹红桃争陌上，晴光万里燕斜飞。

参观金山电站

巍峨大坝锁蛟龙，绿水平湖映碧空。
电力先行谋四化，杭人上策树丰功。
汀江水暖人行早，客属山奇景不同。
叠翠金山逢舜日，明珠献彩韵无穷。

琴岗诗社成立十三周年即席感赋

古邑多幽趣，杭川富雅情。
诗书画三绝，人杰且地灵。
注：上杭素有诗画之乡的美称。

参观大沽滩大桥

千年古渡落飞虹，天堑如今一线通。
两岸群黎酬宿愿，万民共赞党丰功。

城乡改革舞东风，万里山河映日红。
路畅桥通两岸乐，民安国泰世兴隆；

古田会议七十周年赋

古田会议放光芒，七十春秋史册香。
巧拨阴霾开坦道；妙穿礁石破冰航。
红旗勇举凶顽扫；跃马奋蹄捷报扬。
领袖英明垂宇宙，新篇史页永流芳。
（1999年12月1日）

老年节述怀

华夏繁荣显曙光，老人受敬德弘扬。
文明社会尊贤老，兴旺邦家纳吉祥。
继往开来传伟业，承先启后谱新章。
神州大地新风树，共享共融国运昌。
（1999年10月）

归　　燕

花开春暖燕呢喃，不见当年旧屋檐。
别墅高楼村路阔，筑巢何处费周旋。

七秩抒怀

新春时节到人寰，弹指光阴七十年。
卅八春秋苗圃度，十年岁月墨毫恬。
古稀巧遇千年换，晚景欣逢七子圆。
更愿神州山色丽，东风浩荡暖人间。
阳和岁换庆升平，习字学诗足寄情。
遗憾壮心难遂意，空怀理想负征程。
沧桑世事心安定，顺逆人生梦美新。
退憩逢时沾雨露，天公厚爱乐迎春。
（2000年1月）

自注：退休10年为镇府返聘为镇党校副校长，造管站正副站长，主编镇史、志；学诗练字，获益匪浅。因之曰“墨毫恬”。

钟震东 1933年1月出生于上杭县太拔镇坵辉村,1951年参加工作,曾任上杭县政协党组成员、办公室主任。

"七一"在漳州①

吒咤风云四十年,翻天覆地业空前。
大山三座夷平地,红日一轮照中天。
举国欢腾齐祝寿,全民奋起猛加鞭。
学归喜作漳州客,振奋之余兴倍添。

随蓝汉华书记夜访七桥

永定县西溪公社七桥村是蓝汉华同志当年活动的游击区之一。1963年11月13日晚,随同往访,阔别23年,一见如同家人,无不欢喜若狂。七桥在新中国成立前被反动派放火烧过13次,其中全烧光7次。新时代新气象,现已幢幢新楼矣。

一别参商念几秋,七桥今日喜重游。
歌声笑语欢何极,废瓦颓垣百尺楼。

七桥烧毁十三番,劫后家园复旧观。
阔别多年今聚首,高谈不尽故人欢。

看破被单感赋②

二幅单衾一线缝,深情厚谊织其中。
同过多少迟眠夜,共御几番破晓风。
物在楼焚人殉难,海枯石烂恨无穷。
思人睹物情难已,世代珍藏忆上功。

随团三章(录一)

1986年9月中旬,全国政协赴福建参观考察团来杭。随团活动期间,偶得俚句,今录出,不敢言诗,谨记事而已。

①1961年春,在省委党校新闻班学习结业回杭,路过漳州,欣逢"七一"感赋。

②富家大队党支部书记赖鼎华珍藏着一条由两幅合缝的破被单。这是当年红军游击队送给他的祖母的,在反动派的一次摧残中,祖母、姐姐牺牲。赖鼎华带着这条被单,从敌人手中逃脱。这是当年陈坑村留下的唯一财产,人们视其为传家宝。

瞻仰古田会议址

一路欣然到古田，煌煌业绩记连篇。
光辉决议普天照，篝火熊熊遍地燃。
(9月17日)

琴冈诗社成立20周年感赋

杭川风雅盛，文物类大邦①。传世多佳构，美誉曰诗乡。
念年前今日，有客庆端阳。旧雨共新知，结社号琴岗。
虽为吟咏事，功成费思量。忝列编校者，尤感责难当。
或苦根基浅，或为俗务忙。或因时间紧，或虑炊无粮。
或嫌词害意，或恐太张扬。个中愁滋味，翻作百结肠。
有愁也有喜，喜在愁中藏。开怀抒慷慨，挥笔写康庄。
心高意自远，手勤韵亦长。吟成一个字，掩卷喜欲狂。
新苗拔地起，薪火看辉煌。汀水流日夜，奔腾向海洋。
寄语少壮辈，快步往前方。潮头作鼓手，临风咏华章。
传承千年积淀，直上九天翱翔。

列席首届海峡诗词笔会感赋

节届小阳春，闽山格外青。有朋远方来，汀水欢歌迎。
诗桥横海峡，文星聚岩城。唱和结同道，倾情赋新声。
探胜云中路，细品客家情。笔端凝正气，泼墨鬼神惊。
珠玑脱口出，高岗听凤鸣。吾侪何其幸，开怀唱大风！

北京行(八首录一)

登 长 城

心仪长城久，梦里几回亲。金风添喜气，结伴共登临。
同行多佳丽，独我一老人。欲与洋娃竞，尚觉步不沉。
八达岭上望，巨龙正穿云。伟哉炎黄胄，壮哉中国魂。
(2007年9月21日)

①清《福建通志》云："上杭比屋裕如，士勤学业，彬彬文物，有类大邦。"杭川、琴岗均为上杭雅称。

2018《中华诗词》上杭紫金·金秋笔会感赋

金秋十月桂花香,吟侣欣欣莅上杭。
送宝传经歌盛世,诗潮滚滚涌汀江。

以文兴县势如洪,引凤梧桐遍邑中。
莫谓古声知者寡,琴川雅响似金风。
(2018年,时年八十有七)

七十周年颂

地覆天翻七十年,光辉业绩记连篇。
三座大山夷平地,人民翻身掌政权。
土改镇反除腐恶,一化三改紧相连。
抗美援朝驱虎豹,欢呼胜利凯歌旋。
粉碎两霸核讹诈,两弹一星耀蓝天。
改革开放出新局,城乡处处景色鲜。
彻底解放生产力,发家致富敢冒尖。
港澳回归雪国耻,一国两制史空前。
两岸同胞共携手,佳节寄语意拳拳。
促进统一千秋盛,兄弟同歌月儿圆。
阔步迈进新时代,创业创新竞争先。
两个百年绘美景,复兴路上猛扬鞭。
精准扶贫重抓智,全面小康在眼前。
与邻为善和且合,一带一路肩并肩。
大国走上强国路,开创历史新纪元。
喜看祥云飘四海,天耀中华福绵绵。

上杭江滨公园碑记

东南山豁　汀水南来　上杭古邑　历久弥新
升场置县　宋淳化间　治所郭坊　旋经四迁
端平建城　明代扩垣　元亨礼贞　易经所宗
双向延伸　城堡成型　客家诗经　十卷鸿文
水墨丹青　四海扬名　百里杭川　人杰地灵
壬申仲秋　建园奠基　依江布局　名曰江滨
防洪治安　万丈长堤　湖美水秀　波光涟漪
榕风柳雨　楼阁争辉　音乐喷泉　梅花相映

华灯初上　星落凡间　三折回澜　城在画里
四季祥和　天人合一　江滨揽胜　催人奋进
（2007年10月刻于上杭江滨公园入口处，与周显贵共同执笔。）

七、楹　联

（一）嵌名联

嵌上杭县名

上驷难追经济腾飞龙虎跃；杭川不老人文蔚起桂兰香。

上帝垂青，古城享誉，旭照金山，岚迂袍巘，双鬓横云，七峰拥翠，想南塔钟沉，浮桥隐退，罗星影杳，雉堞潜形，叹一瞬千年，莫对沧桑兴感慨；

杭川披绣，大地钟灵，夏荫榕盖，暮吊雄碑，二虹跨绿，三折澄波，看北环踵接，长坝忙耕，牧童下海，厂馆如林，愿百行万手，好邀机遇振乾坤。

——蓝砚田

上步金峰纵观出海东日；杭驱汀水快意乘风南溟。

——刘　潮

嵌上杭县官庄畲族乡名

官道辐辏若织；庄舍毗连如云。

——刘　潮

官导清风山炫玉；庄含淑气水潆金。

——黄连池

嵌上杭县庐丰畲族乡名

庐安福地，人才辈出，乘改革春风竞谱腾飞曲；
丰乐年华，天地广宽，借开放良策争写小康歌。

——蓝尧章

庐安福地年年好；丰仗尧天业业兴。

——钟震东

庐建巍巍城乡美美金茶满岭千家馥；
丰收岁岁烟草葱葱春雨盈湖九鲤腾。

——蓝砚田

庐缘焕彩山川挹秀；丰韵奇姿日月辉光。

——陈　旻

上杭县庐丰畲族乡建制20周年志庆

庐临福地，值畲乡建制念年，虎跃龙腾创伟业；
丰仗尧天，庆布新改革卅载，山欢水笑谱金章。

——钟震东

嵌上杭县庐丰畲族乡丰济民族村名

丰登千古乐，济度万人欢。

——包千谷

丰筑屋三门，耕叟樵童资荫庇；济人桥一座，高车驷马便交通。

——包千谷

嵌上杭县庐丰畲族乡丰乐村名

丰祝岁常丰，乡有老农谈稼穑；乐与民同乐，亭留过客话升平。

嵌上杭县中都镇名

中原神韵传千代，都邑风骚续万年。

——钟达雄

嵌上杭县庐丰畲族乡湖洋(今扶洋)村名

湖山秀美开文化，洋溢声名望后贤。

——丘复(荷公)

嵌上杭县庐丰镇四地名

水美东溪来源太古，屏开西寨兆庆庐丰。

——包应卿

嵌上杭县太拔镇坵辉民族村名

坵田千亩绿，辉日万年红。

——钟震东

嵌上杭县太拔镇坵辉民族村"和睦亭"名

和善为人添百福，睦邻处世纳千祥。

——钟震东

(二)民居府第

上杭县临城镇石砌民族村钟宝三"提督府"联

雄风倚画栋，壮志扭乾坤。

上杭县下都镇吉安民族村某别墅联

芝兰君子性，松柏古人心。

心地中风光月霁，性天内鱼跃鸢飞。

——雷上青

上杭县太拔镇坵辉民族村“泰和堂”中厅联

积德胜积金，处世当遵司马训；

为善逾为宝，治身宜念楚诸言。

——钟勷侯

上杭县太拔镇坵辉民族村“大夫第”中厅联

传教有道惟存厚，处世无奇但率真。

——钟勷侯

上杭县太拔镇坵辉民族村“都阃府”正厅大门联

舞鹤飞鸿名贤世泽，玉泉平海儒将家声。

——钟勷侯

(三)祠堂寺庙联

上杭县庐丰畲族乡蓝氏宗祠联

汝水源流远，蓝田世泽长。

上杭县城关蓝氏宗祠联

闽山沃土，乔木千枝，七支竞茂；

汀水清泉，激流万派，一派扬波。

上杭县官庄畲族乡树人民族村蓝氏宗祠联

朴树千枝根共本，汀江万派水同源。

钟氏宗祠联

钟山聚秀人文起，颍水流徽世泽长。

钟史永流芳，千里相逢皆叔侄；姓名期远大，万年欢会是宗亲。

上杭县城关钟氏宗祠联

颍水家声远，杭川世泽长。

上杭县官庄畲族乡福泉民族村钟氏家庙联

鹤舞鸿飞世第，龙图羊角名家。

——钟裕纪

紫气迎祥辉玉宇，彤云献瑞映瑶阶。

——钟裕纪

上杭县茶地镇久泰民族村钟氏宗祠联

源溯颍川祖德长垂卑一族,基开久泰宗功永耀绍千秋。

上杭县太拔镇坵辉民族村钟氏祖祠(至德堂)大门联

颍川新庙貌,越国旧家声。

——钟勷侯

上杭县庐丰畲族乡香泉寺联

卓锡香泉,百老同游绵德水;
传衣临济,千秋为派敞慈云。

——蓝正春

上杭县庐丰畲族乡三将庙联

忠义似桃园千古,威震如夏日中天。

——蓝正春

上杭县庐丰畲族乡天后宫大门联

海国汇流千涧水,仙居坐镇一乡山。

上杭县庐丰畲族乡天后宫厅柱联

自鸠工以迄落成二十八载;由崇祀而叨福庇亿万年。

(四)亭台楼阁联

上杭县庐丰畲族乡泉水塘亭联

但愿存心崇厚道,莫因邀福拜神明。

——蓝星垣

一线细流功德水,四时长饮往来人。

——蓝星垣

行路最难,试遥看,风暴雨狂,稍安毋躁;
入乡不远,莫忙着,逐车驰马,且住为佳。

——蓝斗南

来是路兮去是路,得偷闲处且偷闲。

——蓝斗南

位列泉西亭两座,界分南北路中央。

——蓝斗南

上杭县庐丰畲族乡丰济桥

桥挹高车客，亭穿驷马仙；乘凉登复道，甘饮沐茶经。

上杭县庐丰畲族乡“且安亭”联

且坐片刻消夏气，安知此地不春风。

——蓝晓垣

上杭县中都镇古坊民族村“五谷亭”联

十里溪山宜钓牧，一亭风雨话耕樵。

——钟友廉

上杭县太拔镇坵辉民族村“临江阁”联

小小惟新一阁，平平履吉千人。

上杭县官庄镇回龙亭联

上汀州，下上杭，歇歇再走；谈世事，拉家常，个个开颜。

（五）庆贺挽吊联

庆澳门回归联

朗朗山河，神州圣址，今秋媚妩招君。遥企东岳朝墩，西陲舞柳，南溟翥凤，北宇翔龙。赢得经速寰惊，文旌色特，金汤磐固，腐败披靡。反霸道，振邦威，丽日当头觞五秩；

婷婷澳岛，华夏边扉，昔年烟波困客。今观碧荷绽海，白鹭飞霞，黄胄扬眉，红旗卷浪。信昭民和旅旺，妈阁祥嫣，友谊桥长，牌坊仰绎。酹苍穹，怀闸石，春风从此绿三濠。

——蓝砚田

世界客属第十六届恳亲大会应征联

客从何处来，潇洒圆根梦；家是神州美，繁荣共祖鞭。

——蓝砚田

客本亲人，拓业昔年龙出海；家萦故土，恳亲今年燕归岩。

——蓝砚田

笔遣春风怡客目，影留秋水集家珍。

——蓝砚田

笔遣春风怡客目，影流秋水集家声。

——蓝砚田（获一等奖）

客属精神传万古，中原文化继千秋。

——钟达雄

客俗文明，开拓五洲业绩；家邦昌盛，笑迎四海儿孙。

——钟达雄

客属衍五洲，源远流长怀故土；家风传万代，天高地阔展鸿猷。

——钟达雄（获三等奖）

孔子诞辰 2550 周年联

江山有幸千秋瑞，天道无常万古师。

——蓝砚田

钟金声敕封儒林郎时福建解元钟大受的贺联

懋修叔台敕封儒林郎志喜

诰命频颁，有大德必享荣华，睹膝下欢承，令闻无惭窦氏；

经纶叠贲，廑皇恩以隆作述，喜阶前颔点，徽名不减汾阳。

特授山东德平县知县升济南府同知

庚寅恩科解元宗愚侄大受顿首拜

贺上杭官庄蓝西江秀才增补廪生

西湖轻范棹，江海壮韩潮。

——蓝道岸

贺范健莽先生七秩荣寿联

式度入燕京，愧小子函丈暌违，沧海扁舟秋色远；

百年添鹤算，祝先生古稀诞瑞，斗山重望岁华绵。

——钟洪音

祝父六十寿辰联

拜别十五年，心依膝下，身在天涯，定省阙晨昏，差幸椿庭垂远荫；

喜逢六旬诞，酒晋黄华，香飘丹桂，康强添福寿，遥瞻芝宇祝长春。

——钟洪音

祝母九十寿辰联

堂辉四代，寿开百年，儿女欢呼祈万福；

近在膝前，远从国外，孙曾罗拜祝遐龄。

——钟洪音

八十寿辰自撰联

度八十春秋，饱看花开花落；厉三朝生活，恒游月缺月圆。

——钟友忻

贺郭锦发校长 80 大寿

锦帐传经培俊彦，发聋振聩写春秋。

——钟震东

蓝汉华老首长千古

驰骋疆场，威震敌胆，攻防有术，雄风浩气冲霄汉；

献身革命，情牵黎民，宠辱不惊，壮志丹心报中华。

——钟震东

为刘少奇百年冥诞所作悼联

少彼六言，华夏依公花叠锦；奇冤千古，人民著世笔流丹。

——蓝砚田

贺上杭官庄林天山医师九旬寿诞联

天上长庚尊北斗，山中玉竹寿东垣。

——蓝道岸

挽上杭才溪王临行医师联

临柩依依，北阙伊谁续《素问》；行程渺渺，西天倩汝写《黄庭》。

——蓝道岸

编者注：王临行为医师；《素问》为《黄帝内经素问》简称，是现存最早的中医理论著作；《黄庭》指《黄庭经》，道教经典，此经以道教思神守一、宝精爱气之说与古代医家脏腑理论相结合，阐述修炼长生之术。

其他联

清光绪三十年（1904 年）八月，上杭坵辉钟耀墀赴江西上犹县上寨寻访锡臣公裔撰联

八百里而来，族谊情殷，登堂徒怅先人志；

十余宿乃返，坟山念切，回首犹深故壤心。

赠东蕃侄，并讽美国

热血情怀，大鹏壮志，为祖籍国蒙冤，堪赞；

冷战思维，小人心态，凭莫须有定罪，可悲。

——钟震东

作者自注：钟东蕃为上杭太拔坵辉人，美国波音公司工程师。退休后，返聘为公司顾问，曾应邀回国讲学。2009 年，被美国联邦调查局以“涉嫌泄漏美国空军和航天飞机机密”拘控，以 25 万美元保释候审。2010 年 12 月，加州法院裁定他“有罪”，被判刑 15 年 8 个月。

汀江景色联

汀水虹桥相缱绻，天光云影共徘徊。

——蓝砚田

题上杭县城关北环路

北斗星辉人间春暖;环衢颜改天上神惊。

——蓝砚田

自况联

壮龄春梦啣黄鹤;长怅秋田卧黑牛。

——蓝砚田

下都镇新南蛇渡大桥联

汀水流银,棉电聚宝,千载江河成湖海;

南蛇禁锢,石梅①折腰,一桥云汉过车辆。

——雷维枢

八、散　文

走近摩陀寨

王仲莘

上杭是著名的革命根据地。过去几次赴上杭,都是参观革命遗迹。印象中,好像上杭无其他出色景观。最近,经友人推荐游览了庐丰乡的摩陀寨,颇感新奇。

摩陀寨坐落在上杭城南十公里处的汀江之滨,巍然一山,临江而立。据当地资料介绍,摩陀寨原名武婆寨。北宋天圣五年(1027年),当地乡民在此结庐避难,修筑了城墙、石门、石梯、古堡。明朝初年又有比丘尼多人来这里建庵供佛,念经习武,因此,这个地方又叫摩诃寨。清顺治年间重修山寨时易名摩陀寨,沿用至今。南宋庆元进士、精于史地学的王象之,在《舆地纪胜》一书中,将武婆寨列为汀州的九处古迹之一,说明它在当时影响之大。

初冬时节来到摩陀寨,伫立汀江岸边,仰望这座古堡,山上山下一片葱茏,偶见枝头上伸出几片红叶,在灿烂的阳光下显得格外悦目。我们循西路上山,沿着新修的旅游步道,首先来到山下的功德亭,此亭是为表彰捐资者所建,碑记中特别提到几位台湾同胞的义举。由功德亭往上,相距不过百步,又得一亭,曰望江亭。立于其中,江面景色,尽收眼底。耐人寻味的是,出资建亭者为当地的六位退休女职工,而且六个人的名字后面大都是一个“秀”字,如琼秀、金秀、银秀等等。心想,若将此亭叫作“六秀亭”,不也有趣?

摩陀寨作为一座设防的古城堡,处处给人一种壁垒森严的感觉。用青石条砌筑的寨门,立于一堵峭壁之上,居高临下,令人望而生畏。好在石阶两边有栏杆,双手抓住栏杆,我们才顺利登上了山顶。

山上地面开阔,树木葱郁,四周柯木青青,中间腊梅吐艳。东部山势陡峭,是天然的屏障;西部坡度较缓,筑有城墙。城墙用条石干砌,高四五米,宽一两米不等,总长达300多米,看上去就像一条巨龙横卧在山岗上,十分壮观。城墙上的城垛、枪眼是新修复的。我们跨入寨门以后,沿着崎岖的小

---

①新桥附近高山顶峰叫“石梅嘴”。

路，踩着残枝败叶踽踽而行，首先来到了南面的普济门。普济门是摩陀寨保存较好的古建筑之一，大概是出于防卫的需要，城门垒得很高，而门洞却很窄，仅能容得下一人进出。门楣上嵌着“普济门”二字石刻，久经风雨剥蚀，雄姿犹存。

沿着古城墙东去，在新建的慈莲庵（即原真武殿所在地）旁边，我们看到了另一古迹石梯。所谓石梯，就是在峭壁上凿出来的梯形通道，它的每一隔足有两个石阶高，使人不能轻易爬上山来，目的也是为了防范外敌袭扰。这个普通的建筑，同样闪耀着古人智慧的火花。现在的石梯，因很久无人通行，已经苔痕斑驳，荒芜不堪，但作为历史遗迹，仍然值得玩味。

至于古人使用的枪炮，现在已经看不到了，当年客家人与盗寇做斗争的具体情形，也不得而知。但是，徘徊在现存古迹之中，我们可以感受到他们在开发和保卫这片土地中所表现出来的智慧和勇气，感受到他们巨大的创造才能和众志成城、一往无前的精神。

摩陀寨的寺庙也具有一定的规模。据史料记载：到清末为止，总建筑面积达到2000平方米，其中包括真武殿、观音庵大殿、中堂、厢房、比丘尼讲经堂、放生池、练武坪、比武台等。比丘尼开山祖寂圣、寂湘、寂蓉、寂清等人，于明朝初年来这里建观音庵，从此香火不断，全盛时有比丘尼20多人。到最后一个尼姑还俗，前后经过了二十七世。寺庙在“文革”中悉遭破坏，唯一幸免于难的是位于山南的开山祖比丘尼合葬墓塔。该墓塔已做了保护性的维修。现在，由台湾同胞丘先生投资，在原真武殿旧址上新建了慈莲庵，雕梁画栋，香火正旺，或许会给信徒们带来一些慰藉。

最后，我还想说说摩陀寨石山的来历及其丹霞奇观。按照地理专家的说法，以丹霞地貌为基本特征的武夷山脉，在闽北浦城崛起以后，由东北向西南延伸，经崇安（即今武夷山市）、邵武、泰宁、连城等地，而后进入汀江流域，在长汀、武平、上杭都有不俗的表现，而作为风景点，它在闽西南留下的最后一个杰作，便是上杭的摩陀寨。这里到处都是奇岩怪石，什么“九鲤过江”“武婆守寨”“坐井观天”“田螺上山”“金猴拜佛”“蟒蛇出洞”等等，让人目不暇接。

如“九鲤过江”。那一天，我们到达渡口，先乘渡船在江上小游，沐浴着初冬的阳光，最先映入我们眼帘的，便是西岸峭壁上的“九鲤过江”。九鲤是由叠连在一起的九片巨岩组成的，因状似鲤鱼而得名。放眼望去，九尾红鲤鱼，一尾紧挨着一尾，头尖身阔，昂首向着江面，作跳跃状，层次清晰，气势恢宏，堪与福州的五虎门相媲美。同行的县旅游局同志说，现在，棉花滩水电站大坝落成并已开始蓄水，几个月以后，这里的水位将提高5米以上，那时九鲤贴近江面，看上去就更生动、更壮观了。

如“坐井观天”。从普济门走出去，山坡上有一个洞，洞口呈三角形，仅能容下一人进出。洞中幽暗，地上有泉水外溢。我们弯腰曲背，摸着石壁，小心翼翼地往里走，大约走了十几步，向左拐，亮光一闪，眼前又出现一个竖洞，呈方形，约有半个房间大，地上有石磴一条，供游人小憩，仰望天空。同行者介绍说，这就是“坐井观天”了。我们小坐一会，领略其妙后，继续向里走，发现隔壁又有一个竖洞，大小与前者相同，所不同的是，岩石上有细流涌出，泉水流过石壁，如银丝，如珠玉，晶莹剔透。仔细一看，岩石上还刻有“观泉听韵”的字样，走上前侧耳细听，果然淙淙有声。那声音很细微，很美妙。抬头一看，原来我们已经来到城墙下边。透过洞口的枝叶，扫描古城的一角，更是别有一番妙趣。

（原载2001年3月《福建日报》，作者王仲莘，山东平度人，高级编辑。曾任中共福建省委宣传部副部长、福建省新闻工作者协会主席。）

乡居闲情

上杭县·钟梅音(旅美侨胞)

门前一片草坪,人们日间因为火伞高张,晚上嫌它冷冷清清,除了路过,从来不愿也不屑在那儿流连。唯其如此,它才成了真正是"属于我"的一块地方,静静地等候着我的光临。

站在这草坪上,当晨曦在云端若隐若现之际,可以看见远处银灰色的海面上,泛着渔人的归帆。早风穿过树梢,簌簌地像昨宵枕畔的絮语,几声清脆地鸟叫,荡漾在含着泥土香味的空气之中,只有火车的汽笛,偶然划破这无边的寂静。

骄阳如炙的下午,我常喜欢倚在树荫下,凝望着碧蓝如黛的海水,静听近处人家养的小火鸡在"软语呢喃",实在的,我深信无论谁听了小火鸡的声音,一定不会怪我多事——以燕子的歌喉来比拟小火鸡。那有如小儿女向母亲撒娇的情调,是这么微细、婉转,轻轻地开始第一个音,慢慢地拖长着第二个音,短促地结束了第三个音,而且有着高低抑扬,似乎在向它们的妈妈诉说什么。

新雨之后,苍翠如濯的山岗,云气弥漫,仿佛罩着轻纱的少妇,显得那么忧郁、沉默;潮声澎湃犹如万马奔腾,遥望波涛汹涌,好像是无数条白龙起伏追逐于海面群峰之间。

我更爱在天边残留着一抹桃色的晚霞,暮霭已经笼罩大地的时候,等着鸭宝宝的归来,差不多像时钟一般准确——当上学和办公的都陆续回到家里之后,你可以看见小溪的那一头,远远地有一个白点出现了,这就是我们唯一的"披着白斗篷的队长",领着它的队伍正在向归途行进;渐渐地越游越近,一批穿着背上印满黑斑的浅褐制服的小兵跟着它们的"队长"开始登陆,然后一个个吃力地播动着两片利于水却又不利于土的脚掌,摇晃着颟顸臃肿的身子,傻头傻脑急急忙忙穿过阡陌,有时一不小心滑落到田里,立刻勇敢地又爬了起来继续往前赶,唯恐会落伍似地;好容易绕道迂回跑上了草坪,看见有人站在门边,一个个便又鬼鬼祟祟偏过头去,商量不定,直到你离开了所站的地方,走得远远的,它们这才认为威胁已经解除,可以安全通过,然后一窝蜂地涌进了大门。

柔和似絮、轻匀如绡的浮云簇拥着盈盈皓月从海面冉冉上升,清辉把周围映成一轮彩色的光晕,由深而浅,若有若无,不像晚霞那么浓艳,因而更显得素雅,没有夕照那么灿烂,只给你一点淡淡的喜悦和一点淡淡的哀愁。

海水中央,波光潋滟,跟着月亮的越升越高,渐渐地转暗,终至于静悄悄地整个隐入夜空,只仗着几处闪烁的渔火,依稀能够辨别它的存在。

你可曾看见过月亮从乌云里露出半个脸儿的情景?我仿佛在黄昏的花园里看见过,——一朵掩藏在叶底的娇媚的白玫瑰,然而不及月的皎洁;又仿佛在古画里看见过,一个用扇遮面的含羞少女,可是不及月的潇洒;那么超然地、悠然地在银河里凌波微步。

海风吹拂着,溪流呜咽着,飞萤点点,轻烟缥缈,远山近树都在幽幽的虫声里朦胧地睡去,等待着另一个黎明的到来。

即使在天空黑沉沉地压了下来,仿佛画家泼翻了墨汁在宣纸上,骤雨挟着震撼宇宙的雷声与之俱来,从令人心悸的闪电里;隔窗可以窥见海水像死去了,一切都在造化的盛怒之下屏住气息,然而我知道,这些都要过去的,代替而至的将是一片更美丽而清新的画面。人们都太忙了,从忙着吃奶、长牙、到忙着学走路、学说话、学念书……以至于忙着魂牵梦萦地恋爱,气急败坏地赚钱,因此忘了他们的周遭还有这么一个可爱的世界,而我,却从一般人以为枯燥贫乏的乡居生活里,认识了它们。

(写于1949年7月)

坵辉畲村　我的家乡

上杭县·钟巨藩

上杭县太拔镇坵辉村是我可爱的家乡。太拔镇在上杭县东南部,境内有条发源于上杭与永定交界大山茫荡洋的小溪叫儒溪,它是黄潭河的支流。坵辉村地处儒溪下游,山环水绕,绿树如荫,清流如带。先民们依靠自己的聪明才智、勤劳勇敢把这被称为"露兴坑"(据说最先称"菌萁坑","菌萁"又称"芒",是一种多年生的草本植物,可做燃料)的蛇蟒盘结、虎狼出没之地,营建为一个有丰厚耕读文化的小山村。在这里有"宏义堂""敦厚堂""存厚堂"等众多的古民居,还有"临江高阁""矮寨书声"等人文景观。旅美侨胞、著名的铁路桥梁建筑专家钟洪音先生在阔别故乡坵辉整整一个甲子之后,仍赋《怀故乡》,寄托对家乡深深的挚爱和思念:

儒溪半曲抱村流,来去无踪出进幽。
矮寨书声禽伴奏,临江潭邃鲫浮游。
河川狭岬秤勾角,闾里腴田幄斗坵。
吾家广袤大夫第,门对青山碧绿畴。

儒溪出大地,下张芬,经彩霞,过院田,在龙潭宫下转个直角弯进入坵辉村的店前湾,弯弯曲曲、恋恋不舍地流过村子,在狭窄的秤勾角又转个直角弯向水口流去。来去两个直角弯使人有"来去无踪"的观感。从店前湾到秤勾角是坵辉的黄金地段,河谷展宽,盆地景观显得开阔许多,满眼青翠的山峦,清澈碧流的溪水,稻香四溢的垟田,栉风沐雨的小桥,平坦整洁的村道,方整华丽的民居,把山谷映衬得生机勃勃。

在公路还没开通之前,儒溪河畔十几个村落的村民"上县"(到上杭县城),走出小山沟,去到"大地方",坵辉是必经之路。蜿蜒曲折的石砌山道在坵辉村口被一条深涧挡住了。聪明的坵辉人用杉木建成一座经风耐雨的廊桥。廊桥襟山带水,后窄前宽,巍峨高耸,富丽堂皇,屹然峙立于深潭之上,潭中游鱼如织,潭上危楼百尺。取王勃"滕王高阁临江渚"之意,将廊桥命名为"临江阁"。阁内一副红底金字木刻对联:"小小惟新一阁,平平履吉千人。"《上杭县志·古建筑》有专门记录:"临江阁,位于太拔乡坵辉村。始建于清光绪年间,嗣后重修。石木结构,立于深潭石角之上,石柱高三米余,穿斗架屋顶,石栏杆,门悬草书'临江阁'横匾,系仿江西南昌'滕王阁'阳夫子手书。"前人题咏许多,兹录一二以飨读者。

其一　钟铭寿《题本乡临江阁》

小亭扼险更凌空,石径天梯补化工。
烟锁双桥分上下,云生两岸直西东。
游鱼戏逐清溪浪,飞鸟争鸣古树风。
胜似燕江寻古迹,凭栏吟赏入诗筒。

其二　钟之鉴《题临江阁》

危崖一阁势偏雄,中有人家曲径通。
雅爱此间风景好,天光云影碧涵空。

屹立新亭已百年，上临霄汉下临渊。

望中鸡犬桑麻乐，胜似桃源别有天。

小小临江阁“变天堑为通途”，也是坵辉人休憩的好去处，炎炎夏日，老人们相聚于此，或下棋，或打扑克，或闲聊，过着悠然自得的快乐日子。

坵辉村的“水口”在儒溪秤勾角以下河段，夹在雷公岭和下山之间，两座山的山上长满双人合抱的松树、枫树、锥栗、楮树，把2里多长的山谷遮得严严实实，炎炎夏日都难见一缕阳光。在儒溪及石背坑交汇处的雷公岭山脚边，用河石砌起数丈高的平台，平台上建有永兴宫，供奉黄倖三仙师。民国《上杭县志》载：“永兴宫，坵辉水口，清康熙四十四年（1705年）钟赓臣倡建。”永兴宫的楹联是：“道深仙，义深师，永保一方福土；法传甥，武传子，同昭千古英名。”永兴宫下有永兴桥，曾是栏杆木板桥，今为水泥平板桥。永兴宫前有株桂花树，高数丈，郁郁苍苍，金秋时节，文人学子在宫前赏桂，品茶吟诗。清光绪年间，邑庠生钟京川有《桂树神》一首流传极广，诗云：

异种天飘桂子香，高攀直上志轩昂。

仰看珠蘂非凡艳，清挹琼楼压众芳。

愿绕因缘披鹤氅，如探消息咏霓裳。

广寒有知嫦娥约，衣袖犹沾皓月凉。

永兴宫右后侧是去蓝溪镇黄潭村的大路，左后侧往下数百米为秤勾角陂，据老人回忆说，水陂自砌起后，历数百年未被洪水冲毁过，实在是水利建设史上奇迹。在下山的山跟，秤勾角水陂旁建有镇龙宫，宫里供奉着真武祖师菩萨。宫门楹联是：“北阙恩波源不远，南天德泽本来深。”宫前有镇龙桥。钟京川亦有《镇龙桥》诗一首：

百尺虹桥障碧流，儒溪锁钥筑千秋。

樵夫牧竖长来往，我亦桥头把钓钓。

在雷公岭和下山这两座村口高山之巅，先人们分别造有“文峰岽”，也就是人们常说的“文笔峰”。

水口的山、树、峰、桥、宫、陂构成完整的水口建筑群，成为全村一群错落有致、壮观华丽的景观。

坵辉村四面环山，山连山，峰连峰，儒溪穿谷而过，山泉终年不涸，有店前墩、幄斗丘、荷树坪等垟田以及一层层、一排排的梯田，山上长着十分茂盛的竹木，使得她有强壮的骨体、充沛的血脉、丰腴的皮肉、茂密的毛发，有地可耕，有泉可饮，有山可樵，是一处桃花源似的理想聚居地。

据前辈长者说，钟姓未到坵辉定居之前，这里已经有杨、吴、李、吕、黄等几姓人家，至今村里还有“杨屋背头”的小地名。笔者孩提时，到后龙背头山上的丛莽中采摘野果，还见到残垣断壁的杨氏祠堂。这几姓人家迁往何处，今不得而知。

上杭县来苏里古坊（今中都镇古坊村）钟氏四世祖念二郎公随田庄居住在胜运里黄田窠（今茶地镇上连科村）。念二郎之孙（古坊六世）闻珣公因经常往返于古坊和黄田窠，要在坵辉经过，觉得这是个风水宝地，于是在明朝洪武十年（1377年）开基于坵辉，尊其祖父念二郎公为坵辉一世祖。

据清光绪三十一年（1905年）坵辉钟氏十八世祖清优廪生之灏公编的《坵辉钟氏念二公族谱》记载，坵辉钟氏在“国朝乾隆而后，庶富骈臻，丁口盈千，堪拟金张望族”，“是时，予十二世祖懋修（金声）公家累巨万，声称赫赫，子八人复能继长增高，皆积资数十万，时人有钟家油之歌。盖先世诸公皆以囤积茶油致富也！其外如金福公、金禄公、吉兆公、赓臣公亦先后济美一时，庶富甲于他族”。这说明，在清乾隆、嘉庆年间，坵辉村进入大发展时期，有几百户人家，一千多人口，又有在江西赣州一带经营茶油赚到的大把银子，山上还长着望不到边的参天大树。人丁多，银子多，建筑材料不缺，于是就大兴土木,广建豪宅,共建起了14幢方楼大院,其中赓臣公建的“粪斗屋”最大,占地约9000平方米。懋修公及其八子建房最多,在短短的十几年间建了10幢,占全村屋宇的三分之二。据说,在大兴土木期间,砌墙基用的河石在坵辉河段捞尽后,还到院田、太拔等河段靠人挑肩扛运来。夯墙用的山土挖出千米长的“洋坑里”山沟,经改造后,又造出几十亩的良田,可见当时建屋工程之大,所建屋宇之多。坵辉人那时就懂得了“统筹学”,确实不简单。此后的160多年间坵辉村民基本没有再建新房,就住在老祖宗留下的大宅院里,直到改革开放百姓的腰包鼓起来后,才有部分村民建起小洋楼,走出大宅院。

坵辉古民居以其绚丽多彩的手笔,写下建筑史上的辉煌诗篇。这批200年前的清代建筑是一批珍贵的文化遗产,对于研究清代建筑、雕刻、书画有重要的参考价值,也是研究畲族文化和发展旅游业的重要物质资源。

坵辉人建宅,屋宇格式参照赣南的“九厅十八井”,有三堂两直外包围屋的方楼,或中间隔一大坪的二字楼等。采用中轴对称布局,中间三栋式的大厅堂,三堂中隔有大天井,左右两直各有厅堂、天井、房间、楼梯间,外侧各筑楼房一排,此是内宅。内宅由走廊、过道、楼梯相连,四通八达,故又有“九厅十八井,穿心走马楼”之说。在内宅的后面或左右两侧分别依地形地势建有学舍、内花园以及厕所、砻碓间、柴草房、猪舍等平房。平房既与内宅相通,又隔着内坪,不出屋外,就能料理好日常的起居生活,既讲究卫生,又方便安全。一座大屋就是一个家族,有些大屋可住十几二十来户、一百多人丁,在集体化时也就是一个生产队,如敦厚堂就是住着第五生产队的全队社员。懋修公建的“宏义堂”(又叫“大夫第”)和“泰和堂”,俗称“前只屋”“后只屋”,这两幢大屋格式一样,取同一中轴线,前后对应,前低后高,中间隔着一个广场叫长坪。它们既是统一的整体,又可各自成宅,远远望去,楼堂错落有致,层层叠叠,犹如皇家院落。

坵辉的先人们建屋宇尤重门楼,门楼连着围墙,俗称“外大门”。他们重视门楼的坐向,大都坐北朝南。其次重视门楼的造型结构。门楼由门柱石、作为过梁的门宕及门额上部的门楼组成,高大堂皇,飞檐翘角,绘有花鸟,建筑华丽。额首门楣有依主人的官衔功业来写的,如“大夫第”“司马第”“都阃府”等,也有依主人的德行操守,家族遗风来写的,如“和安居”“流水鸣琴”“露润乔松”等,还有依屋宇的形势或地理位置来写的,如“气凌霄汉”“川之芳至”等。大门两侧刻有或写上固定性楹联,如“舞鹤飞鸿名贤世泽,玉泉屏海儒将家声”等。

坵辉古民居建造要求十分严格。墙基以上有高约1—1.5米、厚约半米的“硌子墙”,墙体坚硬如钢,光滑如镜。这种墙的原料是黄泥、石灰、粗砂、黄糖、糯米等,按一定的比例搅拌均匀后置于池中,用大水牛蒙上眼睛绕池走圈踩熟,人力倒翻,再踩再倒,反复几次,炼至如做瓦的熟泥后,放进筑墙的工具“墙枋”内,卡上“锁板卡”,两位师傅用“舂椎”你一椎我一椎地分层夯实,一般四至五层为一版,一版完毕,脱下墙枋,师傅用修墙板向下用力拍打墙面,使之更为平整结实,再用补墙拍(俗称“泥马”)补墙,并用“泥马”反复磨平磨光,就这样依次联结逐层递上而成。有些古民居,屋宇早已成为菜地、荒地,但“硌子墙”却依然保留原样,一锄头下去还闪出火花。整幢屋宇的墙体是用炼熟的山土夯成。墙体内逐层放上几丈长的竹片“软梆”和碗大粗的杉木“硬梆”,在转角交会的地方放上“咬角梆”“丁字梆”。房子的防洪、抗震、防风性能极好,虽经两百多年的风雨沧桑,仍然十分牢固。

家乡的民居一般都有上、中、下三个大厅,厅的前檐口敞开,中厅、下厅后檐金柱间用八块可装卸活动的木门组成板壁,客人来了一般走侧门,只在重大活动或有特别尊贵的客人才会把板壁的门打开,也就是古代的“开中门恭候”。上厅供奉着观世音菩萨,是女眷祈祷念经的地方,外人莫进。中厅为接官议事处。厅前的天井和前后檐都铺有方正的石板,地面铺有用黄泥、石灰、粗砂配制成的三合土,夯实后反复碾压打磨,直到表面光滑平整为止,为了美观和防滑,用棕绳压出斜方格子或其他图案,干后非常坚固耐磨。如果家中举行婚丧喜庆的重大活动,卸下板壁门,铺上专用天井木板,把上、中、下三堂联成一体。中厅宽敞高大,楹柱矗立,下垫鼓形柱磉,雕有花纹图案。为了便于采光,檐前金柱和楹柱间装有镂空花格扇。后金柱间漆成黑色的板壁称"太师壁",是全厅的中心,太师壁前放长案,俗称"香桌"。长案上置福禄寿三仙瓷像,左右两边放瓷花瓶,喻"平平安安",长案前置八仙桌,两边各配太师椅一把,是会客时客人落座之处。在中厅两边沿板墙各置太师椅和茶几若干套。厅堂摆有一张长案,一张八仙桌和若干张太师椅、茶几,位置固定而对称,式样凝重。太师壁正中挂有大幅中堂,以梅兰菊竹或松柏鹤鹿为主要题材。在每年腊月二十五日"入年界"这天,取下中堂挂上祖宗遗像,元宵过后的正月十六日才将遗像请下珍藏。后金柱、中柱和楹柱上的对联是木板的,柱子为圆形,木联也做成圆弧状,木联黑漆底,字大多为阴文金色、熠熠生辉。厅堂左右的板墙上也挂有条幅,为防刮风和行人走动掀起条幅,便在樘板上做压画条,用来压住条幅下端。用雕梁画栋来形容中厅各种木构件是一点也不为过的,栋与梁的雕饰为朱红底浅勾圆边,内有镂花的喜鹊迎春图案,梁托、斗拱、斜撑、窗棂、元宝梁的雕花种类很多。有人物、动物、植物的造型,生动活泼,栩栩如生。

闽西山区有大量聚族而居的血缘村落,它们是宗法制度的社会群体。这些血缘村落能绵延数百年而不散,除了经济、地理和历史原因外,强大的宗族制度也是它们能保存至今的重要原因。

在村落建设中,表现宗族力量的就是宗祠。它是礼制中心,宗法制度的物质象征,寄托着宗族成员的归属感。坵辉村的钟氏宗祠"至德堂"背靠后龙山,门朝银坑崁,位于村中心,儒溪在门前流过,前有一大石坪——榕树坪,村里凡举行大型的群众性活动,如迎神赛会都在这里举行。大门左右两边蹲着一对石狮,石狮胸突嘴张,脚踩彩球,脖下系有宽大带子,卷毛高突,雕刻细腻,为青灰花岗石所雕,是清朝文物。这一对石狮守护着宗祠,为宗祠增添了几分威严,也象征对钟氏后人的祝福。

"至德堂"于20世纪30年代重建,大门题联是"颍川新庙貌,越国旧家声"。"颍川"是钟氏的郡望。"越国"是指唐玄宗年间的名相、越国公钟绍京,江西兴国人。他是中原汉族南迁后第一个有成就的人,在唐代历仕武后、中宗、睿宗、玄宗四朝。公元710年,为平定韦后之难,辅助李隆基(唐玄宗)登上皇帝宝座立下奇功,"夜拜绍京中书侍郎,参知机务,明日进中书令,越国公"。他的书法也很有名,时号为"小钟",以钟繇为"大钟",一直为后人所珍爱。据族谱,坵辉钟氏是绍京公的后代,所以祠堂楹联会有"颍川"和"越国"相对。"至德堂"匾额和大门对联,相传为之灏公所撰书。"至德堂"重建时,之灏公通过在国民政府任职的胞弟之琪公,请国民政府主席林森、财政部长孔祥熙、驻日大使许世英为宗祠写了"奕世忠贞""诞昭世泽""至德长存"的题词,以及曾任平和县长钟之灏的"越国勋名",制成四块匾额,依次悬挂在"至德堂"前后堂的横梁上,题匾红底金字,做工精细,为山村宗祠增添了不少颜色。

幼时,笔者曾登上两座遥遥相望的文笔峰,站在峰尖,远眺院田、太拔、黄潭,遐想先辈挥汗如雨,挑土造山的壮举,想想我们后人在攀登科学高峰的道路上更应有一种不畏艰险、执着向上的勇气和追求,切不可"为山九仞,功亏一篑",这才能对得起祖先的一片苦心和殷殷之望!

为了表彰考取功名的子弟和激励后人,还在有功名人的祖屋前竖立桅杆。"大夫第"门前的石坪上高竖两根石桅杆,有如两根华表。石桅杆用花岗石雕成,分两段,为方形石柱,各长约4米,面宽约40厘米,下段左右两边夹上石条埋进土层数十厘米,石条、石柱凿榫相连接,上段刻有竖杆年代、姓名、官职等,顶部雕有石狮,故大坪称为"石狮坪"。古时凡族中子弟在科举考试中考上进士的,可以在祖屋大门前竖石桅杆,亦叫"石旗杆",在桅杆上镌刻姓名、官职、功绩和生平,并雕上龙、狮等瑞兽,予以褒扬,同时也标榜家族的荣耀和规劝、激励后辈以此为楷模。清代以后,族中子弟考中举人,

或取得一定官职的乡贤族哲,也可在祖屋大门前竖立桅杆。懋修公的一位孙子世发曾任广东龙川县正堂、南雄州知州,另一位孙子启发曾为州判(州司马),所以能在祖屋前高竖桅杆。

《坵辉钟氏念二公族谱》记载,八世祖元允公"生当明季,承父志发愤读书,有文名,于万历间入庠,吾乡风气,公为之创"。坵辉人的读书风气是从元允公开始的,而真正形成"重教兴学"的浓厚氛围,则不能不提到十二世祖懋修公的业绩。十二世祖金声公,讳恒菁,号懋修。太学生,是位有相当高的文化教养的人,经商江西,往返闽赣,既赚了钱,也结识官宦士子。乾隆四十二年(1777 年),上杭钟氏兴建钟氏家庙时,他总董其事。他的堂弟金禄公建"存厚堂",与他的"泰和堂"毗邻,为使"存厚堂"的檐水能顺利落下,他叫工匠锯短"泰和堂"左边檐口桷子,留下了一段兄弟和睦相处的佳话,也留下了"大屋一线天"的美景。他被县里赠以"儒林郎"和"族哲"称号。金声公还认识到仅仅"耕可致富"是不够的,要"读可荣身"必须重视对后代的教育,所以在他自己所建的"宏义堂""泰和堂"都辟有书舍,八个儿子所建的屋宇也都建有学舍、书室,如"敦厚堂"建有"勤学书室","和安居"建有"晖吉堂",旁边还建有"魁星楼"。

除了各房各族建书舍外,还在村子对面一个叫矮寨子的小山岗上辟地建公共书院——鳌山书院,当地人又称"兴贤馆"。馆内有对联,"文式范重光,民依良寨;风钦师百世,馆待兴贤"。本乡名儒钟斗垣、映丹父子主持书院多年,书院除了招收本村学生外,太拔、蓝溪甚至永定县的学子也慕名前来求学,盛极一时。同治年间,钟肇基有《题本乡兴贤馆》四首,今录其一:

兴贤当日结蓬庐,绝构凌云入碧虚。
架旧自余图与史,林深岂噪马兼车。
庭绕柏翠供吟笔,堂覆林荫好读书。
谁是此间人远俗,晨昏木石与相居。

院前诸生李先甲也有《咏兴贤馆》诗四首,今录其三:

尽多好鸟作朋俦,散步闲阶自由游。
极目云横千里障,全村烟锁浅滩头。
关怀野处风光好,触景文思柳线抽。
拈笔题诗欣泼墨,推窗吟兴满汀州。

为了鼓励子弟读书进阶,钟氏家族还专为培养人才置了"儒资田",将租谷用来补助本村学子的学费、试费,对读书有成就者颁给各种花红、奖金。文笔峰的激励,石桅杆的榜样,兴贤馆的培育,儒租谷的扶持,使坵辉村形成了浓厚的读书氛围。尽管自清朝嘉庆、道光年间以后,村民纷纷外迁到闽粤赣浙等处开拓新的基业,加上自然灾害等原因,坵辉的人口从乾隆年间的"丁口盈千",锐减至民国初年的二百余人,但读书风气长盛不衰。民国《上杭县志》:"坵辉乡,户口二百,文风甚盛。"清朝同光年间曾出过 30 位秀才(文秀才 25 人、武秀才 5 人),38 位太学生。进入 20 世纪,出过 2 位县长(知事),1 位铁路桥梁建筑专家,1 位女作家,约 20 位博士、硕士,10 多位大学教授、研究员,2 位高级工程师,1 位注册会计师、1 位建筑师和 100 多位大中专毕业生。在一个不足 800 人口的小山村能出这么多人才,是十分难得的。

笔者再次引用钟洪音先生的《七十感怀》来结束本文。诗曰:

人生七十古来稀,健步寻芳到处飞。
异国山河诚美丽,萦怀桑梓忆坵辉。

(写于 2001 年)

第五节 文 物

2004年，龙岩市和有关县（市、区）民族宗教局分别成立少数民族古籍整理工作小组，开展少数民族古籍搜集整理工作，共发掘整理出图谱3幅、山歌1本、文书类17幅、石刻类和梦碑14块、建桥纪念碑3块、禁山令石碑1块、圣旨木刻1块、对联3副。2021年，龙岩市畲族乡村有省级文物保护单位7处，县（市）级文物保护单位12处。

一、省级文物保护单位

中共闽西特委机关旧址 中共闽西特委机关旧址——树槐堂，位于上杭县古田镇苏家坡村，建于明朝末年，坐西朝东，占地面积1105平方米，建筑面积672平方米。悬山顶屋面，穿斗式木构架，三合土地板，砖木结构，一正两横布局。

1929年10月中旬1930年3月，中共闽西特委机关驻在苏家坡领导土地革命斗争，协助红四军开展各项工作，为建立、巩固和发展闽西革命根据地做出了巨大的贡献。同时，毛泽东也随中共闽西特委机关来到树槐堂，代表红四军前委指导中共闽西特委工作，进行了大量的社会调查，为闽粤赣干部培训班讲课，并创办了一所平民小学。2005年5月，树槐堂被福建省人民政府公布为省级文物保护单位。

上杭县庐丰蓝氏家庙 （详见本章第三节《家族文化》）

上杭县官庄回龙天后宫 位于上杭县官庄畲族乡回龙村九大自然村下街，属庵观式建筑，以供奉天后娘娘得名。清乾隆六十年（1795年）由林郁华倡建，咸丰七年（1857年）毁，又由林忠仁等重修；21世纪初，回龙村周边村民捐资再次对天后宫进行维修。占地约1000平方米，建筑面积800平方米。砖木结构，坐西南向东北，一进一出，通面阔14米，通进深35米，硬山顶，上、下厅一天井。天井四面起4根直径40厘米浑圆石柱、2根八角石柱配以5条弓形两端有镂空雕花式的杉木巨梁，纵横交错，互相衔接组成上厅屋顶。屋顶中央的八角杉木顶穹造型独特美观，为此座天后宫的建筑亮点之一。中厅前方是一片开阔地，开阔地前矗立着一座三层牌楼式石门楼，八柱七间九柱式，起三级台阶，顶嵌"天后宫"石质匾，门额嵌"普利济"石质横匾。石门楼左右两侧蹲着两只雄赳赳的石狮子，圆睁双眼，注视汀江。石门楼前面是花岗岩石板砌筑的26级台阶，每级约8米长；台阶分两段，上段三级，下段二十三级，象征妈祖三月二十三日诞辰之意。

2013年1月，被福建省人民政府公布为第八批省级文物保护单位。

上杭县临城上登回龙阁 又称迴龙阁、罗登塔、仙桥宫。位于上杭县临城镇上登村钟姓田心畲族自然村上坊水口处，始建于明洪武年间（1368—1398年），清道光中（1835年）重修，坐东朝西，外大门坐北朝南，占地500平方米、土木结构，悬山式翘角飞檐葫芦顶，共五层，一二层为四角形，面阔三间，三至五层为八角形，三四层为一厅式，一至四层正厅供奉有菩萨、神佛，塔高16米，通面阔15米，通进深16米。一层至四层楼梯沿墙旋转而上。

2013年1月，被福建省人民政府公布为第八批省级文物保护单位。

仙人桥 位于上登回龙阁右侧10米处，建于明代，单孔石拱桥，鹅卵石砌筑，东西走向，桥身长28米、宽4.8米，桥跨12米，矢高9米，属回龙阁附属文物。

闽粤赣三省干部培训班旧址　别名鸿玉堂。位于上杭县古田镇苏家坡村西部。原为民居，建于清代。占地168平方米。由下厅、天井、上厅组成，悬山顶，抬梁穿斗式，木结构。上厅两侧有厢房各一间，有回廊。1929年闽粤赣三省干部在此举办过二期训练班，毛泽东亲自为学员授课。

2018年9月，被福建省人民政府公布为第九批省级文物保护单位。

上杭县苏家坡圳背岩洞　位于上杭县古田镇苏家坡村“树槐堂”左侧小山寨顶山的山腰，是一个天然石灰石岩洞，地名叫圳背岩洞。洞口树木茂密，为便于人们行走，从南山起修有木栈道至洞口。洞口约8平方米，洞内宽阔100余平方米。洞属石灰岩质溶洞，洞口坐东朝西，洞前山脚有圳背岩塘，小河由北往南流过。1929年10月，毛泽东随中共闽西特委机关迁至苏家坡，在指导特委工作40多天期间，曾在此岩洞读书、养病，为闽西干部训练班和他亲自创办的“平民小学”编写教材，并经常在此岩洞内与特委干部和群众谈心。

2018年9月，被福建省人民政府公布为第九批省级文物保护单位。

上杭县庐丰天后宫　位于上杭县庐丰畲族乡丰济村。始建于清乾隆四十九年（1784年），清道光十五年（1835年）重修，奉祀海神妈祖。坐南朝北，通进深25米，通面阔32米，占地1230平方米，土木结构。中轴线上依次有山门、前厅、天井、大殿，两侧带横屋。大殿面阔三间，进深3柱，穿斗式木构架，起二层重檐歇山顶，两旁墙壁上有彩绘壁画纹饰多样，斗拱别致美观。前厅硬山顶，抬梁式木构架，起八根石柱，石柱础形雕饰各异。大门额悬“天后宫”横匾。

庐丰天后宫是上杭县第一个农村党支部成立的所在地（1927年），中共上杭县委正式成立的地方。

2018年9月，被福建省人民政府公布为第九批省级文物保护单位。

二、县（市）级文物保护单位

上杭县武婆寨寨址　位于上杭县庐丰畲族乡下坊村武婆寨山西南侧，距村部1730米处。寨址为北宋时期所开辟，占地约3000平方米。现仅存东北面石质城垛与射口一处，西南面开山始祖比丘尼碑一方，碑文字迹模糊，东南方向一段石质古城墙，城墙中段设有普济门。城墙长60米，高4.5米，厚0.4米，用条石砌成，顶部被毁，20世纪90年代维修时用青砖砌筑城墙顶部的城垛。保存较完好的是普济门城墙的一段。

建于北宋的武婆寨城墙“普济门”

（庐丰畲族乡政府提供）

1996年9月，被上杭县人民政府公布为第四批县级文物保护单位。

上杭县庐丰畲族乡温氏九郎公墓　位于上杭县庐丰畲族乡下坊村圳头自然村。建于明万历十六年（1588年），1985年重修。占地107平方米，坐东朝西，由墓丘、墓堂、墓坪组成。墓丘用三合土，水泥，石筑成，龟背形。墓碑高1.25米，宽1.7米，厚0.12米，两侧有护墙，雕有麒麟一对，石狮一对，碑文楷书阴刻。温氏九郎公裔孙繁衍30余代共10多万人，遍布闽、粤、赣、香港、台湾等地。

2007年11月，被上杭县人民政府公布为第八批县级文物保护单位。

上杭县庐丰畲族乡廖花墓　位于上杭县庐丰畲族乡丰康村大路背呈“田鸡浮塘”形，是闽、粤、赣廖氏开基始祖。廖花，字实蕃，号循政，世居福建延平府顺昌乡合阳，后迁上杭蓝溪觉坊村。北宋

初年人，曾为湖广参政，封万石第。娶妻冯氏，生一子昌。此墓系廖花夫妇合葬墓地。2006 年，廖氏裔孙重修，扩大墓园，建有墓地、凉亭等，占地 150 平方米。

2007 年 11 月，被上杭县人民政府公布为第八批县级文物保护单位。

上杭县文物保护单位——临城镇上登民族村回澜阁（上登村委会提供）

上杭县临城镇回澜阁（又称罗星塔、玉田宫） 位于上杭县临城镇上登村蓝田畲族自然村，系蓝姓蓝田开基始祖三十一郎公次子满郎公始建于明万历癸酉岁（1573 年），清道光年间（1821—1850 年）蓝利田等乡贤筹资重修，建筑面积 2000 平方米。坐东北朝西南，土木结构。该建筑为上下厅阁式建筑，上厅起三层阁楼，高 16 米，下厅左右有厢房，上下厅中间以天井相隔。上厅第一层为长方形，第二三层飞檐翘角，分别为四方形与八角形，阁内留有古代文人墨客所作诗词。一至三层供奉有各界菩萨，是上杭县少数民族古建筑代表之一。三年游击战争时期，回澜阁曾是闽西工农红军的重要接头点之一。

2015 年 10 月，被上杭县人民政府公布为第十批文物保护单位。

上杭县庐丰畲族乡三坪村江氏总祠 位于上杭县庐丰畲族乡三坪村岗背自然村。江氏入闽始祖祠，始建于元至正二十七年（1367 年），现存建筑建于清代，呈“雄牛斗石”形。坐西南向东北，占地约 900 平方米，通进深 20.7 米，通面阔 12 米，土木结构，悬山顶，上、下两厅一天井，前带雨坪、鱼池。上厅穿斗式木构架，进深六柱，面阔三间，供列祖神位。大门两侧有对联：“济水源流远，岷山世泽长。”厅堂楹联为：“兄宰相弟尚书双璧文章天下少，父成仁子取义一门忠孝世间稀。”开基始祖江十八郎后裔遍布八闽大地，繁衍至湘、桂、粤、浙、台及东南亚各地，多达百万余人。

2016 年 10 月，被上杭县人民政府公布为第十一批县级文物保护单位。

上杭县官庄畲族乡树人村新屋下蓝氏民居 位于上杭县官庄畲族乡树人村新屋下。建于清代，坐东南向西北，三进三列民居建筑，占地面积约 1500 平方米。通进深 34 米，通面阔 32 米，砖木结构，中厅抬梁式木构架，夯土地板，下厅天井石板围砌，中厅天井卵石围砌，中厅墙书“雷锋日记”等，上厅墙书“论联合政府”“关于正确处理人民内部矛盾的问题”等标语。

2017 年 12 月，被上杭县人民政府公布为第十三批县级文物保护单位。

上杭县文物保护单位——蛟洋镇华家民族村著名画家华喦的祖祠寅山祠（华家村委会提供）

上杭县蛟洋镇华家村华氏寅山祠（华喦祖祠） 华家华氏寅山祠位于蛟洋镇华家村凹背，是清代著名画家华喦之祖祠，明建文二年（1400 年）始建，明末毁，清顺治年间（1644—1661 年）重建，康熙年间（1662—1722 年）及 1998 年重修，原上厅墙壁有华喦所绘的

《高山云鹤》《水国浮牛》《青松悬崖》《倚马题诗》和《老来担角》5幅壁画，后毁。宗祠坐东北向西南，占地约150平方米，由大门、前厅、大厅组成，大厅穿斗式木构架，石山顶，进深六柱，面阔五间。

2017年12月，被上杭县人民政府公布为第十三批县级文物保护单位。

上杭县蛟洋镇华家民族村华氏民居 位于上杭县蛟洋镇华家民族村竹头背。由华学乾（号行一）建于清雍正四年（1726年），建筑占地面积约500平方米，坐北朝南，一进一列，砖木结构，面阔十余间，门楼为石质牌坊，门额嵌“鸿图献瑞”石质横匾，门楼左右立石桅杆一对，存有“州司马第”匾额。

2017年12月，被上杭县人民政府公布为第十三批县级文物保护单位。

上杭县官庄天后宫 位于上杭县官庄畲族乡福泉村村部西侧140米，属庵观式建筑。以供奉天后娘娘得名。始建于清道光初年，黄兆华等合众姓建，2015年重修。坐西向东，占地约1000平方米，建筑面积880平方米，石木结构。主建筑一厅二室，皆敞口，其下部5米是三合土墙，墙顶2米安放木柱屋架，中厅前方及屏风由4根直径40厘米浑圆石柱、2根八角石柱配以5条弓形两端有镂空雕花式的杉木巨梁，纵横交错，互相衔接组成屋顶。屋面有飞檐翘角，檐口悬有杉木条交错叠加而成的乌鸦巢及拱形顶棚，气势恢宏，建筑精美。宫前立四柱三间五楼式牌坊。牌坊横批“利涉大川”，两旁楹联为：“绅笏冕旒尊弥竖亥，江淮河海群乐夷庚。”

2020年6月，被上杭县人民政府公布为第十六批县级文物保护单位。

上杭县中都镇古坊村钟氏祖祠 （详见本章第三节《家族文化》）

漳平市赤水镇香寮民族村香山桥 位于漳平市赤水镇香寮村东南面的三溪口处。香山桥为石构碑孔拱桥，东西走向，始建于唐代，屡毁屡修，清乾隆六十年（1795年）再毁，清嘉庆二十四年（1819年）重修。石构单孔拱桥，东西走向，净跨度10米，桥堍为块石垒叠，全长16米，宽7米，水面距桥面约10米。桥头竖历代修桥石刻碑记3块。（碑记原文见本章第四节《记》）

1989年10月，漳平县人民政府公布为第三批县级文物保护单位。

漳平市赤水镇岭兜民族村“凤翔千仞”摩崖石刻 位于赤水镇岭兜村穿云洞“凤翔千仞”摩崖石刻是漳平境内仅存的几处摩崖石刻之一，具有较高的历史文化价值，作者是明万历年间的贡士、漳平和平人陈茂楠。

明嘉靖戊午年（1558年）陈茂楠在漳平赤水岭兜穿云洞阴刻楷书“凤翔千仞”，每字约1平方米。下方还刻有“大明嘉靖戊午年秋七月之吉，德庆同知漳平陈茂楠书”等诗文小字。保存基本完好。

1989年10月，漳平县人民政府公布为第三批县级文物保护单位。

漳平市赤水镇香寮民族村天台山舍利塔 位于漳平市赤水镇香寮村天台山天台庵右侧。天台山舍利塔古称“净室”，建于南宋末年。塔坐南朝北，占地面积50平方米。塔身为石构空心五檐六面六角葫芦刹顶，高3.1米，底座每边长1.46米，向上逐层收分，塔壁厚0.45米；正面开券顶拱门，门高1.16米，宽0.56米，外形粗犷古朴，浑厚稳重。是研究南宋时期宗教文化的实物。

2000年9月，漳平市人民政府公布为第四批市级文物保护单位。

三、文物保护点、古民居

漳平市赤水镇岭兜民族村万安桥石碑 位于岭兜村洋头通往香寮村的万安桥右侧。碑共3块，系清嘉庆二十五年（1820年）刻立。碑文记述修桥经过及董其事者姓名。中间碑高150厘米，宽70厘米，厚12厘米；左碑高117厘米，宽63.5厘米，厚12厘米；右碑高120厘米，宽61.5厘米，厚12厘米。

上杭县官庄畲族乡上濯村园坑自然村大院 位于上濯村园坑自然村，建于清乾隆年间（1736—1795年）。占地面积约1400平方米，建筑面积约1000平方米，坐南向北。通阔32米，通进深23米，

三进三列土木结构。主座悬山顶,下厅抬梁穿斗式木结构,廊顶绵卷棚,上厅穿斗式木构架,进深7柱,面阔三间,横屋与主座间以天井相隔,以廊相连。天井边缘以三合土浇注,看似平整的花岗岩石板。建筑结构是墙包柱,柱头、悬梁俱用粗大的杉木加工而成。中厅、上厅的虾公梁、插挑,雕刻了精美的花纹。窗户上镶嵌着漂亮的窗花;神龛上雕刻的人物、花草栩栩如生。

民国18年(1929年)7月官庄进行武装暴动后,在红四军一纵队的帮助下,中共官庄区委在园坑村建立了兵工厂,主要制造大刀、梭镖、单响枪等武器和弹药以供军需。群众称该厂为"园坑红军兵工厂",所造武器铸有"园坑造"字样。民国20年杭武县成立后,根据中共闽西特委"各县应设立兵工厂"的指示精神,扩大园坑兵工厂规模,并升格为杭武县兵工厂。次年春,该厂作为分厂并入设在南阳茶树下的福建军区兵工厂,并在园坑分厂增设木工股(股长赖梅生)和炸弹股(股长邱汉田),增招技术人员20多人。至此,福建军区兵工厂职工达140多人。年底,园坑兵工厂随福建军区兵工厂迁往江西瑞金平头寨,与江西官田修械所等合并成立中央军委兵工厂。

上杭县官庄畲族乡回龙村林逢春家庙　坐落在回龙村桅杆树下,建于清朝嘉庆年间(1796—1820年)。是一栋三进厅建筑,左右配横屋,后面有围屋。建筑面积600平方米以上,为墙包柱结构,后厅屏风上书"敦本堂"三字,中厅牌匾上书"龙种初腾"四字。前厅屋顶正中上方砌一小方阁,阁的前后两面署醒目的"福"字。前厅与中厅之间的天井一分为二,天井底部用规则的鹅卵石砌成一行一行的人字形花纹。大门外为依次低10厘米左右的3个长方形空坪,空坪前是半月形池塘。大门石门膀上书"皇恩深雨露,帝法大乾坤"楹联一对。因林逢春之孙林春龙屡赴殿试不中仍孜孜不倦,终日苦读,直至80岁仍坚持上京赴考。皇上念他年老志坚,于同治庚午科(1870年)钦赐国子监学正,准立缠龙桅杆一对,竖于家庙大门左右两侧,旌表其志。该家庙所在地因此得名桅杆树下。十余米缠龙桅杆在"文化大革命"中被毁,现存部分残骸堆放在门前空坪的角落处。

上杭县官庄畲族乡七里民族村大夫第　坐落在七里小学右方约80米处。是一座清中后期的建筑物,迄今大约300年,占地面积和建筑面积120平方米左右。由厅堂、左右厢房(厢房宽仅2米)、天井、围墙、门楼(门楼的门槛、门楣、门膀都用花岗岩石打造)组成。天井周边用平整的花岗石板铺设。门楼上方从左到右雕刻"大夫第"三个字。门上有一对楹联:"万物静观皆自得,四时压兴与人同。"整个建筑是墙(火砖斗子)包柱上盖瓦片的平房。屏风上挂着祖公画像,梁和插挑雕刻着精美的花纹。建筑规模虽不大,但结构简洁合理,给人一种小巧玲珑的感觉。厅面地板是该建筑的一大特色,它由石灰、黄土、沙、水按一定比例再掺入适量黄糖食盐充分混合搅拌后浇注而成,表面光滑透亮,其硬度可与水泥地板相媲美。此建筑物保存较好。

上杭县官庄畲族乡福泉民族村解元府　位于福泉村峙口。清乾隆三十五年(1770年),福泉村钟大受在乡试中成为解元,四十二年,在家乡山寺口建一处住宅,建筑面积约3000平方米,由三进厅及左右五排横屋组成。横屋的排列不对称,右侧仅一排,左侧有四排,第四排横屋的外围是一条弧形的围墙。房子的结构为"墙包柱"。整幢房子有9个厅堂、18个天井,被誉为"九厅十八井,穿心走马楼",气势恢宏;正厅金镶山水花鸟雕版,栩栩如生;梁柱粗大,雕刻手艺精湛;弓形雷公棚用枝条弯曲镶嵌而成;门楼、门槛使用坚实、平整的花岗岩石板材而立。解元府历经240多年风雨剥蚀,今已破败,左边的四排横屋仅存两排。

上杭县官庄畲族乡福泉民族村朝尾岭大夫第　位于福泉村的朝尾岭,是福泉十六世祖钟声元公始建于清乾隆五年(1740年)。总建筑面积1210平方米,由上、中、下厅和左右共四摆横屋组成。中厅原挂有福建省布政司等所赐"观国之光""奎壁联辉""松老风高"横匾,因此被称为"大夫第"。

上杭县庐丰畲族乡丰济民族村麻子坝围屋　又名九如堂。位于丰济村麻子坝,清代乾隆年间由

丰济村蓝氏先祖所建。占地约10000平方米，建筑面积5720平方米。坐北朝南。围屋以南北子午线为中轴，左右对称，由两重弧形围屋组成，属典型的围龙屋建筑（三堂四横二围）。正堂是一座闽西传统建筑风格四合院，悬山顶穿斗抬梁式主座，上、中、下三厅两天井，天井三面带回廊，左、右两边有厢房，建有横屋19间。横屋外起一幢一层楼式围屋，围屋外又起一幢二层楼式围屋，呈阶梯式分布。整幢围屋有21个厅、288个房间，适合数百人大家族居住。围屋前有雨坪、半月形池塘一口、古井二口。主体1层，高8米，土木结构。

上杭县庐丰畲族乡丰济民族村老圩墩大院　位于丰济村老圩墩，建于清代。占地约5000平方米，建筑面积约5000平方米。主体1层，高5米，土木结构，客家围屋式建筑，坐东北朝西南，外大门坐东南朝西北。二进四列，主座上下硒天井，上厅悬山顶，抬梁式木构架，进深五柱，面阔三间，悬“书香”横额。三合土地板，雨坪边沿设石栏杆，坪前有斗月池，左横屋天井有古井一口。

上杭县庐丰畲族乡丰乐民族村邱自恒围屋　位于丰乐村宋公坪66号，建于清代。占地约5600平方米，建筑面积约5600平方米。主体1层，高8米，土木结构，坐西向东，外大门坐西南朝东北。通深70米，通阔80米。中轴线上依次有大门、门厅、天井、下厅、天井、上厅，悬山顶，穿斗架。主座两侧各有横屋，主屋后呈阶梯式分布，三列弧形围屋，外围二列起二层。

上杭县庐丰畲族乡丰乐民族村李彩春围屋　位于丰乐村黄家头，建于清代。占地约4000平方米，建筑面积约4000平方米。主体1层，高5米，土木结构，坐西向东。依次有大门、天井、下厅、上厅。主座抬梁式，悬山顶，两侧各列横屋，后侧有一列弧形围屋，夯土墙，三合土地板。

上杭县庐丰畲族乡中坊村古尼山庵　位于中坊村的古尼山中，始建年代不详，建筑面积近800平方米左右，典型的客家围屋结构，分上下堂，中间有一天井，上堂左右两侧有厢房各二间。走出大门有占地约有200多平方米的大坪，四周用围墙围起，开一扇外大门，供善男信女进出。在左厢房的一间小屋墙上镶嵌着一块石碑，镌刻着清光绪二年（1876年）重修的捐款名录和当地诗人李春玉写于民国庚申夏月（1920年）的《古尼山诗二首》：“一洞乾坤特别开，此番不是梦中来。旌旗对峙迎人意，狮象排衙入我怀。地脉玄微寻十道，天屏透迤贯三台。倘兼立向无差错，清净同修岭上梅。”“古尼三字旁门开，是否当年孔圣来。举此名山山特色，兼之得水水开怀。休谈武艺强中国，空说文章达三台。漫向苍天搔首问，几生修到雪中梅。”

庵内正殿两侧墙上保存有20多平方米的40多幅壁画。壁画中人物形象生动，生活气息浓厚，至今色彩还保持艳丽，是描写古代生活的传神作品，在闽西地区实属罕见。

上杭县庐丰畲族乡中坊村石公庙　坐落于中坊村乌石头，是一座清初时期的古建筑物。该庙建于顺治十一年（1654年），道光十一年（1831年）冬重修。占地有百余平方米，土木结构，是上杭罕见的宫殿式建筑物。该庙由一进二堂及东西过道组成，上下堂的屋顶是歇山重檐式。下堂由二根木柱支撑着横梁，横梁中间又有雕着图案的木柱撑着顶梁木。上下堂中间是个约9平方米的天井，过道的墙上各镶嵌着两块石碑，左边的一块是道光十一年重修的捐款名录，右边是“长明灯田碑记”。上堂左

建于清顺治十一年（1654年）的石公庙（赖登榕摄）

右有四根木柱支撑着屋顶,屋顶正中是四方形天窗,由12条浮雕龙柱三层重叠撑着,庙宇古雅巍峨,雕梁画栋,金碧辉煌,流光溢彩,蔚为壮观,横梁上雕塑着鸟兽虫鱼图案栩栩如生。石公庙大门口种着一堆麻竹,左侧有口井,井不深,但井里的水长年累月不会干涸,再前面是一口大鱼塘。民国《上杭县志》载:该庙是纪念石固、石猛两兄弟而建的,故命名为“石公庙”。

上杭县中都镇瑞香民族村大夫第 位于瑞香民族村,始建于清康熙五十七年(1718年),至今已有300多年。其地处烂泥田中,奠基时全用梅花桩夯入土中,混用三合土。整座房屋占地2500多平方米,建筑面积为1500多平方米。分上厅、下厅、后楼(三层)共三堂出水,两侧配有横屋(二层楼房),有4个天井、18个厅、68个房间和1个马房、1个储粮仓房。正大门用石柱,顶框刻有“大夫第”三个大字。堂内悬挂钦赐五代同堂“瑞应重熙”牌匾。“文革”期间此匾遗失,前些年何志东老人通过他人从村前小溪拦水堤坝中重新找回,虽略有残缺,但总体保存完好,正堂屏柱上有一副对联曰:“积善之家必有余庆,资富能训惟以永年。”系清嘉庆进士,“客家七大诗人”之一的广东梅州宋湘所题撰。

上杭县太拔镇坵辉民族村雕梁画栋的大夫第(钟巨藩摄)

上杭县太拔镇坵辉民族村大夫第 位于坵辉村村委路17号,由该村钟氏十二世祖钟金声于清乾隆年间所建。原名“宏义堂”,后因金声的嫡孙世安(字仁发)任广东龙川县知县、南雄州知州,因此又称“大夫第”。占地约2800平方米,建筑面积约4300平方米。土木结构,坐北朝南。主体1层,高5米,通进深48米,宽58米,悬山顶,穿斗抬梁。梁柱雕刻花卉、蝙蝠等吉祥物,用材硕大。有上、中、下三厅三天井,天井两侧带回廊,有书房。上厅崛起二层楼,开21间,左右两侧共建有三列横屋开42间。门前有雨坪,曾竖两根桅杆(华表),“文革”被毁。2016年,上杭县人民政府公布为特色建筑保护名单,被福建省列入少数民族特色村寨保护建筑物。

上杭县太拔镇坵辉民族村敦厚堂 位于坵辉村卷里路70号。由该村钟氏十二世祖钟金声的六子景槐于清乾隆年间所建。占地2021平方米,建筑面积约4000平方米。土木结构,坐东朝西,外大门坐北朝南。主体2层,高6米。穿斗抬梁,桁梁梁柱雕刻花卉、蝙蝠等吉祥物,用材硕大。通进深47米,面阔43米。上、中、下三厅二天井,天井三面带回廊,两侧有厢房。上、中厅崛起二层楼房,左、右两侧建有二列二层楼横屋。门前雨坪石块砌筑。外大门右侧建有勤学书室,是族中幼儿读书的地方。2021年,上杭县公布为第四批历史建筑名单。

上杭县太拔镇太拔镇坵辉民族村永兴宫 位于坵辉村水口。始建于清康熙四十四年(1705年),占地755平方米,建筑面积680平方米,土木结构,一进一出,穿斗抬梁,双陂重檐翘角葫芦顶。主座厅内立有神龛,供黄倖三仙师,门前及左、右两侧有走廊,走廊前有雨坪和由鹅卵石铺筑的35级台阶,雨坪前有一水圳,左侧有一列横屋和一株百年桂花树。

上杭县旧县镇谷坑民族村打铁文化堂 位于谷坑村上黄屋,于15世纪中期由下黄屋黄氏第九

代建造。坐南朝北，占地面积约600平方，四扇三间上堂加横屋，建筑材料以青砖为主，内室成角斗形。随着每家每户打铁的流失，黄氏第十七代集中于此地形成“打铁文化堂”，流传至今。打铁工艺于2018年列入龙岩市非物质文化遗产名录。

上杭县旧县镇谷坑民族村围屋 位于谷坑村蓝屋，整个结构成半圆形，于19世纪初期为纪念始祖寿贵公，由蓝氏第二十世祖正文公建。坐西向东，占地面积约2800平方米，中间供奉祖先，两边是现存唯一的带前后门的厢房，后面成弧形的人居房，包围了厢房，故称围屋。

上杭县旧县镇谷坑民族村石门寮 位于谷坑村蓝屋，于19世纪初期建造。坐北朝南，四扇三间上堂加横屋，占地面积约300平方米，建筑材料以青砖为主，正堂屏风制作工艺精良，内室成角斗形。1964年重修。

上杭县旧县镇谷坑民族村滋德堂 位于谷坑村上黄屋，于15世纪末期由黄氏第十七代建造。坐南朝北，四扇三间上堂加横屋，占地面积约300平方米，材料石头为主，正堂屏风制作工艺精良，内室成角斗形。

漳平市赤水镇香寮民族村宋代曹泗公墓 位于香寮村盖竹溪自然村莲花山半山腰上，离香寮6公里。是座宋代的古墓。《宁洋县志》有记载。

1989年冬，文物普查队曾前往实地考察，发现这个古墓有近千年的历史、四周古木参天，但方圆十米的墓道之内却没有一棵树，就连杂草也长到十几厘米就自行枯死，用脚踩踏墓地出“蓬蓬”之声，仿佛是空的。普查队初步断定，墓内有放射性元素。据地方史志记载，曹泗公年轻时到庐山学法，学成后回到家乡，除妖斩虎，为民除害。

四、其他文物

钟有煌在淮海战役期间使用的望远镜 1948年在淮海战役期间钟有煌使用的望远镜。长10.8厘米，宽4.8厘米，高9.8厘米；望远镜主体由铜、铁、玻璃等材料构成，望远镜布套为棉麻纤维质地。由上杭县博物馆收藏。

老红军钟有煌在淮海战役期间使用的望远镜（上杭县博物馆提供）

漳平畲族祖图 漳平有畲族祖图3幅：1. 山羊隔畲民保存的中堂式幅轴，原件保存在福建省博物馆。2. 灵地乡长坡村雷姓保存的横幅画卷，宽30厘米，因开头一段已经毁损，原件长度未详，现长670厘米。图中尚存113个人物像。祖图用宣纸白描工笔重彩画成的画卷。以图像表述畲族始祖盘瓠王立下战功，繁衍出盘、蓝、雷、钟4姓子孙的神奇传说。分为：番王饮酒、高辛出示、龙犬揭榜、番王醉酒、龙犬衔头、群臣接犬、帝宣三女、犬衔绣衣、凤阁变身、帝赐游街、宫女行嫁、笙箫鼓乐、歌儿舞女、犬王合婚、帝赐甥姓、帝分天地、茆山修法、犬王打猎、犬王身故、犬裔送葬、犬王灵柩、僧道引魂、狗王御墓、蓝姓中原、盘姓过番、雷姓居住、子孙打猎、镇界土地等29个图解。3. 象湖镇龙门村保存一幅祖图，全长8米，高35厘米，绘于清同治七年（1868年），开头有盘古、伏羲、神农、高辛帝等图像，内容更加完善。这3幅畲族祖图内容相同。

汀州古道上杭县南阳镇南岭段（“红军路”，北接长汀溪源古道，南接连城通罗古道） 主要路段位于上杭县南阳镇南岭村，古道北接溪源古道上长汀、江西，南接通罗古道往龙岩、漳州。长约10公里，宽度2—4米，是千年古路。古道因通公路而废弃，总体上荒芜失修，但尚存大量完好的路面、水沟和古路亭等设施。2021年，村民在船岭崇发现一块古路亭的亭记石碑，所刻《云峰亭记》有320

字,是1708年连城县知县(并摄长汀事)赵良生题撰的,亭记所载"悬岭,岭之悬。如者也,上下千有余仞。上至江右石城数百里,下至龙岩数百里,幽崖峭壁,峻岭维多,莫此为甚"等,充分说明汀州古道南岭段的重要地位。

南岭村是革命基点村,朱毛红军多次经过且驻扎在南岭村,并在南岭村开展革命活动。当时红军在前线与苏区常常取道南岭往来长汀。吕黎平《峥嵘岁月》中载,1933年9月的一天,红三师的一个战斗队和共产国际派驻的李德就是乔装取道南岭赶往瑞金的,故又称"红军路"。

沿途文化遗存、景观有:始建于明朝的南岭总公王、康熙年间的云峰亭、乾隆年间的赤竹溪宫和建于清朝末年福云庵、天后宫。

第六节 非物质文化遗产

非物质文化遗产,是指人民世代相承的、与群众生活密切相关的包括民俗活动、表演艺术、传统知识和技能,以及与之相关的器具、实物、手工艺品等各种传统表现形式和空间。长期以来,龙岩市重视非物质文化遗产的发掘和保护。2021年年底,龙岩市畲族列入非物质文化遗产保护名录的省级2项,市级、县(市)级12项。

一、省级非物质文化遗产

上杭县庐丰畲族乡扶洋民族村树叶吹奏 属技艺类,2015年,树叶吹奏技艺被列入福建省非物质文化遗产名录,传承人为邱少春。

树叶,是最简单、最古老的乐器,其吹奏简易而方便,只要摘取新鲜的叶子便可吹奏。山区群众不少人喜欢吹树叶自娱,在自然环境中不用伴奏,随心所欲,可独吹也可合吹。树叶吹奏搬上舞台后,加上乐队的伴奏,产生较强烈的艺术效果,树叶吹出的声音清越嘹亮,圆润飘逸,音域宽广,别有韵味。经专业吹奏者的研究传承发展,不仅能吹奏山歌、小调,也能吹奏难度较大的交响乐及现代曲目,受到海内外听众的喜欢,使本来是下里巴人的艺术一下子提升到阳春白雪的境界。

演奏时,要先把叶片上黏附的灰尘轻拭干净,将叶片正面横贴于嘴唇,用右手(或左手)食指、中指稍微岔开,轻轻贴住叶片背面,拇指反向托住叶片下缘,使食指、中指按住的叶片上缘稍稍高于下唇。运用适当气流吹动叶边,使叶片振动发音。通过嘴劲、口形、舌尖的控制,手指绷紧或放松叶片等各种技巧,改变叶片的振动频率,可吹奏出高低、强弱不同的音响,音域达十一二度。树叶吹奏高低音时,需运用不同的气量,唇部也随之忽松忽紧,控制气流的送出。吹树叶不能随意断气、断音,特别讲究曲调圆滑流畅、婉转悠扬。

上杭县庐丰畲族乡扶洋村树叶吹奏已有230多年的历史。2000年始,扶洋、铁峰两村在外出乡贤、中国音乐家协会会员、福建省歌舞剧院专业演员、著名树叶演奏家邱少春的带动下,树叶吹奏得以快速普及。2013年,扶洋、铁峰村重新组建树叶吹奏乐团。

2016年9月,上杭县少数民族树叶吹奏队参加由省委统战部、省民宗厅在宁德福安市联合举办的"福建省少数民族文化展示周"活动。

上杭五梅拳 属传统体育、游艺与杂技类。(详见本志第八章《体育》第一节《民族传统体育》)

二、市级、县(市)级非物质文化遗产

上杭庐丰香灯龙制作技艺 属传统技艺类,2016 年列入上杭县非物质文化遗产名录,2019 年晋级为龙岩市第六批非物质遗产名录,传承人为蓝瑞生。

上杭县庐丰畲族乡的香灯龙是由稻草、香扎制而成,有龙头 1 节、龙身 9 节、龙尾 1 节,共 11 节。香灯龙的制作有选材、制作、上红三道工序。制作香灯先选取晒干后的稻秆,即去掉表层的稻杆皮留下金黄的枝干。然后扎制龙头、龙尾。龙头的扎制最为重要,龙头由头、角、眼、鼻、嘴、舌、牙齿和龙须组成,各个部位分别用稻草绳和铁丝固定,修剪成形龙头的后半部分用红布、红绳包扎。包扎完成后开龙嘴,龙嘴不宜太大,也不能太小。最后是上红,将制作好的香灯龙的龙须由上好的粽叶缕成丝状用铁丝穿扎并涂上红色或黄色染料制作而成。牙齿和舌头过去用纸片通过修剪制作,现在大多由布条和铝合板代替,龙眼则由小型手电筒代替。龙头的周边用手工编织的稻草绳做最后的修饰。庐丰畲族乡丰康村的蓝瑞生是香灯龙第五代传承人,也是当地为数不多会制作香灯龙的人。

上杭庐丰麦麻糖的制作 又名谷麻糖,属传统技艺类,2018 年列入上杭县非物质文化遗产名录,2019 年晋级为龙岩市第六批非物质遗产名录,传承人为蓝金莲。

上杭县庐丰畲族乡自清末流传至今,是上杭民间最为流行的糖果类食品。

谷麻糖的制作纯属手工,其制作工序是:一、浸麦出芽。把麦子用水浸 72 小时,待麦出芽 1 厘米左右,拿起麦芽用竹箕平铺开,待麦芽长至 3 厘米(不能使麦芽长出表色来)。二、洗米蒸米:糯米浸洗 12 小时后,放人大锅蒸 3 小时左右。三、搭配发酵:用 35 斤蒸过的糯米配上半斤用刀切碎的麦芽,拌匀放入大桶内,四周用布围好,保持桶内温度在 50 度左右,使糯米在桶内发酵 10 小时。四、压榨取汁:把发酵好的糯米麦芽用纱布包好,放出木制的榨架上榨出汁水。五、煎熬:把压榨出来的汁水拿到锅里用旺火煎熬,煎熬至浆胶后取出使之冷却、凝固,待用。六、捶打:熬好的谷麻糖浆胶为红褐色,将其用温火蒸软,伴以炒好的麻子、花生等香料反复捶打,并用手在攀架上用力攀拉,直至谷麻糖经氧化作用转为白色后,即可按需剪成大小不同的形状。

麦芽糖香甜滑韧,其汁可用来冲鸡蛋,未捶打的麦芽糖用于蒸鸡蛋,均有消食健胃润肺功能,尤得老人和小孩喜爱。

上杭钟家拳 属传统体育、游艺与杂技类,在上杭县太拔镇坵辉民族村广为流传。(详见本志第八章《体育》第一节《民族传统体育》)

上杭庐丰豆豉的制作 属传统技艺类,2018 年列入上杭县非物质文化遗产名录,2019 年晋级为龙岩市第六批非物质遗产名录,传承人为张兴招。

制作豆豉的时间可以追溯到汉代。豆豉味美可口,豉香浓郁,入口松化,油而无渣,营养丰富,回味无穷,深受人们喜爱。烹饪中豆豉主要是作为咸鲜调料使用的,可用于多种炒、蒸、拌类菜肴的制作。豆豉不仅营养价值高,而且还有医疗作用。如伤风感冒时,可将豆豉与姜、葱同煮,趁热服下,出汗即愈,其方名叫“葱豉汤”。

豆豉以黄豆为主要原料,利用毛霉、曲霉或者细菌蛋白酶的作用,分解大豆蛋白达到一定程度时,加盐、加酒、干燥等方法,抑制酶的活力,延缓发酵过程而制成。

豆豉种类较多,按加工原料分为黑豆豉和黄豆豉,按口味可分为咸豆豉和淡豆豉。庐丰主产用黄豆制成的咸豆豉。在日常生活中,人们常用豆豉作为调料,也可直接蘸食。豆豉为传统发酵豆制品,以颗粒完整、乌黑发亮、松软即化且无霉腐味为佳。豆豉的制作过程:一、泡豆:先将黄豆洗净,在水中浸泡 2—5 小时发胀后捞出。二、蒸豆:入锅加水大火煮。水开后改用小火煮。注意锅中水少时添水。用手能捏碎时即把黄豆捞出。煮黄豆的水加点盐保存备用。三、和豆:黄豆晾凉后,放在箩筐

或坛子里，周围用稻草包上，放在避风暖和处，温度在20℃左右，3—4天后待黄豆发烫、起涎时取出来晾一晾。和好的豆浓香扑鼻，黏稠有丝。四、加料：加入原来的煮豆水，少量盐拌匀装进坛子里密封，也有同时加入辣椒粉、生姜丝等拌匀装进坛子里密封，10天后开坛即成香喷喷的豆豉了，它的颜色红中带黑，味道浓香。

上杭湖洋新坊民族村棕索编织工艺 属传统技艺类，2018年列入上杭县非物质文化遗产名录，2019年晋级为龙岩市第六批非物质遗产名录。

上杭县湖洋镇新坊民族村的畲民加工的棕产品有棕索、棕床垫、棕蓑衣、棕坐垫、棕保温壶等。产品畅销江西、广东、武平等地。加工棕制品首要是采购棕皮，棕皮本地供不应求，常往武平、江西、永定等地购买，棕皮分棕头、棕尾两种。加工时将棕皮用水浸湿数小时后捞起，把棕头没有用的撕细，用特别的专用铁耙子扎在凳子上，把棕头刮去，刮好后连同棕尾放在桌子上用手一丝一丝地均匀地撕细，后又放在加工桌子上用砖头压住，右手抓住镐子，用竹制造好的中间轴心灵活转动，左手用拇指、食指慢慢地均匀地拧（拧的时间长了，手指会流出血来，常用生竹烧成竹油滴在手指上再继续拧），然后用铁钩子夹索，一条索三股，这样费时费力。后来，研制出用木板制成的夹索车子，一人把头，掌握木锤子，慢慢地均匀地退到对面，对面一人分开索头，就成了棕索，一次一副（两条），这样省时省力。上世纪，新坊村群众经常为各地供销社代加工棕索，由供销社出原料，加工工人按件计酬，这是村民收入的主要渠道。

上杭旧县谷坑民族村打铁技艺 属传统技艺类，2018年列入上杭县非物质文化遗产名录，2019年晋级为龙岩市第六批非物质遗产名录。

打铁是上杭县旧县镇谷坑民族村人民祖祖辈辈留下的一门传统工艺，他们以铁为原料，靠一把小小的铁锤，打造出各式各样的工具来养家糊口，打铁看似简单，但并不易学。早年间谷坑村铁匠们挑着铁匠炉、风匣、手锤、砧子、大锤、磨石等各种打铁工具，靠步行到龙岩地区范围内的各个县农村长期驻地，一般打铁是屋子正中放个大火炉，在火炉的连接处会有一个大的手拉风箱，风箱产生风力，可以提供氧气来帮助控制温度和力度，打铁一般需要两人，他们大多是师徒关系，徒弟抡大锤，师傅抡小锤，当风箱将炉膛内的炭火烧旺之后，师傅便会用火钳夹着需要锻打的铁料伸进炉内，不时翻动着烧红的铁料，以保证铁料均匀受热，在铁料恰到火候时，师傅便用火钳将红彤彤的铁料夹着，放在大砧上，一般是小锤两声响，大锤一声夯，就这样循环轮回，随着声音响起，火星四溅，反复击打，铁块的颜色随着阵阵敲打声慢慢由红变暗，由厚变薄，经过几次捶打渐渐有了形状。铁匠的技术主要体现在淬火的过程，师傅根据煅烧火候迅速把铁料从炉里夹出来放入水槽内，随着"吱啦"一声白烟悠然飘起，这时就可以从铁料的颜色变化来观察硬度及受热程度的大小，再经过一阵细心的敲打，就算大功告成了。主要制作弯刀、镰刀、锄头、铁链、菜刀、铁勺、长刀等工具。在20世纪90年代后，随着社会的不断发展和科技的创新，这门祖辈留下的工艺渐渐地淡出人们的视野。

漳平赤水镇香寮民族村火炮鼓 属民俗类，2019年晋级为龙岩市第六批非物质遗产名录，代表性传承人为张孝土。

漳平市赤水镇香寮民族村火炮鼓在清朝末年由香寮人张元灶等人传入。它是一种指挥鼓演奏，基本是在春节或举办庙会时所表演的一种民间音乐形式，偶尔也会受邀在丧葬时进行表演。其所使用的乐器由指挥鼓、大鼓、大锣、大小钹、铃铛、唢呐等组成。火炮鼓演出至少要有7人以上，出演必从"大小过场"至《出城》曲目为序。演奏形式为进行式，遇水过桥用《过江龙》《文点江》曲目，入宅用《入城》曲目，祝贺用《百家春》《大口白》曲目，行走取乐用《三不和》曲目等系列演奏。火炮鼓节奏明快，声音响亮悦耳，行走演奏自如，中途休息用"大小过场"续接。

漳平畲族山歌　属传统音乐类，2019 年 6 月入选漳平市第一批非物质文化遗产名录，同年晋级为龙岩市第六批非物质遗产名录，代表性传承人为蓝莉莉。

畲族民歌讲究畲语押韵，不少人能即兴编唱，有的歌手对唱一两夜而不重复。唱时用夹有“哩、罗、啊、依、勒”等音的“假声”唱，平时学歌时不夹假音唱叫“平唱”。唱喜歌每个县有一种曲调，唱哀歌全民族统一一个曲调。唱歌的形式有独唱、对唱、齐唱，很少伴有动作与器乐。

畲族山歌是畲族文化的核心内容，是畲族文化的集中体现，对我国音乐文化的科研、社会价值等都有着推动的作用，同时也是中华民族传统文化的传承载体。畲族山歌是民间音乐的集中体现形式，其歌词、歌谱等有的用汉字记录下来，这对民族音乐学术界的科研有着推动的作用，不少民族音乐人士根据畲族记录下来的材料，将其整合为民族音乐理论，成为我国少有的民族音乐科研成果。因此，可以说畲族山歌是科研和文化教育的重要介质。

畲民每逢佳节喜庆之日便歌声飞扬，即使在山间田野劳动，探亲访友迎宾之时，也常常以歌对话。漳平市桂林街道山羊村的畲民有传抄祖歌、民歌的习惯，因此还保留有较完整的各种手抄本，该村的男女老少大多会唱山歌，青年男女是畲族山歌的主要传唱群体。畲族山歌主要有《杂歌》《对歌》《祝福歌》《犬王歌》《快乐歌》《请茶歌》《欢送歌》《答谢歌》《四季歌》等。

漳平畲族乌米饭习俗　属民俗类。2019 年 6 月，入选漳平市第一批非物质文化遗产名录，同年晋级为龙岩市第六批非物质遗产名录，代表性传承人为兰香芹。

漳平市畲族的“三月三”也叫“乌饭节”，是畲民的传统节日。相传在唐代，畲族首领雷万兴和蓝奉高领导着畲族人民反抗封建统治阶级，被朝廷军队围困在山上。将士们靠吃一种叫“乌饭”的野果等充饥度过年关，第二年三月三日冲出包围，取得胜利。为纪念他们，人们把每年三月三日作为节日，吃“乌米饭”表示纪念。

漳平市桂林街道山羊村每逢农历三月初三，畲民们家家都做“乌米饭”，以备全家共餐、馈赠亲友、祭祀祖先之用，同时族人还聚集一起盘歌、跳舞来纪念这一节日。

乌饭制作：畲民从山里采来野生乌稔树的嫩叶，置于石臼中捣烂后用布包好放入锅中浸后，将备好的糯米和装有乌稔树树叶的纱布袋挤汁同时放入缸中，倒入凉水浸泡 24 小时，然后放在木蒸桶里蒸熟而成。倘若将乌饭贮藏在阴凉通风处，则数日不馊。食用时，以猪油热炒，更是香软可口，堪称畲乡上等美食，是男女老幼四季皆宜的绿色食品。山羊乌米饭，多次参加漳平美食节。

上杭县非物质文化遗产——官庄簸箕板（赖锦发摄）

上杭官庄簸箕板制作技艺　属传统技艺类。2021 年列入上杭县非物质遗产名录。

上杭县官庄畲族乡畲民将上等籼米用水浸泡 2 小时，待到松软后磨成浆（也可以加些稀饭一起磨，这样磨出来的米浆蒸好后比较有韧性，包馅时不易裂开），用大锅烧上水，簸箕擦上一层薄油以防粘住，浇上一勺米浆，双手晃动，使米浆

均匀地铺开成薄薄的一层，这一步骤一定得掌握好火候，太厚口感不佳，太薄蒸好不易撕下，且包馅时容易破。水开后将簸箕平放于水面上，盖上锅盖，一分钟左右就熟了。判断熟没熟，最直观的是看粄皮是否会形成大的气包“铺”起来，“铺”起来就是熟了。这时用一根筷子沿着簸箕内侧边沿划上一圈，再将簸箕朝自己倾斜，轻轻揭起粄皮一角，边揭边抖，粄皮自然就缓缓脱落下来，用筷子将整块已熟的粄皮划成若干部分，割成小块，用瘦肉、虾米、花生米、豆子、萝卜丝、香菇等熟馅均匀地撒在粄皮上，卷成条状，放入准备好的盘中，外涂油葱等佐料食用，风味独特。

上杭庐丰畲乡乌米饭制作技艺 属传统技艺类，2021 年列入上杭县非物质遗产名录，传承人蓝华桂。

畲乡乌米饭是上杭庐丰畲族乡畲民别具一格的传统膳食，历史悠久，它以独特的选料和加工技艺，使米饭具有乌黑带蓝、光滑亮泽、香软爽口的独特风格而远近闻名。

乌米饭的制作方法：先上山采来一种野生灌木“乌稔子树叶”，将采来的乌稔树嫩叶洗尽后放入石臼中捣烂，用布包好放入开水中，将糯米倒入乌稔叶汁中浸泡，大概需浸泡 8—10 小时。因乌稔树叶汁是黑色的，所以通过浸泡后糯米就成了“乌米”，其色泽乌黑带蓝，光滑亮泽。乌米蒸熟后，就变成了“乌米饭”，口感香软爽口。煮饭时，也可加入炒香的香菇、木耳，以及猪肉、牛肉等肉菜，使煮出的乌米饭更加富有营养、更加可口，别具风味。也可根据个人口味，添加红枣、冬瓜馅、冰糖等，制作成甜食，也是非常美味。

乌米饭制作技艺易于掌握，其烹饪技术独特，根据民间说法，糯米补中气，乌捻子树叶清凉解毒，去瘴气，蒸成乌饭食用，以助阳补阴，明目壮肾，而且易于保存、数天不馊，不仅可以充饥增力，还有保健功能，吃了乌米饭强身健体，减少疾病，具有一定的保健价值。庐丰畲族乡济村的蓝华桂，是蓝氏乌米饭制作的第五代传人，每年“三月三”的乌饭节，他发挥自己的烹饪技术，煮出多种不同口味的乌米饭，接待八方来客，满足不同饮食习惯食客的要求。2021 年参加庐丰畲族乡举办的三月三乌米饭创意大赛，荣获一等奖。

上杭庐丰畲乡热食制作技艺 属传统技艺类，2021 年列入上杭县非物质遗产名录，传承人蓝丁琴。

热食是畲乡人民一直传承的一道独特名菜。它一般出现在婚宴、寿宴、弥月宴等喜宴的场所，而且是作为除冷盘外上的头道热菜。

原料有猪心、猪利（猪舌）、猪腰、猪前胛心肉、目鱼、香菇、马蹄（荸荠）、大肉丸子、白萝卜、胡萝卜。

上杭县非物质文化遗产——庐丰热食

（庐丰畲族乡政府提供）

制作过程，首先，把所有的食材清洗处理后，先切成片或条状，目鱼要先浸泡 30—40 分钟后切成丝状。然后，取一口锅，注水，大火烧开，放猪心、猪腰、猪利、猪前胛夹心肉下去烫一下，捞出用凉水过凉。往锅中添加食用油，放目鱼到热油锅翻炒几下，有一股目鱼香味出来后，倒入已煮开的水，再放入准备好的其他原材料继续煮 15 分钟，最后放入备好的前夹心肉再煮 5 分钟，最后放上盐巴调味即可上桌食用。

热食具有安神镇惊、养心补肾、益气暖胃等功效，可以发展成畲乡的特色小吃，与畲乡旅游相结

合,让前来畲乡的民众都可以品味到畲乡的美味。

上杭县南阳镇涂坑民族村"左青龙"舞龙灯习俗　属民俗类,2022 年 4 月,"左青龙"舞龙灯习俗列入上杭县第六批县级非物质文化遗产目录;当年 10 月,晋升为龙岩市第八批非物质文化遗产代表性项目名录。

涂坑钟氏村民用左手舞龙,俗称"左青龙",并谐"青龙入屋,买田做屋",祈愿"龙腾四海,青云直上",期盼"国泰民安,风调雨顺"。涂坑畲民表演队员身着黄色舞龙盛装,在三颗龙珠引导下,随着阵阵鼓乐节奏舞起来。在露天燃起的篝火旁,领舞者左手持龙头,回旋舞动,闪转腾挪,穿跃翻滚,疾奔慢绕,刚柔并济,千变万化。展示了扭、挥、扬、跳、跪、摇、摆、旋等目不暇接的姿势与动作。舞龙队随着龙头舞动,往返疾行、穿跃。随后,舞龙队来到仕荣公祠,一时鞭炮齐鸣,焰火高升。舞龙队形成整套的珠逗龙、龙抢珠、龙戏珠、龙绕柱等系列动作,将龙的灵活、威武、神奇表演到极致。整场表演如行云流水,一气呵成,开合自如,十分出彩,让人叹为观止。这种别样风情的民俗舞龙表演,让大家见证了闽西舞龙文化的多姿多彩。

三、其他非物质文化遗产

畲族手工艺品编织　属传统技艺类,编织花带是畲族妇女的基本功,畲族姑娘通常七八岁就开始学编织花带。畲乡竹编手工艺品有篮、篓、箩筐、竹枕头、梳妆盒和回文席等。最具特色和代表性的是竹编斗笠和合手巾带(花腰带)。

上杭风车的制作技艺　属传统技艺类,传承人有庐丰畲族乡太古村曾育添、官庄畲族乡新风村蓝思樽等。

风车是利用风力扬净晒干后稻谷中的秕谷、稻草、灰尘、谷壳等杂物。

风车的构造。风车有可卸风车和整体不可卸风车两种,长两米左右,高约 1.8 米,由圆形风车肚和分离箱、漏斗、出料口、出风框、支架等部件构成,均用干透的杉木板制成,四条方正支撑杆落地,外形似马。圆形风车肚,直径约 0.8 米,厚约 0.35 米,外围密封。里面有四片或六片对称风车叶子与肚内横木轴相连,木轴外向装一铁制曲形摇把。通过转动手摇把产生风力,风力大小以手摇的力度和速度决定。分离箱箱体中空,其作用是承接车肚里产生的风力,实现不同类谷粒的分离。漏斗高约 0.4 米,呈立体梯状,上大下小置于分离箱之上,上部长宽各 0.7 米,下部长约 0.3 米、宽约 0.1 米。漏斗底部有横挡阀门,以控制稻谷下泄量的大小,并有木质卡子可供固定,以减轻操作强度。漏斗正下方设有斜缓的梯形凹槽出料口两个,一大一小分接精谷和秕谷,高度略高于箩筐。出料口在分离箱内由隔板隔开,以实现一级分离和二级分离。长条出风框位于分离箱外端,以引出稻草、秕谷、土屑、灰尘等。支架由四根方正杉木条制成,以承托风车各部件。

风车的操作。用簸箕将谷子倒入漏斗,转动摇把,连动风车叶子产生风力,打开漏斗下方的阀门到合适的大小,固定木质卡子,便谷子下泄。经风力在分离箱逐级分离后,饱满的精谷、小斗秕谷由各自出料口进入箩筐,细碎稻草、秕谷、土屑、灰尘等被吹出到风车的后方。经风车分离,稻谷分成饱满精谷、小斗秕谷、秕谷三种;稻谷碾制加工后分别为大米、碎米、米糠。

风车的制作工艺较复杂,制作工具为常用的木工工具。尽管农业机械化程度不断提高,但在上杭各地乡村,风车的使用仍然十分普遍。风车制作属纯手工技艺,以师徒传承为主。

上杭水碓的制作工艺　水碓,又称水车碓或水轮车,属传统技艺类。传承人有官庄畲族乡蓝德标等。

水碓原理是利用水流的冲力来推动水车轮转动,以水车轴上的突板压下水碓一头,使水碓另外一头坠下捶打、加工物品,从而节省人力,多用于碓稻米和山区造纸及灌溉等。汉代蔡伦改进造纸术以来,造纸工具水碓便流传下来。造纸的纸浆由竹、麻经水碓舂烂而成,故水碓成为造纸必备工具。

上杭过去手工造纸盛行,水碓制作技艺一直传承至今。水碓制作技艺以师徒传承为主,上杭县有土法造纸的乡村一般都有水碓制作师傅。

水碓的制作工序是:一、查看水源。根据水源地的水流量决定水车大小。二、定位。安装水碓要选水位落差较大处。三、选料。选树龄大、树干直的老松树。四、加工。就地加工,水流小可加工40个车斗,水流大可加工28个车斗。先加工好水车碓舵36个、水车芯1条、水车舵枝叉72根、碓弓子2个、碓梁2条、碓嘴2个、碓桶子2个、水车碓车芯扣2个(铁质)。五、安装。安装时应保持平稳,还须反复调试。安装水碓时,要在安装地点杀鸡杀狗以驱邪保平安,请师傅喝起工酒,竣工时要办完工酒。

随着机械化的推广普及,现今水碓的使用已经十分少见,制作工艺濒临失传。

上杭布鞋的制作工艺 属传统技艺类,代表传承人有上杭县官庄畲族乡福泉村的钟德英等。

上杭的妇女大多会制作黑底或白底圆口布鞋。制作材料、工具有布、浆糊、锥子、针、苎麻线等。制作工序为:一、粘布骨。碎布片(新旧布片均可)用米汤浆过后粘在木板上晒干即成布骨。二、取鞋样、鞋面和鞋底样。依穿鞋人脚的长短大小取样裁剪鞋面。三、纳鞋底。用浆糊把布层层粘在鞋底样上做成鞋底,用苎麻线一针一针密密缝结实后,剪去边并缝上鞋面。四、翻鞋面。将缝在鞋底上的鞋面慢慢翻转过来使得里子向外。五、绣花边。鞋面上绣上花鸟图案或文字。

旧时习俗是待嫁姑娘必须为丈夫及其长辈亲手制作布鞋,多的要做24双之多,称全堂鞋,少的也有12双。手工制作一双圆口布鞋要花五六天时间,且布鞋只限晴天穿。如今,只有一些老年妇女还会制作圆口布鞋,年轻女性都不再学做。

上杭庐丰菜干的制作 属传统技艺类。

上杭县庐丰畲族乡是生产菜干的绝佳地方。庐丰菜干有两种:甜菜干和酸菜干,均由散户纯手工制作。甜菜干颜色乌黑油亮,味道香甜鲜美。制作时先将鲜芥菜洗净,晒1—2天,至菜叶晒软,然后用蒸笼熏蒸,蒸后再晒,晒后又蒸。如此反复三次以上,即所谓的“三蒸三晒”。有的加工精细的要七蒸七晒。酸菜干颜色黄褐,味道酸中带甜。制作时先将鲜芥菜洗净,然后晒软切碎,加盐揉搓入瓮内,使之发酸,待一周左右取出焖煮晒干,再用蒸笼熏蒸,蒸后晒干,晒后再蒸,蒸晒两次以上后收藏。这两种菜干制作精细,便于贮藏,食用方便,老少皆宜。

庐丰菜干食法多样,或烹炒,或煮汤,均味道鲜美。炖食肉类,香味醇厚,油而不腻;酷暑天用酸菜干泡汤,具有生津、解暑止渴、开胃之功;烹调荤素小菜,味辛咸而清香,有诱食欲、助消化、减肥胖之效。用菜干可调制各种传统名菜,如用菜干调制的东坡扣肉和菜干烹制豆腐等,风味独特,清香飘溢。

庐丰菜干除了少部分自己食用外,都靠外销。每到圩天,菜农将新鲜的菜干挑到市场上,由商贩定价收购,销往永定、广东等地。

上杭庐丰豆子酥的制作 属传统技艺类。

豆子酥妙就妙在一个“酥”字上面——金黄酥脆,入口化渣,久久回香。豆子酥的主料为黄豆、大米,辅料是油、盐和调料。豆子酥传统的做法是:一是把黄豆用冷水浸泡一天(水至少为黄豆的三倍),再捞出控干水分。同时把大米浸泡5—8小时,磨成米浆(米浆不能太稀)。二是往锅内加适量的油加热,在特制的圆铁勺上铺上一层薄薄的米浆,之后又在米浆上均匀地撒上经泡制的黄豆,放入油锅中小火慢炸,慢慢脱水,炸至金黄色捞出,冷了即可开吃,因为冷了才酥脆。庐丰畲族乡丰乐民族村的村民,常年加工豆子酥。

上杭糍粑制作技艺 属传统技艺类。

每逢传统节日或家庭喜庆,畲民都有做糍粑的习俗。糍粑的制法:取上等黏性高的糯谷,最好是壳薄质软的红谷糯,经加工成白净的糯米。用清水把糯米浸透,放进木甑里蒸成糯米饭,然后放进石

臼里，用杵槌舂制而成，因此，也叫“打糍粑”。舂糍粑的杵槌，要用光滑的木杵，糯米饭粒便粘不住。经过用力舂捣，等到糯米饭被捣成了饭泥，手上略沾些水或油，把饭泥放在案台上揪成一个个小团，就做成如鸡蛋般大小的糍粑，即可食用。如果放些用炒花生、芝麻、糖等配制的佐料粉，把刚制好的热糍粑放到里面滚几滚，吃起来又糯又香、柔韧鲜滑，十分可口。在制作过程中，要不沾染金属之味，糍粑的浓醇香味才能显现出来。

蒸糯米饭的时候，在甑的顶部还要铺一块细白布，用于调节蒸汽，甑里的糯米饭均匀受热。过去多是烧柴，灶膛很大，火旺，蒸出来的糯米饭晶莹剔透，粒粒分明。趁热从甑里把糯米饭舀出，放入石臼里舂。杵臼是由人双手举着木杵，使劲地舂打石臼内的糯米饭。

庐丰畲族乡丰济村新柑树下的蓝宗永和丰乐村塘下的蓝永林常年采用传统的打糍粑方法制作糍粑，供村民办喜事之用或供应市场，热销境内。

第七节　畲族文化的保护与传承

龙岩市贯彻落实福建省政府《关于贯彻国务院进一步繁荣发展少数民族文化事业的实施意见》（闽政〔2010〕14 号），从政策上、资金上扶持畲族文化事业发展，做好畲族文化资源的发掘、保护工作，不断完善民族乡村畲族文化服务体系建设、少数民族文化活动和少数民族非物质文化遗产保护工作。进一步充实和完善闽西畲族陈列馆布展内容，充分展示龙岩市民族工作及民族乡村经济社会发展的新成就。

一、畲族文化的挖掘与保护

（一）开展畲族文化保护与传承工作调研

2011 年 10 月，上杭县民族宗教局深入官庄、太拔、庐丰等民族乡村，实地查看少数民族古籍古物，就少数民族历史文化遗产的保护和开发利用提出建议意见。11 月，福建省民宗厅事业处到庐丰、官庄两个畲族乡开展少数民族非物质文化遗产专题调研，并就少数民族文化的保护和开发利用与民族乡达成共识。2016 年 4—6 月，上杭县政协开展“上杭县畲族文化传承与发展情况调研”，调研组经过实地考察，召开座谈会和外出参观学习后，向县委、县政府提交了《关于上杭县畲族文化传承与发展情况专题调研报告》，提出了加强宣传引导，营造工作氛围；增加经费投入，完善公共设施；扩大宣传交流，打造文化品牌；加强挖掘保护，科学开发利用；抓好教育培训，建立人才队伍；创新工作机制，推动工作开展 6 条建议，得到县委、县政府的肯定和采纳，有力地促进上杭县畲族文化的保护传承发展。漳平市民族宗教局结合各级、各部门来漳调研契机，深入山羊村、龙门村、香寮村等民族村开展畲族语言、文化、习俗等方面的调研，收集畲族族谱、畲歌、畲语抄本等图文资料；引导该市民族村与华安县少数民族特色村寨加强交流与沟通，相互考察学习特色产业培育、畲族文化传承、特色村寨保护与发展等工作经验，取长补短，共同进步。2020 年始，引导山羊村、龙门村、城口村、石码村等民族村带领各自村委及村民到华安官畲、坪水畲族村、永安市青水畲族乡学习交流乡村建设发展经验。2021 年 4 月，结合“再学习、再调研、再落实”调研，深入山羊村、城口村、龙门村开展以“保护传承畲族文化，助力乡村振兴”为主题的调研。

（二）做好畲族文化资源的发掘和保护工作

开展畲族宗祠、古刹、古民居等文物的普查和申报为文物保护单位工作。2004 年，龙岩市和有

关县(市、区)民族宗教局分别成立少数民族古籍整理工作小组,开展少数民族古籍搜集整理工作。2007年,龙岩市民族宗教局选派3名民族工作干部参加《中国少数民族古籍总目提要·畲族卷》编纂工作培训班培训,组织工作人员深入少数民族乡村、档案馆、博物馆等基层一线,认真搜集整理少数民族古籍,挖掘、抢救和保护少数民族优秀文化。2008年,成立少数民族古籍整理办公室,搜集整理少数民族古籍100多件。

(三)做好古村落、古建筑、古民居的保护工作

漳平市赤水镇香寮村、上杭县太拔镇坵辉村被列入中国传统古村落名录。上杭县蛟洋镇华家村、庐丰畲族乡丰济村、旧县镇谷坑村,长汀县馆前镇黄湖村等民族村列入福建省传统村落名录。建于明清期间的官庄畲族乡上濯村园坑大院、回龙林逢春家庙,庐丰麻子坝围屋、石公庙,坵辉村大夫第(宏义堂)、敦厚堂、勤学书室、永兴宫、新丁屋,旧县谷坑的打铁堂、围屋等古建筑、古民居均保存完好,这些古建筑、古民居富有文化价值,以打造民族特色村寨为依托,逐步把全市民族乡村建成"传承与保护、发展与创新"的畲族文化示范基地。

(四)加强畲族陈列馆建设

2007年,龙岩市民族宗教局牵头在古田镇苏家坡村筹建闽西畲族陈列馆,龙岩市、上杭县民族宗教局积极主动协同文化部门做好闽西畲族陈列馆的筹建工作,深入调查研究,广泛征求意见,多渠道征集文物、收集图片,多次前往古田会议纪念馆、古田苏加坡少数民族村研究探讨筹建工作,并制定陈列方案。闽西畲族陈列馆共收集反映闽西畲族历史、革命斗争、生产生活用具、文化体育、民俗风情以及经济社会发展等方面的实物100多件、照片500余张、服饰10余套及部分题词、油画和音像资料。陈列馆分前言、历史篇、现实篇、风情篇、关怀篇和结束语6个部分。2008年5月1日,闽西畲族陈列馆在古田苏家坡村原中共闽西特委机关旧址树槐堂开馆。市、县领导及民族宗教局、旅游局领导,龙岩市范围内雷氏外出乡贤500余人参加。陈列馆成为革命老区龙岩宣传党的民族政策和民族工作成就,展示、交流民族优秀传统文化和加强民族团结进步教育的基地。2009年,制定闽西畲族陈列馆申报全国民族团结进步教育基地实施方案,充实完善闽西畲族陈列馆布展内容,编印闽西畲族陈列馆宣传小册子3000册,制作闽西畲族陈列馆宣传光盘,争取闽西畲族陈列馆列入全国民族团结进步教育基地。做好中华人民共和国成立60周年成就展第九专题展暨中华人民共和国成立60周年民族地区成就展展品的征集工作,向省民宗厅推荐候选展品20多件。2010年,制作闽西畲族陈列馆宣传光盘,加大宣传力度,争取闽西畲族陈列馆列入全国民族团结进步教育基地。2014年2月,上杭县古田镇苏家坡树槐堂被国家民族事务委员会命名为第四批"全国民族团结进步教育基地"。

2013年10月,庐丰畲族乡在庐丰中心小学设立畲族馆,成为闽西首个以少数民族命名的博物馆。整个畲族馆分9个部分,主要展示畲族缘起、畲族文化、畲族服饰、畲族人物、民间工艺、生产工具、生活用具、建设微观、百幅摄影等内容,并搜集展出实物近百件。

2017年,抓好少数民族文化精品保护与发展工程——闽西畲族馆建设工作;2018年,在上杭县客家缘文化中心建成总投资670万元,有展厅800平方米的闽西畲族馆。闽西畲族馆共收集反映闽西畲族历史、革命斗争、生产生活用具、文化体育、民俗风情以及经济社会发展等方面的实物200多件、照片800余张、服饰10余套及部分题词、油画和音像资料。该馆分前言、畲族渊源、繁衍生息、畲族风情、红色畲乡、春满畲乡和结束语7个部分。

(五)编撰志书、民歌民间故事集和校本教材,做好畲族文化保护传承工作

上杭县民委干部黄集良在1994年和1998年分别主编了《上杭县畲族志》和《上杭畲族英才录》,两书均由厦门大学出版社出版。2012年,官庄畲族乡编撰出版了《官庄畲族乡乡志》(方志出版社出

版)；此后，上杭县各个乡镇都编纂有乡镇志，真实的记述了当地畲民的生产生活情况，保存了当地的畲族文化。上杭县蛟洋镇华家民族村、庐丰畲族乡扶洋民族村还编辑出版村志。2013 年和 2015 年，福建省少数民族古籍丛书编委会编辑的《福建省少数民族古籍丛书・畲族卷・民间故事》《福建少数民族古籍丛书・畲族卷・民间歌谣》分别由海峡书局和民族出版社出版。收录有流传于漳平市畲族民间故事 36 篇(神话故事 2 篇、人物传说 6 篇、地名传说 4 篇、习俗故事 8 篇、生活故事 9 篇、动植物故事 9 篇)，流传于漳平市、上杭县畲族民间歌谣 40 首(劳动歌 6 首、情歌 17 首、习俗仪式歌 1 首、历史歌 1 首、生活歌 15 首)。2014 年，漳平市民族宗教局组织力量搜集编印《闽西畲族民歌集》，该书分三大部分：畲族民歌、畲族传说与习俗和畲族谚语。2018 年，漳平市民族宗教局与教育部门共同编印《校本课程小学阶段教材・中华民族一家亲》，上杭县庐丰畲族乡党委、政府编印《多彩畲乡魅力庐丰》，以志书的方式较全面地介绍了庐丰畲族乡的政治、经济和社会等情况。2019 年，龙岩市民族宗教局和上杭县民族宗教局编印《闽西畲乡》画册。2021 年 6 月，举行《龙岩市畲族志》编纂工作启动仪式。

(蓝赞玉摄)

(六)收集、整理和修订畲族族谱

漳平市桂林街道山羊村农家书屋(兰中霞摄)

龙岩市境内民间藏有蓝、雷、钟 3 姓畲族族谱(含手抄本)，上杭县客家族谱博物馆也收藏有民国以前完整的蓝、雷、钟等姓氏族谱。2011 年 11 月，福建省少数民族古籍丛书编委会编辑、海风出版社出版的《福建省少数民族古籍丛书・畲族卷・家族谱牒》辑录了《上杭雷氏梓福公家谱》(民国元年刻本)、《上杭蓝氏续修通谱》(清道光十三年刻本)、《闽杭庐丰蓝氏族谱》(民国三十三年刻本)、上杭县坵辉村《颍川郡坵辉钟氏念二公族谱》(清光绪三十一年刻本)、《颍川钟氏族谱》(清道光八年手抄本)。中共十一届三中全会后，畲民中的离退休老同志热心族谱撰修：长汀馆前镇黄湖村念七系日山公后裔的《蓝氏族谱》，上杭蛟洋镇华家的《大坪雷氏族谱》，上杭古田镇苏家坡的《苏家坡雷氏族谱》，上杭才溪镇溪北村的《溪北雷氏族谱》，上杭下都镇的《下都雷氏族谱》，上杭临江镇的《临江雷氏族谱》；上杭全县的《颍川上杭钟氏族谱》，上杭太拔坵辉村的《颍川郡至德堂坵辉钟氏族谱》，上杭官庄福泉村的《颍川堂绳德堂上

杭官庄钟氏族谱》，上杭临城九州村湖坊的《颍川郡钟氏上钟屋家族总谱》，上杭湖洋碧田村的《颍川郡钟氏族谱》等，上杭庐丰蓝氏还翻印了《闽杭庐丰蓝氏族谱》（民国三十三年刻本）。

二、不断完善民族乡村畲族文化服务体系建设

2008—2009年，龙岩市民族宗教局帮助筹建上杭县庐丰畲族乡畲族文化中心综合大楼，扶持上杭县庐丰畲族乡、上杭县才溪镇溪北村、庐丰畲族乡丰乐村、丰济村，古田镇苏家坡村，官庄畲族乡朱堡村、树人村，蛟洋镇华家村，临江镇东南居委会；漳平市赤水镇香寮村，桂林街道山羊村等民族乡村建立图书室、农家书屋，在民族乡和民族中小学开展猜谜、花灯、铜管乐、“三月三”畲民节等富有民族特色的文化活动，进一步丰富民族乡村的文化生活。上杭县庐丰民族中学在音乐课堂教学中传授畲族传统器乐、竹杠舞、学唱畲族的山歌；在美术教学中组织学生画畲族风情画等。

上杭县强化资源整合，完善全县畲族文化服务网络体系，满足畲族群众精神文化需求。全县基本建立了以县城为中心，辐射各民族乡村的畲族公共文化服务体系。庐丰畲族乡、官庄畲族乡建立了文化站和畲族文化展览室（畲族陈列馆）。

上杭县官庄畲族乡树人民族村广场舞

（树人村委会提供）

2021年，上杭县40个民族村建立了文化室、活动室、室外文体活动场所、业余文艺团队，配备文化协管员和设备。在古田镇苏家坡村、官庄畲族乡福泉村等民族特色村寨创建村和民族中小学校建立畲族文化长廊。官庄畲族乡组建畲乡艺术团和完善民族村文化设施，该乡10个民族村都有新建的文化活动广场，并组建民乐队；在7个民族村举办“三月三”畲民节活动。庐丰畲族乡政府大力扶持文化宣传队伍建设和完善文化设施。修缮蓝氏家庙，组建香灯龙表演队、上杭县蓝天种玉文化公司、树叶吹奏队、五梅拳队，丰康村特色村寨连续20多年举办“三月三”畲民节活动。加强官庄、庐丰民族中学、民族小学运动场建设，添置畲族服装及舞狮等道具、多媒体设备，修建民族文化长廊（德育墙）、畲韵乡村少年宫等，为学校发展民族文化体育运动奠定了基础。

2021年龙岩市民族乡综合文化站基本情况表

表7-01　　单位：平方米、人、台、个

民族乡	文化站总面积	多功能室面积	图书阅览室	信息资源共享服务室（公共电子阅览室）		特色文化展示室	服务人员（文化协管员）		特色文化品牌	民间文艺团体	综合文体广场面积
				面积	电脑		人数	专（兼）职			
上杭县庐丰畲族乡	600	300	藏书1万册			面积150平方米，畲族展厅、观众1000人次	14	1	8	2	4000
上杭县官庄畲族乡	300	100	藏书0.4万册，每年新增200册	60	2	80平方米	3	1	3	2	350

三、开展畲族传统文化活动，促进畲族文化传承

2005 年，龙岩市民族宗教局组织参加第四届全省少数民族文艺调演，该市选送的 4 个少数民族文艺节目中，畲族小品《同心路》和彝族舞蹈《扇悠悠》分别在第四届全省少数民族文艺调演上获得创作三等奖和表演铜奖。

龙岩市畲族传统文化活动以开展“三月三”畲民节传统节日庆祝活动为主，上杭县庐丰、官庄两个民族乡依托庐丰畲族文艺宣传队、官庄畲乡文化艺术团等民族乡村文艺队伍，在每年农历“三月三”都举办形式多样的庆祝活动。活动蕴含丰富的乡土气息、文化底蕴，成为畲乡特色宣传、项目推介、招商引资、文化交流的平台。利用节假日和民族团结进步宣传月，开展香灯、舞狮、十番音乐、畲拳等一系列的民间文娱活动，庐丰畲族乡香灯队在上杭县建国 50 周年庆典活动中获得一等奖。龙岩市依托上杭县少体校、官庄民族中学、庐丰民族中学设立民族传统体育活动训练基地，组织畲族运动员参加各级少数民族运动会，并取得显著成绩，屡屡在国家、省级比赛中夺得优异成绩。2013 年，龙岩市民族宗教局组织漳平市桂林街道山羊村畲族民歌队代表龙岩市赴霞浦县参加 2013 海峡两岸各民族欢度“三月三”节暨福建省第二届“三月三”畲族文化节“山哈杯”民歌赛，获原生态民歌组二等奖。

漳平市引导制定《村规民约》，规定本村族人交往和活动讲畲语，节日穿畲族服饰，畲族群众交往和活动讲畲语，节日穿畲族服饰，成立山羊畲族民歌队，竹竿舞团队，唱畲家民歌，传承畲族文化。畲族民歌民舞已成为山羊村畲族文化发展的强大支撑，也成为漳平市畲歌畲语传承、发展、交流的重要平台。

2014 年 5 月 30 日—6 月 1 日，漳平市在桂林街道举办“畲族文化节”活动，通过开展畲族祭祀、畲族婚礼（哭嫁）、畲族“三月三”等畲族传统民俗表演和畲族风情图片展览、摄影展、书画笔会、畲族美食节等内容，传承畲族优秀传统文化，丰富漳平市民族团结进步内容。2017 年、2018 年、2019 年和 2022 年，在桂林街道山羊村成功举办“三月三”畲族文化节。

2018 年，龙岩市承办全省第五届少数民族文艺调演，全省 400 多名少数民族演职人员参加演出，2000 多名观众观看演出。龙岩市选送的《叶儿青青畲乡乐》获表演二等奖、创作三等奖，《走在茶山间》《山羊山民的幸福生活》获表演三等奖。中华一家亲 · 2018 海峡两岸各民族欢度“三月三”节暨福建省第七届“三月三”畲族文化节、第十一届海峡两岸少数民族丰收节在上杭县举办，海峡两岸近 600 名嘉宾和 5 万多少数民族群众参与。上杭县被国家民委、国台办授予“海峡两岸少数民族交流与合作基地”。

2019 年 12 月 9 日，漳平市山羊村畲歌队、竹竿舞团队参加漳平市象湖镇龙门村寨门开寨仪式并被龙岩电视台专题报道；2020 年 1 月，龙岩电视台综合频道《看龙岩》专门报道了山羊村竹竿舞。

2020 年、2021 年，在上杭县举办两期畲歌畲语培训班，两期共有 111 名学员参加培训。

2020 年 12 月 4 日，龙岩市畲族艺术团经龙岩市民族宗教局批准，在上杭县成立。在成立大会上，举行了授牌仪式，龙岩市民族宗教局领导致辞祝贺。艺术团由 16 位（畲族 12 位，汉族 4 位）文艺人士组成，团长由龙岩市畲族文化研究会常务副会长钟海波兼任。艺术团的成员单位有：上杭县庐丰畲族乡扶洋农民吹叶队、漳平市桂林街道山羊村山歌队、上杭县太拔镇坵辉村钟家拳、上杭县庐丰畲族乡香灯队、上杭县庐丰畲族舞狮队、上杭县庐丰畲族乡五梅拳和上杭县临城镇上登畲族船灯队等。

2020 年和 2021 年，受新冠肺炎疫情影响，上杭县民族宗教局与县融媒体中心、龙岩市畲族文化研究会联合，以举办线上活动形式，在当地融媒体平台推出《杭川畲韵》系列专题，推介上杭县畲族

文化和民族工作，获得社会各界赞赏。

附：文艺调演（部分）

2000 年 11 月 3 日，龙岩少数民族文艺调演团在福州参加为期 2 天的比赛，4 个选送节目中苗族舞蹈《兰花带》获银奖，畲族歌舞《畲山欢歌》和小品《花好月圆》获铜奖，市民委、市文化局获组织奖。开展庆祝畲族传统节日“三月三”活动。

2005 年，在第四届全省少数民族文艺调演，龙岩市选送的畲族小品《同心路》获得创作三等奖。

2013 年，龙岩市组织代表队参加 2013 年海峡两岸各民族欢度“三月三”节暨福建省第二届“三月三”畲族文化节“山哈杯”民歌赛，获原生态民歌二等奖。

2018 年，龙岩市承办全省第五届少数民族文艺调演，龙岩市选送的《叶儿青青畲乡乐》获表演二等奖、创作三等奖，《走在茶山间》《山羊山民的幸福生活》获表演三等奖。

四、加强畲族文化艺术人才培养

龙岩市加强畲族非物质文化遗产保护和传承人培养。按照政府主导、社会参与、群众配合的原则，强化畲族文化遗产保护和传承工作。采取因地制宜，阶段性与长期性、针对性与统一性相结合的方法，在民族中小学开设蹴球、陀螺、高脚竞速、板鞋竞速、舞狮、畲族武术、民族舞蹈等课程，建立训练基地；在民族乡村开展树叶吹奏、剪纸、器乐等传习活动，培养传承人。

上杭县庐丰畲族乡鼓励全民参与打香灯。庐丰畲族乡的畲民香灯龙灯队在每年春节、元宵节、“三月三”等传统节日，通过打香灯祈求风调雨顺、五谷丰登、人灯兴旺。庐丰畲族乡丰济村组建上杭县蓝天种玉文化发展有限公司，主打舞狮、畲拳，在民族中小学选拔体质好、有兴趣的学生参与，聘请专业老师教学。庐丰民族中学把舞狮、畲族拳术纳入每天“阳光体育”活动中，把它纳入每年一次的田径运动会表演项目中，增强学生的兴趣。上杭县官庄民族中学确定了以“弘扬畲族文化”为学校特色进行特色办学，制定了“弘扬畲族文化、树民族学校品牌”民族学校特色发展规划。音乐教师将畲族山歌、舞蹈等民族民间艺术作为一个重要内容开设，美术教师将剪纸、书法、手工制作等纳入美术教学，学校不定期邀请民间艺人来学校指导，帮助学生获得一些畲族民间技能或技艺，并具备一定的民族民间技能或技艺。漳平市组织民族中小学学生观看有关畲族民间文化的乡土音像资料，结合畲族的起源、迁徙、发展、服饰、语言、民俗等内容的教育，将畲族文化的保护和传承融入其中。

第八章　体　　育

畲族是一个山居农耕狩猎的民族，很早就形成了尚武健身的浓厚风气，由此形成了畲族民间体育的基本底蕴。龙岩市的畲族人民酷爱体育活动，早在明朝洪武年间就有武术、舞狮、节日登山、竹棒舞等活动。畲族体育的传统项目是畲族武术，既有竞技性、娱乐性和观赏性；也有鲜明的民族文化特色和丰富的科学内涵。中华人民共和国成立后，龙岩市（地区）人民政府把畲族传统体育运动的传承和发展作为增强畲民体质、促进民族乡村振兴的有效载体，通过组队参加福建省和全国少数民族传统体育运动会，畲族的传统体育的面貌和价值逐渐被更多人所了解和认识。

第一节　民族传统体育

一、传统体育项目

五梅拳　五梅武术发源于北方，是中国武术稀有的拳种之一。传说其创始人是河南嵩山少林寺的“五梅祖师”（亦称“五梅师太”“五梅道姑”）。清朝嘉庆、道光年间（1796—1850 年）的上杭县胜运里湖洋乡（今上杭县庐丰畲族乡扶洋民族村）的丘正元跟随来杭演出的安徽凤阳花鼓戏班的武师到北方习武。后来，丘正元又和戏班的花鼓娘子梅花（原名王秀英）一起到河南拜五梅祖师的弟子为师，继续深造。由于丘正元忠厚耿直，谦虚好学，深得师父赏识，在继承“五梅武术”一派见长的基础上，广求各地武林高手，练就了一手以柔制刚的过硬的武功。丘正元和梅花拜别师父，结为夫妻双双回到上杭。丘正元融易经八卦原理于拳术之中，创“五梅拳软桩八法”。

民国《上杭县志》说，丘正元“清嘉道间，以技击名于时。……其普通入手之术越八法手，本《易》八卦之理。而消息之衍为八八六十四，又衍而为三百八十四，自全身筋骨以至一支一节无不到，与近世柔软徒手体操略同，而关锁紧严尤为实用，能以两指夹足陌制钱，使人用巨绳之不为动。”①丘正元夫妇以高超的武艺和高尚的武德，诚心授徒，诲人不倦。在汀江流域的蓝溪、黄潭、太拔、中都、扶洋、铁峰等乡村都有他的传人，昔日中州的武林奇葩，在闽西山区的上杭深深扎下了根，结成累累硕果，成为名闻遐迩的上杭五梅拳。五梅武术包括拳法和棍术，属儒家打法，即文拳，其核心是五梅拳软桩八法。八法分文八法和武八法。文八法是：点、横、竖、钩、拐、挑、撇、拉；武八法是：接、打、腾、封、踢、弹、扫、挂。其特点为：拳法套路短小紧凑，步型低矮，步法转换灵活，技术上以静制动，借力还力，以守转攻，短打快攻，出其不意攻克对方为主要特点。绝招是：上打头丰（即太阳穴），下打阴膛，中打胸

①［民国］丘复总纂《上杭县志》卷三十一《方技传》。

膛肚角，用擒、拉、钩、扒，抑阳五尺，抑阴三尺。

五梅拳软桩八法招式包括：(1)小八法；(2)分八法(大八法)；(3)生克；(4)四椎卷指(四椎手)；(5)鲤鱼翻白；(6)鹞子翻身；(7)佛子手；(8)龙虎桩(龙虎下山绝命桩)。

五梅拳的拳谱，被编入福建省体委编的《拳械录》。五梅拳这项集健身、竞技、教育于一体的民间武术项目已发展成为具有一定竞技性、社会普及性的民族传统体育项目，于2007年8月入选福建省第二批省级非物质文化遗产。

2013年，扶洋、铁峰村“两委”及文化教育促进会精心组织，积极协调，邀请到真传弟子龚育茂及唐仲生、高顺娣三位老师教授五梅拳近半年，由两个村10多人组成的女子五梅拳表演队动作娴熟，先后在畲乡“三月三”和上杭县申遗纪念日上精彩献演，博得好评。

钟家拳(棒) 钟家拳(棒)相传在明朝洪武年间，上杭畲汉起义军的领袖钟子仁为训练义军所创。以后由上杭县太拔镇坵辉村钟陈兴所传承，他苦练老祖宗传下的钟家拳(棒)，并虚心学习各门派的拳法、棒法，后传给他的儿子加鉴，加鉴再传子浪琴，经过祖孙三代的学习总结，到浪琴时已练就有密、稳、准、快特色的钟家拳。钟家拳(棒)有打单棍、双棍对打、单棍对双刀、单棍对耙头、单棍对铁叉、钟家刀、舞钩刀、舞耙头、马刀上阵等套路，和舞双狮、单狮以及“叠罗汉”(以一人架起五人且开步行走的高难度动作)等活动。2018年，列入上杭县非物质文化遗产名录；2019年，晋级为龙岩市非物质遗产名录。

畲家拳 上杭县庐丰畲族乡民间历来有练武的传统，畲家拳是他们的看家本领之一。畲家拳以套路、畲棍对练为主，具有南拳步稳势烈，发力短猛，善用手法，防守门户严谨，进攻多用指法、拳法的特点。形威、力猛、马实、手狠；练功要求一疾、二硬、三力，被誉为“三绝”，讲究实战，套路简短精炼，朴实无华，结构紧凑，其动作招招立足于实用，强调体现疾、硬、力的特点。2013年，蓝田种玉文化发展有限公司组建一支年轻的队伍，通过刻苦的训练，初显成果。

舞狮 舞狮是畲族的传统文化之一，畲族乡村大都有舞狮队。畲族舞狮的内容丰富多彩，有狮子下山、狮猴相会、狮猴戏和尚、狮猴归山等套路。它是一项融娱乐、健身为一体的民族体育活动。舞狮的表演者不仅要有强健的体魄，更要有高超的表演技巧。表演时多为两人一组，一头一尾地构成狮子的身型，身披狮衣下的两个演员配合默契地做出腾、闪、跃、扑、翻、滚等一系列连贯动作。20世纪四五十年代，上杭县太拔镇坵辉村的钟浪琴曾经设馆授徒，招收邻近乡村的畲汉青年学艺。2010年，庐丰畲族乡丰济村组建成立“种玉堂”舞狮队，该队传承广东佛山醒狮(南狮)舞法。南狮又称醒狮，造型较为威猛，舞动重马步。醒狮要靠舞者的动作表现出威猛的狮子形态，一般只用两人舞一头狮；是融武术、舞蹈、音乐等为一体的文化活动。狮头以戏曲面谱作鉴，色彩艳丽，制造考究；眼帘、嘴都可动。“种玉堂”舞狮队挑选小学三年级以上身体好、学习好、动作协调性好的少年为舞狮队队员，利用每天早、晚和假期时间训练。2013年始，“种玉堂”舞狮队经常为外来参观者表演，同时也经常代表市、县、乡参加各种大型表演或比赛。

操石礤 操石礤是畲族竞技体育项目之一，它具有鲜明的民族文化和丰富的科学内涵。1996年，操石礤被推荐为全国第三届少数民族运动会表演项目。

操石礤即用脚踩石礤(滚石块)进行竞赛，先用扁圆、底面光滑的石块，大的可达数百斤，小则几斤、几十斤，以人力大小而定，一般在村、街的石道上进行。少年组多为两人一组，由一人在另一人背后挽其背、胸，让其双脚稳踩石礤，斜挺腰杆，然后合力推动石礤前进；青壮年组为三四人一组，其中一人“健杆”，另两或三人抬杠子平胯，让“健杆”仰面斜挺、双脚踩石、伸腿挺腰、把稳方向，将百斤或数百斤重的石礤快速向前推进。快速向前的叫“炒豆”，慢慢游的叫“熬油”，两组相向而动，让石礤猛烈碰撞的叫“对礤”。“对礤”时如果被挤至街道一边就为输。

操石礅同其他畲族传统体育一样是以身体练习为主要手段,在愉悦身心的运动中产生一定的身体负荷,具有显著的强身健体的功效。

高脚竞速　高脚竞速又叫踩高脚马。高脚马原本是苗族、土家族人在地面积水的雨季代步、涉水过浅河的工具,后来人们把踩高脚马发展为高脚竞速,成为一个民族传统体育项目。1986年,湖南省体委将高脚马整理成一项民族传统体育项目,并作为表演项目参加了第五届、第六届全国少数民族传统体育运动会的表演。在第七届全国少数民族体育运动会上,高脚竞速首次被列为正式的比赛项目,此前的第五届、第六届民族运动会上高脚竞速还只是作为表演项目。

高脚竞速

高脚竞速是一项很有趣的运动项目,它不仅能达到锻炼身体的目的,而且还能培养顽强的意志品质。高脚竞速所需的器材简单,不受场地大小限制,具有较强的娱乐性和很高的健身价值。

蹴球　原称踢石球,也曾称挫球或挫石球,是中国十分古老的一项民间体育活动,相传,或起于春秋战国时期,盛行于唐,有着悠久的历史。1999年,在第六届全国少数民族传统体育运动会上,蹴球被列入正式比赛项目。

蹴球比赛是在一块10米乘以10米的正方形平整土地上进行,分两队进行比赛,每队两名运动员。有单人赛、双人赛、团体赛等形式,竞赛项目分男子单蹴、男子双蹴、女子单蹴、女子双蹴、混合双蹴球等。使用地掷球,每队两只球,分蓝红二色。甲队编为1号和3号,乙队编为2号、4号,比赛按1、2、3、4号的顺序轮流蹴球。比赛时脚跟着地,脚掌触球,用力蹴球。击中对方球,得1到2分,把对方球击出场外得4分,先积50分者为胜方,三局两胜。

毽球　毽球是侗族、苗族、水族同胞喜爱的传统体育活动手毽演变而来,手毽是各族人民在播种水稻时,扔接稻秧的一系列动作启发下产生的,是侗族带有社交性质的体育项目。比赛场地长11.88米、宽6.1米,中间以球网相隔。比赛双方各派3名选手出场。其技法以踢、触为主,可用头、脚及身体去接球,但不能用手臂去触球。毽球打法类似于藤球、排球。毽球是用四支白色或彩色鹅翎成十字形插在毛管内,与下部毽垫联结而成。比赛采用三局两胜制,得分方必须是发球方(第三局采取每球得分制),以先得15分者为胜一局。

板鞋竞速

板鞋竞速　板鞋竞速原是壮族民间传统体育项目,起源于明代。相传明代倭寇侵扰我国沿海地带,广西百色地区的瓦氏夫人率兵赴沿海抗倭。瓦氏夫人为了让士兵步调一致,令3名士兵穿上一副长板鞋齐跑。长期如此训练,士兵的素质大大提高了,斗志高涨,所向披靡,打败了倭寇。后来,南丹县那地州壮族人民模仿瓦氏夫人练兵方法,开展3人板鞋竞技活动自娱自乐,相袭成俗,流传至今。2005年,国家民委、国家体

育总局批准将“板鞋竞速”项目列为全国少数民族传统体育运动会的正式比赛项，主要还是3人要齐心协力，动作协调，才可能获得胜利。

板鞋竞速在标准的田径场地上进行，场地线宽为5厘米，跑道分道宽2.44至2.50米。比赛板鞋以长度为100厘米、宽度为9厘米、厚度为3厘米的木料制成(以3人板鞋为例)。每只板鞋配有三块宽度为5厘米护足，分别固定在板鞋规定的距离上，护皮以牛皮为宜；第三块护皮后沿距板鞋末端15厘米。

射弩　射弩这一民间体育活动，在少数民族地区有着悠久的历史。相传，因弩击发无声，射击精度颇高而又可就地取材自行制作，用以打猎和射鱼，所以畲族男子几乎人人都备弩箭，男童自幼习射，还常常进行比试。射弩比赛的姿势有立势、跪势两种。立姿，射手两脚着地，左右开立，与肩同宽，一手握弩身下部，一手控制击发机，两臂悬空，弩身均不得直接或间接接触身体其他部位。跪姿，射手用一脚脚趾，一膝和另一脚掌着地成三角支撑。握弩手势同立势，一肘可放于膝上，同样弩身均不得直接或间接触身体其他部位。射弩比赛要求场地平坦，在保证安全的情况下，长不少于30米，宽度可根据靶数决定。靶标高度一致并设在同一直线上，每个靶标上应有明显的号位标志。靶标尺寸：长0.6米，宽0.6米，厚度以箭能插稳为佳。中心高度：立姿1.3米(误差为±0.1米)，跪姿1米(误差为±0.1米)，间距2米。

在1982年第二届全国少数民族运动会上，云南、广西选手表演了精彩的射弩。1986年8月，第三届全国少数民族运动会将其列为竞赛项目。

陀螺　陀螺指的是绕一个支点高速转动的刚体。陀螺是中国民间最早的娱乐工具之一，其形状上半部分为圆形，下方尖锐。从前多用木头制成，现代多为塑料或铁制。从中国山西夏县新石器时代的遗址中就发掘了石制的陀螺，可见陀螺在我国最少有四五千年的历史。陀螺比赛在平整的地面上进行，守方先旋放陀螺，攻方抛掷自己的陀螺击打守方陀螺，将守方陀螺击出场外或比守方陀螺在场内旋转时间更长就可得分。1995年，“打陀螺”成为全国少数民族传统体育运动会正式项目，2003年，更名为“陀螺”。

打尺寸　打尺寸是一种起源于古代的集体运动。参与者在空场围成大圈，其中一人站在圈内，手持一尺多长的木棍(尺)和筷子长短的竹条(寸)。圈内人用木棍将竹条击出，由圈外人竞相跑接。要是竹条落地，则马上拣起投回圈内，圈内人可用手接，也可用木棍击回。圈外人以接住竹条者为胜，并得以替换圈内人。

“打猎”　漳平畲族多居住在偏僻山村，善爬山射猎，故其体育活动有“打猎”的节目，即将圆形茶饼从坡上滚下，用枪射击，中者为胜。

爬山　由于畲民居住地路陡，爬山越岭更是拿手。1956年9月，漳平县举行爬山比赛，从冬瓜仓爬到高明寺山顶，畲族运动员蓝祖东获得第一名。

龙舟赛　龙舟赛是中国一种古老的体育活动，是中华民族传统节日端午节的主要习俗，最初是民众祛病防疫的节日；后因诗人屈原在这一天逝世，便成了中国人民纪念屈原的传统节日习俗。由此可见，赛龙舟不仅是一种体育娱乐活动，更体现出爱国主义和集体主义精神。龙舟船的大小因地而异。赛龙舟先后传入日本、越南及英国等国，是2010年广州亚运会正式比赛项目。2011年5月23日，赛龙舟经国务院批准列入第三批国家级非物质文化遗产名录。

上杭地处客家母亲河——汀江的黄金水段，河道宽阔，水深流缓，利于发展水上运动。民国《上杭县志》载，该县从宋朝开始，汀江沿岸的客家人和当地畲民就有划龙舟的习俗。“五月五日，用小艇绘画作龙形，群戏水次，谓之竞渡”。用龙舟竞渡这一传统文化体育项目，共庆风调雨顺、五谷丰

登、国泰民安,共承同舟共济、团结拼搏、奋勇争先的龙舟竞渡精神。1985年以来,几乎每年都组织开展这项群体性活动,畲、汉群众热情高涨踊跃参与。2006—2019年,上杭县成功举办三届世界客属龙舟邀请赛,邀请来自加拿大、菲律宾、马来西亚、印度尼西亚以及我国的台湾(金门)、澳门、广东、福建等地的龙舟代表队参加。2006年5月,还举办福建省第四届龙舟比赛。

二、开展群众性体育活动

第二次国内革命战争时期,上杭县官庄、庐丰各村先后建立群众文娱体育组织,体育活动结合革命战争,进行形式多样的军事体育竞赛。民国22年(1933)6月16日,福建省军区在上杭县旧县石圳潭(今旧县镇石圳村)举行为期4天的体育运动会,才溪、旧县、官庄等地武装以及各区的少先队、儿童团上千人参加,是苏区暴动以来规模空前的体育盛会。官庄还多次举行龙舟比赛等各项群众性体育活动。

中华人民共和国成立后,龙岩市畲族乡村以村、学校为中心开展各种各样的体育活动。

1952年秋,上杭县庐丰区湖洋村(今庐丰畲族乡扶洋民族村)梭镖队出席福建省首届运动会,梭镖队5男5女队员前后28套的动作表演,赢得大会的赞誉并接受电台采访。

1985年端午节期间,上杭县官庄乡龙舟队参加上杭县龙舟比赛(共有8个队参赛),经5轮4舟角逐,获得第一名。

1986年,上杭县庐丰乡成立中心文化站和农民体育协会,同时成立乡老年人体育协会,统一组织开展全乡群众性文体活动。1988年,庐丰畲族乡农民体育协会举行不同规模的农民运动会,开展武术、舞龙、舞狮、田径等项目竞赛。1991年3月25日,福建省农民体育协会授予庐丰畲族乡为福建省体育运动先进乡(镇)称号。

1998年始,龙岩市全面贯彻《中华人民共和国体育法》和《全民健身计划纲要》,畲族乡村深入开展全民健身体育活动,均建有体育健身场所和武术训练点,配备各种健身器材,体育设施不断完善。

2006年3月,上杭县委、县政府印发《关于上杭县片区农民文化体育节实施意见》,决定每年将全县22个乡镇分三个片区(官庄畲族乡属西北片区、庐丰畲族乡属东南片区)举办农民文化体育节。自当年10月稔田镇承办该片区首届农民文化体育节始,至2021年已连续举办16届,有效活跃了全县文化体育氛围。

2009年,龙岩市、上杭县民族工作部门加强与有关部门沟通协调,完成上杭县第四中学建设申报福建省少数民族传统体育项目板鞋竞速训练基地的相关工作。

中共十八大后,上杭县设立扶持乡村体育发展专项资金,将体育彩票公益金返回的50%通过以奖代补形式专项用于扶持乡村体育设施建设的提升,每年扶持30个薄弱村的文体设施建设。5年共进行了114个行政村(社区)的文体设施提升改造;全县人均运动场所面积达2.1平方米,居龙岩市第一位。2017年,集全省教学、训练、生活等多功能于一体的标准青少年水上运动训练基地——上杭县水上运动中心一期投入使用。2020年,上杭县水上运动中心被命名为"福建省少数民族传统体育项目龙舟、独竹漂训练基地和龙岩市少数民族传统体育项目(龙舟)训练基地",实现省级民族传统体育训练基地新突破。

2013年,上杭县第四中学被省民宗厅、省体育局命名为2013—2016年福建省少数民族体育项目高脚竞速、板鞋竞速训练基地。上杭县官庄、庐丰民族中学在体育教学中开展民族传统体育(板鞋、踩高跷、射弩等)活动;两所学校分别成立板鞋、踩高跷、踢毽子、竹杠舞、射弩等兴趣小组。

2018年,龙岩市民族宗教局和体育局联合发文,分别命名上杭县官庄民族中学、庐丰民族中学、湖洋中学和蓝田种玉文化发展有限公司为龙岩市少数民族传统体育项目板鞋竞速、高脚竞速、蹴球、

陀螺和民族武术训练基地。基地成立后，上杭县民族宗教局下拨官庄民族中学、庐丰民族中学各5万元，下拨湖洋中学、蓝田种玉文化发展有限公司各3万元，用于基地建设、购买器材、开展训练等，促进民族体育运动持续开展，推进民族体育事业发展。

2019年，9月25日—28日，由福建省体育局、福建省文化和旅游厅、福建省海峡文化研究会、福建省客家研究联谊会、龙岩市政府主办，龙岩市体育局、龙岩市文化和旅游局、商务局、闽西客家联谊会、中共上杭县委、上杭县政府承办的“中国·闽西(上杭)第三届世界客属龙舟文化旅游节”在上杭县举行。此次龙舟文化旅游节包括第三届世界客属龙舟邀请赛、第二届东南地区海峡两岸(上杭汀江)公开水域游泳邀请赛、首届客家米酒文化博览会、客家美食节、欢动杭川大联唱、客家武林大会、客家民俗(非遗)展演、祭孔大典、“客韵悠悠千年梦”客家民俗文艺演出等系列活动，邀请近600人参加。上杭县畲族龙舟队参加了这次龙舟邀请赛。同年，上杭县承办第二届东南地区海峡两岸公开水域游泳邀请赛活动；同时申报全省少数民族传统体育运动项目龙舟赛训练基地。上杭县委、县政府决定常态化举办龙舟赛事，组建上杭县少数民族龙舟队，将上杭打造成全省少数民族传统体育运动项目——龙舟训练基地。2020年，上杭县民族宗教局组建少数民族龙舟训练基地筹建办公室，办公室设在水上运动中心，依托水上运动中心设施、教练及运动员资源，委托福建齐鹏体育文化发展有限公司组织运作。官庄、庐丰畲族乡成立了龙舟队，分别有25名和24名运动员，与水上运动中心5名运动员一起，由水上运动中心统一安排训练。上杭县民族宗教局安排10万元作筹建经费，并对官庄、庐丰龙舟队各安排补助经费3万元。10月21—24日，中国·闽西(上杭)第四届世界客属龙舟文化旅游节活动在上杭县举办，上杭县民族宗教局组建上杭畲族龙舟队参赛，庐丰畲族乡和官庄畲族乡积极组队参与。三支畲族龙舟队同江竞技，尽显畲族风采，上杭畲族龙舟队荣获本县组一等奖，庐丰和官庄畲族龙舟队同获三等奖，少数民族龙舟基地初现峥嵘。

第二节　参加少数民族传统运动会

1991年10月，龙岩地区由上杭县官庄畲族乡与太拔乡坵辉村共同选拔20名运动员代表地区参加在福安举办的第二届省少数民族传统体育运动会(第一届和第三届龙岩地区没有组团参加)。与会的男女运动员参加的比赛和表演项目12个，获奖10个，名列全省前茅。其中叠罗汉获一等奖，“狮子舞”、气功“肚压千斤”和“头顶开花”3个项目获二等奖，竹棒舞、“马刀上阵”、“女子十三棒”、钟家棒、男子舞铁耙、女子棍术等6个项目获三等奖。其中钟家棒的表演者钟浪琴时年68岁，是上杭畲族唯一的武术教师。

1999年5月10日—14日，上杭县人民政府承办福建省第四届少数民族传统运动会。该届运动会设武术、毽球、射弩等3个竞赛项目，打抢担、山地欢歌、竿球、舞狮、猎捕舞等22个表演项目。全省9个地(市)代表团550人参加，其中运动员338人，龙岩市有70多名运动员参加。经过角逐，龙岩市代表队取得女子毽球第二名，武术(对练)第三名，还获得舞狮、气功表演、少儿武术表演一、二、三等奖。

2002年12月，省第五届少数民族传统运动会在漳州市举行。龙岩市政府组成以副市长马承佳为团长的80人少数民族代表团(其中运动员60人)，代表团由上杭县的庐丰、官庄民族中学、县职业

中专学校、实验小学和中都乡的运动员组成,有蹴球、毽球、高脚竞速、射弩、武术等5个竞赛项目参加24块金牌的角逐和表演项目的竞争,取得3金2银2铜的好成绩。表演项目《畲娃戏陀螺》获二等奖,《女子五梅拳》获三等奖。官庄民族中学学生蓝福彬夺得男子200米高脚竞速冠军;蓝福彬、蓝锡荣获得2×200米高脚竞速接力金牌;庐丰民族中学学生蓝富川、蓝富康获得蹴球男子双蹴比赛金牌,实现龙岩市参加省民运会金牌零的突破。蓝富康在男子单蹴,蓝丽蓉、蓝洁梅在女子双蹴中同获银牌。运动员蓝招玉、蓝德云、蓝晓玲、蓝富康、蓝先锋还荣获个人“体育道德风尚奖”。

在1991年10月举办的福建省第二届少数民族传统体育运动会上,由上杭县太拔镇坵辉民族畲民表演的“畲族叠罗汉”获一等奖(坵辉村委会提供)

2003年9月,4名龙岩籍少数民族运动员代表福建省参加全国第七届少数民族运动会蹴球和高脚竞速项目比赛,获得较好成绩;庐丰民族中学蓝丽蓉获体育道德风尚奖。

2006年12月1日—4日,以徐继武为团长的60人代表团(其中运动员50人)赴泉州参加第六届全省少数民族传统体育运动会。代表团参加蹴球、高脚竞速、板鞋竞速、毽球等4个竞赛项目和2个少数民族健身操表演项目的比赛。少数民族体育健儿不畏强手,团结协作,顽强拼搏,取得竞赛项目3金4银4铜(板鞋竞技女子60米、男子100米、2×100米男女混合接力赛金牌;高脚竞速女子100米、蹴球男子单蹴、蹴球男子双蹴、男子混合团体、器械操银牌;板鞋竞技女子100米、高脚竞速男子2×200米、蹴球女子双蹴、蹴球男子单蹴铜牌)及5个第四名、3个第五名,表演项目分别获得一等奖、二等奖的好成绩。代表团被福建省少数民族运动会组委会授予“体育道德风尚奖”的称号,周文章获得优秀裁判员的称号,蓝梅芳等5人获优秀运动员称号。

2007年,龙岩市在上杭县召开第六届全省少数民族传统体育运动会总结表彰会,对8名优秀教练员、39名获奖运动员及7个先进单位进行表彰、奖励,促进少数民族传统体育事业的发展。

2008年,龙岩市民族宗教局组织参加全省首届少数民族传统体育项目陀螺比赛,上杭县庐丰、官庄民族中学分别获得第六、第七名的好成绩。2009年,龙岩市组队参加全省少数民族传统体育项目射弩比赛,获得混合团体第三名、男子个人第二名的较好成绩。2016年10月,上杭县官庄民族中学组队参加福建省板鞋竞速交流赛并荣获3项团体赛二等奖,2项个人赛二等奖和1项个人赛三等奖。

2011年5月6日—11日,组成由市政府分管领导为团长,有关部门负责人为副团长,运动员、教练员和工作人员共93人的代表团参加第七届全省少数民族传统体育运动会,参加了毽球、蹴球、陀螺、射弩、高脚竞速、板鞋竞速等6个竞赛项目和民族传统体育表演项目的比赛。共夺得了竞赛项目5块金牌、7块银牌、8块铜牌和表演项目金奖的好成绩,这是龙岩市参加历届全省少数民族传统体育运动会以来取得的最好成绩。

2011年9月10日—18日,第九届全国少数民族传统体育运动会在贵阳市举行,龙岩市表演节目《节节高》代表福建省组队参赛并获得了全国二等奖的好成绩。

2014年11月1日—3日,全省第八届少数民族传统体育运动会在厦门市举行,龙岩市组成由副

市长张斯良为团长、有关部门负责人为副团长，运动员、教练员、工作人员共75人参加的代表团，参加蹴球、射弩、陀螺、高脚竞速、板鞋竞速、民族武术等6个竞赛项目和民族传统体育表演项目的角逐。其中，高脚竞速和板鞋竞速2个竞赛项目由上杭四中组队，射弩竞赛项目由上杭官庄民族中学组队，蹴球竞赛项目由上杭庐丰民族中学组队，陀螺竞赛项目由上杭湖洋中学组队，民族武术竞赛项目和舞狮表演项目由上杭县庐丰畲族乡组队。运动会上，龙岩市代表队夺得竞赛项目3块金牌、4块银牌、2块铜牌，表演项目《畲娃舞狮》获得银奖，金牌数位居全省第三、奖牌数位居全省第四。

龙岩市参加第八届全省少数民族传统体育运动会竞赛成绩表

表7-01

<table>
<tr><th rowspan="2">项　目</th><th colspan="2">金　牌</th><th colspan="2">银　牌</th><th colspan="2">铜　牌</th><th rowspan="2">其他奖项</th></tr>
<tr><th>个数</th><th>项目名称</th><th>个数</th><th>项目名称</th><th>个数</th><th>项目名称</th></tr>
<tr><td rowspan="5">高脚竞速</td><td rowspan="5">2</td><td rowspan="2">女子60米</td><td rowspan="5">1</td><td rowspan="5">男女4×100米混合接力</td><td rowspan="5"></td><td rowspan="5"></td><td>女子60米第4名</td></tr>
<tr><td>女子100米第4名</td></tr>
<tr><td rowspan="3">女子2×100米接力</td><td>男子60米第5名</td></tr>
<tr><td>男子100米第5名</td></tr>
<tr><td>女子100米第6名</td></tr>
<tr><td rowspan="3">高脚竞速</td><td rowspan="3">1</td><td rowspan="3">男女4×100米混合接力</td><td rowspan="3">1</td><td rowspan="3">女子2×100米接力</td><td rowspan="3">1</td><td rowspan="3">女子100米</td><td>男子200米第4名</td></tr>
<tr><td>男子2×100米接力第5名</td></tr>
<tr><td>女子100米第6名</td></tr>
<tr><td>射弩</td><td></td><td></td><td>1</td><td>男子跪姿</td><td>1</td><td>男女混合团体</td><td>女子跪姿第6名</td></tr>
<tr><td>蹴球</td><td></td><td></td><td></td><td></td><td></td><td></td><td>男子双蹴第5名</td></tr>
<tr><td rowspan="3">陀螺</td><td rowspan="3"></td><td rowspan="3"></td><td rowspan="3">1</td><td rowspan="3">女子双打</td><td rowspan="3"></td><td rowspan="3"></td><td>女子团体第5名</td></tr>
<tr><td>男子团体第6名</td></tr>
<tr><td>男子双打第6名</td></tr>
</table>

2016年10月，官庄民族中学组队参加福建省板鞋竞速交流赛并荣获3项团体赛二等奖，2项个人赛二等奖和1项个人赛三等奖。

2018年11月11日—13日，福建省第九届少数民族传统体育运动会在三明市举办，上杭县官庄民族中学板鞋竞速队、高脚竞速队代表龙岩市组队参赛，荣获1金（高脚男女4×100米混合接力），3银（高脚女子2×200米、高脚女子100米、板鞋女子100米），4铜（高脚男子2×200米、高脚女子200米、板鞋女子60米、板鞋男子60米）的好成绩。

2019年9月，上杭县官庄民族中学学生蓝雨欣受邀参加在河南郑州举行的第十一届全国少数民族传统体育运动会。

附：上杭县承办福建省第四届少数民族体育运动会简介

经福建省人民政府批准，福建省第四届少数民族传统体育运动会1999年5月在上杭举行，并由上杭县承办。4月2日，县委书记陈建寿在省第四届少数民族运动会新闻发布会上发言，之后成立上杭县承办省第四届少数民族传统体育运动会领导小组，县长张斯良担任组长。领导小组下设办公

室、宣传组、文体表演组、竞赛组、场地器材组、环境建设组、后勤组、保卫组，对各组、室的职责进行明确分工.一级抓一级，一环扣一环，各职能组、室协助省民族运动会筹委会相关部、室做好各项筹备工作。精心组织制订各种方案共30项。宣传组邀请福建日报、省电台和电视台、厦门电视台、龙岩电视台等22家新闻单位30多名记者采访和现场直播运动会情况。县直各单位悬挂巨幅标语、彩旗，设置8个悬空彩球、4个气拱门，张贴138条宣传标语、30条大幅广告，营造运动会欢乐喜庆氛围。文体表演组织中、小学生、职专学生、文艺工作者近千人排练“爱我中华”大型文艺节目。

竞赛组在上杭县精心挑选运动员，组织他们刻苦训练，特别是毽球和射弩队，从无到有，勤学苦练，比赛取得好成绩。

场地组确定上杭县体育馆、训练馆、乒乓球馆为比赛场地，并进行整修刷新和灯光调整，对馆前场地进一步绿化、美化。同时，购置各种竞赛、表演器材和设施。

后勤组制订接待方案，安排560多名运动员和来宾食宿，在上杭大酒店、金杭大酒店、汀江宾馆、林业招待所、武装部招待所、闽杭旅馆各食宿点为每个代表团配备1名联络员、2名公安民警、1名医护人员，提供全方位服务。

保卫组加强社会治安综合治理，安排警力50余人，担负会场、赛场各通道、食宿点和街道安全工作，营造安定祥和的社会环境。

环境建设组加强场馆周围、公园、车站及主要街道环境绿化、美化建设和管理，搞好城市形象工程建设，整治脏、乱、差。整顿市场，集中打击“假、冒、伪、劣”商品制造、贩卖、销售活动，建立良好市场秩序。

第四届少数民族传统体育运动会投入资金70万元，是全省历届规模最大，人数最多，组织较好，竞技、表演水平较高的一次少数民族运动会。上杭县承办这次民族运动会取得圆满成功，得到省、市领导和各代表团的赞扬和肯定。

第九章　畲乡旅游

龙岩市畲族乡村旅游资源丰富,生态资源优秀,史迹文化突出,畲乡风光秀丽,畲村山水风景宜人,有上杭县古田镇苏家坡村的树槐堂、主席洞等革命旧址,漳平市赤水镇香寮村天台山、上杭县庐丰畲族乡国家森林公园摩陀寨等自然景观,上杭县湖洋镇观音井百果园等生态旅游景区;还有上杭县官庄革命烈士纪念园,官庄畲族乡古樟树林和圆通山,临城镇石砌村的古石岩,太拔圻辉古村落;漳平市山羊村滋兰亭和长汀县馆前镇黄湖村黄地甲龙潭等自然景观。

20世纪90年代开始,龙岩市委、市政府将发展旅游业提上议事日程。1996年,漳平市旅游局制订开发天台山旅游景区的规划。1997年5月,上杭县旅游局着手编制《上杭县旅游发展规划》。各景区的开发和旅游交通建设有序实施,同时进行广泛宣传。

第一节　旅游资源

一、旅游景区

(一)漳平市赤水镇香寮村天台山风景区

天台山位于香寮村鸡冠山顶,是天台山国家森林公园核心区。方圆数十里,海拔1478米,为漳平第四高峰,分上、下天台。这里奇峰耸峙,古木参天,终年云雾缭绕,山上的天台庵始建于宋朝,是漳平最早的庵庙。宋朝僧人慧真法师住持于此,随后香火不断,明清为鼎盛时期。每年农历六月为香客到天台庵上香圆梦活动月,每到这个时候,天台庵香客如云,烟雾缭绕。晴天俯瞰全境,四周群山似游龙走蟒,翻腾于波涛雾谷之中。令人如置身太虚,心旷神怡。上天台有一片开阔的沼泽盆地,中间有座小山峰与前后两峰并峙,称"三宝炉峰",山上有龙潭石窟,山下涧水淙淙,悬崖石燕飞翔。攀登峰顶,犹立于云雾之中。明朝进士户部员外郎刘锐有诗赞:"石磬一声天地晓,白云卷地鹤归来。"明朝读书人王镜也曾在此读书著述。清顺治年间,宁洋县城东门有姓罗者号称"受五道人",大田县桃源姓郑者号"光明禅师",先后均在天台山上积薪火化。乡民为其雕像建庵祀之。每年盛夏,永安、连城及邻近乡民,纷纷往天台山消暑旅游,或进香圆梦。

天台山有三宝:一宝丁香树,天台山丁香树林是我国罕见的大面积丁香树林,有上千棵丁香树,长势郁郁葱葱、十分壮观,其中不少树木已有百年以上的树龄。二宝杜鹃花,天台山的杜鹃花在每年的四五月间相继开放,形成一道美景,游人穿行在花海之中,颇有一番"乱花渐欲迷人眼"的意境。三宝娃娃鱼,号称"游动的活化石""精密的环境监测仪"。

天台山有十景:一景天然拱门,每棵树都有自己的特性和天然美,每棵自然弯曲下的丁香树,藤

蔓花草顺势缠绕其中，形成缘定门、定升门、如意门等一个个浪漫的天然拱门，深受人们喜爱。二景王镜读书处，明崇祯年间进士王镜弃官隐居于天台山，在此用心读书。三景天台寺，每年六月为香客到天台寺进香祈福、圆梦活动月。四景天台雾淞奇观，寒风拂晓，雾气缭绕，冬日的天台山上洁白晶莹的霜花缀满了枝头，在阳光照耀下，银光闪烁，美丽动人。五景将军石，在天台山的半山腰，抬头向北望去，状如两位将军立于山间。六景古驿道，建于明代，河石铺筑，宽约 2 米，是明清时期宁洋通往永安的交通要道。七景禾雀花，又称雀儿花，油麻藤，为长绿、大型木质藤本植物。簇串状花穗，直接长在藤蔓上，其形酷似禾雀（花季为 3 至 5 月份，花期为 15 天）。八景凌云桥，建于明代，石构单孔拱桥，全长 15 米，矢高 4.8 米，桥基为石块垒迭，古驿道与此相连。九景舍利塔，始建于宋代，坐南朝北，塔身为六层六角空心石塔，向上逐层收分，正面开券顶拱门，葫芦顶刹。十景飞瀑龙潭，此处山岩壁立，溪水落下的距离近百米，飞流直下，飞珠迸玉。天台溪流水湍急，激起狂波，冲成深潭，潭水碧蓝，深不见底，望之心悸，由于气候变化，水流的声响也越发不同，不时发出巨大的轰鸣声，时而像打雷，时而似锣鼓声。

山下的香寮村是明初著名航海家王景弘的故里。村中建有香寮山庄，山庄依山傍水，绿树掩映，300 亩茶园郁郁葱葱环绕其中，置身香寮山庄，城市的繁杂喧嚣顿时隐没在青山绿水之间。香寮山庄占地 38 公顷，建筑面积 6000 余平方米，2010 年 9 月 28 日投入运营，是集观光旅游、住宿、度假、会议、娱乐为一体的综合服务项目。山庄设有酒店、观景台、木屋别墅、铁索桥、烧烤区、篝火广场、露营区、天然氧吧、娱乐会所、休闲垂钓区、自行车项目等。村口有始建于唐朝的香山石拱桥，桥头有“王景弘故里”标志碑，为福建省政协原主席游德馨所题写。

（二）上杭县庐丰畲族乡摩陀寨风景区

位于上杭县庐丰畲族乡下坊村汀江河畔。距上杭县城约 12 公里，属于武夷山脉的延伸，是武夷山脉进入汀江流域后在闽西南留下的最后一个杰作。风景区以丹霞地貌为基本特征，原称武婆寨，又称摩诃山。景区由撑篷岩、摩陀寨、五子石、雷打石等 40 余处天然景观组成，集青山、碧水、奇石、深潭、古寨、庙堂、城墙、炮楼、民俗等为一体。北宋天圣五年（1027 年），当地乡民在此结庐避难，修筑了城墙、石门、石梯、古堡。明朝初年，又有比丘尼多人来这里建庵供佛，念经习武。清顺治年间，重修山寨时易名摩陀寨。

南宋庆元进士、精于史地学的王象之，在《舆地纪胜》一书中，将“武婆寨”列为汀州的九处古迹之一，说明它在当时影响之大。摩陀寨作为一座设防的古城堡，处处给人一种壁垒森严的感觉。用青石条砌筑的寨门，立于一堵峭壁之上，居高临下，令人望而生畏。徘徊在现存古迹之中，可以感受到当时畲汉人民在开发和保卫这片土地中所表现出来的智慧和勇气，感受到他们众志成城、一往无前的精神。摩陀寨的寺庙也具有一定的规模。据史料记载，到清末，其总建筑面积约 2000 平方米，其中包括真武殿、观音庵大殿、中堂、厢房、比丘尼讲经堂、放生池、练武坪、比武台等。比丘尼开山祖寂圣、寂湘、寂蓉、寂清等人，于明朝初年来这里建观音庵，从此香火不断，全盛时有比丘尼 20 多人。到最后一个尼姑还俗，前后经过了 27 世。寺庙在“文革”中悉遭破坏，唯一幸免于难的是位于山南的开山祖比丘尼合葬墓塔。该墓塔已作了保护性的维修。此外这里到处都是奇岩怪石，“九鲤过江”“武婆守寨”“坐井观天”“田螺上山”“金猴拜佛”“蟒蛇出洞”“五子石”等，让人目不暇接。1995 年开始修复。1996 年 9 月，上杭县人民政府批准为第五批县级文物保护单位。

2003 年 12 月 23 日，国家林业局批准建立上杭国家森林公园。上杭国家森林公园规划面积 4672.59 公顷，森林覆盖率 87.4%，由摩陀寨、西普陀和步云南方红豆杉林三大风景区和岩下山植被保护区组成。其中，摩陀寨景区 874.13 公顷，该景区以丹霞地貌和山水景观为主要特征，是上杭境

内保存最完整的古寨遗址。

(三)上杭县湖洋镇观音井百果园景区

位于上杭县湖洋镇文光民族村观音井。因种植各种水果,故名百果园。建于2007年,为消费者提供旅游、休闲、吃、行一条龙服务。文光村观音井为省级休闲农业与旅游示范点。过去观音井是一片丘陵荒地,水土流失严重,经过多年的开发治理,已建成标准化果园2000多平方米。果树品种为杭梅、脐橙、蜜雪梨等50多种,一年四季有花开。果园铺设宽广的沥青道路,建有游客接待中心、梅园环山路、观赏茶亭、观音古井、知青农场、知青楼修复等工程。观音井百果园成为省级乌梅药材GAP研究及标准化栽培示范基地,市级农业"五新"技术示范园。2011年元旦,原中国作家协会党组成员、书记处书记,著名作家张胜友参观观音井百果园后题词:"上杭观音井,海西花果山。"

2018年1月5日,观音井千亩梅园成功举办福建省首届梅花节;2018年,观音井百果园获评AAA级旅游景区。

(四)上杭县古田镇苏家坡村景区

苏家坡村位于上杭古田、蛟洋与新罗区大池镇交界处。交通便利,310国道贯穿全村。该村是龙岩市社会主义新农村建设试点村、文明村、基层党建典型培育示范点,县级第一批"最美村落"、民俗小镇等系列品牌村。1929年10月,中共闽西特委从上杭城关迁至苏家坡村,毛泽东和贺子珍也随同特委机关来到苏家坡,在这里一边养病,一边代表红四军前委指导闽西特委的工作,深入农村进行调查研究,开展土地革命斗争,并在树槐堂后厅创办了一所"平民小学",他们在这里工作和生活了40多天。村中保存了闽西特委机关旧址"树槐堂"、早期党校——闽粤赣三省干部训练班旧址"鸿玉堂"和当年毛泽东休养、读书的圳背岩"主席洞"等革命遗址,是苏家坡村的"三宝"。树槐堂建于明朝末年,坐西朝东,悬山顶屋面,穿斗式木构架,三合土地板,砖木结构,一正两横布局。2005年5月,树槐堂被福建省人民政府公布为第六批省级文物保护单位;2014年国家民委将树槐堂命名为"全国民族团结进步教育基地"。鸿玉堂原为民居,建于清代,坐西朝东,属砖木结构,一正两横,正楼分前、中、后三进厅堂,中、后厅左、右两侧是厢房。苏家坡圳背岩洞又称主席洞,位于中共闽西特委机关旧址树槐堂右侧半山腰上,靠近黄潭河边。2018年9月,鸿玉堂和圳背岩洞被福建省人民政府公布为第九批省级文物保护单位。村中建有少数民族陈列馆。该村的龙岩市福欣牧业发展有限公司从2016年开始拓展旅游餐饮、中小学生研学业务,2021年接待游客3.1万人次,营业收入300多万元。苏家坡景区是国家AA级旅游景区。

二、旅游景点

(一)上杭县官庄革命烈士纪念园

第二次国内革命战争期间,官庄人民在中国共产党的领导下,开展轰轰烈烈的土地革命,扩红支前当模范,经济建设争上游,多次被《红色中华》报道和赞誉,官庄儿女前仆后继投身民族解放的伟大斗争,付出巨大的牺牲,做出重要的贡献。官庄畲族乡革命烈士纪念园位于官庄畲族乡官庄村余坊岗,2009年始建,2011年竣工,占地面积3500平方米,纪念园内吴富莲烈士纪念碑高10.1米,纪念碑后设立"官庄革命烈士英名"墙,上面镌刻331位烈士英名和"发扬革命传统,争取更大光荣"12个大字。烈士纪念园建成后,设立完成完备的管理制度和烈士个人事迹档案,形成以吴富莲烈士纪念碑为中心,融亭、墓园、广场、绿化为一体、具有畲乡特色的综合性纪念园。

2021年8月,全省烈士纪念设施整改提升专项行动开展以来,投入资金200万元,历时3个月时间完成整改提升工程。整改提升内容包括:新增集中安置墓穴61座、"缅怀革命先烈★牢记初心使命"12字纪念标语、文化长廊2条、管理房1座、园区地面和烈士英名墙修复、庭院灯18盏、沿线路灯

38 盏、园区空地绿化。革命烈士纪念园项目整改完成后，整体面貌从根本上得到改善，红色教育功能得到显著提升。2021 年 11 月 25 日，全省优抚褒扬业务培训现场教学在此展开；12 月 1 日，纪念园接受省人民检察院“烈士纪念设施管理保护工作”调研组的视察，获得调研组的充分肯定。

（二）上杭县官庄滨水公园

滨水公园又称官庄畲乡农民休闲公园，位于官庄村官庄坝，滨水公园是一个集游乐、休闲、健身等多功能为一体的综合性公园，将改善官庄的生态环境，加快推进官庄“生态畲乡”的建设步伐，丰富广大群众的日常生活，提高人民群众的生活品质。

整个公园沿汀江河岸而上，汀江两岸绿树成荫，尤其是官庄大桥上下游，绝大部分是天然香樟树，还有枫树、杨树、朴树等。经调查统计，官庄大桥上游即从大桥至回龙电站汀江两岸，共有大小樟树 1756 株，树龄达百年以上的有 99 株，其中 100 年至 300 年的有 86 株，300 年至 500 年的有 7 株，500 年以上的有 6 株，均为群落分布。官庄大桥下游的官庄坝地段有樟树百余株，其中百年以上的有 36 株，100—300 年的有 29 株，300—500 年的有 3 株，500—1000 年的有 3 株，1000 年以上有 2 株。樟树最大胸径为 2. 16 米，最大冠幅为 1540 平方米，树高达 20 余米。树的形态千姿百态，有二株或三株连在一起的双胞胎或三胞胎树；有樟树、朴树相互环抱的互生树；有伸向汀江的弓背树，这些纯天然的樟树沿汀江两岸形成独具一格的古香樟树群，是全省保护最好的天然千年古香樟树群。2016 年，官庄古樟树群被评为“闽西十大风水林”。

为加强对古樟树等名木的保护，官庄畲族乡投入 10 余万元完成了整个滨水公园内古树名木的挂牌保护并建立信息档案；先后投入 160 余万元新建江滨休闲步道 1500 米，安装太阳能路灯 21 盏，并配备休闲板凳 10 余张，滨水公园初具规模。

（三）上杭县官庄福泉三月三农民休闲公园

官庄福泉三月三农民休闲公园（福泉畲族文化公园）位于集镇周边，占地面积 1 万平方米，分为天后宫、钟氏家庙、体育健身区、文化休闲广场、畲族文化休闲步道等几大功能区。

官庄天后宫（详见本志第七章《文化》第五节《文物》）。钟氏家庙始建于明朝万历年间，2016 年初重修。体育健身区设置了篮球场、健身器械场等。文化休闲广场中有文化长廊 38 米，长廊两侧有畲族文化、客家文化及钟氏人物简介等。文化休闲步道全长 280 米，有图文并茂的畲族文化墙；文化公园种植红豆杉、罗汉松、地被花卉等植物，营造绿色、生态的景观环境；整个公园总投资约 800 万元。这里是畲乡群众休闲、健身、游乐的重要活动场所，2016 年 4 月建成并举办官庄畲族乡第七届“三月三”畲族文化节，接受全县美丽乡村建设现场会议察看。

（四）坵辉古村落

坵辉古村落位于上杭县太拔镇，距太拔镇政府所在地 2 公里，距中国首批传统古村落院田 1 公里。在宋元时期就有刘、杨、李、吕、吴、黄等姓氏在此居住。明朝洪武十年（1377 年）中都古坊钟氏来此开基，明清年间其他姓氏外迁，全村只有畲族钟氏一姓。清朝乾隆、嘉庆年间，钟氏对全村的房屋、道路、水渠、祠堂和其他公共设施重新规划，并修建了 14 幢面积在两三千平方米以上俗称“九厅十八井”的泥木结构的大型民居，每幢民居雕梁画栋，各有特色。现保存完好的还有 7 幢古民居和民间书院“勤学书室”以及建于清康熙年间的“永兴宫”等。

该村文化内涵深厚，畲族民俗文化有列入龙岩市非物质文化遗产名录的钟家拳（棒）和民乐队、舞狮队、船灯队，民间武术曾代表龙岩市参加全省少数民族体育运动会并获奖。有丰富的族谱文化，修于清光绪三十一年（1905 年）的《坵辉钟氏念二公族谱》，这部族谱是上杭全县钟姓资料最丰富，考据最翔实，格式最完整，也最具权威性的族谱。参观古民居可以领略坵辉人的创业文化、耕读文化、

儒商文化、忠孝文化和向善文化。该村是台湾著名作家钟梅音的故乡。

2016年,被福建省列入省级首批传统古村落名录。2017年,被列入第三批全国民族特色村寨创建试点村。2019年,被列入全国第五批传统古村落名录。

(五)上杭县临城镇石砌村古石岩

古石岩位于上杭县临城镇石砌村,旧县河下游南岸,距县城10公里。由盔帽石、青莲洞、仙掌岩、伞把峡、巴掌峡、读书岩、养莲池、田鸡石、松篁径、滴水石、玩月池等诸景点组成。是历代名流、百姓的游览胜地。明朝通判刘焋有诗:"径转梅溪望独尊,异人曾此问灵根。古坛秋迴云霄渺,高阁天开日月奔。瑶岛只应呼百仲,罗浮未许笑儿孙。朱弦一曲松风梦,云鹤排空度海门。"

由石砌村登蹬而上,沿着简易水泥路可至青莲洞。整座青莲洞酷似旧时打铁匠的炉型,两边的巨石犹如两个大风箱,风力强劲,炉火纯青而锻造金银铜铁来;而青莲洞外的有块巨石,相传为铁匠的铁砧,名为"出世界";在这块巨石背面镌刻有刚劲有力的"青阳幽谷"四个字,它的旁边有一三角形的出口,每边约0.5米,仅能供一个人出入。游客从入口爬入,巨石中空,仅容一人进入,后逐渐扩大,乃至可供三四人同时进入。入口处酷似亭子,可供十余人休息,置有石桌石椅。旁有泉水从涧中缓缓流过,水声潺潺,泉水清澈,洞内冬暖夏凉,即使赤日酷暑,洞内仍凉风习习,洞温不超过摄氏20℃,可谓奇石观奇水矣。而巨石外约200平方米的平地上,建有水池与假山。青莲洞后的岩石上,有一片似被巨斧劈开的平地,历史上曾建书堂,不少文人学子在此发奋读书。明朝末年李鲁在此苦读,考中举人,后任兵部职方司主事。后人将此地改建成一座寺庙。

位于青莲洞后300余米的滴水岩,过去是一"养在深山人未识"的天然奇观。巨石犹如半片石瓮,上小、中大、下平,高兀耸立,奇妙壮观。从上而下的滴水,不时发出叮咚悦耳的天成妙响,令人心旷神怡。滴水岩左右各有一颗巨石,似两金刚相向守护在两旁。滴水岩下,有一块约20平方米的开阔地,灌木丛生,水草丰茂,郁郁葱葱的香樟树,树皮斑驳。滴水岩泉水,从石缝中溢出,令人顿生奇想。盔帽石是古石岩最为壮观的两块高耸入云的巨石,壁立千仞,像是旧时做官之人的戴的官帽,故又名官帽石。因帽顶上有块似巴掌的装饰,叫巴掌峡,其山石皆为褐色。

这里,既有巨石、清泉和古树,又有颇具特色的联对,"山石成岩,古山古石古景;人山是仙,真迹真庙真仙""古山山石,石磊石山时时古;清水水河,水淼水河水水清""十口为古,古人古山古寺;山石成岩,岩峻岩庙岩屏"。游人观景看联,乐而忘返。

(六)上杭县庐丰畲族乡中坊村大肚石

大肚石位于上杭县庐丰畲族乡中坊村渡上汀江河畔,是一座大石山。石峰入云,色似猪肝,朝向县城,犹如巨人站立,挺胸露肚,故名"大肚石",远望则如美女亭亭玉立,故又名"美女峰",群峰并恃,云雾缭绕,四时苍绿。悬崖绝壁的大肚石山顶上,生长着一株枝繁叶茂的山茶,因石山高,无法采摘,想喝此茶的人只好用鸟铳去射几片叶子下来或等茶叶自落之时,从地上搭起几片。这种茶叶长约一至二寸,叶片周围有锯齿,类似板栗叶。据传,这种石山名茶由风鸟播种而生,泡些茶叶不宜多放,一泡一叶即可,茶色淡红,滋味醇厚。

(七)上杭县庐丰畲族乡上坊村东安岩

东安岩位于上杭县庐丰畲族乡上坊村的群山丛林之中,刀劈斧砍般的石崖上,立着十几株姿态各异的古松,石崖壁上紧贴着一块巨石,巨石向前伸出,巨石下建有几座屋宇。屋宇顺着山势,错落有致地建在石崖的上下几个平台上,三面环山,坐东向西。旧传定光古佛栖息于此。下部平台边有一块光亮的石壁,壁上镌刻着一副对仗工整字迹苍劲有力的对联:"地上有尘风作帚,夜间无火月为灯。"

经过第二个平台，循着滴滴答答的泉水声，呈现第三个平台，正中有一寺庙，门前六七米处，有一长满爬山虎藤蔓的绿色围墙。庙后是一个天然岩洞，里面有石灶、石台、石凳，洞深 8 米，宽十几米，洞顶有三五行排列着的石钟乳；洞旁清泉汩汩流入石岩下的水池，清乾隆中上杭知县史圜署额曰“惠水池”，题联云：“一窍有泉通地脉，半空无水滴天浆。”池中泉水再顺着山岩向低洼处流出，滋润着近处山坳及崖脚的草木。

绕过庙宇右边山坡，在东安岩北面，又有一大平台，登上岩顶，俯瞰山下一望无际的田野，一个个村落，在阳光下流淌着金色的波光。

（八）上杭县庐丰畲族乡立英民族村燕子岩

燕子岩位于上杭县庐丰畲族乡立英村连塘背的后山上，因半山腰上有一块大岩石向前凸出，形似展翅飞翔的燕子翅膀，当地百姓把此地叫作“燕子岩”。燕子岩是由一个石洞和寺庙组成，民国《上杭县志·古迹志》载：“明天顺间，里人蓝福宁建庵奉大士像。邑人江博水联云：燕垒点朝霞，悟到行生皆妙谛；岩泉流夜月，觉来消息尽真如。”庐丰、茶地、蓝溪、太拔、中都等乡镇的香客都会来寺庙进香，尤其是大年初一，人山人海。石洞深度达上千米，里面的岩石奇形怪状，洞的两侧都可以走人，下面还有泉水，潺潺的泉水一直流到洞外的池塘里。月牙形的池塘水深及膝盖，许多只红鲤鱼在悠闲地游来游去，池塘边上生长着五颜六色的小花。夏天很多香客在这边游玩，据说在洞里的最深处，可以听到蓝溪乡镇黄潭村的村民的话语声。在燕子岩的岩石下方，有一个被人工凿的小洞，这个小洞叫出米石，有个古老的“出米石”传说就出自于此。

立英村燕子岩（立英村委会提供）

民国上杭丘复、蓝文藻、蓝祥焕等文人墨客都曾到此游览，留下不少诗作（可参见本志第七章《文化》）。

（九）上杭县珊瑚乡圆通山圆通寺

圆通寺位于上杭县珊瑚乡华竹民族村的圆通山上，海拔 1041 米，顶形呈圆状如巨桶，故称“圆桶山”，后谐音称“圆通山”。山上有良田 200 多亩，是上杭县的四大名山之一，古有“食在圆通山，玩在紫金山”之说。明成化六年（1470 年），宗鉴和尚来此建轮藏并命名为圆通寺（海拔 740 米）。清顺治七年（1650 年）江南（顺治二年置江南省，辖今江苏、安徽一带）人临济宗僧九一和尚（俗名不详，曾考取明朝进士、做过明朝官员，在遭受国破家亡惨变后，弃官入佛，祝发出家）来到圆通寺阐扬佛理，广布功德，创建宝殿层楼，辟建四洲亭、洗月池、犁云亭、佛子水、冷石泉等胜景，并垦田百亩、种稻植茶，产粮甚丰，“圆通茶”为茶中珍品，驰名汀、杭、武。并在山上辟练武场、修武库（山洞），江西幻机法师和半石堂头法师等四方僧徒云集，鼎盛时饭僧百众。民国《上杭县志》载：“《赵志》云：宝殿层楹、禅堂楼阁，宏阔壮丽、饭僧数百众，固一大丛林也。”圆通寺成为闽西、粤东、赣南著名的佛教场所。同治三年（1864 年），圆通寺毁于太平军。同治六年曾任浙江、福建水师提督的上杭石砌村人钟宝山倡捐资修复前堂。圆通寺大门有联：“圆转西山千古月，通开南海九重天。”光绪三年（1877 年），珊瑚陈、胡、蓝三姓募资修复后堂。山口五里黄梅山有九一僧化塔。光绪九年钟宝山辞官，隐居圆通寺，带发修行，晨钟暮鼓、读书品茶，曾著《茶经》（已经失传）。

圆通山风景秀丽、美不胜收，圆通寺著名禅林，文化底蕴深厚。九一和尚留下《圆通山各咏》32

首,每首以景入诗,都是七言绝句,并有简要的跋语,《杭川新风雅集》收录其中 18 首。明末清初上杭著名诗人刘坊两次来到圆通寺,写下《黄梅山拜九一和尚塔》《避暑圆通寺》等诗。九一和尚、宝三居士深研佛理玄机,著书写诗,给后人留下丰富的文化遗产。

圆通山交通便捷、景色秀美、风光旖旎;圆通寺殿阁巍峨、晨钟暮鼓、香火极盛,是集旅游礼佛于一体的胜景名刹。

(十)漳平市桂林街道山羊民族村滋兰亭

滋兰亭位于漳平市桂林街道山羊村。在山羊村村口有条 300 多米蜿蜒小径直抵滋兰亭,小径逼仄处,唯见岩壁深凹处,内置一小香炉,是当地畲民祭拜盘古神明的神龛。小道两旁广植樱花树,山坡地遍植水仙茶,绿意盎然。

滋兰亭呈六角形,矗立于狮子山之巅,飞檐斗角,外筑石条围栏,内竖六石柱,设四长椅,中央置大理石圆桌。落座小憩,纳凉闲谈,环顾四周,唯见群峰环绕,海拔 1375 米的笔架山近在咫尺,山下竹海婆娑。清丽高山,幽静深谷,各有风姿。不远处的山冈、山巅之上,长有多棵造型奇特的松树,姿态优美,雍容大方,宛似热情的主人喜迎八方游客造访。

漳平市山羊村滋兰亭(兰中霞摄)

(十一)漳平市赤水镇岭兜民族村溶洞

岭兜村傍山依水,员当溪贯穿村境而过,溪流清澈,小桥横拱,溪岸多古樟翠竹,景色秀丽。村郊有“穿云”“凤硿”两个石灰岩溶洞,系原宁洋县八景之一。穿云洞在员当溪东岸。洞口高 4 米,宽 5 米;洞壁呈青灰色。洞顶钟乳石似荷花又似人头,似飞禽走兽,千姿百态,在光照下银光闪闪,蔚为奇观。另有观音洞,洞口容十余人,洞内石壁上有盘足坐于莲座上的观音像,栩栩如生。洞外有一面陡削笔直的石壁,高二十来米,上刻“凤翔千仞”四个大楷书,每字约一米见方。是明代漳平贡士陈茂楠于万历年间所书刻。古老的摩崖石刻,经重新上色修整,愈加夺目了。近处有股清泉蓄水成池,清澈见底,成群鱼儿畅游于浅水之中,怡然自得。靠公路一侧,有一呈圆锥状石块,似倒顶莲蓬。称“莲花石”。石面平坦,新建一庵亭,宜于观池鱼遨游,眺山岚变幻。离穿云洞约一里许的河对岸有“凤硿洞”。洞濒溪流,须过桥拾级攀登,洞口仅容人侧身而入,洞内有厅,大可容三四百人,有石钟、石鼓。洞顶高处有两米见方的“天窗”,光从窗入,可看清洞内一切景物。《宁洋县志》载:“内有石鼓石钟,月夜时闻钟鼓声。”

岭兜村风光秀丽,并有天然石灰岩洞,相得益彰。吸引不少人来此览胜。

(十二)长汀县馆前镇黄湖民族村黄地甲龙潭

黄地甲龙潭位于长汀县馆前镇黄湖村,与云霄山相连。传说500余年前,黄地甲属黄姓人开基居住,有寺庙一座,并有市场(田畲福禄坑、马平、坪埔、沈坊等村人前往交流物资),物品丰富,繁华一时,距黄地甲500米左右有一处龙潭,龙潭周边全是悬崖峭壁,石头上长满杜鹃花、猪心花和石草等茂盛的植被,踩在上面有如踩在地毯上。龙潭瀑布飞流直下,瀑布底下三口龙潭相连,风景独好,第一口龙潭深不见底,曾有草帽大的乌龟出现,非常壮观神奇,是旅游休闲的好地方。

第二节　景区开发与推介

一、漳平市天台山景区、王景弘故里

1996年,漳平市旅游局成立后,赤水镇天台山国家森林公园得到开发,主要建成景区道路、休闲度假设施和配套休闲娱乐设施。制作天台山景区、王景弘故里等宣传折页、旅游光盘,并组团参加各类旅游交易会、贸易洽谈会、旅游项目线路推介会。2005年,打造明代航海家王景弘特色人文旅游资源品牌,参加在北京、南京、福州举办的各种纪念郑和、王景弘下西洋600周年活动和学术研讨会等,并在国家博物馆主办的“郑和下西洋600周年纪念展”中设立王景弘史迹专版。至2021年,形成以天台山、岭兜溶洞群以及王景弘故里等景点为代表的生态休闲旅游区。

二、上杭县庐丰畲族乡摩陀寨景区

1995年,在庐丰畲族乡政府和上杭县旅游局指导下,当地村民采用捐资赞助、投资入股办法集资重建观音庵堂,开辟景点路线,修建望江亭、景区水泥道路。兴建连接景区和杭永线2公里景区公路。上杭县旅游局经多方联系,成功引进旅台乡亲丘诚等捐资人民币21万元在摩陀寨木鱼石上兴建慈莲庵、放生亭、景区山门、道路、修复普济门、古堡等,该庵于1999年7月建成开光。

三、上杭湖洋镇观音井百果园景区

上杭县湖洋镇文光民族村观音井,曾是个崩岗纵横、水土严重流失的地方。该镇运用多项政策扶持优势,引导畲民钟树权等10余户农村计生户筑堤护坡,治理水土,铺草植被,栽花种果,建成生态家庭农场,通过计生家庭连片开发,把昔日崩岗变成绿色山庄。2010年11月,由福建农林大学旅游科学研究所、福州鑫山旅游信息服务有限公司编制的上杭县湖洋乡《上杭县观音井百果园旅游发展总体规划》通过评审。2011年,完成观音井主干道硬化5公里,建成游客接待中心,完成知青点维修工程和观音湖维修项目;结合旅游观光项目建设,调整“百果园”花木栽培结构,建成农家乐、游人中心、观光亭及部分景观小品,旅游配套设施。2011年1月2日,由上杭县委宣传部与湖洋乡政府联合主办的观音井乡村文化旅游节暨《湖洋之春》首发式,在湖洋乡文光村观音井举行,原中国作家协会党组成员、人民出版社社长张胜友,北京大学教授、博士生导师谢冕、厦门知青作家谢春池、著名诗人舒婷等嘉宾,县领导以及县有关部门、《湖洋之春》作者代表、厦门知青代表、湖洋乡干部群众等400多人参加活动。湖洋乡政府介绍观音井乡村文化旅游观光项目;举行百果园游客接待中心剪彩、揭牌仪式。首发式上,《湖洋之春》作者介绍写作过程,并将文集与摄影集分别赠送给与会代表。2014年,观音井果园面积发展到1600多亩,种果专业户17户,种植脐橙等水果品种40余个,开通水泥路3.2公里;新建山地水池500立方米,铺设果园喷灌设施300多亩,为果园造就良好的生态环

境。6月20日,湖洋镇成立“上杭县观音井果业商会”,为龙岩市首家果业协会。6月28日,湖洋镇文光村观音井百果园内举办首届葡萄“采摘节”,吸引城市居民和周边城市自驾游客约350人参与,采摘节持续到7月中旬结束。2015年,湖洋镇在观音井梅园投入300余万元,实施梅产品加工房、环梅园道路、杭梅窖酒、赏茶室、赏茶亭以及知青楼修复、野外露营基地建设等项目,先后建立青梅、台湾蜜雪梨、脐橙、上杭蜜柚等特色优质水果基地3000多亩,打造成“一年四季有花开,一年四季有果摘”的乡村“桃花源”景点。是年,观音井百果园成为龙岩市市级生态示范园。投资约40万元建成有12个厕位的湖洋观音井百果园旅游厕所,4月11日,上杭县首届杭梅“采摘节”在湖洋镇观音井杭梅种植基地开幕,当天吸引了幼儿园亲子活动家庭、自驾游客、龙岩旅游官方微信和上杭网等线上首批中奖观众近500人参与,“采摘节”持续到5月底结束。2016年,上杭县旅游部门摄制“清新福建·美丽乡村”《湖洋观音井百果园》电视专题片。4月28日,湖洋镇政府、县农业局、县旅游事业局、县休闲农业与乡村旅游协会等单位在湖洋镇观音井百果园举办第二届杭梅“采摘节”活动,吸引500多名游客现场体验采摘乐趣。2017年,福建百果园生态农业股份有限公司成功申报2017年三星级乡村旅游经营单位。举办湖洋镇观音井第三届杭梅采摘节。2018年1月5-7日,由福建省旅游发展委员会指导,龙岩市旅游发展委员会和上杭县人民政府主办的千亩梅花·香印湖洋——福建省首届梅花节在观音井举办。省、市、县领导,主流媒体记者,文艺界人士,县内外游客等2000多人参加开幕式,吸引近4万人次游客观赏体验,实现旅游收入2000多万元。2019年1月5—7日,由福建省文化和旅游厅、福建省农业和农村厅指导,龙岩市文化和旅游局、龙岩市农业和农村局、龙岩市商务局和上杭县人民政府共同主办的“多彩上杭　印象梅花”福建省第二届梅花节在上杭县湖洋镇文光民族村观音井百果园AAA级景区举行。省、市、县领导及县直有关单位、湖洋镇负责人,各地游客、摄影爱好者、媒体记者参加开幕式。2020年12月31日,由福建省农业农村厅、福建省文化和旅游厅、龙岩市人民政府指导,市农业农村局、市文化和旅游局、市民族与宗教事务局、上杭县人民政府主办的福建省第四届梅花节在中国美丽休闲乡村——湖洋镇观音井文光村开幕。

四、上杭县古田镇苏家坡景区

中共十八大以来,苏家坡民族村“两委”整合发改、民宗、住建、自然资源、农业农村、文旅、乡村振兴等部门资金3000多万元,引导民间资本投入2000多万元有序推进苏家坡旅游景区建设项目,不断完善各项基础设施。苏家坡村的产业转型,让村民过上了好日子。为传承和弘扬优秀民族传统文化,不断推进该村民族团结进步事业,营造浓厚的畲族“二月二”“三月三”节日喜庆气氛,推进该村旅游事业发展,打造县级第一批“最美村落”、民俗小镇等系列品牌,在节日前夕开展了系列乡村旅游文化活动,吸引了大量游客前来参加。重视开展畲族传统文化活动,常态化组织村民吹奏树叶、跳少数民族舞。2019年,实现接待游客2万人次。

五、上杭县官庄古樟树林

上杭县官庄畲族乡党委、政府坚持“保护为主,开发为辅”的原则,充分发挥汀江流域生态资源、禀赋优势,紧紧围绕做活“汀水香樟”文章策划项目,打造畲乡独特“生态旅游品牌”,形成资源开发与香樟保护有机统一、相辅相成。对汀江流域古樟树进行普查、登记和挂牌保护,建立古樟树信息档案,颁发实施《官庄畲族乡古树名木管理办法》,全面抓好古樟树的保护与开发。建立生态警务室,结合河长制工作开展,会同河长办、派出所,组建一支专门力量抓保护开发;特聘省园林管理所专家制订详细的规划设计保护开发方案,投入近20万元古香樟专项保护资金。利用该乡独特的古香樟树和汀江生态资源,建成滨江步道、亲水平台、滨水公园等,将古樟树群、镇龙寺、官庄天后宫、福泉

井、福泉公园等进行连通，形成集香樟文化、妈祖文化、古航运文化、汀江文化、畲族文化于一体，总长近3000米的“汀水香樟、古韵畲乡”文化长廊。

第三节　“三月三”畲族民俗文化旅游节

1995年，上杭县恢复“三月三”畲民节以后，官庄畲族乡、庐丰畲族乡开展以推动民族经济发展、促进中华民族大团结为主题，以弘扬传统文化、促进社会主义精神文明建设为载体，以扶危济困、助学奖教为重点的畲民节文化活动。畲乡“三月三”在当地党政的关心、支持和民间社团的配合下，节日隆重而别致，除了传统的祭祖仪式外，还组织大型文艺表演，文艺表演中的舞龙舞狮、民乐吹奏、舞蹈等节目，给畲族群众提供文艺大餐，丰富畲乡群众的文化生活，为当地的民族文化和经济发展起到积极推动的作用。这既对畲族的历史渊源、深厚的文化底蕴进行挖掘和保护，又对增进民族团结，构建和谐社会，建设新社会主义农村产生积极而深远的影响。

“山哈杯”民歌赛获奖证书（兰中霞摄）

2007年，上杭县官庄、庐丰畲族乡举办庆祝“三月三”畲民节，开展猜谜、花灯、铜管乐等富有民族特色的文化活动。

漳平市连续多年举办畲族“三月三”文化节和畲族风情活动，以传承畲语、畲歌。2013年，山羊村民歌队代表龙岩市参加海峡两岸各民族欢度“三月三”暨福建省第二届“三月三”畲族文化节“山哈杯”民歌赛，荣获原生态民歌二等奖。2014年6月，漳平市桂林街道举办“三月三”畲族文化节，桂林街道山羊村通过现场表演畲族祭祀式、婚礼、三月三等传统的民俗，展示畲族文化摄影作品、畲族传统美食，让市民和外地游客进一步了解畲族的风土人情，感受到不一样的少数民族文化；2017—2018年，在桂林街道山羊村举办四届“三月三”畲族文化节，为漳平畲族文化的保护与传承打下坚实的基础；2018年4月15日，参加福建省第五届少数民族文艺调演获三等奖，充分展现了畲歌传承的良好效果。

2019年4月7日，漳平市桂林街道山羊民族村举办第三届“三月三”畲族文化节（兰中霞摄）

2015年4月21日，由上杭县庐丰畲族乡党委、政府，上杭县旅游局、民族宗教局、文联等单位主办的庐丰畲族乡首届“三月

三”民俗文化旅游节在庐丰畲族乡丰济村蓝氏家庙广场举行，吸引全国8个省份8000余人、10余名福建美术家协会会员参加。本届民族民俗文化旅游节主要有蓝氏祭祖、舞狮、文艺会演、“魅力庐丰·多彩畲乡”书画展、特色美食展销、招商推介、旅游踩线等活动，全方位展示畲族传统服饰、礼仪、饮食、舞蹈、建筑以及庐丰畲乡的风土人情。

漳平市桂林街道山羊民族村民歌队（兰中霞摄）

2016年，龙岩市、上杭县民族工作部门着力推动官庄、庐丰畲族乡组织开展“三月三”畲民节庆祝活动，让少数民族群众过一个有意义的传统节日。支持鼓励上杭县庐丰畲族文艺宣传队、官庄畲族乡畲乡艺术团通过群众喜闻乐见的艺术形式，大力宣传党和国家的民族政策和有关法律法规。积极参加全省少数民族文化展示周活动，制作宣传展板，组织少数民族树叶吹奏队参加展演，取得良好效果。4月9日，官庄畲族乡和庐丰畲族乡分别举办“三月三”畲乡文化旅游节系列活动。官庄畲族乡举行盛大的祭拜仪式和大型《梦寻山哈》歌舞表演，并邀请武平特技人员表演“上刀山、下油锅、走锥板”等节目。在庐丰畲族乡丰济村，来自广东、广西、浙江、贵州及香港、台湾等地的蓝氏宗亲祭拜团、民俗文化爱好者和社会各界人事万余人云集畲乡，共同感受民族文化和浓郁独特的畲乡风情。

2017年3月29—31日，由福建省民族宗教厅指导，龙岩市民族宗教局、中共上杭县委、上杭县人民政府主办，中共上杭县委统战部、上杭县民族宗教局、上杭县文体广电新闻出版局、官庄畲族乡和庐丰畲族乡人民政府承办的上杭县纪念畲族民族成份恢复30周年暨首届“三月三”畲族文化节活动在上杭县城区客家缘广场主会场和官庄、庐丰畲族乡分会场举行，吸引海峡两岸200余名嘉宾和2万多名群众的热情参与。在主会场和分会场分别举行少数民族篝火晚会、畲族文艺会演及特色农产品（畲药）展销、民族小吃展、民族乡村30周年变化新貌展、“大美畲乡”油画、水彩画作品展等民族传统文化展示系列活动。

2018年4月18日，中华一家亲·2018海峡两岸各民族欢度“三月三”节暨福建省第七届“三月三”畲族文化节、第十一届海峡两岸少数民族丰收节活动在上杭县客家缘文化中心广场开幕。该活动主会场设在城区客家缘文化中心，分会场分别设在庐丰和官庄畲族乡。来自中央、省、市及上杭兄弟县市区统战、民宗、台联部门代表，台湾少数民族代表，畲家企业商会代表等近2000名嘉宾和5万多名群众参加活动。

2019年4月7日，由龙岩市民族宗教局，上杭县委、县政府主办，上杭县委统战部，上杭县民族宗教局，文体旅游局，农业农村局及官庄畲族乡党委、政府承办；庐丰畲族乡党委、政府协办的上杭县第三届“三月三”畲族文化旅游节在官庄畲族乡举行。与会的领导、嘉宾、各界朋友及台湾同胞在主会场观看了以《汀水香樟美最忆畲乡情》为主题的文艺演出。活动中祭祀歌、歌舞《美丽畲乡等你来》、树叶吹奏《又见三月三》、竹竿舞等表演精彩纷呈，充分展示了畲族文化特色、民风民俗、生态优势及畲族人民奋发向上的精神风貌，让前来参加活动的各级领导、嘉宾、各界朋友及台湾同胞感受到畲族文化的魅力和畲乡的发展变化。当天，来自台湾的同胞们显得尤为高兴，他们认为举办“三月三”活动能很好地促进海峡两岸文化交流，展现了两岸人民一家亲的主题。

当天，官庄畲族乡还举办了畲族特色美食体验、最美畲乡摄影展、油茶博览会、古航运文化展、海

洋科普展等活动，让八方宾朋领略了不一样的少数民族风情，共同谱写民族团结进步的欢乐篇章。

2020年"三月三"期间，上杭县民族宗教局与县融媒体中心合作，共同推出"杭川畲韵"畲族文化系列宣传活动，期间专门开辟民族体育宣传专栏，分别前往各基地实地采访拍摄，通过融媒体中心平台进行宣传展播，扩大影响力。"杭川畲韵"在湖洋中学采访期间，一位已经毕业的畲族女大学生闻讯后特地回来参加节目录制，在接受记者采访时说道："我非常热爱陀螺运动，把她带进了大学校园，感谢母校的培养。"民族体育文化深植于学子们心中。

2021年4月14日，由上杭县委、县政府主办的上杭县创建全国民族团结进步示范区暨第四届"三月三"畲族民俗文化节在庐丰畲族乡蓝氏家庙广场隆重开幕。国家民委党组成员、副主任赵勇，省人大常委会党组书记、副主任雷春美，省委统战部副部长、省民宗厅党组书记、厅长冀萌新，市委常委、统战部部长邓菊芳，福建省炎黄文化研究会副会长兼秘书长林思翔等和17位作家，上杭县四套班子领导出席开幕式。

与会的领导、嘉宾、各界朋友及庐丰畲族乡群众在会场观看了"百年荣光感党恩　幸福畲乡开新局"畲族民俗文化主题展演。开幕式前，与会领导、嘉宾还在会场参观体验了"畲"系列活动，参加《唱支山歌给党听》快闪活动。此次活动通过畲乡美食展、土特产一条街、乌米饭创意融合大赛，举办大型畲族祭祀仪式，慎终追远，展现畲乡传统文化，以盛大视觉印象感染嘉宾和民众，同时设有畲"服"、畲"味"、畲"品"、畲"艺"、畲"技"等畲系列活动及庆建党100周年猜灯谜活动等。通过对活动进行全方位、多角度、深层次的宣传报道，将"魅力庐丰　多彩畲乡"推向全国，推向世界，让国内外更多的人关注、参与、分享、认同并赞赏这一独具民族特色和地方特色的民族团结盛会，进一步提升"三月三"畲族民族文化品牌的美誉度和影响力。

2021年11月25日，由国家民委经济发展司、福建省委统战部指导，省民族宗教厅、省农业农村厅、省文化和旅游厅主办的2021年"中华一家亲·海峡两岸各民族欢庆丰收节"暨福建省各民族共庆"中国农民丰收节"活动在上杭县成功举办。省委统战部、省民族宗教厅和市、县有关领导参加活动。活动以"各族人民感党恩，载歌载舞庆丰收"为主题，在上杭人民会堂开幕。活动以线上线下的形式开展。25日晚举办极具民族特色的文艺会演，充分体现海峡两岸各民族人民庆丰收的喜悦，展现各族人民在党和政府的领导下，铸牢中华民族共同体意识，团结拼搏、奋发向上的精神风貌，诠释各族人民在乡村振兴路上劳动创造价值的深刻理念。会演还以在线的形式同步直播，吸引了5.9万人次观众观看。活动邀请了在杭投资兴业的台商10余人共同参与，增进了两岸同胞亲情、友情。在杭投资的台企农产品以及极具特色的畲乡农产品吸引了4360名观众参与，获得22939人次点赞，价值10.5万元的上架畲乡及台企特色农产品全部售罄。身着民族服饰的官庄畲族乡、庐丰畲族乡近百名少数民族代表参加活动，营造了浓厚的民族团结氛围。

第十章　卫生健康

中华人民共和国成立前，畲民长期居住在山区，村落分散，人口稀少，交通不便，经济落后，生活困难，营养缺乏，体质较差，疫病流行严重。疥疮、痢疾、疟疾、天花、肝炎、结核病、地方性甲状腺肿、妇女病、血丝虫、血吸虫病等10多种疾病严重威胁着他们的健康，给他们生存带来了极大的影响。畲民患病，小病则靠历代相传的青草药，自医自治；重病家境宽裕者，则要到离村数里甚至数十里外求医诊治；贫苦者，无力求医，则求神保佑，无奈拖延，死亡率极高。

中华人民共和国成立后，党和人民政府重视畲族卫生健康事业，开展爱国卫生运动，畲民的居住环境、饮水卫生、医疗条件不断改善。多次组织医疗队深入畲族乡村，进行疾病和健康普查、抽查，并为患病畲民采取免费治疗、咨询。城乡医疗卫生服务三级网络为畲民的健康筑起一道安全保障线，畲族乡村群众人均寿命不断提高，出现了上杭县蛟洋镇华家民族村、太拔镇坵辉民族村等长寿村。

第一节　畲医畲药

畲族是我国一个古老的少数民族。在特定的历史条件和地理环境中，畲族先民为求生存与繁衍，他们学会了防治疾病的技艺，形成了具有独特的疾病观，疾病分类法和特殊疗法。畲族先民在与南迁汉民的交往、交流中，在防病、治病方面互相学习，取长补短。积累了丰富的防病治病经验和技艺，世代相传，有些便成为民间医生。畲医畲药和中医中药既有相同相通之处，但也有典型的民族特色，它自成一体，体现了畲医药的文化特色，对某些疾病的疗效更有独到之处。成为祖国医药学宝库中的一个重要组成部分。

一、畲医防病治病的主要理论

（一）畲药阴阳之说

阴阳学说是古人用来解释自然现象和万物之间相互关系的一种方法。凡是自然界中相互关系又相互对立的两种事物和现象，都可以用阴阳学说来概括。例如，一年四季气候的变化，由寒转热、由热转冷，周而复始，形成了阴阳平衡的辩证统一关系。如若气候变化失去平衡、阳气过盛，动植物就会被晒死干枯、若阴气过盛，动植物就会涝死、冻死。因此，人类肌体的生长发育也是如此，只有维护阴阳平衡才能保康健体，延年益寿。畲民族人民在长期的生息、繁衍及与疾病斗争的过程中，懂得了运用阴阳辨证关系来医治疾病，调理肌体功能的平衡健康。也善于运用阴阳学说来辨证施治。特别是判断药性、配剂方药，都十分讲究。在漫长的历史发展过程中逐渐形成了具有畲族特色的医药观，这就是畲医治病用药讲究阴阳平衡。

畲药阴阳之说,将药物简单分阳药、阴药与和药三种。把热性、温性的药物统称为阳药;把寒性和凉性的药物统称为阴药;不寒、不热、不温、不凉之药物称为和药。气与血是人体生命所在。气血失平必然得病,畲药中的阳药,即治理气血凝寒衰降,湿困之症;阴药治理亢盛、炎症;和药则具平衡和滋补功能,使气血维持在正常的健康水准。畲民治病一般喜欢用鲜草药,随手采来顺手医是畲民常用的医病方法。畲民掌握一套畲药生长的阴阳关系,懂得阳药一般生长在朝阳的山坡,阴药一般生长在阴山沟里,和药一般生长在低峪的自然生长规律,所以采药时一般不太会错位。畲医在治疗上以维护人体阴阳平衡为关键,注重调整人体的阴阳平衡来补偏救弊,达到疾病消除、维护人体正常的健康状态。畲医施药简便:热病服凉药,寒病湿病服热温药。热来寒降,寒病热调,阴阳交错地进行降温、升温,维护人体的气、血、津液的润和,维护肌体脏腑的阴阳平衡。畲药阴阳之说虽然理论朴素,但在民间畲医用药上有一定的指导作用,值得进一步研究、探讨。

(二)六神学说

"六神学说"是指导畲医临床防病治病的主要理论之一。"六神"由心神、肝神、肺神、脾神、肾神、胆神组成。心神:主司血液的运行,主宰十二条血路,二十八脉;肝神:主司水精、谷精的生成,主宰三十六骨节、七十二经脉;肺神:主司呼吸,诸气的生成,主宰人体各种气机活动;脾神:主司血液、肌肉,水精、谷精的运化,主宰血液、肌肉的活动;肾神:主司大脑、骨骼,精气的生成,主宰人体的生育繁殖;胆神;主司神明、谋略,主宰协调人体脏腑功能活动。六脏腑生理功能,各司其职,相互协调,相互作用,共同完成主宰人体的生命活动。畲医认为人体生命活动的基本物质由气、血、精组成。畲医六神学说,确立六脏腑在人体生理功能中"神"的主宰地位,认为气、血、精是组成人体并完成机体各项活动的基本物质基础,是在六神的主宰化生下生成并发挥人体三十六骨节、七十二筋脉、十二条血路、二十八脉等各项功能作用。若六脏腑神魂失守,六神就不能发挥神的主宰功能,气、血、精化生不足或运行、输布失常,机体的各项功能活动就会发生病理变化,如不及时予以调整与治疗,就会影响甚至危及人体的生命活动。

(三)疳积理论

疳积理论也是指导畲医临床防病治病的主要理论之一,具有鲜明的民族特色。畲医认为,人体的许多疾病都是由于疳积而成。其病机是因风、寒、痧等邪气侵犯肌体,或因过食肥甘厚腻之品,或因久病不愈,耗损胃气,而使脾胃虚弱,运化无力,气机壅滞,风、寒、痧等邪气积滞而成。疳积有狭义与广义之分。狭义之疳积指小儿因饮食不当、天赋不足等因素而至小儿面黄肌瘦、小腹膨隆等症,称小儿疳疾。广义之疳积泛指风、寒、痧、食等因素而引起的诸多杂病的总称,畲医统称为疳积病。小儿疳疾的命名,临床有脏腑命名法、五行命名法、主症命名法等。脏腑命名法,根据疾病所在的脏腑来命名,临床上有脾疳、肝疳、肺疳、肾疳、心疳。五行命名法,根据五行来命名,临床上有金疳、土疳、木疳、水疳、火疳。主症命名法,根据疾病的主要表现和病因来命名,临床上有风疳、疳痢、疳渴、疳泻、疳热、牙疳、蛔疳、疳肿胀、无辜疳、哺乳疳、脑疳、眼疳、鼻疳、血疳等。广义之疳积泛指风、寒、痧、食等因素而引起的诸多杂病的总称,畲医统称为疳积病。临床中的诸如冠心病、脑梗塞、高血压、糖尿病、脂肪肝、肿瘤等疾病都根据这一机理进行辨证施治。

(四)痧症理论

畲民在与疾病斗争的实践经验中不断认识和总结了独特的痧症,并逐渐形成了痧症理论,完整的发痧疗法。发痧是治疗痧症的法则,是畲族医药中最具特色的治法之一,许多畲医和畲民仍传承和掌握着多种发痧技术,常起到立竿见影、手到病除的效果。畲医认为痧症的发病原因广泛而复杂,在长期的发病与疾病斗争过程中认识到痧症的病因主要为"痧气",并形成了"痧气"致病学说。痧

气分为外感和内伤,外感最常见的有风、湿、火三气入侵,阻滞脉络,使机体筋脉气血不畅;或三气相搏而生;或三气挟杂寒、暑之邪,趁机而入;或因感染时行疫气而患;或因秽浊所触而发。一年四季均可发生,但多见夏秋湿热气盛之时。内伤主要为贪杯好色,饥饱老伤,过食肥厚,偏喜辛香热辣之品而生。畲医痧症的病名据称有72种。一般会按发病部位,病症体貌特征,仿动物形态或按致病因素等来命名。如按发病部位取名的有喉痧、小肠痧、大肠痧、黑眼痧等;按病征体貌特征取名的有哑巴痧、反弓痧、肿身痧、栀黄痧等;按致病因素取名的有斜腰痧、风痧、闷痧、瘟痧等;按动物形态取名的如蛇痧、奔牛痧、猪痧、老鼠痧等。痧症发病极为广泛,病种涵盖了内、外、妇、儿、五官、皮肤、骨伤等科。至今在广大畲民中都能诊断许多痧症并普遍掌握发痧疗法。畲医认为,只是身体出现不适感觉,均可认为是痧气入侵,按痧症进行辨证治疗,因此有"痧症无虚症"之说,给予发痧祛邪治疗即能痊愈。痧症的治疗方法就是发痧疗法,病情较轻者采用刮痧、撮痧、淬痧和搓痧等,病情急重者采用针刺、放血、挑痧或配合畲药治疗。

(五)对伤的认识

畲医认为,凡机体某部位受到外界突然的强力打击(跌、打、扭、压等)而致局部筋骨或软组织受到损伤称为"伤",不仅在局部出现疼痛,还可引起全身变化,若治疗延误或失当,重者可致死亡。若加上受到风湿寒邪的袭击,就会转化为风伤,因而对"伤"特别重视,把机体的碰撞或疼痛都说是"伤",甚至连风湿性关节炎也认为是"风伤"。畲族还把"伤"与时辰连在一起,认为人体有十二处气血调和往来之处按照十二时辰(或六时)与二十四节气(四季)的变化,周而复始地循环,若某一处气血受伤,就会造成血脉不畅,致成"穴伤",或称"内伤"。同一位置受伤的时间与季节不同,出现的症状与治法、用药也不同,把受伤部位与时辰紧连一起,认为血脉某时辰行到某脏器时受伤则不治,产生了十二时辰不治说。畲医对伤的分类是根据伤势而有两种分类法:一是将伤分为内外伤两种,再根据症状分为若干种。内伤指受伤后引起气血、经络、脏腑病变,气血阻滞或凝结,包括伤脑(类似脑震荡)、伤气(类似气胸等症)、伤血(类似内脏破裂)、气血两伤、伤筋(类似韧带断裂或挫裂)。外伤指身体外部的皮、肉、筋、骨损伤,包括开放性骨折、皮肉破裂等。二是根据受伤的部位、症状,将伤分为外伤(皮肤或浅层组织受伤而出现皮下瘀血)、创伤(跌伤或弹击、刀砍等外伤)、骨折(柳枝骨折、开放性骨折等)、内伤(内脏损伤)、穴伤(俗指点穴产生气血循行紊乱或阻滞)、食伤(暴饮暴食而引起积滞不化、疳积等)六种,各种伤症都有具体症状与体征,比较明确。

(六)对风症的认识

风症的含义是广义的,认为"病痉"与津液气血有关,扑破伤冒风变痉,表虚不任风寒变痉,失血过多变痉等等。而小儿初生,阴气未足,性禀纯阳,身内易致生热,热盛则生风生痰;小儿腠理不密,更易感寒邪,寒邪中入,必先入太阳经,太阳之脉,起于目内眦,上额交巅,所以病则筋脉牵强,遂有抽掣搐弱,故一般临床上对频繁抽风和意识不清的都叫"惊风",分为急慢二型,有急惊属实,慢惊属虚的说法,发病主要原因是外感时邪,内蒸痰热。

二、畲医传统疗法

畲医多是祖传家教,口传心授,偶有手抄单、验方,缺乏系统科学的文字记载。平日如遇上一些小病痛,会采用民间惯用有效的土方治疗。畲医大多数靠青草药治病,使用青草药,有的现采现用;有的按季节采集,经晾晒干、切片等加工备用。且多数为单方,剂量大、服法简单。闽西畲族村民都能掌握一些应用青草药防病治病的方法,他们各有专长,为自家、本村或邻村患者医治疾病。畲医大体分为内科、外科、儿科、妇科、伤科、骨科、理疗科。畲医传统疗法包括外治疗法、痧症疗法、传统正骨、解毒通利法、食物疗法、心理疗法等和民间常用处方。畲族民间特色外治疗法,至今仍被广为应

用有 7 种外治疗法,包括刮法(刮痧)、挑法、捏抓法、熏法、吹法、搓法、熨法等,畲民广泛于治疗常见病、多发病,这些方法具有操作方便、不良反应少及价廉和功效明显等优点。心理疗法还分心理暗示科、符咒科。

畲医注重季节的疾病预防,在端午节采集防暑草药,以备三伏天作防暑凉茶饮用。畲医所传的医学著作不多,主要靠口授心传,药方大多是民间单方。畲医大多没有国家认定的职业资格,也较少单独行医者,其医术濒临失传。

附:民间畲医传统疗法:

(一)小儿消食散　专治小儿“疳”(疳积)。其以小儿饭量是否少、面色是否发黄、形体是否瘦小、小儿肚皮是否膨大等症状,来判定患者是否为“疳”。其疗法,方一:空腹冲服小儿消食散,一日 2 次—3 次,每次服 3 克–10 克,用开水配适量白糖冲服。小儿消食散的处方是:炒大麦芽、苍术各 100 克,研细末。方二:党参、白术、茯苓、山楂、麦芽各 6 克,春砂仁 3 克(后下),大枣 3 枚,水煎 2 次,分 3 次服用。

(二)刮痧　刮痧对人体具有活血化瘀、调整阴阳、舒筋通络、排除毒素等作用,是一种既可保健又可治疗的民间疗法。其方法是:盛一盆清水,用食指和中指在颈部、鼻梁上、脊背等部位夹起一小块肌肉或用汤勺等物进行刮拭,根据患者的病情和忍受程度把握好力度和时间的长度,每刮到之处,(还有一种拔痧:用食指和中指在颈部、鼻梁上、脊背等部位夹起一小块肌肉,随即放下,放下—夹起—放下—夹起,连续几次甚至十几次)便泛起一浪一浪的红块,从痧的颜色浓淡,可以看出病情的轻重,轻者痧色水红,重者痧色黑红,刮拭(拔至)皮肤出现紫黑色瘀点为止。

(三)拔火罐　拔火罐是通过局部的温热和负压作用,促使该部位的经络通畅,气血旺盛,驱邪外出,具有活血行气,止痛消肿、拔毒散结、退热散寒、祛风除湿等作用。适用于治疗感冒、咳嗽、头痛、肚痛、风寒湿痹等多种内外科疾病患者。其方法是:用小纸片(多习惯用草纸)点燃后投入米升(用竹筒制成的量米器具)或瓷罐内,待火旺而纸片尚未燃尽时,迅速将米升(瓷罐)口罩合在肚脐、背部或疼痛处。因米升或瓷罐内加热后空气排出,外部空气的压力就会把米升(瓷罐)紧紧压在身体部位;同时,被米升(瓷罐)压住的部位因米升内(瓷罐)内缺少空气就会产生吸力,从而把体内的湿毒、风痹等毒邪吸入米升(瓷罐)内。经过几次吸拔后,就可以吸尽身体内部的湿毒和风痹等,使血脉贯通,病源消除。操作时要注意不可将米升(瓷罐)烧得过热,且动作要快,以免烫伤皮肤。

(四)淬火　淬火是畲族民间疗法中的一种,专治单纯疱疹、带状疱疹等疑难杂症。其方法是:盛一小碟食油(为植物油)、一根灯芯备用。将灯芯一端放置在油中浸润,然后点燃,待火力适当时立即点在患处,如果发出“啪”的一声响,说明淬火成功。可阻止病毒蔓延,有根治病源之功效。

(五)解毒通利法　人类生活在浩瀚的宇宙空间中,时刻都会遭到细菌和病毒等毒邪侵蚀。甚至宇宙空间的电离辐射、太阳紫外线等“毒邪”好似空气一样地充满了整个自然界,像无形的恶魔似的侵扰着人体,损害肌体功能、致使人体功能紊乱,脏腑免疫力下降,阴阳失调,致人生病,甚至衰亡。自然界万物生长发育需要排邪除毒,人体生长发育更需要抗邪解毒,也只有这样才能保护自然界万物生长旺盛,才能维护人类肌体正常生长发育。畲民认为,无毒不生病,生病必得毒。千百年来畲族人民与疾病斗争中深深地懂得了治病就是治毒(排毒、除毒),治毒就是解除病体内的毒邪,把毒邪排出体外,这就是畲医药通常所称的解毒通利法。畲医药解毒通利的疗法比较简便、价廉、实用和疗效快,深受畲民喜爱。

(六)食疗　畲族民间食疗就是将草药与食品配伍通过蒸或煮后进食。畲族食疗历史悠久,既

用来增强体质、预防疾病、延年益寿,也可用来治疗一些急慢性疾病,使用面广,涉及内、儿、外、妇、眼、五官、肛肠、骨伤等科,且普及率极高,几乎家家户户都会应用。畲族民间食疗强调以脏补脏的药补原则,遵循"寒者热之,热者寒之"的基本法则。认为禽畜的内脏或肌肉与人体相应的内脏或组织有特殊的对应补益关系。药品是以植物药为主的自然药物,常以鸡、鸭、兔、猪脚、猪心、猪肺、猪脑、米酒、红枣、红糖、白糖、蜂蜜等佐之。治疗四肢关节风湿病、关节痛多用猪蹄与干品五加皮、七厘丹、七叶一枝花等草药炖熟后加入适量米酒服食。治头风痛配用猪(羊)脑加白埔姜鲜根、冰糖适量炖服。治疗跌打损伤用鹅不食草(猪屎草)配鸡蛋一起炒后再加米酒煮熟服用。治疗胃脘痛则用猪肚加一些健脾养胃利气的草药炖服。胃脘冷寒者要用属热性的羊肉来炖药;热性体质则选用温性平和的草药加猪肚或猪夹心肉炖服。添加糖、酒类亦依此区分,白糖、冰糖性凉,红糖性热;白酒性凉,米酒、黄酒性热。同时还要注重季节的变化,夏天气温高,阳气旺,故食疗用料及草药大都选用冷性;冬天常用热性食品和草药为上。畲族食疗,不仅可改变药物的口味,同时还具有滋补、防治疾病的双重作用,所以对于治疗慢性疾病和养生保健有较显著的功效。

(七)汉字疗癣 治疗铜钱癣、食毛癣等皮肤癣时,采取汉字疗癣法。此法无须药物。治疗方法与步骤是:在患者长癣处写上"雨""鬼""由""光"4个汉字,将4个字按上下排列,写好后按顺时针方向用毛笔画圈3圈。然后,在患者同一长癣处写上"雨""鬼""水""光"4个汉字,将4个字按上下排列,写好后按顺时针方向用毛笔画圈三圈。最后,在患者同一长癣处写上"雨""鬼""玉""光"4个汉字,将4个汉字按上下排列,写好后按顺时针方向用毛笔画圈3圈。应注意的是,在应用此法时,一定要在正午太阳光最强的时候进行,阴雨天进行则无效。

(八)收惊 幼儿受到惊吓,杯中装满米,以手帕包平倒置,并以左手抓紧,然后在患儿身上边擦边念:观音菩萨护儿身,经我佛母念金经,烧神魔鬼速退尽。

(九)肛门生疮(又名:老鼠偷仓) 用猫骨头在锅内炒焦,碾成粉末过筛,猫骨粉末拌山茶油,涂在患处,一天红肿消退,三天痊愈。(此方由上杭县临江镇东南社区乡村医生蓝启生提供)。

(十)蛇咬肿痛 一般说青蛇、蝮蛇、蕲蛇、眼镜蛇等咬伤后要先用白酒(高度的)或清水洗伤口,进行体外排毒。方一:用金凤花根研烂,酒调服可消肿待医;方二:用盐肤木根二重皮配酒酿糟捣烂敷在伤口周围,注意,伤口不可敷药,让毒水自伤口流出,蛇毒即可渐渐排出,肿痛自消。

(十一)其他 治虫入耳用牛乳或人乳滴入耳中即出。

治鼻血出不止用头发烧灰吹之即止,男用女发,女用男发。

治舌头红肿用百草霜5克、食盐4克共研末抹舌即止。

治鱼骨梗喉用草果、威灵仙、砂糖一起水煎服2小碗,诸骨逢水即化。

治小孩肚子痛,用野乳子草煮成水口服,通过乳子草液保护胃黏膜,又辅有消炎功效,小孩症状得到显著缓解。

三、畲 药

畲族药材主要以植物为主,多以藤、草、木本植物的叶、茎、根为药。

闽西畲族乡村地处亚热带低丘陵地带,气候温和,雨量充沛,土地肥沃,适宜多种药材生长,有着丰富的药材资源和药用矿物。中华人民共和国成立前,畲民患病者大多用中草药治疗。民间盛行每年的农历五月五日(端午节)到田间地头或深山老林采"百样茶"(草药)的习惯,平时当地村民也随时随地采摘。生长季节性较强的草药,按季节采集,加工后备用,储藏期一般以百日为限,最长不过一年。畲药品种丰富、种类繁多,不少畲药有"一药治多种病"的功效。主要有八类:

(一)伤风感冒类:薄荷(藿香)、苏叶、萝卜籽、蓖麻杆、算盘珠子根、橘皮、枇杷叶、生松毛、海金

沙、土牛膝、野葛等。

(二)清热解毒类:三叶青、鱼腥草(狗点耳)、大青叶、夏枯草、紫背草、白花天红、金银花、菊花、羊耳三点(六棱草)、车前草(白葡勺草、红葡勺草)、金线莲、银线莲、白花败酱草(苦斋)、卜子草、麦冬、蒲公英、一点红(红背子草)、旱莲草(墨菜草)、鹅掌金星草(鸭脚草)、绿豆、石橄榄等。

车前草

漳平市双洋镇中村民族村的大山盛产金线莲

(兰中霞提供)

(三)平肝利肝类:溪黄、黄栀子、铁包金、穿破石(黄鸡媛根)、铁甲草、满天星、白花蛇舌草、凤尾草、菝葜(马甲勒)、金线莲、了哥王根部等。

(四)跌打损伤(关节风湿痛)类:五加皮、七厘丹、七叶一枝花、韭菜根、生姜、黄姜、鹅不食草(猪屎草)、抱石莲(石邦藤)、苎根、扭筋药、香藤子根、千斤拔、两面针、马尾松、杨梅树根、台湾榕(白花牛奶子根)、苎麻根、片荷枫(半枫荷)、鲜桃叶、桂花树根等。

(五)健脾胃止泻类:石菖蒲、毛大丁草(一枝香)、五指草、雉鸡尾、海金砂、鱼骨桥、陈酒饼、山鸡椒(山苍子)、使君子、鬼针草、辣蓼草、马齿苋、马鞭草、枫树叶及果实(路路通)等。

(六)妇科类:白果(银杏)、益母草、艾根、血竭、鸡血藤、大黄蜂蜂窝、产后药根、牡荆(布茎)茎叶、白花益母草、红番苋(红菜)等。

(七)皮肤类:杉树叶、山胡椒叶、竹叶椒、臭艾、半边莲(蛇舌草)、一枝黄花、土荆芥(臭草)、鲜桃叶、白背叶(帽顶子叶)、算盘珠子根、油茶茎二重皮、大青根(鸡骨达)、仙草(凉粉草)、栀子、金银花(忍冬)、茅根。

(八)儿科(小儿疳积)类:茶树菇、卷柏、木贼(驳骨草)、海金沙、凤尾草、连钱草(大比钱子草)、鲜桃叶、金樱子、酢浆草(卜谷酸草)、鲜柚叶、瓜子金、算盘珠子根、地胆草、白牛胆(大白头翁)根等。

20世纪50年代后,畲药在畲民的防病治病中仍为中西医的辅助药品。一般是自采、自制、自用,也有少数人采些草药到集市上交易。随着草药的市场交易量不断增大,80年代始,部分畲民在田里栽培草药(如夏枯草、鱼腥草、仙鹤草、六棱菊等)出售。2000年始,出现专门出售草药的店铺,每逢畲乡圩日,有十几个草药摊子,交易的草药有几百种。

附:上杭县官庄畲族乡畲药"三叶青"产业项目简介

官庄畲族乡有山林面积约14万亩,主要植被类型为马尾松林,为种植畲药"三叶青"提供广阔的良好生长环境。三叶青适应性强,栽培管理容易;抗病虫能力强,在大棚条件下,可不喷或少喷农药;种植当年(1年),即可形成地下块根,三叶青全草均可入药,经济价值高(市场价200-300元/公斤);以三叶青为主的化湿宣肺合剂被浙江省9家新冠肺炎定点医院用以治疗普通型新冠肺炎患者,医药价值高,市场潜力大。

官庄畲族乡对接福建生物工程职业技术学院,引进福建三叶青药业科技开发有限公司,发展三叶青产业项目。发挥高职院校专业优势,提供三叶青林下种植课题支撑和苗木经费支持;乡政府重视林下经济开发项目,鼓励企业进驻,建设畲药种植研发基地,流转德康村"智能温室大棚"20亩,实现整体租赁,用于三叶青育苗种植;企业经营,发挥企业产品推广销售经验,开拓市场,并保底收购。

第二节　医疗健康

一、医疗机构

1949年以前，闽西畲族乡村群众的疾病除利用畲药自医自治外，均以民间医生的诊治为主。上杭县官庄有中医、西医诊所10余家；庐丰较为知名的中医有蓝天琪、包识生、包贞夫等，西医有蓝加彬、蓝凤章等。1955年11月，在官庄、庐丰分别以股份制形式成立联合诊所。

（一）民族乡卫生院

上杭县官庄畲族乡卫生院　1955年11月，官庄区的私人诊所以股份制形式成立联合诊所。1958年年初，上杭县官庄联合诊所改制为保健站，在回龙、珊瑚设立保健室；1959年，官庄保健站更名为官庄人民公社保健院。1970年，各大队创办医疗室（站），配备有卫生员。1973年，公社保健院一律更名为卫生院。1988年，上杭县官庄卫生院更名为官庄畲族乡卫生院。2011年，经龙岩市卫生局审批为上杭县官庄畲族乡中心卫生院。

官庄畲族乡卫生院原址在官庄市场，千年香樟树旁。有几间低矮的旧房，设备仅有听诊器、血压计、体温计等。1973年，经县、乡土管部门审批，在福泉溪旁新建卫生院实现整体搬迁，规划占地4800平方米，建成土木结构2层门诊楼一栋，职工宿舍一栋，住院部8间平房，手术室一栋（平房）和职工食堂。1994年新建砖混结构门诊综合大楼，占地420平方米，建筑面积1260平方米。2008年建医技综合大楼，占地220平方米，共3层的框架结构。

1965年始，有滴注（静脉输液），70年代中叶开始有“三大常规”：拍片、透视、化验（1973年有X光机）。1986年始，有A超、心电图机，卫生院有病床18张。1989年，购进200毫安X光机1台，建放射室84平方米。1993年，引进激光治疗仪1台。1994年，有黑白B超。1995年，乡卫生院增设五官科，增加病床2张，又购进B超机1台，可开展白内障复明术、扁桃体摘除术、外科胃切除术的医疗器械设备。到1997年年底，官庄卫生院拥有先进的医疗设备50多万元，病床30多张，1997年，经龙岩市卫生局验收审批为全市第一家农村一级甲等医院。2002年10月，龙岩市首家农村社区卫生服务站在官庄畲族乡回龙成立。2005年5月，乡卫生院从便民利民出发，投入28万元购置30台电脑，实行诊疗微机网络信息化管理，成为上杭县首家电脑网络信息化管理的一级甲等乡镇卫生院。2007年，乡卫生院新配置B超1台，更新500毫安X光机1台，龙岩市卫生局为官庄卫生院配备救护车1辆。医疗设施得到改善，进一步提高了医疗水平。2010年，实施医疗体制改革，药品零差率销售，开展公共卫生服务。是年，卫生院有冰排速冻器4台，为此，疫苗接种率和使用率明显提高；上杭县民族宗教局争取资金添置数字化推车式600Apo型B超1台，心电图1台，床边监护仪1台，尿液分析仪1台，全自动血球计数仪1台，使医疗检测设备更加先进、完备。2011年，通过市民族宗教局争取上级拨款130万元，实施“门诊楼改造及环境整修项目”，完成院内道路、大坪硬化、花园花圃建设，建成花园式医院；旧门诊楼装修改造及附属房建设，全院职工有宽敞明亮的食堂。2012年，添置全自动生化分析仪一台（迈瑞BS-380）。2014年，添置彩色B超1台（深圳开立S-20型），原X光机升级为DR。2015年，购置电子胃镜1台（富士能-1000），开展胃镜检查。2018年，市、县民族宗教局拨款购置DR机1台（浏阳万力森），医技综合楼加层（钢架结构）建设职工活动室，添置跑步机、台球桌、

乒乓球桌等设施,大坪铺设花岗岩地板。2019年市、县民族工作部门安排专项资金为该院添置全自动光化学免疫仪一台(AE-180),开展免疫检测。2021年,采购肺功能检测仪1台、骨密度检测仪1台。2021年6月8日,经有关部门批复在原门诊楼拆后新建“上杭县总医院官庄畲族乡分院公共卫生、医疗救治业务用房”项目,占地800平方米,建筑面积3860平方米,框架结构,2022年3月12日开工建设,工期一年。

2021年,官庄畲族乡卫生院有医务人员32人,其中高级职称2人,中级职称7人,初级职称19人。

官庄畲族乡中心卫生院在2012年4月和2015年4月被上杭县委、县政府授予第十一届(2009—2011年度)、第十二届(2012—2014年度)“文明单位”称号;2015年7月,被龙岩市委、市政府授予第十二届(2012—2014年度)“文明单位”称号;2016年12月,被国家卫生和计划生育委员会授予“群众满意的乡镇卫生院”称号。

若干年份上杭县官庄畲族乡卫生院床位、人员情况表

表10-01　　单位:张、人

年份	床位	职工数	卫生技术人员											
			合计	高级			中级			初级			其中:中医人员	
				临床	护理	医技	临床	护理	医技	临床	护理	医技	中级	初级
1988	18	28	21				1			4	6	10		
1995	20	36	32				1			4	10	17		1
2000	25	40	30							6	8	16		7
2005	25	40	30				2	1		3	7	17		7
2011	25	40	35				10	1		5	5	14		8
2015	30	35	31				3		1	12	5	9		1
2021	30	32	30	2			3	3	1	11	4	4		2

上杭县庐丰畲族乡卫生院　1955年11月,庐丰区的私人诊所以股份制形式成立联合诊所。1958年年初,上杭县庐丰联合诊所改制为保健站,在安乡、横岗设立保健室。1959年,庐丰保健站更名为庐丰人民公社保健院。1970年,各大队创办医疗室(站),配备有卫生员。1973年,公社保健院更名为庐丰公社卫生院。1988年,更名为庐丰畲族乡卫生院。

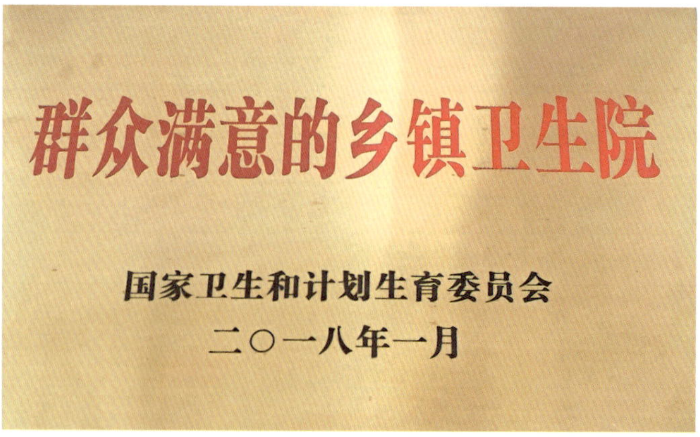

2018年1月,上杭县庐丰畲族乡卫生院被国家卫计委授予“群众满意的乡镇卫生院”(庐丰畲族乡卫生院提供)

庐丰畲族乡卫生院原址在庐丰市场,1994年新建门诊综合大楼,占地400多平方米,3层砖混结构,建筑面积1000多平方米。

设有内、外、妇、儿、放射、防疫、化验、电诊等科室，有200毫安X光机、B超机、心电图机等医疗设备。1995年，增设五官科。1997年年底，拥有先进的医疗设备50多万元，实现诊病部与住院部分离。2005年5月，投入12万元购入20台电脑，实行诊疗微机网络信息化管理。2007年6月8日，厦门市南普陀慈善事业基金会为庐丰畲族乡卫生院捐赠全数字B超1台，血球计数仪1台，总价值16万元。2008年，兴业证券慈善会捐资50万元建医技综合大楼。2010年，上杭县民族宗教局争取资金完善卫生院医疗设施。2011年，紫金集团总裁蓝福生、蓝红英夫妇捐资100万元建“康福楼”（即病房大楼），兴业证券董事长蓝荣助捐50万元建设兴证大楼（即医技大楼）；厦门南普陀慈善事业基金会捐生化仪、黑白超声波等医疗器械一批。2011年，市、县民族工作部门给予庐丰卫生院病房大楼建设资金补助，协调厦门南普陀寺慈善事业基金会向庐丰卫生院捐赠总价值20多万元的全自动生化分析仪和电脑。2012年后，陆续添置彩超机、全自动生化仪、DR（数字化摄片系统）等各种设备，使医疗检测设备更加先进、完善。2016年，安排专项资金，帮助庐丰卫生院添置医疗设备，改善医疗条件，方便群众看病就医。2017年7月，庐丰畲族乡卫生院新建门诊大楼投入使用。2018年，市、县民族宗教局安排专项资金帮助庐丰畲族乡卫生院改善基础设施建设，完成通道“白改黑”、改造硅PU篮球场等等。2019年，龙岩市民族宗教局安排专项资金6万元用于卫生院数字化预防接种门诊建设。2021年，庐丰畲族乡卫生院硬件建设走在兄弟单位前面。

2018年，乡卫生院门诊5.6万人次，住院病人1414人次，治愈好转率94.1%。基本公共卫生各项工作扎实开展，家庭医生签约服务全面实行，服务建档立卡贫困人口（含低保户）1496人，其他重点人群2000余人；建立合格健康档案20862份，合格率100%。“数字化预防接种门诊”及“中医馆”建设完成并得到验收。2021年，卫生院门诊6.5万人次，住院病人1164人次，治愈好转率96.1%。基本公共卫生各项工作扎实开展，家庭医生签约服务全面实行，服务建档立卡贫困人口（含低保户）1326人，其他重点人群2000余人；建立合格健康档案20862份，合格率100%。

2021年，庐丰畲族乡卫生院有医务人员36人，其中高级职称2人，中级职称15人，初级职称19人。

庐丰畲族乡卫生院在2018年1月被国家卫生和计划生育委员会授予“群众满意的乡镇卫生院”称号；2020年，被上杭县授予首批“优质服务基层行业”。

若干年份上杭县庐丰畲族乡卫生院床位、人员情况表

表10-02 单位：年、张、人

年份	床位	职工数	卫生技术人员											
			合计	高级			中级			初级			其中：中医人员	
				临床	护理	医技	临床	护理	医技	临床	护理	医技	中级	初级
1988	8	26	26							10	8	8		4
1995	12	32	32				1			11	9	11		4
2000	15	33	33				1	1		11	9	11		3
2005	20	33	33				3	2	1	10	8	9	1	3
2013	30	35	35				5	4	2	9	7	8	2	2
2015	35	36	36				5	5	3	9	7	7	2	2
2021	45	36	36	2			6	6	3	9	6	4	2	2

（二）村卫生所

上杭县官庄畲族乡新风村卫生所（蓝赞玉摄）

1981年始，逐步改革单一的办医模式，鼓励社会办医、集体办医和个体开业行医。大队合作医疗站改为个人承包办医。1984年，农村合作医疗站改称村卫生所，实行病人看病、医药费用全部自理。1988年始，上杭县卫生局每年拨出补助金资助各村卫生所。1995年，官庄畲族乡树人村，因畲民集中，经济条件较好，创办“合医不合药”形式的合作医疗服务站。成立合作医疗管理小组，制订合作医疗管理办法和《树人村合作医疗章程》，按“上级拨一点，村财出一点，群众捐一点”的集资办法，多渠道筹集资金，作为合作医疗基金。由管理小组统一筹集、统一管理、独立核算，报销制度按“合医不合药”形式报销，参加合作医疗的村民在合作医疗服务站看病，免收医疗规费及儿童的预防接种费、体检费。在乡、县级看病按比例给予报销其医疗规费，药费由自己个人负担。资金筹集、医疗费的报销范围、数量、财务管理、监督办法均由群众参与，村民民主监督。至年底，参加合作医疗人数占全村人口的76.79%，建立合作医疗后，村民那种“小病磨，大病拖”的现象大为减少，患病及时就诊率比过去提高了16.8%，农村的自我保健意识得到提高，保护了农村劳动力，促进了农村经济的发展。1996年4月，上杭县合作医疗现场会在树人村合作医疗服务站召开，介绍推广树人村的这一好经验。

2000年始，龙岩市各县（市、区）卫生进修学校负责每年对“乡村医生”培训一次，考核合格者由卫生局发给“执业证书”。2008年始，国家对有资质的“乡村医生”实行定补，平均每位“乡村医生”一年可获国家补助0.8万元。

上杭县官庄畲族乡在1988年有村级卫生所18个，个体开业户5家；1995年，有乡村医生33人、卫生员19人、接生员33人；2011年，有乡村医生41人，村级卫生员21人。2021年年底，官庄畲族乡18个行政村有村级卫生所（室）26家，有乡村医生39人。

庐丰畲族乡1988年有村级卫生所13个，个体开业户6家；2013年，有乡村医生24人，卫生员21人。2021年，庐丰畲族乡14个行政村有村级卫生所（室）13家，有乡村医生28人，其中有7人取得执业医师（助理执业医师）资格，大专以上学历4人，其余人员均取得中专以上学历；

2021年，漳平市10个民族村有卫生所9家，有9位乡村医疗卫生从业人员。

龙岩市少数民族村级卫生所的完善，基本实现村村有医有药，能防能治，村民的一般疾病能在本村诊治，为村民提供卫生健康服务。龙岩全市没有卫生所的村，每星期由乡（镇）卫生院派医务人员按时巡诊。

二、医疗保障

（一）初级卫生保健

1988年，国家把实现2000年“人人享有卫生保健”的目标，作为经济社会发展总体目标的组成部分。1990年始，官庄、庐丰畲族乡根据龙岩地区、上杭县制定的规划及实施办法，把初级卫生保健（以下简称“初保”）纳入乡经济社会发展规划和政府工作目标，集中人力、物力、财力加强乡卫生院

建设,健全村级卫生组织,稳定乡村卫生队伍,依靠三级医疗预防保健网,加强农村医疗卫生工作,推动“初保”工作深入开展。此后,乡“初保”工作按达标进程分批逐步实施。1996 年 10 月,官庄、庐丰畲族乡“初保”工作顺利通过县级达标验收。同年 11 月,通过地区达标验收。1997 年,官庄、庐丰畲族乡形成以“初保”为“重中之重”的农村卫生工作新格局。1998 年始,官庄、庐丰畲族乡把“123 健康工程”(即实现人人享有卫生保健;加强卫生人才培养、加强卫生网络建设;重点发展农村、搞好预防保健、振兴中医药)列入年度工作考核内容。根据市、县规划目标要求,“初保”工作以继续深化为内涵,主抓乡村一体化办医、甲级村卫生所建设、农村改厕、巩固合作医疗制度等工作,加大政府行为力度。2021 年,官庄、庐丰畲族乡 15 项基本公共卫生工作全面得到展开和加强,基本公共卫生工作一直走在其他乡村卫生院之前。

(二)新型农村合作医疗

1965 年 6 月 26 日,中共中央主席毛泽东发出“把医疗卫生工作的重点放到农村去”的指示。是年,官庄公社在公社保健院培训 63 名半农半医的大队卫生员、接生员。1970 年,实行合作医疗制度,各大队办起合作医疗站,上杭县卫生局和县医院为全县各公社培训“赤脚医生”、接生员、卫生员,其中官庄公社培训了 43 名“赤脚医生”、18 名接生员、78 名卫生员。通过培训,成为大队“赤脚医生”,承担本大队的医疗保健工作。公社保健院管理各大队合作医疗站。合作医疗站一般设在大队部,赤脚医生每年按强劳力领取工分补贴,参加大队核算分红。畲民医药费用按每人每年交 1.5 元—2 元(个别困难户免交),其余由大队公益金统筹支付。合作医疗站采用“一根针(针灸)、一把草(草药)”的治疗方法,经济实用,起到一定的医疗效果。

2006 年,上杭县官庄、庐丰畲族乡和全市广大农村(含民族村)实施新型农村合作医疗制度(以下简称“新农合”),基金筹集标准每人每年 50 元,由各级财政按参加“新农合”的人数,每年每人补助 40 元,个人每年每人缴 10 元。参保人员年度内住院符合目录范围规定的医疗费用按镇卫生院 55%、县级医院 40%,县外省内医院 30%、外省医院 25%的比例给予补偿(报销)。随着经济增长,每年的人均筹资和个人缴费标准均作了调整。龙岩市民族宗教局加强民族村公共卫生服务体系基础设施建设,积极推动“新农合”建设,做好民族村低保户、五保户等政策性减免对象摸底、造册及参加人员的申报和缴费登记工作,是年,官庄和庐丰 2 个民族乡参加“新农合”的少数民族群众有 7928 户 31832 人。2007 年,官庄和庐丰 2 个畲族乡参加“新农合”的少数民族群众有 8661 户 35017 人。同时还结合实际运行情况,不断调整和完善补偿政策,提高补偿标准。2013 年起,上杭县合作医疗起付线:乡(镇)不设,县级 300 元,县以上(县外)医院 600 元,为全市各县(市、区)中最低;封顶线:从原 8 万元上调至 10 万元;对患者的补偿比例:乡镇卫生院 95%,县级医院 80%,县以上(县外)医院 65%,这些,又在是全市各县(市、区)中最高。另外,普通门诊不设起付线,次均门诊封顶线为 30 元/人,每人年封顶线 400 元,补偿比例为 60%,继续实现将一般诊疗费纳入报销范围。乡镇卫生院补偿比例 95%,为全省最高。在乡镇卫生院就诊,在报销目录范围内患者每花费 100 元,本人仅出 5 元。这样设置有利于引导病人合理就医,使医疗资源的配置更合理。上杭还把本县 28 家医院、8 家市级医院、5 家省级医院和周边县、市级医院定为医保定点医院。凭借协议,这些医院可先行为上杭县的患者垫付核报费用,之后再与上杭县医保中心按标准结算报销。

2017 年 1 月 1 日起,上杭实行大病医保“三保合一”均衡化,全县城乡居民大病保险报销比例享受城镇职工医保商业补充保险报销比例同等待遇,即城乡居民大病报销比例提高到 90%,每人年医疗统筹基金最高支付限额为 20 万元,并可在信息系统自动生成,按季度直接支付给参保人员。这是全省首个大病“三保合一”方案。本年,全县 65 岁以上老人健康档案管理覆盖率达到 65%;医疗费用

报销比例得到提高,城镇职工、城乡居民政策范围内住院医疗费用报销比例分别达到94%以上和75%。

2010年8月30日,上杭县实行《计划生育家庭意外伤害保险》,个人自负50元,政府补贴50元,后提高到个人出100元,政府补贴100元。如出现意外风险,由保险公司承担赔偿。

2021年,龙岩市民族乡村参加城乡居民合作医疗的参合率达到99%。

附:疾病普查与专家义诊(部分)

2000年7月下旬,福建省卫生厅、民宗厅组织畲族群众健康状况调查组分别进驻上杭县官庄、庐丰两畲族乡,对少数民族结核病和妇科病进行普查。官庄七里畲族村应检1373人,实检1316人,受检率95.83%。经查发现成人结核可疑4人,异常阴影10人。在官庄、庐丰两地妇科普查已婚育龄妇女2563人,发现常见疾病1095人,查后治疗993人。

2007年6月8日,厦门市南普陀慈善事业基金会在上杭县庐丰畲族乡开展义诊活动,免费为400多人看病施药,发放药品120余种,价值近0.6万元。

2007年9月11-14日,福建省政协组织、省妇幼保健院、福建医科大学附属第一医院等省级医院的内科、儿科、妇科、普外科等专家一行19人到上杭县官庄、庐丰畲族乡为群众义诊,接受群众义诊和健康咨询1200多人次,免费发放药品120余种,价值3万多元。

福建中医药大学赴龙岩暑期社会实践团在上杭县庐丰畲族乡开展"红色之旅"活动(庐丰畲族乡卫生院提供)

2008年8月,九三学社龙岩市委组织龙岩市第一、第二医院和龙岩市人民医院9位主任、副主任医师,到官庄畲族乡开展"国际科学与和平周"义诊及医疗咨询活动,受到广大畲民欢迎。此次义诊先后接待群众就诊、咨询400多人次,发放宣传资料1000余份。

2009年,上杭县官庄、庐丰2个畲族乡卫生院利用墟天各开展1次义诊,义诊近300人,免费发放药品价值2000多元,发放宣传资料700多份。

2010年,上杭县民族宗教局利用官庄、庐丰的墟天组织专家开展义诊活动4场次,义诊人数达500人,免费发放药品价值3000多元。

2014年,上杭县庐丰和官庄畲族乡卫生院分别联合龙岩市博爱医院和龙岩市二院开展义诊活动。

2017年9月,福建省委统战部、省民宗厅组织福建中医药大学医疗专家组赴上杭县官庄、庐丰畲族乡及才溪镇溪北民族村开展义诊咨询活动。

2018年3月,上杭县医院组织6位主任、副主任医师到庐丰畲族乡卫生院、扶洋民族村开展义诊咨询活动,并免费赠送药品2000余元。

2020年10月,上杭县中医院组织4位主任、副主任医师到庐丰畲族乡卫生院开展义诊咨询活动。

第三节 卫生防疫

一、爱国卫生运动

1952年,龙岩地区的畲、汉群众响应中共中央"动员起来,讲究卫生,减少疾病,提高健康水平"的号召,发动群众扑灭"五毒"(鼠、蝇、蚊、虱、蚤),开展全民爱国卫生运动。家家户户订立爱国卫生公约,发现疫情及时报告;开展大规模的卫生大扫除,结合卫生积肥逐步形成日扫月检制度;同时开展户与户、组与组、村与村之间的相互检查评比活动。

1956年,响应中共中央号召,全民动手,开展除"四害"(老鼠、苍蝇、蚊子、麻雀,因麻雀为益鸟,1960年麻雀改为臭虫)运动。1958年,开展"卫生之家"及创"卫生村"活动,发动群众铲除房前屋后杂草,扫除垃圾,填平积水坑洼,开展评比竞赛,促进人人爱清洁,户户讲卫生。此后,开展以除"四害"为中心的爱国卫生运动成为乡村经常性工作。

1974年以后,农村以"两管五改"(管水、管粪和改水井、改厕所、改牛猪栏、改鸡鸭窝、改善环境卫生)活动作为爱国卫生运动的主要内容,结合防疫工作,每年突击大搞几次环境卫生综合整治、除"四害"等活动。1982年始,爱国卫生运动与"五讲四美"(讲文明、讲礼貌、讲卫生、讲秩序、讲道德;心灵美、行为美、环境美、语言美)活动相结合,以治理"脏、乱、差"为突破口,开展以改善环境、加强环境卫生管理为重点的群众性爱国卫生运动。1989年始,民族乡村贯彻国务院发布的《关于加强爱国卫生工作的决定》,坚持"政府组织,地方负责,部门协调,群众动手,科学治理,社会监督"这一爱国卫生工作的基本方针和方法,改善卫生条件,提高卫生水平。1998年始,针对官庄、庐丰集镇、市场的环境卫生状况,官庄、庐丰畲族乡党委、政府制订"整环境、美家园"创建文明卫生集镇实施方案,成立以党委书记、乡长为正副组长,有关站所负责人及部分离退休干部为成员的领导小组,组建一支专业环卫队伍,市场、街道、河道都有专人负责清理。改造环境卫生条件所采取的各项有力措施受到人民群众的欢迎。

上杭县官庄畲族乡 进入21世纪,官庄畲族乡政府实施"九亿农民健康教育活动",努力提高农村人居环境质量,创建卫生乡、村。人民群众的生产、生活、工作、学习处于较为清洁、优美、舒适的环境。2008年,建立1支集镇环卫队伍,建成1座日处理垃圾5吨的焚烧炉,官庄市场商店、住户划分卫生责任区包干负责。全乡各养殖场先后建起沼气池50多口,树人、福泉等12个村建成垃圾池80多个,排污沟130多条,改厕40余处。2011年,全面开展改水、改厕、改圈、改善人居环境,至年底,全乡90%农户建有水冲式卫生间,85%养殖场安装沼气设备,基本做到猪粪尿达标排放。2012年,完成住户改厕2500座,新建沼气池233口,拆除禁养区养殖场4家,治理达标排放12家。2017年,加强生活垃圾处理,垃圾中转站建成投入使用,采取市场化运作,聘请专业保洁公司负责集镇保洁和村级垃圾收集清运,全乡生活垃圾统一进行无害化处理。加快养殖业污染整治,依法拆除禁养区猪场6户2143平方米,加快推进限养区5户养殖场标准化改造。2019年,推进汀江流域水环境综合治理,拆除生猪养殖场46户6000余平方米,完成上杭城区水源地(七里、曾泗)生活污水处理项目,治理农村生活污水,保障福泉等6座污水处理厂高效运转。

上杭县庐丰畲族乡 2004年,庐丰畲族乡政府动员群众开展改厕、改圈和推广沼气池工作。

2005年始，开展“家园清洁行动”，建立垃圾中转站，集中处理垃圾，各村为农户免费发放垃圾桶，改善农村卫生状况，庐丰的生态环境得到根本改善。2006年，结合环境卫生整治和沼气池建设，丰济村改水、改厕、改圈480多户。2008年，全乡新建沼气池121座。2010年，全乡改水、改厕、改沟、改圈200余处，新建垃圾中转站，新增垃圾填埋场3处、垃圾箱（池）130多个，添置垃圾运输车3辆，实行垃圾统一收集，定点堆放，日清日运，科学处理；建立集镇长效保洁机制。是年，新建沼气池175口，全乡共建沼气池2010口，全乡14个行政村有2389户农户用上沼气。2012年，全乡共建垃圾收集池90个、垃圾填埋场7处，聘请保洁员36人，投入10万元由柯宁环保公司承包集镇及杭永公路沿线日常保洁工作。2016年，完善“户保洁、村收集、乡转运、县处理”的生活垃圾处理机制。2019—2021年，通过购买服务实现道路清扫保洁及垃圾清运一体化，提高垃圾的提前处置效率，使全乡的环境卫生形成市场运营、政府把关、村民监督、全体动员的良好局面。同时，推进农村“厕所革命”，新建改造三格化粪池414户、户厕145户，新建横岗、立英公厕2座。

二、饮水卫生

上杭县官庄畲族乡 20世纪50年代初，官庄的群众主要饮用汀江河水、山泉水、山溪水等，水质受一定污染。1986年，官庄乡筹建自来水厂，当时设计是纯工业用水，民用的未列入。当年，在龙头上建有1个100立方米的水池。1991年前后又扩建2个100立方米的水池，整个官庄集镇及福泉、官庄两个村的部分村民都由官庄自来水厂供应生活用水。2001年后，由于金山电站蓄水时会把自来水厂水源头（福泉井）淹没而造成污染，改由曾泗、新风、贵和3个行政村的纯净天然山泉水作为自来水厂的水源。从曾泗老坪山石岗下到官庄的水管长7公里，新风十二页山到官庄的水管长8公里，贵和园竹坑到官庄的水管长7公里。整个官庄集镇的水网纵横交错，地下水管全长约30公里。官庄自来水厂年供水10万立方米以上。其他各村群众自筹资金挖井或接引山泉水，逐步改善村民饮用水卫生状况。1993年后，全乡各村建起自来水塔，建成人饮工程，村民均能饮用卫生的自来水。中小学用水都经过检测，确保中小学师生的身心健康。2021年，官庄畲族乡有自来水厂（站）33个，全乡100%村民用上安全放心水。

上杭县庐丰畲族乡 长期以来，庐丰境内居民主要饮用河水、山泉水、井水或山溪水等。在安乡溪及支流水域边居住的人们，饮用溪水的历史一直沿袭至20世纪70年代。80年代始，随着农业生产的发展，施用化肥、农药数量增多，溪、圳两岸生猪养殖场的污物以及群众生活污水污物的排放，导致溪、圳水污染日趋严重。1987年始，群众开始自筹资金挖井或接引山泉水，改善饮用水卫生。1999年始，庐丰畲族乡一直为集镇范围村庄提供饮用水做出努力，乡集镇所在地得到省水利厅在农田水利设施和人饮工程建设方面的大力帮扶，筹资100多万元以解决群众饮水难的问题。2010年继续投入25万兴建集镇日处理1500吨净水设施。

2004—2013年，全乡各村先后建起自来水供应点33处（包括依山傍水的自然村，村民因地制宜直接从山上引用山泉，实施的简易人饮工程），饮用自来水人口的覆盖率达90%。2000年，中坊村通过打深机井引地下水供应居民饮用水；2009年，又投入资金进行人饮净水处理。2004年，丰济村开挖百米深井取水，解决畲民饮用水。2007年，黄坊村建立简易的人饮工程，但由于投入资金不足，设备设施落后，供水不足，水质保障率不高；2011年9月，又投资100余万元，建设一座供水站，项目包括一座150立方米的清水池和一套日处理300立方米水的混凝土一体化净水设备，铺设输、配水管7200多米，让全村群众喝上安全的饮用水。2007年，横岗村投资30万元修建自来水厂、铺设水管5000余米，解决群众安全饮水问题。2009年，太古村第一期人饮工程通水，覆盖全村800多人口；2013年，完成第二期主体工程，接通200多户。2012年11月，厦门南普陀寺慈善事业基金会向章金

村捐赠10万元饮水工程款，帮助解决章金村部分村民的安全饮水问题。2013年，庐丰畲族乡实施农村安全饮水工程整乡推进项目，续建完成浆砌石拦河坝11座，机井1眼，新建净水厂(站)7座，分别在章金、扶洋、铁峰、太古、黄坊、三坪、横岗7个村完成设计安装并供水；新建容量100吨清水池7座，50吨清水池3座，安装输水干管1.13万米，配水干管5.53万米，该项目于当年年底全面竣工。

2013年，庐丰畲族乡铁东水库引水工程开工，该工程是经国家烟草总局批准同意建设的重大水利工程，项目总投资4447.89万元，其中烟草援建3811.43万元。2017年竣工后，从旧县铁东水库铺设供水管道直接引水到庐丰，解决上坊等7个村的烟农生活用水。

三、卫生监测

上杭县官庄、庐丰畲族乡卫生监督协管工作以“卫生监督功能下沉，执法监督关口前移，保障公共卫生安全”为目标，按照统一规划、整合资源的原则，依托城乡基层公共卫生服务体系，不断完善卫生监督体制，认真履行监督执法职能，依法严厉打击各种危害人民群众身体健康和生命安全的违法行为；健全卫生行政执法责任制和责任追究制，开展卫生监督员着装和执法行为的督查，开展行政许可和行政执法的专项检查，开展卫生监督系列知识讲座。强化乡村卫生监测管理，实行监督员联系制度，充分发挥督查机构的监管作用。突出监督重点，加强医疗执业监督执法工作，加大对医疗服务市场的监督执法力度，完善医疗执业监督制度，增强医疗机构及其从业人员的法治意识。加大传染病防治监督力度，做好生活饮用水和重点公共场所卫生监督管理。加强重点公共场所卫生监督执法工作，做好公共场所量化分级管理试点。结合传染病防治工作重点，组织开展传染病疫情报告，医疗废物处置等监督检查，开展娱乐场安全套和从业人员健康体检的专项执法检查，全面提高传染病防治监督工作水平，切实维护人民群众的合法健康权益。

(一)学校卫生

中华人民共和国成立前，学校卫生条件较差，没有卫生设备。中华人民共和国成立后，人民政府高度重视学校卫生保健，注重青少年的身心健康成长，中小学与乡卫生院紧密配合，开展学校卫生保健、卫生知识教育和预防接种等工作，同时设有学校卫生保健室，建立健全学校卫生防疫制度，有计划、有重点地对中小学生进行监控监测。1978年后，教育部门贯彻国家《学校卫生工作条例》，搞好学校卫生工作，官庄民族中学和庐丰民族中学设有专职保健医生，各民族小学建有卫生室，配有保健箱。建立健全学校卫生制度，开展学校卫生保健、卫生知识教育和预防接种等工作，有计划、有重点的对中小学生进行监控监测。中小学开设卫生常识课，教育学生保护视力、牙齿，勤换衣物常洗澡，勤剪指甲常理发，注意养成良好卫生习惯，对学校周边及学校食堂进行定期和不定期食品卫生、环境卫生督查，保证师生饮食卫生安全。根据中、小学校及幼儿园卫生特点，突出中小学校教学环境、传染病防控、饮用水卫生等监督工作重点，发现卫生隐患及时指导整改，培养学生良好的卫生习惯，改善学校卫生环境和教学卫生条件，加强对传染病、常见病的防及治疗。

1991年始，官庄畲族乡卫生院和庐丰畲族乡卫生院组织医务人员对中小学、幼儿园每学年开展一次学生体检，并建立个人卫生档案。2020年新冠肺炎疫情发生后，卫生院更加强学校疫情防控指导，及时组织师生员工进行相关培训、演练，及时疏导师生心理问题，使学校疫情防控有序，学生学习安心，老师家长放心。

(二)食品卫生

中华人民共和国成立初，对食品生产经营，卫生部门只派人检查，起一般的监督作用。1983年后，农村食品卫生监督以卫生院为主，卫生防疫人员贯彻执行食品卫生法，对违反该法的单位或个人，根据情节严重予以警告、罚款、停业整顿以至取缔或吊销营业执照等处罚，对符合卫生标准规定

的生产、经营单位颁发“卫生许可证”。每年进行年审、换证，发现有传染病菌的不准开业。屠宰上市的肉类，都经过检疫部门检验，发现有问题及时处理。对一些“三无”（无厂名、无厂址、无生产日期）、过期、变质的食品及时进行集中销毁。食品卫生管理工作逐步走上正轨，人民群众基本能吃上放心肉和安全食品，历年来龙岩市畲族乡村未出现重大食品卫生事件。机构职能改革后，食品卫生工作已经由市场监管部门接管，但卫生院仍积极配合相关工作。

四、传染病防治

民国时期，畲族乡村的天花、疟疾等多种危害畲族群众身体健康的地方性传染病时有发生和流行。中华人民共和国成立后，坚持贯彻“预防为主”的方针，为了有效预防、及时控制和消除传染病的发生与流行，在各类传染病发生时，能够及时、迅速、规范地进行处理，维护国家和社会的稳定，保障公众身体健康与生命安全，上杭县官庄、庐丰畲族乡卫生院制定相关制度及应急预案，明确职责。提高医务人员疫情报告意识，完善疫情报告制度，建立报告及救治制度，及时通过传染病报告系统网络报告。收集门诊、住院部及村级卫生所疫情信息。一旦发现严重疫情，立即采取对疫点进行隔离和消毒措施，配合院领导督促本院各科室做好消毒工作，杜绝医源性传染病的发生；积极做好结核病人的归口管理工作。

20世纪50年代初，在龙岩地区城乡开展牛痘等疫苗的预防接种。1953年始，一些流行性疾病天花、疟疾、霍乱、伤寒、白喉得到控制，发病率明显下降。1992年1月1日起在全国推广乙肝疫苗免疫接种，并逐步纳入儿童计划免疫。上杭县官庄、庐丰畲族乡卫生院以村为单位，以边远山村及流动儿童为重点，做好儿童疫苗的漏种补种工作。全面开展新生儿乙肝疫苗24小时首针接种工作，“七苗”（七苗是指7种疫苗：皮内注射用卡介疫苗、重型乙型肝炎疫苗、脊髓灰质炎疫苗、吸附百日破联合疫苗、麻疹减毒活疫苗、A群脑膜炎球菌多糖疫苗、乙型脑炎灭活疫苗）接种率均达95%以上。通过免疫规划疫苗接种，全市畲族乡村未发生聚集性疫情，有效预防传染病的发生、流行。

天花　俗称“乌痘”。民国38年（1949年）上杭县庐丰乡天花爆发，有不少人因医治无效死亡。民间多由中医施行“人工种痘”防天花，把含痘毒痘疱的药料研磨成粉，在上臂阳面划口敷上即成。土法种痘，操作繁杂，种痘面亦不广。1952年后，通过普种牛痘等，未再发生天花。

疟疾　俗称“打摆子”。每年秋末到冬季流行，有的病人脸部甚至全身水肿。1952年，广泛发动群众灭蚊、服药和治疗，疟疾病人逐渐减少，后因“文化大革命”干扰，疟疾病未能得到控制，疟疾病人逐渐增多。20世纪80年代，有计划地开展雷氏按蚊调查和荧光抗体定点纵向观察，对重点村进行药物喷灭蚊，对发现疟病人采用“伯氯”根治疗法，对易感人群采取预防性服药，并在每年二三月对疟史患者进行春季抗复发治疗，疟疾病逐年下降。1991年，经福建省卫生厅专家认定，上杭县官庄、庐丰畲族乡已达到消灭疟疾的标准。

流行性脑脊髓膜炎　简称“流脑”。1967年4月在上杭县官庄公社境内发生“流脑”，官庄公社成立灭病小组，及时开展“早发现、早报告、早隔离、早治疗、早预防”的群众性运动，控制了“流脑”的蔓延。1972年首次接种“流脑”疫苗后，发病减少。主要采取疫点消毒处理，密切接触者服药，流行区在流行季节用药物喷、滴鼻，消除人群部分带菌，同时，提倡开展群众性以“三晒三开”（晒衣服、晒被褥、晒太阳和开门、开窗、开蚊帐）为主要内容的爱国卫生运动等综合性预防措施。80年代中期始，推广使用A群脑膜炎球菌多糖体疫苗，适龄儿童的接种率保持90%以上的高水平；90年代后，发病率一直控制在1/10万以下。

结核病　2000年7月，全省少数民族患病情况调查，上杭县官庄畲族乡七里民族村为畲族人群结核流行学调查点，共查1316人，发现肺结核病人7人，患病率为531/10万，其中涂阳病人3人，涂

阳患病率228/10万。2004年,开展结核病线索调查,加强结核病人的发现、转诊与普查督导工作。

麻风病 1950—1990年,发现病人主要采取收容隔离治疗,药物以氨苯砜(DDS)为主。1990年后,新发现病人以门诊治疗为主,治疗采用世界卫生组织(WHO)规定的联合化疗(MDT)方案,并狠抓联合化疗的全面实施与管理。1992年,上杭县全县达到卫生部规定的基本消灭麻风病的标准。

五、地方病防治

血丝虫病 俗称大脚筒。1970年10月,上杭县官庄和庐丰卫生院组织有关人员成立普查小组,广泛开展宣传、采血、镜检、治疗工作,到各大队开展血丝虫病普查登记工作。查出农民发病率较高,各大队(村)的卫生人员配合县、公社(乡)两级丝防专业队,推广"海群生小剂量递增疗法",基本上做到"送药到手,看服到口,服后才走,决不留药"的要求。并在丝虫病流行大队(村),开展灭蚊工作,降低蚊媒密度,使丝微虫幼阳性感染人数逐渐下降。1984年12月,龙岩市畲族乡村符合国家规定基本消灭丝虫病的要求。

碘缺乏病 也称地方性甲状腺肿(简称地甲病)。主要病因是由于环境缺碘,造成人体碘元素摄入量不足。1981年,官庄公社进行碘缺乏病普查,共普查2865人,普查率达95.6%。1988年基本控制地甲病。在普及碘盐供应的基础上,为确保新婚育龄妇女、孕妇、哺乳期妇女、婴幼儿等特需人群和7岁—14岁儿童重点人群的缺碘需求,1990—2011年,按全省统一要求,上杭县官庄、庐丰畲族乡在教育和计生部门的配合下,共对上述人群辅服碘剂64.67万人次。

六、"非典"和新冠肺炎预防

(一)"非典"预防

2003年5月,部分省、市地方发生非典型肺炎(简称"非典")疫情。上杭县官庄、庐丰畲族乡按照省、市、县防治"非典"指挥部的统一部署,扎实抓好"非典"预防工作。乡成立防治"非典"工作领导小组,设立防治"非典"隔离点,乡卫生院和村卫生所工作人员通过发放宣传单、宣传画、出版墙报等,向全体村民和中小学师生宣传防治"非典"的有关知识,做到家喻户晓。同时,组织广大干部职工、中小学师生、村民开展环境卫生大清扫,整治卫生死角,疏通沟渠,清理污垢,进行药物消毒。经跟踪、观察,官庄、庐丰均未发现"非典"疑似病例。

(二)新冠肺炎疫情预防

2020年1月份新冠肺炎疫情暴发以来,以习近平同志为核心的党中央对抗击疫情做出周密部署。全市畲族乡、村根据上级党委、政府安排,制定新冠肺炎防控方案,采取联防联控工作机制,织密织牢疫情防控安全网。开展多种多样的宣传活动,使全体群众支持理解配合疫情防控工作,打一场疫情防控的人民战争。

上杭县官庄畲族乡 通过干部引领,将党的强大政治优势、组织优势和密切联系群众优势转化为疫情防控的工作优势,迅速组建26支党员先锋队144人,设立18个党员先锋岗,其中56名乡直党员干部主动到18个村80个网格报到服务,通过"官庄畲族乡"微信公众号、微信朋友圈、村民交流群等网络平台开展宣传,通过走街串巷、走村入户、播放村村响广播、悬挂宣传横幅标语、发放宣传单等,引导群众提高思想认识,提升个人防护水平。通过及时宣传、耐心解释国家的防疫政策,主动公开乡防疫工作,确保群众听得懂、信得过。在疫情防控要求允许下,对五保户、独居老人、三周岁以下儿童等特殊群体提供上门核酸检测以及日常生活提供更为方便的服务。此外,还对疫情防控一线人员加强关心关爱,进行组织心理疏导,缓解强压工作下的焦虑,坚定战疫决心。以网格化为抓手,组织各村对中高风险地区返回人员进行摸排管控,逐户逐人进行地毯式摸排、核查,实现全乡范围内再

摸排、再动员、再核实，一村一册，将工作落实落细，全力构建疫情防控天然屏障。坚决贯彻执行关于新冠肺炎疫情防控的各项决策部署，动员辖区内全面做到主动关注、主动排查、主动防护、主动接种，若发现异常情况第一时间上报，确保落到实处、管控到位、处置到位。

上杭县庐丰畲族乡　创新宣传手段。为营造良好氛围，党员先锋队主动制作疫情防控的音频，利用“村村响”广播、移动音响进行播放。同时，定点入户宣传，及时主动与要举办满月宴、婚宴的村民沟通，宣传疫情防控政策，鼓励“红事缓办”。2020—2021 年，进行防控业务培训和法律法规培训，共开展培训 22 次，培训医务人员和乡村两次工作人员 1024 人次，使防控依法、科学、安全。疫情防控指挥小组组织力量，督导集镇商超、药店、饭店的经营业主履行主体责任，落实防控要求，特别强调要严格执行“戴口罩、验码【健康码（含疫苗接种）、行程码】、测体温”，排队区域须设置“一米线”等措施。在乡卫生院科学设置预检分诊、发热诊室、隔离病房及相关诊治流程，乡卫生院和村卫生所均有张贴“基层医疗卫生机构接诊患者指引”和“村卫生室人员接诊十须知”，坚决落实首诊负责制，对相关疑似病人进行闭环管理。全力做作好人员及防控物资调配，不搞一刀切，坚持底线思维，留有余地，要想到最困难的时候。境外、中高风险地区及其他重点地区返乡人员健康管理走在省、市管理前面。加大对重点人群如医务人员、住院患者、发热病人、学校师生、物流等相关人员的核酸检测频次，做到应检尽检，愿检尽检，到 2021 年底，庐丰畲族乡共完成核酸检测 17033 人次。推进全民接种，针对部分村庄离乡卫生院较远、老年人出行不便等问题，疫情防控指挥小组主动安排车辆接送。在乡卫生院，安排志愿者全程服务，协助填写个人信息、沟通了解身体状况、免费发放凉茶等，让村民顺利接种疫苗。到 2021 年底，庐丰畲族乡完成 12 周岁以上第一剂次接种 11726 人次，第二剂次 11392 人次，第三剂次 7860 人次，3—11 周岁第一剂次接种 817 人次，第二剂次接种 417 人次。积极支援各级抗疫，卫生院刘永秀、温庆文、梁桂梅、陈慧勤、席丽平、黄爱玉、陈春香等同志多次外出参与支援任务。做好全员核酸检测一键触发机制工作，在丰乐民族村、黄坊村进行演练的基础上，补缺补漏，设立 14 个采样点、24 个采样台，进行各种磨合工作，于 2022 年 4 月 1 日圆满完成全乡区域核酸检测演练。

到 2021 年年底，龙岩市畲族乡村未发现新冠肺炎疫情病例，疫情防控工作取得较好的阶段性成果。

第十一章　风俗习惯

闽西畲族习俗有自己的民族特色，体现畲族人民追求吉祥平安、和谐团结，向往温馨幸福的生活。在历史演变和发展过程中，畲族文化与移民文化、区域文化、生态文化交融，由于长期杂、散、混居，畲族习俗深受当地汉族风俗习惯的影响，不少习俗与汉族相同，但在聚居村落中仍保留自己的习俗。

中华人民共和国成立后，随着社会变革，畲民的民俗民风发生深刻变化，陈规陋习被革除，形成敦厚友爱、助人为乐、尊老敬贤、好学上进、婚姻自主、勤劳俭朴、刻苦耐劳、奋发进取的优良风气。中共十八大以来，大力弘扬和实践社会主义核心价值观，爱国敬业、乐于助人、家和邻睦、诚信友善的新风日益弘扬。

第一节　生产习俗

自隋唐之际，迁徙不定的畲民的耕作方式基本为山地游耕。明清时期，畲民随着安家山野，自成村落，山地游耕逐步改为山地定耕。但由于生产力低下，仍有抛荒和轮作的生产习惯。清范绍质的《瑶民纪略》记载，瑶民（畲民）“粪田以火土，草木黄落，烈山泽，雨瀑灰浏，田遂肥饶，播种布谷，不耘耔而获”①。随着畲民渐与汉人交往，“虽峒瑶亦无异于里中编氓也”②。畲民“春种角谷，夏种芒谷，秋种稜谷，冬种豆，分八节以纪农功，大率与全闽无异”③。耕作方式已经和当地汉人基本相同。

在农耕经济时代，畲族有一个显著的特点，即男女一同下地劳动。畲族认为，“吾族本畲民，男女耕作，自古如斯”④。清范绍质在《瑶民纪略》说：畲客“种山为业，夫妇皆作”⑤。畲族男女同劳动的传统习俗沿袭至今。畲族地区地广人稀，以致耕作粗放。“行行尺一二，丛丛十一二”作为插秧株距和本数的标准。迟动手怕耽误农时，有“牛歇四月八、人歇五月节”的农谚，意为最迟在农历四月初八田要犁好耙好，端午节前秧要插完。中华人民共和国成立后，农业集体化，讲究科学种田，变粗放耕作为精耕细作。

畲族以农为本，与生产有关的习俗还有养殖、采伐、狩猎等习俗。

---

①［清］恩煜《长汀县志》卷三十《风俗》。

②［民国］邓光瀛《长汀县志》卷三十五《杂录畲客》。

③［清］恩煜《长汀县志》卷三十《风俗》。

④［民国］邓光瀛《长汀县志》卷三十五《杂录畲客》。

⑤［清］恩煜《长汀县志》卷三十《风俗》。

一、养　殖

（一）养　猪

畲民肩挑仔猪回家，倘若只买一只，那么一头装小猪，另一头用未经烧烤的土砖头持平，忌用石头（传说若用石头，猪就会像石头一样养不大）。主人清扫猪栏，垫上稻草，再放猪入栏，口中说“快长快大，日长千斤，夜大八百”。除夕，猪牛栏门上粘贴红纸条或“六畜兴旺”红联；猪栏门上特别是关母猪的猪栏门上书“姜太公到此”；民间有姜太公夫人是猪的保护神之说。此俗尚存。

（二）养　牛

耕牛被称畲民视为农家之宝，饲牛农户爱牛如命。新买的牛犊入栏时，主人会把一小红布条系在牛头绳上志喜。农忙时节，耕牛负重不已，农人更是爱惜，农历四月初八为“耕牛节”，要给牛“放假”休息，以精饲料、地瓜、稀饭、鸡蛋、米酒喂牛。母牛怀孕和产仔时，也会加添米酒、鸡蛋、稀饭等精细饲料细心养护。

（三）养　禽

畲民有饲养家禽的习惯，禽的种类有鸡、鸭、鹅等。公鸡长大到约 1 斤时要阉割，阉割之后能长到 5—8 斤。妇女坐月子必吃好几只阉鸡以滋补身体。

二、采　伐

畲族民间于新春择日挖穴种植松杉果树，待松杉成林成材砍伐时，须置备三牲、果品、香烛，敬山神，酬谢护林功德；早上上山砍树时，不能说话，待砍倒第一棵树后方可说话；吃饭时，不许将筷子放在饭碗上，怕招致倒树不顺向，今无此俗。伯公树和祠堂、寺庙后山的风水林不能随意砍伐，此俗尚存。

三、狩　猎

畲民爱好并善于狩猎，除地处高山多野兽，为防野兽糟蹋农作物所必须外，尚有历史原因，畲族传说其始祖“龙犬王”到凤凰山打猎被山羊斗死，故全族人视山羊为世仇。畲歌有“祖宗冤仇在山羊，打死百只祭灵瑶”的句子。闽西山区的畲民在各地建有“狩猎仙师”和“护猎娘娘”神坛。猎人或猎队在行猎前，要备三牲供品前往神坛拜祭，祈求上山多打珍禽野兽。猎毕先将猎物抬到神坛前，再次点烛焚香，拜谢猎神恩赐。

畲村家家备有猎具，古时用弓矢，后用土铳、鸟枪，由于世代相传，积累丰富的狩猎经验。一经发现则三五成群上山围捕狩猎，以鸣牛角或海螺号声指挥，获得猎物，见者有份，人、狗（猎狗）均分，命中者加倍。狩猎对象主要是野猪、山羊、獐等。如遇山羊则穷追不舍，非猎杀不可。畲民的狩猎时间多在农历正月、二月、七月、八月农闲时节。畲民有制作猎具的专业户，行猎的工具有土铳、毒弩、竹枪、竹吊、木笼、陷阱、累刀等。畲民行猎的方式多为集体行动，猎队有分工，即有的赶山（亦称“踏把”），带着猎犬搜山，有的“把口”，守候在野兽出没之处，伺机射杀。猎物的分配遵循一定的原则，即射中头铳者，可分得兽头、兽皮和部分兽肉。如果头铳虽然击中，但野兽没有立毙，而由他人补射才死者，则兽头、兽皮归头铳者，兽肉部分与补铳者均分。如果猎得体积较大的野兽（如鹿、獐），除兽头兽皮归头铳者外，余者平均分配。如果行猎的人多，而猎物小，则把猎物煮好，全村人一起聚餐，俗称“散野神”。猎物分配的原则，在各地畲族村略有不同，但大同小异。长汀黄湖民族村的畲民，需把猎物的舌头留下一小部分扔在山上，敬奉“山神土地”以示有财有食，至今还传承。漳平畲民每获猎物，以野兽内脏祭祀盘古公后，集体聚餐，吃时不能讲话，不用筷子，用手抓。

20 世纪 80 年代后，政府严禁猎捕受保护的野生动物，野猪、獐、鹿等动物仍保护不严，尤其是野

猪，因对农作物破坏严重，村民仍有捕猎。2020年后，政府严禁食用野生动物，狩猎活动亦被禁止。

四、汀江行船

古时，上杭畲族乡村交通不便，乃以汀江、旧县河、黄潭河等水路交通为主，汀江行船规矩和禁忌传承至今。新船启用，须焚香点烛放鞭炮，用乳狗或雄鸡的血祭船，俗称“出煞”。

每年农历七月十五俗称“鬼节”，不得开船。启航时，如有乌鸦在上空鸣叫，则认为不吉利，艄公会立即口吐唾沫，并随手将竹篙倒插入水中，将竹篙头上的水绕船四周滴洒一遍，以示辟邪。

船上所用餐具不得倒放，旅客的鞋也不得倒放；旅客攀谈时姓陈的不许喊陈，要以耳朵表示耳东陈；行船时不得下棋；包括船工在内不能载8人，因古有“八仙过海”的神话，而“八仙”又是上杭一带死人抬棺材的常数，不吉利。

乘客搭船时，艄公会告知，上船要脱鞋，要拍净泥沙（过去穷人穿草鞋，沾泥沙多），鞋放在船上不能底朝上，一定要鞋面向上。若有人将鞋底向上放，则不许其搭船。

登船时，要与船夫打招呼，说吉利话；登船后，两只手不能随便摆动，眼睛不能直视船夫；离船时，与船夫告别，应双手合拢作揖，点头致谢。

第二节 生活习俗

一、饮 食

闽西山区的畲族，长期过着随山而种的游耕山地农业生活，其食物来源多为旱地作物或来自于山林的果品蔬菜、飞禽走兽。清范绍质的《瑶民纪略》云：畲民“所树秇曰稜禾，实大而长，味甘香；所产姜、薯、芋、豆、菰、笋，品不一”，“供宾客，悉山雉、野鹿、狐、兔、鼠、蚓为敬。豺、豹、虎、兕间经其境，群相喜谓野菜，操弩矢往，不逾时，手拽以归”。① 清巫宜耀《三瑶曲》：“青山何处不为家，无数稜禾夹道斜。更问一年鲑菜美，斑衣竹笋紫姜芽。”②畲民可耕地面积少，水田少，旱地多，水稻种植较少，杂粮较多。自明万历二十二年（1594年）番薯传入福建后，闽西畲民广为种植，民国《上杭县志》载，“乡人多借以补粮食之不足，济人甚溥”③。20世纪50年代之前，畲民还食用自家耕种的旱稻。旱稻又称“稜禾”，“种于山，不水而熟”。这种稻谷产量低，无法成为主食，仅在年节与接待客人时食用。大部分畲民以番薯、玉米等杂粮为主食。普遍用番薯切丝，掺米饮食，叫作“番薯丝饭”；只有极少数富裕的人家才吃得起大米饭。畲家副食品多取之于山，畲民长年以自种菜蔬、瓜豆和竹笋佐餐，还上山狩猎寻觅野味补充能量。

畲族节日的特色食品有乌米饭、菅叶粽、糍粑等。乌米饭为农历“三月三”食用，菅叶粽在端阳节和龙节时食用，畲族过年、做“七月半”和冬节都要做糍粑，其意“时（糍）来运转，生活年年（粘粘）甜”。

明清以后，畲民饮食习惯逐渐和当地汉族相同。但也还有一些自身的特点：

①[清]恩煜《长汀县志》卷三十《风俗》。
②[清]杨澜《临汀汇考》卷三《风俗考·畲民附》。
③[民国]丘复总纂《上杭县志》卷九《物产志》。

(一)喜食野味、河鲜,善腌制食品

畲族同胞散居于深山之中,耕山而作,喜食野味、河鲜。日常狩猎、捕鱼以供饮食之需。故其饮食风俗为了保存食物,畲族先民特别重视腌制和腊制食品。畲族的喜腌和腊重咸这一特点,有畲谚云:“食最好是咸腌货,穿最好是蓝青色。”如把芥菜略晒,加盐腌制在大缸或木桶之中,即成酸咸可口的酸菜;萝卜加盐腌制,即成咸萝卜;竹笋加盐腌制.即成酸竹笋。

(二)善饮酒、酿酒

畲乡谚语“无酒难讲话”,说的是畲民热情好客,善饮酒。客人一到畲家,不先泡茶,而是捧上一大碗米酒请客人品尝,这是畲家最高的待客礼节。畲族一年四季过节日,办红白喜事.没有酒就不算过节;没有酒请客人喝醉就不算办喜事,不算请过客。所以畲族家家均酿有米酒,建房时有“上梁酒”;生日时要吃“生日酒”;定亲时要喝“定亲酒”;嫁女时要吃“嫁女酒”;娶亲时要喝“讨亲酒”;真可谓无酒不办事。

畲民喜饮酒,也更善酿酒,有悠久的酿酒历史。据有关客家文化史研究专家考证,自南北朝以后为避战乱而由北方中原地带迁入南方的客家人的酿酒技术就是向当时的畲族先民学习的。

(三)重视食疗(详见本书第十章《卫生健康》)

(四)畲族饮食禁忌

畲族有不少饮食禁忌,如:古时忌吃狗肉;服了中药,忌吃萝卜;忌用筷子敲打碗、饭桌;忌用单只手捧茶招待客人;客人未离席,忌收碗筷等。

二、居　住

畲族房屋经历了从茅寮到土寮到楼房再到“洋楼”的演变过程。

旧时,畲民“结庐山谷,诛茅为瓦,编竹为篱,伐荻为户牖”①。清乾隆三年《龙岩州志》也说:“编荻架茅为居。”畲族先民的住房大多是以竹子为架搭成的“悬草寮”。由于历史原因,畲族人民辗转迁徙,物质生活简朴,很少木结构瓦房,由于山区气候寒冷,严冬腊月,火笼、火塘是家庭生活所不可缺少的取暖器材。

随着中原汉人大量入迁闽西山区后,畲民向汉族同胞学习版筑技艺,明清以后,畲族地区才出现“土墙厝”。传统民居大多和汉族民居一样,都是以石料为墙基、生土夯筑而成的泥墙土木瓦房,外墙和承重墙由生土夯筑,内部隔墙和房间门面墙有的由木柱和木板构成。建造房屋讲究风水吉利,选择宅基地,常要请堪舆先生勘查方位,以坐北朝南、依山傍水、向阳避风的地方建房为佳。房屋格局具有客家建筑特色,多由上下厅、左右厢房、横屋组成,有的还有后堂,要求左右房屋不能高于厅房,后堂要高于前厅前堂,上厅高于下厅;此外还有围屋等,多属土木结构的瓦房。长汀黄湖畲族村多散布在山坡上建舍,多以土木结构,家家楼上围栏均设置“美人靠”。

有些畲民善于经营,在外地赚到钱后,回到家乡大兴土木,建造大屋豪宅。清朝康熙至乾隆年间,上杭县太拔坵辉钟氏在赣南经营茶油,成为巨富,在坵辉村先后建起14栋占地三四千平方米的大宅;乾隆年间,庐丰丰济村蓝氏在麻子坝建成占地近一万平方米的围屋。

建房破土动工前,要在建筑物的后方把犁头插入土中,并且把一根0.7米左右长、上端四方、下端削尖,上书“杨公仙师神位”字样的木杆打入土中。摆供焚香点烛,叫作立“菩顶”。建造期间,主人每天早晨上工前、晚上下工后要到“菩顶”前筛茶娘(浓茶),点烛焚香,祈求整个工程顺利平安。今私人建房择吉日动工之俗仍存。

①福建省地方志编纂委员会编,方志出版社出版,〔清〕曾曰瑛修、李绂纂《汀州府志》,2004年,第876页。

中华人民共和国成立后，畲民生活改善，新建楼房增多，但多数仍为土木结构的高大宽敞瓦房。1980年后，农村新居迅速增加，大部分农户已由砖木结构和钢筋混凝土结构的“洋楼”代替土木结构的“土墙厝”，并不拘泥于左右对称和前厅后堂格局；设计科学，造型美观，水、电、卫生设备配套，居住条件得到很大改善。

三、服 饰

畲族虽然长期与汉族交错杂居，但畲族服饰却有着自己的民族文化特色。对畲族传统服饰的描述始于明清时期。清乾隆十六年(1751年)傅恒的《皇清职贡图》是皇家钦定的画本，画本中对畲族男女服饰进行了具体的描绘，这是封建朝廷首次对福建畲族男女服饰的披露。

清长汀范绍质的《瑶民纪略》说，畲民“其男子不巾帽，短衫阔袖，椎髻跣足”，“妇人不笄，饰结草珠，若璎珞蒙髻上，明眸皓齿，白皙经霜日不改”。[①] 杨澜的《临汀汇考》援引《三瑶曲》云，畲族妇女“家家新样草珠轻，璎珞妆来别样情。不惯世人施粉黛，明眸皓齿任天生”。[②] 清乾隆三年《龙岩州志》说：“织绩木皮，染以木实，好五色衣服。”

畲族先民由于居住山村，有长期爬山越岭需要，所以服装不如汉族宽松肥大，较为紧身。畲族服装主要原料是苎麻，畲族男子穿染色麻布制作的圆领右开口大襟短衣；形同客家大面襟衫。结婚时，穿青色、右衽、开襟处镶有白色或红色花边的大襟长衫。祭祖时穿红色长衫。日常劳动则穿大襟或中间开口的直襟短衫。服饰主要颜色是接近山野的绿色、蓝色和黑色，也有少量红、黄、白色。面料多为自织麻布。畲族男子大多“不巾帽”，即理光头或平头，不戴头巾帽饰，但老年男子却多扎黑布头巾。

畲族妇女的传统服饰崇尚青蓝色，多穿短衣，衣领高约一寸或无领。衣尚青、蓝色，多着自织的苎麻布。衣长过膝，右衽大面襟。前襟短、后摆长。畲人喜刺绣，尤其喜欢在衣服的衣领、右襟、袖口，围巾和围裙等物品上刺绣花鸟及艳丽的花纹，花边多绣龙凤、花鸟、云霞或万字等吉祥图案，甚至一些“五世其昌”“招财进宝”之类文字，并镶嵌进金银丝线，图案多有谐音、寓意、符号等意义。束绣花腰带，系围身裙。围身裙为梯形，长一尺，宽一尺五，多为蓝色或黑色底，周围镶多道大花边，束于腰部，只遮盖腹部胯部。有的围裙头用多层二寸宽白布或红、绿布缝接，束于腰部时较舒服。有的喜欢在腰部系一条近尺宽、两头绣大花边并带流苏的腰带，腰带头悬垂于身侧。畲族视凤凰为吉祥物，认为凤凰是百鸟之王，女子扮成凤凰髻为最美丽，畲族的凤凰装也体现在这里。这些高盘头顶的凤凰髻犹如凤凰头，身上五彩纷繁的各式绣花装饰犹如凤凰身体及美丽羽毛，全身悬挂的各式会响的饰物犹如凤凰鸣唱，故这套服装被称为“凤凰装”，“凤凰装”被视为吉祥的服装。服饰图案花团锦簇、溢彩流光，显示出鲜明的民族艺术特色。

有的畲族女上衣，面和里都绣花边，因而正面反面都可穿。畲族女子大多要学会织彩带。彩带上织有各式吉祥图案或吉利文字。彩带织的精致程度，被视为是否心灵手巧。女子赠送亲朋好友或送男子来定亲时的回礼，都用自织彩带，以表心意。未婚男子得此彩带后，会经常束在身上。畲族女子喜穿短裤，这是畲族服饰的一大特色。闽西地处温暖南方，故畲族女子多穿一种长只及大腿、窄裤管窄腰身、裤脚镶有一至三道大小不一花边的黑色或蓝色短裤，小腿裹上红色或蓝色绑腿，腰间束一彩色或加绣花的腰带，这样便于山间劳作，又尽现女性婀娜身姿。也有女子穿裙，裙腰较窄，裙长只及膝盖之上，裙脚亦绣花边。女裤亦为折裤头裤。裤头较窄，裤管较宽，且为直筒裤，多为黑色，裤脚

①福建省地方志编纂委员会编，方志出版社出版，[清]曾曰瑛修、李绂纂《汀州府志》，2004年，第876页。
②[清]杨澜《临汀汇考》卷三《风俗考·畲民附》。

绣花边二至三道。

闽西古代畲族妇女的发式头饰,虽均是“椎髻”,但已婚和未婚妇女是有所区别的。未婚少女,通常将头发梳成一束反复缠绕在头顶,夹以红色绒线,再插以饰物,形同田螺,故称“螺髻”。有的梳成长辫,沿前额后脑盘绕头上,发间环绕红、蓝或黑色带子。红色带子表示未婚女青年,蓝色为中年妇女,黑色老年妇女用。畲族崇拜凤凰,故不少发式、帽子、衣衫均和凤凰有关。畲族少女出嫁,须戴“凤冠”。这是一种用竹壳做成的尖帽,上面饰以红布,安上银片、银铃,插上银簪,簪头垂着各式珠串,帽后有四条红飘带下垂,帽前一排各种神佛的银质雕像垂挂额前,整个帽形如同凤凰,故名“凤冠”。已婚妇女梳的发髻也称“凤凰髻”,即将长发自后脑与红绒线束一起编成长辫,再自后脑经头顶弯至额前,如同一个凤凰脊背,加上额前螺旋状发梢,恰如一凤凰,故而得名“凤凰髻”。有的妇女梳长髻、船形髻或在头顶梳一直筒式高髻。也有青年女子在头上包以红巾,年长妇女包以蓝巾。有些畲妇头髻中,插有三支形状如刀、两面锋利、长达半尺的髻簪,叫“三把刀”,传说是妇女防身用物。漳平畲族妇女发式为“龙船髻”。漳平畲歌云:“十二(岁)女人心花花,头发再短要留长;头上盘上龙船髻,结个髻子顶楼梁。”畲女将头梳成壶状,罩上发网,插上银簪,有时包上四角缀着红绒球的方头巾。畲女戴的斗笠不仅是遮挡用品,而且是手工艺品,以多达二百支细度仅 0.1 厘米的竹篾编织而成,花式多样,做工精细。斗笠面层饰以水红绸带和各色珠子,周围下垂布片,前短后长,有单色、多色、绣花等多种。畲女也戴各式耳环和银项圈,少女所戴银项圈上安有一些吉祥饰物。

闽西畲族多居山区,由于劳作、生存需要,所以畲族妇女多不缠足。女鞋多为浅口绣花鞋或花布面鞋。绣花鞋面的底布为蓝色或青色布,再在上面绣上花草、鱼鸟或吉祥图案。鞋头有“鞋鼻”,可扎上红色或彩色绒球。女鞋绣的花色较男鞋多,且较精细。男鞋也绣花,但比女鞋花色少,且较简单。闽西畲族只在新婚、寿庆等节庆日子和外出作客时才穿鞋。平时,热天多赤足,上山穿草鞋,在家则穿木屐。草鞋、木屐与客家的相差无几。他们冬天才穿布缝的袜子,大雪天则以棕片包裹脚掌御寒。

畲族彩带是最具民族特色的一种民间工艺品。彩带既是美化衣着的装饰物,用作腰带、背带等物的生活实用品,而且还是畲族青年男女定情信物、定亲回礼和驱邪祝福的吉祥物。织彩带是畲族妇女必学的手艺,畲族姑娘一般到六七岁时,母亲就会教授其织彩带,彩带织得好坏,是衡量一个女子是否心灵手巧的标准。每个畲族乡村都有织彩带能人,他们以手手相传的方式传承着这一门古老的传统技艺。

明清时,汉族、畲族的服饰渐趋同一。畲、汉百姓由于生活水平所限,服饰以方便、实用、耐穿为原则,表现出色彩单调、造型单一、只求蔽体御寒而不求奢华的基本特征,多穿黑、蓝土布缝制的左襟大边中式短衫,冬春季穿长衫大褂。妇女多穿右侧开襟的大面襟衫,既长又宽大,在袖、襟、领边还镶有大条花边。民国以后,逐渐改制狭小的便衫,对胸开襟,口袋 2 大 1 小,直领、布扣,不加配饰。部分官员、文化人开始穿中山装。妇女仍穿侧襟衫,富家女、知识妇女也有穿旗袍的。裤子统称“大裆裤”,裤宽裆深,另接 4—5 寸阔次布裤头,穿时扎紧裤头,用带系住。

20 世纪 50 年代始,畲民平时都穿汉族服装,盛行穿中山装、列宁装,女干部多穿灰色列宁装。男女裤都是用腰窄裤头、直裆。男裤前开加纽扣,女裤侧开加纽扣。“文化大革命”时盛行绿军装。20 世纪 80 年代,西式时装流行,男青年喜穿夹克、风衣,少数女青年开始穿敞胸衣、连衣裙、百褶裙。男性中老年仍喜穿中山装。农村老年妇女还是以侧襟衫为主。而男女老少均开始讲究质料、式样,并逐渐向购买成套装发展。衣料颜色从单调的蓝灰黑到五颜六色。质地从毛兰布、士林布、上绵羊发展到涤纶、毛料等,昔日的棉袄已为毛衣、夹克、羽绒服所取代。

四、赴　圩

畲民曾经备受歧视，过着“山野自足”的生活，很少入市赴圩。明清时期，随着畲族农村生产力的发展，在畲族聚居地逐渐形成规模较大的圩场，上杭县的官庄圩是长汀、武平、上杭三县边界圩场，庐丰圩是上杭东路片的大圩场。圩场经营交易的有当地的土特产，也有来自潮汕的海产品，甚至洋油（煤油）、洋布、洋钉（铁钉）、洋火（火柴）等“洋货”。官庄、庐丰还是牛、猪的交易市场。在圩场的猪、牛等买卖，有专门的“中人”（俗称“牙人”）作中介；他们评价牛猪的好坏及买卖的价钱，常操外行人听不懂的暗语行话，称“江口话”，如 1 叫“尖”、2 叫“么”等。一旦买方露出购买之意，“牙人”便会要买方先付定金（交头），金额不限。“牙人”握着定金，磨牙练舌，极力撮合双方成交。待双方谈妥成交，一手交钱，一手交货，“牙人”要收取双方的手续费。2010 年始，此俗随猪、牛市场的消亡而不复存在。

五、器　具

传统器具大都就地取材，以畲族境内盛产的木、竹、棕、草、藤、石、铁为基本材料，经手工加工，制成各种生产生活器具。一般的器具，制作工艺简单粗糙，品质纯正，经济耐用。木、竹、棕、草、藤制品较为常见。主要的木制品有桌椅板凳床柜，还有谷斗、粮仓、木楻、饭甑，小至木勺及船形棕带的木屐等。主要的竹制品有竹椅、竹床、竹席。

六、其　他

（一）“脱草鞋”

草鞋，就是用稻草、麦秆等材料编制而成的一种鞋子。脱草鞋，顾名思义就是回到家后脱下草鞋。畲民中有“脱草鞋”风俗，凡家有大学毕业、参军还乡、年老工作退休、华侨归国，甚至服刑释放等出远门的人回家，亲朋好友知道后，都要备办礼品前去庆贺。出远门者先跪拜祖宗，再拜谢父母及家人。其家庭举行接风仪式和欢宴后，要按例俗向前来“脱草鞋”的亲戚好友回赠礼品，以示答谢。这种风俗就叫“脱草鞋”。随着时代的不断进步，出门已不穿草鞋，但旧俗相沿，亲友送来礼品，或摆酒接风洗尘，仍旧称为“脱草鞋”。

（二）寄拜习俗

寄拜之风旧时在闽西畲族地区很盛，直到今日仍未绝迹，其形式五花八门，常见的有寄拜自然物、观音菩萨、土地伯公、乞丐、路人、结干亲等。寄拜的原因是小儿的“命”特别硬，“生辰八字”特别不好，本身既难养，甚至会“克”父母的人。畲民中乳名唤作“石头佬”“观音妹”“乞食客”“来路狗”“太阳妹”“樟树头”之类均与寄拜风俗有关。

附：隐语辨亲疏

畲族同胞碰到一起说畲语时，还以一些谜语式的隐语进行盘问，从对答之中了解情况，辨别亲疏。

一问出处：“你的竹种哪地掘来种？”答“广东”即对。言从广东迁出。

二问资历：“你住在竹园内还是竹园外？”已履行过“传师学师”仪式（即住在竹园里了），威望就高；未学过“师”，则“在竹园外”。

三问姓氏：“头上生顶角还是（盖）耳？”蓝姓是“顶角”，雷姓是“盖耳”，“金重还是金童？”钟姓是“金重”（繁体字）。或“你寮油麻有几窟？”蓝姓是“三窟”（其下“皿”字是三个“口”），雷姓是“四窟”（其下“田”字是四个“口”）。

四问排行:“一行毛竹破几莱?”蓝姓是“六莱”(大小百千万念),雷姓是“五莱”(大小百千万),钟姓有“六莱”(大小百千万念)。

五问辈分:毛竹是“大头破落还是细头破土?”首项或近首项“大”,则是“大头破落”;尾项或近尾项“万”“念”,则是“细(小)头破土”。提问者根据回答,与自己辈数对照,就可知辈分大小了。

第三节　婚丧喜庆习俗

一、婚　嫁

畲族婚姻家庭自古实行一夫一妻制。一般同姓不婚,本民族内部的盘、蓝、雷、钟四姓中自相婚配。畲、汉两族之间严禁通婚,曾是畲族内部的一条族规。古代,畲族青年男女有自由恋爱的传统,以歌为媒,对歌成婚是畲族先民的习俗,男青年向女青年求爱唱:“砍好柴禾下山岗,三岔路口等少娘。有心问你一句话,金鸡能否配凤凰?”如姑娘同意,就会唱:“娘村有个观音堂,你郎拜佛又烧香。早托媒人来定亲,有情定会配成双。”中华人后共和国成立后,随着《婚姻法》民族平等团结政策的贯彻执行,畲族青年男女基本上都是自由恋爱,婚姻自主,畲、汉两族之间的通婚日益增多,甚至同姓之间也有通婚的现象,还出现男到女家,招郎入赘,提倡晚婚的新风气。

畲族有夜晚嫁女婚俗,畲族女子大多数夜晚身穿红衫,打红伞出门;男家点“竹片做成的蒸子”或松明火把(后改用烧煤油的“叉举灯”)迎亲,谓之“等嫁”;女子婚后第三天即回娘家谓之“转门”。

畲民的婚礼仪式较简朴,后因与汉族长期相处,到清代后期已基本与汉族相似。畲民婚嫁有这几个环节:提亲、查家(男女双方生辰八字)、小定、定亲、送日子、过门(进门)、拜堂、闹房、转门。畲民女子出嫁,父母、兄嫂要备办陪嫁妆奁,除一般的日常用品外,还有农具、斗笠、蓑衣等生产用具,富者还送予田地、山场、店铺等大礼,谓之随娘田、随娘山、随娘店。

漳平畲族婚事整个办理过程,可分为订婚、娶嫁、婚宴对歌三个部分。畲族订婚要先经过找对象、搭鹊桥、定情。通过对山歌,先取得对方了解,然后才开始接触,逐渐把恋爱推向白热化。经过对歌和接触后,才悄悄地暗中定情,交换手镯、手帕等定情礼物。订了婚,后面就是婚嫁,也叫“过门”。

中华人民共和国成立后,人民政府颁布《中华人民共和国婚姻法》,废除包办婚姻、一夫多妻、抱童养媳,寡妇不能再嫁等旧习。男女婚姻自由选择,双方到乡(镇)人民政府登记、领取结婚证书就成为夫妻。当时不讲钱财,婚礼从简,不铺张浪费。20世纪80年代后,随着物质生活水平改善、提高,婚嫁攀比之风日盛,婚事大操大办、铺张浪费严重,操办一场婚事少则上万元,多的三五万元,成为一种社会公害。

漳平畲族历史上有换亲婚俗和畲女哭嫁习俗。换亲婚俗,历史上畲汉不通婚,族内同姓不通婚,因此畲民有换亲的习俗,即只在同族不同姓中相互换亲,形成以人易人的换亲制。山羊隔蓝姓多与龙门、尖祠的雷姓以及华安县的官畲,坪水的雷、钟两姓互相换亲。如没有女儿可给儿子换回媳妇,可向有女儿的亲房兄弟商借,婚后所生子女,双方平分。如换亲双方有一方闺女不到结婚年龄时,年龄小的一方,应将闺女养至可出嫁时再行交换。没有姐妹可以换亲,且又无从借亲的,大都终身未婚。“哭嫁”是畲族的传统婚姻习俗。畲族是爱歌的民族,畲家姑娘人人爱唱歌。就是出嫁,也是以哭当歌,以歌当哭,从而形成了一种“哭嫁”的风俗习惯。一般从新娘出嫁的前半个月开始,有的甚

至前三个月就已揭开了哭唱的序幕。开始时都是断断续续进行的,亲族乡邻前来送礼看望,谁来就哭谁,作道谢之礼节。喜期的前一天晚上到第二天上轿时,哭嫁达到高潮。这段时间的哭唱必须按照传统礼仪进行,内容主要是感谢父母长辈的养育之恩和哥嫂弟妹们的关怀之情。在畲家姑娘出嫁的这天,当男方的迎亲队(当地人唤作“娶客”)来到家门,女家的鞭炮响起时,姑娘又要哭。这哭一般有两重意思,一是告别姑娘阶段,从此就要为养儿育女、承担家务而操劳;二是离开了家人好伤心。畲家姑娘“哭嫁”是按村里世代流传的《哭嫁歌》一段段往下哭唱的。《哭嫁歌》长 430 行,内容十分丰富,从小到大一件件、一桩桩诉说:父母的养育之恩、兄弟姊妹的手足情意、童年的乐趣、青少年的幻想都尽在哭歌中。旁人听了都受感染,会一起落泪,沉浸在一种依依惜别的情调与意境中。“哭嫁”一直哭到男家的路口,到了男家则不能哭,否则就被认为不祥。畲家姑娘一般在未出嫁时大都学会《哭嫁歌》,不然临时唱不出来就会丢脸,旁人会笑姑娘对娘家不亲,因此脸上无光。男方家人也往往根据姑娘的歌唱来判别她的才智和秉性。

新娘“哭嫁”的风俗来历,在山羊隔还流传一个动人的故事。传说在很久很久以前,山羊隔有一户寡妇人家,只有一个女儿,这女儿自幼乖巧伶俐,善唱山歌,长大后美貌如花,人见人爱,来提亲的人踏破门槛,后来姑娘挑中了村尾的一位畲家小伙。成亲这天,姑娘忽然想到自己走后,留下寡母一人孤苦无依,因而悲苦万分,就放声痛哭起来,边哭边将往事编成一段段畲歌,反反复复地唱,唱得日月无光,唱得山鸟不鸣,唱得旁人落泪。从此以后,这里的畲家就留下了这首《哭嫁歌》,并流传下来。

婚礼“吉日”的前一天,女方家请来六亲九眷、左邻右舍朋友喝起嫁酒。起嫁酒有两餐,中餐叫“落脚酒”,请迎亲队伍的人坐首席。晚餐是男方挑来的东西宴请女方客人,女方至亲坐首席。故午餐后要举行“借锅”仪式,意为借对方厨师、炊具办酒席。

婚礼当天,新娘须在天亮前赶到新郎家,途中新娘不得回头,以保证婚后白头到老。到新郎家大门外,新娘要张伞通过不断接替铺在前面的红布袋,象征着传宗接代。在通往中堂的路上,夫家的亲友要撒生花生,预祝多生贵子。

畲民结婚要选择逢九日,纳彩聘金要以九数目,即 99、199、1999……礼物也要逢九的数,“相媳妇”“上门日”也要逢九日,即初九日、十九日、二十九日,意思是愿望夫妻长长久久。

二、丧 葬

畲族习俗一般以 60 岁以上因老病而死者为寿终正寝,讳言“死”,而称“老了”“过世了”“回去了”。畲族历史上使用过火葬,宋代以后改为土葬。葬仪有报丧、择日、整容、入殓、安灵、家祭、除灵、埋葬、入香火、记七、建坟、重葬(也称“二次葬”“拾骨葬”)等。若死者不到 60 岁,称不上寿,丧仪从简;被认为是“短命死”,必须在死亡当天就埋葬,出葬前,还要请师公为其“炼身”,将他炼度成一个完整的人。若小孩死去或自尽者一般不做坟不重葬;若客死他乡,尸体不准进屋,需在屋外搭棚放棺木。

畲族风俗重视“送终”。凡出门在外的人千方百计要赶回家,以求在死者临终前见一面,以尽孝道。亲房叔伯听见“丧炮”①,则会陆续前往逝者家帮忙料理丧事。男性临终前,移体正厅,至停止呼吸死亡,谓“寿终正寝”。女性在卧室死亡,谓“寿终内寝”。直系亲属男女都要举哀,为死者梳洗沐身整容、更衣、点燃“长明灯”,子孙轮流守护,同时发讣告,向亲朋报丧,设置灵堂,直系子孙披麻戴孝在灵堂守灵。已婚妇女死亡,须娘家检视无异议后,方能入殓盖棺。由子孙媳妇料理入殓。

亲友吊丧送奠仪助丧,并载入孝簿,交其子孙永存。要“养屋”(养夜)和“食斋饭”。出殡多在早

①畲族乡村有“来三去四”的说法,若生孩子放 3 个爆竹,谓之“喜炮”;若人去世放 4 个爆竹,谓之“丧炮”。

晨或早饭后，先死者遗体（遗像）后仪仗，再为送葬的子孙亲朋。用棺木之时，由“八仙”（即八个抬棺人的俗称）抬棺入土安葬。

殡葬后，子孙要“守土”，以7日为一期，在“七期”内（49天）子孙守孝，不理发、不装饰、不赴宴、不嫁娶。还有“百日”“周年”亲属祭扫坟墓。以后择日捡骨骸，立碑筑墓。总之，丧葬包括如下环节：棚铺、报丧、小殓、安灵、成服、大殓、还山（送葬）、等魂、上座（除灵）、做七。

母死或祖母死，外家（舅家）未来人之前死尸不得入殓；凡有相冲相克者，不得近前看死者，看出殡等。

中华人民共和国成立后，废除封建丧葬旧习，提倡俭朴、卫生办丧事，人死后开追悼会以寄托对死者的哀思。但部分治丧旧习仍存，带封建迷信色彩的旧习多已破除，丧期观念已趋淡薄。上杭县在20世纪90年代实行火葬，将骨灰盒送至山上安葬；2018年实行殡葬改革，各村建骨灰堂，将骨灰盒送至骨灰堂安放。至亲好友送花圈，奠仪吊唁，简朴、卫生、节约的殡葬新风已为人民政府大力提倡，畲、汉群众也乐意接受。

三、喜　庆

喜庆俗礼繁多，境内凡生育、寿庆、迁居、作灶、开业以及赴考中榜、过房立嗣等都有一定俗规。20世纪90年代始，连毕业、升学、参军、招干、转正、提薪等也请客送礼。

（一）生　育

畲族对生儿育女非常重视。从怀孕到孩子长到16岁（叫“出花园”）都有一系列的习俗活动。旧时，夫妻结婚多年无子往往会到寺庙进香，祈求观音菩萨、吉祥哥哥赐子。妇女怀孕期间，家人就对她加倍尊重和照顾，注意饮食营养，不让干重体力劳动，还有不让孕妇看戏、不能看丧葬出殡，禁看做功德事，忌到庵庙上香敬神，家中墙壁不能钉铁钉等禁忌。婴儿出生后，在产房悬挂禾刀子、通书、山麂脚等避邪物，孩子出生满月前禁止陌生人看抱；要备鸡、酒、红蛋向娘家报喜（俗称“报姜酒”），尔后还有“洗三朝”（给婴儿洗澡）、十二朝（给婴儿取名）、满月、百晬、过周之俗。

“取名”　名字是代表一个人的符号，常常相随人的一生。在畲族民间对此一向十分慎重，都会请本族内德高望重的长者来给婴儿取名。一般每个人都有3个名字，即乳名、本名和谱名。每个人名字的获取，都有特定的习俗，不可随意为之。乳名也叫“喊名”“小名”，一般在孩子出生之前即取好。本名也叫“大名”，是畲族人在正式场合的规范姓名。过去，畲族还有使用“谱名”的习俗，用于去世后灵堂牌位、坟墓碑文等处。

“做满月”　是诞生礼仪最隆重、最热烈的仪式。主家请“满月酒”，各方亲朋皆来庆贺，来客将红包、衣帽饰物作婴儿的“见佩”礼。整个满月仪式充满喜庆吉祥的气氛。“喊鹞婆”的仪式较为隆重。举办满月宴的这天中午，家中设香案祭神祀祖，摆筵招待宾客。三巡过后，长辈托着婴儿来到院子，由一位能说会道的妇女仰望长空咏曰：“鹞婆飞得高，大哩读书哥；鹞婆飞得远，大哩做知县；鹞婆飞得前，大哩中状元。”咏毕，亲朋簇拥，大呼：“鹞婆、鹞婆……”家人则应答“来啰，来啰……”最后在经久的鞭炮声中结束，始终洋溢着欢乐祥和的气氛。

“做过周”　婴儿周岁，主家请酒，俗称“做过周”。旧时有“抓周”的习俗，中午，抱婴儿坐于爬篮，爬篮里放有书籍、文房四宝、玩具、食品、钱币等，任小孩抓取，以先取之物，预示其将来志向前程，这种“预示”虽不可信，但活动却充满了快乐、喜庆和气氛。

（二）寿　庆

在畲族地区，孩子周岁之后，每年到生日都要给孩子煮两个荷包蛋和一碗长寿面，以祝福孩子太太平平、长命百岁，称为“小生日”。畲民对30岁以后的整数生日也比较看重，称为“大生日”。届

时,所有姐妹和子女都会为其送礼祝寿。60岁以上称为上寿,讲究“男做齐头女做一”,这时的“大生日”隆重热闹。年过八旬为寿星。为上寿的人做生日叫“做寿”,而为寿星“做寿”,要举行隆重的寿诞仪式——拜寿。寿庆一般由子孙筹办,布置寿堂。寿堂要悬挂《寿星图》或大红“寿”字,两旁贴寿联,联语诸如“福如东海长流水”“寿比南山不老松”等等。寿辰早晨,设香案礼品,先由子孙点燃寿烛,拈香敬拜列祖列宗,再请寿星夫妇端坐堂中,接受拜寿。拜寿开始,喜炮齐鸣,灯烛辉煌,鼓笛悠扬,笑语盈盈。子孙及诸后辈口诵“添福添寿”“龟寿鹤年”等祝寿词依次叩拜,寿星点头还礼,寄语子孙勤勉耕读发家致富。并分送红包(称拜钱)、糖果等。拜毕,儿孙给寿星添酒上菜,至此完满结束。整个场面自始至终充满着欢乐祥和的气氛,体现了畲民尊老爱老的传统美德。

第四节 信仰习俗

祖先崇拜、宗教崇拜、多神崇拜等各种信仰,在畲族社会中同时存在。而祖先崇拜则是畲族最原始、最基本和最核心的民间信仰,体现了鲜明的民族特色。

一、祖先崇拜

畲族崇拜祖先,把“敬祖宗”列为族规家训的首要内容,且相信祖宗有灵,能庇佑福荫子孙,以至将祖先视为保护神,虔加敬奉。长期以来,祭祖是畲族最隆重、最虔诚、最普遍的信仰习俗活动,其祭祖活动可分为家祭、墓祭和祠祭。举行祭祖的时间按有关节日定期举行,或在做醮或修谱时举行。

(一)盘瓠崇拜

蓝、雷、钟三姓畲族十分重视始祖盘瓠王(忠勇王或大公)祭拜。每年春节、端午或农历七月十五(后改为七月十四)为祭祖日,不同姓氏的畲族在祭祖时,不仅祭祀同祖同姓族人的祖先,还虔诚地祭祀整个民族共同始祖盘瓠王。祭祀时,把“祖图”,挂在祖祠厅堂正中央,正厅设一香案,案上放3个大香炉,大香炉两侧安放摆满三牲(鸡、猪肉、鱼)的3个瓷碗和3碗酒、3杯茶,由村中具有威望的3位长老,各持一根龙头拐杖(麒麟拐杖)主持祭祀。祭时,鸣炮、三跪三拜敬香后,讲述连环画式的“祖图”和同唱长篇《高皇歌》,介绍盘瓠王(忠勇王)的出生、成长、生活和死亡的不平凡经历,歌颂盘瓠王的英勇杀敌和繁衍子孙的丰功伟绩,让人们世世代代传诵和怀念。然后宰牲(杀猪、杀羊)。祭毕把“祖图”等卷藏起来,猪羊肉等扛回房族里聚餐和按丁分配。平时祖祠厅堂上只置香炉、设有神牌、没有挂像。香炉两旁还放有盐、刀、酒碗和茶杯各3个。现在3姓畲族逢年过节还有祭祀,但仪式已比较简单。

祖图,又称“盘瓠图”,是畲族信仰的主要标志之一。畲族把有关始祖盘瓠的传说画在布上,制成约40幅连环画式的图像,代代相传,称为“祖图”。祖杖又叫“师杖”,以树根或树木雕刻修饰而成,其首似龙,亦是图腾信仰象征物。

(二)祖宗崇拜

畲族祭拜祖宗有家祭、墓祭和祠祭三种,香炉、祖牌是祖先崇拜中的主要象征。

家祭是畲民以家庭为单位组织的祭祖仪式。一般是逢年过节和每月的初一、十五,分别焚香点烛敬奉祖先。

墓祭在每年清明时节,各家各户带上香、酒、纸钱、糕点、猪肉或鸡肉等供品到祖坟前,焚香祭奠,

墓祭仪式比较简单，都是以家庭为单位进行。祠祭分春秋两祭（或一年一祭），畲族比较看重祠堂合族祭祀典礼。畲族比较集中的村寨一般都有祠堂，同姓同祖属于同一座祠堂。祠祭时由族长主持。族长由辈分最高、年纪较大、办事公正、有一定威望的老人担任。

祭台上摆有烛台、香炉5只，分别为大、百、千、万、念5位字辈，还有锡制三脚鼎杯，盛满酒。清早在祠堂宰猪杀羊。祭祀时，祭台上备有鸡、鱼、猪肉、羊肉、鱿鱼等荤菜和橘饼、花生、红枣、炸粉条、炸豆腐等素菜。

鸣放礼炮九响，接着放高升炮、串炮，按可参加祭祖者分批行祭，每批3人。先由礼生、族长带领，先向天空行香，再请祖灵回来享用，然后面向祖神龛正堂开祭，礼生唱“起鼓”，吹鼓手击鼓3声，鸣锣3响。礼生又唱“主祭者就位”，朝祖宗神位牌鞠躬，跪、叩首、起，跪、叩首……，如此三跪九叩礼。这时吹鼓手吹打细乐不止。礼生又唱：“主祭者至祖公前行上香礼，上香，一上香、二上香、三上香，平身复位。”“行初献礼，献茹毛饮血，起”。“至祖公前行酌酒礼，传鼎，一酌酒、二酌酒、三酌酒，平身复位。”“行亚献礼，献刚鬣（猪头），献柔毛（羊），献德禽（鸡），起。”“至祖公前行读祭文（祝文）礼……平身复位。”“行三献礼，献果品、献鼎帛……。”然后礼生唱“平身退班”。烧纸钱，礼毕。现在这种祭礼已大大简化，集体祭祖的现象已不多见。

二、民间信仰

境内畲族群众民间信仰是各教兼容，多神崇拜，信仰土地伯公、定光古佛、黄倖三仙师、妈祖、天神等等。每逢节期，前往焚香上供，顶礼膜拜，也有在家中设置观音菩萨，每月的初一、十五为敬天神日，清晨放好供品，沏好上等好茶，点燃香烛，燃烧纸钱，祈求神灵护佑诸事顺利。之所以信仰这些神明，主要是为了疏解心中的困扰、家庭和社会的纠纷以及自然环境的折磨。在一时间无法以人的体能、智能所能解决的情况下，唯有诉求于神明的指引，求神问卦，以期获得援助、救济和保佑，求得心中的平衡、安抚。

（一）伯公信仰

畲民有敬祀“伯公”之俗。“伯公”是土地神，自古我国以农立国，有了土地才能生长农作物，有农作物才能养家糊口，人们对土地自然产生感恩之心，因此把土地视为神明来崇拜。走在乡间的小路上，只要作短暂的停留，环视四周，你就可以看见在村头庄尾、田间路旁、山边河畔都有“伯公”的踪迹；在村口一棵高大浓密的树下或一条水流湍急的溪边，都有一个矮小的土神龛，有的是一块石碑或木牌，一块石头，甚至于有的只在树干上贴一张红纸，香炉里或地上插着几炷香，那里供奉的就是“伯公”。“伯公”已经成为民间庇佑平安的重要神明。每年农历二月初二（一说六月初六）是“伯公生日”，虔诚的人家要给各处伯公上香、敬茶，办三牲、果品敬祀，每当逢年过节，家家户户都要去“伯公”处烧香敬奉，以祈求五谷丰登、阖家平安。

漳平畲民以盘古公作为土地神来祭拜，每获猎物必敬盘古公。农历正月十一日为迎仙妈日，凡敬盘古公和迎仙妈，均有聚餐，聚餐时不用筷子，而用手抓食物。

（二）定光佛信仰

定光信仰起源于宋代。定光佛又称定光古佛、定光大师，是历史上唯一被朝廷正式赐封“定光佛转世”的高僧。定光佛俗姓郑，名自严，泉州府同安（今厦门市同安区）人，生于五代闽国龙启二年（934年），圆寂于宋大中祥符八年（1015年）。自小有“奇识”，闽王延政天德二年（944年），11岁时出家修行，皈依当地建兴寺契缘法师麾下；17岁时游豫章（今江西南昌），过庐陵（今江西吉安），契悟于西峰园净大师，“由此夙慧顿发”，然后云游四方。宋乾德二年（964年），郑自严在武平岩前狮岩建寺庙设道场，弘法传道达50多年，在闽粤赣边留下除蛟伏虎、疏通航道、活泉涌水、祈雨求阳、赐嗣送

子、筑陂止水以及屡显神异护国佑民的传奇故事。因“大师生前乐为善举,有求必应,且法力无边”,故在其寂化后,人们仍把他奉为神明、佛祖,视作自己苦难生活的救星。在当时朝廷和文人的推动下,宋熙宁八年(1075年),定光被赐号为“定应大师”,而后朝廷曾5次敕封,最终敕赐“定光园应普慈通圣大师”。

南宋,定光信仰已在闽西山区传布,人们把定光古佛当作生命佛、神奇古佛,使这个地方要风求风、要雨求雨。客家人和畲民都视定光佛为保护神,成为他们顽强拼搏、艰苦创业的强大精神支柱。在上杭庐丰安乡的东安岩“旧传定光佛栖息于此,地势高敞,隔绝尘嚣。清乾隆中,知县史圜署额曰‘惠水地’,联云‘一窍有泉通地脉,半空无雨滴天浆’”。① 清同治年间(1862—1874年)由上杭官庄林、蓝、陈三姓建镇龙寺。据传,500多年前定光古佛云游龙山顶时,化作“风、雨、晴”三个石佛,镇龙寺迎回“雨佛”。1952年寺庙被毁。1988年,在今官庄市场东侧、汀江河西岸重建镇龙寺,1998年续建,占地面积2400多平方米,建筑面积1400平方米。大雄宝殿门前有副对联耀眼夺目,上联是“定中能虑安能静,光照乾坤万代机”,下联是“古道至今存生命,佛光浩荡大慈悲”,“定光古佛”四个金字光华照人。镇龙寺独特之处在于它所供奉的诸多菩萨中,有一尊菩萨是一块重约50公斤、近似四边形的黑褐色石头(即“雨佛”),当地人冠以石仙古佛、石佛大仙的美称,有时也叫石头菩萨。祈雨的时候,人们就抬着这尊石佛大仙周游官庄村。除此,石佛大仙有为农作物除病灭虫、替人消灾解厄等神奇的传说。每逢乡间迎神打醮,定光佛都会被乡民抬到醮坛供奉,接受信徒的香火斋供。1999年,镇龙寺经上杭县人民政府批准为佛教活动场所。每年到寺庙登记念经人数达一二千人。每逢会期日四方信众达上千人。该寺已成为汀、杭、武三县佛教活动的中心地之一。

(三)仙师信仰

宋开庆元年(1259年)的《临汀志》载:“黄先师庙,旧在钟寮场故治南石峡间。两山如束,中通一径仅半里许。旧传未县前,有妖怪虎狼为民害,觋者黄七翁父子三人往治之,因入石隐身,群怪遂息。风雨时,石中隐隐有金鼓声,民敬畏之,立祠香炉下,且家绘其像以奉之。迁县之初,更造行祠于今县之西。”②自宋朝始,仙师信仰在闽西,特别是上杭广为流传,成为客家人和畲民的保护神。在畲民聚居的上杭县庐丰渡上、南阳双溪、珊瑚华竹等村落都建有仙师宫。上杭县太拔镇坵辉民族村的永兴宫在“坵辉水口。清康熙四十四年(1705年),钟赓臣倡建,置田谷一百余桶”。③ 永兴宫有联云:“道深仙,义深师,永保一方福土;法传婿,武传子,同昭千古英名。”民间有俗语“仙师公爹冇女有婿郎”,说的是黄七翁有一个儿子,没有女儿却有个姓倖的女婿,他把法术传给女婿,武术传给儿子,所以称黄倖三仙师。

(四)妈祖信仰

妈祖,姓林名默,宋建隆元年(960年)农历三月二十三出生,南唐清源军莆田县湄洲人(今福建省莆田市秀屿区湄洲岛)。长大后,她决心终生以行善济人为事,矢志不嫁,专心致志地做慈善公益事业,平素精研医理,为人治病,教人防疫消灾。林默还洞晓天文气象,熟习水性。湄洲岛与大陆之间的海峡有不少礁石,在这海域里遇难的渔舟、商船,常得到林默的救助,因而人们传说她能“乘席渡海”。她还会预测天气变化,事前告知船户可否出航,所以又传说她能“预知休咎事”,称她为“神女”“龙女”。宋雍熙四年(987年)九月初九,年仅28岁的林默与世长辞。这一天,湄洲岛上群众纷纷传

---

①[民国]丘复总纂《上杭县志》卷二十二《古迹志》。

②福建省地方志编纂委员会主编,福建人民出版社出版,宋胡太初修、赵与沐纂《临汀志》,1990年,第65页。

③[民国]丘复总纂《上杭县志》卷二十二《古迹志》。

说，他们看见湄峰山上有朵彩云冉冉升起，林默羽化升天。此后，曾先后被敕封为“天妃”“天后”“天上圣母”，成为举世闻名的“海上女神”，历代船工、海员、旅客、商人和渔民共同信奉的神祇。

闽西是汀江、九龙江的发源地，境内河道密布，在公路、铁路未开通之前，水运是最好的交通运输。汀江、九龙江航道贯通后，闽西境内村民撑船、放排者甚多，为祈保水上谋生安全，起源于闽南、有着明显海洋文化特征的妈祖信仰传入闽西山区。畲、汉群众不但在江河两岸建起天后宫（妈祖庙），甚至在崇山峻岭中的上杭县南阳镇南岭民族村钟姓村民也建起天后宫（始建于清朝嘉庆年间）。天后宫供奉“海神”妈祖娘娘神像，妈祖成为闽西畲汉人民的保护神。上杭官庄回龙天后宫、庐丰丰济民族村水尾天后宫是省级文物保护单位，官庄天后宫是县级文物保护单位。（详见本志第七章《文化》）

（五）敬神习俗

旧时，畲民长期处于恶劣的自然环境和社会环境中，为求心安，只得寄望神灵庇佑。故畲民普遍是多神崇拜，敬神活动频繁。一年中的大部分节令都要敬神，每月的初一、初九、十五、十九、二十九日为敬神日。天神、玉皇大帝、如来佛、送子观音、关帝、妈祖、灶神、公王，都可接受人们祭拜，猪头五牲、斋盘果品、香烛纸钱，多多益善。每年农事之始，需备果品、香烛，要祀奉土地伯公；播种时要在田头烧纸钱，禀告田头伯公；人们每逢经商、求学、谋职、求婚、营造、远行等大事，总是要求神问签，祈求神灵保佑诸事顺利；若遇病灾，同样求神拜佛，祈求祛病消灾。

（六）迎神打醮习俗

迎神打醮（又称“扛菩萨”）习俗在闽西山区盛行，不论畲族、汉族，几乎每个村、每个姓氏都会举行。相邻村落的醮期，一般错开。始于何时无考，据老人说，他们自懂事起就有了，不过那时菩萨比现在少，队伍也不大，沿途少数有钱人家会搞迎接菩萨的仪式，打赏牵头人。打醮的主神有定光古佛、黄倖三仙师、五谷仙、妈祖娘娘、弥勒佛、观音娘娘、土地公等众多神灵。

打醮前夕，由轮到值年（俗称“做头”）的人牵头，组成一支几十人的队伍，分为吹打组、旗牌组、抬扛组、鸣炮组；吹打组（有时请专业乐队）。扛菩萨时，全班人马来到寺里，先是摆上斋供，点烛、焚香、鸣炮；尔后请下菩萨，较重的菩萨坐在轿子里由两个人抬着、较轻的由一个人端着（改革开放后有的村用皮卡车接送），按序走出寺庙；乐队奏乐，前行的人举着“肃静”“威严”牌子开路，紧接着扛菩萨的，后面跟上两排彩旗，最后是放鞭炮的人，如同古时朝廷命官出巡；一路上吹吹打打，鞭炮齐鸣，煞是热闹，吸引着许多村民驻足观望。还会请和尚、道士主持，念忏诵经，祈求平安、消灾解厄。村民们在醮会间陆续前往醮台烧香、上供品。打醮当日下午是菩萨出巡的时间，俗称“游境”。当执事们抬着菩萨按一定次序巡游时，家家门前点烛焚香放鞭炮，向菩萨顶礼膜拜。扛菩萨环游全村的本意为祈祷全村五谷丰登，物阜民丰，国泰平安。有些村一年打三次醮，农历正月为春醮，四月为保苗醮，九月至十一月为冬醮。

上杭坵辉村把黄倖三仙师菩萨扛到终点站，即全村的村头榕树潭时，要把菩萨放进溪里，村中的男青年也都跳进榕树潭中和菩萨一起洗浴游泳，以示菩萨会保佑大家平安健康。

“文化大革命”时期打醮被当作迷信活动被禁止。20世纪80年代恢复，特别是随着人们生活水平的提高，不仅仅是单纯搞个信仰仪式，其中掺入了许多其他元素，逐渐演变成今天畲民的盛大节庆活动。醮会期间，亲戚朋友互相串门、交际。打醮，已把宗教信仰与百姓的经济、娱乐和社交活动融为一体，变成一种包含多种社会功能的民俗活动。

三、宗教信仰

闽西畲民宗教信仰有道教、佛教、基督教。隋唐时期，随着南迁汉人进入闽西，也带来了佛教、道

教信仰，畲民中信仰者较多。清末，基督教、天主教相继渗入闽西，畲民信仰者较少。闽西宗教道教(道)、佛教(释)并行，寺庙里往往道释杂处，仙佛同居，共享香火；在普通百姓心目中，儒释道与民间信仰交融为一体。“举头三尺有神明”是民间信仰者的信条。多数信众都是“逢庙必拜，遇神烧香”。因此，具有多教合一，多神崇敬的特点。

(一)道教

民间流传道教属正一派，祀太上老君，信奉天师。没有真正的专职道徒，有少数兼职道士替丧家“超度亡灵”或用“符咒驱邪”。

教徒居家，有妻室，食荤腥，平日务农做工、经商。教务活动有画符、诵经、念咒、祈祷、驱魔、结幡、做道场。其活动多与多神信仰相结合，城乡迎神打醮、祈雨保收、安神请神等活动，道士均被邀做“六神忏”。民间丧葬仪式，常请道士设坛诵经，超度亡魂。常有病家请道士“驱魔”之事。上杭县庐丰畲族乡境内青年水库旁有道观“深庵里”，但无真正的香火道人。民间的占卜和问仙均属道教的范畴。

占卜是通过特定的巫事活动，预知某人在某件事情上将来的趋势或状态。其内容涉及婚姻、生育、求学、生意、出行、气象、一生运道等，凡生活中期望知道的事情，都可以利用占卜的方式来预知。问仙是畲、汉群众都有的一种问神的方式。畲族是男神童(神汉)进行，汉族是女神童(巫婆)进行，以插花娘神附身后，插花娘叫“白马三郎”去引求神者指定的一位先人亡魂来对话，神童即代表亡魂与其子孙对话，问清所求问题的根源及处置方法后，又还回插花娘。畲族的谢礼则要求有女歌手与插花娘(男神童)对歌。

(二)佛　教

佛教产生于印度，创始人为释迦牟尼，汉朝时传入后逐渐成为我国影响最大的宗教之一。信奉如来佛、弥勒佛、观音菩萨等众多神灵。主要从事诵经、念佛、坐禅、办法会、放生等活动。佛教有许多戒律，在闽西境内最基本的是五戒，即不杀生、不偷盗、不邪淫、不妄语、不饮酒；佛教徒有素食传统。

宋代，佛教传入上杭。据《临汀志》记载，宋崇宁年间(1102—1106年)，上杭县安丰上里(今官庄境域)建“西峰院”(位于原树人小学校址)。鼎盛时有僧人30多个。元天历元年(1328年)，在坪上(今新风)背头岭脚下建云福庵，鼎盛时有僧人90多个。此后，相继在刘子坪建云禄庵，在蓝屋圩街子上建云寿庵(关帝庙)。

明代，信佛民众倍增。明朝初年，有比丘尼多人在庐丰摩陀寨建庵诵经。明洪武二十七年(1394年)，庐丰乡民将原来建在绵村东安岩的东安寺迁到横岗村。明天顺年间(1457—1464年)，庐丰畲民蓝福宁在庐丰立英民族村莲塘背后山建庵，供奉观音大士。明成化六年(1470年)，僧宗鉴在珊瑚乡华竹民族村圆通山募修圆通寺，并建轮藏；清顺治七年(1650年)，江南(今安徽省)人进士九一僧人不仕清，住圆通寺。明隆庆年间(1567—1572年)，珠宝乡(今朱堡民族村)建天目山庵；万历年间(1573—1620年)，由林景进创建回龙龙山寺。上杭县南阳镇涂坑民族村钟姓村民在明朝中叶建成圆岌寺。

清初，在上杭县临城镇石砌民族村建有古石岩庙，大门额阴刻“青莲古洞”四个字，正厅立有五大真师玉皇大帝、观音菩萨等24位神像，并供章、曹、何、胡、钟五姓建庙始祖，庙内有石碑一块，碑刻有“康熙六十一年”等字迹。清康熙年间(1662—1722年)，圆通寺僧人丹一等在庐丰丰济民族村神光山募建香泉寺，进士蓝正春有联云：“卓锡香泉百老同游绵德水，传衣临济千秋为派敞慈云。”清乾隆年间(1735—1796年)，贵和民族村建贵湖寺。同治年间(1862—1874年)，官庄建镇龙寺。清代，

在上杭太拔崇厦民族村甲子空建有回龙山寺。清代,上杭县才溪溪北民族村雷姓村民为保平安在草子崇下建成法灵寺,每月十九日为村民信士朝拜诵经日,常年有护庵人守护。

佛教的主要活动为拜佛、诵经、讲经、受戒、灌顶、朝圣、开光等。

(三)基督教

民国36年(1947年),上杭基督教会在上杭县官庄回龙、上濯设立基督教分堂。1950年后,回龙村基督教堂被毁。1988年,在原址重建基督教堂,有教徒60多人。1984年,在德康民族村的蓝香秀家设基督教教堂;1986年在刘洪标家设教堂;1988年在蓝裕远家设教堂;1996年,在德康民族村啄木寨善化坛旧址新建一所基督教堂,建筑面积300平方米。基督教负责人是蓝裕远。每逢星期天,散落在周围的基督教徒会聚集基督教堂"做礼拜",教徒160人左右。

上杭庐丰的邱恩箴从广东潮州嫁到庐丰丰康民族村,由于在潮州时就加入基督教,1978年起就一直到上杭县城参加教会活动,1980年上杭基督教会派她去福州培训一个月,回来后负责庐丰教点的教会活动。庐丰乡基督教由于没有专门的场所,只好分散到丰乐民族村的黄下头和丰康民族村竹子岭背两地,增派范颖梅协助负责。安乡、横岗片区的信徒则前往县城礼拜。

基督教的主要活动为祈祷、唱诗、读经、布道、受洗、圣餐和过基督教节日等。

中华人民共和国成立后,普及科学知识,破除迷信,信教的畲、汉群众逐渐减少,教徒都参加工农业生产。1980年后,贯彻落实党的宗教政策,保护公民正当的宗教活动。

第五节 岁时节俗

龙岩市畲族节日大多与汉族相同,但在节庆的具体形式和内容上,仍保留了不少具有自身鲜明民族特色的内容。不同的主要有:农历"三月三"为"乌饭节",是日各家煮乌米饭敬祀祖先。漳平畲族在农历正月初二各家做米粿祭翁松公,正月初九日祭五谷仙。

一、春季节日

(一)春 节

春节也叫年节,是畲族一年最隆重的传统节日。家家户户贴春联、门神。是夜,全家团圆,共进丰盛的"年夜饭"。

正月初一,各家择定吉时"开门",择定吉时走出大门又说"脚踏四方,方方得利",燃放鞭炮;然后,焚香点烛,敬拜祖宗。早餐后,全新打扮的村民,走家串户互相拜年。各家大多摆出花生糖、兰花根、杨梅酥、糖果、蜜饯等茶点招待前来拜年的亲朋。孩子们亦成群结队去亲房叔伯那里给长辈拜年,并附带"打马荠豆子"(每家每户会预先准备好荸荠及炒熟的黄豆,分发给来拜年的孩子,20世纪80年代后已基本无此俗)。

漳平畲族除夕夜都要埋火种、燃篝火、守岁。首先要祭龙犬王。从年三十下午起,畲山寨里炊烟袅袅,牛角螺"嘟嘟"地吹鸣,鞭炮、土铳、九节龙轰隆轰隆震天动地响。

长汀黄湖村的畲民,吃过早饭,全体畲民各自带上早已备好的米酒、喜炮前往本方福主、打猎仙师神坛前烧香,祈求来年人口安宁、五谷丰登、财丁兴旺、事业发达,"众必备鸡公一只,猪肉9斤",此日燃放鞭炮长达二三小时,上供礼毕后,全村众男丁举杯畅饮,相互敬酒,你来我往,一直到把酒喝

完,在吃菜时不准用筷子只能用手抓,已有几百年的历史。

中华人民共和国成立后,在政府及村组织下,集体敲锣打鼓向烈军属拜年,洋溢着热烈、喜庆、文明的气氛。随着电信的普及,人们从大年初一凌晨开始便通过电话、短信、微信等向亲友拜年。

初一,人们不扫地,忌钱财扫地出门,不可到别家点火(借火),不许做不吉利的事、说不吉利的话;使用餐具、茶具要谨慎小心,忌打破。意在祈望一年开头吉利,整年万事如意,幸福安乐。

初二,女婿到岳家拜年,岳家热情款待。对新女婿或外孙,有鸡腿招待。

初三,称吃"岁饭",将过年敬神敬祖宗的"岁饭"吃掉("岁饭",过年时夹生捞起用小饭甑或碎头盛着,饭上插一双筷子,端到灶君菩萨或当天供奉,初三早晨做饭时将"岁饭"倒进锅中与当天的饭一起再煮,待完全煮熟以后捞起来吃)。

初五,"出年界",谓之"开正",开市上工,各奔前程。

正月里头一次出门作客要"七出八不归",即初七出门,初八不可归家,要初七当天或初九日以后才可回家。

(二)"迎仙妈"活动

漳平市桂林街道山羊村等民族村的畲民在每年正月十一都要进行一次盛大的"迎仙妈"活动。听上辈人流传下来说,仙妈原名叫兰雅姑。她是畲族英雄雷万兴的婆娘仔。唐高宗年间,她跟随雷万兴出师抵抗番王入侵,在云南血战云龙的战斗中牺牲。"迎仙妈"就是祈祷、祭祀、悼念畲族女英雄——兰雅姑。

(三)元宵节

农历正月十五是元宵节,又称正月半。曾有猜灯谜、观赏走马灯及"烧架花"等活动,20 世纪 60 年代后比较少见。正月十五日亦称开大正,一年劳作开始,次日起人们开市上工,各奔前程。20 世纪 50 年代前后,畲村在元宵节期间常请木偶戏演出,吸引周围群众来看戏,热闹非凡,人们尽情享受正月里欢歌笑语的情景。

正月十五前不许向别人讨还债款。向别人讨还款物不许在早晨,一般待上午 10 点以后方可;送人礼物要在上午送,下午不得送礼,否则双方不吉利。

(四)"天穿日"

"天穿日"是畲族人民纪念女娲的节日。据说正月二十为女娲的生日,畲村家家要做糍粑帮女娲"补天",俗称"补天穿"。正月二十又称"百花生日",不准摘茶、采花。

(五)"二月二"

每年农历二月初二是"伯公生日",家家户户要做苎叶粄、白头翁粄,即由苎叶(苎麻的叶,有凉血止血、散瘀消肿、解毒功效)、白头翁(草本植物,有止咳平喘、清热凉血、解毒功效)渗入糯米粉中蒸熟制成的米粄。虔诚的畲族人家要给各处伯公上香、敬茶,办三牲、果品敬祀,每当逢年过节,家家户户也要去"伯公"处烧香敬奉,以祈求五谷丰登、阖家平安。

(六)"三月三"畲民节

"三月三"是畲族传统节日。相传唐代时畲族英雄雷万兴率起义军抗击官兵围剿,用乌稔果充饥而军威大振,在农历三月初三这天突围成功。畲族人民为纪念此事,每年农历三月初三都要吃乌米饭并集会对歌,以缅怀祖先,亦称"乌饭节"。所以每年三月初三畲民出门"踏青",采集乌稔叶,蒸制乌米饭,世代相沿,衍成风俗。

漳平市桂林街道山羊村每家每户都要用糯米掺下各种颜色的豆子、橘桔皮、冬瓜糖、花生、香菇、瘦猪肉及红糖等,取竹叶包着,用竹蒸笼篜成一个个包包饭,互相对换品尝。吃时不能用筷子,只用手抓。

“文化大革命”时期，由于各种历史原因，“畲民节”曾一度被取消。1995年，上杭县、漳平市先后恢复“畲民节”，官庄畲族乡、庐丰畲族乡，漳平市山羊村积极开展以推动民族经济发展、促进中华民族大团结为主题，以弘扬传统文化、促进社会主义精神文明建设为载体，以扶危济困、助学奖教为重点的畲民节文化活动。畲乡“三月三”在当地党政的关心、支持和民间社团的配合下，节日隆重而别致，除了传统的祭祖仪式外，还组织了大型文艺表演，文艺表演中的舞龙舞狮、民乐吹奏、舞蹈等节目，给畲族群众提供文艺大餐，丰富畲乡群众的文化生活。漳平市畲民云集歌场，自晨至暮，对歌盘歌，内容为歌颂盘瓠，怀念始祖。整个畲山，沉浸在一片歌的海洋之中。

畲民节为当地的民族文化和经济的发展起到积极推动的作用。这既对畲族的历史渊源、深厚的文化底蕴进行了挖掘和保护，又对增进民族团结，构建和谐社会，乡村振兴产生积极而深远的影响。

(七)清明节

清明节一般进行缅怀先辈、祭奠祖宗的祭墓活动。境内祭墓有春祭、秋祭两次。春祭选择在春分至清明时，规模较大，祭祀的祖先追溯到开基始祖。秋祭在秋分、中秋节前后，范围较窄，一般只祭祀曾祖父以下的墓地；部分村不进行秋祭。祭墓一般带三牲(猪、鸡、鱼肉)和香烛等祭品，先清理坟场，再“挂纸”上供，跪拜祈祷，最后焚烧纸钱、放鞭炮、“辞坟”。清明祭祖(扫墓)期间，外出要早归，忌怕晚归。儿童忌到多坟墓区玩耍。

上杭县官庄、庐丰畲族乡在清明日组织机关干部、中小学学生和村民到革命烈士陵园凭吊革命先烈，缅怀先烈光辉业绩，接受革命传统教育。

二、夏季节日

(一)牛生日(又称牛歇节)

牛歇节是畲族农耕文化在民俗上的典型反映，节期为农历四月初八。畲族山歌：“牛角生来扁扁势，肩上负着千斤犁。耕田做饭给人食，四月初八歇一时。”农历四月初八(有些地方为三月初三)为牛生日；是日，牛不下田耕作，养牛户要梳洗牛身，将牛栏清理干净，重新铺上干稻草，让牛好好歇息；还要以鸡蛋煮黄酒，或用米粥等精饲料喂牛。

(二)端午节

农历五月初五为端午节，民间传说为纪念屈原。上杭官庄、庐丰畲民在初四过节，俗称“五月节”。此时，因气候转暖、病菌易于流传，畲民会采一些艾叶、桃树枝、石菖蒲挂在大门两侧，以“避病祛疾”；煎艾汤沐浴，用雄黄点头，喝鱼腥草等中草药煎成的“百草汤”，墙根壁角撒上石灰，以避瘴疠，祛百病。官庄大部分畲民蒸簸箕板。

长汀县馆前镇黄湖村的畲民，在每年的端午节，家家户户的大门上都会挂着葛藤等用来辟邪、消灾，用草药水洗身祛病强身。粽子一般用粽叶将糯米包成四个角，其中一角特别长，形如牛角，故称牛牯角。用杂木灰水煮熟后，十个扎成一吊，可保存十来天。有时做成“儿子粽”“钱粽”，“儿子粽”即在粽子中再放数个豆子，象征多生子女；“钱粽”即在粽子内放入瘦肉，象征可赚大钱。端午节除吃粽子外，还要煮茶叶蛋和盐水蛋吃。

(三)封龙节

封龙节是立夏后第一个辰日，是畲族人民祈求风调雨顺、五谷丰登的娱乐性节日。这一天人们穿上盛装，兴高采烈地赴会，在山坪、田垅对山歌。上杭县官庄畲族乡要举行“集福建醮保禾丰收”的祭祀活动。

(四)晒伏节

晒伏节在畲族有些地方是载入族谱的节日。相传农历六月初六是龙王晒鳞日，凡在这一天晒过

的东西，都不会长虫、发霉。因此，每到这一天，畲家人都会把衣被、书籍，乃至首饰、箱笼等拿出来晾晒。

（五）尝新节

尝新节又叫“食新饭”“尝新禾”，也是畲族的节日。具体日期是在小暑过后逢寅日或卯日，由各村自定。是日，将割下的新稻谷碾成米，做成饭后装盘内；如果新禾尚未完全成熟，可采一些稻穗，把稻谷刮下，搓去谷壳，将新米与老米同煮。把新饭连同牲体、瓜菜等，先供奉五谷大神及祖先，然后合家老幼一起过节尝新。

三、秋季节日

（一）中　元

农历七月十五为中元节，上杭官庄、庐丰的畲民在十四日过节，俗称“七月节”。此时，夏收夏种已毕，民间有“禾了一臼糍，田了一只鸭”之俗，即割完早稻，家家做糯米糍粑；插完晚稻，户户杀鸭子加餐。

（二）中　秋

农历八月十五为中秋节，是畲族祭祀祖先的节日。上杭官庄、庐丰的畲民在八月十四过节，俗称“八月节”。节前，群众大多购买月饼。有外公外婆给16岁以下的外孙送月饼之俗。月饼多以冬瓜条、糖、花生、肉为馅，大小不等。有的饼面上印制人物，有“嫦娥奔月”“苏武牧羊”等。人们购买互赠。是夕家家团圆，设案供饼，先敬月神，然后赏月吃饼闲谈，称为“聊月华”。儿童捧月饼游戏欢歌，称“逗月华”。

（三）重　阳

农历九月初九为重阳节，重阳节与汉族民俗相似，畲族也有在农历九月初九过重阳的习俗。官庄初八过节，俗称“九月节”，较隆重。如果“霜降”节气与重阳节重合的话，就是所谓的“霜降对重阳”，旧时有当天不在家中生火做饭之俗，人们会在前一天备好干粮，留作第二天食用，或当天在房前空旷之地砌一临时灶台做饭。

1988年，福建省确定重阳节为“敬老节”，俗称“老人节”。此后，畲族乡村举行爱老尊老宣传和适合老人的文体活动。1990年后，上杭官庄、庐丰畲族乡各村为80岁以上老人送慰问品、慰问金，提倡尊老敬老的好风尚。

四、冬季节日

（一）冬　至

为二十四节气之一。冬至又叫“冬元节”，为“阴人”的一大节日，故民间有再次扫墓之习。此时，气温逐渐降低，进入数九寒天，又有吃食进补之俗，上杭官庄民谚有“冬至羊，如参汤”之说。冬至日做“冬至肉”“冬至菜”不易腐烂，备作来春食用。家酿米酒亦于冬至日“放水”，据说此日的水较平时为胜，“放水”于“酒娘”中，酒味更佳，谓之“冬酒”，酒味醇厚浓郁，久藏不坏。

（三）入年界

农历十二月二十五称“入年界”。此日始，室内外要彻底大扫除，挂祖宗遗像，洗涤器物衣被，备办年货，添置衣服鞋帽。已生育的妇女，要给父母亲送阉鸡或猪肉、面条，俗称“送年”；如父母亲已故，转而给兄弟“送年”；20世纪90年代始，出现用现金、衣物等“送年”。外出人员大多回家准备“过年”。

（四）除　夕

农历十二月三十日（小年二十九日）为除夕，以旧岁于是夕除去，故名。畲族家庭要敬祀祖宗，

户户贴门神、春联，以祈求新年吉祥，人人洗澡换新衣服，干干净净过新年。合家团坐吃年夜饭（称“团圆饭”），长辈还要给小辈分发压岁钱。入夜，灯火彻夜不熄，俗称“照岁”，象征处处光明。20 世纪 80 年代后，晚上“守岁”改为全家围坐看春晚”。子时后择吉时开门接福，迎接新的一年的到来。

漳平畲族除夕夜都要埋火种、燃篝火、守岁。大年三十晚，各家各户吃过团圆饭后，家家户户灶穴要埋火种，大厅要烧火堆，并且全家人围着火堆守着，称“守岁”。畲族守岁，最初叫“守夜”，它与埋火种，烧篝火一样，来历已久。

第六节　盘歌习俗

漳平畲族村民在农闲的时候喜欢成群结队地演唱民族歌曲。每年农闲时期（农历八月十五到第二年三月），人们穿着民族服饰走亲戚、载歌载舞。盘歌娱乐，是畲族民众最多的日常活动。既是畲族男女青年谈情说爱的一种方式，也是同族人探亲联谊的一种文娱活动。以歌会友的形式，既能够增进同胞的感情，又能结交朋友，还能使民歌世世代代传承下去。

漳平市桂林街道山羊民族村“三月三”对歌（兰中霞摄）

对歌有个基本程式——先起歌头。畲村来了同族的小伙子，本村姑娘常邀起来出阵对歌。先由主人唱欢迎歌，接着客人唱和，一来一往，多为即兴相对。20 世纪 90 年代以前，每年农历正月，漳平市的山羊村、龙门、尖祠和华安县的官畲、坪水等村的畲族同胞，互相探望拜年时，均有男男女女围起来长夜盘歌的习俗。一般是上了年纪的对上半夜，青年男女对下半夜。男女青年常常通过盘歌互诉衷曲、定情说亲。这样的盘歌，往往从晚上对唱至第二天早晨。新中国成立后，畲族人民从亲历的生活感受中，创作了不少新畲歌，主要有《畲族全靠共产党》《参军歌》《翻身歌》等。

2019 年 9 月，龙岩市 2019 年中国农民丰收节暨第十二个民族团结进步宣传月活动在上杭县庐丰畲族乡举办（庐丰畲族乡政府提供）

第十二章 畲乡概况

中华人民共和国成立后，闽西畲族乡村的建设事业一直得到党和国家重视、关怀和支持，把民族工作纳入当地经济社会发展总体规划，有力地促进了少数民族乡村经济社会事业健康、稳定、快速发展。中共十八大以来，龙岩市各级党委政府和民族工作部门立足民族乡村资源禀赋、发展条件、比较优势等，牢固树立新发展理念，支持民族乡村实现巩固脱贫攻坚与乡村振兴有效衔接，民族乡村面貌发生了翻天覆地的变化。

第一节 民族乡

一、上杭县官庄畲族乡

上杭县官庄畲族乡政府办公大楼(官庄畲族乡政府提供)

官庄畲族乡地处上杭县境西北部。位于东经 116°20′16.90″—116°24′07.43″，北纬 25°18′38.66″—25°23′43.29″。东与通贤镇汉溪村、才溪镇才民村接壤，南与珊瑚乡华竹村为邻，西连武平县桃溪镇、中堡镇，北倚长汀县宣成乡、羊牯乡。是长汀、上杭、武平三县交界的山区畲族乡，是 3 县交界的枢纽和物资集散中心，为上杭县四大圩场之一。辖区东西最大距离 20 公里，南北最大距离 23 公里。辖区面积 123 平方公里(合 184500 亩)，其中耕地 2.06 万亩，林地 14.30 万亩，森林覆盖率达 76.4%。是典型的“八山一水一分田”的山区农业乡镇。境内为低山丘陵河谷地，属中亚热带湿润性季风气候，多年平均气温 20℃—22℃，无霜期年平均 310 天，年平均日照时数 1929 小时，年平均降水量 1600—1900 毫米。境内有县道武平湘店经官庄至上杭才溪的湘才线、长汀河田经官庄至上杭临城的河临线过境。

官庄境内属汀江水系。汀江自回龙村龙头潭入境往南经 10 个行政村，到锅锋潭出境，境内河道长 17 公里。上濯、蕉坑 2 条溪水于濯坑汇合后注入汀江。朱堡溪流经上村、下村于渡上流入汀江。境内有小(二)型水库 3 座蓄水 15.8 万立方米，其中树人村跃进水库，灌溉面积 825 亩；官庄村余坑

水库,灌溉面积750亩。主要引水工程有树人牛牯陂、德康刘府圳、红石岗水陂、石子岗千工陂、拦河坝等,灌溉面积均达450亩。先后兴建回龙电站、千工陂电站和濯溪口电站、新丰水库大坝及寨溪、新风2座小电站。2003年动工兴建,2007年竣工运行的回龙电站,总装机容量1.2万千瓦,是一座集灌溉、发电、防洪、环保等功能于一体的新型水电站。

官庄畲族乡从宋至元代隶上杭县安丰上里,官庄建制始于元顺宗二十年(1352年)。明清时期称平安里。清末,因当地蓝屋驿(今官庄村)设有驿站,接纳过往官员膳宿,故名官庄。

民国时期,官庄属第四区(苏维埃时期先后属西四区、官庄区)。中华人民共和国成立后,1949年,属平安区。1956年,划入才溪,属才溪区。1958年,设官庄人民公社。1961年,设中共官庄工作委员会,辖官庄、回龙、珊瑚、树康4个人民公社。1965年,撤销工委,4个公社合为官庄人民公社。1984年,撤社改乡,称官庄乡。1988年6月,因畲族蓝、钟两姓人口占全乡人口的三分之一,经批准改称官庄畲族乡。官庄畲族乡是福建省19个少数民族乡之一,也是闽西仅有的两个少数民族乡之一。2021年,辖上濯、下濯、蕉坑、龙牌、龙角、红石、回龙、朱堡、官庄、福泉、贵和、新风、七里、璜头、德康、树人、新民、曾泗等18个村民委员会190个村民小组,有8728户31024人①,其中畲族12862人,占全乡总人口的41.46%。人口密度为每平方公里268人。全乡有朱堡、福泉、贵和、新风、七里、璜头、德康、树人、新民、曾泗10个村为民族村。畲、汉人口杂居,讲客家方言。乡人民政府驻官庄村,距上杭县城58公里,海拔225米。

境内物产丰饶,有油茶、毛竹、烤烟等支柱产业,官庄花猪、南风鱼、蜂蜜、红菇等特产享誉海内外。台湾红藜、三叶青、佛手等特色种植业不断壮大。

基本乡情为:汀水源头、红色土地、油茶之乡、花猪基地、生态畲乡。

汀水源头　客家人的母亲河——汀江,自北向南流经官庄10个村。官庄素有"汀水入杭第一乡"之称,是上杭城区新水源取水点上游乡镇之一。境内17公里的汀江河道曲直分明,水面宽阔如镜,水流平稳舒缓,江水清澈见底,两岸古樟成群,是人们观光、采风、休闲、度假的好处所。

红色土地　官庄具有光荣的革命历史。1927年,蕉坑村成立中国共产党支部,官庄畲、汉农民在红四军策动支持下举行武装暴动,建立苏维埃政权,红四军在上濯村园坑自然村创建了"闽西兵工厂"。毛泽东于1930、1932、1933年三过官庄前往才溪指导革命;朱德、陈毅、林彪等都在官庄留下革命实践足迹。1929年,红四军在官庄树人村鹧鸪塘召开前委扩大会议,传达中央"九月来信"精神,为古田会议的召开奠定了基础。1932年6月,毛泽东、朱德率中央红军东路军进驻官庄,在官庄召开军事会议,总结红军入漳州作战的经验教训,讨论进军赣、粤的作战计划,史称"官庄会议"。官庄会议是红军在闽西召开的一次高规格会议。红军总政治部机关、红五军团在官庄积极开展宣传工作,书写了大量的标语。当年有4000多官庄畲、汉儿女参加革命,全乡有蕉坑、上濯、园坑3个革命基点村,347名革命英烈,其中红四方面军妇女先锋团政委吴富莲、红军福建省军区第八师独立团团长林云是杰出代表。

油茶之乡　油茶是世界四大木本油料植物之一;具有极高的营养价值和经济效益,可媲美橄榄油。官庄种植油茶历史悠久,加工企业起步较早,从20世纪80年代开始就有生产加工茶油的企业。2008年始,乡党委、政府把油茶产业当作支柱产业进行重点培育,建立了万亩油茶基地,被上杭县委、县政府评为"一乡一产业"油茶专业乡,下濯、龙牌被评为"一村一品"油茶专业村,树人、下濯村千亩油茶示范基地标准化种植形成一定规模,油茶协会被评为"全国基层科普行动计划先进单位"。

---

①本章的户数、人口数是民族乡人民政府、民族村(居)民委员会根据公安机关提供的户籍人口数。

汀水源油茶工贸有限公司油茶精深加工项目建成投产，兴民油茶开发有限公司被评为市级龙头企业，福建鼎丰农业发展有限公司被评为市级农业示范企业、市农业产业化龙头企业，油茶产业通过省标准化质量验收。

花猪基地 官庄花猪是福建省特有的25个地方畜禽优良品种之一，1985年，被列入《福建省家畜家禽品种志和图谱》；1987年，由福建省标准化计量局颁发为省地方品种标准；2002年《福建省畜禽品种资源及保护规划》将官庄花猪列为"濒危灭绝的品种"。官庄花猪是一个地方优良小型早熟脂肪型品种猪，抗病力强，饲养粗放，易肥早熟，肉质鲜嫩，香甜可口。该乡制定了官庄花猪保护规划，有步骤、有计划和科学合理地进行有效保护。2021年，建立花猪生态保种繁殖场1家，花猪存栏100多头。

生态畲乡 2014年，官庄畲族乡通过"国家级生态乡镇"和省级绿色乡镇命名。长期以来，官庄畲乡人民传承畲族特有的畲族歌舞、活动、服饰、刺绣、饮食、婚嫁等文化风俗，形成"三月三"、"打醮"、"巡游"等富有畲族特色的民俗活动，具有较强的人文研究价值和社会吸引力。每年农历三月初三举办"三月三"畲族民俗文化节，展示畲乡民俗风情、畲乡变化和畲乡人奋发向上的精神风貌，增强民族团结，促进社会主义新农村建设。木偶、山歌、船灯、十番音乐等畲族传统文化得到传承和发扬。境内有省级文物保护单位回龙天后宫，县级文物保护单位官庄天后宫；有官庄革命烈士纪念园、上濯园坑大院、回龙林才能大院、福泉"三月三"农民休闲公园和朱堡村民族团结进步公园等人文景观；有天井湖、古樟树群、圆通山、雷头岽、龙山顶、龙头潭、狮子潭、三潭头等旅游景点，汀江古樟树林入选"龙岩市十大魅力风水林"。是人们观光、采风、休闲、度假的好处所。

域内设有民族中学1所，小学3所，幼儿园8所，村卫生所18家，学校体育场3个，看台设座椅1300张，全民健身中心1家，健身点10个，老年活动室17个，民族乡养老院1所，村级健身场所18处，市场2个，商业网点400个。驻有国土资源所、公安派出所、司法所、卫生院、林业站、广电站、烟草站、农技站、农机站、种子站、水利工作站、文化站、村级文化活动中心18处、农商行、畜牧兽医站、邮政支局、电信代办点、敬老院等镇直办单位（部门）和公益事业单位。历史上，官庄有一条古驿道，一条航道，5个渡口、3个码头，是汀江上游的木材土纸和上下行货物的中转站和集散地，以及闽粤赣边，（长）汀、（上）杭、武（平）边的交通要冲。中华人民共和国成立后，域内建成的湘才（官庄回龙至才溪镇才溪村）线、河临（官庄龙牌至临城西门）线贯穿全境。官庄集镇辐射长汀、上杭、武平3县10多个乡镇，为县际边界贸易重镇。

2012年5月，省政府制定出台《关于进一步帮扶民族乡加快发展五条措施的通知》（闽政[2012]27号），规定"从2012年开始，省财政转移支付每个民族乡每年100万元；挂钩帮扶的省直单位和沿海经济发达县（市、区）每年筹措资金分别不少于100万元（列入预算）；民族乡所在地的设区市、县（市、区）分别安排配套资金各50万元"。因此，每年能获得至少400万元专项资金扶持。

2021年，全乡社会总产值达27亿元，比2011年的9.95亿元增长171%，年均增长10.5%；财政总收入2930万元，比2011年的1110万元增长164%，年均增长10.2%；农民人均可支配收入21097元，比2011年的6052元增长249%，年均增长13.3%。

1990年12月，官庄畲族乡被国家民委授予"全国民族团结进步先进集体"。1995年1月，获国务院颁发的"民族团结进步先进集体"奖匾。2018年，获龙岩市平安建设成绩突出乡镇、市级"四好农村路"示范乡镇、市级文明乡镇称号。2020年1月，获全省民族宗教系统信息宣传工作先进集体、市征兵工作先进单位，成功入选全省首批"福建省民族乡村振兴示范乡"。

二、上杭县庐丰畲族乡

上杭县庐丰畲族乡政府办公大楼(蓝彩辉摄)

庐丰畲族乡位于上杭县境东南部，居汀江左岸。地处东经116°30′37.64″—116°34′21.47″，北纬24°56′56.05″—25°01′53.61″。东邻蓝溪镇黄潭村、茶地镇大燮村，南连稔田镇石牌村、南坑村、叶坑村、蔡坑村和下都镇璜溪村，西与中都镇、下都镇隔汀江相望，北靠泮境乡元康村、临城镇黄竹村。辖区南北长17.25公里，东西宽13.25公里。全乡总面积126平方公里(合189000亩)，耕地面积2.55万亩，林地13.59万亩。是国家级生态乡镇。

庐丰畲族乡在明、清时期属胜运里。民国时期，属第二区(苏维埃时期先后属东一区、第二区、庐丰区)。中华人民共和国成立后，1949年9月，设庐丰区。1950年6月，庐丰与茶地、泮境合并为东一区(第二区)。1958年，成立庐丰人民公社(成立之初称红旗人民公社)。1961年，设中共庐丰工作委员会，辖公社庐丰、安乡、横岗、泮境、茶地5个人民公社。1965年，横岗、安乡两个人民公社划入庐丰人民公社。1984年，称庐丰乡。1988年，称庐丰畲族乡。庐丰畲族乡是福建省19个少数民族乡之一，也是闽西仅有的两个少数民族乡之一。2021年，辖章金、上坊、中坊、下坊、立英、丰乐、丰康、丰济、扶洋、铁峰、太古、黄坊、横岗、三坪14个村民委员会220个村民小组，有7852户26802人，其中立英、丰乐、丰康、丰济和扶洋为民族村。畲族人口8316人，占全乡总人口的31%。人口密度为每平方公里228人。畲、汉人口杂居，讲客家方言。乡人民政府原设丰康村红子炭，1990年，迁往丰康村桐树园。距县城19公里，海拔240米。

基本乡情为交通要地、红色热土、文化畲乡、烤烟重镇。

交通要地　庐丰畲族乡地处上杭县城郊区，是县城通往东南片8个乡镇的重要交通枢纽。杭永(上杭至永定)高速公路在集镇规划区内设立互通口，省道东山县至武平县东留镇(简称东东线)上杭至永定段(又称杭永公路)和县道新罗区大池镇至上杭中都镇(简称大中线)公路纵横交汇于集镇附近，形成环集镇交通要道。全乡80%村落都位于省(县)道两旁，所有行政村均铺上水泥路面。

红色热土　民国15年(1926年)3月，庐丰籍共产党员蓝维仁，邀集厦门集美学校师范部同学、同乡蓝维龙、蓝树荣、蓝鸣岗、蓝晓宇等在庐丰创办“平民学校”，宣传革命思想。民国16年5月7日，国民党上杭右派势力联合驻军发动反革命事变，中共上杭支部被破坏，城区共产党员被迫转移到农村开展工作，在庐丰恢复中共上杭支部，蓝维仁任书记。1929年7月17日，共产党员蓝维仁、蓝树荣、李立民等在庐丰天后宫发动农民暴动，揭开了庐丰土地革命的篇章。在土地革命战争中，庐丰儿女踊跃参军参战，抛头颅，洒热血，付出了巨大的牺牲，全乡有革命烈士350人。境内畲民蓝庭辉于1955年被授予大校军衔，1961年晋升为少将，曾任铁道兵副司令员等职。蓝荣玉曾为福建省首任民政厅厅长，后为福建省委常委、副省长。丰济村天后宫是上杭县第一个农村党支部诞生地，也是中共上杭县临时县委旧址。太古村上塘、上坊村上官田、铁峰村龙井、三坪村三角塘和立英村酸枣树下5个自然村为革命基点村(章金村列入革命基点村管理)。

文化畲乡　庐丰畲族乡政府驻地周围的丰康、丰济、丰乐3个村，历史上是畲族蓝姓聚居之地。

境内有蓝、江、廖、丘、张、温、包、萧等姓氏的祖墓、祖祠，有省级文物保护单位庐丰蓝氏家庙、丰济村水尾天后宫。县级文物保护单位下坊村武婆寨、廖氏花公墓、温氏九郎公墓、庐丰宜阳堂、三坪江氏宗祠等。古迹有摩陀寨风景区、畲族特色村寨、建于清乾隆年间的闽西“围屋王”——庐丰麻子坝围屋、中坊村古庵。特色食品有乌米饭、麦芽糖、豆豉、豆子酥等。挖掘畲、汉一家亲的人文情怀和历史传承，立足庐丰实际，发挥畲乡特色文化，整合省级非遗树叶吹奏、五梅拳，市级非遗香灯龙，以及舞狮、花棍舞、畲族武术等资源，每年定期举办“三月三”畲民文化体育节。民间文化艺术活跃，全乡有舞狮、腰鼓、十番音乐、香灯、船灯、畲拳、蹴球等10支文艺队。扶洋村农民树叶吹奏队在全国树叶吹奏邀请赛上荣获银奖，在全省第六届音乐舞蹈节上获得文化创意一等奖、表演二等奖；入选福建省非物质文化遗产名录。丰济村获得闽西最美古村落提名奖，“种玉堂”舞狮队代表全市参加省少数民族运动会演出获得银奖，2010年春节，畲族香灯龙在古田镇五龙村为胡锦涛总书记作汇报表演。

烤烟重镇 庐丰畲族乡烤烟种植历史悠久。2021年，全乡种植烤烟1.04万亩，收购烟叶1365吨，实现产值4990万元；产量连续12年居龙岩市第一，连续22年居上杭县第一，是福建省主要烟叶生产基地。“三丰烟叶综合服务专业合作社”被评为全国烟农专业合作社行业示范社。

2015年，引进福建世纪金花科技有限公司在丰乐村建立金花茶深加工及种植示范基地，金花茶产业基地初具规模。

域内设有民族中学1所，小学3所，幼儿园11所，医疗卫生机构15个，学校体育场2个，乡健身场1个，村级健身场所14处，市场3处。驻有国土资源局、公安派出所、司法所、集镇自来水厂、卫生院、林业站、广电站、烟草站、农技站、农机站、水利工作站、文化站、信用社、供销社、畜牧兽医站、集镇管理事务所、邮政支局1家、电信代办点1处、敬老院等镇直办单位（部门）和公益事业单位。

2012年5月始，根据省政府制定出台《关于进一步帮扶民族乡加快发展五条措施的通知》，庐丰畲族乡每年能获得至少400万元专项资金扶持。

全乡社会总产值由2012年的4.6亿元增长到2021年的10.03亿元，年均增长13.1%；财政收入由1618.75万元增长到2380万元，年均增长5.2%；固定资产投资由1.36亿元增长到4.42亿元，年均增长25%。

庐丰畲族乡连续2届被评为龙岩市文明乡镇。2015年，乡老体协获得省、市“老年人健身康乐家园”称号。龙岩市2021年度“平安乡镇”。

第二节　民族村

一、上杭县

（一）官庄畲族乡

1. 树人村

树人村原名水东坊，元末时，此地有一株朴树，枝繁叶茂，象征勤劳、朴实，长久兴旺，故称朴树下。民国时期因人口增多，聚居集中，村中文人绅士取“十年树木，百年树人”培养人才的含意，村名改为树人村，沿用至今。

树人村是以蓝姓为主的畲族村，位于官庄畲族乡东片、客家母亲河—汀江东岸；距乡政府驻地

2.5公里。东连新民村,南与曾泗村接壤,西与新风村隔河相望,北邻德康村。辖区面积15.8平方公里,其中耕地2294.6亩,林地18600亩(有毛竹林基地2000亩)。平均海拔高度230米,森林覆盖率90%,是市级生态村。境内旅游资源丰富,汀江母亲河依村而过,两岸风景旖旎,名胜古迹“仙人岩”“吊钟石”“天顶子山”更是旅游、休闲的天然胜景。县道湘才公路在村旁经过。

树人村村委会

树人村在民国时期为树人保。中华人民共和国成立后,1949年称平安区树人村。1958年,称官庄人民公社树人大队。1961年,称树康人民公社树人大队。1965年,树康人民公社并入官庄人民公社,称官庄人民公社树人大队。1984年,称官庄乡树人村。1988年,称官庄畲族乡树人村。村委会驻角树下自然村。2021年,全村辖建华、蓝田、树民、树田、吊钟等5个自然村21个村民小组,共953户4230人,全村80岁以上老人有148人(男43人,女105人),其中90岁以上老人有30人(男8人,女22人),80岁以上老人占全村人口的3.50%。年龄最长者为王凤兰(女),99岁。畲族人口占全村总人口的99%,是福建省第二、龙岩市最大的少数民族聚居村。

树人村历史悠久,早在四五千年前就有人类活动;现存有夏、商、周时期的吊钟石下、鹧鸪坪天顶子山2处古遗址。唐末宋初,有客家和畲族先民在树人繁衍生息。元至正二十二年(1362年),官庄蓝姓开基始祖蓝念四郎由长汀水口迁至蓝屋(今新风蓝屋圩),后徙朴树下开基创业。畲民在与南迁汉人交往中,接受并弘扬崇文重教、耕读传家精神和归宗敬祖理念。明万历三十年(1600年)前后,树人村修建蓝氏四八郎公祠。明末,编修《蓝氏家谱》;清嘉庆五年(1800年)前后,又重新修订。清代,办有“马齐坑书馆”“楼下书馆”“载茂书馆”“吊钟书馆”。民国9年(1920年),在官庄天后宫创办官庄高级小学,后又在“西峰院”创办初级小学。树人村畲族文化氛围浓厚,有民族牌楼、蓝氏宗祠、玉龙宗祠、“新屋下”蓝氏民居、背头仓下厅、蓝屋村厅、宫门首厅、封火屋、民族“文化长廊”等具有民族特色建筑。县级文物保护单位“新屋下蓝氏民居”保存有清乾隆吉梦熊题词“帜树芹宫”牌匾,保留红四军书写的“反对帝国主义第二次世界大战”“保卫世界和平”“杀尽土豪,男女平”等3条红色标语,红军烈士蓝文彬故居内有一口红军井。宫门首厅保留“红军是工农的军队”红色标语。蓝氏宗祠、铁树头下、背头仓下等众厅保留有“光兮壁泮”“应运博风”牌匾。2020年,该乡蓝氏宗亲牵头,自筹资金1200万元,建成占地面积7000平方米,建筑面积2000平方米的畲族文化广场。广场兼具客家和畲族风格的三进院落式传统建筑,分为畲族文化展厅、蓝氏源流展厅、畲族特色

航拍树人村文化广场(树人村委会提供)

村寨文化厅和励志厅，畲族民俗文化馆初具雏形，作为全市首个畲族文化广场，对于传承弘扬畲族文化具有重大意义。

民国18年(1929年)11月中旬，朱德率领红四军驻扎在树人村蓝屋村厅(是老红军蓝其城故居)、宫门口、丰龙背、窝子里、新屋下蓝氏民居等地；18日，在树人鹧鸪坪召开红四军前委会议，陈毅传达中央“九月来信”和周恩来等中央领导关于红四军问题的重要口头指示精神，决定接毛泽东回红四军前委主持工作。红四军前委鹧鸪塘会议是红四军领导层第一次全面了解并贯彻中央“九月来信”精神，廓清各种芜杂观点，统一思想认识，重新确立毛泽东在红四军领导地位的一次重要会议，为“古田会议”的召开奠定了良好的思想和组织基础。在驻扎期间，朱德曾在蓝屋村厅召开红四军干部会议，在新屋下蓝氏民居设立临时办事处。

1950年以前，树人村将近有50%农田属“望天田”。1958年，由人民政府出资在树人村鸡爪塘修筑起“跃进水库”，为官庄境内第一座水库，总库容42万立方米，可灌溉农田800亩；1972年，在吊钟下自然村修建电灌站一处；基本保障全村农田灌溉用水。1982年实行家庭联产承包责任制后，进一步激发农民种田的积极性，并改变传统的水稻种植单一模式，大力发展烤烟、油茶、槟榔芋等经济作物，大力发展养殖业和山地开发，发展特色经济，种植千亩油茶、千亩竹林、太子参、百香果、仙草、槟榔芋、香瓜，养殖河鱼、土山羊等，引进台湾红藜种植，流转土地400亩成立红藜种植基地。红藜原生于台湾屏东玛家乡，享有谷类中的“红宝石”美誉，具有观赏性和丰产性特征，适合作为粮食、景观兼用作物，在台湾已开发出丰富多样的红藜产品：红藜酒、红藜面、醋饮、面膜、酵素、手工皂等。每年劳务输出1300多人，创产值3000多万元，农民收入不断增加。

1976年，树人村开通鹧鸪坪至吊钟下村主干道。1980年始，在鹧鸪坪规划建设新村，几百户农家建起两层以上的新楼房。1984年，在政府支持下，打自来水井，统一安装水管至各村民集中点，由村民自行接通饮用；1991年，又从3公里外安装水管接上山泉供应全村各片各户；至此，全体村民都用上干净、卫生、安全的自来水。1997年始，总投资达130多万元，开通至各自然村的机耕路，并进行道路硬化。2007年，在火烧坪崇新建村部，村部设有老年人活动室。村设立电信、移动业务代办点。2013—2021年，获得中央、省、市、县民族工作部门280万元资金扶持，用于村牌坊、沿河路建设、吊钟桥梁维修加固及停车场建设、特色村寨保护与发展等项目。

树人村在2006年被福建省民宗厅授予“民族团结进步先进村”称号，同年3月，被上杭县委、县政府授予“2001—2005年度全县民族团结进步模范集体”称号。2009年，被上杭县委、县政府授予第十届(2006—2008年度)“文明村”称号。2012年，被福建省民族宗教厅列为第二批“全省少数民族特色村寨保护与发展试点村”，2月被上杭县委、县政府评为2011年度“平安和谐村”。2014年、2017年7月，被上杭县委评为“先进基层党组织”。2017年，被国家民委评为“中国少数民族特色村寨”。2020年，被福建省民宗厅列入首批“福建省民族乡村振兴示范村”培育名录。2021年11月，被龙岩市民族宗教局评为“四好民族村”(四好：产业好、人居好、生态好、文化好)。是龙岩市2011年度、2015年度、2017年度、2020年度和2021年度“平安村居(社区)”。

树人村全村有在册革命烈士45名，吊钟自然村是曾参加过长征的老红军蓝映林和老红军蓝锡荣和革命烈士蓝锡明的家乡，“封火屋”是蓝锡明、蓝锡荣的故居。

2. 朱堡村

朱堡村是以蓝姓为主的畲族村，位于官庄畲族乡西北部，距乡政府驻地3公里。东与官庄村毗邻，南邻福泉村，西与长汀县羊牯乡百丈村接壤，北连回龙村。辖区面积11.18平方公里，其中耕地820亩，林地15800亩(有茶油基地450亩)。地下蕴藏石灰石、大理石、汉白玉等矿产资源。有朱堡

村至官庄集镇的公路。

清代,朱堡称朱紫坑,隶平安里。民国时期,隶回龙乡、平安乡。中华人民共和国成立后,1949年,属平安区回龙村。1958年,为官庄人民公社朱堡大队。1961年,称回龙人民公社朱堡大队。1966年,回龙人民公社并入官庄人民公社,称官庄人民公社朱堡大队。1984年,称官庄乡朱堡村。1988年,称官庄畲族乡朱堡村。2021年,全村辖上村、中村、下村3个自然村6个村民小组,有376户1559人,全村80岁以上老人有41人(男13人,女28人),其中90岁以上老人有8人(男2人,女6人),80岁以上老人占全村人口的2.63%。有蓝、余、林、邱、张5个姓,蓝姓畲族占全村总人口38%。村委会驻中村自然村。

朱堡村村委会

朱堡村矿产资源丰富,优质石灰石露天储量1亿吨以上,汉白玉大理石储量125万立方米。丰富的矿产资源对朱堡、官庄的经济发展起过重要作用。清代初期,朱紫坑村民开始砌筑石灰窑,以柴草为燃料煅烧石灰石生产石灰;最多时全村有7个石灰窑,年产石灰1350多吨;所产石灰品质优良,远近闻名。20世纪90年代初,随着石灰浆厂的出现,朱堡石灰销量减少;1994年,延续几百年的石灰生产宣告结束。1978年,上杭县与官庄公社合办的上杭县大理石制品厂在朱堡村落户,生产白石米;1983年,朱堡村创办官庄第一家村办企业石米厂;此后朱堡村个体或联户办石米厂蓬勃发展,到1995年达35家,年产石米3500吨,产值280万元;2021年,仍有5家石米厂正常生产。1986—1993年,官庄建成的5家水泥厂,官庄大理石矿兴办的重质碳酸钙厂、石灰厂,腾辉建筑材料厂等,均以朱堡石灰石为原料;年开采量10万吨—15万吨。朱堡村石山上生长有周边地区罕见的光皮树(俗称"石树"),是一种理想的多用途油料树种。下村水口、上村坝里等处有古樟树群,树龄300年以上。

1972年回龙水轮泵站建成发电,1978年朱堡实现通电和修通官庄至朱堡的公路,成为官庄公社较早通电、通路的大队。70年代,投资50多万元,修建、改造荷树坝、石杰壁陂、庵背圳、樟树陂等陂圳20余处,解决农田用水。1997年,有线电视覆盖全村;村有老年活动室(幸福院)、图书室。1998年,农村电网改造,村内安装2台变压器。进入21世纪,先后建起平板钢筋水泥桥12座。至2011年,村道硬化达13公里,几乎家家户户都通水泥路。2013—2021年,获得中央、省、市、县民族工作部门215万元资金扶持,用于油茶基地、民族特色村寨、道路建设等项目。

朱堡村水源充足,土地肥沃。村内上墩、大路下、迳口、庵陂圳、樟树坝等农田面积600多亩,是该村主要产粮区。1980年后,村民从单一的粮食种植到多业并举,种植烤烟、槟榔芋、花卉等经济作物,同时发展生猪、波耳山羊等养殖业。

清代,朱堡村设有私塾;中华人民共和国成立后,朱堡村设立初小和完小。20世纪50年代至70年代,朱堡组建船灯队、宣传队,丰富村民文化生活。2000年,组织鼓乐队,队员林梦顺能口、鼻并用,同时吹奏4把唢呐,被上杭县列入"五鼓音乐"领班人、传承人之一。1968年,办起合作医疗站。1984年,村设卫生所2家,有乡村医生2名。

朱堡上村的石壁山下,原有一个天然石灰岩溶洞,自古以来,人们把它作为天赐洞天福地,取名朱紫岩。洞深近60米,宽约30米,洞内可容纳约500人,洞底还有向两边延伸的小洞,左右两边有"仙人床""凉伞骨""雷公岩""石鼓"以及石笋、石柱等不同形态的钟乳石;群群石燕在洞中自由飞

翔;顶部岩缝滴下清泉水,夏天洞内清凉宜人。1934 年国民党民团钟绍奎部,趁红军游击队主力在通贤乡障云村燕子塔与国民党军战斗之际,率部下 200 余人到朱堡村企图“围剿”苏维埃干部。当时我方只有几个游击队员在家,其余都是儿童团员、赤卫队员。在敌我悬殊的情况下,游击队员带领儿童团员、赤卫队员退守到朱紫岩。在这里与国民党民团钟绍奎部激战一天,最后因敌我力量悬殊太大,除少数人员成功突围外,其余 18 名游击队和赤卫队员英勇牺牲。鲜血染红了朱紫岩,后人为纪念先烈,将朱紫岩更名为红石岩。

朱堡村在 2009 年被上杭县政府授予“信用村”称号。2011 年,被龙岩市政府授予“生态村”,被上杭县委、县政府授予 2010 年度“平安和谐村”称号。2011—2021 年,被上杭县政府授予“信用村”荣誉称号。2015—2019 年被龙岩市委授予“平安和谐村”称号。2018 年和 2021 年,被上杭县委、县政府授予第十三届(2015—2017 年)和第十四届(2018—2020 年)“文明村”称号。2017 年,被福建省政府防范和处理邪教问题办公室授予“创建无邪教示范村”荣誉称号。2018 年,被福建省民宗厅列为第四批“全省少数民族特色村寨保护与发展试点村”。2019 年,被上杭县委授予“先进基层党组织”称号。2020 年,被福建省委组织部、宣传部、农业农村厅、民政厅、司法厅授予“乡村治理示范试点村”。

3. 福泉村

福泉村是以钟姓为主的畲族村,位于官庄畲族乡的西南边,距乡政府驻地约 0. 5 公里。东与德康村何屋隔汀江相望,南与新风村毗邻,西南边与贵和村接壤,西靠长汀县羊牯乡百丈村,西北与朱堡村相近,北与官庄村交界。辖区面积 3. 94 平方公里,其中耕地面积 1050 亩,山林面积 7892 亩。矿产资源有储量近 4000 万吨的天目山大理石矿。境内有官庄民族中学。县道河临线、湘才线在村东经过。

福泉村村委会

福泉村别名钟屋村,以钟姓为村名。明永乐年间(1403—1424 年),钟仕宁在此地开基,始称苎麻地,后改为覆船岗,又称贵湖派。民国 30 年(1941 年),以天然泉水福泉井命村名为福泉村。福泉村在民国时期称福泉保。中华人民共和国成立后,1949 年,属称平安区官庄村。1958 年,称官庄人民公社福泉大队。1966 年,与贵和大队合并,称官庄人民公社贵泉大队;“文化大革命”开始后,贵泉大队改为红星大队,1971 年,红星大队复为贵泉大队。1980 年 12 月,贵泉大队分为福泉大队和贵和大队,称官庄人民公社福泉大队。1984 年,称官庄乡福泉村。1988 年,称官庄畲族乡福泉村。2021 年,辖催子树下、新屋下、岗下寨上、对门、树山子里、长湖里、三寺口、朝尾岭下、横街安置点 9 个自然村 11 个村民小组,有 517 户 2082 人,全村 80 岁以上老人有 72 人(男 31 人,女 41 人),其中 90 岁以上老人有 7 人(男 1 人,女 6 人),80 岁以上老人占全村人口的 3. 46%。有全村钟、李、蓝、吴、阙、杜、张 7 个姓氏的村民和睦相处。其中,钟姓村民占全村总人口的 96%。村委会驻朝尾岭下自然村。

福泉村有史以来属旱区,农业灌溉水资源匮乏。中华人民共和国成立后,建设千工陂和分别长 7 公里的两条渠道。2011 年在上级党政的关心与支持下,并在福泉井背山上建一座电灌站,彻底解决

福泉村的“福泉井”(福泉村委会提供)

了农田灌溉缺水问题。全村以种植烤烟、槟榔芋、小米椒为主,并发展油茶等特色种植。

1989年,建成建筑面积300多平方米的村部。1999年后,向上级有关部门争取资金,开通、硬化村主干道和环村公路及田间地头的机耕路5公里,安装路灯60多盏。2006年在东牛岗圩建造一幢占地面积600多平方米,建筑面积1300多平方米的集村“两委”办公室、会议室、村民文化娱乐中心、老年活动中心、商场等为一体的5层楼的村部综合楼。2010年,完成树山子里至福泉井800多米长的排洪主干渠水泥硬化工程,确保排洪畅通;建垃圾池5处,集中处理垃圾,环境卫生得到改善。2013—2021年,获得中央、省、市、县民族工作部门177万元资金扶持,用于特色村寨保护与发展,道路、路灯等基础设施项目和建成上万平方米的“三月三”福泉公园。

福泉人崇文重教,耕读传家。明末,钟玉鸣在长湖里东北边创办“东山书馆”,为有文字记载的官庄私人办学之始。20世纪初叶,在德聪祠堂办学。1962年,在蟠龙湖(窝里)办福泉小学。1993年,在园湖里新建福泉小学。2020年8月,成立福泉村奖学基金会,筹集资金80万余元,推荐钟华榕为会长,钟雄为常务副会长,钟金琪为副会长,钟家生为会计。

1970年兴办福泉村合作医疗站,1984年设立福泉村卫生所,有乡村医生1人。2006年全村实行新型农村合作医疗制度。

清乾隆三十五年(1770年),该村钟大受获乡试第一名(恩科解元),乾隆五十四年(1789年)任山东省德平县知县,后升任山东省济南府同知;为有文字记载的清代官庄最高职务官员。

福泉村境内有“五湖一井”之美称,即天井湖、长湖、园湖(福泉小学校址)、磨石湖(官庄畲族乡政府所在地)和蟠龙湖(官庄民族中学所在地);在小溪合水口边有福泉井。福泉井两泉是鸳鸯泉眼,其清泉源源不断,趵突而出,堪称一绝。有建于明隆庆年间(1567—1572年)的天目山寺,建于清代的官庄天后宫及其西侧的清代古墓葬“福泉义冢”;有被誉为“九厅十八井、穿心走马楼”的钟达官居所和被福建省列为一级保护植物的高30多米,主干胸围5米多的千年古樟树。

1932年6月,毛泽东、朱德率中央红军东路军进驻官庄,红军总政治部人员在福泉村钟氏吉安祠(今称接兴公祠)北面青砖墙上,用石灰水书写了“反对帝国主义瓜分中国!”等大幅标语,是闽西苏区署名级别最高的红军标语。

福泉村自2007年始,先后被上杭县委、县政府授予“先进基层党组织”,“人口和计划生育工作先进单位”、“信用村”等称号。2018年,被上杭县委、县政府授予第十三届(2015—2017年度)“文明村”称号。被龙岩市委、市政府评为2012年度、2013年度、2014年度和2021年度“平安村”。2015年,被福建省民宗厅列为第三批“全省少数民族特色村寨保护与发展试点村”。2017年,被列“千村整治百村示范村”。2021年11月,被龙岩市民族宗教局评为“四好民族村”。

4. 贵和村

因村中庵门口有一口湖,称贵湖,以湖名取村名,称贵湖村。1956年由南贵湖与三和两个自然村合并而成后改为贵和村。

贵和村是以蓝姓为主的畲族村,位于官庄畲族乡西南部,距乡政府驻地1.5公里。东北与福泉

村相连，南和新风村接壤，西南与武平县中堡镇新化村毗邻，西北与连长汀县羊牯乡百坪村杨梅坑自然村交界，是长汀、上杭、武平3县交界村，1998年，3县界碑就竖立在贵和村后山仰止亭岽上。辖区面积6.49平方公里，有耕地面积1372亩，山林面积1万余亩，其中竹林2000亩。森林覆盖率80.97%。有乡村公路接县道河临公路。

贵和村村委会

贵和村在民国时期称贵湖保。中华人民共和国成立后，1949年，属平安区官庄村。1950年，贵和并入博爱，与七里、璜头统称三围乡，后改称博爱乡。1954年，贵和从博爱乡分出设“三和”“贵湖”两个村，1956年，两个村合并为贵和高级农业生产合作社。1958年，称官庄人民公社贵和大队。1966年，贵和与福泉合并为贵泉大队，称官庄人民公社贵泉大队。1980年12月，贵泉大队分为贵和大队和福泉大队，称官庄人民公社贵和大队。1984年，恢复乡村建制，贵和大队称贵和村。1988年，称官庄畲族乡贵和村。2021年，辖门子岭下、大富岭、陈屋岗上、高屋、茶头下、陈屋塘下、贵湖、屋背岭、杨梅山下、甫岗下、围屋11个自然村10个村民小组，有430户1748人，全村80岁以上老人有60人（男23人，女37人），其中90岁以上老人有10人（男3人，女7人），80岁以上老人占全村人口的3.43%。全村有蓝、陈、林、萧（肖）、石、高6个姓氏，畲族蓝姓占全村人口的90%以上。村委会驻贵和路83号。

贵和村森林资源丰富。贵和人重视林业生产，“文化大革命”期间，组建专业耕山队，对全村的山场实行有效管理，防止乱砍滥伐。20世纪60、70年代，为建贵泉大队部、贵和小学、官庄市场、公社礼堂、输电线路等提供数百立方米的优质杉木。1990年，贵和村率先在全乡创办村级林场，以林场为龙头，带动全村掀起造林热潮。利用世界银行贷款，林场营造马尾松1005亩、板栗100多亩，成为全乡出色的村级林场。2006年，在园竹坑山场新植油茶200多亩。2009年以来，在龙坑里、金山坪种植油茶300多亩；村民在自留山、责任山上种竹、种果、种风景树等经济林，改变单一的林种结构，增加单位面积林地的产值，增加村民经济收入。

清末，利用优质黏土烧制青砖青瓦，利用棕片编织蓑衣、棕垫，为官庄特产。贵和的泥水匠、木匠、篾匠、修理师、阉割师、厨师亦甚多，几乎每家每户都有人掌握一至两门看家手艺。20世纪60年代始，贵和种植烤烟；2000年后，贵和每年均有60%以上的耕地种植烤烟，仅此一项全村每年有100多万元的烤烟收入，烤烟成为贵和的支柱产业，2004年、2008年，贵和村被上杭县委、县政府授予“烤烟生产收购工作先进村”称号。2021年9月初，“中国生物多样性保护与绿色发展基金会”审核通过建立“官庄花猪保护地·福建”的申请，将全力支持保护地建设，推动花猪种群保护，贵和村上杭县官庄兴龙养殖发展有限公司是官庄花猪繁育保种场。

民国时期，贵和办有私塾3处。中华人民共和国成立后，政府创办贵和初级小学。1996年，集资17万元新建教学楼一栋，有2层8间标准教室。1998年，筹措5000多元设立奖教奖学基金。

清代中期，贵和村茶头下组建有鼓手班，民间艺人蓝锡梅，能用两个鼻孔同时吹奏唢呐，在众多鼓手同台竞演中屡屡摘冠，名噪一时。

贵和贵和贵在于和，村和万事兴。全村居住着两个民族、6个姓氏的村民，从古至今畲汉之间、

不同姓氏之间和睦相处。该村的王路金，一个普通的农家妇女，20年如一日，照顾瘫痪在床的丈夫，毫无怨言，不离不弃，在贵和传为美谈，成为家喻户晓的道德典范。2008年5月12日，汶川大地震发生后，贵和村的党员干部、村民踊跃捐款3000余元，支援灾区。

1999年始，实施农电改造；全村建自来水池6个，家家户户用上自来水；10公里长的村中道路部实施路面硬化，同时全面完成机耕道硬化；主要路段安装路灯，方便村民夜间出行；全村有标准化渠道1.1万米，建有库容65万立方米的水库一座。村部内设图书室、卫生室、老人活动室，建有篮球场等体育设施。2013—2021年，获得中央、省、市、县民族工作部门60.66万元资金扶持，用于道路建设等项目。

第二次国内革命战争期间，贵和村有17人为革命事业献出宝贵的生命。

5. 新风村

新风村是以蓝姓为主的畲族村，位于官庄畲族乡西南部，汀江西岸，距乡政府驻地2.5公里。东与树人村隔汀江相望，南与七里、璜头村接壤，西和武平县中堡镇新化村交界，北与贵和、福泉村毗邻。辖区面积7.48平方公里，其中耕地1435亩，林地8375亩。有新风村至官庄市场的公路接县道河临线。

新风村村委会

新风村由蓝屋驿围子里、坪上围屋岭子上、石子岗围屋下组成，故曾称三围村。在民国时期以“礼、义、廉、耻”之四维，称四维保。1941年，以新仁、四维二村联保，以自由博爱的含义，改名博爱。1966年“文化大革命”中，与七里分开，称官庄人民公社新风大队，含破旧立新之意。1984年，称官庄乡新风村。1988年，称官庄畲族乡新风村。2021年，辖石子岗、兰头、坪上、山寺口、蓝屋圩、塅上、新屋下7个自然村15个村民小组，有630户2828人，全村80岁以上老人有75人（男36人，女39人），其中90岁以上老人有15人（男6人，女9人），80岁以上老人占全村人口的2.65%。有蓝、杜、陈、刘、石、吴、高、黄8个姓氏的村民和睦相处，其中蓝姓畲族人口占全村人口的25.13%。村委会驻坪上自然村。

锦绣畲乡美如画——官庄新风村（陈道红摄）

新风村早在夏、商、周时期就有人类活动，境内今存蓝屋圩黄背岗遗址。古时，汀州府至上杭县的驿道经过蓝屋圩。汀江航道贯通后，蓝屋圩上下200米范围内汀江岸边有5座码头，用四方条石砌成，供水上船只装卸货物和客运使用。明弘治三年（1490年），改蓝屋铺为蓝屋驿，设立公馆，接待来往官员；并逐步形成官庄境域最早的圩市，延续170余年，“蓝屋圩”名称即由此而来。

新风村地形平坦宽阔，气候温和，土地肥沃，水利条件好，适宜种植双季水稻、烤烟、地瓜、槟榔芋、辣椒、大豆、花生、蔬菜等农作物，是官庄的一大粮仓。人民公社时期，新屋下生产队每年向国家交售征定购粮15吨。家庭联产承包责任制落实后，亩产由大集体时的200公斤增加到300公斤。

2003年后,扩大优质稻生产面积。2004年,亩产316公斤,粮食总产754.5吨;2009年,亩产326公斤,总产752.7吨;平均每年向国家交售粮食200吨。2008年,官庄畲族乡第一个新型农民专业合作社在新风村成立,建社时有社员8人,2011年,发展到100余人。该村石仔岗锅头铸造业有300多年的历史,产品优良,深受广大群众的青睐。1980年后,新风铸造业在继承中发展,先后新办铸造厂3家,机械厂2家,主要生产家用碾米机、磨浆机,等小型机械,产品畅销省内外,成为新风的一个特色产业。

1958年,新风村动工兴建装机容量为40千瓦的官庄第一座水力发电站;1964年,正式发电,从而结束官庄无电的历史。1975年,杭庄公路开通,公路经过新风村;1979年,开通蓝屋圩至坪上2.65公里的村主干道。1997年,建立有线电视室,有线电视网覆盖全村。2000—2003年,投入70万元,进行村主干道全线改造,并硬化路面。2004年,投入100万元,开通硬化新风至武平新化的县际公路新风段2公里,硬化自然村道路4条;同年,投入200多万元,建成福新陂、新圳、上坝等标准化渠道。2009年,投入12万元,新建体育场2处900多平方米,设立篮球场,安装健身器材;建立老年活动室,内设棋牌室、阅览室。同年9月,在村集中地段建造垃圾池7个,集中处理生活垃圾。2009—2010年,投入160万元,对兰头、茶头窝、锅厂下、塘子角头的自然村道路进行拓宽改造,并重新铺上了水泥路。2010年,在水口堂下新建村部一栋。2013—2021年,获得中央、省、市、县民族工作部门78万元资金扶持,用于槟榔芋种植基地建设、道路改造和畲族文化活动等项目。

民国时期,新风设有私塾。民国25年(1936)在坪上仓寮下创办初小。1951年更名为博爱初小。1965年,改制为高小,更名为新风小学。1969年,学校搬入黄潭岗新校址。2011年,新风教学点有一二年级2个班。

新风溪与汀江河相汇处上游100米处的汀江河中有一块巨大的石头称禾仓石,像一座巨大的禾仓屹立在汀江河中。这座石头曾是水文的一个标志,如果水位高于禾仓石,说明洪水已超过警戒线。

第二次国内革命战争时期,新风村有38人为革命事业献出宝贵生命,中华人民共和国成立后,被追认为革命烈士。

新风村在2011年和2021年被上杭县委、县政府授予2010年度和2020年度“平安和谐村”。2012年,被上杭县人民武装部授予“先进民兵营(连)”,被上杭县委评为“全县创先争优先进基层党组织”。2014年,被上杭县人大常委会评为“人大工作先进单位”。2016年,被上杭县委授予“先进基层党组织”。2018年被上杭县政府授予“信用村”。

6. 七里村

七里村的村名源自从官庄圩直下至该村村头,路程距离有七里,故名。

七里村是全村姓蓝的民族村,位于官庄畲族乡西南部,距乡政府驻地3.5公里。东邻汀江,南接珊瑚乡华竹村,西与璜头村相连,北与新风村毗邻。辖区面积3.76平方公里,其中耕地954亩,林地4839亩。县道河临公路在村中经过。

七里村村委会

七里村在民国时期称视仁、七里保。中华人民共和国成立后,1949年,属平安区官庄村。1958年,称官庄人民公社七里大队。1966年,与璜头大队合并为奋发大队,称官庄人民公社奋发大队。1980年,璜头从七里划

出后,仍称七里大队。1984 年,称官庄乡七里村。1988 年,称官庄畲族乡七里村。2021 年,辖老屋下、黄泥岭下、凹子塘、秧地背、杉树下、巫地、山下、七里山、巫地下、塅上 10 个自然村 11 个村民小组,有 448 户 1650 人,全村 80 岁以上老人有 50 人(男 12 人,女 38 人),其中 90 岁以上老人有 10 人(男 2 人,女 8 人),80 岁以上老人占全村人口的 3.03%。村委会驻秧地背小岗上。

七里村早在夏、商、周时期就有人类活动,毛古坝的大兰寨即其活动遗址。今存清代古建筑七里南桥、七里西桥,古民居有"大夫第"、七里蓝氏总祠,段上厅下,阙良屋下厅下。有红军会议址秀儒公祠,蓝才凤烈士故居(上只屋),村南牛岗地前的"赤行亭"留有红色标语(字迹较模糊)。民俗活动场所有大塘里五谷庙、仁和宫,大湾坵仙师宫、天后宫。村东还有被列入官庄畲族乡乡土教材的"海螺石的传说"神话故事的海螺石。(《海螺石的故事》见本志第七章《文化》)

七里村是清一色蓝姓少数民族聚居村,逐渐形成善良朴实的民风,和谐向上的村风,勤劳淳朴的家风。明代,七里人在"书堂坪子"创办私塾(民国时期迁到蓝秀儒祠堂)。1950 年,在该祠堂办起初级小学。1969 年,在背头岗建起土木结构的校舍,办起七里小学。2007 年,学校撤并,保留七里小学教学点。

七里村由于人均耕地面积偏少,村民除从事种植业外,着力拓展就业门路,发展特色产业。清代始,村民利用当地石材,生产石磨、石臼、石碑、石桌、石凳、石狮、石狗及其他石制品,年收入 100 多万元。1980 年始,每年有数百名劳力外出务工,劳务收入达上千万元。留在村庄的村民大力发展生猪、山羊、河田鸡、鸭等养殖业。有板栗基地 2 个,年产板栗 2.5 吨。

1975 年,新建的河临公路从七里村穿村而过。1999 年,成为通电、通水、通路、通电话、通电视的"五通"村。2010 年始,村"两委"多方筹资,加大对水利工程的投入,修建长 3960 米标准化渠道,完善水利设施;硬化村内主干道和安装路灯。2013—2021 年,获得中央、省、市、县民族工作部门 200 万元资金扶持,用于古民居保护、"三月三"畲族民俗文化展演场建设、道路建设、特色村寨保护与发展等项目。

七里村有一棵数百年树龄的古松树,称"凉伞树",四季常青,是该村的地理标志。

第二次国内革命战争时期,七里村青年、时任官庄区苏维埃政府主席蓝国宝,不仅自己主动报名当红军,还动员 63 名青年当红军,《红色中华》对此作了报道。全村有 14 人为革命事业光荣牺牲,中华人民共和国成立后,被追认为革命烈士。

七里村在 2012—2021 年,被上杭县政府评为"信用村"。2012 年、2014 年、2015 年、2017 年和 2018 年,被上杭县委、县政府授予"平安和谐村"。2015 年,被上杭县委、县政府授予第十二届(2012—2014 年度)"文明村"。2018 年,被福建省民宗厅列为第四批"全省少数民族特色村寨保护与发展试点村"。

7. 璜头村

璜头村是全村姓蓝的畲族村,位于官庄畲族乡西南部,距乡政府驻地 4.5 公里。东与七里村接壤,南靠珊瑚乡华竹村,西与武平县中堡镇新化村相连,北与新风村毗邻。辖区面积 4.18 平方公里,其中耕地 615 亩,林地 5294 亩。有乡村公路接县道河临公路。

明成化年间(1465—1487 年),璜头村称竹子坝。1911 年辛亥革命后改为银头坝,民

璜头村村委会

国期间改称璜头坝、璜头保。中华人民共和国成立后,1949 年,属平安区博爱村。1958 年,称官庄人民公社璜头大队。1966 年,与七里大队合并为奋发大队,称官庄人民公社奋发大队。1980 年,璜头从七里大队划出后,仍称官庄人民公社璜头大队。1984 年,称官庄乡璜头村。1988 年,称官庄畲族乡璜头村。2021 年,辖上璜头、下璜头、桥背、桥前、凹背、大陂头、罗岗山、坝里、黄泥塘等 9 个自然村 5 个村民小组,有 177 户 820 人,全村 80 岁以上老人有 18 人(男 9 人,女 9 人),其中 90 岁以上老人有 1 人(女),80 岁以上老人占全村人口的 2.20%。村委会驻坝里自然村。

1975 年,璜头村村民自筹资金购买发电机,办起碾米厂。1980 年,由回龙水轮泵站供电;2000 年,国家实行农网改造,璜头群众用上安全、稳定的电力。20 世纪 70 年代始,璜头村民自行挖掘水井汲水,但水质差,只能作洗涤用。1999—2011 年,在龙岩市民族宗教局和上杭县民族宗教局的支持下,村"两委"发动群众投工投劳,从距村 1.5 公里处的山涧中取水建池铺水管,接水至各家,全村 100%的村民用上安全、干净的自来水。1978 年,开通七里村至璜头村 1.5 公里的机耕路;2000 年,拓宽、硬化机耕路。2001 年,开通程控电话。2008 年 6 月,新建建筑面积为 180 平方米砖木结构的村部大楼投入使用,有办公室、会议室、老年活动室、农家书屋等。2010 年,设立电信、移动业务代办站。2013—2021 年,获得中央、省、市、县民族工作部门 173 万元资金扶持,用于特色村寨保护与发展、道路建设等项目。

璜头村避风向阳,土质肥沃,气候温和,水源充沛,适宜种植双季水稻,是官庄的产粮基地。1979 年,粮食亩产从 1950 年的 100 多公斤增加到 300 多公斤,粮食总产达 300 多吨;2009 年,平均亩产 400 多公斤,粮食总产达 350 吨。2004 年始,耕地除种植水稻外,还大力发展烤烟,小米椒等经济作物。2010 年,全村种植烤烟 35 亩,收入 8.8 万元;小米椒 36 亩,产值 5.7 万元。每年还转移 300 多个劳动力外出务工,劳务输出年创收 600 多万元。2017 年底,村党支部提出土地流转种植经济作物,增加农民收入及壮大村集体经济发展思路,2018 年,新办家庭农场 10 多户。2019 年,村党支部抓住福建省扶持村集体经济发展试点工作的机遇,争取试点资金 50 万元,成立璜头村脐橙种植专业合作社,带动外出乡贤、村"两委"干部、党员群众等 160 余人投资 410 万元建立脐橙基地种植脐橙 400 余亩,让脐橙产业成为当地主导产业。脐橙基地吸收了 20 余名富余劳力务工,他们大部分人一边拿工资,一边拿土地流转金,每人每年可增收 1 万余元。2021 年,基地脐橙产量达 20 余万斤,实现村集体经济增收 5 万余元,脐橙成为当地群众增收致富、乡村振兴的支柱产业。

璜头村现存璜头上石梁桥和下石梁桥 2 处清代古建筑。

璜头村在 2012 年被上杭县委、县政府授予第十一届(2009—2011 年度)"文明村"和"2011 年度平安和谐村"称号。2015 年被福建省民宗厅列为第三批"全省少数民族特色村寨保护与发展试点村"。被上杭县委、县政府授予第十三届(2015—2017 年度)"文明村"。是龙岩市 2021 年度"平安村居(社区)。

8. 德康村

1951 年,德成村与民康村合并,各取一字,称德康村。

德康村是以蓝姓为主的畲族村,位于官庄畲族乡中部,汀江东岸,距乡政府驻地 1 公里。

德康村村委会

全村地域狭长,东邻新民村,南接树人村,西与官庄村、福泉村隔汀江相望,北连红石村、濯坑村,南北相距10公里。全村总面积3.8平方公里,其中耕地面积13520亩,山林面积18200多亩,山上大部分是灌木和未成材的松杉林。县道河临公路在村头经过。

德康村历史悠久。蓝氏于明朝中期由树人村朴树下迁往德康村啄木寨、张坑里、张家山、梁吉坑开基。在民国时期称德成保。中华人民共和国成立后,1949年,为平安区德康村。1956年,德康村与树人村合并为树康乡。1958年,称官庄人民公社树康大队。1961年,德康与树人分设大队,称树康人民公社德康大队。1965年,树康人民公社并入官庄人民公社后,称官庄人民公社德康大队。1984年,称官庄乡德康村。1988年,称官庄畲族乡德康村。2021年,辖曹田上、张坑里、张家山、啄木寨、杨屋、何屋、乌石背、梁吉坑、茶头凹、杏头湖10个自然村18个村民小组。有816户3120人,全村80岁以上老人有91人(男25人,女66人),其中90岁以上老人有13人(男2人,女11人),80岁以上老人占全村人口的2.92%。年龄最长者为陈杵仁(男),98岁。有蓝、刘、何、杨、李、罗、吴、丘、陈等姓氏,少数民族蓝姓人口290户1350人。村委会驻何屋自然村。

该村耕地沿河是沙质土,靠山是山垅田,土质条件很差,水土流失严重,水资源缺乏,是官庄的一大旱区。中华人民共和国成立后,政府重视农田水利建设,发动群众,全民掀起兴修水利高潮,全村基础设施不断完善。1970年,在德成片下村兴建起一座电灌站,解决100亩农田灌溉用水。1991年,开通何屋至梁吉坑的村主干道8.5公里,翌年进行路面硬化。2007年,新建3层占地130多平方米的村部大楼及老年活动室。2008年后,开通何屋至杏头湖、张坑口至下只屋、张坑口至李屋、曹田上祠堂坪至岭子下的自然村便道。2009年,安装村主干道路灯36盏;是年,在上级政府的支持下,建成一座总库容10.92万立方米的石子水库,缓解民康片部分农田灌溉用水困难。2010年,修建占地60平方米的村卫生所。2011年,在梁吉坑山上修建大型蓄水池一座,并铺设供水管网,解决全村群众的饮水问题。2016年,投资180余万元建设梁吉山塘,解决生产用水。2017年,投资176万元建设智能温室大棚。2018年,投资35万元建设张坑口畲乡缘公园并成功举办第九届少数民族"三月三"文化节。2018—2019年,新建并硬化德康至梁吉坑村道2.9公里。2019—2020年,投资190余万元建设幸福院及党群服务中心大楼一栋。2020年,对汀江河德康下半村段进行安全生态水系治理。2013—2021年,获上级民族工作部门73.5万元资金帮扶,用于德梁线B段道路建设。

德康人勤劳俭朴、开拓进取、吃苦耐劳,为发展经济,全村每年劳务输出1300余人,劳务收入3000万元。在家村民以种植烤烟、槟榔芋及油菜为主,村民生活逐年好转,人居环境得到很大改善。

德康曹田上"九节黄龙"舞龙队伍,每逢春节活跃在境内外各村庄;德康村先后有刘华英的"华顺堂"、刘锡潮的"双顺堂"和刘桥贵的"万顺堂"3个木偶戏班。德康汀江沿岸5公里范围内坝基上有大量古樟树,20世纪50年代中期,树龄在数百年乃至上千年的古樟树被广东木材商贩大量砍伐;2021年,尚有古樟树300多棵。德康村张坑里下蓝屋有古民九厅十八井众厅一座。

德康人民具有光荣的革命传统。在第二次国内革命战争时期,全村有27人为革命事业光荣牺牲。

2021年6月,德康村党支部获得龙岩市脱贫攻坚及时性奖励评选办公室的"集体通报表扬"。

9. 新民村

新民村是以蓝姓为主的畲族村,地处官庄畲族乡东部,东与才溪镇才民村接壤,南与曾泗村隔山毗邻,西与树人村相连,北靠德康村。距乡政府驻地4公里。辖区面积6.92平方公里,耕地面积296亩,林地面积8000亩,其中毛竹林3000多亩。湘才公路由此经过。

新民村在民国时期称土垅湖。中华人民共和国成立后,1949年,属平安区树人村。1958年,称

新民村村委会

官庄人民公社新民大队。1961 年,称树康人民公社新民大队。1965 年,称官庄人民公社新民大队。1984 年,称官庄乡新民村。1988 年,称官庄畲族乡新民村。2021 年,全村分赤教、新湖、三斗岗、炳心坪、禾尚坑 5 个自然 5 个村民小组,有 148 户 736 人;全村 80 岁以上老人有 15 人(男 6 人,女 9 人),其中 90 岁以上老人有 1 人(女),80 岁以上老人占全村人口的 2.03%。年龄最长者为刘养秀(女),96 岁。全村姓蓝、阙,畲族蓝姓人口有 714 人。村委会驻三斗岗自然村。

1993 年,新民村利用上级政府的扶贫资金 13 万元,发动群众积极参与,架设官庄至新民的高压线路,全村村民都安装上电灯,从而结束靠松枝、竹篾、煤油灯照明的历史。1994 年始,政府对生产生活条件恶劣的赤教坑、禾尚坑两地村民,实施异地搬迁安置“造福工程”,两个自然村共 68 户 380 人,全部搬迁到官庄集镇附近村庄定居。1998 年,村“两委”积极争取资金,同时发动群众投工投劳,建起一栋占地面积 100 多平方米含村“两委”办公室、会议室、老年活动室等为一体的 2 层村部综合大楼。2004 年,开通长达 5 公里的村部至新湖至炳心坪等自然村的环村公路,并铺上水泥路面,群众出行条件改善。2013—2021 年,获得中央、省、市、县民族工作部门 96 万元资金扶持,用于新村规划、新村基础设施建设、道路建设等项目。

2008 年,新民村建成官庄花猪养殖基地,存栏数约 600 头,12 月,新民村新康养猪场被龙岩市花猪标准化工作领导小组授予“生猪标准化养殖场”称号。

该村地势崎岖,耕地少,且都是山垅田、梯田,沙质土多,水稻产量低,大部分农田只能种植地瓜等旱作物。新民村具有竹木资源优势,全村拥有毛竹林 3000 多亩,松杉林 6000 亩。长期以来,新民人“靠山吃山”,村民主要靠砍伐竹木制成产品出售,换取日常生活所需,维持生计。中共十一届三中全会后,随着山林权属的进一步落实,村民们管山、护山、封山育林的积极性提高,村民自留山管护严格,砍伐有序,植树造林,不失时机,竹木长势良好;并实现数十年无重大火灾事故发生。村里每年有 200 多人下广东、出厦门等地从事装潢、建筑行业,年创劳务产值 500 多万元。

2019 年在乡贤、深圳华晨创谷集团董事长蓝茂先的倡议下成立新民村奖教助学基金会。

10. 曾泗村

明初开基时,认为鸡垄寨崇像一张捕鱼网。方言渔网称“罾”,故称“曾子坑”。清初,人口增加。因西临汀江,北有徐坑溪,南有温屋溪,贯穿全村,汇入汀江,改名“曾泗村”。

曾泗村村委会

曾泗村是以蓝姓为主的畲族村,位于官庄畲族乡东南部汀江东岸,离乡政府驻地 8.5 公里。东与才溪镇交界,南与才溪曾坑村相连,

西与七里村隔江相望，西南与珊瑚乡华竹村隔江相望，北与树人村毗邻。辖区面积9平方公里，其中耕地620亩，林地12233亩（有阔叶林5000多亩），温屋自然村储藏有金矿、坪山自然村储藏有铁矿。水运上到长汀，下达永定峰市；有曾泗至树人村公路接县道湘才线。

曾泗村历史悠久，夏、商、周时期就有人类活动，西南村午笼岗遗址即其活动遗址。曾泗村在民国时期属树人乡曾泗保。中华人民共和国成立后，1949年称树人村。1958年，称官庄人民公社曾泗大队。1984年，称官庄乡曾泗村。1988年，称官庄畲族乡曾泗村。辖曾泗、溪边、林屋、温屋、新坪山、徐坑、当机岭下、长坝里、坪山9个自然村5个村民小组，有208户838人。有蓝、林、温、赵、张、陈等姓，其中畲族蓝姓有148人。村委会驻曾泗自然村。

20世纪90年代，曾泗村村民自筹资金，投工投劳开通树人吊钟至曾泗的机耕路，但由于道路窄小，泥土路面，到下雨天，车辆无法行驶。2001年，曾泗村被列为省扶贫开发重点村。2004—2007年，省驻村工作队、曾泗村“两委”争取省交通厅及市、县的支持，发动村民参与，拓宽改造树人至曾泗公路5.6公里，并铺设水泥路面；开通村部至坪山机耕路；开通有线电视和电话；建起建筑面积300平方米，合村部大楼在内的多功能宣传文化活动中心；为解决农田灌溉用水，村“两委”多方筹资，发动村民修建起5公里长的标准化渠道；还修建人饮工程。2013—2021年，获得中央、省、市、县民族工作部门72万元资金扶持，用于道路建设、毛竹林基地建设等项目。

曾泗村山林面积中阔叶林面积达5000多亩，适宜红菇生长。随着山林权属的落实，阔叶林资源得到很好的管护，红菇生长面积扩大，产量逐年增加。长期以来全村有50%的劳动力用于农田耕作，50%的劳动力则上山采松脂，伐竹木，夏天采红菇，冬天采香菇、药材等。改革开放后，改变单一种植水稻的传统耕作方式，烤烟、小米椒等经济作物和养殖业，同时，每年有200多人到外地务工，年创劳务收入400多万元。

第二次国内革命战争时期，曾泗村有自动报名参加红军23人，全村有13人为革命事业光荣牺牲，中华人民共和国成立后，被追认为革命烈士。

曾泗村从2007年至2021年都被上杭县政府评为“信用村”。2011年和2018年分别被上杭县委、县政府授予2010年度和2017年度“平安和谐村”称号。

（二）庐丰畲族乡

1. 立英村

该村往章金村途中，建有一座“麓荫亭”。以亭名为村名“麓荫村”，后谐音改为立英。

立英村村委会

立英村是以蓝姓为主的畲族村，位于庐丰畲族乡北部，距乡政府驻地2.5公里。东与三坪村接壤，南与丰康村相连，西与下坊村交界，北与章金村毗邻。辖区面积7.2平方公里，其中耕地面积783亩，林地面积5121亩。地下资源有锰矿、石灰石。省道东东线和县道大中线在村旁经过。

立英村在民国时期称立英保。中华人民共和国成立后，1949年，为庐丰区立英村。1958年，称庐丰人民公社立英大队。1984年，称庐丰乡立英村。1988年，称庐丰畲族乡立英村。2021年，辖湾下、连塘背、南腰里、凹下、赤猪岗、背头坪、大

坪岽、酸枣树下8个自然村8个村民小组，有242户1037人。有蓝、张、罗3姓，蓝姓人口占全村人口总数的三分之一。村委会驻湾下自然村。该村的酸枣树下自然村是革命基点村。

境内有全乡最大的水库——立英水库，总库容达70万立方米。沼气池建设项目是全省的示范村，建有沼气池100余口。20世纪80年代，办有立英石灰石厂、立英村竹编厂等村办企业，现已停办。立英村是烤烟生产主产区。

2013—2021年，获得中央、省、市、县民族工作部门58万元资金扶持，用于道路建设、路灯安装等项目。

境内连塘背后山的半山腰有块大岩石向前凸出，形似展翅飞翔的燕子羽翅，当地老百姓就把此地叫作“燕子岩”，山上建有庙宇，是个旅游景点。（详见本志第九章《畲乡旅游》）。

立英村在2012年获市级“生态村”称号。2020年，获龙岩市“平安村居（社区）”的荣誉。

2. 丰乐村

村头有个“登宝岌”，建有一座凉亭，供过往行人避雨歇足，亭名“丰乐”。以亭名取村名，故名丰乐村。

丰乐村村委会

丰乐村是以蓝姓为主的畲族村，位于庐丰畲族乡西北部，距乡政府驻地2.5公里，距杭永高速出口2公里，距上杭县城16公里。东与丰康村毗邻，南和丰济村接壤，西隔汀江与中都镇军联村相望，北和下坊村交界。辖区面积6.6平方公里，其中耕地面积1709.85亩，林地面积2475亩（有生态公益林240亩）。境内交通方便，省道东东线、大中线贯穿村庄，有大中线旁边的丰乐驿站至摩陀寨风景区的旅游公路，实现村道沥青路面2公里。

丰乐村在民国时期称丰乐保。中华人民共和国成立后。1949年，为庐丰区丰乐村。1958年，称庐丰人民公社丰乐大队。1984年，称庐丰乡丰乐村。1988年，称庐丰畲族乡丰乐村。2021年，辖宋公坪、陈屋、黄家头、塘下、上营前、下营前（大屋里、周屋、李屋）等6个自然村18个村民小组，有613户2225人，全村80岁以上老人有83人（男17人，女66人），其中90岁以上老人有15人（男1人，女14人），80岁以上老人占全村人口的3.73%。有蓝、陈、温、李、丘（邱）、周等姓，其中蓝姓338户1224人。村委会驻营前自然村。

丰乐村金花茶基地出产的金花茶（丰乐村委会提供）

耕地种水稻、烤烟、蔬菜，有部分山林资源。2011年3月，在宋公坪成立“上杭县三丰烟叶综合服务专业合作社”，是上杭县首家烟农专业合作社。合作社会员总数653名，注册资金112.5万元。合作社在烟叶生产减工降本、提质增效等方面取得突破性进展，实现良好的经济效益和社会效益，得到社员和周边群众的充分肯定。该村以“合作社+基地+贫困户”模式，创建丰乐金花茶扶贫基地，至2021年已种植金花茶育苗大棚200亩，林下种植800亩。企业有丰乐村机砖厂1家、卷材厂1家，农家乐2家，丰乐养老服务中心（五星级幸福院），上杭县畲寨情农民合作社和丰乐驿站及大中公路沿线经济带。

丰乐村是重点旱区,水资源极为缺乏。20世纪50年代,兴建民兵水库和马鞍、牛马角、泉水等5座山塘,是当地的主要灌溉水源。90年代,村“两委”积极争取上级资金扶持,实施人饮工程。1998年8月,由省兴业证券公司捐建的丰乐希望小学及兴业路工程动工兴建,年底竣工验收。随后,硬化村内的兴业路、康乐路、乐济路和环村路等道路。2013—2021年,获得中央、省、市、县民族工作部门84万元资金扶持,实施道路建设、路灯升级改造建设、公共停车场,裸房裸墙粉刷,平改坡,污水处理,文明实践中心,沿溪及登山漫道建设,垂钓区,民族团结主题公园,文创园等文旅康养产业,特色村寨建设、民族大道文化景观建设,百姓大舞台等项目。

土地革命战争时期,丰乐人民紧跟共产党闹革命,不少村民为国捐躯,中华人民共和国成立后,该村有15人被追认为革命烈士。该村的蓝少华曾任闽西苏维埃政府秘书长兼《红报》编辑,是杰出的代表。有红色文化遗址——苏维埃红色信用社旧址。

丰乐村有蓝氏念七郎公墓地、伯公庙(神坛)、李彩春围屋、邱自恒围屋4处古建筑(遗址)。辖区内有丰乐亭、仙水塘亭等景点。丰乐亭下厅口石柱上刻有一副楹联云:“行路最难,试遥看雨暴风狂,少安毋躁!入乡不远,莫忙逐车驰马骤,且住为佳。”此联如老友相逢,关切之情,溢于言表。体现丰乐人热情好客,乐善好施的淳朴民风。仙水塘亭位于丰乐村通往下坊德里山坳处,凉亭坐西朝东,面积约60平方米,三个通道,呈长方形,路中而建,斗拱脊吻,青甍黛瓦,四檐翘角凌空托举,构成颇具特色的建筑。每到酷暑,凉风习习,清风速爽,堪称一绝,过往行人皆忍不住一歇。古人的“三伏炎蒸人欲死,清凉到处顿疑仙”诗句,就是仙水塘亭清凉宜人的生动描绘。凉亭往西不到100米处,有一伯公亭,旁边有一石岩缝中流出的泉水,水流量不大,但清澈甘甜,长年不涸,慕名来此盛水的人络绎不绝。另在塘下桥旁,有一“贞洁”牌楼,左右立有高约3米石柱,石柱上有一对石狮,牌楼上原刻有“圣旨”的石碑已遗弃,牌楼后的房屋也因1996年的“8.8”洪灾而倒塌。1953—1955年,丰乐村曾成立“西溪汉剧社”,其中舞船灯是一个重要节目,所演《白蛇传》很受群众喜爱。为弘扬传统文化,组建丰乐村船灯队,纸伞舞蹈队,腰鼓队,山歌队等。塘下自然村的麦芽糖制作工艺列入龙岩市非物质文化遗产名录。

该村立足畲乡优势,发挥党支部带动作用,抓稳铸牢组织建设、硬件设施、制度建设、产业发展“四条线”,奏响民族团结进步大合唱,实现由“市级贫困村”到“省级乡村振兴试点村”的美丽嬗变。党建引领乡村振兴,丰乐村由党员牵头进行网格化管理,丰乐驿站设党员创业示范点,民族大道设党员示范路,全村环境卫生设8个片区的党员监督责任区。

丰乐村在1999年12月被福建省人民政府授予“民族团结进步模范单位”称号;2012年,被上杭县委、县政府授予2011年度“平安和谐村”称号。2012年4月、2015年11月和2018年10月,被上杭县委、县政府授予第十一届(2009—2011年度)、第十二届(2012—2014年度)、第十三届(2015—2017年度)“文明村”称号。2019年7月,被上杭县委评为“全县先进基层党组织”。2021年4月,被龙岩市委实施乡村振兴战略领导小组评为“十佳乡村治理村”。村妇代会在2008年12月被龙岩市委组织部、市妇女联合会评为“先进村(居)妇代会”;村关心下一代工作委员会在2019年9月被上杭县关心下一代工作委员会、县委组织部、县人力资源和社会保障局授予“关心下一代工作先进集体”。

3. 丰济村

因村中有一座石拱桥称丰济桥,以桥名取村名,故名丰济村。

丰济村是以蓝姓为主的畲族村,位于庐丰畲族乡东南部,距乡政府驻地1公里。东与太古村交界,南与扶洋村为邻,西隔汀江与中都镇长徐村相望,北与丰乐、丰康村相连。辖区面积14平方公里,其中耕地面积1680亩,林地面积11740亩(含生态公益林1657亩)。省道东东线和县道大中线

丰济村村委会

由此经过。

丰济村在民国时期称丰济保。中华人民共和国成立后，1949 年，为庐丰区丰济村。1958 年，称庐丰人民公社丰济大队。1984 年，称庐丰乡丰济村。1988 年，称庐丰畲族乡丰济村。2021 年，辖沙角里、田心路、长峰头、包屋、东山牌、柑树下、岗下、老圩墩下、麻子坝、墨瓦坵、水尾、青头坪、围屋里、坎下、新柑树下 15 个自然村，20 个村民小组，769 户 3184 人。有蓝、包、林、邓、罗、丘等姓，其中畲族 544 户 2163 人。村委会驻老圩墩下自然村。

耕地种水稻、烤烟、蔬菜。林地有松、杉、杂木。村民经商、务工，经济较活跃，生活较富裕。

1978 年冬，丰济大队建成装机 40 千瓦的白水寨水电站。2000 年始，丰济村建有总投资 300 万元的文化活动中心大楼，内设村卫生所、农家书屋、民俗展厅、村民党员议事室、远程电化教学室、老年活动中心，外有民俗活动广场、篮球场、羽毛球场等。2013—2021 年，获得中央、省、市、县民族工作部门 210 万元资金扶持，用于道路建设、特色村寨保护与发展等项目。

丰济村有省级文物保护单位：建于清乾隆年间（1736—1795 年），嘉庆十五年（1810 年）重修的天后宫，是中国共产党上杭县第一个农村支部诞生地；建于清乾隆年间的“蓝氏家庙”，是畲族蓝姓世系 128 代开基世祖念七郎公家庙。有县级文物保护点：建于清代乾隆年间的传统古民居麻子坝围龙屋。2010 年，丰济村“种玉堂”舞狮队组建成立。

土地革命战争时期，丰济村群众积极参军参战，中华人民共和国成立后，该村有革命烈士 16 名。丰济村是曾任福建省副省长、中共福建省委常委、福建省人大常委会副主任等职的蓝荣玉出生地。

丰济村在 2012 年获龙岩市“生态村”称号；是福建省乡村振兴实绩突出村。2017 年 9 月，被福建省住房和城乡建设厅、文化厅、文物局和财政厅列入“福建第二批省级传统村落名录”。2018 年，被福建省民宗厅列为第四批“全省少数民族特色村寨保护与发展试点村”。2020 年，被评为龙岩市“平安村”。2021 年，被福建省政府授予“全省民族团结进步模范先进集体”称号。2022 年 12 月，被福建省乡村振兴公布为“美丽田园”。

4. 丰康村

丰康村村委会

早时谦里蓝永华兴建一座凉亭，命名“康乐亭”。后来人们习惯称丰康，故名丰康村。

丰康村是以蓝姓为主的畲族村，是庐丰畲族乡人民政府驻地村。东与太古村交界，南同丰济村为邻，西与丰乐村隔溪相望，北与立英村相连。辖区面积 12 平方公里，其中耕地面积 1776 亩，林地面积 3800 亩。境内驻有幼儿园、中心小学、中学、卫生院、林业站、派出所等单位。省道东东线和县道大中公路由此经过。

丰康村在民国时期称丰康保。中华人民共和国成立后，1949 年称庐丰区丰康村。1958 年，称庐丰人民公社丰康大队。1984 年，称庐丰乡丰康村。1988 年，称庐丰畲族乡丰康村。2021 年，辖大路

背(谦里)、桐树园、老柑树下、沙坝巷、荷树下、竹佳塘、湖子面巷、公馆前(文馆里)、上田心(圳背)、下田心、官塘下(走马楼里)、七厅角里、鸭子圳沿巷、打栋下(上打栋下、下打栋下、杨屋、张屋巷)14个自然村27个村民小组,有738户3045人。全村有蓝、张两姓,除3户张姓汉族外,其余都为蓝姓畲族。村委会驻荷树坪里自然村。

村民种水稻、烤烟,从事经商、加工业或外出务工。

1990年,在村部设“老年活动中心”,组建畲民乐队、腰鼓队、秧歌队、舞龙队。2007年,在上杭县“首届客家民俗文物大赛”中,丰康村山歌演唱队代表庐丰畲族乡在比赛中获二等奖、“十番”音乐队获三等奖。2010年2月13日农历大年三十,舞龙队受邀在古田镇五龙村为中共中央总书记胡锦涛表演,深受好评。2011年,龙岩市“体彩杯”篮球公开赛上,代表上杭县获第二名。境内有县级文物保护单位廖氏花公墓。

2004年冬,丰康村的省级标准化农田示范片实施完成。铺设机耕路7条2700米,硬化田埂17条4000米,新建排洪渠8条4000米,灌溉渠1400米,防洪堤550米,坡头2座。2013—2021年,获得中央、省、市、县民族工作部门208万元资金扶持,用于文化中心大楼建设、优质稻种植、特色村寨保护与发展、路灯亮化建设等项目。

丰康村在1990年获福建省政府授予“民族团结先进单位”称号。2012年,被福建省民宗厅列为第二批“全省少数民族特色村寨保护与发展试点村”,获龙岩市“生态村”称号。2017年,被国家民委列为“中国少数民族特色村寨”;被福建省民政厅授予“农村社区建设省级示范单位”。2019年,被福建省卫生健康委授予“全国老年人心理健康关心关爱试点村”,被列入省级乡村振兴试点村、省级“一村一品”示范村(烤烟)和龙岩市精准扶贫先进单位,村幸福院被评为“省级五星级农村幸福院”。2020年,列入龙岩市“十佳农村人居环境整治村”,被福建省民宗厅列入首批“民族村振兴示范点”单位。2022年12月,被福建省乡村振兴局公布为“美丽乡村休闲旅游点(美丽民族特色村寨)”。

该村是曾任中国人民解放军铁道兵副司令员、少将蓝庭辉的出生地。

5. 扶洋村

扶洋村是以蓝姓为主的畲族村,位于庐丰畲族乡南部,距乡政府驻地7.5公里。东与稔田镇的南坑村、石牌村相邻,西与丰济村接壤,南以铁峰村相连,北与丰济村、太古村接壤。全村东西相距约4.5公里,南北距离8公里,辖区面积18平方公里,其中耕地面积1452亩,林地面积20487亩。有铁峰至庐丰集镇的乡村公路过境。

扶洋村村委会

扶洋村原名为扶阳,民国元年(1912年)改为湖洋。在民国时期称湖洋保。中华人民共和国成立后,1949年,为庐丰区湖洋村。1958年,称庐丰人民公社湖洋大队。1978年,湖洋大队分为“湖洋”“大丰”两个大队。1983年,因与上杭县湖洋人民公社的湖洋大队重名,改称扶洋大队。1984年,称庐丰乡扶洋村。1988年,称庐丰畲族乡扶洋村。2021年,辖庐源洞、岗背、赤泥塘、禾坪下、自斜里(畲里)等5个自然村8个村民小组,有278户1193人,全村80岁以上老人有45人(男18人,女27人),其中90岁以上老人有10人(男3人,女7人),80岁以上老人占全村人口的3.77%,有百岁老人1人,蓝福英,女,101岁。有蓝、丘(邱)、曾、王等姓。村委会驻禾坪下自然村。

扶洋村有“扶洋八景”:石门锁钥、铁嶂朝云、文峰耸秀、西林钟鼓、莘煅乐耕、竹迳樵歌、龙冈吉庵、西来洞口。境内山林面积较大,有丰富的林木,地下蕴藏着丰富的铁、金、铜、钼、钨、石灰石等矿产,在清代康熙年间就有开采铁矿。1988 年 6 月,庐丰乡湖洋铁矿厂成立。2004 年,扶洋磁铁厂和扶洋铁矿 II 号矿及 II 号矿体规模化开采。扶洋岗背的钼矿也探明有相当大的储量,这些丰富的矿产资源,都具有较高的开采利用价值。该村有两座私营股份制水电站:扶洋铁屎溪水电站,装机 250 千瓦,水头 22 米,年发电 120 万千瓦时;扶洋村庐源洞水电站,装机 125 千瓦。农作物二至三熟,水稻、地瓜、花生等为本地主要农作物。村民外出务工。2013—2021 年,获得中央、省、市、县民族工作部门 155 万元资金扶持,用于道路建设、文化活动中心建设等项目。

该村是“梅花拳”的发祥地。清朝嘉庆道光年间,扶洋村的丘正元跟随来上杭演出的安徽凤阳花鼓戏班的武师到北方习武,后来,丘正元又和戏班的花鼓娘子梅花(原名王秀英)一起到河南拜五梅祖师的弟子为师。由于丘正元和梅花谦虚好学,深得师父赏识,得五梅拳真传,成为五梅拳在闽西地区的一代宗师。

1980 年春,湖洋大队(即今扶洋民族村)成立线剧团(也称木偶剧团),大队书记邱干琴、大队长丘灿洪任正副团长,聘上杭县木偶剧团原专业演员、乡贤王金福为导演,有演职人员 13 人,剧团经常在本村及邻近乡村演出,活跃人民文化生活。2022 年 2 月 27 日,该村老艺人丘衍林将其保存近 50 年的庐丰公社湖洋大队线剧团近 30 个木偶像及戏装约 110 件套移交村委会,使沉睡多年的国家级非物质文化遗产传承实物得以重见天日。

该村乡贤邱少春是福建省歌舞剧院国家一级演员,有“世界华人吹叶第一人”之美誉。在他的支持下,村成立树叶吹奏队。2015 年,上杭树叶吹奏技艺列入福建省非物质文化遗产名录。

该村铁嶂山为庐丰乡与稔田镇的界山,民国《上杭县志》说:“石壁峭削,势若屏障。山之西,旧尝产铁。”山上曾建寨,称铁障(嶂)寨。“扶阳八景”古诗文有《铁嶂(铁嶂寨)朝云》:“铁嶂晴岚景物妍,一轮晓日沐云烟;迷离淡罩猴岩翠,缭绕轻笼古寨鲜。讶道天公遗鹤羽,更疑仙子晾琼毡;共跨出岫巫山胜,底事潜移在此巅。”

扶洋村在 2012 年获龙岩市“生态村”称号。是龙岩市 2021 年度“平安村居(社区)”。

(三)临江镇

东南社区居委会

东南社区居委会

东南社区居委会是以蓝姓为主的畲族社区居委会,位于上杭县城东南方向,故命名为东南社区居委会。东邻紫金公园,西与临城镇土埔村接壤,南和工业园区毗邻,北依汀江河,辖区总面积 24.04 平方公里(含原居住地的山场林地),共有耕地面积 656 亩,人均 0.3 亩耕地,生态公益林林地面积 3 万亩。

东南社区由福建省棉花滩水电站库区建设移民组建的社区,1999 年 8 月至 2000 年 3 月,上杭县稔田镇栗树村、梅镇村、黄罗村及下都镇三益村岩村组的库区移民迁入临江镇。2000 年 3 月 17 日,上杭县人民政府印发《关于同意临江镇成立东南居委会的批复》(杭政[2000]综 69 号),成立东南居民委员会,属临江镇。2002 年 4 月,设东南社区居民委员会,属临江镇。2003 年,福建省民宗厅批准为少数民族社区。2021 年,辖球楼山、杉树

窝、奋斗窝、菖蒲塘4个居民点17个居民小组，常住人口656户3129人，其中少数民族106户586人。有李、何、黄、罗、曾、邱、蓝7个姓氏。因该社区有稔田镇黄罗村的罗围组、九珠坑组、河东组、栗树村的黄沙埔组、陂下组、大石下组和下都镇三益村的岩村组等7个村民小组属革命基点村，所以列入革命基点村管理，有革命"五老"人员57人。社区居委会驻球楼山居民点，有琴岗路、省道东东线等道路经过各居民点。

20世纪80年代初期，广东大埔技校在稔田镇创办电子、制衣分校，当地大批青年参加学习培训，培训后的学员向制造业发达地区劳务输送，通过几十年的勤学苦练，不少人成为企业管理精英。东南社区以李世标、罗冬连夫妻和李世敏、李世玉、何德芬、何荣汉、曾永明、蓝辉、蓝振明、蓝林生等为代表的有志青年自谋职业，返乡创办制衣厂，为辖区的剩余劳动力解决出路，目前辖区内的制衣小作坊有8家。据经不完全统计，东南社区外出厦门、福州、广东、江西、江苏、上海、山东、山西、安徽、内蒙古、青海，辽宁、吉林、黑龙江等地从事灯饰、电脑配件、电熔焊接、机械制造等从业人员300多人，为东南社区经济提升带来强劲的动力。伴随改革开放的纵深推进，大批优秀青年，在高等技校认真攻读专业技术知识，学有所成。东南社区居民人均分配3分耕地，在家人员从事农田耕作，在县城打工，部分居民从事水产养殖和山地综合开发，发展水产养殖面积190亩，种植橄榄、蜜柚780亩，居民安居乐业，经济收入稳定。社区居民从1999年开始搬迁至安置点以来，生活水平不断提高，农民人均可支配收入从1999年的2000余元，增加到2021年的22458元。

社区居民住宅用地由县库区移民局及有关部门统一规划，分为70平方米和90平方米两种户型，门前巷道宽5米，主干道及巷道水泥路硬化并装有路灯。依托城区、融入城区，教育、体育和卫生事业均有极大发展。

1999年始，社区先后建成办公大楼1幢、综合大楼2幢；建成球楼山62平方米老年人文化活动中心，篮球场和羽毛球场及综合路径健身器材；建成奋斗窝450平方米的移民文化活动中心大楼，篮球场和羽毛球场及综合路径健身器材；建成杉树窝有多功能运动场（灯光篮球场、综合路径健身器材、棋牌）；建成菖蒲塘有110平方米二层的老年人文化活动室和篮球场及综路径健身器材。

2013—2021年.获得中央、省、市、县民族工作部门25万元资金扶持，用于老年活动室建设、开展民族团结进步创建活动等项目。

东南社区在2010年7月被福建省"平安家庭"创建活动领导小组授予"先进示范社区（村）"。2011年7月，被龙岩市依法治市领导小组、龙岩市法制宣传领导小组授予"2006—2010年度全市法制宣传教育先进单位"。2014年12月，被国家减灾委员会、民政部授予"全国综合减灾示范社区"。2015年7月，被龙岩市委、市政府授予第十二届（2012-2014年度）"文明社区"；12月，被福建省体育局、老龄办、老体协授予"老年人健身康乐园"。2017年3月，被国务院防患和处理邪教问题办公室授予"2015百县千乡万村无邪教创建示范工程"活动创建无邪教示范社区。2017年6月、2020年12月和2021年12月，被龙岩市委、市政府评为"平安村居（社区）"。

（四）临城镇

1. 石砌村

石砌村位于临城镇西北部，是以钟姓为主的畲族村，距镇政府驻地11公里。东靠白玉村，南联古石村，西邻旧县镇梅溪村，北隔旧县河与梅溪村、谷坑村相望。属较低矮山脉组成的丘陵地，平均海拔高度190米。辖区面积11平方公里，其中耕地面积540亩，山林面积4465亩。汀江支流旧县河流经石砌村，国道205线和长深高速穿村而过。

石砌村在明清时期属在城里。民国时期属第四区梅溪乡石砌保。中华人民共和国成立后，1949

年，属旧县区梅溪村。1953 年，划归第一区（附城区）。1958 年，称城郊人民公社石砌大队。1960 年，城郊人民公社与城关人民公社合并后属城关人民公社；1961 年，从城关人民公社划出，称梅溪人民公社石砌大队；1964 年 4 月，称城郊人民公社石砌大队；1984 年，称城郊乡石砌村；1986 年，称临城乡石砌村；1993 年，称临城镇石砌村。2021 年，辖洋楼里、老屋里、大坪里、大庄岗 4 个自然村 6 个村民小组，全村姓钟、郭、黄，230 户 1060 人，其中钟姓人口约占全村总人口的 86%。村委会驻大庄岗自然村。

石砌村村委会

石砌村耕地主种水稻、西瓜。是上杭县“一村一品”西瓜种植示范村，种植面积 150 亩，2021 年，每亩收益 7000 元。2018 年，引进蓝莓种植 120 亩，2021 年，每亩收益 16000 元；绿谷优蓝专业合作社带动 15 户 72 人贫困户承包 27 亩蓝莓基地，2020 年参与的贫困户年增加收入 1 万多元。庆方合作社带动 6 户 18 人养殖肉鸡，年出栏 30 万羽。2021 年 5 月 22 日，临城镇在石砌村蓝莓产业基地举办了“魅力畲村 · 秘谷美莓”首届蓝莓采摘文化旅游节。蓝莓种植项目每年可增加村财收入 12 万元。（插入图片）2003 年 1 月，该村成立老年协会，由该村村民陈汉辉每年向协会捐赠 5 万元，按每人每月 30 元的标准，向全村 100 多位 60 岁以上老人和残疾人发放最低生活保障费；同时，全村 60 周岁以上老人由村老年协会统一交纳医保——个人缴费。

1997 年，石砌村争取上级资金 12 万元，全村集资 19 万元，共投入 31 万元，动工兴建石砌水电站；1998 年 6 月，装机容量 55 千瓦，年发电量 22.4 万千瓦时的石砌水电站并网发电。2020 年，石砌村统筹上级下拨的扶贫资金，发展光伏发电，建设装机容量 43 千瓦的光伏发电站，不仅破解“无米之炊”的困境，增加村集体经济收入，还变“一次输血”为“长效造血”，石砌村有了“阳光收入”。2013—2021 年，获得中央、省、市、县民族工作部门 32.5 万元资金扶持，用于整村污水处理工程、农民公园、幸福院、人饮工程、道路硬化、水库护堤、骨灰堂建设和西瓜、蓝莓种植基地建设、民族文化长廊建设及光伏发电等较大基础设施和社会事业项目。

2021 年，上杭县临城镇石砌民族村举办首届蓝莓采摘文化旅游节（石砌村委会提供）

石砌村有古石岩旅游景点（详见本志第八章《畲乡旅游》）。

该村是曾任清末福建、浙江水师提督钟宝山和曾参加过长征的老红军钟畔猷的故乡。

石砌村在 2014 年、2015 年被上杭县委、县政府评为“平安村”。

2. 西南村

西南村地处县城和临城镇西南部而得名。西南村是以钟姓、蓝姓为主的畲族村，位

于临城镇西南部，距镇政府驻地2公里。东南与城西社区毗邻，南与璜岗村、六甲村相连，西邻湖洋镇文光村，西北与西郊村、西陂村和湖洋镇元丰村接壤。在205国道沿线有石门障、三坑里、李家园3个自然村，深陂水库周围有黄坑、深陂、小磜3个自然村。辖区面积12.69平方公里，其中耕地面积1560亩，山林面积近万亩。永武高速、永杭高速和205国道在村旁经过。

西南村村委会

民国时期，分属通驷保、三坑保、元迳保。1949年9月，为附城区西南村；1958年人民公社化后，设三坑大队、深陂大队，属城郊人民公社；1960年，城郊人民公社与城关人民公社合并后属城关人民公社；1961年，从城关人民公社划出，称城郊人民公社三坑大队、深陂大队；1964年"社教"时，三坑大队与深陂大队合并称城郊人民公社西南大队；1984年，称城郊乡西南村；1986年，改称临城乡西南村；1993年，称临城镇西南村。2021年，辖黄坑、三坑里、深陂、石门障、小磜、李家园6个自然村20个村民小组，770户2850人。全村有钟、蓝、林、刘、赖、汤、丁、巫等姓氏，其中畲族人口680人。村委会驻地在三坑里自然村。

西南村耕地主种水稻和蔬菜，淡水养鱼（渔业养殖面积300多亩）。村民靠进城和外出经商务工，种养殖业为主要收入来源。

2012—2017年，西南村投入资金700万元，完成约7.6公里的道路拓宽、水泥路面硬化和建成石门障大桥。2013年，对巫屋至深陂水库副坝段长约2.2公里的道路进行升级改造，改弯取直，路面扩大到8米—10米。由城区自来水公司管网延伸供给，实现三坑、李屋、石门、深陂4个自然村安全用水，解决430户1800多人吃水难问题。全村实行生活垃圾集中收集清运，做好养殖业污染治理，到2016年拆除生猪养殖场21092.69平方米。2013—2021年，获得中央、省、市、县民族工作部门71万元资金扶持，用于花木培育基地建设、道路建设等项目。境内的深陂水库被上杭县政府规划为旅游观光发展项目，2016年，列入美丽乡村建设（2016—2018）三年行动计划村。

该村是龙岩市"生态村"，多次被授予"信用村"称号。

位于上杭县临城镇西南村的深陂水库（西南村委会提供）

附：临城镇西南民族村深陂水库简介

深陂水库地处临城镇西南民族村深陂自然村，位于镇政府驻地西北面，相距5公里。坝址以上集雨面积5.4平方公里，水库总库容677万立方米。水库枢纽工程由大坝、溢洪道、输水涵洞等组成。大坝为均质土坝，坝高223.6米，最大坝高19.6米，坝顶宽度4.5米。是一座以灌溉、防洪为主的小（一）型水库。水库工程于1965年

1月破土动工,1970年12月建成。2010年列入中央投资重点小(一)型病险水库除险加固项目,项目概算总投资为416.88万元。深陂水库产权属于临城镇政府,管护机构为深陂水库管理站。深陂水库为上杭县文物保护点。

3. 上登村

上登村是以钟姓、蓝姓为主的畲族村,位于临城镇西南部,距镇政府驻地13公里。东邻龙翔村,南靠中都镇军联村,西与武平县象洞镇接壤,北与六甲村相连。辖区面积19.71平方公里,其中耕地面积2500多亩,林地面积2.6万亩,地下蕴藏大量稀土、钨矿。上登溪由西向东,贯穿上坊盆地和下坊盆地,地势西高东低,溪面越来越宽,灌溉着千亩良田。县道临城至下都五峰公路(简称临峰线)穿村而过,境内还有通往新丰村的乡村道路和上杭通往武平象洞的上象线,各自然村均通公路并硬化。

上登村村委会

上登村在民国时期属第一区信和乡,设下坊保、上坊保。中华人民共和国成立后,1949年,属信和区古楼村。1953年,属附城区六甲乡。1957年冬,属城郊乡。1958年10月,称城郊人民公社上坊大队、下坊大队。1961年,属六甲人民公社。1964年4月,六甲人民公社并入城郊人民公社,上坊、下坊、新丰3个大队合并称城郊人民公社上登大队。1984年,称城郊乡上登村。1986年,称临城乡上登村。1993年,称临城镇上登村。2021年,辖文丰、燕丰、章坑、村头、南山、田心、石门、九畹、葫芦岗、蓝田、万宜坑11个自然村24个村民小组,全村567户2575。有蓝、钟、赖、罗、刘、林、周等姓,畲族人口占全村人口的30%(畲族蓝姓500余人,钟姓200余人),是临城镇最大的少数民族村。村委会驻葫芦岗自然村。

境内平均气温19.3度,山地海拔在280米—480米之间,属中、低丘陵,非常适宜水稻、烤烟和各种果树、蔬菜、食用菌等生长。耕地主种水稻、烤烟,是临城镇粮食主产村之一;种植果树2515亩,以红心柚、脐橙为主导产业,已投产1000多亩,是上杭县"一村一品"红心柚产业示范村;种植烤烟800多亩,形成果、烟两大支柱产业。该村曾是养猪产业村,2016—2017年,党员、干部带头拆除猪场146家,26525.04平方米。

2013—2021年,获得中央、省、市、县民族工作部门30万元资金扶持,用于红心柚基地建设、"回澜阁"畲族文化公园建设等项目。

境内钟姓少数民族聚居的田心自然村有福建省文物保护单位回龙阁、蓝姓少数民族聚居的兰田自然村有上杭县文物保护单位回澜阁,还有建于明代的单孔石拱桥——仙人桥。

该村获上杭县政府上杭县委授予的"烤烟生产收购工作先进村"、"信用村","先进基层党组织","文明村"等荣誉称号。

(五)湖洋镇

1. 碧田村

碧田村是以钟姓为主的畲族村,位于湖洋镇东北部,距镇政府驻地28公里,汀江西岸,东南与旧县镇谷坑村、迳美村为界,东北与武平县中堡乡悦洋、岭头村毗邻,西与涧头村、新塘村相接。辖区面积5.8平方公里,其中耕地面积661亩,林地面积6900亩,矿产资源有大极岗金矿。县道河临线从村

中穿过。

碧田村村委会

碧田村内原有八个墩,明代称八墩沙,后演变为碧田沙,简称碧田。碧田村民国时期设碧田保。中华人民共和国成立后,1949 年,为信和区碧田村。1956 年 8 月至 1958 年 5 月,隶属于附城区,1958 年 5 月,设碧田乡农业合作社,隶属于寨背乡人民委员会。1958 年 9 月,改称为碧田生产大队,为湖洋人民公社所辖。1961 年 6 月至 1965 年 4 月,划归寨背人民公社管辖。1965 年 4 月,寨背人民公社并入湖洋人民公社,称湖洋人民公社碧田大队。1984 年,称湖洋乡碧田村。2013 年,称湖洋镇碧田村。2021 年,辖龙头、上黄屋、碧田、林大坑 4 个自然村 14 个村民小组,有钟、黄等姓 365 户 1640 人,其中钟姓有 1300 人。村委会驻碧田沙自然村。

村民种植水稻、甘薯、大豆、花生、马铃薯和蔬菜,从事水产养殖,外出务工。

民国时期,村中设简易初级小学。中华人民共和国成立后,设立碧田初级小学;1975 年,由初小升格为完全小学。1991 年,筹集 10 余万元新建教室和教师宿舍,学校教育教学条件得到改善。1995 年 8 月,碧田初小又升格为完小。2003 年秋,因生源不足,被撤为初小,不久改为教学点。2007 年,村筹资 10 万元作为碧田村奖学基金和敬老基金,奖励莘莘学子和慰问老人。

1969 年,村设立合作医疗站,有赤脚医生 1 名。1983 年,改为村卫生所,有乡村医生 1 人,为村民诊疗疾病提供方便。2006 年,实行新型农村合作医疗制度,每年全村参合率达 95%以上,切实减轻了村民因病住院治疗费用的负担。

2003 年,新建村部综合楼,设村“两委”办公室、阅览室和活动室,备有科技和种养实用技术等多种图书、报刊供村民阅读。是年,筹资 80 多万元,在汀江河上建造碧田大桥,2006 年 2 月,竣工通车,结束了沿河两岸往来靠摆渡的历史。铺设长达 9 公里的村主干水泥路面和开通机耕路 3 公里。2007 年,集资 60 余万元建设“人饮工程”,引用小坑里山泉建成自来水厂,解决村民饮水问题。2013—2021 年,获得中央、省、市、县民族工作部门 62 万元资金扶持,用于村中主干道龙头路、林大坑路、园丁路路面硬化,建成园丁桥、江滨休闲公园、龙头河堤路、南岸机耕路、上坑机耕路、上坑水库道路,实施完成人饮工程和路灯建设,解决村民安全饮水和出行照明问题,实施畲族文化活动中心项目建设。

村头汀江西岸的石山峡内,形似站立一个古代武将杨文广石像,形象逼真。

碧田村在 1999 年 9 月被福建省人民政府评为“福建省民族团结进步模范集体”。2021 年 5 月,被福建省爱卫办命名为“2021 年福建省卫生村”。

2. 加庄村

相传清代,上杭县城的田主在此地出租大量土地,每年收租无法及时调运,就在此村建一仓库,故名下仓,因谐音,后称加庄。

加庄村是以蓝姓为主的畲族村,位于湖洋镇北部,距镇政府驻地 14 公里,汀江西岸。东邻元丰村,南接岩头村,西靠寨背村,北连福全村。辖区面积 3.3 平方公里,其中耕地面积 560 亩,林地面积 3961 亩,矿产资源有稀土。通桥至迳口公路穿村而过。

加庄村在民国时期设下仓(加庄)保,后改为福泉保。中华人民共和国成立后,1949 年,属信和区寨背村。1958 年,称湖洋人民公社加庄大队。1961 年 6 月至 1965 年 4 月,设寨背人民公社加庄生产大队。1965 年 4 月,湖洋、寨背两公社合并为湖洋人民公社,称湖洋人民公社加庄大队。1984 年,称湖洋乡加庄村。2013 年,称湖洋镇加庄村。2021 年,辖蓝屋、朱屋、林屋、赖屋 4 个自然村 6 个村民小组,有蓝、赖、林、朱等姓 224 户 863 人,其中蓝姓有 372 人。村委会驻林屋自然村。

加庄村村委会

耕地多为高排田,以栽种水稻为主,甘薯、脐橙,大豆和烤烟次之。山林多为松、杉混合林,山坡植被覆盖较好。全村 90%青壮年外出务工,主要从事木工和泥水匠工作。

民国,村内未设立学校。1950—1970 年,学龄儿童到就近的寨背小学就读。1971 年,设立加庄分班。1982 年.设加庄初级小学。2001 年,设为加庄教学点。2005 年秋,加庄教学点撤并到福庄小学。

20 世纪 70 年代前,加庄村的交通极为落后,仅靠一条北至迳口往汀州、东至元丰往上杭的小道与外界来往,生产、生活资料全靠肩挑手提。1972 年,建设河临公路上杭至官庄段,从加庄村经过,架设加庄大桥,给村民的生产、生活带来极大的便利。2016 年,村"两委"筹集资金兴建岗下桥,并开通与之连接的村主干道。2000 年,进行村主干道改建和路面硬化,村民往来更为便捷。1997 年,新建村部办公楼一座。2020 年在蓝屋岗上新建少数民族文化广场。2021 年,全村 99%农户告别昔日泥墙房屋,住进砖混结构的宽敞整洁的新楼房。2013—2021 年,获得中央、省、市、县民族工作部门 78 万元资金扶持,用于进村道路硬化及村内各自然村道路硬化,实施人饮工程、老年活动室、农田水利设施、点位改造工程和樟树、油茶种植基地,实施防洪堤及沿河道路建设等项目。

加庄村在 2002 年被上杭县委评为"'三个代表'重要思想学习教育活动先进单位"。2003 年被上杭县委、县政府授予第八届(2000—2002 年度)"文明村"称号。2011—2015 年,2019—2020 年被评为龙岩市"平安和谐村"。2021 年,被龙岩市委、市政府授予第十四届(2018—2020 年度)"文明村"称号。

新坊村村委会

3. 新坊村

新坊村由 3 座小山,加上 2 条小坑流汇村中,雨季坑水浑浊,俗称小浑坑、小云坑。1976 年从五坊大队划出,因是新成立的大队,故为新坊大队。

新坊村是以钟姓为主的畲族村,位于湖洋镇南部,距镇政府驻地 3.3 公里。峰顶崀西北,东与湖洋村毗邻,西与武平十方镇熊新村相连,南与五坊村交界,北与湖洋村接壤。辖区面积 3.0 平方公里,其中耕地面积 1082 亩,林地面积 5600

亩。耕地种水稻、烤烟、地瓜。村民农闲从事建筑、油漆和棕制品、米粉加工。产松脂、耐火石、高岭土。乡村公路接湖洋集镇至龙山村的公路。

新坊村在民国时期设小泮甲，属五坊保。中华人民共和国成立后，1949 年属信和区五坊村；1958 年 10 月，属湖洋人民公社五坊大队；1976 年，从五坊大队划出设新坊大队，称湖洋人民公社新坊大队。1984 年，称湖洋乡新坊村。2013 年，称湖洋镇新坊村。2021 年，辖崩蓬下、粟地、土楼、下迳、小泮、寨上、长排里、钟屋 7 个自然村 13 个村民小组，有钟、赖、周 3 姓 318 户 1428 人，其中钟姓有 343 人。村委会驻小泮自然村。

新坊村民曾以农耕为主，农闲时从事建筑、油漆、裁缝、砖瓦和棕制品、米粉、竹器、银器及棉被加工等十几种技艺，尤其是棕制品加工，在 20 世纪 50 年代至 70 年代最为盛行，小泮自然村有 70%的农户从事棕索、棕衣、棕垫等棕制品的加工制作，产品远销广东、江西等地，成为村民收入的主要渠道。随着塑料产品的出现，棕制产品逐渐退出市场。2018 年 6 月，新坊村棕索编织工艺列入龙岩市非物质遗产名录。50 年代中期，下迳自然村的米粉加工作坊发展到 10 多家，砖瓦窑发展到 7 只，产销两旺。1955 年至 1967 年，小泮曾利用当地高岭土资源办过瓷厂。80 年代后，这些靠半机械或手工加工制造的产品，因效率低，成本高，失去竞争力而淡出市场。随着社会、经济形势的改变，村民主要经济来源也相应改变，他们外出务工，从事木工、泥水工，留村的村民种植水稻、烤烟、甘薯、大豆、花生和养殖家禽家畜。

民国时期，新坊村在小泮开设一所简易初级小学。中华人民共和国成立后，由政府接管，设立小泮初级小学。1975 年，升格为完全小学。1990 年，撤并新坊小学改为初小。2003 年，改为教学点。2005 年秋，新坊村学龄儿童并入湖洋中心小学就读。

1970 年，办起合作医疗站，有赤脚医生 2 名。1983 年改为村卫生所，有乡村医生 2 名。2009 年实行新型农村合作医疗制度，每年全村参合率 95%以上。

2013—2021 年，获得中央、省、市、县民族工作部门 39.5 万元资金扶持，用于村幸福院、卫生所、道路、路灯、自来水等项目建设。

新坊村在 2021 年 11 月被福建省爱卫办命名为“福建省 2021 年卫生村”。

4. 文光村

明代温氏在此开基，房旁有山岗，故名温岗背。后村中有位赖龙光，在浙江宁波任知府，将村名改为文光村。

文光村村委会

文光村是以钟姓为主的畲族村，位于湖洋镇东部，距镇政府驻地 2 公里。东临临城镇西南村，南靠古楼村，西与湖洋村相连，北至岩头村、元丰村和临城镇。辖区面积 9.8 平方公里，其中耕地面积 1616 亩，山林面积 9530 亩。距县城 9 公里，205 国道、双龙（龙岩至广东龙川）高铁、古武高速、永杭高速穿村而过，紧临双龙高铁上杭车站和永杭高速上杭西出口。

文光村在民国时期设文光保。中华人民共和国成立后，1949 年为信和区文光村。1958 年 10 月，成立湖洋人民公社，文光村与湖洋村合并为湖光大队。1976 年，从湖光大队分出设文光大队，称湖洋人民公社文光大队。1984 年，称湖洋乡文

光村。2013年,称湖洋镇文光村。2021年,辖安山、凹子上、湖架上、卷坑、欧坑、排子上、文光背、钟屋8个自然村15个村民小组,有钟、赖、刘、林、吴等姓412户1543人,其中钟姓有481人,全村畲、汉人民和睦相处。村委会驻文光背自然村。

文光村曾经是一个水土流失非常严重的贫困村,村民长期以来以耕田为主,做生意和从事泥木工匠为辅的方式谋生度日。70年代,在观音井山场办集体茶场种植茶叶300余亩。1982年,实行农村家庭联产承包责任制,改变单一的种植方式,以市场需求为导向,把原来的300余亩茶园改种为脐橙、柑橘等经济作物,大力发展烤烟、水果、茶叶、养殖业,农民收入不断增加。2000年始,村"两委"为治理好水土流失的问题和脱掉贫困村的帽子,帮助贫困户实现脱贫致富,将6000余亩土地流转给种植户,与观音井百果园相联结,并将48户种植大户和家庭农场主组织起来成立全市首个果业商会——"观音井同心果业商会",并吸纳贫困户入会,一同学习科普知识和电商营销经验,一同外出参观学习取经,实现联动发展,带动脱贫致富。全村种植有50多种水果树,实现一年四季有花有果,年产水果600多吨。2007年,上杭县人民政府将文光村列为"一村一品"(脐橙)村。2008年,列为龙岩市政府推广"五新"(新技术、新品种、新化肥、新农药、新机具)工程示范村。2017年,实现果业产值达600万元,村民收入近300万元,村集体经济收入近6万元。2021年,观音井百果园总规划面积1.5万亩,形成"万亩果园、千亩梅园",季季有花看、月月有果摘景观。园内种植品种有脐橙、杭梅、春见、蜜雪梨、葡萄等50多种,其中杭梅1000亩,脐橙3600亩,杭晚蜜柚和红心柚1000亩,蜜雪梨260亩。

2018年始,龙岩市、上杭县民族宗教局、文旅局、农业农村局等单位和湖洋镇党委、政府以文光村百果园园区为依托,发挥地域、资源、文化等优势,每年都定期举办"梅花节""杭梅文化旅游节""水果采摘节"等活动,将种植、加工、乡村旅游有机结合,形成一产业二产业三产业(简称"三产")融合发展,深度开发集"采百果、品蒸鸡、垂钓养生、步行健身、休闲度假"为一体的综合体,每年接待游客15万人次,开办10家农家乐,旅游年收入近600万元,为实施乡村振兴战略奠定良好的基础。每年元旦举办的福建省梅花节,把"福建省梅花节"打造成上杭县除红色古田、才溪及梅花山外的又一张新名片,推动上杭全域旅游,打造乡村振兴的上杭样板,让乡村留得住美景,留得住人,更留得住乡愁。

1994年,文光村列入上杭县新村规划建设试点村。1997年,文光村被列为上杭县示范整治村,以整治脏、乱、差为突破口,开展清洁家园行动,对有碍村容村貌的厕所、猪禽圈、违章搭盖等建筑物,由村统一清理、迁移或拆除,组织村民清理路、沟和垃圾。经过两年时间的整治,"五改"(改水、改电、改厨、改厕、改采光)初见成效。村的中心地域纷纷建起高质量的现代化式的民房、商店、学校、卫生室、村部。全村99%的村民都住上新房。1998年,在上级支持下,村集资总投资100余万元开通全村环村道路并进行路面硬化,完成观音井生态旅游区水泥路面铺设,极大地改变了交通条件。

"民族团结进步宣传月"期间,文光村通过悬挂横幅、发放民族团结进步宣传材料、召开座谈会、入户宣传、举办文艺晚会等多种形式,宣传党的民族政策以及村里的发展变化,营造爱国家、爱集体、爱民族,讲文明、讲团结、讲奉献的浓厚民族团结进步氛围,使广大村民和游客在活动中受到民族团结进步教育。同时向上争取资金,在"三产"运营中心制作两个畲族文化宣传栏,并且搭建畲族小舞台,利用畲族小舞台在重大节假日举办各类精彩活动。

民国24年(1935年),文光村创办元峰小学。中华人民共和国成立后,设立文光初小。1975年,升格为文光小学。1990年,撤销完小改为初小。2004年,新建小学教室3间,计350平方米,改善了办学条件和学习环境。

1970 年,建起合作医疗站,有赤脚医生 3 人,为社员免费治病。1983 年,合作医疗站改为村卫生所,有乡村医生 2 人,一般疾病可在村诊治。

2013—2021 年,获得中央、省、属、县民族工作部门 153 万元资金扶持,新建从村部到少数民族区域的文宝路、同心路门楼,安装路灯及道路两旁绿化,添置畲族服装 10 多套,办起民族舞蹈表演队。

文光村是省级乌梅药材 GAP 研究及标准化栽培示范基地,市级农业“五新”技术示范园。“湖洋干蒸鸡”被列入闽西十大名菜;杭晚蜜柚入选闽西“八大珍”产品;“春见”橙获福建省宽皮橙鉴评综合类银奖。文光村百果园景区先后获国家 AAA 级旅游景区、全省休闲旅游示范点等称号,是龙岩市中小学生研学基地。

文光村在 2004 年被上杭县委、县政府授予“2001—2005 年度民族团结进步模范集体”。是 2005 年度,县级“信用村”。2006 年,被上杭县委、县政府授予第九届(2003—2005 年度)“文明村”。2007 年,被上杭县政府列为“一村一品”村(脐橙)。2018 年,被福建省民宗厅列为第四批“全省少数民族特色村寨保护与发展试点村”;经龙岩市旅游景区质量等级评定委员会批准,观音井百果园评定为 AAA 级旅游景区。2020 年,被福建省民宗厅列入首批“福建省民族乡村振兴示范村”培育名录;5 月,福建省文旅厅、发改委将文光村列入第二批“全国乡村旅游重点村”推荐名单;10 月,龙岩市农业农村局认定为龙岩市 2021 年市级“一村一品”专业村(脐橙);11 月,农业农村部认定文光村为第十批全国“一村一品示范村镇”(脐橙);12 月,入选 2019 年度福建省“一村一品示范村”(脐橙)名单,是“2020 年度中国美丽休闲乡村”。2021 年 5 月,福建省爱卫办命名为“2021 年福建省卫生村”。

(六)中都镇

1. 古坊村

古坊村周围有 9 个自然村,此村历史最古老,人口、面积居首位,故名古坊。

古坊村是以钟姓为主的畲族村,位于中都镇东部,距镇政府驻地 3 公里。东隔汀江与庐丰畲族乡铁峰村相望,南邻仙村村和复兴村,西连亲睦村,北接睦邻村。辖区面积 12 平方公里,其中耕地面积 1148 亩,山林面积 7167 亩。有中都集镇到古坊的乡村公路。

古坊村村委会

古坊村在民国时期为来苏乡古坊保。中华人民共和国成立后,1949 年,为来苏区古睦村。1958 年,属中都人民公社古睦大队。1961 年,从古睦大队析出设古坊大队,称中都人民公社古坊大队。1984 年,称中都乡古坊村。1993 年,称中都镇古坊村。2021 年,辖古坊、陈坑、凹背、渔翁寨、吉布、坑尾头、岗头、新书堂、高坑里、大坪里、祠堂坝、寮下、荷树下、桃子坪 14 个自然村 8 个村民小组,有 302 户 1143 人。有钟、张、赖、叶、吴等姓,钟姓人口占全村人口的 40%。村委会驻古坊自然村。

古坊村村民以种植水稻、烤烟为主,兼养生猪等。林地有松、杉等林木资源,村民在山上种有果树。古坊村水利资源丰富,在 60 年代建有灌溉面积 400 多亩的青年陂,还建成装机容量共 600 千瓦的吉布电站和花石头电站。

古坊村早年便设有私塾和学馆,各房都有烝尝拨付儒资鼓励。清末,众姓办有忠恕学堂,张姓办有正蒙书室,陈坑钟姓办有家塾书堂,科举废止后学制更新,全村合办古坊学校。1950 年,设古坊小

学。1992年,古坊村成立奖学基金会,对优秀学生颁发奖学金。1996年,筹集60多万元新建占地630平方米的“古坊富民小学”,1998年1月竣工。2008年,全部学生到中都中心小学就读。

改革开放后,古坊村基础设施建设逐步完善。村中主要大道实施硬化,昔日沿溪两岸村民往来的5座木桥改建成钢筋水泥平板桥,各村民点、自然村的道路实施硬化,前后共实施道路硬化12.72公里。新建农民公园,内设六角凉亭,有配套健身器材、石凳、石桌、水电、绿化等设施,另外还有篮球场、乒乓球等娱乐场所,并有专人管理。2007年,在村主干道上安装路灯30盏;2011年,在全村范围内又安装太阳能路灯91盏。村里还建设人饮工程2处,全村群众用上干净、安全的自来水。2013—2021年,获得中央、省、市、县民族工作部门147万元资金扶持,用于村级畲族文化门楼、道路附属设施、毛竹产业基地、农民文化公园等项目建设。

村内有钟氏家祠、张氏家祠、五显宫、仙师宫等古建筑。

古坊村在2018年被福建省民宗厅列为第四批“全省少数民族特色村寨保护与发展试点村”。

2. 瑞香村

瑞香村20世纪前称水坑,“水”与“瑞”同意,后美名为瑞香。有瑞气东来,余香留存之意。

瑞香村村委会

瑞香村是以钟姓为主的畲族村,位于中都镇南部,距镇政府驻地3公里。东与黄店村、仙村村接壤,西与广东省蕉岭县南礤镇毗邻,南与下都镇象栏村交界,北靠罗溪村。辖区面积5.4平方公里,其中耕地面积1146亩,山林面积455亩。村口有临峰公路经过。

瑞香村在民国时期为来苏乡瑞香保。中华人民共和国成立后,1949年,为来苏区苏平村。1958年,为中都人民公社前锋大队。1961年,属苏平人民公社。1963年,苏平人民公社并入中都人民公社,称中都人民公社前锋大队。1984年,称中都乡前锋村。1988年,瑞香从前锋村分出设瑞香村。1993年,称中都镇瑞香村。2021年,辖水坑、晨光、荷山、岭背4个自然村7个村民小组,有304户1007人。有钟、邱、何、李等姓,其中钟姓有232人。村委会驻晨光自然村。

全村以种植水稻为主,并兼顾发展多种经营,水稻复种指数达1500亩,总产600吨以上;烤烟亦是村民经济收入的一大部分,有几十年种植烤烟的历史,历年来都是中都镇的烤烟种植基地;养殖生猪、淡水鱼等。2021年,该村的钟伟文家庭农场,种植烤烟及水稻100多亩,年产值25万余元,帮助解决周边部分剩余劳动力的就业。

改革开放以来,全村危房旧屋得以拆除改建。建起占地235平方米的幸福院和农民公园,数字电视及移动网络覆盖全村。2005年,实施长2.7公里的环村道路硬化。2007年,按四级公路标准实施村中长1.5公里大道和总长10公里的机耕大道硬化工程;实施亮化工程,安装路灯80盏。2009—2010年,实施人饮工程,通水管道覆盖全村,全体村民能饮用干净、安全的山泉水。2013—2021年获得中央、省、市、县民族工作部门48万元资金扶持,用于建设高标准烟田、罗汉果特色产业基地、文化广场、何上山农民公园、幸福院、道路硬化、路灯亮化、环境美化等项目。

20世纪50年代初,设有初级小学。1976年,新建扩建为完全小学。1993年,新建起标准教室8间,教师宿舍楼一座。2008年,撤并到中都中心小学。1956年,瑞香村组建文艺宣传队。1958年,瑞香民校演出的《十大姐》节目受到团中央的表扬。同时村里还有船灯、舞狮等许多民间喜闻乐见的文娱节目。村部设有老人协会和老人活动室、卫生室,并配有相应医疗设备,有乡村医生两名。

村中有一座称为“大夫第”的古民居(详见本志第七章《文化》第五节《文物》)。

3. 陈和村

陈和村名是在1965年“社会主义教育运动”结束后,把陈流、和坊两个大队合并为一个大队,各取一字为大队名,称陈和大队。

陈和村是以钟姓为主的畲族村,位于中都镇西北部,距镇政府驻地7公里。东与长徐村毗邻,西和武平县象洞乡接壤,南与田背村相连,北靠军联村。辖区面积7.8平方公里,其中耕地面积1985亩,山林面积19500亩。临峰公路经过该村。

陈和村村委会

陈和村在民国时期属来苏乡都南保。中华人民共和国成立后,1949年,属来苏区上都村。1958年,称中都人民公社和坊农场。1961年,设陈流大队、和坊大队,属上都人民公社。1965年,陈流大队与和坊大队合并为陈和大队,称中都人民公社陈和大队。1984年,称中都乡陈和村。1993年,称中都镇陈和村。2002年被定为少数民族村。2021年,辖凹上、荷珠坑(今称新联)、李坑、流光(刘坑塘)、礤下、张坊6个自然村11村民小组,有270户1200人。有钟、丘、刘、朱、李等姓。畲、汉杂居,其中钟姓人口270人。村委会驻张坊自然村。

全村以种植水稻、烤烟为主,有鱼塘260亩,年产淡水鱼45吨以上。有家庭农场12个,饲养牛、羊、猪、鸡、鸭、鸽和鹿,种植花卉、杨梅、枇杷、脐橙、沙田柚、早熟蜜柑等各种水果。被称为中都的“鱼米之村”。村中水力资源丰富,建有水电站一座。山林面积居中都镇首位,山上都是松木、杉木及阔叶林。20世纪70—80年代,是中都公社出售松脂最多的大队。1992年,在雷打石设林场种杉树千亩,每年为国家采伐5000立方米林木。2015年,林户采伐杉木收入几十万元。

1960年,大队设有简陋的礤下初小、张坊初小;1979年,两所初小合并为陈和小学。2006年,陈和小学学生并入上都小学就读。

2000年始,在上级各部门的支持下,将原村部礼堂及原学校改建成新村部;建成农民文化公园,内设篮球场、健身器材及种有花草树木,在公园旁还建有露天舞台。2013—2021年,获得中央、省、市、县民族工作部门45万元资金扶持,用于苗木基地、道路硬化、老人活动中心、篮球场和健身场所等项目建设。

村组建有20多人的舞蹈队、舞狮队,每年大年初一在村部进行舞蹈、腰鼓、舞狮表演,还举行篮球、乒乓球比赛并奖励表演者。

流光畲族自然村村口有座始建于清嘉庆二十五年(1820年)的妈祖庙(天后宫),庙宇建成时雕梁画栋,规模宏大,惜在“文革”期间遭毁。80年代中期,在畲族村民的努力下得以重建。

瑞香村在2009年被上杭县委、县政府授予第十届(2006—2008年度)“文明村”。2010年,被上

杭县委评为“先进基层党组织”。

(七)下都镇

吉安村

吉安村因下都溪蜿蜒穿村而过,上有佛坑水口长安桥,下有吉安水口吉龙桥,经过旧寨流入汀江,从两座桥的桥名中各取一字,由此得村名为吉安。

吉安村村委会

吉安村是以雷姓为主的畲族村,位于下都镇中部,是下都镇人民政府所在村,是下都政治、文化、经济贸易中心,也是棉花滩水电站库区移民安置村之一,有集市、医院、银行、中小学、幼儿园等。东接新寨村,南邻五丰村,西与佛坑村相连,北与中都镇仙村村接壤。辖区面积8平方公里,其中耕地1860亩,林地11000亩。临城至五丰公路和稔田至广东蕉岭北礤公路穿境。

吉安村在民国时期属龙文乡吉安保。中华人民共和国成立后,1949年,为吉安村,属来苏区。1952年,与象栏、佛坑合并为吉安乡。1954年,与三坊合并为吉安乡。1958年,下都与中都合并,称东风人民公社吉安大队;1959年,新寨并入吉安大队,改称中都人民公社吉安大队。1984年,称中都乡吉安村。1986年,吉安随下都从中都乡划出,称下都乡吉安村。2015年,称下都镇吉安村。2021年,辖八岭、青草坪、八里、奖坊、营曾5个自然村22个村民小组,533户2333人。全村姓雷、邱、罗、李、张,雷姓畲族有近百户450多人。村委会驻营上自然村。

村民收入主要靠种植、养殖业和外出务工。粮、烟、猪、果是主要产业,除种植水稻外,每年还种植烤烟700亩左右,年出栏生猪约1.3万头,种植沙田柚、蜜柚、杭梅等水果2200余亩,其中沙田柚1800亩,每年出产沙田柚约1200吨,所产沙田柚果质甜脆爽口,是著名“下都沙田柚”主产区之一,是上杭县“一村一品”(沙田柚)示范村。

党的十八大以来,村“两委”投资几十万元兴建水利设施,硬化村中大道和新建八岭农民公园,在公园里安装健身器材,种树栽花。2014年,吉安村被市、县列为“美丽乡村培育村”和“千村整治村”,从曾坑到营上的下都溪边,沿小溪两侧砌石1公里多,从小学到中学,从中学到营上背头、营上、镇政府建有5座六角凉亭,3000多米散步道、果园道路硬化、机耕道等,成为集镇周边村民休闲、健身、垂钓、农家乐的好去处,展现下都宜居环境的新风貌。2016年,吉安村被列为市级贫困村,在挂钩单位龙岩市民政局的帮扶下,经村民代表大会和村“两委”会议研究,决定用扶贫生产发展资金来开发光伏发电,壮大村财。先后于2016年12月2日投资33万元建41.3千瓦光伏电站一期和2017年6月27日投资34万元建42千瓦的光伏发电二期发电站成功并网发电。年收益达到10万元。2013—2021年,获得中央、省、市、县民族工作部门41万元资金扶持,用于畲族文化活动中心建设、沙田柚种植基地建设、道路建设等项目。

该村的吉龙桥,建于元朝,迄今有700多年的历史,是闽粤古道在下都境内的重要桥梁,全部用石头构砌的石拱廊桥。

吉安村在2006年9月和2018年10月被上杭县委、县政府授予第九届(2003—2005年度)、第十三届(2015—2017年度)“文明村”。2010年6月,被评为“上杭县党风廉政建设示范村(居)”。2012年2月,被上杭县委、县政府授予2011年度“平安和谐村”;6月,被上杭县委授予“全县创先争优先

进基层党组织”;2015—2019 年,2021 年被评为龙岩市“平安村居(社区)”。

(八)太拔镇

1. 坵辉村

坵辉村是全村姓钟的畲族村,位于太拔镇西南部,距镇政府驻地 2 公里。坵辉四面环山,依山傍水,东与院田村接壤,南和蓝溪镇歧滩村毗邻,西与太拔村朱良寨自然村、蓝溪镇黄潭村相连,北靠太拔村。辖区面积 6.83 平方公里,其中耕地面积 800 亩,林地面积 9000 亩。地下蕴藏银矿和铅锌矿。有乡村公路接溪口至蓝溪的溪蓝公路。

坵辉村村委会

坵辉村在民国时期为坵辉保。中华人民共和国成立后,1949 年,坵辉与樟田背合并为辉田村,属星泰区。1952 年夏,辉田村与大坑村、院前村合并为院田乡。1958 年,属太拔人民公社院田大队。1961 年,从院田大队析出,设坵辉大队,称太拔人民公社坵辉大队。1984 年,称太拔乡坵辉村。2014 年,称太拔镇坵辉村。2021 年,辖坵辉、溪子背 2 个自然村 6 个村民小组,有 199 户 860 人;全村 80 岁以上老人有 39 人(男 16 人,女 23 人),其中 90 岁以上老人 12 人(男 6 人,女 6 人);80 岁以上人数占全村人口的 4.53%。年纪最长者是离休干部钟章音(男),96 岁。村委会驻坵辉自然村。

坵辉村山上林木茂密,山下绿水长流。耕地种水稻、烤烟。林地产红菇等野生菌类。村民多外出务工。

中国传统村落——坵辉村(坵辉村委会提供)

1970 年,兴办装机容量 10 千瓦的小水电站,因无法适应逐步增加的用电需求而废弃,改用稳定的农村电网。1981 年,开通坵辉至太拔的公路并进行硬化,而后,开通绕村、穿村公路和机耕路并硬化。2001 年,在村口坪山子里拦截儒溪水筑坝兴建股份制企业朱良寨电站。2010 年冬,兴建农民公园,与临江阁融为一体,为美丽山村更添一景。2019 年,实施人饮工程建设,全村群众都用上“放心水”。2021 年,坵辉村围绕美丽乡村建设的目标要求,开展裸房整治、危旧房拆除、古建筑抢救性维修、完善村内交通基础设施建设、打造清新田园风光。实行垃圾清运和自来水收费、“门前三包”、最美庭院评选等制度,坚持依法建制、以制治村。2013—2021 年,获得中央、省、市、县民族工作部门 144 万元资金扶持,用于特色村寨保护、停车场、畲族公园、道路硬化、太阳能路灯、蓄水池等项目建设。

坵辉钟氏上祖注重对后代的教育,所建的大屋都建有书馆、书舍。清末,还辟地建鳌山书院,又称“集贤馆”。1940 年,坵辉村在“泰和堂”(俗称“后只屋”)设立私塾。1950 年,设院田初小坵辉分

班，一二年级，教师1人，学生20多人的复式教学。1972年，设一至四年级的坵辉初小，教师3-4人，学生40余人。1976年上级拨款，各生产队摊派劳力，建成占地1000平方米的教室和教师宿舍，设五年制坵辉小学，后转为六年制完小。2007年，撤并到太拔中心小学。

第二次国内革命战争期间，坵辉人民在中国共产党的领导之下，积极参加革命工作，开展打土豪、分田地，支持红军和游击队。中华人民共和国成立后，被人民政府认定的革命烈士有15位，革命"五老"人员有6位，有溪子背、长岭背（1952年，在党和人民政府的关心支持下，长岭背自然村的村民迁回坵辉村居住）两个革命基点村。

坵辉村的"迎仙师"习俗和"钟家拳（棍）"是该村特色传统文化。2018年，"钟家拳（棍）"列入龙岩市非物质遗产名录。1983年1月，该村船灯队参加龙岩地区农村文化艺术评比大会，被地区行署授予"农村文化艺术先进集体"称号。

村中有"临江阁""永兴宫"等古迹，还有7幢建于清乾隆、嘉庆年间的"九厅十八井"的方楼大院，其中以"大夫第"最为出名。

坵辉村是台湾著名作家钟梅音的家乡。该村的华侨人数居太拔镇之首，他们在美国从事教学和科学研究工作。

坵辉村是龙岩市"市级人居环境整治试点村"和县级"最美村落试点村"。2015年，被福建省民宗厅列为第三批"全省少数民族特色村寨保护与发展试点村"，11月，被福建省住房和城乡建设厅、文化厅、文物局和财政厅列入"福建省首批传统村落"名录；2019年1月，被国家住房和城乡建设部、文化部、文物局和财政部列入中国第五批传统村落名录。2020年4月，被福建省农业农村厅授予"乡村振兴实绩突出村"。2021年12月，被福建省绿化委员会、省林业局命名为"福建省森林村庄"。2022年，被评为龙岩市2021年度"平安村居（社区）"。

2. 崇厦村

崇厦村是以雷姓为主的畲族村，位于太拔镇东北部，距镇政府驻地5公里。东接溪口镇当丰村坪滩自然村，南与田增村接壤，西和溪口镇大丰村樟坑里自然村相连，北邻溪口镇大洋坝村峨益自然村。辖区面积7.02平方公里，其中耕地面积670多亩，林地面积13000多亩（含毛竹林基地4000余亩）。太拔至溪口樟坑的公路穿村而过。

崇厦村村委会

民国初年，崇厦村曾与溪口的当丰村合并为崇丰乡。中华人民共和国成立后，当丰村纳入溪口的当丰乡，崇厦和田增合为崇睦乡，后又分为崇厦和亲睦乡。1958年人民公社化时，崇厦与荷山岩合并为崇厦大队。1961年，分为崇厦大队和荷东大队，称太拔公社崇厦大队。1984年，称太拔乡崇厦村。2014年，称太拔镇崇厦村。2021年，辖崇厦、梁面上新村、坑背新村3个自然村7个村民小组，有158户688人，全村80岁以上老人有23人（男9人，女14人），其中90岁以上老人2人（女）；80岁以上人数占全村人口的3.34%。姓雷、龚，全村人口80%以上为雷姓畲族。村委会驻崇厦自然村。

耕地种水稻、烤烟。崇厦村山林资源丰富。1950年，全村有土纸槽20余座，年产土纸3000余片（30余吨），1986年停产后村民改为砍伐毛竹出售，年产毛竹500吨以上，可获纯收入25万元左右。

山上大量松林原是采割松脂，20世纪80年代，改为采伐原木，2000年始，停止采伐原木和采割松脂。20世纪80年代始，村民调整产业结构，种植红心琯溪蜜柚，有的农户年产五六万斤。近年来又发展特早熟蜜桔200多亩，产值达100多万元。

1976年，开通太拔至崇厦公路。1989年，采用“以林换路”方式开通崇厦至桥头坑3.5公里的公路。1996年投资1.5万元，建成崇厦村到村对面的甲子空的水泥平板桥。2005年，总投资100万元，硬化太拔至崇厦公路和开通崇厦至溪口樟坑段的公路。

2000年秋，筹资2.5万元，在小溪背岽引水建容积30吨的人饮工程蓄水池，解决部分村民的饮水问题；2010年，筹资5万余元，从大坑里引水建容积50吨水的水池供村民饮用；2012年，再筹资近10万元，从暗坑引来山泉水建容积60吨的水池供应村民，至此3处水源合并，解决全村的人畜饮水问题。

崇厦村的龙潭溪是黄潭河在太拔境内的第三大支流。1977年，修建龙潭电站；2001年10月—2002年，在原龙潭电站的基础上，建成装机1000千瓦的龙潭电站；2003—2004年，建成装机235千瓦的崇厦电站。

2013—2021年，获得中央、省、市、县民族工作部门50万元资金扶持，用于基础设施建设、道路建设、老屋下道路硬化工程等项目。

1945年，创办私塾。中华人民共和国成立初期，在雷氏祠堂办公立小学复式教学班。70年代初期，扩建占地近100平方米的教室、教师宿舍和厨房饭厅，有一至四年级的初小。1975年，崇厦初级小学升格为五年制小学。1991年，在岗子头建起1000多平方米的新校舍。1995年始，由于学生数锐减，在国家逐步对农村教育资源整合的情况下，至2008年秋，停止办学。1950—1953年、1955—1956年，崇厦村二度办起常年夜校，除学习文化知识外，还排演汉剧《玉堂春》等节目，文艺活动非常活跃，曾受过地、县两级政府表彰。

2019年，崇厦雷氏祠堂在全国各地雷氏后裔的共同努力下把原来的危房拆除后重建。距离崇厦村1公里的甲子空有座建于清代的“回龙山”寺（又叫“甲子空庵”），20世纪60年代，寺庙中常住女僧七八人，她们同时参加生产队的集体劳动，获取工分，分配口粮。70年代后，有些僧人已经老去，有些较年轻的与人婚配离寺。现在寺庙犹存，只有崇厦村的一老人还经常去照看。

崇厦村在2013年被福建省环保厅命名为“生态村”。

（九）茶地镇

久泰村

久泰原为“九寨”，意为黄潭河上游的细寨子（即现细寨电站）逆流到久泰祠堂后山有九个小水寨。

久泰村村委会

久泰村是钟姓畲族村，位于茶地镇西北部，距镇政府驻地1.5公里。东邻茶地村，南连大燮村，西靠千龙村，北接上连科村。辖区面积8.19平方公里，其中耕地1472.3亩，山林面积9651亩。该村马安山、刘斜山、青龙寨、凹啾上均储有大量稀土矿。一条源于牵牛岽的小溪由西向东流经久泰村汇入黄潭河，茶地至泮境的公路

从东往西穿村而过。

久泰村在民国时期属久泰保(由久泰、千龙、上甘塘合并组成)。中华人民共和国成立后,1949年,为茶境区久泰村。1955年7月,设久泰乡,辖千龙、上甘、久泰3个村;1956年,并入六牌乡。1958年11月,成立红旗(庐丰)人民公社茶地管理区,久泰、千龙、上甘塘合为久泰生产大队。1961年6月,成立茶地人民公社,设久泰生产大队。1984年,称茶地乡久泰村。2015年,称茶地镇久泰村。是全镇唯一的少数民族村。2021年,辖久泰、上甘塘2个自然村12个村民小组,有298户1169人。全村姓钟、邱,钟姓畲族占全村人口的86%。村委会驻久泰自然村。

第二次国内革命战争时期,久泰村大批青壮年踊跃参加红军。1932年11月14日的《红色中华》在报道上杭县第二期扩大红军消息时高度赞扬:"茶地区扩大红军已有60余名,特别有成绩的是茶地乡九寨村有26名自动报名"。在革命战争年代,全村有39人英勇牺牲,中华人民共和国成立后被追认为革命烈士。1987年底,全村健在的"五老"人员6人,其中伤残军工人员2人。

中华人民共和国成立后,人民政府重视农田水利建设,建有岭下、元屋、桥下、庵边等地标准化水圳4公里,渡槽9处约100米,电力抽水站1座,灌溉大片粮田。村民种植水稻、烤烟、甘薯,是茶地镇的烟叶主产区之一。有几十户养鱼、养牛、养猪、养鸡、养鸭、养羊、养蜂等养殖业及种植香菇的专业户,年收入上百万元。山林资源丰富,村民利用山地种植柑橘、脐橙、杭梅、毛竹等。部分村民外出务工。

民国期间,开办村塾。1948年,村民投工投劳在村中仓榱岭建学校。20世纪80年代,上级政府拨款11万元新建久泰小学,学生最多时(包括幼儿班)达140多人。1998年,因生源缺少,久泰小学停办,学生到茶地中心小学就读。

村中建有卫生所一座,配有医生资格证书的乡村医生1名,村民一般疾病可在村内医治。全村95%以上群众都参加了新型农村合作医疗保险。

1982年开通茶地集镇至久泰公路,村中木桥改为钢筋水泥挢,并逐渐将路面拓宽硬化。2000年在市民族宗教局和县民族宗教局的支持下,久泰村率先在全乡实施村级人饮工程项目,引来山泉水兴建30立方米蓄水池,村民从此告别了挑水喝的历史。2010年在祖祠旁新建砖混结构二层楼房的村部,楼上为村部办公用房,楼下为老年活动中心。村部门前摆放历代流传的石狮、石鼓,并配种桂花、香樟等花木。久泰村利用原久泰村钟氏祠堂旧址建设畲民活动广场,为村民提供文化健身活动场所,有效提高村民业余生活质量,为保存、弘扬畲族优秀传统文化提供了文化阵地和宣传场所。

2013—2021年,久泰村获得中央、省、市、县民族工作部门44万元资金扶持,着力抓好基础设施建设,建成通村水泥路约5公里;新建村级组织活动场所,建起标准化党员活动室、农家书屋等;扎实推进村容村貌整治,通过开展环境卫生集中整治活动、专项治理乱堆乱放和溪流保洁工作,落实农村垃圾日常收集、村庄保洁长效机制等举措,使全村的村容村貌得到明显改善。

村口有一座建于清朝乾隆六十年(1795)的观音宫,安有观音娘娘神像。村水口茶亭岗临溪边有棵数百年树龄的水杉,祖传称"千年杉"。

久泰村是参加红军长征,副兵团级离休老干部钟有煌的家乡。

久泰村是龙岩市2021年度"平安村居(社区)"。

(十)蛟洋镇

华家村

传说建村初在两条溪水汇合处长有两条相交的大藤,形如蛟龙,取名华蛟藤。后在麻公凹建有一座路亭,取名"华蛟亭"。因村民姓华,又有茶亭,故取村名华家亭,简称华家。

华家村村委会

华家村是以雷姓为主的畲族村，位于蛟洋镇西南部，距镇政府9公里。东与苏康村接壤，东南与贵竹村朗星自然村交界，西南与白砂镇岭背村毗邻，北与文都村、邹坑村相连。全村面积16.8平方公里，有耕地2427亩，林地16757亩。有高寨头、猫头爪、文峰顶3座高峰，形成村的西南屏障。两条小溪在村口汇合，向东流经一座建筑技术精良的石拱廊桥出境。农历逢四、九为华家集市圩期。省道围禾线穿境而过，乡村公路可通中村村。

华家村在明、清时期属白砂里。民国时期，为古蛟区华洋乡华家保。中华人民共和国成立后，1949年，属古蛟区丰年村。1958年10月，属蛟洋人民公社华家大队。1961年6月，称华家人民公社华家大队。1965年，称蛟洋人民公社华家大队。1984年，称蛟洋乡华家村。2012年，称蛟洋镇华家村。2021年，辖凹背湖、外坎、黄塘背、官庄前、寨上、竹头背、寨罗背、水竹里、营背、新圩、六烈里、横岗、新村、大坪、溪头15个自然村19个村民小组，490户1985人，其中大坪雷姓畲族自然村53户238人。全村有80岁以上老人有110人，占全村人口的5.54%，是典型的长寿村。有雷、华、张、李、林等姓，汉族、畲族和谐相处。村委会驻凹背湖自然村。

全村平均海拔680米，属闽西高寒山区。农作物以水稻为主，经济作物有反季节蔬菜、状元豆、生姜。华家村的竹排山、大斜里、猫头瓜等大山之中，盛产红菇、杂菇等菌类，还有金线莲、鱼腥草、败酱草、紫花地丁、升麻、艾草、葛根、片荷枫、天门冬等珍稀药材。

2013—2021年，获得中央、省、市、县民族工作部门42万元资金扶持，用于蔬菜基地建设、华家小学基施建设等项目。

村中有一棵1200余年的闽西古树王——千年夫妻银杏（白果）树，年产白果1000多公斤，是国家二级保护植物。有县级文物保护单位寅山祠（华嵒祖祠）、华氏民居和百年廊桥、培荆堂、白云寺等古迹和�山庵、大坪水口的红豆杉群。2007年，在村东部的山上重建“文昌阁”，有联：“彩落双桥一水流，神宫结构镇千秋；西山瑞气冲霄汉，东阁文光接斗牛。”

建于清末的华家村廊桥（华家村委会提供）

华家村奖学金管理委员会是上杭县最早成立的奖学金机构，每年对在读的品学兼优的学子进行物奖励，已成功运行30余载。

清代著名诗、书、画三绝的华嵒（1682—1756年）出生在凹背湖自然村。

华家村在2017年9月被福建省住房和城乡建设厅、文化厅、文物局和财政厅列入“福建省第二批传统村落”名录。2018年，被龙岩市评为“平安村”，“传统古村落”。2020年，

被评为上杭县“信用村”。2021 年，被上杭县委、县政府授予第十四届（2018—2020 年度）“文明村”。

（十一）古田镇

苏家坡村

相传，苏氏在此开基，筑陂灌溉农田，故名苏家陂，后改为苏家坡。

苏家坡村是雷姓畲族村，位于古田镇西南部与上杭县古田镇、蛟洋镇和新罗区大池镇交界处，距镇人民政府驻地约 16 公里，东至上郭车村，南与新罗区大池镇接壤，西邻蛟洋镇坪埔村，北接下郭车村。辖区面积 6.75 平方公里，有耕地面积 350 亩，山林面积 5705 亩。村内交通便利，319 国道贯穿全村，上杭火车站、古田高速出口、古田会址动车站均在 5 公里范围内，龙岩市区、上杭县城、连城机场均在一小时交通圈内。

苏家坡村村委会

明代，雷氏从上杭太拔崇厦迁移至此。苏家坡村在民国时期属第三区（苏维埃时期先后属北五区、古蛟区）。中华人民共和国成立后，1949 年，为古蛟区郭车村。1958 年，称古田人民公社苏家坡大队。1961 年，称郭车人民公社苏家坡大队。1964 年，称古田人民公社苏家坡大队。1984 年，称古田乡苏家坡村。1986 年，称古田镇苏家坡村。2021 年，辖苏家坡 1 个自然村 2 个村民小组，126 户 520 人。全村姓雷。村委会驻苏家坡自然村。

苏家坡村是土地革命战争时期闽西特委机关旧址——“树槐堂”所在地。1929 年 10 月，闽西特委从上杭城关迁至苏家坡村，毛泽东和夫人贺子珍也随同特委机关来到苏家坡，在这里一边养病，一边代表红四军前委指导闽西特委的工作，深入农村进行调查研究，开展土地革命斗争，并在树槐堂后厅创办了一所“平民小学”。毛泽东、贺子珍、曾志及特委其他同志经常给小学生上课，传授文化知识，讲解革命道理。闽西特委还根据毛泽东的建议，在雷氏祠堂——“鸿玉堂”先后举办了两期训练班，培养革命骨干。毛泽东亲自给培训班上课，教授《政治决议案》。在毛泽东的直接指导和关心下，训练班在短短的时间内就为闽粤赣 3 省培养了一批优秀的政治、军事、农运骨干力量，进一步点燃了 3 省的革命烈火。毛泽东还经常到圳背洞读书、工作和休息。境内有福建省文物保护单位——中共闽西特委旧址（树槐堂）、闽西特委机关干部培训班旧址（鸿玉堂）和当年毛泽东休养、读书的圳背岩“主席洞”等革命遗址，有介绍和展示少数民族历史由来、迁移、发展和成就的少数民族陈列馆。是电影《古田军号》拍摄基地。

耕地种水稻，山场养殖贵妃鸡、石蛙等。石灰石资源丰富，原以石灰石矿为主发展水泥、轻钙、造纸等企业。2012 年始，苏家坡村探索经济转型，充分发挥村内红色资源丰富、区位交通便捷等优势，发展“红色+”“旅游+”产业，着力壮大福欣牧业，做大做强贵妃鸡（蛋）等产业。同时依托古田会议旧址和蛟蛟洋工业区的优势，发展绿色研学产业和交通运输业，该村被列为省级中小学生研学实践教育基地；全村从事运输业的个体户 40 人，平均年收入 15 万，成为古田镇“三无村”（无五保户、无低保户、无贫困户），在致富发展上走在全镇前列。该村是国家 AA 级旅游景区，2021 年，接待游客 3.1 万余人次。

苏家坡在 2013—2021 年，获得中央、省、市、县民族工作部门 94 万元资金扶持，用于特色村寨保

护与发展、贵妃鸡养殖基地和“烤烟水稻”种植基地建设等项目。

苏家坡在1992年、2005年两次被福建省政府授予“民族团结进步先进集体”称号；1999年，被国家民委授予“全国民族团结进步模范集体”称号。2000年，获“第三届省少数民族文艺调演组织奖”。2012年，被福建省民族宗教厅列入第二批“全省少数民族特色村寨保护与发展试点村”。2013年，被列为上杭县“千村整治、百村示范”美丽乡村；12月，被国家民委授予“全国民族团结进步先进单位”称号。2014年，国家民委将树槐堂命名为“全国民族团结进步教育基地”。2015年、2018年被龙岩市委、市政府授予第十二届（2012—2014年度）、第十三届（2015—2017年度）“文明村”。2016年6月，被上杭县委授予“先进基层党组织”称号。2018年8月，被福建省人民政府防范和处理邪教问题办公室授予“省级十县百乡千村无邪教创建示范村”。2019年，被龙岩市委授予“全市先进基层党组织”，被龙岩市委命名为“不忘初心、牢记使命”主题教育基地，获得“全国民族团结进步示范村”称号，被上杭县委统战部授予“红土同心示范村”，被中国人民银行上杭县支行、上杭农村商业银行列为“金融支持乡村振兴示范点”，被福建省列为“全省乡村振兴试点村”、“全省人居环境整治试点村”，通过国家AA旅游景区验收。2020年，被龙岩市委组织部授予“红土初心讲堂”。2021年，被福建省委、省政府授予第十四届（2018—2020年度）“文明村”；9月，被中央综治委等单位评为“全国第二批乡村治理示范村”；是龙岩市社会主义新农村建设试点村。

（十二）南阳镇

1. 双溪村

双溪村又名双溪田，是以钟姓为主的畲族村，位于南阳镇南部，在南阳镇、才溪镇、通贤镇、旧县镇4镇9村交界处，距镇政府所在地7.5公里。东靠白云山，南邻旧县镇尧埔村，西与通贤镇岭头村和才溪镇黄竹坑村接壤，北与射山村为邻。全村总面积10平方公里，其中耕地面积962亩，山林面积7000亩，属“八山一水一分田”、以丘陵山地为主的半山区村庄。永武高速公路穿村而过，接通才溪四方高速互通口的射双大道贯通南北。

双溪村村委会

清代，双溪村属长汀县平原里。土地革命时期，1929年设双溪乡苏维埃政府。民国24年（1935年），为长汀县第四区黄南东乡双溪保。中华人民共和国成立后，1949年，为长汀县三平区射双乡双溪村。1958年，属上杭县南阳人民公社射双大队。1961年，双溪从射双大队划出，称南阳人民公社双溪大队。1984年，称南阳乡双溪村。1988年，称南阳镇双溪村。2021年，辖陈屋坝、大楼下、大圳背、黄竹岭、南山下、岐岭下、上钟屋、土楼岗、温屋坑、下钟屋10个自然村7个村民小组，居住有钟、温、陈、吴等姓氏共1800余人，其中畲族钟姓占46%。村委会驻土楼岗自然村。

耕地种植水稻、烤烟、地瓜、蔬菜等，是南阳镇烟叶主产区之一。村中有两陂两圳，可灌溉粮田200亩，灌区内列为福建省吨粮田保护区。改革开放以来，双溪村到广东、湖南、江西、厦门、龙岩一带常年务工的有数百人，每年从外地攒回500万元以上。

1974年，飞机在双溪村的山地播种造林；1983年，通过林业“三定”（稳定山权林权，划定自留山，确定林业生产责任制）；1990—1992年，人工更新造林；2002年冬，在大溪两旁栽上毛竹、石竹、高公

竹等1万多株,在近山疏林地上种上阔叶树1万多株,绿化美化环境。2005年,落实林权管理制度。

1949年前,双溪村医疗卫生十分落后,曾发生天花、白喉、霍乱、血吸虫等严重危害人民身体健康的疾病,人的寿命很短,能活到60岁的人寥寥无几。中华人民共和国成立后,医疗卫生事业逐年发展。20世纪70年代,建立村合作医疗站;80年代,改为村卫生所。群众中患有常见病可以得到及时治疗障。2005年,全村有60岁以上老人163人,占人口总数11.6%;80岁以上有21人,占人口总数7.66%。

1973年,在坑背坑建造一座电灌站。1985年,在丁子树下建造一座电灌站,2002年,在村部背后建造一座电灌站。为农业稳产增收提供条件。

1997年冬,村委发动村民献工献料建成长1.7公里的水泥路。1999年10月,建起砖混结构村委大楼,总面积400平方米,造价20万元。楼上是村委会办公室、会场,楼下是商店、医疗门诊室、老年人活动中心(老年幸福院)等。全村建成3座自来水蓄水池,户户通自来水。2000—2005年,铺设从村水口石门宫到温屋坑水口约1.2公里水泥路面;温屋坑到村委门口0.5公里水泥路面;温屋坑门口到洪坑里0.4公里水泥路面,环村道路基本形成。

1929年,创办双溪小学;1935年停办;1944年复办,称双溪国民学校,有复式班一个。1952年,设射双小学双溪分班;1953年10月,南阳区公所在双溪举办夜校示范班;1969年,双溪分班升格为双溪小学;1977—1979年附设有初中班。1993—1998年,村"两委"发动有识之士和村民筹集资金(其中民营企业家丘起凯、李忠兴共赞助10万元,福建龙净集团公司和上杭紫金矿业集团公司赞助15万余元),加上上级拨款共70余万元,新建建筑面积831平方米的教学大楼和教师宿舍。1995年成立双溪村教育奖励基金会,时有基金3.15余万元。2005年,双溪小学有6个班,教师7人(包括幼儿教师1人),学生总共150余人;有电脑15台,图书2500多册,占地面积2531平方米的活动场地。

2012年以来,加大村级闲置资产利用和土地盘活力度,建成约400亩的槟榔芋连片种植基地,带动村民脱贫致富;依托外出乡贤多的优势,由外出乡贤集智集资,村"两委"干部、村民大力配合,以展示优良村风和良好家风为主旨,建成双溪畲族村村风村史馆;2021年结合乡村振兴试点示范项目建设,精心打造了党建综合示范点,为实现党建常态化、大众化提供了一个新的平台,营造了全员学习、全员了解、全员抓党建的良好氛围。2013—2021年,获得中央、省、市、县民族工作部门51万元资金扶持,用于畲族综合文化活动中心大楼建设、桥梁改建等项目。

境内有八角楼、石门宫、佛祖岭等古迹和景观。佛祖岭是双溪有名风景区之一,公路未开通前是连城、长汀通往上杭的唯一大道。去佛祖岭要上500余级石砌台阶才能到达山顶,山顶建有路亭。据传为了抵御大风,在山峰坳里,射山、黄竹坑、双溪3村祖辈各栽1株杉木。现存1株古杉树,胸围4.5米,树高22米,树龄300余年,枝叶繁茂,一踏进双溪就可以看到此树。

双溪村在1978年被中共上杭县委、上杭县革委会授予"农业学大寨"先进单位,并获福建省农业厅奖励手扶拖拉机1台。2001年,双溪村党支部被上杭县委授予"先进基层党组织"称号。2002年,被龙岩市委、市政府授予第八届(2000—2002年度)"文明村"称号。2004年12月,被上杭县委、县政府评为"民主法制示范村"。2006年3月,被上杭县委、县政府授予"2001—2005年度民族团结、进步模范集体"称号;先后被评为省级"千村整治、百村示范村""美丽乡村建设示范村""省级乡村振兴试点村"和"'空心房'整治试点村";被福建省关心下一代工作委员会授予"关心下一代工作先进集体"称号。是龙岩市2021年度"平安村居(社区)"。

2. 涂坑村

涂坑村开发于宋朝中期,最早迁入的是涂姓人氏,故名涂坑。

涂坑村村委会

涂坑村是钟姓畲族村，位于南阳镇东北部，距镇政府驻地 8 公里，荷树岭西北。东与下车村毗邻，南与马洋洞村接壤，西边与南坑村石坑源自然村相连，北面与连城县新泉镇温坊自然村为邻。辖区面积 8.98 平方公里，其中耕地面积 642 亩，山林面积 12324 亩。地处高山地带，平均海拔高度 420 米，有小溪流入马洋洞电站水库。距离 205 国道 1.5 公里，有乡村公路接 205 国道。

宋朝末年钟姓由南岭迁入，前后还有傅姓、丘姓迁入，各住一方。经数百年人口迁徙演变，涂姓、傅姓、丘姓人民逐渐迁出，成为今日钟姓独居的一个畲族村。涂坑村在清朝，属长汀县平原里。民国时期，属长汀县黄南东乡涂坑保。中华人民共和国成立后，1949 年，属长汀县三平区豪车乡；1958 年，为上杭县南阳人民公社涂车大队。1961 年，南阳成立工委，涂车大队分为涂坑大队和下车大队，属涂车人民公社。1965 年，称南阳人民公社涂坑大队。1984 年，称南阳乡涂坑村。1988 年，称南阳镇涂坑村。2021 年，辖涂坑、凹子前、水口前 3 个自然村 5 个村民小组，有 268 户 1056 人。全村姓钟。村委会驻涂坑自然村。

涂坑村耕地种水稻、烤烟、地瓜和木薯。林地产水果、松木、毛竹等，畜牧业以养猪养牛为主。村民大多外出务工。

中华人民共和国成立前，涂坑村教育事业落后，村民 90%是文盲。1958 年，办起初小，为 1—3 年级复式教学。1977 年，升格为完小。1985 年，投资 5 万元，在村口新建小学校舍。2003 年，学校撤并到马洋洞小学。

600 多年树龄的涂坑村桂花树

（涂坑村委提供）

20 世纪 70 年代，集资办起一座装机 5 千瓦的小电站。1980 年，政府投资架设高压输电线路，解决全村用电问题。20 世纪 90 年代，修筑接通 205 国道的简易公路，可通拖拉机；1996 年，上级拨款一部分，村委筹集一部分，村民捐资一部分，总投资 50 万元，拓宽、取直、硬化了村里通往 205 国道的公路。2002 年，投资 4.5 万元，改造人饮工程，使部分村民饮用自来水。2004 年，由投资商投资 50 万元建设装机 125 千瓦水力发电站一座，年发电量为 23.7 万度，年产值 4.7 万元。2013—2021 年，获得中央、省、市、县民族工作部门 103 万元资金扶持，用于村主干道拓宽硬化、防洪堤建设和中华民族共同体教育基地建设。

2017 年 12 月，福建省交警总队干部程依寿受组织选派到涂坑民族村担任第一书记，程依寿驻村以来，实行村财村务公开，给群众一个明白账；配合村级组织换届，选优配强班子；严格发展党员，壮大支部队伍；加强党员日常管理教育，提高党员党性修养；筹措帮扶资金 629 万元，建设村级骨灰堂，修建

防洪堤、幸福院、卫生所，硬化道路，提升改造人饮工程；依托当地特色种养业优势，推行“支部+家庭农场+贫困户”模式，带动贫困户户均增收万元以上，实现稳定脱贫；帮助村集体引入资金90万元，每年为村集体获得5.4万元以上的稳定收益。2021年3月30日，程依寿结束帮扶任务返岗之际，村民依依惜别，把印着“敬业正直　为民解忧”“驻村帮扶获全胜　倾心为民助老区”等锦旗送到程依寿手中。

涂坑村“左青龙”舞龙灯的习俗，在2022年4月列入上杭县第六批非物质文化遗产名录，10月晋升为龙岩市第八批非物质文化遗产代表性项目名录。涂坑人每逢春节还有犁春牛巡游的习俗。届时，由三拨人马组成：前面一班人敲锣打鼓开道；中间一班人，一人牵牛，牛披红戴绿，一人撑木犁作犁田姿势，牵牛郎和犁田者扮丑角，即兴表演，卷袖、赤脚、戴斗笠、扎腰带，伴以喝牛声；后面一班人，有扮女子送饭的、有扮挑柴火的、有扮秀才的、有扮挑牛草的、有扮姜太公钓鱼的，边走边唱民歌，至祠堂、各屋厅堂犁春。祈求田禾大熟、五谷丰登。整个活动过程俨然是一幅热闹非凡的春耕图。

境内有圆岌寺及仕荣公祠、祖潭公祠两栋完整的明代中期建筑和石砌古道。村内圆岌寺相传已有600多年历史，2017年古寺重建。寺内围墙左侧有一棵桂花树王，相传是建寺时的和尚所种。胸径1.3米，高12米，冠幅6x7米，枝叶茂盛，满树繁花，香飘四溢。

3. 南岭村

南岭村是以钟姓为主的畲族村，位于南阳镇北部，距镇政府驻地15公里，是海拔600米的高寒山区。该村处于长汀、连城、上杭3县交界之地，东接连城县朋口镇池岗村，南与香塔村相通，西与联山村毗邻，北接长汀县涂坊溪源坑、南山塘背村。各自然村偏僻分散，绕村一周达10余公里。辖区面积25.12平方公里，其中耕地面积780亩，山林面积3.458万亩，（含用材林2.8万亩，竹林0.13万亩）。发源于联山山折水的溪流，从下村进入连城上下罗地汇入新泉大河。南岭至黄坑公路接县道南阳到长汀涂坑公路。

南岭村村委会

清朝，属长汀县平原里。1929年9月，南岭成立外宣河区苏维埃政府，管辖池岗、大坑头、上村、林国、上罗地、南岭6个乡苏维埃政府。民国29年（1940），属长汀县第四区黄南东乡，设南上保。中华人民共和国成立后，1949年，为长汀县三平区南上村。1958年，称上杭县南阳人民公社南岭大队。1961年，属南上人民公社。1965年，属南阳人民公社。1984年，称南阳乡南岭村。1988年，称南阳镇南岭村。2021年，辖凹子背（凹子背、横坑源口）、中心屋（中心屋、过水塘）、街上（街上、杨屋角）、溪背、三和片（剪树坑、水竹凹、杨家山、火木溪坑口）、东坑（东坑口、东坑、罗屋坑）、下村7个自然村14个村民小组。有542户2475人。有钟、黄、阙、许、丘、曹等姓，钟姓畲族占全村人口的77%。境内长汀语系、连城语系、上杭语系客家话通用。村委会驻中心屋自然村。该村为革命基点村。

土地革命战争年代，毛泽东、朱德领导的红军曾二次来到南岭，发动群众，点燃革命火种。1929年5月，红四军从江西向东南进发，一部分从长汀涂坊来到南岭，第二天在天后宫举行扩红会议，号召南岭人民组织起来，打土豪，分田地，开展土地革命斗争。会后南岭有62位青年报名参军，编入第

三纵队。1929 年 8 月,朱德军长率红四军第一纵队来到南岭,在天后宫召开群众大会,宣传革命斗争形势,号召大家团结起来建立和巩固红色政权。从而坚定了南岭人民斗争的决心和信心。会后钟祥兴等参军入伍。南岭人民在革命战争时期,创造了不平凡业绩,中华人民共和国成立后,该村有 25 人被评为革命烈士。

南岭村耕地主种水稻。南岭森林资源丰富,20 世纪 50 年代始,利用山上杂木加工白木粉,竹林发展纸业生产。种植金桔是南岭传统产业,已有百年历史,有金弹、长金橘、圆金橘 3 个品种。2003 年,南岭金桔获得国家无公害食品标志。2005 年始,南岭村在发展经济上,一方面做好劳务输出文章,青壮年劳力大部分到福建省泉州水头、河南省郑州以及江西等地从事磨石头行业;另一方面做好特色农业文章,留守的村民主要种植金柑、茶叶,套种生姜、小米椒、木薯。2021 年,有金橘面积 2200 亩,梅占茶 2500 多亩 337.5 万多丛,新建无公害茶叶加工厂 6 家。

民国时期,南岭村设有私塾。1951 年,创办南岭初级小学,1963 年,新建校舍。1994—1995 年,县财补助 8 万元,省教育厅资助 5 万元,总投资 22 万元,兴建一栋 2 层 12 间教室的教学楼。1997 年,镇财资助 1 万元,修建近 120 平方米的师生厨房膳厅。2002 年,省民宗厅拨款 9 万元及省财政厅的资助,建成一栋占地 300 平方米的 2 层综合楼。2004 年,《福建日报》社赠送电脑 12 台,县教育局配置电脑 1 台、43 寸背投电视 1 台及一些设备,由村委会购置桌椅,共同建起 1 间多媒体教室。

南岭村在 1951 年设立卫生诊所,有专职医师;1970 年办合作医疗站,有赤脚医生 1 人;1981 年设村卫生室,有医师 1 人,村民基本实现“小病求诊不出村”。

南岭村在 1967 年建起装机容星 80 千瓦的水电站;2005 年村民分别投资 300 万元建起装机容量 500 千瓦的马头雁电站、650 千瓦的赤竹溪电站;1987 年 9 月—1992 年投资 20 多万元,兴建从黄坑经日新上白云岭到南岭的黄南公路,建成通车后,由于地质条件差,路陡弯急,下雨时无法通行;1998 年又投资 10 万元,改建从黄坑大埔上经田坝庄到南岭的公路;还开通村部到东坑、下村等自然村的公路并硬化;2005 年建成占地 120 平方米,砖混结构 2 层楼房的新村部。2013—2021 年,获得中央、省、市、县民族工作部门 53.5 万元资金扶持,用于道路建设、道路附属设施建设等项目。

境内有汀州古道南阳镇南岭段(红军路、北接长汀溪源古道、南接连城通罗古道),始建于清朝嘉庆年间(1816 年)的天后宫和真君庙、赤竹溪庙等名胜古迹。南岭钟姓在每年农历四月十五日和八月十五日,扛观音菩萨(吃素)游村保百姓平安和从农历正月初二开始到各家各户和邻近村庄去舞龙灯,正月二十日结束的民俗。

南岭村在 2009 年被上杭县委、县政府授予“信用村”称号。2012 年,被省环保厅授予“省级生态文明村”称号。2018 年,被上杭县委、县政府授予第十三届(2015—2017 年度)“文明村”称号。

(十三)才溪镇

1. 才民村

才民村原属官庄乡新民村,1956 年划入才溪乡时,以才溪,新民两地各取一字,称才民村。

才民村是以蓝姓为主的畲族村,位于才溪镇北部,梨子岭山峰下一条狭长的山谷里,距镇政府驻地 7 公里。东与岭和村交界,西和邻

才民村村委会

官庄畲族乡新民村接壤,南与溪北村梁到坑毗邻,北接通贤镇障云村。辖区面积2.15平方公里,其中耕地面积216亩,林地面积6000亩(含生态公益林630多亩,人工造林种杉木2000余亩,毛竹200多亩)。湘才公路穿境。

才民村在民国时期为新民保。中华人民共和国成立后,1949年,属平安区。1956年,划入才溪区。1958年,属才溪人民公社上才大队。1961年,称才溪人民公社才民大队。1984年,称才溪乡才民村。1993年称,才溪镇才民村。2021年,辖梨子岭、上迳、创梓林、大壁上4个自然村3个村民小组,有118户548人。姓蓝、范,其中蓝姓畲族人口占全村总人口的85%。村委会驻梨子岭自然村。

中华人民共和国成立前,才民村农田水利主要由农户各自作陂开圳、以竹筒、树枧等导引山泉水,部分旱田要等天下雨和人工挑水灌溉。中华人民共和国成立后,人民政府投入资金大力兴修水利,至2011年,建成大小陂头17座,水渠15条,全长3680多米,实现农业旱涝保收。才民村畲、汉农民一起学科学、用科学,全面推广杂优良种,粮食产量连年增产增收,彻底解决了温饱问题,粮食自给有余。6000多亩的山地,山上是树林,山腰以下是毛竹林。1958年,大炼钢铁烧木炭,山林基本砍光。1971年始,全村实行封山育林,发动群众植树造林,人工造林面积达到500多亩,随着山林权属责任制落实到户,封山育林、人工造林不断加强,山林郁郁葱葱,森林覆盖率达85%。1980年前,全村有土纸寮6座,男劳力以做土纸为业,是全村主要经济来源。1981年始,由于土纸价格低廉,收入不高,剩余劳动力纷纷离开造纸业,外出务工。

才民村在中华人民共和国成立前,村内办过私塾。中华人民共和国成立后,50年代开办初级小学、夜校、速成识字班;1974年升格为完全小学;1980年办初小复式班;1982年学生转入才溪中心小学读书。

1982年建成的县道湘才线才溪至官庄段全长14公里四级水泥公路,从才民村穿过。2005年自筹资金开通村部到上迳的水泥公路,至此,通各自然村的道路都硬化。2010年始,在市、县民族宗教局的支持下,先后建成新村部、农民公园、老年活动室、农民健身场所、人饮工程、公益性骨灰堂、垃圾池、公厕等惠及村民的公益事业,新农村建设工作初见成效。2011年全村90%以上农户已拆旧建新,有的另择地点建造新房,住上宽敞明亮、洁净舒适的砖混钢筋结构楼房,还有20%的农户在才溪市场、上杭县城、龙岩、厦门、深圳购买住房。2013—2021年,获得中央、省、市、县民族工作部门51万元资金扶持,用于建设老年活动室、新村部、农民公园、健身场所、道路硬化、人饮工程、公益性骨灰堂等项目。

才民村在2000—2021年,被上杭县政府评为"信用村"。2015—2021年,被龙岩市评为"平安村居(社区)"。2018年,被上杭县委、县政府评为第十三届(2015—2017年度)"文明村"。2021年,被上杭县委评为"模范基层党支部"。

2. 溪北村

溪北村是以雷姓为主的畲族村,位于才溪镇北部,距镇政府驻地1.5公里,梨子岭东麓。东与岭和村相接,南邻中兴村,西与溪西村、官庄畲族乡交界,北与才民村岭坑高山毗邻。辖区面积5.61平方公里,其中耕地面积1094亩、山林面积7359亩。矿产资源有草子崠煤矿。有水泥公路接沿河柏油路通205国道。湘才公路穿境而过。

溪北村村委会

溪北村在民国时期属溪北保。中华人民共和国成立后,1949年,为才溪区上才溪村。1953—1954年,成立互助组,该村的雷佛春互助组闻名全省。1958年,与中兴、溪东、溪西合并为

上才大队，属才溪人民公社。1961年，从上才大队划出组建雷屋大队、梁倒大队，属才溪人民公社。1965年，雷屋大队、梁倒大队合并为溪北大队，属才溪人民公社。1984年，称才溪乡溪北村。1993年，称才溪镇溪北村。2021年，辖下雷屋、上雷屋、山下、倒坑、梁坑5个自然村9个村民小组，有493户2139人，全村80岁以上老人有70人（男25人，女45人），其中90岁以上老人4人（女）；80岁以上人数占全村人口的3.27%。有百岁老人1人：王宝连，女，103岁。有雷、刘、卓、余等姓。畲族雷姓占全村人口的52.6%。村委会驻雷屋自然村。梁倒坑自然村（含倒坑、梁坑）是革命基点村。

溪北村四面环山，20世纪50年代，山上长着茂密的松杉林，但在1958年“大炼钢铁”时几乎被砍光。1981年始，随着山林权的落实，经过多年的监管保护，山林长势很好，山清水秀，才溪溪的水流量大增。山地属黄色土壤，适宜脐橙、竹、木、木薯、花生、玉米、茶叶等作物生长。村民种植水稻、烤烟及蔬菜；建有溪北村蓝莓铁皮石斛基地。1996年始，在山上种植纽荷尔脐橙，种植面积达1690亩，年产量达150万公斤，产值达1000多万元，产品远销澳门、广东、上海等地。1998年5月6日，时任中共福建省委副书记习近平到溪北村调研，在视察溪北村大坪脐橙基地后，指出村党支部要发挥火车头作用，发展好脐橙产业，把培育特色产业作为带领村民脱贫致富的重要出路。2007年，被上杭县定为脐橙产业“一村一品”示范村；以“才溪脐橙”申报省名优特产品和“绿色食品”标志。2008年，被龙岩市农业局定为脐橙产业“一村一品”示范村，同时被福建省农业厅定为“省级脐橙标准化栽培示范区”，被国家标准化管理委员会列为“无公害”脐橙标准化栽培技术示范区。传统手工业有酿制米酒、制作豆腐、手工米粉、裁剪制衣和建筑业。改革开放后，大部分村民从事建筑业，基本形成了以房屋建筑施工为主导的市政、土建、装饰、钢结构、机电安装、地基基础处理工程等专业施工结构的建筑队伍。2021年，溪北村有660多人分布在本省及广东、江西、江苏、广西等地搞建筑，占全村男劳力的80%。

溪北村依靠人民政府的支持和村民的投工，每年冬春进行兴修水利，确保旱涝保收。到2021年止，完成标准化渠道、排洪渠建设18.6公里。

1982年始，开通才溪至官庄公路，经下雷屋、上雷屋、倒坑自然村，连接205国道。此后，开通溪北村通往中兴村，山下，雷屋，岭和村，上雷屋、下雷屋，梁坑，倒坑和通往大坪里、麻坑至山下村道，并铺设水泥路面。2021年止，建成倒坑至水竹洋、上雷屋至署过坪、山下至麻坑、洋田至凿子树背、黄金堂至北坑等农田机耕路10公里。全村建成石拱桥，水泥钢筋桥14座，形成四通八达的路网。

2004年，在湘才公路旁新建占地面积300多平方米，建筑面积580多平方米的村部。2007年，在梁坑建造村民文化娱乐活动中心、老年活动室，安装路灯200盏。2021年，加大对村庄环境卫生的整治力度，统一建垃圾池6个，集中运送销毁垃圾，村民环境卫生意识得到提高。

才溪镇溪北村（溪北村委会提供）

进入新时代，溪北村开展“五促五起”活动，即以党建促班子，让支部“强”起来；以党建促产业，让村民“富”起来；以党建促生态，让村庄“靓”起来；以党建促文明，让乡风“美”起来；以党建促治理，让社会“和”起来。通过党建引领，溪北村筹建到250万元的村财发展基金，利用村财发展基金领办才溪红农业发展专业合作社，投资本村脐橙种植基地，通过“支部结对、党员帮扶”的形

式培育脐橙种植示范户,形成“党支部+党员+示范户+群众”产业链。同时通过合作社投资水竹洋林下养蜂基地、泉誉家庭农场等本地特色农业产业,利用才溪红色资源开发“才溪红”品牌山泉水等多元化投资运营渠道,每年村集体增收30万元。2014年3月,中共中央政治局常委、全国人大常委会委员长张德江到溪北村调研指导党的群众路线教育实践活动。

2013—2021年,获得中央、省、市、县民族工作部门58万元资金扶持,用于防洪堤、纽荷尔脐橙种植基地等项目建设。

1969年,开办溪北小学,在梁倒坑自然村设梁坑初级小学。1992年,梁坑初小停办,学生转入溪北小学。2006年,溪北小学学生转入才溪中心小学就读。2021年划片招生,溪北村小学生转入上才小学就读,在原溪北小学新建第二中心幼儿园一座,上才片幼儿在此就读学前班。

1970年,溪北大队创办起全乡第一所合作医疗站,有“赤脚医生”2人。1984年,设立溪北卫生所,有乡村医生2人。2006年,实行新型农村合作医疗制度;2021年,全村98%的村民加入医疗保险。

境内文物有建于明景泰七年(1456年)的厉坛和明朝天顺六年(1462年)的仙师宫;有200多年历史的位于草子崇下仙帐的法灵寺,寺前有“出米石”的传说;建于民国7年的雷氏宗祠,是才溪境内保护比较完善的古建筑,2020年8月,定为上杭县文物保护点。

该村是长征老红军、才溪“九军十八师”中雷浩北、雷浩茂,新时期农村党支部书记典型、革命烈士雷玉先,全国道德模范温金娥的家乡。

溪北村在2004年12月被上杭县委评为“五好基层组织”。2006年3月,被上杭县委、县政府授予“全县民族团结进步模范集体”。2008年6月,被上杭县委、县政府授予“计划生育新农村新家庭示范村”;7月,被上杭县委授予“先进基层党组织”。2010年7月,被评为省级“先进示范社区(村)”。2011年4月,被评为龙岩市“消费维权服务先进示范站点”。村妇代会在2011年9月被福建省妇女联合会评为“先进村(居)妇代会”;12月,被中华全国妇女联合会评为“全国妇联基层组织建设示范村”。2012年2月、2016年和2017年,被上杭县委、县政府评为2011年、2015年度和2016年度“平安和谐村”。2012年3月,被评为福建省“农村家园清洁行动示范村”。2013年12月,被评为福建省“平安家庭创建活动先进村”。2014年,被上杭县委授予“党建示范村”。2015年8月、2018年10月,被上杭县委、县政府评为第十二届(2012—2014年度)、第十三届(2015—2017年度)“文明村”。2016年2月,被评为福建省“农村社区建设示范单位”。2017年,被评为福建省“乡村建设千村整治示范村庄”。2018年,被评为福建省“农村四星级幸福社区”;被福建省林业局授予“森林村庄”;被龙岩市委授予“党建示范点”。2019年,被福建省政府授予省级“乡村振兴试点村”。2020年,福建农业农村厅授予省级“一村一品示范村”(脐橙)。2021年5月,被龙岩市委、市政府评为第十四届(2018—2020年度)“文明村”。2020年,被评为市级“平安村”;被评为龙岩市“十佳乡村治理村”;被龙岩市推荐为“市级党员干部教育培训现场教学点”;被授予龙岩市“生态村”。2021年6月,被龙岩市委授予“全市先进基层党组织”;被评为市级老年人健身康乐家园;被中国农业银行福建省分行授予“信用村”荣誉称号;12月,被福建省委组织部、宣传部、农业农村厅、民政厅、司法厅联合综合治理委员会授予“省级乡村治理示范村”。

3. 大贵村

以大地、贵竹两个自然村的村名各取首字为行政村村名,故名大贵。

大贵村是以钟姓为主的畲族村。位于才溪镇东南部,距镇政府驻地6公里。东接下王村、陈坑村,南与荣石村相连,西、北与才溪村、溪东村、岭和村园竹山和通贤镇岭头村接壤。四周群山连绵,

平均海拔 400 米,南山顶海拔 1038 米。辖区面积 10.5 平方公里,其中耕地面积 2100 亩,山林面积 14000 亩(含生态公益林 1567 亩,天然林 5445 亩,经济林 2188 亩,竹林 4800 亩),森林覆盖率 90%。205 国道穿村而过,永武高速才溪收费站设在高排村民小组地块,交通便捷。

大贵村村委会

民国 18 年(1929 年)设才溪区四坊乡苏维埃政府,大贵归四坊乡管辖。民国时期设大贵保。中华人民共和国成立后,1949 年,为才溪区四坊村。1958 年,称才溪人民公社大贵大队。1961 年,大贵大队分为大地、贵竹两个大队,属四坊人民公社。1965 年,大地大队和贵竹大队合并为大贵大队,属才溪人民公社。1984 年,称才溪乡大贵村。1993 年,称才溪镇大贵村。2021 年,辖贵竹、上地、下地、高秀 4 个自然村 23 个村民小组,706 户 2883 人;全村 80 岁以上老人有 87 人(男 23 人,女 64 人),其中 90 岁以上老人 21 人(男 4 人,女 17 人);80 岁以上人数占全村人口的 3.02%。村内居住着钟、邹、张、刘、王、林、修、阙 8 个姓氏,其中畲族钟姓人口占全村人口的 34%以上。村委会驻下大地自然村。上大地自然村是革命基点村。

大贵村气候宜人,土地肥沃,山上竹木葱郁、山泉丰沛,适宜竹、木、茶叶等作物生长;粮田属肥沃黑土,适宜水稻、烤烟及各类蔬菜种植。1975 年,大贵大队在营下段平整土地,小坵并大坵,在模龙开山造田 30 亩。2010 年,在上大地用现代化工具进行土地整理,面积 80 多亩,建标准化水渠,利于农业机械耕作。村民主要收入来源于劳务输出从事建筑业和林业收入。1981 年始,大贵全村有 60%的劳动力从事建筑业,涌现许多建筑专业户。2016 年,全村有建档立卡贫困户 19 户 57 人(其中国定 10 户 24 人,省定 8 户 33 人);2019 年,实现全面脱贫。2021 年,该村种植生姜 50 亩、槟榔芋 80 亩;养殖乌兔年存栏 5000 只,年出售 2.6 万只;养羊,年存栏 260 头,年出栏 140 头;养蜂 150 箱。

清朝嘉庆年间,大贵境内的四坊设“奎光学校”,又称“文馆”、俗称“文厂里”。中华人民共和国成立后,奎光学校改称四坊小学。“文化大革命”期间,设立四坊小学贵竹分班。1993 年,民办公助建大贵小学,学生最多时达 300 多人,共培养出 8 届高小毕业生。2000 年,改为四坊小学大贵分班。2005 年,大贵分班并入四坊小学。大贵小学改为大贵村村部。

1935 年,开通从上杭经大贵到新泉的公路,在大贵境内长 4 公里。中华人民共和国成立后,这条公路纳入 205 国道,经多次维修扩建,已达到二级公路。2007 年,永武高速才溪互通口在境内的高排设立、205 国道大贵营下到贵竹全长 2 公里道路得以硬化。2010 年,在上级政府资助下,建成上地到邹屋角的一条村级水泥公里,全长 1 公里,3 米宽,高速才溪互通口到高秀水泥公路和营下到上大地水泥公路的开通,实现了每个自然村都通公路。

1964 年,建成土木结构的村部;2002 年,在原址改建钢筋混凝土结构的村部;2018 年,因旧村部利用率不高,新建一栋 3 层占地面积 176 平方米的党群服务中心,其底层设服务中心和幸福院,2020 年投入使用。2013—2021 年,获得中央、省、市、县民族工作部门 46 万元资金扶持,用于防洪堤建设、道路建设等项目。2020 年,实施“两治一拆”(全面开展治理空心房、治理裸房,拆除违法建筑)百日攻坚战,村庄环境更加整洁卫生,家禽家畜圈养。政府投入上千万元,整治旧县河道四坊段(大贵村)小溪流项目,配备步道、灯光和建设农民公园。制定村规民约,开展的移风易俗活动。党员和村

“两委”干部带头签订“移风易俗”承诺书。

大贵村在2012年2月被上杭县委、县政府授予2011年度“平安和谐村”称号。2009年、2015年和2018年，被上杭县委、县政府评为第十届（2006—2008年度）、十二届（2012—2014年度）、十三届（2015——2017年度）“文明村”。2014、2016年，村党支部被上杭县委授予“先进基层党组织”称号。2015年，村团支部被共青团上杭县委授予“五四红旗团支部”称号。2020年2月，被授予龙岩市“平安和谐村”称号。

（十四）旧县镇

谷坑村

谷坑村村委会

谷坑村是以蓝姓、钟姓为主的畲族村，位于旧县镇西南部，距镇政府驻地13公里。东与梅溪村交界，南近临城镇石砌村玉女村，西与湖洋镇碧田村、涧头村接壤，北与迳美村相连。辖区面积7.36平方公里，其中耕地面积985.5亩，林地面积8441亩（含生态公益林1082亩）。谷坑村四面环山，矿产资源丰富，有金铜矿、高岭土。一条小溪穿境流入旧县河，另一条小溪穿境流入汀江河。有梅溪至谷坑乡村公路接205国道。

谷坑村在清代属在城里。土地革命时期，设旧县区谷坑乡苏维埃政府。民国时期，属三益乡谷坑保。中华人民共和国成立后，1949年，为旧县区梅溪乡谷坑村。1953年，属附城区。1958年，称旧县人民公社梅溪大队。1961年，称梅溪人民公社谷坑大队。1964年，梅溪人民公社并入旧县人民公社称旧县人民公社谷坑大队。1966年，改称红岩人民公社谷坑大队。1971夏，称旧县人民公社谷坑大队。1984年称旧县乡谷坑村；2012年，称旧县镇谷坑村。2021年，辖上谷坑、下谷坑2个自然村12个村民小组，有481户1603人，全村80岁以上老人有46人（男19人，女27人），其中90岁以上老人3人（男1人，女2人）；80岁以上人数占全村人口的2.87%。有蓝、张、黄、钟等姓。蓝姓、钟姓畲民占全村人口的48%，是旧县镇唯—的少数民族村。村委会驻上谷坑自然村。

谷坑村耕地以种植水稻、烤烟、脐橙为主，其次种植蔬菜、地瓜、玉米等农作物。90年代末，调整农业种植结构，大种烤烟，粮食面积和产量相对减少，烤烟种植面积达200余亩。2017年，建成高效节水灌溉项目，有效喷灌面积600亩。2021年，旧县镇扶持谷坑村发展脐橙、槟榔芋产业，促进村民增产增收，全村种植脐橙600多亩，年产值达800多万元；槟榔芋300多亩，年产值达500多万元。

谷坑村牌坊（谷坑村委会提供）

该村山地大多为高岭土土质，表土层薄，土壤抗侵蚀力差，沙化严重，水土流失面积达3000多亩。村“两委”虽每年组织村民种马尾松，但成活率不高。2013年，上杭县投入100万元开展谷坑水土流失治理，采用草、灌、乔、高密度混交等技术措施，共种草450亩，补植80亩，低效林改造600亩，增加地面覆盖，防止水土流失，并配合人工施肥，达到保护水土、优化生态的作

用。村“两委”班子形成共识,引导村民保护环境要像保护自己的身体一样重视,反复宣传“绿水青山就是金山银山”理念,每个村民自觉行动,听从指挥,做好庭院美化,水质净化,村容村貌洁化,实现全村环境优美,乡风文明。组织群众撒播宽叶雀稗和狗牙根草籽,种植木豆、木荷等适生树种,对土壤肥力较差的地方进行改造;并大力宣传封山育林,群众植树造林意识进一步提高,村内生态环境也越来越好。2021 年,昔日黄土裸露的山头已披上一层绿装。

1981 年,建设梅溪至谷坑全长 5. 26 公里的梅谷公路,2005 年,拓宽硬化。1982 年,谷坑大队从雁子滩水电站架设电力线,解决全大队的生产生活用电。2012 年以来,谷坑村加强党建,班子团结一致,积极向上级部门争取到 2000 万元资金,重铺进村道路,建成“四好农村路”。2014 年,谷坑村会同临城镇玉女村,开通全长 2. 2 公里的谷玉公路,并在 2016 年拓宽硬化。硬化村道 5 条合计 4. 53 公里。极大方便了村民开展农业生产;同时还进行村居环境改造,实施人饮工程、垃圾分类等,让村民生活更方便更舒适更幸福。2017 年,全村均用上安全干净自来水。2013—2021 年,获得中央、省、市、县民族工作部门 61 万元资金扶持,用于民族特色安置小区建设、畲族文化公园建设、村部建设等项目。

谷坑村传统文化资源多,村中有打铁文化遗址、蓝氏宗祠、畲族围屋和石门寮古民居、滋德堂古民居、红日东升古民居、怀荣居、黄胜旧居、永乐维新古居等传统建筑 9 处。有谷明泉、龙泉井、四角井等 3 口古泉眼,其中谷明泉古圆井始建于明朝永乐九年(1411 年),井深 2 米左右,直径 80 厘米,即使遇上百年未见大旱,井水仍清澈透亮,口感甜美。

在开发紫金山,手工挖掘金、铜矿的过程中,大量使用钢钎、铁锤、斧子、铁钩等铁制工具。这些工具需要经常修理,一些从事打铁行业的艺人也随着挖掘队伍进入紫金山。由于紫金山离谷坑很近,打铁师傅常到谷坑村与当地的畲民交流,倡导农耕技术,推广铁制工具,传授打铁技艺。从此,谷坑村民将这一技艺世代相传。民国《上杭县志 · 实业志》说:“锻铁工人多产自北区梅溪乡,就中谷坑蓝姓几于全乡皆业铁工矣。”2018 年 7 月,该村的打铁工艺列入龙岩市非物质遗产名录。

中共十八大以来,谷坑村发挥少数民族村人文优势,将畲族文化、非遗文化、传统工艺一同融入谷坑村乡村振兴大环境中,积极发展优势产业,打造产业发展好、自然生态优、人居环境美、畲族文化兴为一体的畲村乐园。谷坑村连续三届被上杭县委、县政府评为“文明村”;2021 年,谷坑村被列入福建省第四批省级传统村落名录和龙岩市“四好民族村”。

第二次国内革命战争时期,谷坑村畲、汉群众在中国共产党的领导下,积极参军参战,涌现一批革命英雄人物。有担任红军福建军区独立师团长蓝武华,担任杭武县赤卫团第六大队政治委员蓝发堂。担任杭武县赤卫团第六大队连长黄德标,担任中共上杭县旧县区区委书记黄汉洪,担任上杭县旧县区迳谷乡苏维埃政府主席张树昌等。中华人民共和国成立后,谷坑村有 33 人被评为革命烈士。

该村乡贤钟煌在华南理工大学五山校区本科毕业后,在 OPPO 广东移动通信有限公司任材料工程师,获得 2 项专利:一种基于 $BaPbO_3$电极的 PZT 基多层介电增强薄膜及其制备方法以及一种 BST 基多层介电增强薄膜及其制备方法

(十五)珊瑚乡

华竹村

该村从九华、九竹两个自然村的村名中取“华”、“竹”两字,为建置村村名,故名华竹村。

华竹村是全村姓蓝的畲族村,位于珊瑚乡东北部,距乡政府驻地 4 公里。东与官庄畲族乡曾泗村隔汀江相望,南与下珊瑚村长窖里交界,西与武平县中堡镇的新化村接壤,北与官庄畲族乡七里村、璜头村毗邻。辖区面积 7. 5 平方公里,其中耕地面积 750 亩,山林面积 1. 75 万亩(含生态公益林

1890 亩)，森林覆盖率达 85%。县道河临线穿村而过。

明成化十年(1474 年)，官府置九华铺。明正德年间(1506—1521 年)，修成上杭县经九华铺至汀州府的驿道，华竹成为官方及民间往来汀州、上杭的必经之地。

华竹村村委会

华竹村在民国时期属珊瑚乡联保处珊东保。中华人民共和国成立后，1949 年，属平安区珊瑚村。1958 年，称官庄公社珊瑚大队。1961 年，称珊瑚公社华竹大队。1965 年，称官庄公社华竹大队。1984 年，称官庄乡华竹村。1987 年，珊瑚恢复乡建制，称珊瑚乡华竹村。2021 年，辖白水磜下、茶头下、大门背、九华铺、上凹、下东坑 6 个自然村 7 个村民小组，有 258 户 1036 人。村委会驻地九华铺自然村。

明清时期，该村烧制砖瓦，产品销往各乡村。华竹村山地海拔在 470-570 米之间，属中、矮丘陵，土地肥沃，植被丰富，非常适宜各种果树，花卉，蔬菜、食用菌、食茶、油茶等生长。村民除种植水稻、烤烟、地瓜等传统作物外，还种植油茶、桑树、田七、槟榔芋等经济作物。该村有专业合作社 1 家，家庭农场 2 家，带动贫困户种植洛神花、百香果等特色产业。2016 年，全村建档立卡贫困户 19 户 55 人(其中国定 10 户 17 人，省定 9 户 38 人)，到 2019 年实现全部脱贫。大部分青壮年在广东从事运输业、龙岩从事建筑业等，每年创收几千万元。

20 世纪 70 年代，华竹村在九华铺建一座装机 7 千瓦的小水电站。1984 年，建成杨梅山水库左干渠，供华竹村 300 多亩耕地灌溉。20 世纪 90 年代后，得益于党和政府的少数民族政策。1993 年始，华竹村在龙岩地区行署办的支持下实施“人饮工程”。1995 年，开通九华至九竹机耕路。2005 年 11 月，开通华竹村有线电视网络。2006 年，扩宽改造九华自然村村中道路并铺上水泥路面。2007 年，华竹民族村被福建省列为扶贫开发重点村，由省委宣传部挂钩帮扶，省下派集美大学干部陈杰到该村任党支部第一书记，在省委宣传部和集美大学的支持帮助下，投入资金 50 多万元，装修村部、扩宽改造村中大道和大门背通各自然村公路。2011 年，实施“小农水”项目，该村大部分水利设施得到除险加固和节水改造。2013 年，实施“农村饮水安全”项目，使全村 95%以上的村民喝上清洁卫生的自来水。2015 年，福建中医药大学附属人民医院派出干部许均西到该村驻村蹲点帮扶；帮助该村解决茶头下路段路灯建设缺口资金，并协调争取该村“美丽乡村”建设项目。该项目投入 60 万元，实施硬化村中大道，修复危桥一座，新建篮球场一个，清理河道 1500 米，筑砌护岸 300 米，建造垃圾池 10 个，安装太阳能路灯 50 盏。2020 年换届后，新一届村“两委”引进龙岩佳农生态农业发展有限公司，发展华竹民族村“党建+生态农业”产业项目，流转土地 1000 余亩，打造山茶油种植、加工、线上网络营销+线下销售代理的绿色生态产业链，为 50 多位珊瑚乡及本村的贫困户提供就业岗位，为村财增收约 3 万元。实施华竹村春风亭至圆通山道路、生活污水处理、溪流整治及生态护岸、村部至公园道路硬化、华竹村(九华铺)停车场等工程建设。实施农村人居环境整治百日攻坚行动，拆除危损空心房 50 栋、废弃土烤烟房 4 座、旱厕 13 座，拆除面积 5922.01 平方米；裸房整治住房 31 栋、附属房 21 处、围墙 20 处，整治面积 12375.87 平方米，村容村貌得到明显改善。实施九华铺主干道沿线约 300 米房屋护坎和围墙统一粉刷，手绘展现畲族服饰、畲族舞蹈、畲族风俗、民族团结等具有畲乡风情、民族韵味的图画，建成畲族文化墙。组织开展刺绣、剪纸、书法、舞蹈等群众性普遍认可喜欢的文化活

动,推动各民族相互尊重、相互借鉴、相互包容。开展“感恩·奋进,赛家风”活动,带动辖区居民讲身边民族团结故事、讲革命烈士事迹,厚植中华民族爱国情怀,传递“民族团结一家亲”最强音。依托村网格化管理筑牢民族团结服务管理阵地,辖区划分为3个网格,每个网格配备专门的网格管理人员,网格员通过联动辖区村委会、村民小组,了解村情民意,帮助全村居民解决实际问题,保障居民“小事不出网格,大事不出村,难事不出乡”。2013—2021年,获得中央、省、市、县民族工作部门42.5万元资金支持,用于村部附属设施建设、油茶产业园基础设施建设等项目。

中华人民共和国成立成立之初,人民政府在华竹村设立珊东初级小学。1968年,九华校本部扩大为完小,更名为华竹小学,还办了九竹分班。90年代初,校本部搬迁新建校舍,设有7个班,学生100多人。1999年,省地税局投入30万元,将校舍改建为一栋占地200平方米的砖混结构二层教学楼,并配齐各种设施设备。

第二次国内革命战争时期,红军曾在九华铺古民居内驻扎,并在墙上书写标语口号。许多青年踊跃参加红军,有蓝发光等7人献身革命事业,中华人民共和国成立后,被评为革命烈士。

境内圆通山既是一处内涵丰富的旅游景点,也是知名绿色农产品圆通茶的主要生产基地。半山腰有始建于明化六年(1470年)的圆通寺(庵),民国《上杭县志·古迹志》云:“宝殿层楹,禅堂楼阁,宏阔壮丽”。20世纪70年代,官庄公社曾经在这里建设知识青年农场。该村的古民居“明生堂”始建于清康熙年间,占地面积2000多平方米,整座大院虽外部参差不齐,却错落有致,飞檐微翘,像一只正在飞舞的蝙蝠双翼,砖木结构,坚固结实。大厅雕梁画栋,正中悬挂“圜桥玉村”牌匾。大门上方有题“廉卷春风”四字的门额。

华竹村在2004年获上杭县委、县政府授予“人民调解先进集体”称号。2007年,被上杭县政府授予“信用村”称号;2009年,被上杭县委、县政府授予第十届(2006—2008年度)“文明村”称号;2012年,被省环境保护厅授予“省级生态村”称号,村党支部被上杭县委授予“全县创先争优先进基层党组织”称号;2013年,被龙岩市政府、龙岩军分区授予“2012年度民兵营部规范化建设达标先进单位”称号;2015年和2018年,被评为市级“平安村”;2019年7月,被上杭县委授予“全县先进基层党组织”称号。

1979—1982年,在杨梅山水库建设工地上,以该村村民陈妹为首的女子打石班,食宿在工地上,开山炸石,美名远扬;1979年9月,陈妹被全国妇联授予“三八红旗手”称号。

二、漳平市

(一)桂林街道

山羊村

山羊村是以蓝姓为主的畲族村,位于桂林街道的东南端,与漳州市华安县接壤,离漳平市区约24公里,平均海拔860米。东与梅水坑村毗邻,南与官田乡接壤,西与桂林街道石坂坑村交界,北与桂林街道瑞都村相连。辖区面积20.54平方公里,耕地面积333亩,林地面积26071亩(含行政划拨给漳平五一林场1万多亩、生态公益林5128亩),村民经营管理的林地中有茶园1088亩、毛竹林4197

山羊村村委会

亩。有盘山公路接桂林街道,2004 年底全面完成了通往外界 14 公里公路并进行水泥路面硬化。

明朝万历年间(1573—1620 年),原居漳浦的蓝恩台、蓝思台兄弟俩迁入漳平,恩台居象湖龙门,思台先居永福兰田,后迁至山羊隔(今山羊村)。2021 年,山羊村辖山羊隔(旧称正龙坑)、小芹菜(旧称芹菜洋)2 个自然村 5 个村民小组,236 户 807 人,全村有畲族蓝(兰)、雷两姓,蓝(兰)姓人口占多数。山羊村是漳平市畲族人口最多、最集中的民族村,是闽西唯一保留讲畲族语言、唱畲族民歌的建制村,是闽西传承畲族文化的窗口和主要阵地。

据山羊村老人回忆,蓝思台在山羊村开基后,先居住在石岩山洞,随后才搭起草寮,再建竹棚,生活有所改善后盖起土墙房。他们在山坡上种植一些黍、粟、玉米、番薯、畲禾等耐旱作物,遇旱则"十无一收,衣食莫给,艰苦穷困",以山蕉头、阔鸡腿(一种茅草,心可生吃)当粮食。后来,利用丰富的毛竹资源,加工造土纸和挖掘竹笋,生产山蕨粉(一种蕨类植物,加工制成可食用的淀粉),以这些土特产到集市换回土布、食盐。当时,畲民能换上安溪产的土布就很好了。他们一般只穿单衣、短裤,终年不穿鞋,只穿木屐。国民党反动派还经常上山抽丁派款,再加上土匪横行,民不聊生。

中华人民共和国成立后,山羊畲民分到土地山林,政治上翻身,生产积极性高涨。1949 年,稻谷产量 4 万斤,1952 年翻了一番,达 8 万斤。人口从 1949 年的不足 150 人,到 1958 年增加到 339 人。

1951 年,人民政府派来教师,开办小学分班。1952 年,人民政府又拨出 7000 万元(合人民币 7000 元)新建校舍,设 4 个班(小芹菜 1 个分班),有老师 5 人,学生 50 多人。2000 年始,山羊村适龄儿童到漳平市或桂林街道的公立学校就读。

1980 年,漳平县补助山羊村 3000 元,兴建水电站。1998 年 8 月,山羊村少数民族的茅草房和小学危房问题,引起省委、省政府的高度重视。时任福建省政府副省长汪毅夫做出批示:"闽西也有茅草房,兹事体大,未可等闲视之……现在应该着手于闽西山羊村的茅草房和小学危房的改造了……"并提出具体的解决意见。时任中共福建省委副书记习近平也做了"必须抓紧解决"的重要批示。在 1999 年春节前,山羊村建设砖混结构新房 80 幢,2005 年茅草房和小学危房改造工作全部完成,山羊村村民从此结束了居住茅草房的历史,过上安居乐业的幸福生活。2015 年,被福建省民族宗教厅列入第三批"全省少数民族特色村寨保护与发展试点村";同时,被列为福建省"美丽乡村"旧村整治村,投入 90 万元,围绕旧房裸房、农村污水、生活环境、乡村道路、绿化美化等方面开展村庄整治建设。2016 年 12 月至 2017 年 6 月,桂林街道实施山羊村到小芹菜自然村长 4. 137 公里的道路拓宽硬化改造。2017 年,投入 25 万元对山羊村特色村寨项目屋立面改造;投入 20 万元对小芹菜自然村房屋立面改造;完成小芹菜自然村道路硬化。2019 年,完成并通过了国家民委组织开展的第三批中国少数民族特色村寨申报和评审工作。2019 年至 2020 年,实施山羊村至小芹菜自然村道路边沟及排水涵管建设。2015—2021 年,共获得中央、省、市、县(市)民族工作部门 300 多万元的资金扶持,用于山羊村村部房和群众屋及道路进行整修,发展山羊村种植业;完善配套旅游公厕和小芹菜村级公厕,畲族民俗馆附属工程挡墙修复,美化绿化山羊村松树公园,提升乡村景观,打造出有历史记忆、地域特色、民族特点的美丽乡村。

该村的蓝祖昌是闽西南著名的畲族歌手,是畲族民歌这一非物质文化遗产的重要传承人。1959 年以福建省少数民族参观团团员身份进京参加新中国成立 10 周年国庆观礼,受到党和国家领导人的接见并合影留念。他为传承、光大和保存畲歌这颗民间文学宝库中的璀璨明珠做出了贡献。该村的传统习俗有正月十五吃百家饭菜,代表团圆;三月初三"乌饭节",家家户户做"乌米饭"敬祖先;农历七月十五挂"祖图"祭祖,吃长命菜,意味长命百岁;种新婚菜,代表夫妻永远青山绿水,早生贵子。

山羊村生态环境保护好,自然环境优美,依托秀丽风景,挖掘山羊村山歌、图腾文化、特色饮食风

俗等畲族文化元素，紧紧围绕建设少数民族特色村寨的有利条件，建成生态农业、生态旅游、生态文化的特色村居。依托高海拔、无污染、少虫害的优势，发展以生态有机茶、沃柑、毛竹（笋）种植等为主导产业。着力推广野生茶——苦茶。至2021年，共种植苦茶203亩。

山羊村在2014年5月被评为龙岩市“平安和谐村”。2019年，被国家民委命名为第三批“中国少数民族特色村寨”。是龙岩市2021年度“平安村居（社区）”。

（二）赤水镇

1.香寮村

香寮村村委会

赤水镇香寮村是以雷姓为主的畲族村，位于漳平市西北部国家森林公园天台山脚下，距漳平市区65公里，距赤水镇政府驻地15公里。西南与新罗区交界，北与永安市接壤，与岭兜村、安坑村、罗坑村、大坑村、赤水村、田头村、石寮村相邻，距岭兜村6.8公里。辖区面积58平方公里，耕地面积2876亩，林地面积81451亩，其中生态公益林3万多亩，毛竹林1.8万亩。香寮村有连接赤水集镇的公路。

香寮，古称“香山”“风寮”，原属漳州府龙岩县集贤里，明隆庆元年（1567年）建宁洋县，先后划归宁洋县集贤里香寮社、宁洋县第一区。1956年，宁洋撤县后划归漳平县双洋区。1961年，属漳平县赤水人民公社。1984年，属赤水乡。1995年，属漳平市赤水镇。2021年，全村有6个自然村17个村民小组，479户1724人，其中少数民族人口638人。全村80岁以上老人有62人（男33人，女29人），其中90岁以上老人15人（男7人，女8人）；80岁以上人数占全村人口的3.60%。1700多人口中有97个姓氏，平均每18人就有一个姓氏，平时很少见的鹿、米、淑、上官等姓氏都有，是远近闻名的“百姓古村”，是明代伟大航海家、外交家王景弘故里。中央电视台《走遍中国》栏目组和福建电视台《发现档案》栏目组曾先后到香寮村拍摄《百姓古村》《王景弘之谜》《漳平百姓村》等专题片。

香寮村自然条件优越，土地肥沃，农业主产稻谷、烤烟、玉米、水果，是福建省省级农业示范村，龙岩市烤烟生产基地。境内重峦叠嶂，林木茂密，森林覆盖率达90%以上，拥有丰富的石灰石矿和少量的铅锌矿、稀土矿等矿产资源。

香寮村古民居群落（兰中霞提供）

香寮村历史悠久，古村落形成于商周，繁荣于明清。留有古越族先民文化遗址且保存较好，宋代高僧慧真祖师、道教教主曹泗公，明代著名航海家、外交家王景弘、农民起义首领苏阿普、隐士王镜等在这里留下足迹，文化底蕴深厚，人文旅游资源丰富。香寮村坐落在群山环抱之中，环境优美，是漳平市首届“最美村庄”之一。该村保留着古驿道、石拱桥和宋代舍利塔等大量古迹。

中共十八大以来，香寮村不断优化产业结构，引导农民发展高优种植业，培育烤

烟、毛竹和养蜂等产业,规范紫云山、香台养蜂等合作社运作,深化蜂产品、竹笋制品加工;加大生态茶园建设,提高香寮水仙红茶的制作技艺,着力打造农业特色品牌,扩大农产品品牌知名度,提高农民收入水平。以被列入福建农林大学合作高产笋用林科研基地为契机,管护好 3 万多亩生态公益林;用好用活退宅还耕、耕地开发优惠政策,采取整村推进措施,重点抓好许家山、盖竹溪耕地开发,巩固 900 亩烤烟面积,不断壮大村集体经济。

香寮村以"美丽家园示范村"为依托,开展"家园清洁"行动,实行垃圾分拣,干部群众齐心协力,共建美丽新家园。村民自觉落实保洁门前"三包"责任制、生态保护等相关规定,通过集体出资、村民集资相结合的方式筹集资金用于村庄环境整治,实现了道路硬化、村庄绿化、卫生洁化、河道净化。

天台国家森林公园核心景区位于香寮村境内,大片的原始森林里有红豆杉、丁香树等 1000 多种珍稀植物。天台山是历史文化名山,汇集了紫云洞山、天台山、香炉山等名山胜景。2004 年 12 月,经国家林业局批准成立漳平天台山国家森林公园。

香寮村坚持以文化为纽带,依托景弘故里、百家姓、畲族文化等文化资源优势,传承龙岩市级非物质文化遗产保护项目"火炮鼓",组建龙狮队、广场舞表演队、火炮鼓乐队等,不断挖掘传统文化的独特价值。加强文化阵地建设,设立乡土文化墙,全面提升传统文化价值。提升"百姓村"田园风光休闲旅游品位,鼓励群众发展农家乐、民宿等,培育成"吃住行,游购娱"为一体的生态旅游休闲度假,合力打造生态观光、花园式新村、历史文化长廊 3 条特色路线,用活百家姓古村、王景弘故里、国家森林公园、国家特色景观旅游名村 4 张名片,把香寮村打造为集生态观光、文化体验、休闲度假于一体的乡村休闲度假旅村。

香寮村为促进村民道德素质的提高,鼓励好人好事,传播正能量。2016 年,香寮村组织发动成立"功德银行",以"做功德"为主题,设立"功德簿",每家每户设立一个功德账号,记下户主姓名、家庭成员等基本情况,并设定"存储"标准,成立评议小组,每个月定期到村民家了解情况,登记核实相关事迹。村民如有优秀道德行为,经核实后,"功德银行"每年年终进行汇总,给予悬挂红灯笼、张贴红榜、发放证书等形式进行表彰,并将前 10 名的村民刻入当年的功德碑,优先给予"五好家庭""文明村民"等评选;"功德银行"开展以来,已开展热心公益好村民、好婆婆(媳妇、女儿)、见义勇为好村民、文明家庭等表彰项目。通过设立"功德银行",进一步培养村民良好的道德行为习惯,营造互帮互助、和谐友爱的文明村风。

2013—2021 年,获得中央、省、市、县(市)民族工作部门 180 多万元资金扶持,带动各方面资金 500 多万元,实施了道路硬化、安装路灯、少数民族特色村寨等工程建设,建了 30 栋别墅式农家小屋、香寮民俗馆、生态漫步道、景观带、"乡村记忆"档案馆和香寮村幸福院等,完善了基础设施。同时,舞龙、舞狮、香寮火炮鼓以及剪纸、刺绣、编织等非物质文化遗产得到了传承、保护和开发利用,为特色村寨增添了浓浓的民族气息。

香寮村在 2011 年 8 月被国家住建部和国家旅游局评为第二批"全国特色景观旅游名镇(村)",9 月,被福建省农业厅命名为"福建省休闲农业示范点"。2012 年,被福建省民族宗教厅列入第二批"全省少数民族特色村寨保护与发展试点村",被福建省环境保护厅命名为"福建省生态村"。2013 年 8 月,被国家住房和城乡建设部、文化部、文物局和财政部列入第二批中国传统村落名录。2015 年 5 月和 2021 年 2 月,被福建省委、省政府评为第十二届(2012—2014 年度)、第十四届(2018—2020 年度)"文明村"。2017 年 3 月,被国家民委命名为"中国少数民族特色村寨"。2019 年 6 月,被福建省民政厅、发展和改革委员会、住房和城乡建设厅、文化和旅游厅、党史研究和地方志编纂办公室联合命名为"福建省地名文化遗产·千年古村落"。2020 年 12 月,入选 2019 年度福建省"一村一品"示

范村名单(烤烟)。2021 年,9 月获第二批全国乡村治理示范村镇;11 月,被福建省爱卫办命名为 2021 年“福建省卫生村”;同月,被龙岩市民族宗教局评为“四好民族村”。

2.岭兜村

岭兜村是以兰、雷姓为主的民族村,位于漳平市赤水镇东北部,距赤水镇政府驻地 9.3 公里。南与员当村毗邻、西与田头村接壤,北与香寮村相连,距香寮村 6.8 公里。全村面积 10 平方公里,其中耕地面积 721 亩,林地 13485 亩。矿产资源有优质石灰石,已经探明的储量达 2.8 亿吨。岭兜村已开通连接赤水集镇的公路。

岭兜村村委会

岭兜村原属漳州府龙岩县集贤里,明隆庆元年(1567 年)建宁洋县,先后划归宁洋县集贤里香寮社、宁洋县第一区。1956 年,宁洋撤县后划归漳平县双洋区。1961 年,属漳平县赤水人民公社。1984 年,属赤水乡。1995 年,属漳平市赤水镇。2021 年,岭兜村有 6 个村民小组 694 人,其中畲族兰姓、雷姓有 239 人。

岭兜村以“生态秘境 · 盎趣岭兜”为发展定位,聚焦乡村振兴,逐渐呈现出“科学规划布局美,人居环境整治美,创业增收生活美,创业增收生活美”。利用现有资源,发展一二三产产业链,形成烟稻轮作产业、田园乡村休闲等产业。聚焦农业发展特色,种植水稻 600 余亩、烤烟 500 余亩、食用菌 30 万棒、油茶 200 多亩以及百香果 100 余亩等;推广“农户+合作社+企业”以及家庭农场模式、机械化耕种、收割等。

建于明代的岭兜村万安桥(岭兜村委会提供)

村内有漳平市文物保护单位——“凤翔千仞”摩崖石刻,有象盂堂、建兴堂、积庆堂、树德堂、曹泗公殿、莲花寺等古建筑,这些古建筑为抬梁式木架构,拱形大门,木结构雕刻精美,精巧别致,有多处彩绘,栩栩如生;保存有长 9 米、宽 48 厘米的“畲族祖图”。该村逐步发展写生摄影、文化研学、梅园观光等乡村休闲旅游产业。

2020 年,以家园清洁行动示范村创建活动为契机,着力抓好“五治”(政治引领、法治保障、德治教化、自治强基、智治支撑)和“一革命四行动”(指实施厕所革命,农村垃圾治理行动、污水治理行动、农房整治行动、村容地貌提升行动),拆除空心房 50 栋近 2500 平方米,改建拆除旱厕 24 座近 300 平方米;投入 1000 多万元建设生态防洪堤、修缮及保护古樟树林及梅林,实施美化绿化项目,落实河长制、林长制等,农村人居环境整治成效显著,村容村貌得到较大改善。

以汉族文化和畲族文化相融合为基础,以文明村、文明家庭创建活动为载体,同福建漳平五一林场开展文明实践站共建活动,推进移风易俗,破除陈规陋俗,倡导文明新风;弘扬“功德银行”典型做法,充分挖掘功德人物,进一步营造风清气正氛围。发挥村级党组织战斗堡垒作用,同红狮水泥有限

公司开展村企共建工作,组织做好安全生产、疫情防控、常态化扫黑除恶斗争和整治电信网络违法犯罪,不断提升群众获得感、幸福感、安全感。

岭兜畲族村通过发展激励性产业扶贫项目和落实教育、医疗、易地搬迁、饮水安全等政策,全村8户18人贫困户均已脱贫;投入200多万建成幸福院,开放长者食堂,提升留守老人晚年生活质量;投入100多万实施建设农民公园及少数民族文化广场、组建广场舞表演队。

2013—2021年,获得中央、省、市、县民族工作部门82万元资金扶持,带动各方面资金280万元,建设了大涵水渠、自来水蓄水池、太阳能路灯、危桥改造、南山下水渠、农村合作医疗室装修、百香果产业等项目。

岭兜村党支部在2003年被龙岩市委授予"优秀基层党组织"称号。2010年,被福建省环保厅命名为"福建省生态村"。2021年,村党支部被龙岩市委评为"先进基层党组织",被龙岩市委、市政府授予"平安村居(社区)"和"民主法治示范村",被龙岩市民族宗教局评为"四好民族村"。

(三)灵地乡

长埃村

长埃村是以雷姓为主的民族村,位于漳平市西北部,距灵地乡政府驻地11公里。东与大田县桃源镇毗邻,西南与新桥镇交界,北与永安市接壤,与漳平市易坪村、谢地村、谢畲村、灵地村、京口村等相邻。全村面积19.8平方公里,其中耕地面积538亩,林地面积29700多亩(含生态林面积7924亩)。长埃村开通了前往乡政府驻地的乡村公路。该村是革命基点村。

长埃村村委会

2021年,辖2个自然村7个村民小组,157户676人,其中少数民族雷姓62户238人。村民经济收入主要来源以种植水稻、烤烟和食用菌为主。

2013—2021年,获得中央、省、市、县民族工作部门80万元资金扶持,带动美丽乡村建设等各方面资金90多万元。同时结合整村推进开发帮扶,建成农村幸福院,完成村道路硬化,畲族民居墙面粉刷工程,人饮工程,环境整治,路灯架设亮化工程。截至2017年底,该村完成2个自然村的人饮工程建设,完成主干道宽4.5米,自然村道宽3米的道路硬化,实现户户通水泥路。

长埃村是龙岩市2017年度、2021年度"平安村居(社区)"。

(四)双洋镇

1.坑源村

双洋镇坑源村是以钟姓为主的民族村,地处双洋镇的最北部,北与永安市西洋镇林田村、洪田镇相连、东与银坑村毗邻,西与连城县接壤,南与漳平市双洋镇温坑村交界。距双洋镇政府驻地50公里。全村面积26.83平方公里,其中耕地面积979亩,山地面积3.5万亩(含毛竹林面积2.5万亩、苦竹林2500亩),矿产资源有含铁量在

坑源村村委会

1%以下、蕴藏量大的优质瓷土。坑源村开通了村道,已硬化道路23公里。

坑源村从明朝隆庆元年(1567年)到民国,属宁洋县。1956年,撤销宁洋县后,属漳平县双洋区;1958年,属东风人民公社,1961年,东风人民公社更名双洋人民公社;1984年,属双洋乡;1989年,属双洋镇。2021年,全村有田头、古洋、马山等4个自然村,仓头、东洋、横洋、田头、过溪、古顶坑、洋仔头、马山8个村民小组,252户1168人,其中有钟姓畲族286人。全村畲族、汉族和睦相处,2000年被确认为少数民族建制村。该村是革命基点村。

该村耕地主种单季水稻,山林资源丰富,年产明笋干100万公斤、春笋30万公斤、冬笋3万公斤、毛竹16万支。

坑源村处于涧谷之中,小溪纵贯全境。境内钠长石、高岭土、花岗岩储量丰富。境内紫云洞山划入天台山森林公园范围,内有原宁洋县交通要道。古驿道均为石阶铺设,全长约16公里,保存完好。还有徐霞客历经之处的马山,其中的马山瀑布和千亩杜鹃、万亩竹海景色宜人。居民住房均依山傍水沿缓坡而建,建筑风格为闽南风格。

2002年,经福建省人民政府评定为省级"贫困村",由省物资集团总公司挂钩帮扶。2013—2021年,获得中央、省、市、县民族工作部门52万元资金扶持,带动各方面资金50多万元,建设了竹产业基地、道路基础设施、广播电视、通讯等基础设施项目。

2021年12月,坑源村被福建省林业局命名为2021年度"福建省森林村庄"。是龙岩市2021年度"平安村居(社区)"。

2.中村村

中村村村委会

双洋镇中村村是以兰姓、雷姓为主的畲族村,位于双洋镇南部、漳平市东北部,距离漳平市区35公里,距离双洋镇政府驻地18公里。东与双洋镇的溪口村、大窑村接壤,南与南洋镇的北寮村毗邻,西北与赤水镇的黄山村、安坑村、大坑村相连,西南与新罗区白沙镇的山村交界。中村村有连接208省道约6公里的乡村道路。

中村村内溪流众多,最后于公馆汇入九鹏溪,天台山国家森林公园九鹏溪景区坐落于村口。全村总面积36.58平方公里,其中耕地面积750亩,林地面积52054亩(含生态公益林25860亩);境内群山环抱,森林资源丰富,有水仙茶、红菇、香菇、竹笋、木耳等天然土特产。

在清朝时,中村原名李溪,最早的居民是畲族居民,世代居住在尾村,而后有现在被称为"本地人"之黄、陈、邓、颜、李等姓氏居民,客家人迁入最晚。中村汉族主要有王、童、张、邓、梁等姓氏,畲族有兰、雷姓。清乾隆、嘉庆时期(1736—1820年),客家人从各地迁入,先与当地邓氏租赁远离村庄的高山开荒种茶、开田,后来发展成拥有各姓氏的山寨。其中王姓原籍广东梅县松源,居住在炉子坑、公馆,至今200余年传有10代,有350多人,居住在中村及南洋梧溪。童氏原籍上杭县蓝溪镇,清朝时开基中村矿山坑,至今160余年传有8代,有300多人。张氏原籍永定区湖雷镇,原开基在中村隔头洋,至今140多年传7代,有60多人,居住在东坂洋、尾村。梁氏原籍广东梅州梅县松源,至今180多年传有9代,有20多人,住在中村东坂洋。村民仍操纯正粤东客家话。2021年,中村分头村、中村、东坂洋和尾村4个自然村9个小组。全村有242户863人,其中畲族297人。是漳平市唯一的客

家和少数民族建制村。该村是革命基点村。

中村客家人迁入初期居住在高山上,由于勤劳诚实,得到当地汉人的信任,逐步从山上搬迁到中村居住。中村保留了客家方言和风俗习惯,既会讲当地的闽南语系方言,又兼用祖籍的客家方言,成为漳平的客家"方言岛"。

从20世纪20年代开始,在邓观金的带领下,种植水仙茶新品种,改用四方形饼式包装,成为驰名省内外的水仙茶饼。2021年,种植面积达5300亩,为漳平最早的水仙茶之乡,是漳平水仙茶的发源地。

2013—2021年,获得中央、省、市、县民族工作部门71万元资金扶持,带动水利、国土、农业等各方面资金,建设了茶园高效节水灌溉水池、水保项目道路、茶山道路硬化、饮水工程等项目。

民国23年(1934年)秋,中国工农红军独立第九团(简称红九团)二营进驻中村,发动群众组织农会,有32名青年农民参加红军。

中村村在2014年被省民宗厅命名为"全省民族团结进步创建活动示范村"。2015年,被福建省政府评为"全省民族团结进步模范集体"。是龙岩市2021年度"平安村居(社区)"。

(五)象湖镇

1.科山村

科山村村委会

科山村是以兰姓为主的少数民族村,位于象湖镇东部,与大田、永春、安溪3县相连,距镇政府驻地16公里。东南、北面与泉州市永春县一都镇光山村接壤,西与该镇长塔村毗邻。全村土地总面积4.88平方公里,其中耕地面积190亩,林地6599亩(含生态公益林1197亩,杂木用材林3286亩,经济林901亩,竹林1232亩),森林覆盖率89.57%,平均海拔490米。双科公路经深山峡谷贯穿该村。

科山村在明、清时代及民国初期属漳平县感化里长塔社长塔乡。1934年属长塔保,初隶溪南(第三)区象湖联保、象湖乡,后属溪南镇。中华人民共和国成立初,属溪南镇长塔村;土改后属第五(溪南)区长塔乡,后并入象湖乡;1985年年公社化,属长塔大队,先后隶溪南、象湖人民公社;1984年,政社分开,属象湖乡长塔村;1995年2月,从长塔村析出设科山村,属象湖乡;1995年3月,象湖撤乡设镇,称象湖镇科山村;2012年11月29日,确认为少数民族村;2021年,辖大科山、小科山2个自然村2个村民小组,有72户329人,其中畲族26户98人,讲畲语与闽南方言永春话,亦说漳平话。

村民主要以种植水稻、茶叶、食用菌及竹山经营为主要经济来源。

2013—2021年,获得各级民族工作部门50万元资金扶持,完成村部畲族文化墙绘,建设了集厨房、餐厅、休息室等为一体的幸福院,修复和改造村内道路旁的农田灌溉水渠700多米。建设科山村村口公园、畲族文化广场等。2018年以来,加大油茶产业的发展和推广,依托"漳平象湖科山科农油茶种植专业合作社",成功申请"科山畲农"的农产品商标,打造科山村的特色农产品品牌;购买7.5吨混合肥发放给农户用于油茶苗实施,并购买一套油茶榨油设备,设立加工坊,通过租赁形式,增加

村级集体经济收入。

科山村在2012年被福建省环境保护厅授予“福建省生态村”称号；2014年，被漳平市人民银行、漳平市农村信用合作社授予“信用村”称号；2018年和2021年，被漳平市委、市政府授予第十三届（2015—2017年度）、第十四届（2018—2020年度）“文明村”；2019年，被漳平市委授予“先进基层党组织”称号；2019年和2021年，被龙岩市委授予“平安村居”称号。

2. 龙门村

龙门村是以兰、雷两姓为主的民族村，位于象湖镇东北部，与大田、安溪、永春3县交界，北接长塔村，南临宽田村，西靠灶头村。距象湖镇政府驻地12公里，溪南高速出口25公里，漳平市区51公里。平均海拔322米，辖区土地总面积2.32平方公里，其中耕地面积100.6亩，林地面积3117亩（含竹林520亩、园地103亩），森林覆盖率高达96%。对外交通主要依靠060乡道和215国道。

龙门村村委会

清初，兰、雷两姓畲族先民先后迁入龙门村，民国时期成村落。中华人民共和国成立后属长塔村管辖，2000年，从长塔村析出建村。2021年辖双溪口、龙门2个自然村2个村民小组，有76户389人。全村有蓝（兰）姓、雷姓，村民皆为畲族。讲闽南漳平方言象湖、溪南话。

该村弘扬具有畲族特色的民族文化，至今仍保留讲畲语，吃乌米饭的畲族民俗民风。龙门村畲语传承人雷仁发、雷新宗、蓝顺兴3位村民曾经分别在1959年、1961年和1983年作为闽西畲族代表参加全国少数民族参观团赴京国庆观礼，受到国家领导人的亲切接见并到全国各地参观访问。

村民主要从事种植业，农业种植水稻、油茶、双华李、毛竹、西瓜，饲养家禽，林业以经营竹木为主。

2013—2021年，龙门村在省、龙岩市民族宗教局和漳平市委市府的支持下，争取到1000多万元建设资金（其中各级民族工作部门扶持资金168.2万元），投入到村里的各项建设事业。主要用于1.5公里村主干道硬化和绿化工程（主干道宽为3.2—3.8米，村庄内支路宽为2.4—3.5米）；农田道路绿化、滚水坝、特色村寨建设、特色山寨景观亭及护坡、步行桥建设

龙门村牌坊（龙门村委会提供）

等工程项目。2020年,建成“千秋畲族”大门、公园栈道、步行桥、休闲凉亭、休闲长廊、花圃,进行墙体美化,设置多个网红打卡点,使这个过去贫困落后的小山村变成环境优美、设施配套、风情浓郁的畲族特色村寨。在村委会办公场所内,新建卫生室,并配备必要的医疗设备及村级卫生员,解决当地群众看病难问题;设立龙门小学(目前在校学生4人)。

龙门村坚持“千秋畲寨,精美龙门”的发展理念,利用少数民族特色村寨规划建设的机遇,全面拆除和改造旱厕、空心房、裸房,彻底整治村庄“脏、乱、差”乱象,村内垃圾收集有4处,由垃圾转运车直接从垃圾桶收集处理。人居环境不断改善,群众获得感和幸福指数不断提高。按照“保护+弘扬+发展”的方式,着力完善优化少数民族特色村基础设施建设。以弘扬畲族文化为抓手,开展品鉴畲家美食,观看畲族舞蹈、舞龙舞狮,体验竹竿舞等畲族民俗风情,展示畲族文化的独特魅力,形成“游山水、看民俗、尝山珍”的民俗休闲游,实现畲族产业新发展、村容新形象、村民新获得。

每年的农历三月初三是龙门畲族人民最重大的传统节日,也称“上巳节”“谷神节”或“乌饭节”。畲民通过演唱畲歌等方式传承“三月三”的文化,在竹竿有节奏敲击地面的声音中,伴随“嘿哈”声,跳起欢快的竹竿舞。传统的畲族婚俗实行族内婚,同姓五代内不可通婚。近现代畲、汉融合、融合,畲家与汉族联姻也不少见,但婚礼仍依传统的畲族婚俗流程。传统的畲族婚礼要经过定亲、讲杠、择日子、备嫁妆、做表姐、做亲家伯、讲祖公、出门酒、出嫁、拜堂、办正酒、食佳仪酒、做女婿、做头客等程序,龙门村的畲族人民将这些婚俗保留下来,代代相传。糯米糍粑、乌米饭、年糕、咸饼、香酥糖、芝麻红龟粿、发粿、糯米糕等特色小吃让人爱不释手,红酒、气酒等特色酒水令人垂涎欲滴。畲族乌米饭习俗被列为市级非物质文化遗产项目。

龙门村畲族祖宅建于民国时期,由兰、雷祖先共建而成,左边为雷氏,右边为兰氏,中间共同供奉畲族祖先,因两家族子孙后代不断扩大,已搬离此宅,为了赓续畲族血脉,充分利用畲族祖宅,打造独具特色的畲族文化,经龙门村“两委”与象湖镇政府商议后,将此祖房建设成畲族文化展示馆。相传20世纪50年代,祠堂烧火熏肥,挂在墙上的族谱掉落已被烧毁。

龙门村在2018年被漳平市委、市政府授予第十三届(2015—2017年度)“文明村”,福建省民宗厅列入第四批“全省少数民族特色村寨保护与发展试点村”。是龙岩市2017年度、2021年度“平安村居(社区)”。

(六)新桥镇

1.城口村

城口村是以兰姓为主的畲族村,位于漳平市新桥镇北部,距漳平市区约50公里,距镇政府驻地约13公里。城口村与三明市大田县、永安市交界,东与大田县京口村毗邻、南与新桥镇产坑村相连、西与新桥镇南丰村接壤、北与永安市上坪隔村相邻。全村总面积57.53平方公里,其中耕地面积1719亩,山地面积约84929亩(含林地面积72375亩)。鹰厦铁路和漳永高速在该村西侧通过。

城口村在明清时期属漳平县和睦里。中华人民共和国成立后,属漳平县新桥(第六)区,1958年,属新桥人民公社;1984年,属新桥镇。城口村大罗山畲族村民集中居住地,至今还保留着畲族祖祠及传统畲族文化。2010年,被确认为少数民族村。2021年,全村有城口、曳船、曳船坂、西坪、柯

城口村村委会

周坑、大罗山、小罗山、溪尾8个自然村11个村民小组,317户1189人,其中畲族兰姓456人,全村80岁以上老人有31人(男16人,女15人),其中90岁以上老人3人(男1人,女2人);80岁以上人数占全村人口的2.61%。村民委员会设在城口自然村。

城口村竹木资源丰富,全村有燕菁、青菁、城口和天台山4个林场。竹林面积约1万亩,年产毛竹20万根、年产明笋约1.5万公斤。水电资源丰富,有3个水电站。该村设立碧发农机专业合作社、城畲林业专业合作社。

2013—2021年,获得各级民族工作部门48万元资金扶持,带动各方面资金投入,建设了饮水工程,实施了道路路面硬化30公里、通信网络的基础设施建设、城口小学修缮、竹林基地建设、明笋加工等项目。

2008年12月,被漳平市人民银行、漳平市农村信用合作联社评为“信用村”;2021年,被龙岩市评为“2020年度平安村(居)”。

2.石码村

石码村是以雷、兰两姓为主的畲族村,位于新桥镇东南部,距漳平市约64公里,距镇政府驻地约23公里。东与溪南镇长荣村相邻,南与新桥镇白泉村接壤,西与灵地乡谢地村毗邻,北与灵地乡谢畲村相连。全村总面积14.96平方公里,其中耕地面积2068亩,山林面积11335亩(其中毛竹林5157亩、生态公益林1590亩、油茶林1928亩)。石码村已硬化道路11.3公里,开通了通村道路。

石码村村委会

石码村在明清时期属漳平县和睦里。中华人民共和国成立后,属漳平县新桥第六区,1958年属新桥人民公社,1984年属新桥镇。2021年,全村辖4个自然村12个村民小组,有432户1538人,其中畲族雷姓、兰姓人口135户510人。全村有雷、兰姓氏。在石码村小洋畲族村民集中居住地,还保留着畲族祖祠及传统畲族文化。

石码村落依山傍水,环境优美,人居和谐,九龙江支流源头之一,有一群险山陡石的“码头溪”景区待开发。主要以毛竹、烤烟、食用菌等为主导产业。

2013—2021年,获得中央、省、市、县(市)民族工作部门75万元资金扶持,带动农民转型产业发展,实施了竹产业基地、烤烟生产基地、村主干道路灯、饮水工程、道路路面硬化、通信网络基础设施、蛋鸡养殖、果树种植,桥梁等项目建设,有效解决群众饮水安全问题,改善交通条件,促进经济发展。引进忆知青生态农业有限公司的产蛋鸡养殖项目,项目总用地面积150亩,总投资4800万元。

石码村在2021年11月被福建省爱卫办命名为“2021年福建省卫生村”。

三、长汀县

馆前镇黄湖村

黄湖村因四面环山,中心落湖,且黄姓先在此地开基,故名黄泥湖,后改称为黄湖村。

黄湖村是蓝姓民族村,位于长汀县馆前镇西北部的崇山峻岭之中,东邻镜前镇坪埔村,西北及北面与宁化县治平畲族乡的田畲村、社福村接壤,西边及南部与新桥镇三坑口相邻。海拔866米,距馆前镇政府驻地12.5公里。全村总面积8.2平方公里,其中耕地面积136亩,林地面积12300亩(今省级生态公益林6980亩),毛竹林76000亩,森林资源以毛竹和阔叶林为主,森林覆盖率达96%。生态

黄湖村村委会

环境好,水源无污染,属汀江源头,年平均气温13.6—15.8℃,常年无蚊子,誉称“无蚊村”,冬暖夏凉,空气清新。有乡村公路直通馆前镇。

该村在明代就有人居住。清朝乾隆年间(1736—1795年),蓝千三郎从上杭庐丰上大坪迁到黄湖村,在一位汉族黄姓人的帮助下盖茅草棚居住,垒3个石头为灶,得以世代繁衍。中华人民共和国成立前,黄湖村为长汀县汀东归阳里一都黄泥湖保。1957—1959年,为馆前人民公社马坪大队黄湖生产队。1960年,从马坪大队析出,成立黄湖大队。1981年7月,长汀县人民政府确认黄湖大队的居民民族身份为畲族。1984年,为馆前镇黄湖民族村。2021年,全村辖黄泥湖、横岗背、排子叻和罗家山4个自然村3个村民小组,103户523人,全村都姓蓝(兰)。也是长汀县唯一的少数民族村,也是革命基点村。

该村由于山场盛产毛竹,家家户户都从事手工造纸(土纸),每年有大量的土纸销往潮汕、香港、澳门,但在1990年后,土纸逐渐滞销,年轻人选择外出务工,手工造纸面临失传境地。耕地主种水稻,村民还经营毛竹、笋、养蜂等产业。该村的大山上生长有野生的太子参、七叶一枝花等名贵中药材,丰富的生态资源,是该村发展的潜力和优势所在。进入21世纪,野生太子参、七叶一枝花这两种药材在当地市场上能卖出好价钱的消息传到村里后,一些村民们便开始有意识地种植这两种药材。此后村民在党员干部的牵头、帮扶下种植中药材。2018年,黄湖村“两委”为实现地尽其利,让抛荒田成为增收田,组织村民入股,创办药材产业精准扶贫基地,投资10多万元购买种苗和开垦复耕抛荒地,种植中药材七叶一枝花10万余株,还零散种植2万株,年创产值10多万元,并解决7名贫困户就业脱贫,每户平均增收1万余元。2021年,种植七叶一枝花等林下经济和外出务工已成为黄湖民族村的主要经济来源。

2013—2021年,获得中央、省、市、县民族工作部门80多万元资金扶持,实施道路硬化、发展林下经济以及建设老人文化活动中心和畲族文化长廊等项目。

黄湖村的村内布局以祖堂(祠堂)为中心向四周分叉形成东南西北四条相连的村主干道,民居在村主干道旁边依山势而建,形成交叉垂直纵横相连,可谓旋踵即景移步换天,几乎上下相连户户相通,互相帮助和睦相处的小社会。村中还保存有建于明朝的古驿道,建于清朝的古宗祠、古民居,有建于20世纪50年代初的吊脚楼群(建筑面积2000平方米)和吊脚楼(建筑面积300平方米)。

黄湖村在1992年被福建省民委评为“民族团结进步先进集体”。2012年、2018年,被中共长汀县委、县政府授予第十一届(2009—2011年度)、第十四届(2015—2017年度)“文明村”。2017年9月,被福建省住房和城乡建设厅、文化厅、文物局和财政厅列入福建省第二批省级传统村落名录。是龙岩市2021年度“平安村居(社区)”。

第十三章　人　　物

第一节　人物传

钟　子　仁

钟子仁，字时七五郎，号寿七。元至正二十一年(1361年)出生于上杭县胜运里久泰(今茶地镇久泰村上坑圹赤竹山)。祖父钟四五郎，父四七郎，子仁排行第七。家境贫寒，生计艰难，随父迁居乌石崇，后又从乌石崇迁居来苏里滩下，樵耕为业。

明洪武十八年(1385年)，上杭知县邓致中勾结城内豪绅周子礼、郭元中等，横征暴敛，鱼肉乡里，并借口修筑城墙，大肆敲诈勒索，百姓怨声载道。钟子仁素性耿直武勇，遂聚集黄泥垄、上登等地畲、汉人民数百人于来苏里滩下，揭竿而起，并汇合广东农民领袖曾水荫所率领的起义军，准备攻占上杭城，邓致中等惊慌万状，急募丁勇拒守。农民起义军与丁勇队长张爱、梁文彪率领的官兵在南郊遭遇，发生激战，因众寡悬殊，农民起义军战败，被抓杀数百人。钟子仁率余部撤回上登一带山区，重整旗鼓，誓与官兵决战到底。张爱率兵轻进，被钟子仁以诱敌深入之计击败，擒获斩首。邓致中等恼羞成怒，复纠集官兵，大肆进犯。钟子仁率义兵与之激战，终因死伤过多，子仁不幸战死。钟子仁率领的一场轰轰烈烈的畲、汉农民起义虽然失败了，但在他的影响下，农民起义此起彼伏，沉重地打击了封建统治阶级的统治。

钟　　三

钟三，字万三郎。明景泰四年(1453年)出生于上杭县胜运里久泰(今茶地镇久泰村上坑圹赤竹山)，钟四五郎公第五代裔孙。家贫，随父钟千一郎及兄万二郎外出谋生，至水埔松山下定居。稍长，钟三又独自一人到上杭县溪南里的田仔、洪山寺(今属永定区)等地当雇农。钟三为人刚直，崇侠尚义。明成化十三年(1477年)当地畲、汉人民不堪官绅压迫，在钟三、黎仲端领导下举起“劫富济贫”的义旗、抗租抗税、打击富豪。巡按御史戴用派兵围剿，被义军击败。翌年，右佥都御史高朋及副史刘城率兵进剿，黎仲端中计被擒，钟三等脱逃潜伏，积聚力量，伺机而动。明成化十四年(1478年)设置永定县，官府与豪绅趁上杭、永定分县之机，大肆搜刮民脂，加紧收租逼债，民怨沸腾。钟三顺应当地农民要求，于成化十七年(1481年)再举义旗，武装抗粮、抗税，打击官府与豪绅。当地豪绅吴海纠

集民壮,勾结官府袭击义军。钟三在激战中不幸被擒遇害。义军毫不气馁,且战且退,于峡头山麓设伏擒斩吴海,为钟三报仇。钟三领导的义军,因历史局限,后来终于被官府镇压,但他们的义举,大大打击了官府豪绅的嚣张气焰。

钟 尚 志

钟尚志,字非常,又字勖成。生卒时间不详。上杭县来苏里(今中都镇古坊村)人。他是个读书务实的人,孝顺父母,笃诚为人。由于双亲早逝,每逢疾风骤雨之时,总是想起父母,悲戚而泣。他对待哥哥用志如对父亲一样恭敬。清康熙年间他考取举人,被选派到靖海县(今天津市静海区)任知县。上任前,他自己写了一份文告在诸神面前发誓:"誓不以一钱自累。"到靖海后,有人替他觉得可惜,尚志奋然说道:"我不这样做,就无法明辨是非善恶。"靖海在燕山东南隅,为京师门户之地,境邑濒海,土地贫瘠,但处在顺天、河间、保定之间,在军事上是要冲之地。境内多水泊,蒲苇丛生,人烟稀少,强人奸盗之徒,经常出没这里,大肆抢劫掠夺,官府捕治则逃匿他县。钟尚志曾俘获匪首,责令他将功赎罪,并建议河间郡守挑选数十个壮汉兵勇,造一批快船,由壮勇持鸟铳分数路日夜巡视水淀;同时命令各水淀沿岸、集场及船家协助,捕杀盗首数十。一年之间,盗患顿息,惩奸除弊、百业遂兴,靖海民众皆感怀尚志的恩德。靖海隔家乡上杭六千余里,每当兄长用志来信,他必焚香跪读。当时靖海有一对兄弟不和闹上官司,尚志对他们晓以大义,抚案哭道:"本县有兄,但求一见都不可得,你们兄弟同为一家,享受天伦之乐,竟然还闹到官府打官司!"兄弟俩深受感动,和好而归。尚志为官操守清廉,一文不取。解职归家,室如悬磬。始终如一,有古君子之风,深得乡民敬仰。

蓝 正 春

蓝正春,字约三,上杭县胜运里庐丰(今庐丰畲族乡)人。生卒年不详,清雍正二年(1724年)进士,待父母极孝,有"古人一日养,不以三公换"之风。待老母93高寿去世后,才出任湖南省安仁县知事,在任有惠政,深得民心,告老回乡后,筑考槃书室,日以著述自娱。所著书有《四书一得录》《左传抄略》《故事集腋》《考槃集》《青云楼稿》等。年86卒。

钟 大 受

钟大受,字达观,又字健庵,上杭县平安里(今官庄畲族乡福泉村山寺口)人,生卒年不详。清乾隆三十五年(1770年)乡试中第一名举人(解元),被派任山东省德平县知事。一上任,他就自作箴言:"以恭敬奉我上宪,以勤慎供我官职,以羡余补我亏空,以清白对我百姓,以本色质我同僚,以家教束我子弟,以寡欲葆我元神。"在任八年无一悬案,四境百姓安居乐业。每逢饥荒赈济,必亲自督理,以防赈救款落不到灾民手中。道光《济南府志》载:鬲津河,禹城、平原、陵县诸洼水入之,水发合流,其势最猛,居民筑堤,名田家堰,以资捍御。乾隆五十七年大水,于田家庄决口七丈余,知县钟大受率民夫竟七日夜堵塞之;马颊河岁久淤塞,五十七年,知县钟大受奉文挑浚,发给工银,自是河益深广,无泛溢之患。他还修建书院,聘名师讲授,又刊行《吕子节录》供诸生研习。自此,德平县的学风日盛。当发现县志久未修订、史料多有遗漏时,他又创修新县志,订正谬误,补上遗漏,刊刻成书。后,升任济南府同知。主要著作有《德平县志》《钟氏家谱·序》《补刻葛端肃公文集记》《朱洪猷修桥记》等。

蓝　　桂

蓝桂，字孙阶，号一枝，上杭县来苏里长岭下（原属下都乡，现为中都镇复兴村长岭下自然村）人。幼聪颖，刚直性淳。嘉庆十年（1805 年）考取进士，历任云南太和、永善，浙江长兴、松阳，安徽蒙城、霍邱、宿松等县知县及白盐井提举、大理府同知，为官从政 20 余年。所历州县多为艰难贫困之地，他始终以清勤自励，勇往直前之气，不单得到同僚的敬惮，连各级上司对他既钦佩又器重，他所担任过官职的州县都廉能有声。三次出任江南乡试同考官，所取科举人才，后多为名士，如解元吴家榈、夏子龄等都是出自他的门下，刊有《三科同门卷》，脍炙人口。蓝桂生平好义勇为，热心社会公益事业，曾倡议捐资兴建王守仁驻节上杭为民祈雨而修建"阳明新祠"（故址在今临江镇城东小学内），以推崇理学。每逢会试则邮寄百金分赠同乡考生以资鼓励。他还在下都青草坪设立公庄，名崇儒庄，考课生员，评选甲乙，适当奖励。晚年告老还乡后，布衣草鞋，本色依然。

钟　虎　翀

钟虎翀，字炳斋，上杭县在城里石碣乡（今临城镇石砌村）人。嘉庆七年（1802 年）武进士，授蓝翎侍卫。嘉庆十五年选陕西庆阳营守备。十八年河南李文成反抗清朝，朝廷派遣钟虎翀赴滑县军营讨伐李文成。十九年陕西吴抓抓率部攻占岐山、郿县，并向南进占黄官岭，准备由褒城、沔县入四川。清廷派兵追至剪子河进行围剿，吴部越过山涧直趋塘口。钟虎翀在塘口设下埋伏，大败吴抓抓。是年，升任镇平营都司。道光元年（1821 年），升甘肃玉泉营游击。五年，赴英吉沙尔换防。六年，张格尔反叛攻打关卡，钟虎翀率领官兵奋力守御，张格尔从迈马特呢雅斯带来众多兵马围攻，由于敌众我寡，城陷于敌。钟虎翀与叛军血战，殉身沙场。

蓝　斗　南

蓝斗南，字星垣，上杭县胜运里（今庐丰畲族乡）人。清嘉庆二十三年（1818 年）举人，曾七次参加会试都未及第，后被朝廷选拔，授职福清县教谕，任中以母老告养，辞官归家奉养老母，终生不再复出为官。他虽然家贫如洗，却廉谨自守，不妄取一文钱。他立下誓言："宁可食甘薯度日以终老此生。"时任上杭知县张润培，是一位清官，闻蓝斗南的声名，专程到他家拜访，看到蓝斗南清苦，连过冬的御寒衣服都没有，便脱下身上的裘衣赠送给蓝斗南。当时蓝斗南考取举人 48 年了，从清苦的教谕衙门归来，贫穷如故。子蓝其玉，以上杭增生赴福州秋试，病死于省城，斗南就把他葬在当地。他在家教孤孙蓝锄经读书，锄经稍有倦怠，就说："难道不想把你父亲的尸骨迁回家吗？"旁人听闻此言都难免心酸落泪。其后，锄经补诸生赴秋试，负其父的遗骨归葬。可惜斗南年 80 多岁去世，没有来得及看见。

钟　宝　三

钟宝三（1834—1904 年），字泮宗，号鉴堂，清道光十四年（1834 年）出生于上杭县在城里（今临城镇石砌村）的武将门第。祖父虎翀曾任玉泉营游击，父炳斋袭父职官至总兵。宝三幼年喜欢练武，

12 岁就读于旧县河西福仙庵私塾。他身材魁梧，膂力过人，人称“将门虎子”。

咸丰元年(1851 年)，其父在镇南关(今友谊关)殉职的噩耗传来，年仅 18 岁的宝三即赴军营袭职，任金门镇右营守备。在任期间，以清剿海盗有功，升任海坛总兵。先后镇压永春林俊农民起义军和兴泉乌白旗农民起义军，以功擢升厦门水师提督。尔后调任浙江宁波水师提督，平定倭乱，使海疆得以安宁。七年，任福建水师提督，接连攻下被太平军占领的泰宁、建宁、邵武等县城。随后，又前往攻打驻宁化和龙岩的太平军。后与总督王懿德不和，解甲归田。光绪九年(1883 年)，徐宗干继任巡抚，认为宝三是个将才，闲置可惜，乃修本上奏朝廷，让其担任汀漳道总兵。同年，宝三辞职返乡，隐居珊瑚圆通山带发修行，成为虔诚的佛门居士。三十年，卒于圆通山，享年 71 岁。

雷　庭　瑞

雷庭瑞，生卒年不详，字莹谷，上杭县在城里(今临江镇)人。清光绪十三年(1887 年)考取武进士，派遣在清皇室内廷值守。历任浙江金华协巡防都司、代理金华协副将，署理浙江提标前营游击，代理杭州协副将，统领湖防全军，任统领温防全军、嘉湖各军兼带领浙西内河水师巡防队，嘉乍协副将统领浙江中路、右路巡防全军。中华民国元年(1912 年)，任浙江台州军政分府，统领台防全军。

雷　史　修

雷史修，生卒年不详，又名赞明，上杭县平安里(今上杭县才溪镇)人。清光绪二十九年(1903 年)恩科举人，拣选知县、广东后补盐政大使，曾任上杭县劝学所所长、上杭县县立中学校长等职。民国 12 年(1923 年)，雷史修倡议创办才溪时雨高等小学(才溪小学前身)，推行新学，培养人才。民国 14 年(1925 年)，他在上杭城关开设益智书局，购置石印机一台，为上杭县石印印刷之始。

雷　三　明

雷三明，1903—1930，清光绪二十九年(1903 年)出生于上杭城关。系海陆丰农民运动讲习所学员，共产党员。民国 15 年(1926 年)12 月回到上杭县城，曾和温家福一起先后介绍了罗大准、吴梅林加入中国共产党，参与创办“汀属八县社会运动人员养成所”，是上杭县临时农民协会领导人之一。上杭“五・七”事变发生后，他随温家福转移到峰市。民国 19 年冬，在闽西“肃清社会民主党”(以下简称“肃社党”)时被错杀。1986 年，平反昭雪，被追认为革命工作人员。

蓝　洪　翔

蓝洪翔(1904—1931 年)，化名李天富，清光绪三十年(1904 年)出生于上杭庐丰畲族乡丰康村。民国 13 年(1924 年)赴广州考入黄埔军校，参加了北伐战争，北伐期间加入中国共产党。民国 16 年 9 月，南昌起义军进驻上杭城时，蓝洪翔积极为起义军筹粮筹款，侦探敌情，护理伤病员，同时协助起义军捕杀恶霸，收缴警察局的枪支 100 多支。民国 17 年，蓝洪翔担任中共上杭县委组织部长，冬接任中共上杭县委书记。民国 18 年农历六月初三日，在庐丰领导武装暴动，同月中旬又到才溪庄背庙召开农民协会秘密会议，筹划武装暴动事宜，才溪群众在红军的策应下，举行农民武装暴动。随后率

领暴动武装编入中国工农红军第四军，转战闽西、赣南，参加了创建闽西苏区的斗争和中央苏区第一次反“围剿”作战。民国 20 年初，调地方工作，任中共瑞金县委书记、肃反委员会主席。同年夏因“AB 团”事件蒙冤，在江西瑞金罹难。

1953 年，时任福建省委书记的张鼎丞亲自批示，人民政府追认蓝洪翔为革命烈士。

蓝　树　荣

蓝树荣（1905—1931 年），清光绪三十一年（1905 年）出生于上杭县庐丰畲族乡丰济村。在厦门集美师范学校就读期间经常与共产党员蓝维仁、蓝维龙等同乡、同学一起阅读进步刊物，接受马列主义思想，民国 15 年（1926 年）3 月间，在厦门集美加入中国共产党。蓝维仁回到上杭庐丰，遵照党组织的指示，进行革命活动，邀集同学蓝树荣、蓝维龙、蓝鸣岗、蓝晓垣等人创办庐丰九堡平民学校，以课堂为阵地宣传新文化、新思想，启发学生的阶级觉悟。民国 16 年 5 月 7 日，上杭反动派发动“清党事件”，一批共产党员和革命分子惨遭杀害，党组织立即转移到庐丰农村，由蓝维仁任党支部书记，蓝树荣为支部成员。民国 17 年，在庐丰成立上杭县临时县委，蓝树荣任中共上杭临时县委成员。民国 18 年 4 月，参与组织泮境、定达、镇龙、大乾头、将军桥等地的农民暴动队千余人开展土地革命斗争；农历六月初三参加庐丰暴动；7 月，率领农民赤卫军配合主力红军参加攻打上杭县城的战斗。民国 19 年 12 月，任杭武县苏维埃政府赤卫团政治委员。民国 20 年春夏之交，在闽西“肃社党”错案中蒙冤，于上杭横岗罹难。

中华人民共和国成立后，人民政府追认蓝树荣为革命烈士。

蓝　少　华

蓝少华（1906—1931 年），清光绪三十二年（1906 年）出生于上杭县庐丰畲族乡丰乐村人。民国 10 年（1921 年），考入长汀师范学校；民国 13 年，考入厦门大学，后因水土不服，疾病缠身无法继续攻读，被迫离校返乡。民国 14 年，转学到广东嘉应大学，不久又离开嘉应大学入广州英语专科学校。求学期间受到新文化、新思想的影响，逐步认识到“只有共产党才能救中国”，他毅然投身革命，加入中国共产党。民国 15 年，他刚满 20 岁，受党的委派，离开学校到莆田以办学为掩护开展党的地下工作。此后又到漳州《汀潮日报》任编辑，著文揭露国民党的黑暗统治，唤起民众，驱散黑暗，追求光明。民国 17 年，他奉命到长汀新桥师范学校任国文教员，利用讲堂向师生宣传救国救民的革命道理。民国 18 年 7 月，长汀县苏维埃政府成立时，当选县苏维埃政府秘书长。民国 19 年，任闽西苏维埃政府秘书长兼《红报》总编辑；年底，国民党反动派攻陷龙岩后，少华随红色政权转移到永定虎岗。

民国 20 年春夏之间，在闽西“肃社党”错案中蒙冤，于虎岗罹难。

中华人民共和国成立后，1950 年，中央访问团来上杭时，肯定了蓝少华的业绩。1955 年 6 月，人民政府追认蓝少华为革命烈士。

蓝　夏　桥

蓝夏桥（1900—1931 年），清光绪二十六年（1900 年）出生于上杭县庐丰畲族乡丰康村。他是早年就从事党的地下工作的革命者，在大革命时期加入中国共产党。民国 15 年（1926 年），蓝夏桥与

邓子恢在闽西一带开展地下革命工作,发展中共党员,组织秘密农会。民国16年9月,南昌起义军从长汀分三批来到上杭,上杭党组织派蓝维仁、蓝夏桥等同志到杭城聆听前委书记周恩来对上杭党组织的指示,协助起义军筹粮筹款,侦察敌情,护送伤员和搞好运输,做了很多工作,为后来上杭开展全面的土地革命运动奠定了坚实的基础。民国18年初,由闽西特委派往江西瑞金,在安治、陶朱、兰崇一带发动群众,宣传革命。民国19年4月,组织并领导"安治暴动";同年6月,率暴动武装编入中国工农红军,任江西红军第二十四纵队副司令员、司令员,参加了创建赣南革命根据地的斗争和中央苏区第一次反"围剿"作战。

民国20年7月,因"AB团"事件蒙冤,在江西瑞金象咀岗罹难。

中华人民共和国成立后,人民政府追认蓝夏桥为革命烈士。

蓝 维 龙

蓝维龙(1905—1931年),清光绪三十一年(1905年)出生于上杭县庐丰畲族乡丰济村。民国10年(1921年),考入厦门集美师范学校,民国13年,参加孙中山领导的国民党左派组织。民国14年,毕业后回乡从事教学,同时还在国民党县党部任常委,负责农民协会工作。民国15年,到庐丰平民学校任教,宣传革命,同年冬到广东汕头学习农民运动经验,回到上杭后参加中国共产党。民国16年5月7日,上杭反动派发动"清党事件",一批共产党员和革命分子惨遭杀害,党组织立即转移到庐丰农村,由蓝维仁任党支部书记,蓝维龙为支部委员,同年9月,积极迎接过境的八一南昌起义部队。民国17年6月,参加永定金沙暴动和随后的反"清乡"斗争。

民国18年,中国工农红军第四军攻克上杭县城,积极做好支前和接管上杭城工作。民国19年冬,任上杭县肃反委员会主席。民国20年秋,在闽西苏区"肃社党"运动中蒙冤,罹难于上杭白砂。

1953年11月,人民政府追认蓝维龙为革命烈士。同年,时任福建省委书记张鼎丞来上杭时,亲笔为蓝维龙题文:"蓝维龙同志是中国共产党党员,是为中国革命而牺牲的烈士。"

蓝 维 仁

蓝维仁(1899—1932年),化名张敏之,清光绪二十五年(1899年)生于上杭庐丰畲族乡丰济村水尾自然村。父早逝,由祖父和母亲抚养成人。

青年时期,蓝维仁在庐丰文馆和厦门集美学校师范部读书,除认真学习科学文化知识外,还参加学校组织的宣传队,宣传新思想、新文化,宣传反帝、反封建的革命道理,是一个思想活跃的进步青年学生。民国14年(1925年)春,参加孙中山领导的国民党左派组织。同年7月,在集美学校师范部毕业后,与同期毕业的张楷、蓝维龙等一起回杭参加革命活动。尔后,到海陆丰农民讲习所学习。民国15年3月,加入中国共产党。12月,参与上杭县临时农协会组建工作。其时驻上杭军阀曹万顺部卢明凤、田德胜两营为非作歹,勾结土豪劣绅残酷压迫剥削人民,引起极大民愤,蓝受中共上杭支部派遣,于次年3月亲自到武平做通武平地方武装首领蓝玉田的工作,并组织群众与蓝部一起驱逐了卢、田两营。同年3月下旬,积极协助筹办汀属八县社会运动人员养成所,并兼任教员。5月7日,上杭的国民党右派勾结地方势力,发动"清党"事变,养成所和其他革命团体遭封闭,共产党人和其他革命分子遭到残酷镇压。在上级党组织指导下,他迅速恢复和整顿了中共上杭支部,任书记,在其领导下农会也很快得到恢复和发展。

民国16年9月12日,在周恩来、朱德、贺龙等率领南昌起义军来到杭城时,蓝维仁他与中共福建临时省委代表罗明一起到琴冈书院晋见前委书记周恩来,接受了周恩来对地方党组织提出的四项任务:一筹粮筹款;二护理伤病员;三侦察敌情;四协助搞好运输等,有效地支持南昌起义部队南进。次年冬,赴才溪、长汀一带工作。民国18年,任长汀县苏维埃政府秘书。同年8月,任闽西特委二特区副书记。民国19年3月18日,在闽西苏维埃政府召开的闽西第一次工农兵代表大会上,被选为闽西工农民主政府执行委员。6月25日,以执委的身份参加闽西工农民主政府文化委员会第五次常会,决定派员到各县巡视,以解决闽西苏维埃地区文化教育事业的发展问题。7月15日,闽西工农民主政府执行委员会举行第二次会议,蓝当选为闽西工农民主政府的常委兼财政部长。8月,受闽西特委派遣前往广东,与东江地区党、政、军和广大群众一道参加斗争,并参与工作布置,对当地的政治环境以及交通路线、通讯处、接头处等情况,了解得一清二楚,为红二十一军攻打东江提供可靠情报。9月25日,蓝主持召开闽西苏维埃政府经济、财政、土地委员会联席会议。会上讨论成立闽西工农银行,蓝当选为闽西工农银行执行委员。12月14日,在龙岩城列宁公园召开闽西工农革命委员会成立大会上,被任命为常委。民国20年初,分管闽西工农银行坑口兑换处工作,对兑换来的金银首饰丝毫不沾。

民国21年,闽西苏维埃政府迁至永定虎冈。在国民党张贞部进攻闽西苏维埃政府时,蓝带病坚持与敌作战不幸牺牲,终年34岁。1954年1月,被追认为革命烈士。

钟　德　周

钟德周(1912—1932年),民国元年(1912年)10月出生于上杭县中都镇瑞香村。民国18年红四军入闽,给闽西党组织极大的鼓舞,各地党组织由秘密活动转向公开斗争,中都地区在中共地下党员丘造凡的领导下,与全县各地一样发展农民协会,建立党的组织,准备武装暴动。钟德周是丘造凡在中都"万昌油米豆过驳站"地下组织的工作人员。他们以做油、米、豆生意为掩护,往返于中都、庐丰圩之间,负责递送党的情报,联络地下工作人员,护送接待党的干部等。由于他完成任务好,工作出色,斗争性强,被吸收加入中国共产党组织。当中都暴动时,他积极投入"打土豪,分田地,建政权"的斗争。南二区区苏机关失陷,丘造凡牺牲后,钟德周与突围的同志一道,在庐丰东路地区继续坚持斗争,为克复南二区进行不懈的努力。

民国19年,彭杨学校在上杭旧县开办,上级党组织决定调钟德周到彭杨学校学习。他到学校后,服从组织,认真学习。钟德周由于学习好、觉悟高、进步快,结业后晋升为团职干部。民国21年1月,钟德周离开学校调红十二军任团长。同年11月间,国民党驻上杭粤军进攻庐丰苏区,钟德周率部队驻在稔田石碑前和庐丰太古村的上塘,因敌众我寡受敌包围,他身先士卒,亲临前线指挥,率部突围时不幸中弹牺牲,时年21岁。

中华人民共和国成立后,被追认为革命烈士。

蓝　武　华

蓝武华(1910—1933年),又名蓝永标,乳名土地生。清宣统二年(1910年)出生于上杭县旧县镇谷坑村。父亲蓝纪彬、母亲张菊姑生有5子:武宣、武天、武光、武华和武兴。民国18年(1929年)5月,毛泽东、朱德率红四军第二次挺进闽西,"红旗跃过汀江,直下龙岩上杭"。闽西各县先后举行武

装暴动。旧县暴动时,蓝武华参加了金谷乡赤卫队组织,其余4兄弟也分别参加暴动队、农会、赤卫队、少先队等革命组织,成为“全家红”。武华在党的培养教育下,得到很大的锻炼,政治觉悟提高很快,被选为赤卫队副队长,并参加了中国共产党。民国19年,蓝武华调红军二十四师教导队任排长,一次他率部在连城温坊与国民党军李延年部作战,在友军的配合下,取得了较大胜利。此次战役后,他写信告诉家中说,连城温坊战役胜利,给敌人以沉重打击。革命形势好,要求家里要坚持革命,努力生产,支援红军。

民国20年春,上级指派蓝武华带领部分战士由永定护送药品到瑞金红军医院。在路过上杭石灰岭时,遇到大土豪刘祖球挡道,武华当机立断,活捉刘祖球,并当场执行枪毙,为民除害,胜利地完成了护送任务。鉴于他完成任务好,由排长晋升为连长。4月间,他奉命参加攻打漳州战役,他坚决执行命令,冲锋在前,退却在后,狠狠打击敌人,取得了漳州战役的胜利。后回师上杭,部队到达旧县圩时,他向组织请假回家探亲。不料在回家的当晚,民团头子走上家门,假惺惺地对武华说:“华子!你不要再去当红军了,把红军的枪交给团防局,可以得一百元光洋的赏金,对你家也很有好处。”蓝武华理直气壮地驳斥说:“我当红军是为穷人求解放,不是为了几个钱,我有我的信仰,我走我的阳光道,你走你的独木桥,你如果继续与人民为敌,最后只有得到人民对你的惩罚。”驳得民团头子哑口无言,灰溜溜地逃走了。不久,他母亲患病离开人世。蓝武华知悉母亲病逝后,悲痛不已,连夜向组织请假回家探望,但国民党民团已进驻谷坑,不敢回到家中,只在对门山上跪地拜了三拜。

民国21年,新杭县苏维埃政府在才溪举办干部学习班,武华被调去参加学习。结业后分配到福建军区独立师任团长。县委、县苏机关撤出白砂后,国民党反动派卷土重来,在白砂地区横行霸道,人民又处于水深火热之中。上级为了解救白砂人民,打击国民党反动派,派武华率部从才溪经旧县到白砂打击敌人。战斗虽然取得了胜利,但武华却不幸牺牲了,时年24岁。

中华人民共和国成立后,被追认为革命烈士。

钟亨祥

钟亨祥(1897—1934年),清光绪二十三年(1897年)出生于上杭县茶地镇久泰村。民国18年(1929年)6月间,红四军和地方武装攻下白砂,茶地乡在温含珍等同志的推动下,举行农民武装暴动,组织农民协会,成立赤卫队,建立苏维埃政权和党的组织。钟亨祥在土地革命斗争中,表现勇敢顽强,他深入群众鼓励贫苦农民起来反对土豪劣绅。为革命做出贡献,并光荣地加入了中国共产党。民国19年春,闽西形势日益发展,红色政权如雨后春笋般纷纷建立。赣南、闽西连成一片。上级为了适应环境发展的需要,调钟亨祥到中共上杭县委工作。福建省委建立后,钟亨祥为中共福建省委委员,他在省委的领导下,积极发动群众,开辟、建立革命根据地。此时,省委驻在长汀,龙岩、永定、上杭、连城等县的根据地连成一片。钟亨祥随部队活动于汀、连县境,继续进行深入的土地革命、发展农民运动和巩固苏区政权的工作。民国22年初,钟亨祥根据省委指示,在连南、汀东南一带,配合主力红军进行反“围剿”。民国23年秋,第五次反“围剿”进入紧急关头,在连城朋口与敌作战中,由于敌众我寡,力量悬殊,决定突围,钟亨祥在激战中不幸牺牲。

中华人民共和国成立后,被追认为革命烈士。

钟耀泰

钟耀泰(1906—1934年),清光绪三十二年(1906年)出生于上杭县茶地镇久泰村。民国19年

(1930年)参加革命斗争,不久加入中国共产党。民国22年7月中旬,代英县工作团在庐丰棉村成立,9月3日,代英工作团改为代英工作委员会,并在太拔召开中共代英县代表大会,正式成立中共代英县委员会,选举吴钦上为代英县委书记,钟耀泰为副书记。10月,吴钦上(后叛变)调离,钟耀泰接任县委书记。此时,国民党蒋介石集团已经部署对中共苏区发动第五次"围剿"。但驻守福建的国民党十九路军在民族危机日益加深的形势下,受到中国共产党合作抗日主张的影响,11月20日在福州宣布成立"中华共和国人民革命政府",由于这一原因,上杭苏区相对处于休战状态。钟耀泰带领代英县委、县苏,利用这一有利时机,继续开展扩大红军运动和经济动员,积极投入大战前的准备工作。民国23年初,蒋介石进攻十九路军,"闽变"失败。国民党调集重兵入侵上杭境内,大肆"清剿",上杭苏区面临严峻考验。4月中旬,在原太拔独立团基础上组建的红八团奉中央军委命令,挺进到闽西南敌后配合主力红军粉碎国民党第五次"围剿"。红八团离开太拔后,国民党八十三师纠集各地民团乘虚进攻太拔。代英县委、县苏机关被迫撤至溪口华地科、宫下一带,钟耀泰等在溪口宫下召开会议时,被敌钟绍奎部突然袭击,钟耀泰不幸牺牲,时年28岁。

中华人民共和国成立后,追认为革命烈士,并在久泰村村口为他修建烈士墓。

蓝　锡　明

蓝锡明(1906—1934年),清光绪三十二年(1906年)出生于上杭县官庄畲族乡树人村吊钟自然村。民国17年(1928年),他开始与地下党联系,参加地下工作,秘密发展农会组织,同年8月被正式批准加入中国共产党。民国18年1月,担任树人地下党组织和农会负责人;5月19日,领导当地农民进行武装暴动。6月,他带领农民武装参加中国工农红军,历任排长、连长、营长、营政治委员。民国23年,在江西草鞋岭战斗中光荣牺牲,年仅28岁。

中华人民共和国成立后被追认为革命烈士。(1998年出版的《上杭畲族英才录》称,蓝锡明民国20年曾担任某师政治委员,民国23年曾担任红十二军政治委员。经查阅相关资料,暂无法核实,待考。)

雷　桂　林

雷桂林(1906—1935年),清光绪三十二年(1906年)出生于上杭县溪口镇大洋坝村。民国18年(1929年)参加中国工农红军。由于他战斗勇敢,吃苦耐劳,为人敦厚,忠诚耿直。很快便加入中国共产党,并被提升为代英县苏军事部长。他在职期间,为壮大和巩固武装力量,保卫县苏机关,扩大苏区,做出了显著成绩。

民国20年10月间,红军解放连城,成立了汀连县赤卫大队及汀连县警卫团。雷桂林调汀连县司令部任司令员,领导武装力量开辟汀连县苏革命根据地。民国23年春,雷桂林率部在永定、宁洋、连城、漳平等地开展游击战争,配合主力红军进行反"围剿"斗争。10月间,中央主力红军撤离中央革命根据地,突围转移,进行长征。雷桂林率部仍在汀连一带与留在根据地的红军游击队一起坚持斗争。民国34年4月间,雷桂林率部在长汀罗坊与敌钟绍奎部激战中,不幸身负重伤被俘,送回上杭,英勇就义,时年30岁。

中华人民共和国成立后,被追认为革命烈士。

钟　辉　元

钟辉元(1911—1936年),原名维善,清宣统三年(1911年)出生于上杭县太平里(今才溪镇大贵村贵竹自然村)。

民国18年(1929年)5月,红四军再次入闽。7月,他积极投入打土豪、分田地的斗争。民国19年6月,获悉乡苏维埃政府号召扩大红军的消息,耐心说服父母,第一个报名参加红军,在革命的大熔炉里,进步很快。不久,加入中国共产党,被选送到福建军区在南阳举办的短训班学习。结业后,任杭北游击队政治委员,带领6名学员奉命组建中国工农红军杭北游击队,深入发动群众参加红军,游击队从无到有,从小到大,很快发展到有三个排、八九十人。活动于上杭太拔的张芬、大地,武平的大禾、孔下、帽村、中堡一带,还协助武平中堡等地建立苏维埃政府,同时在捉土豪筹款,给主力红军运粮,阻击民团进犯,保护杭(上杭县)、永(永定县)、代(代英县)交通线等方面成绩显著,多次受到表扬,游击队伍也不断扩大。21年,杭北游击队改编为杭中游击队和杭北挺进队,他被调到杭代县委工作。

民国24年11—12月,他带领20多名武装人员,冲破民团的层层封锁,安全护送张鼎丞和他率领的10余人小分队从岩下山经白砂、双髻山,前往永定金砂。尔后,便受命驻杭东一带,担任通讯侦察任务。在艰苦的游击战争环境里,先后担任新汀杭游击大队长、新汀杭县军政委员会主席等职。任职期间,常过家门而不入。民团头子钟绍奎为扑灭红军游击队而修筑杭岩、杭新、杭峰公路时,他积极组织群众予以抵制。还经常揭露国民政府摊派苛捐杂税、抓丁、残害人民的罪行,始终与群众保持着血肉关系,在各种困难情况下,得到群众的有力支持。

民国25年春,钟辉元亲自指导在才溪建立以共产党员王权、丘启化等为首的秘密组织,攻打乡公所,取得胜利。随后又常带领人员在岩下山、才溪一带积极开展革命活动。国民党上杭县政府当局曾以300元光洋悬赏通缉他。同年冬,新汀杭县军政委员会驻地岩下山常受省保安团及民团武装的进犯。为解决驻地粮食困难,他派县军政委员会副主席胡辉昌带领人员下山筹粮。胡到白叶段时,遭叛徒出卖遇害。接着,地方民团大队人马扑向岩下山。当哨兵发现时,只离驻地几十米远。在此危急关头,他沉着果断地命令人员突围,自己率领3名战士,利用茂密的森林击退民团一次次进攻。由于寡不敌众,与3名战士同时壮烈牺牲,时年仅26岁。1953年12月,被追认为革命烈士。

钟　寿　华

钟寿华(1887—1940年),清光绪十三年(1887年)出生于上杭县胜运里坵辉村(今太拔镇坵辉村)。民国18年(1929年)5月下旬,毛泽东、朱德、陈毅率红军第二次入闽后,上杭全县举行武装暴动,开展打土豪、分田地,建政权的斗争。在党的领导下,钟寿华参加土地革命斗争,得到极大的锻炼,因工作出色、斗争性强,被选为乡苏维埃政府主席。同年10月参加中国共产党,不久,任党支部书记兼特务大队班长。钟寿华发动群众努力生产粮食支援前线,分配各家各户做军鞋;宣传男女平等、婚姻自由;当红军路过时,发动妇女组织洗衣队,帮助红军官兵洗衣服。

从民国19年冬开始,钟寿华就一直配合红军的第一、第二、第三、第四次反“围剿”斗争。23年冬,上杭全境都被敌人占领,上杭县委、县苏、赤卫队、区乡干部退到岩下山、双髻山、茫荡洋一带打游击。钟寿华此时亦被编入游击队,在闽西南军政委员会的领导下,转入三年游击战争。

民国26年10月，共产党和国民党谈判达成协议，实现共同抗日。27年1月，上杭游击队正式编入新四军第二支队，钟寿华任第二团团长。3月1日新四军开赴抗日前线时，在上杭丰稔田背设立新四军后方留守分处，钟寿华奉命与卢友明、王长胜等在留守分处工作，在杭代县辖境内以公开身份领导抗日救亡运动。利用各种机会与国民党政府驻军谈判协商和平合作抗日，并宣传"二五"减租政策，募集抗日经费，并利用国共合作的有利时机，在杭永边发展党组织。

民国28年冬，国民党背信弃义、破坏国共合作，国民党福建保安十一团联合各地民团，向闽西南革命老根据地疯狂进攻，形势紧张，原设在稔田田背村的新四军后方留守分处迁往连四葛斜，后又迁往严坑村。是时，党组织决定，以职业作掩护，进行分散活动。钟寿华以木材商人的身份在太拔地区进行党的秘密工作。民国29年8月，钟寿华被当地恶霸发现后，太拔乡公所派出队兵来抓捕，因猝不及防，当场被枪杀于坵辉村。

中华人民共和国成立后，被追认为革命烈士。

雷　炅

雷炅(1916—1941年)，又名雷升喜，民国5年(1916年)出生于上杭县才溪镇溪北村。民国18年6月，才溪举行农民武装暴动。年仅14岁的雷炅积极参加少先队的各项工作。民国19年，组织上安排他担任下才溪乡苏维埃政府文书。民国20年，雷炅带头参加红军，编入中国工农红军独立第三团某连任文书。民国21年，任红四军司令部参谋处科员。民国23年10月，雷炅参加了举世闻名的二万五千里长征。到达陕北后，雷炅进抗日军政大学学习。民国27年，中国共产党将南方各省游击队改编为新四军，并派部分同志到新四军工作。雷炅从延安来到新四军军部任参谋处作战科科长(团级)。民国30年，国民党制造了骇人听闻的"皖南事变"，雷炅在这次事变中英勇牺牲。

中华人民共和国成立后，被追认为革命烈士。

雷　茂　兴

雷茂兴(1910—1943年)，清宣统二年(1910年)出生于上杭县才溪镇溪北村。民国18年(1929年)6月，才溪举行农民武装暴动。雷茂兴参加了这次暴动。尔后，他参加了赤卫队，加入了中国共产党。

民国21，雷茂兴积极响应扩大红军的号召，参加红四军。入伍后，在司令部担任科长，参加过第四次反"围剿"斗争。民国23年10月，中央红军退出中央苏区，开始战略转移。雷茂兴奉命留在苏区坚持游击战争，游击队在纠正"左"倾错误路线后，广泛发动群众，深深地扎根于群众之中，紧紧依靠群众的支援。开展灵活的游击战争，执行正确的统战政策，取得了一个又一个的胜利。民国26年，"七七"卢沟桥事变后，10月2日，共产党和国民党谈判达成协议，将湘、赣、闽、粤、浙、鄂、豫、皖八省13区的红军游击队及广东琼崖红军游击队改编为国民革命军新编第四军。雷茂兴调新四军军部任科长。民国27年3月，闽西南红军游击队改编为新四军二支队，告别闽西家乡父老，开赴苏皖抗日前线。

民国32年，雷茂兴所在的这支部队担负着抗击京(南京)、沪(上海)、杭(杭州)敌寇的斗争，任务艰巨，情况也很复杂，经常处于敌、伪、顽夹击之中。茂兴忠于职守，与敌人进行了顽强的斗争。同年秋，茂兴在一次沿江作战中不幸牺牲，时年33岁。

中华人民共和国成立后,被追认为革命烈士。

蓝 少 豪

蓝少豪(1893—1944 年),又名道岸,字献登,号少豪,清光绪十九年(1893 年)出生于上杭县官庄畲族乡树人村。民国 5 年(1916 年)省立第七中学(校址设在长汀)毕业后,在省督军李厚基设立的汀漳自治讲习所继续学习。民国 9 年,蓝少豪在官庄天后宫创办官庄高级小学;民国 18 年,被选为上杭县政府主席(当时主席由委员推选),主持一县政务。其间,驻军曹万顺旅部下官兵肆无忌惮欺负百姓,滋事扰民。他屡次面见旅长要求严加整饬,但都得不到回应,一气之下便辞去主席一职,挂冠返梓。少豪以诗文自娱,与邑人丘复、郭集泮、包天白等交流诗作,其文学造诣在县内颇负盛名。其诗多佚,传下楹联收入《琴岗对联选》。民国 33 年,因病卒于家中,终年 51 岁。

雷 瀚

雷瀚(1902—1953 年),字升浩,清光绪二十八年(1902 年)出生于上杭县太平里(今才溪镇溪北村雷屋)。幼年随父在杭城美华中学就读。民国 8 年(1919 年),考取勤工俭学赴法留学。在法国里昂读两年中学后即考入里尔大学工科。民国 14 年被授予土木工程师后,又被保送到巴黎大学学习高等电学。一年后,回到里尔大学专门从事赫兹波研究。民国 16 年冬,回国未被录用,便搁下专长到大学去教数学和物理。民国 17 年夏,曾一度被任命为南京工务局工程师,曾设计南京市无轨电车及其实施方案上报,很久得不到批复,即到中国公学任教授,终生从事物理学、数学的教授和研究工作。民国 20—38 年,先后在武汉大学、光华大学、广西大学、安徽大学讲授高等数理课程,担任过系主任及安徽大学理学院院长等职务。38 年夏,在上海治疗肠胃养病期间,愉快地接受北京师范大学的邀请(聘),于 10 月带病前往北师大任教授。

在北京工作期间,每年“五一”节和国庆节,虽身体瘦弱,但还坚持参加庆祝游行。1951 年国庆节,曾写信给毛泽东主席,表达对毛主席、共产党和新中国的热爱心情,表示其为人民的科学教育事业竭尽忠忱的决心,很快得到毛泽东主席亲笔回复信。1952 年夏,在北师大受《光明日报》记者丘琳来访,丘曾发表题为《访荣获毛主席亲笔复信的雷瀚教授——毛主席对雷瀚教授的关怀,就是对全国教育工作者的关怀》的文章,详尽地介绍雷瀚教授在旧社会的遭遇和新中国成立后在共产党领导下,学识和才能得到重用和发挥的事实。

在北师大执教期间,每学年安排课程时,雷瀚总是尊重系主任的分配,毫不推辞,讲授的课程每年都可能有变动,每周常授课 12 节,还得编写三门讲义,从未叫苦叫累。1953 年,指导学生在附中实习时,从备课、预讲以至听课、评议,每一环节都予以热情指导,尽管疾病缠身,但对工作总是一丝不苟,认真负责。指导实习结束后,还向校方提出很有见解的《师大应如何面向中学》的建议,对师范院校的教学改革起了推动作用。同年暑期,还编写物理系的理论电学和数学系的理论力学、流体力学的新教材,虽肠胃旧疾突然复发,却不肯住院,坚持门诊,边治病边编写,后实在坚持不下,才于 10 月初住进医院。因患恶性肠癌经抢救无效,于 12 月逝世,终年 51 岁。

钟 妹 子

钟妹子(1877—1956 年),女,原名熙懿,艺名钟妹子,清光绪三年(1877 年)出生于上杭县在城

里(今临江镇新生巷)。从小随父以做豆腐为生。13 岁被卖给永定县汉剧班主为养女,从此开始其艺术生涯,专门学演汉剧。由于学习专一,天资聪慧,刻苦练艺,又能虚心求教,练下扎实的基本功,尤以嗓音清亮、圆润、柔软、优美动听,而蜚声闽粤汉剧艺术界,给观众留下极其深刻的印象。她擅演旦角,扮演悲剧角色,其表演技巧颇有独到之处,是闽西汉剧界出名的女演员。经常于广东的潮州、汕头、梅县、蕉岭和闽西的龙岩、上杭、武平、永定等县市巡回演出,还出国到新加坡等地献演,深受观众欢迎。

民国 34 年(1945 年)抗战胜利后,曾搭班于曾丙连的“龙汀汉剧社”,随剧社回杭演出 17 天。先后演有传统剧目《百里奚认妻》《铁弓缘》等,博得好评。36 年她邀集汉剧演员玉兰妹、丘赛花、雪梅、黄仪等人搭班,参加上杭的“青年剧社”演出《揭阳案》《孟丽君》等剧目,场场爆满。此后,一直在粤东一带演出。在汉剧传统剧目《百里奚认妻》中扮演杜氏,演得活灵活现,曾录音灌成唱片,传遍闽西、粤东客家地区及东南亚各地。

中华人民共和国成立后,参加梅县文光汉剧团,后受聘担任广东省汉剧院教师,给艺徒传授技艺,耐心细致,诲人不倦,广东汉剧院副院长梁素珍曾跟其学艺,梅县有名汉剧演员张丽平、龚秀珍等,均系其得意门徒。

1956 年,因患病久治无效,于梅县逝世,享年 80 岁。

钟 勷 侯

钟勷侯(1882—1961 年),谱名时赞,字之灏,号佩香,又号小盘谷居士。清光绪八年(1882 年)出生于上杭县胜运里坵辉村(今太拔镇坵辉村)。

勷侯出生于书香之家,父、叔父、兄皆为秀才。幼承家学,颖悟异常。18 岁参加府试,以古学八闽第一,入选秀才。次年,又选为廪生。随后,游学省城,肄业于福州鳌峰书院。清光绪年间,勷侯在祖父、父亲的指导和族人的参与下,主持编纂《坵辉钟氏念二公族谱》,凡 12 册、37 卷、30 余万字。使全村人有了自己的“历史书”,被视为传家之宝珍藏。

清末,孙中山领导的辛亥革命爆发,勷侯正游学闽中,积极拥护、臂助编练新军统制孙静珊以闽省响应。民国初期,历任南日、泉上县佐,佐平和县幕,旋代理县长。皆能勤恤民隐,多所建树,咸有政声。因看不惯官场腐败,无意仕途,以身体患病为由辞职回到家乡,在上杭县立中学(旧制中学)教书。昔日,汀州、龙岩两地出产以纸、茶、烟为大宗,土纸水运至韩江,因于潮州设会馆。民国 17 年(1928 年),勷侯应旅潮汀龙众商敦聘,赴潮为之规划、指导,任董事 6 年,商情翕载。

勷侯热心文化教育事业。参与编纂民国《上杭县志》。先后两次执教上杭县立中学,循循善诱,桃李盈门。包树棠、雷翰等大学教授和民国外交官袁道丰均为其门生。在家乡,曾联络地方人士创办维新小学。还总理儒溪庄资产,使其不断扩充,发挥助学育人的作用。协助丘复(荷公)创办私立明强中学,担任校董。对本乡教育事业也倾心关注。

民国 31 年(1942 年),勷侯六十寿辰时,南社诗人丘荷公、丘海山、包千谷,福建师范学院教授包树棠等发起征集诗文启事,收到诗文甚多,诗词联文各体具备,编成《秋辉介寿集》一卷传世。

中华人民共和国成立后,勷侯衷心拥护中国共产党的领导,拥护社会主义制度。用诗词抒发心声。为抗美援朝、实行义务兵役制、周恩来总理访问亚欧 11 国、鹰厦铁路通车、农业互助合作、农业八字宪法、增产节约运动、干部下放等都写有诗词,进行歌颂。毛主席七律《送瘟神》发表后,曾先后三次作七律六首,步原韵奉和。

钟勦侯著有《小盘谷诗稿》《小盘谷文存》《杂货箱》等手抄本,均在“文革”中散失。1961年1月,病逝于家中,享寿80。

雷浩北

雷浩北(1914—1967年),又名利声,民国3年(1914年)出生于上杭县才溪镇溪北村。民国18年7月,才溪乡农民在红四军的策应下举行暴动。雷浩北积极参加打土豪分田地的斗争,加入少先队。民国19年,加入中国共产主义青年团。民国20年2月,参加中国工农红军。民国22年9月,由共产主义青年团员转为中共党员。历任班长、司务长、团供给处长,参加了中央苏区第四、五次反“围剿”作战和二万五千里长征。解放战争时期任第四野战军第四十九军后勤部副部长。

中华人民共和国成立后,雷浩北奉命调中国民用航空局商务处任处长,1953年率中国民航代表团赴越南考察,并留越讲学,1954年回国。1955年荣获三级八一勋章,三级独立自由勋章,二级解放勋章。

1967年病逝于北京。

蓝启盛

蓝启盛(1908—1971年),又名醒魂,清光绪三十四年(1908年)出生于上杭县庐丰畲族乡丰康村。县立中学(旧制)毕业后,就读于广州国民大学,后在潮州中学、小学任教。

民国23年(1934年),上杭县长江史豪去信请启盛回县从政。同年6月底,蓝返杭,被委任为第二区公所区长。民国25年5月,调峰市特区(后归永定管辖)任警察所长。11月,调第一区公所任区长,12月兼任县政府一科科长。民国26年12月,辞职赴潮州经商。民国27年8月返杭,被选为县临时参议员。

民国29年农历四月初一,庐丰乡公所队兵趁群众迎神之机哗变。县长派兵镇压后,启盛被委任为联保办事处主任。民国31年10月,当选为乡民代表大会主席及县临时参议员。民国33年,安乡、庐丰、横岗合并建“中山示范乡”,蓝任乡长兼庐丰中心小学校长。民国35年8月,当选为国民党县党部书记长,加入“中统”特务组织。民国36年,参加竞选“国大”代表。民国37年6月,兼任“戡乱委员会”副主任及省保安第四团政工室少校主任。

蓝自从政之日起,就在“收复区”和“示范乡”任职,受县政府和当地国民党驻军双重领导。因此,他一上任就从事推行“自新登记”和“五家联保联坐联结”等反共反人民工作。同时还多次派出自卫队配合驻军前往安乡、湖洋、横岗、樟坑等地进行“清剿”,有时还亲自上阵,抓捕地下共产党员,使黄河林等及一些革命群众惨遭杀害。此外,亦经常抓丁勒索,用田赋谷放高利贷,从中剥削人民。民国23年10月的一天,驻庐丰国民党粤军营长谢御群率军前往横岗、樟坑等地“清剿”,当晚将抓来的37人交区公所关押,并命令蓝启盛将抓来的人“统统枪决,以儆效尤”。蓝考虑自己是本地人,做事不能太绝。因此一面借口先行预审,一面通过上峰疏通关系,最后除乡苏维埃主席蓝鹿子被枪杀外,其余30多人幸免于难。

民国30年上杭新任县长陈石,强行征收房铺宅地税,扩征兵员数,县政府兵役科李致平等人策动各乡镇长群起反对,启盛因参与此事,被撤职查办。他潜逃广东后,在县城开设的三美庄商店被查封。事息,上杭县长由练平接任。蓝与练是同窗好友,为此蓝又回县继任原职。

民国37年，蓝看到人民解放军在各个战场上转入全面大反攻，于是在省保安第四团积极贯彻国民党龙岩专署督察专员李汉冲提出的“看时局，抓实力，以先变应万变”的策略，使该团后来在武装起义中成了骨干队伍。38年5月，他与李汉冲、傅柏翠、练平等人一起，率领国民党军政人员进行武装起义，公开通电脱离国民党，拥护中国共产党。接着，被委任为闽西临时行动委员会秘书长、《闽西人民报》社长等职。

民国38年7月，国民党军胡琏兵团王靖之部窜扰上杭时，启盛带领部分起义人员转入东一区农村隐蔽。王托人转告，要他下山“自新”，并以委任上杭县副县长相许，蓝未动摇，继续坚持地下斗争，直至胜利。

中华人民共和国成立后，蓝奉调省公安厅警务干部培训班和新民主主义教育研究班学习。1952年2月，由省教育厅安排在龙溪中学（今为一中）任文史教员。1956年11月，加入民革，后调民革漳州市委任专职干部。1958年8月，因追究其历史问题，被逮捕判刑。1971年7月18日，蓝病死于江西珠湖劳改农场，终年63岁。1979年6月，落实党对起义人员不咎既往政策，撤销原判，宣告无罪，恢复起义人员名誉。

蓝 岳

蓝岳（1914—1978年），又名蓝灿华，民国3年（1914年）出生于上杭县庐丰畲族乡丰康村。民国18年（1929年）3月，参加中国工农红军，在红九军团十一师师部管理科当勤务兵。民国19年5月，调闽西红十二军团列宁队任副班长。民国20年4月，在红十二军二团团部当传令兵，8月到闽西苏维埃政府红军学校学习。民国21年1月，在红十二军三十六师司令部任通讯排排长。民国22年3月，调第一军团一师三团二营任副政治教导员。23年3月，到红都红校政治连学习，8月调军委总政治部教导师三团五连任政治指导员。24年6月，后调总政治部管理科任政治指导员、副科长、科长。

抗日战争时期，民国28年10月到“抗大”学习。民国29年4月，在“抗大”五大队任大队长。民国32年5月，在十八集团军野战医院休养。民国33年12月，在太行二分区十旅武工队代队长。

解放战争时期，民国34年9月，在二分区政治部休养。民国35年6月，在太行四分区十六团当军械员。民国37年7月，在四分区七四团团部当供给员。民国38年1月，在华北独立七旅当审计员。

中华人民共和国成立后，1950年1月到平原军校学习。1951年12月，在北京空军医院休养。1953年北月转福建荣军教养院休养。1956年冬离休回上杭城关定居。1978年去世。

蓝 荣 玉

蓝荣玉（1914—1980年），民国3年（1914年）出生于上杭庐丰畲族乡丰济村一个贫苦农民家庭。民国18年5月，红四军第二次入闽时，15岁的荣玉即参加革命，任乡少年先锋队副队长。民国20年，加入共产主义青年团，民国22年转为中共党员。不久参加工农红军，担任福建军区独立二团政治处特派员。其时闽西苏维埃地区在王明“左”倾路线领导下，发生了“肃清社会民主党”错案。三连二排排长郑大根被诬告为“社党”，并以“企图逃跑”的罪名被关押起来。荣玉知道后亲自深入连队调查，取得确凿证据，否定了原来的材料和口供，使郑的错案得以纠正。

民国23年冬，红军主力长征后，荣玉留在岩下山、双髻山一带坚持游击战争。次年夏，任杭代县

军政委员会副主席。当时国民党调集8个正规师,纠集地主武装民团、铲共团、壮丁队等在闽西疯狂"围剿"红军游击队,在处境极端困难的情况下,他提出采取革命的两手策略:用公开斗争与秘密斗争、武装斗争与非武装斗争相结合的办法对付敌人。这一正确主张,不料却被当成"右倾表现",蓝被撤职。民国25年1月,闽西南军政委员会第二次会议在双髻山召开,张鼎丞主席认为蓝荣玉的意见是可取的,会后便将荣玉留在谭震林副主席领导的双髻山游击队,进行艰苦卓绝的游击战争。谭为了摆脱双髻山腹背受敌的困境,决定利用昔年曾在红四军四纵队与傅柏翠同事的情谊,争取傅部中立。便派蓝荣玉与陈茂辉一起换上便装,带着谭的亲笔信,深入蛟洋,历尽艰险,把信送到傅柏翠手中。此后,傅柏翠逐渐转变态度。当国民党军队进攻双髻山红军游击队根据地时,傅还给红军游击队让开退路。杭代县游击区从此不断巩固和发展。

民国27年3月,荣玉随新四军二支队北上抗日,到达苏皖前线,先后担任二支队政治部锄奸科科长、江南指挥部军法处副处长、一师政治部锄保部副部长、部长、十六旅政治部副主任等职,为发展抗日力量、纯洁革命队伍,呕心沥血、努力工作。解放战争期间,先后在华中野战军、华东野战军政治部任组织部长,为选拔培养军队干部做了大量工作。1949年,任中国人民解放军二十四军政治部主任,随军南下,解放福建。不久,转到地方工作。历任福建省民政厅长、省政法委员会副主任、省委常委、省高级法院院长、副省长、省监委书记、省革命委员会副主任、省人大常委会副主任等重要职务,为省历届人大代表。

蓝荣玉为建立人民政权,加强无产阶级专政,维护社会主义法制,做了许多工作。在负责福建省党的监察工作期间,为维护党纪、加强党的组织纪律性、端正党的作风、纯洁党的队伍.进行了不懈的努力。1958年春夏,担任省委常委、副省长的蓝荣玉到长汀蹲点,半年后到龙岩专区兼任专员公署专员。时正搞"大跃进",浮夸风盛行,到处忙于"大炼钢铁",田里成熟的稻子无人收割,粮食大减产,农村缺粮,蓝荣玉与地委书记李敏唐发现此问题后立即研究,并向省里经管钢铁生产及财粮贸易的领导反映,请示省委加以解决。后因病离职,1960年春到杭州疗养兼治慢性青光眼,至1962年春才回福州。当听说龙岩地区因农业减产造成人口非正常死亡时,深感内疚。

1969年4月,赴京出席中国共产党第九次全国代表大会,当选为候补中央委员。1980年8月7日,因积劳成疾,病逝于福州,享年67岁。

雷时标

雷时标(1898—1981年),清光绪二十四年(1898年)出生于上杭县古田镇苏家坡村。少年丧母,父亲以渔耕为业。因家境贫寒,从小就给地主看牛做长工。后来拜人为师当学徒学做车碓(造纸用),以造纸为生。

民国16年(1927年)9月,南昌起义军进入上杭后,雷时标接到父亲的口信回家参加革命。回家后,认识了邓子恢。在邓子恢的教育鼓励下,雷时标参加农民协会、秘密农会和农团,积极参加革命活动。民国17年春,雷时标响应党的"减租减息度荒"号召,与贫农雷福汉到地主那里要求减免租息,地主却持枪威胁,雷时标当机立断,与雷福汉缴了地主老财的枪,并将他押到区农民协会公开审判。这一胜利震动古蛟全境,古蛟农民趁机起来抗租抗捐,取得不小胜利。6月25日,蛟洋发生暴动,雷时标参加了农团敢死队,同敌人激战3昼夜。同年冬,雷时标出任中共上杭县委委员、中共北四区委委员。

民国18年3月,在红四军入闽的影响下,邓子恢、张鼎丞等主持召开特委扩大会议,决定扩大各

方面的联系，实行土地革命，配合红军的行动，雷时标参加了这次会议。5月下旬，红四军第二次入闽，22日，红四军到达古田后，罗瑞卿即派雷时标送信给邓子恢，准备合攻龙岩。红四军一打龙岩胜利后，又于6月3日、19日，三次攻打龙岩，全歼龙岩军阀陈国辉旅2000余人，打开了闽西革命的局面。就在红四军第三次攻打龙岩前，古蛟区农民1000多人编为红四军四纵队，进攻白砂，缴获郭凤鸣匪部枪支300余支，击毙击伤俘虏敌人200多人。7月下旬，中共闽西第一次代表大会在蛟洋召开。到会代表80多人，由张鼎丞、邓子恢、谭震林等11人组成主席团。毛泽东亲临蛟洋指导会议，但身体不好，不得不中途休息。当邓子恢把毛泽东介绍给雷时标认识时，说叫毛泽东为杨主任，并要求雷时标马上请医生为毛泽东治疗。雷时标当即请来江西樟树人谢运源替毛泽东治病。这次党代会还正式选举郭滴人、张鼎丞、谭震林、傅柏翠、雷时标等11人组成闽西特委。会后，雷时标被派往连南地区任特派员，指导当地的革命斗争。9月，红四军攻克上杭城建立县苏维埃政府后，雷时标担任县苏维埃政府委员。不久，毛泽东率领闽西特委机关回到苏家坡继续养病，雷时标担负起照顾毛泽东起居生活与传送书信的任务。当时，毛泽东和特委的同志一起住在又窄又矮的"树槐堂"横屋内，白天人多嘈杂。毛泽东便问雷时标，附近有没有清静的地方。雷时标便带他到树槐堂边上的圳背岩石洞去。毛泽东一看，觉得这里风景优美，光线尚好，洞窟宽敞，是一个办公的好地方，便亲自割除路上杂草，打扫石洞。从此，白天毛泽东便常常带一竹筒开水到洞里工作。在这段时间里，雷时标参加了毛泽东举办的农民训练班。学习结束后，雷时标政治素质大为提高。

1929年12月28—29日，毛泽东、朱德、陈毅在古田召开红四军党的第九次代表大会，雷时标作为会议工作人员，在29日列席了一天。他后来回忆说："会期五天：三天党务会议，二天士兵代表大会，……在会上确定了中国共产党正确的建党建军指针，使党纪军威焕然一新。"

古田会议结束后，红四军前委决定将红军主力转移到江西敌后，开展游击战争，以粉碎国民党的"三省会剿"。当时特委知道群众怕红军离开闽西，难于对付敌人，便写了一封信，叫雷时标送到前委，要求留下一个纵队。毛泽东看了信后，便在信封上批了八个字："离开闽西、巩固闽西。"

果然不出毛泽东所料，红军走后敌人失去了目标，加上闽西各地开展游击战争，敌人到处挨打，裹足不前，蒋介石大吹大擂的"三省会剿"就这样垮台了。

民国19年(1930年)2月，雷时标调往厦门，任福建省委委员、常委，负责军运工作。在厦门，雷时标积极投入革命工作，参与领导了厦门工运、学运等革命工作。3月18日，参与领导了厦门中山公园召开的"三一八"闽西政府成立庆祝大会。5月3日，雷时标率领几个人到鼓浪屿向日本报馆开枪示威，并投了示威信。6月9日，雷时标参加领导了厦门劫狱行动，大获胜利，救出了大批革命者。这次劫狱的胜利，大大鼓舞了革命群众的斗争热情，震动了整个厦门市。同年8月，雷时标因患肺病，组织上批准他回乡疗养，以后与组织失去联系。为避免反动派的通缉迫害，雷时标潜逃杭连岩边境一带深山，给人装车碓为生。

中华人民共和国成立后，雷时标重新参加工作。1956年1月重新入党，回到了党的温暖怀抱。1958年，古田公社聘请他为古田会址的临时管理人员。1965年，因年迈体衰，回家休养。1981年12月28日去世，享年83岁。

蓝庭辉

蓝庭辉(1913—1983年)，民国2年(1913年)生于上杭庐丰畲族乡丰康村。民国18年，参加中国工农红军，次年参加中国共产党。土地革命战争时期，历任红四军第一纵队第二支队补充大队副

大队长、红十二军一〇五团特务连连长、红十二军第三十五师特务连政治委员、红一军团第一师第一团营部文书、团部文书、团部书记、团部技术书记。参加过中央苏区五次反“围剿”和二万五千里长征,参加过遵义和强渡乌江等战斗。到达陕北后,参加了东征、西征和山城堡战斗。抗日战争时期,历任八路军一一五师第三四三旅第六八五团连政治指导员、苏鲁豫支队第三大队第三营政治教导员、八路军一一五师教导第五旅政治部组织科长、旅司令部作战科科长。民国32年,进延安中央党校第二部学习,参加过平型关等战役。解放战争时期,历任嫩江军区参谋长、齐齐哈尔城防司令员、辽东军区第三纵队第九师副师长、副政治委员、东北野战军独立第三师代理政治委员、中国人民解放军南下工作团总务部政治委员。在此期间,参加过临江、辽沈、广西等战役。

中华人民共和国成立后,任中国人民解放军第五十二军第二一四师政治委员。1952年,参加抗美援朝战争,任中国人民志愿军师政委。后任中国人民解放军铁道兵第七师师长、第一军副军长、铁道兵副参谋长、副司令员。当选为第四、五届全国人民代表大会代表,中国人民政治协商会议第六届全国委员会委员。1955年被授予大校军衔,1961年晋升为少将,荣获三级“八一勋章”、二级独立自由勋章、二级解放勋章。1983年因病逝世,享年71岁。

钟　梅　音

钟梅音(女,1921—1984年),笔名有音、爱珈、绿诗等,上杭县太拔镇坵辉村人。民国10年(1921年)出生于北京。童年时代体弱多病,14岁辍学。抗日战争期间随父母、兄嫂流迁大西南,考入广西大学法律系就读。1948年春与丈夫同赴台湾.住在苏澳,开始从事文学创作。其文笔隽永、清新、文法严谨,且充满自然生趣,深受读者喜爱。《海天游踪》一书,1966年在台湾出版,获“文艺大奖”,发行17版之多。散文名篇《乡居闲情》《苏(澳)花(连)道中》被选入香港、台湾语文课本;和女儿合作的游记《我从白象王国来》为台湾第一部少年游记,成为当时最佳之语文课外补充读物。梅音的文章被译成多种文字在韩国、泰国、新加坡、美国等国家出版。改革开放后,祖国大陆也出版了她的部分文章。1982年3月,福建人民出版社出版的《台港和海外华人女作家作品选》内收《乡居闲情》一篇;1992年,春风文艺出版社出版的《台港名家散文精品鉴赏》内收《乡居闲情》《有朋自远方来》两篇;1995年4月,中国广播电视出版社出版的《二十世纪中国女作家散文精品》中卷收《乡居闲情》《有朋自远方来》《闲话台湾》三篇;1999年8月,湖南文艺出版社出版的《台湾散文选萃》内有《乡居闲情》一篇等。梅音在台期间,还担任过“教育部”优良儿童读物评审委员。她是著名的散文家、儿童文学家,20世纪80年代,福建人民出版社出版的《台湾与海外华人作家小传》,福建省图书馆编印的《寓台港福建名人录》,20世纪90年代龙岩市编印的《寻根揽胜闽西缘》,上杭县编纂的多本志书都有她的生平简介。她是上杭县第一位女作家,也是龙岩市畲族第一位女作家。

梅音的著作,以单行本出版的有:散文集《冷泉新影》《摘星文选》《我只追求一个圆》《风楼随笔》《昨日在湄江》《这就是春天》《旅人的故事》《十月小阳春》《春天是你们的》《梦与希望》《兰苑随笔》《啼笑人间》《不知名的鸟儿》《天堂岁月》等;小说集《母亲的怀念》《迟开的茉莉》等;还有翻译的外国童话、神话《亚洲神话故事》等,连写带译,总共30多本。

梅音文学活动领域极为广阔,除文学创作外爱好绘画和音乐,曾在新加坡师从名画家陈希文习画,定居美国后,写作之余仍绘画不辍,在新加坡、美国都举办过个人画展。她还担任过台湾《妇友》月刊的执行编辑,《大华晚报》副刊主编,台视“艺文夜潭”的节目主持人。

梅音于1977年旅居美国。1980年不幸患帕金森氏症,在美国治疗未见好转,于1982年去台湾

治疗。她因长期患病，遂有意建一所慢性病疗养中心，即在桃园县购置产业，创办“慈光疗养院”。疗养院落成不久，即在台湾病故，时为1984年1月12日，终年63岁。所得丧葬礼金，按遗嘱全部捐赠疗养院作基金。

雷佛春

雷佛春（1922—1986年），民国11年（1922年）出生于上杭县才溪镇溪北村。幼年时念过初小。1951年，速成识字班毕业；秋，响应党“组织起来”的号召，联合6户贫苦农民组织起才溪第一个农业生产互助组——雷佛春互助组。1952年春扩大到12户，同年夏发展到30多户。1953年1月，他带领下雷屋、上雷屋、山下等90多户农户成立溪北村初级农业生产合作社，成为全县第一个初级农业生产合作社。由于他带领农民走互助合作道路，在发展农业生产、提高人民生活、巩固农村基层政权方面有显著成绩，1955年，溪北村初级农业生产合作社获福建省“农业增产模范单位”称号，雷佛春被评为福建省劳动模范，光荣地出席了“福建省农业林业劳模代表大会”。接着又被评为华东地区先进单位，雷佛春出席了在上海召开的表彰大会。1956年，他积极倡导和组建上才溪高级农业生产合作社，被选为社长。1957年秋，雷佛春被录用为国家干部，先后担任才溪乡生产干事、副乡长，南阳、才溪农技站长，县饮食服务公司、县雁子滩水电站干部，1979年退休，1986年病故。

雷玉先

雷玉先（1953—1989年），1953年出生于上杭才溪镇溪北村。8岁上小学，因家庭经济困难，1967年小学毕业后在家参加农业生产。

1974年冬，玉先应征参加中国人民解放军。在部队期间，表现很好，执行任务坚决，被吸收为中共党员。1979年10月服完兵役后退伍。劳动部门原安排他去县国营林场工作，但他看到在第二次国内革命战争时期曾经是中央苏区模范区的家乡，有部分人民生活还较为贫困，便毅然放弃去县林场工作的机会回到溪北村，决心同乡亲们一起将家乡建设成社会主义的新农村。

玉先退伍回村不久，中共十一届四中全会《关于加快农业发展的若干问题的决定》开始贯彻，农村实行家庭联产承包制，历来以建筑业闻名的才溪乡，农忙过后，有几千名青壮年外出从事各种建筑工程，每人每月收入几百元甚至上千元，因此无人愿当每月仅有30多元补贴的村干部。他不顾个人得失，先后担任村治保会主任、护林员、民兵营长等职务，1986年10月起，担任中共溪北村支部书记。他遵纪守法，处处以身作则。1982年，妻子生下第二个孩子刚3个月，他便动员妻子去放节育环。1987年，县里规定已生两胎的育龄妇女要做绝育手术，妻子想不通，他又耐心说服妻子，带头第一个去做结扎手术，为全村妇女树立榜样。在他的模范作用下，几年来全村30多个党员无一人计划外生育。

玉先退伍回村10年间，全心全意领导村民发展生产，脱贫致富。溪北村山多田少，有山地9438亩，耕地只有1064亩。他逐塅逐片调查研究，摸清底子，然后和干部村民一起制订增产粮食和发展林业的措施。为发展粮食生产，他抓紧实施改良土壤、兴修水利、科学种田、及时防治病虫害和推广水稻杂优良种等措施。他当支部书记后，村里每年投入一二万元修建沟渠、圳、坝；常年举办科技培训班，大力推广科学种田新知识、新技术，使全村水稻连年增产，1989年比1985年平均亩产增加200公斤，全村96%的农户摆脱了贫困。他带领村民在几年间建成3600亩松脂林基地，营造了60多亩

速生丰产林，将2400亩分散宜林山地，分给村民作自留山，发动大家种下368亩果树，每户平均达到1.2亩。全村林茂粮丰，村民逐步富裕起来。对于生产、生活上有困难的农户、玉先总是全力帮助其渡过难关。

玉先在带领村民脱贫致富的同时，十分重视教育事业。自当村党支部书记后，每逢新学期开学，他都将村小学老师请到家中吃饭，了解学校教学情况，帮助解决各种困难。教师反映吃菜困难，他建议村民委员会将校门口的0.5亩农田划给学校做菜地；学校新盖教学楼缺少天花板，他把家里准备做谷仓的杉木板送给学校使用。在玉先的关心支持下，溪北小学学龄儿童入学率和毕业率达到100%，升学率达到86%以上，连年被评为县、乡的先进小学。

1989年11月下旬，雷玉先去龙岩参加军队地方两用人才表彰大会回来，看见村小学新建成的两层8间教学楼前的危房尚未拆除，25日即带领父亲、妻子、村主任、村文书等前去拆除。26日下午5时半，他见危房土墙颤动，转身一个箭步，推开正在捡石头的林有娣和正在拆墙的村文书雷浩炘，紧接着“轰”的一声巨响，土墙倾倒下来。林有娣、雷浩炘脱离了险境，雷玉先被沉重的土墙压倒在地，光荣献身，年仅36岁。1990年6月，福建省人民政府追认他为革命烈士。

蓝　祖　昌

蓝祖昌（1923—1990年），又名蓝石古，民国12年（1923年）出生于漳平市桂林街道山羊村。民国21年，入私塾念书，民国25年辍学。随后在家放牛，后以耕田、做纸为业。闲暇时，也上山挖蕨洗粉，换取钱粮以补家用。民国36年，为躲避抓壮丁而离家到华安新圩一带打长工，直至1952年才回到家乡。他先后担任山羊乡农民协会主任、民兵队长、村主任，桂林林业站林业员。1959年9月，以福建省少数民族参观团团员身份晋京参加新中国成立10周年国庆观礼，受到国家主席刘少奇、全国人大常委会委员长朱德、国务院总理周恩来等中央领导的接见并合影留念；10月加入中国共产党。1961年始，先后担任山羊隔大队副大队长、大队长、党支部书记等职，12月，当选为县第四届人大代表。1970年11月，当选为中共漳平县第三次党代会代表。

他担任村干部期间，为畲族村民办了不少好事实事。为村里建小学争取民政资金拨款6000元，工程各项开支都由他亲自拨付，到最后竣工验收时，他把所有账目向村民公布，结果只差3分钱。他与其他村干部一起，为村里兴建小水电站、购置发电设备，架设输电、通信、广播线路，修路架桥等争取补助资金；尽力为困难村民办理、申报救济粮款，领取御寒衣被等。在发放救济粮款和物资时，总是请村民代表讨论、评议，力求做到公开、公平、公正。他办事认真、公道正派，关心群众疾苦，肯为村民操劳，深得村民的信任和拥戴。直至1984年，他年届60才卸任。

他的父母都是当地有名的山歌手。他从小受父母的熏陶和影响，酷爱畲族民间歌谣、故事。年轻时，成了畲歌迷。凡村里村外，逢年过节、祭祀、迎亲等对歌、赛歌的场合，他都去参加。他聪颖好学，博闻强记，又能识文断字，常把听到学到的歌词记录下来。日积月累，汇集成册。他歌喉清亮，反应敏捷，出口成章，对答如流，很快成为畲族青年歌手中的佼佼者。他不仅在本村和青年男女唱歌、对歌，有时还应邀到尖祠、龙门，以及华安官畲、坪水等地对歌。他们在对歌中互相联络感情，学习交流和切磋唱歌方法、技艺。

蓝祖昌不仅传承许多传统畲歌，还创作了不少新畲歌。1988年，漳平县在编写《中国民间文学三套集成》之一的《中国民间歌谣集成·福建卷漳平分卷》时，向他征集畲歌33个专题409首1636行。另有畲族传说《龙犬王》等故事多篇。在他所提供的畲歌中有叙述扑朔迷离的畲族历史传说的

《龙犬王歌》(又称《高皇歌》)以及《祖公歌》《盘古歌》等;有倾诉他们在旧社会遭受压迫欺凌的悲惨生活的《苦历歌》《十艰难》《单身苦》《单身歌》《蝉声歌》《鸟鸣歌》等;有叙述他们开山种畲、掘蕨打猎等艰苦劳动情景的《耕田歌》《采茶歌》《掘蕨歌》《打猎歌》等;有反映他们多姿多彩的婚姻爱情生活的《娘子恋郎趁少年》《十结姻缘》《十二月想娘》《同心歌》《手绢歌》《采花蝴蝶》《十八小姐》《一盆好花》《谢贤娘》等;有期盼、向往、憧憬未来幸福生活的《仙金峒歌》《梦歌》《十快乐》《娘起大楼》等;有歌唱新生活的《翻身歌》《幸福全靠共产党》等;还有仪式歌、节令歌、劝诫歌等杂歌,主要有《婚夜歌》《黄昏歌》《春节歌》《季节歌》《劝姐歌》《女人歌》《山伯英台》等。

上列这些歌,只是在征集民间歌谣时,他凭记忆唱出并用文字记录下来的一部分,还有大量一时想不起来、未采集的口头流传的畲歌,正如他所唱的"畲家有歌万万千,好比芝麻撒上天;天南地北撒一遍,肚里还可唱三年"。

畲族对歌有个基本程式,先起歌头。"郎打单身心内慌,无钱难得配成双;顾了田头丢家后,做了家后田又荒。""在家无米又无妻,外出无钱又无衣;卖茶又要抽捐税,种田也要受人欺。""蝉声阵阵心头惊,只恨世道不公平;死后若有鬼魂在,揪出阎王把理评。"随后,看当时场合,可唱一些劝诫歌。如"吾劝阿驰(jiě,畲语,指婆婆)莫多心,疑神疑鬼害死人;做得不对当面讲,媳妇不敢和你争。"这些比较传统正经的歌,一般都在上半夜唱,而且多由成年人或老年人唱。他们唱完即可回家休息。下半夜多由青年男女对唱情歌。蓝祖昌忆唱的情歌数量最多,采集记录的就有上百首。内有互诉恋情的"阳雀叫来树木青,心想恋娘(畲语,指姑娘,下同)难开声;要说无钱怕人笑,不说又怕负娘心。""日头出来在半天,大船摇摇在河边;郎想撑船趁大水,娘要恋郎趁少年。"有互表衷心的"凡鸟总爱恋树林,相恋就要讲真心;莫学乌云浮上下,又想下雨又想晴。""东边下雨西边开,讲了要来就要来;只要两人有情义,灯芯搭桥我也来。"有表达夫妻恩爱之情的"门前绿竹根连根,夫妻恩爱心连心;真龙坑(山羊隔,原名真龙坑)中长流水,一世相伴不变心。""一日夫妻百日情,百日夫妻一辈恩;夫妻共枕情在爱,相亲相爱胜千金。"他还唱了一些祈盼乌托邦式美好生活的歌。如:"娘起大楼闪金光,耸入云天四五堂;前堂飞来金丝鸟,后堂飞来金凤凰。""娘起大楼在坎尾,煞住风口龙转回;金鸡飞来生金蛋,金满斗来银成堆。"

中华人民共和国成立后,他还编唱了不少新歌,如:"盼星星来盼月亮,黑夜一过天大光;满天乌云风吹散,感谢救星共产党。""东山发亮出日头,畲民翻身日子到;拨开乌云见青天,感谢党的好领导。""畲家翻身做主人,饮水思源不忘恩;步步紧跟共产党,从此畲乡百业兴。"等等。

蓝祖昌是闽西南著名的畲族歌手,是畲族民歌这一非物质文化遗产的重要传承人。他为传承、光大和保存畲歌这颗民间文学宝库中的璀璨明珠作出了贡献。

1990年9月30日,因病逝世。

雷　浩　茂

雷浩茂(1913—1992年),民国2年(1913年)生于上杭县才溪镇溪北村。民国18年,加入农会。民国20年,加入中国共产党,参加中国工农红军,在福建军区独立三团当战士。民国21年,在汀州苏维埃政府保卫队当战士。民国22年,在保卫局特务大队当战士。参加了中央苏区五次反"围剿"作战和二万五千里长征。民国24年1月遵义会议后,任中央军委二局警卫班班长;5月,进红一方面军干部团学习;10月,进陕西瓦窑堡红军学校学习。民国25年1月毕业后,任前方总供给部独立排排长;4月,任陕西定逸县南羊圈山兵站站长。

民国26年5月，任八路军驻西安办事处军需，曾奉命充任毛泽民的副官。民国29年，任陕甘宁边区第一保育院生产科总经理。

民国35年，任第一保育院行政科科长。民国37年，保育院迁入北京改为军委直属保育院，任行政科长。1956年，任国防科委零零三八部队基建助理、党支部书记。1958年转业地方工作，任北京手扶拖拉机总厂总务科科长。

1955年，被授予中国人民解放军大尉军衔，荣获三级八一勋章。

1992年，在北京逝世。

蓝 祥 林

蓝祥林(1917—1994年)，民国6年(1917年)出生于上杭县庐丰畲族乡丰乐村。民国20年1月，参加中国工农红军，在红十二军军医处、野战医院当护士。民国22年，加入中国共产主义青年团；同年4月始，在红十二军特务连、营、六八五团当卫生员、护士。参加了二万五千里长征。

民国26年7月，加入中国共产党；8月，在六八五团卫生队训练班当班长。民国27年1月，在苏鲁豫支队卫生队当护士长、司药、医生。民国29年10月，在圹山医生训练班学习。

解放战争时期，从民国36年3月开始，先后在总卫生部五医院二所、一医院一所任主治医师、副所长。

1950年4月，调任湖南省军区卫生所所长，后任医院分院长。1951年3月，调任湖南省南岳中南军区六八医院医务处主任。1952年7月，转业到益阳人民医院任副院长。1955年9月，任常德专区卫生科副科长、人民医院院长。1956年，任益阳市人民医院院长。1962年，任益阳地区人民医院院长。

1994年，在益阳逝世。

钟 泮 猷

钟泮猷(1915—1997年)，民国4年(1915年)生于上杭县临城镇石砌村。民国20年6月，参加中国工农红军，在红十二军、十九军当通讯员。民国22年8月，在少共国际师当卫生员。民国23年5月，加入中国共产主义青年团；10月，参加二万五千里长征。民国24年1月，在红一军团一师当司号员。民国26年7月，加入中国共产党。

民国25年5月，到陕北无线电通讯学校学习；12月，任八路军总司令部及四军军部电台见习报务员。民国26年7月，在一二九师电台当报务员。民国29年1月，任冀南军区电台分队长。民国31年6月，任冀鲁豫军区电台区队长。

民国34年8月任华北十四纵队电台中队中队长，民国38年4月，任第七十军军部电台中队中队长。

中华人民共和国成立后，1949年11月，到广州接管电讯工作。1951年10月，入南京邮电干部学校学习。1955年2月，任邮电部市话总队党总支副书记。1956年8月，任邮电部长途线路工程总队总支书记兼副总队长。1957年3月，任邮电部武汉电信公司副经理，1959年1月，任邮电部科学研究院行政处处长。1961年4月，任秦皇岛市邮电局局长。曾当选秦皇岛市五届人大代表。

1997年，在秦皇岛市去世。

蓝　上　杰

蓝上杰(1925—1997年),民国14年(1925年)出生于上杭县官庄畲族乡七里村。1949年,大学毕业后参加革命工作,任中国人民解放军六十八军二〇四师政治部干事。1952年11月,荣立二等功一次。1962年1月,加入中国共产党。1970年,因身体患病从部队退休,享受县团级待遇。1988年,被授予中国人民解放军解放勋章。

1997年5月26,日因公外出突发意外事故,在山东济南逝世,享年72岁。

黄　集　良

黄集良(1938—1999年),1938年8月出生于上杭县古田镇下郭车村一个贫农家庭,龙岩农校毕业。1956年参加工作,1960年加入中国共产党。曾任郭车乡财税干事、古田供销社副主任、古田公社人武部副部长、蛟洋公社人武部部长、上杭县民委副主任等职。

1984年开始,黄集良从事民族工作。带领上杭县民族调查组人员走遍了闽、粤、浙、赣等省64个地、市、县民族地区和上杭县22个乡镇200多个小山村,调查访问掌握大量资料,证实全县41000多名蓝、雷、钟姓群众是畲族,报经上级批准为这些群众更改落实了民族成份。在民族工作岗位上真抓实干,严格按照规章制度办事,引导和支持少数民族乡村发展文化教育、科技体育、卫生等社会事业。他在1994年主编《上杭县畲族志》,1998年又主编《上杭畲族英才录》,两书都由厦门大学出版社出版。《上杭县畲族志》是上杭县和全省有史以来第一部向国内外发行的少数民族志书,并选送至北京参加全国志书展出。多方搜集资料、筹集资金在古田镇苏家坡村筹办闽西畲族陈列馆。个人先后被评为龙岩市修志先进工作者,全国、全省"民族团结先进模范个人"。

黄集良1997年退休,1999年在家病逝。

蓝　锡　荣

蓝锡荣(1915—2002年),民国4年(1915年)出生于上杭县官庄畲族乡树人村吊钟自然村,民国21年3月参加中国工农红军。民国22年10月加入中国共产党。民国24年因工作需要改名张玉田。

蓝锡荣参加革命后,历任红十二军军部警卫连战士;新四军二支队三团五连排长、连长;安徽无为联中军事教官;新四军和含支队独立大队队长,皖南支队铜陵大队队长,第三野战军第六纵队十七师五十一团参谋长、副团长;第三野战军第六纵队十六师二一〇团副团长;华东特纵战车二师六团团长等职。1955年被授予中校军衔,荣获中华人民共和国三级八一勋章,三级独立自由勋章,三级解放勋章;1983年6月起享受正师职待遇。1988年荣获中央军委授予的二级红星功勋荣誉章。

蓝锡荣在土地革命战争时期参加了第四次、第五次反"围剿";在抗日战争时期坚持在皖南、皖中地区开展对日本侵略军和国民党顽军的游击战争,参加了官陡门战斗、陶家场战斗和"皖南事变"战斗;在解放战争时期参加了涟水阻击战,鲁南战役、莱芜战役、孟良崮战役、济南战役、淮海战役、渡江战役、解放上海等战役战斗。他身经百战冲锋在前,不怕牺牲,曾先后9次负伤,2次荣立二等功。1966年7月因病离休,他不居功自傲,始终保持一名老红军战士的本色。

2002 年 5 月 30 日蓝锡荣在安徽芜湖第一离职干部休养院逝世，享年 87 岁。

蓝　耀　来

蓝耀来（1937—2004 年），民国 26 年（1937 年）出生于上杭县官庄畲族乡七里村。1962 年，毕业于上海同济大学建筑学专业，同年分配在福州军区后勤部工作。1963 年，授予中尉军衔。1963—1979 年，在福州军区后勤部设计勘测所任技术员、设计组组长、工程师；1985 年，在南京军区建筑设计院福州分院任高级工程师、高级建筑师。1996 年，被批准为“中华人民共和国一级注册建筑师”。

30 多年的军旅生涯中，耀来主要从事建筑设计工作，设计工程项目重点在福建、江西等地。负责设计 1000 多项重大工程，建筑面积达 900 多万平方米。典型的建筑设计有：70 年代的福州梅峰宾馆；80 年代的北京中央军委办公大楼、厦门白鹭宾馆、南昌陆军学院教学实验楼；90 年代的琼宇大厦，南平行署综合大楼等。1984 年，参加福建省住宅设计方案竞赛，3 个参赛方案均获奖，并列入获奖住宅设计方案图集。1987 年，设计的北京中央军委办公大楼，作为南京军区设计方案参加北戴河评选。

主要论著有：《国外住宅摘译》《国外住宅摘译（续）》（载《工程设计与研究》1981 年 6 期英译汉；1982 年 3 月、1983 年 3 月俄译汉）；《文体活动中心设计探讨》（1981 年）、《军营的基本特征及其对营房造型和装修的制约分析》（1987 年）、《谈谈建筑风格》（1989 年）、《医疗建筑的应变性和环境改造》（刊于 1991 年《工程设计与研究》第二期）。

2004 年 2 月因病医治无效在福州逝世，享年 67 岁。

蓝　映　林

蓝映林（1918—2007 年），民国 7 年（1918 年）出生于上杭县官庄畲族乡树人村吊钟自然村。民国 20 年 3 月参加红军。民国 23 年 12 月，加入中国共产党，任红军福建补充团分队长。参加二万五千里长征。抗日战争时期历任八路军十八兵站政治处干事，总部随营学校四大队区队长、总后勤部供给学校指导员、抗日军政大学五大队区队长等职。解放战争时期，历任松江军区哈尔滨保安部队政治处主任，松江军区第三医院政委，松江军区独立九团党委书记、副政委，中国人民解放军第四七军十六〇师政治部组织科科长等职。

中华人民共和国成立后，历任湖南省军区邵阳军分区政治部干部科长、副部长，中南军区后勤部干部部副部长，福建省人民检察院党组副书记、副检察长，福建省高级人民法院党组书记、副院长（主持工作），省外贸局党的核心小组组长、省委组织组第一副组长，检察机关恢复重建后的省检察院党组书记、副检察长等职，1985 年 3 月离休。荣获三级八一勋章，三级独立自由勋章、三级解放勋章。

2007 年 12 月 20 日，蓝映林因病医治无效在福州逝世，享年 90 岁。

钟　有　煌

钟有煌（1915—2008 年），民国 4 年（1915 年）出生于上杭县茶地镇久泰村。读过 3 年私塾，10 岁开始随父外出做工。民国 19 年 3 月，加入中国共产主义青年团。民国 23 年 3 月，转为共产党员。民国 21 年 1 月，参加中国工农红军后，被安排在汀州（今长汀）苏区中央看护学校学习；6 月，进红一

团当看护员。民国22年1月，入瑞金红军卫生学校第三期学习；11月，任红三军团、中央军委、红军大学医生。民国23年10月，随部队参加二万五千里长征。

民国26年3月开始，在延安先后任八路军总部兵站医院、八路军随营学校和中国人民抗日军政大学卫生所所长。民国28年1月，任晋中南抗大第一分校副科长；3月，任八路军太行山兵站医院院长。民国29年4月，任冀鲁豫军区卫生学校校长；7月，转任四团卫生队队长。民国30年春，被调到军区卫生部任卫生主任；7月，改任卫生部科长，9月，任军区野战医院院长。民国31年12月，任鲁西北军分区卫生处处长、政委。民国32年，参加冀南党校和平原党校学习。冀南党校合并到平原党校后，任平原党校卫生科科长。

民国34年5月，任豫东军区卫生部部长；11月，任晋察冀第七纵队卫生部副部长。民国36年3月，任冀鲁豫军区卫生部副部长。民国38年3月，任第五兵团卫生部部长。

1951年1月，任贵州军区卫生处处长。1952年6月，任军区后勤部副部长兼贵州省卫生厅厅长。1953年4月，到北京任中国人民解放军总后勤部卫生部秘书处主任、干部部处长、干部部副部长。1961年4月，任重庆第七军医大学副政委。1977年10月，重庆第七军医大学改为第三军医大学后，任第三军医大学校长。

1955年，被授予中国人民解放军大校军衔，并荣获二级八一勋章、二级独立自由勋章和二级解放勋章。1988年，被授予二级红星功勋荣誉章。

2008年2月15日，钟有煌因病医治无效在北京逝世，享年94岁。

蓝　汉　华

蓝汉华（1918—2008年），革命战争年代曾化名唐棠。民国7年（1918年）出生于上杭县庐丰畲族乡丰济村。民国26年9月，参加革命工作；同年11月加入中国共产党。

参加革命后，蓝汉华先后担任上杭县东二区（庐丰）联络站联络员、中共庐丰总支书记、永定县下洋初溪武装工作队队长、闽西南特委党校保卫队队员、平和县长乐南委无线电台保卫队队长、江西赣南白区工作组副组长、广东韩江纵队第九支队副支队长、饶和埔丰中心县委军事部长和组织部长等职。民国36年8月，在中共闽粤赣边工委的直接领导下，蓝汉华受命组建闽西支队，任支队长。民国38年1月，闽西支队改编为闽粤赣边纵队第七支队，蓝汉华继任该支队支队长。在担任闽西支队和闽粤赣边纵队第七支队支队长期间，蓝汉华领导这支队伍从初创时的40余人发展到600多人，共与敌作战140余次，毙、伤、俘敌计1800人，缴获各种枪支1100余支，子弹3万余发，手榴弹300余枚，开仓分粮400余万斤。每逢战斗，蓝汉华均先侦察研究敌情，运用灵活机动战术，周密部署，尽量打有把握之仗，创造了不少出奇制胜的战例。特别在紧急情况下，能冷静处置，沉着指挥。在下都豪康战斗中，在被数倍于己的敌军重兵突袭包围的紧急情况下，蓝汉华临危不惧，冷静分析判断敌情，果断指挥部队突出村庄，抢占有利地形并身先士卒与敌激战，使形势转危为安，最后以牺牲3人、伤19人的代价，取得毙敌48人、伤敌100余人的胜利，创造了以少胜多的奇迹，特别是使当时在场的中共闽西地委和上杭县委主要领导干部脱离了险境。为纪念这次战斗，新中国成立后当地群众在豪康村建起“豪康战斗纪念亭”。在永定县陈东坑战斗中，蓝汉华抓住一群敌人聚集在小饭店为争论某事毫无戒备的情况，果断只身突入敌群，几枪连发，一口气将包括在永定县号称“反共二虎”之一的便衣队长苏煌辉在内的4个敌人打倒，在随后赶到的战友的协同下，共毙敌7人，余敌仓皇溃逃。在历次作战中，蓝汉华关键时刻都奋不顾身，冲锋在前，曾3次负伤、7处挂彩，中华人民共和国成立后

被评为六级战残。

1949 年 6 月,闽粤赣边纵队七支队和八支队联合组成闽西南联合司令部时,蓝汉华受到不公正的安排,被调往上杭县任军管会副主任,后任副县长。但他坦然面对,毫不计较,服从组织,顾全大局。

中华人民共和国成立后,蓝汉华历任上杭县军事管制委员会副主任、中共上杭县委组织部部长,上杭县人民政府副县长,上杭县人民武装部部长,中共上杭县委副书记,上杭县人民政府县长,福建省永安军分区作战科长、兵役科长,上杭县兵役局长,闽粤赣边联防委员会主任,永定县西溪公社老区社教试验队队长,南安县官桥社教分团副团长,上杭县政协主席等职务。1955 年,蓝汉华被国防部授予少校军衔。1957 年,被授予三级独立自由勋章和三级解放勋章。1999 年 1 月 10 日,时任中共福建省委副书记习近平到上杭县调研时,特地到上杭城区蓝汉华家中看望慰问了蓝汉华。

受"文化大革命"迫害,在当时特定的历史条件下,蓝汉华被错判"死缓",坐牢 12 年。党的十一届三中全会后,被彻底平反,恢复名誉。

2008 年 5 月 11 日因病医治无效在临江镇逝世,享年 91 岁。

雷　钦

雷钦(1914—2014 年),字赠春,别名应声,民国 3 年(1914 年)出生于上杭县才溪镇溪西村农民家庭。幼时因家贫,只读了 2 年小学,后便随父亲外出做工。

当家乡土地革命烈火燃起后,雷钦从外地回乡参加革命斗争,任少先队副队长。民国 19 年加入共青团,任乡支部组织委员。民国 21 年转为中国共产党党员。

民国 20 年,带领 6 名少先队员参加红军。参军后在独立第七师(由原杭武赤卫团改编)二团当战士,参加了攻打永定湖雷、坎市、永定县城、武平和上杭县城等战斗。民国 21 年,随独立第七师编入红十二军,在红十二军独立师一〇三团任宣传员。同年 7 月,在第三次反"围剿"中,在广东水口负伤。伤愈后参加了建宁、泰宁、邵武、光泽和黎川等地的战斗。在第四次反"围剿"中,参加了攻打黄狮土、浒湾、宜黄和草台岗等战斗。其后,调任兴国模范师新兵连政治指导员。民国 22 年,任江西省军区青年部青年干事后不久,改任军区直属队党总支部书记兼军事裁判所所长;同年当选中共江西省第二次代表大会代表、江西省苏维埃代表大会代表和江西省少共代表大会代表,是年秋、冬之际出席相应的代表大会,并被选为少共江西省委常委。民国 23 年 1 月,作为江西省的代表,出席了在瑞金召开的中华苏维埃第二次全国代表大会。5 月,入红军大学第三期上级政治科学习。毕业后,任红军总部警卫营政委。参加了第五次反"围剿"作战。同年 10 月,随红军中央纵队进行二万五千里长征。遵义会议后任总部侦察科科员兼侦察队指导员、队长,参加了打击川军、二占遵义、四渡赤水、南渡乌江和巧渡金沙江等战斗,在南渡乌江战斗中负伤。中央毛儿盖会议后,被编入左路军。民国 24 年 9 月,在左路军因张国焘搞分裂而南下中,随部参加了攻打天全、芦山、雅安等战斗,并在严冬中三次翻越夹金山、三过草地,后又翻越党岭大雪山,转战道孚、炉霍、甘孜等地。此后,任总司令部一局三科科长。

红军会师陕北后,民国 25 年 11 月奉命参加西路军西征,任西征总指挥部调统科科员,参加了永昌、临泽、沙河堡、倪家营、梨园堡和石窝等地的多次恶战。西征失败后,经历了数月悲壮的孤军转战,在天寒地冻的祁连山中打游击,之后艰难曲折地回到延安总部。民国 26 年 7 月,入延安抗大三期政治四队学习。民国 27 年春毕业后,任抗大二大队政治干事、指导员。同年 9 月,到四大队任指

导员、支队协理员。民国28年，任三大队政治处党务股长、抗大总部政治部组织部党务科长。民国29年后，历任直属队政治处主任、一大队和二大队政治处主任。民国32年3月，任三大队政治委员。在抗大工作期间，于27年全校工作大检查和抗大三周年纪念会上，受到表扬奖励；29年抗大五周年纪念大会上获模范教育工作者称号。民国32年1月，奉命率领四大队2个队200余名学员，行程2000多公里，通过日伪7道封锁线，胜利到达陕北，全体人员无一伤亡，受到校长徐向前、政委李井泉的多次表扬。民国33年9月至34年春，入延安中央党校学习。

民国35年春，任华北军区司令部通讯联络处政委。37年，任军区补训一旅政委。民国38年，奉命率2个旅的干部人选南下，参加渡江战役。南京、武汉解放后，被调入第二野战军接任驻武汉办事处主任（副军职），负责筹集、转运物资支援二野进军大西南。

中华人民共和国成立后，1950年在重庆受命赴北京负责组建军委总后勤部军械部，并任军械部副政委。1951年，任铁道公安军二十一师政委。1955年，率军接管原苏联军队在大连的防务，后任六十四军一九〇师政委。1961年，入中国人民解放军高等军事学院速成系学习，1962年毕业。后因病休息治疗。

1955年，被授予中国人民解放军大校军衔，并荣获二级八一勋章、二级独立自由勋章和二级解放勋章。1961年，晋升为少将。1979年，当选为大连市政协副主席。1988年，荣获一级红星功勋荣誉章。

2014年11月17日，因病医治无效，在大连逝世，享年100岁。

蓝　在　田

蓝在田（1938—2017年），民国27年（1938年）生于上杭县庐丰畲族乡丰乐村。高中毕业后在家务农，1956年参加工作，在长汀县国药、土产副食品经理部任通讯员，1958年任长汀县商业局文书，1960年任长汀县食杂公司文书，1964年任长汀县百货公司文书。1965年调长汀县委报道组工作，1969年任长汀县革命委员会秘书，1973年任县革命委员会宣传组副组长。1975年至1979年任长汀县濯田公社党委副书记，1979年任古城公社党委书记，1981年任濯田公社党委书记，1982年至1993年任长汀县人民政府副县长，党组副书记。随后任长汀县政协主席、党组书记、县委委员。

在长期的宣传工作和党政领导工作中。蓝在田在中央、省、地党报党刊上发表了大量的新闻、通讯、诗歌、散文等作品.撰写并发表了学习论文，工作调研等文章十几篇。任内工作卓有成效。1986年获龙岩地区行署“防治牲畜五号病先进工作者”称号，1987年获福建省农业厅粮牧业技术推广三等奖，1988年获福建省政府粮食生产病虫害综合防治三等奖，1989年、1990年连续两年获福建省政府粮食丰收奖活动三等奖，1991年由他主持的“长汀河田极强度水土流失区第一期工程草灌乔综合治理研究”获福建省科技进步二等奖。

2017年1月，在长汀逝世。

蓝　　珍

蓝珍（1965—2017年），1965年出生于上杭县官庄畲族乡新风村农民家庭。1980年考入浙江大学化学工程系，1987年在浙江大学读完研究生课程后，到福建农林大学食品工程系从事教学研究。3年后，创办福州蓝波净化工程有限公司，为福建省境内近50家食品饮料企业提供有关服务。

1995 年,关闭公司,旅居美国并考察。随后几年,一边在美国加州圣何塞州立大学进行信息技术专业深造,一边游历美国各地,重点考察相关乡镇。

1999 年,在硅谷创立全美第一家离岸软件外包企业公司 Angel. Engi-neers,并获得创投公司(PAC-LINIC)近千万美元的风险投资。同时,还是若水合投、金融客咖啡、硅谷食堂等一批有影响力的众筹组织发起人。其创业故事入选 2001 年 4 月上海人民出版社出版的《硅谷淘金——中国留学生的创业故事》。

2000 年,回国创业。初时创立"亲亲小保",为社会提供养老保障和企业人事代理,解决一些群体社保办理问题。而后推动成立"亲亲小贷""亲亲小保"和"亲亲我家"等亲亲系列公司,造就多个全国性领先品牌。2016 年 9 月,G20 杭州峰会之际,被《中国报道》推为封面人物,事迹被专门报道。

2016 年,为推动家乡父老立足本地,共同致富,将老家房子改建成网络客服中心,将总部在北京的亲亲小贷一部分网络客服业务放到家乡官庄运营,一举为家乡提供上百个就业岗位。此后,又创建一款基于家谱关系、亲情关系和乡情关系的网络社区手机 APP"亲亲我家"项目,为当地贫困户、残疾人和留守妇女提供就业机会。不到一年,"亲亲我家"为 60 多位贫困人口、残疾人和留守妇女解决就业问题,每户增加收入近 3 万元。

2017 年 2 月 26 日晚,因劳累在官庄"亲亲我家"运营中心摔倒昏迷,于 3 月 3 日离世。

钟史明

钟史明(1928—2023 年),民国 17 年(1928 年)1 月出生于上杭县官庄畲族乡福泉村。1951 年厦门大学机械工程系毕业。是我国著名能源研究专家,东南大学能源与环境学院教授,原南京东南动力工程公司(电力设计院前身)总工程师兼设计所所长,原中国电机工程学会热电专委会委员、技术委员会副主任及中国环境保护专委会防噪声分专委会、江苏省能源研究会常委及热电专委会主任委员,获国务院专家特殊津贴;江苏省政协第六届委员和江苏省九三学社原省委常委。在火电厂热力系统、燃烧、燃煤、燃气——蒸汽联合循环发电、热电(冷)工程设计和能源利用等方面有深入研究,其中"小化肥能源利用"获江苏省 1979 年首届科技大会奖,"火电厂系统热经济计算通用软件包"获 1988 年获省科技进步二等奖。主持与参加重点科研"燃气——蒸汽联合循环发电"、"上海市电网峰谷调度"和"燃煤 CFB 三联产(煤气、热、电)"等科研项目。先后撰写、主编、主审《热力发电厂》《具有"㶲"参数水和水蒸汽性质参数手册》《工程师通用手册》(热工篇)《燃气—蒸汽联合循环发电》等 8 本教学和科技书,先后发表学术论文 130 余篇。

钟史明教授情系家乡学子,当他得知福泉村将成立奖学基金会的消息后,当即捐赠 10 万元给基金会,第一个以实际行动支持村奖学基金会的成立。

2023 年 1 月 2 日,钟史明因病在南京逝世,享年 96 岁。

第二节　人物简介

钟　震　东

钟震东，谱名煌音，笔名钟山、雨辰，民国21年（1932年）1月出生于上杭县太拔镇坵辉村。1951年参加工作，1994年退休。退休前任上杭县政协党组成员、办公室主任，兼任政协文史资料委员会主任、"三胞"（侨胞、港澳同胞、台湾同胞）委员会主任、县"三胞"联谊会会长。社会兼职有：中国歌谣学会会员，福建省民间文艺家协会会员，龙岩市民间文艺家协会理事、名誉理事，全球客家·崇正会联合总会执委、福建省客家研究联谊会理事，闽西客家联谊会理事，闽西客家学研究会理事，上杭县客家联谊会驻会副会长兼秘书长，龙岩市诗词学会顾问，上杭琴岗诗社顾问等社会兼职。2020年10月，琴岗诗社更名为上杭县诗词协会，被授予荣誉会长。

主要成果：搜集整理主编的《闽西革命歌谣》，于1980年由福建人民出版社出版，获得1979—1982年全国优秀民间文学作品荣誉奖；《客家传统情诗》，于1985年由海峡文艺出版社出版，获得福建省第二届全省民间文学荣誉奖。此外，还在国家和省、地（市）、县级报刊中发表了散文、特写、通讯、歌谣等作品百余篇。在下放上杭县中都公社时，被抽调参加县革委会写作小组，与蔡厚示教授合作，搜集整理主编《上杭民歌》，1973年由福建省人民出版社出版发行，此书为上杭县由国家出版社正式出版的第一本民歌专集。主编《上杭红色歌谣选》，于2018年出版。在兼任上杭县政协文史资料委员会主任期间，主持编辑出版《上杭文史资料》10多辑；在任上杭县客家联谊会副会长兼秘书长期间，主编出版了《客家姓氏源流汇考》和《上杭客家》1—5期。主持编辑出版了《琴岗诗词九百首》《琴岗诗词》（第二集）、《琴岗对联选》和《琴岗诗草》10多期等诗词集。2020年11月，在福建省客家研究联谊会等三家客属组织举办的"庆国庆·弘扬优秀客家文化"主题征文评奖中，他的《〈客家通史〉的几个关键点一文》获二等奖。事迹被收入《中国当代艺术界名人录》《中国优秀专门人才事略大典》《中华人物辞海·当代文化卷》。

蓝　贵　禄

蓝贵禄，民国21年（1932年）出生于上杭县庐丰畲族乡丰乐村。1955年，在浙江大学土木工程系毕业后分配到国家建设委员会工作。1956年，调中国科学院土木建筑研究于（1984年改为国家地震局工程力学研究所）。先后从事土木结构、核反应堆工程、地震控制与诱发地震工程等多方面的研究工作，历任专题负责人、研究室主任、科研处处长和副所长等职。1985年，调厦门鹭江大学任教，任建工系主任。1988年，晋升为研究员。他曾任中国地震学会地震工程专业委员会委员兼秘书、黑龙江省地震学会理事、中国建筑技术发展中心技术开展与咨询部技术顾问。兼任福建省土木建筑学会理事、工程抗震委员会主任、福建省力学会理事、固体力学委员会副主任、全国高等学校工民建专科教学指导小组成员等。

他早期从事工程结构研究,完成论文多篇,其中《预应力及普通钢筋混凝土受弯构件截面极限强度研究》一文被推荐在《土木工程学报》和《中国科学》发表,并被国外转载。20世纪60年代,从事核反应堆结构的理论与实验应力分析,为我国的09工程做出了贡献,许多成果在化工、军工等部门广泛应用,并列入有关规程或规范,获全国科学大会奖。70年代初,从事地震控制与诱发地震的研究,提出了不少先进的论述。十一届三中全会以后,他从事研究组织管理工作。1983年,随中国地震科学考察团赴印度考察与交流地震工程科学,在鲁尔基大学全印地震工程研究中心介绍了我国唐山地震的经验和重建计划。1984年,率团赴日本考察地震工程试验技术。在《世界地震工程》发表多篇评述性文章。

他调厦门鹭江大学任教后,在高质量地完成教研工作的同时,还与原工程力学研究所的同行们开展合作研究,在参与厦门市房屋震害预测工作的基础上,综合利用实验室研究成果,进一步研究了砖房的震害经验,得出了多层砖房震害的一般经验公式,K-β·0.085·2(n-6)/1.48和强度指标—烈度—震害程度相关图,为多层砖房按三个水准进行抗震设计和震害预测提出一个简明实用的定量方法。他还承担闽南地区石结构房屋抗震问题基础研究,建立适用于各类砌体抗震抗剪强度一般表达式,完善和发展了砌位结构的设计理论,有明显的经济效益,为石结构房屋抗震设计与加固提供了依据。他协助有关单位进行抗震设计,多次举办讲习班、专题讲座或培训班,为宣传和普及抗震基础知识以及高层建筑的防震原理做出贡献。

蓝 李 桥

蓝李桥,民国25年(1936年)8月出生于上杭县官庄畲族乡新风村。1963年7月,毕业于北京大学技术物理系原子核物理专业,后分配在北京师范大学物理系核物理室任教。1987年7月,晋升为高级工程师,任现北师大低能核物理研究所研究员。1969—1972年,参加北京市毫米束离子注入机会战,担任主高压设计、制作与调试。主持建立14兆电子伏快中子活化分析实验装置和7.4x1014贝可钴-60辐照装置,参加在400千电子伏高压倍加器上建立脉冲化中子源的(m,X#N)反应N#谱测量装置,研究并完成加速器产生的14兆电子伏和2.5兆电子中子通量绝对测量以及与其相应的中子吸收剂量的测量。参加对铜、铁、钴、钒、铝、鑵锂等(m,X#N)微分N#射线产生截面测量,修正和补充了核数据库中的不少截面值,为核武器、核装置设计提供了可靠依据。研究并实现辐射加工级钴-60N#射线和电子束吸收剂量测定。完成快中子辐照抗生素产生菌诱变育种,板栗诱变育种研究和电线电缆电子束辐射交联工艺研究。该三项研究成果分别获北京市科技进步二、三等奖。在国内刊物和会议上发表有关核技术应用,核辐射效应作用机理和辐射剂量等方面学术论文30余篇。

蓝 世 明

蓝世明,民国27年(1938年)生于上杭县庐丰畲族乡。中国美术家协会会员,福建省水彩画会常务理事。作品多次入选国家级展览,尤其擅长水彩人物、风景和国画山水、梅花、牡丹等题材。其中《老手》入选全国第九届美展;《老把式》入选"全国'纪念毛泽东《在延安文艺座谈会上的讲话》发表60周年'全国美术作品展"并获优秀作品奖;《社日》同时入选参展;《喜上眉头》入选全国首届小幅水彩画作品展。出版《蓝世明水彩画集》《红土地汀江儿子——蓝世明绘画艺术作品集》等多部专著,数十幅美术作品被福建博物院、福建省美术馆及海内外艺术机构收藏。福建省电视台"八闽之

子”栏目做专题介绍报道。

雷　捷　成

雷捷成，上杭县下都镇五丰村璜山人，福建省农业科学院水稻研究所研究员。长期从事杂交水稻科研工作，“八五”“九五”期间育成汕优016、地优151、福优77、福优晚3、福优964等组合，在福建省累计推广面积800万亩以上，并育成多个抗病不育系。其中于1995年育成的“福伊A”的抗病力特强，经鉴定能抗稻瘟病6个小种、70个菌株，适合南方高温多湿的稻作区使用。曾获福建省科学大会奖、国家星火计划三等奖和福建省科技进步四等奖。

蓝　德　良

蓝德良，民国30年（1941年）4月生于上杭县官庄畲族乡树人村。1965年毕业于福建师范学院物理系。曾任江西东华计量测试研究所热电室副主任，中国营理科学研究院特约研究员，发现杂志社副理事长等职。教授级高级工程师。1993年，获国务院特殊津贴。入选《中国专家大辞典》等60余种辞典。主要科研成果：主持研制的“BZJ-I标准电池自动检定仪”，1986年获江西省科技进步三等奖和省优秀新产品奖；“BZJ-2高精度标准电池智能比较仪”，1989年获江西省科技进步三等奖和国家专利。以第二完成人研制的“SDWJ-I数显式多功能温度检定仪”，1989年获省科技进步三等奖。先后主持研制的“DZY-I精密电表智能检定仪”；“DZ-BY高精度标准电阻智能比较仪”，；“WY-2a数显多用温度仪表现场检测仪”；“GWY-2高精度多用温度仪表检测仪”；“JH-1型精密多功能恒流源”；D2-2000型直流电桥电阻箱电位差计智能检定系统和W2-2型热电偶、热电阻智能检定系统；JH-10A型可程控宽范围高精密恒流源和JH-5型精密恒流源；DZH-2006型高阻箱高压表智能检定装置；D2-2000型基础上主持研制成JH-IOAb型精密恒流源用于组成D2-2007型直流电阻仪器智能检定系统，实现对全套标准电阻和ZY4A型双桥校验标准器的智能化检定；D2-2000b型智能检定系统，D2-2010型便携式直流单双桥智能检定系统；D2-2011型绝缘电阻表接地电阻表智能检定系统，都通过省级技术鉴定，确认为国内领先。2008—2010年，参加和指导完成标准电池标准电阻智能比较系统的研制，被2011年11月5日召开的省级技术鉴定会确认为国内首创、技术领先。2010年，对D2-2010型和D2-2011型2项成果申报4项国家实用新型专利，2011年6月29日获专利证书。上述有关成果已在国内省级计量院、电科院等八十多家计量部门和工厂得到推广应用。

主要著作：1981年参加编写《计量技术与管理》一书中的温度计量和电学计量大部章节，该书1982年印一万册在国防系统内部发行；先后在《计量工作》《计量技术》《航空计测技术》等期刊发表学术论文16篇。

蓝　如　先

蓝如先，民国30年（1941年）出生于上杭县官庄畲族乡新民村。1965年，厦门大学物理系毕业后，分配到解放军技术院校和总后勤部机关工作。1980年，调国防大学任教，教授，硕士生导师，大校军衔，副师职。致力于合成军队电子对抗教学和战役作战模拟的研究工作；主持研制的《联合战役计算机作战模拟训练系统》，获全军科技进步二等奖；曾被国防大学评为献身国防教育事业标兵，优

秀共产党员;立三等功两次。

主要著作:主编《现代军事科技基础知识》(解放军出版社出版)及《战役电子对抗》《生物武器知识及其防护》;参加编撰《中国人民解放军战役纲要要点》《中国军事训练百科全书》等。

雷 旭 晖

雷旭晖民国31年(1942年)出生于河北省邢台市口子村(太行山),上杭县才溪镇溪北村人。1962年高中毕业,未及参加高考即应征入伍。1964年,进入中国人民解放军海军水面舰艇指挥学院学习,大学本科毕业后在海军东海舰队某舰艇部队工作,历任战士、班长、副航海长、航海长、航海业务长等职,曾参加过拦击武装特务舰艇的战斗及执行拦截某国间谍船艇等军事任务,并参加过编写中国航路指南的工作。1970年,加入中国共产党。1980年,转业到中华人民共和国最高人民法院工作,历任书记员、助理审判员、交通运输审判庭副局级审判员、海事组组长、中国海事仲裁委员会委员等职。1990年,被中共中央国家机关工委授予"中央国家机关优秀共产党员"称号。

蓝 映 庭

蓝映庭,民国35年(1946年)4月生于上杭县官庄畲族乡贵和村。1970年7月,福建医学院医疗系毕业后,分配龙岩地区卫生防疫站工作,主要从事"乙脑""钩端""伤寒""疟疾""血丝虫"等传染性疾病防治。1980年9月,调上杭县医院内科、传染科从事临床诊治工作:先后评聘为内科主治医师、副主任医师,传染科主任医师。2002年,受聘为龙岩市医学会医疗事故技术鉴定专家库成员。

主要论文、著作:《乙脑伴心脏受累21例观察》(《福建医药杂志》1991年第4期)、《黄疸引起频发性早搏1例报告》(《福建医药杂志》1992年第2期)、《袖珍实用中成药手册》(福建科技出版社1993年1月出版)、《848例一般人群中乙肝病毒携带的调查与分析》、《HBV感染模式与HAV、HCV重叠感染的研究》、《1074例干部职工HAV、HBV、HCV检测结果的分析》(以上《重庆医学》1998年增刊)、《伤寒住院60例临床分析》(《福建医药》2004年第6期)等18篇。

钟 巨 藩

钟巨藩,民国35年(1946年)生于上杭县太拔镇坵辉村,大专学历。2006年,从上杭县政协退休。长期从事政协文史、客家文化研究和主持编辑《上杭文史资料》和参加编辑《上杭客家》等书籍。有100多篇文章在省、市、县政协文史资料,《人民政协报》《客家》等报刊发表;有20多篇学术论文在"第六届国际客家学研讨会"等国际、国内学术研讨会上发表;参与编撰或主编《白砂记忆》《中央红军村—障云》《上杭老区发展史》和《闽西客家大典》《上杭县志》(1988—2003年)《上杭县临江镇志》《上杭县供销社志》等9部志书。有《来才溪乡听毛主席的故事》等文章获省、市级奖励。2007年8月,被福建省政协评为"政协先进文史工作者"。2009年7月,获政协全国委员会办公厅、文史和学习委颁发的"从事政协文史工作20年以上的文史工作者"荣誉证书。2016年,被上杭县政协授予"荣誉政协人"称号。2018年3月,钟巨藩家庭被福建省全民阅读工作组委会授予"书香之家"。

退休后,除继续留在上杭县政协和上杭县客家联谊会工作外,还担任上杭县老区建设促进会第三届理事会办公室主任和第四届理事会秘书长。2014年3月,在福建省老促会成立20周年总结表

彰大会上被福建省老区建设促进会授予“老促会先进工作者”称号；2016 年 5 月，被中国老区建设画报社评为“2016 年度优秀通讯员”；2021 年 5 月，被龙岩市老促会评为“全市老区宣传工作先进个人”。

钟巨藩是福建省、龙岩市作家协会和民间文艺家协会的会员，福建省客家研究院特聘研究员、龙岩学院闽台客家研究院客座研究员、闽西客联会客家文化研究中心特约研究员、龙岩市畲族文化研究会顾问以及上杭县政协第九届委员及县政协历届委员联谊会会员。

钟　贵　炳

钟贵炳，民国 36 年（1947 年）出生于上杭县茶地镇久泰村，大专学历。上杭县委统战部退休。1970 年参加工作，先后为上杭县化肥厂工人、车间主任、厂工会副主席，上杭县瓷厂厂长。1984 年，调至中共上杭县委统战部，历任科员、副部长，上杭县工商联党组书记，上杭县民族宗教局局长。上杭县政协第六、第七、第八届委员及县政协历届委员联谊会会员。

参加工作以来，多次获得表彰和荣誉：1973 年，当选为福建省总工会代表大会代表；1992 年，被中共上杭县委评为“优秀党务工作者”和获得“龙岩地区农村社会主义教育优秀工作队队员”称号；1994 年，被上杭县委、县政府评为“‘先行工程’先进工作者”；1998 年，参加“全国少数民族参观团”赴京参加庆国庆系列活动；2016 年，被上杭县政协授予“荣誉政协人”称号。

2008 年退休后，出于对中国书画艺术的爱好，参加上杭县老年大学等平台的学习培训。历年来积极参加含全国性的各级书展，先后获国庆 60 周年“和平杯”、建党 90 周年“光辉历程”、纪念朱熹诞辰 880 周年、纪念毛泽东逝世 35 周年全国书画大赛等金奖或一、二等奖数十次，有 60 多幅作品入编中国老年学会《百岁人生》（书画卷）、人民书画出版社《大美中国》（华人百强书画集选）等相关书画典籍，或被有关部门收藏。曾任龙岩市老年书画艺术协会副会长及上杭县老年书画艺术协会会长。

蓝　国　鑫

蓝国鑫，民国 37 年（1948 年）出生于上杭县庐丰畲族乡丰康村。1966 年于上杭一中高中毕业。1968 年回乡务农，曾担任生产队会计、政治队长、大队团支部委员。1972 年至 1973 年，在丰康小学任民办教师。1973 年，被选送入四川大学化学系高分子专业就读；1977 年，大学毕业后分配到国家海洋局第三海洋研究所（厦门）从事海洋科研工作。1981 年，任上杭县进出口办公室秘书；1984 年，任上杭县财贸委员会副主任；1984 年至 1986 年，入福建省委党校第三期培训班学习，毕业后，被抽调县选举办工作；1987 年 6 月，任中都乡党委书记。1990 年，调任上杭县人民政府党组成员，1991 年，当选为上杭县人民政府副县长，1993 年任上杭县委常委、副县长。1996 年，调任龙岩地区供销社主任；1997 年，龙岩撤地设市后改任龙岩市供销合作社联合社主任。1999 年 9 月，任龙岩市体改办副主任、调研员。2004 年 1 月，在上杭县第十四届人民代表大会第一次会议上当选为上杭县人大常委会主任。

2006—2018 年，蓝国鑫担任上杭县老区建设促进会会长。他情系老区人民，时刻关注革命基点村的发展，带领县老促会的同志深入到基点村调研，及时将调研成果向省、市老促会、北京闽西老促会和上杭县委、县政府汇报，促成县委、县政府先后下发《上杭县“十一五”期间扶持革命基点村基础

设施建设的若干政策措施》和《关于支持和促进革命基点村加快发展的政策措施》。2010 年 11 月,在中国老促会成立 20 周年纪念大会和表彰大会上,上杭县老促会被中国老促会授予“全国先进老促会”称号。2014 年 3 月,在福建老促会成立 20 周年纪念大会和表彰大会上,上杭县老促会被省老促会授予“全省先进老促会”称号;蓝国鑫本人被评为福建省“老促会先进工作者”。2018 年 9 月,被中国老区建设促进会授予“在革命老区建设中做出的特殊贡献奖”,并发给奖章和证书。

兰 荣 均

兰荣均,1950 年 10 月出生于长汀县馆前镇黄湖村,初中文化。1969 年 12 月应征入伍,1974 年 1 月入党,担任过副班长、班长,1976 年 3 月退伍。1976 年 8 月—1977 年 8 月,参加长汀县路线教育工作队。1977 年 8 月—1979 年 8 月,任馆前公社总务。1979 年 8 月—1984 年 8 月,任黄湖生产大队大队长。1984 年 8 月—2014 年,任黄湖村党支部书记。1983 年 12 月,获福建省人民政府授予的“为增进民族团结作出贡献,成绩突出”表彰。1990 年 10 月,获国家民委颁发的“全国民族团结先进个人称号”证书和奖章。兰荣均是龙岩市第三、第四届人民代表大会代表。

钟 维 育

钟维育,1956 年 8 月出生于上杭县才溪镇大贵村,高级工程师。是福建省建筑业优秀民营企业家,被福建省建设厅评为“优秀经理”“先进工作者”,中共上杭县十二次党代会代表、上杭县第十四、十五、十六届人民代表大会代表。

1974 年,钟维育参加工作,历任福建省上杭县才溪建筑工程公司(简称“才建”)队长、总经理、党支部书记、董事长,福建省上杭县杭鑫房地产开发有限公司董事长,福建省同源建设工程有限公司副董事长。2016 年,出任第六届上杭县建筑业协会会长;2021 年,连任第七届上杭县建筑业协会会长。

钟维育自 1995 年进入公司领导岗位以来,带领“才建”管理团队以其艰苦奋斗、科学管理、与时俱进、勇于创新的治企创业作风,赢得了企业广阔的市场、良好的效益和崇高的声誉。面对改革开放不断深入,建筑市场竞争日益严峻挑战的新形势,钟维育意识到,只有转变企业经营管理模式,才能为企业注入蓬勃发展、更上层楼的生机和活力。因此,钟维育于 1998 年果断决定,对“才建”公司进行改制,当年公司完成由集体企业到股份合作制企业的改制,2001 年,完成股份合作制到有限责任公司的改制,实现企业彻底改制,成为福建省第一家通过改制的乡镇集体企业,并更名为福建省上杭县才溪建筑工程有限公司,建立了现代企业制度。2002 年,公司出资创办了福建省上杭县杭鑫房地产开发有限公司;2003 年,创办福建省上杭县弘欣物业管理服务有限公司;2005 年,与福建省华源市政工程有限公司实现了强强联合,成立了福建省同源建设工程有限公司,成为拥有房屋建筑工程总承包一级和市政公用工程一级的建筑施工企业。2009 年,在上级党政的关心支持下,在“才建人”的共同努力下“福建省上杭县才溪建筑工程有限公司”重新成立。2014 年 10 月,公司出资的上杭县尚客优大酒店顺利开业。2021 年,公司已成为拥有二家建筑施工企业、一家房地产开发企业、一家物业管理公司和一家大酒店的多元化集团型企业。营业额由 1998 年的 1000 万元,突破到 2010 年的 10 多亿元,增加了 100 倍。公司还获得了建设部、农业部、省政府、省建设厅、全国集体建筑企业和省建筑业协会等单位的诸多荣誉,同时还获得全国“全面质量管理金屋奖”、“全面质量管理银屋奖”等荣誉称号。为上杭县成为“中国建筑之乡”和“福建省优秀建筑之乡”作出了应有贡献。公司壮大发

展了,钟维育时刻不忘教育员工,要有一颗“感恩的心”,社会给予了企业支持,企业发展了也要尽力回报社会。近几年来公司为社会主义新农村建设和慈善事业捐款300多万元,每年向上杭县上缴税收3000多万元。

钟维育是龙岩市畲族文化研究会第一届理事会名誉会长。

雷　书　春

雷书春,上杭县才溪镇溪北村人,湖南郴州都市物业开发有限公司董事长。他是深圳经济特区建设大军中,从一个挑砖扛水泥的农民工中涌现出来的亿万富翁企业家。1984至1985年,他通过为深圳南方制药厂(三九企业集团前身)承建2/3以上的厂房,不仅积累了企业发展的第一桶金,还在建筑市场赢得了质量过硬、讲信用的崇高声誉,并因此担任了深圳第四建筑工程公司四分公司总经理的岗位。从此,在深圳市市政建设的建筑行业中大显身手。他不满小富即安的现状,从1990年开始在房地产开发项目建设中,先后参与布吉半岛苑(共13栋,建筑面积9.8万平方米)、万隆苑(建筑面积3.5万平方米)的开发。2003年,他转战湖南,在湖南郴州参与郴州都市华庭项目的开发。都市华庭项目建筑面积16万平方米。雷书春着眼市场,把握机会,将深圳建住宅元素的精华,渗透到都市华庭项目的开发中,项目一经推出,便获郴州全城市民的青睐,都市华庭项目在郴州市场获得巨大成功。雷书春在创业历程中,始终保持勤勤恳恳、兢兢业业、和蔼可亲的企业家风范,与工人兄弟同吃同住,无微不至地关爱职工。因此,在他的建筑队伍中,有80%以上的工人,都是跟着他转战广东、湖南的工友。雷书春坚守“三严”治企宗旨:严把质量关、严控进度关、严防成本关。雷书春在党的好政策的光芒照耀下,一路顺风,事业有成的主要经验,用他自己概括的话来说就是要学习积极,工作积极,待人积极,要充分展示才溪人昂扬向上的精神风貌。

雷　浩　永

雷浩永,1960年10月出生上杭县才溪镇溪北村,是东莞市中宏贸易有限公司总经理、东莞市华沪建设工程有限公司总经理。他于1981年参加中国人民解放军,1984年退伍回乡。1985年,到广东从事建筑行业。由于他树立坚持质量、信誉至上创业信念,每承包一个工程,就赢得甲方单位信赖。因此,建筑承包工程越做越多,越做越大。雷浩永承建了东莞市樟木头观音山国家级森林公园道路工程,樟木头连接莞深高速公路主干道等工程。

蓝　善　祥

蓝善祥,1962年2月出生于上杭县庐丰畲族乡丰济村人。1983年7月,龙岩师范学校普师专业毕业;1990年7月,中共龙岩地委党校党政干部专科(脱产学习)毕业;2004年12月,中央党校函授学院法律专业在职大学毕业。1983年8月,参加工作。1986年1月,加入中国共产党。曾任上杭县临城中心小学教师、团支部书记、少先队总辅导员,县教育局工会干部,古田镇党委组织委员,蓝溪镇党委副书记、镇长、书记,白砂镇、临江镇党委书记,县水利局党组书记、局长、四级调研员。中共龙岩市第二、第三次党代会代表,龙岩市第二、第三届人大代表,中共上杭县第九、第十、第十一、第十二次党代会代表,上杭县第十三、第十四、第十五届人大代表,上杭县第十一届政协委员。

2003 年 6 月，被中共福建省委授予“全省优秀共产党员”称号。

兰　思　仁

兰思仁，1963 年 9 月出生于上杭县官庄乡新风村。福建农林大学党委副书记、校长，农学博士，教授，博士生导师，国务院特殊津贴专家。1983 年 8 月参加工作，曾任福建武夷山国家级自然保护区管理局副局长、党委副书记（主持工作），福建省世界银行贷款造林项目办公室副主任，福州国家森林公园（福州植物园）管理处主任、党委书记（期间挂职中共龙岩市新罗区委副书记）；福建省林业厅产业发展处处长，福建省林业厅党组成员、副厅长（期间挂职任国家林业局森林资源管理司副司长、清华大学建筑学院博士后）。中国森林风景资源评价委员会委员、中国林学会森林公园分会副理事长、福建省委政策研究室特约研究员、福建省人民政府经济发展研究中心特聘研究员。获部省级科学技术奖 2 项，三等奖 6 项。获福建省“‘五一’劳动奖章”“福建省运盛青年科技奖”“福建省青年科技奖”。

蓝　朝　强

蓝朝强，1963 年 4 月生于上杭县官庄畲族乡树人村。从业于金属矿产和非金属矿产的开采及加工，创办了多家矿业开发公司。政协上杭县第七届委员会委员。

1992 年至 1998 年，任树人民族村村民委员会主任、村党支部书记职务。

其社会主要兼职：中华蓝氏宗亲总会福建分会名誉会长，厦门市上杭商会名誉会长，厦门市官庄老乡会名誉会长，龙岩市姓氏源流研究会名誉会长，上杭县官庄商会荣誉会长等。

钟　昌　辉

钟昌辉，1964 年 2 月出生于上杭县官庄乡福泉村。公共管理硕士，高级工程师。1987 年 7 月，重庆建筑工程学院工业与民用建筑专业毕业后，到福建建筑专科学校任教。1990 年 10 月起在省建委（今住房和城乡建设厅）工作。1994 年 3 月至 1996 年 3 月，在厦门海沧投资区管委会挂职任建设局规划处副处长。2000 年 8 月至 2005 年 9 月，任省建设厅建筑业处副处长。2005 年 9 月至 2009 年 9 月，任省建设工程交易中心主任（正处级）；2005 年 11 月，获华中科技大学公共管理硕士学位（MPA）。2009 年 9 月起，任省住房和城乡建设厅机关党委专职副书记兼厅综合室主任。2012 年 11 月，任厅行政许可管理处处长兼政务服务中心主任。

蓝　尚　进

蓝尚进，1964 年 3 月出生于上杭县官庄乡七里村。1985 年 7 月厦门大学经济系毕业后，分配到福建省委党校任教。1988 年 5 月至 1998 年 7 月，在龙岩市审计局工作，先后任副科长、办公室主任。1998 年 7 月至 2000 年 3 月，任中共龙岩市委政策研究室副主任，2000 年 3 月至 2002 年 2 月，任中共龙岩市委办公室副主任。2002 年至 2006 年 8 月，任中共龙岩市委宣传部副部长。2006 年 8 月起，任中共龙岩市委宣传部部务会成员、市社科联主席。2003 年 8 月，被福建省委、省政府授予 2001—

2002 年度全省精神文明建设先进工作者。主持撰写的《古田会议精神与新时期宣传思想工作创新》获福建省政研会 2009 年度重点课题特等奖。

雷　先　桦

雷先桦,1964 年 3 月 14 日出生于上杭县临江镇。上杭党校电大班工业企业管理专业大专学历。1999 年,创办上杭县盛先纺织有限公司,县属规模企业。2004 年,被上杭县委县府授予"优秀青年企业家";2007 年,被龙岩市委统战部授予"龙岩市优秀中国特色社会主义事业建设者荣誉称号"。2007 年,上杭县盛先纺织有限公司龙岩市诚信促进会及劳动和社会保障局授予"龙岩市诚信企业";2010 年,上杭县盛先纺织有限公司被福建省人力资源和社会保障厅、省总工会和省经济贸易委员会授予"福建省劳动关系和谐企业"。

雷　祖　云

雷祖云,1965 年 2 月出生在才溪镇溪北村。职称为一级建造师、高级工程师。任福建省恒基建设股份有限公司董事长。雷祖云创办的企业资质有:市级公用工程施工总承包一级、房屋建筑工程施工总承包一级、钢结构工程承包一级、房屋建筑工程施工总承包一级、建筑装修、装饰工程专业承包一级、土石方工程专业承包一级、城市及造路照明工程专业承包一级、公司先后在全国各大中城市设立 23 个分公司。

雷祖云曾任福建政协委员、龙岩市政协常委、福建省第十届工商业联合会常委、福建筑业协会副会长等职。

曾荣获"全国优秀施工企业家""全国建筑系统劳动模范""'十一五'期间建筑发展优秀工作者""福建省优秀建筑企业经理""福建省建筑业优秀企业家""福建第十届优秀企业家"等称号。

钟　世　文

钟世文,1967 年 4 月出生于上杭县太拔镇坵辉村,在职大学本科。上杭县城东小学原党支部书记,正高级教师,福建省小学数学学科教学带头人,福建省名师网络工作室领衔名师,福建省"十三五"首批小学名校长后备人选,龙岩市杰出人民教师,龙岩市名师,龙岩市第五批市管优秀青年专业人才,上杭县首届优秀人才,上杭县小学数学学科名师工作室领衔人。《三位数乘两位数笔算》被评为福建省 2020 年度"一师一优课,一课一名师"活动省级优课,个人网络学习空间被评为 2021 年市级示范空间。曾主持省级课题《立德树人视域下小学数学学科育人价值的实施策略研究》《"双减"背景下小学数学学科优化作业设计的实践研究》,作为核心成员参与国家级课题《利用网络平台培养学生自主学习能力的策略研究》。在《福建教育》《新教师》《教学月刊》等 20 种 CN 教育刊物发表文章 60 余篇,其中《问题驱动:让学生思维"动"起来》和《在"想不到"中演绎课堂别样精彩》被中国人民大学《复印报刊资料·小学数学教与学》全文转载。出版个人学术专著《笔尖下的教学:小学数学教育写作行与思》,主编教学用书 33 本。

钟世文是中国共产党龙岩市第四次党代会代表。

蓝 朝 文

蓝朝文,1967 年 7 月生于上杭县官庄畲族乡树人民族村。官庄中学毕业后,从事建筑工程管理和房地产开发工作,2003 年 9 月,创办上杭县鑫业房地产开发有限公司;2004 年 3 月,创办福建省上杭县宏庄建筑工程有限公司;2015 年 6 月,创办福建鑫盛房地产开发有限公司,均任法定代表人、总经理。积极参与光彩事业和社会公益事业。是龙岩市畲族文化研究会名誉会长,上杭县官庄商会会长,上杭县政协第九届、第十届委员。

蓝 强

蓝强,上杭县官庄畲族乡新风村人,福建省蓝深环保技术股份有限公司总经理、泉州兴源新材料科技有限公司董事长。

2001 年,蓝强在一家环保工程设计所担任业务经理。2004 年,他创办福建蓝深环保技术股份有限公司。此后,福建蓝深环保公司收购了泉州兴源新材料科技有限公司,蓝强任董事长。2015 年,蓝强任首届福建畲家企业商会副会长。2016 年,蓝强任福建省少数民族发展基金会副理事长,他与基金会的同仁们几乎跑遍了全省 9 个设区市的畲族聚居地。担任基金会会长后,为募集善款四处拜访爱心单位和人士。基金会每年资助 100 名贫困少数民族学子,此外基金会还扶助少数民族村寨修路架桥、安全饮水等,每年捐助项目达七八项。2020 年,蓝强发起创办福州市康庄助学助老服务中心,主要扶助上杭官庄畲族乡孤寡老人、贫困学生,赢得家乡父老乡亲的赞许。

蓝强是政协龙岩市第五届委员会委员、泉州市丰泽区第六届人大常委会委员、第二届福建畲家企业商会执行会长、福建省少数民族发展基金会会长、福建省民族研究会副会长、福建省畲医畲药协会副会长。

钟 一 文

钟一文,1968 年出生于上杭县中都镇古坊村。工学博士,教授、硕士生导师。福建农林大学现代教育技术与信息管理中心主任、福建农林大学计算机与信息学院副院长。福建省计算机学会副理事长,福建省人工智能学会副理事长,福建省高校教育信息化学会副秘书长。主要从事计算智能、生物信息学和计算机应用的研究。1989 年 6 月,毕业于华东师范大学物理系,获理学学士学位。2002 年 3 月,毕业于浙江大学计算机学院,获得工学硕士学位;2005 年 6 月,毕业于浙江大学计算机学院,获得工学博士学位;2007 年 10 月至 2008 年 4 月,2011 年 4 月至 2012 年 6 月为美国印第安纳大学访问学者。2007 年,获得省高等学校新世纪优秀人才支持计划资助。主要从事《Java 语言程序设计》和《机器学习与数据挖掘》等课程的教学,主持多项校级教改项目、1 项校级精品课程,获得省级教学成果 2 等奖 1 项、校级教学成果 1 等奖、2 等奖各 1 项,2010 年,被评为福建农林大学校级教学名师。主要从事计算智能、生物信息学和计算机应用的研究,主持完成省部级科研项目多项,在《自动化学报》《Information Sciences》《Swarmand Evolutionary Computation》等国内外重要期刊发表论文 50 多篇,其中 30 多篇被 SCI、EI 收录。论文《求解二次分配问题的离散粒子群优化算法》获 2010 年福建省优秀学术论文三等奖。

蓝 华 生

蓝华生,1969 年 9 月生于上杭县官庄畲族乡树人村。1992 年,福建师范大美术系毕业。中国美术家协会(简称美协)会员,龙岩市青年书画家协会常务副主席,龙岩市美协常务理事,龙岩学院艺术系副教授。2001 年,被人事部评为“中国画杰出人才”;2010 年,被龙岩市委、市政府评为“龙岩市首届优秀人才”。数十余件国画作品入选国家、省级大型专业美术作品展并获奖。作品《深林春色》获中国美协举办的“迎澳门回归全国诗书画大奖赛”优秀奖。《幽林雀闹》入选中国美协举办的“中国画三百家”作品展。《艳阳天》入选中国美协举办的第一届美术“金彩奖”画展,并由文化部收藏。《一帘春梦》入选中国美协举办的北京双年展美术特展。《霜秋》获福建省当代美术精品展暨第十一届全国美展福建作品选拔展优秀奖(最高奖),入选文化部、中国文联、中国美协主办的第十一届全国美术作品展;2010 年获锦绣海西——福建省当代美术(晋京)大展优秀奖(最高奖),2011 年获福建省第六届百花文艺奖三等奖。《盛会》入选中国美协主办的第十六届亚运会“激情盛会,翰墨流芳”全国中国画展。《荷塘今日无风》入选 2011 年中国美协会员精品展。2011 年,《荷韵》获福建省第六届青年美展三等奖。学术论文《也谈喜闻乐见》发表于《国画家》,《移情在中国画创作中的运用》发表于《龙岩学院学报》,《漳平新桥农民画的特征及其审美价值》发表于《艺海》,《中国绘画中“鱼”的造型及其内在意蕴》发表于《美术界》。

雷 兰 英

雷兰英,女,出生于 1965 年 10 月,漳平市赤水镇岭兜村人,中共党员。1990 年 3 月至 2009 年 7 月,任岭兜村妇代会主任;1994 年 3 月至 1997 年 3 月,任岭兜村村委委员;1997 年 3 月至 2009 年 7 月,任岭兜村支部书记。在她任上,岭兜村党支部被中共龙岩市委授予“优秀基层党组织(村)”(2003 年度)。她是中共龙岩市第二次党代会党代表。

1995 年,雷兰英被福建省妇联授予“三八”红旗手称号。1999 年 12 月,被福建省人民政府授予“民族团结进步先进个人”称号。2003 至 2006 年,被漳平市委、市政府评为“优秀村干部”。

兰 思 忠

兰思忠,1969 年 12 月出生于上杭县官庄乡新风村。武汉大学哲学系毕业,新加坡国立大学李光耀公共政策学院行政与管理硕士。1991 年 8 月参加工作,曾任福建省委党史研究室科员、助理编辑、副主任科员、主任科员,福建省革命历史纪念馆办公室主任,福建省委办公厅秘书(期间挂职任三明市梅列区委副书记),中共福建省委办公厅接待处调研员。

蓝 敬 豪

蓝敬豪,1968 年 11 月出生于庐丰畲族乡丰乐村。在职大学本科学历。从 1990 年 7 月起,一直在庐丰畲族乡卫生院工作。2012 年 6 月,任卫生院院长。2019 年 3 月,被聘为普通外科副主任医师。2015 年 5 月,蓝敬豪被省政府授予“全省民族团结进步先进个人”。2018 年 9 月,他参加全国少

数民族参观团,受到全国政协主席汪洋的亲切接见。2020 年 3 月,因新冠肺炎疫情防控表现突出,被上杭县委、县政府通令嘉奖。

蓝 荣 和

蓝荣和,1971 年出生于官庄畲族乡树人村。毕业于东北林业大学,1994 年参加工作,中国电建水电十六局副总经理,党委委员,海外事业部总经理。先后在中国电建水电十六局承建的福建周宁电站进场公路项目,周宁电站 C6 标隧道项目(获中国电力优质工程奖),云南戈兰滩水电站导流洞项目担任项目经理。2005 年,蓝荣和踏出国门投身中国电建水电十六局的海外工程建设,喀麦隆曼维莱水电站进场项目,在他的精心管理下,项目均取得较好的经营成果。其间,个人曾获得十六局“工程标兵”“优秀共产党员”“劳动模范”,集团公司“先进生产工作者”,以及对外承包商会“优秀项目经理人”等多项荣誉。

蓝 泰 华

蓝泰华,1971 年生,上杭县庐丰畲族乡人。福建师范大学美术学院美术学博士、教授、博士生导师。福建省高层次 B 类人才,中国美术家协会会员,中国民间文艺家协会会员,国家艺术基金评审专家。台湾艺术大学、台湾师范大学访问学者。

作品多次入选国家、省级画展,其中水彩画作品《老把式》入选“全国‘纪念毛泽东同志《在延安文艺座谈会上的讲话》发表 60 周年’全国美术作品展”并获优秀作品奖;作品《夏日》入选“全国首届小幅水彩画展”;作品《岁月》入选“丝路之情——福建省当代美术精品大展暨第十二届全国美展福建省作品选拔展”;作品《响春》入选“第七届福建省青年美展”;作品《父亲·母亲》入选“福建省第二届八闽丹青奖”。主编“十三五”国家重点图书出版规划项目《两岸客家传统民居装饰艺术(赣南卷、闽西卷、粤东北卷、台湾卷)》,获得中国民间文艺最高奖“第十五届中国民间文艺山花奖·优秀民间文艺学术著作”和“福建省第十届百花文艺奖荣誉奖”,受到中共福建省委、福建省人民政府的表彰。专著《福建汀州(长汀)客家传统民间美术研究》获得福建省第十二届社会科学优秀成果奖二等奖。出版专著还有《海峡两岸木偶头雕刻艺术口述史》《装饰图案造型设计》等。

现主要从事油画与水彩画创作、区域文化与闽台美术研究、手工艺非遗与创新设计研究和环境艺术设计。

钟 发 亮

钟发亮,1971 年 9 月生于上杭县南阳镇南坑村石坑源自然村,中共党员,法学硕士,教授。1994 年毕业于闽南师范大学物理系,获教育学学士学位,1997—2001 年在福建省委党校在职研究生班经济管理专业学习。2002—2006 年在职攻读浙江大学马克思主义理论与思想政治教育硕士,获法学硕士学位。曾任漳州师范学院(现闽南师范大学)团委书记、党委办公室(校长办公室)主任兼政治法律系党总支书记、校长助理等职,还曾挂职担任过中央国家机关团工委青年工作部部长。2013 年,调任泉州工艺美术职业学院党委副书记、院长,2017 年 9 月,任闽南师范大学党委副书记。2023 年 6 月,任中共龙岩学院委员会委员、书记。

他曾于2017年获福建省优秀教学成果特等奖一项、2018年获国家教学成果二等奖一项，两项均排名第一。

钟　晋　兰

钟晋兰，女，1972年3月出生于上杭县中都镇古坊村。人类学硕士，现为嘉应学院客家研究院研究员。1996年始，任职于福建省社会科学院客家研究中心；2007年调至嘉应学院。在粤闽客家地区与海外客家华人社区做了大量调研，结合人类学、历史学方法研究客家民俗宗教、客家妇女与客家华侨等，主持国家社科基金重点项目子项目、广东省社科项目、广东省教育厅人文社科重点研究基地重大项目等各级项目10多项，出版专著3部：《闽西客家的民俗信仰生活》《宁化县的普庵教与地方宗教仪式》《田野中的客家妇女与民俗信仰》及其他合著、合编成果5部，在《东南学术》《福建论坛》《民俗曲艺》等刊物、大学学报与海内外学术会议发表论文60多篇。曾任《客家研究辑刊》责任编辑、副主编，负责编辑该刊各类论文与研究报告520万字。多次被评为福建社会科学院"优秀青年科研人员"；2012年评定为嘉应学院中青年骨干教师。

主要社会兼职：中国人类学民族学研究会客家学专业委员会秘书长、广东省华侨历史学会理事、梅州市华侨历史学会副会长、梅州市政协第七、八届文史委委员、梅州市人大常委会立法咨询与备案审查专家。

钟　加　樟

钟加樟，1972年3月出生于上杭县官庄畲族乡福泉村。房地产经济师。1996年10月，中南民族学院教育管理专业毕业；2004年12月中央党校函授学院在职大学毕业。1996年10月，参加工作，1998年11月，加入中国共产党。曾任旧县乡党委秘书，县政府办公室副主任，庐丰畲族乡党委副书记、乡长，县民族宗教局局长，庐丰畲族乡党委书记。2018年和2021年，被龙岩市政协评为"十佳政协委员风采"。2019年4月，被上杭县委、县政府评为2018年度招商引资成绩突出个人；9月，被国务院评为"全国民族团结进步模范个人"，并受邀参加七十周年国庆观礼活动。2020年3月，被龙岩市打击治理电信诈骗领导小组评为春节期间涉诈重点人员排查及涉案人员抓捕工作成效突出个人。2021年4月，被龙岩市委实施乡村振兴战略领导小组评为十佳"一懂两爱"好书记。龙岩市第六次党代会代表、龙岩市第五届、第六届政协委员，上杭县委委员、县人大代表。

蓝　禄　魁

蓝禄魁，1973年出生于上杭县庐丰畲族乡丰康村。福建柯宁环保集团董事长，公司创始人。北京市公共厕所企业协会常务副会长、上杭庐丰商会会长、上杭福州商会副会长、上杭庐丰福利协会名誉会长。

蓝禄魁出生在一普通农民家庭中，自幼勤学好问，踏实好学。1990年，因家庭人口多，退学帮助家庭。1991年，尝试做起五金建材零售生意，由于经营经验及资金匮乏，生意举步维艰。最终带着妻儿南下广东深圳辗转云南打工，其经历颇为坎坷。2005年，他凭着不怕吃苦，和立志做一番事业的抱负，回到福州，创办福建柯宁环保科技有限公司。起初，公司规模很小，只有员工5人，但蓝禄魁

认为“不怕公司小，就怕没头脑”，在接下来的几年里，他坚守信誉至上、诚实待人原则，在实践中细心摸索，不断向同行学习，逐步积累丰富了自己的经营管理经验，公司规模逐渐扩大到有 110 多人的企业。

2017 年，他响应龙岩市委、市政府“民资回归”的号召，投入资金 1.2 亿元，自购工业土地，建设标准化厂房，创立第二家企业：福建柯宁环保装备实业有限公司。公司注册资本 3000 万，位于上杭县工业新城黄竹片区。蓝禄魁回来办厂，一个重要原因是希望老乡们不再离乡背井去外地打工，在他的公司里，员工有 80%是家乡人。

福建柯宁环保科技有限公司成立之初，一切从零开始。他凡事都事必躬身，亲力亲为，有时为了生产环节的一个小问题，都要经过反复推敲、试验直至万无一失为止。2017 年 11 月 8 日，他率领公司团队参加龙岩海峡机械制造博览会，当天就和上杭县政府的招商团队签订了投资意向协议。2014—2022 年，捐助家乡的公益事业约计 250 万元。

2019 年 1 月，他出任上杭县庐丰畲族乡商会会长，在各级政府的支持与关心下及所有会员的共同努力下，庐丰商会获 2020 年度福建省“四好商会”（政治引领好、队伍建设好、服务发展好、自律规范好）的荣誉称号；2021 年 2 月，获龙岩市工商联、总商会抗击新冠肺炎疫情“先进商会组织”荣誉称号；2022 年底，荣获 2021—2022 年度全国“四好商会”荣誉称号。

他认为自己文化水平还不能适应企业发展的需要，于是白天抓生产，晚上加班加点、如饥似渴地学习文化、专业技能知识。经过几年的努力，他获得城市环卫工程师、城市高级环卫管理师、道路保洁工程师、垃圾处理工程师、园林绿化工程师等多项职称及吉林大学建筑工程技术专科，东北财经大学工商管理本科专业大学文凭。2019 年 2 月，他还被上杭县委统战部列为非公有制经济代表人士。

钟　红　英

钟红英，女，1974 年生于上杭县茶地镇久泰村，中央民族大学中文系毕业。福建省文学院院长、一级文学创作，中国作家协会会员、福建省作家协会主席团委员、福建省文艺评论家协会副主席，鲁迅文学院第 17 届高研班学员。出版长篇传记文学《宋省予图传》、畲族婚育文化专著《南山畲韵》、福州专题文化散文集《莫问奴归处——尘封里的福州往事》、畲族专题文化散文集《崖壁上的舞者——古老畲族的文化探秘之旅》和文艺评论集《“可能”之门》等。《宋省予图传》获第 22 届福建省优秀文学作品奖，《南山畲韵》获第十四届中国人口文化奖，散文《无处不在的神灵》获首届全国“山哈杯”畲族文学大赛金奖，《孔子的目光》获福建省作协“逢时杯”散文一等奖，《一个人的村庄》获福建省作协“五店市海内外散文”大奖（一等奖），《崖壁上的舞者》获福建省委宣传部“八闽名城名镇名村文化映像原创文艺作品有奖征集大赛”三等奖。

钟　文　琪

钟文琪，1979 年 8 月出生于上杭县官庄畲族乡福泉村。2001 年毕业于东南大学，获热能动力及其自动化专业学士学位；2001 年 9 月至 2007 年 3 月热能工程硕博连读（提前攻博生）。2007 年 4 月，晋升副教授；2009 年，任博士生导师；2010 年 4 月，晋升教授。2012 年 9 月，任东南大学能源与环境学院院长；2016 年 7 月，任东南大学党委委员；2016 年 10 月，任研究生院常务副院长、党委研究生工作部部长；2018 年 6 月，任党委发展规划与学科建设部部长、发展规划与学科建设处处长、双一流

建设办公室主任;2019年4月,任校长助理(期间:2019年3月至7月在中共中央党校学习,中青四班第一期毕业)。2021年6月起,任东南大学副校长。2021年8月起,任中共东南大学党委常委。

长期从事动力工程及工程热物理的教学和科研工作,在洁净煤与生物质热转化、多相流动与数值模拟、工业过程优化等领域具有专长。2018年获国家级教学成果奖二等奖(第1完成人),2017年获江苏省科学技术奖一等奖(第1完成人)和江苏省教育成果奖(高等教育类)特等奖(第1完成人),2010年获国家科技进步二等奖(第2完成人),2012年获吴仲华优秀青年学者奖,2009年获江苏省科技进步一等奖(第2完成人)、教育部科技进步二等奖(第5完成人),2009年获全国优秀博士学位论文。2012年入选国家首批"万人计划"青年拔尖,2013年获国家杰出青年科学基金,2014年入选享受国务院政府特殊津贴专家,2015年受聘为教育部长江学者特聘教授。

蓝　林　祥

蓝林祥,1980年6月出生于上杭县珊瑚乡华竹村。2003年7月,毕业于中央民族大学生命与环境科学院,获理学学士学位。2006年7月,毕业于北京大学药学院,获理学硕士学位。2006年8月至2009年7月,在北京大学肿瘤学院&北京肿瘤防治研究所任助理研究员;其间,2007年起,为中国细胞生物学会会员,2007年12月,获北京大学肿瘤医院优秀员工奖。2013年11月毕业于马克思·德尔布吕克分子医学中心(MDC)&柏林洪堡大学(HU),获理学博士学位,并获MDC国际博士项目奖学金。2013年12月至2015年12月,在马克思·德尔布吕克分子医学中心任博士后研究员。2015年9月起,为欧洲生物化学联合会(FEBS)会员。2016年1月起,在马克思·德尔布吕克分子医学中心和弗兰西斯·克里克研究所任资深研究员。

2014年7月,在柏林MDC肿瘤学术俱乐部,作《酪氨酸磷酸酶Shp2抑制乳腺癌细胞衰老》报告。同年11月,在海德堡第二届德国干细胞年会上,作《Shp2信号对抑制小鼠乳腺癌干细胞衰老起必要功能》报告。

发表的主要论文有:《新型硝氧还蛋白酶抑制剂抑制细胞生长和诱导细胞凋亡》(第四作者),《肿瘤通信》)2006;236(1).46-53。《新型硌氧还蛋白酶抑制剂诱导细胞凋亡的机制》(第一作者),《欧洲药理学》2007;555(2-3):83-92。《新型碚氧还蛋白酶抑制剂诱导HL-60andK562细胞凋亡》(第二作者),(《浙江大学学报》)2008;9(1):16-21。《小鼠抗人MyosinVa多克隆抗体的制备和鉴定》(第二作者),《细胞与分子免疫学》,2009年05期。《MyosinVaRNAi慢病毒载体的构建及对肺癌PG细胞运动和迁移能力的影响》(第一作者),《解剖学报》2009年第40卷第6期。《Snail上调MvosinVa并参与细胞迁移和转移》(第一作者),《国际肿瘤学》,2010;126(1):53-64。《信号通路调节毛发周期和毛发干细胞》(第五作者),《细胞报告》2015;13(3):561-72。《Shp2信号在PyMT诱导的乳腺癌发生发展中抑制细胞衰老》(第一作者)《EMBO杂志》2015;34(11):1493-508。

蓝　中　健

蓝中健,漳州市漳浦县人,1985年8月出生。2008年6月,福建农林大学金融学毕业;2013年6月,福建农林大学农业推广硕士毕业(在职)。2008年7月,参加工作,2006年6月入党,曾任上杭县溪口乡党委组织委员、上杭县政府办公室党组成员、副主任、官庄畲族乡党委副书记、政府乡长,上杭县官庄畲族乡党委书记。龙岩市第五届人大代表,上杭县第十三次、第十四次党代会代表,上杭县第

十七届、十八届人大代表。2021 年 10 月,被福建省人民政府授予“福建省民族团结进步模范个人称号”。

旅外乡亲

钟　昌　奇

美籍华人,医学博士,民国 33 年(1944 年)出生于上杭县官庄畲族乡福泉村。1963 年,毕业于上杭第一中学;1969 年,毕业于上海第一医科大学;1982 年,毕业于中国医科大学研究生院,获得人类胚胎学和组织学硕士。从事临床医学和基础医学科学研究,先后在国家级和国际医学刊物发表大量学术论文。1988 年,由世界卫生组织和国家卫生部委派,作为高级访问学者在香港大学从事人类临床和基础科学研究。1989 年始,作为高级访问学者在美国加利福尼亚大学戴维斯医学博士研究生院,从事医学博士后研究。1995 年始,先后在美国伊利诺伊大学医学院第一附属医院任人类临床高级科学实验室主任、男性医学和高级人类胚胎学专家,美国俄亥俄州人类生殖医学会中心医学博士和高级临床实验研究中心主任。

钟昌奇的社会兼职有:中华解剖学会、中国优生学会、中国超级显微镜学会、中国外科学会、香港医学学会、美国医学分析学会、美国生育和不育医学学会以及美国国际生殖医学学会等学术组织会员和执行委员。

蓝　彰　仁

旅居芬兰教授,原籍上杭县官庄畲族乡树人村。1980 年,福建林学院毕业;1988 年,获中南林学院机械工程系硕士学位。后留学芬兰,获赫尔辛基大学农业学院博士,欧洲经济共同体项目研究员。

蓝　克　华

留法博士,原籍上杭县官庄畲族乡树人村。1982 年,浙江大学毕业。1987 年起,任法国斯派克特股份有限公司研究员,主持研制激光转换,全光学角度传感器及多种非接触三维坐标测量仪器。1996 年,获法国尼斯大学物理博士学位。

钟　震　瀛

钟震瀛(1907—1991 年),谱名洪音,号实君。1907 年农历十一月出生于上杭县太拔镇坵辉村。年幼时即勤奋好学,在家里读私塾时作文堆积帐顶。1917 年,随在上杭县旧制中学任教的父亲,到上杭城关萃英小学读书,常参加中学举办的国文练习会,文章常名列前茅,是学校的优等生。1925 年北京工业大学土木工程系毕业后,即参加奉(天)海(龙)铁路的测绘工作。抗日战争胜利后,于 1945 年赴台湾,以高级公务员身分参加接管台湾铁路工作。初任铁路局保线课长,迨工务总段成立,又任工务总段长,仍兼保线课长,取消总段设三督导区后,任台北督导区主任,待总工程师室成

立，即代理总工程师职务，直至退休。钟震瀛毕生服务于铁路事业，勤奋敬业，德高望重，还被“交通部”聘为铁路小组委员兼秘书，退休后改聘为铁路研究小组研究员。1970年旅居美国，一直保留中国国籍，身居异邦而心怀故土。1972年冬，在《七十感怀》诗中有“异国山河诚美丽，萦怀桑梓忆坵辉”句。在1982年的《八十述怀》诗中也有“云山多是客中望，梓里偏从梦里亲”句，1988年在《怀故乡》的七律中，更把坵辉这个小山村的山川形容描绘得淋漓尽致，跃然纸上。在家书中时常流露思乡情绪，有“家乡情形，时萦梦寐，尤其年老，思乡更切”，“几次梦里回家，醒后犹唏嘘不已，无奈年高，不胜长途跋涉”等言语，思恋故土之情，溢于言表。1991年1月，钟震瀛于美国逝世，终年89岁，葬于洛杉矶。

钟震瀛严以律己，也极为重视对子弟的培养教育。从弟慧音、子女盛蕃、满蓄、道蕃、淳蕃等在美国相继获得博士学位，“博士门第”美誉不胫而走。“钟门多士”“一门五博士”，一时在海外传为佳话。于今他们多已成为美国高等学校、科研机构的业务骨干。同时，孙辈多人也加入了博士、硕士行列。兹将获得博士、硕士学位者做简单介绍：

从弟慧音，大学毕业后赴美国爱荷华大学留学，1959年获硕士学位，后留校任教。1964年获博士学位。1965年应聘任林肯大学教授。妻陈雍容，在英国大学攻读生物学，获硕士学位。

长男盛蕃，大学毕业后赴美国西弗吉尼亚大学攻读化学工程，获博士学位。住美国洛杉矶，从事专业研究。

长女满蕃，大学毕业后赴美国芝加哥大学攻读生物化学，获博士学位，专业研究脂肪蛋白，兼任大学教授，带博士研究生。1974年受聘兼任荷兰生物杂志编辑。常出国讲学或参加国际学术会议，且每年必去西欧一次。对我国政府派往由她带的研究人员，她都能特别关照，加以培养。住美俄克拉荷马。夫婿李复初，同校同学，读机械，同年得博士学位。

次男道蕃，大学毕业后赴美国堪萨斯州立大学攻读机械工程，得硕士学位后又得数学硕士学位、机械工程博士学位。任阿克隆大学工学院教授兼系主任，一面教学，兼搞研究和核能设计，带博士研究生。常参加国际学术会议或出国讲学。1985年，曾应两岸清华大学邀请，回国讲学。妻李卫华，曾在苏肯特州立大学攻读营养学，获硕士学位。任布兰渥疗养院营养部主任。

三男东蕃，大学毕业后赴美国明尼苏达大学攻读土木工程，获硕士学位。在美国从事专业技术工作。1985年曾应邀回国讲学，历时七周。妻王陵嘉，在美国加州大学攻读艺术，获硕士学位，在加州大学文学院任教。

四男淳蕃，大学毕业后赴加拿大留学，先后获得渥太华大学电机工程硕士，麦基尔大学电机工程博士学位。1981年由加拿大到美国，在研究机构服务。

长孙绍经，高中读书时，暑假期间即到大学旁听，并参加考试，积得50多个学分。1984年高中毕业，就读于无暑假之六年制医学院——俄亥俄州东北联大医学院，是全校唯一在一年内拿到学士学位的学生，比同班同学早一年毕业。1988年获医学博士学位，时年23岁。

二孙绍宣，1986年进加州大学政治系攻读，获硕士学位。

三孙绍元，读高中二年级时，参加全美中学生英语比赛，获第三名。1986年获选“当代少年”，被邀请到首都参加庆贺活动，又以全校总成绩第一毕业。毕业典礼上，校方发奖品12项，他拿到7项。当时，某大学曾以一万美元奖学金的优厚条件要他前往就读，绍元没有前往，而就读于美国十大名校之一的康奈尔大学化工系，获博士学位。

四孙绍农，在美国加州大学读工商管理，获硕士学位。

第三节 龙岩市畲族革命烈士英名表

龙岩市畲族革命烈士英名表（以县、乡〈镇〉、村〈居〉排序）

表13-01

序号	姓名	籍贯	出生年月	入伍时间	原工作单位及职务	是否党团员	牺牲时间、地点
1	蓝炳贵	上杭县官庄畲族乡下濯村	1901.07	1930	红军第四方面军九团三营三班战士		1936年往四川后无音讯，1955年2月追认为烈士
2	蓝锦泉	上杭县官庄畲族乡龙牌村	1926.03	1948.01	解放军第四十二军一二四师三七一团战士		1950年11月在山东烟台作战中牺牲
3	钟朝臣	上杭官庄畲族乡龙牌村	1907.04	1929	长汀县张赤男游击队队员		1928年8月在上杭南阳矶头凹与敌作战中牺牲
4	蓝启明	上杭县官庄畲族乡朱堡村	1901	1931	杭武赤卫团班长	党员	1932年在长汀宣城长空坑病故，1955年2月追认为烈士
5	蓝大义	上杭县官庄畲族乡朱堡村	1907	1929	上杭县官庄区朱堡乡少先队分队长	团员	1929年参加才溪少先队检阅回家途中被民团抓至官庄牛岗圩杀害
6	蓝朝先	上杭县官庄畲族乡朱堡村	1914.09	1930	红军新编第十二军三十四师一〇一团战士	团员	1931年在江西黎川作战中牺牲
7	蓝宜森	上杭县官庄畲族乡官庄村	1911.03	1929.04	红军第四军班长		1930年在湖南长沙与敌作战中牺牲
8	蓝宜章	上杭县官庄畲族乡官庄村	1914	1932	新四军二支队战士		1946年后无音讯，1955年2月追认为烈士
9	蓝永泗	上杭县官庄畲族乡官庄村	1902	1929	上杭县西一区模范营战士		1929年患病回家病故，1955年2月追认为烈士
10	钟树基	上杭县官庄畲族乡福泉村	1890	1932	红军新编第十二军战士	党员	1932年后无音讯，1955年2月追认为烈士
11	钟裕亨	上杭县官庄畲族乡福泉村	1927.11	1949.05	闽西义勇军战士		1949年7月14日于上杭白砂遭国民党胡琏部袭击受伤牺牲
12	蓝金台	上杭县官庄畲族乡福泉村	1912	1931	红军新编第十二军一〇二团七连二班班长	党员	1933年在连城湖洋与敌作战中牺牲
13	蓝开昌	上杭县官庄畲族乡贵和村	1915.05	1929	红军第五军团战士	团员	1929年在江西乌鸦坡与敌作战中负伤后在会昌医院牺牲
14	蓝财兴	上杭县官庄畲族乡贵和村	1915.05	1929	红军第四军连长	党员	1931年在江西东黄陂与敌作战中牺牲
15	蓝金珍	上杭县官庄畲族乡贵和村	1904	1931	红军新编第十二军独立团九连一排二班战士		1932年5月在武平县永平寨与敌作战中牺牲

续表13-01

序号	姓　名	籍　贯	出生年月	入伍时间	原工作单位及职务	是否党团员	牺牲时间、地点
16	蓝上章	上杭县官庄畲族乡贵和村	1914	1932	红军独立第八团战士		1935年在上杭茶地与敌作战中牺牲
17	蓝桂标	上杭县官庄畲族乡贵和村	1911	1931.04	红军新编第十二军三十四师一〇二团七连战士		1934年在连城文亨与敌作战中牺牲
18	蓝汉春	上杭县官庄畲族乡贵和村	1910	1929.02	上杭县才溪区游击队队员	党员	1930年8月因病买药在官庄墟遇敌被杀害
19	蓝广廷	上杭县官庄畲族乡贵和村	1907	1932.09	红军新编第十二军一〇一团三营三连九排战士		1933年往江西省后无音讯，1955年2月追认为烈士
20	蓝金养	上杭县官庄畲族乡贵和村	1903	1929	官庄区贵湖乡苏维埃政府纠察队宣传主任	团员	1933年在长汀县委宣传部病故，1953年12月追认为烈士
21	蓝开天	上杭县官庄畲族乡贵和村	1909	1929.10	红军第十九军一营一连一排二排班长	党员	1932年8月在武平县苦竹山与敌作战中牺牲
22	蓝太标	上杭县官庄畲族乡贵和村	1911.03	1931	红军新编第十二军排战士		1934年在江西与敌作战后无音讯，1955年2月追认为烈士
23	蓝美章	上杭县官庄畲族乡贵和村	1908	1929	上杭县官庄区游击队班长	党员	1933年10月在上杭通贤障云燕子塔与敌作战中牺牲
24	蓝传祺	上杭县官庄畲族乡新风村	1910	1929	红军第四军指导员	团员	1929年参加红四军后无音讯，1955年2月追认为烈士
25	蓝锦和	上杭县官庄畲族乡新风村	1913	1929	福建省通讯社连长	团员	1929年到福建通讯社后无音讯，1955年2月追认为烈士
26	蓝禄祺	上杭县官庄畲族乡新风村	1903	1929	上杭县官庄区模范营政治委员	党员	1931年在官庄乡岭子上与敌作战中牺牲
27	蓝锦珍	上杭县官庄畲族乡新风村	1897	1929	上杭县西二区官庄乡苏维埃政府主席	党员	1933年在官庄曾子坑大山里被敌抓捕杀害
28	蓝表辉	上杭县官庄畲族乡新风村	1905.09	1929	杭武县武东游击大队大队长兼团支书	团员	1931年5月在武平吉湖与敌作战中牺牲
29	蓝升祺	上杭县官庄畲族乡新风村	1907	1930	红军福建军区杭永岩军分区排长		1933年在江西石城与敌作战后无音讯，1955年2月追认为烈士
30	蓝凤桥	上杭县官庄畲族乡新风村	1905	1928.06	上杭县西二区第八乡党支部书记	党员	1931年4月误为“社党”被杀害于旧县石院坑，1955年7月追认为烈士
31	蓝寿祺	上杭县官庄畲族乡新风村	1910	1929.06	上杭县西四区团工委宣传员	党员	1931年4月误为“社党”被杀害于旧县石院坑，1955年7月追认为烈士
32	蓝报祺	上杭县官庄畲族乡新风村	1914	1929	上杭县官庄区游击队大队长	党员	1933年8月被民团抓捕杀害于官庄天后宫背后
33	蓝标钦	上杭县官庄畲族乡七里村	1908.04	1929.03	上杭县西三区雇农工会主任	团员	1929年在上杭县官庄九华铺工作时被当地团匪杀害

续表13-01

序号	姓 名	籍 贯	出生年月	入伍时间	原工作单位及职务	是否党团员	牺牲时间、地点
34	蓝源明	上杭县官庄畲族乡七里村	1903.05	1933.06	中共清流县委秘书	党员	1936年9月在清流县委驻地被国民党童子军杀害
35	蓝耀梅	上杭县官庄畲族乡七里村	1907.08	1929.06	红军新编第十二军三十四师一〇一团三营三连二排五班班长	党员	1931年10月在江西湖州与敌作战中牺牲
36	蓝才凤	上杭县官庄畲族乡七里村	1904.03	1929	上杭县西二区回龙乡游击队大队长	党员	1929年回家侦察敌情在官庄回龙被民团杀害
37	蓝太荣	上杭县官庄畲族乡七里村	1900.01	1929.01	上杭县官庄区游击队大队长	党员	1930年2月回家侦察敌情被俘后在官庄牛岗圩被杀害
38	蓝映新	上杭县官庄畲族乡七里村	1902	1929	上杭县官庄赤卫队队员		1929年在上杭县梅溪寨石砌下与敌作战中牺牲
39	蓝福来	上杭县官庄畲族乡七里村	1909	1930	红军第四军二纵队二支队十四大队二中队战士		1930年攻打上杭城时在水埔韭菜岭作战中牺牲
40	蓝练新	上杭县官庄畲族乡七里村	1898	1930	上杭县第七区工人纠察队队员	党员	1931年在武平县桃地与敌作战中牺牲
41	蓝奕荣	上杭县官庄畲族乡七里村	1916.02	1933	红军第十二军无线电队传令兵	团员	1933年后无音讯，1955年2月追认为烈士
42	蓝新荣	上杭县官庄畲族乡七里村	1899	1931.07	红军第十二军战士		1933年12月后无音讯，1955年2月追认为烈士
43	蓝道成	上杭县官庄畲族乡七里村	1912.08	1929	中共杭武县第七区委宣传员	团员	1931年5月误为"社党"被杀于上杭县通贤，1955年7月追认为烈士
44	蓝耀华	上杭县官庄畲族乡七里村	1907	1930	红军第一军团一师三营九连战士		1933年在江西与敌作战后无音讯，1955年2月追认为烈士
45	蓝福有	上杭县官庄畲族乡七里村	1902.04	1929.05	杭武县第七区赤卫队大队长	党员	1931年误为"社党"被害于上杭县通贤，1955年7月追认为烈士
46	蓝道良	上杭县官庄畲族乡七里村	1908.08	1930	上杭县西四区赤卫队模范营连长	党员	1931年误为"社党"被害于上杭县通贤，1955年7月追认为烈士
47	蓝太华	上杭县官庄畲族乡七里村	1904	1929.05	红军第十二军三十四师一〇一团连长		1934年随红军北上后无音讯
48	蓝耀祥	上杭县官庄畲族乡七里村	1922.02	1949.04	闽西义勇军二营六连六排战士		1949年6月在解放长汀战斗中牺牲
49	蓝清新	上杭县官庄畲族乡七里村	1910		红军第十二军三十四师一〇〇团二连连长	党员	1934年随红军东征到浙江后无音讯，1983年10月6日追认为烈士
50	蓝昌庆	上杭县官庄畲族乡璜头村	1906.06	1929.01	上杭县西一区赤卫队队员		1929年12月在南阳黄麻凹与敌作战中牺牲
51	蓝秋庆	上杭县官庄畲族乡璜头村	1907	1929	上杭县官庄赤卫队队员	党员	1932年在上杭县回龙被民团杀害

续表13-01

序号	姓　名	籍　贯	出生年月	入伍时间	原工作单位及职务	是否党团员	牺牲时间、地点
52	蓝灿庆	上杭县官庄畲族乡璜头村	1905	1929.07	红军第四军战士		1929年11月往广东梅县作战后归队途中在武平金鸡岭遇敌被杀害
53	蓝森庆	上杭县官庄畲族乡璜头村	1905	1929	杭武县武北游击队班长		1931年在武平桃地与敌作战中牺牲
54	蓝善祥	上杭县官庄畲族乡璜头村	1894.07	1929	上杭县西四区七里乡赤卫队排长	党员	1930年在璜头担水坑与敌作战中牺牲
55	蓝银标	上杭县官庄畲族乡璜头村	1912	1930	红军新编第十二军三十四师一〇三团通讯员		1930年后无音讯，1955年2月追认为烈士
56	蓝梦州	上杭县官庄畲族乡德康村	1910	1929	红军独立第八师班长	团员	1931年后无音讯，1955年2月追认为烈士
57	蓝金标	上杭县官庄畲族乡德康村	1913	1929	红军长汀四都医院看护员	团员	1931年11月在长汀四都红军医院病故。1955年2月追认为烈士
58	蓝盛辉	上杭县官庄乡德康村	1916	1929.01	红军第五军团营长		1930年在龙岩县与敌作战中牺牲
59	蓝先喜	上杭县官庄畲族乡德康村	1894	1931.04	上杭第七区第三乡赤卫队队员		1931年4月在啄木寨渡亭里守哨被俘后于张坑口公王边受害
60	蓝桥贵	上杭县官庄畲族乡德康村	1903	1929	上杭县官庄区赤卫队队员	党员	1931年在官庄守路时被杀害
61	蓝先泮	上杭县官庄畲族乡德康村	1913	1932	杭武游击队队员		1932年在南阳黄腊坑医院病故，1953年12月追认为烈士
62	蓝献玉	上杭县官庄畲族乡树人村	1911.07	1930	红军独立第十师师部号兵		1933年7月在清流县与敌作战中牺牲
63	蓝先才	上杭县官庄畲族乡树人村	1901.08	1929	上杭县官庄区游击队大队长		1929年在官庄树人乡炮楼与敌作战被俘后牺牲于通贤
64	蓝兆兴	上杭县官庄畲族乡树人村	1903	1929.06	上杭县官庄区苏维埃政府文书	党员	1932年区苏被长汀民团包围被俘后于官庄德成村牺牲
65	蓝有余	上杭县官庄畲族乡树人村	1913.10	1932	红军新编第十二军一〇一团四营看护员	团员	1933年在江西瑞金被敌机轰炸牺牲
66	蓝利金	上杭县官庄畲族乡树人村	1898.01	1929	上杭县官庄区游击队炊事员	团员	1929年在上杭石圳潭被敌袭击牺牲
67	蓝维烈	上杭县官庄畲族乡树人村	1908.08	1929.06	中央保卫局巡查委员		1934年5月在官庄树人村吊钟禾溪坝与敌争抢船只时被杀害
68	蓝旺铭	上杭县官庄畲族乡树人村	1913.01	1931	红军第十二军班长	团员	1931年10月在永定县下溪与敌作战中牺牲
69	蓝毓华	上杭县官庄畲族乡树人村	1907	1930	红军新杭县独立团排长	党员	1934年护送挑夫前往江西省在樟树被敌杀害
70	蓝善聪	上杭县官庄畲族乡树人村	1903	1930	红军第十二军连长	党员	1933年7月在清流县与敌作战中牺牲

续表13-01

序号	姓　名	籍　贯	出生年月	入伍时间	原工作单位及职务	是否党团员	牺牲时间、地点
71	蓝文彬	上杭县官庄畲族乡树人村	1895	1932.04	闽赣军区政治部无线电队通讯员		1934年12月在宁化县梦中桥与敌与敌作战中牺牲
72	蓝锡敏	上杭县官庄畲族乡树人村	1910	1929	红军第十二军班长	党员	1932年3月因从事地下工作被敌抓去受重刑回家后病故
73	蓝兆新	上杭县官庄畲族乡树人村	1893	1932	上杭县官庄区树人乡苏维埃政府主席		1932年10月被敌抓去在连城新泉被害
74	蓝富全	上杭县官庄畲族乡树人村	1896	1931	上杭县官庄区苏维埃政府炊事员	党员	1934年6月在上杭县官庄寨子路上被敌杀害
75	蓝德尧	上杭县官庄畲族乡树人村	1915	1932	红军第十二军一〇二团三营七连一排一班战士	团员	1932年在连城姑田与敌作战中牺牲
76	蓝德黎	上杭县官庄畲族乡树人村	1903.03	1930	上杭县游击队队员		1932年10月在上杭官庄树人乡土楼被敌包围突围时牺牲于祠堂背头
77	蓝其彩	上杭县官庄畲族乡树人村	1906.06	1931.07	红军第七军团二十一师六十二团二连二排排长	党员	1934年8月在江西瑞金九堡与敌作战中牺牲
78	蓝如林	上杭县官庄畲族乡树人村	1910	1931	红军第十二军战士	团员	1931年在上杭旧县与敌作战中牺牲
79	蓝锡美	上杭县官庄畲族乡树人村	1912.04	1930	红军杭武县独立营战士		1931年5月在官庄七里村与敌作战中牺牲
80	蓝献康	上杭县官庄畲族乡树人村	1906.12	1929	红军第四军战士	党员	1929年攻打上杭县城时牺牲
81	蓝春林	上杭县官庄畲族乡树人村	1910	1930	红军新编第十二军连政治指导员	团员	1930年7月在攻打上杭城时在水西渡牺牲
82	蓝秀林	上杭县官庄畲族乡树人村	1913.04	1929	红军第十二军班长	团员	1930年在龙岩小池与敌作战中牺牲
83	蓝德好	上杭县官庄畲族乡树人村	1914.03	1930	红军第十二军战士	党员	1931年在上杭县白砂与敌作战负伤后于长汀四都医院牺牲
84	蓝富腾	上杭县官庄畲族乡树人村	1902	1930	红军第十二军号兵	团员	1930年在江西于都与敌作战中牺牲
85	蓝德柱	上杭县官庄畲族乡树人村	1900	1929	长汀县温坊检查站工作人员	党员	1934年在长汀温坊检查站工作时被敌抓捕杀害
86	蓝锡明	上杭县官庄畲族乡树人村	1906	1930	红军第十二军营政治委员	党员	1934年在江西草鞋岭与敌作战中牺牲
87	蓝振提	上杭县官庄畲族乡树人村	1912.02	1931.02	上杭县西二区模范营炊事员		1931年8月在上杭县珊瑚与敌作战中牺牲
88	蓝富养	上杭县官庄畲族乡树人村	1892	1931.07	红军新编第十二军三十四师一〇二团六连排长	团员	1933年在沙县与敌作战中牺牲
89	蓝德进	上杭县官庄畲族乡树人村	1904	1929	红军第四军号兵	党员	1929年后无音讯，1955年2月追认为烈士

续表13-01

序号	姓　名	籍　贯	出生年月	入伍时间	原工作单位及职务	是否党团员	牺牲时间、地点
90	蓝锡唐	上杭县官庄畲族乡树人村	1901	1930	上杭县才溪区赤卫队队员		1929年后无音讯，1955年2月追认为烈士
91	蓝洪林	上杭县官庄畲族乡树人村	1905	1929	红军第十二军战士	党员	1929年后无音讯，1955年2月追认为烈士
92	蓝维金	上杭县官庄畲族乡树人村	1917	1932	新四军第二支队号兵		1939年10月往安徽省后无音讯，1955年2月追认为烈士
93	蓝兆芹	上杭县官庄畲族乡树人村		1929	上杭县官庄区游击队队长	党员	1932年在官庄七里禾溪坝与敌作战牺牲
94	蓝德超	上杭县官庄畲族乡树人村	1908	1929	红军第四军排长		1932年在江西省与敌作战中牺牲
95	蓝振珠	上杭县官庄畲族乡树人村	1900	1933	红军第十二军战士		1933年在江西兴国与敌作战后无音讯，1955年2月追认烈士
96	蓝树林	上杭县官庄畲族乡树人村	1913.09	1929	红军独立八团战士		1931年在旧县与敌作战后无音讯，1955年2月追认为烈士
97	蓝富能	上杭县官庄畲族乡树人村	1915.09	1929	红军第四军战士		1929年后无音讯，1955年2月追认为烈士
98	蓝松汉	上杭县官庄畲族乡树人村	1912.04	1929	红军第五军团战士		1932年后无音讯，1955年2月追认为烈士
99	蓝道书	上杭县官庄畲族乡树人村	1907.09	1929	红军第四军战士		1929年后无音讯，1955年7月追认为烈士
100	蓝嘉文	上杭县官庄畲族乡树人村	1906	1929	杭武县西二区树人乡苏维埃政府文书		1931年7月误为“社党”被害于通贤蛇子岗，1955年7月追认为烈士
101	蓝锦豪	上杭县官庄畲族乡树人村	1911.08	1933	红军第十二军战士		1933年11月在上杭白砂与敌作战中牺牲
102	蓝观林	上杭县官庄畲族乡树人村	1903	1930	红军第十二军战士		1930年后无音讯，1955年2月追认为烈士
103	蓝德华	上杭县官庄畲族乡树人村	1913	1930	红军第十二军独立团机枪连战士		1933年在延平战役中被敌抓捕关押于上杭监狱放回家后死亡
104	蓝其祥	上杭县官庄畲族乡树人村		1932	老红军		1968年在福州荣军休养院病故
105	蓝飘然	上杭县官庄畲族乡树人村	1912	1929.06	上杭县官庄苏二区第四乡苏维埃政府文书	党员	1930年5月钟绍奎入村被抓杀害于顶塘
106	蓝献高	上杭县官庄畲族乡树人村	1915.04	1929.07	红军第十二军一〇一团一连班长	团员	1932年4月在上杭县丰稔与敌作战牺牲
107	蓝胜标	上杭县官庄畲族乡树人村	1908	1930	红军第十二军一〇一团战士		1934年在江西宜黄与敌作战牺牲

续表13-01

序号	姓　名	籍　贯	出生年月	入伍时间	原工作单位及职务	是否党团员	牺牲时间、地点
108	蓝介轩	上杭县官庄畲族乡树人村	1906	1929.07	中共长汀县委书记	党员	1934年11月在长汀四都带领县赤卫团与国民党中央军作战被捕,同年12月遭敌杀害于长汀城桥下坝。1988年7月6日追认为烈士
109	蓝其海	上杭县官庄畲族乡树人村	1915	1931	红军第四军三团一营二连二排副排长		1933年1月在桂花铜山(今属明溪县)与敌作战牺牲,1988年7月6日追认为烈士
110	蓝德亮	上杭县官庄畲族乡树人村	1909	1931	杭武县朴树乡苏维埃政府主席		1933年8月到长汀开会期间被国民党飞机轰炸重伤,送往长汀四都医院治疗终因伤势过重治疗无效牺牲,1988年7月6日追认为烈士
111	蓝洪升	上杭县官庄畲族乡新民村	1911	1933	红八团三连战士	党员	1935年夜行军至漳平县永福遇敌作战牺牲
112	蓝进标	上杭县官庄畲族乡新民村	1916.10	1930	红军独立八团特派员	党员	1930年在上杭县泮境被敌杀害
113	蓝洪星	上杭县官庄乡新民村	1913	1933	上杭县游击队第三大队队员		1933年5月在上杭县官庄七里山与敌作战中牺牲
114	蓝洪良	上杭县官庄畲族乡新民村	1888	1933.03	红军第十二军三十四师一〇〇团二营六连战士		1933年12月攻打南平时牺牲
115	蓝书标	上杭县官庄畲族乡新民村	1911.05	1930.10	红军第八十师六连事务长		1933年11月在长汀四都与敌作战中牺牲
116	蓝文贵	上杭县官庄畲族乡新民村	1908	1930	长汀县宣成区游击队队长		1930年4月在长汀张屋铺与敌作战中牺牲
117	蓝福高	上杭县官庄畲族乡新民村	1914	1930.05	红军第十二军战士	团员	1930年后无音讯,1955年2月追认为烈士
118	蓝恒瑞	上杭县官庄畲族乡新民村	1911	1931	红军第十二军战士		1931年往连城后无音讯,1955年2月追认为烈士
119	蓝福来	上杭县官庄畲族乡新民村	1913.03	1929.04	红军第十二军三营机枪连战士		1933年后无音讯,1955年2月追认为烈士
120	蓝四妹(女)	上杭县庐丰畲族乡立英村	1883.08	1928	代英县游击队宣传员		1935年在稔田大坑头被敌抓捕至庐丰杀害
121	蓝升才	上杭县庐丰畲族乡丰康村	1911.04	1929	新四军闽西龙岩后方办事处地下交通员		1945年在龙岩县白土被敌杀害
122	蓝胜全	上杭县庐丰畲族乡丰康村	1881	1929	上杭县庐丰乡苏维埃政府交通员		1930年在执行送信任务中被敌杀害于上杭上都
123	蓝仰光	上杭县庐丰畲族乡丰康村	1906	1929	红军第十二军一〇二团一营一连连长		1933年在上杭庐丰被敌抓捕杀害于上都下徐
124	蓝凤荣	上杭县庐丰畲族乡丰康村	1898	1929	代英县庐丰乡苏维埃政府主席	党员	1934年在上杭太拔被敌抓捕杀害于广东蕉岭

续表13-01

序号	姓 名	籍 贯	出生年月	入伍时间	原工作单位及职务	是否党团员	牺牲时间、地点
125	蓝耀枢	上杭县庐丰畲族乡丰康村	1901	1929	上杭县东一区赤卫队二支队队长	党员	1931年在武平县与敌作战中被捕杀害于上杭
126	蓝福华	上杭县庐丰畲族乡丰康村	1929.01	1949	上杭县独立四营一连班长	党员	1951年6月在武平龙溪寨剿匪战斗中牺牲
127	蓝荣光	上杭县庐丰畲族乡丰康村	1906.06	1930	上杭县东一区赤卫队队长		1931年在武平小兰桃地与敌作战中牺牲
128	蓝礼和	上杭县庐丰畲族乡丰康村	1915.01	1929	红军新编第十二军连长		1933年8月在长汀县松毛岭与敌作战中牺牲
129	蓝永城	上杭县庐丰畲族乡丰康村	1908.12	1929	红军第十二军战士		1930年在南阳茶树下与敌作战中牺牲
130	蓝森隆	上杭县庐丰畲族乡丰康村	1911.07	1929	杭永游击队通信兵		1931年在永定金砂与敌作战中牺牲
131	蓝汉源	上杭县庐丰畲族乡丰康村	1915.01	1931	代英县南路游击队副班长	团员	1934年在上杭县庐丰湖洋与敌作战中牺牲
132	蓝奎禄	上杭县庐丰畲族乡丰康村	1916.03	1949	宁化县县大队班长		1950年3月在宁化县剿匪战斗中牺牲
133	蓝仰明	上杭县庐丰畲族乡丰康村	1897.11	1928	上杭县上庐丰贫农团主任	党员	1932年在上杭县庐丰被敌抓捕杀害于上都下徐
134	蓝舜楷	上杭县庐丰畲族乡丰康村	1913	1930	上杭县庐丰赤卫队司号兵	团员	1932年因反动民团袭击，在上杭县庐丰大路背与敌战斗中牺牲
135	蓝培生	上杭县庐丰畲族乡丰康村	1911.11	1929	上杭县赤卫团游击支队班长		1931年误为"社党"被害于上杭白砂，1955年6月追认为烈士
136	蓝洪慈	上杭县庐丰畲族乡丰康村	1912.04	1929	新汀县团委书记	团员	1931年误为"社党"被害于上杭白砂，1955年6月追认烈士
137	蓝洪翔	上杭县庐丰畲族乡丰康村	1904.09	1929	中共瑞金县委书记、瑞金县肃反委员会主席	党员	1931年在瑞金误为"AB团"被害，1953年11月追认为烈士
138	蓝树彰	上杭县庐丰畲族乡丰康村	1908	1929	上杭县东一区赤卫队班长		1931年7月误为"社党"被害于白砂袁屋，1955年6月追认烈士
139	蓝钦荣	上杭县庐丰畲族乡丰康村	1892	1929.06	上杭县苏维埃政府交通局局长	党员	1931年4月误为"社党"被害于白砂崇福寺，1955年6月追认烈士
140	蓝仰成	上杭县庐丰畲族乡丰康村	1913	1929	新汀县苏维埃政府工作人员		1931年误为"社党"被害于白砂梧田村，1955年6月追认为烈士
141	蓝企洲	上杭县庐丰畲族乡丰康村	1908	1929	上杭县东一区赤卫大队一支队文书	党员	1931年误为"社党"被害于上杭县横岗圩坝里，1955年6月追认为烈士

续表13-01

序号	姓　名	籍　贯	出生年月	入伍时间	原工作单位及职务	是否党团员	牺牲时间、地点
142	蓝全应	上杭县庐丰畲族乡丰康村	1908	1930	红军新编第十二军司号兵		1931年2月误为"社党"被害于上杭县横岗圩坝里,1955年6月追认烈士
143	蓝耀勋	上杭县庐丰畲族乡丰康村	1910	1929	瑞金县工会工作人员		1931年误为"社党"被害于长汀涂坊,1955年7月追认烈士
144	蓝天来	上杭县庐丰畲族乡丰康村	1908	1928.08	上杭县赤卫团排长	团员	1931年误为"社党"被害于上杭县横岗圩坝里,1955年6月追认为烈士
145	蓝鍠应	上杭县庐丰畲族乡丰康村	1908.01	1930	上杭县赤卫队大队文书		1931年误为"社党"被害于上杭县横岗圩坝里,1955年6月追认为烈士
146	蓝升荣	上杭县庐丰畲族乡丰康村	1910.12	1929.06	上杭县游击队宣传员	团员	1931年误为"社党"被害于上杭县横岗圩坝里,1955年6月追认为烈士
147	蓝宣荣	上杭县庐丰畲族乡丰康村	1908.04	1930.01	杭武县游击队队员		1931年误为"社党"被害于上杭县横岗圩坝里,1955年6月追认烈士
148	蓝夏桥	上杭县庐丰畲族乡丰康村	1900.04	1926	红军第二十四纵队司令员	党员	1931年7月误为"AB团"被害于瑞金象嘴岗,1965年11月追认烈士
149	蓝寿昌	上杭县庐丰畲族乡丰康村	1912	1929	闽粤赣边区赤卫团团部通讯班班长	团员	1931年误为"社党"被害于上杭县横岗圩坝里,1955年6月追认为烈士
150	蓝鉴猷	上杭县庐丰畲族乡丰康村	1913	1929	红军第四军战士		1929年到湖南长沙后无音讯,1954年4月追认为烈士
151	蓝建猷	上杭县庐丰畲族乡丰康村	1914	1930	红军第十二军宣传员		1930年参军后无音讯,1954年4月追认为烈士
152	蓝洪彬	上杭县庐丰畲族乡丰康村	1908	1929	红军第四军战士		1929年参军后无音讯,1954年4月追认为烈士
153	蓝宏和	上杭县庐丰畲族乡丰康村	1911	1930	红军第十二军连长	团员	1930年参军后无音讯,1954年4月追认为烈士
154	蓝洪林	上杭县庐丰畲族乡丰康村	1917	1930	红军新编第十二军战士		1930年参军后无音讯,1954年4月追认为烈士
155	蓝全彬	上杭县庐丰畲族乡丰康村	1911	1929	红军第四军战士		1929年参军后无音讯,1954年4月追认为烈士
156	蓝奎章	上杭县庐丰畲族乡丰康村	1911	1929	红军第四军战士		1929年参军后无音讯,1954年4月追认为烈士
157	蓝忠猷	上杭县庐丰畲族乡丰康村	1905	1929	红军第四军司号员		1929年参军后无音讯,1954年4月追认为烈士
158	蓝汉楷	上杭县庐丰畲族乡丰康村	1915	1932	红军新编第十二军医院护士		1932年参军后无音讯,1954年4月追认为烈士

续表13-01

序号	姓　名	籍　贯	出生年月	入伍时间	原工作单位及职务	是否党团员	牺牲时间、地点
159	蓝大亨	上杭县庐丰畲族乡丰康村	1915	1934	红军第十二军战士		1934年参军后无音讯，1955年9月追认为烈士
160	蓝鸾鸣	上杭县庐丰畲族乡丰康村	1917	1930	红军第九军团二团特务营一连三排战士		1930年参军后无音讯，1955年9月追认为烈士
161	蓝荣根	上杭县庐丰畲族乡丰康村	1888	1929	上杭县庐丰乡苏维埃政府交通员		1929年11月在上杭县庐丰公馆前被敌杀害
162	蓝上标	上杭县庐丰畲族乡丰康村	1906.07	1930	上杭县苏维埃政府警卫连二中队班长		1931年误为“社党”被害于白砂，1955年4月追认烈士
163	蓝赠贵	上杭县庐丰畲族乡丰康村	1915	1931	红军第五军团无线电通讯队战士		1933年后无音讯，1954年4月追认为烈士
164	蓝桂东	上杭县庐丰畲族乡丰康村	1917	1929	红军第四军二纵队宣传员		1930年无音讯，1954年4月追认为烈士
165	蓝建昌	上杭县庐丰畲族乡丰康村	1913	1929	红军第四军战士		1929年参军后无音讯，1954年4月追认为烈士
166	蓝梓林	上杭县庐丰畲族乡丰康村	1909	1929	红军第四军战士		1929年参军后无音讯，1954年4月追认为烈士
167	蓝文均	上杭县庐丰畲族乡丰康村	1914	1929	红军第四军战士		1929年参军后无音讯，1954年4月追认为烈士
168	蓝奎佑	上杭县庐丰畲族乡丰康村	1917	1929	红军第四军战士		1929年参军后无音讯，1954年4月追认为烈士
169	蓝民贵	上杭县庐丰畲族乡丰康村	1933	1950	解放军第三十八军一一二师三三四团战士		1950年解放海南岛后无音讯，1955年2月追认为烈士
170	蓝赠应	上杭县庐丰畲族乡丰康村	1888	1929	上杭县庐丰乡苏维埃政府贫农团干事		1932年5月被民团抓捕杀害于上杭县上都下池排
171	蓝兆荣	上杭县庐丰畲族乡丰乐村	1908	1929	上杭县庐丰乡赤卫队队员		1929年在庐丰与敌作战中牺牲
172	蓝继述	上杭县庐丰畲族乡丰乐村	1898	1929	上杭县东一区赤卫队队员		1929年攻打河西白区在黄泥垅与敌作战中牺牲
173	蓝继昌	上杭县庐丰畲族乡丰乐村	1914	1930	红军警卫连战士		1933年在上杭县合溪与敌作战中牺牲
174	蓝路桥	上杭县庐丰畲族乡丰乐村	1898	1929	上杭县东一区赤卫队队员		1929年攻打上杭县河西白区在上都牺牲
175	蓝日照	上杭县庐丰畲族乡丰乐村	1956	1976	解放军八六二六部队油料股战士	团员	1978年2月在江西县向塘机场油站救火牺牲
176	蓝三模	上杭县庐丰畲族乡丰乐村	1918	1929	红军新编第十二军战士		1933年在永定县下洋苦竹岭与敌作战负伤后牺牲
177	蓝金华	上杭县庐丰畲族乡丰乐村	1913	1930.02	上杭县苏维埃政府报社印刷厂工作人员	团员	1931年10月误为“社党”被害于白砂，1955年7月追认为烈士

续表13-01

序号	姓　名	籍　贯	出生年月	入伍时间	原工作单位及职务	是否党团员	牺牲时间、地点
178	蓝日华	上杭县庐丰畲族乡丰乐村	1900	1929.05	杭武县赤卫团事务长	党员	1931年7月误为"社党"被害于上杭横岗，1955年6月追认烈士
179	蓝少华	上杭县庐丰畲族乡丰乐村	1906.08	1928.04	闽西苏维埃政府秘书兼《红报》总编辑	党员	1931年误为"社党"被害于永定虎岗，1955年6月追认为烈士
180	蓝加植	上杭县庐丰畲族乡丰乐村	1911.10	1928	红军第四军大队政治委员	党员	1931年5月误为"社党"被害于白砂岭背，1955年6月追认为烈士
181	蓝富喜	上杭县庐丰畲族乡丰乐村	1901.05	1929.08	上杭县赤卫团副官	党员	1931年7月误为"社党"被害于上杭横岗，1955年4月追认烈士
182	蓝炳喜	上杭县庐丰畲族乡丰乐村	1911	1930	红军第十二军战士		1930年在长汀县松毛岭与敌作战后无音讯，1954年4月追认烈士
183	蓝福有	上杭县庐丰畲族乡丰乐村	1911	1929	红军第十二军战士		1929年在广东梅县与敌作战后无音讯，1954年4月追认烈士
184	蓝长喜	上杭县庐丰畲族乡丰乐村	1911	1929	红军第十二军战士		1929年与敌作战负伤于江西于都医院后无音讯，1954年4月追认为烈士
185	蓝春祥	上杭县庐丰畲族乡丰乐村	1913	1930	红军第十二军战士		1931年到南阳红军医院后无音讯，1954年4月追认为烈士
186	蓝祥光	上杭县庐丰畲族乡丰乐村	1914.08	1931	红军新编第十二军战士	团员	1931年到江西省后无音讯，1954年4月追认为烈士
187	蓝旭华	上杭县庐丰畲族乡丰乐村	1907	1931	红军第十五军四十九团连长		1931年到宁化县后无音讯，1954年4月追认为烈士
188	蓝荣义	上杭县庐丰畲族乡丰乐村	1911	1929.06	上杭县庐丰乡暴动队队员		1930年9日前往上杭送信途中，经半店被民团蓝克宽部抓捕并杀害于江西省瑞金交界，1988年7月6日追认为烈士
189	蓝维海	上杭县庐丰畲族乡丰济村	1910.04	1930	杭武县赤卫团战士	党员	1931年在攻打武平县桃地战斗中牺牲
190	蓝维仁	上杭县庐丰畲族乡丰济村	1899.06	1926.03	闽西苏维埃政府财政部长	党员	1932年在永定县虎岗被敌杀害
191	蓝荣喜	上杭县庐丰畲族乡丰济村	1906.08	1932	庐丰区苏维埃政府主席、区委书记	党员	1937年在上杭县湖洋西天寨被敌杀害
192	蓝桃林	上杭县庐丰畲族乡丰济村	1898	1928	上杭东一区苏维埃政府主席		1929年因敌人进犯被俘后杀害于上杭县中都
193	蓝增高	上杭县庐丰畲族乡丰济村	1895	1930	庐丰区苏维埃政府土地科科长		1930年敌进攻庐丰区苏维埃政府，在荷树坪被捕牺牲于庐丰公馆前
194	蓝义达	上杭县庐丰畲族乡丰济村	1914	1930	红军第十二军警卫连排长		1931年在平和县大芦溪与敌作战中牺牲

续表13-01

序号	姓 名	籍 贯	出生年月	入伍时间	原工作单位及职务	是否党团员	牺牲时间、地点
195	蓝添喜	上杭县庐丰畲族乡丰济村	1914	1930	杭武县赤卫团战士		1931年在上杭县蓝家渡与敌作战中牺牲
196	蓝宪传	上杭县庐丰畲族乡丰济村	1889	1931	上杭县庐丰乡暴动队队员		1931年在上杭县庐丰黄泥垅放哨时被捕，杀害于庐丰公馆前
197	蓝堂林	上杭县庐丰畲族乡丰济村	1903	1929	上杭县联彬区下庐丰乡苏维埃政府主席	团员	1934年在上杭县庐丰龙井与敌作战中牺牲
198	蓝文富	上杭县庐丰畲族乡丰济村	1917	1936	代英县庐丰区游击队队员		1936年8月在上杭县稔田大坑头作战中被俘于蜈蚣岭就义
199	蓝全福	上杭县庐丰畲族乡丰济村	1910	1934	代英县庐丰区地下工作人员		1936年在上杭县庐丰大路背破坏敌电话线被捕就义
200	蓝玉旺	上杭县庐丰畲族乡丰济村	1913	1929	杭代县游击支队队员		1938年在上杭县稔田蜈蚣岭被俘后牺牲
201	蓝传兴	上杭县庐丰畲族乡丰济村	1905	1937	杭代县游击支队事务长		1938年在上杭县稔田蜈蚣岭被俘后牺牲
202	蓝维龙	上杭县庐丰畲族乡丰济村	1905.04	1924	上杭县肃反委员会主席	党员	1931年7误为“社党”被害于上杭县白砂，1953年11月追认烈士
203	蓝树荣	上杭县庐丰畲族乡丰济村	1905.12	1927	杭武县赤卫团政治委员	党员	1931年9月误为“社党”被害于上杭县横岗，1955年6月追认烈士
204	蓝达人	上杭县庐丰畲族乡丰济村	1904	1930	上杭县庐丰乡经互会主任		1931年9月误为“社党”被害于上杭县白砂，1955年6月追认烈士
205	蓝维灿	上杭县庐丰畲族乡丰济村	1910.11	1927	上杭县庐丰区团委书记	团员	1931年9月误为“社党”被害于上杭县茶地大爕，1955年6月追认为烈士
206	蓝占丰	上杭县庐丰畲族乡丰济村	1914.02	1927	杭武县赤卫团一营文书	团员	1931年5月误为“社党”被害于上杭县横岗，1955年6月追认烈士
207	蓝华喜	上杭县庐丰畲族乡丰济村	1913.07	1929	上杭县庐丰乡团支部书记	团员	1931年8月误为“社党”被害于上杭县白砂，1955年6月追认烈士
208	蓝明辉	上杭县庐丰畲族乡丰济村	1907	1930.03	红军第二十一军副官	团员	1931年5月误为“社党”被害于上杭县白砂，1955年6月追认烈士
209	蓝天培	上杭县庐丰畲族乡丰济村	1896	1929	上杭县茶地乡党支部书记	党员	1931年误为“社党”被害于上杭县茶地，1955年6月追认烈士
210	蓝超群	上杭县庐丰畲族乡丰济村	1904.05	1929.08	上杭县庐丰区苏维埃政府财政工作人员	党员	1931年6月误为“社党”被害于上杭县横岗杀人岽，1955年6月追认为烈士
211	蓝良平	上杭县庐丰畲族乡丰济村	1902.12	1929.10	上杭县庐丰区苏维埃政府财政工作人员	党员	1931年6月误为“社党”被害于上杭县横岗杀人岽，1955年6月追认为烈士

续表13-01

序号	姓　名	籍　贯	出生年月	入伍时间	原工作单位及职务	是否党团员	牺牲时间、地点
212	蓝洪泰	上杭县庐丰畲族乡丰济村	1902.08	1929.08	杭武县苏维埃政府警卫连连长	党员	1931年6月误为“社党”被害于上杭县横岗，1955年6月追认烈士
213	蓝凤初	上杭县庐丰畲族乡丰济村	1906	1929	杭武县苏维埃政府军事委员会事务长	党员	1934年后无音讯，1954年4月追认为烈士
214	蓝福财	上杭县庐丰畲族乡丰济村	1912	1930	红军新编十二军战士		1931年后无音讯，1954年4月追认为烈士
215	蓝凤元	上杭县庐丰畲族乡丰济村	1911	1929	红军第十二军战士		1930年后无音讯，1954年4月追认为烈士
216	蓝善堂	上杭县庐丰畲族乡丰济村	1909	1929	红军第十二军战士		1930年到江西后无音讯，1954年4月追认为烈士
217	蓝龙春	上杭县庐丰畲族乡丰济村	1896	1927	上杭县庐丰乡赤卫队班长		1931年请假回家被敌抓到上杭县城西郊场杀害
218	蓝汉科	上杭县庐丰畲族乡丰济村	1898	1929.06	上杭县东一区苏维埃政府财粮干事、裁判员	党员	1934年9月在上杭县樟坑与敌作战负伤后回家被杀害于庐丰
219	蓝春元	上杭县庐丰畲族乡丰济村	1893	1929	红军第十二军战士	党员	1930年后无音讯，1954年4月追认为烈士
220	蓝金堂	上杭县庐丰畲族乡丰济村	1898	1927	上杭县庐丰乡党支部书记	党员	1936年9月召开秘密会议时被民团包围杀害于上杭县庐丰公馆前，1985年11月4日追认为烈士
221	蓝家其	上杭县庐丰畲族乡扶洋村	1911	1929	上杭县东一区湖洋赤卫队队员	团员	1934年在上杭县湖洋乡大坪上与敌作战中牺牲
222	蓝开璧	上杭县庐丰畲族乡扶洋村	1912.05	1929	上杭县少先队宣传员		1934年在上杭县太拔与敌作战中牺牲
223	蓝传洪	上杭县庐丰畲族乡太古村	1906	1928.07	东一区水井乡苏维埃政府主席、中共庐丰区委书记	党员	1935年1月因坏人告密，被敌捕于上杭西门杀害
224	蓝金生	上杭县临江镇镇东社区	1911	1929	红军第十二军战士		1930年攻打武平中堡负伤后送至上杭官庄角树下时牺牲
225	雷发光（雷仁林）	上杭县临江镇镇东社区	1903	1927	红军新编第十二军战士		1932年后无音讯，1955年2月追认为烈士
226	雷元鹤	上杭县临江镇镇中社区	1912	1929	杭武县总工会主席		1931年误为“社党”被害于上杭白砂，1955年7月追认为烈士
227	蓝开文	上杭县临江镇天山社区	1902	1929	上杭县苏维埃政府工人纠察队干事		1929年在白砂与敌作战后无音讯，1955年7月追认为烈士
228	钟学然	上杭县临江镇		1929	红三十四师九支队战士		1933年在泰宁县与敌作战中牺牲
229	蓝俊文	上杭县临江镇东南社区（原稔田镇黄罗村）	1910	1943	闽西王涛支队通讯员、宣传员兼看守班长	党员	1945年3月在丰稔黄沙埔被敌抓捕后牺牲于永定县
230	钟银春	上杭县临城镇石砌村	1910	1929	红军第四军战士		1933年在江西苗子地与敌作战后无音讯，1955年2月追认烈士

续表13-01

序号	姓 名	籍 贯	出生年月	入伍时间	原工作单位及职务	是否党团员	牺牲时间、地点
231	钟胜星	上杭县临城镇石砌村	1910	1931	红军第十二军独立团二营二连战士	党员	1933年在江西省兴国县与敌作战负伤后抬到上茶岭医院后牺牲
232	钟景康	上杭县临城镇石砌村	1904	1931	红军第十二军三十七师七十二团战士		1934年在连城县温坊战斗中腹部受伤牺牲
233	钟景舜	上杭县临城镇石砌村	1910	1931	红军第十二军政治部宣传员	团员	1934年在长汀县被敌杀害
234	钟景聪	上杭县临城镇石砌村	1917	1930	红军独立第八团战士		1934年在龙岩县竹子坝与敌作战中牺牲
235	钟大猷	上杭县临城镇石砌村	1912	1930	红军第十二军战士		1932年在江西省与敌作战中牺牲
236	钟永猷	上杭县临城镇石砌村	1913	1931	红军第十二军三十七师七十二团侦察班班长		1934年3月在长汀县松毛岭与敌作战牺牲
237	钟景养	上杭县临城镇石砌村	1910	1930	红军第十二军战士		1934年长征后无音讯，1958年12月追认烈士
238	钟长儒	上杭县临城镇石砌村	1905	1930	红军第四军战士		1932年在江西省于都县与敌作战中牺牲
239	钟正猷	上杭县临城镇石砌村	1909	1929.11	杭武县苏维埃政府特务连班长	党员	1931年5月误为“社党”被害于白砂科子里，1955年7月追认为烈士
240	钟相猷	上杭县临城镇石砌村	1902	1932	红军第十二军战士		1932年到江西省在第四次委“围剿”后无音讯，1955年2月追认为烈士
241	钟林猷	上杭县临城镇石砌村	1915	1931	红军第十二军三十七师七十一团班长		1931年后无音讯，1955年2月追认为烈士
242	钟长云	上杭县临城镇石砌村	1915	1931	红军独立第一团机枪连排长	党员	1931年到江西省红军学校后无音讯，1955年2月追认为烈士
243	钟景来	上杭县临城镇石砌村	1901	1931	红军第十二军三十四师战士		1933年在永定县病故，1955年2月追认为烈士
244	钟监猷	上杭县临城镇石砌村	1901	1931	新汀杭县游击队第三支队战士	党员	1934年在长汀县馆前病故，1955年2月追认为烈士
245	钟水生	上杭县临城镇石砌村	1914	1930	红军第十二军战士		1932年在上杭县白砂患病后抬回家病故，1955年2月追认为烈士
246	钟大旺	上杭县临城镇上登村	1915.06	1944.01	闽粤赣边纵第七支队交通站接头户		1947年8月10日在上杭县上登乡油塘尾被敌杀害
247	蓝现贵	上杭县临城镇城西社区	1894.05	1929	杭武县濑溪区六甲乡赤卫队	党员	1931年3月在上杭县城郊六甲兰门岭被敌杀害
248	钟泉魁	上杭县临城镇西南村	1906.10	1930	红军第十二军战士		1935年在陕西省与敌作战中牺牲

续表13-01

序号	姓名	籍贯	出生年月	入伍时间	原工作单位及职务	是否党团员	牺牲时间、地点
249	钟雄魁	上杭县临城镇西南村	1898.06	1930	红军独立第七师战士		1932年3月在漳州市石上与敌作战中牺牲
250	蓝新来	上杭县临城镇黄竹村	1908	1929	闽粤赣边区闽西游击支队上杭独立大队战士		1947年在上杭县湖洋乡文光水口被敌杀害
251	钟祥兴	上杭县临城镇玉女村	1901	1929	上杭县北四区苏维埃政府粮食部长	党员	1933年在上杭县玉女连塘岌被敌杀害
252	钟汉扬	上杭县湖洋镇碧田村	1914	1931	红军第五军团十五师战士	团员	1933年在广东惠州与敌作战中牺牲
253	钟美礼	上杭县湖洋镇碧田村	1902	1932	红军第五军团十五师战士		1933年后无音讯，1955年2月追认为烈士
254	钟汉明	上杭县湖洋镇碧田村	1915	1932	红军第五军团十五师战士		1933年在江西省上饶县洋口病故，1955年2月追认为烈士
255	钟锡梅	上杭县湖洋镇碧田村	1915	1932	红军第十五师四十三团三营九连战士		1932年在广东省南雄县与敌作战中牺牲
256	钟胜辉	上杭县湖洋镇碧田村	1902	1931	红军第五军团十五师四十三团三营九连通讯员	党员	1934年6月在江西省黎川县与敌作战中牺牲
257	蓝德传	上杭县湖洋镇加庄村	1918	1932	红军第十二军战士		1932年5月在武平县苦竹山与敌作战中牺牲
258	钟才英	上杭县湖洋镇元丰村	1900	1930	上杭县水埔区赤卫队第十二大队副大队长		1930年8月到元迳仙华村捉土豪负伤后，于龙岩医院牺牲
259	钟炳香	上杭县湖洋镇元丰村	1915	1929	上杭县水埔区苏维埃政府宣传委员	团员	1933年8月到敌占区抓土豪途中遇敌被捕后于上杭县西郊场就义
260	钟万香	上杭县湖洋镇元丰村	1912	1929	上杭县西四区赤卫队宣传员	团员	1931年4月误为“社党”被害于白砂，1955年7月追认为烈士
261	钟四满	上杭县湖洋镇元丰村	1898	1932	红军第十二军战士		1932年后无音讯，1955年2月追认为烈士
262	钟德周	上杭县中都镇瑞香村	1912	1930	红军彭杨军事学校学习后任团长		1931年在稔田石牌前与敌作战中牺牲
263	雷耀云	上杭县下都镇五丰村	1891	1929.09	上杭县南二区璜山乡苏维埃政府土地科科长		1929年在上杭县八字坡被敌包围枪杀
264	雷富钦	上杭县下都镇五丰村	1913	1929	上杭县杭南游击队特务长		1933年9月在上杭县稔田被敌抓捕后杀害于上杭西郊场
265	雷李富	上杭县太拔镇崇厦村	1887.03	1929.08	上杭县东三区崇睦乡苏维埃政府主席		1934年在上杭县太拔鲜水坑被民团杀害

续表13-01

序号	姓　名	籍　贯	出生年月	入伍时间	原工作单位及职务	是否党团员	牺牲时间、地点
266	雷煌茂	上杭县太拔镇崇厦村	1907	1930.05	上杭县东三区游击队战士		1930年6月在上杭县洋境与民团作战中牺牲
267	雷真茂	上杭县太拔镇崇厦村	1899	1929.08	乡苏交通，1931年参加红军，任红军第十二军炊事员		1934年后无音讯，1955年2月追认烈士
268	雷李贵	上杭县太拔镇崇厦村	1898	1930	1930—1931.05任上杭县苏工会主席	党员	1931年5月误为"社党"被害于上杭县白砂，1955年7月追认烈士
269	钟时章	上杭县太拔镇坵辉村	1904.11	1930	红军第五军团三十四师一〇〇团三连连长		1930年5月在泰宁海口横路与敌战斗中牺牲
270	钟时保	上杭县太拔镇坵辉村	1917.04	1930	红军第十二军战士		1930年9月在平和县大泸溪与敌战斗中牺牲
271	钟时衍	上杭县太拔镇坵辉村	1915.07	1931	红军第十二军战士	团员	1932年5月在上杭县白砂将军桥与敌战斗中牺牲
272	钟时镇	上杭县太拔镇坵辉村	1908.01	1930	红军第十二军战士		1932年在武平战斗中被俘后遭敌杀害
273	钟斯远	上杭县太拔镇坵辉村	1904	1932.02	上杭县游击队班长	党员	1932年在上杭县蓝溪下坝被民团抓捕后遭杀害
274	钟进英	上杭县太拔镇坵辉村	1906	1929	红军第十二军战士		1932年5月6日在广东省大埔县与敌战斗中牺牲
275	钟进荣	上杭县太拔镇坵辉村	1911.04	1929	红军独立师班长	团员	1934年在龙岩县大河坑与敌战斗中牺牲
276	钟加松	上杭县太拔镇坵辉村	1911.03	1930	上杭县游击大队战士		1933年12月在武平县桃地与敌作战中牺牲
277	钟寿华	上杭县太拔镇坵辉村	1913.01	1929	新四军二团团长，后方留守秘密工作负责人、党支部书记	党员	1940年8到太拔从事革命活动，9月30日被本村恶霸钟时荫等抓捕杀害于坵辉
278	钟喜养	上杭县太拔镇坵辉村	1897	1929	杭武县第三区苏维埃政府财政工作人员	党员	1931年6月误为"社党"被害于太拔彩霞四至亭，1955年7月追认烈士
279	钟桧荣	上杭县太拔镇坵辉村	1912	1929	杭武县第三区苏维埃政府区团支书	团员	1931年5月误为"社党"被害于上杭县太拔，1955年7月追认烈士
280	钟宝华	上杭县太拔镇坵辉村	1906	1929	闽西苏维埃政府工作人员	党员	1931年5月误为"社党"被害于永定虎岗，1955年7月追认烈士
281	钟正铿	上杭县太拔镇坵辉村	1989	1929	代英县太拔区太拔乡苏维埃政府主席	党员	1934年7月在永定金砂芹菜洋病故，1955年2月追认为烈士
282	钟德云	上杭县太拔镇坵辉村	1904.12	1929	上杭县游击队战士	党员	1934年12月24日在庐丰安乡将军地作战中被俘后在本村水口遭杀害

续表13-01

序号	姓　名	籍　贯	出生年月	入伍时间	原工作单位及职务	是否党团员	牺牲时间、地点
283	钟宝如	上杭县溪口镇大连村	1909.05	1930.07	广东省大埔县茶阳游击队员	团员	1934年8月在茶阳转移时被敌杀害于上杭茶地黄竹墩
284	钟育芳	上杭县溪口镇双华村	1911	1932	红军第十二军战士	团员	1932年12月在永定虎岗与敌作战中牺牲
285	雷桂林	上杭县溪口镇大洋坝村	1906	1931	红军汀连县司令部司令员		1935年4月在长汀罗坊与敌作战中被捕，杀害于上杭
286	钟文如	上杭县茶地镇九泰村	1900	1931	杭武县东一区赤卫队队员		1931年在上杭县太拔院田村与敌作战中牺牲
287	钟宝如	上杭县茶地镇九泰村	1907	1931	代英县茶地区游击队队员	团员	1935年在上杭县茶地黄竹墩与敌作战中牺牲
288	钟永玉	上杭县茶地镇九泰村	1913	1931	上杭县东一区赤卫队队员		1932年在上杭县庐丰笠麻岽与敌作战中牺牲
289	钟大宽	上杭县茶地镇九泰村	1906	1931	红军第十二军三十四师战士		1931年在上杭县稔田与敌作战被俘后在上杭县城就义
290	钟耀泰	上杭县茶地镇九泰村	1906	1930	中共代英县委书记	党员	1934年在上杭县溪口宫下村被敌包围作战牺牲
291	钟光华	上杭县茶地镇九泰村	1888	1929	上杭县东一区贫农团主任	党员	1933年8月在上杭茶地被敌抓到泮境书堂背杀害
292	钟桂先	上杭县茶地镇九泰村	1905	1932	代英县苏维埃政府财政部长	党员	1934年在上杭稔田被敌抓到广东省蕉岭县杀害
293	钟耀胜	上杭县茶地镇九泰村	1909	1931	红军第十二军三十四师战士		1931年在上杭稔田与敌作战中牺牲
294	钟有文	上杭县茶地镇九泰村	1895	1930	代英县茶地区茶地乡苏维埃政府主席	党员	1934年在上杭茶地黄竹墩被敌抓到上杭县泮境杀害
295	钟耀枢	上杭县茶地镇九泰村	1902	1929.06	杭武县第二区茶地乡苏维埃政府文书	党员	1931年5月误为“社党”被害于上杭县横岗，1955年7月追认为烈士
296	钟浪山	上杭县茶地镇九泰村	1902	1930.07	杭武县第二区茶地交通站站长	党员	1931年5月误为“社党”被害于上杭县白砂，1955年7月追认为烈士
297	钟朋桥	上杭县茶地镇九泰村	1913.06	1930.06	杭武县第二区团委书记	团员	1931年5月误为“社党”被害于上杭县横岗，1955年7月追认为烈士
298	钟选桥	上杭县茶地镇九泰村	1909.08	1929.05	杭武县第二区团委宣传委员	团员	1931年5月误为“社党”被害于上杭茶地枫树角，1955年7月追认为烈士
299	钟应先	上杭县茶地镇九泰村	1907	1930.07	杭武县赤卫团战士	党员	1931年5月误为“社党”被害于上杭茶地枫树角，1955年7月追认为烈士
300	钟玉芦	上杭县茶地镇九泰村	1913	1932	上杭县赤卫团战士		1933年在泮境得病抬回家中逝世，1955年2月追认为烈士

续表13-01

序号	姓　名	籍　贯	出生年月	入伍时间	原工作单位及职务	是否党团员	牺牲时间、地点
301	钟坤荣	上杭县茶地镇九泰村	1906	1932	上杭县赤卫团战士		1934年在上杭大夒得病抬回家中逝世，1955年7月追认为烈士
302	钟贞维	上杭县茶地镇九泰村	1913	1932	红军上杭县独立团战士		1934年在部队得病于龙岩闽西医院逝世，1955年2月追认为烈士
303	钟武元	上杭县茶地镇九泰村	1893	1930	上杭县东一区苏维埃政府主席	党员	1931年上杭县茶地区苏维埃政府得病抬回家中逝世，1955年2月追认为烈士
304	钟天养	上杭县茶地镇九泰村	1910	1931	红军独立师战士		1931年后无音讯，1955年2月追认为烈士
305	钟成玉	上杭县茶地镇九泰村	1903	1930	上杭县东一区模范营班长	党员	1931年后无音讯，1955年2月追认为烈士
306	钟宝乔	上杭县茶地镇九泰村	1912	1932	红军新编第十二军三十五师战士		1932年参加三十五师后无音讯，1955年2月追认为烈士
307	钟含兴	上杭县茶地镇九泰村	1904	1931	红军新编第十二军三十四师战士		1931年往江西东黄陂后无音讯，1955年2月追认为烈士
308	钟亨光	上杭县茶地镇九泰村	1903	1931	红军新编第十二军三十四师战士	党员	1931年后无音讯，1955年2月追认为烈士
309	钟梦祥	上杭县茶地镇九泰村	1916	1931	红军新编第十二军三十四师战士		1931年后无音讯，1955年2月追认为烈士
310	钟兆雪	上杭县茶地镇九泰村	1913	1930	红军第十二军军部号兵		1930年后无音讯，1955年2月追认为烈士
311	钟有禄	上杭县茶地镇九泰村	1900	1931	红军新编第十二军政治部工作人员	党员	1931年后无音讯，1955年2月追认为烈士
312	钟含元	上杭县茶地镇九泰村	1915	1930	红军第十二军三十四师战士	团员	1930年后无音讯，1955年2月追认为烈士
313	钟富先	上杭县茶地镇九泰村	1905	1931	红军新编第十二军三十四师战士		1931年后无音讯，1955年2月追认烈士
314	钟亨祥	上杭县茶地镇九泰村	1897	1929	中共福建省委委员（长汀）、中共上杭县委工作人员	党员	1934年在连城与敌作战中牺牲
315	钟春惟	上杭县茶地镇九泰村	1901	1929	红军第四军战士		1929年后无音讯，1955年2月追认为烈士
316	钟洪林	上杭县茶地镇大夒村	1900	1930.06	闽西苏维埃政府肃反委员会勤务员		1931年10月误为“社党”被害于上杭县白砂崇福寺，1955年7月追认为烈士
317	蓝万升	上杭县泮境乡元康村	1913	1931	红军第十二军补充团战士		1931年后无音讯，1955年2月追认为烈士
318	蓝万华	上杭县泮境乡元康村	1909	1930	红军第十二军三十四师一〇三团战士		1921年至瑞金红军学校后无音讯，1955年2月追认为烈士

续表13-01

序号	姓　名	籍　贯	出生年月	入伍时间	原工作单位及职务	是否党团员	牺牲时间、地点
319	钟福财	上杭县白砂镇茜黄村	1901	1929	红军第二十一军排长		1933年7月请假回家在白砂官将被民团杀害
320	钟乾财	上杭县白砂镇茜黄村	1911.09	1932	红军第十二军战士	党员	1934年后无音讯，1955年2月追认为烈士
321	钟锦星	上杭县白砂镇茜黄村	1912	1932	红军第十二军炊事员		1934年往湖南后无音讯，1955年2月追认为烈士
322	钟三才	上杭县白砂镇茜黄村	1906	1930	红军第一纵队三大队班长		1932年5月在建宁与敌作战中牺牲
323	雷开添	上杭县蛟洋镇华家村	1911	1929	上杭县北三区教导队战士		1933年在永定县与敌作战中牺牲
324	雷开田	上杭县蛟洋镇华家村	1902	1930	上杭县北三区赤卫队队员		1930年攻打上杭县城时牺牲
325	雷寿天	上杭县蛟洋镇华家村	1901	1929	杭武县北三区乡苏维埃政府主席		1931年误为"社党"被害于上杭县华家亭，1955年2月追认为烈士
326	雷丰能	上杭县蛟洋镇华家村	1909	1932	上杭县独立团卫生员		1932年后无音讯，1955年2月追认为烈士
327	雷桂秋	上杭县古田镇苏家坡村	1896.08	1928	上杭县北五区赤卫队队长		1928年8月在上杭县蛟洋塘厦与敌作战中牺牲
328	雷锡炎	上杭县古田镇苏家坡村	1891.08	1930	闽粤赣军区司令部采购员	党员	1932年8月在长汀县河田被敌杀害
329	钟茂仪	上杭县南阳镇双溪村	1910	1930.05	红军第四军战士		1932年3月攻打上杭城战斗中牺牲
330	钟锡仪	上杭县南阳镇双溪村	1904	1931.03	红军第四军战士		1934年8月在江西省赣州与敌作战中牺牲
331	钟德华	上杭县南阳镇双溪村	1910	1929	长汀县射山乡苏维埃政府土地科长		1931年4月误为"社党"被害于长汀县涂坊，1962年12月追认为烈士
332	钟权茂	上杭县南阳镇双溪村	1906	1929.07	长汀县射山乡赤卫队队员		1929年8月攻打南阳战斗中牺牲
333	钟守茂	上杭县南阳镇双溪村	1904	1929.04	长汀县南阳区苏维埃政府裁判部长	党员	1931年5月误为"社党"被害于长汀县涂坊，1962年12月追认为烈士
334	钟如书	上杭县南阳镇双溪村	1910	1929	红军第四军四纵队十一支队三十三大队战士		1930年到江西省赣州后无音讯，1962年12月追认为烈士
335	钟桂华	上杭县南阳镇双溪村	1909	1929	长汀县南阳区模范营战士		1934年后无音讯，1962年11月追认烈士
336	钟炎华	上杭县南阳镇双溪村	1913	1933	长汀县南阳区模范营战士		1936年后无音讯，1962年11月追认为烈士
337	钟新仪	上杭县南阳镇双溪村	1900	1929	长汀县南阳区游击队战士		1934年在上杭县才溪四方山与敌作战牺牲，1985年7月6日追认为烈士

续表13-01

序号	姓　名	籍　贯	出生年月	入伍时间	原工作单位及职务	是否党团员	牺牲时间、地点
338	钟煌兴	上杭县南阳镇涂坑村	1909	1932	红军东南作战军战士	团员	1932年因部队出发至江西省在途中跌落桥下牺牲
339	钟兰钦	上杭县南阳镇涂坑村	1908	1932.10	红军第十二军三十四师一〇一团三营三连战士		1934年在建宁、泰宁一带与敌作战中遭敌机空袭牺牲
340	钟流钦	上杭县南阳镇涂坑村	1910	1931.09	红军东南作战军战士	团员	1934年与国民党十九路军作战被俘后在上杭古田就义
341	钟梅进	上杭县南阳镇涂坑村	1916	1933	长汀县南阳区模范营战士		1934年10月在连城池溪与敌作战中牺牲
342	钟三兴	上杭县南阳镇涂坑村	1900	1931.06	红军第十二军三营三连战士		1934年12月在江西省石城与敌作战中牺牲
343	钟观保	上杭县南阳镇涂坑村	1918	1931	红军第十二军三营战士		1933年在长汀县古城与敌作战中牺牲
344	钟足钦	上杭县南阳镇涂坑村	1915	1931	红军第十二军三十四师一〇一团二营战士	团员	1934年因作战负伤在上杭大洋坝医院牺牲
345	钟高兴	上杭县南阳镇涂坑村	1913	1931	红军第十二军四营战士		1933年10月与敌作战中牺牲
346	钟沛钦	上杭县南阳镇涂坑村	1909	1932.04	红军第十二军三十四师一〇一团三营四连三班班长	团员	1934年在建宁、泰宁与敌作战中牺牲
347	钟木进	上杭县南阳镇涂坑村	1911	1929	长汀县南阳区涂车乡团支部书记	团员	1931年误为"社党"被害于南阳，1962年12月追认为烈士
348	钟祥保	上杭县南阳镇涂坑村	1893	1929	长汀县南阳区涂车乡党支部书记	党员	1931年5月误为"社党"被害于南阳罗屋，1962年12月追认为烈士
349	钟维和	上杭县南阳镇涂坑村	1905	1930	长汀县南阳区涂车乡工会主任	党员	1931年5月误为"社党"被害于南阳马洋洞，1962年12月追认为烈士
350	钟水祥	上杭县南阳镇涂坑村	1895		长汀县南阳区涂车乡涂坑村农民代表		1931年5月误为"社党"被害于南阳罗屋，1962年12月追认为烈士
351	钟炳兴	上杭县南阳镇涂坑村	1904	1929	长汀县南阳区涂车乡涂坑村干部	党员	1931年5月误为"社党"被害于南阳罗屋，1962年12月追认为烈士
352	钟江进	上杭县南阳镇涂坑村	1917	1932.08	红军第十二军大炮队班长	党员	1932年8月与敌作战中牺牲
353	钟顺标	上杭县南阳镇涂坑村	1888	1933	红军东南作战军担架队员		1933年往江西省后无音讯，1962年11月追认为烈士
354	钟发辉	上杭县南阳镇涂坑村	1907	1929	红军第十二军一〇一团五连排长		1933年在长汀古城与敌作战中牺牲
355	钟接兴	上杭县南阳镇南坑村	1908	1934	长汀县南阳区南坑乡赤卫队队员		1934年2月在南阳罗屋坝被敌抓捕杀害

续表13-01

序号	姓 名	籍 贯	出生年月	入伍时间	原工作单位及职务	是否党团员	牺牲时间、地点
356	钟何兴	上杭县南阳镇南坑村	1909	1934.08	红军独立第九团战士		1934年10月在长汀黄舍宫战役中遭敌机空袭牺牲
357	钟才兴	上杭县南阳镇南坑村	1902	1930	长汀县南阳区赤卫队炊事员		1930年4月攻打长汀县城时被俘后遇难
358	钟铭兴	上杭县南阳镇南坑村	1892	1929.06	长汀县南阳区南坑乡暴动队队员		1930年2月在长汀南阳南坑因患天花病故，1955年2月追认为烈士
359	钟茶兴	上杭县南阳镇南坑村	1904	1929	长汀县南阳区苏维埃政府工作人员		1931年5月误为“社党”被害于长汀涂坊，1962年11月追认为烈士
360	钟天配	上杭县南阳镇南坑村	1908	1929	红军第十二军战士		1933年11月在江西省与敌作战中牺牲
361	钟凤书	上杭县南阳镇南岭村	1911	1931.04	红军新编第十二军战士		1932年在攻打漳州战斗中牺牲
362	钟茂沧	上杭县南阳镇南岭村	1920	1950	长汀县三平区南岭村村长		1950年9月因到县开会在长汀老鹰岽被土匪杀害
363	钟茂洪	上杭县南阳镇南岭村	1917	1950	长汀县三平区南岭乡民兵队长		1950年在长汀县南岭放哨时被土匪杀害
364	钟祥春	上杭县南阳镇南岭村	1904	1929	长汀县涂坊乡苏维埃政府交通站交通员		1930年3月因送文件途经南阳赤足溪被敌杀害
365	钟洪书	上杭县南阳镇南岭村	1902	1931	红军第二十四师三团二连排长		1932年8月在长汀县曹坊与敌作战牺牲
366	钟富元	上杭县南阳镇南岭村	1910	1929	长汀县独立营班长		1933年10月在长汀县美西角与敌作战牺牲
367	钟如达	上杭县南阳镇南岭村	1904	1929	红军第四军战士		1929年8月在江西省战斗后无音讯，1962年11月追认为烈士
368	钟祥海	上杭县南阳镇南岭村	1914	1929	红军第四军战士		1929年后无音讯，1962年11月追认为烈士
369	钟林昌	上杭县南阳镇南岭村	1911	1931	红军新编第十二军副班长		1931年后无音讯，1962年11月追认为烈士
370	钟怀佩	上杭县南阳镇南岭村	1905	1929	长汀县南岭乡苏维埃政府财粮委员		1931年5月误为“社党”被害于长汀赖坊，1962年11月追认为烈士
371	钟开堂	上杭县南阳镇南岭村	1902	1929	红军独立第五团班长		1929年6月在攻打上杭县城战斗中牺牲
372	钟 鑫	上杭县南阳镇南岭村	1912	1930	汀连县苏维埃政府秘书	团员	1931年5月误为“社党”被害于长汀赖坊，1962年11月追认为烈士
373	钟幸元	上杭县南阳镇南岭村	1910	1929	长汀县苏维埃政府政治保卫局战士	团员	1931年5月误为“社党”被害于长汀赖坊，1962年11月追认为烈士

续表13-01

序号	姓　名	籍　贯	出生年月	入伍时间	原工作单位及职务	是否党团员	牺牲时间、地点
374	钟林妹	上杭县南阳镇南岭村	1909	1930	长汀县苏维埃政府政治保卫局战士		1931年5月误为“社党”被害于长汀赖坊，1962年11月追认为烈士
375	钟镇明	上杭县南阳镇南岭村	1914	1929	长汀县茶溪区南岭乡农民协会主任		1931年5月误为“社党”被害于长汀赖坊，1962年11月追认为烈士
376	钟李妹	上杭县南阳镇南岭村		1932	长汀县赤卫团战士		1932年往长汀县濯田后无音讯，1979年12月追认为烈士
377	钟茂富	上杭县南阳镇南岭村		1929.02	红军第四军战士		1929年后无音讯，1979年12月追认为烈士
378	蓝宜凤	上杭县通贤镇礤头村	1909	1932	红军新编第十二军战士		1934年2月在江西南丰与敌作战中牺牲
379	蓝桥寿	上杭县才溪镇才民村	1887	1933	福建军区独立营战士		1935年在上杭官庄七里山与敌作战中牺牲
380	蓝卷榕	上杭县才溪镇才民村	1905	1933	红军第十二军补充团炊事员	团员	1934年在连城县大河徐与敌作战中牺牲
381	雷升贞	上杭县才溪镇溪北村	1900	1930.10	上杭县才溪区赤卫队模范营四连战士		1932年在上杭县太拔大坑头与敌作战中牺牲
382	雷　斌	上杭县才溪镇溪北村	1909	1932	红军第四军战士		1933年在江西省与敌作战中牺牲
383	雷洪喜	上杭县才溪镇溪北村	1912	1932	上杭县才溪区苏维埃政府地方武装机枪连班长		1933年在上杭县庐丰与敌作战中牺牲
384	雷升远	上杭县才溪镇溪北村	1900	1932	红军独立第八团四连一排三班班长		1934年在龙岩县铜钵与敌作战中牺牲
385	雷　灵	上杭县才溪镇溪北村	1912	1929	红军第四军司令部科员、红军先遣抗日挺进支队工作人员		1935年在杭州附近与敌作战中牺牲
386	雷良发	上杭县才溪镇溪北村	1900	1930	红军第十二军战士		1933年在永定县与敌作战中牺牲
387	雷发兴	上杭县才溪镇溪北村	1908	1932	红军第十二军一〇三团三连事务长	团员	1932年在上杭县蛟洋与敌作战中牺牲
388	雷升良	上杭县才溪镇溪北村	1900	1931	红军新编第十二军一〇四团二连担架队长		1933年在江西省东黄陂与敌作战中牺牲
389	雷香发	上杭县才溪镇溪北村	1905	1931.09	红军第十二军一〇四团二连班长		1933年10月在武平县苦竹山与敌作战中牺牲
390	雷接科	上杭县才溪镇溪北村	1900	1930	红军第十二军三十四师一〇二团六连战士		1931年在永安县与敌作战中牺牲
391	雷连兴	上杭县才溪镇溪北村	1902	1932	红军第十二军三十四师一〇二团六连战士	党员	1933年在江西宜川与敌作战中牺牲
392	雷贵兴	上杭县才溪镇溪北村	1908	1932.06	上杭县才溪区赤卫队班长		1932年在上杭县水西渡与敌作战中牺牲

续表13-01

序号	姓　名	籍　贯	出生年月	入伍时间	原工作单位及职务	是否党团员	牺牲时间、地点
393	雷华兴	上杭县才溪镇溪北村	1901	1930	红军新编第十二军三十四师一〇一团六连炊事员		1932年在广西瑞莲山与敌作战中牺牲
394	雷天才	上杭县才溪镇溪北村	1910.05	1929	新四军二支队连长		1941年在“皖南事变”中牺牲
395	雷庆兴	上杭县才溪镇溪北村	1903.03	1929	闽粤军区独立九团三连司务长	党员	1932年在顺昌县下茂乡与敌作战牺牲
396	雷浩松	上杭县才溪镇溪北村	1904	1932	红军独立第七师三团一连战士		1934年在永定县堂堡与敌作战牺牲
397	雷浩荣	上杭县才溪镇溪北村	1911	1933	红军第五军团三十四师战士		1934年在湖南省湘水与敌作战牺牲
398	雷庆荣	上杭县才溪镇溪北村	1905.03	1932.06	上杭县才溪区赤卫队事务长		1933年在连城朋口与敌作战牺牲
399	雷庆铭	上杭县才溪镇溪北村	1904.01	1929	福建军区杭永岩一分区独立营一连炊事员	党员	1934年在永定县汤湖与敌作战牺牲
400	雷茂兴	上杭县才溪镇溪北村	1910	1932	新四军新一旅科长	党员	1943年在皖南与敌作战牺牲
401	雷永才	上杭县才溪镇溪北村	1905	1930	红军新编第十二军一O四团四连副班长		1931年在江西省博生县与敌作战中牺牲
402	雷宽发	上杭县才溪镇溪北村	1900	1932	红军第十二军战士		1932年在江西省作战后无音讯，1955年2月追认为烈士
403	雷利声	上杭县才溪镇溪北村	1914	1931	中国民航总局处长	党员	1967年3月在北京病故，1977年1月追认烈士
404	雷新喜	上杭县才溪镇溪北村	1891	1931	中央经济委员会工作人员		1941年在“皖南事变”后无音讯，1955年2月追认为烈士
405	雷春喜	上杭县才溪镇溪北村	1902	1931	红军第十二军战士		1931年在武平县与敌作战后无音讯，1955年2月追认为烈士
406	雷永宝	上杭县才溪镇溪北村	1904	1930	红军新编第十二军三十五师一O五团二连战士		1930年在湖南省浏阳县病故，1953年12月追认为烈士
407	雷玉先	上杭县才溪镇溪北村	1953	1970	才溪镇溪北村党支部书记、民兵营长		1989年11月与村干部一起拆除溪北小学危房时为抢救同劳动的村民而牺牲，1992年3月21日追认为烈士
408	蓝美光	上杭县才溪镇岭和村	1906	1931	红军新编第十二军特务连一排战士		1931年后无音讯，1955年2月追认为烈士
409	雷友三	上杭县才溪镇溪西村	1912	1930	少共上杭县才溪区委书记	团员	1931年4月误为“社党”被害于上杭县通贤，1955年7月追认为烈士
410	雷德明	上杭县才溪镇溪西村	1912	1930	红军第二十一军二团事务长		1930年在龙岩县大池病故，1955年2月追认为烈士
411	钟锡金	上杭县才溪镇大贵村	1916.03	1931.05	闽粤赣军区独立第四团战士		1931年12月在永定县仙师池溪与敌作战牺牲

续表13-01

序号	姓　名	籍　贯	出生年月	入伍时间	原工作单位及职务	是否党团员	牺牲时间、地点
412	钟辉元	上杭县才溪镇大贵村	1911.04	1929.04	杭代县杭西工作委员会主席	党员	1935年5月在岩下山与敌作战中牺牲
413	钟生瑞	上杭县才溪镇大贵村	1916.12	1932.04	红军第十二军战士	团员	1933年在武平县鸡妈窝与敌作战中牺牲
414	钟登禄	上杭县才溪镇大贵村	1908	1931	红军第四军政治部班长	党员	1931年后无音讯，1955年2月追认为烈士
415	钟崇桃	上杭县才溪镇大贵村	1913	1932	红军第十二军战士		1932年后无音讯，1955年2月追认为烈士
416	钟维金	上杭县才溪镇大贵村	1912	1932	上杭县独立团战士		1932年后无音讯，1955年2月追认为烈士
417	钟祥昌	上杭县才溪镇大贵村	1913	1929	红军第四军战士		1931年后无音讯，1955年2月追认为烈士
418	钟胜标	上杭县才溪镇大贵村	1909	1931	红军新编第十二军一О六团二连战士		1929年后无音讯，1955年2月追认为烈士
419	钟金利	上杭县才溪镇大贵村	1910	1930.09	杭武县第七区互济会主任	党员	1931年5月误为“社党”被害于上杭县通贤，1955年7月追认为烈士
420	钟贵祥	上杭县才溪镇大贵村	1900.05	1929.08	杭武县第七区特务中队副中队长	团员	1931年5月误为“社党”被害于上杭县通贤东里，1955年7月追认为烈士
421	钟贵仁	上杭县才溪镇大贵村	1911.06	1930.06	上杭县儿童局工作人员	团员	1931年5月误为“社党”被害于上杭县通贤，1955年7月追认为烈士
422	钟贵荣	上杭县才溪镇大贵村	1917.01	1932.04	红军第十二军传令兵	团员	1934年在武平县苦竹山作战负伤后于四都医院牺牲
423	钟连兴	上杭县才溪镇大贵村	1914	1932	红军第十二军战士	党员	1935年长征到贵州省时遭敌机轰炸牺牲
424	蓝修昌	上杭县旧县镇石圳村	1907.08	1931.05	红军新编第十二军一О二团二连连长		1933年5月在江西省兴国县遭敌机炸伤后于兴国医院牺牲
425	蓝正兴	上杭县旧县镇石圳村	1913	1931	红军新编第十二军一О二团二连战士		1934年10月在江西兴国作战后无音讯，1955年2月追认为烈士
426	蓝沃寿	上杭县旧县镇石圳村	1908	1932	红军第十九军九团团部传令班长		1932年后无音讯，1955年2月追认为烈士
427	蓝天寿	上杭县旧县镇石圳村	1908	1930	红军新编第十二军战士		1930年后无音讯，1955年2月追认为烈士
428	蓝富兆	上杭县旧县镇石圳村	1907	1932.06	红军第十二军战士		1932年后无音讯，1955年2月追认为烈士
429	蓝善林	上杭县旧县镇谷坑村	1912	1931	红军第十二军战士		1931年6月在上杭县湖洋洞头渡与敌作战中牺牲
430	蓝武华	上杭县旧县镇谷坑村	1910	1929	红军福建军区独立师团长		1933年在白砂与敌作战中牺牲

续表13-01

序号	姓　名	籍　贯	出生年月	入伍时间	原工作单位及职务	是否党团员	牺牲时间、地点
431	蓝殿荣	上杭县旧县镇谷坑村	1911	1929	红军第十二军战士		1933年在旧县上谷坑与敌作战中负伤回家牺牲
432	蓝武亮	上杭县旧县镇谷坑村	1897	1929	上杭县赤卫团战士		1932年在武平苦竹山与敌作战中牺牲
433	蓝飞金	上杭县旧县镇谷坑村	1890	1929	上杭县旧县区迳谷乡赤卫队二支队谷坑一班战士		1929年7月在谷坑土楼岗与敌作战中牺牲
434	蓝占开	上杭县旧县镇谷坑村	1914	1929	红十二军三十四师一O一团战士	党员	1935年在连城县与敌作战中牺牲
435	蓝武银	上杭县旧县镇谷坑村	1893	1933	上杭县旧县区迳谷乡赤卫队队员		1933年在上杭县谷坑放哨被捕，就义于寨背圩
436	蓝殿德	上杭县旧县镇谷坑村	1910	1929	少共国际师战士	团员	1933年在江西省瑞金与敌作战中牺牲
437	蓝武松	上杭县旧县镇谷坑村	1898	1929	红军第十二军司务长	党员	1933年在江西省兴国与敌作战中牺牲
438	蓝殿亏	上杭县旧县镇谷坑村	1911	1929	少共国际师战士	团员	1933年后无音讯，1955年2月追认为烈士
439	蓝占东	上杭县旧县镇谷坑村	1911	1929	红军闽粤赣军区独立师班长		1934年后无音讯，1955年2月追认为烈士
440	蓝元茂	上杭县旧县镇谷坑村	1910	1929	红军第四军战士		1929年后无音讯，1955年2月追认烈士
441	蓝武天	上杭县旧县镇谷坑村	1894	1929	红军第十二军排长	党员	1934年后无音讯，1955年2月追认为烈士
442	蓝武垣	上杭县旧县镇谷坑村	1910	1930	红军朱斜里兵工厂工人		1930年往江西后无音讯，1955年2月追认为烈士
443	蓝贵明	上杭县旧县镇谷坑村	1905	1929	上杭县旧县区谷坑乡暴动队班长	团员	1929年随部队往外后无音讯，1955年2月追认为烈士
444	蓝监元	上杭县旧县镇谷坑村	1914	1929	杭武县赤卫团六大队战士	团员	1931年误为"社党"被害于上杭县旧县石圳潭，1955年追认为烈士
445	蓝武标	上杭县旧县镇谷坑村	1908	1929	中共杭武县委工作人员	团员	1931年5月误为"社党"被害于上杭县旧县，1955年7月追认为烈士
446	蓝友堂	上杭县旧县镇谷坑村	1884	1929	杭武县赤卫团六大队政治委员	党员	1931年5月误为"社党"被害于上杭县旧县，1955年7月追认为烈士
447	蓝标元	上杭县旧县镇谷坑村	1898	1929	红军第十二军战士	党员	1952年在部队转业中病故，1955年追认为烈士
448	蓝善汉	上杭县旧县镇谷坑村	1893	1929	红军第五军团炊事员		1934年患病回家医治病故，1955追认为烈士
449	钟占财	上杭县旧县镇梅溪村	1906	1929	上杭县旧县区梅溪乡赤卫队队员		1931年7月在临城猫子塘与敌作战中牺牲

续表13-01

序号	姓　名	籍　贯	出生年月	入伍时间	原工作单位及职务	是否党团员	牺牲时间、地点
450	钟光洪	上杭县旧县镇梅溪村	1912	1929.07	红军第十二军一〇四团四连三排战士		1932年在江西东黄陂与敌作战中牺牲
451	钟光烈	上杭县旧县镇梅溪村	1900	1929	清流县苏维埃政府工作人员		1932年在清流与敌作战负伤后牺牲
452	钟光浪	上杭县旧县镇梅溪村	1907	1930	红军独立八团三营二连一排战士		1933年5月在江西省姑口与敌作战中牺牲
453	钟景育	上杭县旧县镇梅溪村	1915	1930	红军独立八师战士		1933年10月在江西兴国与敌作战中牺牲
454	钟光芬	上杭县旧县镇梅溪村	1905	1929	红军第四军政治部文书		1929年11月后无音讯，1955年2月追认为烈士
455	钟景养	上杭县旧县镇梅溪村	1910	1931	陕西延安电话局工作人员		1937年到陕西延安后无音讯，1955年追认为烈士
456	钟光汉	上杭县旧县镇梅溪村	1912	1930	上杭南路游击队员		1932年7月在上杭庐丰作战后无音讯，1955年2月追认为烈士
457	钟光昌	上杭县旧县镇梅溪村	1916	1930	红军第十二军战士	团员	1934年参加长征后无音讯，1955年追认为烈士
458	钟光亮	上杭县旧县镇梅溪村	1916	1929	红军第十二军排长		1934年往江西省后无音讯，1955年2月追认为烈士
459	钟光华	上杭县旧县镇梅溪村	1910	1929	红军第十二军工兵排长		1934年往长汀县后无音讯，1955年2月追认为烈士
460	蓝象武	上杭县旧县镇梅溪村	1900	1929	杭武县第六区梅溪乡赤卫队队长		1931年5月误为“社党”被害于上杭县旧县兰田，1955年追认为烈士
461	蓝振华	上杭县珊瑚乡华竹村	1904	1929	上杭县西二区上珊瑚乡苏维埃政府赤卫队班长	党员	1929年在上杭县官庄作战中牺牲
462	蓝胜桥	上杭县珊瑚乡华竹村	1880.04	1929	上杭县西二区上珊瑚乡苏维埃政府赤卫队队员	党员	1929年在上杭县官庄与敌作战中牺牲
463	蓝登发	上杭县珊瑚乡华竹村	1873.06	1929	上杭县西二区上珊瑚乡苏维埃政府赤卫队队员	党员	1929年在上杭县官庄与敌作战中牺牲
464	蓝应良	上杭县珊瑚乡华竹村	1893	1929	新杭县官庄区九竹乡苏维埃政府主席	团员	1934年在上杭县官庄朱堡朱紫岩被敌捕后在九华铺水口牺牲
465	蓝元洲	上杭县珊瑚乡华竹村	1908	1930	红军第四军班长	团员	1930年8月在上杭县南门与敌作战中牺牲
466	蓝榜标	上杭县珊瑚乡华竹村	1912.03	1929	上杭县西二区上珊瑚乡苏维埃政府赤卫队队员		1931年在上杭县古田吊钟岩与敌作战中牺牲
467	蓝发生	上杭县珊瑚乡华竹村	1904.05	1929.01	上杭县官庄区苏维埃政府裁判部长	党员	1930年3月误为“社党”被害于旧县，1955年7月追认为烈士

续表13-01

序号	姓　名	籍　贯	出生年月	入伍时间	原工作单位及职务	是否党团员	牺牲时间、地点
468	蓝银娣（女）	上杭县珊瑚乡下珊瑚村	1912	1930	红军第十二军医务员		1932年后无音讯，1955年2月追认为烈士
469	钟本生	上杭县	1898	1933.02	沙田县苏维埃政府主席		1934年在小陶吴地乡张家山被国民党民团杀害
470	蓝元松	长汀县馆前镇黄湖村		1930	宁化县游击队兵工厂科长		1933年在江西会昌筠门岭战斗中牺牲
471	蓝元信	长汀县馆前镇黄湖村		1933	红军第十二军一〇二团战士		1933年在江西会昌筠门岭战斗中牺牲
472	蓝荣春	长汀县馆前镇黄湖村		1930	红军第十二军一〇二团战士		1933年在江西会昌筠门岭战斗中牺牲
473	蓝元彩	长汀县馆前镇黄湖村		1933	新四军第三师五团战士		1938年在卢沟桥战斗中牺牲
474	蓝罗马三妹（女）	长汀县馆前镇黄湖村		1933	新四军第三师五团战士		后无音讯

第四节　人物表

一、明、清时期龙岩市畲族获取功名、担任职官人员名表（按获取功名、任职时间排序）

表13-02

朝代	姓　名	所在县、里、村	获取功名或出身	职　秩
明	蓝以清	上杭县平安里	洪武年间贡生	浮梁教谕
	雷　复	上杭县在城里	天顺年间贡生	广东高要县知县、肇庆府照磨
	钟应明	上杭县来苏里古坊村	成化四十六年举人	
	钟　穆	长汀县平原里（今上杭县南阳镇南坑村石坑源）	弘治年间文林郎	湖广黄州府黄梅县丞，署知县
	雷东阳	上杭县在城里	嘉靖十九年贡生	山东莱芜训导
	蓝　遇	上杭县胜运里庐丰乡	嘉靖二十七年贡生	
	钟文纪	上杭县来苏里古坊村	嘉靖三十七年贡生	荆门州学正
	钟　易	上杭县来苏里古坊村	隆庆四年贡生	灌阳教谕
	钟　煦	上杭县来苏里古坊村	万历十二年贡生	广东英德教谕
	雷朝辅	上杭县在城里	万历十四年贡生	陵水教谕、泉州府训导
	钟　龠	上杭县来苏里古坊村	万历二十四年贡生	连江教谕
	雷有复	上杭县在城里	天启七年贡生	成都府经历

续表13-02

朝代	姓　名	所在县、里、村	获取功名或出身	职　秩
明	雷宾阳	上杭县在城里	例监	合州判官
	雷　鈇	上杭县在城里	例监	宝庆府经历
	雷甘雨	上杭县在城里	例监	奉议州判官
	雷与垣	上杭县在城里	例监	武英殿中书舍人
	蓝　清	上杭县胜运里庐丰乡	吏员	文昌县铺前巡检
	蓝　璟	上杭县胜运里庐丰乡	吏员	南康府仓大使
	雷起亨	上杭县在城里	吏员	武康典史
	蓝希廉	上杭县在城里	吏员	射洪主簿
	雷　涣	上杭县在城里	吏员	太医院医科主事
	雷　溥	上杭县在城里	吏员	河南长葛典史
	雷　炳	上杭县在城里	吏员	广东高州仓大使
	钟元玉	上杭县在城里	吏员	安肃县丞
	雷　正	上杭县在城里	吏员	怀远卫经历
清	蓝学鉴	上杭县在城里	顺治十一年举人	全椒知县、候补中书
	蓝芝室	上杭县胜运里庐丰乡	康熙十年岁贡	南平训导
	钟尚志	上杭县来苏里古坊村	康熙十九年举人	靖海知县
	钟　琳	上杭县在城里	康熙二十四年岁贡	
	钟　润	上杭县来苏里古坊	康熙三十五年举人	
	钟用志	上杭县来苏里古坊	康熙三十六年岁贡	
	蓝曰聪	上杭县胜运里庐丰乡	康熙四十四年举人	浙江钱塘知县
	钟　灿	上杭县在城里	康熙五十二年岁贡	
	蓝正春	上杭县胜运里庐丰乡	雍正二年进士	安仁知县
	蓝　实	上杭县胜运里庐丰乡	乾隆六年府学副贡	
	钟高翥	上杭县平安里	乾隆七年武进士	云南楚姚镇标游击
	雷高翥	上杭县在城里	乾隆十四年岁贡	
	蓝天行	上杭县胜运里	乾隆十八年岁贡	
	钟华岳	上杭县在城里石砌乡	乾隆二十八年岁贡	
	钟华国	上杭县在城里	乾隆三十三年武举人	漕标运粮千总
	钟金相	上杭县在城里	乾隆三十三年武举人	
	钟大受	上杭县平安里	乾隆三十五年恩科解元	山东德平知县、济南府同知
	蓝文涧	上杭县胜运里庐丰乡	乾隆四十四年副贡	永福训导
	钟占元	上杭县在城里	乾隆五十四年武举人	泉州洪濑汛把总
	钟虎狮	上杭县在城里石砌村	嘉庆七年武进士	甘肃玉泉营游击
	蓝　桂	上杭县来苏里长兴乡	嘉庆十年进士	云南永善等县知县，大理府同知

续表13-02

朝代	姓　名	所在县、里、村	获取功名或出身	职　秩
清	蓝　岳	上杭县胜运里庐丰乡	嘉庆五年副贡	
	钟殿飏	上杭县来苏里古坊村	嘉庆十二年岁贡	
	钟大文	上杭县在城里西路	嘉庆十八年岁贡	
	蓝斗南	上杭县胜运里庐丰乡	嘉庆二十三年举人	福清教谕
	蓝名标	上杭县胜运里庐丰乡	道光五年岁贡	
	蓝利田	上杭县来苏里上登村	道光十五年举人	
	蓝仁春	上杭县胜运里庐丰乡	道光二十年武举人	
	钟宝三	上杭县在城里石砌村	咸丰元年荫袭云骑尉	厦门水师提督、汀邵福宁各镇总兵
	钟金城	上杭县在城里石砌乡	同治三年武举人	
	钟金辉	上杭县在城里石砌乡	同治三年武举人	
	蓝汉春	上杭县胜运里庐丰乡	同治九年武举人	
	蓝瀛魁	上杭县胜运里庐丰乡	同治十二年武举人	
	蓝田玉	上杭县胜运里庐丰乡	光绪元年恩科武解元	
	蓝天池	上杭县胜运里庐丰乡	光绪二年武举人	
	蓝汉桢	上杭县胜运里庐丰乡	光绪五年武举人	
	蓝作谋	上杭县胜运里庐丰乡	光绪五年副贡	
	蓝耀衢	上杭县胜运里庐丰乡	光绪八年武举人	兵部差官、大挑千总
	蓝启玉	上杭县胜运里庐丰乡	光绪九年武进士	
	雷庭瑞	上杭县在城里	光绪十三年武进士	浙江嘉乍协副将统领浙江中路、右路巡防全军
	钟耀麟	上杭县白砂里茜洋村	光绪十七年武举人	
	蓝德周	上杭县胜运里庐丰乡	光绪十八年恩科武举人	
	雷赞明	上杭县平安里才溪乡	光绪二十九年举人	广东试用盐大使、民国上杭县立中学校长
	蓝廷康	上杭县胜运里庐丰乡	例监	山东登州府经历
	钟世安	上杭县胜运里坵辉村	例监	广东龙川知县、南雄州知州
	钟世瑶	上杭县胜运里坵辉村	例监	湖南攸县巡检
	蓝书田	上杭县来苏里长兴乡	例监	安徽英山县七引巡检
	钟金兰	上杭县在城里石砌乡	例监	广东候补县丞，署潮阳分县、保升知县
	钟金麟	上杭县在城里石砌乡	例监	汀镇右营、延平城守把总
	钟　沼	上杭县在城里小泮乡	例监	武平岩前汛外委
	蓝朝宪	上杭县平安里七里村	例监	顺昌县丞

二、民国时期龙岩市畲族担任副县级及以上职官人员名表(按姓氏笔画排序)

表 13-03

姓 名	生卒年月	籍 贯	任 职
钟德周	1912—1930	上杭县中都镇	红军团长
钟享祥	1897—1934	上杭县茶地镇久泰村	中共福建省委委员(长汀)
钟耀泰	1906—1934	上杭县茶地镇久泰村	中共代英县委书记
钟寿华	1887—1940	上杭县太拔镇坵辉村	新四军二团团长
钟之灏	1882—1961	上杭县太拔镇坵辉村	平和县知事
钟之琪	不 详	上杭县太拔镇坵辉村	湖北钟祥盐场知事
蓝介轩	1906—1934	上杭县官庄乡树人村	中共长汀县委书记
蓝苐标	不 详	上杭县庐丰乡	宁洋县知事
蓝玉崇	不 详	上杭县官庄乡新民村	国民政府福建省咨议局议员
蓝洪翔	1904—1931	上杭县庐丰乡丰康村	中共瑞金县委书记、肃反委员会主席
蓝选焕	1909—1931	上杭县蓝溪镇	红军第十二军参谋长
蓝维龙	1905—1931	上杭县庐丰乡丰济村	上杭县肃反委员会主席
蓝树荣	1905—1931	上杭县庐丰乡丰济村	杭武县赤卫团政委
蓝维仁	1899—1932	上杭县庐丰乡丰康村	闽西苏维埃政府财政部长
蓝武华	1910—1933	上杭县旧县镇谷坑村	红军福建独立师某团团长
蓝夏桥	1900—1934	上杭县庐丰乡丰康村	红军二十四纵队司令员
蓝维宝	不 详	上杭县官庄乡龙牌村	连城县长
蓝国宝	不 详	上杭县官庄乡七里村	中共福建省泉上县县委书记
蓝振猷	不 详	上杭县官庄乡树人村	国民政府县长
蓝德泰	不 详	上杭县官庄乡树人村	台湾台北市团级官员
雷 炅	1916—1941	上杭县才溪镇溪北村	新四军参谋部作战科科长
雷桂林	1906—1935	上杭县溪口镇大洋坝村	汀连县司令部司令员
雷茂兴	1910—1943	上杭县才溪镇溪北村	新四军新一旅科长
雷时标	1896—1981	上杭县古田镇苏家坡	闽西特委委员兼财政部长

三、1949—2021年龙岩市(地区)畲族副县(处)级及以上职务干部名表

(已知,按姓氏笔画及所在县、乡〈镇〉村排序)

表13-04

姓　名	所在县、乡(镇)、村	曾任主要职务
兰思仁	上杭县官庄畲族乡新风村	福建农林大学党委副书记、校长、教授
兰思忠	上杭县官庄畲族乡新风村	福建省政府办公厅接待处调研员
兰国富	上杭县庐丰畲族乡丰乐村	上杭县政协副主席
钟文琪	上杭县官庄畲族乡福泉村	东南大学党委常委、副校长、教授、博士生导师
钟昌辉	上杭县官庄畲族乡福泉村	福建省建设厅副巡视员
钟昌荣	上杭县官庄畲族乡福泉村	福建农林大学财务处副处长
钟加殿	上杭县官庄畲族乡福泉村	闽西职业技术学院办公室主任
钟泮猷	上杭县临城镇石砌村	河北秦皇岛市邮电局局长、长征干部
钟乐云	上杭县临城镇石砌村	龙岩市纪委监委党风政风监督室主任(副处长级)
钟　健	上杭县临城镇石砌村	中国人民解放军战略支援部队北京某部大校
钟志强	上杭县临城镇石砌村	中共厦门市翔安区委办公室副主任
钟立新	上杭县太拔镇坵辉村	上杭县政协副主席
钟树钦	上杭县太拔镇坵辉村	福建省广播电视局网络视听与媒体融合处副处长
钟有煌	上杭县茶地镇久泰村	重庆第三军医大学校长、大校、长征干部
钟红英(女)	上杭县茶地镇久泰村	福建省文学院副院长、法人代表(副处级)
钟建生	上杭县茶地镇久泰村	连城县委常委、组织部部长
钟伯清	上杭县南阳镇南岭村	福州大学社会学系书记
钟振华	上杭县南阳镇双溪村	上杭县人大常委会副主任
钟官和	上杭县南阳镇双溪村	龙岩市无线电管理局局长
钟发亮	上杭县南阳镇南坑村	龙岩学院党委书记、教授
钟焜茂	上杭县南阳镇南坑村	龙岩学院外国语学院院长(正处级)、教授
钟春光	上杭县才溪镇大贵村	福建省建设银行副处级干部
钟开金	上杭县才溪镇大贵村	武警总队第一支队修船所副所长、上校(正团)
蓝映林	上杭县官庄畲族乡树人村	福建省法制委员会副主任、长征干部
蓝小平	上杭县官庄畲族乡树人村	中国人民解放军海军指挥学院军务处处长、大校
蓝鲁生	上杭县官庄畲族乡树人村	政协南京市玄武区法制委员会主任
蓝原平	上杭县官庄畲族乡树人村	厦门市保险公司副处长
蓝建洪	上杭县官庄畲族乡树人村	深圳市水务局东部水源管理中心主任(正处级)
蓝建强	上杭县官庄畲族乡树人村	中国工商银行福州分行行长
蓝其贤	上杭县官庄畲族乡树人村	福建警察学院副厅级
蓝其祥	上杭县官庄畲族乡树人村	福建荣军休养院老红军

续表13-04

姓 名	所在县、乡(镇)、村	曾任主要职务
蓝和金(女)	上杭县官庄畲族乡树人村	广州市天河区前进街道办事处副调研员
蓝锡荣	上杭县官庄畲族乡树人村	华东特纵战车二师六团团长、中校
蓝春金(女)	上杭县官庄畲族乡树人村	上杭县政协副主席
蓝荣和	上杭县官庄畲族乡树人村	水电十六局副总经理兼海外事业部总经理(副厅级)
蓝建亮	上杭县官庄畲族乡树人村	龙岩市总工会党组成员、经审委主任(副处级)
蓝建洪	上杭县官庄畲族乡树人村	深圳市东部水源管理中心主任(正处级)
蓝启彪	上杭县官庄畲族乡树人村	北京人艺戏剧博物馆副馆长(副处级)
蓝荣田	上杭县官庄畲族乡树人村	泉州市关工委副秘书长(副处级)
蓝常基	上杭县官庄畲族乡树人村	广东省梅州市平远县副县长
蓝森林	上杭县官庄畲族乡树人村	龙岩市新罗区副区长
蓝建勇	上杭县官庄畲族乡树人村	龙岩市税务局三级调研员(副处级)
蓝其贤	上杭县官庄畲族乡树人村	福建省人民公安学院教授、正处级侦查员
蓝启城	上杭县官庄畲族乡树人村	中国海军某部正团级
蓝少萍(女)	上杭县官庄畲族乡树人村	福建省协和医院副院长
蓝仰金	上杭县官庄畲族乡七里村	福州市住房公积金管理中心主任
蓝尚进	上杭县官庄畲族乡七里村	龙岩市社科联主席
蓝尚信	上杭县官庄畲族乡七里村	龙岩市民族与宗教事务局副局长
蓝建英(女)	上杭县官庄畲族乡七里村	龙岩市民族与宗教事务局副局长、一级调研员
蓝尚仁	上杭县官庄畲族乡七里村	龙岩市监察局副局长
蓝玉华(女)	上杭县官庄畲族乡七里村	中共龙岩市委统战部副部长
蓝 桦	上杭县官庄畲族乡七里村	山东省济南市人事局人才交流中心主任
蓝上杰	上杭县官庄畲族乡七里村	中国人民解放军68军204师政治部干事(团级)
蓝万涛	上杭县官庄畲族乡七里村	新疆生产建设兵团团级干部
蓝尚杰	上杭县官庄畲族乡七里村	中国人民解放军36军团级干部
蓝冬金(女)	上杭县官庄畲族乡七里村	招商银行龙岩市支行总经理
蓝启森	上杭县官庄畲族乡七里村	中铝瑞闽股份有限公司正处级干部
蓝思煌	上杭县官庄畲族乡新风村	上杭县人大常委会副主任
蓝思义	上杭县官庄畲族乡新风村	长汀县人民政府副县长
蓝 新	上杭县官庄畲族乡新风村	福建省投资集团监察室主任
蓝昌萍	上杭县官庄畲族乡璜头村	福建省移民局副处长
蓝祥仁	上杭县官庄畲族乡贵和村	中国人民解放军空军94638部队少校
蓝炳昌	上杭县官庄畲族乡贵和村	武警龙岩支队少校

续表13-04

姓　名	所在县、乡(镇)、村	曾任主要职务
蓝发钦	上杭县官庄畲族乡贵和村	华东师范大学金融与统计学院副院长、教授、博士生导师
蓝宜奎	上杭县官庄畲族乡官庄村	漳州市司法局局长
蓝庆祥	上杭县	湖南省社会科学院文献信息中心主任和院《社科情报》杂志主编
蓝健人	上杭县庐丰畲族乡丰乐村	莆田市政协副主席
蓝文辉	上杭县庐丰畲族乡丰乐村	龙岩地区建设银行副行长
蓝　荣	上杭县庐丰畲族乡丰乐村	福建省兴业证券有限公司董事长
蓝　涛	上杭县庐丰畲族乡丰乐村	宁夏回族自治区住建厅
蓝德煊	上杭县庐丰畲族乡丰乐村	福建省外经委处长
蓝复民	上杭县庐丰畲族乡丰乐村	江苏省南京市栖霞区人大常委会副主任(正处级)
蓝传理	上杭县庐丰畲族乡丰乐村	广东江门海关缉私局政委(副厅级)
蓝在田	上杭县庐丰畲族乡丰乐村	长汀县政协主席
蓝祥林	上杭县庐丰畲族乡丰乐村	湖南三益阳地区人民医院院长、长征干部
蓝传青	上杭县庐丰畲族乡丰乐村	解放军总装备部第306医院药械科主任
蓝庭辉	上杭县庐丰畲族乡丰康村	中国人民解放军铁道兵副司令员、少将、长征干部
蓝国鑫	上杭县庐丰畲族乡丰康村	上杭县人大常委会主任
蓝福生	上杭县庐丰畲族乡丰康村	紫金矿业集团股份有限公司副董事长
蓝福传	上杭县庐丰畲族乡丰康村	厦门市集美区政协秘书长
蓝贵兴	上杭县庐丰畲族乡丰康村	厦门市政府副秘书长
蓝国华	上杭县庐丰畲族乡丰康村	龙岩市方志委主任
蓝永前(女)	上杭县庐丰畲族乡丰康村	上杭县人民政府副县长
蓝福兴	上杭县庐丰畲族乡丰康村	上杭县人民法院院长
蓝　冰	上杭县庐丰畲族乡丰康村	广东有色地勘局地质工程中心主任
蓝盛文	上杭县庐丰畲族乡丰康村	龙岩市信访局局长
蓝　峰	上杭县庐丰畲族乡丰康村	福建警察学院纪委副书记
蓝杭生	上杭县庐丰畲族乡丰康村	龙岩市人大常委会农经委副主任
蓝荣年	上杭县庐丰畲族乡丰康村	厦门曦阁宾馆总经理
蓝永洪	上杭县庐丰畲族乡丰康村	中国人寿保险龙岩分公司总经理
蓝　楠	上杭县庐丰畲族乡丰康村	北京市公用局法规处处长
蓝伟选	上杭县庐丰畲族乡丰康村	北京长途电话局技术咨询服务公司副总经理
蓝荣玉	上杭县庐丰畲族乡丰济村	福建省人大常委会副主任
蓝才基	上杭县庐丰畲族乡丰济村	国家安全部局长
蓝汉华	上杭县庐丰畲族乡丰济村	上杭县政协主席

续表13-04

姓 名	所在县、乡(镇)、村	曾任主要职务
蓝茂昌	上杭县庐丰畲族乡丰济村	龙岩市人社局局长
蓝 民	上杭县庐丰畲族乡丰济村	福建省通信广播工业公司党委书记
蓝建杭	上杭县庐丰畲族乡丰济村	上杭县政协副主席
蓝兴庆	上杭县庐丰畲族乡丰济村	龙岩市种子站站长(正高级农艺师)
蓝汉才	上杭县庐丰畲族乡丰济村	龙岩市机关事务管理局助调
蓝永琳	上杭县庐丰畲族乡丰济村	龙岩市人民银行行长
蓝贵仁	上杭县庐丰畲族乡丰济村	福州客运段段长
蓝怀仁	上杭县庐丰畲族乡丰济村	能源部中南勘察设计研究院党委宣传部部长
蓝能庆	上杭县庐丰畲族乡丰济村	济南军区空军地勤部队装备科科长(正团)
蓝鲁闽	上杭县庐丰畲族乡丰济村	总装备部武器装备论证中心主任
蓝 楠	上杭县庐丰畲族乡丰济村	北京市煤气公司党委书记
蓝家丰	上杭县庐丰畲族乡丰济村	中国人民解放军烟台疗养院副院长
蓝宁旺	上杭县庐丰畲族乡丰济村	龙洲汽车运输股份有限公司副总经理
雷日东	上杭县临江镇	龙岩市移动公司副总经理
雷进波	上杭县蛟洋镇华家村	中国人民武装警察部队广东边防总队汕尾支队机动大队大队长(副团级)中校
雷焕文	上杭县古田镇苏家坡村	福建移动通信有限公司龙岩分公司总经理
雷 钦	上杭县才溪镇溪北村	辽宁省大连市政协副主席、少将、长征干部
雷式松	上杭县才溪镇溪北村	中国航天工业总公司科技委主任(副司局级)、大校
雷倩香(女)	上杭县才溪镇溪北村	北京北奥商贸总公司总支书记(正处级)
雷建设	上杭县才溪镇溪北村	中国人民解放军总政治部宣传部团级干部
雷旭晖	上杭县才溪镇溪北村	最高人民法院民四庭审判长
雷浩北	上杭县才溪镇溪北村	中国民用航空局商务处处长、长征干部
雷浩茂	上杭县才溪镇溪北村	北京手扶拖拉机总厂总务科科长、长征干部、大尉
雷 清	上杭县才溪镇溪北村	铁道兵某师政委
雷 松	上杭县才溪镇溪北村	龙岩市公安局经侦支队支队长
雷德兴	上杭县才溪镇溪北村	上杭县人民委员会副县长
雷庆源	上杭县才溪镇溪北村	龙岩市委老干局副调研员
雷喜先	上杭县才溪镇溪北村	人保财险龙岩分公司副总(央企副处)

四、1949—2021年龙岩市(地区)畲族获副高级及以上职称人员名表

(已知,按姓氏笔画及所在县、乡〈镇〉村排序)

表13-05

姓　名	所在县、乡(镇)、村	工作单位	任职资格	确认时间
钟史明	上杭县官庄畲族乡福泉村	东南大学动力系	教授	
钟如庆	上杭县官庄畲族乡福泉村	上杭县油泵油咀厂	高级工程师	
钟裕炤	上杭县官庄畲族乡福泉村	福建省建阳一中	中学高级教师	
钟昌焜	上杭县官庄畲族乡福泉村	上海嘉定振兴轴承厂	高级工程师	
钟昌荣	上杭县官庄畲族乡福泉村	福建农林大学	副教授	
钟钢生	上杭县官庄畲族乡福泉村	龙岩地区建筑设计院	高级工程师	1994.05
钟永煌	上杭县官庄畲族乡福泉村	上杭县官庄中学	中学高级教师	1996.05
钟家生	上杭县官庄畲族乡福泉村	上杭二中	中学高级教师	2003.09
钟昌福	上杭县官庄畲族乡福泉村	上杭县官庄民族中学	中学高级教师	2003.09
钟经球	上杭县官庄畲族乡福泉村	上杭高级中学	中学高级教师	2006.06
钟小剑	上杭县官庄畲族乡福泉村	上杭县官庄民族中学	中学高级教师	2008.05
钟　平	上杭县官庄畲族乡福泉村	上杭县皮肤病防治院	副主任医师	2015.12
钟卫东	上杭县官庄畲族乡福泉村	龙岩第一医院	副主任医师	
钟爱东	上杭县官庄畲族乡福泉村	厦门市	中学高级教师	
钟伟球	上杭县官庄畲族乡福泉村	上杭县官庄民族中学	高级教师(初中语文)	2019.07
钟卫文	上杭县官庄畲族乡福泉村	上杭县医院	放射医学副主任医师	2019.12
钟国柱	上杭县官庄畲族乡福泉村	贵阳电视机厂	高级工程师	
钟国英(女)	上杭县临江镇	上杭县妇幼保健院	副主任医师	2006.06
钟朝福	上杭县临城镇石砌村	中国人民解放军总参三部八局	副研究员、技术七级(副师)	1993
钟　南	上杭县临城镇石砌村	龙岩市第二人民医院	副主任医师	
钟荣安	上杭县临城镇石砌村	上杭县皮肤病防治院	中西医结合外科主任医师	2020.11
钟文选	上杭县临城镇	上杭二中	中学高级教师	
钟维雄	上杭县湖洋镇碧田村	上杭古田中学	中学高级教师	
钟琮修	上杭县湖洋镇碧田村	厦门市工业设计院	高级工程师	
钟杞荣	上杭县中都镇古坊村	上杭县中都中学	中学高级教师	2001.09
钟宪荣	上杭县中都镇古坊村	上杭县庐丰中学	中学高级教师	2005.09
钟添雄	上杭县中都镇古坊村	上杭四中	中学高级教师	
钟一文	上杭县中都镇古坊村	福建农林大学	教授、硕士生导师	
钟晋兰(女)	上杭县中都镇古坊村	广东嘉应学院客家研究所	研究员	

续表13-05

姓名	所在县、乡(镇)、村	工作单位	任职资格	确认时间
钟寿芳	上杭县中都镇古坊村	上杭县中都中学	中学高级教师	2021.09
钟裕再	上杭县中都镇瑞香村	龙岩市第一医院	主任医师	
钟淦道	上杭县中都镇陈和村	上杭县官庄民族中学	中学高级教师	2007.08
钟陵音(女)	上杭县太拔镇坵辉村	上海冶炼厂	高级工程师	
钟祖林	上杭县太拔镇坵辉村	上杭县太拔中学	中学高级教师	2003.09
钟冬金(女)	上杭县太拔镇坵辉村	上杭县临城二中	中学高级教师	2003.09
钟豪藩	上杭县太拔镇坵辉村	福建互华土木工程原理有限公司	高级工程师	2006.06
钟衍春	上杭县太拔镇坵辉村	上杭县太拔中学	中学高级教师	
钟桂文	上杭县太拔镇坵辉村	上杭县太拔中学	中学高级教师	
钟世文	上杭县太拔镇坵辉村	上杭县实验小学	中小学高级教师	2014.08
钟林杭	上杭县太拔镇坵辉村	厦门联发集团	高级工程师一级注册结构工程师	2018
钟阳藩	上杭县太拔镇坵辉村	上杭县实验小学	高级教师(数学)	2019.07
钟栋标	上杭县太拔镇坵辉村	上杭县统计普查中心	高级统计师	2021.11
钟世文	上杭县太拔镇坵辉村	上杭县城东小学	正高级教师	2023
钟万先	上杭县茶地镇久泰村	上杭县茶地中学	中学高级教师	1996.05
钟发良	上杭县茶地镇久泰村	上杭县职业高中	中学高级教师	2003.09
钟增元	上杭县茶地镇久泰村	上杭县茶地中学	中学高级教师	2006.06
钟辉先	上杭县茶地镇久泰村	上杭县教育督导室	中学高级教师	2010.08
钟峨祥	上杭县南阳镇涂坑村	上杭县临城卫生院	副主任医师	2002.06
钟干清	上杭县南阳镇南岭村	上杭县南阳农技站	高级农艺师	2009.07
钟伯炘	上杭县南阳镇南岭村	上杭县教学仪器站	中学高级教师	2010.08
钟署光	上杭县才溪镇大贵村	龙岩市水利局	高级工程师	
钟维育	上杭县才溪镇大贵村	上杭县才溪建筑公司	高级工程师	2001.09
钟森瑞	上杭县才溪镇大贵村	龙岩地区林业局	高级工程师	
钟灿富	上杭县才溪镇大贵村	厦门附属中学	中学高级教师	
钟远光	上杭县才溪镇大贵村	华南理工大学	教授、博士生导师	2019.09
钟启河	上杭县才溪镇大贵村	湖南湘潭大学	教授	
钟灿富	上杭县才溪镇大贵村	厦门大学附属科技中学	福建省特级教师	
钟和庆	上杭县旧县镇梅溪村	上杭县旧县中学	中学高级教师	2010.11
钟福杭	上杭县旧县镇梅溪村	上杭县医院	基层副主任医师	2019.11
钟元庆	上杭县旧县镇梅溪村	龙岩市公路建设管理处	高级工程师	
钟发扬	上杭县旧县镇全坊村	上杭县旧县中心小学	中小学高级教师	2018.02

续表13-05

姓　名	所在县、乡(镇)、村	工作单位	任职资格	确认时间
钟承荣	上杭县	上海航天局804研究所办公室	高级工程师	
钟玉水	上杭县	中国第二重型机械集团公司	高级工程师	1987
钟耀高	上杭县	上杭二中	中学高级教师	1996.11
钟建成	上杭县	上杭县临城二中	中学高级教师	1998.01
钟　胜	上杭县	上杭三中	中学高级教师	2006.06
钟登杰	上杭县	上杭县龙田中学	中学高级教师	2010.11
钟吉祥	上杭县	紫金矿业集团股份有限公司	高级工程师	2012.12
钟晓菊	上杭县	上杭县教师进修学校	中学高级教师	2016.11
蓝德良	上杭县官庄畲族乡树人村	江西东华计量测试研究所	高级工程师	
蓝琬夫	上杭县官庄畲族乡树人村	福州电线厂	高级工程师	
蓝泉仁	上杭县官庄畲族乡树人村	上杭二中	中学高级教师	1995.09
蓝永宁	上杭县官庄畲族乡树人村	上杭二中	中学高级教师	1998.01
蓝福发	上杭县官庄畲族乡树人村	上杭县官庄民族中学	中学高级教师	2003.09
蓝琳基	上杭县官庄畲族乡树人村	上杭县官庄民族中学	中学高级教师	2006.06
蓝乔姑(女)	上杭县官庄畲族乡树人村	上杭高级中学	中学高级教师	2006.06
蓝秋玲(女)	上杭县官庄畲族乡树人村	上杭县水利工作站	高级工程师	2013.12
蓝宏桥	上杭县官庄畲族乡树人村	上杭县官庄中心小学	中小学高级教师	2015.09
蓝　水	上杭县官庄畲族乡树人村	上杭县官庄民族中学	中学高级教师	
蓝福明	上杭县官庄畲族乡树人村	上杭广夏建筑工程公司	高级工程师	
蓝建灵	上杭县官庄畲族乡树人村	龙岩第一医院	副主任医师	
蓝云昌	上杭县官庄畲族乡树人村	三明市教师进修学院	中学高级教师	
蓝秋林	上杭县官庄畲族乡树人村	上杭县官庄民族中学	中学高级教师	
蓝天辉	上杭县官庄畲族乡树人村	泉州市鑫辉装饰工程有限公司	注册建造师	
蓝樟仁	上杭县官庄畲族乡树人村	福建农林大学	教授	
蓝德良	上杭县官庄畲族乡树人村	江西东华计量测试研究所	教授级高级工程师	
蓝华生	上杭县官庄畲族乡树人村	龙岩学院艺术系	副教授	
蓝建淮	上杭县官庄畲族乡树人村	福建水利电力职业技术学院	教授	
蓝耀来	上杭县官庄畲族乡朱堡村	南京军区建筑设计院福州分院	高级工程师	
蓝耀明	上杭县官庄畲族乡朱堡村	江西火电工程公司	高级工程师	
蓝锦华	上杭县官庄畲族乡贵和村	上杭县中医院	副主任医师	1998.04
蓝映庭	上杭县官庄畲族乡贵和村	上杭县医院传染科	主任医师	

续表13-05

姓　名	所在县、乡(镇)、村	工作单位	任职资格	确认时间
蓝喜章	上杭县官庄畲族乡贵和村	南昌罗家集电机厂	高级工程师	
蓝如宝	上杭县官庄畲族乡贵和村	浙江	高级工程师	
蓝宝森	上杭县官庄畲族乡贵和村	上杭县官庄民族中学	中学高级教师	
蓝　云	上杭县官庄畲族乡贵和村	南方报业集团	高级编辑	
蓝东生	上杭县官庄畲族乡贵和村	新罗区教师进修学校	中学高级教师	
蓝永铭	上杭县官庄畲族乡贵和村	晋江市石狮中学	中学高级教师	
蓝书祥	上杭县官庄畲族乡贵和村	上海	高级工程师	
蓝占文	上杭县官庄畲族乡贵和村	上杭县官庄民族中学	中学高级教师	2008.05
蓝耀来	上杭县官庄畲族乡七里村	福州军区后勤部	高级建筑工程师	
蓝耀林	上杭县官庄畲族乡七里村	漳平市	副主任医师	
蓝光凤	上杭县官庄畲族乡七里村	上杭一中	高级教师	
蓝发锦	上杭县官庄畲族乡七里村	上杭县官庄中心小学	中小学高级教师	2009.02
蓝桥春	上杭县官庄畲族乡七里村	上杭县官庄中心小学	中小学副高级教师	
蓝桥春	上杭县官庄畲族乡七里村	上杭县官庄中心小学	高级教师(数学)	2020.11
蓝如先	上杭县官庄畲族乡新民村	国防大学	教授、硕士生导师	
蓝珍瑞	上杭县官庄畲族乡新民村	中央化工二部	高级工程师	
蓝茂瑞	上杭县官庄畲族乡新民村	龙岩宝晟房地产开发有限公司	高级工程师	
蓝李桥	上杭县官庄畲族乡新风村	北京师范大学低能核物理研究所	研究员	
蓝长桥	上杭县官庄畲族乡新风村	上杭县临城二中	中学高级教师	1999.02
蓝远仁	上杭县官庄畲族乡新风村	上杭县官庄民族中学	中学高级教师	2006.05
蓝培仁	上杭县官庄畲族乡新风村	上杭县官庄民族中学	中学高级教师	
蓝锡仁	上杭县官庄畲族乡新风村	上杭县畜牧技术推广站	研究员待遇高级畜牧师	2018.02
蓝永华	上杭县官庄畲族乡新风村	上杭县医院神经内科	副主任医师	2020.12
蓝坤书	上杭县官庄畲族乡德康村	上杭一中	中学高级教师	
蓝乾亮	上杭县官庄畲族乡德康村	广东省财贸干部学院	副教授	
蓝乾仁	上杭县官庄畲族乡德康村	上杭二中	中学高级教师	
蓝辉春	上杭县官庄畲族乡蕉坑村	厦门海沧中学	中学高级教师	
蓝顺兴	上杭县庐丰畲族乡丰康村	上杭一中	中学高级教师	
蓝顺传	上杭县庐丰畲族乡丰康村	上杭二中	中学高级教师	
蓝葆元	上杭县庐丰畲族乡丰康村	上杭职业高中	中学高级教师	1992.08
蓝战章	上杭县庐丰畲族乡丰康村	上杭县庐丰中学	中学高级教师	1995.09

续表13-05

姓　名	所在县、乡（镇）、村	工作单位	任职资格	确认时间
蓝东生	上杭县庐丰畲族乡丰康村	上杭一中	中学高级教师	
蓝崧年	上杭县庐丰畲族乡丰康村	上杭县第二职业高中	中学高级教师	1996.05
蓝志楠	上杭县庐丰畲族乡丰康村	上杭县第二职业高中	中学高级教师	1996.05
蓝丰年	上杭县庐丰畲族乡丰康村	上杭县庐丰中学	中学高级教师	2000.04
蓝福明	上杭县庐丰畲族乡丰康村	广厦建筑工程有限公司	高级工程师	2001.09
蓝岳彰	上杭县庐丰畲族乡丰康村	紫金矿业集团股份有限公司	高级工程师	2001.12
蓝巧英（女）	上杭县庐丰畲族乡丰康村	上杭县庐丰中心小学	小学中学高级教师	2003.06
蓝桂成	上杭县庐丰畲族乡丰康村	上杭县农情科教站	高级农艺师	2004.04
蓝晓春	上杭县庐丰畲族乡丰康村	上杭四中	中学高级教师	
蓝少华	上杭县庐丰畲族乡丰康村	上杭县横岗中学	中学高级教师	2006.06
蓝柏芹	上杭县庐丰畲族乡丰康村	上杭二中	中学高级教师	2008.05
蓝永忠	上杭县庐丰畲族乡丰康村	上杭一中	中学高级教师	
蓝志勤	上杭县庐丰畲族乡丰康村	上杭二中	中学高级教师	2009.08
蓝瑞华	上杭县庐丰畲族乡丰康村	上杭县庐丰民族中学	中学高级教师	2009.08
蓝桂升	上杭县庐丰畲族乡丰康村	上杭县中都中学	中学高级教师	2013.11
蓝坤宏	上杭县庐丰畲族乡丰康村	上杭县明强中学	中学高级教师	2013.11
蓝雄文	上杭县庐丰畲族乡丰康村	上杭县庐丰民族中学	中学高级教师	
蓝　攀	上杭县庐丰畲族乡丰康村	上杭县南阳中学	中学高级教师	2013.11
蓝泰华	上杭县庐丰畲族乡丰康村	福建师范大学美术学院	教授	
蓝贵禄	上杭县庐丰畲族乡丰乐村	厦门鹭江大学建工系	研究员	1988
蓝贵荣	上杭县庐丰畲族乡丰乐村	上杭县水电技术队	高级工程师	1994.05
蓝永榕	上杭县庐丰畲族乡丰乐村	上杭二中	中学高级教师	2003.09
蓝敬豪	上杭县庐丰畲族乡丰乐村	上杭县庐丰畲族乡卫生院	副主任医师	2018.11
蓝万生	上杭县庐丰畲族乡丰乐村	上杭县庐丰民族中学	中学高级教师	2008.05
蓝善光	上杭县庐丰畲族乡丰济村	江苏南京古生物研究所	高级工程师	
蓝冠中	上杭县庐丰畲族乡丰济村	上杭一中	中学高级教师	
蓝有达	上杭县庐丰畲族乡丰济村	上杭二中	中学高级教师	1995.09
蓝旺彬	上杭县庐丰畲族乡丰济村	上杭县临城二中	中学高级教师	1996.11
蓝万友	上杭县庐丰畲族乡丰济村	上杭县庐丰中学	中学高级教师	1996.11
蓝　蔚	上杭县庐丰畲族乡丰济村	上杭县庐丰中学	中学高级教师	1998.01
蓝建有	上杭县庐丰畲族乡丰济村	上杭县职业中专学校	高级讲师	

续表13-05

姓　名	所在县、乡(镇)、村	工作单位	任职资格	确认时间
蓝希玉	上杭县庐丰畲族乡	上杭一中	中学高级教师	1999.02
蓝光凤	上杭县庐丰畲族乡	上杭一中	中学高级教师	1999.02
蓝宏初	上杭县庐丰畲族乡丰济村	上杭二中	中学高级教师	1999.02
蓝万良	上杭县庐丰畲族乡丰济村	上杭二中	中学高级教师	
蓝志宏(女)	上杭县庐丰畲族丰济村	上杭二中	中学高级教师	2001.12
蓝晃有	上杭县庐丰畲族乡丰济村	上杭县庐丰民族中学	中学高级教师	2003.09
蓝　海	上杭县庐丰畲族乡丰济村	上杭县教师进修学校	中学高级教师	2003.09
蓝广年	上杭县庐丰畲族乡丰济村	上杭县第二职业高中	中学高级教师	2003.09
蓝锦生	上杭县庐丰畲族乡	上杭三中	中学高级教师	2003.09
蓝善峰	上杭县庐丰畲族乡丰济村	上杭一中	中学高级教师	2008.05
蓝发兴	上杭县庐丰畲族乡丰济村	上杭县龙田中学	中学高级教师	2010.11
蓝金春	上杭县庐丰畲族乡丰济村	上杭县职业中专学校	高级讲师	2012.08
蓝永辉	上杭县庐丰畲族乡丰济村	上杭县庐丰中心小学	小学中学高级教师	2012.08
蓝淑英(女)	上杭县庐丰畲族乡丰济村	上杭县教师进修学校	中学高级教师	
蓝建华	上杭县庐丰畲族乡	山东泰安一中	中学高级教师	
蓝书彬	上杭县湖洋镇加庄村	福建省科技情报研究所	副编审	
兰荣禄	上杭县湖洋镇加庄村	中共福州市委党校	副教授	2014.06
蓝源富	上杭县才溪镇才民村	贵州民族学院	副教授	
蓝先育	上杭县旧县镇谷坑村	广东电网公司珠海供电局	高级工程师	
蓝林祥	上杭县珊瑚乡华竹村	德国马克思·德尔布吕克分子医学中心	博士后研究员	
蓝思华	上杭县珊瑚乡华竹村	闽西职业技术学院	副教授	
蓝启茂	上杭县珊瑚乡华竹村	上杭县教学仪器站	中学高级教师	2007.05
蓝碧波	上杭县	紫金矿业集团股份有限公司	高级工程师	2013.12
蓝湛仁	上杭县庐丰畲族乡丰济村	上杭县庐丰民族中学	中学高级教师	2006.06
蓝紫琼(女)	上杭县庐丰畲族乡丰济村	上杭县医院	副主任护师	2013.11
蓝秋玲(女)	上杭县珊瑚乡上珊瑚村	上杭县水利局	高级工程师	2013.11
蓝茂春	上杭县	广州市碳铵厂	高级工程师	

续表13-05

姓　名	所在县、乡(镇)、村	工作单位	任职资格	确认时间
蓝志强	上杭县	江西九江船舶研究所	高级工程师	
蓝卫珍	上杭县官庄畲族乡官庄村	上杭一中	中学高级教师	2013.11
蓝锦荣	上杭县旧县镇谷坑村	福建省同源建设工程有限公司	高级工程师	2016.12
蓝永富	上杭县中都镇复兴村	上杭县中都卫生院	副主任医师	2017.12
蓝小珍(女)	上杭县临江镇镇南居委会	上杭县中医院妇产科	副主任医师	2019.12
蓝中青	上杭县	苏州市化学纤维厂	高级工程师	1991.12
蓝茂秋	上杭县才溪镇下才村	上杭县水利工作站	水利水电工程高级工程师	2020.09
蓝晓霞(女)	上杭县庐丰畲族乡丰济村	上杭县第二实验小学	道德与法治高级教师	2020.11
蓝先林	上杭县旧县镇谷坑村	上杭县旧县镇卫生院中医内科	副主任医师	2020.12
雷家骅	上杭县临江镇	福建省交通规划设计所	高级工程师	
雷淑华(女)	上杭县临江镇	漳平一中	中学高级教师	2005.03
雷晓华(女)	上杭县临江镇	上杭县博物馆	文物博物副研究员	2006.01
雷晓琼(女)	上杭县临江镇	上杭县医院	副主任护师	2010.10
雷捷成	上杭县下都镇吉安村	福建省农科院稻麦研究所	研究员	
雷　翰	上杭县才溪镇溪北村	北京师范大学物理系	教授	
雷瑜晖	上杭县才溪镇溪北村	中国人民解放军海军工程设计研究局医院	主任医师	1993
雷莹晖	上杭县才溪镇溪北村	中国人民解放军沈阳军区第一疗养院	副主任医师	1993
雷文春	上杭县才溪镇溪北村	才溪中学	中学高级教师	
雷　余	上杭县才溪镇溪北村	才溪中学	中学高级教师	
雷荣宾	上杭县才溪镇溪北村	福建省工业设备安装公司	高级工程师	
雷森春	上杭县才溪镇溪北村	紫金建筑工程公司	乡镇企业高级工程师	2004.01
雷和荣	上杭县才溪镇溪北村	美国	高级工程师	
雷进云	上杭县蛟洋镇华家村	上杭县蛟洋中学	中学高级教师	2010.10
雷　天	上杭县	上杭县经济作物技术推广站	高级农艺师	2008.06
雷日健	上杭县临江镇	上杭三中	中学高级教师	2009.08
雷游生	上杭县	福建龙氟化工有限公司	化工工程高级工程师	

五、龙岩市（地区）畲族获国家、省、市和省主管厅局与省人事厅联合表彰的先进模范人物名表

（已知，按获奖时间先后、姓氏笔画排序）

表 13-06

姓 名	所在县、乡（镇）	所在单位	奖励名称	颁发单位	颁发时间
雷佛春	上杭县才溪乡	才溪溪北农业社	福建省劳动模范	福建省人民政府	1952
蓝善玉	上杭县庐丰畲族乡	上杭县百货公司	福建省财贸系统劳动模范	福建省人民政府	1982
蓝冠中	上杭县庐丰畲族乡	上杭一中	福建省职工劳动模范	福建省人民政府	1982
蓝仁田	上杭县官庄畲族乡	官庄乡政府	学科学用科学青年标兵	共青团中央国家农业委员会	1982
蓝仁田	上杭县官庄畲族乡	官庄乡政府	1982 年农业技术推广三等奖	福建省农业厅	1983-12
兰荣均	长汀县馆前镇	长汀县馆前镇黄湖村	为增进民族团结做出贡献，成绩突出	福建省人民政府	1983.12
钟才先	上杭县茶地镇	福建省民航局	福建省“五一”劳动奖章	福建省总工会	1984
蓝树源	上杭县庐丰畲族乡	庐丰学区	福建省优秀教师和教育工作者	福建省政府	1989
蓝盛兴	上杭县庐丰畲族乡	明强中学	全国优秀教师和教育工作者	国家教委	1989
兰荣均	长汀县馆前镇	长汀县馆前镇黄湖村	全国民族团结先进个人	国家民委	1990.10
蓝友珍	上杭县官庄畲族乡	官庄畲族乡政府	全国民族团结先进个人	国家民委	1991
蓝友珍	上杭县官庄畲族乡	官庄畲族乡政府	福建省民族团结先进个人	福建省人民政府	1992
蓝莺歌	上杭县庐丰畲族乡	庐丰畲族乡政府	计划生育先进工作者	福建省人民政府	1993.04
蓝春龙	上杭县官庄畲族乡	官庄畲族乡树人村	福建省优秀共产党员	中共福建省委	1993.07
钟攀华	上杭县白砂镇	蛟洋乡计生办	福建省计划生育先进工作者	福建省政府	1997.05
蓝耀辉	上杭县官庄畲族乡	官庄畲族乡树人村	福建省优秀共青团员	共青团福建省委	1997.05
蓝仰林	上杭县官庄畲族乡	上杭县统计局	第一次全国基本单位普查全国先进个人	第一次全国基本单位普查办公室	1997.09
蓝新英（女）	上杭县官庄畲族乡	官庄畲族乡福泉村	全国各族妇女团结进步模范个人	全国妇联、国家民委	1998.03
蓝树生	上杭县官庄畲族乡	官庄畲族乡树人村	全国优秀乡村医生	卫生部医政司、妇幼卫生司等	1998.04
钟发阳	上杭县旧县镇	旧县中心小学	龙岩市优秀教师	龙岩市人民政府	1998.09
蓝树生	上杭县官庄畲族乡	树人村卫生所	全国优秀乡村医生	卫生部医政司等	1998
黄集良	上杭县古田镇	上杭县民族宗教局	民族团结进步模范个人	国家民委 福建省政府	1998
蓝申生	上杭县庐丰畲族乡	茶地乡政府	全国各族青年团结进步模范个人	共青团中央、国家民委、全国青联	1999.05

续表13-06

姓　名	所在县、乡(镇)	所在单位	奖励名称	颁发单位	颁发时间
兰思仁	上杭县官庄畲族乡	福建农林大学	福建省五一劳动奖章、福建省百千万人才	福建省总工会福建省人民政府	1999.05
钟巨藩	上杭县太拔镇	上杭县政协	1998年度市政协信息先进工作者	政协龙岩市委员会	1999.06
雷浩永	上杭县才溪镇	东莞市中宏贸易有限公司公司	特别贡献奖	东莞市人民政府	1999.10
雷兰英(女)	漳平市赤水镇	岭兜村	福建省民族团结进步先进个人	福建省人民政府	1999.12
蓝文辉	上杭县庐丰畲族乡	上杭县民族事务委员会	福建省民族团结进步先进个人	福建省人民政府	1999.12
蓝仰林	上杭县官庄畲族乡	上杭县统计局	1996—1999年度福建省统计系统先进工作者	福建省人事厅福建省统计局	2000.08
蓝和金(女)	上杭县珊瑚乡	广州天河街道办事处	优秀军嫂	陆军第11集团军政治部	2000
兰永富		上杭县古田镇党委	福建省计划生育先进工作者	福建省人民政府	2002
蓝乾宽	上杭县临江镇	上杭县林业局	全国森林防火工作纪念奖章	国家林业局	2002.03
蓝春龙	上杭县官庄畲族乡	上杭县临城司法所	全省“严打”整治斗争先进工作者	中共福建省委 福建省人民政府	2003.06
钟发阳	上杭县旧县镇	旧县中心小学	福建省先进德育工作者	中共福建省教育工作委员会	2003.06
蓝善祥	上杭县庐丰畲族乡	临江镇党委	福建省优秀共产党员	中共福建省委	2003.06
蓝玉华(女)	上杭县官庄畲族乡	上杭县妇联	2001—2003年度福建省妇联系统先进工作者	福建省人事厅 福建省妇联	2003.12
蓝革侣	上杭县临江镇	上杭县教育局	全国教育纪检监察工作优秀干部	教育部	2003.12
雷祖云	上杭县才溪镇	福建省恒基市政工程有限公司	全国建设系统劳动模范	人事部建设部	2004.01
雷祖云	上杭县才溪镇	福建省恒基市政工程有限公司	福建省建筑业优秀民营企业家	福建省建设厅	2004.02
雷祖云	上杭县才溪镇	福建省恒基市政工程有限公司	中国优秀企业家	中国企业联合会 中国企业家协会	2004.12
蓝　新	上杭县官庄畲族乡	上杭县庐丰乡党委	第四届全国各族青年团结进步奖		
蓝发锦	上杭县官庄畲族乡	官庄中心小学	龙岩市优秀教育工作者	龙岩市人民政府	2004
蓝金川	漳平市桂林街道	漳平市西园中心学校	省、市扶贫工作重点村小学优秀教师	福建省教育厅、福建省扶贫基金会	2005.09
蓝建杭	上杭县庐丰畲族乡	上杭县人民政府	2001—2004年度全国群众体育先进个人	国家体育总局	2005.10
庄玲玲(女)	泉州市	龙岩市民族宗教局	全国民族团结进步模范个人	国务院	2005

续表13-06

姓　名	所在县、乡(镇)	所在单位	奖励名称	颁发单位	颁发时间
蓝申生	上杭县庐丰畲族乡	上杭县民族宗教局	福建省民族团结进步模范个人	中共福建省委 福建省人民政府	2005.12
蓝月秀(女)	上杭县庐丰畲族乡	上杭县庐丰畲族乡计生办	福建省民族团结进步模范个人	中共福建省委 福建省人民政府	2005.12
雷祖云	上杭县才溪镇	福建省恒基建设股份有限公司	第十一届福建省优秀企业家	福建省人民政府	2006.03
兰思义	上杭县官庄畲族乡	长汀县政府	福建省创安全生产合格乡镇活动先进个人	福建省人民政府	2006
钟巨藩	上杭县太拔镇	上杭县政协	优秀政协文史工作者	政协龙岩市委员会	2006.05
蓝建兴	上杭县官庄畲族乡	官庄中心小学	福建省优秀教师	福建省教育厅、人事厅	2007
蓝桥春	上杭县官庄畲族乡	官庄中心小学	福建省优秀教师	福建省教育厅、人事厅	2007
钟　平	上杭县官庄畲族乡	官庄卫生院	龙岩市劳动模范	龙岩市人民政府	2007.05
钟巨藩	上杭县太拔镇	上杭县政协	2003—2007年度“政协先进文史工作者”	福建省政协办公厅、福建省政协文史委	2007.08
雷祖云	上杭县才溪镇	福建省恒基建设股份有限公司	优秀建筑企业家	福建省建筑企业协会	2007.11
蓝丽英(女)	上杭县庐丰畲族乡	上杭县通贤乡政府	第二次全国农业普查先进个人	国务院第二次全国农业普查领导小组、国家统计局	2008.04
钟素华(女)		上杭和盛照明电器厂	全国优秀农民工	国务院农民工工作联席会议	2008.11
钟巨藩	上杭县太拔镇	上杭县政协	“20年以上的文史工作者”荣誉证书	政协全国委员会办公厅、全国政协文史和学习委员会	2009.07
罗良丁	永定区	龙岩市民族宗教局	全国民族团结进步模范个人	国务院	2009.09
雷祖云	上杭县才溪镇	福建省恒基建设股份有限公司	全国优秀建造师	中国施工企业管理协会	2009.12
蓝玉华(女)	上杭县官庄畲族乡	上杭县妇联	全国城乡妇女岗位建功先进个人	全国妇联、全国妇女“双学双比”活动领导小组	2010.04
钟　平	上杭县官庄畲族乡	上杭县皮肤病防治院	福建省医德标兵	福建省总工会省卫生厅	2011
雷祖云	上杭县才溪镇	福建省恒基建设股份有限公司	全国建筑业优秀企业家	中国建筑业协会	2011.03
蓝寿甲	上杭县临江镇	东南社区涉老站	优秀共产党员	中共龙岩市委	2011.06
雷祖云	上杭县才溪镇	福建省恒基建设股份有限公司	“十一五”期间福建省建筑行业优秀工作者	福建省建设厅	2011.10

续表13-06

姓　名	所在县、乡(镇)	所在单位	奖励名称	颁发单位	颁发时间
雷祖云	上杭县才溪镇	福建省恒基建设股份有限公司	中国工程建设优秀高级职业经理人	中国施工企业管理协会	2012.03
蓝福兴	上杭县庐丰畲族乡	上杭县人民法院(退休)	人民法院荣誉天平奖章	最高人民法院	2011.05
雷进高	上杭县蛟洋镇		2011年度全省农行“三农”信贷工作先进个人	中国农业银行福建省分行	2012.04
蓝水英(女)	上杭县官庄畲族乡	上杭县庐丰畲族乡政府	福建省2009—2011年度人口和计划生育工作先进个人	福建省人民政府	2012.12
蓝耀洲	上杭县庐丰畲族乡	上杭县关工委	福建省关心下一代工作第六次表彰先进工作者	福建省委组织部、省委老干部局、省公务员局、省委文明办、省关工委	2013.11
蓝国鑫	上杭县庐丰畲族乡	上杭县老区建设促进会	老促会先进工作者	福建省老区建设促进会	2014.03
钟巨藩	上杭县太拔镇	上杭县老区建设促进会	老促会先进工作者	福建省老区建设促进会	2014.03
雷祖云	上杭县才溪镇	福建省恒基建设股份有限公司	全国优秀施工企业家、	中国施工企业管理协会	2014.09
路金青(女)	新罗区	龙岩市民族宗教局综合科	福建省民族团结进步模范个人	福建省人民政府	2015.05
蓝敬豪	上杭县庐丰畲族乡	上杭县庐丰卫生院	福建省民族团结进步模范个人	福建省人民政府	2015.05
蓝发锦	上杭县官庄畲族乡	上杭县官庄中心小学	福建省民族团结进步模范个人	福建省人民政府	2015.05
蓝晓东	上杭县庐丰畲族乡	上杭县地方志编纂委员会	福建省地方志系统先进工作者	福建省人力资源和社会保障厅、省地方志编纂委员会	2016.03
钟思榕	上杭县湖洋镇	上杭县湖洋镇碧田村	龙岩市劳动模范	中共龙岩市委 龙岩市人民政府	2016.04
雷天森	上杭县才溪镇	溪北村乡村医生	龙岩市“优秀共产党员”	中共龙岩市委	2016.06
钟阳藩	上杭县太拔镇	上杭县实验小学	龙岩市教育系统优秀共产党员	中共龙岩市委教育工作委员会	2016.07
蓝金光	漳平市桂林街道	漳平市永福初级中学	龙岩市优秀教师	中共龙岩市委龙岩市人民政府	2016.09
雷祖云	上杭县才溪镇	福建省恒基建设股份有限公司	福建省建筑业企业优秀经理	福建省建筑企业协会	2016.12
钟远光	上杭县才溪镇	华南理工大学	安徽省科学技术奖三等奖	安徽省人民政府	2016
钟丽娟(女)		上杭县城市管理行政执法局	助人为乐类“福建好人”	福建省文明办	2017.01

续表13-06

姓　名	所在县、乡(镇)	所在单位	奖励名称	颁发单位	颁发时间
蓝启芳	上杭县官庄畲族乡	上杭县官庄畲族乡司法所	全国人民调解工作先进个人		
蓝亮明	上杭县官庄畲族乡	上杭县官庄畲族乡树人村	模范党务工作者		2017
钟远光	上杭县才溪镇	华南理工大学	珠江学者奖励计划青年学者	广东省人民政府	2017
温金娥(女)	上杭县才溪镇	上杭县实验小学	全国第六届“孝老爱亲”道德模范	中央精神文明建设指导委员会	2017.11
雷祖云	上杭县才溪镇	福建省恒基建设股份有限公司	全国优秀施工企业家	中国施工企业管理协会	2018.03
蓝耀辉	上杭县官庄畲族乡	官庄畲族乡树人村	扶贫工作成绩突出协理员	龙岩市脱贫攻坚战役指挥部	2018.10
钟加樟	上杭县官庄畲族乡	上杭县庐丰畲族乡党委	全国民族团结进步模范个人	国务院	2019.09
蓝浩成	上杭县官庄畲族乡	龙岩市委政法委综治督导科	2020年度获“平安中国建设”先进个人		
邱年春	上杭县中都镇	上杭县民族宗教局	全省统战系统先进工作者	福建省委统战部、福建省人力资源和社会保障厅	2020.12
蓝杭琼	上杭县官庄畲族乡	上杭县官庄畲族乡新民村	福建省脱贫攻坚先进个人	中共福建省委 福建省人民政府	2021.05
蓝　洁	上杭县临江镇	上杭县检察院	优秀党务工作者	中共龙岩市委	2021.06
雷焕龙	上杭县古田镇	上杭县古田镇苏家坡村	龙岩市优秀共产党员	中共龙岩市委	2021.07
钟育发	上杭县中都镇	上杭县文体旅游局	全国群众体育工作先进个人	国家体育总局	2021.09
张树淳	龙岩市永定区湖雷镇	龙岩市民族宗教局	福建省民族团结进步模范个人	福建省人民政府	2021.10
蓝中健	漳州市漳浦县	上杭县官庄畲族乡	福建省民族团结进步模范个人	福建省人民政府	2021.10
雷贵兴	上杭县古田镇	上杭县古田镇苏家坡村	福建省民族团结进步模范个人	福建省人民政府	2021.10
兰子辉	漳平市象湖镇	漳平市象湖镇龙门村	福建省民族团结进步模范个人	福建省人民政府	2021.10
钟远光	上杭县才溪镇	华南理工大学	长江学者奖励计划青年学者	教育部	2021
钟远光	上杭县才溪镇	华南理工大学	广东省哲学社会科学优秀成果一等奖	广东省人民政府	2021
钟树源	上杭县太拔镇	福州市总工会	福州市青年五四奖章	中共福州市委 福州市人民政府	2022
雷勤福	上杭县才溪镇	福建省上杭县古田国有林场	全国绿化劳动模范	全国绿化委员会、人力资源社会保障部、国家林业和草原局	2022.06

六、龙岩市畲民在民营企业担任董事长(总经理)职务名表

(已知,以姓氏笔画和所在县、乡〈镇〉村排序)

表 13-07

姓　名	所在县、乡(镇)、村	工作单位	曾任主要职务
钟金春	上杭县南阳镇涂坑村	龙岩市剑峰玻璃有限公司	总经理
钟习明	上杭县南阳镇涂坑村	上杭县玮鸿汽车贸易有限公司	总经理
钟文宏	上杭县南阳镇涂坑村	字符引擎信息科技(厦门)有限公司	总经理
钟习林	上杭县南阳镇涂坑村	厦门搜邻影视文化传媒有限公司	总经理
钟河水	上杭县南阳镇涂坑村	福建创飞建筑工程有限公司	总经理
钟由喜	上杭县南阳镇涂坑村	广西舍得木业有限公司	总经理
钟由桂	上杭县南阳镇涂坑村	福建省铭美建筑工程有限公司	总经理
钟水明	上杭县南阳镇涂坑村	厦门欧石彩建材有限公司	总经理
钟灶生	上杭县南阳镇涂坑村	成都云聚搜索科技有限公司	总经理
钟维育	上杭县才溪镇大贵村	福建省上杭县才溪建筑工程有限公司	董事长
钟开雁	上杭县才溪镇大贵村	福建国港汇供应链管理有限公司	经理
钟兴光	上杭县才溪镇大贵村	福建杭海建设有限公司	董事
钟开强	上杭县才溪镇大贵村	广东省惠州市惠恒美装饰工程有限公司	经理
蓝振明	上杭县临江镇东南社区	深圳市加明华岩石爆破工程有限公司	总经理
蓝　辉	上杭县临江镇东南社区	深圳市沛宏电子有限公司	总经理
蓝林生	上杭县临江镇东南社区	深圳市益禧达电子有限公司	总经理
蓝朝强	上杭县官庄畲族乡树人村	甘肃金矿	董事长
蓝朝文	上杭县官庄畲族乡树人村	宏庄建筑有限公司	董事长
蓝朝燕	上杭县官庄畲族乡树人村	龙岩市鑫洪绿化管理有限公司	董事长
蓝天辉	上杭县官庄畲族乡树人村	亚太投资有限公司	董事长
蓝永基	上杭县官庄畲族乡树人村	厦门通正建设有限公司	董事长
蓝水生	上杭县官庄畲族乡树人村	北京易控智驾科技有限公司	董事长
蓝顺汉	上杭县官庄畲族乡树人村	深圳市融威技术发展有限公司	董事长
蓝永杨	上杭县官庄畲族乡树人村	永佳达佳佩商行	法人代表
蓝灿书	上杭县官庄畲族乡树人村	福建宝泰建筑工程有限公司	董事长
蓝仰杭	上杭县官庄畲族乡七里村	上海某软件公司	法人代表
蓝光万	上杭县官庄畲族乡七里村	晋江旺顺办公	总经理

续表13-07

姓　名	所在县、乡(镇)、村	工作单位	曾任主要职务
蓝发招	上杭县官庄畲族乡七里村	永安市晨曦环保科技有限公司	总经理
蓝仰峰	上杭县官庄畲族乡七里村	云南东翰足疗服务有限公司	总经理
蓝昌春	上杭县官庄畲族乡七里村	云南东翰采耳文化传播有限责任公司	总经理
蓝河春	上杭县官庄畲族乡七里村	福建省庆润建设工程有限公司	总经理
蓝满春	上杭县官庄畲族乡七里村	福建青网网络科技有限公司	法人代表
蓝仰桂	上杭县官庄畲族乡七里村	天图装饰设计有限公司	法人代表
蓝仰杭	上杭县官庄畲族乡七里村	上海华邻资产管理有限公司	总裁
蓝茂瑞	上杭县官庄畲族乡新民村	龙岩市安居住宅建设有限公司	董事长
蓝茂先	上杭县官庄畲族乡新民村	深圳华晨创谷集团	董事长
蓝建平	上杭县庐丰畲族乡丰乐村	朝晖汽车贸易有限公司	总经理
蓝禄魁	上杭县庐丰畲族乡丰康村	福建柯宁环保科技有限公司	总经理
蓝福松	上杭县湖洋镇加庄村	厦门立鑫顺供应链有限公司	总经理
蓝史书	上杭县才溪镇才民村	东莞市蓝鑫环保技术有限公司	董事长
蓝　彪	上杭县才溪镇才民村	广东长久建设工程有限公司	董事长
雷祖云	上杭县才溪镇溪北村	福建省恒基建设有限公司	董事长
雷书春	上杭县珊瑚乡华竹村	湖南郴州都市物业开发有限公司	董事长
雷浩永	上杭县才溪镇溪北村	东莞市中宏贸易有限公司	董事长
雷洪先	上杭县才溪镇溪北村	深圳市中唐投资控股有限公司	董事长
雷森春	上杭县才溪镇溪北村	福建紫鑫建设工程有限公司	董事长
雷　根	上杭县才溪镇溪北村	福建省梓鑫机械设备租赁有限公司、福建省润烨建设工程有限公司	董事长
雷文先	上杭县才溪镇溪北村	惠州市金悦建筑工程有限公司	董事长
雷祖新	上杭县才溪镇溪北村	深圳市宏峰建设工程有限公司	董事长
雷欣璋	上杭县才溪镇溪北村	广东省万城建设有限公司	董事长
雷欣霖	上杭县才溪镇溪北村	东莞市华沪建筑有限公司	董事长
雷　文	上杭县才溪镇溪北村	东莞市沛沣建筑工程有限公司	总经理
雷　粤	上杭县才溪镇溪北村	东莞尚泰眼镜科技有限公司	总经理
雷国强	上杭县才溪镇溪北村	深圳市星翔投资有限公司	总经理
雷游焕	上杭县古田镇苏家坡村	蛟洋工业区龙氟化工	董事
雷金荣	上杭县古田镇苏家坡村	龙岩市福欣牧业发展有限公司	法人代表
雷游松	上杭县古田镇苏家坡村	双吉养殖有限公司	负责人

七、龙岩市畲民获得硕士及以上学位(含在读)人员名表

(已知,按姓氏笔画及所在县、乡〈镇〉村排序)

表 13-08

姓　名	所在县、乡、村	取得学位的学校或工作单位	学位名称	取得时间
钟　兴	上杭县官庄畲族乡福泉村	龙岩市经贸委	硕士	
钟文华	上杭县官庄畲族乡福泉村	福建省电力公司	硕士	
钟加殿	上杭县官庄畲族乡福泉村	闽西职业技术学院	硕士	
钟庆琪	上杭县官庄畲族乡福泉村	龙岩第一医院	硕士	
钟昌奇	上杭县官庄畲族乡福泉村	美国俄亥俄州人类生殖医学会中心	医学博士	1995
钟富炎	上杭县官庄畲族乡福泉村	福建师范大学	博士	
钟昌雄	上杭县官庄畲族乡福泉村	华东电力设计院	硕士	
钟　韦	上杭县临城镇西南村	北京交通大学	电气工程硕士	2016.07
钟　勇	上杭县临城镇西南村	厦门大学材料学院	生物医学工程专业硕士	2017.06
钟祥华	上杭县临城镇西南村	福州大学	工学博士	2018.03
钟培冰	上杭县临城镇西南村	福建医科大学医学技术与工程学院	麻醉学专业硕士	2021
钟　靖	上杭县中都镇古坊村	中南大学	在读博士	
钟一文	上杭县中都镇古坊村	浙江大学	博士	2005
钟晋兰(女)	上杭县中都镇古坊村	福建师范大学	硕士	2007
钟　笛(女)	上杭县中都镇古坊村	美国东北大学	硕士	2020
钟萍丽(女)	上杭县中都镇古坊村	中国海洋大学	硕士	
钟诗妍(女)	上杭县中都镇瑞香村	英国化敦教大学	硕士	
钟慧音	上杭县太拔镇坵辉村	美国林肯大学教授	博士	
钟盛蕃	上杭县太拔镇坵辉村	美国西佛琴尼亚大学	化学工程博士	
钟满蕃(女)	上杭县太拔镇坵辉村	美国大学	生物化学博士	
钟道蕃	上杭县太拔镇坵辉村	美国堪萨斯州大学	机械工程博士	
钟东蕃	上杭县太拔镇坵辉村	美国明尼苏达大学	土木工程硕士	
钟淳蕃	上杭县太拔镇坵辉村	加拿大麦基尔大学	电机工程博士	
钟绍经	上杭县太拔镇坵辉村	美国俄亥俄州东联大医学院	医学博士	
钟绍宣	上杭县太拔镇坵辉村	美国加州大学政治学	硕士	
钟绍元	上杭县太拔镇坵辉村	美国伊尼诺州大学	化学工程博士	
钟绍农	上杭县太拔镇坵辉村	美国加州大学	工商管理学硕士	
钟树钦	上杭县太拔镇坵辉村	厦门大学	法学硕士	2006.07
钟林杭	上杭县太拔镇坵辉村	北京工业大学建筑工程学院	结构工程专业硕士	2010

续表13-08

姓　名	所在县、乡、村	取得学位的学校或工作单位	学位名称	取得时间
钟金杭	上杭县太拔镇坵辉村	北京交通大学	硕士	2023.07
钟　逸(女)	上杭县太拔镇坵辉村	南开大学	在读研究生	
钟沐涵(女)	上杭县太拔镇坵辉村	温州医科大学	在读研究生	
钟俊华	上杭县南阳镇涂坑村	挪威 IB 商学院	经济学博士	2013.07
钟灶生	上杭县南阳镇涂坑村	重庆大学	控制科学与工程	2009.07
钟由源	上杭县南阳镇涂坑村	四川农业大学	遗传科学	2013.06
钟丽琴	上杭县南阳镇涂坑村	中国科学院	信号与信息处理	2019.07
钟友烽	上杭县南阳镇涂坑村	武汉理工学院	材料科学与工程	2021.07
钟开新	上杭县才溪镇大贵村	广东珠海	硕士	
钟泉光	上杭县才溪镇大贵村	厦门大学(广东江门)	硕士	1994
钟远光	上杭县才溪镇大贵村	华南理工大学(新加坡)	博士	2014
钟　锐	上杭县旧县镇谷坑村	厦门大学	硕士	2013
蓝森辉	上杭县官庄畲族乡树人村	南开大学	硕士	
蓝耀锋	上杭县官庄畲族乡树人村	英国华威大学	硕士	
蓝晓泉	上杭县官庄畲族乡树人村		硕士	
蓝苏榕	上杭县官庄畲族乡树人村	美国圣荷西州力大学	博士	
蓝夏璐	上杭县官庄畲族乡树人村	清华大学	医学博士	
蓝荣培	上杭县官庄畲族乡树人村	美国得州大学	医学博士	
蓝克华	上杭县官庄畲族乡树人村	法国尼斯大学	光学博士	
蓝彰仁	上杭县官庄畲族乡树人村	芬兰赫尔辛基大学农业学院	博士	
蓝锋泉	上杭县官庄畲族乡树人村	福州大学	在读研究生	
蓝朝浩	上杭县官庄畲族乡树人村	华南理工大学	硕士	
蓝永祥	上杭县官庄畲族乡贵和村	中央民族大学	硕士	
蓝占赣	上杭县官庄畲族乡贵和村	广汽集团	硕士	
蓝晓辉	上杭县官庄畲族乡贵和村	武汉	硕士	
蓝德生	上杭县官庄畲族乡新风村	厦门海关	硕士	
兰思忠	上杭县官庄畲族乡新风村	福建省委办公厅	硕士	
蓝　雄	上杭县官庄畲族乡新风村	北京市	博士	
兰思仁	上杭县官庄畲族乡新风村	福建农林大学	博士	
蓝瑞隆	上杭县官庄畲族乡璜头村	北京协和医学院	硕士	2012.06

续表13-08

姓　名	所在县、乡、村	取得学位的学校或工作单位	学位名称	取得时间
蓝鹤隆	上杭县官庄畲族乡璜头村	武汉理工大学	硕士	2012.06
蓝炜琴(女)	上杭县官庄畲族乡璜头村	南京东南大学院	在读研究生	
蓝小斌	上杭县官庄畲族乡璜头村	桂林电子科技大学	在读研究生	
蓝佛琳	上杭县官庄畲族乡新民村	福建医科大学	硕士	2008
蓝　炘	上杭县官庄畲族乡新民村	南开大学	硕士	2017
蓝婉真(女)	上杭县官庄畲族乡新民村	东华大学	在读研究生	
蓝丽秀(女)	上杭县庐丰畲族乡丰康村	北京师范大学	博士	
蓝迅翔	上杭县庐丰畲族乡丰康村	厦门大学	硕士	
蓝日晖	上杭县庐丰畲族乡丰康村	上海财经大学	硕士	
蓝淑玥(女)	上杭县庐丰畲族乡丰康村	中国科技大学	硕士	
蓝　松	上杭县庐丰畲族乡丰济村	福州大学	硕士	
蓝启嵩	上杭县庐丰畲族乡丰济村	北京大学	硕士	
蓝丽珊	上杭县庐丰畲族乡丰济村	福建农林大学	硕士	
蓝春华	上杭县庐丰畲族乡丰济村	福建医科大学	硕士	
蓝　强	上杭县庐丰畲族乡丰济村	天津大学	硕士	
蓝丽蓉	上杭县庐丰畲族乡丰济村	福州大学	硕士	
蓝一帆	上杭县庐丰畲族乡丰济村	重庆科技大学	硕士	
蓝洪辉	上杭县庐丰畲族乡丰乐村	中国科技大学	硕士	
蓝洪翔	上杭县庐丰畲族乡丰乐村	中国科技大学	硕士	
蓝琳芳	上杭县庐丰畲族乡丰乐村	中山大学	硕士	
蓝俚萍	上杭县庐丰畲族乡丰乐村	中央财经大学	硕士	
蓝　舟	上杭县庐丰畲族乡丰乐村	南通大学	硕士	
蓝建斌	上杭县庐丰畲族乡扶洋村	郑州轻工学院	硕士	2016.10
蓝荣山	上杭县庐丰畲族乡立英村	中国科学院大学	理学博士	2022.01
蓝　津	上杭县临江镇东南社区	上海交通大学	神经外科博士	2013.08
蓝锦煌	上杭县临江镇东南社区	华侨大学	硕士	2020.07
蓝　洁	上杭县临江镇东南社区	福州大学会计	硕士	2020.07
蓝承燕	上杭县临江镇东南社区	福州大学	硕士	2021.06
蓝　鑫	上杭县临江镇东南社区	华东师范	硕士	2021.08
蓝　盛	上杭县临江镇东南社区	广东工业大学	博士	2020.09

续表13-08

姓　名	所在县、乡、村	取得学位的学校或工作单位	学位名称	取得时间
蓝福顺	上杭县才溪镇才民村	福建农林大学	硕士	
蓝丽珍(女)	上杭县才溪镇才民村	东华大学	硕博连读	2021.03
蓝茂煌	上杭县才溪镇才民村	中国科学院大学	硕士	2006.07
蓝占城	上杭县旧县镇谷坑村	江西赣州市农业农村局	硕士	
蓝林祥	上杭县珊瑚乡华竹村	德国马克思・德尔布吕克分子医学中心、柏林洪堡大学	理学博士	2013.11
蓝子豪	上杭县珊瑚乡华竹村	留美研究生	博士	
蓝梅金(女)	上杭县珊瑚乡华竹村	福建医科大学	硕士	2020. 7
雷德辉	上杭县古田镇苏家坡村	福州大学	硕士	2010
雷玉秀(女)	上杭县蛟洋镇华家村	美国波多黎各大学	博士	2003.01
雷玉春(女)	上杭县蛟洋镇华家村	美国拉塞尔大学	硕士	2014
雷　雯(女)	上杭县蛟洋镇华家村	中国药科大学	博士	2021.12
雷伟华	上杭县蛟洋镇华家村	美国西北大学	硕士	2019
雷进堂	上杭县蛟洋镇华家村	上海交通大学	硕士	2003.07
雷淦昌	上杭县蛟洋镇华家村	福州大学	工学博士	2021.12
雷　伟	上杭县蛟洋镇华家村	同济大学	博士	2020.09
雷建龙	上杭县蛟洋镇华家村	上海交通大学	化学高分子专业博士	2022
雷婧瑜(女)	上杭县蛟洋镇华家村	华南农业大学	林业专业在读硕士	2020.2023
雷建昕	上杭县蛟洋镇华家村	东南大学	生物医学工程在读硕士	2022—2025
雷荣和	上杭县才溪镇溪北村	美国明尼苏达大学	博士	
雷喜斌	上杭县才溪镇溪北村	中央民族大学	博士	
雷祖涛	上杭县才溪镇溪北村	上海同济大学	硕士	
雷　鹏	上杭县才溪镇溪北村	哈尔滨工业大学	博士	2019
雷　涛	上杭县才溪镇溪北村	中山大学	硕士	2015
雷晓婧	上杭县才溪镇溪北村	厦门大学	硕士	2015
雷成龙	上杭县才溪镇溪北村	西安交通大学	硕士	2009
雷冬英(女)	上杭县才溪镇溪北村	武汉大学	硕士	2014
雷鹏福	上杭县才溪镇溪北村	南京航空航天大学	硕士	2020
雷小姗	上杭县才溪镇溪北村	新南威尔士大学	会计硕士	2017.11
雷雅婷	上杭县才溪镇溪北村	福建农林大学	法学硕士	2019.06
雷凡毅	上杭县才溪镇溪北村	新南威尔士大学	工程科学硕士	2018.01
雷浩洪	上杭县才溪镇溪北村	福州大学	工商管理硕士	2020

附　录

一、荣誉

龙岩市(地区)民族乡村(单位)获市级(含市级)以上表彰的先进单位名表

(已知,按获奖时间先后排名)

获奖单位	奖励名称(全称)	颁奖单位	颁奖时间
漳平县水利水电局	福建省民族团结先进集体	福建省人民政府	1983-12
上杭县官庄畲族乡	全国民族团结进步先进集体	国家民委	1990
上杭县庐丰畲族乡丰康村	福建省民族团结先进单位	福建省人民政府	1990.12
长汀县馆前镇黄湖村	福建省民族团结进步先进集体	福建省民委	1992.12
上杭县古田镇苏家坡村	福建省民族团结进步模范集体	福建省人民政府	1992.12
上杭县庐丰畲族乡	福建省民族团结进步先进集体	福建省民委	1992.12
上杭县官庄畲族乡	全国民族团结进步先进集体	国务院	1995.01
上杭县人民政府	全国民族团结进步模范集体	国务院	1999.09
上杭县古田镇苏家坡村	全国民族团结进步先进集体	国务院	1999.09
龙岩市民委	福建省民族团结进步模范集体	福建省人民政府	1999.09
上杭县官庄畲族乡	福建省民族团结进步模范集体	福建省人民政府	1999.09
上杭县庐丰畲族乡丰乐村	福建省民族团结进步模范集体	福建省人民政府	1999.09
上杭县湖洋乡碧田村	福建省民族团结进步模范集体	福建省人民政府	1999.09
上杭县古田镇苏家坡村	第三届省少数民族文艺调演组织奖	福建省民宗厅	2000
上杭县庐丰民族中学	全国中小学团结教育先进单位	教育部、国家民委	2002.09
上杭县南阳镇双溪村	龙岩市第八届(2000—2002 年度)文明村	龙岩市委、 龙岩市人民政府	2002
上杭县官庄民族中学	福建省省民族教育先进集体	福建省教育厅、 福建省民宗厅	2002
上杭县庐丰民族中学	全国民族团结教育先进集体	教育部、国家民委	2003.06
中共漳平市赤水镇岭村支部	优秀基层党组织	龙岩市委	2003.2006
上杭县民族宗教局	2003 年度全省民族宗教信息工作先进单位	福建省民宗厅	2004.02

续表13-08

获奖单位	奖励名称(全称)	颁奖单位	颁奖时间
上杭县民族宗教局	2004年度全省民族宗教信息工作先进单位	福建省民宗厅	2005.01
上杭县官庄畲族乡	全省民族团结进步模范集体	福建省委、福建省人民政府	2005.12
上杭县古田镇苏家坡村	全省民族团结进步模范集体	福建省委、福建省人民政府	2005.12
上杭县民族宗教局	2005年度全省民族宗教信息工作先进单位	福建省民宗厅	2006.02
上杭县民族宗教局	全省民族宗教系统“四五”普法工作先进集体	福建省民宗厅	2006.10
上杭县官庄畲族乡树人村	民族团结进步先进村	福建省民宗厅	2006
上杭县民族宗教局	全国民族团结进步模范集体	国务院	2009.09
上杭县临江镇东南社区	先进示范社区(村)	福建省“平安家庭”创建活动领导小组	2010.07
上杭县才溪镇溪北村	先进示范社区(村)	福建省“平安家庭”创建活动领导小组	2010.07
漳平市赤水镇岭兜村	省级生态村	福建省环保厅	2010
上杭县临江镇东南社区	2006—2010年度全市法制宣传教育先进单位	龙岩市依法治市领导小组、龙岩市法制宣传领导小组	2011.07
漳平市赤水镇香寮村	第二批全国特色景观旅游名镇(村)	国家住建部、国家旅游局	2011.08
漳平市赤水镇香寮村	福建省休闲农业示范点	福建省农业厅	2011.09
上杭县才溪镇溪北村妇代会	先进妇代会	福建省妇联	2011.09
上杭县才溪镇溪北村	全国妇联基层组织建设示范村	中华全国妇女联合会	2011.12
上杭县才溪镇溪北村	福建省农村家园清洁行动示范村	福建省人民政府	2012.03
上杭县珊瑚乡华竹村	省级生态村	福建省环保厅	2012
上杭县南阳镇南岭村	省级生态村	福建省环保厅	2012
漳平市象湖镇科山村	省级生态村	福建省环保厅	2012
上杭县官庄畲族乡树人村	第二批全省少数民族特色村寨保护与发展试点村	福建省民宗厅	2012
上杭县庐丰畲族乡丰康村	第二批全省少数民族特色村寨保保护与发展试点村	福建省民宗厅	2012
上杭县古田镇苏加坡村	第二批全省少数民族特色村寨保保护与发展试点村	福建省民宗厅	2012
漳平市赤水镇香寮村	第二批全省少数民族特色村寨保保护与发展试点村	福建省民宗厅	2012
上杭县珊瑚乡华竹村	2012年度民兵营部规范化建设达标先进单位	龙岩市人民政府 龙岩军分区	2013
漳平市赤水镇香寮村	中国第二批传统村落名录	住房和城乡建设部、文化部、文物局和财政部	2013.08
上杭县古田镇苏家坡村	全国民族团结进步先进单位	国家民委	2013.12

续表13-08

获奖单位	奖励名称(全称)	颁奖单位	颁奖时间
上杭县才溪镇溪北村	福建省平安家庭创建活动先进村	福建省综治委	2013.12
上杭县太拔镇崇厦村	省级生态村	福建省环保厅	2013
上杭县古田镇苏家坡树槐堂	全国民族团结进步教育基地(第四批)	国家民委	2014.02
上杭县临江镇东南社区	全国综合减灾示范社区	国家减灾委员会、民政部	2014.12
漳平市双洋镇中村村	全省民族团结进步创建活动示范村	福建省民宗厅	2014
漳平市赤水镇香寮村	福建省第十二届(2012—2014年度)文明村	福建省委 福建省人民政府	2015.05
漳平市双洋镇中村村	全省民族团结进步模范集体	福建省政府	2015.05
上杭县古田镇苏家坡村	龙岩市第十二届(2012—2014年度)文明村	龙岩市委、龙岩市政府	2015.07
上杭县临江镇东南社区	龙岩市第十二届(2012—2014年度)文明村	龙岩市委 龙岩市人民政府	2015.07
上杭县庐丰中心小学	全省民族团结进步模范集体	福建省人民政府	2015.05
漳平市赤水镇香寮村	重点培育传统古村落	龙岩市委 龙岩市人民政府	2015.08
上杭县太拔镇坵辉村	福建省首批省级传统村落	福建省住房和城乡建设厅、文化厅、文物局和财政厅	2015.11
漳平市赤水镇香寮村	省级乡村旅游特色村	福建省旅游局	2015.12
漳平市赤水镇香寮村	最美休闲乡村	福建省农业厅	2015.12
上杭县临江镇东南社区	老年人健身康乐园	福建省体育局、老龄办、老体协	2015.12
上杭县太拔镇坵辉村	第三批全省少数民族特色村寨保护与发展试点村	福建省民宗厅	2015
上杭县官庄畲族乡福泉村	第三批全省少数民族特色村寨保护与发展试点村	福建省民宗厅	2015
上杭县官庄畲族乡璜头村	第三批全省少数民族特色村寨保护与发展试点村	福建省民宗厅	2015
漳平市桂林街山羊村	第三批全省少数民族特色村寨保护与发展试点村	福建省民宗厅	2015
上杭县才溪镇溪北村	福建省农村社区建设示范单位	福建省民政厅	2016.02
漳平市赤水镇香寮村	第二批中国少数民族特色村寨	国家民委	2017.03
上杭县官庄畲族乡树人村	第二批中国少数民族特色村寨	国家民委	2017.03
上杭县庐丰畲族乡丰康村	第二批中国少数民族特色村寨	国家民委	2017.03
上杭县临江镇东南社区	2015年百县千乡万村无邪教创建示范社区	国务院防范和处理邪教问题办公室	2017.03
上杭县庐丰畲族乡丰康村	省级农村社区建设示范单位	福建省民政厅	2017
上杭县官庄畲族乡朱堡村	福建省十县百乡千村无邪教创建示范村	福建省人民政府防范和处理邪教问题办公室	2017.08

续表13-08

获奖单位	奖励名称(全称)	颁奖单位	颁奖时间
上杭县庐丰畲族乡丰济村	福建省第二批省级传统村落	福建省住房和城乡建设厅、文化厅、文物局和财政厅	2017.07
上杭县蛟洋镇华家村	福建省第二批省级传统村落	福建省住房和城乡建设厅、文化厅、文物局和财政厅	2017.07
长汀县馆前镇黄湖村	福建省第二批省级传统村落	福建省住房和城乡建设厅、文化厅、文物局和财政厅	2017.07
上杭县才溪镇溪北村	福建省美丽乡村建设“千村整治”村庄	福建省政府	2017
上杭县庐丰畲族乡卫生院	群众满意的卫生院	国家卫生和计划生育委员会	2018.01
上杭县	海峡两岸少数民族交流与合作基地	国家民委	2018.04
漳平市赤水镇香寮村	福建省第十三届(2015—2017年度)文明村	福建省委 福建省人民政府	2018.07
上杭县古田镇苏家坡村	龙岩市第十三届(2015—2017年度)文明村	龙岩市委 龙岩市人民政府	2018.08
上杭县古田镇苏家坡村	福建省十县百乡千村无邪教创建示范村	福建省人民政府防范和处理邪教问题办公室	2018.08
上杭县官庄畲族乡	龙岩市第十三届(2015—2017年度文明乡镇)	龙岩市委 龙岩市人民政府	2018.08
上杭县官庄畲族乡	龙岩市“四好农村路”示范乡镇	龙岩市委 龙岩市人民政府	2018
上杭县民族与宗教事务局	福建省2012—2015年度民族与宗教系统先进集体	福建省人力资源和社会保障厅、福建省民族与宗教事务厅	2018.10
上杭县官庄畲族乡城村	福建省2012—2015年度民族与宗教系统先进集体	福建省人力资源和社会保障厅、福建省民族与宗教事务厅	2018.10
上杭县官庄畲族乡朱堡村	第四批全省少数民族特色村寨保护与发展试点村	福建省民宗厅	2018
上杭县庐丰畲族乡丰济村	第四批全省少数民族特色村寨保护与发展试点村	福建省民宗厅	2018
上杭县湖洋镇文光村	第四批全省少数民族特色村寨保护与发展试点村	福建省民宗厅	2018
上杭县中都镇古坊村	第四批全省少数民族特色村寨保护与发展试点村	福建省民宗厅	2018
漳平市象湖镇龙门村	第四批全省少数民族特色村寨保护与发展试点村	福建省民宗厅	2018
上杭县才溪镇溪北村	农村“四星级”幸福社区	福建省民政厅	2018
上杭县才溪镇溪北村	福建省“森林村庄”	福建省绿化委员会 福建省林业局	2018
上杭县才溪镇溪北村	龙岩市“党建示范点”	龙岩市委	2018
上杭县湖洋镇文光村观音井百果园	AAA级旅游景区	龙岩市旅游景区质量等级评定委员会	2018

续表13-08

获奖单位	奖励名称(全称)	颁奖单位	颁奖时间
上杭县古田镇苏家坡村	AA级旅游景区	龙岩市旅游景区质量等级评定委员会	2019.01
上杭县太拔镇坵辉村	中国第五批传统村落	住房和城乡建设部、文化部、文物局和财政部	2019.01
漳平市赤水镇香寮村	福建省地名文化遗产·千年古村落	福建省民政厅、发改委、住建厅、党史研究和地方志编纂办公室	2019.06
上杭县古田镇苏家坡村	全国民族团结进步示范村	国家民委	2019
上杭县古田镇苏家坡村	全市先进基层党组织	龙岩市委	2019
上杭县古田镇苏家坡村	“不忘初心、牢记使命”主题教育基地	龙岩市委	2019
上杭县南阳镇双溪村	全省乡村振兴试点村	福建省人民政府	2019
上杭县古田镇苏家坡村	全省乡村振兴试点村	福建省人民政府	2019
上杭县才溪镇溪北村	全省乡村振兴试点村	福建省人民政府	2019
上杭县古田镇苏家坡村	全省人居环境整治示范村	福建省人民政府	2019
上杭县庐丰畲族乡丰康村	全省乡村振兴试点村	福建省人民政府	2019
上杭县庐丰畲族乡丰康村	全国老年人心理健康关心关爱试点村	福建省卫生健康委员会	2019
上杭县庐丰畲族乡丰康村	省级“一村一品”示范村(烤烟)	福建省农业农村厅	2019
上杭县庐丰畲族乡丰康村	龙岩市精准扶贫先进单位	龙岩市委 龙岩市人民政府	2019
上杭县庐丰畲族乡丰康村幸福院	省级五星级农村幸福院	福建省民政厅	2019
漳平市桂林街道山羊村	第三批中国少数民族特色村寨	国家民委	2019
上杭县官庄畲族乡	全省民族宗教系统信息宣传工作先进集体	福建省民宗厅	2020.01
上杭县太拔镇坵辉村	2019年度省级乡村振兴实绩突出村	福建省农业农村厅	2020.04
上杭县湖洋文光村	第二批“全国乡村旅游重点村”推荐名单	福建省文旅厅 福建省发改委	2020.05
上杭县	全省民族团结进步重点区重点单位	福建省民宗厅	2020.07
上杭县庐丰中心小学	全省民族团结进步重点区重点单位	福建省民宗厅	2020.07
漳平市桂林中心学校	全省民族团结进步重点区重点单位	福建省民宗厅	2020.07
上杭县湖洋文光村	2020年度中国美丽休闲乡村	农业农村部办公厅	2020.11
上杭县湖洋文光村	第十批全国“一村一品”(脐橙)示范村	农业农村部	2020.11
上杭县湖洋文光村	2019年度福建省“一村一品”(脐橙)示范村	福建省农业农村厅	2020.12

续表13-08

获奖单位	奖励名称(全称)	颁奖单位	颁奖时间
上杭县才溪镇溪北村	2019年度福建省“一村一品”(脐橙)示范村	福建省农业农村厅	2020.12
漳平市赤水镇香寮村	2019年度福建省“一村一品”(烤烟)示范村	福建省农业农村厅	2020.12
上杭县庐丰畲族乡丰康村	市级十佳农村人居环境整治村	龙岩市人民政府	2020
上杭县太拔镇坵辉村	市级人居环境整治试点村	龙岩市人民政府	2020
上杭县官庄畲族乡	福建省民族乡村振兴示范乡	福建省民宗厅	2020
上杭县庐丰畲族乡丰康村	福建省民族乡村振兴示范村	福建省民宗厅	2020
上杭县古田镇苏家坡村	全省乡村治理示范试点村	福建省委组织部、宣传部、农业农村厅、民政厅、司法厅	2020
上杭县官庄畲族乡朱堡村	全省乡村治理示范试点村	福建省委组织部、宣传部、农业农村厅、民政厅、司法厅	2020
上杭县官庄畲族乡树人村	福建省民族乡村振兴示范村	福建省民宗厅	2020
上杭县湖洋文光村	福建省民族乡村振兴示范村	福建省民宗厅	2020
上杭县才溪镇溪北村	十佳乡村治理村	龙岩市委实施乡村振兴战略领导小组	2020
上杭县古田镇苏家坡村	福建省第十四届(2018—2020年度)文明村	福建省委 福建省人民政府	2021.02
漳平市赤水镇香寮村	福建省第十四届(2018—2020年度)文明村	福建省委 福建省人民政府	2021.02
上杭县庐丰畲族乡丰乐村	十佳乡村治理村	龙岩市委实施乡村振兴战略领导小组	2021.04
上杭县湖洋镇加庄村	龙岩市第十四届(2018—2020年度)文明村	龙岩市委 龙岩市人民政府	2021.05
上杭县才溪镇溪北村	龙岩市第十四届(2018—2020年度)文明村	龙岩市委 龙岩市人民政府	2021.05
上杭县才溪镇溪北村	全市“先进基层党组织”	龙岩市委	2021.06
漳平市赤水镇岭兜村	全市“先进基层党组织”	龙岩市委	2021.06
上杭县古田镇苏家坡村	第二批全国乡村治理示范村镇	中央农村工作领导小组办公室、农业农村部、中央宣传部、民政部、司法部、国家乡村振兴局	2021.09
漳平市赤水镇香寮村	第二批全国乡村治理示范村镇	中央农村工作领导小组办公室、农业农村部、中央宣传部、民政部司法部、国家乡村振兴局	2021.09
漳平市桂林中心学校	福建省民族团结进步模范集体	福建省人民政府	2021.10
上杭县民族宗教局	福建省民族团结进步模范集体	福建省人民政府	2021.10

续表13-08

获奖单位	奖励名称(全称)	颁奖单位	颁奖时间
上杭县庐丰畲族乡丰济村	福建省民族团结进步模范集体	福建省人民政府	2021.10
上杭县湖洋镇碧田村	2021年福建省卫生村	福建省爱卫办	2021.11
上杭县湖洋镇新坊村	2021年福建省卫生村	福建省爱卫办	2021.11
上杭县湖洋镇文光村	2021年福建省卫生村	福建省爱卫办	2021.11
漳平市赤水镇香寮村	2021年福建省卫生村	福建省爱卫办	2021.11
漳平市新桥镇石码村	2021年福建省卫生村	福建省爱卫办	2021.11
上杭县太拔镇坵辉村	福建省森林村庄	福建省绿化委员会 福建省林业局	2021.12
漳平市双洋镇坑源村	福建省森林村庄	福建省绿化委员会 福建省林业局	2021.12
上杭县才溪镇溪北村	全省乡村治理示范试点村	福建省委组织部、 宣传部、农业农村厅、 民政厅、司法厅	2021.12
上杭县才溪镇溪北村	省级“信用村”	中国农业银行 福建省分行	2021
上杭县旧县镇谷坑村	福建省第四批省级传统村落	福建省住房和城乡 建设厅、文化厅、 文物局和财政厅	2021

二、条例、文件选录

(一)条例

福建省少数民族权益保障条例

(1999年10月22日福建省第九届人民代表大会常务委员会第十四次会议通过)

第一章 总 则

第一条 为保障少数民族的合法权益,维护和发展平等、团结、互助的社会主义民族关系,促进各民族共同繁荣,根据宪法和有关法律、法规,结合本省实际,制定本条例。

第二条 少数民族公民享有宪法和法律赋予的权利,并履行宪法和法律规定的义务。

少数民族公民合法权益受法律保护,任何组织和个人不得侵犯。

第三条 各级人民政府应当将本地区少数民族的经济、社会事业列入国民经济和社会发展计划及财政预算,并充分考虑少数民族的特点和需要,加大资金投入。

第四条 鼓励社会各界帮助支持少数民族和民族地区发展经济和社会事业。

第五条 县级以上人民政府民族事务部门主管本行政区域内的少数民族工作,各有关部门在各自职责范围内做好少数民族工作。

第二章　保障少数民族政治平等权利

第六条　少数民族人口五万人以上的设区的市(含宁德地区)、少数民族人口万人以上的县(市、区)的人民代表大会常务委员会(人大工委)和人民政府(行政公署),其组成人员中应有少数民族成员。

少数民族人口千人以上的乡(镇)人民政府的组成人员中,应当注意选配少数民族成员。

第七条　民族乡的建立和撤销,由省人民政府批准。

民族乡的乡长,由建立民族乡的少数民族公民担任。

民族乡人民政府配备少数民族工作人员的数量应当与其人口占全乡总人口的比例相适应。

第八条　少数民族人口达到总人口百分之三十以上的村,经村民会议同意,由所在乡(镇)人民政府提出申请,报县(市、区)人民政府认定为民族村,并报省和设区的市人民政府(行政公署)民族事务主管部门备案。

民族村的村民委员会主任或者副主任应当有本村的少数民族公民。

第九条　各级国家机关、事业单位、社会团体应当重视和加强少数民族干部和专业技术人才的培养、选拔和使用。

国家机关、事业单位、社会团体录用聘用公务员或者其他人员时,在同等条件下优先录用聘用少数民族公民,不得以生活习俗等理由拒绝录用聘用少数民族公民。

第十条　禁止在各类出版物、广播、电影、电视、音像制品、文艺表演、社会交际和其他活动中出现侮辱、歧视少数民族、伤害民族感情的语言、文字、图像和行为。

第十一条　少数民族公民有保持或者改革自己风俗习惯的自由。

社会服务行业和公共场所不得以生活习俗和语言不同为理由,拒绝接待少数民族公民。

各级人民政府应当支持有清真饮食习惯的少数民族开设清真饮食网点,并合理布局。经营清真食品的厂、店(摊),必须标明“清真”字样。

第三章　发展少数民族经济

第十二条　各级人民政府和有关部门在安排农田水利、农村饮水、地方公路、农业综合开发项目以及专项资金,开展以工代赈,提供产供销服务,进行对口支援和经济技术协作等方面,应当优先考虑少数民族地区。

第十三条　各级人民政府每年在安排财政预算时,应当安排民族补助款,用于本区域内发展少数民族经济、社会各项事业。

民族补助款按省、市、县三级核定。每年核定的款额,不得低于上一年度,并随财政收入的增长有所增加。民族补助款任何单位和个人不得扣减、挪用、截留,不得替代正常经费。

各级财政应当加大对少数民族地区转移支付的力度。

第十四条　民族乡的上一级人民政府应当按优于非民族乡原则确定民族乡的财政体制;在每年编制财政预算时,应当安排一定的财力用于扶持民族乡发展经济和社会事业;民族乡财政收入的超收部分和财政支出的节余部分,应当全部留给民族乡安排使用。

第十五条　国家安排给贫困地区的小额贷款,应当优先照顾少数民族贫困户。

第十六条　在民族乡、民族村新办的企业享受国家和省定的税收优惠。

对在民族乡、民族村投资开发经营农业项目,经同级财政部门批准,其农业特产税给予适当

减免。

第十七条 各级人民政府应当扶持下列企业发展生产,提高经济效益和社会效益:

(一)民族乡和民族村办的企业;

(二)少数民族职工占百分之三十以上的企业;

(三)少数民族投资额占百分之五十以上的企业;

(四)以少数民族为主要服务对象的经国家确定的民族用品生产定点企业、民族贸易企业及食品、饮食服务企业。

对上述有发展潜力的企业,有关部门应在财力、物力上给予照顾,并在融资方面提供优质服务;财政部门可以给予贷款贴息。

第十八条 各级人民政府和有关部门应当扶持民族经济开发区的建设,在财政、税收、科技、人才、物资、信息等方面给予支持、帮助。

第十九条 对少数民族贫困村和贫困户,各级人民政府和有关部门应当在资金、科技、人才、物资、信息等方面给予帮助。对居住在偏僻山区、海岛,生产生活条件恶劣的少数民族居民,应当在自愿的基础上有计划地搬迁,并在资金和物资上给予重点扶持。

第二十条 国家建设需要征用、拆建城镇、乡村少数民族私有房屋和集体所有房屋,拆迁部门应当按有关规定,先安置后拆迁。对少数民族企业用地、居民用房,土地部门在同等条件下可以优先安排用地指标。

第二十一条 在民族乡、民族村依法保护和开发资源、兴办企业,应当带动和发展民族乡、民族村经济,照顾当地利益,互惠互利,实现可持续发展。

第四章 发展少数民族社会事业

第二十二条 各级人民政府应当在师资、财力、物力等方面帮助少数民族发展基础教育、职业教育和成人教育。在安排教育经费时,民族学校应当高于其他学校,并在师资力量、教学设备等方面给予照顾。

各级人民政府在安排教育附加费时,应当对民族乡、民族村给予照顾。

第二十三条 各级教育行政部门应当区别不同类别教育特点,制定对少数民族考生优先照顾的招生政策。招收高等学校、普通高中、中等专业学校、技工学校、职业高中新生时,应当按照国家和本省对少数民族考生的有关规定给予加分照顾。

省民族事务部门可以根据各地实际需要提出意见,经省教育行政主管部门批准后,在省属高等学校和省内中等专业学校举办民族班或者民族预科班。

第二十四条 在少数民族人口较多的地方,当地县级人民政府应根据实际情况,建立寄宿制民族小学和民族中学,对家庭生活有困难的少数民族学生,应当减免学杂费,实行助学金和定期困难补助。

第二十五条 各级人民政府应当制定优惠政策,吸引各种人才到少数民族地区工作;采取调派、聘任、轮换等办法,组织素质高的教师、医疗卫生、科技人员和其他人才到民族乡、民族村工作;帮助培训少数民族师资、医疗卫生、科技和各种专业技术人员,组织和促进教育、医疗卫生和科学技术的交流与协作。

第二十六条 科技部门应当为民族乡、民族村的科学技术推广应用提供服务,在安排科技发展项目时,应当照顾民族乡和民族村。

第二十七条　各级人民政府应当扶持民族乡、民族村创办和改善各种文化、艺术、体育活动场所,实现民族村广播、电视全面覆盖;帮助少数民族开展具有民族特点的、健康的文化、艺术和体育活动,培养少数民族文艺、体育人才,挖掘、继承、发扬和保护少数民族的优秀文化遗产,加强对少数民族文物的保护。

第二十八条　各级人民政府应当建立和完善民族地区医疗卫生体系。各级卫生部门在安排专项经费时,要优先考虑少数民族地区,帮助和扶持民族医院和民族乡卫生院、民族村医疗所的建设;发展民族传统医药,开展妇幼保健,加强健康教育,提高人口素质;做好少数民族地区地方病、多发病的防治;定期组织巡回义诊,做好农村改水、改厕等环境卫生工作,加强民族乡、民族村的卫生执法监督工作。

第五章　奖励与处罚

第二十九条　为民族团结进步事业做出显著成绩和贡献的集体、个人,各级人民政府或者有关部门应当给予表彰、奖励。

第三十条　违反本条例第十条规定,由工商、新闻出版等有关部门按照各自的权限,责令改正,没收有关制品,可并处五百元以上五千元以下罚款;对直接责任人员,视其情节轻重给予行政处分;构成犯罪的,依法追究刑事责任。

第三十一条　违反本条例其他有关规定,损害少数民族合法权益的,有关部门应当责令其立即停止违法行为,并对直接责任人员给予批评教育或者行政处分;对少数民族公民造成损失的,应当承担赔偿责任;违反治安管理处罚规定的,由公安机关依法处理;构成犯罪的,依法追究刑事责任。

第六章　附　　则

第三十二条　在本省合法临时居住的少数民族公民的权益参照本条例有关规定予以保障。

第三十三条　本条例自2000年1月1日起施行。

(二)文件

长汀县人民政府
《关于馆前公社黄湖大队要求承认为畲族的批复》

(汀政〔1981〕综275号)

馆前公社管委会:

馆前公社黄湖大队56户339人,关于要求承认其为少数民族问题,经组织有关部门深入该队查实确是“畲族”。根据省民政局闽革〔1975〕049号函精神,经研究,承认该队为畲族。根据党的少数民族政策,望各有关部门加以尊重,并在政治上、经济、文化建设上,在条件许可情况下,给予适当照顾。

此复

长汀县人民政府

一九八一年七月八日

龙岩地区行政公署文件
转发福建省民族事务委员会关于上杭县人民政府《关于再次要求报批我县蓝、雷、钟姓为畲族的请求》的函的通知

（岩署〔1987〕综311号）

上杭县人民政府：

现将福建省民族事务委员会50号函转发，请你们根据实际情况、实事求是的认真做好你县蓝、雷、钟姓这部分群众更改民族成份的审定工作。

附：福建省民族事务委员会第50号函。

龙岩地区行政公署

一九八七年十二月二十一日

福建省民族事务委员会便函

［第050号］

龙岩地区行政公署：

你们今年六月九日再次签署上杭县部分群众要求更改民族成份一事，我们原则同意你们的意见。现根据国家民委〔1986〕民政字第37号文件《关于恢复或改正民族成份问题的补充通知》规定精神，上杭县这部分群众均属散居乡、村，请你们按照实事求是的精神予以审定。

福建省民族事务委员会

1987年12月14日

上杭县人民政府《关于恢复我县部分群众畲族成分的通知》

（杭政〔1987〕263号）

各乡（镇）人民政府、县直各委、办、局级单位：

近年来，我县蓝、雷、钟姓部分群众按户签名多次报告申请，要求恢复其畲族的民族成份。现查实，并报上级批准我县蓝、雷、钟姓部分群众散居在庐丰、茶地、官庄、太拔、古田、旧县，蛟洋，临城等乡（镇）的4720户24800多人为畲族。望各有关部门认真贯彻党的少数民族政策，尊重他们，并在政治上、经济上，文化建设上等各个方面给予适当照顾。同时，也希望我县蓝、雷、钟姓畲族人民发扬我国各兄弟民族勤劳、勇敢、智慧的优良传统，在四化建设中，作出新的贡献。

上杭县人民政府

一九八七年十二月二十六日

说明：本志《人口》采用的是上杭县地方志编纂委员会编《上杭县志》卷三《人口》："恢复畲族成份的有6060户30889人，占全县总户数的7.6%、总人口的7.48%。"恢复畲族成份后的户数、人数和上杭县人民政府《关于恢复我县部分群众畲族成份的通知》（杭政〔1987〕263号）的户数、人数不一致，原因是：《通知》的户数、人数采用的是上杭县人民政府在1986年12月29日（杭政〔1986〕350号）文件上报省民委审批个行程报来按户签名申请改族盖章花名册上的户数、人数；而《上杭县志》是采用已经办理了变更民族成份的户数、人数。

龙岩地区行政公署《关于同意改设上杭县庐丰畲族乡、官庄畲族乡的通知》

（岩署〔1988〕综124号）

上杭县人民政府：

省民政厅闽民〔1988〕124号文批复，同意撤销上杭县庐丰乡、官庄乡的建制，以原庐丰乡、官庄乡的行政区划另设庐丰畲族乡、官庄畲族乡建制，改变建制后乡人民政府驻地不变。

特此通知

龙岩地区行政公署

一九八八年五月三十日

龙岩市民族与宗教事务局
关于同意筹备成立龙岩市畲族文化研究会的批复

岩民宗〔2019〕51号

龙岩市畲族文化研究会筹备会：

你会《关于申请成立龙岩市畲族文化研究会的报告》、龙岩市畲族文化研究会秘书长以上推荐人选名单及筹备会会议纪要的相关报告悉。经研究，同意你会上述报告，并根据《社会团体登记管理条例》的相关规定，请你会于2019年12月下旬择日召开龙岩市畲族文化研究会成立大会，严格按照法定程序做好会议筹备工作，确保会议顺利召开。

特此批复！

龙岩市民族与宗教事务局

2019年12月16日

三、龙岩市畲族文化研究会章程

龙岩市畲族文化研究会章程

（龙岩市畲族文化研究会第一届第一次会员大会通过）

2019年12月21日

第一章　总　　则

第一条　本会的名称是龙岩市畲族文化研究会。

第二条　本会的性质是由畲族群众、畲族文化研究的专家、学者自愿结成的全市性、学术性、非营利性社会团体，本会会员分布和活动地域为龙岩市。

第三条　本会的宗旨是坚持中国共产党的全面领导，根据中国共产党章程的规定，设立中国共产党的组织，开展党的活动，为党组织的活动提供必要条件；遵守宪法、法律、法规和国家政策，践行社会主义核心价值观，遵循社会道德风尚，移风易俗；团结和组织本会会员以及从事民族研究工作者，积极开展我市畲族传统文化研究、挖掘、保护，传承发展繁荣畲族优秀文化，加强民族平等团结，助力闽西民族乡村振兴发展，为实现中华民族伟大复兴发挥积极作用。

第四条　本会接受业务主管单位龙岩市民族与宗教事务局、登记管理机关龙岩市民政局的业务指导和监督管理。

第五条　本会的住所:福建省龙岩市上杭县北环中路92号。

第二章　业务范围

第六条　本会的业务范围:

(一)弘扬和传承畲族传统优秀文化,组织会员深入了解、发掘、采录畲族传统文化以及风俗习惯等第一手资料,开展畲族文化和历史古籍等方面的学术探讨和研究,协助相关事务管理部门完成畲族文史资料挖掘整理,编撰闽西畲族文化方面刊物;

(二)研究畲族经济发展新问题,提出新思路和新模式,宣传新理念、新技术,开发新项目,收集、提供经济发展项目信息,帮助民族乡村经济发展;

(三)推进文化教育事业发展,开展帮扶品学兼优和特困畲族学生活动;

(四)挖掘、整理、传承、发展畲族文化,开展畲族文化培训、展览。保护和传承国家非物质文化遗产名录的畲族服装、畲医、畲药的发展;

(五)协助政府落实党的民族政策,协调民族关系;

(六)接受政府委托研究课题和服务项目,为民族地区经济发展出谋献策;

(七)开展对外文化交流和对台文化交流,加强与兄弟研究会沟通、交流、联谊、联络工作。

第三章　会　　员

第七条　本会的会员种类为个人会员。

第八条　凡承认本会章程,履行会员义务,年满18周岁热心于

畲族文化传承发展的畲族同胞、从事民族工作、对畲族文化有一定研究的或从事产业与畲族文化有关联的各界人士,且热切要求加入本会,并自愿履行本会有关会员义务的,可以予以吸收。申请加入本会的会员,必须具备下列条件:

(一)拥护本会的章程;

(二)有加入本会的意愿;

第九条　会员入会程序是:

(一)提交入会申请书;

(二)经理事会讨论通过;

(三)由理事会或理事会授权的机构发给会员证。

第十条　会员享有下列权利:

(一)本会的选举权、被选举权和表决权;

(二)参加本会的活动;

(三)获得本会服务的优先权;

(四)对本会工作的批评建议权和监督权;

(五)入会自愿、退会自由。

第十一条　会员履行下列义务:

(一)执行本会的决议;

(二)维护本会合法权益;

(三)完成本会交办的工作;

(四)按规定交纳会费;

（五）向本会反映情况，提供有关资料。

第十二条 会员退会应书面通知本会，并交回会员证。会员如果1年不交纳会费或不参加本会活动的，视为自动退会。

第十三条 会员如有严重违反本章程的行为，经理事会表决通过，予以除名。

第四章 组织机构和负责人产生、罢免

第十四条 本会的最高权力机构是会员大会，会员大会的职权是：

（一）制定和修改章程；

（二）选举和罢免理事；

（三）审议理事会的工作报告和财务报告；

（四）决定终止事宜；

（五）决定其他重大事宜。

第十五条 会员大会须有2/3以上的会员出席方能召开，其决议须经到会会员半数以上表决通过方能生效。

第十六条 会员大会每届5年。因特殊情况需提前或延期换届的，须由理事会表决通过，报业务主管单位市民政局审查，并经市民政局社团登记管理机关批准同意。但延期换届最长不超过1年。

第十七条 理事会是会员大会的执行机构，在闭会期间领导本团体开展日常工作，对会员大会负责。

第十八条 理事会的职权是：

（一）执行会员大会的决议；

（二）选举和罢免会长、常务副会长、副会长、秘书长；

（三）筹备召开会员大会；

（四）向会员大会报告工作和财务状况；

（五）决定会员的吸收或除名；

（六）决定设立办事机构、分支机构、代表机构和实体机构；

（七）决定副秘书长、各机构主要负责人的聘任；

（八）领导本会各机构开展工作；

（九）制定内部管理制度；

（十）决定其他重大事项。

第十九条 理事会须有2/3以上理事出席方能召开，其决议须经到会理事2/3以上表决通过方能生效。

第二十条 理事会每年至少召开一次会议；情况特殊的，也可采用通讯形式召开。

第二十一条 本会的会长、副会长、秘书长必须具备下列条件：

（一）坚持党的路线、方针、政策，政治素质好；

（二）在本会业务领域内有较大影响；

（三）会长、副会长、秘书长最高任职年龄不超过70周岁；

（四）身体健康，能坚持正常工作；

（五）未受过剥夺政治权利的刑事处罚的；

（六）具有完全民事行为能力。

第二十二条　本会会长、副会长、秘书长如超过最高任职年龄的，须经理事会表决通过，报市民族宗教局审查，并经市民政局社团登记管理机关批准同意后，方可任职。

第二十三条　本会会长、副会长、秘书长任期5年，会长、副会长、秘书长任期最长不得超过两届，因特殊情况需延长任期的，须经会员大会2/3以上会员表决通过，报业务主管单位市民族宗教局审查并经市民政局社团登记管理机关批准同意后方可任职。

第二十四条　本会会长为本会法定代表人。如因特殊情况需由副会长或秘书长担任法定代表人，须报市民族宗教局审查，并经市民政局社团登记管理机关批准同意后，方可担任。

本会法定代表人不兼任其他团体的法定代表人。

第二十五条　本会会长行使下列职权：

（一）召集和主持理事会；

（二）检查会员大会、理事会决议的落实情况；

（三）代表本会签署有关重要文件；

（四）授予有关副会长或秘书长行使会长有关职权。

第二十六条　本会秘书长行使下列职权：

（一）主持办事机构开展日常工作，组织实施年度工作计划；

（二）协调各分支机构、代表机构、实体机构开展工作；

（三）提名副秘书长以及各办事机构、分支机构、代表机构和实体机构主要负责人，交理事会决定；

（四）决定办事机构、代表机构、实体机构专职工作人员的聘用；

（五）处理其他日常事务。

第二十七条　本会设立监事会，成员5名，其中监事长1名，监事4名。监事任期与理事任期相同。

第二十八条　监事会是会员大会的监督机构，在大会闭会期间监督理事会，对会员大会负责。

第二十九条　监事会成员应当从具有良好职业道德和较高从业水平、奉献精神、热心本会工作和社会公益活动的会员中选举产生。监事由会员大会选举产生。监事长由监事会选举产生，连续任期不得超过两届。

每届监事会监事的更新应当不少于1/3。

本会理事、副秘书长、秘书长、副会长、常务副会长、会长不得担任监事。

第三十条　监事会职责：

（一）监督理事会执行会员大会决议的情况；

（二）检查财务和会计资料，向登记管理机关、业务主管部门以及会计主管部门反映情况；

（三）监督理事会遵守法律和章程的情况。当会长、常务副会长、副会长、理事和秘书长等管理人员的行为损害本团体利益时，要求其予以纠正，必要时向会员大会、业务主管单位及登记管理机关报告；

（四）监事列席理事会、会长办公会议及本会其他会议；

（五）监督各分会、专业委员会履行职责的情况；

（六）提议召开理事会临时会议；

（七）向代表通报监事会年度工作情况；

(八)本章程规定或会员大会授予的其他职权。

第三十一条 监事会通过以下方式行使监督权：

(一)列席本会各项会议，查阅会议纪要、财务票据等有关材料；

(二)听取理事会、各分支机构、秘书处的工作情况通报；

(三)对理事或专门委员会的委员提出质询；

(四)对于理事会、各分支机构会议作出的决议、决定，监事会认为存在违反程序或违背本会会员根本利益的，可以建议进行二次表决；

(五)对监督事项提出建议和异议；

(六)对不称职的理事会成员进行警示或建议罢免。

监事应以监事会集体的名义行使监督权，不得以监事个人名义发表意见。

第三十二条 监事长职责：

(一)领导监事会开展工作；

(二)召集和主持监事会会议；

(三)签署监事会文件；

(四)监督、检查监事工作；

(五)监事会授予的其他职责。

监事长因故不能履行职责时，由监事长指定的监事代行监事长职责。

第三十三条 监事会每三个月至少召开1次会议，必要时，经监事长决定或者2/3以上监事提议，应当举行监事会临时会议。

监事会会议必须有2/3以上监事出席方可召开。监事会作出决议，须经到开会监事的过半数通过。

第三十四条 本会1/3以上会员或者2/3监事，可以向监事会提议罢免监事长。罢免提议一经提出，应当在20日内举行监事会临时会议。

第三十五条 监事在1年内2次无故不参加监事会会议或任期内累计5次不参加监事会会议的，劝其辞去监事职务，若不辞职的，监事会应在30日内书面通知其停止履行监事职权，并在会员大会上予以追认。

第三十六条 监事有下列情形之一的，应当罢免职务：

(一)不执行本会大会、监事会会议决议的；

(二)受到刑事处罚的。

第五章 党建工作

第三十七条 本会坚决拥护中国共产党的领导，执行党的路线、方针和政策，走中国特色社会组织发展之路。

第三十八条 本会按照党章规定，经上级党组织批准设立党组织。如暂不能单独建立党组织，支持通过联合建立党组织、选派党建工作联络员等方式，在本会开展党的工作。

第三十九条 本会党组织是党在本会中的战斗堡垒，发挥政治核心作用。基本职能是保证政治方向，团结凝聚群众，推动本会发展，建设先进文化，服务人才成长，加强党组织自身建设。

第四十条 本会换届选举时，应先征求党组织对主要负责人审核意见；本会变更、撤并或注销，党组织应及时向上级党组织报告，并做好党员组织关系转移等相关工作。

第四十一条　本会为党组织开展活动、做好工作提供必要的场地、人员和经费支持，将党建工作经费纳入管理费用列支，支持党组织建设活动阵地。

第四十二条　本会支持领导班子与党组织领导班子交叉任职，优先推荐社会组织领导班子中的中共正式党员担任党的组织以及纪检组织领导。

第四十三条　本会支持党组织对社会组织重要事项决策、重要业务活动、大额经费开支、接收大额捐赠、开展涉外活动等提出意见。

第六章　资产管理、使用原则

第四十四条　本会经费来源：

（一）会费；

（二）捐赠；

（三）政府资助；

（四）在核准的业务范围内开展活动或服务的收入；

（五）利息；

（六）其他合法收入。

第四十五条　本会按照国家有关规定收取会员会费。

第四十六条　本会经费必须用于本章程规定的业务范围和事业发展不得在会员中分配。

第四十七条　本会建立严格的财务管理制度，保证会计资料合法、真实、准确、完整。

第四十八条　本会配备具有专业资格的会计人员。会计不得兼任出纳。会计人员必须进行会计核算，实行会计监督。会计人员调换工作或离职时，必须与接管人员办清交接手续。

第四十九条　本会的资产管理必须执行国家规定的财务管理制度，接受会员大会和财政部门的监督。资产来源于国家拨款或者社会捐赠、资助的，必须接受审计机关的监督，并将有关情况以适当方式向社会公布。

第五十条　本会换届或更换法定代表人之前须进行财务审计。

第五十一条　本会的资产，任何单位、个人不得侵占、私分和挪用。

第五十二条　本会专职工作人员的工资和保险、福利待遇，参照国家对事业单位的有关规定执行。

第七章　章程的修改程序

第五十三条　对本会章程的修改，须经理事会表决通过后报会员大会审议。

第五十四条　本会修改的章程，须在会员大会通过后 15 日内，经业务主管单位审查同意，并报社团登记管理机关核准后生效。

第八章　终止程序及终止后的财产处理

第五十五条　本会完成宗旨或自行解散或由于分立、合并等原因需要注销的，由理事会提出终止动议。

第五十六条　本会终止动议须经会员大会表决通过，并报市民政局审查同意。

第五十七条　本会终止前，须在市民族宗教局及有关机关指导下成立清算组织，清理债权债务，处理善后事宜。清算期间，不开展清算以外的活动。

第五十八条 本会经市社团登记管理机关办理注销登记手续后即为终止。

第五十九条 本会终止后的剩余财产,在市民族宗教局和市社团登记管理机关的监督下,按照国家有关规定,用于发展与本会宗旨相关的事业,或者捐赠给宗旨相近的社会组织。

第九章 附 则

第六十条 本章程经2019年12月21日会员大会表决通过。

第六十一条 本章程的解释权属于本会的理事会。

第六十二条 本章程自市社团登记管理机关核准之日起生效。

四、龙岩市畲族文化研究会成立大会暨第一次会员大会上级拨款、资助及捐款芳名(排名不分先后)

(一)拨款

龙岩市民族与宗教事务局 10万元

上杭县人民政府 10万元

(二)资助

紫金矿业集团有限公司 10万元

上杭县官庄畲族乡人民政府 1万元

上杭县庐丰畲族乡人民政府 1万元

(三)捐款

5万元:蓝朝强

2万元:兰 强 钟华榕 蓝赞玉 雷先桦 雷祖云

1万元:兰福平 雷盛功

5千元:钟海波 雷炎芳

2千元:宁德市蕉城区畲族文化研究会 钟维育 蓝德光

1千元:福建省畲家企业商会 蓝启富 蓝洪章 蓝国旺 雷金荣

合计:51.1万元

五、文献辑录

漳州谕畲

[宋]刘克庄

自国家定鼎吴会,而闽号近里。漳尤闽之近里,民淳而事简,乐土也。然炎、绍以来常驻军于是,岂非以其壤接溪峒,茆苇极目,林菁深阻,省民、山越往往错居,先朝思患豫防之意远矣。凡溪洞种类不一:曰蛮、曰猺、曰黎、曰蜑(dàn),在漳者曰畲。西畲隶龙溪,犹是龙溪人也。南畲隶漳浦,其地西通潮、梅,北通汀、赣,奸人亡命之所窟穴。畲长技止于机毒矢,汀、赣贼入畲者教以短兵接战,故南畲之祸尤烈。二畲皆刀耕火耘,崖栖谷汲,如猱升鼠伏,有国者以不治治之。畲民不悦(役),畲田不税,其来久矣。厥后,贵家辟产,稍侵其疆,豪干诛货,稍笼其利,官吏又征求土物、蜜蜡、虎革、猿皮之类。畲人不堪,诉于郡,弗省,遂怙众据险,剽掠省地。壬戌腊也。前牧恩泽侯有以激其始,无以淑其后。明年秋解去,二倅迭摄郡,寇益深,距城仅二十里,郡岌岌甚矣。帅调诸寨卒及左翼军统领陈鉴、泉州

左翼军正将谢和，各以所部兵会合剿捕，仅得二捷。寇暂退，然出没自若，至数百里无行人。事闻朝家，调守，而著作郎兼左曹郎官卓侯首膺妙选。诏下，或曰："侯攫科甲，有雅望，宰岩邑，有去思，责之排难解纷，可乎？"侯慨然曰："君命，焉所避之？"至则枵然一城，红巾满野，久戍不解，智勇俱困。侯榜山前曰："畲民亦吾民也，前事勿问，许其自新，其中有知书及士人陷畲者，如能挺身来归，当为区处，俾安土著，或畲长能帅众归顺，亦补常资，如或不悛，当调大军尽锄巢穴乃止。"命陈鉴入畲招谕。令下五日，畲长李德纳款。德最反复杰黠者，于是西九畲酋长相继受招，西定。乃并力于南，命统制官彭之才剿捕，龙岩主簿龚镗说谕，且捕且招。彭获三捷，龚挺身深入。又选进士张杰、卓度、张椿叟、刘□等与俱。南畲三十余所，酋长各籍户口二十余家，愿为版籍民。二畲既定，漳民始知有土之乐。

余读诸畲款状，有自称盘护孙者，彼曷尝读《范史》，知其鼻祖之为盘护者？殆受教于华人耳。此亦溪峒禁防懈而然欤！侯参佐裒《畲事颠末》二卷，锓梓示余。昔汉武帝患盗贼群起，命御史大夫衣绣持斧以威之，曾不少戢。龚遂一郡守尔，既至郡，前日之盗皆解刀剑而持钩锄。侯初剖符，固欲用昔人治渤海之策，竟践其言。夫致盗必有由。余前所谓贵豪辟产诛货、官吏征求土物是也。侯语余曰："每祸事必有所激，非其本心。"呜呼！反本之论，固余之所服欤！侯素廉俭，山前调度，百需如猬毛起，专以苦节，不至乏绝。自奉如穷书生，吏议事，宾客清谈，不过文字，饮数行，未尝卜夜。时例卷多削去。其清苦有李公韶、徐公复二牧之风。昔张奂为安定都尉，羌帅有感恩，遗奂马及金者。奂返其物，威化盛行。史谓羌性贪而贵吏清。呜呼！清白之吏，固畲之所贵欤！侯功成而无德色，惟为将佐僚属士友论功于朝，曰：不赏设无以使人。顷余亡友虚斋赵公为漳民免丁钱，余尝大书于石。今卓侯夷难之功不下虚斋，乃本谕蜀之义，作《谕畲记》，使漳人刻石，与前碑角立。侯名德庆，字善夫，莆阳人。

（录自《福建省志·民族志》）

瑶民纪略

[清]范绍质

汀东南百余里，有瑶民焉。结庐山谷，诛茅为瓦，编竹为篱，伐荻为户牖，临清溪栖茂树，阴翳蓊郁窅（yǎo）然深曲。其男子不巾帽，短衫阔袖，椎髻跣足，黎面青睛，长身猿臂，声哑哑如鸟，人呼其名曰畲客。妇人不笄饰，结草珠，若璎珞蒙髻上，明眸皓齿白皙，经霜日不改；析薪荷畚，履层崖如平地。以盘、蓝、篓为姓，三姓自相匹偶，不与乡人通。种山为业，夫妇皆作。生子坠地，浴泉间，不避风日。所树艺曰稜米，实大且长，味甘香，所产姜、薯、蓣、豆、菇、笋品不一，所制竹器有筐、筐，所收酿有蜂蜜，所畜有鱼、豕、鸡、鹜，皆鬻于市。粪田以火土，草木黄落，烈山泽雨，瀑灰浏田，遂肥饶播种，布谷不耘耔而获。精射猎，以药注弩矢，着禽兽立毙。供宾客，悉山雉、野鹿、狐、兔、鼠、蚓为敬。豺、豹、虎、兕间经其境，群相喜，谓野菜，操弩矢往，不逾时，手拽以归。俗信巫事鬼，祷祠祭赛，则刑牲庀具，戴树皮冠，歌觋者言，击铙吹角，跳舞达旦。送死，棺椁无度，号泣无文，三日而葬，远族皆至，导饮极欢而去。其散处也，随山迁徙，去瘠就腴，无定居，故无酋长统摄。不输粮，不给官差，岁献山主租毕即了公事，故无吏胥追呼之扰。家人嗃（hè）嗃，妇子嘻嘻，各食其力，亦无阋墙御侮之事。其性愿悫，其风朴陋。大率畏搜而多惧，望见衣冠人至，其家辄惊窜。入市贸布易丝，率俯首不敢睥睨。亦有老死不入城郭者，嘻嘻，是殆所谓山野自足、与世无求，与人无争者欤！按《桂海虞衡志》，瑶本盘瓠之后。范晔《后汉书》云：盘瓠负少女入南山，止石穴中，生六男六女，织绩木皮，染以木实，以为服饰。

兹盘、蓝、篓,固其遗种也。楚粤为盛,吾闽有之,然不甚蕃,三五七家而已。

(录自《福建省志·民族志》)

畲　民

[清]杨澜

《周礼》“七闽”《郑注》:“闽,蛮之别也。”《国语》曰 :“闽芋蛮矣,七闽之所服国数。”《国语》“蛮芋”,康成引作“闽芋”,是闽即蛮也。其他之置郡县自晋始。唐时初置汀州,徙内地民居之,而本土之苗仍杂处其间,今汀人呼曰畲客。“畲”字不见于史,各省诸苗,如犵狫之见《炎徼纪闻》,瑶獞之见《岭南杂记》,以及黎民、疍户皆无称畲者。《明史·地理志》中“畲”字仅见于漳平县中有百家畲洞,距龙岩、安溪、南靖、龙溪、漳平五县之交,是闽地之蛮皆称曰“畲”也。吴震方言:“粤之瑶种多槃(盘)姓,自云槃瓠之后。言语侏㒧,椎结跣足,短衣斑斓,依林而居,能忍饥行斗,登险如平地,往往啸聚剽掠为患,累朝征之叛服不常。”至若汀地之蛮,唐昭宗时(859—904年)黄连峒蛮围汀州,节度使王潮击破之。(见《通鉴》)宋绍熙(1190—1194年)中,上杭峒寇结他峒为乱,州判赵师瑑擒其渠魁。(见《省志》)而宋季张世杰会师讨蒲寿庚,有许夫人统诸峒畲军来会,汀畲亦在军中,则更能效顺王朝矣。自后不闻其啸聚。畲之在闽,所谓被之声教,强以戎索也!周栎园在杭川诗有“畲客编茅别是蛮”句,注:槃瓠之余错处于虔、漳、潮之间,以槃瓠为姓,是亦以闽之畲与粤之瑶种同也。长汀范绍质《瑶民纪略》亦言:以槃、蓝、篓(雷)为姓,三族自相匹偶,不与乡人通,种山为业。而近时无跳梁抗拒之事,盖在各省诸苗中最驯良者矣。

至其土俗,永定巫宜耀鞠坡太史弟也有《三瑶曲》云:“竹篱茅瓦白云齐,别是山庄望里迷。偶向渔舟来荡桨,匆匆错认武陵溪。哑哑人语可怜生,猿臂鸟声不世情。却怪山中析薪好,层崖都作坦途行。家家新样草珠轻,璎珞妆来别样情。不惯世人施粉黛,明眸皓齿任天生。青山何处不为家,无数稜禾夹道斜。更问一年鲑菜美,斑衣竹笋紫姜芽。岁岁山房缀蜜脾,迢迢鸡唤五更时。可能粗识钱刀戒,市上来过漫自疑。生平射猎擅神奇,饱寝雄狐大兕皮。夜半酸寒闻角处,声声卷地雪风吹。由来风俗好呼巫,祭赛刑牲也自娱。好是击饶歌且舞,挑灯直到跃阳乌。生男生女自年年,绝少人间汤饼筵。听取喤喤初泣后,清溪便作洗儿泉。解寻山主岁输租,时学诚乌尾毕逋。便是山林散人耳,成群亦复大酋无?”又《猺民纪略》云:“豺、豹、虎、兕间经其境,群相喜,谓野菜,操弩矢往,不逾时,手拽以归。”长汀杨濬诗云:“姜薯莿豆种山椒,叉木诛茅各打寮。夜半风腥呼野菜,强弓毒矢竞相邀。”其土俗略见于此。观明时汀州猺弗靖,郡守吴文度设方略抚绥,畲即承赋如居民,其非顽梗不化可知矣!

(录自杨澜《临汀汇考》卷三《风俗考·畲民附》,题目为编者所加)

编　后　记

习近平总书记在福建工作期间，十分关心畲族文化的保护、传承和创新发展，他说：畲族文化在国内占有相当重要的地位，是国家的一份宝贵财富。我和畲族是有缘分的，我的心系着畲族人民。①

龙岩市有2个畲族乡、51个民族村，全市畲族人口约4万人，境内保存有丰富的畲族文化。是畲族人口的集聚地，也是畲族文化的发祥地之一。龙岩市畲族文化研究会自成立以来，牢记习总书记的嘱托，在各级党委、政府的关心支持和龙岩市、县（市、区）民族工作部门的指导下，积极开展畲族文化的发掘、保护和研究。2021年3月，成立了《龙岩市畲族志》编纂委员会，聘请编纂人员，开始有关编纂畲族志的资料收集；6月8日，举行《龙岩市畲族志》编纂工作启动仪式，有龙岩市民族宗教局和上杭县、漳平市、长汀县民族宗教局领导，龙岩市畲族文化研究会及上杭县官庄畲族乡、庐丰畲族乡负责人，编纂组成员参加。会上，龙岩市畲族文化研究会会长蓝赞玉介绍了编纂《龙岩市畲族志》的目的意义和编纂出版计划；主编钟巨藩报告了全书的章节结构，全体与会同志认真审读了《龙岩市畲族志·目录》（征求意见稿）并提出了宝贵的意见建议；龙岩市民族宗教局党组书记、局长张树淳就《龙岩市畲族志》的编纂工作作了具体指导；上杭、漳平、长汀县（市）民族宗教局和两个畲族乡的领导都一致认为编纂《龙岩市畲族志》对传承、发扬光大畲族文化有十分重要的意义，是坚持“四个自信”中“文化自信”的具体体现，一定会积极支持。

蓝赞玉会长还带领编纂人员到福州拜访对畲族文化有深厚造诣的福建省民族与宗教研究所原所长蓝炯熹教授和其他专家、学者，向他们学习取经；深入到全市2个畲族乡51个民族村实地采访、图片拍照。编纂人员查阅了大量的有关畲族的档案、族谱、方志、书籍，向社会各界广泛征集资料；在积累了丰富的第一手材料的基础上，以习近平新时代中国特色社会主义思想为指导，坚持辩证唯物主义和历史唯物主义的立场、观点和方法，经过认真的“去粗取精、去伪存真、由此及彼、由表及里”过程，从而编纂成书。

《龙岩市畲族志》的编辑出版凝聚了编纂人员的辛勤劳动和不懈努力。从2022年10月至2023年6月，进行了8次补充修改。初稿送印刷厂排出清样后，分送福建省民族宗教厅、龙岩市民族宗教局和上杭县、漳平市及长汀县民族宗教局审阅，同时以多种形式征求部分民族乡、村的意见，在此基础上编纂人员再次对《龙岩市畲族志》作出修改。蓝炯熹先生在百忙之中对志书的编写、出版提出了许多建设性意见，并作序。2023年7月，形成《龙岩市畲族志》送审稿，交福建人民出版社编辑出版。

①转引自福建省民族与宗教事务厅原副厅长蓝秀珍为《顺昌县畲族志》所作的序。《顺昌县畲族志》由顺昌县畲族文化研究会、顺昌县地方志编纂委员会于2018年编印。

当《龙岩市畲族志》付梓之际，衷心感谢福建省民族宗教厅、龙岩市民族宗教局和上杭县、漳平市及长汀县民族宗教局的领导和有关同志，蓝炯熹教授等领导、专家，全市民族乡、村的领导和社会各界热心人士的关心支持！

龙岩市畲族历史悠久，文化积淀深厚。《龙岩市畲族志》是龙岩市第一部民族志，因时间跨度大、涉及门类广、资料浩繁、畲族没有文字等原因，很多历史事件缺乏记录或资料散佚，加上编纂时间紧、人员少，编纂者水平有限，《龙岩市畲族志》难免存在疏漏及不尽人意之处，敬请读者批评指正。

编纂者

2023 年 12 月